## Über dieses Buch

Als 1843 in Kopenhagen ›Entweder – Oder‹ erschien, war Sören Kierkegaard (1813–1855) noch nicht ganz dreißig Jahre alt. Es war das erste große Werk des Autors, eine Auseinandersetzung mit der Dialektik Hegels, und machte ihn über Nacht berühmt. Unnötig zu sagen, daß dies nicht möglich gewesen wäre, wenn es sich bei ›Entweder – Oder‹ um ein Werk strenger – und allzuoft stilistisch glanzloser – Schulphilosophie gehandelt hätte. Doch ähnlich wie Schopenhauer oder Nietzsche verfügte Kierkegaard über eine schriftstellerische Begabung von höchstem Rang, und ähnlich wie bei diesen ist jede Zeile seines Buches unmittelbar auf die persönliche Problematik seines Lebens bezogen, ja aus ihr entsprungen. So ist ein Buch von eigenwilliger Individualität entstanden, von romantischem Geist geprägt, voll melancholischem Witz und scharfzüngigem Esprit.
Kierkegaard hat es in zwei Teile gegliedert, die Papiere des Ästhetikers A und die des Ethikers B, und sich selber in der Rolle des Herausgebers versteckt. So werden in Tagebuchaufzeichnungen, Aphorismen, Aufsätzen und Briefen zwei gegensätzliche Anschauungen der Welt entfaltet. Dabei wird erstmals innerhalb der europäischen Geistesgeschichte der später so folgenreiche Begriff der Existenz philosophisch analysiert und als die selbstbewußte, das Recht der Persönlichkeit entschlossen aufgreifende und somit einzig wirklich »lebendige« Form des Lebens dargestellt.

D1641569

# Literatur · Philosophie · Wissenschaft

# Sören Kierkegaard

# Entweder – Oder

## Teil I und II

Unter Mitwirkung von Niels Thulstrup und der
Kopenhagener Kierkegaard-Gesellschaft
herausgegeben von Hermann Diem und Walter Rest

Deutscher Taschenbuch Verlag

Gesamtausgabe.
Der Text folgt der 1960 bei Jakob Hegner in Köln
erschienenen Ausgabe.
Deutsche Übersetzung von Heinrich Fauteck.

Ungekürzte Ausgabe
April 1988
2. Auflage Mai 1993
Deutscher Taschenbuch Verlag GmbH & Co. KG,
München
© 1975 Deutscher Taschenbuch Verlag, München
Umschlaggestaltung: Celestino Piatti unter Verwendung
einer Porträtzeichnung von Niels Christian Kierkegaard
(Det Kongelige Bibliothek, Kopenhagen)
Gesamtherstellung: C. H. Beck'sche Buchdruckerei,
Nördlingen
Printed in Germany · ISBN 3-423-02194-2

# Inhalt

# ZUR EINFÜHRUNG

von Hermann Diem

Das vorliegende erste große Werk von Kierkegaard schließt mit den Worten: »Nur die Wahrheit, die *erbaut*, ist Wahrheit für *dich*.« Wir werden freilich das, was wir hier zu lesen bekommen, auf weite Strecken nicht gerade »erbaulich« finden im üblichen Sinn des Wortes. Und doch will Kierkegaard, der in jeder Art Wissenschaftlichkeit, die nicht zugleich »erbaulich« ist, nur eine »Art unmenschlicher Neugier« sehen konnte, auch dieses merkwürdige Buch bereits zur »Erbauung« geschrieben haben. Wie sollen wir das verstehen?

Wahrheit ist für Kierkegaard kein objektives Wissen. Damit will er nicht nur das Selbstverständliche sagen, daß es sie gar nicht gibt ohne den Menschen, der zu ihr ins Verhältnis tritt. Vielmehr wird für ihn dieses Verhältnis, mit welchem der Mensch sich auf die Wahrheit einläßt und mit ihr umgeht, zum Kennzeichen der Wahrheit selbst. Man kann die Wahrheit nicht *wissen*, sondern man kann nur in der Wahrheit *sein*. Und man ist in der Wahrheit oder aber in der Unwahrheit, je nachdem man gut oder schlecht mit der Wahrheit umgeht und diese damit entweder die Wahrheit *für mich* sein läßt oder aber sie als Wahrheit verdirbt.

Die Möglichkeiten solchen Umgangs mit der Wahrheit hat Kierkegaard in diesem Werk nicht wissenschaftstheoretisch abgehandelt, sondern sie an lebenden Individualitäten dargestellt, dem Ästhetiker A und dem Ethiker B. Mit diesen beiden läßt er den Leser allein, ohne sich selbst mit einem derselben oder mit einer von ihren vielerlei Möglichkeiten zu identifizieren oder sie dem Leser als Wahrheit anzudemonstrieren. Von A sagt der Herausgeber, seine Papiere enthielten »vielfältige Ansätze zu einer ästhetischen Lebensanschauung«, wobei er gleich hinzufügt, daß sich eine solche wohl kaum zusammenhängend vortragen lasse. Jedenfalls aber werden diese Ansätze mit leidenschaftlicher Konsequenz und ebensoviel dichterischer wie dialektischer Kraft durchzuhalten versucht. Die Papiere schließen mit dem »Tagebuch des Verführers«, das A nicht selbst verfaßt, sondern auch wieder nur herausgegeben haben will, da ihm die darin aufgewandte Raffiniertheit des ästhetischen Genusses offenbar selbst unheimlich geworden ist.

Der zweite Teil enthält Briefe des B, in denen er seinem Freund A gegenüber das Recht einer ethischen Weltanschauung vertritt. Er schließt mit einem »Ultimatum« – von dem das ganze Werk den Titel »Entweder-Oder« hat – und legt diesem die Predigt eines anderen Freundes bei über das Thema: »Das Erbauliche, das in dem Gedanken liegt, daß wir gegen Gott immer unrecht haben«.

Es geht bei diesem »Entweder-Oder«, wie Kierkegaard später sein Pseudonym Johannes Climacus sagen läßt – in Band III dieser Ausgabe, S. 401–406 –, um den Gegensatz »nicht zwischen einem unreifen und einem reifen Denken, sondern zwischen Nichtexistieren und Existieren«. Als Dialektiker ist A dem B weit überlegen, aber er »hält die Existenz durch die allerfeinste Täuschung: durch das Denken, fern; er hat alles Mögliche gedacht und doch hat er gar nicht existiert«. »Der erste Teil ist eine Existenz-Möglichkeit, die keine Existenz gewinnen kann, eine Schwermut, die ethisch aufgearbeitet werden soll... und im übrigen täuscht, indem sie sich hinter der Maske der Lust, der Verständigkeit, der Verdorbenheit versteckt; aber die Täuschung und das Versteck sind gleichzeitig ihre Stärke und ihre Ohnmacht: ihre Stärke in der Phantasie und ihre Ohnmacht im Gewinnen der Existenz. Er ist Phantasie-Existenz in ästhetischer Leidenschaft, daher paradox und an der Zeit scheiternd; er ist in seinem Maximum Verzweiflung; er ist also nicht Existenz, sondern Existenz-Möglichkeit in Richtung auf Existenz, und dieser so nahe gebracht, daß man gleichsam fühlt, wie jeder Augenblick, wo es noch nicht zu einer Entscheidung gekommen ist, verlorengeht.« Der zweite Teil ist dagegen »ethisches Pathos, das mit stiller unvergänglicher und doch unendlicher Leidenschaft im Entschluß das bescheidene Werk des Ethischen umfaßt, dadurch erbaut, offenbar für Gott und Menschen. Es wird nicht doziert . . . Noch nicht einmal eine Überzeugung wird dort mitgeteilt und vorgetragen, vielleicht, wie man sagt, mit Innerlichkeit . . . Nein, es wird denkend existiert, und das Buch hat kein Verhältnis zu irgend jemand. Diese Durchsichtigkeit des Gedankens in Existenz ist eben die Innerlichkeit«.

Diese »Existenz-Innerlichkeit« ist »die Wahrheit, die erbaut, ist Wahrheit für dich«.

# ENTWEDER-ODER

## EIN LEBENSFRAGMENT

### HERAUSGEGEBEN VON VICTOR EREMITA

ERSTER TEIL

ENTHALTEND DIE PAPIERE

VON A

KOPENHAGEN 1843

Ist denn die Vernunft allein getauft,
sind die Leidenschaften Heiden?

*Young*

ES IST DIR vielleicht doch schon zuweilen eingefallen, lieber Leser, an der Richtigkeit des bekannten philosophischen Satzes, daß das Äußere das Innere, das Innere das Äußere sei, ein bißchen zu zweifeln. Du hast vielleicht selbst ein Geheimnis gehütet, von dem du fühltest, daß es, in seiner Freude oder in seinem Schmerz, dir zu lieb sei, als daß du andere darein hättest einweihen mögen. Dein Leben hat dich vielleicht mit Menschen in Berührung gebracht, von denen du ahntest, daß etwas Derartiges bei ihnen der Fall sei, ohne daß doch deine Macht oder deine Bestrickung imstande gewesen wäre, das Verborgene offenbar zu machen. Vielleicht trifft auch keiner dieser Fälle auf dich und dein Leben zu, und doch bist du mit jenem Zweifel nicht unbekannt; als eine flüchtige Gestalt ist er dann und wann an deinem Geiste vorübergeschwebt. So ein Zweifel kommt und geht, und niemand weiß, von wannen er kommt oder wohin er fährt. Ich für mein Teil bin in diesem Punkt der Philosophie von jeher etwas ketzerisch gesinnt gewesen und habe mich daher frühzeitig daran gewöhnt, so gut als möglich selbst Beobachtungen und Nachforschungen anzustellen; ich habe bei den Schriftstellern, deren Anschauung in dieser Hinsicht ich teilte, Anleitung gesucht, kurz, ich habe getan, was in meiner Macht stand, um dem Bedürfnis, das die philosophischen Schriften zurückließen, abzuhelfen. So ist mir denn nach und nach das Gehör der liebste Sinn geworden; denn gleichwie die Stimme die Offenbarung der dem Äußeren inkommensurablen Innerlichkeit ist, so ist das Ohr das Werkzeug, mit welchem diese Innerlichkeit erfaßt, das Gehör der Sinn, durch den sie angeeignet wird. Sooft ich also einen Widerspruch fand zwischen dem, was ich sah, und dem, was ich hörte, fand ich meinen Zweifel bestärkt, und meine Beobachtungslust wuchs. Ein Beichtvater ist von dem Beichtenden durch ein Gitter getrennt, er sieht nicht, er hört nur. Und derweilen er hört, bildet er nach und nach ein Äußeres, das dem entspricht; er gerät also nicht in Widerspruch. Anders dagegen, wenn man zugleich sieht und hört und doch ein Gitter zwischen sich und dem Sprechenden erblickt. Meine Bemühungen, in dieser Richtung Beobachtungen anzustellen, sind, was das Ergebnis anlangt, sehr unterschiedlich gewesen. Bald hatte ich Glück, bald keines, und Glück gehört immerhin dazu, um auf diesen Wegen einen Gewinn davonzutragen. Indessen habe ich doch nie die Lust verloren, meine Nachforschungen fortzusetzen. Bin ich gleich gelegentlich einmal nahe daran gewesen, meine Ausdauer zu bereuen, so hat doch gelegentlich einmal ein unverhoffter Glücksfall meine Bemühungen mit Erfolg gekrönt. Solch ein unverhoffter Glücksfall war es, der mich auf höchst sonderbare Weise in den Besitz der Papiere setzte, die ich hiermit die Ehre habe, dem Lesepublikum vorzulegen. In diesen Papieren erhielt ich Gelegenheit, einen Einblick in das Leben zweier Menschen zu tun, der meinen Zweifel daran, daß das Äußere das Innere sei, noch bestärkte. Das gilt insonderheit von dem einen der beiden. Sein Äußeres hat mit seinem Inneren in vollkommenem Widerspruch gestanden. Auch von dem andern gilt es bis zu einem gewissen Grade, insofern er unter einem ziemlich unbedeutenden Äußeren ein recht bedeutendes Inneres verborgen hat.

Jedoch, es wird wohl das beste sein, wenn ich der Ordnung halber zunächst erzähle, wie ich in den Besitz dieser Papiere gekommen bin. Es ist jetzt etwa sieben Jahre her, daß ich bei einem Trödler hier in der Stadt einen Sekretär bemerkte, der gleich das erste Mal, daß ich ihn sah, meine Aufmerksamkeit auf sich zog. Er war nicht von moderner Arbeit, schon ziemlich abgenutzt, und doch fesselte er mich. Den Grund für diesen Eindruck zu erklären, ist mir eine Unmöglichkeit, doch haben die meisten in ihrem Leben wohl ähnliches erfahren. Mein täglicher Weg führte mich bei dem Trödler und seinem Sekretär vorüber, und ich unterließ es nicht einen einzigen Tag, im Vorbeigehen mein Auge auf ihn zu heften. Nach und nach bekam jener Sekretär eine Geschichte in mir; es wurde mir eine Notwendigkeit, ihn zu sehen, und

ich trug zu dem Ende kein Bedenken, wenn es ausnahms-
weise einmal nötig war, seinethalben einen Umweg zu
machen. Je öfter ich ihn betrachtete, um so mehr erwachte
auch die Lust, ihn zu besitzen. Ich fühlte sehr wohl, daß es
eine sonderbare Lust sei, da ich für dieses Möbel keinerlei
Verwendung hatte; daß es eine Verschwendung von mir
wäre, es anzuschaffen. Doch die Lust ist bekanntlich sehr
sophistisch. Ich ging zu dem Trödler hinein, fragte nach
anderen Dingen und machte dann, schon im Weggehen,
leichthin ein sehr niedriges Gebot auf den Sekretär. Ich
dachte, womöglich werde der Trödler doch einschlagen.
Damit hätte denn ein Zufall mir das Stück in die Hände gespielt. Es war fürwahr nicht um des Geldes willen, daß ich
es so anstellte, sondern um meines Gewissens willen. Es
mißlang, der Trödler war ungemein bestimmt. Wieder
ging ich eine Zeitlang täglich vorüber und blickte den Sekretär mit verliebten Augen an. Du mußt dich entschließen,
dachte ich, gesetzt, er wird verkauft, dann ist es zu spät;
selbst wenn es dir gelänge, seiner wieder habhaft zu werden,
du bekommst doch nie wieder denselben Eindruck von ihm.
Mein Herz klopfte, als ich bei dem Trödler eintrat. Der
Sekretär wurde gekauft und bezahlt. Das soll das letzte Mal
gewesen sein, dachte ich, daß du so verschwenderisch bist;
ja, es ist geradezu ein Glück, daß du ihn gekauft hast, denn
sooft du ihn ansiehst, wirst du daran denken, wie verschwenderisch du warst; mit dem Sekretär soll ein neuer Abschnitt
in deinem Leben beginnen. Ach, die Lust ist sehr beredt,
und die guten Vorsätze sind allemal zur Hand.
Der Sekretär wurde also auf mein Zimmer gestellt, und wie
ich in der ersten Zeit der Verliebtheit meine Freude daran
hatte, ihn von der Straße her zu betrachten, so schritt ich
jetzt daheim an ihm vorüber. Nach und nach lernte ich
seinen ganzen reichen Inhalt kennen, seine vielen Schubläden
und Fächer, und ich war des Sekretärs in jeder Weise froh.
Doch so sollte es nicht bleiben. Im Sommer 1836 erlaubten
meine Geschäfte mir, einen kleinen Ausflug von etwa acht

Tagen aufs Land zu unternehmen. Der Postillion war auf 5 Uhr bestellt. Was ich an Zeug mitzunehmen hatte, war schon am Abend eingepackt; alles war in Ordnung. Bereits um 4 Uhr wurde ich wach, aber das Bild der schönen Gegenden, die ich besuchen würde, wirkte so berauschend auf mich, daß ich noch einmal in Schlaf oder in Träume fiel. Mein Diener wollte mir vermutlich so viel Schlaf gönnen, wie nur irgend möglich, denn erst um 6½ Uhr weckt er mich. Der Postillion bläst bereits, und wiewohl ich sonst nicht geneigt bin, den Befehlen anderer Leute zu gehorchen, so habe ich mit einem Postillion und seinen poetischen Motiven doch stets eine Ausnahme gemacht. Rasch war ich angezogen; schon stand ich in der Tür, da fällt mir ein: hast du auch genug Geld in deiner Brieftasche? Da fand sich nicht viel. Ich schließe den Sekretär auf, um meine Geldschublade herauszuziehen und mitzunehmen, was das Haus vermag. Doch siehe da, die Schublade rührt sich nicht. Jedes Mittel ist vergebens. Es war so fatal wie nur möglich. Ausgerechnet in diesem Augenblick, da mein Ohr noch von den lockenden Tönen des Postillions widerhallte, auf solche Schwierigkeiten zu stoßen! Das Blut stieg mir zu Kopfe, ich wurde wütend. Wie Xerxes das Meer peitschen ließ, so beschloß ich, fürchterliche Rache zu nehmen. Ein Handbeil wurde geholt. Damit versetzte ich dem Sekretär einen grauenerregenden Streich. Ob ich nun in meinem Zorn daneben schlug, oder ob die Schublade ebenso starrsinnig war wie ich, die Wirkung war nicht die beabsichtigte. Die Schublade war zu und die Schublade blieb zu. Dagegen geschah etwas anderes. Ob mein Schlag gerade diesen Punkt getroffen hat, oder ob die totale Erschütterung in der gesamten Organisation des Sekretärs der Anlaß gewesen ist, ich weiß es nicht, aber das weiß ich, daß eine geheime Tür aufsprang, die ich nie zuvor bemerkt hatte. Diese verschloß ein Fach, das ich natürlich auch noch nicht entdeckt hatte. Hier fand ich zu meiner großen Überraschung eine Menge von Papieren, jene Papiere, die den Inhalt der vorliegenden Schrift ausmachen. Mein

Entschluß blieb unverändert. Auf der ersten Station wollte ich eine Anleihe aufnehmen. In größter Eile wurde ein Mahagonikasten, in dem sonst ein paar Pistolen zu liegen pflegten, geleert; die Papiere in ihm deponiert; die Freude hatte gesiegt und eine unerwartete Steigerung erfahren; in meinem Herzen bat ich den Sekretär wegen der unsanften Behandlung um Verzeihung, während mein Geist seinen Zweifel bestärkt fand, daß das Äußere doch nicht das Innere sei, und meinen Erfahrungssatz bestätigt, daß Glück dazu gehört, solche Entdeckungen zu machen.

Mitten am Vormittag kam ich in Hilleröd an, brachte meine Finanzen in Ordnung, ließ die herrliche Gegend einen allgemeinen Eindruck auf mich machen. Gleich am nächsten Morgen begann ich mit meinen Exkursionen, die nunmehr einen ganz anderen Charakter annahmen, als ich ihnen ursprünglich zugedacht hatte. Mein Diener folgte mir mit dem Mahagonikasten. Ich suchte nun ein romantisches Plätzchen im Walde auf, wo ich möglichst gut vor einer Überraschung gesichert war, und holte darauf die Dokumente hervor. Mein Wirt, der auf diese häufigen Wanderungen in Gesellschaft des Mahagonikastens ein wenig aufmerksam wurde, äußerte von sich aus, daß ich mich wohl im Pistolenschießen übe. Für diese Äußerung war ich ihm sehr verbunden und ließ ihn bei seinem Glauben.

Ein flüchtiger Blick auf die gefundenen Papiere ließ unschwer erkennen, daß sie zwei Formationen bildeten, deren Verschiedenheit auch im Äußeren ausgeprägt war. Die eine von ihnen war auf eine Art von Post-Velin geschrieben, in Quart, mit ziemlich breitem Rand. Die Handschrift war leserlich, zuweilen sogar ein wenig zierlich, nur an vereinzelten Stellen hingeschludert. Die andere war auf ganzen Bogen Kanzleipapier geschrieben, mit gespaltenen Kolumnen, so wie man gerichtliche Urkunden und sonst dergleichen zu schreiben pflegt. Die Handschrift war deutlich, etwas langgezogen, einförmig und schlicht, sie schien einem Beamten zuzugehören. Auch der Inhalt erwies sich sogleich als

verschieden, der eine Teil enthielt eine Menge größerer oder
kleinerer ästhetischer Abhandlungen, der andere bestand aus
zwei großen Untersuchungen und einer kleineren, alle ethischen Inhalts, wie es schien, und in Briefform. Bei näherem
Zusehen ergab sich eine vollkommene Bestätigung dieser
Verschiedenheit. Die letztere Formation sind nämlich Briefe,
die an den Verfasser der ersteren geschrieben sind.

Doch es wird notwendig sein, einen kürzeren Ausdruck zu
finden, der die beiden Verfasser bezeichnen kann. Ich habe
zu dem Ende die Papiere sehr sorgfältig durchgesehen, aber
nichts oder so gut wie nichts gefunden. Was den ersten Verfasser angeht, den Ästhetiker, so findet sich keinerlei Aufklärung über ihn. Was den zweiten, den Briefschreiber,
betrifft, so erfährt man, daß er Wilhelm geheißen hat, daß er
Gerichtsrat gewesen ist, ohne daß freilich bestimmt wird, bei
welchem Gericht. Würde ich genau an das Historische anknüpfen und ihn Wilhelm nennen, so fehlt es mir an einer
entsprechenden Benennung für den ersten Verfasser; ich
müßte ihm dann schon einen willkürlichen Namen geben.
Deswegen habe ich es vorgezogen, den ersten Verfasser *A* zu
nennen, den zweiten *B*.

Außer den größeren Abhandlungen fand sich unter diesen
Papieren eine Menge von Zetteln, die mit Aphorismen,
lyrischen Ergüssen und Reflexionen beschrieben waren.
Schon die Handschrift zeigte, daß sie *A* gehörten, der Inhalt
bestätigte es.

Die Papiere suchte ich nun auf die beste Weise zu ordnen.
Mit den Papieren von *B* war es ziemlich leicht getan. Der
eine Brief setzt den anderen voraus. Man findet in dem
zweiten Brief ein Zitat aus dem ersten, der dritte Brief setzt
zwei vorhergehende voraus.

Die Papiere von *A* zu ordnen, war nicht so leicht. Ich habe
daher den Zufall die Ordnung bestimmen lassen, das heißt,
ich habe sie in der Ordnung belassen, in der ich sie vorfand,
natürlich ohne entscheiden zu können, ob diese Ordnung
chronologischen Wert oder ideelle Bedeutung hat. Die Zettel

lagen lose in dem Fach, ihnen war ich daher gezwungen
einen Platz anzuweisen. Ich habe sie an den Anfang gestellt,
weil sie, wie mir schien, sich am besten als vorläufige An-
deutungen dessen betrachten ließen, was die größeren Aufsätze mehr im Zusammenhang entwickeln. Ich habe sie Διαψαλματα genannt und als eine Art Motto *ad se ipsum* hinzugefügt. Dieser Titel und dieses Motto sind gewissermaßen
von mir, und doch nicht von mir. Sie sind von mir, insofern
sie auf die ganze Sammlung bezogen worden sind; andererseits jedoch gehören sie *A* selbst, denn auf einem Zettel
stand das Wort Διαψαλμα geschrieben, auf zwei weiteren die
Worte: *ad se ipsum*. Auch einen kleinen französischen Vers,
der sich über einem dieser Aphorismen fand, habe ich auf der
Innenseite des Titelblattes abdrucken lassen, ähnlich wie *A*
es selbst des öfteren getan hat. Da nun die Mehrzahl dieser
Aphorismen einen lyrischen Zuschnitt hat, so habe ich gemeint, es sei recht passend, das Wort Διαψαλμα als Haupttitel
zu verwenden. Sollte dem Leser dies nicht als eine glückliche
Wahl erscheinen, so schulde ich der Wahrheit das Eingeständnis, daß es mein Einfall ist und daß das Wort von *A*
selbst zweifellos mit Geschmack für den Aphorismus, über
dem es sich fand, gebraucht wurde. In der Anordnung der
einzelnen Aphorismen habe ich den Zufall walten lassen. Daß
die Äußerungen sich im einzelnen oft widersprechen, fand
ich durchaus in der Ordnung, denn das gehört eben der
Stimmung wesentlich zu; sie so zusammenzustellen, daß die
Widersprüche weniger auffallen, fand ich nicht der Mühe
wert. Ich folgte dem Zufall, und auch das ist ein Zufall, der
meine Aufmerksamkeit auf sich gezogen hat, daß der erste
und der letzte Aphorismus in gewissem Sinne einander entsprechen, indem der eine gleichsam das Schmerzliche durch-
fühlt, das darin liegt, ein Dichter zu sein, der andere die Befriedigung auskostet, die darin liegt, die Lacher immer auf
seiner Seite zu haben.

Bezüglich der ästhetischen Abhandlungen von *A* habe ich
nichts, was sie betrifft, hervorzuheben. Sie erwiesen sich alle

als druckreif, und insofern sie Schwierigkeiten enthalten, muß
ich sie für sich selbst sprechen lassen. Was mich angeht, so
muß ich bemerken, daß ich den griechischen Zitaten, die sich
hie und da finden, eine Übersetzung beigefügt habe, die einer
der besseren deutschen Übersetzungen entnommen ist.

Das letzte von *A*s Papieren ist eine Erzählung mit dem
Titel: »Das Tagebuch des Verführers«. Hier begegnen neue
Schwierigkeiten, indem nämlich *A* sich nicht als Verfasser,
sondern lediglich als Herausgeber erklärt. Das ist ein alter
Novellistenkniff, gegen den ich weiter nichts einzuwenden
hätte, wenn er nicht dazu beitrüge, meine Stellung so verwickelt zu machen, indem der eine Verfasser schließlich in
dem andern drinsteckt wie die Schachteln in einem chinesischen Schachtelspiel. Näher darzulegen, was mich in meiner Meinung bestärkt, ist hier nicht der Ort; nur will ich
noch bemerken, daß die Stimmung, die in *A*s Vorrede
herrscht, in gewisser Weise den Dichter verrät. Es ist wirklich, als hätte *A* selbst vor seiner Dichtung Angst bekommen, die wie ein unruhiger Traum fortfuhr, ihn zu ängstigen, auch während des Erzählens. War es eine wirkliche Begebenheit, bei der er Mitwisser geworden war, so erscheint
es mir sonderbar, daß die Vorrede nichts erkennen läßt von
*A*s Freude darüber, die Idee realisiert zu sehen, die ihm des
öfteren vorgeschwebt hat. Die Idee zum Verführer findet
sich sowohl in dem Aufsatz über das Unmittelbar-Erotische,
als auch in den Schattenrissen angedeutet, daß nämlich die
Analogie zu Don Juan ein reflektierter Verführer sein müsse,
der innerhalb der Kategorie des Interessanten liegt, wo es
also nicht darum geht, wieviele er verführt, sondern um das
Wie. Von einer solchen Freude finde ich in der Vorrede
keine Spur, wohl aber, wie bemerkt, ein Beben, einen gewissen Horreur, der wohl in seinem dichterischen Verhältnis
zu dieser Idee begründet ist. Und es wundert mich nicht, daß
es *A* so ergangen ist; denn auch mir, der ich doch mit dieser
Erzählung gar nichts zu tun habe, ja von dem ursprünglichen
Verfasser selbst um zwei Reihen entfernt bin, auch mir ist

zuweilen ganz seltsam zumute geworden, wenn ich in der
Stille der Nacht mich mit diesen Papieren beschäftigt habe.
Es war mir, als schritte der Verführer wie ein Schatten über
meinen Fußboden hin, als würfe er ein Auge auf die Papiere,
als heftete er seinen dämonischen Blick auf mich und sagte:
»So, Ihr wollt meine Papiere herausgeben! Das ist eigentlich
unverantwortlich von Euch; Ihr jagt ja den lieben kleinen
Mädchen Angst ein. Doch, versteht sich, dafür macht Ihr
mich und meinesgleichen unschädlich. Da irrt Ihr Euch;
denn ich ändere bloß die Methode, so wird meine Lage noch
vorteilhafter. Welch ein Zustrom von kleinen Mädchen, die
einem geradewegs in die Arme laufen, wenn sie den verführerischen Namen hören: ein Verführer! Gebt mir ein
halbes Jahr, und ich bringe eine Geschichte zustande, die
interessanter sein soll als alles, was ich bisher erlebt habe. Ich
stelle mir ein junges, kraftvolles, geniales Mädchen vor, das
auf die ungewöhnliche Idee kommt, das Geschlecht an mir
rächen zu wollen. Sie meint, sie müsse mich zwingen können, mich die Schmerzen unglücklicher Liebe schmecken zu
lassen. Seht, das ist ein Mädchen für mich. Wenn sie es selbst
nicht tief genug erfaßt, so werde ich ihr zu Hilfe kommen.
Ich werde mich winden wie der Aal der Schildbürger. Und
wenn ich sie dann so weit gebracht habe, wie ich will, so ist
sie mein.«

Doch ich habe meine Stellung als Herausgeber vielleicht
schon dazu mißbraucht, die Leser mit meinen Betrachtungen
zu belasten. Der Anlaß muß zu meiner Entschuldigung
sprechen; denn allein das Mißliche meiner Stellung, verursacht dadurch, daß *A* sich nur als Herausgeber, nicht als Verfasser dieser Erzählung bezeichnet, war ja der Anlaß dazu,
daß ich mich habe hinreißen lassen.

Was ich sonst noch zu dieser Erzählung zu bemerken habe,
das kann ich nur in meiner Eigenschaft als Herausgeber tun.
Ich glaube nämlich, in dieser Erzählung eine Zeitbestimmung zu finden. Im Tagebuch findet sich zwar hin und
wieder ein Datum, was jedoch fehlt, ist die Jahreszahl. Inso-

fern scheine ich nicht weiter kommen zu sollen; indessen glaube ich bei der genaueren Betrachtung der einzelnen Daten einen Wink gefunden zu haben. Es ist zwar richtig, daß jedes Jahr einen 7. April, einen 3. Juli, einen 2. August usw. hat; doch folgt daraus keineswegs, daß der 7. April in jedem Jahr ein Montag ist. Ich habe also nachgerechnet und herausgefunden, daß diese Bestimmung auf das Jahr 1834 zutrifft. Ob *A* daran gedacht hat, vermag ich nicht zu entscheiden, ich möchte es beinahe nicht glauben; denn dann würde er wohl nicht solche Vorsicht gebraucht haben, wie er es sonst tut. Im Tagebuch steht auch nicht: Montag, den 7. April usw., es steht dort nur: den 7. April, ja der Absatz selbst beginnt folgendermaßen: »Also am Montag«, wodurch die Aufmerksamkeit gerade abgelenkt wird; indem man aber den Absatz, der unter diesem Datum steht, durchliest, sieht man, daß es ein Montag gewesen sein muß. Was diese Erzählung betrifft, so habe ich also eine Zeitbestimmung; dagegen ist jeder Versuch, den ich bisher gemacht habe, mit ihrer Hilfe die Zeit für die übrigen Abhandlungen zu bestimmen, mißlungen. Ich hätte ihr zwar durchaus die dritte Stelle anweisen können; doch habe ich, wie oben gesagt, es vorgezogen, den Zufall walten zu lassen und alles in der Ordnung zu belassen, in der ich es vorfand.

Was die Papiere von *B* betrifft, so ordnen diese sich leicht und natürlich. Mit ihnen habe ich jedoch eine Veränderung vorgenommen, insofern als ich mir erlaubt habe, sie zu betiteln, da die Briefform den Verfasser gehindert hat, diesen Untersuchungen einen Titel zu geben. Sollte der Leser daher, nachdem er sich mit dem Inhalt bekannt gemacht hat, finden, daß die Titel nicht glücklich gewählt seien, so werde ich stets bereit sein, mich in den Schmerz zu schicken, der darin liegt, etwas Verkehrtes getan zu haben, wo man wünschte, etwas Gutes zu tun.

Gelegentlich fand sich auf dem Rand eine Bemerkung, diese habe ich zu einer Anmerkung gemacht, um nicht etwa störend in den Text eingreifen zu müssen.

Was das Manuskript von *B* betrifft, so habe ich mir keinerlei
Veränderungen erlaubt, sondern es genau als ein Aktenstück
betrachtet. Ich hätte die eine oder andere Nachlässigkeit wohl
leicht beseitigen können, die erklärlich genug ist, wenn man
bedenkt, daß er nur ein Briefschreiber ist. Ich habe es nicht
gewollt, weil ich fürchtete, zu weit zu gehen. Wenn *B* meint,
von 100 jungen Menschen, die irregehn in der Welt, würden neunundneunzig durch Frauen gerettet, einer durch
göttliche Gnade, so sieht man leicht, daß er nicht rechnen
konnte, da er für die gar keinen Platz mehr hat, die wirklich
verlorengehen. Ich hätte leicht eine kleine Änderung in den
Zahlen vornehmen können, aber mich dünkt, es liegt etwas
weit Schöneres in *B*s Rechenfehler. An einer anderen Stelle
spricht *B* von einem griechischen Weisen namens *Myson* und
erzählt von ihm, er genieße das seltene Glück, unter die
7 Weisen gerechnet zu werden, wenn man deren Anzahl auf
14 festsetze. Ich war einen Augenblick unschlüssig, woher
*B* diese Weisheit haben mochte, sowie darüber, welcher
griechische Schriftsteller es sein könnte, den er zitiert. Mein
Verdacht fiel sogleich auf *Diogenes von Laerte*, und beim
Nachschlagen von *Jöcher* und *Moréri* fand ich auch auf ihn
verwiesen. *B*s Nachricht hätte nun wohl einer Berichtigung
bedurft; denn ganz so, wie er sagt, verhält es sich nicht,
wenn auch bei den Alten einige Unsicherheit darüber
herrscht, welches die sieben Weisen waren; indessen habe
ich es doch nicht der Mühe wert gefunden, es kam mir so
vor, als ob seine Bemerkung, wenn auch nicht ganz historisch, doch einen andern Wert habe.
So weit, wie ich jetzt gekommen bin, war ich bereits vor
fünf Jahren gekommen; ich hatte die Papiere so geordnet,
wie sie noch geordnet sind; hatte den Entschluß gefaßt, sie
im Druck herauszugeben, meinte dann aber, es wäre besser,
doch noch einige Zeit zu warten. Fünf Jahre hielt ich für ein
angemessenes Spatium. Diese fünf Jahre sind verstrichen,
und ich fange wieder an, wo ich aufhörte. Daß ich kein
Mittel unversucht gelassen habe, den Verfassern auf die Spur

zu kommen, brauche ich dem Leser wohl nicht zu versichern. Der Trödler führte nicht Buch, bekanntlich ist das bei Trödlern selten der Fall; er wußte nicht, von wem er jenes Möbel gekauft hatte, es dünkte ihn, als ob es auf einer Auktion erstanden worden sei. Ich werde mich nicht unterfangen, dem Leser die Mannigfaltigkeit fruchtloser Versuche vorzuerzählen, die mich viel Zeit gekostet haben, um so weniger, als die Erinnerung daran mir selbst unangenehm ist. In das Ergebnis kann ich den Leser jedoch in aller Kürze einweihen, denn das Ergebnis ist gleich Null.

Wie ich nun meinen Entschluß, jene Papiere im Druck herauszugeben, verwirklichen wollte, erwachte in mir ein Bedenken. Vielleicht gestattet mir der Leser, ganz offen zu sprechen. Es ging mir durch den Kopf, ob ich mich nicht einer Indiskretion gegen die unbekannten Verfasser schuldig mache. Je mehr ich jedoch mit den Papieren vertraut wurde, um so mehr schwand jenes Bedenken dahin. Die Papiere waren von der Art, daß sie trotz meiner sorgfältigen Beobachtungen keinerlei Aufschluß gewährten, geschweige denn, daß ein Leser einen solchen fände, da ich mich wohl mit jedem Leser messen darf, nicht zwar in Geschmack und Sympathie und Einsicht, wohl aber in Fleiß und Unermüdlichkeit. Gesetzt also, die unbekannten Verfasser lebten noch, sie wohnten hier in der Stadt, sie machten zufällig eines Tages die unerwartete Bekanntschaft mit ihren eigenen Papieren, so würde doch, falls sie selbst Schweigen bewahrten, aus der Herausgabe nichts resultieren; denn von diesen Papieren gilt im strengsten Sinne, was man sonst von allem Gedruckten zu sagen pflegt, – sie schweigen.

Ein anderes Bedenken, das ich gehabt habe, war an und für sich von geringerer Bedeutung, ziemlich leicht zu beheben, und hat sich auf eine noch leichtere Art behoben, als ich gedacht hatte. Es fiel mir nämlich ein, daß diese Papiere ein kleines Kapital werden könnten. Zwar fände ich es ganz in der Ordnung, wenn ich für meine Mühe als Herausgeber ein kleines Honorar erhielte; aber ein Verfasserhonorar

müßte ich für viel zu groß erachten. Wie die rechtlichen
schottischen Bauern in der »Weißen Dame« beschließen, das
Gut zu kaufen und zu bebauen und es alsdann den Grafen
von Evenel zu schenken, falls sie einmal zurückkehren sollten, so beschloß ich, das ganze Honorar auf Zins anzulegen,
um, wenn die unbekannten Verfasser sich einmal melden
sollten, ihnen das Ganze mit Zins und Zinseszins übergeben
zu können. Falls der Leser sich nicht bereits auf Grund
meiner ganzen Unbeholfenheit davon überzeugt hat, daß ich
kein Schriftsteller bin, auch kein Literatus, der eine Profession
daraus macht, Herausgeber zu sein, so wird gewiß die Naivität dieses Räsonnements es außer allen Zweifel setzen.
Dieses Bedenken wurde denn auch auf eine weit leichtere
Weise behoben; denn selbst ein Verfasserhonorar ist in
Dänemark kein Rittergut, und die Unbekannten müßten
schon lange fortbleiben, damit ihr Honorar, selbst mit Zins
und Zinseszins, zu einem Kapital werden könnte.
Es blieb jetzt also nur noch übrig, diesen Papieren einen
Titel zu geben. Ich könnte sie Papiere nennen, nachgelassene
Papiere, gefundene Papiere, verlorene Papiere usw.; es gibt
bekanntlich eine Vielfalt von Varianten, doch keiner dieser
Titel wollte mich befriedigen. Ich habe mir daher bei der
Bestimmung des Titels eine Freiheit gestattet, eine Täuschung, von der ich versuchen will Rechenschaft abzulegen.
Bei der fortwährenden Beschäftigung mit diesen Papieren
ging mir ein Licht darüber auf, daß man ihnen eine neue
Seite abgewinnen könnte, wenn man sie als *einem* Menschen
zugehörig betrachtete. Ich weiß sehr wohl, was sich alles
gegen diese Betrachtung einwenden läßt: daß sie unhisto-
risch, daß sie unwahrscheinlich sei, weil es ungereimt ist, daß
ein einziger Mensch beide Teile verfaßt haben sollte, und
zwar ungeachtet dessen, daß der Leser leicht zu dem Wortspiel versucht sein könnte, daß, wer *A* gesagt habe, auch *B*
sagen müsse. Indessen habe ich sie doch nicht aufgeben können. Es wäre also ein Mensch, der in seinem Leben beide
Bewegungen durchlaufen oder beide Bewegungen über-

dacht hätte. Die Papiere von *A* enthalten nämlich vielfältige
Ansätze zu einer ästhetischen Lebensanschauung. Eine zu-
sammenhängende ästhetische Lebensanschauung läßt sich
wohl kaum vortragen. Die Papiere von *B* enthalten eine
ethische Lebensanschauung. Indem ich diesen Gedanken auf
meine Seele wirken ließ, wurde es mir klar, daß ich mich bei
der Bestimmung des Titels von ihm leiten lassen könnte. Der
Titel, den ich gewählt habe, drückt eben dies aus. Was der
Leser mit diesem Titel etwa verliert, kann nicht allzuviel
sein; denn während der Lektüre kann er den Titel ja ganz
einfach vergessen. Wenn er das Buch dann gelesen hat,
kann er vielleicht über den Titel nachdenken. Dieser wird
ihn dann jeder endlichen Frage überheben: ob *A* nun wirklich
überzeugt worden sei und bereut habe, ob *B* gesiegt, oder ob
es etwa damit geendet habe, daß *B* zu *A*s Meinung über-
ging. In der Beziehung haben diese Papiere nämlich kein
Ende. Findet man, daß dies nicht in der Ordnung sei, so ist
man doch keinesfalls berechtigt, von einem Fehler zu sprechen, denn man müßte es ein Unglück nennen. Ich für mein
Teil betrachte es als ein Glück. Man trifft zuweilen auf
Novellen, in denen von bestimmten Personen gegensätzliche Lebensanschauungen vorgetragen werden. Das endet
dann zumeist damit, daß der eine den anderen überzeugt.
Statt daß die Anschauung für sich selbst sprechen muß, wird
der Leser mit dem historischen Ergebnis bereichert, daß der
andere überzeugt worden ist. Ich halte es für ein Glück, daß
diese Papiere diesbezüglich nichts mitteilen. Ob *A* seine
ästhetischen Abhandlungen verfaßt hat, nachdem er *B*s
Briefe empfing, ob seine Seele sich nach dieser Zeit weiterhin in ihrer wilden Unbändigkeit getummelt oder ob sie sich
beruhigt hat, darüber auch nur eine einzige Auskunft zu
geben, sehe ich mich außerstande, da die Papiere selbst keine
enthalten. Auch enthalten sie keinerlei Winke darüber, wie
es *B* ergangen ist, ob er die Kraft gehabt hat, an seiner
Anschauung festzuhalten oder nicht. Wenn das Buch gelesen ist, sind *A* und *B* vergessen, nur die Anschauungen

stehen einander gegenüber und erwarten keine endliche
Entscheidung in bestimmten Persönlichkeiten.

Weiter habe ich nichts zu bemerken, nur ist mir eingefallen,
daß die geehrten Verfasser, falls sie von meinem Vorhaben
wüßten, etwa den Wunsch haben könnten, ihren Papieren
ein Wort an den Leser zum Geleit mitzugeben. Ich will daher mit geführter Feder noch ein paar Worte hinzufügen.
*A* würde gegen die Herausgabe der Papiere wohl nichts
einzuwenden haben, dem Leser würde er vermutlich zurufen:
»Lies sie oder lies sie nicht, du wirst beides bereuen.« Was *B*
sagen würde, ist schwerer zu bestimmen. Er würde mir
vielleicht den einen oder andern Vorwurf machen, vor
allem in bezug auf die Herausgabe der Papiere von *A*; er
würde mich fühlen lassen, daß er keinen Teil daran habe,
daß er seine Hände in Unschuld waschen könne. Und wenn
er es dann getan hätte, würde er sich vielleicht mit diesen
Worten an das Buch wenden: »So gehe denn hinaus in die
Welt, vermeide tunlichst die Aufmerksamkeit der Kritik,
besuche einen einzelnen Leser in einer wohlwollenden Stunde, und solltest du auf eine Leserin stoßen, so würde ich
sagen: Meine liebenswürdige Leserin, du wirst in diesem
Buche einiges finden, was du vielleicht nicht wissen dürftest,
anderes, das zu erfahren dir wohl heilsam sein könnte; so lies
denn das eine so, daß du, die du gelesen hast, seiest wie die,
welche nicht gelesen, und das andere so, daß du, die du gelesen hast, seiest wie die, welche das Gelesene nicht vergessen hat.« Ich als Herausgeber möchte nur noch den
Wunsch hinzufügen, daß das Buch den Leser in einer wohlwollenden Stunde antreffen und daß es der liebenswürdigen
Leserin gelingen möge, *B*s wohlgemeinten Rat genau zu
befolgen.

Im November 1842.                    Der Herausgeber.

# ΔΙΑΨΑΛΜΑΤΑ

*ad se ipsum*

———

*Grandeur, savoir, renommée,*

*Amitié, plaisir et bien,*

*Tout n'est que vent, que fumée:*

*Pour mieux dire, tout n'est rien.*

———

WAS IST EIN Dichter? Ein unglücklicher Mensch, der tiefe Qualen in seinem Herzen birgt, dessen Lippen aber so geformt sind, daß, indem der Seufzer und der Schrei über sie ausströmen, sie klingen wie eine schöne Musik. Es geht ihm wie jenen Unglücklichen, die im Ochsen des Phalaris langsam bei gelindem Feuer gepeinigt wurden, ihre Schreie drangen nicht bis an das Ohr des Tyrannen, um ihn zu entsetzen, ihm klangen sie wie eine süße Musik. Und die Menschen scharen sich um den Dichter und sagen zu ihm: Singe bald wieder; das heißt: möchten doch neue Leiden deine Seele martern, und möchten doch die Lippen so geformt bleiben wie bisher; denn der Schrei würde uns bloß ängstigen, die Musik aber, die ist lieblich. Und die Rezensenten treten hinzu, die sagen: Ganz recht, so soll es sein nach den Regeln der Ästhetik. Nun, versteht sich, ein Rezensent gleicht einem Dichter ja aufs Haar, nur hat er nicht die Qualen im Herzen, nicht die Musik auf den Lippen. Sieh, darum will ich lieber Schweinehirt sein auf Amagerbro und von den Schweinen verstanden sein, als Dichter sein und mißverstanden sein von den Menschen.

Die erste Frage in dem ersten, dem kompendieusesten Unterricht, in dem ein Kind herangebildet wird, ist bekanntlich

diese: Was muß das Kind haben? Die Antwort ist: Haue –
Haue. Mit solchen Betrachtungen fängt das Leben an, und
doch leugnet man die Erbsünde. Und wem hat das Kind
denn die ersten Prügel zu verdanken, wem anders als den
Eltern?

Ich rede am liebsten mit Kindern; denn von ihnen darf man
doch hoffen, daß sie einmal Vernunft-Wesen werden; die
aber, die es geworden sind – herrjemine!

Die Menschen sind doch ungereimt. Die Freiheiten, die sie
haben, gebrauchen sie nicht, sondern fordern immer die, die
sie nicht haben; sie haben Denkfreiheit, sie fordern Rede-
und Schreibfreiheit.

Gar nichts mag ich. Ich mag nicht reiten, das ist eine zu
starke Bewegung; ich mag nicht gehen, das ist zu anstren-
gend; ich mag mich nicht hinlegen, denn entweder müßte
ich liegenbleiben, und das mag ich nicht, oder ich müßte
wieder aufstehen, und das mag ich auch nicht. Summa
summarum: gar nichts mag ich.

Es gibt bekanntlich Insekten, die im Augenblick der Be-
fruchtung sterben. So ist es mit aller Freude, des Lebens
höchster und üppigster Genuß-Moment ist vom Tode begleitet.

*Probater Rat für Schriftsteller*
Man schreibt seine eigenen Betrachtungen nachlässig hin,
man läßt sie drucken, bei den verschiedenen Korrekturen
werden einem dann nach und nach eine Menge guter Einfälle kommen. Faßt darum Mut, ihr, die ihr euch noch nicht
erkühnt habt, etwas drucken zu lassen, auch Druckfehler
sind nicht zu verachten, und mit Hilfe von Druckfehlern
witzig zu werden, darf als eine rechtschaffene Art gelten,
wie man es wird.

Das ist überhaupt das Unvollkommene an allem Menschlichen, daß man erst durch den Gegensatz das Begehrte besitzt. Ich will nicht reden von der Vielfalt der Formationen, die dem Psychologen genug zu schaffen machen kann [der Melancholische hat den meisten komischen Sinn, der Üppigste oft den meisten idyllischen; der Ausschweifende oft den meisten moralischen, der Zweifelnde oft den meisten religiösen], sondern nur daran erinnern, daß man erst durch die Sünde der Seligkeit inne wird.

Außer meinem übrigen zahlreichen Umgangskreis habe ich noch eine intime Vertraute – meine Schwermut; mitten in meiner Freude, mitten in meiner Arbeit winkt sie mir, ruft mich beiseite, ob ich gleich leiblich anwesend bleibe. Meine Schwermut ist die treueste Geliebte, die ich je gekannt; was Wunder da, daß ich sie wiederliebe.

Es gibt ein Räsonnements-Geschwätz, das in seiner Unendlichkeit zum Resultat im gleichen Verhältnis steht, wie die unübersehbaren ägyptischen Königsreihen zu dem geschichtlichen Gewinn.

Das Alter realisiert die Träume der Jugend: das sieht man an Swift, der baute in seiner Jugend ein Narrenhaus, im Alter ging er selbst hinein.

Wenn man sieht, mit welch hypochondrischem Tiefsinn die älteren Engländer das Zweideutige, das dem Lachen zugrunde liegt, entdeckt haben, muß man sich darüber ängstigen. So hat Dr. Hartley bemerkt: »daß wenn sich das Lachen zuerst bei Kindern zeiget, so ist es ein entstehendes Weinen, welches durch Schmerz erregt wird, oder ein plötzlich gehemmtes und in sehr kurzen Zwischenräumen wiederholtes Gefühl des Schmerzens« [vgl. Flögel, Geschichte der comischen Litteratur, 1. Bd., Pag. 50]. Wie, wenn alles in der Welt ein Mißverständnis, wie, wenn das Lachen eigentlich ein Weinen wäre!

Es gibt einzelne Gelegenheiten, bei denen es einen so unendlich schmerzlich berühren kann, einen Menschen zu
sehen, der ganz allein steht in der Welt. So sah ich jüngst ein
armes Mädchen, das ganz allein zur Kirche ging, um konfirmiert zu werden.

Cornelius Nepos erzählt von einem Feldherrn, der mit einer
beträchtlichen Kavallerie in einer Festung eingeschlossen gehalten wurde, er habe die Pferde täglich peitschen lassen,
damit sie von dem vielen Stillstehen keinen Schaden näh-
men – so lebe ich in dieser Zeit, wie ein Belagerter; um
aber von dem vielen Stillsitzen keinen Schaden zu nehmen,
weine ich mich müde.

Ich sage von meinem Kummer, was der Engländer von
seinem Hause sagt: mein Kummer *is my castle*. Viele Menschen betrachten es als eine der Bequemlichkeiten des Lebens, Kummer zu haben.

Mir ist zumute, wie es einer Figur im Schachspiel sein muß,
wenn der Gegenspieler von ihr sagt: Mit der Figur kannst
du nicht ziehen.

Darum ist der »Aladdin« so stärkend, weil dieses Stück noch
in den leichtsinnigsten Wünschen die geniale, kindliche
Dreistigkeit besitzt. Wie viele gibt es wohl in unserer Zeit,
die sich wahrhaft getrauen zu wünschen, zu begehren, die
Natur anzureden, weder mit dem »Bitte, bitte« eines artigen
Kindes, noch mit der Raserei eines verlorenen Individuums?
Wie viele gibt es, die im Gefühl dessen, wovon heutzutage
so viel geschwätzt wird, daß der Mensch nach Gottes Ebenbild geschaffen sei, die wahre Kommandostimme haben?
Oder stehen wir nicht alle da wie Nureddin und dienern und
kratzfüßeln, vor lauter Angst, etwa zuviel oder zuwenig zu
verlangen? Oder wird nicht nach und nach jedes großartige
Fordern zu einem krankhaften Reflektieren über das Ich
herabgesetzt, von einem Melden dessen, der fordert, zu

einem Sich-Melden wie dem des Säuglings, wozu wir ja erzogen und abgerichtet werden?

Verkümmert bin ich wie ein Scheva, schwach und überhört wie ein Dagesch lene, mir ist zumute wie einem Buchstaben, der verkehrt in der Zeile steht, und doch bin ich unmanierlich wie ein Pascha von drei Roßschweifen, eifersüchtig auf mich selbst und meine Gedanken wie die Bank auf ihre Notenschreibereien, überhaupt so reflektiert in mir selber wie nur je ein *pronomen reflexivum*. Ja, gälte von Unglück und Sorgen, was von den bewußten guten Taten gilt, daß die, welche sie tun, ihren Lohn dahin haben, gälte dies von Sorgen, so wäre ich der glücklichste Mensch: denn ich nehme alle Kümmernisse vorweg, und doch bleiben sie alle zurück.

Darin äußert sich unter anderem die ungeheure poetische Kraft der Volksliteratur, daß sie die Stärke hat, wirklich zu begehren. Im Vergleich dazu ist das Begehren unserer Zeit zugleich sündhaft und langweilig, weil sie begehrt, was des Nächsten ist. Jene ist sich sehr wohl bewußt, daß der Nächste ebensowenig besitzt, was sie sucht, wie sie selbst. Und wenn sie denn sündhaft begehren soll, so ist sie so himmelschreiend, daß sie den Menschen erschüttern muß. Sie läßt sich von den kalten Wahrscheinlichkeitsberechnungen eines nüchternen Verstandes nichts abdingen. Noch schreitet Don Juan mit seinen 1003 Geliebten über die Bühne. Niemand wagt es zu lächeln, aus Ehrfurcht vor der Ehrwürdigkeit der Tradition. Hätte ein Dichter es heute gewagt, man hätte ihn ausgelacht.

Wie seltsam wehmütig wurde ich gestimmt beim Anblick eines armseligen Menschen, der in einem ziemlich verschlissenen lichtgrünen, ins Gelbliche schillernden Rock durch die Straßen schlich. Es tat mir leid um ihn; was mich aber am meisten bewegte, war doch, daß die Farbe selbigen Rockes mich so lebhaft an die ersten Erzeugnisse meiner Kindheit in der edlen Malkunst erinnerte. Diese Farbe war gerade eine meiner Leibcouleuren. Ist es denn nicht traurig: diese Farbmischungen, an die ich noch immer mit so viel Freude denke, die findet man nirgends im Leben; alle Welt findet sie grell, abstechend, nur für Nürnberger Spielsachen verwendbar. Stößt man gelegentlich einmal auf sie, so muß die Begegnung gleich so unglücklich ausfallen wie diese hier. Immer muß es ein Schwachsinniger oder ein Gescheiterter sein, kurz immer einer, der sich fremd fühlt im Leben und von dem die Welt nichts wissen will. Und ich, der ich meine Helden stets mit diesem ewig-unvergeßlichen gelbgrünen Anstrich auf dem Rock malte! Geht es nicht so mit allen Farbmischungen der Kindheit? Der Glanz, den das Leben damals hatte, wird unserem matten Auge allmählich zu stark, zu grell!

Ach, die Tür des Glücks, sie geht nicht nach innen auf, so daß man, indem man auf sie losstürmt, sie aufdrücken kann; sondern sie geht nach außen auf, und es bleibt einem daher nichts zu tun.

Mut habe ich zu zweifeln, ich glaube an allem; ich habe Mut zu kämpfen, ich glaube mit allem; aber ich habe nicht den Mut, etwas zu erkennen; nicht den Mut, etwas zu besitzen, etwas zu eigen zu haben. Die meisten klagen darüber, daß die Welt so prosaisch sei, daß es im Leben nicht zugehe wie im Roman, wo die Gelegenheit immer so günstig ist; ich klage darüber, daß es im Leben nicht ist wie im Roman, wo man hartherzige Väter und Kobolde und Trolle zu bekämpfen, verwunschene Prinzessinnen zu befreien hat. Was sind alle solche Feinde zusammengenommen gegen die bleichen, blutlosen, zählebigen, nächtlichen Gestalten, mit denen ich kämpfe und denen ich selber Leben und Dasein gebe.

Wie ist meine Seele und mein Geist so unfruchtbar, und doch immerfort gepeinigt von inhaltslosen wollüstigen und qualvollen Wehen! Soll denn mir das Zungenband des Geistes nie gelöst werden, soll ich immer lallen? Was ich brauche, ist eine Stimme, durchdringend wie eines Lynkeus Blick, entsetzenerregend wie das Seufzen der Giganten, anhaltend wie ein Naturlaut, spöttisch wie ein rauhfrostiger Windhauch, boshaft wie Echos herzloses Höhnen, von einem Umfang, der vom tiefsten Baß bis zu den schmelzendsten Brusttönen reicht, moduliert von einem heilig-leisen Flüstern bis zur Energie der Raserei. Das ist es, was ich brauche, um Luft zu bekommen, um aussprechen zu können, was mir am Herzen liegt, um die Eingeweide des Zorns sowohl wie die der Sympathie zu erschüttern. – Meine Stimme aber ist nur heiser wie ein Möwenschrei oder hinsterbend wie der Segenswunsch auf den Lippen des Stummen.

Was wird kommen? Was wird die Zukunft bringen? Ich weiß es nicht, ich ahne nichts. Wenn eine Spinne von einem festen Punkt sich in ihre Konsequenzen hinabstürzt, so sieht sie stets einen leeren Raum vor sich, in dem sie nirgends Fuß fassen kann, wie sehr sie auch zappelt. So geht es mir; vor mir stets ein leerer Raum; was mich vorwärtstreibt, ist eine Konsequenz, die hinter mir liegt. Dieses Leben ist verkehrt und grauenhaft, nicht auszuhalten.

Es ist doch die schönste Zeit, die erste Periode der Liebe, wenn man bei jeder Zusammenkunft, jedem Blick etwas Neues heimbringt, um sich daran zu erfreuen.

Meine Betrachtung des Lebens ist ganz und gar sinnlos. Ich nehme an, daß ein böser Geist mir eine Brille auf die Nase gesetzt hat, deren eines Glas in ungeheurem Maßstabe vergrößert, deren anderes Glas im gleichen Maßstabe verkleinert.

Der Zweifler ist ein Μεμαστιγωμενος; wie ein Kreisel hält er sich je nach den Peitschenschlägen für kürzere oder längere

Zeit auf der Spitze, zu stehen vermag er nicht, ebensowenig
wie der Kreisel.

Von allen lächerlichen Dingen erscheint mir als das Allerlächerlichste, es eilig zu haben auf der Welt, ein Mann zu
sein, der rasch zum Essen und rasch zur Arbeit ist. Wenn ich
darum sehe, wie sich einem solchen Geschäftsmann im entscheidenden Augenblick eine Fliege auf die Nase setzt, oder
ein Wagen, der in noch größerer Eile an ihm vorbeifährt,
ihn von oben bis unten bespritzt, oder die Zugbrücke vor
ihm hochgeht, oder ein Dachziegel herabfällt und ihn er-
schlägt, da lache ich aus Herzensgrund. Und wer könnte sich
des Lachens wohl erwehren? Was richten sie schon aus,
diese geschäftigen Eilighaber? Ergeht es ihnen nicht wie
jener Frau, die in ihrer Bestürzung darüber, daß Feuer im
Hause war, die Feuerzange rettete? Was retten sie wohl
mehr heraus aus der großen Feuersbrunst des Lebens?

Mir fehlt es überhaupt an Geduld zum Leben. Ich kann das
Gras nicht wachsen sehn, wenn ich aber das nicht kann, so
mag ich es gar nicht sehen. Meine Anschauungen sind flüchtige Betrachtungen eines »fahrenden Scholastikers«, der mit
größter Eile durchs Leben stürzt. Es heißt, der Herrgott
mache eher den Magen satt als die Augen; davon merke ich
nichts: meine Augen sind satt und aller Dinge überdrüssig,
und doch hungert mich.

Man frage mich, wonach man will, nur frage man mich nicht
nach Gründen. Einem jungen Mädchen verzeiht man es,
wenn es keine Gründe angeben kann, es lebe im Gefühl,
heißt es. Anders mit mir. Im allgemeinen habe ich so viele
und meist sich gegenseitig widersprechende Gründe, daß es
mir aus diesem Grunde unmöglich ist, Gründe anzugeben.
Auch mit Ursache und Wirkung scheint es mir nicht richtig
bewandt zu sein. Bald geht aus ungeheuren und gewaltigen
Ursachen eine überaus zarte und unansehnlich kleine Wir-

kung hervor, mitunter auch gar keine; bald erzeugt eine fixe kleine Ursache eine kolossale Wirkung.

Und nun des Lebens unschuldige Freuden! Das muß man ihnen lassen, sie haben nur *einen* Fehler: daß sie so unschuldig sind. Zudem müssen sie mit Maßen genossen werden. Wenn mein Arzt mir Diät vorschreibt, so läßt sich das hören; ich enthalte mich für eine gewisse bestimmte Zeit gewisser bestimmter Speisen; aber auch noch im Diäthalten diätetisch zu sein – das ist wirklich zuviel verlangt.

Das Leben ist mir ein bitterer Trank geworden, und dabei soll es wie Tropfen eingenommen werden, langsam, mit Zählen.

Niemand kehrt von den Toten zurück, niemand ist anders denn weinend in die Welt eingegangen; niemand fragt einen, wann man hinein, niemand, wann man hinaus will.

Die Zeit vergeht, das Leben ist ein Strom, sagen die Menschen usw. Ich merke nichts davon, die Zeit steht still und ich mit. Alle Pläne, die ich entwerfe, fliegen geradenwegs auf mich zurück; wenn ich speien will, spei ich mir selbst ins Gesicht.

Wenn ich morgens aufstehe, gehe ich gleich wieder ins Bett. Am wohlsten befinde ich mich am Abend, in dem Augenblick, da ich das Licht auslösche, die Decke über den Kopf ziehe. Noch einmal richte ich mich auf, sehe mich mit unbeschreiblicher Zufriedenheit im Zimmer um, dann gute Nacht, und unter die Decke!

Wozu ich tauge? Zu nichts oder zu allem Möglichen. Das ist eine seltene Tüchtigkeit; ob sie im Leben wohl geschätzt wird? Gott weiß, ob die Mädchen eine Stellung finden, die Kondition als Alleinmädchen suchen oder in Ermangelung dessen als alles Mögliche.

Rätselhaft sollte man nicht nur anderen sein, sondern auch sich selbst. Ich studiere mich selbst; wenn ich es müde bin, so rauche ich zum Zeitvertreib eine Zigarre und denke: weiß Gott, was der Herrgott eigentlich mit mir gewollt hat, oder was er noch aus mir herausbringen will.

Keine Wöchnerin kann absonderlichere und ungeduldigere Wünsche haben als ich. Diese Wünsche betreffen bald die unbedeutendsten Dinge, bald die erhabensten, aber alle haben sie in gleich hohem Maße die momentane Leidenschaft der Seele. In diesem Augenblick wünsche ich mir einen Teller Buchweizengrütze. Ich erinnere mich noch von meiner Schulzeit her, mittwochs gab es immer Buchweizengrütze. Ich erinnere mich, wie glatt und weiß die Grütze angerichtet war, wie die Butter mir entgegenlächelte, wie warm die Grütze sich ansah, wie hungrig ich war, wie ungeduldig darauf, anfangen zu dürfen. Ja, so ein Teller Buchweizengrütze! ich gäbe mehr als mein Erstgeburtsrecht dafür.

Der Zauberer Virgilius ließ sich in Stücke hacken und in einen Kessel werfen, um sich acht Tage kochen zu lassen und durch diesen Prozeß verjüngt zu werden. Er ließ jemand anders aufpassen, daß kein Unbefugter in den Kessel gucke. Der Aufpasser konnte indessen der Versuchung nicht widerstehen; es war zu früh, Virgilius entschwand als ein kleines Kind mit einem Schrei. Auch ich habe wohl zu früh in den Kessel geguckt, in den Kessel des Lebens und der geschichtlichen Entwicklung, und bringe es wohl nie zu mehr als ein Kind zu werden.

»Nie darf man den Mut verlieren; wenn das Unglück sich am schrecklichsten um einen auftürmt, so erblickt man in den Wolken eine hilfreiche Hand«, also sprach Seine Wohlehrwürden Jesper Morten bei der letzten Vesperpredigt. Ich bin nun gewohnt, mich viel unter freiem Himmel zu bewegen, habe jedoch etwas Derartiges nie bemerkt. Vor einigen Tagen nun werde ich auf einer Fußwanderung ein solches

Phänomen gewahr. Es war zwar nicht eigentlich eine Hand,
sondern gleichsam ein Arm, der sich aus der Wolke heraus-
reckte. Ich versank in Betrachtung: es fiel mir ein, wäre doch
nur Jesper Morten da, damit er entscheiden könnte, ob dies
das Phänomen sei, auf das er hingezielt hatte. Wie ich so mitten in diesen Gedanken dastehe, werde ich von einem Wan-
dersmann angesprochen, der, indem er zu den Wolken hin-
aufzeigt, sagt: »Sehen Sie die Wasserhose; man sieht sie in
diesen Gegenden ziemlich selten; sie reißt zuweilen ganze
Häuser mit sich fort.« I Gott bewahre, dachte ich, ist das eine
Wasserhose, und nahm Reißaus, so schnell ich konnte. Was
wohl der Wohlehrwürdige Herr Pastor Jesper Morten an
meiner Stelle getan hätte?

Laß andere darüber klagen, daß die Zeit böse sei; ich klage
darüber, daß sie erbärmlich ist; denn sie ist ohne Leidenschaft. Die Gedanken der Menschen sind dünn und zerbrechlich wie Klöppelspitzen, sie selbst bemitleidenswert wie
Klöpplerinnen. Ihres Herzens Gedanken sind zu erbärmlich,
um sündhaft zu sein. Bei einem Wurm würde es vielleicht
als Sünde gelten können, solche Gedanken zu hegen, nicht
bei einem Menschen, der nach Gottes Ebenbild geschaffen
ist. Ihre Gelüste sind gesetzt und träge, ihre Leidenschaften
schläfrig; sie tun ihre Pflichten, diese Krämerseelen, erlauben sich aber wie die Juden, die Münze doch ein ganz klein
wenig zu beschneiden; sie meinen, möge der Herrgott auch
noch so ordentlich Buch führen, so werde man schon gut dabei wegkommen, wenn man ihn ein bißchen täusche. Pfui
über sie! Darum kehrt meine Seele immer wieder zu dem
Alten Testament zurück und zu Shakespeare. Dort fühlt man
doch, daß es Menschen sind, die da reden; dort haßt man,
dort liebt man, mordet seinen Feind, verflucht seine Nach-
kommenschaft durch alle Geschlechter, dort sündigt man.

Meine Zeit teile ich folgendermaßen ein: die halbe Zeit
schlafe ich, die andere halbe träume ich. Wenn ich schlafe,

träume ich nie, das wäre zu schade; denn Schlafen ist die höchste Genialität.

Ein vollkommener Mensch zu sein, ist doch das Höchste. Nun habe ich Hühneraugen bekommen, das hilft doch immerhin schon etwas.

Das Resultat meines Lebens wird gar nichts sein, eine Stimmung, eine einzelne Farbe. Mein Resultat wird Ähnlichkeit haben mit dem Gemälde jenes Künstlers, der den Durchgang der Juden durch das Rote Meer malen sollte und zu dem Ende die ganze Wand rot anstrich, indem er erklärte, die Juden seien schon hindurchgegangen und die Ägypter ertrunken.

In der Natur wird die menschliche Würde doch noch anerkannt; denn wenn man die Vögel von den Bäumen fernhalten will, so stellt man etwas auf, was einem Menschen ähneln soll, und schon die entfernte Ähnlichkeit mit einem Menschen, die eine Vogelscheuche besitzt, genügt, um Respekt einzuflößen.

Wenn Liebe etwas zu bedeuten haben soll, muß sie in ihrer Geburtsstunde vom Monde beschienen sein, so wie der Apis, um der wahre Apis zu sein, mondbeschienen sein mußte. Die Kuh, die den Apis gebar, mußte im Augenblick der Empfängnis vom Mond beschienen sein.

Der beste Beweis, der sich für die Jämmerlichkeit des Daseins führen läßt, ist der, den man aus der Betrachtung seiner Herrlichkeit herleitet.

Die meisten Menschen hasten so sehr dem Genusse nach, daß sie an ihm vorüberhasten. Es geht ihnen wie jenem Zwerg, der eine entführte Prinzessin in seinem Schloß bewachte. Eines Tages hielt er ein Mittagsschläfchen. Als er nach einer Stunde erwachte, war sie fort. Geschwind zieht er seine Siebenmeilenstiefel an; mit einem Schritt ist er weit an ihr vorüber.

Meine Seele ist so schwer, daß kein Gedanke mehr sie tragen, kein Flügelschlag mehr sie in den Äther emporheben kann. Bewegt sie sich, so streicht sie nur flach über den Boden hin, gleich dem tiefen Flug der Vögel, wenn ein Gewitter im Anzug ist. Über meinem inneren Wesen brütet eine Beklemmung, eine Angst, die ein Erdbeben ahnt.

Wie ist das Leben so leer und bedeutungslos! – Man begräbt einen Menschen; man gibt ihm das Geleit, man wirft drei Spaten Erde auf ihn; man fährt hinaus in der Kutsche, man fährt heim in der Kutsche; man tröstet sich damit, daß noch ein langes Leben vor einem liege. Wie lange währen wohl 7 × 10 Jahre? Warum macht man es nicht auf einmal ab, warum bleibt man nicht draußen und steigt mit hinunter ins Grab und zieht das Los, um zu bestimmen, wen das Unglück treffen soll, der letzte Lebende zu sein, der die letzten drei Spaten Erde auf den letzten Toten wirft?

Die Mädchen behagen mir nicht. Ihre Schönheit schwindet dahin wie ein Traum und wie der Tag, der gestern vergangen ist. Ihre Treue – ja, ihre Treue! Entweder sind sie treulos, das beschäftigt mich nicht mehr, oder sie sind treu. Wenn ich so eine fände, so würde sie mir behagen in Anbetracht dessen, daß sie eine Seltenheit wäre, in Anbetracht der Länge der Zeit würde sie mir nicht behagen; denn entweder bliebe sie beständig treu, dann würde ich ja ein Opfer meines experimentierenden Eifers, da ich mit ihr aushalten müßte, oder es käme ein Zeitpunkt, da sie aufhörte, und dann hätte ich ja die alte Geschichte.

Elendes Schicksal! vergebens schminkst du gleich einer alten Metze dein zerfurchtes Gesicht, vergebens lärmst du mit den Narrenschellen; du langweilst mich; es ist doch immer nur dasselbe, ein *idem per idem*. Keine Abwechslung, immer nur Aufgewärmtes. Komm, Schlaf und Tod, du versprichst nichts, du hältst alles.

Diese beiden bekannten Geigenstriche! Diese beiden bekannten Geigenstriche hier in diesem Augenblick, mitten
auf der Straße. Hab' ich den Verstand verloren, ist es mein
Ohr, das aus Liebe zu Mozarts Musik aufgehört hat zu hören, ist es eine Belohnung der Götter, mir Unglücklichem,
der einem Bettler gleich an der Türe des Tempels kauert, ein
Ohr zu schenken, das selbst vorträgt, was es selbst hört? Nur
diese beiden Geigenstriche; denn nun höre ich nichts mehr.
So wie sie in jener unsterblichen Ouvertüre aus den tiefen
Choraltönen hervorbrechen, so lösen sie sich hier aus dem
Lärm und Getöse der Straße heraus, mit der ganzen Überraschung einer Offenbarung. – Es muß doch ganz in der Nähe sein; denn jetzt höre ich die leichten Tanzklänge. – Ihr
seid es also, unglückliches Künstlerpaar, euch verdanke ich
diese Freude. – Der eine von ihnen mochte wohl siebzehn
Jahre alt sein und trug einen grünen Kalmucksrock mit großen beinernen Knöpfen. Der Rock war viel zu groß für ihn.
Er hielt die Geige dicht unterm Kinn; die Mütze war tief in
die Stirn gedrückt; seine Hand war von einem fingerlosen
Handschuh bedeckt, die Finger waren rot und blau vor Kälte. Der andere war älter, hatte eine Chenille um. Beide waren sie blind. Ein kleines Mädchen, das sie vermutlich führte,
stand vor ihnen und steckte die Hände unter das Halstuch.
Wir sammelten uns allmählich, ein paar Bewunderer dieser
Töne, ein Postbote mit seinem Briefpacken, ein kleiner Junge, ein Dienstmädchen, einige Eckensteher. Die herrschaftlichen Wagen rollten lärmend vorüber, die Lastfuhrwerke
übertäubten diese Töne, die immer nur für Augenblicke em-
portauchten. Unglückliches Künstlerpaar, wißt ihr, daß diese Töne alle Herrlichkeiten der Welt in sich bergen? – War
dies nicht wie ein Stelldichein?

In einem Theater geschah es, daß die Kulissen Feuer fingen.
Hanswurst erschien, um das Publikum davon zu unterrich-
ten. Man glaubte, es sei ein Witz, und applaudierte; er wie-
derholte es; man jubelte noch mehr. So, denke ich, wird die

Welt zugrunde gehn unter dem allgemeinen Jubel witziger Köpfe, die da glauben, es sei ein »Witz«.

Was ist überhaupt der Sinn dieses Lebens? Teilt man die Menschen in zwei große Klassen, so kann man sagen, die eine arbeite, um zu leben, die andere habe das nicht nötig. Aber daß man arbeitet, um zu leben, kann ja nicht der Sinn des Lebens sein, da es doch ein Widerspruch ist, daß das fortgesetzte Schaffen der Bedingungen die Antwort sei auf die Frage nach dem Sinn dessen, was durch jenes bedingt sein soll. Das Leben der übrigen hat gemeinhin auch keinen Sinn außer dem, die Bedingungen aufzuzehren. Will man sagen, der Sinn des Lebens sei es zu sterben, so scheint dies abermals ein Widerspruch.

Der eigentliche Genuß liegt nicht in dem, was man genießt, sondern in der Vorstellung. Hätte ich in meinen Diensten einen untertänigen Geist, der mir, wenn ich ein Glas Wasser verlangte, in einem Pokal lieblich gemischt die köstlichsten Weine der Welt brächte, so würde ich ihm den Abschied geben, bis er es gelernt hätte, daß der Genuß nicht in dem liegt, was ich genieße, sondern darin, daß ich meinen Willen bekomme.

Nicht ich bin also der Herr meines Lebens, ich bin auch nur ein Faden, der mit in den Kattun des Lebens hineingesponnen werden soll. Nun wohl, kann ich gleich nicht spinnen, so kann ich den Faden doch abschneiden.

Alles will in der Stille erworben und in Schweigen vergöttlicht werden. Nicht von Psychens künftigem Kind alleine gilt es, daß seine Zukunft abhängt von ihrem Schweigen.
   Mit einem Kind, das göttlich, wenn Du schweigst –
   Doch menschlich, wenn Du das Geheimnis zeigst.

Ich scheine dazu bestimmt, alle möglichen Stimmungen zu durchleiden, Erfahrungen in allen Richtungen zu machen.

Jeden Augenblick liege ich gleich einem Kind, das schwimmen lernen soll, draußen mitten im Meer. Ich schreie [das habe ich von den Griechen gelernt, von denen man das rein Menschliche lernen kann]; denn zwar habe ich einen Gurt um den Leib, aber die Stange, die mich oben halten soll, sehe ich nicht. Es ist eine schreckliche Art, Erfahrungen zu machen.

Es ist recht merkwürdig: durch die beiden furchtbarsten Gegensätze bekommt man eine Vorstellung von der Ewigkeit. Denke ich mir jenen unglücklichen Buchhalter, der aus Verzweiflung darüber, daß er in einer Abrechnung 7 und 6 sind 14 gesagt und dadurch ein Handelshaus ruiniert hatte, den Verstand verlor; denke ich ihn mir, wie er tagaus, tagein, von allem andern unberührt, vor sich hin wiederholt: 7 und 6 sind 14, so habe ich ein Bild, ein Abbild der Ewigkeit. – Denke ich mir eine üppige weibliche Schönheit in einem Harem, in all ihrer Anmut auf einem Sofa ruhend, ohne sich um irgend etwas in der Welt zu bekümmern, so habe ich wiederum ein Bild, ein Sinnbild der Ewigkeit.

Was die Philosophen über die Wirklichkeit sagen, ist oft ebenso irreführend, wie wenn man bei einem Trödler auf einem Schilde liest: Wäschemangel. Würde man mit seiner Wäsche kommen, um sie mangeln zu lassen, so wäre man angeführt; denn das Schild steht dort nur zum Verkauf.

Für mich ist nichts gefährlicher als die Erinnerung. Habe ich mich eines Lebensverhältnisses erst erinnert, so hat das Verhältnis selbst aufgehört. Es heißt, daß Trennung die Liebe auffrischen helfe. Das ist zwar richtig, aber sie frischt sie auf eine rein poetische Weise auf. In der Erinnerung leben ist das vollkommenste Leben, das sich denken läßt, die Erinnerung sättigt reichlicher denn alle Wirklichkeit, und sie hat eine Sicherheit, wie keine Wirklichkeit sie besitzt. Ein erinnertes Lebensverhältnis ist bereits in die Ewigkeit eingegangen und hat kein zeitliches Interesse mehr.

Wenn schon irgendein Mensch ein Tagebuch führen sollte,
so müßte ich es sein, und zwar, um meinem Gedächtnis ein
wenig zu Hilfe zu kommen. Nach einiger Zeit widerfährt es
mir oft, daß ich völlig vergessen habe, welche Gründe mich
zu diesem oder jenem bewogen, und das nicht nur, wenn es
sich um Kleinigkeiten handelt, sondern um die entscheidend-
sten Schritte. Fällt der Grund mir dann ein, so kann es bisweilen so sonderbar sein, daß ich selber nicht glauben will,
dies sei der Grund gewesen. Dieser Zweifel nun wäre beseitigt, wenn ich mich an etwas Geschriebenes halten könnte.
Ein Grund ist überhaupt ein seltsam Ding; betrachte ich ihn
mit meiner ganzen Leidenschaft, so wächst er zu einer ungeheuren Notwendigkeit empor, die Himmel und Erde in Bewegung zu setzen vermag; bin ich ohne Leidenschaft, so sehe ich höhnisch auf ihn herab. – Ich habe schon seit längerer
Zeit darüber nachgesonnen, was eigentlich der Grund war,
der mich dazu bewog, meine Hilfslehrerstellung aufzugeben. Wenn ich jetzt darüber nachdenke, will es mir scheinen, daß gerade eine solche Stellung etwas für mich wäre.
Heute ist mir ein Licht aufgegangen, der Grund war eben
der, daß ich mich als für diesen Posten durchaus geeignet ansehen mußte. Wenn ich also in meinem Amte geblieben
wäre, hätte ich alles zu verlieren, nichts zu gewinnen gehabt.
Aus diesem Grunde hielt ich es für richtig, meinen Posten
aufzugeben und ein Engagement bei einer wandernden The-
atergesellschaft zu suchen, und zwar deshalb, weil ich keinerlei Talent besaß und somit alles zu gewinnen hatte.

Es gehört schon eine große Naivität dazu, zu glauben, es
hülfe etwas, wenn man ruft und schreit in der Welt, so als
könnte man damit sein Schicksal ändern. Man nehme es, wie
es geboten wird, und enthalte sich aller Weitläuftigkeiten.
Wenn ich in meiner Jugend in eine Restauration kam, so
sagte auch ich zu dem Kellner: ein gutes Stück, ein sehr gutes Stück, vom Rücken, nicht zu fett. Der Kellner hörte
vielleicht meinen Ruf kaum, geschweige denn, daß er dar-

auf geachtet hätte, geschweige denn, daß meine Stimme bis in die Küche hinaus dringen und den Vorschneider hätte rühren können, und selbst wenn all dies geschehen wäre, so war vielleicht gar kein gutes Stück an dem ganzen Braten dran. Jetzt rufe ich nie mehr.

Das soziale Streben und die es begleitende schöne Sympathie verbreiten sich immer mehr. In Leipzig hat sich ein Komitee gebildet, das aus Sympathie mit dem traurigen Ende alter Pferde beschlossen hat, diese zu verspeisen.

Ich habe nur einen Freund, es ist das Echo; und warum ist es mein Freund? Weil ich meine Trauer liebe, und die nimmt es mir nicht. Ich habe nur eine Vertraute, es ist die Stille der Nacht; und warum ist sie meine Vertraute? Weil sie schweigt.

Wie es nach der Sage dem Parmeniskus erging, der in der trophonischen Höhle die Fähigkeit zu lachen verlor, sie aber auf Delos beim Anblick eines unförmlichen Klotzes, der als Bild der Göttin Leto hingestellt wurde, wiedererlangte, so ist es mir ergangen. Als ich sehr jung war, verlernte ich in der trophonischen Höhle das Lachen; als ich älter wurde, als ich die Augen aufschlug und die Wirklichkeit betrachtete, da mußte ich lachen und habe seitdem nicht damit aufgehört. Ich sah, daß es der Sinn des Lebens ist, einen Broterwerb zu finden, und sein Ziel, Justizrat zu werden; daß es die reiche Lust der Liebe ist, ein wohlhabendes Mädchen zu heiraten; daß es der Freundschaft Seligkeit ist, einander in Geldverlegenheiten auszuhelfen; daß Weisheit ist, was die meisten darunter verstehen; und daß Begeisterung ist, eine Rede zu halten; daß Mut ist, eine Geldstrafe von 10 Talern zu riskieren; daß Herzlichkeit ist, nach einem Mittagessen »Wohl bekomm's!« zu sagen; daß Gottesfurcht ist, einmal im Jahr zum Abendmahl zu gehen. Das sah ich, und ich lachte.

Was ist es, das mich bindet? Woraus war die Fessel gemacht, mit welcher der Fenris-Wolf gebunden ward? Sie war aus dem Lärm verfertigt, den die Pfoten der Katze machen, wenn sie auf der Erde geht, aus dem Bart von Frauen, aus den Wurzeln der Felsen, aus dem Gras des Bären, aus dem Atem der Fische und dem Speichel der Vögel. So bin auch ich gebunden mit einer Fessel, die aus dunklen Einbildungen gemacht ist, aus ängstigenden Träumen, aus unruhigen Gedanken, aus bangen Ahnungen, aus unerklärten Ängsten. Diese Fessel ist »sehr geschmeidig, weich wie Seide, gibt auch der stärksten Anspannung nach und ist unzerreißbar.«

Wie sonderbar: es ist immer dasselbe, was einen durch alle Lebensalter hindurch beschäftigt, und man ist immer gleich weit, oder vielmehr, man geht zurück. Als ich fünfzehn Jahre alt war, schrieb ich in der gelehrten Schule mit viel Salbung über die Beweise für das Dasein Gottes und die Unsterblichkeit der Seele, über den Begriff des Glaubens, über die Bedeutung des Wunders. Zum *examen artium* schrieb ich eine Abhandlung über die Unsterblichkeit der Seele, für die mir *prae ceteris* zuerkannt wurde; später gewann ich mit einer Abhandlung über diese Materie den Preis. Wer möchte glauben, daß ich nach einem so soliden und vielversprechenden Anfang in meinem 25. Jahr dahin gelangt sein würde, daß ich nicht einen einzigen Beweis für die Unsterblichkeit der Seele mehr führen kann? Besonders erinnere ich mich aus meiner Schulzeit, daß ein Aufsatz von mir über die Unsterblichkeit der Seele vom Lehrer außerordentlich gelobt und vorgelesen wurde, sowohl der Vortrefflichkeit des Inhalts wie der Sprache wegen. Ach, ach, ach! diesen Aufsatz habe ich längst weggeworfen. Welch ein Unglück! Er würde meine zweifelnde Seele vielleicht gefesselt haben, sowohl durch die Sprache als auch durch den Inhalt. So ist es denn mein Rat an Eltern, Vorgesetzte und Lehrer, daß sie den ihnen anvertrauten Kindern vorhalten, die dänischen Aufsätze, welche sie im 15. Lebensjahr schreiben, aufzuheben. Diesen Rat zu geben, ist das einzige, was ich zum Besten des Menschengeschlechtes zu tun vermag.

Zur Erkenntnis der Wahrheit bin ich vielleicht gekommen; zur Seligkeit wahrlich nicht. Was soll ich tun? In der Welt wirken, antworten die Menschen. Sollte ich denn der Welt meinen Kummer mitteilen, noch einen Beitrag liefern zum Beweis dafür, wie traurig und erbärmlich alles ist, vielleicht einen neuen Flecken am Menschenleben entdecken, der bislang unbemerkt geblieben war? Ich könnte dann den seltenen Lohn ernten, berühmt zu werden, gleich jenem Mann, der die Flecken im Jupiter entdeckte. Ich ziehe es jedoch vor zu schweigen.

Wie ist doch die menschliche Natur sich selber gleich! Mit welcher angeborenen Genialität kann oft ein kleines Kind uns ein lebendiges Bild der größeren Verhältnisse zeigen! Ich ergötzte mich heute recht an Klein-Ludwig. Er saß in seinem Stühlchen; mit sichtlichem Wohlbehagen blickte er um sich. Da ging das Kindermädchen Maren durch die Stube. Maren! rief er. Ja, Klein-Ludwig, antwortete sie mit gewohnter Freundlichkeit und kam zu ihm hin. Er legte seinen großen Kopf ein wenig auf die Seite, heftete seine überaus großen Augen mit einer gewissen Schelmerei auf sie und sagte dann ganz phlegmatisch: Nein, *die* Maren doch nicht, eine ganz andere Maren! Was tun wir Älteren? Wir rufen nach der ganzen Welt, und wenn sie uns dann freundlich entgegenkommt, so sagen wir: Nein, *die* Maren doch nicht!

Mein Leben gleicht einer ewigen Nacht; wenn ich einst sterbe, so kann ich mit Achilles sagen:
Du bist vollbracht, Nachtwache meines Daseyns.

Mein Leben ist völlig sinnlos. Wenn ich seine verschiedenen Epochen betrachte, so geht es mit meinem Leben wie mit dem Worte »Schnur« im Lexikon, das einmal einen Bindfaden bedeutet und zum andern eine Schwiegertochter. Es fehlte nur noch, daß das Wort »Schnur« drittens ein Kamel bedeutete und viertens einen Staubbesen.

Ich bin gleichwie das Lüneburger Schwein. Mein Denken ist eine Leidenschaft. Ich kann vorzüglich für andere Trüffeln aufwühlen, selbst habe ich an ihnen keine Freude. Ich nehme die Probleme auf meine Nase; aber ich weiß nichts weiter mit ihnen anzufangen, als sie mir rückwärts über den Kopf zu werfen.

Vergebens widerstrebe ich. Mein Fuß gleitet. Mein Leben wird dennoch eine Dichter-Existenz. Läßt sich etwas Unglücklicheres denken? Ich bin ausersehen; das Schicksal lacht über mich, wenn es mir plötzlich zeigt, wie alles, was ich dagegen tue, Moment in einem solchen Dasein wird. Ich kann die Hoffnung so lebendig schildern, daß jede hoffende Individualität sich zu meiner Schilderung bekennen wird; und doch ist sie eine Fälschung; denn während ich die Hoffnung schildere, denk ich an die Erinnerung.

Es gibt doch noch einen Beweis für das Dasein Gottes, den man bisher übersehen hat. Er wird von einem Sklaven in den »Rittern« des Aristophanes [V. 32 ff.] geführt:

> *Δημοσθενης.*
>
> *ποιον βρετας; ἐτεον ἥγει γαρ θεους;*
>
> *Νικιας.*
>
> *ἐγωγε.*
>
> *Δημοσθενης.*
>
> *ποιῳ χρωμενος τεκμηριῳ;*
>
> *Νικιας.*
>
> *ὁτιη θεοισιν ἐχθρος εἰμ'. οὐκ εἰκοτως;*
>
> *Δημοσθενης.*
>
> 35. *εὖ προσβιβαζεις με.*

Wie ist die Langeweile doch entsetzlich – entsetzlich langweilig; ich weiß keinen stärkeren Ausdruck, keinen wahreren; denn nur Gleiches wird von Gleichem erkannt. Ach,

gäbe es doch einen höheren Ausdruck, einen stärkeren, so
gäbe es immerhin noch *eine* Bewegung. Ich liege hingestreckt, untätig; das einzige, was ich sehe, ist Leere, das einzige, wovon ich lebe, ist Leere, das einzige, worin ich mich
bewege, ist Leere. Nicht einmal Schmerz leide ich. Der Gei-
er hackte doch immerfort an des Prometheus Leber; auf Lo-
ke träufelte doch immerfort Gift herab; das war doch eine
Unterbrechung, wenn auch einförmig. Der Schmerz sogar
hat seine Erquickung für mich verloren. Und böte man mir
alle Herrlichkeiten der·Welt oder alle Qualen der Welt, sie
rühren mich gleichviel, ich würde mich nicht auf die andere
Seite drehen, weder um ihnen entgegenzugehen noch um
sie zu fliehen. Ich sterbe des Todes. Und was sollte mich auch
zerstreuen können? Ja, wenn ich eine Treue zu sehen bekäme, die jede Prüfung bestünde, eine Begeisterung, die alles
trüge, einen Glauben, der Berge versetzte; wenn ich einen
Gedanken fühlte, der das Endliche und das Unendliche verbände! Der giftige Zweifel meiner Seele aber verzehrt alles.
Meine Seele ist wie das Tote Meer, über das kein Vogel fliegen kann; wenn er bis mittwegs gekommen ist, sinkt er ermattet hinab in Tod und Verderben.

Sonderbar! mit welch zweideutiger Angst vor dem Verlieren und Behalten klebt doch der Mensch an diesem Leben!
Bisweilen habe ich schon daran gedacht, einen entscheidenden Schritt zu tun, gegen den alle meine früheren nur Kin-
derstreiche wären – die große Entdeckungsreise anzutreten.
Wie ein Schiff, wenn es vom Stapel läuft, mit Kanonen-
schüssen begrüßt wird, so wollte ich mich selber grüßen.
Und doch. Fehlt es mir an Mut? Wenn ein Stein herabfiele
und mich erschlüge, das wäre immerhin ein Ausweg.

Die Tautologie ist und bleibt doch das höchste Prinzip, der
höchste Denkgrundsatz. Was Wunder da, daß die meisten
Menschen sich ihrer bedienen. Sie ist auch durchaus nicht so
ärmlich und vermag ohne weiteres das ganze Leben auszu-

füllen. Sie hat eine scherzende, witzige, unterhaltsame Form, das sind die unendlichen Urteile. Diese Art der Tautologie ist die paradoxe und transzendente. Und sie hat die ernste, wissenschaftliche und erbauliche Form. Die Formel hierfür ist folgende: Sind zwei Größen ein und derselben dritten gleich, so sind sie auch untereinander gleich. Dies ist ein quantitativer Schluß. Diese Art von Tautologie ist besonders auf Kathedern und Kanzeln brauchbar, wo man viel sagen soll.

Das Unproportionierte in meinem Körperbau ist, daß meine Vorderbeine zu kurz sind. Wie der Hase aus Neu-Holland habe ich ganz kurze Vorderbeine, aber unendlich lange Hinterbeine. Im allgemeinen sitze ich ganz still; mache ich aber eine Bewegung, so ist es ein ungeheurer Sprung zum Entsetzen all derer, mit denen ich durch die zarten Bande der Verwandtschaft und Freundschaft verknüpft bin.

### Entweder-Oder

#### Ein ekstatischer Vortrag

Heirate, du wirst es bereuen; heirate nicht, du wirst es auch bereuen; heirate oder heirate nicht, du wirst beides bereuen; entweder du heiratest oder du heiratest nicht, du bereust beides. Lache über die Torheiten der Welt, du wirst es bereuen; weine über sie, du wirst es auch bereuen; lache über die Torheiten der Welt oder weine über sie, du wirst beides bereuen; entweder du lachst über die Torheiten der Welt oder du weinst über sie, du bereust beides. Trau einem Mädchen, du wirst es bereuen; traue ihr nicht, du wirst es auch bereuen; trau einem Mädchen oder traue ihr nicht, du wirst beides bereuen; entweder du traust einem Mädchen oder du traust ihr nicht, du wirst beides bereuen. Erhänge dich, du wirst es bereuen; erhänge dich nicht, du wirst es auch bereuen; erhänge dich oder erhänge dich nicht, du wirst beides bereuen; entweder du erhängst dich oder du erhängst dich nicht, du

wirst beides bereuen. Dies, meine Herren, ist aller Lebensweisheit Inbegriff. Nicht in einzelnen Augenblicken nur betrachte ich, wie Spinoza sagt, alles *aeterno modo*, sondern
ich bin beständig *aeterno modo*. Das, glauben viele, seien sie
auch, wenn sie, nachdem sie das eine oder das andere getan
haben, diese Gegensätze vereinigen oder mediieren. Doch
dies ist ein Mißverstand; denn die wahre Ewigkeit liegt nicht
hinter dem Entweder-Oder, sondern vor ihm. Ihre Ewigkeit wird daher auch eine schmerzliche Zeit-Sukzession sein,
da sie an der doppelten Reue zu zehren haben werden. Meine Weisheit ist also leicht zu begreifen; denn ich habe nur
einen Grundsatz, von dem ich noch nicht einmal ausgehe.
Man muß zwischen der nachfolgenden Dialektik des Entweder-Oder und der hier angedeuteten ewigen unterscheiden. Wenn ich also hier sage, daß ich nicht von meinem
Grundsatz ausgehe, so hat dies seinen Gegensatz nicht in einem Davon-Ausgehen, sondern ist lediglich der negative
Ausdruck für meinen Grundsatz, das, wodurch er sich selbst
begreift im Gegensatz zu einem Davon-Ausgehen oder einem Nicht-davon-Ausgehen. Ich gehe nicht von meinem
Grundsatz aus; denn ginge ich von ihm aus, würde ich es bereuen, ginge ich nicht von ihm aus, würde ich es auch bereu-
en. Sollte es daher dem einen oder anderen unter meinen
hochverehrten Zuhörern so vorkommen, als ob an dem,
was ich sagte, doch etwas dran wäre, so beweist er damit nur,
daß sein Kopf für Philosophie nicht geeignet ist; sollte es
ihm scheinen, daß Bewegung in dem Gesagten sei, so beweist dies dasselbe. Für diejenigen Zuhörer hingegen, die
imstande sind, mir zu folgen, obwohl ich keine Bewegung
mache, will ich nun die ewige Wahrheit entwickeln, durch
welche diese Philosophie in sich selber bleibt und keine höhere zugesteht. Wenn ich nämlich von meinem Grundsatz
ausginge, so würde ich nicht wieder aufhören können; denn
hörte ich nicht auf, so würde ich es bereuen, und hörte ich
auf, so würde ich es auch bereuen usw. Nun aber, da ich nie
ausgehe, kann ich jederzeit aufhören; denn mein ewiger

Ausgang ist mein ewiges Aufhören. Die Erfahrung hat gezeigt, daß es für die Philosophie keineswegs besonders
schwierig ist, anzufangen. Weit entfernt; sie fängt ja mit
nichts an und kann somit jederzeit anfangen. Was hingegen
der Philosophie und den Philosophen schwerfällt, ist das
Aufhören. Auch dieser Schwierigkeit bin ich entgangen;
denn falls jemand glauben sollte, daß ich, indem ich jetzt
aufhöre, wirklich aufhöre, so beweist er, daß er keine spekulative Begabung hat. Ich höre nämlich nicht jetzt auf, sondern ich habe bereits damals aufgehört, als ich anfing. Meine
Philosophie hat deshalb die vortreffliche Eigenschaft, daß sie
kurz und daß sie unwidersprechlich ist; denn wenn jemand
mir widerspräche, so dürfte ich wohl recht damit haben, ihn
für verrückt zu erklären. Der Philosoph ist also beständig
*aeterno modo* und hat nicht, wie der selige Sintenis, nur vereinzelte Stunden, die für die Ewigkeit gelebt sind.

Warum wurde ich nicht in Nyboder geboren, warum bin
ich nicht als kleines Kind gestorben? Da hätte mein Vater
mich in einen kleinen Sarg gelegt, mich selbst unter den Arm
genommen, mich eines sonntags vormittags zum Grabe
hinausgetragen, selber die Erde darauf geworfen und halblaut ein paar nur ihm verständliche Worte gesprochen. Dem
glücklichen Altertum allein konnte es in den Sinn kommen,
die kleinen Kinder im Elysium weinen zu lassen, weil sie so
früh gestorben waren.

Niemals bin ich froh gewesen; und doch hat es immer den
Anschein gehabt, als ob die Freude in meinem Gefolge wäre,
als ob die leichten Genien der Freude mich umtanzten, unsichtbar für andere zwar, nicht aber für mich, dessen Auge
vor Wonne erstrahlte. Wenn ich also an den Menschen vor-
übergehe, glücklich und froh wie ein Gott, und sie mein
Glück mir neiden, da lache ich; denn ich verachte die Menschen, und ich räche mich. Niemals habe ich gewünscht, einem Menschen Unrecht zu tun, aber immer habe ich vorge-

täuscht, als ob jeder Mensch, der in meine Nähe käme, ge-
kränkt und beleidigt würde. Wenn ich also andere wegen
ihrer Treue, ihrer Rechtschaffenheit loben höre, da lache
ich; denn ich verachte die Menschen, und ich räche mich.
Niemals ist mein Herz gegen einen Menschen verhärtet gewesen, immer aber, gerade dann, wenn ich am tiefsten bewegt war, habe ich vorgetäuscht, als ob mein Herz verschlossen und jedem Gefühl entfremdet wäre. Wenn ich also
andere wegen ihres guten Herzens rühmen höre, sie geliebt
sehe wegen ihres tiefen, reichen Gefühls, da lache ich; denn
ich verachte die Menschen und räche mich. Wenn ich mich
selbst verflucht, verabscheut sehe, gehaßt wegen meiner Kälte und Herzlosigkeit: da lache ich, da sättigt sich mein Zorn.
Wenn nämlich die guten Menschen mich dahin bringen
könnten, wirklich Unrecht zu haben, wirklich Unrecht zu
tun – ja, dann hätte ich verloren.

Das ist mein Unglück; immer geht ein Würgeengel neben
mir her, und nicht die Tür der Auserwählten ist es, die ich
mit Blut besprenge zum Zeichen, daß er vorübergehen soll,
nein, es ist die Tür derer, bei denen er gerade eintritt – denn
erst die Liebe der Erinnerung ist glücklich.

Der Wein erfreut mein Herz nicht mehr; ein wenig davon
macht mich wehmütig; viel – schwermütig. Meine Seele ist
matt und kraftlos, vergebens drücke ich ihr die Sporen der
Lust in die Seite, sie kann nicht mehr, sie bäumt sich nicht
mehr auf in ihrem königlichen Sprung. Ich habe alle meine
Illusion verloren. Vergebens suche ich mich der Unendlichkeit der Freude hinzugeben, sie kann mich nicht erheben
oder vielmehr ich kann mich selber nicht erheben. Einstmals,
wenn sie nur winkte, da stieg ich leicht und gesund und
wohlgemut. Wenn ich langsam durch den Wald ritt, so
war es, als ob ich flöge; wenn jetzt das Pferd, schon nah dem
Sturze, schäumt, so scheint es mir, als käme ich nicht vom
Fleck. Einsam bin ich, bin es je und je gewesen; verlassen,

nicht von den Menschen, das würde mich nicht schmerzen,
sondern von den glücklichen Genien der Freude, die mich in
zahlreicher Schar umringten, die überall Bekannte trafen,
überall eine Gelegenheit mir zeigten. Wie ein betrunkener
Mann das ausgelassene Gewimmel der Jugend um sich sammelt, so scharten sie sich um mich, der Freude Elfen, und ihnen galt mein Lächeln. Meine Seele hat die Möglichkeit verloren. Sollte ich mir etwas wünschen, so wünscht' ich mir
nicht Reichtum oder Macht, sondern die Leidenschaft der
Möglichkeit, das Auge, das allenthalben ewig jung, ewig
brennend die Möglichkeit erblickt. Der Genuß enttäuscht,
die Möglichkeit nicht. Und welcher Wein ist so schäumend,
welcher so duftend, welcher so berauschend!

Wo die Strahlen der Sonne nicht hindringen, da dringen
doch die Töne hin. Mein Zimmer ist dunkel und düster, eine
hohe Mauer hält das Licht des Tages beinah fern. Es muß im
Nachbarhofe sein, vermutlich ein umherziehender Musi-
kant. Was ist das für ein Instrument? Eine Rohrflöte? ... was
höre ich? – das Menuett aus Don Juan. So tragt mich denn
wieder fort, ihr reichen und starken Töne, in den Kreis der
Mädchen, zu des Tanzes Lust. – Der Apotheker stößt in seinem Mörser, das Mädchen scheuert seinen Topf, der Stall-
knecht striegelt sein Pferd und klopft den Striegel auf den
Pflastersteinen aus; mir nur gelten diese Töne, mir nur winken sie. O, hab Dank, wer du auch seist, hab Dank! meine
Seele ist so reich, so gesund, so freudetrunken.

Lachs ist an und für sich eine sehr delikate Speise. Wenn man
aber zu viel davon bekommt, so schadet es der Gesundheit,
da es eine blähende Speise ist. Als daher in Hamburg einmal
eine große Menge Lachs gefangen wurde, befahl die Polizei, daß jeder Hausherr seinen Dienstboten nur einmal in der
Woche Lachs geben dürfe. Es wäre zu wünschen, daß eine
ähnliche Polizeiverordnung betreffs der Sentimentalität er-
lassen würde.

Mein Leid ist meine Ritterburg, die einem Adlerhorste
gleich hoch oben auf der Berge Gipfel in den Wolken liegt;
keiner kann sie erstürmen. Von ihr fliege ich hinunter in die
Wirklichkeit und packe meine Beute; aber ich bleibe dort
unten nicht, meine Beute bringe ich heim, und diese Beute
ist ein Bild, das ich hineinwebe in die Tapeten auf meinem
Schloß. Dort lebe ich wie ein Toter. Alles Erlebte tauche ich
hinab in die Taufe des Vergessens zur Ewigkeit der Erinnerung. Alles Endliche und Zufällige ist vergessen und ausgelöscht. Da sitze ich als ein alter, ergreister Mann, gedankenvoll, und erkläre mit leiser Stimme, fast flüsternd, die Bilder, und neben mir sitzt ein Kind und hört zu, obwohl es
sich an alles erinnert, noch eh' ich es erzähle.

Die Sonne scheint so schön und lieblich in mein Zimmer;
nebenan steht das Fenster offen; auf der Straße ist alles still,
es ist Sonntag nachmittag; ich höre deutlich eine Lerche, die
draußen vor einem Fenster in einem der Nachbarhöfe ihre
Triller schlägt, vor dem Fenster, wo das hübsche Mädchen
wohnt; weither aus einer fernen Straße höre ich einen Mann
Krabben ausrufen; die Luft ist so warm, und doch ist die ganze Stadt wie ausgestorben. – Da gedenke ich meiner Jugend
und meiner ersten Liebe – als ich mich noch sehnte; jetzt
sehne ich mich nur nach meiner ersten Sehnsucht. Was ist
Jugend? Ein Traum. Was ist die Liebe? Des Traumes Inhalt.

Etwas Wunderbares ist mir widerfahren. Ich ward entzückt
in den siebenten Himmel. Dort saßen alle Götter versammelt.
Aus besonderer Gnade wurde mir die Gunst gewährt, einen
Wunsch zu tun. »Willst du«, sprach Merkur, »willst du Jugend oder Schönheit oder Macht oder ein langes Leben oder
das schönste Mädchen oder eine andere Herrlichkeit von
den vielen, die wir in der Kramkiste haben, so wähle, jedoch
nur eines.« Ich war einen Augenblick unschlüssig, dann
wandte ich mich mit folgenden Worten an die Götter:

Hochverehrte Zeitgenossen, eines wähle ich, daß ich immer die Lacher auf meiner Seite haben möge. Da war auch nicht ein Gott, der ein Wort erwiderte, hingegen fingen sie alle an zu lachen. Daraus schloß ich, daß meine Bitte erfüllt sei, und fand, daß die Götter verstünden, sich mit Geschmack auszudrücken; denn es wäre ja doch unpassend gewesen, ernsthaft zu antworten: Es sei dir gewährt.

*Die unmittelbaren erotischen Stadien*

*oder Das Musikalisch-Erotische*

—

### Nichtssagende Einleitung

SEIT DEM Augenblick, da meine Seele zum ersten Male in
Bewunderung von Mozarts Musik erstaunte und demütig
sich neigte, ist es mir oft eine liebe und erquickende Beschäftigung gewesen, zu überlegen, wie jene fröhliche griechische Betrachtung der Welt, die diese deshalb *κοσμος*
nennt, weil sie sich als ein wohlgeordnetes Ganzes erweist,
als eine geschmackvolle durchsichtige Zierde des Geistes, der
sie wirkt und durchwirkt, wie jene fröhliche Betrachtung
sich in einer höheren Ordnung der Dinge, in der Welt der
Ideale, wiederholen lasse, wie hier wiederum eine leitende
Weisheit sei, bewundernswert vornehmlich in der Verknüp-
fung dessen, was zusammengehört, Axels mit Walburg,
Homers mit dem trojanischen Krieg, Raphaels mit dem Katholizismus, Mozarts mit Don Juan. Es gibt einen armseligen
Unglauben, der viel Heilkraft zu enthalten scheint. Er meint,
daß eine solche Verbindung zufällig sei und sieht nichts anderes darin als ein recht glückliches Zusammentreffen der
verschiedenen Kräfte im Spiel des Lebens. Er meint, es sei
zufällig, daß die Liebenden einander bekommen, zufällig,
daß sie sich lieben; es hätte hundert andere Mädchen gegeben, mit denen er ebenso glücklich hätte werden, die er
ebenso innig hätte lieben können. Er meint, es habe so mancher Dichter gelebt, der ebenso unsterblich geworden wäre
wie Homer, wenn dieser ihm nicht jenen herrlichen Stoff
vorweggenommen hätte, so mancher Komponist, der ebenso unsterblich geworden wäre wie Mozart, wenn sich nur
die Gelegenheit geboten hätte. Diese Weisheit nun enthält
viel Trost und Labsal für all das Mittelmäßige, das sich dadurch in Stand gesetzt sieht, sich selber und Gleichgesinnten

einzubilden, daß es eine Verwechslung des Schicksals sei, ein
Versehen der Welt, wenn sie nicht ebenso ausgezeichnet
wurden wie die Ausgezeichneten. Es ist ein recht bequemer
Optimismus, der auf diese Weise zuwege gebracht wird. Jeder großmütigen Seele hingegen, jedem Optimaten, dem
nicht so sehr daran gelegen ist, sich auf eine derart armselige
Weise selbst zu erhalten, als sich durch die Betrachtung des
Großen selbst zu verlieren, ist sie natürlich ein Greuel; während es seiner Seele eine Wonne, eine heilige Freude ist, das
vereint zu sehen, was zusammengehört. Dies ist das Glückliche, nicht im Sinne des Zufälligen, und setzt darum zwei
Faktoren voraus, während das Zufällige in den unartiku-
lierten Interjektionen des Schicksals liegt. Dies ist das Glückliche in der Geschichte, das göttliche Zusammenspiel der geschichtlichen Kräfte, die Feier in der geschichtlichen Zeit.
Das Zufällige hat nur einen Faktor; es ist ein Zufall, daß
Homer in der Geschichte des trojanischen Krieges den vorzüglichsten epischen Stoff fand, der sich denken läßt. Das
Glückliche hat deren zwei: es ist ein Glück, daß der vorzüg-
lichste epische Stoff Homer zuteil wurde; hier liegt nämlich
der Akzent ebensosehr auf Homer wie auf dem Stoff. Darin
liegt die tiefe Harmonie, die in jedem Kunstwerk, das wir
klassisch nennen, wiederklingt. So nun auch mit Mozart; es
ist ein Glück, daß das in tieferem Verstande vielleicht einzige musikalische Sujet keinem anderen gegeben wurde als –
Mozart.

Mit seinem Don Juan tritt Mozart in die kleine unsterbliche
Schar jener Männer ein, deren Namen, deren Werke die Zeit
nicht vergessen wird, da die Ewigkeit sich ihrer erinnert.
Und obwohl es, wenn man erst einmal hier eintrat, gleichgültig ist, ob man zu oberst steht oder zu unterst, weil man
in gewissem Sinne gleich hoch steht, da man unendlich hoch
steht, obwohl es ebenso kindisch ist, hier um den obersten
oder untersten Platz zu streiten, wie bei einer Konfirmation
um den Platz vor dem Altar, so bin ich doch noch allzusehr
ein Kind, oder besser, ich bin wie ein junges Mädchen in

Mozart verliebt und muß ihn obenan stehen haben, koste es, was es wolle. Und ich will zum Küster und zum Pfarrer, zum Propst und zum Bischof und zum ganzen Konsistorium laufen, und ich will sie anflehen und beschwören, sie möchten meine Bitte erfüllen, und ich will die ganze Gemeinde um dasselbe anrufen, und will man meine Bitte nicht erhören, meinen kindischen Wunsch nicht erfüllen, so trete ich aus der Gesellschaft aus, so separiere ich mich von ihrem Gedankengang, so bilde ich eine Sekte, die Mozart nicht allein obenan setzt, sondern gar keinen anderen hat als Mozart; und Mozart will ich um Verzeihung bitten, daß seine Musik mich nicht zu großen Taten begeistert, sondern mich zu einem Narren gemacht hat, der über ihm das bißchen Verstand verlor, das er besaß, und sich jetzt zumeist in stiller Wehmut die Zeit damit vertreibt, vor sich hin zu summen, was er nicht versteht, der gleich einem Gespenst Tag und Nacht um das herumschleicht, in das er nicht hineinkommen kann. Unsterblicher Mozart! Du, dem ich alles verdanke, dem ich verdanke, daß ich den Verstand verlor, daß meine Seele erstaunte, daß ich in meinem innersten Wesen mich entsetzte, du, dem ich verdanke, daß ich nicht durchs Leben gegangen bin, ohne daß etwas imstande gewesen wäre, mich zu erschüttern, du, dem ich es danke, daß ich nicht gestorben bin, ohne geliebt zu haben, mag meine Liebe auch unglücklich gewesen sein. Was Wunder da, wenn ich eifersüchtiger auf seine Verherrlichung bin als auf den glücklichsten Augenblick meines eigenen Lebens, eifersüchtiger auf seine Unsterblichkeit als auf mein eigenes Dasein. Ja, wenn er fortgenommen, wenn sein Name ausgetilgt würde, so würde der einzige Pfeiler umgestoßen, der es bisher verhindert hat, daß alles für mich zusammenstürzte in einem grenzenlosen Chaos, in einem furchtbaren Nichts.

Doch ich brauche wohl nicht zu fürchten, daß irgendeine Zeit ihm den Platz in jenem Königreich von Göttern verweigern wird, muß wohl aber darauf vorbereitet sein, daß man es kindisch von mir finden wird, für ihn den ersten Platz zu verlangen. Und obwohl ich mich keineswegs meiner Kinderei zu schämen gedenke, obwohl sie für mich stets mehr Bedeutung und mehr Wert behalten wird als jede erschöpfende Betrachtung, eben weil sie unerschöpflich ist, werde ich doch einen Versuch machen, auf dem Wege der Überlegung seinen rechtmäßigen Anspruch zu beweisen.

Das Glückliche am klassischen Kunstwerk, das, was seine Klassizität und Unsterblichkeit konstituiert, ist der absolute Zusammenhalt der beiden Kräfte. Dieser Zusammenhalt ist so absolut, daß eine spätere reflektierende Zeit wohl nicht einmal gedanklich zu trennen vermag, was so innig vereinigt ist, ohne Gefahr zu laufen, ein Mißverständnis zu wecken oder zu nähren. Wenn man also sagt, es sei Homers Glück, daß er den vorzüglichsten epischen Stoff fand, so kann dies leicht zur Folge haben, daß man vergißt, daß wir diesen epischen Stoff immer nur durch Homers Auffassung besitzen und daß die Tatsache, daß er als der vollendetste epische Stoff erscheint, uns nur klar ist in und mit der Transsubstantiation, die Homer gehört. Hebt man dagegen Homers dichterische Tätigkeit in der Durchdringung des Stoffes hervor, so läuft man leicht Gefahr zu vergessen, daß die Dichtung nie geworden wäre, was sie ist, wenn nicht der Gedanke, mit dem Homer ihn durchdrungen hat, der eigene Gedanke, wenn nicht die Form die eigene Form des Stoffes wäre. Der Dichter wünscht seinen Stoff; aber, wie man sagt, Wünschen ist keine Kunst, das ist durchaus richtig und gilt mit großer Wahrheit von einer Menge ohnmächtiger Dichterwünsche. Das richtige Wünschen hingegen ist eine große Kunst, oder besser, es ist eine Gabe. Das ist das Unerklärliche und Geheimnisvolle am Genie gleichwie an einer Wünschelrute, die auch nie auf den Einfall kommt zu wünschen, außer wo das ist, was sie wünscht. Das Wünschen hat somit eine weit tiefere Bedeutung als für gewöhnlich, ja dem abstrakten Verstand erscheint es als eine Lächerlichkeit, da er das Wünschen eher in bezug auf das denkt, was nicht ist, als in bezug auf das, was ist.

Es hat eine Ästhetiker-Schule gegeben, die dadurch, daß sie einseitig die Bedeutung der Form hervorhob, nicht ohne Schuld das entsprechende umgekehrte Mißverständnis veranlaßt hat. Es ist mir häufig aufgefallen, daß diese Ästhetiker ohne weiteres an die Hegelische Philosophie anknüpften, da sowohl eine allgemeine Kenntnis Hegels, wie eine besondere seiner Ästhetik davon überzeugt, daß er vornehmlich in ästhetischer Hinsicht die Bedeutung des Stoffes ungemein hervorhebt. Beides gehört indessen wesentlich zusammen, und eine einzige Betrachtung wird genügen, dies zu beweisen, da ein solches Phänomen sonst unerklärlich bliebe. Im allgemeinen ist es nur ein einzelnes Werk, oder eine einzelne Folge von Werken, was den einzelnen zum klassischen Dichter, Künstler usw. stempelt. Dieselbe Individualität kann viele verschiedene Dinge hervorgebracht haben, die jedoch in keinerlei Beziehung dazu stehen. So hat Homer auch eine Batrachomyomachie geschrieben, ist aber durch sie nicht klassisch oder unsterblich geworden. Zu behaupten, dies habe seinen Grund darin, daß der Gegenstand unbedeutend sei, wäre ja töricht, da das Klassische im Gleichgewicht liegt. Wenn nun das, was ein klassisches Kunstwerk zu einem klassischen Kunstwerk macht, einzig und allein in der produzierenden Individualität läge, so müßte ja alles, was diese hervorbrächte, klassisch sein, in einem ähnlichen, wenn auch höheren Sinne, wie die Biene stets eine gewisse Art von Zellen hervorbringt. Wollte man nun erwidern, dies komme daher, daß der Künstler bei dem einen erfolgreicher gewesen sei als bei dem andern, so hätte man eigentlich gar nichts erwidert. Teils ist dies nur eine vornehme Tautologie, die im Leben nur allzuoft die Ehre genießt, für eine Antwort gehalten zu werden, teils ist es, als Antwort betrachtet, eine Antwort innerhalb einer anderen Relativität als derjenigen, in welcher gefragt wurde. Es erklärt nämlich nichts hinsichtlich des Verhältnisses von Stoff und Form und könnte höchstens in Betracht kommen, wo es sich allein um die formende Tätigkeit handelte.

Mit Mozart verhält es sich nun ebenfalls so, daß es nur ein
einziges Werk von ihm ist, welches ihn zu einem klassischen
Komponisten und absolut unsterblich macht. Dieses Werk
ist der Don Juan. Was er sonst geschaffen hat, mag erfreuen
und entzücken, unsere Bewunderung erregen, die Seele bereichern, das Ohr sättigen, das Herz erfreuen; doch tut man
ihm und seiner Unsterblichkeit keinen Dienst damit, daß
man alles durcheinanderwirft und alles gleich groß macht.
Der Don Juan ist sein Rezeptionsstück. Mit dem Don Juan
tritt er in jene Ewigkeit ein, die nicht außerhalb der Zeit
liegt, sondern mitten in ihr, die sich durch keinen Vorhang
vor den Augen der Menschen verbirgt, in welche die Unsterblichen nicht ein für allemal aufgenommen sind, sondern immer wieder aufgenommen werden, indem das Geschlecht vorübergeht und den Blick auf sie richtet, glücklich ist in ihrer Beschauung, ins Grab sinkt, und das folgende
Geschlecht wandert wiederum an ihnen vorüber und verklärt sich in ihrer Beschauung; mit seinem Don Juan tritt er
ein in die Reihe jener Unsterblichen, jener sichtbar Verklärten, die keine Wolke vor den Augen der Menschen hinwegnimmt; mit dem Don Juan steht er an oberster Stelle unter
ihnen. Dies letzte war es, was ich, wie oben gesagt, zu beweisen suchen wollte.

Alle klassischen Kunstwerke stehen, wie oben bemerkt wurde, gleich hoch, weil ein jedes unendlich hoch steht. Will
man also dessenungeachtet einen Versuch machen, eine gewisse Ordnung in diese Prozession hineinzubringen, so folgt
daraus von selbst, daß diese nicht auf etwas Wesentliches gegründet sein kann; denn daraus würde ja folgen, daß ein wesentlicher Unterschied bestünde, woraus wiederum folgen
würde, daß das Wort »klassisch« zu Unrecht von ihnen allen
prädiziert wurde. Wollte man also etwa eine Klassifikation
auf die unterschiedliche Beschaffenheit des Stoffes gründen,
so würde man sich dadurch alsbald in ein Mißverständnis
verwickeln, das, wenn es weiter um sich griffe, damit enden
würde, den ganzen Begriff des Klassischen aufzuheben. Der

Stoff ist nämlich ein wesentliches Moment, sofern er der eine Faktor ist, aber er ist nicht das Absolute, da er nur das eine Moment darstellt. So könnte man etwa darauf aufmerksam machen, daß bei gewissen Arten von klassischen Kunstwerken gewissermaßen kein Stoff vorhanden ist, wohingegen bei anderen der Stoff eine so bedeutende Rolle spielt. Ersteres ist der Fall bei jenen Werken, die wir in Architektur, Skulptur, Musik, Malerei, zumal in den drei ersten, als klassisch bewundern, dergestalt, daß selbst in der Malerei, sofern vom Stoff die Rede ist, diesem doch eigentlich nur die Bedeutung eines Anlasses zukommt. Das zweite gilt von der Poesie, dieses Wort in weitestem Sinne genommen, wonach es alles künstlerische Schaffen bezeichnet, das sich auf die Sprache und das geschichtliche Bewußtsein gründet. Diese Bemerkung ist an sich zwar durchaus richtig; will man aber eine Klassifikation auf sie gründen, indem man das Fehlen oder das Vorhandensein des Stoffes als einen Vorteil oder als eine Beschwernis für das produzierende Subjekt betrachtet, so geht man in die Irre. Genaugenommen kommt man nämlich dazu, das Gegenteil von dem zu urgieren, was man eigentlich wollte, so wie es immer geht, wenn man sich abstrakt in dialektischen Bestimmungen bewegt, wobei es sich denn nicht allein darum handelt, daß man das Eine sagt und ein Anderes meint, sondern man sagt das Andere; was man zu sagen glaubt, sagt man nicht, sondern sagt das Gegenteil. So etwa dort, wo man den Stoff als Einteilungs-Prinzip geltend macht. Indem man davon spricht, spricht man von etwas ganz anderem, nämlich von der formenden Tätigkeit. Will man dagegen von der formenden Tätigkeit ausgehen und sie allein hervorheben, so hat man dasselbe Verhängnis. Indem man hier den Unterschied geltend machen und somit hervorheben will, daß in einigen Richtungen die formende Tätigkeit derart schöpferisch sei, daß sie auch den Stoff mit erschaffe, wohingegen sie in anderen den Stoff empfange, so spricht man hier wiederum, obwohl man von der formenden Tätigkeit zu sprechen glaubt, eigentlich vom Stoff und gründet die Klassifikation eigentlich auf die Einteilung des Stoffes. Von der formenden Tätigkeit als dem Ausgangspunkt für eine solche Klassifikation gilt ganz dasselbe wie vom Stoff. Zur Begründung einer Rangordnung ist demnach die einzelne Seite gänzlich unbrauchbar; denn sie bleibt immer zu wesentlich, um zufällig genug zu sein, zu zufällig, um eine wesentliche Anordnung zu begründen. Aber dieses absolute gegenseitige Sich-Durchdringen, welches bewirkt, daß, wenn man sich distinkt ausdrücken will, man ebensogut sagen kann, daß der Stoff die Form, wie daß die Form den Stoff durchdringe, dieses gegenseitige Sich-Durchdringen, dieses Gleich um Gleich in der unsterblichen Freundschaft des Klassischen kann dazu dienen, das Klassische von einer neuen Seite zu beleuchten und es so zu begrenzen, daß es nicht zu ampel werde. Die Ästhetiker nämlich, welche die dichterische Tätigkeit einseitig urgierten, haben diesen Begriff so sehr ausgeweitet, daß jenes Pantheon derart mit klassischen Schnurrpfeifereien und Bagatellen bereichert, ja überladen worden ist, daß die natürliche Vorstellung einer kühlen Halle mit einzelnen bestimmten großen Gestalten völlig verschwand und jenes Pantheon eher zu einer Polterkammer wurde. Jede in künstlerischer Hinsicht vollendete kleine Nettigkeit ist nach dieser Ästhetik ein klassisches Werk, dem absolute Unsterblichkeit sicher sei; ja in diesem Hokuspokus räumte man solchen Kleinigkeiten am allermeisten Platz ein; obwohl man Paradoxien sonst haßte, fürchtete man sich doch nicht vor dem Paradox, daß das Kleinste und Geringste eigentlich die Kunst sei. Das Unwahre liegt darin, daß man die formale Tätigkeit einseitig hervorhob. Eine solche Ästhetik konnte sich daher nur eine bestimmte Zeit halten, solange man nämlich nicht darauf aufmerksam wurde, daß die Zeit ihrer und ihrer klassischen Werke spottete. Auf dem Gebiet der Ästhetik stellte diese Anschauung eine Form jenes Radikalismus dar, der sich in entsprechender Weise auf so vielen Gebieten geäußert hat, sie war eine Äußerung des zügellosen Subjekts in seiner ebenso zügellosen Inhaltslosigkeit. Diese Bestrebung hat indessen wie so manche andere ihren Bezwinger in Hegel gefunden. Es ist überhaupt hinsichtlich der Hegelischen Philosophie eine traurige Wahrheit, daß sie, weder für die Vergangenheit noch für die Gegenwart, keineswegs die Bedeutung erlangt hat, die sie erlangt haben würde, wenn die Vergangenheit es nicht so eilig damit gehabt hätte, die Menschen in sie hineinzuscheuchen, sondern hingegen etwas mehr präsentische Ruhe bei ihrer Aneignung, die Gegenwart nicht so unermüdlich gewirkt hätte, um die Menschen über sie hinaus zu hetzen. Hegel setzte den Stoff, die Idee wieder in ihre Rechte ein und vertrieb damit diese flüchtigen klassischen Werke, diese leichten Wesen, Dämmerungs-Schwärmer aus den Gewölben der Klassizität. Es kann keineswegs unsere Absicht sein, diesen Werken den ihnen zukommenden Wert abzuerkennen, aber es gilt darüber zu wachen, daß man nicht hier wie an so manchen anderen Orten die Sprache verwirrt, die Begriffe entnervt. Eine gewisse Ewigkeit mag man ihnen zwar beilegen, und dies ist das Verdienstliche an ihnen; diese Ewigkeit aber ist doch eigentlich nur der ewige Augenblick, den jedes wahrhaft künstlerische Werk besitzt, nicht die volle Ewigkeit mitten im Wechsel und Wandel der Zeiten. Was jenen Erzeugnissen fehlte, waren Ideen, und je vollendeter sie in formaler Beziehung waren, desto schneller verbrannten sie in sich selbst, je mehr die technische Fertigkeit sich bis zum höchsten Grade der Virtuosität entwickelte, desto oberflächlicher wurde diese, und hatte weder Mut noch Kraft noch Haltung, um dem Sturm der Zeit zu widerstehen, indem sie, immer vornehmer, mit stets größerem Nachdruck den Anspruch erhob, der am besten rektifizierte Spiritus zu sein. Nur dort, wo die Idee in einer bestimmten Form zur Ruhe und Durchsichtigkeit gebracht worden ist, nur dort kann von einem klassischen Werk die Rede sein; dieses aber wird dann auch imstande sein, den Zeiten zu widerstehen. Diese Einheit, diese gegenseitige innige Hingabe aneinander, ist jedem klassischen Werk eigen, und man erkennt somit leicht, daß jeder Versuch einer Klassifikation der verschiedenen klassischen Werke, der eine Trennung von Stoff und Form oder Idee und Form zu seinem Ausgangspunkt hat, *eo ipso* verfehlt ist.

Man könnte sich nun einen anderen Weg denken. Man könnte das Medium, durch das die Idee sichtbar wird, zum Gegenstand der Betrachtung machen, und wenn man bemerkte, daß ein Medium reicher, ein anderes ärmer sei, die Einteilung darauf gründen, indem man in Reichtum oder Armut des Mediums eine Erleichterung oder eine Erschwernis erblickt. Doch das Medium steht in einem allzu notwendigen Verhältnis zur ganzen Hervorbringung, als daß eine Einteilung, die sich hierauf gründete, sich durch ein paar Gedankenbewegungen nicht in den im vorigen hervorgehobenen Schwierigkeiten verstricken würde.

Dagegen glaube ich mit folgenden Betrachtungen die Aussicht auf eine Einteilung zu eröffnen, die Gültigkeit haben wird, eben weil sie ganz und gar zufällig ist. Je abstrakter und also je ärmer die Idee ist, je abstrakter und also je ärmer das Medium ist, um so größer die Wahrscheinlichkeit, daß sich keine Wiederholung denken läßt, um so größer die Wahrscheinlichkeit, daß die Idee, wenn sie erst ihren Ausdruck gefunden, diesen ein für allemal gefunden hat. Je konkreter hingegen und also je reicher die Idee, und ebenso mit dem Medium, um so größer die Wahrscheinlichkeit einer Wiederholung. Indem ich nun alle die verschiedenen klassischen Werke nebeneinander aufstelle und, ohne sie ordnen zu wollen, mich gerade darüber wundere, daß alle gleich hoch stehen, so wird es sich doch leicht erweisen, daß die eine Sektion mehr Arbeiten zählt als die andere, oder, wenn das nicht der Fall ist, daß immerhin die Möglichkeit dazu besteht, während sich für die andere eine solche Möglichkeit nicht so leicht ergibt.

Dies möchte ich hier noch etwas näher ausführen. Je abstrakter die Idee ist, um so geringer die Wahrscheinlichkeit. Wie aber wird die Idee konkret? Dadurch, daß sie vom Ge-

schichtlichen durchdrungen ist. Je konkreter die Idee, um so
größer die Wahrscheinlichkeit. Je abstrakter das Medium
ist, um so geringer die Wahrscheinlichkeit, je konkreter,
um so größer. Was aber will dieses, daß das Medium konkret ist, anderes besagen, als daß es in seiner Approximation
an die Sprache entweder ist oder gesehen wird; denn die
Sprache ist das konkreteste aller Medien. Die Idee, die etwa
in der Skulptur zur Offenbarung kommt, ist völlig abstrakt,
steht in keinerlei Verhältnis zum Geschichtlichen; das Medium, durch welches sie sichtbar wird, ist gleichfalls abstrakt, groß also die Wahrscheinlichkeit, daß die Sektion
klassischer Arbeiten, welche die Skulptur in sich schließt,
nur wenige umfassen wird. In dieser Hinsicht habe ich ganz
das Zeugnis der Zeit und die Zustimmung der Erfahrung.
Nehme ich hingegen eine konkrete Idee und ein konkretes
Medium, so ergibt sich ein anderes Bild. So ist Homer zwar
ein klassischer epischer Dichter, weil aber die Idee, die im
Epischen zur Erscheinung kommt, eine konkrete Idee, und
weil das Medium die Sprache ist, eben darum lassen sich in
der Sektion klassischer Werke, die das Epische umfaßt, weitere Werke denken, die alle gleich klassisch sind, weil die
Geschichte immerfort neuen epischen Stoff absetzt. Auch in
dieser Hinsicht habe ich das Zeugnis der Geschichte und die
Zustimmung der Erfahrung.
Wenn ich nun auf dieses ganz und gar Zufällige eine Einteilung gründe, so kann man mir eigentlich nicht bestreiten,
daß sie eine zufällige sei. Will man mir hingegen einen Vorwurf daraus machen, so erwidere ich, man irrt sich; denn
das soll sie ja gerade sein. Zufällig ist es, daß die eine Sektion
mehr Werke zählt oder zählen kann als die andere. Da aber
dies zufällig ist, so erkennt man leicht, daß man wiederum
ebensogut die Klasse obenan stellen könnte, welche die meisten zählt oder zählen kann. Ich könnte nun das im vorigen
Gesagte inhärieren und ganz ruhig erwidern, darin habe man
vollkommen recht, um so mehr aber müsse man die Konsequenz loben, indem ich die entgegengesetzte Sektion ganz

zufällig obenan gestellt habe. Das will ich jedoch nicht tun,
sondern vielmehr auf einen Umstand provozieren, der zu
meinen Gunsten spricht, auf den Umstand nämlich, daß die
Sektionen, welche die konkreten Ideen umfassen, nicht abgeschlossen sind und sich so auch nicht abschließen lassen.
Daher ist es das Natürlichere, die anderen voranzustellen
und bezüglich der letzteren die Flügeltüren ständig offen zu
halten. Wollte aber jemand behaupten, daß dies eine Unvollkommenheit, ein Mangel an jener ersten Klasse sei, so
pflügt er außerhalb der Furchen meiner Betrachtung, und
ich kann seine Rede, wie gründlich sie auch sei, nicht beachten; denn der feste Punkt ist ja der, daß, wesentlich betrachtet, alles gleich vollkommen ist.
Welche Idee ist nun aber die abstrakteste? Diese Frage betrifft natürlich nur eine Idee, die Gegenstand künstlerischer
Behandlung werden kann, nicht solche, die sich zu wissen-
schaftlicher Darstellung eignen. Welches Medium ist das am
meisten abstrakte? Dieses letztere möchte ich zuerst beantworten. Es ist das Medium, das der Sprache am fernsten
steht.
Bevor ich jedoch zur Beantwortung dieser Frage übergehe,
möchte ich daran erinnern, daß hinsichtlich der endgültigen
Lösung meiner Aufgabe noch ein Umstand auftaucht. Nicht
immer hat das abstrakteste Medium auch die abstrakteste
Idee zum Gegenstand. So ist das Medium, das die Architektur verwendet, zwar das am meisten abstrakte, und doch
sind die Ideen, die in der Architektur zur Offenbarung kommen, keineswegs die abstraktesten. Die Architektur steht in
viel engerer Beziehung zur Geschichte als etwa die Skulptur. Hier ergibt sich wiederum die Möglichkeit einer neuen
Wahl. Zur ersten Klasse in jener Rangordnung kann ich
entweder die Werke wählen, deren Medium das am meisten
abstrakte, oder deren Idee die am meisten abstrakte ist. In
dieser Hinsicht will ich mich nun an die Idee, nicht an das
Medium halten.
Abstrakte Medien sind nun sowohl die der Architektur wie

die der Skulptur, der Malerei und der Musik. Weiter auf diese Untersuchung einzugehen, ist hier nicht der Ort. Die abstrakteste Idee, die sich denken läßt, ist die sinnliche Genialität. Durch welches Medium aber läßt sie sich darstellen? einzig und allein – durch Musik. In der Skulptur läßt sie sich nicht darstellen, denn sie ist eine Art Bestimmung der Innerlichkeit an sich; sie läßt sich nicht malen, denn sie kann nicht in bestimmten Umrissen erfaßt werden, sie ist eine Kraft, ein Wetter, Ungeduld, Leidenschaft usw. in all ihrer Lyrischheit, so zwar, daß sie nicht in einem einzigen Moment ist, sondern in einer Sukzession von Momenten; denn wäre sie in einem einzigen Moment, so ließe sie sich abbilden oder malen. Die Tatsache, daß sie in einer Sukzession von Momenten ist, drückt zwar ihren epischen Charakter aus, in strengerem Sinne jedoch ist sie nicht episch, denn sie ist nicht so weit, daß sie schon zu Worte gekommen wäre, sie bewegt sich immer nur in einer Unmittelbarkeit. In der Poesie läßt sie sich somit auch nicht darstellen. Das einzige Medium, das sie darstellen kann, ist die Musik. Die Musik hat nämlich ein zeitliches Moment in sich, verläuft jedoch nicht in der Zeit außer in uneigentlichem Sinne. Das Geschichtliche in der Zeit kann sie nicht ausdrücken.

Die vollendete Einheit dieser Idee und der ihr entsprechenden Form haben wir nun in Mozarts Don Juan. Aber eben weil die Idee so ungeheuer abstrakt und das Medium ebenfalls abstrakt ist, so besteht keinerlei Wahrscheinlichkeit, daß Mozart jemals einen Konkurrenten bekommen wird. Das Glückliche für Mozart ist, daß er einen Stoff erhalten hat, der in sich selbst absolut musikalisch ist, und falls irgendein anderer Komponist mit Mozart wetteifern wollte, so bliebe ihm nichts anderes zu tun übrig, als den Don Juan noch einmal zu komponieren. Homer hat einen vollendeten epischen Stoff erhalten, aber es lassen sich sehr viel mehr epische Dichtungen denken, weil die Geschichte noch mehr epischen Stoff bietet. Nicht so ist es mit Don Juan. Was ich eigentlich meine, wird man vielleicht am besten verstehen, wenn ich

den Unterschied in bezug auf eine verwandte Idee aufzeige.
Goethes Faust ist recht eigentlich ein klassisches Werk; aber
es ist eine geschichtliche Idee, und daher wird jede bemer-
kenswerte Zeit in der Geschichte ihren Faust haben. Faust
hat zum Medium die Sprache, und da dies ein weit konkre-
teres Medium ist, so lassen sich auch aus diesem Grunde mehrere Werke von gleicher Art denken. Don Juan hingegen ist
und bleibt das einzige in seiner Art, in gleichem Sinne wie
die klassischen Werke der griechischen Skulptur. Da aber
die Idee des Don Juan noch viel abstrakter ist als die, welche
der Skulptur zugrunde liegt, so ist nicht schwer zu erkennen,
daß im Gegensatz zu der Skulptur, in der es mehrere Werke
nebeneinander gibt, in der Musik nur ein einziges existiert.
Zwar lassen sich in der Musik viel mehr klassische Werke
denken, ein Werk aber nur bleibt, von dem man sagen kann,
seine Idee sei absolut musikalisch, dergestalt daß die Musik
nicht als Begleitung hinzutritt, sondern in der Offenbarung
der Idee zugleich ihr eigenes innerstes Wesen offenbart. Daher steht Mozart mit seinem Don Juan unter jenen Unsterblichen an oberster Stelle.

Doch ich gebe diese ganze Untersuchung auf. Sie ist nur für
Verliebte geschrieben. Und wie eine Kleinigkeit Kinder zu
erfreuen vermag, so sind es bekanntlich oft höchst sonderbare Dinge, die Verliebte zu erfreuen vermögen. Sie ist wie
der Disput einer heftigen Liebe über ein Nichts, und doch
hat sie ihren Wert – für die Liebenden.

Während das Vorhergehende auf jede nur mögliche, sei es
denkbare oder undenkbare Weise sich um die Anerkennung
der These bemüht hat, daß Mozarts Don Juan unter allen
klassischen Werken den ersten Platz einnimmt, hat es dagegen so gut wie keinen Versuch gemacht, den Beweis zu er-
bringen, daß dieses Werk wirklich klassisch ist, denn die einzelnen Winke, die sich hie und da finden, zeigen ja eben damit, daß sie nur als Winke erscheinen, daß es nicht auf
den Beweis abgesehen war, sondern allein darauf, gelegentlich zu beleuchten. Dieses Verfahren könnte mehr als son-

derbar erscheinen. Der Beweis, daß Don Juan ein klassisches
Werk sei, ist im strengsten Sinne eine Aufgabe des Denkens,
dahingegen ist das andere Bestreben dem eigentlichen Gebiet des Denkens völlig fremd. Die Bewegung des Gedankens beruhigt sich in der Erkenntnis, daß der Don Juan ein
klassisches Werk und daß jedes klassische Erzeugnis gleich
vollkommen ist; was man mehr tun möchte, ist für das Denken vom Übel. Insofern ist alles Vorhergehende in einen inneren Widerspruch verstrickt und löst sich leicht in ein
Nichts auf. Das ist indessen ganz recht so, und ein solcher
Widerspruch tief in der menschlichen Natur begründet. Die
Bewunderung in mir, die Sympathie, die Pietät, das Kind in
mir, das Weib in mir forderten mehr, als der Gedanke zu geben vermochte. Der Gedanke hatte sich beruhigt, ruhte froh
in seiner Erkenntnis; da ging ich hin und bat ihn, sich noch
einmal in Bewegung zu setzen, das Äußerste zu wagen. Er
wußte zwar, daß es vergebens sei; da ich aber gewohnt bin,
in gutem Einvernehmen mit ihm zu leben, schlug er es mir
dennoch nicht ab. Seine Bewegung richtete jedoch nichts
aus, er ging, von mir aufgestachelt, immerfort über sich
selbst hinaus und fiel immerfort in sich selbst zurück. Er
suchte immerfort einen Halt und konnte keinen finden,
suchte immerfort Grund, konnte aber weder schwimmen
noch waten. Es war zum Lachen wie zum Weinen. Daher
tat ich beides und war überaus dankbar, daß er mir diesen
Dienst nicht verweigert hatte. Und obwohl ich mir vollkommen bewußt bin, daß es zu nichts nützt, könnte es mir
doch sehr wohl in den Sinn kommen, ihn zu bitten, dieses
Spiel noch einmal zu spielen, das für mich ein unerschöpflicher Stoff zur Freude ist. Ein Leser, der das Spiel langweilig findet, ist natürlich nicht von meinesgleichen, für ihn hat
es keine Bedeutung, und es gilt hier wie überall: Gleich und
gleich gesellt sich gern. Für ihn ist alles Vorhergehende eine
Überflüssigkeit, während es für mich so große Bedeutung
hat, daß ich diesbezüglich mit Horaz sage:

*exilis domus est, ubi non et multa supersunt;*

für ihn ist es eine Torheit, für mich Weisheit, für ihn Langeweile, für mich Freude und Wonne.

Ein solcher Leser würde also mit meiner Gedankenlyrik
nicht sympathisieren können, die so überschwenglich ist,
daß sie den Gedanken übersteigt; vielleicht würde er jedoch
so gutmütig sein zu sagen: darüber wollen wir jetzt nicht
streiten, ich überschlage diesen Teil, und sieh du zu, daß du
zu dem weit Wichtigeren kommst, zu dem Beweis, daß
Don Juan ein klassisches Werk ist; denn das würde, wie ich
gestehe, eine recht passende Einleitung zu der eigentlichen
Untersuchung sein. Inwieweit es eine passende Einleitung
wäre, will ich unentschieden lassen, aber es ist wiederum
mein Unglück, daß ich auch jetzt nicht mit ihm sympathisieren kann; denn wie leicht es mir auch fällt, es zu beweisen,
so könnte es mir doch niemals einfallen, es zu beweisen. Indem ich vielmehr diese Sache ständig als entschieden voraussetze, wird das Folgende manchmal und mancherleiweise
dazu dienen, den Don Juan in dieser Hinsicht zu beleuchten,
wie auch das Vorhergehende bereits einzelne Winke enthalten hat.

Was diese Untersuchung sich vornehmlich als Aufgabe gesetzt hat, ist, die Bedeutung des Musikalisch-Erotischen darzutun und zu diesem Ende wiederum auf die verschiedenen
Stadien hinzuweisen, die, wie sie das miteinander gemein
haben, daß sie alle unmittelbar erotisch sind, zugleich darin
übereinstimmen, daß sie alle wesentlich musikalisch sind.
Was ich hierüber zu sagen habe, verdanke ich einzig und allein Mozart. Sollte daher der eine oder der andere so höflich
sein, mir in dem, was ich vorzubringen gedenke, recht zu
geben, hingegen aber ein wenig zweifelhaft sein, ob es denn
auch in Mozarts Musik liege, oder ob nicht vielmehr ich es
sei, der es in sie hineinlege, so kann ich ihm versichern, daß
nicht bloß das Wenige, das ich vorzubringen vermag, in
Mozarts Musik liegt, sondern noch unendlich viel mehr; ja
ich kann ihm versichern, daß dieser Gedanke gerade mir den

Mut verleiht, mich an den Versuch zu wagen, einzelnes an
der Mozartischen Musik zu erklären. Was man mit jugendlicher Schwärmerei geliebt, was man mit jugendlichem Enthusiasmus bewundert, womit man in der Innerlichkeit der
Seele einen geheimnisvollen, rätselhaften Umgang gepflo-
gen, was man in seinem Herzen bewahrt hat: dem nähert man
sich stets mit einer gewissen Scheu, mit gemischtem Gefühl,
wenn man weiß, daß es darauf abgesehen ist, es zu verstehen.
Was man Stück um Stück kennengelernt, wie ein Vogel ein-
gesammelt hat, Hälmchen um Hälmchen, an jedem kleinen
Teilchen mehr sich freuend als an der ganzen übrigen Welt;
was, einsam, das liebende Ohr eingesogen, einsam in der
großen Volksmenge, unbemerkt in seinem geheimen Versteck, was das gierige Ohr aufgefangen, nie gesättigt, das
geizige Ohr verwahrt hat, niemals sicher, dessen leisester
Widerhall des lauschenden Ohres schlaflose Aufmerksamkeit nie getäuscht; worin man bei Tage gelebt, was man
wiedererlebt hat bei Nacht, was den Schlaf verscheucht und
ihn unruhig gemacht, wovon man im Schlafe geträumt, wozu man erwacht ist, um wachend wiederum davon zu träumen, um dessentwillen man aufsprang mitten in der Nacht,
aus Furcht, es zu vergessen; was einem erschienen ist in den
begeistertsten Augenblicken, was man wie eine weibliche
Beschäftigung immer zur Hand gehabt; was einen begleitet
hat in den lichten, mondhellen Nächten, in einsamen Wäl-
dern an den Ufern des Sees, in den düsteren Straßen, mitten
in der Nacht, bei Anbruch des Morgens, was mit einem zu
Pferde gesessen, was einem Gesellschaft geleistet im Wagen,
wovon die Wohnung durchdrungen, dessen das Zimmer
Zeuge gewesen, wovon das Ohr erklang, was die Seele
durchtönte, was die Seele hineingesponnen in ihr feinstes
Gespinst – das erscheint nun dem Geiste; wie jene rätselhaften Wesen in den Erzählungen der Vorzeit, in Tang gekleidet, vom Grunde des Meeres aufsteigen, so hebt es sich, mit
Erlebtem verflochten, aus dem Meer der Erinnerung empor. Die Seele wird wehmütig und weich das Herz; denn es

ist, als ob man Abschied davon nähme, als ob man sich trennte, um sich nie mehr so zu begegnen, weder in Zeit noch in Ewigkeit. Es scheint einem, man sei ihm untreu, man habe den Bund gebrochen, man fühlt, man ist nicht mehr der gleiche, nicht mehr so jung, nicht mehr so kindlich; man fürchtet für sich selbst, man werde verlieren, was einen froh und glücklich und reich gemacht; man fürchtet für das, was man liebt, es werde durch diese Verwandlung leiden, vielleicht sich als weniger vollkommen erweisen, es werde möglicherweise die Antwort schuldig bleiben auf die vielen Fragen, ach, und dann ist alles verloren, der Zauber verflogen, und niemals läßt er sich wieder hervorrufen. Was Mozarts Musik betrifft, so kennt meine Seele keine Furcht, mein Vertrauen keine Grenzen. Einmal ist nämlich das, was ich bisher verstanden habe, nur sehr wenig, und es bleibt immer noch genug zurück, was in den Schatten der Ahnung sich verbirgt, zum andern bin ich überzeugt, daß, würde Mozart mir je ganz begreiflich, er mir erst vollkommen unbegreiflich würde.

Die Behauptung, das Christentum habe die Sinnlichkeit in die Welt gebracht, scheint recht kühn und frisch gewagt. Doch wie es heißt: frisch gewagt ist halb gewonnen, so gilt es auch hier, das wird man einsehen, wenn man überlegt, daß man, indem man etwas indirekt setzt, das andere setzt, das man ausschließt. Da das Sinnliche überhaupt das ist, was negiert werden soll, so kommt es erst recht zum Vorschein, wird erst gesetzt durch den Akt, der es ausschließt dadurch, daß er das entgegengesetzte Positive setzt. Als Prinzip, als Kraft, als System an sich ist die Sinnlichkeit erst durch das Christentum gesetzt, und insofern hat das Christentum die Sinnlichkeit in die Welt gebracht. Wenn man aber den Satz, das Christentum habe die Sinnlichkeit in die Welt gebracht, recht verstehen will, so muß er als identisch mit seinem Gegensatz aufgefaßt werden, daß das Christentum gerade die Sinnlichkeit aus der Welt hinausgetrieben, die Sinnlichkeit aus der Welt ausgeschlossen habe. Als Prinzip, als Kraft, als

System an sich ist die Sinnlichkeit erst durch das Christentum gesetzt; ich könnte noch eine Bestimmung hinzufügen, die vielleicht am nachdrücklichsten zeigt, was ich meine: unter der Bestimmung von Geist ist die Sinnlichkeit erst durch das Christentum gesetzt worden. Das ist ganz natürlich, denn das Christentum ist Geist, und der Geist ist das positive Prinzip, das von ihm in die Welt gebracht worden ist. Indem aber die Sinnlichkeit unter der Bestimmung des Geistes gesehen wird, so wird ihre Bedeutung darin gesehen, daß sie ausgeschlossen werden soll; eben dadurch aber, daß sie ausgeschlossen werden soll, ist sie als Prinzip, als Macht bestimmt; denn was der Geist, der selbst Prinzip ist, ausschließen soll, muß etwas sein, was sich als Prinzip erweist, und erweise es sich als solches auch erst in dem Augenblick, da es ausgeschlossen wird. Daß die Sinnlichkeit schon vor dem Christentum in der Welt gewesen sei, wäre natürlich ein höchst törichter Einwand gegen mich, da es sich ja von selbst versteht, daß das, was ausgeschlossen werden soll, stets vor dem existiert, was es ausschließt, mag es in anderem Sinne auch erst entstehen, indem es ausgeschlossen wird. Das kommt wiederum daher, daß es in einem anderen Sinne entsteht, und darum sagte ich ja auch gleich, daß frisch gewagt nur halb gewonnen sei.

Die Sinnlichkeit ist also zwar schon früher in der Welt gewesen, jedoch nicht geistig bestimmt. Wie ist sie denn aber dagewesen? Sie ist dagewesen als seelisch bestimmt. So war sie es im Heidentum und, wenn man den vollkommensten Ausdruck hierfür suchen will, so war sie es in Griechenland. Aber die Sinnlichkeit, seelisch bestimmt, ist nicht Gegensatz, Ausschließung, sondern Harmonie und Einklang. Weil aber die Sinnlichkeit als harmonisch bestimmt gesetzt ist, eben deshalb ist sie nicht als Prinzip gesetzt, sondern als ein mitlautendes *encliticon*.

Diese Betrachtung wird Bedeutung haben zur Beleuchtung der verschiedenen Gestalt, die das Erotische auf verschiedenen Entwicklungsstufen im Weltbewußtsein annimmt, und uns damit zu der Bestimmung des Unmittelbar-Erotischen als identisch mit dem Musikalisch-Erotischen hinführen. In der Grazität war die Sinnlichkeit in der schönen Individualität beherrscht, oder besser gesagt, sie war nicht beherrscht; denn sie war ja kein Feind, der unterworfen, kein gefährlicher Empörer, der im Zaum gehalten werden mußte; sie war befreit zu Leben und Freude in der schönen Individualität. Die Sinnlichkeit war somit nicht als Prinzip gesetzt; da die schöne Individualität konstituierende Seelische war undenkbar ohne das Sinnliche; auch das Erotische, auf das Sinnliche gegründet, war aus diesem Grunde nicht als Prinzip gesetzt. Die Liebe war überall als Moment und momentweise in der schönen Individualität gegenwärtig. Die Götter nicht minder denn die Menschen kannten ihre Macht, die Götter nicht minder denn die Menschen kannten glückliche und unglückliche Liebesabenteuer. In keinem von ihnen ist jedoch die Liebe gegenwärtig als Prinzip; soweit sie in ihnen, in dem einzelnen, war, war sie da als ein Moment der allgemeinen Macht der Liebe, die indessen nirgends zugegen war, und daher auch nicht für die griechische Vorstellung oder im griechischen Bewußtsein. Man könnte mir einwenden, Eros sei ja der Gott der Liebe gewesen, in ihm also müsse man die Liebe als Prinzip gegenwärtig denken. Aber ganz abgesehen davon, daß die Liebe doch auch hier wieder nicht auf dem Erotischen beruht, so wie dieses auf das Sinnliche allein sich gründet, sondern auf dem Seelischen, so ist dabei noch ein anderer Umstand zu beachten, den ich nunmehr ein wenig näher untersuchen möchte. Eros war der Gott der Liebe, aber war nicht selbst verliebt. Sofern die übrigen Götter oder die Menschen die Macht der Liebe in sich verspürten, schrieben sie dies Eros zu, führten es auf ihn zurück, Eros selbst aber verliebte sich nicht; und sofern es ihm einmal widerfuhr, war das eine Ausnahme, und obgleich der Gott der Liebe, stand er doch in der Anzahl der Liebesabenteuer weit hinter den übrigen Göttern, weit hinter den Menschen zurück. Daß er sich verliebte, damit ist wohl auch nur ausge-

drückt, daß auch er sich vor der allgemeinen Macht der Liebe beugte, die somit gewissermaßen zu einer Macht außer
ihm wurde, die, von ihm abgewiesen, nun gar keine Stätte
mehr hatte, wo man sie suchen konnte. Seine Liebe ist auch
nicht auf das Sinnliche gegründet, sondern auf das Seelische.
Es ist ein echt griechischer Gedanke, daß der Gott der Liebe
selber nicht verliebt ist, während alle anderen es ihm verdanken, daß sie es sind. Dächte ich mir einen Gott oder eine
Göttin der Sehnsucht, so wäre es echt griechisch, daß, während alle, welche die süße Unruhe oder Pein der Sehnsucht
kennten, es auf dieses Wesen zurückführten, dieses Wesen
selbst von Sehnsucht nichts wüßte. Ich weiß das Merkwürdige an diesem Verhältnis nicht besser zu bezeichnen, als indem ich sage, es sei die Umkehrung eines repräsentativen
Verhältnisses. Beim repräsentativen Verhältnis ist die ganze
Kraft in einem einzelnen Individuum gesammelt, und die
einzelnen Individuen partizipieren daran, sofern sie an dessen
einzelnen Bewegungen partizipieren. Ich könnte auch sagen,
daß dieses Verhältnis die Umkehrung dessen sei, was der Inkarnation zugrunde liegt. In der Inkarnation hat das einzelne Individuum die ganze Lebensfülle in sich, und diese ist für
die übrigen Individuen nur dadurch, daß sie sie in dem in-
karnierten Individuum anschauen. Bei den Griechen verhält
es sich also umgekehrt. Was die Kraft des Gottes ist, das ist
nicht im Gotte, sondern in all den übrigen Individuen, die es
auf ihn zurückführen; er selber ist gleichsam kraftlos, ohnmächtig, weil er seine Kraft der ganzen übrigen Welt mit-
teilt. Das inkarnierte Individuum saugt gleichsam die Kraft
aller übrigen in sich auf, und somit ist die Fülle nun in ihm
und in den anderen nur insofern, als sie sie in diesem Individuum anschauen. Dies wird im Hinblick auf das Folgende
wichtig werden, wie es auch an und für sich schon von Bedeutung ist im Hinblick auf die Kategorien, deren das Weltbewußtsein sich zu verschiedenen Zeiten bedient. Die Sinnlichkeit als Prinzip finden wir also in der Gräzität nicht, das
Erotische als Prinzip, gegründet auf das Prinzip der Sinn-

lichkeit, finden wir gleichfalls nicht, und hätten wir es auch gefunden, so sehen wir doch, was für diese Untersuchung von größter Wichtigkeit ist, daß das griechische Bewußtsein nicht die Kraft hat, das Ganze in einem einzigen Individuum zu konzentrieren, sondern es von einem Punkt, der es nicht hat, auf alle anderen ausstrahlt, so daß dieser konstituierende Punkt beinahe daran erkennbar ist, daß er als der einzige das nicht hat, was er allen anderen gibt.

Die Sinnlichkeit als Prinzip ist also durch das Christentum gesetzt, desgleichen das sinnliche Erotische als Prinzip; die Idee der Repräsentation ist durch das Christentum in die Welt gebracht. Denke ich mir nun das Sinnlich-Erotische als Prinzip, als Kraft, als Reich, bestimmt vom Geist, das heißt, so bestimmt, daß der Geist es ausschließt, denke ich es mir in einem einzigen Individuum konzentriert, so habe ich den Begriff sinnlich-erotischer Genialität. Das ist eine Idee, welche die Grazität noch nicht besaß, sondern die, wenn auch nur in indirektem Sinne, erst das Christentum in die Welt gebracht hat.

Verlangt nun diese sinnlich-erotische Genialität in all ihrer Unmittelbarkeit nach einem Ausdruck, so fragt es sich, welches Medium sich dazu eigne. Was hier vor allem festgehalten werden muß, ist, daß sie in ihrer Unmittelbarkeit ausgedrückt und dargestellt zu werden verlangt. In ihrer Mittelbarkeit und Reflektiertheit in einem anderen fällt sie in den Bereich der Sprache und kommt unter ethische Bestimmungen zu stehen. In ihrer Unmittelbarkeit kann sie nur in Musik ausgedrückt werden. In dieser Hinsicht muß ich den Leser bitten, sich an das zu erinnern, was in der nichtssagenden Einleitung hierüber gesagt worden ist. Damit zeigt sich die Bedeutung der Musik in ihrer vollen Gültigkeit, und zwar erweist sie sich in strengerem Sinne als eine christliche Kunst, oder richtiger als diejenige Kunst, die das Christentum setzt, indem es sie von sich ausschließt, als Medium für das, was das Christentum von sich ausschließt und dadurch setzt. Mit anderen Worten, die Musik ist das Dämonische. In der eroti-

schen sinnlichen Genialität hat die Musik ihren absoluten
Gegenstand. Damit soll nun natürlich keineswegs gesagt sein,
daß die Musik nichts anderes auszudrücken vermöchte, nur
ist eben dies ihr eigentlicher Gegenstand. So kann die Bild-
hauerkunst noch manches andere darstellen außer der
menschlichen Schönheit, und doch ist diese ihr absoluter Gegenstand; die Malerei noch manches andere außer der himmlischen verklärten Schönheit, und doch ist diese ihr absoluter
Gegenstand. In dieser Hinsicht gilt es, in jeder Kunst den Begriff zu sehen und sich nicht beirren zu lassen durch das, was
sie sonst noch kann. Der Begriff des Menschen ist Geist, und
man soll sich nicht dadurch beirren lassen, daß er im übrigen
auch auf zwei Beinen gehen kann. Der Begriff der Sprache
ist der Gedanke, und man soll sich nicht dadurch beirren lassen, daß einige empfindsame Menschen meinen, die höchste
Bedeutung der Sprache sei es, unartikulierte Laute hervorzubringen.

Hier gestatte man mir wiederum ein kleines nichtssagendes
Zwischenspiel; *praeterea censeo*, daß Mozart der größte unter
allen klassischen Künstlern ist, daß sein Don Juan den ersten
Platz unter allen klassischen Erzeugnissen verdient.

Was nun die Musik als Medium betrachtet angeht, so ist dies
natürlich immer eine überaus interessante Frage. Eine andere
Frage ist es, ob ich imstande bin, etwas Befriedigendes darüber zu sagen. Ich weiß sehr wohl, daß ich von Musik nichts
verstehe, ich gebe gerne zu, daß ich Laie bin, ich mache kein
Hehl daraus, daß ich nicht zu dem auserwählten Volk der
Musikverständigen gehöre, daß ich höchstens ein Proselyt
des Tores bin, den ein seltsamer unwiderstehlicher Trieb aus
der Ferne bis hierher geführt hat, aber auch nicht weiter, dessenungeachtet aber wäre es immerhin möglich, daß das wenige, das ich zu sagen habe, gelegentlich eine Bemerkung
enthielte, bei welcher, wenn sie Wohlwollen und Nachsicht
fände, es sich erweisen würde, daß sie etwas Wahres enthalte, wenn auch unter einem ärmlichen Wams verborgen. Ich
stehe außerhalb der Musik, und von diesem Standpunkt aus

betrachte ich sie. Daß dieser Standpunkt sehr unvollkommen ist, gebe ich gerne zu, daß ich im Vergleich zu den Glücklichen, die innerhalb stehen, nur sehr wenig zu sehen bekomme, leugne ich nicht; gebe aber die Hoffnung nicht auf, daß ich auch von meinem Standpunkt aus gelegentlich eine Auskunft erteilen kann, wenngleich die Eingeweihten sie viel besser zu geben vermögen, ja bis zu einem gewissen Grade sogar viel besser verstehen, was ich sage, als ich selbst. Wenn ich mir zwei aneinandergrenzende Reiche dächte, von denen ich mit dem einen ziemlich genau bekannt und mit dem andern gänzlich unbekannt wäre, und es würde mir nicht gestattet, jenes unbekannte Reich zu betreten, wie sehr ich es auch wünschte, so wäre ich dennoch imstande, mir eine Vorstellung davon zu machen. Ich würde bis an die Grenze des mir bekannten Reiches hinauswandern, ihr beständig folgen, und würde, indem ich dies täte, mit dieser Bewegung den Umriß jenes unbekannten Landes beschreiben und auf diese Weise eine allgemeine Vorstellung von ihm haben, obgleich ich nie meinen Fuß hineingesetzt hätte. Und wenn dies nun eine Arbeit wäre, die mich sehr beschäftigte, wenn ich unermüdlich wäre in meiner Genauigkeit, so würde es zuweilen wohl auch geschehen, daß mir, indem ich wehmütig an meines Reiches Grenze stünde und sehnsuchtsvoll in jenes unbekannte Land hinüberschaute, das mir so nah und doch so ferne wäre, mitunter eine kleine Offenbarung zuteil würde. Und ob ich gleich fühle, daß die Musik eine Kunst ist, die in hohem Maße Erfahrung verlangt, damit man eine rechte Meinung von ihr haben könne, so tröste ich mich wieder wie so oft mit dem Paradox, daß man auch in Ahnung und Unwissenheit eine Art von Erfahrung machen kann, ich tröste mich damit, daß Diana, die selber nicht geboren hatte, doch den Gebärenden zu Hilfe kam, ja daß sie es von Kind auf als eine angeborene Gabe besaß, so daß sie selbst Latona in ihren Geburtswehen zu Hilfe kam, als sie selber geboren wurde.

Das mir bekannte Reich, zu dessen äußerster Grenze ich ge-

hen will, um die Musik zu entdecken, ist die Sprache. Will
man die verschiedenen Medien in einen bestimmten Ent-
wicklungsprozeß einordnen, so ist man auch gezwungen,
Sprache und Musik unmittelbar nebeneinander zu stellen,
weshalb man ja auch gesagt hat, die Musik sei eine Sprache,
was mehr ist als nur eine geistreiche Bemerkung. Wenn man
nämlich Lust hätte, sich in Geistreichigkeit zu gefallen, so
könnte man sagen, auch Skulptur und Malerei seien eine Art
Sprache, insofern als jeder Ausdruck der Idee stets eine Sprache ist, da das Wesen der Idee die Sprache ist. Geistreiche
Leute reden daher von der Sprache der Natur, und rührseli-
ge Prediger schlagen hin und wieder das Buch der Natur vor
uns auf und lesen etwas vor, was weder sie selbst noch ihre
Zuhörer verstehen. Wäre es um jene Bemerkung, daß die
Musik eine Sprache sei, nicht besser bestellt, so würde ich sie
nicht behelligen, sondern sie einfach für das durchgehen und
gelten lassen, was sie ist. So ist es indessen nicht. Erst indem
der Geist gesetzt ist, ist die Sprache in ihre Rechte eingesetzt,
indem aber der Geist gesetzt ist, ist all das, was nicht Geist
ist, ausgeschlossen. Diese Ausschließung aber ist die Bestimmung des Geistes, und sofern also das Ausgeschlossene sich
geltend machen soll, fordert es ein Medium, das geistig bestimmt ist, und das ist die Musik. Ein Medium aber, das geistig bestimmt ist, ist wesentlich Sprache, und da nun die Musik geistig bestimmt ist, hat man sie mit Recht eine Sprache
genannt.

Die Sprache ist, als Medium betrachtet, das absolut geistig
bestimmte Medium und also das eigentliche Medium der
Idee. Dies tiefer zu entwickeln, liegt weder in meiner Kompetenz noch im Interesse dieser kleinen Untersuchung. Nur
eine einzelne Bemerkung, die mich wieder zur Musik hinführt, finde hier ihren Platz. So ist z. B. in der Sprache das
Sinnliche als Medium zu einem bloßen Werkzeug herabgesetzt und beständig negiert worden. Mit den andern Medien
ist es nicht so. Weder in der Skulptur noch in der Malerei ist
das Sinnliche ein bloßes Werkzeug, sondern es ist ein Mit-

dazugehöriges; auch soll es nicht beständig negiert, denn es soll beständig mitgesehen werden. Es wäre eine seltsam verkehrte Betrachtung einer Bildhauerarbeit oder einer Malerei, wollte ich sie so betrachten, daß ich mir Mühe gäbe, über das Sinnliche hinwegzusehen, wodurch ich ihre Schönheit völlig aufheben würde. In Skulptur, Architektur und Malerei ist die Idee im Medium gebunden; die Tatsache aber, daß die Idee das Medium nicht zu einem bloßen Werkzeug herabsetzt, es nicht beständig negiert, ist gleichsam ein Ausdruck dafür, daß dieses Medium nicht zu sprechen vermag. So auch mit der Natur. Daher sagt man mit Recht, die Natur sei stumm, und Architektur und Skulptur und Malerei desgleichen; das sagt man mit Recht, all den feinen, empfindsamen Ohren zum Trotz, die sie reden hören können. Darum ist es eine Torheit zu sagen, die Natur sei eine Sprache, so gewiß es inept ist zu sagen, das Stumme sei beredt, da es doch nicht einmal in dem Sinne eine Sprache ist, wie etwa die Fingersprache. Anders ist es dagegen mit der Sprache. Das Sinnliche ist zum bloßen Werkzeug herabgesetzt und somit aufgehoben. Wenn ein Mensch so spräche, daß man den Schlag der Zunge hörte usw., so spräche er schlecht; wenn er so hörte, daß er die Luftschwingungen hörte statt des Wortes, so hörte er schlecht; wenn jemand ein Buch so läse, daß er beständig jeden einzelnen Buchstaben sähe, so läse er schlecht. Gerade dann ist die Sprache das vollkommene Medium, wenn alles Sinnliche darin negiert ist. So ist es auch mit der Musik; das, was eigentlich gehört werden soll, macht sich fortwährend vom Sinnlichen frei. Daß die Musik als Medium nicht so hoch steht wie die Sprache, wurde bereits erwähnt; und darum sagte ich auch, daß in gewissem Sinne die Musik eine Sprache sei.

Die Sprache wendet sich an das Ohr. Das tut kein anderes Medium. Das Ohr ist wiederum der am meisten geistig bestimmte Sinn. Das, glaube ich, werden die meisten mir zugeben; wünscht jemand nähere Auskunft hierüber, so möchte ich auf die Vorrede zu den »Karikaturen des Heiligsten«

von *Steffens* verweisen. Außer der Sprache ist die Musik das
einzige Medium, das sich an das Ohr wendet. Darin liegt
wiederum eine Analogie und ein Zeugnis dafür, in welchem
Sinne die Musik eine Sprache ist. Es ist vieles in der Natur,
was sich an das Ohr wendet, was aber hier das Ohr berührt,
ist das rein Sinnliche, und deshalb ist die Natur stumm, und
es ist eine lächerliche Einbildung, zu glauben, man höre etwas, weil man eine Kuh brüllen oder, was vielleicht eine
größere Prätension erhebt, eine Nachtigall schlagen hört; es
ist Einbildung, daß man etwas höre, eine Einbildung, daß
das eine mehr wert sei als das andere, da es doch alles gehupft
wie gesprungen ist.

Die Sprache hat ihr Element in der Zeit, alle übrigen Medien haben den Raum zum Element. Nur die Musik geht
auch in der Zeit vor sich. Daß sie aber in der Zeit vor sich
geht, ist wiederum eine Negation des Sinnlichen. Was die
übrigen Künste hervorbringen, deutet ihre Sinnlichkeit eben
dadurch an, daß es sein Bestehen im Raume hat. Nun gibt
es wiederum vieles in der Natur, was in der Zeit vor sich
geht. Wenn etwa ein Bach plätschert und fortfährt zu plät-
schern, so scheint darin eine zeitliche Bestimmung zu liegen.
Dem ist indessen nicht so, und sofern man darauf besteht,
daß hier die Bestimmung der Zeit vorhanden sei, so muß
man sagen, das sei sie zwar, aber sie sei räumlich bestimmt.
Die Musik existiert nicht außer in dem Augenblick, da sie
vorgetragen wird; denn wenn man auch noch so gut Noten
lesen könnte und eine noch so lebhafte Einbildungskraft hat,
so kann man doch nicht leugnen, daß die Musik, indem sie
gelesen wird, nur in uneigentlichem Sinne da ist. Eigentlich
existiert sie nur, indem sie vorgetragen wird. Dies könnte als
eine Unvollkommenheit dieser Kunst im Vergleich zu den
anderen Künsten erscheinen, deren Hervorbringungen beständig bestehen, weil sie ihren Bestand im Sinnlichen haben.
Doch dem ist nicht so. Es ist gerade ein Beweis dafür, daß sie
eine höhere, eine geistigere Kunst ist.

Gehe ich nun von der Sprache aus, um durch eine Bewe-

gung durch sie hindurch mir die Musik gleichsam zu erlauschen, so stellt sich die Sprache etwa folgendermaßen dar.
Nehme ich an, Prosa sei die Sprachform, die der Musik am
fernsten steht, so bemerke ich schon in dem oratorischen
Vortrag, in dem sonoren Periodenbau einen Anklang des
Musikalischen, der durch verschiedene Stufen in dem poetischen Vortrag, im Bau des Verses, im Reim immer stärker
hervortritt, bis schließlich das Musikalische sich so stark entwickelt hat, daß die Sprache aufhört und alles Musik wird.
Dies ist ja ein Lieblingsausdruck, dessen die Dichter sich bedienen, um zu bezeichnen, daß sie gleichsam der Idee entsagen, sie entschwindet ihnen, alles endet mit Musik. Demnach könnte es den Anschein haben, als ob die Musik ein
noch vollkommeneres Medium sei als die Sprache. Indessen
ist dies eines jener schmachtenden Mißverständnisse, wie sie
nur in hohlen Köpfen aufkommen. Daß es ein Mißverständnis ist, soll späterhin dargetan werden; hier will ich nur
auf den merkwürdigen Umstand aufmerksam machen, daß
ich bei einer Bewegung in entgegengesetzter Richtung
wiederum auf die Musik stoße, wenn ich nämlich von der
vom Begriff durchdrungenen Prosa abwärts gehe, bis ich
bei den Interjektionen lande, die wiederum musikalisch sind,
so wie ja auch das erste Lallen des Kindes wiederum musikalisch ist. Hier kann doch wohl nicht die Rede davon sein,
daß die Musik ein vollkommeneres Medium sei als die
Sprache, oder daß die Musik ein reicheres Medium sei als die
Sprache, es sei denn, man nehme an, »uh« zu machen sei
mehr wert als ein ganzer Gedanke. Was aber folgt nun daraus: daß ich überall, wo die Sprache aufhört, dem Musikalischen begegne. Dies ist wohl der vollkommenste Ausdruck
dafür, daß die Musik überall die Sprache begrenzt. Hieraus
wird man zugleich ersehen, welche Bewandtnis es mit jenem
Mißverständnis hat, daß die Musik ein reicheres Medium sei
als die Sprache. Indem nämlich die Sprache aufhört und die
Musik anfängt, indem, wie man so sagt, alles musikalisch ist,
so geht man nicht vorwärts, sondern man geht zurück. Da-

her kommt es, daß ich, und darin werden vielleicht auch
Kundige mir recht geben, noch nie Sympathie gehabt habe
für die sublimierte Musik, die des Wortes nicht zu bedürfen
meint. Sie meint nämlich in der Regel, höher zu sein als das
Wort, obwohl sie doch niedriger ist. Nun könnte man mir
freilich folgenden Einwand machen: Wenn es wahr ist, daß
die Sprache ein reicheres Medium ist als die Musik, so ist es
unbegreiflich, daß es mit solcher Schwierigkeit verbunden
ist, von dem Musikalischen ästhetisch Rechenschaft zu geben, unbegreiflich, daß die Sprache sich hier beständig als
ein ärmeres Medium erweist als die Musik. Dies ist jedoch
weder unbegreiflich noch unerklärlich. Die Musik drückt
nämlich stets das Unmittelbare in seiner Unmittelbarkeit aus;
daher kommt es auch, daß die Musik im Verhältnis zur
Sprache als das Erste und das Letzte erscheint, aber daraus ist
auch zu ersehen, daß es ein Mißverständnis ist zu sagen, die
Musik sei ein vollkommeneres Medium. In der Sprache liegt
die Reflexion, und darum kann die Sprache das Unmittelbare nicht aussagen. Die Reflexion tötet das Unmittelbare,
und darum ist es unmöglich, in der Sprache das Musikalische
auszusagen, aber diese scheinbare Armut der Sprache ist
gerade ihr Reichtum. Das Unmittelbare ist nämlich das Unbestimmbare, und darum kann die Sprache es nicht auffassen;
daß es aber das Unbestimmbare ist, ist nicht seine Vollkommenheit, sondern ein Mangel an ihm. Das anerkennt man
indirekt auf mancherlei Art. So, um nur ein Beispiel anzuführen, sagt man: Ich weiß eigentlich keine Rechenschaft
darüber zu geben, warum ich dies oder jenes so oder so
mache, ich mache es »nach dem Gehör«. Man gebraucht hier
oft von Dingen, die in keinerlei Beziehung zum Musikalischen stehen, ein aus der Musik entnommenes Wort, bezeichnet damit aber zugleich das Dunkle, Unerklärte, Unmittelbare.

Ist nun das Unmittelbare, geistig bestimmt, das, was eigentlich im Musikalischen zum Ausdruck kommt, so kann man
wiederum des näheren fragen, was für eine Art des Unmit-

telbaren es denn sei, die wesentlich Gegenstand der Musik ist. Das Unmittelbare, geistig bestimmt, kann entweder so bestimmt sein, daß es in den Bereich des Geistes fällt, oder so, daß es aus dem Bereich des Geistes herausfällt. Wenn das Unmittelbare, geistig bestimmt, so bestimmt wird, daß es in den Bereich des Geistes fällt, so kann es zwar im Musikalischen seinen Ausdruck finden, der absolute Gegenstand der Musik aber kann dieses Unmittelbare nicht sein; denn da es so bestimmt ist, daß es in den Bereich des Geistes fallen soll, so ist damit angedeutet, daß die Musik auf einem fremden Gebiet ist, sie bildet ein Vorspiel, das beständig aufgehoben wird. Ist das Unmittelbare, geistig bestimmt, dagegen so bestimmt, daß es aus dem Bereich des Geistes herausfällt, so hat die Musik hierin ihren absoluten Gegenstand. Für das erste Unmittelbare ist es ein Unwesentliches, daß es in Musik ausgedrückt wird, während es wesentlich dafür ist, daß es Geist wird und also in der Sprache ausgedrückt werde; für diese hingegen ist es ein Wesentliches, daß es in Musik ausgedrückt wird, darin allein kann es ausgedrückt werden, kann nicht in der Sprache ausgedrückt werden, da es geistig so bestimmt ist, daß es aus dem Bereich des Geistes und somit aus dem der Sprache herausfällt. Das Unmittelbare aber, das solchermaßen aus dem Geiste ausgeschlossen wird, ist die sinnliche Unmittelbarkeit. Diese gehört dem Christentum zu. Sie hat in der Musik ihr absolutes Medium, und daraus erklärt es sich auch, daß die Musik in der antiken Welt nicht eigentlich entwickelt worden ist, sondern der christlichen zugehört. Sie ist also das Medium für das Unmittelbare, das, geistig bestimmt, so bestimmt ist, daß es außerhalb des Geistes liegt. Natürlich kann die Musik noch vieles andere ausdrücken, aber dies ist ihr absoluter Gegenstand. Man erkennt auch leicht, daß die Musik ein sinnlicheres Medium als die Sprache ist, da in ihr ja viel mehr Gewicht auf den sinnlichen Klang gelegt wird als in der Sprache.

Sinnliche Genialität ist also der absolute Gegenstand der Musik. Sinnliche Genialität ist absolut lyrisch, und in der Musik kommt sie in ihrer ganzen lyrischen Ungeduld zum Ausbruch; sie ist nämlich geistig bestimmt und ist daher Kraft, Leben, Bewegung, beständige Unruhe, beständige Sukzession; aber diese Unruhe, diese Sukzession bereichert sie nicht, sie bleibt beständig die gleiche, sie entfaltet sich nicht, sondern stürmt unablässig vorwärts wie in einem Atemzug. Wenn ich nun diese Lyrischheit mit einem einzigen Prädikat bezeichnen soll, so müßte ich sagen: sie tönt; und damit bin ich denn wiederum auf die sinnliche Genialität als auf diejenige zurückgekommen, die sich unmittelbar musikalisch erweist.

Daß sogar ich zu diesem Punkt noch wesentlich mehr zu sagen vermöchte, das weiß ich, daß es für die Kundigen ein leichtes sein würde, alles ganz anders ins reine zu bringen, davon bin ich überzeugt. Da indessen niemand, soviel ich weiß, einen Versuch oder Miene gemacht hat, es zu tun, da man immer und in einem fort nur wiederholt, daß *Mozarts Don Juan* die Krone aller Opern sei, ohne näher zu erläutern, was man damit meint, obwohl doch alle es auf eine Art sagen, die deutlich erkennen läßt, daß sie einiges mehr damit sagen wollen, als daß der Don Juan die beste Oper sei, nämlich daß zwischen dieser und allen andern Opern ein qualitativer Unterschied bestehe, der doch wohl in nichts anderem zu suchen sein kann als in dem absoluten Verhältnis zwischen Idee, Form, Stoff und Medium, da, sage ich, dies sich so verhält, habe ich das Schweigen gebrochen. Vielleicht bin ich etwas zu eilfertig gewesen, vielleicht wäre es mir gelungen, es besser zu sagen, wenn ich noch eine Weile gewartet hätte, vielleicht, ich weiß es nicht, aber das weiß ich, daß ich nicht geeilt habe um der Freude willen, endlich reden zu dürfen, nicht geeilt, weil ich etwa fürchtete, ein Kundigerer möchte mir zuvorkommen, sondern weil ich fürchtete, daß, wenn auch ich schweige, die Steine anfangen würden zu reden zu *Mozarts* Ehre und zur Schande eines jeden Menschen, dem es gegeben ward zu reden.

Das bisher Gesagte halte ich in bezug auf diese kleine Untersuchung für einigermaßen ausreichend, da es hier wesentlich dazu dienen soll, den Weg zu bahnen für die Bezeichnung der unmittelbaren erotischen Stadien, so wie wir sie bei *Mozart* kennenlernen. Bevor ich jedoch dazu übergehe, möchte ich noch eine Tatsache anführen, die von einer anderen Seite aus den Gedanken auf das absolute Verhältnis zwischen der sinnlichen Genialität und dem Musikalischen hinzulenken vermag. Bekanntlich ist die Musik von jeher Gegenstand für die argwöhnische Aufmerksamkeit des religiösen Eifers gewesen. Ob dieser damit recht hat oder nicht, soll uns hier nicht beschäftigen; denn das würde doch nur ein religiöses Interesse haben; hingegen ist es nicht ohne Bedeutung, darauf zu achten, was ihn dazu bestimmt hat. Verfolge ich den religiösen Eifer daraufhin, so kann ich den Gang der Bewegung ganz allgemein folgendermaßen bestimmen: je strenger die Religiosität, um so mehr verzichtet man auf die Musik und hebt das Wort hervor. Die verschiedenen Stadien in dieser Beziehung sind weltgeschichtlich repräsentiert. Das letzte Stadium schließt die Musik völlig aus und hält allein auf das Wort. Ich könnte das hier Gesagte mit mancherlei einzelnen Bemerkungen ausschmücken; das möchte ich jedoch nicht, sondern lediglich einige Worte von einem Presbyterianer anführen, die in einer Erzählung Achim von Arnims vorkommen: »Wir Presbyterianer halten die Orgel für des Teufels Dudelsack, womit er den Ernst der Betrachtung in Schlummer wiegt, so wie der Tanz die guten Vorsätze betäubt.« Dies mag als eine Replik *instar omnium* gelten. Welchen Grund kann man nur haben, die Musik auszuschließen und damit das Wort zum allein Herrschenden zu machen? Daß das Wort, wenn es mißbraucht wird, die Gemüter ebensogut verwirren kann wie die Musik, werden gewiß alle erweckten Sekten zugeben. Es muß demnach ein qualitativer Unterschied zwischen ihnen bestehen. Was aber der religiöse Eifer ausgedrückt haben will, ist Geist, darum fordert er die Sprache, die das eigentliche Medium des Geistes ist, und verwirft die Musik, die ihm ein

sinnliches Medium und insofern stets ein unvollkommenes
Medium ist, um den Geist darin auszudrücken. Ob nun der
religiöse Eifer recht damit habe, die Musik auszuschließen,
das ist, wie gesagt, eine andere Frage; dagegen kann seine
Ansicht vom Verhältnis der Musik zur Sprache vollkommen
richtig sein. Ausgeschlossen braucht nämlich die Musik deshalb keineswegs zu werden, nur muß man sehen, daß sie auf
dem Gebiet des Geistes doch ein unvollkommenes Medium
ist und daß sie also in dem unmittelbar Geistigen, als Geist
bestimmt, ihren absoluten Gegenstand nicht haben kann.
Daraus folgt keineswegs, daß man sie für Teufelswerk erachten müsse, selbst wenn unsere Zeit viele greuliche Beweise darbieten sollte für jene dämonische Macht, mit der
die Musik ein Individuum ergreifen und dieses Individuum
wiederum die Menge, vor allem der Frauenzimmer, in den
verführerischen Schlingen der Angst fesseln und fangen kann,
mit der ganzen erregenden Macht der Wollust. Daraus folgt
keineswegs, daß man sie für Teufelswerk erachten müsse,
selbst wenn man mit einem gewissen heimlichen Grauen bemerkt, daß diese Kunst, mehr als jede andere, ihre Verehrer
oft auf eine schreckliche Art aufreibt, eine Erscheinung, die,
sonderbarerweise, der Aufmerksamkeit der Psychologen
und der Menge entgangen zu sein scheint, es sei denn, daß
sie gelegentlich einmal von dem Angstschrei einer verzweifelten Individualität aufgeschreckt werden. Indessen ist es
recht merkwürdig, daß in den Volkssagen, also auch im
Volksbewußtsein, dessen Ausdruck die Sage ist, das Musikalische wiederum als das Dämonische erscheint. Als ein Beispiel will ich anführen: Irische Elfenmärchen von *Grimm*,
1826, pag. 25, 28, 29, 30.
Was nun die unmittelbar-erotischen Stadien betrifft, so verdanke ich alles, was ich darüber zu sagen vermag, einzig und
allein *Mozart*, dem ich überhaupt alles verdanke. Da jedoch
die Zusammenstellung, die ich hier versuchen möchte, nur
indirekt, durch die Kombination eines anderen, auf ihn bezogen werden kann, so habe ich, ehe ich Ernst damit machte,

mich selbst und die Zusammenstellung geprüft, ob ich nicht irgendwie mir selber oder einem Leser die Freude der Bewunderung von Mozarts unsterblichen Arbeiten trüben könnte. Wer *Mozart* in seiner wahren unsterblichen Größe sehen will, muß seinen *Don Juan* betrachten; im Vergleich dazu ist alles andere zufällig, unwesentlich. Wenn man nun aber den *Don Juan* so betrachtet, daß man einzelne Dinge aus *Mozarts* anderen Opern mit unter diesen Gesichtspunkt einbezieht, so halte ich mich überzeugt, daß man weder ihn verkleinert, noch sich selbst oder seinem Nächsten schadet. Man wird dann Gelegenheit haben, sich darüber zu freuen, daß das, was die eigentliche Potenz der Musik ausmacht, in *Mozarts* Musik erschöpft ist.

Wenn ich übrigens den Ausdruck »Stadium« im vorhergehenden gebraucht habe und im folgenden weiterhin gebrauchen werde, so darf er nicht urgiert werden, so als ob jedes einzelne Stadium selbständig existierte, das eine außerhalb des andern. Ich könnte vielleicht treffender den Ausdruck Metamorphose verwenden. Die verschiedenen Stadien zusammengenommen machen das unmittelbare Stadium aus, und daraus wird man erkennen, daß die einzelnen Stadien mehr die Offenbarung eines Prädikats sind, dergestalt, daß alle Prädikate in den Reichtum des letzten Stadiums hinabstürzen, da dies das eigentliche Stadium ist. Die andern Stadien haben keine selbständige Existenz; für sich sind sie nur für die Vorstellung, und daraus wird man auch ihre Zufälligkeit dem letzten Stadium gegenüber ersehen. Da sie in *Mozarts* Musik jedoch einen gesonderten Ausdruck gefunden haben, so werde ich auch gesondert von ihnen sprechen. Vor allem darf man indes nicht an verschiedene Stufen in Bewußtseinen denken, da selbst das letzte Stadium noch nicht zum Bewußtsein gekommen ist; ich habe immer nur mit dem Unmittelbaren in seiner vollkommenen Unmittelbarkeit zu tun.

Die Schwierigkeiten, die stets begegnen, wenn man die Musik zum Gegenstand ästhetischer Betrachtung macht, blei-

ben natürlich auch hier nicht aus. Die Schwierigkeit in dem
Vorhergehenden lag vornehmlich darin, daß, während ich auf
dem Wege des Gedankens beweisen wollte, daß sinnliche
Genialität der wesentliche Gegenstand der Musik sei, dies
doch eigentlich nur durch Musik bewiesen werden kann,
wie ich ja auch selbst durch Musik zur Erkenntnis dessen gekommen bin. Die Schwierigkeit, mit der das Folgende zu
kämpfen hat, ist zuvörderst die, daß, was jene Musik ausdrückt, von der hier die Rede sein soll, wesentlich der eigentliche Gegenstand der Musik ist, folglich also diese es
weit vollkommener ausdrückt, als die Sprache es vermag,
die sich neben ihr recht dürftig ausnimmt. Ja, hätte ich mit
verschiedenen Bewußtseinsstufen zu tun, so wäre der Vorteil natürlich auf meiner und auf der Sprache Seite, aber das
ist hier nicht der Fall. Was also hier zu entwickeln sein wird,
kann nur für den eine Bedeutung haben, der gehört hat und
beständig weiter hört. Für ihn mag es vielleicht den einen
oder anderen Wink enthalten, der ihn dazu bewegt, wiederum zu hören.

### Erstes Stadium

Das erste Stadium ist im *Pagen* des »*Figaro*« angedeutet. Es
gilt hier natürlich, in dem Pagen nicht ein einzelnes Individuum zu sehen, wozu man so leicht versucht ist, wenn man
es im Geiste oder in Wirklichkeit von irgend einer Persönlichkeit dargestellt sieht. Es läßt sich sonst schwerlich vermeiden, wie es mit dem Pagen im Stück zum Teil auch der
Fall ist, daß etwas Zufälliges, etwas nicht zur Idee Gehöriges
sich einmischt, daß er schließlich mehr ist, als er sein soll;
denn das wird er in gewissem Sinne augenblicklich, sobald
er zum Individuum wird. Doch indem er mehr wird, wird
er weniger: er hört auf, die Idee zu sein. Daher kann man ihm
auch nicht die Replik zugestehen, sondern der einzige adäquate Ausdruck bleibt die Musik, und es ist darum merkwürdig, daß sowohl *Figaro* wie *Don Juan*, so wie sie aus Mozarts Hand hervorgegangen sind, zur *opera seria* gehören.

Betrachtet man nun den Pagen dergestalt als eine mythische Figur, so wird man in der Musik das Eigentümliche des ersten Stadiums ausgedrückt finden.

Das Sinnliche erwacht, jedoch nicht zu Bewegung, sondern zu stiller Quieszenz, nicht zu Freude und Wonne, sondern zu tiefer Melancholie. Die Begierde ist noch nicht erwacht, sie ist schwermütig geahnt. In der Begierde ist stets das Begehrte, es steigt aus ihr auf und erscheint in einem verwirrenden Dämmer. Dieser Zustand geht dem Sinnlichen vorauf, das in Schatten und Nebeln fortgetragen und durch Abspiegelung in diesen wieder nähergebracht wird. Was der Gegenstand der Begierde sein wird, besitzt die Begierde schon, besitzt es aber nur, ohne es begehrt zu haben, und besitzt es somit nicht. Dies ist der schmerzliche, durch seine Süße aber zugleich betörende und bezaubernde Widerspruch, der mit seiner Wehmut, seiner Schwermut dieses Stadium durchklingt. Sein Schmerz liegt nämlich nicht darin, daß da zuwenig, sondern eher darin, daß da zuviel ist. Die Begierde ist stille Begierde, die Sehnsucht stille Sehnsucht, die Schwärmerei stille Schwärmerei, darin der Gegenstand aufdämmert, ihr so nahe, daß er in ihr ist. Das Begehrte schwebt über der Begierde, sinkt in sie hinab, ohne daß diese Bewegung jedoch durch die eigene Anziehungskraft der Begierde geschähe oder weil begehrt wird. Das Begehrte entschwindet nicht, entwindet sich der Umarmung der Begierde nicht; denn dann würde die Begierde gerade erwachen; sondern es ist, ohne begehrt zu sein, für die Begierde, die eben deshalb schwermütig wird, weil sie nicht zum Begehren kommen kann. Sobald die Begierde erwacht, oder richtiger in und mit ihrem Erwachen scheiden die Begierde und der Gegenstand der Begierde sich voneinander, und nun atmet die Begierde frei und gesund, während sie vorher wegen des Begehrten nicht atmen konnte. Wenn die Begierde nicht erwacht ist, verzaubert und verstrickt das Begehrte, ja ängstigt fast. Die Begierde muß Luft haben, muß zum Ausbruch kommen; das geschieht dadurch, daß sie sich scheiden; das

Begehrte flieht schüchtern, schamhaft wie ein Weib, es kommt zur Scheidung zwischen ihnen, das Begehrte verschwindet *et apparet sublimis* oder jedenfalls außerhalb der Begierde. Wenn man die Decke eines Zimmers über und über mit Figuren bemalt, eine neben der anderen, so drückt eine solche Decke, wie der Maler sagt; bringt man aber, leicht und flüchtig, eine einzelne Figur an, so erhöht dies die Decke. Ebenso mit dem Verhältnis zwischen der Begierde und dem Begehrten in einem ersten und einem späteren Stadium.

Die Begierde also, die in diesem Stadium nur in einer Ahnung ihrer selbst gegenwärtig ist, ist ohne Bewegung, ohne Unruhe, sanft gewiegt nur von einer unerklärlichen inneren Rührung; wie das Leben der Pflanze der Erde verhaftet ist, so ist sie versunken in stiller, präsentischer Sehnsucht, vertieft in Kontemplation, und kann doch ihren Gegenstand nicht erschöpfen, wesentlich deshalb, weil in tieferem Sinne gar kein Gegenstand da ist; und doch ist dieser Mangel an Gegenstand nicht ihr Gegenstand; denn dann wäre sie gleich in Bewegung, dann wäre sie determiniert, wenn nicht anders, so doch in Kummer und Schmerz; Kummer und Schmerz aber tragen nicht jenen Widerspruch in sich, welcher der Melancholie und Schwermut eignet, nicht jene Zweideutigkeit, die das Süße am Melancholischen ist. Obgleich die Begierde in diesem Stadium nicht als Begierde bestimmt, obgleich diese nur geahnte Begierde hinsichtlich ihres Gegenstandes gänzlich unbestimmt ist, so hat sie doch *eine* Bestimmung: sie ist nämlich unendlich tief. Sie saugt wie Thor durch ein Horn, dessen Spitze im Weltmeer steht; doch ist der Grund, weshalb sie ihren Gegenstand nicht ansaugen kann, nicht der, daß dieser unendlich ist, sondern der, daß diese Unendlichkeit ihr nicht zum Gegenstand zu werden vermag. Ihr Saugen bezeichnet mithin kein Verhältnis zum Gegenstand, sondern ist identisch mit ihrem Seufzer, und der ist unendlich tief.

In Übereinstimmung mit der hier gegebenen Beschreibung

des ersten Stadiums wird man finden, daß es seine große Bedeutung hat, wenn die Partie des Pagen in musikalischer Beziehung so eingerichtet ist, daß sie einer Frauenzimmerstim-
me liegt. In diesem Widerspruch ist gleichsam das Wider-
spruchsvolle dieses Stadiums angedeutet: die Begierde ist so
unbestimmt, der Gegenstand so wenig abgesondert, daß das
Begehrte androgynisch in der Begierde ruht, so wie im
Pflanzenleben das Männliche und das Weibliche in ein und
derselben Blüte sitzen. Die Begierde und das Begehrte vereinigen sich in dieser Einheit, daß sie beide *neutrius generis*
sind.

Obwohl die Replik nicht dem mythischen Pagen gehört,
sondern dem Pagen im Stück, der poetischen Figur des *Cherubin*, und obwohl infolgedessen in diesem Zusammenhang
nicht auf sie reflektiert werden kann, da sie teils nicht *Mozart* zugehört, teils etwas ganz anderes ausdrückt als das, wovon hier die Rede ist, so möchte ich doch eine einzelne Replik besonders hervorheben, weil sie mir Veranlassung gibt,
dieses Stadium in seiner Analogie zu einem späteren zu bezeichnen. *Susanne* spottet über *Cherubin*, weil er gewissermaßen auch in *Marseline* verliebt ist, und der Page hat keine
andere Antwort bei der Hand als die: Sie ist ein Frauenzimmer. Hinsichtlich des Pagen im Stück ist es wesentlich, daß
er in die Gräfin verliebt ist, unwesentlich, daß er sich in Marseline verlieben kann, und zwar ist dies nur ein indirekter
und paradoxer Ausdruck für die Heftigkeit der Leidenschaft,
mit der er an die Gräfin gefesselt ist. Hinsichtlich des mythischen Pagen ist es gleich wesentlich, daß er in die Gräfin verliebt ist und in Marseline, sein Gegenstand ist nämlich die
Weiblichkeit, und die haben sie beide gemeinsam. Wenn
wir daher später von Don Juan hören, daß er »selbst sechzigjährige Koketten mit Freuden auf seine Liste setzt«, so ist dies
die vollkommene Analogie dazu, nur daß die Intensität und
Bestimmtheit der Begierde weit stärker entwickelt ist.

Sollte ich nun einen Versuch wagen, im Hinblick auf den
Pagen im *Figaro* das Eigentümliche an Mozarts Musik mit

einem einzigen Prädikat zu bezeichnen, so würde ich sagen:
sie ist liebestrunken; doch wie jeder Rausch, so kann auch
ein Rausch der Liebe auf zweierlei Weise wirken, entweder
erhöhte durchsichtige Lebensfreude oder zu verdichteter un-
klarer Schwermut. Dieses letztere ist hier mit der Musik der
Fall, und so ist es auch recht. Den Grund dafür kann die
Musik nicht angeben, das geht über ihre Macht; die Stimmung selbst läßt sich durch das Wort nicht ausdrücken; sie
ist zu schwer und zu gewichtig, als daß das Wort sie zu tragen vermöchte; die Musik allein vermag sie wiederzugeben.
Der Grund für ihre Melancholie liegt in dem tiefen inneren
Widerspruch, auf den wir im vorigen aufmerksam zu machen gesucht haben.

Wir verlassen nunmehr das erste Stadium, das mit dem mythischen Pagen bezeichnet ist; wir lassen ihn weiter schwermütig träumen von dem, was er hat, melancholisch begehren, was er besitzt. Weiter kommt er nie, er kommt nie von
der Stelle, denn seine Bewegungen sind illusorisch und also
überhaupt keine. Eine andere Sache ist es mit dem Pagen des
Stücks; für seine Zukunft werden wir uns mit wahrer und
aufrichtiger Freundschaft interessieren, wir gratulieren ihm
dazu, daß er Hauptmann geworden ist, wir erlauben ihm,
*Susanne* zum Abschied noch einmal zu küssen, wir werden
ihn nicht verraten, bezüglich des Mals, das er auf der Stirn
hat und das niemand zu sehen vermag außer dem, der davon
weiß; nun aber auch nichts weiter, mein guter *Cherubin*,
oder wir rufen den Grafen, und dann heißt es: »Fort, hinaus, zum Regiment! Er ist ja kein Kind mehr, niemand weiß
das besser als ich.«

### Zweites Stadium

Dieses Stadium ist durch *Papageno* in der *Zauberflöte* bezeichnet. Natürlich gilt es auch hier wieder, das Wesentliche vom Zufälligen zu scheiden, den mythischen *Papageno*
zu beschwören und die im Stück wirkliche Person zu vergessen, und zwar insbesondere hier, da diese Person im

Stück mit allerlei bedenklichem Galimathias in Beziehung gekommen ist. Es wäre in dieser Hinsicht nicht ohne Interesse, die ganze Oper durchzugehen, um zu zeigen, daß ihr Sujet, als Opern-Sujet betrachtet, im tiefsten Grunde verfehlt ist. Zugleich würde es einem dabei nicht an Gelegenheit fehlen, das Erotische von einer neuen Seite zu beleuchten, indem man darauf achtete, wie jenes Unternehmen, eine tiefere ethische Anschauung in dasselbe hineinzulegen, dergestalt, daß diese sich in allerhand bedeutungsvollen dialektischen Prüfungen versucht, ein Wagnis darstellt, das über die Grenze der Musik sich ganz und gar hinausgewagt hat, so daß es selbst einem *Mozart* unmöglich gewesen ist, ihm ein tieferes Interesse zu leihen. Die definitive Tendenz dieser Oper ist gerade das Unmusikalische in ihr; und darum wird sie, trotz einzelnen vollendeten Konzertnummern, einzelnen tief bewegten pathetischen Äußerungen, keineswegs eine klassische Oper. Doch alles dies kann uns in gegenwärtiger kleiner Untersuchung nicht beschäftigen. Wir haben es allein mit *Papageno* zu tun. Das ist nun für uns ein großer Vorteil, wenn nicht aus anderem Grunde, so deshalb, weil wir dadurch jedes Versuches überhoben sind, die Bedeutung von *Papagenos* Verhältnis zu *Tamino* zu erklären, einem Verhältnis, das hinsichtlich der Anlage so tiefsinnig und nachdenklich aussieht, daß es vor lauter Nachdenklichkeit schier undenkbar wird.

Eine solche Behandlung der Zauberflöte möchte vielleicht dem einen oder anderen Leser willkürlich scheinen, sowohl weil sie in *Papageno* zuviel als in der ganzen übrigen Oper zuwenig sieht; er wird unser Verfahren vielleicht nicht billigen können. Dies hat dann seinen Grund darin, daß er über den Ausgangspunkt für jede Betrachtung von *Mozarts* Musik nicht mit uns einig ist. Dieser Ausgangspunkt ist unseres Bedünkens nämlich der *Don Juan*, und zugleich ist es unsere Überzeugung, daß man dann, wenn man Verschiedenes aus den übrigen Opern dabei mitbetrachtet, Mozart am meisten Pietät erweist, ohne daß ich darum leugnen

möchte, daß es auch einen Sinn hat, jede einzelne Oper zum
Gegenstand einer gesonderten Betrachtung zu machen.

Die Begierde erwacht, und wie man eigentlich immer erst
im Augenblick des Erwachens merkt, daß man geträumt hat,
so auch hier, der Traum ist vorüber. Diese Erweckung, durch
welche die Begierde erwacht, diese Erschütterung scheidet
die Begierde und den Gegenstand, gibt der Begierde einen
Gegenstand. Dies ist eine dialektische Bestimmung, die
scharf festgehalten werden muß: erst indem der Gegenstand
ist, ist die Begierde, erst indem die Begierde ist, ist der Gegenstand; die Begierde und der Gegenstand sind ein Zwil-
lingspaar, von dem das eine auch nicht den Bruchteil eines
Augenblicks vor dem andern zur Welt kommt. Obwohl sie
aber dergestalt absolut auf einmal zur Welt kommen, und
nicht einmal jenes Spatium an Zeit zwischen ihnen liegt, wie
sonst bei Zwillingen manchmal, so ist der Sinn dieses Entstehens nicht der einer Vereinigung, sondern im Gegenteil
der einer Trennung. Diese Bewegung des Sinnlichen aber,
diese Erderschütterung spaltet die Begierde und ihren Gegenstand für einen Augenblick unendlich weit auseinander;
doch wie das bewegende Prinzip sich einen Augenblick lang
als ein zersplitterndes erweist, so offenbart es sich auch wieder darin, daß es das Getrennte vereinen will. Die Folge der
Trennung ist, daß die Begierde aus ihrem substantiellen In-
sich-Ruhen herausgerissen wird und infolgedessen der Gegenstand nicht mehr unter die Bestimmung der Substantialität fällt, sondern sich in eine Mannigfaltigkeit zersplittert.

Wie das Leben der Pflanze an das Erdreich gebunden ist, so
ist das erste Stadium in substantieller Sehnsucht gefesselt.
Die Begierde erwacht, der Gegenstand flieht, mannigfaltig
in seiner Offenbarung, die Sehnsucht reißt sich aus dem Erdreich los und begibt sich auf die Wanderschaft, die Blume
bekommt Flügel und flattert unstet und unermüdet hin und
her. Die Begierde ist auf den Gegenstand gerichtet, sie ist
zugleich in sich selber bewegt, das Herz schlägt gesund und
fröhlich, rasch entschwinden und erscheinen die Gegenstän-

de, aber doch vor jedem Entschwinden ein Moment des Genießens, ein Augenblick des Berührens, kurz aber selig, flim-
mernd wie ein Glühwürmchen, unstet und flüchtig wie die
Berührung eines Schmetterlings, unschädlich wie diese; un-
zählige Küsse, doch so schnell genossen, daß es ist, als würde
dem einen Gegenstand nur genommen, was dem nächsten
gegeben wurde. Für Augenblicke nur ahnt man eine tiefere
Begierde, doch dieses Ahnen wird vergessen. In Papageno
geht die Begierde auf Entdeckungen aus. Diese Entdecker-
lust ist das Pulsierende in ihr, ist ihre Heiterkeit. Den eigentlichen Gegenstand dieser Entdeckung findet sie nicht, aber
sie entdeckt das Mannigfaltige, indem sie darin den Gegenstand sucht, den sie entdecken möchte. Die Begierde ist somit erwacht, ist aber nicht als Begierde bestimmt. Erinnert
man sich daran, daß die Begierde in allen drei Stadien gegenwärtig ist, so darf man sagen, daß sie im ersten Stadium
als *träumend*, im zweiten als *suchend*, im dritten als *begehrend*
bestimmt sei. Die suchende Begierde ist nämlich noch nicht
begehrend, sie sucht nur das, was sie begehren kann, begehrt
es aber nicht. Daher wird am bezeichnendsten für sie vielleicht das Prädikat sein: sie entdeckt. Vergleichen wir also
*Papageno* mit *Don Juan*, so ist dessen Reise durch die Welt etwas mehr als eine Entdeckungsreise, er genießt nicht nur die
Reiseabenteuer der Entdeckung, sondern ist ein Ritter, der
auf Siege ausgeht (*veni - vidi - vici*). Entdeckung und Sieg
sind hier identisch; ja, in gewissem Sinne darf man sagen, er
vergesse die Entdeckung über dem Sieg, oder die Entdek-
kung liege hinter ihm und er überlasse sie daher seinem Diener und Sekretär *Leporello*, der in ganz anderem Sinne Liste
führt, als wenn ich mir *Papageno* Buch führend dächte. *Papageno* späht aus, *Don Juan* genießt, *Leporello* prüft nach.
Die Eigentümlichkeit dieses wie jedes anderen Stadiums
kann ich zwar begrifflich darstellen, doch immer nur in dem
Augenblick, da es zu sein aufgehört hat. Aber wenn ich seine
Eigentümlichkeit auch noch so vollständig beschreiben und
ihren Grund darlegen könnte, so bleibt doch stets ein Etwas

zurück, das ich nicht auszusagen vermag, das aber doch gehört werden will. Es ist zu unmittelbar, um in Worten festgehalten zu werden. So auch hier mit *Papageno*, es ist stets dasselbe Lied, dieselbe Melodie; er fängt, wenn er fertig ist, frischweg von vorne an und so immer wieder. Man könnte mir nun den Einwand machen, daß es überhaupt unmöglich sei, etwas Unmittelbares auszusagen. In gewissem Sinne ist das zwar durchaus richtig, aber erstens hat die Unmittelbarkeit des Geistes ihren unmittelbaren Ausdruck in der Sprache, und sodann bleibt es, sofern durch das Hinzutreten des Gedankens eine Veränderung damit vorgeht, sich doch wesentlich gleich, eben weil es die Bestimmung des Geistes ist. Hier dagegen handelt es sich um eine Unmittelbarkeit der Sinnlichkeit, die als solche ein ganz anderes Medium hat, bei der also das Mißverhältnis zwischen den Medien die Unmöglichkeit absolut macht.

Wollte ich nun den Versuch machen, das Eigentümliche der Mozartischen Musik in dem Teil dieses Stückes, der uns interessiert, mit einigen wenigen Prädikaten zu bezeichnen, so würde ich sagen: sie ist fröhlich zwitschernd, lebensstrotzend, liebesprühend. Worauf ich nämlich besonders Gewicht legen möchte, ist die erste Arie und das Glockenspiel; das Duett mit *Pamina* und später das mit *Papagena* fallen aus der Bestimmung des Unmittelbar-Musikalischen gänzlich heraus. Betrachtet man dagegen die erste Arie, so wird man die Prädikate wohl billigen, die ich gebraucht habe, und wenn man ihr nähere Beachtung schenkt, zugleich eine Gelegenheit finden, zu sehen, welche Bedeutung das Musikalische hat, wo es als der absolute Ausdruck der Idee erscheint und wo diese also unmittelbar-musikalisch ist. Bekanntlich begleitet *Papageno* seine lebensfrohe Heiterkeit auf einer Rohrflöte. Ein jedes Ohr hat sicherlich von dieser Begleitmusik sich wundersam bewegt gefühlt. Je mehr man aber darüber nachdenkt, je mehr man in Papageno den mythischen Papageno sieht, um so ausdrucksvoller und bezeichnender wird man sie finden; man wird nicht müde, sie immer wieder zu hören,

weil sie einen absolut adäquaten Ausdruck für das ganze Leben Papagenos darstellt, dessen ganzes Leben solch ein un-
aufhörliches Gezwitscher ist, ohne Unterlaß in aller Müßigkeit sorglos fortzwitschernd, und das fröhlich und vergnügt
ist, weil dies den Inhalt seines Lebens bildet, fröhlich in seiner
Arbeit und fröhlich in seinem Gesang. Nun ist es bekanntlich in der Oper so überaus tiefsinnig derart eingerichtet, daß
*Taminos* und *Papagenos* Flöte miteinander korrespondieren.
Und doch, welch ein Unterschied! *Taminos* Flöte, nach welcher das Stück doch genannt ist, verfehlt völlig ihre Wirkung, und warum? weil *Tamino* durchaus keine musikalische
Figur ist. Das liegt an der verfehlten Anlage der ganzen Oper.
Tamino wird auf seiner Flöte höchst langweilig und sentimental, und wenn man über seine ganze übrige Entwicklung, über seinen Bewußtseinszustand reflektiert, so kommt
einem jedesmal, wenn er seine Flöte hervorholt und ein
Stück darauf bläst, jener Bauer bei Horaz in den Sinn [rusti-
cus expectat, dum defluat amnis], nur daß Horaz seinem
Bauern keine Flöte gegeben hat zu unnützem Zeitvertreib.
Tamino ist als dramatische Figur völlig über das Musikalische hinaus, wie denn überhaupt die geistige Entwicklung,
die das Stück vollbringen will, eine völlig unmusikalische
Idee ist. Tamino ist gerade so weit gekommen, daß das Musikalische aufhört, daher ist sein Flötenspiel nichts als Zeit-
vergeudung, um die Gedanken zu vertreiben. Gedanken vertreiben, das kann die Musik nämlich vorzüglich, böse Gedanken sogar, wie es ja von *David* heißt, er habe mit seinem
Spiel *Sauls* böse Laune vertrieben. Indessen liegt hierin eine
große Täuschung; denn die Musik tut dies nur, sofern sie das
Bewußtsein in die Unmittelbarkeit zurückführt und es darin
einschläfert. Das Individuum kann sich daher zwar im Augenblick des Rausches glücklich fühlen, wird aber nur um so
unglücklicher. Ganz *in parenthesi* will ich mir hier eine Bemerkung gestatten. Man hat die Musik dazu benutzt, Gei-
steskranke zu heilen; man hat in gewissem Sinne auch seine
Absicht erreicht, und doch ist es eine Illusion. Wenn näm-

lich der Wahnsinn einen mentalen Grund hat, so liegt dieser
stets in irgendeiner Verhärtung des Bewußtseins. Diese Verhärtung muß überwunden werden, damit sie aber in Wahrheit überwunden werde, muß man genau den entgegengesetzten Weg gehen von dem, der zur Musik führt. Wenn
man nun die Musik anwendet, so geht man genau den verkehrten Weg und macht den Patienten nur noch wahnsinniger, mag es auch den Anschein haben, als ob er geheilt wäre.

Was ich hier über *Taminos* Flötenspiel gesagt habe, darf ich
wohl immerhin stehenlassen, ohne befürchten zu müssen,
daß man mich mißversteht. Es ist keineswegs meine Absicht,
zu leugnen, was ja auch bereits des öfteren eingeräumt wurde, daß die Musik als Begleitung durchaus ihre Bedeutung
haben mag, indem sie dabei ein fremdes Gebiet, nämlich das
der Sprache, betritt; der Fehler in der Zauberflöte aber ist
der, daß das ganze Stück auf Bewußtheit hin tendiert, seine
eigentliche Tendenz also darin besteht, die Musik aufzuheben, daß es aber trotzdem eine Oper sein soll, obwohl nicht
einmal dieser Gedanke klar in dem Stück hervortritt. Als
Ziel der Entwicklung ist die ethisch bestimmte Liebe oder
die eheliche Liebe gesetzt, und darin liegt der Grundfehler
des Stückes; denn mag diese im übrigen, geistlich oder welt-
lich gesprochen, sein, was sie will, eines ist sie nicht, sie ist
nicht musikalisch, ja sie ist absolut unmusikalisch.

Ihre große Bedeutung in musikalischer Hinsicht hat die erste
Arie demnach als der unmittelbar-musikalische Ausdruck
für *Papagenos* ganzes Leben und seine Geschichte, die in
gleichem Maße, wie sie ihren absolut adäquaten Ausdruck
in der Musik findet, freilich nur in uneigentlichem Sinne
Geschichte ist. Das Glockenspiel hingegen ist der musikalische Ausdruck seiner Tätigkeit, von der man wiederum allein durch Musik eine Vorstellung bekommt; sie ist bezaubernd, verführerisch, verlockend gleich dem Spiel jenes
Mannes, der die Fische dazu brachte, innezuhalten und zu
lauschen.

Die Repliken, die entweder von *Schikaneder* oder dem dänischen Übersetzer herrühren, sind im allgemeinen so wahnwitzig und dumm, daß es schier unbegreiflich ist, wie *Mozart* soviel aus ihnen hat herausbringen können, wie er getan
hat. Daß man Papageno von sich selber sagen läßt: »Ich bin
ein Naturmensch«, womit er sich im gleichen Augenblick
selbst zum Lügner macht, mag als ein Beispiel *instar omnium*
gelten. Eine Ausnahme könnte man mit den im Text der ersten Arie stehenden Worten machen, daß er die Mädchen,
die er fange, in sein Bauer setze. Legt man nämlich ein wenig mehr in sie hinein, als was der Verfasser vermutlich
selbst hat hineinlegen wollen, so bezeichnen sie eben das Un-
schädliche in Papagenos Tätigkeit, so wie wir es oben angedeutet haben.

Wir verlassen nunmehr den mythischen *Papageno*. Das
Schicksal des wirklichen Papageno kann uns nicht beschäftigen, wir wünschen ihm Glück zu seiner kleinen *Papagena*,
und wir erlauben ihm gern, seine Freude darin zu suchen,
daß er einen Urwald oder einen ganzen Erdteil mit lauter
Papagenos bevölkert.

### *Drittes Stadium*

Dieses Stadium ist mit *Don Juan* bezeichnet. Hier bin ich nun
nicht wie im vorhergehenden in der Lage, einen einzelnen
Teil aus einer Oper aussondern zu müssen; hier gilt es nicht
zu scheiden, sondern zusammenzufassen, da die ganze Oper
wesentlich Ausdruck der Idee ist und mit Ausnahme von ein
paar einzelnen Nummern wesentlich in ihr ruht, mit dramatischer Notwendigkeit auf sie als auf ihr Zentrum hin gravitiert. Man wird hier daher wiederum Gelegenheit haben,
zu erkennen, in welchem Sinne ich die vorhergehenden Stadien mit diesem Namen bezeichnen kann, wenn ich das dritte Stadium *Don Juan* nenne. Schon früher habe ich erwähnt,
daß sie keine je eigene Existenz haben; und wenn man von
diesem dritten Stadium, das eigentlich das ganze Stadium

ist, ausgeht, so kann man sie nicht wohl als einseitige Abstraktionen oder vorläufige Antizipationen betrachten, sondern eher als Ahnungen von *Don Juan*, nur daß freilich immer noch die Tatsache bestehen bleibt, die mich einigermaßen berechtigt, den Ausdruck Stadium zu gebrauchen, daß sie einseitige Ahnungen sind, daß sie nur je eine Seite ahnen.

Der Widerspruch im ersten Stadium lag darin, daß die Begierde keinen Gegenstand fand, sondern, ohne begehrt zu haben, schon im Besitze ihres Gegenstandes war und daher nicht zum Begehren kommen konnte. Im zweiten Stadium erscheint der Gegenstand in seiner Mannigfaltigkeit, indem aber die Begierde ihren Gegenstand in dieser Mannigfaltigkeit sucht, hat sie doch in tieferem Sinne keinen Gegenstand; sie ist noch nicht als Begierde bestimmt. Im *Don Juan* dagegen ist die Begierde absolut als Begierde bestimmt, ist sie in intensivem und extensivem Sinne die unmittelbare Einheit der beiden vorhergehenden Stadien. Das erste Stadium begehrte ideal, das Eine; das zweite begehrte das einzelne unter der Bestimmung des Mannigfaltigen, das dritte Stadium ist die Einheit hiervon. Die Begierde hat in dem einzelnen ihren absoluten Gegenstand, sie begehrt das einzelne absolut. Hierin liegt das Verführerische, wovon wir später sprechen werden. Die Begierde ist deshalb in diesem Stadium absolut gesund, sieghaft, triumphierend, unwiderstehlich und dämonisch. Man darf daher natürlich nicht übersehen, daß hier nicht von der Begierde in einem einzelnen Individuum die Rede ist, sondern von der Begierde als Prinzip, geistig bestimmt als das, was der Geist ausschließt. Dies ist die Idee der sinnlichen Genialität, so wie wir sie auch oben bereits angedeutet haben. Der Ausdruck für diese Idee ist *Don Juan*, und der Ausdruck für *Don Juan* wiederum ist einzig und allein Musik. Diese beiden Betrachtungen sind es zumal, die im folgenden immer wieder von verschiedenen Seiten her hervorgehoben werden, womit dann zugleich indirekt der Beweis für die klassische Bedeutung dieser Oper erbracht wird. Um dem Leser jedoch die Übersicht zu erleichtern, will ich versuchen, die zerstreuten Betrachtungen unter einzelnen Punkten zu sammeln.

Im einzelnen etwas über die Musik zu sagen, ist nicht meine Absicht, und besonders werde ich mit Beistand aller guten Geister mich hüten, eine Menge nichtssagender, aber sehr lärmender Prädikate zusammenzuscheuchen oder in linguistischer Geilheit die Impotenz der Sprache zu verraten, und zwar um so mehr, als ich es nicht für eine Unvollkommenheit der Sprache, sondern für eine hohe Potenz halte, daher aber auch um so bereitwilliger bin, die Musik innerhalb ihrer Grenze anzuerkennen. Was ich dagegen will, ist teils dies: die Idee und ihr Verhältnis zur Sprache von so vielen Seiten wie möglich zu beleuchten und damit immer mehr und mehr das Territorium, in dem die Musik heimisch ist, zu umstellen, sie gleichsam zu ängstigen, bis sie hervorbricht, ohne daß ich doch mehr über sie sagen kann, wenn sie sich hören läßt, als: Hört! Ich meine damit das Höchste gewollt zu haben, was die Ästhetik zu tun imstande ist; ob es mir gelingen wird, ist eine andere Sache. Nur vereinzelt wird ein Prädikat gleich einem Steckbrief das Signalement der Musik angeben, ohne daß ich deshalb vergessen oder dem Leser zu vergessen erlauben werde, daß derjenige, der einen Steckbrief in der Hand hält, darum noch keineswegs den, auf den dieser lautet, ergriffen hat. Auch die ganze Anlage der Oper, ihr innerer Bau wird an gegebener Stelle Gegenstand besonderer Betrachtung sein, doch wiederum so, daß ich mich nicht darauf einlasse, laut für zwei zu schreien: »O bravo schwere Noth Gotts Blitz bravissimo!« sondern immer wieder nur das Musikalische hervorlocke und damit das Höchste gewollt zu haben meine, was man in rein ästhetischem Sinne in bezug auf das Musikalische zu tun vermag. Was ich geben will, ist also kein fortlaufender Kommentar zur Musik, der doch wesentlich nichts anderes als subjektive Zufälligkeiten und Idiosynkrasien enthalten und sich nur an Entsprechendes beim Leser wenden kann. Selbst ein so geschmackvoller und so reflexionsreicher, in seinem Ausdruck so vielseitiger Kommentator wie Dr. *Hotho* hat es doch nicht vermeiden können, daß einerseits seine Deutung in eine Wortkrämerei ausartet, die uns für Mozarts Reichtum an Tönen entgelten soll oder wie ein matter Nachhall klingt, ein blasser Abdruck der volltönenden üppigen Fruchtbarkeit Mozarts, daß andererseits *Don Juan* bald zu mehr wird, als er in der Oper ist, zu einem reflektierenden Individuum, bald zu weniger. Das letztere hat natürlich seinen Grund darin, daß die tiefe absolute Pointe im *Don Juan* Hotho entgangen ist; für ihn ist *Don Juan* doch nur die beste Oper, aber nicht qualitativ von allen andern Opern verschieden. Hat man aber dies nicht mit der allgegenwärtigen Sicherheit des spekulativen Auges eingesehen, so kann man nicht würdig oder richtig über *Don Juan* sprechen, und wäre man auch, wenn man es eingesehen hätte, imstande, viel herrlicher und reicher und vor allem wahrer darüber zu sprechen als der, welcher sich hier erkühnt, das Wort zu führen. – Dagegen will ich stets das Musikalische in der Idee, der Situation usw. aufspüren, erlauschen, und wenn ich den Leser dann so weit gebracht habe, derart musikalisch rezeptiv zu werden, daß er die Musik zu hören meint, obwohl er nichts hört, so habe ich meine Aufgabe erfüllt, so verstumme ich, so sage ich zum Leser wie zu mir selbst: Höre! Ihr freundlichen Genien, die ihr alle unschuldige Liebe beschützt, euch befehle ich mein ganzes Gemüt; behütet ihr die arbeitenden Gedanken, auf daß sie des Gegenstandes würdig erfunden werden mögen, bildet ihr meine Seele zu einem wohlklingenden Instrument, lasset die milden Lüfte der Beredsamkeit darüber hineilen, sendet fruchtbarer Stimmungen Labsal und Segen! Ihr gerechten Geister, die ihr Wache haltet an den Grenzmarken im Reiche der Schönheit, wachet über mir, daß ich nicht in wirrer Begeisterung und blindem Eifer, den *Don Juan* zu allem zu machen, ihm unrecht tue, ihn verkleinere, ihn zu etwas anderem mache, als er wirklich ist, nämlich das Höchste! Ihr starken Geister, die ihr des Menschen Herz zu ergreifen wißt, steht mir bei, daß ich den Leser fangen mö-

ge, nicht im Garn der Leidenschaft oder in den Ränken der
Beredsamkeit, sondern in der ewigen Wahrheit der Überzeugung.

## 1. Sinnliche Genialität, als Verführung bestimmt.

Wann die Idee des *Don Juan* entstanden ist, weiß man nicht;
nur so viel ist gewiß, daß sie dem Christentum angehört und
durch das Christentum wieder dem Mittelalter. Könnte man
die Idee nicht mit einiger Sicherheit bis zu diesem weltgeschichtlichen Abschnitt im menschlichen Bewußtsein zu-
rückverfolgen, so würde eine Betrachtung der inneren Beschaffenheit der Idee alsbald jeden Zweifel beseitigen. Das
Mittelalter ist überhaupt die Idee der Repräsentation, teils
bewußt, teils unbewußt; das Totale wird in einem einzelnen
Individuum repräsentiert, so zwar, daß es nur eine einzelne
Seite ist, die, als Totalität bestimmt, nunmehr in einem einzelnen Individuum in Erscheinung tritt, das daher zugleich
mehr und weniger ist als ein Individuum. Neben diesem
steht also ein anderes Individuum, das ebenso total eine andere Seite des Lebensinhalts repräsentiert, wie etwa der Ritter und der Scholastiker, der Geistliche und der Laie. Die
großartige Dialektik des Lebens wird hier beständig in re-
präsentierenden Individuen veranschaulicht, die sich meist
paarweise gegenüberstehen; das Leben ist immer nur *sub una
specie* vorhanden, und von der großen dialektischen Einheit,
die in Einheit das Leben *sub utraque specie* besitzt, ahnt man
nichts. Deshalb stehen die Gegensätze zumeist indifferent
und beziehungslos nebeneinander. Doch davon weiß das
Mittelalter nichts. So realisiert es selbst unbewußt die Idee
der Repräsentation, während erst eine spätere Betrachtung
die Idee darin erkennt. Setzt das Mittelalter für sein eigenes
Bewußtsein ein Individuum als Repräsentanten der Idee, so
setzt es daneben gern ein anderes Individuum in Beziehung
dazu; und zwar ist diese Beziehung im allgemeinen eine komische Beziehung, indem das eine Individuum gleichsam

die dem wirklichen Leben gegenüber unverhältnismäßige Größe des anderen ausgleicht. So hat der *König* den *Narren* neben sich, *Faust* den *Wagner*, *Don Quichotte* den *Sancho Pansa*, *Don Juan* den *Leporello*. Auch diese Formation gehört wesentlich dem Mittelalter an. Die Idee gehört also dem Mittelalter an, im Mittelalter gehört sie wiederum nicht einem einzelnen Dichter, vielmehr ist sie eine jener urkräftigen Ideen, die mit autochthoner Ursprünglichkeit aus der Bewußtseinswelt des volklichen Lebens hervorbrechen. Den Zwiespalt zwischen dem Fleisch und dem Geist, den das Christentum in die Welt gebracht hat, mußte das Mittelalter zum Gegenstand seiner Betrachtung und zu diesem Ende die streitenden Kräfte jede für sich zu einem Gegenstand der Anschauung machen. *Don Juan* ist nun, wenn ich so sagen darf, die Inkarnation des Fleisches oder die Begeistung des Fleisches aus des Fleisches eigenem Geist. Doch dies ist im vorhergehenden bereits zur Genüge hervorgehoben worden; worauf ich hier aufmerksam machen möchte, ist vielmehr die Frage, ob man *Don Juan* auf das frühere oder spätere Mittelalter zurückführen soll. Daß er in einer wesentlichen Beziehung zum Mittelalter steht, bemerkt gewiß ein jeder leicht. Entweder ist er nun die zwiespältige, mißverstandene Antizipation des Erotischen, wie es im Ritter zutage trat, oder das Rittertum ist ein nur erst relativer Gegensatz zum Geiste, und erst als dieser Gegensatz sich noch tiefer aufspaltete, erst da kam *Don Juan* zum Vorschein, als das Sinnliche, das dem Geiste auf Tod und Leben widerstrebt. Die Erotik der Ritterzeit hat eine gewisse Ähnlichkeit mit der des Griechentums; diese ist nämlich seelisch bestimmt wie jene, der Unterschied aber ist der, daß diese seelische Bestimmtheit innerhalb einer allgemeinen geistigen Bestimmtheit oder einer Bestimmtheit als Totalität liegt. Die Idee der Weiblichkeit ist immerfort auf mancherlei Weise in Bewegung, was im Griechentum nicht der Fall war, wo jeder nur schöne Individualität war, die Weiblichkeit aber nicht geahnt wurde. Auch die Erotik des Ritters stand daher im Bewußtsein des

Mittelalters in einem einigermaßen versöhnlichen Verhältnis zum Geiste, wenn auch der Geist in seiner eifernden
Strenge sie mit Argwohn betrachtete. Geht man nun davon
aus, daß das Prinzip des Geistes in die Welt gesetzt ist, so
kann man sich entweder denken, daß zuerst der grellste Gegensatz bestand, die himmelschreiendste Trennung, und danach habe sie sich allmählich gemildert. In diesem Falle gehört *Don Juan* dem früheren Mittelalter. Nimmt man dagegen an, daß sich das Verhältnis sukzessiv zu diesem absoluten
Gegensatz entwickelte, wie es ja auch natürlicher ist, indem
der Geist seine Aktien mehr und mehr aus der vereinigten
Firma herauszieht, um allein zu wirken, wodurch das eigentliche σκανδαλον entsteht, so gehört *Don Juan* dem späteren Mittelalter. Damit werden wir zeitlich bis an den Punkt
geführt, wo das Mittelalter sich aufzuheben im Begriff ist,
wo wir denn auch einer verwandten Idee begegnen, nämlich *Faust*, nur daß *Don Juan* etwas früher angesetzt werden
muß. Indem der Geist, einzig und allein als Geist bestimmt,
auf diese Welt verzichtet und in dem Gefühl, daß sie nicht
nur nicht seine Heimat, sondern nicht einmal sein Schau-
platz sei, sich in die höheren Regionen zurückzieht, läßt er
das Weltliche als Tummelplatz jener Macht zurück, mit der
er stets in Streit gelebt hat und der er nun den Platz räumt.
Indem der Geist sich also von der Erde löst, tritt die Sinnlichkeit mit ihrer ganzen Macht hervor; sie hat nichts gegen
den Wechsel einzuwenden, sieht auch die Nützlichkeit der
Scheidung ein und ist froh darüber, daß die Kirche sie nicht
zum Zusammenbleiben veranlaßt, sondern das Band, das sie
verbunden hat, zerschneidet. Stärker denn je zuvor erwacht
nun die Sinnlichkeit in ihrem ganzen Reichtum, in ihrer
ganzen Wonne, ihrem ganzen Jubel, und wie der Einsiedler
in der Natur, das eingeschlossene Echo, das niemals das erste
Wort spricht, niemals spricht, ohne gefragt zu sein, so großes Gefallen an des Ritters Jagdhorn fand und seinen Minne-
weisen, am Hundegebell und an der Rosse Schnauben, daß
es niemals müde ward, es immerfort zu wiederholen, zuletzt

gleichsam ganz leise vor sich hin, um es nicht zu vergessen, so ward die ganze Welt zu einer von allen Seiten widerhallenden Wohnstatt für den weltlichen Geist der Sinnlichkeit, während der Geist die Welt verlassen hatte. Das Mittelalter weiß viel von einem Berg zu erzählen, der noch auf keiner Karte gefunden ist, dem *Venus-Berg*. Dort hat die Sinnlichkeit ihr Heim, dort hat sie ihre wilden Freuden; denn sie ist ein Reich, ein Staat. In diesem Reiche ist die Sprache nicht zu Hause, nicht die Besonnenheit des Denkens, der Reflexion mühevolles Erringen, dort ertönt allein die elementarische Stimme der Leidenschaft, das Spiel der Lüste, der wilde Lärm des Rausches, dort genießt man nur in ewigem Taumel. Der Erstling dieses Reiches ist *Don Juan*. Daß es das Reich der Sünde sei, ist damit noch nicht gesagt; denn es muß in dem Augenblicke festgehalten werden, da es in ästhetischer Indifferenz sich zeigt. Erst indem die Reflexion hinzutritt, erweist es sich als Reich der Sünde; aber da ist *Don Juan* getötet, da verstummt die Musik, da sieht man nur noch den verzweifelten Trotz, der ohnmächtig aufbegehrt, aber keine Konsistenz finden kann, nicht einmal in Tönen. Indem die Sinnlichkeit sich als das erweist, was ausgeschlossen werden soll, als das, womit der Geist nichts zu schaffen haben will, ohne daß er freilich schon ein Urteil darüber fällt oder es verdammt hätte, nimmt das Sinnliche diese Gestalt an, ist es das Dämonische in ästhetischer Indifferenz. Es ist nur Sache eines Augenblicks, bald ist alles verändert, dann ist auch die Musik vorbei. *Faust* und *Don Juan* sind die Titanen und Giganten des Mittelalters, die in der Großartigkeit ihrer Bestrebungen von jenen des Altertums sich nicht unterscheiden, wohl aber darin, daß sie isoliert dastehen, keine Vereinigung von Kräften bilden, die durch ihre Vereinigung erst himmelstürmend werden; sondern alle Kraft ist in diesem einen Individuum gesammelt.

*Don Juan* ist somit der Ausdruck des Dämonischen, das als das Sinnliche bestimmt ist, *Faust* ist der Ausdruck des Dämonischen, das bestimmt ist als jenes Geistige, welches der christliche Geist ausschließt. Diese Ideen stehen in einer wesentlichen Beziehung zueinander und haben viel Ähnlichkeit, man könnte also erwarten, daß sie auch das gemeinsam hätten, daß sie beide in einer Sage aufbewahrt worden seien. Bei *Faust* ist das bekanntlich der Fall. Es existiert ein Volksbuch, dessen Titel hinlänglich bekannt ist, wenn es selbst auch nur wenig benutzt wird, was besonders in unserer Zeit verwunderlich ist, wo man sich doch mit der Idee des Faust so viel zu schaffen macht. So geht es: während jeder angehende Privatdozent oder Professor sich am Hofe des lesenden Publikums als geistig reif dadurch zu akkreditieren glaubt, daß er ein Buch über Faust herausgibt, worin er getreulich wiederholt, was alle anderen Lizentiaten und wissenschaftlichen Konfirmanden bereits gesagt haben, meint er so ein kleines, unbedeutendes Volksbuch übersehen zu dürfen. Es fällt ihm gar nicht ein, wie schön es doch ist, daß das wahrhaft Große allen gemeinsam ist, daß ein Bauernknecht zu Triblers Witwe oder zu einer Bänkelsängerin auf dem Strohmarkt geht und das Volksbuch halblaut vor sich hin liest, während Goethe gleichzeitig einen *Faust* dichtet. Und wahrlich, dieses Volksbuch verdient es, beachtet zu werden, es hat vor allem das, was man beim Wein als eine rühmliche Eigenschaft anpreist, es hat Bukett; es ist eine vorzügliche Abfüllung aus dem Mittelalter, und beim Öffnen strömt einem ein so würziger, lieblicher und eigentümlicher Duft entgegen, daß einem ganz sonderbar zumute wird. Doch genug davon; worauf ich aufmerksam machen wollte, war nur die Tatsache, daß es über *Don Juan* eine solche Sage nicht gibt. Kein Volksbuch, kein Lied hat durch ein fortgesetztes Erscheinen »in diesem Jahr« ihn in der Erinnerung bewahrt. Vermutlich hat doch einmal eine Sage existiert, sie hat sich aber aller Wahrscheinlichkeit nach auf einen ganz einfachen Wink beschränkt, der vielleicht noch kürzer gewesen ist als die wenigen Strophen, die *Bürgers Lenore* zugrunde liegen. Vielleicht hat sie bloß eine Zahlenangabe enthalten; denn ich müßte mich sehr täuschen, wenn

nicht die gegenwärtige Zahl 1003 einer Sage angehört. Eine
Sage, die nichts anderes enthält, scheint etwas dürftig, und
insofern läßt es sich leicht erklären, daß sie nicht schriftlich
aufgezeichnet worden ist, und doch hat diese Zahl eine vortreffliche Eigenschaft, eine lyrische Tollkühnheit, die manche vielleicht gar nicht bemerken, weil sie so an sie gewöhnt
sind. Obwohl diese Idee also in keiner Volkssage ihren Ausdruck gefunden hat, ist sie doch auf andere Weise aufbewahrt worden. Bekanntlich hat der *Don Juan* nämlich vor
langer Zeit einmal als Schaubudenstück existiert, ja, das ist
wohl eigentlich seine erste Existenz. Hier aber ist die Idee komisch aufgefaßt, wie es überhaupt merkwürdig ist, daß das
Mittelalter, so tüchtig es im Ausrüsten von Idealen war, mit
der gleichen Sicherheit auch das Komische erkannte, das in
der übernatürlichen Größe des Ideals lag. *Don Juan* zu einem
Prahlhans zu machen, der sich einbildet, alle Mädchen verführt zu haben, und *Leporello* seine Lügen glauben zu lassen,
war wohl keine ganz schlechte komische Anlage. Und wäre
dies auch nicht der Fall, wäre dies auch nicht die Auffassung
gewesen, so konnte die komische Wendung doch niemals
ausbleiben, da sie auf dem Widerspruch beruht zwischen
dem Helden und dem Theater, auf dem er sich bewegt. So
kann man das Mittelalter auch von Helden erzählen lassen,
die so kraftvoll gebaut waren, daß ihre Augen eine halbe Elle auseinander lagen; wenn aber ein gewöhnlicher Mensch
auf die Bühne träte und sich den Anschein gäbe, als lägen
seine Augen eine halbe Elle auseinander, so wäre das Komische in vollem Gange.

Was hier zu der Sage von *Don Juan* gesagt worden ist, hätte
hier nicht seinen Platz gefunden, wenn es nicht in näherer
Beziehung zum Gegenstand dieser Untersuchung stünde,
wenn es nicht dazu diente, die Gedanken auf das einmal ge-
steckte Ziel hinzulenken. Der Grund, weshalb diese Idee im
Vergleich zum *Faust* eine so dürftige Vergangenheit hat,
liegt wahrscheinlich darin, daß sie etwas Rätselhaftes an sich
hatte, solange man nicht erkannte, daß ihr eigentliches Me-

dium die Musik sei. *Faust* ist Idee, aber eine Idee, die zugleich wesentlich Individuum ist. Sich das Geistig-Dämonische in einem Individuum konzentriert zu denken, ist eine innere Konsequenz des Denkens selbst, wohingegen es nicht möglich ist, sich das Sinnliche in einem Individuum zu denken. *Don Juan* befindet sich in dem dauernden Schweben zwischen den beiden Möglichkeiten, Idee, das heißt Kraft, Leben zu sein – oder Individuum. Dieses Schweben aber ist das musikalische Zittern. Wenn das Meer ungestüm brandet, so erzeugen in diesem Aufruhr die schäumenden Wogen Bilder, Wesen gleichsam, und es ist, als ob eben diese Wesen die Wogen in Bewegung setzten, während doch umgekehrt der Wellengang es ist, der sie hervorbringt. So ist auch *Don Juan* ein Bild, das zwar immer wieder erscheint, aber niemals Gestalt und Konsistenz gewinnt, ein Individuum, das immerfort sich bildet, aber niemals fertig wird, von dessen Geschichte man nichts anderes erfährt, als wenn man dem Getöse der Wogen lauscht. Wird *Don Juan* so erfaßt, dann bekommt alles Sinn und tiefe Bedeutung. Denke ich ihn mir als einzelnes Individuum, sehe ich ihn oder höre ich ihn sprechen, dann wird es komisch, daß er ihrer 1003 verführt hat; denn sobald er ein einzelnes Individuum ist, fällt der Akzent auf eine ganz andere Stelle, und zwar wird dabei hervorgehoben, wen und wie er verführt hat. Der Naivität der Sage und des Volksglaubens mag es gelingen, dergleichen auszusagen, ohne das Komische zu ahnen; der Reflexion ist es unmöglich. Wird er dagegen musikalisch aufgefaßt, so habe ich nicht das einzelne Individuum, so habe ich die Naturmacht, das Dämonische, das ebensowenig des Verführens müde oder mit dem Verführen fertig wird, wie der Wind je damit fertig wird, zu stürmen, das Meer, zu wogen, oder ein Wasserfall, von seiner Höhe hinabzustürzen. Insofern kann die Zahl der Verführten ebensogut irgendeine andere, weit größere sein. Es ist oft keine leichte Aufgabe, wenn man den Text einer Oper zu übersetzen hat, dies so genau zu machen, daß die Übersetzung nicht allein

sangbar wird, sondern im Sinn einigermaßen mit dem Text
und also mit der Musik harmoniert. Als Beispiel dafür, daß
es bisweilen auch ganz gleichgültig sein kann, möchte ich die
Zahlengröße in der Liste im *Don Juan* anführen, ohne daß
ich deshalb die Sache so leichtfertig nehme, wie die Leute
wohl gemeinhin tun würden, und meinen, auf dergleichen
komme es nicht an. Ich nehme die Sache vielmehr in hohem
Grade ästhetisch ernst, und darum meine ich, daß es gleichgültig sei. Nur möchte ich eine Eigenschaft jener Zahl 1003
preisen, die nämlich, daß sie ungerade und zufällig ist, etwas keineswegs Unwichtiges; es erweckt nämlich den Eindruck, daß die Liste keineswegs abgeschlossen, sondern daß
*Don Juan* vielmehr noch im besten Zuge ist; fast möchte man
*Leporello* bedauern, der nicht nur, wie er selber sagt, vor der
Türe Wache halten muß, sondern außerdem noch eine so
weitläufige Buchführung zu erledigen hat, daß es einem
routinierten Expeditionssekretär genug zu schaffen machen
würde.

So wie die Sinnlichkeit in *Don Juan* aufgefaßt ist – als Prinzip –, so ist sie in der Welt noch nie zuvor aufgefaßt worden;
daher wird auch das Erotische hier durch ein anderes Prädikat bestimmt, die Erotik ist hier Verführung. Merkwürdigerweise fehlt die Idee eines Verführers im Griechentum völlig. Keineswegs ist es meine Absicht, das Griechentum deshalb etwa zu loben, denn sowohl Götter wie Menschen waren, wie jedermann zur Genüge weiß, in Liebesdingen recht
nachlässig; noch auch das Christentum zu tadeln; denn es
hat die Idee ja nur außer sich. Der Grund, weshalb dem Griechentum diese Idee fehlt, liegt darin, daß sein ganzes Leben
als Individualität bestimmt ist. Das Seelische ist somit das
Vorherrschende oder doch stets mit dem Sinnlichen im Einklang. Die Liebe der Griechen war darum seelisch, nicht
sinnlich; und das eben flößt ihr jene Schamhaftigkeit ein,
wie sie aller griechischen Liebe eigen ist. Sie verliebten sich
in ein Mädchen, sie setzten Himmel und Erde in Bewegung,
um in ihren Besitz zu kommen, und wenn es ihnen gelang,

so wurden sie es etwa müde und suchten neue Liebe. In der Unbeständigkeit mochten sie zwar eine gewisse Ähnlichkeit mit *Don Juan* haben, und Herkules, um nur einen zu nennen, könnte schon eine recht ansehnliche Liste zustande bringen, wenn man bedenkt, daß er sich zuweilen ganzer Familien annahm, die bis zu 50 Mädchen zählten, und dergestalt als ein Familien-Schwiegersohn sie alle bewältigte, nach den Berichten einiger in einer einzigen Nacht. Indessen ist er von einem *Don Juan* doch wesentlich verschieden: er ist kein Verführer. Stellt man sich nämlich die griechische Liebe vor, so ist sie ihrem Begriff zufolge wesentlich treu, eben weil sie seelisch ist, und es ist das Zufällige an dem einzelnen Individuum, daß dieser einzelne mehrere liebt, und im Verhältnis zu den mehreren, die er liebt, ist es wiederum jedesmal etwas Zufälliges, wenn er eine Neue liebt; während er die eine liebt, denkt er nicht an die nächste. *Don Juan* hingegen ist von Grund aus ein Verführer. Seine Liebe ist nicht seelisch, sondern sinnlich, und sinnliche Liebe ist ihrem Begriffe nach nicht treu, sondern absolut treulos, sie liebt nicht eine, sondern alle, das heißt: sie verführt alle. Sie existiert nämlich nur im Moment, der Moment aber ist begrifflich gedacht eine Summe von Momenten, und damit haben wir den Verführer. Die ritterliche Liebe ist gleichfalls seelisch und daher ihrem Begriff zufolge wesentlich treu, nur die sinnliche ist ihrem Begriffe nach wesentlich treulos. Diese ihre Treulosigkeit zeigt sich aber auch noch auf andere Weise: sie wird nämlich immer nur eine Wiederholung sein. Die seelische Liebe hat in doppeltem Sinne das Dialektische in sich. Teils hat sie nämlich den Zweifel und die Unruhe in sich, ob sie auch glücklich werden, ihren Wunsch erfüllt sehen und geliebt werden wird. Diese Sorge hat die sinnliche Liebe nicht. Selbst ein *Jupiter* ist seines Sieges nicht sicher, und das kann nicht anders sein, ja er selber kann es nicht anders wünschen. Mit *Don Juan* ist das nicht so; er macht kurzen Prozeß und muß stets als absolut siegreich gedacht werden. Dies könnte als ein Vorteil für ihn erscheinen, ist aber doch eigentlich eine Armut. Andererseits hat die seelische Liebe auch eine andere Dialektik, sie ist nämlich verschieden auch im Verhältnis zu jedem einzelnen Individuum, das Gegenstand der Liebe ist. Darin liegt ihr Reichtum, die Fülle ihres Inhalts. So verhält es sich mit *Don Juan* nicht. Dazu hat er nämlich keine Zeit, für ihn ist alles nur Sache des Moments. Sie sehen und sie lieben war eins, das kann man in gewissem Sinne von der seelischen Liebe sagen, aber darin ist auch nur ein Anfang angedeutet. In bezug auf *Don Juan* gilt es auf andere Weise. Sie sehen und lieben ist eins, so ist es im Moment, im selben Moment ist alles vorbei, und das gleiche wiederholt sich ins Unendliche. Denkt man das Seelische in *Don Juan* hinein, so wird es zu einer Lächerlichkeit und einem Widerspruch in sich selbst, der nicht einmal im Gefolge der Idee liegt, bei Spanien 1003 anzusetzen. Das wird zu einer Übertreibung, die störend wirkt, auch wenn man sich einbilden wollte, man denke ihn sich ideal. Hat man nun kein anderes Medium, diese Liebe zu beschreiben, als die Sprache, so ist man in Verlegenheit; denn sobald man die Naivität aufgegeben hat, die in aller Treuherzigkeit festzuhalten vermag, daß bei Spanien 1003 steht, so verlangt man etwas mehr, nämlich das seelische Individualisieren. Dem Ästhetischen ist damit keineswegs Genüge getan, daß man derart alles in einen Topf wirft und mit Zahlengrößen verblüffen will. Die seelische Liebe bewegt sich gerade in der reichen Mannigfaltigkeit des individuellen Lebens, wo die Nuancen das eigentlich Bedeutungsvolle sind. Die sinnliche Liebe dagegen kann alles in einen Topf werfen. Das Wesentliche für sie ist die Weiblichkeit ganz abstrakt und allenfalls die mehr sinnliche Differenz. Die seelische Liebe ist ein Bestehen in der Zeit, die sinnliche ein Verschwinden in der Zeit, das Medium aber, das dies ausdrückt, ist eben die Musik. Dies auszuführen, ist sie vorzüglich geeignet, da sie um vieles abstrakter ist als die Sprache und daher nicht das einzelne ausspricht, sondern das Allgemeine in seiner ganzen Allgemeinheit, und doch diese Allgemeinheit nicht ausspricht in der Abstraktion der Reflexion, sondern in der Konkretion der Unmittelbarkeit. Als Beispiel für das, was ich meine, möchte ich die zweite Diener-Arie, die Liste der Verführten, ein wenig näher besprechen. Diese Nummer kann als das eigentliche Epos *Don Juans* betrachtet werden. Mach also das Experiment, falls du an der Richtigkeit meiner Aussage zweifelst! Denke dir einen Dichter, der von der Natur glücklicher ausgestattet ist als irgendeiner vor ihm, gib ihm die Fülle des Ausdrucks, gib ihm Herrschaft und Gewalt über die Mächte der Sprache, laß alles, was lebendigen Odem hat, ihm gehorsam sein, untertänig seinem kleinsten Winke, laß alles fertig und bereit seines Kommandowortes harren, laß ihn umringt sein von einer zahlreichen Schar leichter Plänkler, schnellfüßiger Eilboten, die den Gedanken in seinem geschwindesten Fluge einholen, laß nichts ihm entgehen können, nicht die geringste Bewegung, laß kein Geheimnis, nichts Unaussprechliches für ihn übrig bleiben in der ganzen Welt – stelle ihm alsdann die Aufgabe, *Don Juan* episch zu besingen, die Liste der Verführten aufzurollen. Was wird die Folge sein? Er wird niemals fertig. Das Epische hat, wenn man so will, den Fehler, daß es beliebig lange fortfahren kann, sein Held, der Improvisator, *Don Juan* kann beliebig lange fortfahren. Der Dichter wird nun in die Mannigfaltigkeit hineingehen und immer wieder genug darin finden, was ergötzt, aber niemals wird er die Wirkung erzielen, die Mozart erzielt hat; denn selbst wenn er schließlich fertig würde, so hätte er doch nicht die Hälfte von dem gesagt, was Mozart in dieser einzigen Nummer ausgedrückt hat.

Mozart hat sich nun auf die Mannigfaltigkeit nicht eingelassen, gewisse große Formationen nur ziehen vorüber. Dies hat seinen zureichenden Grund im Medium selbst, in der Musik, die zu abstrakt ist, um die Differenzen auszudrücken. So fällt das musikalische Epos zwar verhältnismäßig kurz aus, und doch hat es auf unvergleichliche Weise die epische Eigenschaft, beliebig lange fortfahren zu können, da man es nämlich beständig von vorne beginnen lassen und es hören

und wieder hören kann, eben weil das Allgemeine ausgedrückt ist, und zwar in der Konkretion der Unmittelbarkeit.
Man hört hier nicht *Don Juan* als ein einzelnes Individuum,
nicht seine Rede, sondern man hört die Stimme, die Stimme
der Sinnlichkeit, und die hört man durch die Sehnsüchte der
Weiblichkeit hindurch. Nur auf die Art kann *Don Juan*
episch werden, daß er beständig fertig wird und beständig
von vorne anfangen kann; denn sein Leben ist die Summe
repellierender Momente, die keinerlei Zusammenhang haben, sein Leben ist als der Moment die Summe von Momenten, als die Summe von Momenten der Moment. In dieser Allgemeinheit, in diesem Schweben zwischen Individuum und Naturkraft liegt *Don Juan*; sobald er Individuum
wird, bekommt das Ästhetische ganz andere Kategorien.
Darum ist es auch ganz in der Ordnung und hat tiefe innere
Bedeutung, daß bei der Verführung, die in dem Stück vor
sich geht, derjenigen *Zerlinens*, das Mädchen ein gewöhnliches Bauernmädchen ist. Heuchlerische Ästhetiker, die unter dem Schein, daß sie Dichter und Komponisten verstehen, alles zu ihrem Mißverständnis beitragen, werden uns
vielleicht belehren, daß *Zerline* ein ungewöhnliches Mädchen sei. Wer dies meint, beweist, daß er Mozart total mißverstanden hat und daß er verkehrte Kategorien anwendet.
Daß er Mozart mißversteht, liegt klar auf der Hand; denn
Mozart hat mit Fleiß *Zerline* so unbedeutend wie möglich
gehalten, was auch Hotho beachtet, ohne jedoch den tiefen
Grund zu erkennen. Wäre nämlich *Don Juans* Liebe anders
denn als sinnlich bestimmt, wäre er in geistigem Sinne ein
Verführer gewesen, etwas, das später Gegenstand der Betrachtung sein wird, so wäre es ein Grundfehler des Stückes
gewesen, daß die Heldin in der Verführung, die uns in dem
Stück dramatisch beschäftigt, ein kleines Bauernmädchen
ist. Dann hätte das Ästhetische erfordert, daß man ihm eine
schwierigere Aufgabe gestellt hätte. Für *Don Juan* aber gelten diese Differenzen nicht. Er würde, wenn ich mir denken
könnte, daß er eine derartige Rede über sich selber führte,

etwa sagen: »Ihr irrt euch, ich bin kein Ehemann, der ein ungewöhnliches Mädchen braucht, um glücklich zu werden; was mich glücklich macht, hat ein jedes Mädchen, und darum nehme ich sie alle.« So sind die Worte zu verstehen, die ich schon früher berührt habe: »selbst sechzigjährige Koketten...«–, oder an anderer Stelle: *pur chè porti la gonella, voi sapete quel chè fà.* Für *Don Juan* ist jedes Mädchen ein gewöhnliches Mädchen, jedes Liebesabenteuer eine alltägliche Geschichte. *Zerline* ist jung und hübsch, und sie ist eine Frau, das ist das Ungewöhnliche, das sie mit hundert anderen gemein hat, aber nicht das Ungewöhnliche begehrt *Don Juan*, sondern das Gewöhnliche, das sie mit jeder Frau gemein hat. Wenn dem nicht so ist, so hört *Don Juan* auf, absolut musikalisch zu sein, so fordert das Ästhetische das Wort, die Replik, während jetzt, da es sich so verhält, *Don Juan* absolut musikalisch ist. Auch von einer anderen Seite her möchte ich dies noch beleuchten, nämlich aus dem inneren Bau des Stückes. *Elvira* ist *Don Juan* eine gefährliche Feindin; in den Repliken, die von dem dänischen Übersetzer herrühren, wird dies oft hervorgehoben. Daß es ein Fehler ist, *Don Juan* eine Replik einzuräumen, steht zwar fest, doch folgt daraus noch keineswegs, daß die Replik nicht eine vereinzelte gute Bemerkung enthielte. *Don Juan* fürchtet also *Elvira.* Nun meint vermutlich der eine oder andere Ästhetiker dies gründlich zu erklären, indem er uns des langen und breiten auseinandersetzt, daß *Elvira* ein ungewöhnliches Mädchen sei usw. Weit gefehlt! Sie ist ihm gefährlich, weil sie verführt ist. Im gleichen Sinne, genau im gleichen Sinne, wird *Zerline* ihm gefährlich, wenn sie verführt ist. Sobald sie verführt ist, ist sie in eine höhere Sphäre emporgehoben, es ist ein Bewußtsein in ihr, das *Don Juan* nicht hat. Darum ist sie ihm gefährlich. Es ist also wiederum nicht das Zufällige, wodurch sie ihm gefährlich ist, sondern das Allgemeine.

*Don Juan* ist also Verführer, seine Erotik Verführung. Damit ist nun freilich viel gesagt, wenn es recht verstanden, wenig, wenn es mit einer gewissen allgemeinen Unklarheit aufge-

faßt wird. Wir haben bereits gesehen, daß der Begriff eines
Verführers in bezug auf *Don Juan* wesentlich modifiziert ist,
insofern der Gegenstand seines Begehrens das Sinnliche und
dieses allein ist. Das war von Bedeutung, um das Musikalische in *Don Juan* aufzuzeigen. Im Altertum fand das Sinnliche seinen Ausdruck in der schweigenden Stille der Plastik, in der christlichen Welt mußte das Sinnliche in seiner
ganzen ungeduldigen Leidenschaft erbrausen. Obwohl man
nun also mit Wahrheit sagen kann, daß *Don Juan* ein Verführer sei, so hat dieser Ausdruck, der auf die schwachen Ge-
hirne einzelner Ästhetiker leicht verwirrend wirken mag,
oft zu Mißverständnissen Anlaß gegeben, indem man alles
Mögliche, was sich über einen solchen sagen läßt, zusam-
mengescharrt und es ohne weiteres auf *Don Juan* übertragen
hat. Bald hat man dabei die eigene Hinterlist an den Tag gelegt, indem man die *Don Juans* aufspürte, bald hat man sich
heiser geredet, um seine Ränke und seine Schlauheit zu erklären, kurzum, das Wort Verführer hat Anlaß dazu gegeben, daß jedermann, so gut er konnte, gegen ihn gewesen
ist und sein Scherflein zu einem totalen Mißverständnis beigetragen hat. Von *Don Juan* muß man den Ausdruck Verführer mit großer Vorsicht gebrauchen, sofern einem mehr
daran liegt, etwas Richtiges, als irgend etwas zu sagen; und
zwar nicht deshalb, weil *Don Juan* zu gut ist, sondern weil er
überhaupt nicht unter ethische Bestimmungen fällt. Ich
möchte ihn daher lieber einen Betrüger nennen, weil darin
doch immerhin etwas mehr Zweideutiges liegt. Um Verführer zu sein, bedarf es stets einer gewissen Reflexion und
Bewußtheit, und sobald diese vorhanden ist, mag es angebracht sein, von Schlauheit und Ränken und listigen Anläufen zu sprechen. An dieser Bewußtheit fehlt es *Don Juan*. Er
verführt daher nicht. Er begehrt, und diese Begierde wirkt
verführend; insofern verführt er. Er genießt die Befriedigung der Begierde; sobald er sie genossen hat, sucht er einen
neuen Gegenstand, und so fort ins Unendliche. Daher betrügt er zwar, aber doch nicht so, daß er seinen Betrug im

voraus plante; es ist vielmehr die eigene Macht der Sinnlichkeit, welche die Verführten betrügt, also eher eine Art Nemesis. Er begehrt und fährt beständig fort zu begehren und
genießt beständig die Befriedigung der Begierde. Zum Verführer fehlt ihm die Zeit davor, in der er seinen Plan faßt,
und die Zeit danach, in der er sich seiner Handlung bewußt
wird. Ein Verführer muß daher im Besitz einer Macht sein,
die *Don Juan* nicht hat, so gut er im übrigen ausgerüstet sein
mag – der Macht des Wortes. Sobald wir ihm die Macht des
Wortes verleihen, hört er auf, musikalisch zu sein, und das
ästhetische Interesse wird ein ganz anderes. *Achim von Arnim*
spricht irgendwo von einem Verführer ganz anderen Stils,
einem Verführer, der unter ethische Bestimmungen fällt.
Von ihm gebraucht er einen Ausdruck, der sich an Wahrheit, Kühnheit und Prägnanz beinahe mit einem Bogenstrich Mozarts messen kann. Er sagt, er könne so mit einer
Frau reden, daß, wenn der Teufel ihn holte, er sich los-
schwatzen würde, sofern es ihm nur gelänge, mit dessen
Großmutter ins Gespräch zu kommen. Dies ist der eigentliche Verführer, das ästhetische Interesse ist hier auch ein anderes, nämlich: das Wie, die Methode. Darum liegt etwas
sehr Tiefsinniges darin, was der Aufmerksamkeit der meisten entgangen sein mag, daß *Faust*, der *Don Juan* reproduziert, nur ein Mädchen verführt, *Don Juan* dagegen hunderte; dieses eine Mädchen aber ist denn auch in intensivem
Sinne ganz anders verführt und vernichtet als alle, die *Don
Juan* betrogen hat; eben weil Faust als Reproduktion die Bestimmung des Geistes in sich trägt. Die Kraft eines solchen
Verführers ist die Rede, das heißt die Lüge. Vor einigen Tagen hörte ich, wie ein Soldat sich mit einem andern über einen dritten unterhielt, der ein Mädchen betrogen hatte; er
gab keine weitläufige Beschreibung, und doch war sein Ausdruck ganz vortrefflich: »Der konnte es so mit Lügen und
so.« Ein solcher Verführer ist von ganz anderer Art als *Don
Juan*, ist wesentlich von ihm verschieden, wie man auch daraus ersieht, daß er und sein Wirken in hohem Maße unmu-

sikalisch sind und in ästhetischer Hinsicht innerhalb der Bestimmung des Interessanten liegen. Daher ist auch der Gegenstand seiner Begierde, wenn man ihn ästhetisch richtig
denkt, etwas mehr als das bloß Sinnliche.

Was für eine Kraft ist es denn aber, mit der *Don Juan* verführt? Es ist die der Begierde, die Energie der sinnlichen Begierde. Er begehrt in jedem Weibe die ganze Weiblichkeit,
und darin liegt die sinnlich idealisierende Macht, mit der er
seine Beute zugleich verschönt und besiegt. Der Reflex dieser gigantischen Leidenschaft verschönt und entwickelt das
Begehrte, das von ihrem Widerschein in erhöhter Schönheit erglüht. Wie das Feuer des Begeisterten mit verführeri-
schem Glanze selbst die Unbeteiligten beleuchtet, die zu ihm
in Beziehung stehen, so verklärt er in einem weit tieferen
Sinne jedes Mädchen, da sein Verhältnis zu ihr ein wesentliches ist. Daher schwinden für ihn alle endlichen Unterschiede gegenüber der einen Hauptsache: daß es ein Weib
ist. Die Älteren verjüngt er in die schöne Mitte der Weiblichkeit hinein, Kinder bringt er fast im Nu zur Reife; alles,
was Weib ist, ist seine Beute (*pur chè porti la gonella, voi sapete quel chè fà*). Indessen muß man es nun keineswegs so verstehen, als ob seine Sinnlichkeit Blindheit wäre, instinktiv
weiß er sehr wohl, Unterschiede zu machen, und vor allem:
er idealisiert. Denke ich hier einen Augenblick an ein vor-
hergehendes Stadium, an den *Pagen,* zurück, so wird der Leser sich vielleicht erinnern, daß ich schon damals, als von ihm
die Rede war, eine Replik des *Pagen* mit einer Replik *Don
Juans* verglich. Den mythischen Pagen ließ ich da, den wirklichen schickte ich zur Armee. Dächte ich mir nun, der mythische Page habe sich losgerissen, sei in Bewegung gekommen, so würde ich an eine Replik des Pagen erinnern, die
auf *Don Juan* zutrifft. Wie *Cherubin* nämlich leicht wie ein
Vogel und kühn zum Fenster hinausspringt, macht dies einen so starken Eindruck auf *Susanne,* daß sie einer Ohnmacht
nahe ist; und als sie sich wieder erholt hat, ruft sie aus: »Seht,
wie er läuft – na, macht der nicht sein Glück bei den Mäd-

chen!« Dies ist nämlich von *Susanne* ganz richtig gesagt, und der Grund ihrer Ohnmacht ist nicht allein die Vorstellung von dem kühnen Sprung, sondern wohl eher, daß er bei ihr schon sein Glück gemacht hat. Der Page ist nämlich der künftige *Don Juan*, ohne daß dies jedoch auf so lächerliche Art zu verstehen wäre, als ob der Page schon mit dem Älterwerden *Don Juan* würde. Nun macht *Don Juan* nicht nur sein Glück bei den Mädchen, sondern er macht die Mädchen glücklich und – unglücklich, aber seltsam, gerade so wollen sie es haben, und es wäre ein schlechtes Mädchen, das nicht unglücklich werden möchte, um einmal mit *Don Juan* glücklich gewesen zu sein. Mag ich darum *Don Juan* auch weiterhin einen Verführer nennen, so denke ich ihn mir doch keineswegs als einen Menschen, der heimtückisch seine Pläne entwirft und listig die Wirkung seiner Intrigen berechnet; das, wodurch er betrügt, ist die Genialität der Sinnlichkeit, deren Inkarnation er gleichsam ist. An kluger Besonnenheit mangelt es ihm; sein Leben schäumt wie der Wein, an dem er sich stärkt, sein Leben ist bewegt wie die Töne, die sein fröhliches Mahl begleiten, immer triumphiert er. Er bedarf keiner Vorbereitung, keines Planes, keiner Zeit; denn er ist immer fertig, weil nämlich die Kraft stets in ihm ist, wie die Begierde, und nur wenn er begehrt, ist er so recht in seinem Element. Er sitzt zu Tische, heiter wie ein Gott schwingt er den Pokal – er erhebt sich, die Serviette in der Hand, zum Angriff bereit. Und weckte *Leporello* ihn mitten in der Nacht, er wacht auf, stets seines Sieges sicher. Dieser Kraft aber, dieser Macht kann das Wort nicht Ausdruck verleihen, die Musik allein vermag uns eine Vorstellung davon zu geben; denn für die Reflexion und den Gedanken ist sie unaussprechlich. Die List eines ethisch bestimmten Verführers kann ich deutlich in Worten darstellen, und die Musik würde sich vergebens an die Lösung dieser Aufgabe wagen. Mit *Don Juan* verhält es sich umgekehrt. Was ist das für eine Macht? – Niemand kann es sagen, selbst wenn ich *Zerline*, bevor sie auf den Ball geht, danach fragte: Was ist das für ei-

ne Macht, mit der er dich fesselt? – so würde sie antworten:
Man weiß es nicht; und ich würde sagen: Wohlgesprochen,
mein Kind! Du sprichst weiser als die Weisen der Inder, richtig, das weiß man nicht; und das Unglück ist, daß auch ich
dir's nicht sagen kann.

Dieser Kraft *Don Juans*, dieser Allmacht, diesem Leben kann
nur die Musik Ausdruck verleihen, und ich weiß kein anderes Prädikat dafür als dieses: Es ist lebenschwellende Munterkeit. Wenn daher *Kruse Don Juan*, als dieser bei Zerlinens
Hochzeit die Bühne betritt, sagen läßt: »Munter, Kinder!
Ihr seid ja alle wie zur Hochzeit gekleidet«, so sagt er etwas
durchaus Richtiges und vielleicht auch noch etwas mehr, als
woran er denkt. Die Munterkeit bringt er nämlich selber
mit, und was die Hochzeit betrifft, so ist es nicht ohne Bedeutung, daß sie alle wie zur Hochzeit gekleidet sind; denn
*Don Juan* ist nicht allein Manns genug, mit *Zerline* fertig zu
werden, sondern er feiert mit Spiel und Gesang die Hochzeit der jungen Mädchen im ganzen Kirchspiel. Was Wunder also, daß sie sich um ihn scharen, die fröhlichen Mädchen! Und sie werden auch nicht enttäuscht; denn er hat genug für sie alle – Schmeicheleien, Seufzer, kecke Blicke, zartes Händedrücken, heimliches Geflüster, gefährliche Nähe,
lockendes Sichentfernen – und dabei sind das nur die kleineren Mysterien, Geschenke vor der Hochzeit. Es ist eine Lust
für *Don Juan*, über eine so reiche Ernte hinzuschauen;
des ganzen Kirchspiels nimmt er sich an, und doch kostet
es ihn vielleicht nicht so viel Zeit, wie *Leporello* im Kontor
braucht.

Durch das hier Entwickelte ist der Gedanke somit wieder
auf das hingelenkt, was den eigentlichen Gegenstand der
Untersuchung bildet, auf *Don Juans* absolute Musikalität. Er
begehrt sinnlich, er verführt durch die dämonische Macht
der Sinnlichkeit, er verführt alle. Das Wort, die Replik
kommt ihm nicht zu; damit würde er sofort zu einem
reflektierenden Individuum. Er hat somit überhaupt kein
Bestehen, sondern hastet in ewigem Verschwinden dahin,

geradeso wie die Musik, von der es gilt, daß sie vorbei ist, sobald sie aufgehört hat zu tönen, und nur wieder entsteht, indem sie abermals ertönt. Wenn ich darum hier auch die Frage aufwerfen wollte: wie sieht *Don Juan* aus, ist er hübsch, jung oder schon älter, wie alt wohl ungefähr, so ist das nur eine Akkomodation von meiner Seite, und was sich hierüber sagen läßt, kann hier nur in dem gleichen Sinne erwarten, einen Platz zu finden, wie eine geduldete Sekte innerhalb der Staatskirche. Schön ist er, nicht mehr ganz jung; sollte ich ein Alter vorschlagen, so würde ich 33 Jahre nennen, das Generationsalter nämlich. Das Bedenkliche, wenn man sich auf derartige Untersuchungen einläßt, liegt darin, daß einem leicht das Totale verlorengeht, indem man bei dem einzelnen verweilt, so als ob seine Schönheit es wäre oder was immer man sonst nennen möchte, wodurch *Don Juan* verführte; man sieht ihn zwar noch, aber man hört ihn nicht mehr, und damit ist er verloren. Wollte ich nun daher, um gleichsam nach Möglichkeit das Meine zu tun, dem Leser zu einer Anschauung von Don Juan zu verhelfen, sagen: Sieh, da steht er, sieh, wie sein Auge lodert, seine Lippe sich zu einem Lächeln hebt, so sicher ist er seines Sieges, betrachte seinen königlichen Blick, der fordert, was des Kaisers ist, sieh, wie leicht er in den Reigen eintritt, wie stolz er die Hand reicht, wer ist die Glückliche, der sie geboten wird; – oder wollte ich sagen: Sieh, da steht er im Waldesschatten, er lehnt sich an einen Baum, er begleitet sich auf einer Gitarre, und sieh, dort verschwindet ein junges Mädchen zwischen den Bäumen, geängstigt wie ein aufgescheuchtes Wild, aber er hat keine Eile, er weiß, sie sucht ihn; – oder wollte ich sagen: Da ruht er am Ufer des Sees in der hellen Nacht, so schön, daß der Mond stillsteht und er die Liebe seiner Jugend noch einmal durchlebt, so schön, daß die jungen Mädchen des Ortes viel darum gäben, sich hinschleichen und das Dunkel des Augenblicks, da der Mond wieder emporsteigt, um am Himmel zu leuchten, dazu benutzen zu dürfen, ihn zu küssen – täte ich das, würde der aufmerksame Leser sagen: Seht,

da hat er sich alles verdorben, da hat er selber vergessen, daß
man *Don Juan* nicht sehen muß, sondern hören. Darum tu
ich es auch nicht, sondern ich sage: Höre *Don Juan*, das
heißt, kannst du durchs Hören keine Vorstellung von *Don
Juan* bekommen, so kannst du's nie. Höre seines Lebens Beginn; wie der Blitz aus dem Dunkel der Wetterwolke sich
löst, so bricht er hervor aus der Tiefe des Ernstes, schneller
als die Geschwindigkeit des Blitzes, unsteter als dieser und
doch ebenso taktfest; höre, wie er sich in die Mannigfaltigkeit des Lebens hinabstürzt, wie er an dessen festem Damm
sich bricht, höre diese leichten tanzenden Geigentöne, höre
den Wink der Freude, höre den Jubel der Lust, höre des Genusses festliche Seligkeit; höre seine wilde Flucht, an sich selber eilt er vorüber, immer schneller, immer unaufhaltsamer,
höre der Leidenschaft zügelloses Begehren, höre das Rau-
schen der Liebe, höre das Raunen der Versuchung, höre den
Wirbel der Verführung, höre des Augenblicks Stille – höre,
höre, höre *Mozarts Don Juan!*

2. Andere Bearbeitungen des Don Juan in bezug auf
die musikalische Auffassung betrachtet

Die Idee zum *Faust* ist bekanntlich Gegenstand vieler verschiedener Auffassungen gewesen; mit *Don Juan* hingegen
ist dies keineswegs der Fall. Das könnte sonderbar erscheinen, um so mehr, als diese letztere Idee einen viel universelle-
ren Abschnitt in der Entwicklung des individuellen Lebens
bezeichnet als die erstere. Indessen läßt sich dies leicht eben
daraus erklären, daß das *Faustische* eine derartige geistige
Reife voraussetzt, daß es weit natürlicher ist, sich eine Auffassung davon zu bilden. Hinzu kommt, woran ich bereits
oben in bezug auf den Umstand, daß eine Don-Juan-Sage
in eigentlichem Sinne nicht existiert, erinnert habe: daß man
dunkel die Schwierigkeit hinsichtlich des Mediums empfunden hat, bis *Mozart* das Medium und die Idee entdeckte. Von
diesem Augenblick an ist die Idee erst zu ihrer wahren Würde gekommen und hat nun wieder mehr denn je einen Zeit-

raum im individuellen Leben ausgefüllt, so satisfizierend jedoch, daß das Bedürfnis, das in der Phantasie Erlebte dichterisch auszusondern, nicht zu einer poetischen Notwendigkeit wurde. Das ist wiederum ein indirekter Beweis für den
absoluten klassischen Wert der Mozartschen Oper. Das Ideale in dieser Richtung hatte bereits seinen derart vollendeten
künstlerischen Ausdruck gefunden, daß es zwar verlockend
wirken mochte, nicht aber verlockend zu dichterischer Produktivität. Verlockend ist die *Mozartsche* Musik sicherlich
gewesen; denn wo gäbe es wohl einen jungen Menschen, der
nicht Augenblicke in seinem Leben gehabt hat, da er sein
halbes Reich dafür hingegeben hätte, ein *Don Juan* zu sein,
oder gar das ganze, da er seine halbe Lebenszeit dafür hingegeben hätte, ein Jahr lang Don Juan zu sein, oder gar die ganze. Aber dabei ist es denn auch geblieben; die tieferen Naturen, die von der Idee berührt waren, sie fanden jeden, selbst
den leisesten Hauch in *Mozarts* Musik ausgedrückt, sie fanden in der grandiosen Leidenschaft dieser Musik einen voll-
tönigen Ausdruck für das, was sich in ihrem eigenen Innern
regte, sie empfanden, wie jede Stimmung zu jener Musik
hinstrebte, so wie der Bach dahineilt, um sich in der Unendlichkeit des Meeres zu verlieren. Diese Naturen fanden in
dem *Mozartschen Don Juan* ebensosehr Text wie Kommentar, und während sie dergestalt in seiner Musik dahin- und
niederglitten, die Freude des sich selbst Verlierens genossen,
gewannen sie zugleich den Reichtum der Bewunderung.
Die *Mozartsche* Musik war in keiner Beziehung zu eng, im
Gegenteil, ihre eigenen Stimmungen weiteten sich, nahmen
übernatürliche Größe an, indem man sie in *Mozart* wieder-
fand. Die niederen Naturen, die keine Unendlichkeit ahnen,
keine Unendlichkeit fassen, die Pfuscher, die sich selbst einen
Don Juan dünkten, weil sie einmal ein Bauernmädchen in
die Backe gekniffen, ihren Arm um eine Kellnerin geschlun-
gen oder ein Jüngferlein zum Erröten gebracht hatten, die
verstanden natürlich weder die Idee noch *Mozart*, noch auch
selber einen *Don Juan* hervorzubringen, es sei denn eine lä-

cherliche Mißgeburt, einen Familiengötzen, der den ver-
schwommenen Sentimental-Blicken einiger Cousinen ein
wahrer *Don Juan*, der Inbegriff aller Liebenswürdigkeit
scheinen mochte. In diesem Sinne hat *Faust* noch niemals einen Ausdruck gefunden und kann, wie oben bemerkt, ihn
auch niemals finden, weil die Idee bei weitem konkreter ist.
Eine Auffassung des *Faust* mag es verdienen, als vollendet
bezeichnet zu werden, und doch wird ein nachfolgendes Geschlecht einen neuen *Faust* hervorbringen, während *Don
Juan* auf Grund des abstrakten Charakters der Idee ewig zu
allen Zeiten lebt, und einen *Don Juan* nach *Mozart* schaffen,
hieße immer eine *Ilias post Homerum* schreiben zu wollen, in
noch viel tieferem Sinne, als es von *Homer* gilt.
Mag nun das hier Entwickelte auch wirklich zutreffen, so
folgt daraus doch keineswegs, daß nicht einzelne begabte
Naturen sich daran versucht haben sollten, *Don Juan* auch
noch auf andere Weise aufzufassen. Daß dem so ist, weiß jeder, was aber vielleicht nicht ein jeder bemerkt hat, ist die
Tatsache, daß der Typus für alle anderen Auffassungen im
wesentlichen *Molières Don Juan* ist; dieser aber ist ja wiederum viel älter als der *Mozarts*, er ist überdies komisch und
verhält sich zu *Mozarts Don Juan*, wie ein Märchen nach der
Auffassung des Musäus sich zu der Bearbeitung eines Tieck
verhält. Insofern kann ich mich eigentlich darauf beschränken, von dem *Molièreschen Don Juan* zu sprechen und, indem
ich ihn ästhetisch zu würdigen suche, indirekt zugleich auch
die anderen Auffassungen zu würdigen. Doch möchte ich
eine Ausnahme mit *Heibergs Don Juan* machen. Er erklärt
selber auf dem Titel, daß sein Stück »teilweise nach *Molière*«
verfaßt sei. Das trifft zwar durchaus zu, und doch hat *Heibergs* Stück vor dem *Molières* einen großen Vorzug. Dies
mag seinen Grund in dem sicheren ästhetischen Blick haben,
mit dem *Heiberg* stets seine Aufgabe erfaßt, in dem Geschmack, mit dem er zu distinguieren weiß, aber unmöglich
ist es nicht, daß im gegenwärtigen Fall Prof. *Heiberg* sich indirekt von *Mozarts* Auffassung hat beeinflussen lassen, inso-

fern nämlich, daß er erkannte, wie *Don Juan* aufgefaßt werden muß, sobald man die Musik nicht als den eigentlichen
Ausdruck gelten lassen oder ihn unter ganz andere ästhetische Kategorien einordnen will. Auch Prof. *Hauch* hat einen
*Don Juan* geschrieben, der nahe daran ist, unter die Bestimmung des Interessanten zu fallen. Wenn ich nun also dazu
übergehe, die zweite Formation von Bearbeitungen des *Don
Juan* zu betrachten, so brauche ich den Leser wohl nicht daran zu erinnern, daß dies in gegenwärtiger kleiner Untersuchung nicht um dieser Bearbeitungen willen geschieht, sondern lediglich, um die Bedeutung der musikalischen Auffassung vollständiger zu beleuchten, als dies im vorhergehenden möglich gewesen ist.

Der Wendepunkt in der Auffassung des *Don Juan* ist bereits
oben folgendermaßen bezeichnet worden: Sobald er eine
Replik erhält, ist alles verändert. Die Reflexion nämlich,
welche die Replik motiviert, reflektiert ihn aus jener Dunkelheit heraus, in der er nur musikalisch hörbar ist. Insofern
könnte es den Anschein haben, als ob *Don Juan* sich vielleicht
am allerbesten als Ballett auffassen ließe. Es ist auch hinlänglich bekannt, daß er so aufgefaßt worden ist. Indessen muß
man dieser Auffassung doch nachrühmen, daß sie ihre Kräfte richtig eingeschätzt und sich daher auf die letzte Szene beschränkt hat, in der die Leidenschaft *Don Juans* im pantomi-
mischen Muskelspiel am leichtesten sichtbar werden mußte.
Die Folge davon ist wiederum, daß *Don Juan* nicht nach seiner wesentlichen Leidenschaft dargestellt wird, sondern nach
dem Zufälligen, und das Plakat zu einer solchen Vorstellung
enthält stets mehr als das Stück selbst; es enthält nämlich dies,
daß es *Don Juan* ist, der Verführer *Don Juan*, wohingegen das
Ballett eigentlich nur die Qualen der Verzweiflung darstellt,
deren Ausdruck, sofern dieser nur pantomimisch sein soll,
er mit vielen anderen Verzweifelten gemein hat. Das Wesentliche an *Don Juan* läßt sich im Ballett nicht darstellen,
und jeder fühlt leicht, wie lächerlich es wäre zu sehen, wie
*Don Juan* ein Mädchen mit seinen Tanzschritten und sinn-

reichen Gestikulationen umgarnt. *Don Juan* ist eine Bestimmung nach innen und kann auf diese Weise nicht sichtbar werden oder sich in den Formen des Körpers und deren Bewegungen oder in plastischer Harmonie offenbaren.

Auch wenn man *Don Juan* keine Replik gäbe, ließe sich eine Auffassung des *Don Juan* denken, die sich dessenungeachtet des Wortes als Medium bediente. Eine solche existiert wirklich, und zwar von *Byron*. Daß *Byron* in mancher Hinsicht gerade für die Gestaltung eines *Don Juan* das Zeug hatte, steht fest, und man kann daher sicher sein, daß, wenn dieses Unternehmen mißlungen ist, der Grund nicht in *Byron*, sondern viel tiefer liegt. *Byron* hat es gewagt, *Don Juan* vor uns entstehen zu lassen, uns das Leben seiner Kindheit und Jugend zu erzählen, ihn aus dem Kontext endlicher Lebensverhältnisse heraus zu konstruieren. Dadurch ist *Don Juan* zu einer reflektierten Persönlichkeit geworden, welche die Idealität verliert, die er in der traditionellen Vorstellung besitzt. Ich will hier gleich darlegen, welche Veränderung mit der Idee vorgeht. Wird *Don Juan* musikalisch aufgefaßt, so höre ich in ihm die ganze Unendlichkeit der Leidenschaft, zugleich aber ihre unendliche Macht, der nichts widerstehen kann; ich höre das wilde Verlangen der Begierde, zugleich aber dieser Begierde absolute Sieghaftigkeit, gegen die jeder Versuch eines Widerstandes vergeblich wäre. Verweilt der Gedanke gelegentlich einmal bei dem Hindernis, so erhält dieses eher die Bedeutung, die Leidenschaft bloß zu erregen, als sich wirklich zu widersetzen, der Genuß wird gesteigert, der Sieg ist gewiß und das Hindernis nur ein Anreiz. Ein solches elementarisch bewegtes Leben, dämonisch mächtig und unwiderstehlich, habe ich in *Don Juan*. Dies ist seine Idealität, und ihrer kann ich mich ungestört erfreuen, weil die Musik ihn mir nicht als Person oder Individuum darstellt, sondern als Macht. Wird *Don Juan* als Individuum aufgefaßt, so ist er *eo ipso* in Konflikt mit einer ihn umgebenden Welt; als Individuum fühlt er Druck und Fessel dieser Umgebung, als großes Individuum besiegt er sie

vielleicht, aber man fühlt alsbald, daß die Schwierigkeiten
der Hindernisse hier eine andere Rolle spielen. Sie sind es,
mit denen das Interesse sich wesentlich beschäftigt. Damit
aber ist *Don Juan* unter die Bestimmung des Interessanten
getreten. Wollte man ihn hier mit Hilfe von Wortgepränge
als absolut siegreich hinstellen, so fühlt man alsbald, daß das
nicht befriedigt, da es einem Individuum als solchem nicht
wesentlich zugehört, siegreich zu sein, und man fordert die
Krisis des Konflikts.

Der Widerstand, den das Individuum zu bekämpfen hat,
kann teils ein äußerer sein, der nicht so sehr im Gegenstand
als in der umgebenden Welt liegt, teils kann er im Gegenstand selber liegen. Das erstere ist das, was eigentlich alle
Auffassungen des *Don Juan* beschäftigt hat, weil man an jenem Moment der Idee festhielt, daß er als Erotiker siegreich
sein müsse. Hebt man dagegen die andere Seite hervor, so eröffnet sich, wie ich glaube, erst die Aussicht auf eine bedeutungsvolle Auffassung des *Don Juan*, die ein Gegenbild zu
dem musikalischen *Don Juan* bilden wird, während jeder
Auffassung des *Don Juan*, die dazwischen liegt, immer Unvollkommenheiten anhaften werden. In dem musikalischen
*Don Juan* hätte man dann den extensiven Verführer, in dem
anderen den intensiven. Dieser letztere *Don Juan* wird nicht
dargestellt als einer, der mit einem Schlage in den Besitz seines Gegenstandes kommt, er ist nicht der Verführer als unmittelbar bestimmt, er ist der reflektierte Verführer. Was
uns hier beschäftigen wird, ist die Schlauheit, die Hinterlist,
mit der er sich in das Herz eines Mädchens einzuschleichen
weiß, die Herrschaft, die er sich darüber zu verschaffen weiß,
die betörende, planmäßige, sukzessive Verführung. Dabei
ist es dann gleichgültig, wie viele er verführt hat; was uns beschäftigt, ist die Kunst, die Gründlichkeit, die tiefsinnige
Hinterlist, mit der er verführt. Schließlich wird der Genuß
selber so reflektiert, daß er im Verhältnis zu dem Genuß des
musikalischen *Don Juan* ein anderer wird. Der musikalische
*Don Juan* genießt die Befriedigung, der reflektierte *Don Juan*

genießt den Betrug, genießt die List. Der unmittelbare Genuß ist vorbei, und was genossen wird, ist mehr eine Reflexion über den Genuß. In diesem Sinne findet sich zwar ein einzelner Wink in *Molières* Auffassung, nur daß dieser keineswegs zu seinem Recht kommen kann, weil die ganze übrige Auffassung störend wirkt. Die Begierde bei *Don Juan* erwacht, weil er sieht, wie das eine Mädchen glücklich ist in seinem Verhältnis zu dem, den es liebt, er fängt mit der Eifersucht an. Dies ist ein Interesse, das uns in der Oper durchaus nicht beschäftigen würde, eben weil *Don Juan* kein reflektiertes Individuum ist. Sobald *Don Juan* als ein reflektiertes Individuum aufgefaßt wird, kann man eine der musikalischen entsprechende Idealität nur erreichen, wenn man die Sache auf das psychologische Gebiet überführt. Die Idealität, die man damit erreicht, ist die der Intensität. Daher muß *Byrons Don Juan* als verfehlt gelten, weil er sich episch ausbreitet. Der unmittelbare *Don Juan* muß 1003 verführen, der reflektierte braucht nur eine einzige zu verführen, und was uns beschäftigt, ist, wie er es macht. Die Verführung des reflektierten *Don Juan* ist ein Kunststück, in dem jeder einzelne kleine Zug seine besondere Bedeutung hat; die Verführung des musikalischen *Don Juan* ist ein Handumdrehen, die Sache eines Augenblicks, schneller getan als gesagt. Ich erinnere mich eines Tableaus, das ich einmal gesehen habe. Ein hübscher junger Mann, so recht ein Mädchenjäger. Er spielte mit einigen jungen Mädchen, die alle in jenem gefährlichen Alter waren, da sie weder Erwachsene noch Kinder sind. Sie unterhielten sich unter anderem damit, über einen Graben zu springen. Er stand an der Kante und war ihnen beim Sprung behilflich, indem er sie um den Leib faßte, sie leicht emporhob und auf die andere Seite hinübersetzte. Es war ein reizender Anblick; ich freute mich ebensosehr über ihn wie über die jungen Mädchen. Da dachte ich an *Don Juan*. Sie laufen ihm von selbst in die Arme, die jungen Mädchen, dann packt er sie, und so geschwind und so behende setzt er sie hinüber über den Graben des Lebens.

Der musikalische *Don Juan* ist absolut sieghaft und daher natürlich auch im absoluten Besitz eines jeden Mittels, das zu
diesem Siege führen kann, oder besser: er ist in so absolutem
Besitz des Mittels, daß er es gleichsam nicht nötig hat, es zu
gebrauchen, das heißt, er gebraucht es nicht als Mittel. Sobald er zu einem reflektierten Individuum wird, zeigt es
sich, daß es etwas gibt, was Mittel heißt. Gibt es ihm der
Dichter nun, macht aber daneben den Widerstand und das
Hindernis so bedenklich, daß der Sieg zweifelhaft wird, so
fällt *Don Juan* unter die Bestimmung des Interessanten, und
in dieser Hinsicht lassen sich mehrere Auffassungen des *Don
Juan* denken, bis man zu dem gelangt, was wir an früherer
Stelle die intensive Verführung genannt haben; verweigert
der Dichter ihm das Mittel, so fällt die Auffassung unter die
Bestimmung des Komischen. Eine vollendete Auffassung,
die ihn dem Interessanten zugeordnet hätte, habe ich nicht
gesehen; hingegen gilt von den meisten Auffassungen des
*Don Juan*, daß sie sich dem Komischen nähern. Dies läßt sich
leicht daraus erklären, daß sie an *Molière* anknüpfen, in dessen Auffassung das Komische schlummert, und es ist *Heibergs* Verdienst, daß er sich dessen deutlich bewußt geworden ist und daher nicht allein sein Stück ein Marionetten-
spiel nennt, sondern auf so manche andere Weise das Komische hervorschimmern läßt. Wird einer Leidenschaft, indem
sie dargestellt wird, das Mittel zu ihrer Befriedigung versagt, so kann dies entweder eine tragische oder eine komische Wendung hervorrufen. Eine tragische Wendung läßt
sich nicht wohl hervorrufen, wo die Idee sich als durchaus
unberechtigt erweist, und darum liegt das Komische so nahe. Stelle ich in einem Individuum die Spiellust dar und gebe diesem Individuum nun 5 Reichstaler zum Verspielen, so
ergäbe das eine komische Wendung. Ganz so verhält es sich
mit dem *Molièrischen Don Juan* zwar nicht, aber doch ähnlich. Lasse ich *Don Juan* in Geldverlegenheit sein, von Gläu-
bigern bedrängt, so büßt er alsbald die Idealität ein, die er in
der Oper besitzt, und die Wirkung wird komisch. Die be-

rühmte komische Szene bei *Molière*, die als komische Szene
großen Wert hat und dabei vorzüglich in seine Komödie
hineinpaßt, hätte daher natürlich niemals in die Oper aufgenommen werden dürfen, wo sie durchaus störend wirkt.
Daß die *Molièresche* Auffassung auf das Komische hinstrebt,
zeigt nicht allein die erwähnte komische Szene, die, wenn
sie ganz isoliert dastünde, gar nichts beweisen würde, sondern die ganze Anlage hat das Gepräge davon. *Sganarels* erste und letzte Replik, Anfang und Ende des ganzen Stückes,
bezeugen das mehr als zur Genüge. *Sganarel* beginnt mit einer Lobrede über eine Prise Tabak, woraus man unter anderem ersieht, daß er im Dienste dieses *Don Juan* doch wohl
nicht allzu viel zu tun haben muß, und zuletzt beklagt er sich
darüber, daß ihm als einzigem Unrecht geschehen sei. Bedenkt man nun, daß auch *Molière* die Statue kommen und
*Don Juan* holen läßt und daß er, obwohl *Sganarel* gleichfalls
Zeuge dieses Entsetzlichen gewesen ist, ihm dennoch jene
Worte in den Mund legt, so als wollte er sagen, daß der Steinerne Gast, da er sich nun einmal damit befasse, Gerechtigkeit auf Erden zu üben und das Laster zu strafen, auch darauf hätte bedacht sein müssen, *Sganarel* den ihm zukommenden Lohn für lange und treue Dienste bei *Don Juan* bezahlen
zu können, den zu begleichen sein Herr seines plötzlichen
Hinscheidens wegen sich nicht imstande gesehen hatte, – bedenkt man dies, so wird wohl ein jeder das Komische in *Molières Don Juan* empfinden. [*Heibergs* Bearbeitung, die vor
der Molières den großen Vorzug hat, daß sie korrekter ist,
hat ebenfalls in mancher Beziehung eine komische Wirkung
hervorgerufen, indem sie *Sganarel* eine zufällige Gelehrsam-
keit in den Mund legt, die uns in ihm einen Halbwisser
erkennen läßt, der nach mancherlei Versuchen schließlich als
Diener bei *Don Juan* endet.] Der Held des Stückes, Don
Juan, ist nichts weniger als ein Held, er ist ein verunglücktes
Subjekt, das vermutlich beim Examen durchgefallen ist und
nun einen anderen Beruf gewählt hat. Zwar erfährt man,
daß er der Sohn eines sehr vornehmen Mannes sei, der ihn

auch durch die Erinnerung an den großen Namen seiner
Vorfahren zu Tugend und unsterblichen Taten zu begeistern
suche, aber das ist bei seinem ganzen übrigen Auftreten so
unwahrscheinlich, daß man weit eher auf den Gedanken
kommt, ob das Ganze nicht eine von *Don Juan* selbst er-
dichtete Lüge sei. Sein Benehmen ist nicht sehr ritterlich,
man sieht ihn nicht mit dem Degen in der Hand sich einen
Weg durch die Schwierigkeiten des Lebens bahnen, er teilt
bald an diesen, bald an jenen Ohrfeigen aus, ja, mit dem Verlobten des einen Mädchens kommt es um ein Haar zu einer
Schlägerei. Wenn also *Molières Don Juan* wirklich ein
Ritter ist, so versteht es der Dichter vorzüglich, es uns vergessen zu machen, und bemüht sich, uns statt dessen einen
Raufbold, einen ganz gewöhnlichen Wüstling vorzuführen,
der vor einer regelrechten Prügelei nicht zurückscheut. Wer
je Gelegenheit gehabt hat, so einen Wüstling näher zu beobachten, der wird auch wissen, daß diese Menschenklasse
eine große Vorliebe für die See hat, und er wird es daher
auch ganz in der Ordnung finden, daß *Don Juan*, als er am
Kallebostrand ein paar Schürzen erblickt, gleich in einem
Boot hinter ihnen her muß, ein Sonntagsabenteuer auf See,
und daß das Boot kentert. *Don Juan* und *Sganarel* sind nahe
am Ertrinken und werden endlich noch von *Pedro* und dem
langen *Lukas* gerettet, die zunächst gewettet haben, ob es
wirklich Menschen seien oder ein Stein, eine Wette, die *Lukas* eine Mark acht Schillinge kostet, was fast zuviel ist für
*Lukas* wie für *Don Juan*. Findet man das nun ganz in der Ordnung, so wird der Eindruck einen Augenblick getrübt, indem man erfährt, daß *Don Juan* zugleich ein Bursche ist, der
*Elvira* verführt, den Komtur ermordet hat usw., was man
höchst ungereimt findet und was man wiederum für eine
Lüge erklären muß, um Harmonie zustande zu bringen. Soll
*Sganarel* uns eine Vorstellung von der Leidenschaft geben,
die in *Don Juan* tobt, so ist sein Ausdruck derart travestiert,
daß man sich des Lachens unmöglich erwehren kann; so
wenn *Sganarel* zu *Gusmann* sagt: *Don Juan* würde, um die

zu bekommen, die er begehrt, gern ihren Hund und ihre
Katze heiraten, ja, was schlimmer ist, dich selbst dazu; oder
wenn er bemerkt, sein Herr sei ungläubig nicht allein in der
Liebe, sondern auch in der Medizin.

Wenn nun die *Molièresche* Auffassung des *Don Juan*, als komische Bearbeitung betrachtet, korrekt wäre, so würde ich
sie hier nicht weiter erwähnen, da ich es in dieser Untersuchung nur mit der idealen Auffassung und mit der Bedeutung der Musik für diese zu tun habe. Ich könnte mich dann
damit begnügen, auf den merkwürdigen Umstand aufmerksam zu machen, daß man *Don Juan* allein in der Musik
ideal aufgefaßt hat, in jener Idealität, die er in der traditionellen Vorstellung des Mittelalters besitzt. Das Fehlen einer
idealen Auffassung im Medium des Wortes könnte demnach einen indirekten Beweis für die Richtigkeit meines Satzes abgeben. Hier kann ich jedoch mehr tun, eben weil *Molière* nicht korrekt ist, und zwar ist das, was ihn daran gehindert hat, die Tatsache, daß er etwas von dem Idealen in Don
Juan bewahrt hat, so wie dies in der traditionellen Vorstellung begründet ist. Indem ich dies hervorhebe, wird es sich
erneut erweisen, daß es sich wesentlich doch nur durch Musik ausdrücken läßt, und somit komme ich wieder auf meine
eigentliche These zurück.

Gleich im ersten Akt von *Molières* Don Juan hat *Sganarel*
eine sehr lange Replik, in der er uns eine Vorstellung von der
grenzenlosen Leidenschaft seines Herrn und der Mannigfaltigkeit seiner Abenteuer geben will. Diese Replik entspricht
ganz der zweiten Diener-Arie in der Oper. Sie ruft lediglich
eine komische Wirkung hervor, und hier hat *Heibergs* Auffassung wiederum den Vorzug, daß das Komische unge-
mischter ist als bei *Molière*. Dieser hingegen macht den Versuch, uns Don Juans Macht ahnen zu lassen, die Wirkung
aber bleibt aus, nur die Musik kann es vereinigen, weil sie zu
gleicher Zeit *Don Juans* Verhalten beschreibt und uns dazu
bringt, die Macht der Verführung zu hören, während zu
gleicher Zeit die Liste vor uns entrollt wird.

Bei *Molière* erscheint im letzten Akt die Statue, um *Don Juan* zu holen. Obgleich nun der Dichter das Auftreten des Steinernen Gastes zu motivieren gesucht hat, indem er eine Warnung vorausgehen läßt, so bleibt dieser Stein dramatisch doch immer ein Stein des Anstoßes. Ist *Don Juan* ideal aufgefaßt, als Kraft, als Leidenschaft, so muß der Himmel selbst sich in Bewegung setzen. Ist dies nicht der Fall, so bleibt es stets bedenklich, derart starke Mittel zu verwenden. Der Komtur braucht sich wahrlich nicht zu bemühen, da es ja viel näher liegt, daß Herr *Paaske Don Juan* in den Schuldturm stecken läßt. Das wäre ganz im Geiste der modernen Komödie, die nicht so großer Mächte bedarf, um zu zerschmettern, eben weil die bewegenden Mächte selbst nicht so grandios sind. Es würde ihr durchaus ähnlich sehen, *Don Juan* die trivialen Schranken der Wirklichkeit kennen zu lehren. In der Oper ist es durchaus richtig, daß der Komtur wiederkommt, aber dort hat sein Auftreten auch eine ideale Wahrheit. Die Musik macht ihn gleich zu etwas mehr als einem einzelnen Individuum, seine Stimme weitet sich zu der Stimme eines Geistes. Wie *Don Juan* daher in der Oper mit ästhetischem Ernst aufgefaßt ist, so ist es auch der Komtur. Bei *Molière* kommt er mit einer ethischen Gravität und Schwere, die ihn beinahe lächerlich macht; in der Oper kommt er mit ästhetischer Leichtigkeit, metaphysischer Wahrheit. Keine Macht im Stück, keine Macht der Welt hat *Don Juan* zu bezwingen vermocht, ein Geist nur, ein Gespenst vermag es. Wenn man das richtig verstehen wird, so wird dies wieder die Auffassung des *Don Juan* beleuchten. Ein Geist, ein Gespenst ist Reproduktion, das ist das Geheimnis, das in der Tatsache des Wiederkommens liegt; *Don Juan* aber kann alles, kann allem widerstehen, mit Ausnahme der Reproduktion des Lebens, eben weil sich in ihm unmittelbar sinnliches Leben verkörpert, dessen Negation der Geist ist.

So wie *Sganarel* von *Molière* aufgefaßt ist, wird er zu einer unerklärlichen Person, deren Charakter in hohem Grade

verworren ist. Was hier störend wirkt, ist wiederum die Tatsache, daß *Molière* etwas vom Traditionellen bewahrt hat.
Wie *Don Juan* überhaupt eine Macht darstellt, so zeigt sich
dies auch in seinem Verhältnis zu *Leporello*. Dieser fühlt
sich zu ihm hingezogen, von ihm überwältigt, sinkt in ihn
ein und wird zu einem bloßen Organ des Willens seines
Herrn. Eben diese dunkle, undurchsichtige Sympathie macht
*Leporello* zu einer musikalischen Person, und man findet es
ganz in der Ordnung, daß er sich nicht von *Don Juan* loszureißen vermag. Mit *Sganarel* ist es etwas ganz anderes. Bei
*Molière* ist *Don Juan* ein einzelnes Individuum, und *Sganarel*
tritt also in Beziehung zu ihm als zu einem Individuum.
Fühlt *Sganarel* sich nun unauflöslich mit ihm verbunden, so
ist es nicht mehr als eine billige ästhetische Forderung, eine
Auskunft darüber zu verlangen, wie sich dies erklären lasse.
Es nützt nichts, daß *Molière* ihn sagen läßt, er könne sich
nicht von ihm losreißen, dafür sieht nämlich der Leser oder
Zuschauer keinen vernünftigen Grund, und um einen vernünftigen Grund handelt es sich eben hier. Die Unstetigkeit
in *Leporellos* Wesen ist in der Oper wohl motiviert, weil er
im Verhältnis zu *Don Juan* dem individuellen Bewußtsein
schon näher ist und das *Don Juansche* Leben sich daher verschieden in ihm reflektiert, ohne daß er doch eigentlich imstande wäre, es zu durchdringen. Auch bei *Molière* ist *Sganarel* bald schlechter, bald besser als *Don Juan*, unbegreiflich
aber bleibt es, daß er ihn nicht verläßt, da er nicht einmal seinen Lohn bekommt. Soll man sich in *Sganarel* also eine Einheit vorstellen, die der sympathetischen musikalischen Dunkelheit entspricht, wie sie *Leporello* in der Oper hat, so bleibt
nichts anderes übrig, als diese für einen partiellen Blödsinn
zu halten. Man sieht hier also wieder ein Beispiel dafür, wie
das Musikalische hervor muß, damit *Don Juan* in seiner wahren Idealität erfaßt werden kann. Der Fehler bei *Molière* ist
nicht, daß er ihn komisch aufgefaßt hat, sondern daß er nicht
korrekt gewesen ist.

Auch *Molières* Don Juan ist ein Verführer, aber davon, daß

er es ist, gibt das Stück uns nur eine schwache Vorstellung. Daß *Elvira* bei *Molière* als *Don Juans* Gemahlin erscheint, ist im Hinblick auf die komische Wirkung unbestreitbar überaus richtig angelegt. Man erkennt sofort, daß man es mit einer gewöhnlichen Person zu tun hat, die ein Mädchen mit Eheversprechungen betrügt. Damit büßt *Elvira* die ganze ideale Haltung ein, die sie in der Oper hat, wo sie nur mit der einen Waffe der verletzten Weiblichkeit erscheint, während man sie sich hier mit Heiratsurkunden vorstellt; und *Don Juan* büßt die verführerische Zweideutigkeit ein, zugleich ein junger Mann und ein erfahrener Ehemann zu sein, das heißt, erfahren in allen außerehelichen Erfahrungen. Wie er *Elvira* betrogen, mit welchen Mitteln er sie aus dem Kloster gelockt hat, darüber sollen zwar einzelne Repliken *Sganarels* uns aufklären; da aber die Verführungsszene, die sich im Stück abspielt, uns keine Gelegenheit gibt, *Don Juans* Kunst zu bewundern, wird das Vertrauen in jene Nachrichten natürlich geschwächt. Insofern nun *Molières* Don Juan komisch ist, wäre es ja auch nicht notwendig; da uns Molière aber doch selbst zu verstehen geben will, daß sein *Don Juan* wirklich der Held Don Juan sei, der *Elvira* betört und den Komtur getötet hat, so erkennt man unschwer das Fehlerhafte bei ihm; zugleich aber wird man auf den Gedanken gebracht, ob es nicht eigentlich doch seinen Grund darin habe, daß *Don Juan* sich nun einmal nicht als Verführer darstellen läßt, außer mit Hilfe der Musik, es sei denn, daß man sich, wie oben bemerkt, in das Psychologische einlassen will, welches aber wieder nicht leicht ein dramatisches Interesse gewinnen kann. Bei *Molière* hört man ihn auch nicht die beiden jungen Mädchen, *Mathurine* und *Charlotte*, betören, die Betörung geht außerhalb der Szene vor sich, und da *Molière* uns hier wieder vermuten läßt, daß *Don Juan* ihnen die Ehe versprochen habe, bekommt man hier wieder nur eine geringe Meinung von seinem Talent. Ein Mädchen durch ein Eheversprechen zu betrügen, ist eine gar armselige Kunst, und wenn einer niedrig genug ist, es zu tun, so folgt daraus noch kei-

neswegs, daß er hoch genug sei, ein *Don Juan* zu heißen. Die
einzige Szene, die uns, wie es scheint, *Don Juan* in seiner ver-
führenden, wenn auch wenig verführerischen Tätigkeit darstellen will, ist die Szene mit *Charlotte.* Aber einem jungen
Bauernmädchen zu sagen, daß es hübsch sei, daß es strahlen-
de Augen habe, es zu bitten, sich umzudrehen, damit man
die Figur betrachten könne, das verrät nichts Ungewöhnliches an *Don Juan,* sondern nur einen liederlichen Burschen,
der ein junges Mädchen betrachtet wie ein Händler ein Pferd.
Eine komische Wirkung mag man der Szene immerhin zugestehen, und sofern sie nur die haben sollte, würde ich sie
hier gar nicht erwähnen. Da aber dieser sein notorischer Versuch in keinem Verhältnis zu den vielen Geschichten steht,
die er gehabt haben muß, so trägt auch diese Szene wieder
direkt oder indirekt dazu bei, das Unvollkommene der Komödie darzutun. *Molière* hat, wie es scheint, etwas mehr aus
ihm machen, hat, wie es scheint, das Ideale in ihm erhalten
wollen, aber ihm fehlt das Medium, und darum fällt alles,
was wirklich geschieht, etwas unbedeutend aus. Überhaupt
kann man sagen, bei *Molière* erfahre man nur historisch, daß
Don Juan ein Verführer ist; dramatisch sieht man es nicht.
Die Szene, worin er sich in der stärksten Aktivität zeigt, ist
die mit *Charlotte* und *Mathurine,* in der er beide mit schönen
Worten hinhält und einer jeden immerfort weismacht, daß
sie diejenige sei, der er die Ehe versprochen habe. Was aber
hier unsere Aufmerksamkeit beschäftigt, ist nicht seine Kunst
der Verführung, sondern eine ganz gewöhnliche Theaterin-
trige.

Was hier dargelegt worden ist, darf ich zum Schluß vielleicht noch dadurch beleuchten, daß ich auf eine Bemerkung
Bezug nehme, die man häufig gemacht hat: daß *Molières*
Don Juan moralischer sei als der *Mozarts.* Das ist indessen,
wenn man es recht versteht, gerade ein Lob für die Oper. In
der Oper wird nicht nur von einem Verführer geredet, sondern *Don Juan ist* ein Verführer, und man kann nicht leugnen, daß die Musik in ihren Einzelheiten oft recht verführe-

risch sein kann. So aber soll es sein, und zwar ist das gerade ihre Größe. Deshalb zu sagen, die Oper sei unmoralisch, ist eine Torheit, die auch nur von Leuten herrührt, die kein Ganzes zu erfassen verstehen, sondern sich von Einzelheiten gefangennehmen lassen. Das definitive Streben in der Oper ist in hohem Grade moralisch und ihr Eindruck absolut wohltuend, weil alles groß ist, alles echtes, ungeschminktes Pathos hat, die Leidenschaft der Lust nicht minder als die des Ernstes, die des Genusses nicht minder als die des Zorns.

### 3. Der innere musikalische Bau der Oper

Obwohl die Überschrift dieses Abschnitts schon für aufschlußreich genug angesehen werden muß, will ich doch sicherheitshalber noch darauf aufmerksam machen, daß es natürlich keineswegs meine Absicht ist, eine ästhetische Würdigung des Stückes *Don Juan* oder einen Nachweis der dramatischen Struktur des Textes zu geben. Mit dergleichen Unterscheidungen muß man stets sehr vorsichtig sein, zumal bei einem klassischen Erzeugnis. Was ich nämlich im vorhergehenden schon des öfteren hervorgehoben habe, will ich hier noch einmal wiederholen: daß *Don Juan* sich nur musikalisch ausdrücken läßt, habe ich selbst wesentlich durch die Musik erfahren, und ich muß daher in jeder Weise darüber wachen, daß es nicht den Anschein gewinnt, als ob die Musik auf äußerliche Art hinzutrete. Wer die Sache so behandelt, der mag meinetwegen die Musik dieser Oper noch so sehr bewundern, ihre absolute Bedeutung hat er nicht erfaßt. Von einer solch unwahren Abstraktion hat auch *Hotho* sich nicht freigehalten, daher kommt es, daß seine Darstellung nicht als satisfizierend gelten kann, so talentvoll sie im übrigen auch sein mag. Sein Stil, seine Darstellung, seine Reproduktion ist lebhaft und bewegt; seine Kategorien sind unbestimmt und schwebend, seine Auffassung des *Don Juan* ist nicht von *einem* Gedanken durchdrungen, sondern in viele aufgelöst. Für ihn ist *Don Juan* ein Verführer.

Aber schon diese Kategorie ist unbestimmt, und doch muß
zunächst bestimmt werden, in welchem Sinne er es ist, wie
ich es zu tun versucht habe. Über diesen Verführer werden
nun eine Menge an und für sich wahrer Dinge gesagt; da
aber allgemeine Vorstellungen sich hier viel zu sehr geltend
machen dürfen, wird ein solcher Verführer leicht so reflektiert, daß er aufhört, absolut musikalisch zu sein. Hotho be-
spricht das Stück Szene für Szene, sein Referat ist von seiner
Individualität frisch durchsäuert, an einzelnen Stellen vielleicht etwas zu sehr. Wenn das geschehen ist, folgen oft sympathetische Ergüsse darüber, wie schön und reich und mannigfaltig *Mozart* dies alles ausgedrückt habe. Aber diese lyrische Freude über *Mozarts* Musik genügt nicht, und wie gut
sie dem Manne auch ansteht, und wie schön sie sich auch auszudrücken weiß, *Mozarts Don Juan* wird durch diese Auffassung nicht in seiner absoluten Gültigkeit anerkannt. Auf diese Anerkennung aber strebe ich hin, weil diese Anerkennung
identisch ist mit der rechten Einsicht in das, was den Gegenstand dieser Untersuchung ausmacht. Es ist daher nicht meine Absicht, die ganze Oper zum Gegenstand der Betrachtung zu machen, wohl aber die Oper in ihrer Ganzheit,
nicht ihre einzelnen Teile gesondert zu besprechen, sondern
diese so weit wie möglich in die Betrachtung zu inkorporie-
ren, sie nicht aus der Beziehung zum Ganzen heraus, sondern in diese hinein zu sehen.

In einem Drama konzentriert sich das Hauptinteresse ganz
natürlich auf das, was man den Helden des Stückes nennt;
die übrigen Personen beanspruchen im Verhältnis zu ihm
nur eine untergeordnete und relative Bedeutung. Je mehr indes die innere Reflexion im Drama durchdringt mit ihrer
trennenden Macht, um so mehr nehmen auch die Nebenpersonen, wenn ich so sagen darf, eine gewisse relative Absolutheit an. Dies ist keineswegs ein Fehler, sondern vielmehr ein
Vorzug, wie auch jene Betrachtung der Welt, die nur die
einzelnen hervorragenden Individuen und ihre Bedeutung in
der Weltentwicklung zu sehen vermag, der subalternen aber

nicht gewahr wird, in gewissem Sinne zwar höher steht, aber
doch niedriger ist als jene, die auch das Geringere in seiner
gleich großen Gültigkeit mitsieht. Dem Dramatiker wird
dies nur in dem Maße gelingen, als nichts Inkommensurables
übrigbleibt, nichts von der Stimmung, aus der das Drama
hervorgeht, das heißt nichts von dieser Stimmung *qua* Stimmung, sondern alles in die dramatische heilige Münzsorte
umgesetzt ist: in Handlung und Situation. In dem Maße,
wie dies dem Dramatiker gelingt, in dem Maße wird auch
der Gesamteindruck, den sein Werk hinterläßt, weniger
eine Stimmung sein als ein Gedanke, eine Idee. Je mehr
der Gesamteindruck eines Dramas eine Stimmung ist, um
so sicherer darf man sein, daß der Dichter selbst es in der
Stimmung geahnt und es sukzessiv aus ihr hat entstehen, daß
er es nicht in der Idee ergriffen und diese sich dramatisch hat
entfalten lassen. Ein solches Drama leidet dann an einem ab-
normen Übergewicht des Lyrischen. Das ist bei einem Drama ein Fehler, keineswegs aber bei einer Oper. Das, was die
Einheit in der Oper bewahrt, ist der Grundton, der das Ganze trägt.
Was hier von der dramatischen Gesamtwirkung gesagt wurde, gilt ebenso von den einzelnen Teilen des Dramas. Sollte
ich mit *einem* Wort die Wirkung des Dramas bezeichnen,
insoweit sie sich von derjenigen unterscheidet, die jede andere Dichtungsart hervorruft, so würde ich sagen: das Drama
wirkt durch das Gleichzeitige. Im Drama sehe ich die unvermittelt nebeneinanderstehenden Momente in der Situation,
in der Einheit der Handlung vereint. Je mehr nun die diskreten Momente ausgesondert sind, je tiefer die dramatische Situation durchreflektiert ist, um so weniger wird die dramatische Einheit eine Stimmung, um so mehr wird sie ein bestimmter Gedanke sein. Wie aber die Oper in ihrer Totalität nicht so durchreflektiert sein kann, wie dies im eigentlichen Drama der Fall ist, so ist dies auch bei der musikalischen Situation der Fall, die zwar dramatisch ist, ihre Einheit aber doch in der Stimmung hat. Wie jede dramatische

Situation hat auch die musikalische Situation das Gleichzeitige, das Wirken der Kräfte aber ist ein Zusammenklingen,
ein Zusammenstimmen, ist Harmonie, und der Eindruck der
musikalischen Situation ist jene Einheit, die zustande kommt,
indem man zusammen hört, was zusammen erklingt. Je
mehr das Drama durchreflektiert ist, um so mehr ist die
Stimmung zur Handlung verklärt. Je weniger Handlung,
um so mehr überwiegt das lyrische Moment. Das ist in der
Oper ganz in der Ordnung. Die Oper hat ihren immanenten
Zweck nicht so sehr in Charakterschilderung und Handlung,
dazu ist sie nicht reflektiert genug. Dagegen findet in der
Oper die unreflektierte, substantielle Leidenschaft ihren Ausdruck. Die musikalische Situation liegt in der Einheit der
Stimmung in der diskreten Stimmenmehrheit. Das ist eben
das Eigentümliche an der Musik, daß sie die Stimmenmehrheit in der Einheit der Stimmung bewahren kann. Wenn
man so für gewöhnlich das Wort Stimmenmehrheit gebraucht, so bezeichnet man damit in der Regel eine Einheit,
die das endgültige Resultat darstellt; in der Musik ist das
nicht so der Fall.

Das dramatische Interesse verlangt ein rasches Fortschreiten,
einen bewegten Takt, das, was man die immanent wachsende Geschwindigkeit des Falles nennen könnte. Je mehr das
Drama von der Reflexion durchdrungen ist, um so unaufhaltsamer hastet es vorwärts. Überwiegt dagegen einseitig
das lyrische oder das epische Moment, so äußert sich dies in
einer gewissen Betäubung, welche die Situation einschlum-
mern läßt, den dramatischen Prozeß und Fortgang träge und
mühsam macht. Im Wesen der Oper liegt dieses Hasten
nicht; ihr ist ein gewisses Verweilen eigen, ein gewisses Sich-
ausbreiten in Zeit und Raum. Die Handlung hat weder die
Geschwindigkeit des Falles noch seine Richtung, sondern
bewegt sich mehr horizontal. Die Stimmung ist nicht in
Charakter und Handlung sublimiert. Infolgedessen kann die
Handlung einer Oper nur unmittelbare Handlung sein.

Wenden wir das hier Entwickelte auf die Oper *Don Juan* an,

so wird es uns Anlaß geben, sie in ihrer wahren klassischen Gültigkeit zu sehen. *Don Juan* ist der Held der Oper, auf ihn konzentriert sich das Hauptinteresse; doch nicht nur das, sondern er ist es, der auch allen anderen Personen Interesse verleiht. Freilich darf dies nicht in irgendeinem äußerlichen Sinne verstanden werden, vielmehr ist es gerade das Geheimnis dieser Oper, daß ihr Held zugleich auch die Kraft darstellt, die in den übrigen Personen wirkt; *Don Juans* Leben ist das Lebensprinzip in ihnen. Seine Leidenschaft setzt die Leidenschaft der anderen in Bewegung, seine Leidenschaft hallt allenthalben wider, sie hallt darin wider und trägt den Ernst des *Komturs*, den Zorn *Elvirens*, *Annas* Haß, *Ottavios* Wichtigtuerei, *Zerlinens* Angst, *Mazettos* Erbitterung, *Leporellos* Verwirrung. Als Held der Oper ist *Don Juan* der Nenner des Stückes; er gibt ihm, wie der Held im allgemeinen, den Namen, aber er ist mehr, er ist, wenn ich so sagen darf, Generalnenner. Jede andere Existenz ist im Verhältnis zu der seinen nur eine derivierte. Verlangt man nun von einer Oper, daß ihre Einheit ein Grundton sei, so wird man leicht einsehen, daß eine vollkommenere Aufgabe für eine Oper sich nicht denken läßt als *Don Juan*. Der Grundton kann nämlich ein im Verhältnis zu den Kräften des Stückes drittes sein, das diese trägt. Als Beispiel für eine Oper dieser Art möchte ich die »Weiße Dame« anführen; eine solche Einheit aber ist in bezug auf die Oper eine mehr äußere Bestimmung des Lyrischen. Im Don Juan ist der Grundton nichts anderes als die Grundkraft der Oper selbst, diese ist *Don Juan*, er aber ist wiederum – eben weil er nicht Charakter, sondern wesentlich Leben ist – absolut musikalisch. Auch die übrigen Personen der Oper sind nicht Charaktere, sondern wesentlich Leidenschaften, die durch *Don Juan* gesetzt sind und insofern wiederum musikalisch werden. Wie nämlich *Don Juan* alle umschlingt, so schlingen sie sich wieder um *Don Juan;* sie sind die äußeren Konsequenzen, die sein Leben immer wieder selbst setzt. Diese absolute Zentralität, die das musikalische Leben *Don Juans* in ihr hat, bringt es mit sich,

daß die Oper eine Macht der Illusion ausübt wie keine andere, daß ihr Leben uns mit hineinreißt in das Leben, das in
dem Stücke ist. Dank der Allgegenwart des Musikalischen
in dieser Musik kann man einen einzelnen kleinen Teil von
ihr genießen und ist doch augenblicklich hingerissen; man
komme mitten in der Aufführung, und augenblicklich ist
man in dem Zentralen, weil dieses Zentrale, Don Juans Leben, überall ist. Es ist eine alte Erfahrung, daß es nicht angenehm ist, zwei Sinne auf einmal anzustrengen, und darum
ist es oft störend, wenn man, während das Ohr beschäftigt
ist, gleichzeitig auch das Auge viel gebrauchen muß. Man ist
daher geneigt, wenn man Musik hören will, die Augen zu
schließen. Das gilt mehr oder weniger von aller Musik, von
Don Juan aber *in sensu eminentiori*. Sobald das Auge beschäftigt ist, ist der Eindruck gestört; denn die dramatische Einheit, die sich ihm darbietet, ist gänzlich untergeordnet und
mangelhaft im Vergleich zu der musikalischen Einheit, die
sich aus dem Hören ergibt. Davon hat meine eigene Erfahrung mich überzeugt. Ich habe ganz nahebei gesessen, ich habe mich mehr und mehr entfernt, ich habe mir einen Winkel im Theater gesucht, um mich ganz in dieser Musik verbergen zu können. Je besser ich sie verstand oder zu verstehen glaubte, desto weiter kam ich von ihr fort, nicht aus
Kälte, sondern aus Liebe; denn sie will aus der Ferne verstanden werden. Dies hat für mich etwas seltsam Rätselhaftes an sich gehabt. Ich habe Zeiten gehabt, wo ich für eine
Eintrittskarte alles gegeben hätte, jetzt brauche ich noch
nicht einmal einen Reichstaler dafür zu zahlen. Ich stehe
draußen auf dem Gang, ich lehne mich an die Scheidewand,
die mich von den Plätzen der Zuschauer ausschließt; da
wirkt die Musik am stärksten, es ist eine Welt für sich, von
mir abgesondert, ich sehe nichts, bin aber nahe genug, um zu
hören, und doch so unendlich fern.
Da die in der Oper auftretenden Personen nicht so durchreflektiert zu sein brauchen, daß sie als Charaktere durchsichtig werden, folgt auch daraus, was bereits im vorhergehen-

den hervorgehoben wurde, daß die Situation nicht vollkommen entwickelt oder entfaltet sein kann, sondern bis zu
einem gewissen Grade von einer Stimmung getragen wird.
Das gleiche gilt von der Handlung einer Oper. Was man in
strengerem Sinne Handlung nennt, die mit dem Bewußtsein
eines Zweckes unternommene Tat, kann in der Musik seinen Ausdruck nicht finden, wohl aber das, was man unmittelbare Handlung nennen könnte. Beides ist nun im Don
Juan der Fall. Die Handlung ist unmittelbare Handlung; in
dieser Hinsicht darf ich auf das Vorhergehende verweisen,
wo ich dargelegt habe, in welchem Sinne Don Juan Verführer ist. Weil die Handlung unmittelbare Handlung ist, darum ist es auch ganz in der Ordnung, daß die Ironie in diesem
Stück derart vorherrscht; denn die Ironie ist und bleibt der
Zuchtmeister des unmittelbaren Lebens. So ist, um nur ein
Beispiel anzuführen, das Erscheinen des Komturs eine ungeheure Ironie; denn Don Juan mag zwar jedes Hindernis
besiegen, aber ein Gespenst kann man bekanntlich nicht erschlagen. Die Situation ist ganz und gar von der Stimmung
getragen; in dieser Hinsicht darf ich an die Bedeutung Don
Juans für das Ganze und die im Verhältnis zu ihm nur relative Existenz der übrigen Personen erinnern. Durch nähere
Betrachtung einer einzelnen Situation möchte ich zeigen,
was ich meine. Ich wähle die erste Arie der *Elvira*. Das Or-
chester trägt das Vorspiel vor, *Elvira* tritt auf. Die Leidenschaft, die in ihrer Brust tobt, muß Luft haben, und ihr Gesang verhilft ihr dazu. Dies wäre indessen allzu lyrisch, um
eigentlich eine Situation zu sein; ihre Arie wäre dann von
der gleichen Art wie der Monolog in einem Drama. Der
Unterschied bestünde lediglich darin, daß der Monolog
etwa das Universelle individuell, die Arie das Individuelle
universell wiedergibt. Aber das wäre, wie gesagt, für eine
Situation zu wenig. Darum ist es auch nicht so. Im Hintergrunde sieht man *Don Juan* und *Leporello* in gespannter
Erwartung, daß die Dame, die sie schon am Fenster bemerkt
haben, erscheine. Hätten wir es nun mit einem Drama zu

tun, so würde die Situation nicht darin liegen, daß *Elvira* im Vordergrund und *Don Juan* im Hintergrunde steht, sondern die Situation läge in dem unerwarteten Zusammentreffen der beiden. Das Interesse würde darauf beruhen, wie *Don Juan* davonkommt. Auch in der Oper bekommt das Zusammentreffen seine Bedeutung, freilich eine ganz untergeordnete. Das Zusammentreffen will gesehen, die musikalische Situation will gehört werden. Die Einheit der Situation ist nun die Zusammenstimmung, darin Elvira und Don Juan zusammenklingen. Es ist daher auch ganz richtig, daß Don Juan sich so weit wie nur möglich zurückhält; denn er soll nicht gesehen werden, nicht nur nicht von Elvira, sondern auch nicht vom Zuschauer. Die Arie der Elvira beginnt. Ihre Leidenschaft weiß ich nicht anders zu bezeichnen denn als Liebeshaß, eine gemischte, aber doch klangvolle, tönende Leidenschaft. Ihr Inneres ist in unruhiger Bewegung, sie hat Luft bekommen, einen Augenblick wird sie matt, wie jeder leidenschaftliche Ausbruch ermattet; es folgt eine Pause in der Musik. Allein die Bewegung ihres Innern deutet hinlänglich darauf hin, daß die Leidenschaft noch nicht genügend zum Ausbruch gekommen ist; das Zwerchfell des Zorns muß noch stärker erschüttert werden. Was aber kann diese Erschütterung hervorrufen, welches Inzitament? Es kann nur eines sein – *Don Juans* Spott. Mozart hat daher – ach, daß ich ein Grieche wäre! denn dann würde ich sagen: wahrhaft göttlich – die Pause dazu benutzt, *Juans* Spott in sie hineinzuschleudern. Nun lodert die Leidenschaft stärker, ungestümer noch brandet sie in ihr und bricht in Tönen hervor. Noch einmal wiederholt es sich, da erbebt ihr Inneres, da brechen Zorn und Schmerz gleich einem Lavastrom hervor in jenem bekannten Lauf, mit dem die Arie endet. Hier sieht man nun, was ich meine, wenn ich sage, daß *Don Juan* in *Elvira* wiedertöne, daß es etwas anderes ist als eine Phrase. Der Zuschauer soll *Don Juan* nicht sehen, soll ihn nicht mit *Elvira* zusammen in der Einheit der Situation sehen, er soll ihn in Elvira hinein, aus Elvira heraus hören, denn zwar ist es *Don Juan*, der singt, aber er singt so, daß der Zuschauer, je entwickelter sein Ohr ist, um so mehr das Gefühl hat, als käme es von Elvira selbst. Wie die Liebe sich ihren Gegenstand erschafft, so auch die Erbitterung. Elvira ist von Don Juan besessen. Jene Pause und Don Juans Stimme machen die Situation dramatisch, aber die Einheit in Elvirens Leidenschaft, in welcher Don Juan wiedertönt, während doch ihre Leidenschaft durch Don Juan gesetzt ist, macht die Situation musikalisch[1].

Die Situation ist, als musikalische Situation betrachtet, einmalig. Ist dagegen Don Juan ein Charakter und Elvira desgleichen, so ist die Situation verfehlt, so ist es falsch, Elvira sich im Vordergrund expektorieren und Don Juan im Hintergrund spotten zu lassen; denn dann wird verlangt, daß ich sie zusammen hören soll, ohne daß doch das Mittel dazu gegeben wird und obwohl sie beide Charaktere sind, die unmöglich in dieser Weise zusammenklingen können. Sind sie Charaktere, so ist das Zusammentreffen die Situation.

Es ist oben bemerkt worden, daß in der Oper nicht das dramatische Hasten, die wachsende Geschwindigkeit des Anlaufs gefordert werde wie im Drama, daß sich die Situation hier gern ein klein wenig ausbreiten dürfe. Indessen darf dies doch nicht zu einer fortwährenden Stockung ausarten. Als Beispiel für die wahre Mitte kann ich die soeben besprochene Situation hervorheben, nicht als ob es die einzige in Don

---

[1] So sind meiner Meinung nach die Arie Elvirens und die Situation aufzufassen. Don Juans unvergleichliche Ironie darf nicht für sich bleiben, sondern muß in Elvirens substantieller Leidenschaft verborgen sein. Dies muß man zusammen hören. Wie das spekulative Auge zusammen sieht, so hört das spekulative Ohr zusammen. Ich will ein Beispiel aus dem rein Physischen nehmen. Wenn ein Mensch von einem hohen Standpunkt aus über eine flache Gegend hinschaut und verschiedene Landstraßen sieht, die einander parallel laufen, so wird er, wenn es ihm an Intuition fehlt, nur die Landstraßen sehen, und die dazwischenliegenden Felder werden gleichsam verschwin-

Juan wäre, oder die vollkommenste, im Gegenteil, sie sind
alle so und alle vollkommen, sondern weil der Leser sie noch
in Erinnerung haben dürfte. Jedoch hier nähere ich mich einem mißlichen Punkt; denn ich gebe zu, es sind dort zwei
Arien, die fort müssen, die, so vollendet sie an sich sein mögen, doch störend, retardierend wirken. Ich würde gern ein
Geheimnis daraus machen, aber es hilft nichts, die Wahrheit
muß an den Tag. Nimmt man sie fort, so ist alles übrige
gleich vollendet. Die eine ist die Arie *Ottavios*, die andere die
der *Anna*, sie sind beide mehr Konzertnummern als dramatische Musik, wie denn überhaupt Ottavio und Anna viel zu
unbedeutende Personen sind, als daß sie den Gang der Handlung aufhalten dürften. Wenn man sie fortnimmt, so hat die
Oper im übrigen eine vollkommene musikalisch-dramatische Geschwindigkeit, vollkommen wie keine andere.

Es wäre wohl der Mühe wert, jede einzelne Situation stückweise durchzunehmen, nicht um sie mit Ausrufungszeichen
zu begleiten, sondern um ihre Bedeutung, ihre Gültigkeit
als musikalische Situation aufzuzeigen. Das liegt jedoch außerhalb des Rahmens der vorliegenden kleinen Untersuchung. Hier war es vor allem von Wichtigkeit, die Zentralität Don Juans in der ganzen Oper hervorzuheben. Etwas
Ähnliches wiederholt sich in bezug auf die einzelnen Situationen.

Jene erwähnte Zentralität Don Juans in der Oper möchte ich

---

den, oder er wird nur die Felder sehen, und die Landstraßen
werden verschwinden; wer hingegen den intuitiven Blick hat,
wird sie zusammen sehen, als eine einzige gestreifte Fläche. So
auch mit dem Ohr. Was hier gesagt ist, gilt natürlich von der
musikalischen Situation; die dramatische hat das Mehr, daß der
Zuschauer weiß, es ist Don Juan, der im Hintergrund steht und
Elvira im Vordergrund. Nehme ich nun an, daß der Zuschauer
um das frühere Verhältnis der beiden weiß (wovon er freilich
beim ersten Mal nichts wissen kann), so gewinnt die Situation
sehr; man sieht aber auch, daß es, falls hierauf der Akzent liegen
sollte, unrichtig wäre, sie so lange voneinander fernzuhalten.

noch ein wenig näher beleuchten, indem ich die übrigen Personen des Stückes in ihrem Verhältnis zu ihm betrachte. So wie in einem Sonnensystem die dunklen Körper, die ihr Licht von der zentralen Sonne empfangen, immer nur zur Hälfte hell sind, hell nämlich auf jener Seite, die der Sonne zugekehrt ist, ebenso verhält es sich auch mit den Personen dieses Stückes: nur der Lebensmoment, der *Don Juan* zugekehrt ist, die ihm zugekehrte Seite ist beleuchtet, im übrigen sind sie dunkel und undurchsichtig. Dies darf nicht in dem eingeschränkten Sinne verstanden werden, als ob jede dieser Personen irgendeine abstrakte Leidenschaft darstellte, *Anna* z. B. den Haß, *Zerline* den Leichtsinn. Derartige Geschmacklosigkeiten gehören am allerwenigsten hierher. Die Leidenschaft des einzelnen ist konkret, aber konkret in sich selbst, nicht konkret in der Persönlichkeit, oder, um mich bestimmter auszudrücken, das übrige der Persönlichkeit ist von dieser Leidenschaft verschlungen. Das ist nun absolut richtig, weil wir es eben mit einer Oper zu tun haben. Diese Dunkelheit, diese teils sympathetische, teils antipathetische geheimnisvolle Kommunikation mit Don Juan, macht sie sämtlich musikalisch und bewirkt, daß die ganze Oper in *Don Juan* zusammenklingt. Die einzige Figur des Stückes, die eine Ausnahme zu machen scheint, ist natürlich der *Komtur*, aber darum ist es auch wohlweislich so eingerichtet, daß er bis zu einem gewissen Grade außerhalb des Stückes steht oder es begrenzt; je mehr der Komtur vorgezogen würde, um so mehr würde die Oper aufhören, absolut musikalisch zu sein. Er ist daher beständig im Hintergrund gehalten und so nebelhaft wie möglich. Der Komtur ist der kraftvolle Vordersatz und der derbe Nachsatz, zwischen denen Don Juans Mittelsatz liegt; der reiche Inhalt dieses Mittelsatzes aber ist der Gehalt der Oper. Zweimal nur tritt der Komtur auf. Das erstemal ist es Nacht; es ist im Hintergrund des Theaters, man kann ihn nicht sehen, aber man hört ihn durch Don Juans Degen fallen. Schon hier ist sein Ernst, der durch Don Juans parodierenden Spott nur um so stärker hervortritt, etwas, das *Mozart* vortrefflich in der Musik ausgedrückt hat, schon hier ist sein Ernst zu tief, um einem Menschen anzugehören; er ist Geist, noch ehe er stirbt. Das zweitemal erscheint er als Geist, und die Donnerstimme des Himmels ertönt in seiner ernsten, feierlichen Stimme, doch wie er selbst verklärt ist, so ist auch seine Stimme verklärt zu mehr als Menschenstimme; er spricht nicht mehr, er richtet.

Die wichtigste Person des Stückes nächst Don Juan ist offenbar *Leporello*. Das Verhältnis zu seinem Herrn wird gerade durch die Musik erklärlich, unerklärlich bliebe es ohne sie. Ist Don Juan eine reflektierte Persönlichkeit, so wird Leporello fast zu einem noch größeren Schurken als er, und es ist unerklärlich, daß Don Juan eine solche Macht über ihn ausüben kann; das einzige Motiv, das übrigbleibt, ist, daß dieser ihn besser bezahlen kann als jeder andere, ein Motiv, das sogar *Molière* anscheinend nicht hat benutzen wollen, da er Don Juan in Geldverlegenheit sein läßt. Halten wir jedoch daran fest, daß Don Juan unmittelbares Leben ist, so ist leicht zu verstehen, daß er einen entscheidenden Einfluß auf Leporello ausüben kann, daß er ihn sich assimiliert, so daß er fast zu einem Organ Don Juans wird. Leporello ist in gewissem Sinne näher daran, ein persönliches Bewußtsein zu sein, als Don Juan; um es aber zu werden, mußte er sich über sein Verhältnis zu diesem klar werden, doch das vermag er nicht, er vermag den Zauber nicht zu heben. Hier gilt wiederum: sobald Leporello Replik bekommt, muß er uns durchsichtig werden. Auch in Leporellos Verhältnis zu Don Juan ist etwas Erotisches, durch irgendeine Macht ist er selbst gegen seinen Willen an ihn gefesselt; in dieser Zweideutigkeit aber ist er musikalisch, und Don Juan tönt beständig in ihm wieder; etwas, wofür ich später ein Beispiel anführen werde, um zu zeigen, daß es mehr als eine Phrase ist.

Mit Ausnahme des Komturs stehen alle Personen in einer Art erotischer Beziehung zu Don Juan. Über den Komtur kann er keine Macht ausüben, denn der ist Bewußtsein; die andern aber sind in seiner Macht. *Elvira* liebt ihn, dadurch ist sie in seiner Macht, *Anna* haßt ihn, dadurch ist sie in seiner Macht, *Zerline* fürchtet ihn, dadurch ist sie in seiner Macht, *Ottavio* und *Mazetto* machen mit um der Schwägerschaft willen, denn die Bande des Blutes sind zärtlich.

Schaue ich nun einen Augenblick auf das hier Dargelegte zurück, so wird der Leser vielleicht erkennen, wie auch hier wieder von mehreren Seiten her dargetan wurde, in welchem Verhältnis die Idee des Don Juan zum Musikalischen steht, wie dieses Verhältnis das Konstituierende in der ganzen Oper ist und wie sich dies in ihren einzelnen Teilen wiederholt. Ich könnte hier durchaus einhalten, möchte es aber doch der weiteren Vollständigkeit halber noch erläutern, indem ich einige einzelne Stücke durchgehe. Die Wahl soll nicht willkürlich sein. Ich wähle dazu die Ouvertüre, die wohl den Grundton der Oper in gedrängter Konzentration geben dürfte, ich wähle ferner das epischste und das lyrischste Moment des Stückes, um zu zeigen, wie selbst noch in der Peripherie die Vollkommenheit der Oper bewahrt, das Musikalisch-Dramatische aufrechterhalten ist, wie *Don Juan* es ist, der die Oper musikalisch trägt.

Welche Bedeutung die Ouvertüre überhaupt für die Oper hat, das zu entwickeln ist hier nicht der Ort, nur so viel mag hier hervorgehoben werden, daß der Umstand, daß eine Oper eine Ouvertüre erfordert, das Übergewicht des Lyrischen zur Genüge beweist und daß die Wirkung, die damit bezweckt wird, darin besteht, eine Stimmung zu erzeugen, etwas, worauf das Drama sich nicht einlassen kann, weil hier alles durchsichtig sein soll. Es ist daher in der Ordnung, daß die Ouvertüre zuletzt komponiert wird, damit der Künstler selber so recht von der Musik durchdrungen sei. Die Ouvertüre gibt deshalb im allgemeinen Gelegenheit, einen tiefen Einblick in den Komponisten und sein seelisches Verhältnis zu seiner Musik zu tun. Ist es ihm nicht gelungen, das Zentrale darin zu erfassen, steht er nicht im tieferen Rapport zur Grundstimmung der Oper, so wird sich dies unverkennbar in der Ouvertüre verraten; sie wird alsdann zu einem von einer losen Ideenassoziation durchschlungenen Aggregat der hervortretenden Punkte, aber keine Totalität, die, wie sie eigentlich sollte, die tiefsten Aufklärungen über den Inhalt der Musik enthält. Eine solche Ouvertüre ist daher auch im allgemeinen völlig willkürlich, sie kann nämlich beliebig lang oder beliebig kurz geraten, und das zusammenhaltende Element, das Kontinuierliche, kann, da es eine bloße Ideenassoziation ist, beliebig lange ausgesponnen werden. Daher ist die Ouvertüre oft eine gefährliche Versuchung für untergeordnete Komponisten, die sich leicht dazu verleiten lassen, sich selbst zu plagiieren, aus der eigenen Tasche zu stehlen, was sehr störend wirkt. Während es somit klar ist, daß die Ouvertüre nicht dasselbe enthalten soll wie die Oper, soll sie natürlich auch nichts absolut anderes enthalten. Sie soll nämlich dasselbe enthalten wie das Stück, aber auf andere Weise; sie soll es zentral enthalten und mit der ganzen Macht des Zentralen den Zuhörer ergreifen.

In dieser Hinsicht ist und bleibt die von jeher bewunderte Ouvertüre zu *Don Juan* ein vollendetes Meisterwerk, so daß, wenn kein anderer Beweis für die Klassizität des Don Juan geführt werden könnte, es genügen würde, dies eine hervorzuheben: wie undenkbar es ist, daß, wer das Zentrale hätte, nicht auch das Peripherische haben sollte. Diese Ouvertüre ist kein Durcheinander von Themen, sie ist nicht labyrinthisch von Ideenassoziationen durchschlungen, sie ist konzis, bestimmt, stark gebaut und vor allem, sie ist von dem Wesen der ganzen Oper durchtränkt. Sie ist kräftig wie der Gedanke eines Gottes, bewegt wie das Leben einer Welt, erschütternd in ihrem Ernst, zitternd in ihrer Lust, zermalmend in ihrem schrecklichen Zorn, begeisternd in ihrer lebenslustigen Freude, sie ist dumpf in ihrem Strafgericht, kreischend in ihrer Lust, sie ist langsam feierlich in ihrer imponierenden Würde, sie ist bewegt, flatternd, tanzend in ihrer Wonne. Und dies hat sie nicht etwa dadurch erreicht, daß sie der Oper das Blut ausgesaugt hätte, vielmehr ist sie

im Verhältnis zu ihr eine Prophetie. In der Ouvertüre entfaltet die Musik ihren ganzen Umfang, mit ein paar mächtigen Flügelschlägen überschwebt sie gleichsam sich selbst,
überschwebt den Ort, an dem sie sich niederlassen will. Sie
ist ein Kampf, aber Kampf in den höheren Regionen der
Luft. Wer, nachdem er eine genauere Bekanntschaft mit der
Oper gemacht hat, die Ouvertüre hört, dem wird es vielleicht so vorkommen, als sei er bis in die geheime Werkstatt
vorgedrungen, wo die Kräfte, die er im Stück kennengelernt
hat, urkräftig sich regen, wo sie mit aller Macht aufein-
anderprallen. Indes, der Kampf ist zu ungleich; die eine
Macht ist Sieger schon vor der Schlacht, zwar flieht sie und
entweicht, aber diese Flucht ist gerade ihre Leidenschaft, ihre
brennende Unruhe in ihrer kurzen Lebensfreude, der jagende
Puls in ihrer leidenschaftlichen Hitze. Damit setzt sie die andere Macht in Bewegung und reißt sie mit sich hin. Diese,
die sich zunächst als so unerschütterlich sicher erwies, daß
sie nahezu unbeweglich war, hält es nun nicht länger, und
bald ist die Bewegung so schnell, daß es ein wirklicher Kampf
scheint. Dies näher auszuführen, ist nicht möglich; hier gilt
es, die Musik zu hören, denn der Streit ist kein Wortstreit,
sondern ein elementarisches Rasen. Nur muß ich noch darauf aufmerksam machen, was schon früher dargelegt wurde:
daß das Interesse der Oper Don Juan ist, nicht Don Juan und
der Komtur; das zeigt sich bereits in der Ouvertüre. Mit
Fleiß scheint *Mozart* es so angelegt zu haben, daß jene tiefe
Stimme, die zu Beginn ertönt, allmählich immer schwächer
wird, ihre majestätische Haltung gleichsam fast verliert, eilen
muß, um dem dämonischen Hasten folgen zu können und
doch beinahe Macht gewinnt, sie zu entwürdigen, indem es
sie hinreißt zu einem Wettlauf in der Kürze des Augenblicks. Damit vollzieht sich immer mehr der Übergang zu
dem Stück selbst. Infolgedessen muß man sich das Finale
in einer nahen Beziehung zum ersten Teil der Ouvertüre
denken. Im Finale ist der Ernst wieder zu sich gekommen,
während es im Verlauf der Ouvertüre den Anschein hatte,

als ob er außer sich wäre; nun geht es nicht mehr darum,
mit der Lust um die Wette zu laufen, der Ernst kehrt wieder
und hat damit jeden Ausweg zu einem neuen Wettlauf abgeschnitten.

Die Ouvertüre ist daher, während sie in einer Beziehung
selbständig ist, in anderer Beziehung als ein Anlauf zu der
Oper zu betrachten. Daran habe ich bereits im vorigen zu
erinnern gesucht, indem ich die Erinnerung des Lesers daran
auffrischte, wie die eine Macht, in sukzessivem Abnehmen,
sich dem Beginn des Stückes nähert. Das gleiche zeigt sich,
wenn man die andere Macht betrachtet, sie nimmt nämlich
in wachsender Progression zu; sie beginnt in der Ouvertüre, sie wächst und nimmt zu. Bewunderungswürdig ist besonders dies ihr Beginnen ausgedrückt. Man hört sie so
schwach, so geheimnisvoll angedeutet, man hört sie, aber es
ist so schnell vorüber, daß man eben den Eindruck bekommt,
als habe man etwas gehört und doch nicht gehört. Es ist ein
aufmerksames, ein erotisches Ohr erforderlich, um achtzu-
geben, wenn man in der Ouvertüre zum erstenmal einen
Wink erhält über dieses leichte Spiel der Lust, das später so
reich in seinem ganzen verschwenderischen Überfluß sich
darbietet. Haargenau anzugeben, wo diese Stelle ist, vermag
ich nicht, da ich der Musik nicht kundig bin, aber ich schreibe auch nur für Verliebte, und die werden mich wohl verstehen, manche von ihnen besser als ich mich selbst verstehe.
Ich bin jedoch mit dem mir beschiedenen Los zufrieden, mit
dieser rätselhaften Verliebtheit; und wenngleich ich sonst
den Göttern dafür danke, daß ich ein Mann geworden bin
und keine Frau, so hat *Mozarts* Musik mich doch gelehrt,
daß es schön und erquickend und köstlich ist, zu lieben wie
eine Frau.

Ich bin durchaus kein Freund von Bildern; die neuere Literatur hat sie mir in hohem Maße verleidet; denn es ist bald
dahin gekommen, daß mich, sooft ich auf ein Bild stoße, unwillkürlich eine Furcht befällt, der wahre Zweck desselben
möchte sein, eine Dunkelheit des Gedankens zu verbergen.

Ich werde daher nicht den unverständigen oder fruchtlosen Versuch wagen, die energische und bündige Kürze der Ouvertüre in eine weitschweifige und nichtssagende Bildersprache zu übersetzen; nur einen Punkt in der Ouvertüre will ich herausheben, und um den Leser darauf aufmerksam zu machen, will ich ein Bild gebrauchen, das einzige Mittel, das ich habe, um mich mit ihm in Verbindung zu setzen. Dieser Punkt ist natürlich nichts anderes als *Don Juans* erstes Auftauchen, ein erstes Ahnen von ihm, von jener Macht, mit der er später durchbricht. Die Ouvertüre beginnt mit einigen tiefen, ernsten, einförmigen Tönen, da erklingt zum erstenmal unendlich fern ein Wink, der jedoch, als wäre er zu früh gekommen, im selben Augenblick widerrufen wird, bis man später immer wieder, immer kühner, immer lauter jene Stimme hört, die erst hinterlistig, kokett und doch wie in Angst mit einschlüpfte, aber nicht durchzudringen vermochte. So sieht man bisweilen in der Natur den Horizont düster, bewölkt; zu schwer, sich selber zu tragen, ruht er auf der Erde und hüllt alles in seine dunkle Nacht, einzelne dumpfe Töne hört man, doch nicht in Bewegung, sondern wie ein tiefes Vor-sich-hin-Murmeln – da sieht man an der äußersten Grenze des Himmels, fern am Horizont ein Aufblitzen; schnell eilt es längs der Erde hin und erlöscht im selben Augenblick. Bald aber leuchtet es wieder auf, es nimmt an Stärke zu und erhellt für einen Moment den ganzen Himmel mit seiner Flamme, im nächsten Augenblick scheint der Horizont noch dunkler, aber schneller, glühender noch loht es wieder auf; es ist, als ob die Dunkelheit selbst ihre Ruhe verlöre und in Bewegung käme. Wie das Auge hier in diesem ersten Aufblitzen die Feuersbrunst ahnt, so ahnt das Ohr in jenem hinsterbenden Bogenstrich die ganze Leidenschaft. Es ist eine Angst in jenem Aufblitzen, es ist, als würde es in der tiefen Finsternis in Angst geboren – solchergestalt ist *Don Juans* Leben. Es ist eine Angst in ihm, aber diese Angst ist seine Energie. Es ist keine in ihm subjektiv reflektierte Angst, es ist eine substantielle Angst. Nicht hat man in der Ouvertüre –

wie man gemeinhin gesagt hat, ohne zu wissen, was man sagt – Verzweiflung; *Don Juans* Leben ist nicht Verzweiflung, sondern es ist die ganze Macht der Sinnlichkeit, in Angst geboren, und Don Juan selbst ist diese Angst, aber diese Angst ist eben die dämonische Lebenslust. Nachdem *Mozart* solchermaßen Don Juan hat entstehen lassen, entwickelt sich nun sein Leben vor uns in den tanzenden Geigentönen, in denen er leicht, flüchtig über den Abgrund dahineilt. Wie ein Stein, wenn man ihn so wirft, daß er die Oberfläche des Wassers schneidet, eine Zeitlang in leichten Sprüngen darüber hinhüpfen kann, wohingegen er, sobald er zu springen aufhört, augenblicklich im Abgrund versinkt, so tanzt Don Juan über den Abgrund hin, jubelnd in seiner kurzen Frist.

Wenn nun aber, wie oben bemerkt, die Ouvertüre als ein Anlauf zur Oper betrachtet werden kann, wenn man in der Ouvertüre aus jenen höheren Regionen herabsteigt, so ergibt sich die Frage: an welcher Stelle der Oper landet man wohl am besten, oder wie läßt man die Oper beginnen? Hier hat *Mozart* das einzig Richtige gesehen: mit Leporello anzufangen. Zwar könnte es scheinen, als ob dies kein besonderes Verdienst sei, zumal fast alle Bearbeitungen des *Don Juan* mit einem Monolog *Sganarels* beginnen. Indessen besteht da ein großer Unterschied, und man hat hier wiederum Gelegenheit, *Mozarts* Meisterschaft zu bewundern. Er hat die erste Diener-Arie in unmittelbare Verbindung mit der Ouvertüre gebracht. Das pflegt nur selten zu geschehen; hier aber ist es durchaus in der Ordnung, und es wirft ein neues Licht auf die Anlage der Ouvertüre. Die Ouvertüre sucht sich herabzulassen und in der szenischen Wirklichkeit festen Grund zu finden. Den Komtur und Don Juan haben wir schon in der Ouvertüre gehört, nächst ihnen ist Leporello die wichtigste Figur. Er kann jedoch nicht zu jenem Kampf in den Regionen der Luft emporgehoben werden, und doch gehört er eher dahin als irgendein anderer. Deshalb beginnt das Stück mit ihm, dergestalt, daß er in unmittelbarer Verbindung mit der Ouvertüre steht. Man rechnet

daher ganz richtig Leporellos erste Arie mit zur Ouvertüre.
Diese Arie Leporellos entspricht dem nicht unberühmten
Monolog *Sganarels* bei *Molière*. Wir wollen die Situation etwas näher betrachten. Sganarels Monolog ist keineswegs un-
witzig, und wenn man ihn in Prof. Heibergs leichten, flüssi-
gen Versen liest, ist er recht unterhaltsam, dagegen ist die
Situation selbst mangelhaft. Das sage ich eigentlich nur in
bezug auf *Molière;* denn bei *Heiberg* ist es eine andere Sache,
und ich sage es auch nicht, um etwas an *Molière* auszusetzen,
sondern um *Mozarts* Verdienst zu zeigen. Ein Monolog ist
mehr oder weniger immer ein Verstoß gegen das Dramatische, und wenn der Dichter, um eine Wirkung zu erzielen,
etwa durch den bloßen Witz des Monologs und nicht durch
dessen Charakter zu wirken sucht, so hat er selber den Stab
über sich gebrochen und hat auf das dramatische Interesse
verzichtet. Anders in der Oper. Hier ist die Situation absolut
musikalisch. Ich habe schon früher an den Unterschied erinnert, der zwischen einer dramatischen und einer musikalisch-
dramatischen Situation besteht. Im Drama duldet man kein
Gerede, man fordert Handlung und Situation. In der Oper
gibt es ein Ruhen in der Situation. Was aber macht diese
Situation denn zu einer musikalischen Situation? Es ist bereits hervorgehoben worden, daß *Leporello* eine musikalische Figur ist, und doch ist nicht er es, der die Situation trägt.
Wenn dem so wäre, würde seine Arie eine Analogie zu *Sganarels* Monolog sein, obschon sich damit nichts an der Tatsache änderte, daß eine solche Quasi-Situation in der Oper
eher angängig ist als im Drama. Was die Situation musikalisch macht, ist *Don Juan*, der drinnen im Hause ist. Die Pointe liegt nicht in Leporello, der sich nähert, sondern in Don
Juan, den man nicht sieht – den man aber hört. Nun könnte
man freilich einwenden: man hört Don Juan ja nicht. Darauf würde ich erwidern: doch, man hört ihn, denn er tönt in
Leporello wider. Ich mache zu dem Ende auf die Übergänge
aufmerksam [vuol star dentro colla bella], wo Leporello offenbar Don Juan reproduziert. Aber selbst wenn das nicht

der Fall wäre, so ist die Situation doch derart angelegt, daß
man unwillkürlich auch Don Juan als gegenwärtig empfindet, daß man Leporello, der draußen steht, über Don Juan,
der drinnen ist, vergißt. Überhaupt hat *Mozart* mit echter
Genialität *Leporello Don Juan* reproduzieren lassen und damit
zweierlei erreicht: die musikalische Wirkung, daß man überall da, wo Leporello allein ist, Don Juan hört, und die paro-
dische Wirkung, daß man, wenn Don Juan mit dabei ist,
Leporello ihn repetieren und damit unbewußt parodieren
hört. Als Beispiel möchte ich den Schluß des Balles anführen.

Fragt man, welches Moment das am meisten epische der
Oper sei, so ist die Antwort leicht und unbezweifelbar: es ist
*Leporellos* zweite Arie, die Liste. Im vorhergehenden wurde
bereits, durch den Vergleich dieser Arie mit dem entsprechenden Monolog bei *Molière*, dargetan, welche absolute
Bedeutung die Musik hat, daß die Musik gerade dadurch,
daß sie uns Don Juan, die Variationen in ihm, hören läßt, die
Wirkung hervorbringt, deren das Wort oder die Replik
nicht fähig sind. Hier ist es nun von Wichtigkeit, die Situation und das Musikalische in ihr hervorzuheben. Sehen wir
uns auf der Bühne um, so besteht das szenische Ensemble aus
*Leporello, Elvira* und dem treuen Diener. Der ungetreue
Liebhaber jedoch ist nicht zugegen, er ist, wie Leporello sich
treffend ausdrückt, – »er ist fort«. Es ist eine besondere Virtuosität, die Don Juan besitzt: er ist und – dann ist er fort,
und er ist [für sich selbst nämlich] ebenso gelegen fort, wie
ein Jeronimus gelegen kommt. Da es nun offenkundig ist,
daß er fort ist, so könnte es seltsam erscheinen, daß ich von
ihm spreche und ihn gewissermaßen mit in die Situation ein-
führe; bei näherer Überlegung wird man es vielleicht ganz
in der Ordnung finden und hierin ein Beispiel dafür erblik-
ken, wie wörtlich genau es genommen werden muß, daß
*Don Juan* in der Oper allgegenwärtig ist; denn dies kann
kaum stärker bezeichnet werden als durch den Hinweis, daß
er, selbst wenn er fort ist, doch zugegen sei. Doch wir wol-

len ihn jetzt fortsein lassen, da wir später sehen werden, in welchem Sinne er da ist. Dagegen wollen wir die drei Personen auf der Bühne betrachten. Daß *Elvira* anwesend ist, trägt natürlich dazu bei, eine Situation zu erzeugen; denn es ginge nicht an, Leporello die Liste zu eigenem Zeitvertreib entrollen zu lassen; zugleich aber trägt ihre Stellung dazu bei, die Situation peinlich zu machen. Überhaupt kann man nicht leugnen, daß der Spott, der bisweilen mit Elviras Liebe getrieben wird, fast grausam ist. So etwa im zweiten Akt, wo sie im entscheidenden Augenblick, als *Ottavio* endlich Mut in der Brust und den Degen aus der Scheide heraus hat, um *Don Juan* zu ermorden, sich dazwischenstürzt und nun entdeckt, daß es gar nicht Juan ist, sondern *Leporello*, ein Unterschied, den Mozart so eindrucksvoll durch ein gewisses weinerliches Gemecker bezeichnet hat. So liegt in unserer Situation auch etwas Schmerzliches darin, daß sie dabei sein muß, um zu erfahren, daß bei Spanien die Zahl 1003 steht, ja, schlimmer noch, in der deutschen Fassung wird ihr gesagt, daß sie selbst eine von ihnen sei. Das ist eine deutsche Verbesserung, die in gleichem Maße töricht unanständig, wie die deutsche Übersetzung im übrigen auf nicht minder törichte Art lächerlich anständig und völlig verfehlt ist. Für *Elvira* gibt *Leporello* eine epische Übersicht über das Leben seines Herrn, und man kann nicht leugnen, daß es ganz in der Ordnung ist, daß Leporello vorträgt und Elvira zuhört; denn sie sind beide in hohem Maße daran interessiert. Wie man daher in der ganzen Arie immerfort *Don Juan* hört, so hört man an einzelnen Stellen *Elvira*, die jetzt sichtbar auf der Bühne zugegen ist, als eine Zeugin *instar omnium*, nicht kraft irgendeines zufälligen Vorzugs, den sie etwa besäße, sondern weil, da die Methode sich wesentlich gleich bleibt, einer für alle gilt. Wäre Leporello ein Charakter oder eine durchreflektierte Persönlichkeit, so wäre solch ein Monolog schwerlich denkbar, aber eben weil er eine musikalische Figur ist, die in Don Juan versinkt, darum hat diese Arie eine so große Bedeutung. Sie ist eine Reproduktion von Don

Juans ganzem Leben. Leporello ist der epische Erzähler. Ein solcher soll zwar dem, was er erzählt, nicht kalt oder gleichgültig gegenüberstehen, aber er muß doch eine objektive Haltung bewahren. Das ist bei Leporello nicht der Fall. Er läßt sich von dem Leben, das er beschreibt, völlig hinreißen, er vergißt sich in Don Juan. Somit habe ich hier wiederum ein Beispiel dafür, was es heißen will, daß Don Juan überall widertönt. Die Situation liegt daher nicht in Leporellos und Elviras Unterhaltung über Don Juan, sondern in der Stimmung, die das Ganze trägt, in Don Juans unsichtbarer geistiger Gegenwart. Den Übergang in dieser Arie näher darzulegen, wie sie ruhig und ohne größere Bewegung anhebt, aber immer mehr und mehr sich entzündet, sowie Don Juans Leben mehr und mehr in ihr widertönt, wie Leporello mehr und mehr davon ergriffen wird, wie er verweht in diese erotischen Lüfte, die sanft ihn wiegen, wie die Arie verschieden nuanciert wird, je nachdem die Differenzen der Weiblichkeit, die innerhalb von Don Juans Bereich liegen, in ihr vernehmbar werden – dafür ist hier nicht der Ort.

Fragt man, welches das lyrischste Moment der Oper sei, so möchte die Antwort etwa zweifelhafter ausfallen; wohingegen es wohl kaum einem Zweifel unterliegt, daß das lyrischste Moment allein *Don Juan* zugestanden werden darf, daß es ein Verstoß gegen die dramatische Subordination wäre, wenn man einer Nebenperson erlaubte, unsere Aufmerksamkeit derart in Anspruch zu nehmen. Das hat auch *Mozart* beachtet. Die Wahl ist somit erheblich eingeschränkt, und bei näherem Zusehen kann entweder nur die Tafelszene, der erste Teil des großen Finales oder die bekannte Champagnerarie in Betracht kommen. Was die Tafelszene angeht, so kann man sie bis zu einem gewissen Grade wohl als ein lyrisches Moment betrachten, und die berauschende Herzstärkung des Mahles, der schäumende Wein, die fernen festlichen Klänge der Musik, alles vereinigt sich, um Don Juans Stimmung zu potenzieren, wie auch seine eigene Festlichkeit den ganzen Genuß in einem höheren Licht erscheinen

läßt, das so stark wirkt, daß selbst Leporello sich verklärt in
diesem reichen Augenblick, der das letzte Lächeln der Freude ist, der Abschiedsgruß des Genusses. Indessen ist es doch
mehr eine Situation als ein bloß lyrisches Moment. Das liegt
natürlich nicht daran, daß auf der Bühne gegessen und getrunken wird; denn das ist an sich, als Situation betrachtet,
recht unzureichend. Die Situation liegt darin, daß Don Juan
auf die äußerste Landspitze des Lebens hinausgedrängt ist.
Von der ganzen Welt verfolgt, hat jener siegreiche Don Juan
keinen anderen Aufenthaltsort mehr als ein abgelegenes
kleines Zimmer. Hier, auf dieser äußersten Kante der Le-
benswippe, stachelt er in Ermangelung lustiger Gesellschaft
noch einmal alle Lebenslust auf in seiner eignen Brust. Wäre
der Don Juan ein Drama, so würde es die innere Unruhe der
Situation erfordern, daß diese so kurz wie möglich würde.
In der Oper dagegen ist es richtig, daß die Situation festgehalten und mit aller nur möglichen Üppigkeit verherrlicht
wird, die nur um so wilder klingt, weil sie für die Zuhörer in
jenem Abgrund widerhallt, über dem Don Juan schwebt.
Anders verhält es sich mit der Champagnerarie. Eine dramatische Situation wird man, glaube ich, hier vergebens suchen, um so größere Bedeutung aber hat sie als lyrischer Er-
guß. Don Juan ist von den vielen sich kreuzenden Intrigen
ermüdet; doch ist er keineswegs matt, seine Seele ist noch so
lebenskräftig wie je, er braucht keine fröhliche Gesellschaft,
braucht das Schäumen des Weines nicht zu sehen und zu hören oder sich an ihm zu stärken; die innere Vitalität bricht
stärker und reicher denn je in ihm hervor. Ideal ist er von
*Mozart* stets aufgefaßt, als Leben, als Macht, aber ideal gegenüber einer Wirklichkeit; hier ist er gleichsam ideell in
sich selbst berauscht. Und wenn alle Mädchen der Welt ihn
in diesem Augenblick umringten, er wäre ihnen nicht gefährlich: denn er ist gleichsam zu stark, um sie betören zu
wollen; selbst der mannigfaltigste Genuß der Wirklichkeit
ist ihm zu gering im Vergleich zu dem, was er in sich selbst
genießt. Hier zeigt es sich so recht, was es heißen will, daß

Don Juans Wesen Musik ist. Er löst sich vor uns gleichsam in Musik auf, er entfaltet sich zu einer Welt von Tönen. Man hat diese Arie die Champagnerarie genannt, und das ist unleugbar überaus bezeichnend. Was es aber vor allem zu sehen gilt, ist die Tatsache, daß diese Dinge nicht in einem zufälligen Verhältnis zu Don Juan stehen. So ist sein Leben, schäumend wie Champagner. Und wie die Perlen in diesem Wein, während er siedet in innerer Glut, an Tönen reich in seiner eigenen Melodie, aufsteigen und immer wieder aufsteigen, so tönt die Lust des Genusses wider in der elementarischen Wallung, die sein Leben ist. Was dieser Arie dramatische Bedeutung verleiht, ist somit nicht die Situation, sondern die Tatsache, daß der Grundton der Oper hier in sich erklingt und widerklingt.

## Nichtssagendes Nachspiel

Sofern das hier Dargelegte richtig ist, so kehre ich wieder zu meinem Lieblingsthema zurück, daß unter allen klassischen Werken *Mozarts Don Juan* der erste Platz gebührt; da will ich mich noch einmal freuen an Mozarts Glück, einem Glück, das wahrhaft beneidenswert ist, sowohl an sich, als auch deshalb, weil es alle die glücklich macht, die auch nur einigermaßen sein Glück begreifen. Ich zumindest fühle mich unbeschreiblich glücklich darüber, Mozart, wenn auch nur von ferne, verstanden und sein Glück geahnt zu haben, wieviel mehr dann die, die ihn vollkommen verstanden haben, wieviel mehr müssen die sich glücklich fühlen mit dem Glücklichen.

*Der Reflex des antiken Tragischen in dem
modernen Tragischen · Ein Versuch im
fragmentarischen Streben · Gelesen vor den
Συμπαρανεκρωμενοι*

WENN JEMAND sagte: Das Tragische bleibt doch immer
das Tragische, so hätte ich kaum etwas dagegen zu erinnern, insofern als doch jede geschichtliche Entwicklung
stets innerhalb des Umfangs des Begriffes liegt. Vorausgesetzt nämlich, daß seine Worte überhaupt einen Sinn haben
und das zweimal vorkommende Wort »tragisch« nicht etwa
nur das bedeutungslose Klammerzeichen um ein inhalts-
loses Nichts bildet, dürfte seine Meinung wohl die sein, daß
der Inhalt des Begriffs den Begriff nicht entthrone, sondern
ihn vielmehr bereichere. Andererseits ist es der Aufmerksamkeit eines Beobachters schwerlich entgangen – was das
lesende und theaterbesuchende Publikum bereits als seinen
Gewinnanteil aus den Bestrebungen der Kunsterfahrenen
sicher zu besitzen wähnt –, daß zwischen der antiken und der
modernen Tragödie ein wesentlicher Unterschied besteht.
Wollte nun aber jemand diesen Unterschied absolut geltend
machen und sich damit erst heimtückisch und dann vielleicht
mit Macht zwischen das Antik- und das Modern-Tragische
eindrängen, so wäre sein Verhalten nicht minder ungereimt
als das jenes ersten, indem er nämlich vergäße, daß der feste
Grund, dessen er selbst bedarf, das Tragische selbst ist und
daß dieses, weit entfernt, es trennen zu können, das antike
und das moderne Tragische vielmehr gerade verbindet. Eine
Warnung vor jedem derartig einseitigen Trennungsversuch
muß es auch sein, daß die Ästhetiker noch immer zu den
von *Aristoteles* aufgestellten Bestimmungen und Forderungen
hinsichtlich des Tragischen als den den Begriff erschöpfenden
zurückkehren; eine Warnung muß es sein, und zwar um so
mehr, als es jedermann mit einer gewissen Wehmut ergrei-

fen muß, daß, wie sehr die Welt sich auch verändert haben
mag, die Vorstellung vom Tragischen noch wesentlich unverändert, ebenso wie das Weinen dem Menschen noch immer gleich natürlich ist. Wie beruhigend dies nun auch dem
erscheinen möge, der eine Scheidung nicht wünscht, und am
wenigsten einen Bruch, so zeigt sich doch dieselbe Schwierigkeit, wie sie eben abgewiesen wurde, nur in anderer und
fast noch gefährlicherer Gestalt. Daß man noch immer, nicht
nur aus pflichtschuldiger Aufmerksamkeit oder alter Gewohnheit, zu der aristotelischen Ästhetik zurückkehrt, wird
gewiß jeder zugestehen, der einige Kenntnis von der neueren
Ästhetik hat und sich dadurch überzeugt, wie genau man
sich an die von Aristoteles aufgestellten, für die neuere Ästhetik noch immer gültigen Bewegungspunkte hält. Sobald
man diesen jedoch nähertritt, zeigt sich sofort die Schwierigkeit. Die Bestimmungen sind nämlich von ganz allgemeiner
Art, und man kann insofern mit Aristoteles durchaus einig
und doch, in anderem Sinne, mit ihm uneinig sein. Um der
folgenden Erörterung nicht vorzugreifen, indem ich hier
gleich beispielsweise erwähne, was ihren Inhalt ausmachen
soll, möchte ich meine Ansicht lieber dadurch erläutern, daß
ich die entsprechende Betrachtung hinsichtlich der Komödie
anstelle. Falls ein alter Ästhetiker gesagt hätte, was die Komödie voraussetze, sei Charakter und Situation, und das,
was sie erregen wolle, sei Gelächter, so könnte man zwar
immer wieder hierauf zurückkommen; sobald man aber
überlegte, wie verschieden das sein kann, was einen Menschen zum Lachen bringt, so würde man sich bald überzeugen, welch ungeheures Spatium diese Forderung hat.
Wer jemals anderer und sein eigenes Lachen zum Gegenstand der Beobachtung gemacht, wer bei diesem Bemühen
nicht so sehr das Zufällige als vielmehr das Allgemeine im
Auge gehabt und nun mit psychologischem Interesse darauf
geachtet hat, wie verschieden das ist, was in den einzelnen
Lebensaltern Gelächter erregt, der wird sich leicht davon
überzeugen, daß die unveränderliche Forderung an die Ko-

mödie, sie solle Gelächter erregen, an sich ein hohes Maß
von Veränderlichkeit enthält, gemäß der Vorstellung, die das
jeweils verschiedene Weltbewußtsein von dem Lächerlichen
hat, ohne daß freilich die Verschiedenheit so diffus wäre, daß
etwa – als ihr entsprechender Ausdruck in den somatischen
Funktionen – das Lachen sich durch Weinen äußerte. So
nun auch mit dem Tragischen.

Was nun eigentlich den Inhalt dieser kleinen Untersuchung
ausmachen soll, ist nicht so sehr das Verhältnis zwischen dem
antiken und dem modernen Tragischen, als vielmehr der
Versuch, zu zeigen, wie das dem antiken Tragischen Eigentümliche sich in das moderne Tragische aufnehmen lasse,
dergestalt, daß das wahre Tragische hierin zum Vorschein
kommt. Aber wie sehr ich mich auch bemühen werde, daß
es zum Vorschein komme, so werde ich mich doch jeglicher
Prophezeiung darüber enthalten, daß es das sei, was die Zeit
fordert, so daß sein Erscheinen gänzlich ohne Folgen bleibt,
und dies um so mehr, als die ganze Zeit mehr auf das Komische hinarbeitet. Das Dasein ist derart von dem Zweifel der
Subjekte unterminiert, die Isolation nimmt ständig mehr und
mehr überhand, wovon man sich am besten überzeugen
kann, wenn man auf die vielfältigen sozialen Bestrebungen
achtet. Diese beweisen nämlich das isolierte Streben der Zeit
ebensosehr dadurch, daß sie ihm entgegenzuwirken, wie dadurch, daß sie ihm auf unvernünftige Weise entgegenzuarbeiten suchen. Die Isolierung beruht stets darauf, daß man
sich als Numerus geltend macht; wenn einer sich als *einer*
geltend machen will, so ist dies eine Isolation; darin würden
wohl alle Freunde von Assoziationen mir recht geben, ohne
darum schon einsehen zu können oder zu wollen, daß es
durchaus die gleiche Isolation ist, wenn hundert sich einzig
und allein als hundert geltend machen wollen. Die Zahl ist
stets gleichgültig gegen sich selbst, und es ist völlig gleichgültig, ob es sich um 1 oder 1000 oder um sämtliche – lediglich numerisch bestimmte – Bewohner der ganzen Welt
handelt. Dieser Geist der Assoziation ist daher in seinem

Prinzip ebenso revolutionär wie der Geist, dem er entgegen-
arbeiten will. Als David sèine Macht und Herrlichkeit so
recht fühlen wollte, ließ er sein Volk zählen; in unserer Zeit
dagegen kann man sagen, daß die Völker, um ihre Bedeutung gegenüber einer höheren Macht zu fühlen, sich selbst
zählen. Alle diese Assoziationen tragen indessen das Gepräge
der Willkür, sind meist zu irgendeinem zufälligen Zweck
gebildet, dessen Herr natürlich die Assoziation ist. Die vielen
Assoziationen beweisen somit die Aufgelöstheit der Zeit und
tragen selbst dazu bei, sie zu fördern; sie sind die Infusions-
tierchen im Organismus des Staates, die darauf hindeuten,
daß er bereits aufgelöst ist. Wann fingen denn die Hetärien
an, in Griechenland allgemein zu werden, wenn nicht damals, als der Staat im Begriff war, sich aufzulösen? Und hat
nicht unsere Zeit eine auffallende Ähnlichkeit mit jener, die
selbst *Aristophanes* nicht einmal lächerlicher gemacht hat, als
sie wirklich war? Ist nicht in politischer Beziehung das Band,
das die Staaten unsichtbar und geistig zusammenhielt, gelöst,
ist nicht in der Religion die Macht, die das Unsichtbare festgehalten hat, geschwächt und vernichtet, haben nicht Staats-
männer und Geistliche das gemeinsam, daß sie, wie ehemals
die Auguren, sich nicht gut ansehen können ohne ein Lächeln?
Eine Eigentümlichkeit hat freilich unsere Zeit vor jener in
Griechenland voraus, die nämlich, daß unsere Zeit schwermütiger und daher tiefer verzweifelt ist. So ist unsere Zeit
schwermütig genug, um zu wissen, daß es etwas gibt, was
Verantwortung heißt, und daß dies etwas zu bedeuten hat.
Während daher alle herrschen wollen, will niemand die
Verantwortung haben. Es ist noch in frischer Erinnerung,
daß ein französischer Staatsmann, als das Portefeuille ihm erneut angeboten wurde, erklärte, er wolle es annehmen, jedoch unter der Bedingung, daß der Staatssekretär verantwortlich gemacht werde. Der König von Frankreich ist bekanntlich nicht verantwortlich, hingegen ist es der Minister,
der Minister will es nicht sein, sondern will Minister sein,
sofern der Staatssekretär seinerseits verantwortlich wird, zu-

letzt endet es natürlich damit, daß die Wächter oder die
Straßenwärter verantwortlich werden. Wäre diese verkehrte
Geschichte von der Verantwortung nicht eine passende Auf-
gabe für *Aristophanes?* Und andererseits, warum haben die
Regierung und die Regierenden solche Angst davor, die
Verantwortung zu übernehmen, wenn sie nicht eine An-
griffspartei fürchteten, die ihrerseits mittels einer ähnlichen
Scala die Verantwortung immer wieder von sich abschöbe?
Stellte man sich nun vor, daß diese beiden Mächte sich gegenüber stünden, außerstande jedoch,einander zu fassen, weil
die eine immerfort vor der andern verschwände, die eine
vor der andern nur figurierte, so wäre ein solcher Plan
sicherlich nicht ohne komische Kraft. Dies beweist wohl
zur Genüge, daß das, was den Staat eigentlich zusammenhält, sich aufgelöst hat, die dadurch bewirkte Isolation aber
ist natürlich komisch, und zwar liegt das Komische darin,
daß die Subjektivität als die bloße Form sich geltend machen
will. Jede isolierte Persönlichkeit wird stets komisch dadurch,
daß sie der Notwendigkeit der Entwicklung gegenüber ihre
Zufälligkeit geltend machen will. Es würde unzweifelhaft
die tiefste Komik enthalten, wenn man ein zufälliges Individuum auf die universelle Idee kommen ließe, der Befreier
der ganzen Welt zu sein. Hingegen ist das Erscheinen Christi
in gewissem Sinne [in anderem Sinne ist es nämlich unendlich mehr] die tiefste Tragödie, weil Christus gekommen ist,
da die Zeit erfüllet war, und, was ich im Hinblick auf das
Folgende besonders hervorheben muß, die Sünde der ganzen Welt getragen hat.
Bekanntlich gibt *Aristoteles* als Quelle der Handlung in der
Tragödie zwei Dinge an: διανοια και ήϑος, bemerkte aber
zugleich, daß die Hauptsache τελος sei, und die Individuen
handelten nicht, um Charaktere darzustellen, sondern diese
würden um der Handlung willen aufgenommen. Man wird
hier leicht eine Abweichung von der neueren Tragödie bemerken. Das der antiken Tragödie Eigentümliche ist nämlich dies, daß die Handlung nicht allein aus dem Charakter

hervorgeht, daß die Handlung nicht genügend subjektiv reflektiert ist, sondern daß die Handlung selbst einen relativen Zusatz von Leiden hat. Die antike Tragödie hat daher auch den Dialog nicht zu einer derart erschöpfenden Reflexion entwickelt, daß alles darin aufgeht; sie besitzt im Monolog und im Chor eigentlich die diskreten Momente zum Dialog. Denn mag der Chor sich mehr der epischen Substantialität oder dem lyrischen Schwung nähern, so zeigt er doch gleichsam das Mehr an, das in der Individualität nicht aufgehen will; der Monolog hinwiederum ist mehr die lyrische Konzentration und hat jenes Mehr, das in Handlung und Situation nicht aufgehen will. Die Handlung selbst trägt in der antiken Tragödie ein episches Moment in sich, sie ist ebensosehr Begebenheit wie Handlung. Dies liegt nun natürlich daran, daß die alte Welt die Subjektivität nicht in sich reflektiert hatte. Mochte auch das Individuum sich frei regen, so ruhte es doch in substantiellen Bestimmungen, in Staat, Familie, im Schicksal. Diese substantielle Bestimmung ist das eigentlich Schicksalhafte in der griechischen Tragödie und ihre wahre Eigentümlichkeit. Der Untergang des Helden ist darum nicht eine Folge nur seines Handelns, sondern zugleich ein Leiden, wohingegen in der neueren Tragödie der Untergang des Helden eigentlich kein Leiden ist, sondern Tat. In der neueren Zeit sind daher eigentlich Situation und Charakter das Vorherrschende. Der tragische Held ist subjektiv in sich reflektiert, und diese Reflexion hat ihn nicht nur aus jedem unmittelbaren Verhältnis zu Staat, Sippe, Schicksal herausreflektiert, sondern oft sogar herausreflektiert aus seinem eigenen bisherigen Leben. Was uns beschäftigt, ist ein gewisses bestimmtes Moment seines Lebens als sein eigenes Werk. Infolgedessen läßt das Tragische sich in Situation und Dialog erschöpfen, weil überhaupt nichts Unmittelbares mehr übriggeblieben ist. Die moderne Tragödie hat daher keinen epischen Vordergrund, keine epische Hinterlassenschaft. Der Held steht und fällt ganz und gar mit seinen eigenen Taten.

Das hier zwar kurz aber hinreichend Dargelegte wird seine
Bedeutung für die Erhellung einer Differenz zwischen der
älteren und der neueren Tragödie haben, die ich für außerordentlich bedeutsam erachte, nämlich der verschiedenen Art
tragischer Schuld. *Aristoteles* fordert bekanntlich, der tragische Held müsse ἁμαρτια haben. Wie aber die Handlung
in der griechischen Tragödie ein Mittelding zwischen Handeln und Leiden ist, so ist es auch die Schuld, und darin liegt
die tragische Kollision. Je reflektierter dagegen die Subjektivität wird, je pelagianischer man das Individuum als allein
sich selbst überlassen sieht, um so ethischer wird die Schuld.
Zwischen diesen beiden Extremen liegt das Tragische. Hat
das Individuum gar keine Schuld, so ist das tragische Interesse aufgehoben, denn in dem Falle ist die tragische Kollision entnervt; hat es dagegen absolut Schuld, so interessiert
es uns nicht mehr tragisch. Es ist daher sicherlich ein Mißverständnis des Tragischen, wenn unsere Zeit danach strebt,
alles Schicksalhafte sich in Individualität und Subjektivität
transsubstantiieren zu lassen. Von der Vergangenheit des
Helden will man nichts wissen, man wälzt sein ganzes Leben
ihm als sein eigenes Werk auf die Schultern, macht ihn verantwortlich für alles, aber damit verwandelt man auch seine
ästhetische Schuld in eine ethische. Der tragische Held wird
somit schlecht, das Böse wird zu dem eigentlich tragischen
Gegenstand, aber das Böse hat kein ästhetisches Interesse, und
Sünde ist kein ästhetisches Element. Dieses mißverstandene
Streben hat nun sicherlich seinen Grund in dem Hinarbeiten
der ganzen Zeit auf das Komische. Das Komische liegt gerade in der Isolation; will man nun innerhalb dieser das Tragische geltend machen, so erhält man das Böse in seiner
Schlechtigkeit, nicht die eigentlich tragische Schuld in ihrer
zweideutigen Unschuld. Es ist nicht schwer, wenn man sich
in der neueren Literatur umsieht, Beispiele zu finden. So ist
eigentlich das in mancher Beziehung so geniale Werk von
*Grabbe: Faust und Don Juan,* auf das Böse gegründet. Um
jedoch nicht aus einer einzelnen Schrift zu argumentieren,

will ich es lieber an dem allgemeinen Bewußtsein der gesamten Gegenwart aufzeigen. Wollte man ein Individuum darstellen, auf das unglückliche Kindheitsverhältnisse so zerrüttend eingewirkt hätten, daß diese Eindrücke seinen Untergang herbeiführten, so würde solches die heutige Zeit gar nicht ansprechen, und zwar natürlich nicht etwa deshalb, weil die Behandlung schlecht wäre; denn nichts hindert mich, sie mir als ausgezeichnet vorzustellen, sondern weil die Zeit einen anderen Maßstab anlegt. Sie will von derartigen weibischen Dingen nichts wissen, sie macht ohne weiteres das Individuum für sein Leben verantwortlich. Geht also das Individuum unter, so ist dies nicht tragisch, sondern es ist schlecht. Man sollte nun glauben, es müsse ein Königreich von Göttern sein, dieses Geschlecht, in dem auch ich zu leben die Ehre habe. Indessen ist dem keineswegs so, die Kraftfülle, der Mut, der solchermaßen seines eigenen Glückes Schöpfer, ja sein eigener Schöpfer sein will, ist eine Illusion, und indem die Zeit das Tragische einbüßt, gewinnt sie die Verzweiflung. Es liegt eine Wehmut und eine Heilkraft in dem Tragischen, die man wahrlich nicht verschmähen soll, und indem man auf die übernatürliche Art, wie unsere Zeit es versucht, sich selbst gewinnen will, verliert man sich selbst, und man wird komisch. Jedes Individuum, wie ursprünglich es sei, ist doch Gottes, seiner Zeit, seines Volkes, seiner Familie, seiner Freunde Kind, erst darin hat es seine Wahrheit; will es in dieser seiner ganzen Relativität das Absolute sein, so wird es lächerlich. Man findet bisweilen in den Sprachen ein Wort, das, wegen der Konstruktion oft in einem bestimmten Kasus gebraucht, am Ende, wenn man so will, sich als Adverbium in diesem Kasus verselbständigt; ein solches Wort hat nun für den Sachkundigen ein für allemal einen Druck und einen Schaden, die es nie verwindet; wollte es nun dessenungeachtet den Anspruch erheben, ein Substantiv zu sein, und nun verlangen, durch alle fünf Kasus dekliniert zu werden, so wäre das echt komisch. Ebenso geht es auch mit dem Individuum, wenn es, schwer genug vielleicht, aus dem Mutterschoß der Zeit hervorgeholt, in dieser ungeheuren Relativität absolut sein will. Gibt es dagegen diesen Anspruch auf, will es relativ sein, so hat es *eo ipso* das Tragische, und sei es auch das glücklichste Individuum, ja, ich möchte sagen, erst dann ist das Individuum glücklich, wenn es das Tragische hat. Das Tragische birgt in sich eine unendliche Milde, es ist in ästhetischer Hinsicht in bezug auf das menschliche Leben eigentlich das, was die göttliche Gnade und Barmherzigkeit ist, es ist noch zarter, und daher möchte ich sagen: es ist eine mütterliche Liebe, die den Bekümmerten einlullt. Das Ethische, das ist streng und hart. Wenn daher ein Verbrecher sich vor dem Richter damit entschuldigen will, daß seine Mutter den Hang zum Stehlen gehabt habe, zumal in der Zeit, als sie mit ihm schwanger ging, so holt der Richter ein Gutachten des Gesundheitskollegiums über seinen geistigen Zustand ein und meint, er habe es mit dem Dieb zu tun und nicht mit des Diebes Mutter. Insofern hier nun von einem Verbrechen die Rede ist, kann der Sünder zwar nicht in den Tempel der Ästhetik flüchten, dennoch wird sie auch für ihn einen mildernden Ausdruck haben. Falsch wäre es indessen von ihm, dorthin zu streben, denn sein Weg führt ihn nicht zum Ästhetischen, sondern zum Religiösen. Das Ästhetische liegt hinter ihm, und eine neue Sünde wäre es von ihm, jetzt das Ästhetische zu ergreifen. Das Religiöse ist der Ausdruck der väterlichen Liebe, denn es hat das Ethische in sich, aber es ist gemildert, und zwar gemildert durch eben das, was dem Tragischen seine Milde verleiht, durch Kontinuierlichkeit. Während aber das Ästhetische diese Ruhe gewährt, bevor noch der tiefe Gegensatz der Sünde geltend gemacht ist, so gewährt das Religiöse sie erst, nachdem dieser Gegensatz in seinem ganzen Schrecken sichtbar wurde. Gerade in dem Augenblick, da der Sünder fast zusammensinkt unter der allgemeinen Sünde, die er sich selbst aufgeladen hat, weil er fühlte, daß nur je schuldiger er würde, um so größer auch die Aussicht auf Erlösung sei, in eben diesem Augenblick des

Grauens zeigt der Trost sich darin, daß es die allgemeine Sündhaftigkeit ist, die auch in ihm sich geltend gemacht hat; dieser Trost aber ist ein religiöser Trost, und wer auf einem anderen als diesem Wege, etwa durch ästhetische Verflüchtigung, dahin zu gelangen meint, der hat den Trost mißbraucht und hat ihn eigentlich nicht. In gewissem Sinne ist es daher schon ein sehr richtiger Takt, wenn unsere Zeit das Individuum für alles verantwortlich machen will; das Unglück aber ist, daß sie es nicht tief und innerlich genug tut, und daher ihre Halbheit; sie ist selbstklug genug, die Tränen der Tragödie zu verschmähen, aber sie ist auch selbstklug genug, der Barmherzigkeit entraten zu wollen. Und was ist denn, wenn man diese beiden Dinge fortnimmt, das Menschenleben, was ist das Menschengeschlecht? Entweder die Wehmut des Tragischen, oder die tiefe Trauer und tiefe Freude der Religion. Oder ist es nicht das Eigentümliche alles dessen, was von jenem glücklichen Volk herrührt: eine Schwermut, eine Wehmut, in seiner Kunst, in seiner Poesie, in seinem Leben, in seiner Freude?

Im vorhergehenden habe ich vornehmlich den Unterschied zwischen der antiken und der modernen Tragödie hervorzuheben gesucht, soweit dieser in der unterschiedlichen Auffassung von der Schuld des tragischen Helden ersichtlich wird. Das ist der eigentliche Brennpunkt, von dem alles in seiner eigentümlichen Verschiedenheit ausstrahlt. Ist der Held unzweideutig schuldig, so ist der Monolog verschwunden, das Schicksal verschwunden, so ist der Gedanke durchsichtig im Dialog, und die Handlung in der Situation. Das gleiche läßt sich auch von einer anderen Seite her ausdrücken, und zwar in bezug auf die Stimmung, welche die Tragödie erzeugt. *Aristoteles* fordert bekanntlich, die Tragödie solle beim Zuschauer Furcht und Mitleid erregen. Ich erinnere daran, daß *Hegel* in seiner Ästhetik an diese Bemerkung anknüpft und bei jedem dieser Punkte eine doppelte Betrachtung anstellt, die jedoch nicht sonderlich erschöpfend ist. Wenn Aristoteles Furcht und Mitleid unterscheidet, so könnte man hinsichtlich der Furcht wohl am ehesten an die Stimmung denken, die das einzelne akkompagniert, beim Mitleid an die Stimmung, die den definitiven Eindruck darstellt. Diese letztere Stimmung ist das, was ich vor allem im Auge habe, weil sie die der tragischen Schuld entsprechende ist und daher auch dieselbe Dialektik in sich hat wie jener Begriff. Hegel bemerkt nun hierzu, daß es zwei Arten von Mitleid gebe, das gewöhnliche, das sich der endlichen Seite des Leidens zuwendet, und das wahre tragische Mitleid. Diese Observation nun ist durchaus richtig, für mich jedoch von geringerer Bedeutung, da jene allgemeine Regung ein Mißverständnis ist, das ebensogut die antike wie die moderne Tragödie treffen kann. Wahr und kraftvoll ist indessen, was er hinsichtlich des wahren Mitleids hinzufügt: »Das wahrhafte Mitleiden ist im Gegentheil die Sympathie mit der zugleich sittlichen Berechtigung des Leidenden« [Bd. 3, Pag. 531]. Während nun *Hegel* mehr das Mitleid im allgemeinen und seine Verschiedenheit in der Verschiedenheit der Individualität betrachtet, möchte ich lieber den Unterschied des Mitleids in bezug auf den Unterschied der tragischen Schuld hervorheben. Um diesen sogleich anzudeuten, will ich das »Leidende«, das in dem Wort Mitleid liegt, sich aufspalten lassen und jedem einzelnen das Sympathetische hinzufügen, das in dem Worte »mit« liegt, so zwar, daß ich dabei nichts über die Stimmung des Zuschauers aussage, was auf seine Willkür deuten könnte, sondern dergestalt, daß ich, indem ich die Verschiedenheit seiner Stimmung ausdrücke, zugleich die Verschiedenheit der tragischen Schuld zum Ausdruck bringe. In der antiken Tragödie ist die Trauer tiefer, der Schmerz geringer; in der modernen ist der Schmerz größer, die Trauer geringer. Trauer enthält stets etwas Substantielleres in sich als Schmerz. Schmerz deutet stets auf eine Reflexion über das Leiden hin, die der Trauer unbekannt ist. Es ist in psychologischer Hinsicht recht interessant, ein Kind zu beobachten, wenn es einen Älteren leiden sieht. Das Kind ist nicht reflektiert genug, um Schmerz zu empfin-

den, und doch ist seine Trauer unendlich tief. Es ist nicht reflektiert genug, um eine Vorstellung von Sünde und Schuld
zu haben; wenn es den Älteren leiden sieht, fällt es ihm nicht
ein, darüber nachzudenken, und doch schwingt, wenn der
Grund des Leidens ihm verborgen ist, eine dunkle Ahnung
davon in seiner Trauer mit. So, aber in vollkommener und
tiefer Harmonie, ist die griechische Trauer, darum ist sie
zugleich so milde und so tief. Wenn ein Älterer hingegen
einen Jüngeren, ein Kind leiden sieht, so ist der Schmerz
größer, die Trauer geringer. Je mehr die Vorstellung von
Schuld hervortritt, um so größer ist der Schmerz, um so weniger tief die Trauer. Wendet man nun dies auf das Verhältnis zwischen der antiken und der modernen Tragödie
an, so muß man sagen: in der antiken Tragödie ist die Trauer
tiefer, und in dem Bewußtsein, das ihr entspricht, ist die
Trauer tiefer. Es muß nämlich immer wieder daran erinnert
werden, daß es nicht an mir liegt, sondern an der Tragödie,
und daß ich, um die tiefe Trauer in der griechischen Tragödie recht zu verstehen, mich in das griechische Bewußtsein
einleben muß. Daher ist es gewiß oft nur ein Nachplappern,
wenn so viele die griechische Tragödie bewundern; denn
so ist es offenbar, daß unsere Zeit zum mindesten keine große
Sympathie hat für das, was eigentlich die griechische Trauer
ist. Die Trauer ist tiefer, weil die Schuld die ästhetische
Zweideutigkeit hat. In der neueren Zeit ist der Schmerz
größer. Schrecklich ist's, in die Hände des lebendigen Gottes
zu fallen, das könnte man von der griechischen Tragödie
sagen. Der Zorn der Götter ist schrecklich, aber dennoch ist
der Schmerz nicht so groß wie in der modernen Tragödie,
wo der Held seine ganze Schuld erleidet, sich selbst durchsichtig ist in seinem Erleiden seiner Schuld. Hier gilt es nun,
entsprechend der tragischen Schuld, zu zeigen, welche Trauer
die wahre ästhetische Trauer ist und welches der wahre
ästhetische Schmerz. Der bitterste Schmerz ist nun offenbar
die Reue, aber die Reue hat ethische, nicht ästhetische Realität. Sie ist der bitterste Schmerz, weil sie die totale Durch-

sichtigkeit der ganzen Schuld hat, aber eben wegen dieser Durchsichtigkeit interessiert sie ästhetisch nicht. Die Reue hat eine Heiligkeit, die das Ästhetische verdunkelt, sie will nicht gesehen werden, am allerwenigsten vom Zuschauer, und fordert eine ganz andere Art von Selbsttätigkeit. Zwar hat die neuere Komödie bisweilen die Reue auf die Bühne gebracht, aber das beweist nur den Unverstand des Verfassers. Man hat zwar an das psychologische Interesse erinnert, das die Darstellung der Reue beim Betrachter erwecken kann, aber das psychologische Interesse ist wiederum nicht das ästhetische. Dies gehört mit zu jener Verwirrung, die sich in unserer Zeit so vielfach geltend macht: man sucht eine Sache dort, wo man sie nicht suchen sollte, und, was schlimmer ist, man findet sie, wo man sie nicht finden sollte; man will sich im Theater erbauen, in der Kirche ästhetisch beeinflussen, von Romanen bekehren lassen, Erbauungsschriften genießen, man will die Philosophie auf der Kanzel haben und den Pfarrer auf dem Katheder. Dieser Schmerz ist also nicht der ästhetische Schmerz, und doch ist es offenbar derjenige, auf den die neue Zeit hinarbeitet als auf das höchste tragische Interesse. Hier zeigt sich wieder das gleiche in bezug auf die tragische Schuld. Unsere Zeit hat alle substantiellen Bestimmungen von Familie, Staat, Geschlecht verloren; sie muß das einzelne Individuum ganz sich selbst überlassen, dergestalt, daß dieses im strengeren Sinne sein eigener Schöpfer wird, seine Schuld ist also Sünde, sein Schmerz Reue; damit aber ist das Tragische aufgehoben. Auch die in strengerem Sinne leidende Tragödie hat eigentlich ihr tragisches Interesse verloren, denn die Macht, von der das Leiden kommt, hat ihre Bedeutung verloren, und der Zuschauer ruft: Hilf dir selbst, und der Himmel wird dir helfen; mit anderen Worten: der Zuschauer hat das Mitleid verloren, das Mitleid aber ist sowohl im subjektiven als auch im objektiven Sinne der eigentliche Ausdruck des Tragischen.

Der Deutlichkeit halber will ich jetzt, bevor ich das hier Dargelegte weiter ausführe, die wahre ästhetische Trauer

zunächst etwas näher bestimmen. Die Trauer hat die entgegengesetzte Bewegung von der des Schmerzes; wenn man
es nicht durch Konsequenzmacherei verderben will – was
ich auch auf andere Weise verhindern werde – kann man
sagen: je mehr Unschuld, um so tiefere Trauer. Will man
es urgieren, so hebt man das Tragische auf. Ein Moment
von Schuld bleibt stets zurück, doch ist dieses Moment eigentlich nicht subjektiv reflektiert; darum ist die Trauer in
der griechischen Tragödie so tief. Um unzeitige Konsequenzen zu verhindern, will ich lediglich bemerken, daß man es
durch alle Übertreibungen nur dahin bringt, daß man die
Sache auf ein anderes Gebiet überführt. Die Einheit nämlich
der absoluten Unschuld und der absoluten Schuld ist keine
ästhetische Bestimmung, sondern eine metaphysische. Das
ist eigentlich der Grund, weshalb man sich von jeher gescheut hat, das Leben Christi eine Tragödie zu nennen, weil
man fühlte, daß ästhetische Bestimmungen die Sache nicht
erschöpfen. Auch noch auf andere Weise zeigt es sich, daß
Christi Leben mehr ist, als was sich in ästhetischen Bestimmungen erschöpfen läßt; dadurch, daß diese sich an diesem
Phänomen neutralisieren und in die Indifferenz gestellt werden. Die tragische Handlung birgt stets ein Moment des
Leidens in sich, und das tragische Leiden ein Moment der
Handlung, das Ästhetische liegt in der Relativität. Die Iden-
tität eines absoluten Handelns und eines absoluten Leidens
geht über die Kräfte des Ästhetischen und gehört dem Meta-
physischen an. In Christi Leben ist diese Identität, denn sein
Leiden ist absolut, da es absolut freies Handeln ist, und sein
Handeln ist absolutes Leiden, da es absoluter Gehorsam ist.
Das Moment von Schuld also, das übrigbleibt, ist nicht subjek-
tiv reflektiert, und dies macht die Trauer tief. Die tragische
Schuld ist nämlich mehr als die bloß subjektive Schuld, sie ist
Erbschuld; Erbschuld aber ist, wie Erbsünde, eine substan-
tielle Bestimmung, und eben dieses Substantielle macht die
Trauer tiefer. Die seit je bewunderte tragische Trilogie des *So-
phokles: Ödipus auf Kolonos, König Ödipus* und *Antigone* dreht

sich wesentlich um dieses echt tragische Interesse. Erbschuld aber enthält in sich diesen Selbstwiderspruch, Schuld zu sein und doch nicht Schuld zu sein. Das Band, durch welches das Individuum schuldig wird, ist gerade die Pietät, die Schuld aber, die es sich dadurch zuzieht, hat jede nur mögliche ästhetische Amphibolie. Man könnte hier leicht auf den Gedanken verfallen, daß das Volk, welches das tiefe Tragische hätte entwickeln müssen, das jüdische sei. Wenn es etwa von Jehova heißt, er sei ein eifriger Gott, der da heimsucht der Väter Missetat an den Kindern bis in das dritte und vierte Glied, oder wenn man jene grauenhaften Verfluchungen im Alten Testament hört, so könnte man leicht in Versuchung sein, hier tragischen Stoff suchen zu wollen. Aber das Judentum ist dazu ethisch zu entwickelt; Jehovas Verfluchungen sind, wenn auch schreckliche, so doch zugleich gerechte Strafen. So war es nicht in Griechenland; der Zorn der Götter hat keinen ethischen Charakter, sondern ästhetische Zweideutigkeit.

In der griechischen Tragödie selbst gibt es einen Übergang von der Trauer zum Schmerz, und als Beispiel hierfür möchte ich *Philoktet* anführen. Dieser ist in strengerem Sinne eine leidende Tragödie. Doch herrscht auch hier noch immer ein hohes Maß von Objektivität. Der griechische Held ruht in seinem Schicksal, sein Schicksal ist unabänderlich, davon ist weiter nicht mehr zu reden. Dieses Element ist eigentlich das Moment der Trauer im Schmerz. Der erste Zweifel, mit dem eigentlich der Schmerz beginnt, ist dieser: Warum widerfährt mir dies, muß es sein? Zwar ist im Philoktet, was mir stets auffällig gewesen ist und wodurch er sich wesentlich von jener unsterblichen Trilogie unterscheidet, ein hohes Maß von Reflexion: der meisterhaft geschilderte Selbstwiderspruch in seinem Schmerz, darin eine so tiefe menschliche Wahrheit liegt, und doch ist da eine Objektivität, die das Ganze trägt. Philoktets Reflexion vertieft sich nicht in sich selbst, und es ist echt griechisch, wenn er sich darüber beklagt, daß niemand um seinen Schmerz weiß. Es liegt eine

außerordentliche Wahrheit darin, und doch zeigt sich gerade
hier zugleich der Unterschied von dem eigentlichen reflektierten Schmerz, der stets allein sein möchte mit seinem
Schmerz, der einen neuen Schmerz sucht in dieser Einsamkeit des Schmerzes.

Die wahre tragische Trauer fordert also ein Moment der
Schuld, der wahre tragische Schmerz ein Moment der Unschuld; die wahre tragische Trauer fordert ein Moment der
Durchsichtigkeit, der wahre tragische Schmerz ein Moment
der Dunkelheit. So meine ich am besten das Dialektische andeuten zu können, worin die Bestimmungen von Trauer
und Schmerz einander berühren, sowie auch jene Dialektik, die in dem Begriff der tragischen Schuld liegt.

Da es dem Bestreben unserer Vereinigung widerspricht, zu-
sammenhängende Arbeiten oder ein größeres Ganzes zu
liefern, da es nicht unsere Tendenz ist, an einem babylonischen Turm zu arbeiten, den Gott in seiner Gerechtigkeit,
vom Himmel herniedersteigend, zerstören kann, da wir in
dem Bewußtsein, daß jene Verwirrung mit Recht geschehen
ist, es als das Eigentümliche alles menschlichen Strebens in
seiner Wahrheit anerkennen, daß es fragmentarisch ist, daß
es eben hierdurch von dem unendlichen Zusammenhang der
Natur sich unterscheidet; daß der Reichtum einer Individualität eben in ihrer Kraft in fragmentarischer Verschwendung besteht, und daß dasjenige, was den Genuß des produzierenden Individuums ausmacht, auch der des rezipierenden Individuums ist, nicht die beschwerliche und genaue
Ausführung oder das langwierige Erfassen dieser Ausführung, sondern das Erzeugen und Genießen der blitzenden
Flüchtigkeit, die für den Hervorbringenden ein Mehr enthält gegenüber der fertigen Ausführung, da sie die Appa-
renz der Idee ist, und für den Rezipierenden ein Mehr enthält, da ihre Fulguration seine eigene Produktivität weckt –
da alles dies, sage ich, der Tendenz unserer Vereinigung
widerspricht, ja da die vorgelesene Periode beinahe als ein
bedenkliches Attentat auf den Interjektionsstil betrachtet

werden muß, in welchem die Idee ausbricht, ohne zum
Durchbruch zu kommen, und dem in unserem Gemeinwesen
Offizialität beigelegt wird: so will ich, nachdem ich darauf
aufmerksam gemacht habe, daß mein Verhalten immerhin
nicht aufrührerisch genannt werden kann, da das Band, das
diese Periode zusammenhält, so locker ist, daß die darin ent-
haltenen Zwischensätze sich aphoristisch und recht eigen-
willig hervordrängen, lediglich daran erinnern, daß mein
Stil einen Versuch gemacht hat, dem Anschein nach zu sein,
was er nicht ist – revolutionär.

Unsere Gesellschaft verlangt bei jeder einzelnen Zusammenkunft eine Erneuerung und Wiedergeburt, und zu diesem
Zweck, daß ihre innere Tätigkeit sich durch eine neue Bezeichnung ihrer Produktivität verjünge. Bezeichnen wir
unsere Tendenz also als einen Versuch im fragmentarischen
Streben oder in der Kunst, hinterlassene Papiere zu schreiben! Eine völlig durchgeführte Arbeit steht in keinem Verhältnis zur dichtenden Persönlichkeit; bei hinterlassenen Papieren empfindet man wegen des Abgebrochenen, Desultorischen stets ein Bedürfnis, die Persönlichkeit mitzudich-
ten. Hinterlassene Papiere gleichen einer Ruine, und welche
Behausung könnte Begrabenen wohl gemäßer sein? Die
Kunst besteht nun darin, künstlerisch die gleiche Wirkung
zu erzeugen, die gleiche Nachlässigkeit und Zufälligkeit,
den gleichen anakoluthischen Gedankengang, die Kunst besteht darin, einen Genuß zu erzeugen, der niemals präsentisch wird, sondern stets ein Moment der Vergangenheit in
sich trägt, so daß er gegenwärtig ist in der Vergangenheit.
Dies kommt schon in dem Wort »hinterlassen« zum Ausdruck. In gewissem Sinne ist ja alles, was ein Dichter geschaffen hat, hinterlassen; niemals aber würde man darauf
verfallen, das vollkommen Ausgeführte eine hinterlassene
Arbeit zu nennen, wenn es auch die zufällige Eigenschaft
hätte, daß es nicht mehr zu seinen Lebzeiten veröffentlicht
wäre. Auch das ist, wie ich annehme, eine Eigenschaft jeder
menschlichen Schöpfung in ihrer Wahrheit, so wie wir sie

aufgefaßt haben, daß sie Hinterlassenschaft sei, da es dem
Menschen nicht vergönnt ist, in der ewigen Schau der Götter zu leben. Hinterlassenschaft möchte ich also nennen, was
unter uns geschaffen wird, das heißt künstlerische Hinterlassenschaft; Nachlässigkeit, Indolenz möchte ich die Genialität nennen, die wir schätzen; *vis inertiae* das Naturgesetz,
das wir verehren. Hiermit bin ich nun unseren heiligen Sitten und Gebräuchen nachgekommen.

So tretet denn näher her zu mir, liebe *Συμπαρανεκρωμενοι*,
schart euch um mich, indem ich meine tragische Heldin
hinaussende in die Welt, indem ich der Tochter der Trauer
als Aussteuer die Mitgift des Schmerzes gebe. Sie ist mein
Werk, aber doch ist ihr Umriß so unbestimmt, ihre Gestalt
so nebulos, daß ein jeder von euch sich in sie verlieben kann
und sie auf seine Art wird lieben können. Sie ist mein Geschöpf, ihre Gedanken sind meine Gedanken, und doch ist
es, als hätte ich in einer Liebesnacht bei ihr geruht, als hätte
sie mir ihr tiefes Geheimnis anvertraut, mit ihrer Seele es
ausgehaucht in meinen Armen und als wäre sie im selben
Augenblick vor mir verwandelt, entschwunden, so daß ihre
Wirklichkeit sich nur noch in der Stimmung verspüren ließe,
die zurückbliebe, während es sich doch umgekehrt verhält,
und sie aus meiner Stimmung geboren wird zu immer größerer Wirklichkeit. Ich lege ihr das Wort in den Mund, und
doch ist es mir, als ob ich ihr Vertrauen mißbrauchte; es ist
mir, als stünde sie vorwurfsvoll hinter mir, und doch ist es
umgekehrt, in ihrem Geheimnis wird sie immer mehr und
mehr sichtbar. Sie ist mein Eigentum, mein rechtmäßiges
Eigentum, und doch ist es zuweilen, als hätte ich mich
hinterlistig in ihr Vertrauen eingeschlichen, als müßte ich
mich immer nach ihr umschauen, und doch ist es umgekehrt,
sie liegt immer vor mir, sie tritt immer nur ins Dasein, indem ich sie vorführe. *Antigone* heißt sie. Diesen Namen will
ich aus der alten Tragödie behalten, an die ich mich im
ganzen anschließen will, obgleich andererseits alles modern
wird. Zunächst jedoch eine Bemerkung. Ich verwende eine

weibliche Figur, weil ich glauben möchte, daß eine weibliche Figur am ehesten geeignet sein dürfte, den Unterschied erkennen zu lassen. Als Frau wird sie Substantialität
genug besitzen, damit die Trauer sichtbar werde, als eine
einer reflektierenden Welt Zugehörige aber wird sie Reflexion genug haben, damit wir den Schmerz erhalten. Um
die Trauer aufkommen zu lassen, muß die tragische Schuld
zwischen Schuld und Unschuld schwanken; das, wodurch
die Schuld in ihr Bewußtsein übergeht, muß stets eine Bestimmung der Substantialität sein. Weil aber, damit die
Trauer aufkomme, die tragische Schuld diese Unbestimmtheit haben muß, darf die Reflexion nicht in ihrer Unendlichkeit vorhanden sein; denn dann würde sie sie aus der Schuld
herausreflektieren, da die Reflexion in ihrer unendlichen
Subjektivität jenes Moment der Erbschuld nicht bestehen
lassen kann, das die Trauer ergibt. Da indessen die Reflexion
erwacht ist, wird sie sie nicht aus der Trauer heraus, sondern
in sie hinein reflektieren, sie wird in jedem Augenblick die
Trauer für sie in Schmerz verwandeln.

Gegen des *Labdakos* Geschlecht richtet sich also der Grimm
der erzürnten Götter, *Ödipus* hat die Sphinx getötet, Theben
befreit, Ödipus hat seinen Vater gemordet, seine Mutter
geehelicht und *Antigone* ist die Frucht dieser Ehe. So in der
griechischen Tragödie. Hier weiche ich ab. Alles verhält sich
bei mir ebenso, und doch ist alles anders. Daß er die Sphinx
getötet und Theben befreit hat, ist allen bekannt, und Ödipus lebt geehrt und bewundert, glücklich in seiner Ehe mit
*Jokaste*. Das übrige ist den Augen der Menschen verborgen,
und keine Ahnung hat je diesen entsetzlichen Traum zur
Wirklichkeit erweckt. Nur *Antigone* weiß es. Wie sie es erfahren hat, liegt außerhalb des tragischen Interesses, und
jeder kann sich in dieser Hinsicht seiner eigenen Kombination überlassen. In einem frühen Alter, bevor sie noch voll
entwickelt war, haben dunkle Hindeutungen auf dieses
schreckliche Geheimnis für Momente ihre Seele ergriffen,
bis mit einem Schlage die Gewißheit sie der Angst in die

Arme wirft. Hier habe ich nun gleich eine Bestimmung des modernen Tragischen. Angst ist nämlich eine Reflexion und ist insofern von Trauer wesentlich verschieden. Angst ist das Organ, mittels dessen das Subjekt sich die Trauer zueignet und sie sich assimiliert. Angst ist die Kraft jener Bewegung, mit der die Trauer sich einem ins Herz bohrt. Doch die Bewegung ist nicht schnell wie die des Pfeiles, sie vollzieht sich sukzessiv, sie ist nicht ein für allemal, sondern sie ist immer nur im Werden. Wie ein leidenschaftlich erotischer Blick seinen Gegenstand begehrt, so blickt die Angst auf die Trauer, um sie zu begehren. Wie ein stiller unvergänglicher Liebesblick sich mit dem geliebten Gegenstand zu schaffen macht, also ist die Selbstbeschäftigung der Angst mit der Trauer. Aber die Angst enthält noch ein weiteres Moment, welches bewirkt, daß sie noch stärker an ihrem Gegenstande festhält, denn sie liebt und fürchtet ihn zugleich. Die Angst hat eine doppelte Funktion, teils ist sie die entdeckende Bewegung, welche die Trauer ständig berührt und durch dieses Tasten sie entdeckt, indem sie um die Trauer herumgeht. Oder die Angst ist plötzlich, setzt in einem einzigen Augenblick die ganze Trauer, so zwar, daß dieser Augenblick sich alsbald in Sukzession auflöst. Angst in diesem Sinne ist eine echt tragische Bestimmung, und das alte Wort: *quem deus vult perdere, primum dementat*, läßt sich hier so recht mit Wahrheit anwenden. Daß Angst eine Reflexionsbestimmung ist, zeigt schon die Sprache; denn ich sage stets: sich vor etwas ängstigen, womit ich die Angst unterscheide von dem, wovor ich mich ängstige, und niemals kann ich das Wort Angst in objektivem Sinne gebrauchen, während ich hingegen, wenn ich »meine Trauer« sage, damit ebenso sehr das ausdrücken kann, worüber ich traure, wie mein Trauern darüber. Hinzu kommt, daß die Angst immer eine Reflexion auf die Zeit in sich enthält, denn über das Gegenwärtige kann ich mich nicht ängstigen, sondern nur vor dem Vergangenen oder dem Zukünftigen; das Vergangene und das Zukünftige aber, solchermaßen gegeneinander gehalten,

daß das Präsentische verschwindet, sind Reflexionsbestim-
mungen. Die griechische Trauer hingegen ist, wie das gesamte griechische Leben, präsentisch, und somit die Trauer
tiefer, der Schmerz aber geringer. Die Angst gehört daher
wesentlich mit zum Tragischen. Darum ist *Hamlet* so tragisch, weil er das Verbrechen der Mutter ahnt. *Robert le
diable* fragt, woher es denn komme, daß er so viel Böses tue.
*Högni*, den die Mutter mit einem Troll gezeugt hatte, erblickt zufällig einmal sein Bild im Wasser und fragt nun die
Mutter, woher sein Körper eine solche Form empfangen
habe.

Der Unterschied fällt nun leicht in die Augen. In der griechischen Tragödie beschäftigt *Antigone* sich gar nicht mit
dem unglücklichen Geschick des Vaters. Dieses ruht wie
eine undurchdringliche Trauer auf dem ganzen Geschlecht,
Antigone lebt sorglos dahin wie jedes andere junge griechische Mädchen, ja der Chor beklagt sie, als ihr Tod entschieden ist, weil sie in so jungen Jahren dieses Leben verlassen muß, es verlassen muß, ohne seine schönste Freude
geschmeckt zu haben, indem er offenbar die eigene tiefe
Trauer der Familie ganz vergißt. Damit soll nun keineswegs gesagt sein, daß es Leichtsinn sei, oder daß das einzelne
Individuum für sich allein steht, ohne sich um sein Verhältnis zur Sippe zu kümmern. Sondern das ist echt griechisch.
Die Lebensverhältnisse sind ihnen einmal gegeben wie der
Horizont, unter dem sie leben. Mag dieser auch dunkel und
wolkig sein, so ist er doch zugleich unveränderlich. Er gibt
der Seele einen Grundton, und zwar ist es die Trauer, nicht
der Schmerz. Bei *Antigone* sammelt sich die tragische Schuld
in einem bestimmten Punkt: daß sie ihren Bruder begraben
hat trotz des königlichen Verbotes. Betrachtet man dies als
ein isoliertes Faktum, als eine Kollision zwischen schwester-
licher Liebe und Pietät und einem willkürlichen menschlichen Verbot, so würde die Antigone aufhören, eine griechische Tragödie zu sein, es wäre ein durchaus modernes
tragisches Sujet. Was dem Werk in griechischem Sinne tra-

gisches Interesse verleiht, ist die Tatsache, daß in dem unglücklichen Tode des Bruders, in der Kollision der Schwester mit einem einzelnen menschlichen Verbot das traurige Schicksal des Ödipus widerhallt, es sind gleichsam die Nachwehen, das tragische Geschick des Ödipus, das sich bis in die einzelnen Sprosse seiner Familie hinein verzweigt. Dieses Totale macht die Trauer des Zuschauers so unendlich tief. Es ist nicht ein Individuum, was untergeht, sondern eine kleine Welt, es ist die objektive Trauer, die, losgelassen, nunmehr in ihrer eigenen schrecklichen Konsequenz einherschreitet gleich einer Naturgewalt, und Antigones trauriges Schicksal ist wie ein Nachklang von dem des Vaters, eine potenzierte Trauer. Wenn daher Antigone trotz des königlichen Verbotes beschließt, den Bruder zu begraben, so erblicken wir darin nicht so sehr die freie Handlung als die schicksalhafte Notwendigkeit, welche die Schuld der Väter heimsucht an den Kindern. So viel Freiheit ist zwar darin, daß wir Antigone zu lieben vermögen um ihrer schwesterlichen Liebe willen, aber in der Notwendigkeit des Fatums liegt auch der gleichsam höhere Kehrreim, der nicht nur das Leben des Ödipus umschließt, sondern auch sein Geschlecht.

Während nun die griechische Antigone sorglos dahinlebt, dergestalt, daß man, wäre dieses neue Faktum nicht hinzugekommen, sich ihr Leben in seiner stufenweisen Entfaltung sogar als glücklich hätte vorstellen können, so ist hingegen das Leben unserer Antigone wesentlich zu Ende. Keineswegs habe ich sie kärglich ausgestattet, und wie man sagt, ein gutes Wort am rechten Ort sei gleich goldenen Äpfeln auf silbernen Schalen, so habe ich hier die Frucht der Trauer in die Schale des Schmerzes gelegt. Ihre Ausstattung ist keine eitle Pracht, welche die Motten und der Rost fressen können, sie ist ein ewiger Schatz, und Diebeshand kann nicht nachgraben und ihn stehlen, dazu wird sie selber zu wachsam sein. Ihr Leben entfaltet sich nicht wie das der griechischen Antigone, es ist nicht nach außen, sondern nach innen

gewandt, die Szene ist nicht außen, sondern innen, es ist eine
Geisterszene. Sollte es mir nicht gelungen sein, liebe *Συμ-
παραγεκρωμενοι*, euer Interesse für ein solches Mädchen zu
gewinnen, oder muß ich zu einer *captatio benevolentiae* meine Zuflucht nehmen? Auch sie gehört nicht der Welt an, in
der sie lebt; wiewohl blühend und gesund, ist doch ihr eigentliches Leben ein tief geheimes; auch sie ist, obgleich
lebendig, in einem andern Sinne doch verstorben, still ist
dieses Leben und verborgen, auch nicht einen Seufzer hört
die Welt, denn ihr Seufzen ist verborgen in der Heimlichkeit
ihrer Seele. Nicht brauche ich daran zu erinnern, daß sie
keineswegs ein schwaches und kränkliches Weib ist, im Gegenteil, sie ist stolz und kraftvoll. Es adelt einen Menschen
wohl nichts so sehr wie das Bewahren eines Geheimnisses.
Das verleiht seinem ganzen Leben eine Bedeutung, die es
jedoch nur für ihn selber hat, und enthebt ihn jeder eitlen
Rücksicht auf die Umwelt; sich selber genug ruht er selig
in seinem Geheimnis, so kann man fast sagen, und wenn sein
Geheimnis auch das unseligste wäre. So unsere Antigone.
Stolz ist sie auf ihr Geheimnis, stolz darauf, daß sie dazu ersehen ist, auf eine seltsame Weise Ruhm und Ehre des Ödip-
schen Geschlechtes zu retten, und wenn das dankbare Volk
Ödipus Dank und Preis zujubelt, so fühlt sie ihre eigene Bedeutung, und ihr Geheimnis sinkt tiefer und tiefer in ihre
Seele hinab, immer unzugänglicher für jedes lebende Wesen.
Sie fühlt, wieviel in ihre Hand gelegt ist, und das gibt ihr die
übernatürliche Größe, die notwendig ist, damit sie uns tragisch beschäftige. Als Einzelgestalt muß sie interessieren können. Sie ist mehr als ein junges Mädchen im allgemeinen,
und doch ist sie ein junges Mädchen: sie ist Braut, und doch
in aller Jungfräulichkeit und Reinheit. Als Braut hat die
Frau ihre Bestimmung erreicht, und darum kann eine Frau
im allgemeinen uns nur in dem Maße beschäftigen, als sie zu
dieser ihrer Bestimmung in Beziehung gesetzt wird. Indessen
gibt es Analogien hierzu. So spricht man von einer Gottes-
braut, sie hat in Glaube und Geist den Inhalt, in dem sie ruht.

Unsere Antigone möchte ich in einem vielleicht noch schöneren Sinne Braut nennen, ja sie ist fast mehr, sie ist Mutter,
sie ist, rein ästhetisch, *virgo mater*, ihr Geheimnis trägt sie
unterm Herzen, geheim und verborgen. Sie ist Schweigen,
eben weil sie geheimnisvoll ist, aber diese Rückkehr in sich
selbst, die im Schweigen liegt, verleiht ihr eine übernatürliche Haltung. Sie ist stolz auf ihre Trauer, sie ist eifersüchtig
auf sie, denn ihre Trauer, das ist ihre Liebe. Dennoch aber ist
ihre Trauer keine tote unbewegliche Habe, sie bewegt sich
immerfort, sie gebiert Schmerz und wird mit Schmerz geboren. Wie wenn ein Mädchen beschließt, ihr Leben einer
Idee zu opfern, wenn sie dann dasteht mit dem Opferkranz
um ihre Stirn, steht sie da als Braut, denn die große begei-
sternde Idee verwandelt sie, und der Opferkranz ist gleichsam der Brautkranz. Sie kennt keinen Mann, und dennoch
ist sie Braut; sie kennt auch die Idee nicht, die sie begeistert,
denn das wäre unweiblich, und dennoch ist sie Braut. So ist
unsere Antigone die Braut der Trauer. Sie weiht ihr Leben
der Trauer über des Vaters Schicksal, über ihr eigenes. Ein
solches Unglück, wie es den Vater getroffen hat, fordert
Trauer, und doch ist keiner da, der darüber trauern könnte,
da keiner da ist, der es weiß. Und wie die griechische Antigone es nicht erträgt, daß des Bruders Leichnam so dahin-
geworfen wird ohne die letzte Ehre, so fühlt sie, wie bitter es
gewesen wäre, wenn kein Mensch es erfahren hätte; es ängstigt sie, daß nicht eine Träne vergossen werden könnte; beinahe dankt sie den Göttern, daß sie zu diesem Werkzeug
ausersehen ist. Solchermaßen ist Antigone groß in ihrem
Schmerz. Auch hier kann ich einen Unterschied aufzeigen
zwischen dem Griechischen und dem Modernen. Es ist echt
griechisch, wenn *Philoktet* sich darüber beklagt, daß niemand
da ist, der weiß, was er leidet; es liegt ein tiefes menschliches
Bedürfnis in dem Verlangen, daß andere es erfahren; der
reflektierende Schmerz indes wünscht dies nicht. Antigone
kommt es gar nicht in den Sinn, zu wünschen, es möge jemand ihren Schmerz erfahren, wohl aber empfindet sie es

im Hinblick auf den Vater, empfindet die Gerechtigkeit, die
darin liegt, daß sie trauert, was ästhetisch ebenso gerecht ist
wie daß man Strafe leidet, wenn man Unrecht getan hat.
Während also erst die Vorstellung, daß sie dazu bestimmt
sei, lebendig begraben zu werden, Antigone in der griechischen Tragödie jenen Ausbruch der Trauer abnötigt:

[850] ἰὼ δυστανος,
οὔτ' ἐν βροτοις, οὔτ' ἐν νεκροισι
μετοικος, οὐ ζωοιν, οὐ θανουσι[1]

kann unsere Antigone es ihr Leben lang von sich sagen. Der
Unterschied ist auffallend; es liegt in ihrer Aussage eine tatsächliche Wahrheit, die den Schmerz vermindert. Würde
unsere Antigone dasselbe sagen, so wäre das uneigentlich,
diese Uneigentlichkeit aber ist der eigentliche Schmerz. Die
Griechen drücken sich nicht uneigentlich aus, eben weil die
Reflexion, die dazu gehört, nicht in ihnen lag. Wenn etwa
Philoktet darüber klagt, daß er einsam und verlassen auf der
öden Insel lebe, so hat seine Aussage zugleich auch die äußere
Wahrheit; wenn unsere Antigone dagegen den Schmerz in
ihrer Einsamkeit empfindet, so ist dies ja uneigentlich: daß
sie allein sei; eben deshalb aber ist der Schmerz erst recht
eigentlich.

Was nun die tragische Schuld betrifft, so liegt sie einerseits
in dem Faktum, daß sie den Bruder begräbt, zum andern
aber liegt sie in dem Kontext mit dem traurigen Schicksal
des Vaters, der sich aus den beiden vorhergehenden Tragödien ergibt. Hier stehe ich nun wiederum vor der sonderbaren Dialektik, welche die Schuld des Geschlechts in Beziehung setzt zum Individuum. Dies ist das Ererbte. Unter
Dialektik versteht man gemeinhin etwas ziemlich Abstraktes, und zwar denkt man dabei vornehmlich an die logischen
Bewegungen. Das Leben wird einen indessen bald lehren,

---

[1] [844] O weh, Unselige!
    Nicht unter Menschen, nicht unter Todten,
    Im Leben nicht heimisch noch im Tode!

daß es viele Arten von Dialektik gibt, daß fast jede Leidenschaft ihre eigene hat. Die Dialektik, welche die Schuld des Geschlechts oder der Familie zu dem einzelnen Subjekt in Beziehung setzt, dergestalt, daß dieses nicht allein darunter leidet – denn das ist eine Naturkonsequenz, gegen die man sich vergeblich zu verhärten suchen würde –, sondern die Schuld mitträgt, an ihr partizipiert, diese Dialektik ist uns fremd, hat nichts Zwingendes für uns. Will man jedoch an eine Wiedergeburt des antiken Tragischen denken, so muß jedes Individuum auf seine eigene Wiedergeburt bedacht sein, nicht etwa nur im geistigen Sinne, sondern im unendlichen Sinne einer Wiedergeburt aus dem Mutterleibe der Familie und des Geschlechtes. Die Dialektik, die das Individuum zu Familie und Geschlecht in Beziehung setzt, ist keine subjektive Dialektik, denn diese hebt gerade die Beziehung auf und das Individuum aus dem Zusammenhang heraus; sie ist eine objektive Dialektik. Sie ist wesentlich die Pietät. Diese zu bewahren, würde dem Individuum gewiß nicht zum Schaden gereichen. Man läßt heutzutage in natürlichen Verhältnissen etwas gelten, was man in geistigen Verhältnissen nicht gelten lassen will. So isoliert möchte man doch nicht sein, so unnatürlich, daß man die Familie nicht als ein Ganzes betrachtet, von dem man sagen muß, daß, wenn ein Glied leidet, so leiden sie alle. Dies tut man unwillkürlich, und warum wäre wohl sonst das einzelne Individuum so besorgt, ein anderes Glied der Familie könnte Schande über sie bringen, wenn es nicht fühlte, daß es mit darunter leiden würde. Dieses Leiden nun muß das Individuum offenbar wohl oder übel hinnehmen. Da aber der Punkt, von dem man ausgeht, das Individuum ist und nicht das Geschlecht, so ist dieses gezwungene Leiden ein Maximum; man fühlt, daß der Mensch nicht ganz Herr über sein Naturverhältnis werden kann, es aber doch so weit wie möglich erreichen möchte. Betrachtet hingegen das Individuum das Naturverhältnis als ein Moment, das mit in seiner Wahrheit einbegriffen ist, so drückt sich dies in der Welt des Geistes so aus, daß das Indi-

viduum an der Schuld partizipiert. Diese Konsequenz mögen manche vielleicht nicht begreifen, doch dann begreifen
sie auch das Tragische nicht. Ist das Individuum isoliert, so
ist es entweder absolut der Schöpfer seines eigenen Schicksals
und dann gibt es nichts Tragisches mehr, sondern nur noch
das Böse – denn es ist auch nicht tragisch, wenn das Individuum verblendet oder in sich selbst befangen war, das ist sein
eigenes Werk; – oder aber die Individuen sind bloße Modi-
fikationen der ewigen Substanz des Daseins, und dann ist
das Tragische wiederum fort.

Auch hinsichtlich der tragischen Schuld ist nun ein Unterschied im Modernen leicht erkennbar, nachdem dieses das
Antike in sich aufgenommen hat, denn davon kann eigentlich erst jetzt die Rede sein. Die griechische Antigone partizipiert durch ihre kindliche Pietät an der Schuld des Vaters,
ebenso auch die moderne; für die griechische Antigone aber
ist des Vaters Schuld und Leiden ein äußerliches Faktum, ein
unerschütterliches Faktum, das sie auch mit ihrer Trauer
nicht bewegt (*quod non volvit in pectore*); und insofern sie
selbst persönlich auf Grund der Naturkonsequenz unter der
Schuld des Vaters leidet, so geschieht dies wiederum in seiner ganzen äußerlichen Faktizität. Mit unserer Antigone ist
es anders. Ich nehme an, Ödip ist tot. Schon zu seinen Lebzeiten hat Antigone um dieses Geheimnis gewußt, hat aber
nicht den Mut gehabt, sich dem Vater anzuvertrauen. Mit
des Vaters Tod ist ihr der einzige Ausweg genommen, von
ihrem Geheimnis befreit zu werden. Es jetzt irgendeinem
lebenden Wesen anzuvertrauen, hieße Schande über den
Vater bringen, ihr Leben aber erhält einen Sinn für sie nur
dadurch, daß sie es ganz jener Aufgabe weiht, durch ihr un-
verbrüchliches Schweigen ihm täglich, ja stündlich fast, die
letzte Ehre zu erweisen. Über eines freilich ist sie in Unkennt-
nis: ob der Vater selber es gewußt hat oder nicht. Hier ist
das Moderne, es ist die Unruhe in ihrer Trauer, es ist die
Amphibolie in ihrem Schmerz. Sie liebt den Vater von ganzer Seele, und diese Liebe zieht sie von ihr selbst fort, in die

Schuld des Vaters hinein; als die Frucht solcher Liebe fühlt
sie sich den Menschen fremd, sie fühlt ihre Schuld, je mehr
sie den Vater liebt, bei ihm allein vermag sie Ruhe zu finden,
als gleich Schuldige wollen sie miteinander trauern. Doch
während der Vater noch lebte, hat sie ihm ihr Leid nicht anvertrauen können; denn sie ahnte ja nicht, ob er darum
wußte, und es bestand somit die Möglichkeit, daß sie ihn in
einen ähnlichen Schmerz hinabstürzte. Und doch, falls er
nicht darum gewußt hat, war die Schuld geringer. Die Bewegung ist hier immer nur relativ. Wenn Antigone den tat-
sächlichen Zusammenhang nicht mit Bestimmtheit wüßte,
so würde sie unbedeutend, sie hätte dann mit nichts anderem
als einer Ahnung zu kämpfen, und das ist zu wenig, um uns
tragisch beschäftigen zu können. Aber sie weiß alles; innerhalb dieses Wissens aber besteht doch eine Unwissenheit,
die immer die Trauer in Bewegung halten, immer sie in
Schmerz verwandeln kann. Hinzu kommt, daß sie mit der
äußeren Umgebung beständig im Widerspruch ist. Ödipus
lebt im Gedächtnis des Volkes als ein glücklicher König, geehrt und gepriesen; Antigone hat selbst ihren Vater ebenso
sehr bewundert wie geliebt. Sie nimmt an jedem Jubel und
Lobpreis, den man ihm darbringt, teil, sie ist für den Vater
begeistert wie kein anderes Mädchen im ganzen Reich, ihr
Gedanke kehrt immer wieder zu ihm zurück, sie wird im
Lande als das Muster einer liebevollen Tochter gepriesen,
und doch ist diese Begeisterung die einzige Art, wie sie
ihrem Schmerz zum Ausbruch verhelfen kann. Ihr Vater
liegt ihr stets im Sinn, wie aber, das ist ihr schmerzliches Geheimnis. Und doch darf sie sich nicht der Trauer hingeben,
nicht sich grämen, sie fühlt, wieviel auf ihr lastet, sie fürchtet,
wenn man sie leiden sehe, so werde man auf die Spur kommen, und folglich erhält sie auch von dieser Seite her nicht
die Trauer, sondern den Schmerz.

So herausgearbeitet und durchgearbeitet, denke ich, kann
Antigone uns wohl beschäftigen, ich denke, ihr werdet mir
nicht Leichtsinn oder väterliche Vorliebe vorwerfen, wenn

ich meine, sie dürfe sich wohl im tragischen Fach versuchen und in einer Tragödie auftreten. Bislang ist sie nur eine epische Figur, und das Tragische an ihr hat nur episches Interesse.

Ein Zusammenhang, in den sie etwa hineinpaßte, dürfte wohl auch nicht allzu schwer zu finden sein, in dieser Beziehung kann man sich durchaus an dem genügen lassen, was die griechische Tragödie bietet. Sie hat noch eine lebende Schwester, und zwar würde ich diese etwas älter und verheiratet sein lassen. Auch ihre Mutter könnte noch am Leben sein. Daß diese beiden natürlich immer nur Nebenpersonen bleiben, versteht sich von selbst, sowie auch, daß die Tragödie überhaupt ein episches Moment in sich aufnimmt, in der Weise wie die griechische Tragödie es hat, ohne daß dieses darum sonderlich hervorzutreten brauchte, doch wird hier der Monolog stets eine Hauptrolle spielen, wenn auch freilich die Situation ihm zu Hilfe kommen muß. Alles muß man sich auf dieses eine Hauptinteresse konzentriert denken, das den Inhalt von Antigones Leben ausmacht, und wenn nun das Ganze solchermaßen zurechtgelegt ist, so taucht die Frage auf, wie sich das dramatische Interesse zuwege bringen lasse.

Unsere Heldin, so wie sie sich im vorhergehenden dargestellt hat, ist auf dem Wege, ein Moment ihres Lebens überspringen zu wollen, sie ist im Begriff, ganz geistig leben zu wollen, etwas, was die Natur nicht duldet. Bei der Tiefe, die ihrer Seele eigen ist, muß sie, wenn sie sich verliebt, notwendig mit einer außerordentlichen Leidenschaft lieben. Hier stehe ich also bei dem dramatischen Interesse – Antigone ist verliebt, und ich sage es mit Schmerz, Antigone ist sterblich verliebt. Hier liegt offenbar die tragische Kollision. Man sollte im allgemeinen etwas wählerischer mit dem sein, was man eine tragische Kollision nennt. Je sympathetischer die kollidierenden Mächte sind, je tiefer, aber auch je gleichartiger sie sind, um so bedeutsamer wird die Kollision sein. Sie ist also verliebt, und er, der Gegenstand ihrer Liebe, ist sich dessen wohl bewußt. Meine Antigone ist nun kein gewöhnliches Mädchen, und folglich ist auch ihre Mitgift eine ungewöhnliche: ihr Schmerz. Einem Manne angehören kann sie nicht ohne diese Mitgift, das, fühlt sie, wäre ein zu großes Wagnis; ihren Schmerz vor einem solchen Beobachter zu verbergen, wäre unmöglich, der Wunsch, ihn verborgen zu halten, wäre eine Versündigung an ihrer Liebe; aber kann sie ihm denn gehören mit ihrem Schmerz? Darf sie ihn irgendeinem Menschen anvertrauen, und sei es auch einem geliebten Manne? Antigone hat Kraft, die Frage ist nicht, ob sie um ihrer selbst willen, um ihre Brust zu erleichtern, jemandem ihren Schmerz anvertrauen soll, denn sie kann ihn wohl ohne fremde Hilfe tragen; aber kann sie es vor dem Verstorbenen verantworten? Sie selbst leidet ja in gewissem Sinne auch, indem sie ihm ihr Geheimnis anvertraut; denn auch ihr Leben ist ja auf traurige Weise darein verflochten. Das bekümmert sie jedoch nicht. Es geht nur um den Vater. Von dieser Seite betrachtet, ist also die Kollision von sympathetischer Art. Ihr Leben, das zuvor ruhig und still war, wird jetzt, natürlich immer nur in ihr selbst, heftig und leidenschaftlich, und ihre Sprache fängt an pathetisch zu werden. Sie kämpft mit sich selbst, ihr Leben hat sie ihrem Geheimnis opfern wollen, jetzt aber wird ihre Liebe als Opfer gefordert. Sie siegt, das heißt: das Geheimnis siegt, und sie verliert. Nun erfolgt die zweite Kollision, denn damit die tragische Kollision recht tief sei, müssen die kollidierenden Mächte gleichartig sein. Die bisher beschriebene Kollision hat diese Eigenschaft nicht; denn die Kollision vollzieht sich eigentlich zwischen ihrer Liebe zum Vater und ihrer Liebe zu sich selbst, und sie muß sich fragen, ob ihre eigene Liebe nicht ein zu großes Opfer bedeutet. Die andere kollidierende Macht ist die sympathetische Liebe zu ihrem Geliebten. Er weiß, daß er geliebt ist, und wagt kühn seinen Angriff. Ihre Zurückhaltung wundert ihn freilich, er spürt, daß da ganz besondere Schwierigkeiten bestehen müssen, die ihm jedoch nicht notwendig unübersteigbar sind. Es ist ihm

einzig und allein darum zu tun, sie zu überzeugen, wie sehr
er sie liebe, ja daß sein Leben zu Ende sei, wenn er auf ihre
Liebe verzichten müsse. Seine Leidenschaft wird zuletzt beinahe unwahr, aber nur um so erfinderischer wegen dieses
Widerstandes. Mit jeder Liebesbeteuerung vermehrt er ihren
Schmerz, mit jedem Seufzer bohrt er den Pfeil der Trauer
ihr tiefer und tiefer ins Herz. Kein Mittel läßt er unversucht,
um sie zu rühren. Er weiß wie alle andern, wie sehr sie den
Vater liebt. Er trifft sie an Ödips Grabe, wohin sie sich geflüchtet hat, um ihrem Herzen Luft zu machen, wo sie sich
ihrer Sehnsucht nach dem Vater überläßt, obwohl selbst
diese Sehnsucht mit Schmerz vermischt ist, weil sie nicht
weiß, wie sie ihm wieder begegnen soll, ob er sich seiner
Schuld bewußt war oder nicht. Er überrascht sie, er be-
schwört sie bei der Liebe, mit der sie den Vater umfängt, er
merkt, daß er einen ungewöhnlichen Eindruck auf sie macht,
er fährt fort, er erhofft alles von diesem Mittel, und er weiß
nicht, daß er sich damit gerade entgegengearbeitet hat.
Das Interesse dreht sich also darum, ihr das Geheimnis zu
entreißen. Daß man sie temporär wahnsinnig werden und
sie auf diese Weise ihr Geheimnis verraten ließe, würde nichts
helfen. Die kollidierenden Mächte halten derart einander das
Gleichgewicht, daß das Handeln für das tragische Individuum unmöglich wird. Ihr Schmerz ist nunmehr durch ihre
Liebe vermehrt, durch ihr sympathetisches Leiden mit dem,
den sie liebt. Im Tode allein kann sie Frieden finden; so ist
ihr Leben der Trauer geweiht, und sie hat gleichsam eine
Grenze gezogen, einen Damm gegen das Unheil, das sich
vielleicht schicksalhaft in einem folgenden Geschlecht fort-
gepflanzt haben würde. Erst im Augenblick ihres Todes
kann sie die Innigkeit ihrer Liebe gestehen, erst in dem Augenblick, da sie ihm nicht mehr gehört, kann sie gestehen,
daß sie ihm gehört. Als *Epaminondas* in der Schlacht bei
Mantinea verwundet worden war, ließ er den Pfeil in der
Wunde stecken, bis er gehört hatte, die Schlacht sei gewonnen, weil er wußte, daß es sein Tod sei, wenn man ihn

herauszöge. So trägt unsere Antigone ihr Geheimnis im Herzen wie einen Pfeil, den das Leben immer tiefer hinein- gebohrt hat, ohne ihr das Leben zu nehmen; denn solange er in ihrem Herzen steckt, kann sie leben, in dem Augen- blick aber, da man ihn herauszieht, muß sie sterben. Ihr das Geheimnis zu rauben, das ist es, worum der Liebende kämp- fen muß, und doch ist dies zugleich ihr sicherer Tod. Durch wessen Hand fällt sie nun? Durch die des Lebenden oder die des Toten? In gewissem Sinne durch die des Toten, und was dem *Herkules* geweissagt worden war, daß nicht ein Le- bender, sondern ein Toter ihn erschlagen werde, trifft auf sie zu, insofern die Erinnerung an den Vater der Grund ihres Todes ist; in einem anderen Sinne jedoch durch die des Le- benden, insofern ihre unglückliche Liebe der Anlaß ist, daß die Erinnerung sie tötet.

*Schattenrisse · Psychologischer Zeitvertreib*

*gelesen vor den* Συμπαϱανεϰϱωμενοι

*Abgeschworen mag die Liebe immer seyn;*
*Liebes-Zauber wiegt in dieser Höhle*
*Die berauschte, überraschte Seele*
*In Vergessenheit des Schwures ein.*

*Gestern lieb' ich,*
*Heute leid' ich,*
*Morgen sterb' ich;*
*Dennoch denk' ich*
*Heut' und Morgen*
*Gern an Gestern.*

### IMPROVISIERTE ANSPRACHE

WIR FEIERN in dieser Stunde die Stiftung unserer Gesellschaft, wir freuen uns aufs neue darüber, daß der frohe Anlaß sich abermals wiederholt hat, daß der längste Tag vorüber ist und die Nacht zu siegen beginnt. Den langen, langen
Tag über haben wir gewartet, noch vor einem Augenblick
seufzten wir über seine Länge, nun aber hat sich unsere Verzweiflung in Freude verkehrt. Zwar ist der Sieg nur unbedeutend, und das Übergewicht des Tages wird wohl noch
eine Zeitlang währen, aber daß seine Herrschaft gebrochen
ist, das entgeht unserer Aufmerksamkeit nicht. Nicht zögern wir darum mit unserem Jubel über den Sieg der Nacht,
bis daß er allen bemerklich wird, nicht zögern wir, bis das
träge bürgerliche Leben uns daran erinnert, daß der Tag abnimmt. Nein, wie eine junge Braut voll Ungeduld das Kommen der Nacht erwartet, so harren wir sehnsuchtsvoll dem
ersten Einbruch der Nacht entgegen, der ersten Ankündigung ihres künftigen Sieges, und Freude und Überraschung
werden um so größer sein, je näher wir der Verzweiflung
darüber waren, wie wir es aushalten sollten, wenn die Tage
nicht kürzer würden.

Ein Jahr ist verflossen, und noch besteht unsere Gesellschaft
– sollen wir uns darüber freuen, liebe Συμπαρανεκρωμενοι,
uns freuen, daß ihr Dasein unserer Lehre vom Untergang aller
Dinge spottet, oder sollen wir nicht vielmehr darüber trauern, daß sie besteht, und uns freuen, daß ihr auf jeden Fall nur
noch ein Jahr des Bestehens bleibt; denn ist sie binnen dieser
Zeit nicht verschwunden, so wäre es ja unsere Aufgabe, sie
selbst aufzulösen. – Nicht haben wir bei ihrer Stiftung weit
aussehende Pläne entworfen, denn vertraut mit der Jämmerlichkeit des Lebens und der Treulosigkeit des Daseins, haben
wir beschlossen, dem Weltgesetz zu Hilfe zu kommen und
uns selbst zu vernichten, falls es uns nicht zuvorkommt. Ein
Jahr ist verflossen und noch ist unsere Gesellschaft vollzäh-
lig, und niemand ist noch abgelöst worden, niemand hat
sich selbst abgelöst, da jeder von uns zu stolz dazu ist, weil
wir alle den Tod für das größte Glück erachten. Sollen wir
uns darüber freuen und nicht vielmehr trauern, und fröhlich
sein nur in der Hoffnung, daß des Lebens Wirrsal uns bald
zerstreuen, des Lebens Sturm uns bald hinwegreißen wird!
Fürwahr, diese Gedanken eignen sich wohl besser für unsere
Gesellschaft, entsprechen am ehesten der Festlichkeit des Augenblicks, der ganzen Umgebung. Denn ist es nicht sinnreich und bedeutsam, daß der Fußboden dieses kleinen Zimmers nach Landessitte mit Grün bestreut ist, als sei es zu einem Begräbnis, und gibt die Natur um uns nicht selbst ihren
Beifall, wenn wir auf den wilden Sturm achten, der um uns
tobt, wenn wir auf des Windes gewaltige Stimme horchen?
Ja, laßt uns einen Augenblick verstummen und der Musik
des Sturmes lauschen, seinem kecken Lauf, seiner kühnen
Herausforderung, und dem trotzigen Brüllen des Meeres,
dem angstvollen Ächzen des Waldes, dem verzweifelten
Krachen der Bäume und dem feigen Gezischel des Grases.
Zwar behaupten die Menschen, die Stimme der Gottheit
sei nicht in dem daherfahrenden Wind, sondern in dem sanf-
ten Lüftchen; aber unser Ohr ist ja nicht danach gebaut, sanfte Lüftchen aufzufangen, wohl aber das Tosen der Elemente

zu verschlingen. Und warum bricht es nicht noch ungestümer hervor und macht dem Leben und der Welt und dieser
kurzen Rede ein Ende, die vor allem übrigen wenigstens den
Vorzug hat, daß sie bald zu Ende ist. Ja, daß doch jener Wirbel, der das innerste Prinzip der Welt darstellt, mögen die
Menschen es auch nicht merken, sondern essen und trinken,
heiraten und sich mehren in sorgloser Betriebsamkeit, ach
daß er doch hervorbräche und in innerlichem Grimm die
Berge abschüttelte; und die Staaten und die Werke der Kul-
tur und die schlauen Erfindungen der Menschen, ach daß er
hervorbräche mit dem letzten entsetzlichen Geheul, das gewisser als die Gerichtstrompete den Untergang aller Dinge
verkündet, ach daß er doch sich regte und diesen kahlen Felsen, auf welchem wir stehen, hinwirbelte so leicht wie eine
Flocke vor dem Odem seiner Nase. – Jedoch, die Nacht siegt
und der Tag wird kürzer und die Hoffnung wächst! So füllt
denn noch einmal die Gläser, liebe Zechbrüder, mit diesem
Becher grüß' ich dich, aller Dinge ewige Mutter, schwei-
gende Nacht! Aus dir ist alles gekommen, zu dir kehrt alles
wieder zurück. So erbarme du dich wieder der Welt, so tue
du wieder dich auf, um alles einzusammeln und uns alle
wohlverwahrt in deinem Mutterleibe zu bergen! Dich grüße ich, dunkle Nacht, ich grüße dich als Siegerin, und das ist
mein Trost, denn du verkürzest alles, den Tag und die Zeit
und das Leben und der Erinnerung Mühsal in ewigem Vergessen!

———

Seitdem *Lessing* durch seine berühmte Abhandlung *Laokoon*
die Grenzstreitigkeiten zwischen Poesie und Kunst entschieden hat, darf es wohl als ein von allen Ästhetikern einstim-
mig anerkanntes Resultat gelten, daß der Unterschied darin
besteht, daß die Kunst in der Bestimmung des Raumes, die
Poesie in der der Zeit liegt, daß die Kunst das Ruhende, die
Poesie das Bewegliche darstellt. Was Gegenstand künstlerischer Darstellung werden soll, muß daher jene stille Durchsichtigkeit haben, daß das Innere in einem entsprechenden

Äußeren ruht. Je weniger dies der Fall ist, um so schwieriger wird die Aufgabe für den Künstler, bis der Unterschied sich geltend macht, der ihn lehrt, daß es gar keine Aufgabe für ihn sei. Wenden wir, was hier nicht dargelegt, sondern nur leicht hingeworfen wurde, auf das Verhältnis von Trauer und Freude an, so wird man unschwer erkennen, daß die Freude sich künstlerisch weitaus leichter darstellen läßt als die Trauer. Damit sei keineswegs geleugnet, daß die Trauer sich künstlerisch darstellen lasse, wohl aber ausgesprochen, daß ein Punkt kommt, an dem es ihr wesentlich ist, einen Gegensatz zwischen dem Inneren und dem Äußeren zu setzen, der ihre Darstellung in der Kunst unmöglich macht. Dies liegt wiederum im Wesen der Trauer selbst. Zur Freude gehört es, daß sie sich offenbaren will, die Trauer will sich verbergen, ja zuweilen sogar betrügen. Die Freude ist mitteilsam, gesellig, offenherzig, will sich äußern; die Trauer ist verschlossen, stumm, einsam und zieht sich in sich selbst zurück. Die Richtigkeit dieses Satzes wird gewiß niemand bestreiten, der auch nur einigermaßen das Leben zum Gegenstand seiner Betrachtung gemacht hat. Es gibt Menschen, deren Organisation so eingerichtet ist, daß, wenn sie affiziert werden, das Blut nach außen in das Hautsystem strömt und die innere Bewegung somit im Äußeren sichtbar wird; die Organisation anderer ist von der Art, daß das Blut zurückströmt, nach innen, der Herzkammer und den inneren Teilen des Organismus zu. So etwa verhält es sich mit Freude und Trauer hinsichtlich der Art, wie sie sich äußern. Die zuerst geschilderte Organisation ist viel leichter zu beobachten als die letztere. Bei jener sieht man den Ausdruck, die innere Bewegung ist im Äußeren sichtbar; bei der zweiten Organisation ahnt man die innere Bewegung. Die äußere Blässe ist gleichsam der Abschiedsgruß des Innern, und Gedanke und Phantasie eilen dem Flüchtling nach, der sich im Verborgenen versteckt. Vornehmlich gilt dies von jener Art von Trauer, die ich hier näher betrachten möchte, von dem, was man die reflektierte Trauer nennen mag. Das Äußere ent-

hält hier allenfalls nur einen Wink, der auf die Spur führt,
zuweilen nicht einmal das. Künstlerisch läßt diese Trauer
sich nicht darstellen; denn das Gleichgewicht zwischen dem
Inneren und dem Äußeren ist aufgehoben, und sie liegt somit nicht in räumlichen Bestimmungen. Auch noch in anderer Hinsicht läßt sie sich künstlerisch nicht darstellen, da
sie nicht die innere Stille hat, sondern fortwährend in Bewegung ist; und mag diese Bewegung sie auch nicht mit
neuen Resultaten bereichern, so ist die Bewegung selbst ihr
doch wesentlich. Wie ein Eichhörnchen in seinem Bauer, so
läuft sie in sich selbst herum, nicht so einförmig jedoch wie
dieses Tier, sondern immerfort abwechselnd in der Kombination der inneren Momente der Trauer. Daß die reflektierte Trauer nicht Gegenstand künstlerischer Darstellung werden kann, hängt damit zusammen, daß es ihr an Ruhe fehlt,
daß sie nicht mit sich selber eins wird, nicht in einem bestimmten einzelnen Ausdruck ruht. Wie der Kranke in seinem Schmerz sich bald auf die eine, bald auf die andere Seite
wirft, so ist auch die reflektierte Trauer hin und her geworfen, um ihren Gegenstand und ihren Ausdruck zu finden.
Wenn die Trauer Ruhe hat, so wird das Innere der Trauer
auch allmählich sich nach außen durcharbeiten, im Äußeren
sichtbar und somit Gegenstand künstlerischer Darstellung
werden. Wenn die Trauer Muße und Ruhe in sich selber
hat, so setzt die Bewegung von innen nach außen ein, die reflektierte Trauer bewegt sich nach innen, gleich dem Blut,
das aus der Oberfläche flieht und dies nur durch die hineilen-
de Blässe ahnen läßt. Die reflektierte Trauer bringt keine
wesentliche Veränderung im Äußeren mit sich; selbst im ersten Augenblick der Trauer hastet sie schon nach innen, und
nur ein sorgfältigerer Beobachter ahnt ihr Verschwinden;
später wacht sie peinlich darüber, daß das Äußere so unauffällig wie möglich sei.
Indem sie nun solchermaßen sich nach innen wendet, findet
sie schließlich ein Gehege, ein Innerstes, wo sie meint bleiben
zu können, und nun beginnt sie ihre einförmige Bewegung.

Wie das Pendel der Uhr, so schwingt sie hin und her und kann keine Ruhe finden. Sie fängt immer wieder von vorne an und überlegt wieder, verhört die Zeugen, vergleicht und prüft die verschiedenen Aussagen, was sie schon hundertmal getan hat, aber nie wird sie fertig. Das Einförmige bekommt mit der Zeit etwas Betäubendes. Wie der eintönige Fall der Dachtraufen, wie das eintönige Schnurren eines Spinnrades, wie das monotone Geräusch, das entsteht, wenn ein Mensch in einer Etage über uns mit gemessenen Schritten hin und her geht, betäubend wirken, so findet die reflektierte Trauer schließlich Linderung in dieser Bewegung, die als eine illusorische Motion ihr zur Notwendigkeit wird. Endlich ergibt sich ein gewisses Gleichgewicht; das Bedürfnis, die Trauer zum Durchbruch kommen zu lassen, sofern es sich gelegentlich geäußert haben mag, hört auf, das Äußere ist still und ruhig, und tief innen in ihrem kleinen Winkel lebt die Trauer gleich einem wohlverwahrten Gefangenen in einem unterirdischen Kerker, dort lebt sie ein Jahr ums andere dahin in ihrer einförmigen Bewegung, wandert auf und ab in ihrem Verschlag, nimmer müde, den langen oder kurzen Weg der Trauer zurückzulegen.

Der Grund dafür, daß es zu einer reflektierten Trauer kommt, kann teils in der subjektiven Beschaffenheit des Individuums liegen, teils in dem objektiven Leid oder dem Anlaß zur Trauer. Ein reflexionssüchtiges Individuum wird jede Trauer in reflektierte Trauer verwandeln, seine individuelle Struktur und Organisation macht es ihm unmöglich, sich die Trauer ohne weiteres zu assimilieren. Dies ist indessen eine Krankhaftigkeit, die nicht sonderlich zu interessieren vermag, da auf diese Weise jede Zufälligkeit eine Metamorphose erfahren kann, durch die sie zu einer reflektierten Trauer wird. Etwas anderes ist es, wenn das objektive Leid oder der Anlaß der Trauer im Individuum selbst die Reflexion erzeugt, welche die Trauer zu einer reflektierten Trauer macht. Dies ist überall da der Fall, wo das objektive Leid in sich nicht fertig ist, wo es einen Zweifel zurückläßt, wie dieser

im übrigen auch immer beschaffen sein möge. Hier eröffnet
sich dem Denken alsbald eine große Mannigfaltigkeit, um so
größer, je nachdem einer viel erlebt und erfahren oder er
Neigung hat, seinen Scharfsinn mit derartigen Experimenten zu beschäftigen. Es ist indessen keineswegs meine Absicht, die ganze Mannigfaltigkeit durchzuarbeiten, eine einzige Seite nur möchte ich ans Licht ziehen, so wie sie sich
meiner Beobachtung gezeigt hat. Wenn der Anlaß der
Trauer ein Betrug ist, so ist das objektive Leid selbst so beschaffen, daß es im Individuum die reflektierte Trauer erzeugt. Ob ein Betrug wirklich ein Betrug ist, läßt sich oft
äußerst schwer feststellen, und doch hängt alles davon ab;
solange es zweifelhaft ist, so lange findet die Trauer keine
Ruhe, sondern muß fortfahren, in der Reflexion auf und ab
zu wandern. Wenn ferner dieser Betrug nichts Äußerliches
betrifft, sondern das ganze innere Leben eines Menschen, seines Lebens innersten Kern, so wird die Wahrscheinlichkeit
für das Fortdauern der reflektierten Trauer immer größer.
Was aber könnte wohl mit mehr Wahrheit das Leben einer
Frau heißen als ihre Liebe? Wenn also die Trauer wegen einer unglücklichen Liebe ihren Grund in einem Betrug hat, so
haben wir unbedingt eine reflektierte Trauer, mag diese nun
das ganze Leben andauern oder das Individuum sie überwinden. Unglückliche Liebe ist wohl an sich für eine Frau
das tiefste Leid, doch folgt daraus nicht, daß jede unglückliche Liebe eine reflektierte Trauer erzeugt. Wenn etwa der
Geliebte stirbt oder sie vielleicht überhaupt keine Gegenliebe findet, oder die Lebensumstände die Erfüllung ihres Wunsches zu einer Unmöglichkeit machen, so besteht hier zwar
Anlaß zur Trauer, nicht aber zu einer reflektierten Trauer, es
sei denn, daß die Betreffende selber schon im voraus krank
wäre, womit sie dann freilich außerhalb unseres Interesses läge. Ist sie dagegen nicht krank, so wird ihre Trauer eine unmittelbare Trauer und wird als solche auch Gegenstand
künstlerischer Darstellung sein können, während es hingegen der Kunst stets unmöglich sein wird, die reflektierte

Trauer oder die Pointe in ihr auszudrücken und darzustellen. Die unmittelbare Trauer ist nämlich der unmittelbare
Abdruck und Ausdruck des Eindrucks der Trauer, die vollkommen kongruieren gleich jenem Bild, das Veronika in
ihrem Schweißtuch zurückbehielt, und die heilige Schrift
der Trauer steht da ins Äußere eingeprägt, schön und rein
und lesbar für alle.

Die reflektierte Trauer vermag also nicht Gegenstand künstlerischer Darstellung zu werden; denn teils ist sie niemals
seiend, sondern beständig im Werden, teils ist das Äußere,
das Sichtbare indifferent und gleichgültig. Wenn also die
Kunst sich nicht auf jene Naivität beschränken will, von der
man in alten Schriften Beispiele findet, wo etwa eine Figur
dargestellt ist, die so ziemlich alles Beliebige vorstellen kann,
während man jedoch auf ihrer Brust ein Schild entdeckt, ein
Herz oder dergleichen, auf dem man alles Nötige ablesen
kann, zumal wenn die Figur durch ihre Stellung die Aufmerksamkeit des Betrachters darauf hinlenkt, selber darauf
hinweist, eine Wirkung, die man ebensogut dadurch erzielen könnte, daß man »bitte beachten!« darüber schriebe; will
sie dies nicht, so ist sie gezwungen, auf Darstellungen in dieser Richtung zu verzichten und sie der poetischen oder psy-
chologischen Behandlung zu überlassen.

Diese reflektierte Trauer nun gedenke ich heranzuziehen und
soweit möglich in einigen Bildern erscheinen zu lassen. Ich
nenne sie *Schattenrisse*, teils um gleich durch die Benennung
daran zu erinnern, daß ich sie von der dunklen Seite des Lebens hole, teils weil sie wie Schattenrisse nicht unmittelbar
sichtbar sind. Nehme ich einen Schattenriß in die Hand, so
bekomme ich keinen Eindruck von ihm, kann mir keine eigentliche Vorstellung von ihm machen, erst wenn ich ihn
gegen die Wand halte und jetzt nicht das unmittelbare Bild
betrachte, sondern das, was sich an der Wand zeigt, erst dann
sehe ich ihn. So ist auch das Bild, das ich hier zeigen will, ein
inneres Bild, das erst bemerkbar wird, indem ich das Äußere
durchschaue. Das Äußere hat vielleicht nichts Auffälliges,

sondern erst, indem ich es durchschaue, erst da entdecke ich
das innere Bild, jenes, das ich eigentlich zeigen will, ein inneres Bild, das zu fein ist, um äußerlich sichtbar zu werden,
da es aus den sanftesten Stimmungen der Seele gewoben ist.
Betrachte ich einen Bogen Papier, so hat er für die unmittelbare Betrachtung vielleicht nichts Merkwürdiges, sondern
erst, wenn ich ihn gegen das Tageslicht halte und hindurch-
schaue, entdecke ich das feine innere Bild, das gleichsam zu
seelisch ist, um unmittelbar gesehen zu werden. So heftet
denn, liebe Συμπαρανεκρωμενοι, euren Blick auf dieses innere Bild, laßt euch durch das Äußere nicht stören, oder richtiger: bringt es nicht selbst hervor, denn ich ziehe es ständig
beiseite, um besser in das Innere hineinschauen zu können.
Doch dazu brauche ich diese Gesellschaft wohl nicht erst zu
ermuntern, deren Mitglied zu sein ich die Ehre habe; denn,
wenn auch noch jung, sind wir doch alle alt genug, um uns
von dem Äußeren nicht täuschen zu lassen oder bei ihm
nicht stehenzubleiben. Sollte ich mir etwa mit einer eitlen
Hoffnung geschmeichelt haben, wenn ich glaubte, ihr würdet diese Bilder eurer Aufmerksamkeit würdigen, oder sollte mein Bemühen euch fremd und gleichgültig sein, nicht in
Einklang mit dem Interesse unserer Gemeinschaft, einer Gemeinschaft, die nur eine Leidenschaft kennt, die Sympathie
nämlich mit dem Geheimnis der Trauer. Und auch wir bilden ja einen Orden, auch wir ziehen ja ab und zu als fahren-
de Ritter in die Welt hinaus, ein jeder auf seinen Wegen,
nicht um Ungeheuer zu bekämpfen oder um der Unschuld
zu Hilfe zu kommen, oder um sich in Liebesabenteuern versuchen zu lassen. All das beschäftigt uns nicht, auch nicht das
letzte, denn der Pfeil aus dem Auge einer Frau verwundet
nicht unsere gehärtete Brust, und der frohen Mädchen hei-
teres Lächeln bewegt uns nicht, wohl aber der Trauer heimliches Winken. Mögen andere stolz darauf sein, daß kein
Mädchen weit und breit ihrer Liebesmacht widerstehen
kann, wir beneiden sie nicht, wir wollen stolz darauf sein,
daß keine heimliche Trauer unserer Aufmerksamkeit ent-

geht, daß keine verborgene Trauer so spröde und so stolz ist,
daß wir nicht siegreich in ihre innersten Schlupfwinkel einzudringen vermöchten! Welcher Kampf der gefährlichere
ist, welcher mehr Kunst voraussetzt und größeren Genuß
bereitet, das wollen wir nicht untersuchen, unsere Wahl ist
getroffen, nur die Trauer lieben wir, nur die Trauer suchen
wir auf, und überall, wo wir ihre Spur entdecken, da gehen
wir ihr nach, unerschrocken, unerschütterlich, bis sie sich
offenbart. Zu diesem Kampf rüsten wir uns, in ihm üben wir
uns täglich. Und wahrlich, die Trauer schleicht gar geheimnisvoll in der Welt umher, und nur dem, der Sympathie für
sie hegt, gelingt es, sie zu ahnen. Man geht durch die Straße,
ein Haus sieht aus wie das andere, und nur der erprobte Beobachter ahnt, daß es in diesem Hause um Mitternacht ganz
anders aussieht, da wandert dort ein Unglücklicher umher,
der nicht Ruhe fand, er steigt die Treppen hinauf, seine
Schritte hallen wider in der Stille der Nacht. Man geht auf
der Straße aneinander vorüber, einer sieht aus wie der andere,
und der andere wie fast alle Leute, und nur der erfahrene
Beobachter ahnt, daß in diesem Kopf zuinnerst ein Einlieger
wohnt, der nichts mit der Welt zu schaffen hat, sondern nur
in stiller Heimarbeit sein einsames Leben dahinlebt. Das Äußere ist demnach zwar Gegenstand unserer Beobachtung,
nicht aber unseres Interesses; so sitzt der Fischer und richtet
unentwegt seinen Blick auf den Angelkork, aber der Kork
interessiert ihn gar nicht, wohl aber die Bewegungen unten
auf dem Grunde. Das Äußere hat somit zwar Bedeutung für
uns, jedoch nicht als Ausdruck des Inneren, sondern als eine
telegraphische Nachricht, daß sich tief innen etwas verberge.
Wenn man ein Gesicht lange und aufmerksam betrachtet, so
entdeckt man bisweilen in ihm gleichsam ein zweites Gesicht. Dies ist im allgemeinen ein unverkennbares Zeichen,
daß die Seele einen Emigranten birgt, der sich aus dem Äußeren zurückgezogen hat, um über einem geheimen Schatz
zu wachen, und der Weg, den die Beobachtung einschlagen
muß, ist dadurch angedeutet, daß das eine Gesicht gleichsam

in dem andern drinsteckt, woraus hervorgeht, daß man sich
bemühen muß, nach innen zu dringen, falls man etwas entdecken will. Das Gesicht, das sonst der Spiegel der Seele ist,
nimmt hier eine Zweideutigkeit an, die sich künstlerisch
nicht darstellen läßt und die im allgemeinen sich auch nur einen flüchtigen Moment lang erhält. Es gehört ein besonderes Auge dazu, um es zu sehen, ein besonderer Blick, um dieses untrügliche Indizium heimlicher Trauer weiter zu verfolgen. Dieser Blick ist begehrlich und doch so sorgsam,
ängstigend und zwingend und doch so teilnahmsvoll, be-
harrlich und arglistig und doch so aufrichtig und wohlwollend, er lullt das Individuum in eine gewisse wohlige Mattigkeit ein, in der es eine Wollust darin findet, seine Trauer zu
ergießen, ähnlich jener Wollust, die man im Verbluten genießt. Das Gegenwärtige ist vergessen, das Äußere durchbrochen, das Vergangene auferstanden, der Atem der Trauer leichter geworden. Der Trauernde findet Linderung, und
der sympathetische Ritter der Trauer freut sich, gefunden zu
haben, was er suchte; denn wir suchen ja nicht das Gegenwärtige, sondern das Vergangene, nicht die Freude, denn sie
ist allezeit gegenwärtig, sondern die Trauer, denn deren Wesen ist es vorüberzugehn, und im Augenblick der gegenwärtigen Zeit sieht man sie nur so, wie man einen Menschen sieht,
wenn man ihn erst in der Sekunde gewahr wird, da er in eine
andere Straße einbiegt und verschwindet.

Doch zuweilen verbirgt die Trauer sich noch besser, und das
Äußere läßt uns nichts ahnen, nicht das geringste. Lange mag
sie zwar unserer Aufmerksamkeit entgehen, wenn dann aber
zufällig eine Miene, ein Wort, ein Seufzer, ein Klang der
Stimme, ein Wink des Auges, ein Zittern der Lippe, ein falscher Händedruck treulos verrät, was auf das sorgsamste versteckt wurde, da erwacht die Leidenschaft, da beginnt der
Kampf. Da gilt es, daß man Wachsamkeit und Ausdauer und
Klugheit habe, denn wer wäre wohl so erfinderisch wie
heimliche Trauer, aber ein Gefangener in lebenslänglicher
Einzelhaft hat auch Zeit genug, sich so mancherlei auszuden-

ken; und wer vermöchte sich wohl so geschwind zu verstek-
ken wie heimliche Trauer, denn kein junges Mädchen kann
in größerer Angst und Eile einen Busen bedecken, den es ent-
blößt hatte, als die verborgene Trauer, wenn sie überrascht
wird. Da ist unerschütterliche Unerschrockenheit vonnöten,
denn man kämpft mit einem Proteus, aber sie muß sich geschlagen geben, wenn man nur aushält; und sollte sie auch
wie jener Meermann jede Gestalt annehmen, um zu entschlüpfen, gleich einer Schlange sich ringeln in unserer Hand,
uns schrecken wie ein Löwe mit seinem Gebrüll, sich verwandeln in einen Baum, der mit seinen Blättern säuselt, oder
in ein rauschendes Wasser oder ein knisterndes Feuer, er,
Proteus, muß zuletzt doch wahrsagen, und die Trauer muß
sich zuletzt offenbaren. Seht, diese Abenteuer sind unsere
Lust, unser Zeitvertreib, uns darin zu versuchen, ist unsere
Ritterschaft; dazu stehen wir nun auf gleich Räubern mitten
in der Nacht, dafür wagen wir alles, denn keine Leidenschaft
ist so wild wie die der Sympathie. Und keineswegs müssen
wir befürchten, daß es uns an Abenteuern fehlen werde, wohl
aber, auf einen Widerstand zu stoßen, der zu hart und un-
durchdringlich ist; denn wie die Naturforscher berichten,
man habe beim Sprengen von Feldsteinen, die Jahrhunderten
getrotzt, im Innern ein lebendiges Tier gefunden, das dort
unentdeckt sein Leben gefristet habe, so wäre es wohl auch
möglich, daß es Menschen gibt, deren Äußeres ein felsenfe-
ster Berg wäre, der ein auf ewig verborgenes Leben der
Trauer behütete. Jedoch dies soll ja unsere Leidenschaft nicht
dämpfen noch unseren Eifer kühlen, im Gegenteil, es soll
entflammen; denn unsere Leidenschaft ist ja keine Neugierde, die sich an dem Äußerlichen und dem Oberflächlichen
sättigt, sondern eine sympathetische Angst, die Nieren und
verborgene Gedanken erforscht, durch Zauber und Beschwörung das Verborgene ans Licht bringt, selbst das, was
der Tod unserm Blick entzogen hat. Vor der Schlacht, so
heißt es, sei Saul verkleidet zu einer Wahrsagerin gekommen
und habe verlangt, sie solle ihm das Bild Samuels zeigen. Es

war gewiß nicht Neugierde allein, was ihn trieb, nicht die Lust, Samuels sichtbares Bild zu sehen, sondern er wollte Samuels Gedanken erfahren, und mit Unruhe hat er sicherlich gewartet, bis er des gestrengen Richters richtende Stimme vernahm. So wird es gewiß auch nicht bloße Neugierde sein, was den einen oder anderen von euch, liebe Συμπαρανεκρωμενοι, bewegt, jene Bilder zu betrachten, die ich euch vorführen möchte. Obwohl ich sie nämlich mit bestimmten dichterischen Namen bezeichne, so soll damit doch keineswegs angedeutet sein, daß es lediglich diese poetischen Figuren sind, die vor euch erscheinen, sondern die Namen sind als *nomina appellativa* zu betrachten, und es soll also meinerseits nichts im Wege stehen, falls der eine oder andere von euch sich versucht fühlen sollte, das einzelne Bild mit einem anderen Namen zu benennen, einem teureren Namen oder einem Namen, der ihm vielleicht gemäßer ist.

## 1. Marie Beaumarchais

Wir lernen dieses Mädchen in *Goethes Clavigo* kennen, an den wir anknüpfen, nur daß wir sie noch etwas weiter in der Zeit begleiten, wenn sie das dramatische Interesse schon verloren hat, wenn die Folge der Trauer allmählich abnimmt. Wir fahren fort, sie zu begleiten; denn wir, die Ritter der Sympathie, haben ebensosehr die angeborene Gabe wie die erworbene Fertigkeit, in Prozession mit der Trauer Schritt halten zu können. Ihre Geschichte ist kurz; Clavigo hat sich mit ihr verlobt, Clavigo hat sie verlassen. Diese Erklärung genügt dem, der gewohnt ist, die Erscheinungen des Lebens in der Weise zu betrachten, wie man die Raritäten eines Kunstkabinetts betrachtet: je kürzer je besser, desto mehr sieht man. Gleichermaßen läßt es sich auch ganz kurz berichten, daß Tantalus Durst hat und daß Sisyphus einen Stein einen Berg hinaufwälzt. Hat man Eile, so würde es ja eine Verzögerung bedeuten, länger dabei zu verweilen, da man ja doch nicht mehr erfahren kann, als man schon weiß, nämlich das Ganze. Was Anspruch auf größere Aufmerksamkeit erheben will, muß von anderer Art sein. In vertrautem Kreise ist man um den Teetisch versammelt, die Maschine pfeift aus dem letzten Loch, die Frau des Hauses bittet den rätselhaften Gast, seinem Herzen Luft zu machen, zu diesem Ende läßt sie Zuckerwasser und Kompott bringen, und nun fängt er an: es ist eine weitläufige Geschichte. So geht es in Romanen zu, und es ist auch etwas ganz anderes: eine weitläufige Geschichte und so ein kurzes kleines Avertissement. Ob es für Marie Beaumarchais eine kurze Geschichte ist, das ist eine andere Frage; so viel ist gewiß, weitläufig ist sie nicht, denn eine weitläufige Geschichte hat immerhin eine meßbare Länge, eine kurze Geschichte dagegen hat zuweilen die rätselhafte Eigenschaft, daß sie bei all ihrer Kürze länger ist als die weitläufigste.

Schon im vorhergehenden habe ich bemerkt, daß die reflektierte Trauer im Äußeren nicht sichtbar wird, das heißt, nicht ihren ruhenden, schönen Ausdruck darin findet. Die innere Unruhe läßt diese Durchsichtigkeit nicht zu, das Äußere wird dadurch eher aufgezehrt, und insofern das Innere sich im Äußeren kundtun sollte, wäre es eher eine gewisse Kränklichkeit, die niemals Gegenstand künstlerischer Darstellung werden kann, da sie nicht das Interesse des Schönen hat. Goethe hat dies mit ein paar einfachen Winken angedeutet. Aber falls man sich nun über die Richtigkeit dieser Beobachtung einig wäre, so könnte man versucht sein, es für etwas Zufälliges zu halten, und erst wenn man sich durch eine rein dichterische und ästhetische Überlegung davon überzeugt, daß das, was die Beobachtung lehrt, ästhetische Wahrheit enthält, erst dann wird man das tiefere Bewußtsein erlangen. Dächte ich mir nun eine reflektierte Trauer und fragte, ob sie sich nicht künstlerisch darstellen lasse, so würde es sich alsbald erweisen, daß das Äußere im Verhältnis dazu ganz und gar zufällig ist; ist aber dies wahr, so ist das Künstlerisch-Schöne aufgegeben. Ob die Frau groß ist oder klein, bedeutend oder unbedeutend, schön oder minder schön, das alles

ist indifferent; etwa zu überlegen, ob es richtiger wäre, den
Kopf sich nach der einen oder nach der anderen Seite neigen
zu lassen, oder zur Erde, den Blick schwermütig starren oder
wehmütig sich an den Boden heften zu lassen, alles dergleichen ist völlig indifferent, das eine drückt die reflektierte
Trauer nicht adäquater aus als das andere. Im Vergleich zum
Inneren ist das Äußere bedeutungslos geworden und in die
Indifferenz gesetzt. Die Pointe in der reflektierten Trauer ist,
daß die Trauer immerfort ihren Gegenstand sucht, dieses Suchen ist die Unruhe der Trauer und ihr Leben. Dieses Suchen
aber ist eine stetige Fluktuation, und wenn das Äußere in jedem Moment ein vollkommener Ausdruck des Inneren wäre, so müßte man, um die reflektierte Trauer darzustellen,
eine ganze Folge von Bildern besitzen; doch kein einzelnes
Bild drückte die Trauer aus, und kein einzelnes Bild hätte eigentlich künstlerischen Wert, da es nicht schön sein würde,
sondern wahr. Man müßte also diese Bilder betrachten, wie
man den Sekundenzeiger einer Uhr betrachtet; das Werk
sieht man nicht, die innere Bewegung aber äußert sich fortwährend dadurch, daß das Äußere sich fortwährend verändert. Diese Veränderlichkeit aber ist nicht künstlerisch dar-
stellbar, und doch ist sie die Pointe des Ganzen. Wenn etwa
unglückliche Liebe ihren Grund in einem Betrug hat, so ist
der Schmerz und das Leiden dies, daß die Trauer nicht ihren
Gegenstand zu finden vermag. Ist der Betrug erwiesen, und
hat die Betreffende eingesehen, daß es ein Betrug ist, so hat
die Trauer zwar nicht aufgehört, aber dann ist sie eine unmittelbare Trauer, keine reflektierte Trauer. Man erkennt
leicht die dialektische Schwierigkeit, denn worüber trauert
sie? War er ein Betrüger, so war es ja gut, daß er sie verlassen hat, je eher je besser, sie sollte sich eher darüber freuen
und darüber trauern, daß sie ihn geliebt hat; und doch ist es
ein tiefes Leid, daß er ein Betrüger war. Aber dies, ob es ein
Betrug ist, das ist die Unruhe im *perpetuum mobile* der Trauer. Schon der Versuch, über das äußere Faktum, daß ein Betrug ein Betrug sei, Gewißheit zu schaffen, ist überaus schwie-

rig, und doch ist die Sache damit noch keineswegs abgetan oder die Bewegung zum Stillstand gebracht. Ein Betrug ist nämlich für die Liebe ein absolutes Paradox, und darin liegt die Notwendigkeit einer reflektierten Trauer. Die verschiedenen Faktoren der Liebe können in dem einzelnen auf höchst verschiedene Weise verknüpft sein, und die Liebe wird folglich in dem einen nicht dieselbe sein wie in dem andern; das Egoistische kann mehr überwiegen, oder aber das Sympathetische; jedoch, wie die Liebe auch sei, sowohl für ihre einzelnen Momente wie für das Totale ist ein Betrug ein Paradox, das sie nicht denken kann und das sie doch unbedingt denken möchte. Ja, wäre entweder das Egoistische absolut vorhanden oder das Sympathetische, so ist das Paradox aufgehoben, das heißt, das Individuum ist kraft des Absoluten über die Reflexion hinaus, es denkt das Paradox zwar nicht in dem Sinne, daß es durch ein Reflexions-Wie es aufhebt, aber es ist gerade dadurch gerettet, daß es dasselbe nicht denkt, es kümmert sich nicht um die eifrigen Erklärungen oder Verwirrungen der Reflexion, es ruht in sich selbst. Die egoistisch stolze Liebe hält auf Grund ihres Stolzes einen Betrug für unmöglich, sie kümmert sich nicht darum, zu erfahren, was man dafür oder dagegen sagen, wie man den Betreffenden verteidigen oder entschuldigen kann, sie ist sich absolut sicher, weil sie zu stolz ist, um zu glauben, daß es jemand wagen sollte, sie zu betrügen. Die sympathetische Liebe besitzt jenen Glauben, der Berge versetzen kann, jede Verteidigung ist für sie ein Nichts im Vergleich zu der unerschütterlichen Überzeugung, die sie besitzt, daß es kein Betrug war, keine Anklage beweist etwas gegen den Fürsprecher, der erklärt, daß es kein Betrug war, es nicht erklärt auf diese oder jene Weise, sondern absolut. Eine solche Liebe aber findet man selten oder vielleicht nie im Leben. Im allgemeinen hat die Liebe beide Momente in sich, und dies bringt sie in Beziehung zum Paradox. In den beiden beschriebenen Fällen ist das Paradox zwar für die Liebe auch da, beschäftigt diese aber nicht, im letzteren Falle aber ist das Paradox für die

Liebe da. Das Paradox ist undenkbar, und doch will die Liebe es denken, und je nachdem, wie die verschiedenen Faktoren für Momente hervortreten, nähert sie sich, um auf oft
widersprechende Weise es zu denken, vermag es jedoch
nicht. Dieser Weg des Denkens ist unendlich und hört erst
auf, wenn das Individuum ihn willkürlich abbricht, indem es
etwas anderes geltend macht, eine Willensbestimmung, damit aber tritt der einzelne unter ethische Bestimmungen
und beschäftigt uns ästhetisch nicht mehr. Durch einen Entschluß erreicht er also, was er auf dem Wege der Reflexion
nicht findet: Ende, Ruhe.

Dies gilt von jeder unglücklichen Liebe, die ihren Grund in
einem Betrug hat; was bei *Marie Beaumarchais* aber noch
mehr die reflektierte Trauer hervorrufen muß, ist der Umstand, daß hier lediglich eine Verlobung gebrochen worden
ist. Eine Verlobung ist eine Möglichkeit, nicht eine Wirklichkeit, aber eben weil es nur eine Möglichkeit ist, mag es
den Anschein haben, als ob ihr Bruch keine so starke Wirkung hätte, als ob es für das Individuum bedeutend leichter
wäre, diesen Schlag zu ertragen. Das mag zwar bisweilen
auch der Fall sein, andererseits aber lockt der Umstand, daß
hier nur eine Möglichkeit vernichtet wird, die Reflexion in
viel stärkerem Maße hervor. Wenn eine Wirklichkeit gebrochen wird, so ist der Bruch im allgemeinen viel durch-
greifender, jeder Nerv wird zerschnitten, und der Bruch behält, als Bruch betrachtet, eine Vollkommenheit in sich selbst;
wenn eine Möglichkeit gebrochen wird, so mag der augenblickliche Schmerz zwar nicht so groß sein, aber dieser Bruch
läßt doch auch oft irgendein kleines Ligament heil und unbeschädigt zurück, das dann ein ständiger Anlaß zu fortwäh-
rendem Schmerz wird. Die vernichtete Möglichkeit erscheint verklärt in einer höheren Möglichkeit, wohingegen
die Versuchung, eine solche neue Möglichkeit hervorzuzaubern, nicht so groß ist, wenn es sich um eine Wirklichkeit
handelt, die gebrochen wurde, weil die Wirklichkeit höher
ist als die Möglichkeit.

Clavigo hat Marie also verlassen, hat treulos die Verbindung aufgehoben. Gewohnt, in ihm zu ruhen, hat sie, indem er sie von sich stößt, nicht die Kraft, zu stehen, ohnmächtig sinkt sie der Umgebung in die Arme. So scheint es Marie ergangen zu sein. Es ließe sich übrigens auch ein anderer Anfang denken, es ließe sich denken, daß sie gleich im ersten Augenblick Stärke genug besessen hätte, die Trauer in eine reflektierte zu verwandeln, daß sie, entweder um der Demütigung zu entgehen, andere davon reden zu hören, daß sie betrogen worden sei, oder weil sie ihn doch so gern hatte, daß es sie schmerzen würde, ihn immer und immer wieder einen Betrüger schelten zu hören, sofort jegliche Beziehungen zu anderen abgebrochen hätte, um in sich die Trauer und sich in der Trauer zu verzehren. Wir folgen *Goethe*. Ihre Umgebung ist nicht teilnahmslos, alle empfinden mit ihr ihren Schmerz, in diesem Gefühl sagen sie: Das gibt ihr den Tod. Dies ist, ästhetisch gesprochen, durchaus richtig. Eine unglückliche Liebe kann so beschaffen sein, daß ein Selbstmord für ästhetisch richtig angesehen werden muß, aber sie darf dann ihren Grund nicht in einem Betrug haben. Wenn das der Fall ist, so würde ein Selbstmord alles Erhabene verlieren und eine Konzession enthalten, die zu machen der Stolz verbieten muß. Gibt es ihr aber den Tod, so ist dies identisch damit, daß er sie ermordet hat. Dieser Ausdruck harmoniert völlig mit der starken inneren Erregung in ihr, sie findet Linderung darin. Das Leben aber folgt nicht immer genau ästhetischen Kategorien, gehorcht nicht immer einem ästhetischen Normativ, und sie stirbt nicht. Hierdurch ist die Umgebung in Verlegenheit gebracht. Immerfort die Versicherung zu wiederholen, daß sie sterbe, wenn sie doch weiterlebt, das, fühlt man, geht nicht an; hinzu kommt, daß man sich nicht imstande sieht, es mit der gleichen pathetischen Energie vorzutragen wie am Anfang, und doch wäre dies die Bedingung, daß es ein Labsal für sie sei. Man ändert also die Methode. Er sei ein Schurke, sagt man, ein Betrüger, ein abscheulicher Mensch, um dessentwillen es sich nicht lohne, zu sterben;

vergiß ihn, denk nicht mehr an die Sache, es war ja nur eine
Verlobung, tilge diese Begebenheit aus deiner Erinnerung,
und du bist wieder jung, kannst wieder hoffen. Das entflammt sie, denn dieses Pathos des Zorns harmoniert mit anderen Stimmungen in ihr, ihr Stolz sättigt sich an dem rach-
süchtigen Gedanken, das Ganze in ein Nichts zu verwandeln;
nicht weil er ein außerordentlicher Mensch wäre, hat sie ihn
geliebt, o nein, sie hat sehr wohl seine Fehler gesehen, aber
sie glaubte, er sei ein guter Mensch, ein treuer Mensch, darum liebte sie ihn, aus Mitleid geschah es, und darum wird es
leicht sein, ihn zu vergessen, da sie seiner nie bedurft hat. Die
Umgebung und Marie sind wieder im Einklang und das Duett zwischen ihnen geht vortrefflich. Der Umgebung fällt es
nicht schwer, zu denken, daß Clavigo ein Betrüger sei, denn
sie hat ihn nie geliebt, und es ist mithin kein Paradox, und
sofern die Umgebung vielleicht etwas von ihm gehalten hat,
(was Goethe in bezug auf die Schwester andeutet), wappnet
dieses Interesse sie gerade gegen ihn, und dieses Wohlwollen, das vielleicht etwas mehr war als bloßes Wohlwollen,
wird zu einem vorzüglich brennbaren Stoff, die Flamme des
Hasses zu unterhalten. Der Umgebung fällt es auch nicht
schwer, die Erinnerung an ihn zu tilgen, und deshalb verlangt man von Marie, dasselbe zu tun. Ihr Stolz bricht in Haß
aus, die Umgebung schürt ihn, Marie macht sich in starken
Worten und kraftvollen, tüchtigen Vorsätzen Luft und berauscht sich daran. Die Umgebung freut sich. Man merkt
nicht, was Marie sich selber kaum eingestehen möchte, daß
sie im nächsten Augenblick schwach und matt ist, man merkt
nichts von der beängstigenden Ahnung, die sie ergreift, daß
die Kraft, die sie in einzelnen Augenblicken besitzt, eine Täuschung ist. Das hält sie sorgsam geheim und gesteht es niemandem. Die Umgebung setzt die theoretischen Übungen
mit Erfolg fort, möchte allmählich aber doch etwas von den
praktischen Wirkungen verspüren. Diese bleiben aus. Die
Umgebung fährt fort, sie aufzuhetzen, Mariens Worte verraten innere Stärke, und doch schöpft man Verdacht, daß die

Sache nicht ganz stimmt. Man wird ungeduldig, man wagt
das Äußerste, man jagt ihr die Sporen des Spottes in die Seite, um sie aufzujagen. Es ist zu spät. Das Mißverständnis ist
eingetreten. Daß er wirklich ein Betrüger war, hat für die
Umgebung nichts Demütigendes, wohl aber für Marie. Die
Rache, die ihr angeboten wird, nämlich ihn zu verachten,
hat im Grunde nicht viel zu bedeuten; denn dazu hätte er sie
lieben müssen, aber das tut er ja nicht, und so bleibt ihre Verachtung eine Anweisung, die niemand honoriert. Andererseits hat es für die Umgebung auch nichts Schmerzliches, daß
Clavigo ein Betrüger ist, wohl aber für Marie, und es fehlt
ihm in ihrem Innern doch nicht so ganz an einem Verteidiger. Sie fühlt, sie ist zu weit gegangen, sie hat eine Stärke ahnen lassen, die sie gar nicht besitzt, das will sie nicht eingestehen. Und welcher Trost liegt denn auch in der Verachtung?
So ist es denn besser, zu trauern. Hinzu kommt, daß sie vielleicht irgendeine geheime Note besitzt, die für die Erklärung
des Textes von großer Bedeutung, zugleich aber so beschaffen ist, daß es ihn, je nach den Umständen, in ein vorteilhaf-
teres oder unvorteilhafteres Licht stellen kann. Sie hat indes
niemand darin eingeweiht und will auch niemand darin einweihen, denn war er kein Betrüger, so wäre es ja doch denkbar, daß er diesen Schritt bereute und zurückkehrte oder, was
noch herrlicher wäre, daß er ihn vielleicht gar nicht zu bereuen brauchte, daß er sich absolut rechtfertigen oder alles
erklären könnte, und dann würde es vielleicht Anstoß erregen, wenn sie Gebrauch davon gemacht hätte, dann würde
sich das alte Verhältnis nicht wiederherstellen lassen, und das
wäre dann ihre eigene Schuld, denn sie wäre es dann gewesen, die ihm Mitwisser in dem geheimsten Wachstum seiner
Liebe verschafft hätte; und könnte sie sich wirklich davon
überzeugen, daß er ein Betrüger war, ja dann wäre ihr doch
alles gleichgültig, und es wäre doch in jedem Fall am schönsten von ihr, keinen Gebrauch davon zu machen.
So ist nun die Umgebung wider ihren Willen ihr behilflich
gewesen, eine neue Leidenschaft zu entwickeln, Eifersucht

auf ihre eigene Trauer. Ihr Entschluß ist gefaßt, der Umgebung fehlt es in jeder Beziehung an Energie, um mit ihrer Leidenschaft zu harmonieren – sie nimmt den Schleier; sie geht nicht ins Kloster, sondern sie nimmt den Schleier der Trauer, der sie jedem fremden Blick verbirgt. Ihr Äußeres ist still, das Ganze ist vergessen, ihre Worte lassen nichts ahnen, sie legt sich selber das Gelübde der Trauer ab und beginnt nun ihr einsames geheimes Leben. Im selben Augenblick ist alles verändert; zuvor war es ihr doch, als ob sie mit andern reden könnte, jetzt aber ist sie nicht allein durch das Schweigegelübde gebunden, das ihr Stolz ihr mit Einwilligung ihrer Liebe abgenötigt, oder das ihre Liebe gefordert und der Stolz gebilligt hat, sondern sie weiß jetzt gar nicht, wo sie anfangen soll oder wie, und zwar nicht deshalb, weil neue Momente hinzugekommen wären, sondern weil die Reflexion gesiegt hat. Wenn jemand sie nun fragte, worüber sie trauere, so hätte sie nichts zu antworten, oder sie würde auf gleiche Art antworten wie jener Weise, der gefragt wurde, was Religion sei, und Bedenkzeit und abermals Bedenkzeit verlangte und somit stets die Antwort schuldig blieb. Jetzt ist sie für die Welt verloren, verloren für ihre Umgebung, lebendig eingemauert; mit Wehmut verdeckt sie die letzte Öffnung; sie fühlt, daß noch in diesem Augenblick es vielleicht möglich wäre, sich zu offenbaren, im nächsten Augenblick ist sie auf ewig von ihnen entfernt. Jedoch es ist entschieden, unverrückbar entschieden, und nicht braucht sie, wie jemand, der sonst lebendig eingemauert wird, zu befürchten, daß, wenn der ihr mitgegebene geringe Vorrat an Brot und Wasser verbraucht ist, sie umkommen werde; denn sie hat Nahrung für lange Zeit, nicht braucht sie Langeweile zu fürchten, sie hat ja Beschäftigung. Ihr Äußeres ist still und ruhig, hat nichts Auffälliges, und doch ist ihr Inneres nicht eines stillen Geistes unvergängliches Wesen, sondern eines unruhigen Geistes unfruchtbare Geschäftigkeit. Sie sucht Einsamkeit oder Gegensatz. In Einsamkeit ruht sie sich von der Anstrengung aus, die es stets kostet, sein Äußeres in eine be-

stimmte Form zu zwingen. Wie einer, der lange in einer ge-
zwungenen Stellung gestanden oder gesessen hat, mit Wollust den Körper streckt, wie ein Zweig, der lange mit Macht
gebogen gewesen ist, wenn das Band zerreißt, mit Wonne
wieder seine natürliche Stellung einnimmt, so findet auch sie
Erquickung. Oder sie sucht den Gegensatz, Lärm, Zerstreuung, um sich, während die Aufmerksamkeit aller auf andere
Dinge hingelenkt ist, ruhig mit sich selbst beschäftigen zu
können; und was am nächsten um sie her vorgeht, die Töne
der Musik, das laute Gespräch, klingt so fern, daß es ist, als
säße sie für sich allein in einem kleinen Zimmer, der ganzen
Welt entrückt. Und kann sie etwa die Tränen nicht unterdrücken, so ist sie dessen sicher, mißverstanden zu werden,
sie weint sich vielleicht so recht aus; denn wenn man in einer
*ecclesia pressa* lebt, ist es eine rechte Freude, daß der eigene
Gottesdienst in der Erscheinungsweise mit dem öffentlichen
übereinstimmt. Nur den stilleren Umgang fürchtet sie, denn
hier ist sie weniger unbewacht, hier ist es so leicht, einen Miß-
griff zu begehen, so schwer, zu verhindern, daß er bemerkt
wird.

Äußerlich ist also nichts zu bemerken, im Innern aber herrscht
rege Tätigkeit. Dort wird ein Verhör aufgenommen, das
man mit vollem Recht und besonderm Nachdruck ein pein-
liches Verhör nennen darf; alles wird herausgeholt und genau geprüft, seine Gestalt, seine Miene, seine Stimme, seine
Worte. Es soll einem Richter bei solch einem peinlichen Verhör zuweilen schon widerfahren sein, daß er, gefangenge-
nommen von der Schönheit des Angeklagten, das Verhör
unterbrochen und sich außerstande gesehen hat, es fortzusetzen. Das Gericht sieht dem Ergebnis seines Verhörs voller
Erwartung entgegen, aber es bleibt aus, und doch hat dies
seinen Grund nicht etwa darin, daß der Richter seine Pflicht
versäumte; der Schließer kann bezeugen, daß er allnächtlich
erscheint, daß der Angeklagte abgeliefert wird, daß das Verhör mehrere Stunden währt, daß es in seiner Zeit keinen
Richter gegeben hat, der solche Ausdauer besaß. Daraus

schließt das Gericht, daß es eine sehr verwickelte Sache sein müsse. So ergeht es ihr nicht einmal, sondern immer und immer wieder. Alles wird so dargestellt, wie es sich zugetragen hat, verläßlich, das erfordert die Gerechtigkeit und – die Liebe. Der Angeklagte wird zitiert, »dort kommt er, er biegt um die Ecke, er öffnet die Gittertür, seht, wie er eilt, er hat sich nach mir gesehnt, ungeduldig wirft er gleichsam alles beiseite, um so schnell wie möglich zu mir zu kommen, ich höre seine raschen Schritte, rascher als mein Herzschlag, er kommt, da ist er« – und das Verhör – es ist vertagt.

»Großer Gott, dieses kleine Wort, ich habe es mir selber so oft wiederholt, mich seiner unter vielen andern erinnert, doch nie habe ich beachtet, was sich eigentlich dahinter verbirgt. Ja, es erklärt alles, es ist ihm nicht ernst damit, mich zu verlassen, er kehrt zurück. Was ist die ganze Welt gegen dieses kleine Wort; die Menschen sind meiner müde geworden, ich hatte keinen Freund, aber jetzt habe ich einen Freund, einen Vertrauten, ein kleines Wort, das alles erklärt – er kehrt zurück, er schlägt das Auge nicht nieder, er blickt mich halb vorwurfsvoll an, er sagt: Du Kleingläubige, und dieses kleine Wort schwebt wie ein Ölblatt auf seinen Lippen – er ist da« – und das Verhör ist vertagt.

Unter solchen Umständen wird man es ganz in der Ordnung finden, daß es immer mit großen Schwierigkeiten verbunden sein wird, ein Urteil zu sprechen. Daß ein junges Mädchen kein Jurist ist, versteht sich von selbst, aber daraus folgt keineswegs, daß sie nicht ein Urteil sprechen könnte, und doch wird dieses jungen Mädchens Urteil stets so beschaffen sein, daß es auf den ersten Blick zwar ein Urteil, doch zugleich etwas mehr enthält, welches zeigt, daß es kein Urteil ist, und zugleich zeigt, daß im nächsten Augenblick ein völlig entgegengesetztes Urteil gesprochen werden kann. »Er war kein Betrüger; denn um das zu sein, hätte er sich dessen ja von Anfang an bewußt sein müssen; das aber war er nicht, mein Herz sagt mir, er hat mich geliebt.« Wenn man solchermaßen den Begriff eines Betrügers urgieren will, so hat viel-

leicht, alles in allem genommen, nie ein Betrüger gelebt.
Aus diesem Grunde ihn freizusprechen, beweist ein Interesse
für den Angeklagten, das mit strenger Gerechtigkeit unvereinbar ist und auch keinem einzigen Einwand standhält. »Er
war ein Betrüger, ein abscheulicher Mensch, der kalt und
herzlos mich grenzenlos unglücklich gemacht hat. Ehe ich
ihn kannte, da war ich zufrieden. Ja, es ist wahr, ich hatte
keine Vorstellung davon, daß ich so glücklich werden könnte oder daß es einen solchen Reichtum an Freude gäbe, wie
er mich lehrte; aber auch davon hatte ich keine Vorstellung,
daß ich so unglücklich werden könnte, wie er mich gelehrt
hat. Darum will ich ihn hassen, ihn verabscheuen, ihm fluchen. Ja, ich fluche dir, Clavigo, in meiner Seele tiefster Verborgenheit fluche ich dir; niemand darf es wissen, ich kann
nicht zulassen, daß irgendein anderer es tut, denn niemand
hat das Recht dazu außer mir; ich habe dich geliebt wie kein
anderer, aber ich hasse dich auch, denn niemand kennt wie
ich deine Hinterlist. Ihr guten Götter, euer ist die Rache,
doch überlaßt sie mir für eine kleine Weile, ich werde sie
nicht mißbrauchen, ich werde nicht grausam sein. Da will
ich mich in seine Seele schleichen, wenn er eine andre lieben
will, nicht um diese Liebe zu töten, das wäre keine Strafe,
denn ich weiß, er liebt sie ebenso wenig wie mich, er liebt
überhaupt nicht Menschen, er liebt nur die Idee, den Gedanken, seinen mächtigen Einfluß bei Hofe, seine geistige Macht,
lauter Dinge, bei denen mir unvorstellbar ist, wie er sie lieben kann. Das will ich ihm rauben, da soll er meinen Schmerz
kennenlernen. Und wenn er dann der Verzweiflung nahe ist,
da will ich ihm alles wiedergeben, aber mir soll er dafür danken – dann bin ich gerächt.«
»Nein, er war kein Betrüger, er liebte mich nicht mehr, darum hat er mich verlassen, aber das war ja kein Betrug; wäre
er bei mir geblieben, ohne mich zu lieben, dann wäre er ein
Betrüger gewesen, dann hätte ich gleich einem Pensionär
von der Liebe gelebt, die er einst gehabt hat, von seinem
Mitleid gelebt, von den Scherflein, die er mir vielleicht so-

gar reichlich zugeworfen hätte, ihm zur Last gelebt und mir
zur Qual. Feiges, elendes Herz, verachte dich selbst, lerne
groß zu sein, lerne es von ihm; er hat mich inniger geliebt,
als ich mich selbst zu lieben gewußt. Und ich sollte ihm zürnen? Nein, ich will fortfahren, ihn zu lieben, weil seine Liebe stärker war, sein Sinn stolzer als meine Schwachheit und
meine Feigheit. Und vielleicht liebt er mich noch, ja, aus Liebe zu mir hat er mich verlassen.«

»Ja, jetzt habe ich's eingesehen, jetzt zweifle ich nicht mehr,
er war ein Betrüger. Ich sah ihn, seine Miene war stolz und
triumphierend, er übersah mich mit seinem spöttischen Blick.
An seiner Seite ging eine Spanierin, von blühender Schönheit; warum war sie nur so schön – ich könnte sie ermorden –
warum bin ich nicht ebenso schön? Und war ich's nicht – ich
wußte es nicht, aber er hat es mich gelehrt, und warum bin
ich's jetzt nicht mehr? Wer ist schuld daran? Fluch über dich,
Clavigo, wärest du bei mir geblieben, da wäre ich noch
schöner geworden, denn durch dein Wort und deine Beteu-
erungen wuchs meine Liebe und mit ihr meine Schönheit.
Nun bin ich verwelkt, nun gedeihe ich nicht mehr, welche
Kraft hat alle Zärtlichkeit der Welt gegen ein Wort von dir?
O, daß ich wieder schön wäre, daß ich ihm wieder gefallen
möchte, denn darum nur wünsche ich schön zu sein. O, daß
er Jugend und Schönheit nicht mehr zu lieben vermöchte, so
werde ich mich mehr grämen als zuvor, und wer kann sich
grämen wie ich!«

»Ja, er war ein Betrüger. Wie hätte er sonst aufhören können, mich zu lieben? Habe ich denn aufgehört, ihn zu lieben?
Gilt denn nicht das gleiche Gesetz für die Liebe eines Mannes
wie für die einer Frau? Oder soll ein Mann schwächer sein
als die Schwache? Oder hat er sich etwa geirrt, war es etwa
eine Täuschung, daß er mich liebte, eine Täuschung, die verflogen ist wie ein Traum, steht das einem Manne an? Oder
war es eine Unbeständigkeit, ziemt es sich für einen Mann,
unbeständig zu sein? Und warum beteuerte er mir denn am
Anfang, er liebe mich so sehr? Hat Liebe nicht Bestand, was

mag dann bestehn? Ja, Clavigo, du hast mir alles geraubt,
meinen Glauben, meinen Glauben an die Liebe, nicht an deine nur!«

»Er war kein Betrüger. Was ihn fortgerissen hat, weiß ich
nicht; ich kenne nicht diese dunkle Macht; aber es hat ihn
selbst geschmerzt, tief geschmerzt; er wollte mich nicht einweihen in seinen Schmerz, darum tat er, als sei er ein Betrüger. Ja, wenn er sich einem anderen Mädchen verbände, so
würde ich sagen: er war ein Betrüger, so soll keine Macht
der Welt mich von diesem Glauben abbringen; aber das hat
er nicht getan. Vielleicht meint er dadurch, daß er sich den
Anschein eines Betrügers gibt, meinen Schmerz zu vermin-
dern, mich gegen sich zu wappnen. Darum zeigt er sich ab
und zu mit jungen Mädchen, darum blickte er mich jüngst
so spöttisch an, um mich zu reizen und damit mich freizu-
machen. Nein, er war gewiß kein Betrüger, und wie sollte
diese Stimme betrügen können? Sie war so ruhig und doch
so bewegt, als bräche sie sich durch Felsenmassen einen Weg,
so tönte sie aus einem Innern, dessen Tiefe ich kaum zu ahnen vermochte. Kann diese Stimme betrügen? Was ist denn
die Stimme, ist es ein Zungenschlag, ein Geräusch, das man
nach eigenem Belieben erzeugen kann? Irgendwo in der Seele muß sie doch zu Hause sein, einen Geburtsort muß sie doch
haben. Und das hatte sie, im Innersten seines Herzens hatte
sie ihre Heimat, dort hat er mich geliebt, dort liebt er mich.
Freilich, er hatte auch noch eine andere Stimme, die war kalt,
eisig, sie konnte jegliche Freude in meiner Seele morden, jeden wonnevollen Gedanken ersticken, selbst meinen Kuß
kalt und mir selbst zuwider machen. Welches war die wahre? Auf jede Weise konnte er betrügen, aber das fühle ich,
jene bebende Stimme, darin seine ganze Leidenschaft zitterte, war kein Betrug, das ist unmöglich. Die andere war ein
Betrug. Oder es waren böse Mächte, die Gewalt über ihn bekamen. Nein, er war kein Betrüger, diese Stimme, die mich
auf ewig an ihn gefesselt hat, sie ist kein Betrug. Ein Betrüger war er nicht, mag ich ihn auch nie verstehen.«

Niemals wird sie fertig mit ihrem Verhör, niemals auch mit ihrem Urteilsspruch; mit dem Verhör nicht, weil immerzu Stockungen eintreten, mit dem Urteilsspruch nicht, weil er bloß eine Stimmung ist. Wenn also diese Bewegung erst einmal eingesetzt hat, so kann sie beliebig lange fortdauern, und es ist gar kein Ende abzusehen –. Nur ein Bruch kann sie zum Stillstand bringen, und zwar dadurch, daß Marie die ganze Gedankenbewegung unterbricht; das aber kann nicht geschehen, denn der Wille steht immer im Dienste der Reflexion, die der momentanen Leidenschaft Energie verleiht. Wenn also Marie sich bisweilen von dem Ganzen losreißen, es zunichte machen möchte, so ist dies wiederum nur eine Stimmung, eine momentane Leidenschaft, und die Reflexion bleibt immer Siegerin. Eine Mediation ist unmöglich; will Marie so anfangen, daß dieser Anfang irgendwie ein Resultat aus den Operationen der Reflexion ist, so ist sie im selben Augenblick mit fortgerissen. Der Wille muß sich gänzlich indifferent verhalten, muß kraft seines eigenen Wollens beginnen, erst dann kann von einem Anfang die Rede sein. Geschieht dies, so kann sie zwar beginnen, fällt aber völlig aus unserem Interesse heraus, so überlassen wir sie mit Vergnügen den Moralisten oder wer sich sonst ihrer annehmen will, wir wünschen ihr eine rechtschaffene Heirat und verpflichten uns auf ihrem Hochzeitstag zu tanzen, wo dann zum Glück auch der geänderte Name uns vergessen lassen wird, daß es jene Marie Beaumarchais ist, von der wir gesprochen haben.

Jedoch, wir kehren zu Marie Beaumarchais zurück. Das Eigentümliche ihrer Trauer ist, wie oben bemerkt, die Unruhe, die sie hindert, den Gegenstand der Trauer zu finden. Ihr Schmerz kann nicht Stille finden, sie ermangelt des Friedens, der jedem Leben not tut, wenn es sich seine Nahrung zueignen und sich daran erquicken soll; keine Illusion überschattet sie mit ihrer stillen Kühle, wenn sie den Schmerz einsaugt. Sie hat die Illusion der Kindheit verloren, als sie die der Liebe gewann, sie hat die der Liebe verloren, als Clavigo sie betrog; wenn es ihr möglich wäre, die Illusion der Trauer zu gewinnen, so wäre ihr geholfen. Dann würde ihre Trauer zu vollkommener Reife gelangen und sie Ersatz bekommen für den Verlorenen. Aber ihre Trauer will nicht gedeihen, denn sie hat Clavigo nicht verloren, er hat sie betrogen, immer wird diese Trauer ein kleines Kind bleiben mit ihrem Geschrei, ein vater- und mutterloses Kind; denn wäre Clavigo ihr geraubt worden, dann hätte es in der Erinnerung an seine Treue und Liebenswürdigkeit einen Vater und in Mariens Schwärmerei eine Mutter gehabt. Und sie hat nichts, womit sie es aufziehen könnte; denn das Erlebte war zwar schön, hatte aber an sich keine Bedeutung, sondern nur als Vorgeschmack des Zukünftigen. Und hoffen kann Marie nicht, daß dieses Kind des Schmerzes in einen Sohn der Freude sich verwandle, hoffen kann sie nicht, daß Clavigo zurückkehre, denn sie wird nicht die Kraft haben, eine Zukunft zu tragen; sie hat die frohe Zuversicht verloren, mit der sie ihm unerschrocken in den Abgrund gefolgt wäre, und hat statt dessen hundert Bedenken bekommen, sie wäre allenfalls imstande, das Vergangene mit ihm noch einmal zu erleben. Es lag eine Zukunft vor ihr, als Clavigo sie verließ, eine Zukunft so schön, so bezaubernd, daß sie schier ihre Gedanken verwirrte, sie übte dunkel ihre Macht über sie aus. Ihre Metamorphose hatte schon begonnen, da wurde die Entwicklung unterbrochen, ihre Verwandlung zum Stillstand gebracht; ein neues Leben hatte sie geahnt, hatte gespürt, wie seine Kräfte sich in ihr regten, da wurde es gebrochen und sie zurückgestoßen, und es gibt keinen Ausgleich für sie, weder in dieser noch in der zukünftigen Welt. Was kommen sollte, hatte ihr so reich entgegengelächelt und sich gespiegelt in der Illusion ihrer Liebe, und doch war alles so natürlich und so einfach; jetzt hat eine ohnmächtige Reflexion ihr vielleicht zuweilen eine ohnmächtige Illusion vorgemalt, die auf sie selbst zwar keineswegs verlockend, wohl aber für einen Augenblick besänftigend wirkt. So wird die Zeit für sie hingehn, bis sie den Gegenstand ihrer Trauer aufgezehrt hat, der nicht iden-

tisch war mit ihrer Trauer, sondern der Anlaß dazu, daß sie
beständig einen Gegenstand für die Trauer suchte. Wenn ein
Mensch einen Brief besäße, von dem er wüßte oder glaubte,
daß er eine Aufklärung enthalte über das, was er für seines
Lebens Seligkeit ansehen müßte, die Schriftzeichen aber wären fein und blaß, die Handschrift fast unleserlich, so würde
er zwar mit Angst und Unruhe, mit aller Leidenschaft lesen
und wieder lesen und in einem Augenblick den einen Sinn
herausbekommen, im nächsten einen andern, nachdem er,
wenn er mit Bestimmtheit meinte, ein Wort gelesen zu haben, alles nach diesem erklären würde; niemals aber würde
er weiter kommen als bis zu derselben Ungewißheit, mit der
er begann. Er würde starren, immer ängstlicher, doch je
mehr er starrte, um so weniger sähe er; sein Auge würde sich
bisweilen mit Tränen füllen, aber je öfter das geschähe, um
so weniger sähe er; im Laufe der Zeit würde die Schrift blasser und undeutlicher, zuletzt würde das Papier selbst zerfallen, und ihm bliebe nichts als tränenblinde Augen.

### 2. Donna Elvira

Wir lernen dieses Mädchen aus der Oper *Don Juan* kennen,
und es wird für unsere spätere Untersuchung nicht ohne Bedeutung sein, auf die Winke über ihr früheres Leben zu achten, die das Stück enthält. Sie war Nonne, aus dem Frieden
eines Klosters hat *Don Juan* sie herausgerissen. Hiermit wird
die ungeheure Intensität ihrer Leidenschaft angedeutet. Es
war kein albernes Ding aus einem Institut, das in der Schule
das Lieben, auf Bällen das Kokettieren gelernt hat; ob so eine
verführt wird, hat nicht viel zu bedeuten. *Elvira* hingegen ist
in der Zucht des Klosters erzogen worden, doch hat diese
nicht vermocht, die Leidenschaft auszurotten, wohl aber sie
gelehrt, sie zu unterdrücken und dadurch noch heftiger zu
machen, sobald sie nur erst hervorbrechen darf. Sie ist eine
sichere Beute für einen Don Juan; er wird die Leidenschaft
hervorzulocken wissen, wild, unbändig, unersättlich, zu be-

friedigen nur in seiner Liebe. In ihm hat sie alles und das Vergangene ist nichts, verläßt sie ihn, so verliert sie alles, auch
das Vergangene. Sie hat der Welt entsagt, da erschien eine
Gestalt, der sie nicht entsagen kann, und das ist Don Juan.
Von nun an entsagt sie allem, um mit ihm zu leben. Je bedeutsamer das war, was sie verläßt, um so fester muß sie sich
an ihn klammern; je fester sie ihn umschlungen hat, um so
entsetzlicher ist ihre Verzweiflung, wenn er sie verläßt. Ihre
Liebe ist schon von Anfang an eine Verzweiflung; nichts hat
Bedeutung für sie, weder im Himmel noch auf Erden, außer Don Juan.

Im Stück interessiert Elvira uns nur, insoweit ihr Verhältnis
zu Don Juan Bedeutung für ihn hat. Sollte ich diese ihre Bedeutung mit wenigen Worten andeuten, so würde ich sagen,
sie ist Don Juans episches Schicksal, der Komtur ist sein dramatisches Schicksal. Es ist ein Haß in ihr, der Juan in jedem
entlegenen Winkel suchen, eine Feuerflamme, die das finster-
ste Versteck erleuchten wird, und sollte sie ihn dennoch nicht
entdecken, so ist eine Liebe in ihr, die ihn finden wird. Sie
beteiligt sich mit den andern an der Verfolgung Don Juans;
dächte ich mir aber, alle Mächte wären neutralisiert, die Bemühungen seiner Verfolger hätten einander aufgehoben, so
daß Elvira schließlich Don Juan allein gegenüberstünde und
er in ihre Hand gegeben wäre, so würde der Haß sie wappnen, ihn zu ermorden, ihre Liebe aber würde es verbieten,
nicht aus Mitleid, denn dazu ist er ihr zu groß, und also würde sie ihn beständig am Leben erhalten, denn tötete sie ihn,
so tötete sie sich selbst. Wenn in dem Stück also keine anderen Kräfte gegen Don Juan in Bewegung wären als Elvira,
so würde es niemals enden; denn Elvira würde, wenn es
möglich wäre, den Blitz selbst daran hindern, ihn zu treffen,
um sich selber zu rächen, und doch würde sie es wiederum
nicht vermögen, selber Rache zu nehmen. Auf diese Weise
interessiert sie im Stück, wir aber kümmern uns hier nur um
ihr Verhältnis zu Don Juan, insofern es Bedeutung für sie
hat. Sie ist Gegenstand des Interesses vieler, jedoch auf höchst

verschiedene Weise. Don Juan interessiert sich für sie, ehe
das Stück beginnt, der Zuschauer schenkt ihr sein dramatisches Interesse, wir Freunde der Trauer aber, wir begleiten
sie nicht bloß bis zur nächsten Querstraße, nicht bloß den
Augenblick, da sie über die Bühne geht, nein, wir begleiten
sie auf ihren einsamen Wegen.

Don Juan hat also Elvira verführt und hat sie verlassen, das ist
schnell getan, so schnell, »wie ein Tiger eine Lilie knicken
kann«; wenn bei Spanien nur 1003 steht, so kann man daraus
ersehen, daß Don Juan Eile hat, und so einigermaßen die
Schnelligkeit der Bewegung berechnen. Don Juan hat sie
verlassen, aber da ist keine Umgebung, der sie ohnmächtig
in die Arme fallen könnte; sie braucht nicht zu befürchten,
daß die Umgebung sie zu fest umschließen werde, man wird
die Reihen schon zu öffnen wissen, um ihr den Abzug zu erleichtern; sie braucht nicht zu befürchten, daß ihr jemand
ihren Verlust abdisputieren werde, eher wird vielleicht dieser oder jener es übernehmen, ihn zu demonstrieren. Einsam
steht sie und verlassen, und kein Zweifel bringt sie in Versuchung; es ist klar, daß er ein Betrüger war, der ihr alles
geraubt und sie der Schmach und Schande preisgegeben hat.
Das ist, ästhetisch gesprochen, jedoch nicht das Schlimmste
für sie, es rettet sie für eine kleine Weile vor der reflektierten
Trauer, die sicherlich schmerzlicher ist als die unmittelbare.
Das Faktum ist hier unzweifelhaft, und die Reflexion kann
sie nicht bald in dieses, bald in jenes verwandeln. Eine Marie Beaumarchais mag einen Clavigo ebenso heftig geliebt
haben, ebenso wild und leidenschaftlich, hinsichtlich ihrer
Leidenschaft mag es ein reiner Zufall sein, daß das Schlimmste nicht geschehen ist, sie mag beinahe wünschen, daß es geschehen wäre; denn dann hätte die Geschichte doch ein Ende, dann wäre sie weit stärker gegen ihn gerüstet, aber es ist
nicht geschehen. Das Faktum, das sie vor sich hat, ist viel
zweifelhafter, seine eigentliche Beschaffenheit bleibt immer
ein Geheimnis zwischen ihr und Clavigo. Wenn sie an die
kalte Hinterlist denkt, an die schnöde Verständigkeit, die da-

zu gehört, sie so zu betrügen, daß es in den Augen der Welt ein weit milderes Ansehen gewinnt, daß sie jener Teilnahme zum Raube fällt, die da sagt: Nun, Herrgott, die Sache ist doch nicht so gefährlich! so kann es sie empören, sie kann fast wahnsinnig werden bei dem Gedanken an die stolze Überlegenheit, der gegenüber sie doch gar nichts zu bedeuten gehabt, die ihr eine Grenze gesetzt und gesagt hat: Bis hierher und nicht weiter! Und doch, das Ganze läßt sich ja auch auf andere Art erklären, eine schönere Art. Je nachdem aber die Erklärung sich ändert, ändert sich auch das Faktum selbst. Die Reflexion bekommt daher gleich genug zu tun, und die reflektierte Trauer ist unvermeidlich.

Don Juan hat Elvira verlassen, im selben Augenblick steht ihr alles deutlich vor Augen, und kein Zweifel lockt die Trauer in das Sprechzimmer der Reflexion hinein; sie verstummt in ihrer Verzweiflung. Mit einem einzigen Pulsschlag durchströmt die Verzweiflung sie und strömt nach außen, mit einer Glut durchscheint die Leidenschaft sie und wird im Äußeren sichtbar. Haß, Verzweiflung, Rache, Liebe, alles bricht hervor, um sich sichtbarlich zu offenbaren. In diesem Augenblick ist sie malerisch. Die Phantasie zeigt uns darum auch gleich ein Bild von ihr, und das Äußere ist hier nicht in die Indifferenz gesetzt, die Reflexion darüber ist nicht inhaltslos und ihre Tätigkeit nicht ohne Bedeutung, indem sie verwirft und erwählt.

Ob Elvira selber in diesem Moment eine Aufgabe künstlerischer Darstellung sei, ist eine andere Frage, soviel aber ist gewiß, in diesem Augenblick ist sie sichtbar und kann gesehen werden, natürlich nicht in dem Sinne, daß diese oder jene wirkliche Elvira wirklich gesehen werden kann, was doch zumeist damit identisch ist, daß sie nicht gesehen wird, sondern die Elvira, die wir uns denken, ist sichtbar in ihrer Wesentlichkeit. Ob die Kunst imstande ist, den Ausdruck in ihrer Miene derart zu nuancieren, daß die Pointe in ihrer Verzweiflung anschaulich wird, will ich nicht entscheiden; sie aber läßt sich beschreiben, und das Bild, das sich dabei ergibt, ist keine bloße Gedächtnislast, die völlig gleichgültig ist, sondern hat seine Gültigkeit. Und wer hätte Elvira nicht gesehen! An einem frühen Morgen war es, als ich in einer der romantischen Gegenden Spaniens eine Fußwanderung unternahm. Die Natur erwachte, die Bäume des Waldes schüttelten ihre Häupter, und die Blätter rieben sich gleichsam den Schlaf aus den Augen, ein Baum neigte sich zum andern, um zu sehen, ob er schon aufgestanden sei, und der ganze Wald wogte in dem kühlen, frischen Lufthauch; ein leichter Nebel hob sich von der Erde, die Sonne riß ihn fort, als wäre es eine Decke, darunter sie in der Nacht geruht, und schaute nun wie eine liebevolle Mutter auf die Blumen und auf alles, was Leben war, hinab und sagte: Steht auf, liebe Kinder, die Sonne scheint schon. Indem ich in einen Hohlweg einbog, fiel mein Blick auf ein Kloster, das hoch oben auf dem Gipfel des Berges lag, zu dem ein Fußpfad in vielen Windungen hinaufführte. Mein Sinn verweilte dabei, so, dachte ich, steht es da, wie ein Gotteshaus fest auf den Felsen gegründet. Mein Führer berichtete, daß es ein Nonnenkloster sei, bekannt wegen seiner strengen Zucht. Meine Schritte verlangsamten sich, wie meine Gedanken, und wozu sollte man denn auch eilen, wenn man dem Kloster so nahe ist! Vermutlich wäre ich ganz stehen geblieben, wäre ich nicht durch eine rasche Bewegung in meiner Nähe geweckt worden. Unwillkürlich drehte ich mich um: ein Ritter eilte an mir vorüber. Wie war er schön, sein Gang so leicht und doch so kräftig, so königlich und doch so flüchtig, er bog den Kopf herum, um zurückzublicken, sein Antlitz so einnehmend und doch sein Blick so unruhig, es war Don Juan. Eilte er zu einem Stelldichein oder kam er daher? Doch bald war er meinen Augen entschwunden und von meinen Gedanken vergessen, mein Blick heftete sich auf das Kloster. Ich versank wieder in Betrachtung über des Lebens Lust und des Klosters stillen Frieden, da sah ich oben auf dem Berge eine weibliche Gestalt. Eilends hastete sie den Fußpfad hinab, doch der Weg war steil, und es hatte immer den Anschein, als stürze sie den

Berg hinunter. Sie kam näher. Ihr Antlitz war bleich, nur ihr
Auge flammte entsetzlich, ihr Leib war matt, ihr Busen bewegte sich heftig, und doch eilte sie immer schneller, ihre
Locken flatterten aufgelöst im Wind, aber selbst die frische
Morgenluft und ihr rascher Gang waren nicht imstande, ihre
bleichen Wangen zu röten, ihr Nonnenschleier war zerrissen und floh zurück, ihre leichte weiße Tracht würde einem
profanen Blick mancherlei verraten haben, wenn nicht die
Leidenschaft in ihrem Gesicht die Aufmerksamkeit selbst des
verdorbensten Menschen auf sich gelenkt hätte. Sie eilte an
mir vorüber, ich wagte nicht sie anzureden, dazu war ihre
Stirne zu majestätisch, ihr Blick zu königlich, ihre Leidenschaft zu edel. Wohin gehört dieses Mädchen? Ins Kloster?
Sind diese Leidenschaften dort zu Hause? – In die Welt? Diese Tracht – Warum eilt sie so? Tut sie es, um ihre Schmach
und Schande zu verbergen oder um Don Juan einzuholen?
Sie hastet zum Walde hin, und er schließt sich um sie und
verbirgt sie, und ich sehe sie nicht mehr, sondern höre nur
des Waldes Seufzer. Arme Elvira! Sollten die Bäume etwas
erfahren haben – und doch, die Bäume sind besser als die
Menschen, denn die Bäume seufzen und schweigen – die
Menschen flüstern.

In diesem ersten Moment läßt Elvira sich darstellen, und
wenn auch die Kunst sich eigentlich nicht damit befassen
kann, weil es schwierig sein wird, die Einheit eines Ausdrucks
zu finden, die zugleich die Mannigfaltigkeit aller ihrer Leidenschaften in sich schließt, so verlangt die Seele doch, sie zu
sehen. Dies habe ich durch das kleine Bild anzudeuten gesucht, das ich im vorhergehenden hingeworfen habe; denn
es lag nicht etwa in meiner Absicht, damit eine Darstellung
von ihr zu geben, sondern ich wollte andeuten, es gehöre
mit dazu, daß man sie beschreibt, es sei kein launenhafter Einfall von mir, sondern eine gültige Forderung der Idee. Jedoch, dies ist nur ein Moment, und wir müssen daher Elvira
weiter begleiten.

Die Bewegung, die am nächsten liegt, ist eine Bewegung in

der Zeit. Elvira hält sich auf dem im vorhergehenden angedeuteten, fast malerischen Gipfel durch eine Reihe von Zeit-
momenten. Dadurch gewinnt sie dramatisches Interesse. Mit
der Hast, mit der sie an mir vorübereilte, holt sie Don Juan
ein. Das ist auch ganz in der Ordnung, denn zwar hat er sie
verlassen, aber er hat sie in das Tempo seines eigenen Lebens
mit hineingerissen, und sie muß ihn erreichen. Erreicht sie
ihn, wendet ihre ganze Aufmerksamkeit sich wieder nach
außen, und wir erhalten noch nicht die reflektierte Trauer.
Sie hat alles verloren, den Himmel, als sie die Welt gewählt,
die Welt, als sie Don Juan verloren hat. Zu ihm allein kann
sie daher ihre Zuflucht nehmen, nur wenn sie in seiner Nähe
ist, kann sie die Verzweiflung fernhalten, indem sie entweder die inneren Stimmen durch den Lärm des Hasses und der
Erbitterung übertäubt, der jedoch nur dann, wenn Don Juan
persönlich zugegen ist, mit Nachdruck ertönt, oder aber indem sie hofft. Letzteres deutet bereits darauf hin, daß die
Momente der reflektierten Trauer vorhanden sind, aber sie
finden noch nicht die Zeit, sich nach innen zu sammeln.
»Erst muß sie grausam überzeugt werden«, heißt es in *Kruses*
Bearbeitung, aber diese Forderung verrät vollkommen die
innere Disposition. Ist sie durch das Geschehene nicht überzeugt, daß Don Juan ein Betrüger ist, so wird sie es nie sein.
Solange sie aber einen weiteren Beweis fordert, so lange kann
es ihr, durch ein unruhiges, unstetes Leben, fortwährend mit
der Verfolgung Don Juans beschäftigt, gelingen, der inneren Unruhe stiller Verzweiflung zu entgehen. Das Paradox
steht schon vor ihrer Seele, solange sie aber durch äußerliche
Beweise, die nicht das Vergangene erklären, sondern über
Don Juans jetzigen Zustand Auskunft geben sollen, die Seele
in Agitation halten kann, so lange hat sie nicht die reflektierte Trauer. Haß, Erbitterung, Flüche, Bitten, Beschwö-
rungen wechseln ab, aber noch ist ihre Seele nicht in sich zurückgekehrt, um in der Betrachtung, daß sie betrogen worden ist, auszuruhen. Von außen erwartet sie eine Erklärung.
Wenn *Kruse* daher Don Juan sagen läßt:

bist, die du mich verdächtigst,
zu hören nun, zu glauben mir gestimmt,
so kann ich beinah sagen, unwahrscheinlich
ist, die mich zwang, die Ursach usw.,

so muß man sich wohl hüten, etwa zu glauben, daß das, was
in den Ohren des Zuschauers wie Spott klingt, auch auf Elvira solche Wirkung habe. Für sie ist diese Rede ein Labsal;
denn das Unwahrscheinliche fordert sie, und sie will es glauben, eben weil es unwahrscheinlich ist.
Indem wir nun Elvira und Don Juan zusammenstoßen lassen,
haben wir die Wahl, ob Don Juan der Stärkere sein soll oder
Elvira. Ist er der Stärkere, so wird ihr ganzes Auftreten nichts
zu bedeuten haben. Sie fordert »einen Beweis, um grausam
überzeugt zu werden«; er ist galant genug, es an diesem Beweis nicht fehlen zu lassen. Doch sie wird natürlich nicht
überzeugt und fordert einen neuen Beweis; denn das Fordern des Beweises ist eine Linderung, und die Ungewißheit
ein Labsal. Sie ist also schließlich nur noch ein Zeuge mehr
für Don Juans Taten. Wir können uns aber auch Elvira als
die Stärkere denken. Das kommt zwar selten vor, aber aus
Galanterie für das weibliche Geschlecht wollen wir es annehmen. Sie steht also noch in ihrer vollen Schönheit da, denn
zwar hat sie geweint, doch haben die Tränen des Auges
Glanz nicht ausgelöscht; zwar hat sie getrauert, doch hat die
Trauer die Üppigkeit der Jugend nicht ausgezehrt; zwar hat
sie sich gegrämt, doch hat ihr Gram die Lebenskraft der
Schönheit nicht zernagt; zwar ist ihre Wange bleich geworden, dafür aber der Ausdruck auch um so beseelter; zwar
schwebt sie nicht mit der Leichtigkeit kindlicher Unschuld
dahin, doch tritt sie auf mit der energischen Festigkeit weiblicher Leidenschaft. So tritt sie Don Juan entgegen. Sie hat
ihn mehr geliebt als alles auf der Welt, mehr als ihrer Seele
Seligkeit, alles hat sie vertan um seinetwillen, sogar ihre Ehre,
und er wurde untreu. Nun kennt sie nur noch eine Leidenschaft, den Haß, nur einen Gedanken, die Rache. So ist sie
ebenso groß wie Don Juan; denn das Verführen aller Mäd-

chen ist die männliche Entsprechung für jenes Weibliche:
sich einmal von ganzer Seele verführen zu lassen und nunmehr den Verführer zu hassen oder, wenn man so will, zu
lieben mit einer Energie, wie sie kein Eheweib besitzt. So
tritt sie ihm entgegen, es fehlt ihr nicht an Mut, sich gegen
ihn hinauszuwagen, sie ficht nicht für moralische Prinzipien,
sie ficht für ihre Liebe, eine Liebe, die sie nicht auf Achtung
gründet; sie kämpft nicht dafür, seine Gattin zu werden, sie
kämpft für ihre Liebe, und diese begnügt sich nicht mit buß-
fertiger Treue, sie fordert Rache; aus Liebe zu ihm hat sie
ihre Seligkeit weggeworfen, würde sie ihr wieder angeboten,
sie würde sie abermals wegwerfen, um sich zu rächen. Eine
solche Gestalt kann ihre Wirkung auf Don Juan niemals verfehlen. Er weiß, welch ein Genuß darin liegt, den feinsten
Duft der ersten Jugendblüte einzusaugen, er weiß, daß es nur
ein Augenblick ist, und er weiß, was danach kommt, er hat
oft genug diese bleichen Gestalten so schnell verwelken sehen, daß man es fast mit den Augen verfolgen konnte; hier
aber ist das Wunderbare geschehen, die Gesetze für den allgemeinen Gang des Daseins sind durchbrochen, ein junges
Mädchen hat er verführt, aber ihr Leben ist nicht getötet,
ihre Schönheit nicht verblichen, sie ist verwandelt, und ist
schöner denn je. Er kann es nicht leugnen, sie fesselt ihn mehr,
als irgendein Mädchen ihn je gefesselt hat, mehr noch als Elvira; denn die unschuldige Nonne war trotz all ihrer Schönheit doch ein Mädchen wie viele andere, seine Liebe ein
Abenteuer wie manches andere; dieses Mädchen aber ist einzig in seiner Art. Dieses Mädchen ist bewaffnet, sie verbirgt
zwar keinen Dolch an ihrer Brust, aber sie trägt eine Rü-
stung, nicht sichtbar, denn ihr Haß wird nicht durch Reden
und Deklamationen befriedigt, sondern unsichtbar, und das
ist ihr Haß. Don Juans Leidenschaft erwacht, sie muß ihm
noch einmal gehören, doch es geschieht nicht. Ja, wäre es ein
Mädchen, das seine Niedertracht kennte, das ihn haßte, obwohl es nicht selbst von ihm betrogen worden wäre, dann
würde Don Juan siegen; dieses Mädchen aber kann er nicht

gewinnen, alle seine Verführung ist machtlos. Und wäre seine Stimme noch einschmeichelnder, als sie schon ist, und wären seine Anläufe noch listiger, als sie schon sind, er würde sie nicht rühren, und wenn die Engel für ihn bäten, die Mutter Gottes bei der Hochzeit Brautjungfer wäre, es wäre vergebens. Wie *Dido* selbst in der Unterwelt sich von *Aeneas*, der ihr untreu wurde, abwendet, so wird sie zwar nicht sich von ihm abwenden, aber sich gegen ihn wenden, kälter noch als Dido.

Doch dieses Zusammentreffen *Elviras* mit Don Juan ist nur ein Durchgangsmoment, sie geht über die Bühne, der Vorhang fällt; wir aber, liebe *Συμπαρανεχρωμενοι*, wir schleichen ihr nach, denn jetzt erst wird sie recht eigentlich Elvira. Solange sie in Don Juans Nähe ist, ist sie von Sinnen, wenn sie zu sich kommt, so gilt es, das Paradox zu denken. Einen Widerspruch zu denken, soll trotz allen Versicherungen der neueren Philosophie und dem tollkühnen Mut ihrer jungen Zucht immer mit großen Schwierigkeiten verbunden sein. Einem jungen Mädchen wird man zwar verzeihen, wenn sie es schwierig findet, und doch ist es diese Aufgabe, die ihr gestellt ist: zu denken, daß der, den sie liebt, ein Betrüger sei. Das hat sie mit *Marie Beaumarchais* gemeinsam, gleichwohl besteht ein Unterschied in der Art, wie sie, jede für sich, zum Paradox gelangen. Das Faktum, an das Marie anzuknüpfen hatte, war in sich so dialektisch, daß die Reflexion es sofort mit ihrer ganzen Konkupiszenz ergreifen mußte. In bezug auf Elvira scheint der tatsächliche Beweis, daß Don Juan ein Betrüger sei, so evident, daß nicht leicht ersichtlich ist, wie die Reflexion hier einen Ansatzpunkt finden kann. Sie packt die Sache daher von einer andern Seite an. Elvira hat alles verloren, und doch liegt ein ganzes Leben noch vor ihr, und ihre Seele verlangt einen Zehrpfennig zum Leben. Hier zeigen sich nun zwei Möglichkeiten: entweder sich ethischen und religiösen Bestimmungen zu unterwerfen, oder ihre Liebe zu Don Juan zu bewahren. Tut sie das erstere, so steht sie außerhalb unseres Interesses, wir lassen sie mit Vergnügen in

ein Magdalenenstift oder wohin sie sonst will, abtreten. Indessen wird auch dies ihr vermutlich schwerfallen, denn damit es ihr möglich werde, muß sie erst verzweifeln; sie hat
einmal das Religiöse gekannt, und das zweitemal stellt es
große Ansprüche. Das Religiöse ist überhaupt eine Macht,
mit der sich einzulassen gefährlich ist, sie ist eifersüchtig auf
sich selbst und läßt ihrer nicht spotten. Als Elvira das Kloster
wählte, da fand ihre stolze Seele vielleicht reiche Befriedigung darin, denn man sage, was man wolle, kein Mädchen
macht doch eine so brillante Partie wie die, welche sich mit
dem Himmel vermählt; jetzt dagegen, jetzt soll sie bußfertig
zurückwandern in Reue und Zerknirschung. Dazu kommt,
daß es immerhin fraglich bleibt, ob sie je einen Priester findet, der mit gleichem Nachdruck das Evangelium der Reue
und Zerknirschung zu verkündigen vermag, wie Don Juan
die frohe Botschaft der Lust verkündigt hat. Um sich also
vor dieser Verzweiflung zu retten, muß sie an Don Juans
Liebe festhalten, was ihr um so leichter fällt, als sie ihn doch
noch immer liebt. Ein Drittes ist undenkbar; denn daß sie
sich mit der Liebe eines anderen Menschen sollte trösten können, das wäre doch das Allerschrecklichste. Um ihrer selbst
willen also muß sie Don Juan lieben, die Notwehr gebietet
es; und dies ist der Sporn der Reflexion, der sie zwingt, auf
dieses Paradox zu starren: ob sie ihn lieben könne, ungeachtet dessen, daß er sie betrogen hat. Immer, wenn die Verzweiflung sie packen will, flüchtet sie sich in die Erinnerung
an Don Juans Liebe, und um sich an diesem Zufluchtsort
recht wohlzufühlen, ist sie versucht, sich vorzustellen, daß
er gar kein Betrüger sei, mag sie dies auch auf verschiedene
Weise tun; denn die Dialektik einer Frau ist merkwürdig,
und nur wer Gelegenheit zu Beobachtungen gehabt hat, nur
der kann sie nachmachen, wohingegen selbst der größte Dialektiker, der je gelebt hat, sich darüber, wie sie hervorzubringen sei, um den Verstand spekulieren könnte. Ich habe indessen das Glück gehabt, ein paar ganz ausgezeichnete Exem-
plare zu kennen, mit denen ich einen vollständigen dialekti-

schen Kursus durchgemacht habe. Sonderbar, eigentlich sollte man meinen, sie am ehesten in der Hauptstadt zu finden: denn der Lärm und die Volksmenge verbergen vieles, dem ist jedoch keineswegs so, das heißt, sofern man edle Spezies wünscht. In den Provinzen, in Kleinstädten, auf Herrenhöfen trifft man die schönsten. Die, an welche ich in erster Linie denke, war eine schwedische Dame, ein adliges Fräulein. Ihr erster Liebhaber kann sie nicht mit größerer Heftigkeit begehrt haben, als ich, ihr zweiter Liebhaber, mich bemühte, den Gedankengang ihres Herzens zu verfolgen. Indessen schulde ich der Wahrheit das Eingeständnis, daß nicht mein Scharfsinn und meine Klugheit mich auf die Spur geführt haben, sondern ein zufälliger Umstand, den hier zu erzählen zu weitläufig sein würde. Sie hatte in *Stockholm* gelebt, dort hatte sie einen französischen Grafen kennengelernt, dessen treuloser Liebenswürdigkeit sie zum Opfer fiel. Noch steht sie lebendig vor mir. Als ich sie das erste Mal sah, machte sie eigentlich keinen Eindruck auf mich. Sie war noch schön, von einem stolzen und vornehmen Wesen, sie sprach nicht viel, und ich wäre vermutlich genauso klug wieder abgereist, wie ich gekommen war, wenn nicht ein Zufall mich zum Mitwisser ihres Geheimnisses gemacht hätte. Von dem Augenblick an gewann sie Bedeutung für mich; sie bot mir ein so lebendiges Bild einer Elvira, daß ich es nicht müde werden konnte, sie anzusehen. Eines Abends war ich in einer größeren Gesellschaft mit ihr zusammen, ich war vor ihr gekommen, hatte schon etwas gewartet, da trat ich ans Fenster, um zu sehen, ob sie nicht komme, und einen Augenblick später hielt ihr Wagen vor der Tür. Sie stieg aus, und schon ihre Kleidung machte einen sonderbaren Eindruck auf mich. Sie trug einen dünnen und leichten Seidenmantel, ähnlich dem Domino, in dem Elvira in der Oper beim Ball erscheint. Sie trat mit einer vornehmen Würde ein, die wirklich imponierte, angetan mit einem schwarzseidenen Kleid, sie war äußerst geschmackvoll gekleidet und doch ganz schlicht, kein Schmuck zierte sie, ihr Hals war unbedeckt, und da ihre Haut

weißer war als Schnee, habe ich nicht leicht einen schöneren
Gegensatz gesehen wie den zwischen ihrem schwarzen Sei-
denkleid und ihrem weißen Busen. Einen bloßen Hals sieht
man oft genug, sehr selten aber sieht man ein Mädchen, das
wirklich einen Busen hat. Sie verneigte sich vor der ganzen
Gesellschaft, und als dann der Hausherr hinzutrat, um sie zu
begrüßen, verneigte sie sich sehr tief vor ihm, aber obgleich
ihre Lippen sich zu einem Lächeln öffneten, hörte ich doch
kein Wort von ihr. Für mich war ihr Verhalten in höchstem
Grade wahr, und ich, der ich ihr Mitwisser war, wandte im
stillen jene Worte auf sie an, die vom Orakel gesagt sind:
οὔτε λεγει οὔτε κρυπτει, ἀλλα σημαινει. Von ihr habe ich viel
gelernt und unter anderem auch jene Beobachtung bestätigt
gefunden, die ich des öfteren gemacht habe, daß Menschen,
die eine geheime Trauer in sich tragen, im Laufe der Zeit ein
einzelnes Wort oder einen einzelnen Gedanken finden, mit
dem sie für sich und für den einzelnen, den sie darin eingeweiht haben, alles bezeichnen können. Ein solches Wort oder
ein solcher Gedanke ist gleichsam ein Diminutivum im Verhältnis zu der Weitläufigkeit der Trauer, ein Kosename
gleichsam, dessen man sich im täglichen Leben bedient. Oft
steht es in einer völlig zufälligen Beziehung zu dem, was es
bezeichnen soll, und verdankt seine Entstehung fast immer
einem Zufall. Nachdem ich ihr Vertrauen gewonnen hatte,
nachdem es mir gelungen war, ihr Mißtrauen gegen mich
zu überwinden, weil ein Zufall sie in meine Macht gegeben,
nachdem sie mir alles erzählt hatte, durchlief ich oft mit ihr
die ganze Skala der Stimmungen. War sie jedoch nicht dazu
aufgelegt und wollte mir trotzdem andeuten, daß ihre Seele
mit der Trauer beschäftigt sei, dann faßte sie mich bei der
Hand, sah mich an und sagte: *Ich* war schlanker als eine Tanne, *er* herrlicher als die Zeder auf dem Libanon. Woher sie
diese Worte hatte, weiß ich nicht: aber ich bin überzeugt,
wenn Charon dermaleinst mit seinem Nachen kommt, um
sie in die Unterwelt überzusetzen, so wird er in ihrem Munde nicht den befohlenen Obolus finden, sondern diese Wor-

te auf ihren Lippen: Ich war schlanker als eine Tanne, er herrlicher als die Zeder auf dem Libanon!

Elvira kann Don Juan also nicht entdecken und muß nun zusehen, allein aus der Verwicklung ihres Lebens herauszufinden, sie muß zu sich selbst kommen. Sie hat die Umgebung
gewechselt, und somit ist auch die Hilfe ferngerückt, die doch
vielleicht etwas dazu beigetragen haben würde, die Trauer
nach außen zu locken. Ihre neue Umgebung weiß nichts von
ihrem früheren Leben, ahnt nichts; denn ihr Äußeres hat
nichts Auffälliges oder Merkwürdiges, kein Zeichen der
Trauer, kein Schild, das den Leuten anzeigt, daß hier getrauert wird. Sie vermag jeden Ausdruck zu beherrschen, denn
der Verlust ihrer Ehre kann es sie wohl lehren; und mag sie
auch auf das Urteil der Menschen keinen großen Wert legen,
so kann sie sich doch wenigstens ihr Beileid verbitten. So ist
nun alles in der Ordnung, und sie kann ziemlich sicher darauf rechnen, durchs Leben zu gehen, ohne bei dem neugierigen Haufen, der im allgemeinen ebenso dumm wie neugierig ist, Verdacht zu erregen. Sie ist also in rechtmäßigem und
unbeanstandetem Besitz ihrer Trauer, und nur wenn sie das
Pech haben sollte, mit einem Schmuggler von Profession zu-
sammenzustoßen, nur dann hat sie eine nähere Visitation zu
befürchten. Was mag wohl in ihrem Innern vorgehen? Trauert sie? Und ob! Wie aber soll man diese Trauer bezeichnen? Ich möchte sie Nahrungssorge nennen; denn des Menschen Leben besteht ja doch nicht allein im Essen und Trinken, auch die Seele verlangt ihren Unterhalt. Sie ist noch
jung, und doch ist ihr Lebensvorrat schon verbraucht, aber
daraus folgt nicht etwa, daß sie stirbt. In dieser Hinsicht sorgt
sie täglich für den anderen Morgen. Sie kann es nicht lassen,
ihn zu lieben, und doch hat er sie betrogen; hat er sie aber
betrogen, so hat ihre Liebe ja ihre nährende Kraft eingebüßt.
Ja, hätte er sie nicht betrogen, hätte eine höhere Macht ihn
weggerafft, dann wäre sie ja so wohlversorgt, wie ein Mädchen es sich nur wünschen kann; denn die Erinnerung an
Don Juan wäre bedeutend mehr als so mancher lebendige

Ehemann. Wenn sie aber ihre Liebe aufgibt, so ist sie ja an
den Bettelstab gebracht, so muß sie ins Kloster zurückkehren, zu Schimpf und Schande. Ja, könnte sie sich dafür noch
seine Liebe wiederkaufen! So lebt sie dahin. Diesen heutigen
Tag meint sie es noch aushalten zu können, es ist noch ein
Rest da zum Leben; aber vor dem nächsten Tag fürchtet sie
sich. Da überlegt sie immer und immer wieder, jeden Ausweg ergreift sie, und doch findet sie keinen, und so kommt
sie nie zu einer zusammenhängenden und gesunden Trauer,
weil sie immer nur danach sucht, wie sie trauern soll.

»Vergessen will ich ihn, sein Bild aus meiner Seele reißen, er-
forschen will ich mich selbst als ein verzehrend Feuer, und
jeder Gedanke, der ihm gehört, soll ausgebrannt werden, erst
dann kann ich gerettet werden, es ist Notwehr, reiße ich nicht
jeden, selbst den entferntesten Gedanken an ihn heraus, so bin
ich verloren, nur so kann ich mich selbst schützen. Mich selbst
– was ist dieses mein Selbst, Jammer und Elend, meiner ersten
Liebe bin ich untreu geworden, und nun sollte ich es wieder-
gutmachen, indem ich auch meiner zweiten untreu werde?«

»Nein, ich will ihn hassen, darin allein kann meine Seele Befriedigung finden, darin allein finde ich Ruhe und Beschäftigung. Einen Fluchkranz will ich flechten aus allem, was
mich an ihn erinnert, und für jeden Kuß sage ich: verflucht
seist du, und für jede Umarmung: zehnmal verflucht seist
du, und für jeden Liebesschwur werde ich schwören, daß ich
ihn hassen will. Das soll mein Beruf sein, meine Arbeit, dem
weihe ich mich; vom Kloster her bin ich ja gewohnt, meinen Rosenkranz zu beten, und so werde ich dennoch eine
Nonne, die von früh bis spät betet. Oder sollte ich mich damit begnügen, daß er mich einmal geliebt hat? Ich sollte vielleicht ein kluges Mädchen sein, das ihn nicht mit stolzer Verachtung wegwürfe, nun da ich weiß, daß er ein Betrüger ist,
ich sollte vielleicht eine gute Hausfrau sein, die haushälterisch
mit dem Wenigen umzugehen wüßte, daß es so lange reichte wie nur möglich. Nein, ich will ihn hassen, nur dadurch
kann ich mich von ihm losreißen und mir selbst beweisen,

daß ich ihn nicht nötig habe. Aber schulde ich ihm denn nichts, wenn ich ihn hasse? Lebe ich denn nicht von ihm? Denn was nährte wohl meinen Haß, wenn nicht meine Liebe zu ihm?«

»Er war kein Betrüger, er hatte keine Vorstellung davon, was eine Frau leiden kann. Hätte er sie gehabt, so hätte er mich nicht verlassen. Er war ein Mann, war sich selbst genug. Ist das denn ein Trost für mich? Allerdings, denn mein Leiden und meine Qual beweisen mir, wie glücklich ich gewesen bin, so glücklich, daß er keine Vorstellung davon hat. Warum klage ich denn, weil ein Mann nicht ist wie eine Frau, nicht so glücklich wie sie, wenn sie glücklich ist, nicht so unglücklich wie sie, wenn sie grenzenlos unglücklich ist, weil ihr Glück ohne Grenze war.«

»Hat er mich betrogen? Nein! Hatte er mir etwas versprochen? Nein! Mein Juan war kein Freier; kein armseliger Hühnerdieb, für dergleichen würdigt eine Nonne sich nicht herab. Er hielt nicht um meine Hand an, er reichte mir die seine, ich ergriff sie, er sah mich an, ich war sein, er öffnete seine Arme, ich gehörte ihm. Ich schmiegte mich an ihn, wie eine Pflanze schlang ich mich um ihn, ich lehnte meinen Kopf an seine Brust und schaute in dieses allmächtige Antlitz, mit dem er die Welt beherrschte und das doch auf mir ruhte, als wäre ich die ganze Welt für ihn; wie ein Kind an der Mutterbrust saugte ich Fülle und Reichtum und Seligkeit ein. Kann ich mehr verlangen? War ich nicht sein? War er nicht mein? Und wenn er es nicht war, war ich darum weniger sein? Als die Götter noch auf Erden wandelten und sich in Frauen verliebten, blieben sie da den Geliebten treu? Und doch kommt niemand auf den Gedanken zu sagen, sie hätten sie betrogen! Und warum nicht? Weil man will, daß ein Mädchen stolz darauf sei, von einem Gott geliebt worden zu sein. Und was sind schon alle Götter des Olymps gegen meinen Juan? Und ich sollte nicht stolz sein, ich sollte ihn herabwürdigen, ich sollte ihn in meinen Gedanken beleidigen, sollte ihnen erlauben, ihn in die engen elenden Gesetze zu

zwängen, die für gewöhnliche Menschen gelten? Nein, ich
will stolz darauf sein, daß er mich geliebt hat, er war größer
als Götter, und ich will ihn ehren, indem ich mich selber zu
nichts mache. Ihn lieben will ich, weil er mir gehörte, ihn
lieben, weil er mich verließ, und noch immer bin ich sein,
und ich will bewahren, was er verschwendet.«

»Nein, ich kann nicht an ihn denken; sooft ich mich seiner
erinnern will, sooft mein Gedanke sich dem Versteck meiner Seele nähert, wo sein Andenken wohnt, ist es, als begin-
ge ich eine neue Sünde; ich fühle eine Angst, eine unsägliche
Angst, eine Angst gleich der, die ich im Kloster empfand,
wenn ich in meiner einsamen Zelle saß und ihn erwartete,
und die Gedanken mich erschreckten: die strenge Verachtung der Priorin, die furchtbare Strafe des Klosters, mein Frevel gegen Gott. Und gehörte diese Angst denn nicht mit dazu? Was wäre meine Liebe zu ihm ohne sie? Er war mir ja
nicht angetraut, wir hatten nicht den Segen der Kirche empfangen, die Glocke hatte nicht für uns geläutet, die Hymne
war nicht erklungen, und doch, was wäre alle Musik und
Festlichkeit der Kirche, wie sollte sie mich zu stimmen vermögen im Vergleich zu dieser Angst! – Doch da kam er, und
die Disharmonie der Angst löste sich auf in die Harmonie se-
ligster Geborgenheit, und nur leise Zuckungen bewegten
wollüstig meine Seele. Sollte ich da diese Angst fürchten, erinnert sie mich nicht an ihn, ist sie nicht die Ankündigung
seines Kommens? Wenn ich mich seiner erinnern könnte
ohne diese Angst, so erinnerte ich mich seiner ja nicht. Er
kommt, er gebietet Stille, er beherrscht die Geister, die mich
von ihm reißen wollen, ich bin sein, selig in ihm.« –
Dächte ich mir einen Menschen, der in Seenot, unbeküm-
mert um sein Leben, an Bord bleibt, weil da etwas wäre,
was er retten möchte und nicht retten könnte, weil er unschlüssig wäre, was er retten sollte, so habe ich ein Bild von
*Elvira;* sie ist in Seenot, ihr Untergang naht heran, aber das
kümmert sie nicht, das bemerkt sie nicht, sie ist unschlüssig,
was sie retten soll.

## 3. Gretchen

Wir kennen dieses Mädchen aus *Goethes Faust*. Es war ein
bürgerliches kleines Mädchen, nicht, wie *Elvira*, für ein Kloster bestimmt; jedoch erzogen in der Furcht des Herrn, wenngleich ihre Seele noch zu kindlich war, den Ernst zu empfinden, wie Goethe so unvergleichlich sagt:

> Halb Kinderspiel,
> Halb Gott im Herzen.

Was wir an diesem Mädchen besonders lieben, ist die holde
Einfalt und Demut ihrer reinen Seele. Gleich als sie Faust zum
erstenmal erblickt, fühlt sie sich allzu gering, um von ihm
geliebt zu werden, und nicht aus Neugierde, um zu erfahren, ob Faust sie liebe, zupft sie die Blätter von der Stern-
blume, sondern aus Demut, weil sie sich zu gering fühlt, um
zu wählen, und darum unter den Orakelspruch einer rätselhaften Macht sich beugt. Ja, liebenswürdiges Gretchen! Goethe hat es verraten, wie du die Blätter abzupftest und die
Worte sprachst: Er liebt mich, liebt mich nicht; armes Gretchen, du kannst mit diesem Spiel ja fortfahren und bloß die
Worte verändern: Er hat mich betrogen, hat mich nicht betrogen; du kannst ja ein kleines Stück Land mit dieser Art
Blumen bebauen, und deine Hände haben Arbeit dein Leben lang.
Man hat die Bemerkung gemacht, es sei auffallend, daß, während die Don-Juan-Sage von 1003 Verführten allein in Spanien berichtet, die Faust-Sage nur von einem einzigen verführten Mädchen spricht. Es wird wohl der Mühe verlohnen,
diese Beobachtung nicht zu vergessen, da sie für das Folgende von Bedeutung sein wird, uns leiten wird, das Eigentümliche an Gretchens reflektierter Trauer zu bestimmen.
Auf den ersten Blick könnte es nämlich den Anschein haben,
als bestünde zwischen *Elvira* und *Gretchen* lediglich ein Unterschied wie zwischen zwei verschiedenen Individualitäten,
die das gleiche erlebt haben. Der Unterschied ist indessen

weit wesentlicher, jedoch nicht so sehr begründet in der Verschiedenheit der weiblichen Wesen als in der wesentlichen Verschiedenheit, die zwischen einem *Don Juan* und einem *Faust* statthat. Schon von Anfang an muß zwischen einer Elvira und einem Gretchen ein Unterschied bestehen, insofern ein Mädchen, das einen Faust affizieren soll, sich wesentlich von einem Mädchen unterscheiden muß, das einen Don Juan affiziert; ja, selbst wenn ich mir dächte, daß das gleiche Mädchen beider Aufmerksamkeit beschäftige, würde es doch etwas anderes sein, wovon der eine als wovon der andere sich angezogen fühlte. Der Unterschied, der solchermaßen nur als eine Möglichkeit vorhanden wäre, wird, indem er zu einem Don Juan oder einem Faust in Beziehung gebracht wird, sich zu einer vollständigen Wirklichkeit entwickeln. Denn zwar ist Faust eine Reproduktion Don Juans; eben dies aber, daß er eine Reproduktion ist, macht ihn selbst in dem Lebensstadium, in welchem man ihn einen Don Juan nennen könnte, wesentlich von diesem verschieden; denn ein anderes Stadium reproduzieren heißt ja nicht, es bloß werden, sondern es werden mit allen Momenten des vorhergehenden Stadiums in sich. Mag er darum auch dasselbe begehren wie ein Don Juan, so begehrt er es doch auf eine andere Art. Damit er es aber auf eine andere Art begehren könne, muß es auch auf eine andere Art da sein. Es sind Momente in ihm, die seine Methode zu einer andern machen, so wie auch in Gretchen Momente sind, die eine andere Methode erfordern. Seine Methode hängt wiederum von seiner Lust ab, und seine Lust ist eine andere als die Don Juans, mag auch eine wesentliche Ähnlichkeit zwischen ihnen bestehen. Man meint im allgemeinen etwas sehr Gescheites zu sagen, wenn man hervorhebt, daß Faust am Ende ein Don Juan werde, und doch ist damit sehr wenig gesagt; denn worum es geht, ist die Frage, in welchem Sinne er es wird. Faust ist ein Dämon wie Don Juan auch, ein höherer jedoch. Das Sinnliche gewinnt erst Bedeutung für ihn, nachdem er eine ganze vorhergehende Welt verloren hat, aber das Bewußtsein dieses

Verlustes ist nicht ausgetilgt, es ist beständig da, und er sucht
daher im Sinnlichen nicht so sehr Genuß als Zerstreuung.
Seine zweifelnde Seele findet nichts, worauf sie sich ausruhen kann, und nun ergreift er die Liebe, nicht weil er an sie
glaubt, sondern weil sie ein präsentisches Moment hat, in
dem für einen Augenblick Ruhe ist, und ein Streben, das
zerstreut und die Aufmerksamkeit von der Nichtigkeit des
Zweifels ablenkt. Seine Lust hat darum nicht jene Heiterkeit,
die einen Don Juan auszeichnet. Sein Antlitz ist nicht lächelnd, seine Stirne nicht unbewölkt und die Freude ist nicht
seine Begleiterin; die jungen Mädchen tanzen nicht in seine
Umarmung, sondern er ängstigt sie zu sich her. Was er
sucht, ist darum nicht allein die Lust der Sinnlichkeit, sondern was er begehrt, ist die Unmittelbarkeit des Geistes. Wie
die Schatten der Unterwelt, wenn sie einen Lebenden zu fassen bekamen, ihm das Blut aussaugten und nun so lange lebten, wie dieses Blut sie wärmte und nährte, so sucht Faust
ein unmittelbares Leben, durch das er sich verjüngen und
stärken kann. Und wo fände man dies besser als bei einem
jungen Mädchen, und wie könnte er es vollkommener einsaugen als in der Liebesumarmung? Wie das Mittelalter von
Zauberern spricht, die einen Verjüngungstrunk zu bereiten
wußten und dazu das Herz eines unschuldigen Kindes brauchten, so ist es diese Stärkung, dessen seine ausgemergelte Seele
bedarf, das einzige, das ihn für einen Augenblick zu sättigen
vermag. Seine kranke Seele bedarf dessen, was man eines
jungen Herzens erstes Grün nennen könnte; und womit
sonst sollte ich die erste Jugend einer unschuldigen weiblichen
Seele vergleichen? Sagte ich, sie sei wie eine Blume, so sagte
ich zuwenig; denn sie ist mehr, sie ist ein Blühen; Gesundheit der Hoffnung, des Glaubens und des Vertrauens sprießt
und blüht in reicher Mannigfaltigkeit, und leise Sehnsüchte
bewegen die zarten Triebe, und die Träume schatten über
ihre Fruchtbarkeit. So bewegt sie einen Faust, sie winkt seiner unruhigen Seele wie eine Insel des Friedens im stillen
Meer. Daß es vergänglich ist, weiß niemand besser als Faust;

er glaubt nicht daran, ebensowenig wie an etwas anderes; aber daß es da ist, davon überzeugt er sich in der Liebesumarmung. Einzig die Fülle der Unschuld und der Kindlichkeit vermag ihn für einen Augenblick zu erquicken.

In Goethes Faust läßt *Mephistopheles* ihn Gretchen in einem Spiegel sehen. Sein Auge ergötzt sich an ihrer Beschauung, doch ist es nicht ihre Schönheit, was er begehrt, mag er sie auch mitnehmen. Was er begehrt, ist die reine, ungetrübte, reiche, unmittelbare Freude einer weiblichen Seele, doch begehrt er dies nicht geistig, sondern sinnlich. Er begehrt also in gewissem Sinne so wie Don Juan, begehrt aber dennoch ganz anders. Hier würde vielleicht irgendein Privatdozent, der sich überzeugt hielte, ein Faust gewesen zu sein, da er es ja sonst unmöglich zum Privatdozenten hätte bringen können, bemerken, daß Faust von dem Mädchen, das seine Begierde erregen soll, geistige Entwicklung und Bildung verlange. Vielleicht würde eine größere Zahl von Privatdozenten finden, daß dies eine vortreffliche Bemerkung sei, und ihre respektiven Frauen und Bräute würden Beifall nicken. Indessen ist es völlig danebengeschossen; denn nichts würde Faust weniger begehren. Ein sogenanntes gebildetes Mädchen läge innerhalb der gleichen Relativität wie er selbst und hätte dessenungeachtet keinerlei Bedeutung für ihn, wäre gar nichts. Sie würde vielleicht durch ihr bißchen Bildung diesen alten Magister des Zweifels dazu verlocken, sie mit auf den Strom hinaus zu nehmen, wo sie denn bald verzweifeln würde. Ein junges unschuldiges Mädchen hingegen liegt innerhalb einer anderen Relativität und ist daher in gewissem Sinne nichts gegenüber Faust und doch in anderem Sinne ungeheuer viel, da sie Unmittelbarkeit ist. Nur in dieser Unmittelbarkeit ist sie ein Ziel seiner Begierde, und darum sagte ich, er begehre die Unmittelbarkeit nicht geistig, sondern sinnlich.

All das hat Goethe durchaus erkannt, und deshalb ist Gretchen ein bürgerliches kleines Mädchen, ein Mädchen, das man beinahe versucht sein könnte unbedeutend zu nennen.

Wir wollen nun, da es im Hinblick auf Gretchens Trauer von Wichtigkeit ist, ein wenig näher überlegen, wie Faust wohl auf sie gewirkt haben mag. Die einzelnen Züge, die Goethe hervorgehoben hat, haben natürlich großen Wert; aber dennoch glaube ich, daß man um der Vollständigkeit willen sich eine kleine Modifikation denken muß. In ihrer unschuldigen Einfalt merkt Gretchen bald, daß es mit Faust hinsichtlich des Glaubens nicht richtig bewandt ist. Bei Goethe erscheint dies in einer kleinen Katechisationsszene, die unleugbar eine vortreffliche Erfindung des Dichters darstellt. Die Frage ist nun, welche Folgen diese Examination für ihr Verhältnis zueinander haben mag. Faust erweist sich als der Zweifler, und es scheint, als ob Goethe, da er diesbezüglich nichts Näheres andeutet, Faust auch gegenüber Gretchen einen Zweifler hat bleiben lassen wollen. Er hat sich bemüht, ihre Aufmerksamkeit von allen derartigen Untersuchungen abzulenken und sie einzig und allein auf die Realität der Liebe zu heften. Aber teils glaube ich, daß Faust dies schwerfallen würde, da das Problem sich nun einmal ergeben hat, teils glaube ich, daß es psychologisch nicht richtig ist. Um Fausts willen werde ich bei diesem Punkt nicht näher verweilen, wohl aber um Gretchens willen; denn wenn er sich ihr nicht als Zweifler gezeigt hat, hat ihre Trauer ein Moment mehr. Faust ist also Zweifler, aber er ist kein eitler Narr, der sich damit wichtig machen will, daß er an dem zweifelt, woran andere glauben; sein Zweifel hat einen objektiven Grund in ihm. Das sei zu Fausts Ehre gesagt. Sobald er jedoch seinen Zweifel andern gegenüber geltend machen will, kann sich leicht eine unreine Leidenschaft einmischen. Sobald der Zweifel andern gegenüber geltend gemacht wird, liegt darin ein Neid, der sich freut, ihnen zu entreißen, was sie für sicher hielten. Damit aber diese Leidenschaft des Neides bei dem Zweifler geweckt werde, muß bei dem betreffenden Individuum von einem Widerstand die Rede sein können. Wo davon entweder keine Rede sein kann oder wo es sogar unschön wäre, ihn zu denken, hört

die Versuchung auf. Letzteres ist bei einem jungen Mädchen
der Fall. Ihr gegenüber befindet ein Zweifler sich immer in
Verlegenheit. Ihr ihren Glauben zu entreißen, ist keine Aufgabe für ihn; vielmehr fühlt er, daß sie allein durch diesen
Glauben das Große ist, das sie ist. Er fühlt sich gedemütigt;
denn es liegt in ihr ein natürlicher Anspruch an ihn, ihr Ver-
sorger zu sein, sofern sie selbst wankend geworden ist. Ja,
ein Stümper von einem Zweifler, ein Halbwisser, der möchte wohl eine Befriedigung darin finden, einem jungen Mädchen ihren Glauben zu entreißen, eine Freude daran, Frauen
und Kindern angst zu machen, da er Männer nicht schrecken
kann. Doch das gilt nicht von Faust; dazu ist er zu groß. Mit
Goethe kann man also darin einig sein, daß Faust beim
erstenmal seinen Zweifel verrät, hingegen aber glaube ich
kaum, daß es ihm ein zweites Mal passieren wird. Dies ist
von großer Wichtigkeit im Hinblick auf die Auffassung
Gretchens. Faust sieht leicht, daß Gretchens ganze Bedeutung auf ihrer unschuldigen Einfalt beruht; wird ihr diese
genommen, so ist sie an sich nichts, für ihn nichts. Diese
Einfalt muß also bewahrt werden. Er ist Zweifler, aber als
solcher hat er alle Momente des Positiven in sich, denn sonst
wäre er ein schlechter Zweifler. Ihm fehlt der Schlußpunkt;
dadurch werden alle Momente zu negativen Momenten.
Sie dagegen hat den Schlußpunkt, hat die Kindlichkeit und
die Unschuld. Nichts ist also leichter für ihn, als sie auszusteuern. Seine Lebenspraxis hat ihn oft genug gelehrt, daß,
was er als Zweifel vortrug, auf andere als positive Wahrheit
gewirkt hat. Nun findet er also seine Freude daran, sie mit
dem reichen Inhalt einer Anschauung zu bereichern, er holt
den ganzen Putz des unmittelbaren Glaubens hervor, er
findet eine Freude daran, sie damit zu schmücken, weil es
ihr wohl ansteht und sie dadurch schöner wird in seinen
Augen. Daraus zieht er zugleich den Vorteil, daß ihre Seele
sich immer fester an die seine bindet. Sie versteht ihn eigentlich gar nicht; wie ein Kind schließt sie sich fest an ihn; was
für ihn Zweifel ist, das ist für sie untrügliche Wahrheit.

Während er aber solchermaßen ihren Glauben aufbaut, untergräbt er ihn zugleich, denn er wird zuletzt selber ein Glaubensgegenstand für sie, ein Gott, nicht ein Mensch. Nur muß ich mich hier bemühen, einem Mißverständnis vorzubeugen. Es könnte den Anschein haben, als machte ich Faust zu einem gemeinen Heuchler. Das ist keineswegs der Fall. Gretchen hat die ganze Sache doch selber zur Sprache gebracht; mit halbem Auge überschaut er die Herrlichkeit, die sie zu besitzen meint, und sieht, daß diese vor seinem Zweifel nicht bestehen kann, aber er bringt es auch nicht übers Herz, sie zu zerstören, und nun ist es sogar eine gewisse Gutmütigkeit, daß er sich so verhält. Ihre Liebe verleiht ihr Bedeutung für ihn, und doch bleibt sie fast ein Kind; er läßt sich zu ihrer Kindlichkeit herab und hat seine Freude daran, zu sehen, wie sie sich alles zu eigen macht. Für Gretchens Zukunft hat dies jedoch die traurigsten Folgen. Hätte Faust sich ihr als Zweifler gezeigt, so hätte sie vielleicht später ihren Glauben retten können, sie hätte dann in aller Demut erkannt, daß seine hochfliegenden und kühnen Gedanken nichts für sie seien, sie hätte festgehalten an dem, was sie hatte. Jetzt hingegen verdankt sie ihm den Inhalt des Glaubens, und doch erkennt sie, als er sie verlassen hat, daß er selber nicht daran glaubte. Solange er bei ihr war, entdeckte sie den Zweifel nicht, nun er fort ist, verändert sich alles für sie, und sie sieht Zweifel in allem, einen Zweifel, den sie nicht meistern kann, da sie immer den Umstand mitdenkt, daß Faust selber nicht mit ihm fertig geworden ist.

Womit Faust, auch nach Goethes Auffassung, Gretchen fesselt, ist nicht die verführerische Gabe eines Don Juan, sondern es ist seine ungeheure Überlegenheit. Sie kann daher, wie sie sich so liebenswürdig ausdrückt, eigentlich gar nicht begreifen, was Faust so Vorzügliches an ihr finden mag. Ihr erster Eindruck von ihm ist darum völlig überwältigend, sie wird ihm gegenüber zu einem reinen Nichts. Sie gehört ihm daher nicht in dem Sinne, in dem Elvira Don Juan gehört, denn dies ist doch der Ausdruck eines selbständigen Bestehens ihm gegenüber, sondern sie verschwindet vollends in ihm; sie bricht auch nicht mit dem Himmel, um ihm zu gehören, denn darin würde eine Berechtigung ihm gegenüber liegen; unmerklich, ohne die mindeste Reflexion, wird er alles für sie. Wie sie aber dergestalt schon von Anfang an nichts ist, so wird sie, wenn ich so sagen darf, immer weniger, je mehr sie sich von seiner fast göttlichen Übermacht überzeugt; sie ist nichts und ist zugleich nur durch ihn. Was Goethe irgendwo von Hamlet gesagt hat, daß seine Seele im Verhältnis zu seinem Körper eine Eichel sei, die, in einen Blumentopf gepflanzt, schließlich das Gefäß zersprengt, das gilt auch von Gretchens Liebe. Faust ist ihr viel zu groß, und ihre Liebe muß schließlich ihre Seele zerreißen. Und dieser Augenblick kann nicht lange ausbleiben, denn Faust spürt wohl, daß sie in dieser Unmittelbarkeit nicht bleiben kann; er führt sie nun aber nicht empor zu den höheren Regionen des Geistes, denn eben diese flieht er ja; er begehrt sie sinnlich – und verläßt sie.

Faust hat also Gretchen verlassen. Ihr Verlust ist so schrecklich, daß ihre Umgebung selbst einen Augenblick lang darüber vergißt, was sie sonst doch so schwer vergessen kann, daß Gretchen entehrt ist; sie ruht in einer völligen Ohnmacht, in der sie ihren Verlust nicht einmal zu denken vermag, sogar die Kraft, sich ihr Unglück vorzustellen, ist ihr genommen. Wenn dieser Zustand fortdauern könnte, so würde die reflektierte Trauer unmöglich eintreten können. Doch die Trostgründe der Umgebung bringen sie nach und nach wieder zu sich, geben ihrem Denken einen Stoß, durch den es wieder in Bewegung kommt; sobald es aber wieder in Bewegung gekommen ist, zeigt es sich alsbald, daß sie nicht fähig ist, auch nur eine einzige Betrachtung festzuhalten. Sie hört zu, als spräche man gar nicht mit ihr, und kein Wort hemmt oder beschleunigt die Unruhe in ihrem Gedankengang. Das Problem ist für sie das gleiche wie für Elvira: zu denken, daß Faust ein Betrüger war, aber es ist noch schwieriger für sie, weil sie viel tiefer von Faust beein-

flußt ist; er war nicht bloß ein Betrüger, sondern er war ja
ein Heuchler; sie hat nichts für ihn hingegeben, sondern sie
verdankt ihm alles, und dies »alles« besitzt sie bis zu einem
gewissen Grade noch, nur daß es sich jetzt als ein Trug erweist. Ist denn aber das, was er gesagt, weniger wahr, weil
er nicht selbst daran geglaubt hat? Keineswegs, und dennoch
ist es für sie so, denn durch ihn hat sie daran geglaubt.

Es könnte den Anschein haben, als ob die Reflexion bei
Gretchen schwerer in Bewegung kommen müsse; denn was
sie hemmt, ist das Gefühl, daß sie gar nichts war. Doch liegt
hierin auch wieder eine ungeheure dialektische Elastizität.
Wenn sie den Gedanken festhalten könnte, daß sie im strengsten Sinne gar nichts war, so wäre die Reflexion ausgeschlossen, so wäre sie auch nicht betrogen worden; denn
wenn man nichts ist, so gibt es auch kein Verhältnis, und
wo es kein Verhältnis gibt, da kann auch von einem Betrug
nicht die Rede sein. Insoweit ist sie in Ruhe. Dieser Gedanke läßt sich jedoch nicht festhalten, sondern schlägt augenblicklich in sein Gegenteil um. Daß sie nichts war, ist
nur der Ausdruck dafür, daß alle endlichen Differenzen der
Liebe negiert sind, und ist eben deshalb der Ausdruck für
die absolute Gültigkeit ihrer Liebe, worin denn wieder ihre
absolute Berechtigung liegt. Fausts Verhalten ist also nicht
allein Betrug, sondern ein absoluter Betrug, weil ihre Liebe
absolut war. Und hierin wird sie wiederum nicht ruhen
können; denn da er für sie alles gewesen ist, wird sie auch
nicht imstande sein, diesen Gedanken festzuhalten außer
durch ihn; aber ihn denken durch ihn kann sie nicht, weil
er ein Betrüger war.

Indem nun die Umgebung ihr immer fremder und fremder
wird, beginnt die innere Bewegung. Gretchen hat Faust
nicht nur von ganzer Seele geliebt, sondern er war ihre
Lebenskraft, durch ihn ist sie erst geworden. Das bewirkt,
daß ihre Seele zwar nicht minder in Stimmung bewegt wird
als die einer Elvira, daß aber die einzelne Stimmung minder
bewegt ist. Sie ist auf dem Wege, eine Grundstimmung zu

haben, und die einzelne Stimmung gleicht einer Luftblase,
die aus der Tiefe aufsteigt, die nicht die Kraft hat, sich zu
halten, auch nicht von einer neuen Blase verdrängt wird,
sondern sich in die allgemeine Stimmung auflöst, daß sie
nichts sei. Diese Grundstimmung ist wieder ein Zustand,
der empfunden wird, der sich nicht in einem einzelnen Ausbruch einen Ausdruck verschafft, er ist unaussprechlich, und
der Versuch, den die einzelne Stimmung macht, ihn anzuheben, ihn aufzuheben, ist vergebens. Die Gesamtstimmung
klingt daher stets in der einzelnen Stimmung mit, sie bildet
als Ohnmacht und Mattigkeit die Resonanz für sie. Die einzelne Stimmung schafft sich Ausdruck, aber lindert nicht,
erleichtert nicht, sie ist, um einen Ausdruck meiner schwe-
dischen Elvira zu gebrauchen, der sicherlich ungemein bezeichnend ist, mag auch ein Mann ihn kaum verstehen, sie
ist ein falscher Seufzer, der täuscht, und nicht wie ein echter
Seufzer, der eine stärkende und nützliche Motion darstellt.
Die einzelne Stimmung ist auch nicht volltönig oder energisch, dazu ist Gretchens Ausdruck zu beschwert.

»Kann ich ihn vergessen? Kann denn der Bach, wie lange er
auch weiter rinne, die Quelle vergessen, seinen Ursprung
vergessen, sich von ihm losreißen? So müßte er ja aufhören
zu rinnen! Kann der Pfeil, wie geschwind er auch fliege, die
Bogensehne vergessen? So müßte er ja innehalten in seinem
Flug! Kann der Regentropfen, wie lange er auch falle, den
Himmel vergessen, aus dem er fiel? So müßte er sich ja
auflösen! Kann ich ein anderer werden, kann ich noch einmal geboren werden von einer Mutter, die meine Mutter
nicht ist? Kann ich ihn vergessen? So müßte ich ja aufhören
zu sein!«

»Kann ich seiner gedenken? Kann meine Erinnerung ihn
zurückrufen, nun er entschwunden ist, kann ich's, die ich
selber nichts bin als meine Erinnerung an ihn? Dieses bleiche,
nebelhafte Bild, ist es der Faust, den ich einst angebetet? Ich
erinnere mich seiner Worte, aber ich besitze nicht die Harfe
seiner Stimme! Ich habe seine Reden behalten, aber meine

Brust ist zu schwach, sie zu füllen! Sinnlos klingen sie tauben
Ohren!«

»Faust, o Faust! Kehre wieder, mach die Hungrige satt, klei-
de die Nackte, erquicke die Verschmachtende, besuche die
Einsame! Wohl weiß ich, daß meine Liebe keineBedeutung
für dich hatte, doch das habe ich ja auch nicht verlangt.
Meine Liebe legte sich demütig dir zu Füßen, mein Seufzer
war ein Gebet, mein Kuß ein Dankopfer, meine Umarmung
eine Anbetung. Willst du darum mich verlassen? Hast du's
denn nicht zuvor gewußt? Oder ist es etwa kein Grund,
mich zu lieben, daß ich deiner bedarf, daß meine Seele hin-
stirbt, wenn du nicht bei mir bist?«

»Gott im Himmel, vergib du mir, daß ich einen Menschen
inniger geliebt habe als dich, und doch tue ich es noch; ich
weiß, es ist eine neue Sünde, daß ich so zu dir rede. Ewige
Liebe, o laß deine Barmherzigkeit mich halten, stoße mich
nicht von dir, gib ihn mir zurück, neige sein Herz wieder
zu mir, erbarm dich meiner, Erbarmen, daß ich wiederum
so bete!«

»Kann ich ihm denn fluchen? Wer bin ich, mich so zu er-
dreisten? Kann denn das Tongefäß sich gegen den Töpfer
vermessen? Was war ich? Nichts! Ein Stück Ton in seiner
Hand, eine Rippe, aus der er mich bereitete! Was war ich?
Ein geringes Kraut, und er beugte sich zu mir herab, er hat
mich aufgezogen, er war mir alles, mein Gott, meines Denkens Ursprung, meiner Seele Speise.«

»Kann ich trauern? Nein, nein! Die Trauer ruht wie ein
nächtlicher Nebel über meiner Seele. O, kehre wieder, ich
will dir entsagen, niemals verlangen, dir zu gehören, sitze
nur bei mir, sieh mich an, daß ich die Kraft finde zu seufzen,
sprich zu mir, sprich von dir selbst, als ob du ein Fremder
wärest, ich will vergessen, daß du es bist; sprich, daß die
Tränen hervorbrechen können. Bin ich denn gar nichts,
nicht einmal imstande zu weinen, außer durch ihn!«

»Wo soll ich Frieden und Ruhe finden? Die Gedanken stehen auf in meiner Seele, einer erhebt sich wider den andern,

einer verwirrt den andern. Als du bei mir warst, da gehorch-
ten sie deinem Wink, da spielte ich mit ihnen wie ein Kind,
Kränze flocht ich aus ihnen und setzte sie mir aufs Haupt,
ich ließ sie flattern wie mein Haar, vom Winde zerzaust.
Nun schlingen sie sich erschreckend um mich, wie Schlangen winden sie sich und umklammern meine geängstigte
Seele.«

»Und ich bin Mutter! Ein lebendes Wesen fordert Nahrung
von mir. Kann denn der Hungrige den Hungrigen sättigen,
der Verschmachtende den Dürstenden laben? Soll ich denn
eine Mörderin werden? O Faust, kehre wieder, rette das
Kind im Mutterleib, wenn du schon die Mutter nicht retten
willst!«

Dergestalt wird sie nicht von Stimmung bewegt, sondern
in Stimmung; aber die einzelne Stimmung bringt ihr keine
Linderung, weil sie sich in die Gesamtstimmung auflöst, die
sie nicht zu heben vermag. Ja, wäre Faust ihr genommen,
Gretchen würde keine Beruhigung suchen; ihr Los wäre in
ihren Augen dennoch beneidenswert – aber sie ist betrogen.
Ihr fehlt, was man die Situation der Trauer nennen könnte,
denn allein vermag sie nicht zu trauern. Ja, könnte sie, wie
die arme Florine im Märchen, Zugang zu einer Echogrotte
finden, aus der, wie sie wüßte, jeder Seufzer, jede Klage von
dem Geliebten gehört würde, so würde sie nicht nur, wie
Florine, drei Nächte dort zubringen, sondern sie würde Tag
und Nacht dableiben; in Fausts Palast aber gibt es keine
Echogrotte, und er hat kein Ohr in ihrem Herzen.

\*   \*
\*

Zu lange schon habe ich vielleicht eure Aufmerksamkeit an
diese Bilder gefesselt, liebe Συμπαρανεκρωμενοι, und das
um so mehr, als sich, wieviel ich auch geredet habe, nichts
Sichtbares vor euch gezeigt hat. Doch hat dies ja seinen
Grund nicht in der Unzuverlässigkeit meiner Darstellung,
sondern in der Sache selbst und in der Hinterlist der Trauer.

Bietet sich die günstige Gelegenheit, so offenbart sich das Verborgene. Diese haben wir in unserer Macht, und wir wollen nun zum Abschied jene drei Bräute der Trauer sich vereinen lassen, wir lassen sie einander umarmen im Zusammenklang der Trauer, wir lassen sie eine Gruppe für uns bilden, ein Tabernakel, in dem die Stimme der Trauer nicht verstummt, in dem das Seufzen nicht aufhört, weil sie selber sorgsamer und getreuer als Vestalinnen über die Beobachtung der heiligen Bräuche wachen. Sollten wir sie darin unterbrechen, sollten wir ihnen das Verlorene zurückwünschen, wäre das ein Gewinn für sie? Haben sie denn nicht schon eine höhere Weihe empfangen? Und diese Weihe wird sie vereinen und eine Schönheit über ihre Vereinigung werfen und ihnen in der Vereinigung Linderung schaffen; denn nur wer selber von Schlangen gebissen wurde, weiß, was der leiden muß, der von Schlangen gebissen ist.

*Der Unglücklichste · Eine begeisterte Ansprache*
*an die Συμπαρανεκρωμενοι*
*Peroration in den Freitags-*
*zusammenkünften*

BEKANNTLICH SOLL es irgendwo in England ein Grab geben, das sich nicht durch ein prachtvolles Monument oder
eine wehmütige Umgebung auszeichnet, sondern durch eine
kleine Inschrift – »Der Unglücklichste«. Man soll das Grab
geöffnet, aber keine Spur von einer Leiche gefunden haben.
Was erregt mehr Verwunderung: daß man keine Leiche
fand, oder daß man das Grab öffnete? Seltsam fürwahr,
daß man sich die Zeit genommen hat, nachzusehen, ob jemand darinliege. Wenn man auf einem Epitaph einen Namen liest, so ist man leicht versucht, darüber nachzudenken,
wie wohl das Leben dieses Menschen in der Welt dahinge-
ronnen sei; man könnte wünschen, zu ihm ins Grab zu steigen, um sich mit ihm zu unterhalten. Jene Inschrift aber ist
überaus bedeutungsvoll! Ein Buch kann einen Titel haben,
der einen zum Lesen reizt, aber ein Titel kann auch an sich
so gedankenreich, so persönlich ansprechend sein, daß man
das Buch selbst niemals lesen wird. Fürwahr, jene Inschrift
ist überaus bedeutungsvoll, je nachdem wie man gestimmt
ist, erschütternd oder erfreulich – für einen jeden, der sich
im stillen etwa heimlich dem Gedanken anverlobt hat, daß
er der Unglücklichste sei. Doch kann ich mir auch einen
Menschen vorstellen, dessen Seele derartige Beschäftigungen
nicht kennt, ihm ist es nur eine Aufgabe für seine Neugierde
gewesen, zu erfahren, ob wirklich jemand in diesem Grabe
liege. Und siehe, das Grab war leer! Ist er etwa wieder auferstanden, hat er etwa des Dichterwortes spotten wollen:

– im Grabe ist Frieden allzeit,
sein stummer Bewohner weiß nichts von Leid;
fand er keine Ruhe, auch im Grabe nicht, irrt er vielleicht
wieder unstet in der Welt umher, ist er fortgegangen von

Haus und Heim und hat nur seine Anschrift hinterlassen! Oder ist er noch nicht gefunden, er, der Unglücklichste, den selbst die Eumeniden nicht verfolgen, bis er die Tür des Tempels findet und die Bank der demütig Bittenden, den aber Kummer und Leid am Leben erhalten, Kummer und Leid bis ans Grab begleiten!

Sollte er noch nicht gefunden sein, so laßt uns, liebe συμπαρανεκρωμενοι, als Kreuzritter eine Wanderung antreten, nicht nach jenem heiligen Grabe im glücklichen Osten, sondern nach jenem traurigen Grabe im unglücklichen Westen. An jenem leeren Grabe wollen wir ihn suchen, den Unglücklichsten, fest überzeugt, daß wir ihn finden; denn wie die Sehnsucht der Gläubigen nach dem heiligen Grabe verlangt, so zieht es die Unglücklichen nach Westen zu jenem leeren Grabe hin, und ein jeder ist von dem Gedanken erfüllt, daß es für ihn bestimmt sei.

Oder sollten wir eine solche Überlegung nicht als würdigen Gegenstand unserer Betrachtung ansehen, wir, deren Tätigkeit, auf daß ich den heiligen Bräuchen unserer Gesellschaft entspreche, Versuche in der aphoristischen zufälligen Andacht sind, wir, die wir nicht aphoristisch denken und sprechen, sondern aphoristisch leben, wir, die wir ἀφορισμενοι und *segregati* leben, als Aphorismen, ohne Gemeinschaft mit den Menschen, unteilhaftig ihrer Leiden und ihrer Freuden, wir, die wir nicht Mitlauter sind im Lärm des Lebens, sondern einsame Vögel in der Stille der Nacht, nur gelegentlich einmal versammelt, um uns zu erbauen an den Vorstellungen von der Armseligkeit des Lebens, von der Länge des Tages und der unendlichen Dauer der Zeit, wir, liebe συμπαρανεκρωμενοι, die wir nicht glauben an das Spiel der Freude oder an das Glück der Toren, wir, die wir an nichts glauben als an das Unglück.

Seht, wie sie sich herandrängen in zahlloser Menge, alle die Unglücklichen. Jedoch, viele sind ihrer, die sich berufen wähnen, wenige nur sind auserwählt. Eine Trennung soll zwischen ihnen befestigt werden – ein Wort, und der Haufe

verschwindet; ausgeschlossen sind nämlich ungebetene Gäste,
alle die, welche meinen, daß der Tod das größte Unglück
sei, welche unglücklich wurden, weil sie den Tod fürchten;
denn wir, liebe συμπαρανεκρωμενοι, wir, gleich den römischen Soldaten, fürchten den Tod nicht, wir kennen
schlimmeres Unheil, und in erster Linie, vor allem andern
– das Leben. Ja, wenn es einen Menschen gäbe, der nicht sterben könnte, wenn es wahr ist, was die Sage erzählt von jenem ewigen Juden, wie sollten wir Bedenken tragen, ihn
für den Unglücklichsten zu erklären? Da ließe es sich erklären, warum das Grab leer war, nämlich um damit anzu-
zeigen, daß der Unglücklichste der sei, der nicht sterben, der
nicht in ein Grab entschlüpfen könnte. Da wäre die Sache
entschieden, die Antwort leicht: denn am unglücklichsten
wäre, wer nicht sterben könnte, glücklich, wer es könnte;
glücklich, wer in seinem Alter stürbe, glücklicher, wer in
seiner Jugend stürbe, am glücklichsten, wer schon stürbe,
indem er geboren würde, am allerglücklichsten, wer nie geboren wäre. Aber so ist es nicht, der Tod ist das allen Menschen gemeinsame Glück, und sofern also der Unglücklichste
noch nicht gefunden ist, muß er innerhalb dieser Begrenzung zu suchen sein.

Seht, der Haufe verschwand, die Zahl hat sich vermindert.
Nicht sage ich jetzt: schenkt mir eure Aufmerksamkeit,
denn ich weiß, ich habe sie bereits; nicht: leiht mir euer
Ohr, denn ich weiß, es gehört mir schon. Eure Augen fun-
keln. Ihr erhebt euch von den Sitzen. Es ist ein Wettstreit,
an dem teilzunehmen sich wohl lohnt, ein Kampf noch
schrecklicher, als wenn es bei ihm auf Tod und Leben ginge;
denn den Tod fürchten wir nicht. Die Belohnung aber, ja,
die ist stolzer als jede andere auf der Welt, und gewisser;
denn wer versichert ist, daß er der Unglücklichste sei, der
braucht ja das Glück nicht zu fürchten, der muß die Demütigung nicht schmecken, in seinem letzten Stündlein rufen
zu müssen: Solon, Solon, Solon!

So eröffnen wir denn einen freien Wettbewerb, von dem

niemand, weder durch seinen Stand noch durch sein Alter,
ausgeschlossen sein soll. Ausgeschlossen ist niemand außer
dem Glücklichen und dem, der den Tod fürchtet – willkommen ist jedes würdige Mitglied aus der Gemeinde der Unglücklichen, der Ehrenplatz jedem wirklich Unglücklichen
bestimmt, das Grab dem Unglücklichsten. Meine Stimme
schallt in die Welt hinaus, hört sie, ihr alle, die ihr euch Unglückliche nennt in der Welt, aber den Tod nicht fürchtet.
Meine Stimme schallt zurück in die Vergangenheit; denn
wir wollen nicht so sophistisch sein, die Verstorbenen auszuschließen, weil sie tot sind, denn sie haben ja gelebt. Ich
beschwöre euch, verzeiht, daß ich einen Augenblick eure
Ruhe störe; versammelt euch an diesem leeren Grabe. Dreimal rufe ich es laut über die Welt hinaus, hört es, ihr Unglücklichen; denn keineswegs ist es unsere Absicht, diese
Sache hier, in einem Winkel der Welt, unter uns abzu-
machen. Der Ort ist gefunden, wo sie für alle Welt entschieden werden muß.
Doch laßt uns, bevor wir dazu übergehen, die einzelnen zu
verhören, uns bereitmachen, hier als würdige Richter und
Mitstreiter zu sitzen. Laßt uns unseren Geist stärken, ihn
wappnen gegen die Bestrickung des Ohrs; denn welche
Stimme wäre wohl so einschmeichelnd wie die des Unglücklichen, welche so betörend wie die des Unglücklichen, wenn
er von seinem eigenen Unglück spricht? Machen wir uns
würdig, zu Gericht zu sitzen, ihr Mitstreiter, daß wir nicht
die Übersicht verlieren, uns nicht von den einzelnen verwirren lassen; denn die Beredsamkeit der Trauer ist unendlich und unendlich erfinderisch. Wir wollen die Unglücklichen in bestimmte Gruppen aufteilen, für die nur je einer
das Wort führen darf; denn wir wollen nicht leugnen, daß
nicht ein einzelnes Individuum das unglücklichste ist, sondern daß es eine Klasse ist; doch wollen wir darum kein
Bedenken tragen, dem Repräsentanten dieser Klasse den
Namen »der Unglücklichste« zuzuerkennen, kein Bedenken
tragen, ihm das Grab zuzuerkennen.

In allen systematischen Schriften Hegels gibt es einen Abschnitt, der vom unglücklichen Bewußtsein handelt. Mit innerer Unruhe und Herzklopfen geht man stets an die Lektüre solcher Untersuchungen, mit der Befürchtung, man werde zuviel oder zuwenig erfahren. Das unglückliche Bewußtsein, das ist ein Wort, das, bloß zufällig im Laufe der Rede angebracht, beinah das Blut zum Erstarren, die Nerven zum Erschauern bringt und jetzt, so ausdrücklich ausgesprochen, gleich jenem geheimnisvollen Wort in einer Erzählung Clemens Brentanos: *tertia nux mors est* – einen wie einen Sünder erzittern lassen kann. Ach, glücklich, wer nicht mehr mit dieser Sache zu tun hat, als daß er einen Paragraphen darüber schreibt; noch glücklicher, wer den folgenden schreiben kann. Der Unglückliche ist nun derjenige, der sein Ideal, seinen Lebensinhalt, die Fülle seines Bewußtseins, sein eigentliches Wesen irgendwie außer sich hat. Der Unglückliche ist immer sich abwesend, nie sich selbst gegenwärtig. Abwesend aber kann man offenbar entweder in der vergangenen oder in der zukünftigen Zeit sein. Hiermit ist das ganze Territorium des unglücklichen Bewußtseins hinlänglich umschrieben. Für diese feste Begrenzung wollen wir Hegel danken, und nun, da wir nicht nur Philosophen sind, die dieses Reich aus der Ferne betrachten, wollen wir als Landesangehörige die verschiedenen Stadien, die hierin liegen, genauer beobachten. Der Unglückliche ist also abwesend. Abwesend aber ist man, wenn man entweder in der vergangenen oder der zukünftigen Zeit ist. Der Ausdruck muß hier urgiert werden; denn es ist offenbar, was auch die Sprachwissenschaft uns lehrt, daß es ein *tempus* gibt, das gegenwärtig ist in einer vergangenen Zeit, und ein *tempus*, das gegenwärtig ist in einer zukünftigen; zugleich aber lehrt selbige Wissenschaft uns, daß es ein *tempus* gibt, das *plus quam perfectum* ist, in dem nichts Präsentisches liegt, und ein *futurum exactum* von gleicher Beschaffenheit. Das sind die hoffenden und die sich erinnernden Individualitäten. Diese sind zwar in gewissem Sinne, insofern sie nämlich allein hoffend oder allein sich erinnernd sind, unglückliche Individualitäten, wenn anders nur die sich selber gegenwärtige Individualität die glückliche ist. Indessen kann man doch in strengem Sinne eine Individualität nicht unglücklich nennen, die präsentisch ist in Hoffnung oder in Erinnerung. Was hier nämlich hervorgehoben werden muß, ist, daß der betreffende Mensch präsentisch darin ist. Wir werden daraus auch ersehen, daß ein einziger Schicksalsschlag, und sei er im übrigen auch noch so schwer, einen Menschen unmöglich zu dem unglücklichsten machen kann. Ein einzelner Schicksalsschlag kann ihm nämlich entweder nur die Hoffnung rauben und ihn damit präsentisch in der Erinnerung machen, oder nur die Erinnerung und damit präsentisch in der Hoffnung. Wir gehen nun weiter und wollen sehen, wie denn die unglückliche Individualität näher bestimmt werden muß. Zunächst betrachten wir die hoffende Individualität. Wenn nun der Mensch als hoffende [und insofern also unglückliche] Individualität sich nicht selber präsentisch ist, so wird er in strengerem Sinne unglücklich. Ein Individuum, das auf ein ewiges Leben hofft, ist zwar in gewissem Sinne eine unglückliche Individualität, insofern es auf das Gegenwärtige verzichtet, ist aber doch in strengem Sinne nicht unglücklich, weil es in dieser Hoffnung sich selbst präsentisch ist und mit den einzelnen Momenten der Endlichkeit nicht in Widerspruch gerät. Kann ein solcher Mensch jedoch sich in der Hoffnung nicht präsentisch werden, sondern verliert seine Hoffnung, hofft von neuem und so fort, so ist er sich selbst abwesend, nicht nur in der gegenwärtigen, sondern auch in der zukünftigen Zeit, so haben wir eine Formation von Unglücklichen. Betrachten wir die sich erinnernde Individualität, so ist es ebenso. Kann sie sich in der vergangenen Zeit gegenwärtig werden, so ist sie nicht in strengem Sinne unglücklich; kann sie dies aber nicht, sondern bleibt in einer vergangenen Zeit sich selber beständig abwesend, so haben wir eine Formation von Unglücklichen.

Die Erinnerung ist vorzüglich das eigentliche Element der

Unglücklichen, wie es natürlich ist, weil die vergangene
Zeit die merkwürdige Eigenschaft hat, daß sie vorüber ist, die
zukünftige, daß sie kommen soll, und man kann daher in
gewissem Sinne sagen, die zukünftige Zeit liege der gegenwärtigen näher als die vergangene. Damit nun die hoffende
Individualität in der zukünftigen Zeit präsentisch werde,
muß diese Realität haben, oder richtiger, sie muß für diesen
Menschen Realität erhalten; damit die sich erinnernde Individualität in der vergangenen Zeit präsentisch werde, muß
diese für sie Realität gehabt haben. Wenn aber die hoffende
Individualität auf eine zukünftige Zeit hoffen will, die für
sie doch keine Realität erhalten kann, oder der sich Erinnernde sich an eine Zeit erinnern will, die keine Realität gehabt
hat, so haben wir die eigentlich unglücklichen Individualitäten. Das erste sollte man nicht für möglich halten oder
für hellen Wahnsinn ansehen, indessen ist dem keineswegs
so; denn zwar hofft die hoffende Individualität nicht auf
etwas, das für sie keine Realität hat, aber sie hofft auf etwas,
von dem sie selbst weiß, daß es nicht realisiert werden kann.
Wenn nämlich eine Individualität, indem sie die Hoffnung
verliert, statt eine sich erinnernde Individualität zu werden,
weiterhin eine hoffende bleiben will, so haben wir eine solche
Formation. Wenn eine Individualität, indem sie die Erinnerung verliert, oder weil sie nichts hat, woran sie sich erinnern könnte, keine hoffende werden, sondern weiterhin
eine sich erinnernde bleiben will, so haben wir eine Formation von Unglücklichen. Wenn etwa ein Mensch sich in das
Altertum oder das Mittelalter oder in irgendeine andere Zeit
verlöre, so zwar, daß diese für ihn eine entschiedene Realität
hätte, oder er verlöre sich in seine eigene Kindheit oder
Jugend, dergestalt, daß diese eine entschiedene Realität für
ihn gehabt hätte, so wäre er eigentlich keine in strengem
Sinne unglückliche Individualität. Dächte ich mir dagegen
einen Menschen, der selbst keine Kindheit gehabt hätte, da
dieses Lebensalter ohne eigentliche Bedeutung an ihm vorübergegangen wäre, der aber nun, indem er etwa Lehrer für

Kinder würde, all das Schöne entdeckte, das in der Kindheit
liegt, und der nun seiner eigenen Kindheit sich erinnern,
immer auf sie zurückstarren wollte, so wäre er wohl ein
recht passendes Exempel. Rückwärts würde er also schließlich die Bedeutung dessen entdecken, was für ihn vorüber
ist, und woran er sich doch in seiner Bedeutung erinnern
würde. Dächte ich mir einen Menschen, der gelebt hätte,
ohne des Lebens Freude oder seinen Genuß zu fassen, und der
nun im Augenblick seines Todes ein Auge dafür bekäme,
dächte ich mir, daß er nicht stürbe, was das Günstigte wäre,
sondern wieder auflebte, ohne darum aber noch einmal zu
leben, so würde er wohl in Betracht kommen können, wo
es um die Frage geht, wer der Unglücklichste sei.

Die unglücklichen Individualitäten der Hoffnung haben nie
das Schmerzliche an sich wie die der Erinnerung. Die hoffenden Individualitäten haben immer eine mehr fröhliche Ent-
täuschung. Daher wird der Unglücklichste stets unter den
unglücklichen Individualitäten der Erinnerung zu suchen
sein.

Doch wollen wir weitergehen, wir wollen uns eine Kombination der beiden beschriebenen, in strengerem Sinne unglücklichen Formationen denken. Die unglückliche hoffende Individualität vermochte nicht, sich in ihrem Hoffen
selbst präsentisch zu werden, so wenig wie die unglücklich
sich erinnernde. Die Kombination kann nur die sein, daß das,
was den Menschen hindert, in seinem Hoffen präsentisch zu
werden, die Erinnerung, das, was ihn hindert, in der Erinnerung präsentisch zu werden, die Hoffnung ist. Das liegt einerseits daran, daß er immerfort auf das hofft, woran er sich erinnern sollte; seine Hoffnung wird immer wieder enttäuscht,
aber indem sie enttäuscht wird, entdeckt er, daß es nicht
daher kommt, daß das Ziel weiter hinausgeschoben wird,
sondern daher, daß er am Ziel schon vorüber ist, daß es bereits erlebt ist oder erlebt sein sollte und somit in die Erinnerung übergegangen ist. Andererseits erinnert er sich immerfort an das, worauf er hoffen sollte; denn das Zukünftige hat

er schon im Geiste aufgenommen, im Geiste hat er es erlebt, und an dieses Erlebte erinnert er sich, statt darauf zu
hoffen. Das, worauf er hofft, liegt also hinter ihm, das, woran er sich erinnert, liegt vor ihm. Sein Leben ist nicht rückwärts gerichtet, jedoch in doppeltem Sinne verkehrt. Sein
Unglück wird er bald spüren, mag er auch nicht begreifen,
worin es eigentlich liegt. Damit er aber so recht Gelegenheit
bekomme, es zu fühlen, tritt das Mißverständnis hinzu, das
in jedem Augenblick auf merkwürdige Weise spottet. Er
genießt gemeinhin die Ehre, dafür angesehen zu werden,
daß er seine fünf Sinne beisammen hat, und doch weiß er,
wenn er auch nur einem einzigen Menschen auseinander-
setzen wollte, wie es sich wirklich mit ihm verhält, so würde
man ihn für wahnsinnig erklären. Hierüber könnte man
wahnsinnig werden, und doch wird er es nicht, und das eben
ist sein Unglück. Sein Unglück ist, daß er zu früh auf die
Welt gekommen ist und daher stets zu spät kommt. Er ist
dem Ziele immer wieder ganz nah, und im selben Augenblick ist er fern von ihm, er entdeckt also, daß das, was ihn
jetzt unglücklich macht, weil er es hat, oder weil er so ist,
gerade das ist, was ihn vor einigen Jahren glücklich gemacht
haben würde, falls er es gehabt hätte, während er unglücklich wurde, weil er es nicht hatte. Sein Leben hat keine Bedeutung wie das jenes Ancaeus, von dem es üblich ist zu behaupten, über ihn sei nichts bekannt, außer daß er Anlaß zu
einem Sprichwort gegeben habe:

πολλὰ μεταξὺ πελει κυλικος και χειλεος ἀκρον,

als ob das nicht mehr als genug wäre. Sein Leben kennt
keine Ruhe und hat keinen Inhalt, er ist sich nicht präsentisch im Augenblick, nicht präsentisch in der zukünftigen
Zeit, denn das Zukünftige ist schon erlebt, nicht in der
vergangenen Zeit, denn das Vergangene ist noch nicht gekommen. So wird er umhergetrieben wie Latone in die
Finsternis der Hyperboräer, nach des Äquators heller Insel,
kann nicht gebären und ist doch immerfort wie eine Ge-

bärende. Allein sich selbst überlassen, steht er in der weiten Welt, er hat keine Gegenwart, an die er anknüpfen, keine Vergangenheit, nach der er sich sehnen kann, denn seine Vergangenheit ist noch nicht gekommen, keine Zukunft, auf die er hoffen kann, denn seine Zukunft ist schon vorüber. Allein hat er die ganze Welt sich gegenüber als das Du, mit dem er in Konflikt liegt; denn die ganze übrige Welt ist für ihn nur eine einzige Person, und diese Person, dieser unzertrennlich zudringliche Freund, ist das Mißverständnis. Er kann nicht alt werden, denn er ist nie jung gewesen; er kann nicht jung bleiben, denn er ist schon alt geworden; er kann gewissermaßen nicht sterben, denn er hat ja nicht gelebt; er kann gewissermaßen nicht leben, denn er ist ja schon gestorben; er kann nicht lieben, denn die Liebe ist immer präsentisch, und er hat keine gegenwärtige Zeit, keine zukünftige, keine vergangene, und doch ist er eine sympathetische Natur, und er haßt die Welt, nur weil er sie liebt; er hat keine Leidenschaft, nicht weil es ihm daran fehlte, sondern weil er im selben Augenblick die entgegengesetzte hat, er hat zu nichts Zeit, nicht weil seine Zeit von anderem ausgefüllt wäre, sondern weil er überhaupt keine Zeit hat; er ist ohnmächtig, nicht weil es ihm an Kraft fehlte, sondern weil seine eigene Kraft ihn ohnmächtig macht.

Doch bald ist unser Herz wohl abgehärtet genug, unser Ohr verstopft, wenn auch nicht verschlossen. Wir haben die besonnene Stimme der Überlegung gehört, laßt uns die Beredsamkeit der Leidenschaft vernehmen, kurz, bündig, wie alle Leidenschaft es ist.

Da steht ein junges Mädchen. Sie klagt, ihr Geliebter sei ihr untreu geworden. Darauf kann nicht reflektiert werden. Aber sie hat ihn allein geliebt auf der ganzen Welt, sie hat ihn geliebt von ganzer Seele, von ganzem Herzen und von ganzem Gemüt – so kann sie ja sich erinnern und trauern. Ist es ein wirkliches Wesen oder ist es ein Bild, ist es eine Lebendige, die stirbt, oder eine Tote, die lebt? Es ist Niobe. Sie hat alles auf einmal eingebüßt; sie hat verloren, dem sie das Leben gab, sie hat verloren, was ihr das Leben gab! Blickt zu ihr auf, liebe συμπαρανεκρωμενοι, sie steht ein wenig höher als die Welt, auf einem Grabhügel als ein Denkstein. Aber keine Hoffnung winkt ihr, keine Zukunft bewegt sie, keine Aussicht lockt sie, keine Hoffnung beunruhigt sie – hoffnungslos steht sie da, in Erinnerung versteint; einen Augenblick war sie unglücklich, im selben Augenblick wurde sie glücklich, und nichts vermag ihr Glück ihr zu nehmen, die Welt wandelt sich, sie aber kennt keinen Wechsel, und die Zeit kommt, für sie aber gibt es keine zukünftige Zeit.

Seht dort, welch schöne Vereinigung! Ein Geschlecht reicht dem andern die Hand! Geschieht es zum Segen, zu treuem Zusammenhalt, zu frohen Tänzen? Es ist Ödips verstoßenes Geschlecht, und der Stoß pflanzt sich fort und zerschmettert die Letzte – Antigone. Doch für sie ist gesorgt; die Trauer eines Geschlechts ist genug für ein Menschenleben. Sie hat der Hoffnung den Rücken gekehrt, sie hat deren Unbeständigkeit vertauscht mit der Treue der Erinnerung. So werde denn glücklich, liebe Antigone! Wir wünschen dir ein langes Leben, bedeutungsvoll wie ein tiefer Seufzer. Möge kein Vergessen dir etwas rauben! Möge der Trauer tägliche Bitterkeit dir reichlich dargeboten werden!

Eine kraftvolle Gestalt zeigt sich; aber er ist ja nicht allein, er hat also Freunde, wie kommt er denn hierher? Es ist der Patriarch der Trauer, es ist Hiob – mit seinen Freunden. Er hat alles verloren, aber nicht mit einem Schlage; denn der Herr hat genommen, und der Herr hat genommen, und der Herr hat genommen. Freunde lehrten ihn, die Bitterkeit des Verlustes zu empfinden; denn der Herr hat gegeben, und der Herr hat gegeben, und der Herr hat gegeben und ein unverständiges Weib als Zugabe. Er hat alles verloren; denn was ihm blieb, das liegt außerhalb unseres Interesses. Ehrerbietung gebührt ihm, liebe συμπαρανεκρωμενοι, um seines grauen Haares und seines Unglücks willen. Er hat alles verloren; aber er hatte es besessen.

Sein Haar ist grau, sein Haupt gebeugt, sein Antlitz fahl, seine Seele bekümmert. Es ist der Vater des verlorenen Sohnes. Wie Hiob hat er verloren, was ihm das Liebste war auf dieser Welt, doch nicht der Herr hat es genommen, sondern der Feind; er hat es nicht verloren, sondern er verliert es; es ist ihm nicht genommen, sondern es entschwindet. Er sitzt nicht daheim am Herde in Sack und Asche; er hat sich von Hause aufgemacht, hat alles verlassen, um den Verlorenen zu suchen; er greift nach ihm, aber sein Arm erreicht ihn nicht, er ruft ihm nach, aber seine Stimme holt ihn nicht ein. Doch hofft er, und sei es auch durch Tränen, er erblickt ihn, und sei es auch durch Nebel, er holt ihn ein, und sei es auch im Tode. Seine Hoffnung macht ihn betagt, und nichts bindet ihn an die Welt als die Hoffnung, der er lebt. Sein Fuß ist müde, sein Auge dunkel, sein Leib sucht Ruhe, seine Hoffnung lebt. Sein Haar ist weiß, sein Leib hinfällig, sein Fuß stockt, sein Herz bricht, seine Hoffnung lebt. Richtet ihn auf, liebe συμπαραvεκρωμενοι, er war unglücklich.

Wer ist jene bleiche Gestalt, kraftlos wie der Schatten eines Toten! Sein Name ist vergessen, viele Jahrhunderte sind seit jenen Tagen verflossen. Er war ein Jüngling, er war begeistert. Er suchte das Martyrium. In Gedanken sah er sich ans Kreuz genagelt und den Himmel offen; aber die Wirklichkeit war ihm zu schwer, die Schwärmerei verflog, er verleugnete seinen Herrn und sich selbst. Eine Welt wollte er tragen, aber er verhob sich an ihr; seine Seele wurde nicht erdrückt, nicht vernichtet, sie zerbrach, sein Geist wurde gichtbrüchig, seine Seele lahm. Wünscht ihm Glück, liebe συμπαραvεκρωμενοι, er war unglücklich. Jedoch, er wurde ja glücklich, er wurde ja, was er zu werden wünschte, ein Märtyrer, wenngleich sein Martyrium nicht das wurde, was er gewollt hatte: daß man ihn ans Kreuz nagelte oder wilden Tieren vorwürfe, sondern statt dessen wurde er bei lebendigem Leibe verbrannt, von einem gelinden Feuer langsam verzehrt.

Ein junges Mädchen sitzt dort so gedankenvoll. Ihr Geliebter ist ihr untreu geworden – darauf kann nicht reflektiert werden. Junges Mädchen, betrachte die ernsten Mienen der Versammlung, sie hat von schrecklicherem Unglück gehört, ihre kühne Seele fordert noch größeres. Ja, aber ich habe ihn allein geliebt auf der ganzen Welt, ich habe ihn geliebt von ganzer Seele, von ganzem Herzen, von ganzem Gemüt – das haben wir ja schon einmal gehört, ermüde nicht unser ungeduldiges Verlangen; du kannst ja dich erinnern und trauern. – Nein, ich kann nicht trauern; denn vielleicht war er mir gar nicht untreu, vielleicht war er gar kein Betrüger – wie, du kannst nicht trauern? tritt näher, Auserwählte unter den Mädchen, verzeih dem strengen Zensor, daß er dich einen Augenblick hat zurückstoßen wollen, du kannst nicht trauern, so kannst du doch hoffen. – Nein, ich kann nicht hoffen; denn er war ein Rätsel. Wohl, mein Mädchen, ich verstehe dich, du stehst hoch auf der Leiter des Unglücks; betrachtet sie, liebe Συμπαϱανεκϱωμενοι, fast schwebt sie auf des Unglücks Gipfel. Doch du mußt dich teilen, du mußt am Tage hoffen und des Nachts trauern, oder am Tage trauern und des Nachts hoffen. Sei stolz; denn auf das Glück soll man niemals stolz sein, wohl aber auf das Unglück. Du bist zwar nicht die Unglücklichste, aber ist es nicht eure Meinung, liebe Συμπαϱανεκϱωμενοι, daß wir ihr ein ehrenvolles *accessit* zuerkennen? Das Grab können wir ihr nicht zuerkennen, wohl aber den Platz zunächst dem Grabe.

Denn dort steht er, der Abgesandte aus dem Reiche der Seufzer, auserkorener Liebling der Leiden, Apostel der Trauer, des Schmerzes schweigsamer Freund, der Erinnerung unglücklicher Liebhaber, in seinem Erinnern verwirrt von der Hoffnung Licht, in seinem Hoffen getäuscht von der Erinnerung Schatten. Sein Haupt ist beschwert, sein Knie ist erschlafft, und doch ruht er nur auf sich selbst. Er ist matt und doch wie kraftvoll, sein Auge macht nicht den Eindruck, als hätte es viele Tränen vergossen, wohl aber sie getrunken, und doch lodert ein Feuer darin, das die ganze Welt verzehren könnte, aber nicht einen Splitter der Trauer in seiner

eigenen Brust; er ist gebeugt, und doch verheißt ihm seine
Jugend ein langes Leben, seine Lippe lächelt über die Welt,
die ihn mißversteht. Steht auf, liebe Συμπαρανεκρωμενοι,
verneigt euch, ihr Zeugen der Trauer, in dieser feierlichen
Stunde. Ich grüße dich, du großer Unbekannter, dessen Namen ich nicht weiß, ich grüße dich mit deinem Ehrentitel:
der Unglücklichste. Sei gegrüßt hier in deinem Heim von
der Gemeinde der Unglücklichen, sei gegrüßt beim Eingang
in die demütige niedrige Behausung, die doch stolzer ist
denn alle Paläste der Welt. Siehe, der Stein ist abgewälzt,
des Grabes Schatten erwartet dich mit seiner lieblichen Kühle. Doch vielleicht ist die Zeit noch nicht da, weit vielleicht
noch der Weg; aber wir geloben dir, uns öfter hier zu versammeln, um dich um dein Glück zu beneiden. So empfange denn unseren Wunsch, einen guten Wunsch: möge keiner dich verstehen, aber jeder dich beneiden; möge kein
Freund sich dir gesellen, möge kein Mädchen dich lieben,
möge keine heimliche Sympathie deinen einsamen Schmerz
ahnen; möge kein Auge deine ferne Trauer ergründen; möge kein Ohr deinen geheimen Seufzer aufspüren! Oder verschmäht deine stolze Seele solch mitleidigen Wunsch, verachtet sie die Linderung, oh, so mögen denn die Mädchen
dich lieben, mögen die Schwangeren in ihrer Angst sich zu
dir flüchten; mögen die Mütter auf dich hoffen, möge der
Sterbende Trost bei dir suchen; mögen die Jungen sich dir
gesellen, mögen die Männer auf dich bauen; möge der Greis
nach dir greifen wie nach einem Stab – möge die ganze Welt
glauben, du seiest imstande, sie glücklich zu machen. So leb
denn wohl, du der Unglücklichste! Doch, was sage ich: »der
Unglücklichste«? »Der Glücklichste«, sollte ich sagen, denn
dies ist ja gerade eine Gabe des Glücks, die niemand sich
selber zu geben vermag. Seht, die Sprache versagt, und der
Gedanke verwirrt sich; denn wer ist schon der Glücklichste,
es sei denn der Unglücklichste, und wer der Unglücklichste,
es sei denn der Glücklichste, und was ist das Leben anderes
als Wahnsinn, und der Glaube anderes als Torheit, und die

Hoffnung anderes als Galgenfrist, und Liebe anderes als Essig in der Wunde.

Er ist entschwunden, und wir stehen wieder an dem leeren Grab. So wollen wir ihm denn Frieden und Ruhe und Heilung wünschen, und alles nur mögliche Glück, und einen baldigen Tod, und ein ewiges Vergessen, und kein Gedenken, daß auch nicht die Erinnerung an ihn einen anderen unglücklich mache.

Stehet auf, liebe Συμπαρανεκρωμενοι! Die Nacht ist vorüber, der Tag beginnt wieder seine unermüdete Tätigkeit, niemals, wie es scheint, überdrüssig, immer und ewig sich selbst zu wiederholen.

*Die erste Liebe · Lustspiel in einem Akt*

*von Scribe, übersetzt von J. L. Heiberg*

*Dieser Artikel sollte bestimmt in einer Zeitschrift gedruckt werden, die, wie Frederik Unsmann bestimmt hatte, zu bestimmten Zeiten erscheinen sollte. Ach, was sind schon alle menschlichen Bestimmungen!*

WER JEMALS den Trieb zur Produktivität gehabt hat, der hat gewiß auch bemerkt, daß es ein kleiner zufälliger äußerer Umstand ist, der zum *Anlaß* des eigentlichen Schaffens wird. Nur die Schriftsteller, die irgendwie einen endlichen Zweck zu dem sie Begeisternden gemacht haben, werden das vielleicht bestreiten. Es ist jedoch ihr eigener Schade, denn sie sind damit der extremen Pole aller wahren und aller gesunden Produktivität verlustig gegangen. Der eine Pol ist nämlich das, was man mit einem herkömmlichen Namen die Anrufung der Muse nennt, der andere ist der Anlaß. – Der Ausdruck »Anrufung der Muse« kann zu einem Mißverständnis führen. Die Muse anrufen kann nämlich teils bedeuten, daß ich die Muse rufe, teils, daß die Muse mich ruft. Kein Schriftsteller nun, der entweder naiv genug ist, zu glauben, daß alles auf den redlichen Willen, auf Fleiß und Strebsamkeit ankomme, oder schamlos genug, die Schöpfungen des Geistes feilzubieten, wird es an eifriger Anrufung oder an frecher Zudringlichkeit fehlen lassen. Damit wird indessen nicht viel ausgerichtet, denn es gilt noch immer, was schon *Wessel* in bezug auf den Gott des Geschmacks gesagt hat, »den alle anrufen«, daß er »so selten kommt«. Denkt man aber bei diesem Ausdruck daran, daß die Muse es ist, die ruft, ich will nicht sagen uns, aber doch die Betreffenden, so erhält die Sache eine andere Bedeutung. Während die Schriftsteller, welche die Muse anrufen, an Bord gehen, auch ohne daß sie kommt, so sind die zuletzt geschilderten hingegen in einer anderen Verlegenheit, indem sie, damit das, was eine innere Bestimmung geworden ist, auch eine äußere werde,

ein Moment mehr benötigen: das, was man den Anlaß nennen mag. Indem nämlich die Muse sie gerufen hat, hat sie
sie von der Welt fortgewinkt, und sie lauschen jetzt nur
noch ihrer Stimme, und der Reichtum der Gedanken tut
sich vor ihnen auf, jedoch so übermächtig, daß, obgleich
jedes Wort deutlich und lebendig vor ihnen steht, es ihnen
doch ist, als wäre es nicht ihr Eigentum. Wenn dann das
Bewußtsein wieder so weit zu sich gekommen ist, daß es den
ganzen Inhalt besitzt, so ist der Augenblick da, der die Möglichkeit des eigentlichen Entstehens in sich birgt, und doch
fehlt etwas; der Anlaß fehlt nämlich, der, wenn man so will,
ebenso notwendig ist, wiewohl in anderem Sinne unendlich
belanglos; so hat es den Göttern gefallen, die größten Gegensätze miteinander zu verknüpfen. Dies ist ein Geheimnis,
das der Wirklichkeit eigen ist, den Juden ein Ärgernis und
den Griechen eine Torheit. Der Anlaß ist immer das Zufällige, und dies ist das ungeheure Paradox, daß das Zufällige
schlechterdings ganz ebenso notwendig ist wie das Notwendige. Der Anlaß ist nicht in ideellem Sinne das Zufällige, so
wie wenn ich in logischem Sinne das Zufällige denke; sondern der Anlaß ist das Zufällige im Sinne eines Fetischismus,
und doch in dieser Zufälligkeit das Notwendige.

Hinsichtlich dessen, was man so in Handel und Wandel
Anlaß nennt, herrscht nun freilich eine große Verwirrung.
Teils sieht man nämlich zuviel, teils zuwenig darin. Jede
Produktivität, die innerhalb der Bestimmung der Trivialität
liegt – und leider Gottes ist diese Produktivität vor allem an
der Tagesordnung –, übersieht ebensosehr den Anlaß wie
die Begeisterung. Daher meint eine derartige Produktivität
auch, was man ihr zugestehen mag, daß sie gleich gut zu
allen Zeiten passe. Sie übersieht daher völlig die Bedeutung
des Anlasses, das heißt, sie sieht in allem einen Anlaß, sie
gleicht einem geschwätzigen Menschen, der in den gegen-
sätzlichsten Dingen einen Anlaß erblickt, ebensosehr darin,
daß man es schon zuvor gehört hat, wie darin, daß man es
nicht gehört hat, einen Anlaß erblickt, sich selbst und seine

Geschichte anzubringen. Damit aber ist das *punctum saliens*
aufgelöst. Andererseits gibt es eine Produktivität, die sich an
dem Anlaß versieht. Von der ersten Art kann man sagen, sie
sehe einen Anlaß in allem, von der zweiten, daß sie im Anlaß alles sehe. Hiermit ist nun die große Gemeinde der Ge-
legenheitsschriftsteller bezeichnet, angefangen bei den Gelegenheitsdichtern in tieferem Sinne bis hin zu denen, die in
strengerem Sinne im Anlaß alles sehen und daher den gleichen Vers, die gleiche Formel benutzen und dennoch hoffen,
der Anlaß werde für die Betreffenden ein hinreichender Anlaß zu einem angemessenen Honorar sein.

Der Anlaß nun, der als solcher das Unwesentliche und Zufällige ist, kann sich heute bisweilen im Revolutionären versuchen. Der Anlaß spielt oft ganz den Herrn; er gibt den
Ausschlag, macht das Produkt und den Produzenten zu etwas
oder nichts, je nach Belieben. Der Dichter erwartet, daß der
Anlaß ihn begeistere, und sieht mit Verwunderung, daß es
nicht angeht, oder er bringt etwas hervor, was er selbst im
Innersten für unbedeutend hält, und sieht nun, daß der Anlaß es zu allem macht, sieht sich auf jede nur mögliche Weise
geehrt und ausgezeichnet und ist sich wohl bewußt, daß er
es einzig und allein dem Anlaß zu verdanken hat. Diese nun
versehen sich am Anlaß, jene, die wir im vorhergehenden
dargestellt haben, übersehen ihn und kommen daher immer
in jeder Beziehung ungerufen. Sie zerfallen eigentlich in
zwei Klassen, in jene, die immerhin andeuten, daß ein Anlaß
nötig ist, und jene, die sich davon auch nicht einmal etwas
merken lassen. Beides beruht natürlich auf einer unendlichen
Überschätzung des eigenen Wertes. Wenn ein Mensch ständig solche Redensarten im Munde führt wie etwa: bei diesem Anlaß fällt mir ein, bei diesem Anlaß muß ich daran
denken usw., so kann man stets sicher sein, daß ein solcher
Mensch über sich selbst im Irrtum ist. Sogar in dem Bedeu-
tendsten sieht er oft nur einen Anlaß, um sein bißchen Bemerkung anzubringen. Diejenigen, welche die Notwendigkeit des Anlasses nicht einmal andeuten, kann man für we-

niger eitel, aber für wahnsinniger halten. Unverdrossen spinnen sie, ohne nach rechts oder links zu blicken, den dünnen Faden ihres Geschwätzes aus, und sie tun mit ihrem Gerede und mit ihrer Schrift dieselbe Wirkung im Leben wie die Mühle im Märchen, von der es heißt: und während all dies geschah, ging die Mühle klipp klapp, klipp klapp.

Und doch hat selbst das vollendetste, das tiefste und bedeutendste Werk einen Anlaß. Der Anlaß ist das zarte, fast unsichtbare Spinngewebe, in dem die Frucht hängt. Wenn es daher zuweilen so scheint, als ob das Wesentliche sich als Anlaß erweise, ist dies im allgemeinen ein Mißverständnis, da es in dem Falle meist nur eine einzelne Seite davon ist. Will man mir hierin nicht recht geben, so kommt das daher, daß man den Anlaß mit Grund und Ursache verwechselt. Falls etwa jemand mich nun fragte, was denn der Anlaß zu allen diesen Betrachtungen sei, und er damit zufrieden wäre, wenn ich antwortete: das Folgende, so machte er sich einer solchen Verwechslung schuldig und erlaubte mir, es ebenfalls zu tun. Dagegen wäre es, wenn er das Wort Anlaß in seiner Frage in sehr strengem Sinne nähme, von mir sehr richtig zu antworten: es hat keinen Anlaß. Es wäre eine Ungereimtheit, bezüglich der einzelnen Teile des Ganzen das zu verlangen, was man bezüglich des Ganzen mit Recht verlangen kann. Sollten nämlich diese Betrachtungen Anspruch auf einen Anlaß erheben, so müßten sie ein in sich abgerundetes kleines Ganzes sein, was jedoch ein egoistischer Versuch von ihnen wäre.

Der Anlaß ist somit für jedes Erzeugnis von größter Bedeutung, ja er gibt eigentlich sogar den Ausschlag in bezug auf dessen wahren ästhetischen Wert. Erzeugnissen ohne jeden Anlaß fehlt immer etwas, nicht außerhalb ihrer selbst, denn obgleich der Anlaß dazu gehört, gehört er doch in anderem Sinne nicht dazu, sondern es fehlt ihnen etwas in ihnen selbst. Einem Erzeugnis, bei dem der Anlaß alles ist, fehlt wiederum etwas. Der Anlaß ist nämlich nicht positiv schöpferisch, sondern negativ schöpferisch. Eine Schöpfung ist ein Hervorbringen aus dem Nichts, der Anlaß dagegen ist das Nichts, das alles zur Erscheinung kommen läßt. Der ganze Reichtum des Gedankens, die Fülle der Idee kann da sein, und doch fehlt der Anlaß. Mit dem Anlaß kommt also nichts Neues hinzu, sondern durch den Anlaß kommt alles zur Erscheinung. Diese bescheidene Bedeutung des Anlasses ist auch in dem Wort selbst ausgedrückt.

Es gibt nun viele Menschen, die dies nicht begreifen können, aber das liegt daran, daß sie keine Ahnung haben, was ästhetisches Schaffen eigentlich ist. Ein Advokat kann seinen Schriftsatz für das Gericht abfassen, ein Kaufmann seinen Brief schreiben usw., ohne das Geheimnis zu ahnen, das in dem Wort Anlaß steckt, und zwar ungeachtet der Tatsache, daß er mit den Worten beginnt: anläßlich Ihres sehr geehrten Schreibens.

Vielleicht möchte nun der eine oder andere mir in dem hier Dargelegten recht geben und dessen Bedeutung für das dichterische Schaffen einräumen, sich aber höchlich verwundern, wenn ich Ähnliches in bezug auf Rezensionen und Kritiken geltend machen wollte. Und doch glaube ich, daß es gerade hier von größter Wichtigkeit ist und daß die Tatsache, daß man die Bedeutung des Anlasses übersehen hat, die Ursache ist, weshalb Besprechungen im allgemeinen so pfuscherhaft sind, so rechte Geschäftsarbeit. In der Welt der Kritik erhält der Anlaß sogar eine potenzierte Bedeutung. Obwohl man daher in kritischen Besprechungen oft genug von Anlaß reden hört, sieht man doch schon mit halbem Auge, wie wenig man darüber Bescheid weiß, wie es sich damit verhält. Der Kritiker scheint der Anrufung der Muse nicht zu bedürfen; denn es ist ja kein Dichtwerk, was er hervorbringt; bedarf er aber nicht der Anrufung der Muse, so bedarf er auch des Anlasses nicht. Indessen sollte man doch die Bedeutung des alten Satzes nicht vergessen: daß Gleiches nur von Gleichem verstanden werden kann.

Das, was den Gegenstand für die Betrachtung des Ästhetikers ausmacht, ist nun freilich das bereits Fertige, und er soll nicht, wie der Dichter, selbst hervorbringen. Dessenungeachtet hat der Anlaß durchaus die gleiche Bedeutung. Der Ästhetiker, der die Ästhetik für seine Profession hält und in seiner Profession wiederum den eigentlichen Anlaß erblickt, der ist *eo ipso* verloren. Damit soll zwar keineswegs gesagt sein, daß er nicht doch manches Tüchtige leisten könne; aber das Geheimnis allen Schaffens hat er nicht erfaßt. Er ist viel zu sehr ein pelagianischer Selbstherrscher, als daß er sich in kindlichem Staunen an dem Sonderbaren erfreuen könnte, das in der Tatsache liegt, daß es gleichsam fremde Mächte sind, die das hervorbringen, von dem der Mensch glaubt, es gehöre ihm selbst: die Begeisterung nämlich und der Anlaß. Begeisterung und Anlaß gehören untrennbar zusammen; es ist eine Formation, die man oft genug in der Welt findet, daß das Große und Erhabene in seiner Gesellschaft ständig eine flinke kleine Person hat. Eine solche Person ist der Anlaß, eine Person, vor der man sonst nicht den Hut abnehmen würde, die den Mund nicht aufzumachen wagt, wenn sie in vornehmer Gesellschaft ist, sondern die schweigend dasitzt, mit einem schelmischen Lächeln, und sich in sich selbst ergötzt, ohne zu verstehen zu geben, worüber sie lächele, oder daß sie wisse, wie wichtig, wie unentbehrlich sie sei, geschweige denn, daß sie sich in einen Disput darüber einließe; denn sie weiß sehr wohl, daß es nichts nützt und daß man nur jeden Anlaß ergreift, um sie zu demütigen. Von solch zweideutiger Natur ist der Anlaß immer, und es hilft dem Menschen ebensowenig, es leugnen, sich von diesem Pfahl im Fleische befreien, wie den Anlaß auf den Thron setzen zu wollen; denn im Purpur und mit dem Zepter in der Hand nimmt er sich sehr schlecht aus, und man sieht alsbald, daß er nicht zum Herrscher geboren ist. Dieser Abweg liegt indes sehr nahe, und oft sind es die besten Köpfe, die auf ihn geraten. Wenn nämlich ein Mensch Blick genug für das Leben hat, um den Spott zu sehen, den das ewige Wesen dadurch mit dem Menschen treibt, daß etwas so Unbedeutendes und Untergeordnetes, etwas, wovon in guter

Gesellschaft zu sprechen man sich fast scheut, absolut mit dazu gehört, so ist er leicht versucht, ihm ins Handwerk pfuschen, ja diese Anzüglichkeit retorquieren zu wollen, indem
er, so wie Gott der Größe des Menschen dadurch spottet, daß
er ihn in das Gesetz des Anlasses schmiedet, diesen Spott in
der Weise erwidert, daß er den Anlaß zu allem und das andere Moment zu einer Albernheit macht, womit denn Gott
überflüssig und die Vorstellung von einer weisen Vorsehung
eine Torheit wird, und der Anlaß ein Schalk, der mit Gott
genauso gut wie mit dem Menschen seinen Scherz treibt, so
daß das ganze Dasein auf einen Scherz hinausläuft, einen
Spaß, eine Scharade.

Der Anlaß ist also zugleich das Bedeutendste und das Unbedeutendste, das Höchste und das Geringste, das Wichtigste und das Unwichtigste. Ohne Anlaß geschieht eigentlich
gar nichts, und doch hat der Anlaß gar kein Teil an dem, was
geschieht. Der Anlaß ist die letzte Kategorie, die eigentliche
Kategorie des Übergangs von der Sphäre der Idee zur Wirklichkeit. Dies sollte die Logik bedenken. Sie mag sich noch
so sehr in immanentes Denken vertiefen, sich aus dem Nichts
in die konkreteste Form hinabstürzen, den Anlaß erreicht sie
nie und darum auch nie die Wirklichkeit. In der Idee mag
die ganze Wirklichkeit fertig sein, ohne den Anlaß wird sie
niemals wirklich. Der Anlaß ist eine Kategorie der Endlichkeit, und es ist einem immanenten Denken unmöglich, seiner
habhaft zu werden, dazu ist er allzu paradox. Das ersieht
man auch daraus, daß das, was aus dem Anlaß hervorgeht,
etwas ganz anderes ist als der Anlaß selbst, was für jedes immanente Denken eine Absurdität ist. Darum ist der Anlaß
aber auch die kurzweiligste, die interessanteste, die witzigste
aller Kategorien. Gleich einem Zaunkönig ist er überall und
nirgends. Er geht wie die Elfen im Leben umher, unsichtbar
allen Schulmeistern, deren Gebaren daher ein unerschöpflicher Stoff zum Gelächter wird für den, der an den Anlaß
glaubt. Der Anlaß ist also an sich nichts und nur etwas im
Verhältnis zu dem, was er veranlaßt, und im Verhältnis zu

diesem ist er eigentlich nichts. Sobald nämlich der Anlaß etwas anderes wäre als nichts, so stünde er in einem relativ immanenten Verhältnis zu dem, was er hervorbringt, und wäre dann entweder Grund oder Ursache. Hält man dies nicht fest, so verwirrt sich alles wieder.

Wenn ich etwa sagen wollte, daß der Anlaß zu gegenwärtiger kleiner Besprechung eines Stückes von *Scribe* die meisterhafte Aufführung sei, die ihm zuteil wird, so würde ich die Bühnenkunst beleidigen; denn es stimmt zwar, daß ich es auch besprechen könnte, ohne eine Aufführung gesehen zu haben, ohne eine meisterhafte Aufführung gesehen zu haben, ja sogar wenn ich eine schlechte Aufführung gesehen hätte. Im letzteren Fall würde ich die schlechte Aufführung eher den Anlaß nennen können. Jetzt hingegen, da ich es in vollendeter Form aufgeführt gesehen habe, jetzt wird mir die szenische Wiedergabe weit mehr als Anlaß, sie ist mir ein überaus wichtiges zusätzliches Moment in meiner Auffassung, sei es, daß sie dazu gedient hat, meine Anschauung zu berichtigen, oder sie zu bestärken und zu sanktionieren. Meine Pietät verbietet es mir daher, die szenische Wiedergabe als Anlaß zu bezeichnen, sie verpflichtet mich, etwas mehr darin zu sehen, zu gestehen, daß ich ohne sie das Stück vielleicht nicht ganz verstanden hätte. Ich bin also nicht in dem Fall, in dem die Rezensenten kluger- oder dummerweise zumeist sind, daß sie zunächst das Stück und später gesondert die Aufführung besprechen. Für mich ist die Aufführung selbst das Stück, und ich kann mich nicht genugsam über sie freuen in rein ästhetischer Hinsicht, mich nicht genugsam über sie freuen als Patriot. Wenn ich einem Fremden unsere Bühne in ihrer vollen Glorie zeigen wollte, würde ich sagen: gehen Sie hin und sehen Sie sich »Die erste Liebe« an. Die dänische Bühne besitzt in Frau *Heiberg*, *Frydendahl*, *Stage* und *Phister* ein vierblättriges Kleeblatt, das sich hier in seiner ganzen Schönheit zeigt. Ein vierblättriges Kleeblatt möchte ich diese Vereinigung von Künstlern nennen, und doch möchte ich meinen, damit zuwenig gesagt zu haben, denn ein vierblättriges Klee-

blatt ist doch nur dadurch bemerkenswert, daß vier gewöhnliche Blätter an einem Stengel sitzen, unser vierblättriges
Kleeblatt aber hat die Merkwürdigkeit, daß das einzelne
Blatt, selbst in seiner Isolation, ebenso selten wie ein vierblättriges Kleeblatt ist, und doch bilden diese vier Blätter im Verein wieder ein vierblättriges Kleeblatt.
Jedoch, es war aus Anlaß des Anlasses zu dieser kleinen Kritik, daß ich ganz im allgemeinen etwas über den Anlaß, oder
über den Anlaß im allgemeinen habe sagen wollen. Es trifft
sich übrigens recht glücklich, daß ich bereits gesagt habe, was
ich sagen wollte; denn je mehr ich diese Sache überlege, um
so mehr überzeuge ich mich davon, daß sich im allgemeinen
gar nichts darüber sagen läßt, weil es einen Anlaß im allgemeinen nicht gibt. Insofern bin ich also ungefähr genauso
weit gekommen, wie ich schon war, als ich anfing. Der Leser darf mir nicht zürnen, es ist nicht meine Schuld, es ist die
des Anlasses. Er könnte vielleicht denken, daß ich das Ganze
hätte durchdenken müssen, ehe ich mich zum Schreiben hin-
setzte, und nicht anfangen sollen, etwas zu sagen, was sich
hernach als nichts erwies. Indessen glaube ich doch, daß er
meinem Verfahren Recht widerfahren lassen muß, insofern
als er sich auf eine überzeugendere Weise vergewissert hat,
daß der Anlaß im allgemeinen etwas ist, das nichts ist. Später
wird er vielleicht wieder hieran denken müssen, wenn er sich
vergewissert hat, daß es noch anderes in der Welt gibt, von
dem man manches sagen kann in der Vorstellung, daß es etwas sei, und das doch die Beschaffenheit hat, daß es sich,
wenn man es gesagt hat, als nichts erweist. Was hier also gesagt worden ist, muß als eine Überflüssigkeit betrachtet werden, als ein überflüssiges Titelblatt, das beim Einbinden des
Werkes nicht mitgebunden wird. Ich weiß daher nicht anders zu schließen als auf die unvergleichlich lakonische Art,
auf die Prof. *Poul Møller*, wie ich sehe, die Einleitung seiner
vortrefflichen Besprechung der »Extreme« beschließt: hiermit ist die Einleitung zu Ende.
Was den speziellen Anlaß gegenwärtiger kleiner Kritik be-

trifft, so steht er in Beziehung zu meiner unbedeutenden Persönlichkeit und darf sich dem Leser also mit der normalen Eigenschaft empfehlen, daß er unbedeutend ist. *Scribes* Stück »Die erste Liebe« hat auf mancherlei Weise mein persönliches Leben berührt und durch diese Berührung gegenwärtige Besprechung veranlaßt, die somit in strengstem Sinne ein Kind des Anlasses ist. Auch ich war einmal jung, war ein Schwärmer, war verliebt. Das Mädchen, das der Gegenstand meiner Sehnsüchte war, kannte ich schon von früher her, aber unsere verschiedenen Lebensverhältnisse brachten es mit sich, daß wir einander nur selten sahen. Dagegen dachten wir um so häufiger aneinander. Diese gegenseitige Beschäftigung miteinander näherte und entfernte uns zugleich. Wenn wir uns nämlich sahen, war unser Verhältnis so schüchtern, so verschämt, daß wir einander weit ferner waren, als wenn wir uns nicht sahen. Wenn wir dann wieder getrennt waren und das Unangenehme dieser gegenseitigen Ängstlichkeit vergessen war, so bekam es seine volle Bedeutung, daß wir einander gesehen hatten, so fingen wir in unseren Träumen genau dort an, wo wir aufgehört hatten. So verhielt es sich wenigstens mit mir, und später erfuhr ich, daß es der Geliebten ebenso ergangen war. Mit der Heirat war es bei mir noch im weiten Felde; unsere Beziehung begegnete andererseits keinerlei Hindernissen, die uns hätten aufreizen können, und so waren wir denn auf die unschuldigste Art von der Welt verliebt. Bevor die Rede davon sein konnte, daß ich meine Gefühle erklärte, mußte ein reicher Onkel, dessen einziger Erbe ich war, sterben. Auch das dünkte mich schön; denn in all den Romanen und Komödien, die ich kannte, fand ich den Helden in einer ähnlichen Lage, und ich erfreute mich an dem Gedanken, daß ich eine poetische Figur sei. So floß mein schönes poetisches Leben dahin, da sehe ich eines Tages in der Zeitung, daß ein Stück aufgeführt werden soll, betitelt: »Die erste Liebe«. Ich wußte gar nicht, daß ein solches Stück existierte, aber der Titel machte mir Freude, und mein Entschluß war gefaßt, ins Theater zu gehen. Die erste Liebe – dachte

ich – das ist gerade der Ausdruck für deine Gefühle. Hab' ich
je eine andere geliebt als sie, geht meine Liebe nicht bis in
meine früheste Erinnerung zurück, werde ich mir jemals vorstellen können, eine andere zu lieben oder sie mit einem andern verbunden zu sehen? Nein, sie wird meine Braut, oder
ich heirate nie. Darum ist das Wort: »die erste« so schön. Es
deutet das Ursprüngliche in der Liebe an, denn von der ersten Liebe spricht man nicht in numerischem Sinne. Der
Dichter hätte ebensogut sagen können: Die wahre Liebe,
oder es folgendermaßen betitelt haben: Die erste Liebe ist
die wahre Liebe. Dieses Stück wird mir nun helfen, mich zu
verstehen, es wird mir Anlaß geben, einen tiefen Blick in
mich selbst zu tun; darum heißen die Dichter Priester, weil
sie das Leben erklären, aber von der Menge werden sie nicht
verstanden werden, sondern nur von jenen Naturen, die ein
Herz haben, zu fühlen. Für sie ist der Dichter ein begeisterter
Sänger, der überall Schönheit aufzeigt, insonderheit aber von
der der Liebe zeugt. Dieses Stück wird durch seine poetische
Kraft die Liebe in meiner Brust zum Erblühen bringen, so
daß ihre Blüte mit einem Knall sich öffnet wie die einer Passionsblume. Ach, damals war ich noch sehr jung! Ich verstand kaum, was ich sagte, und doch fand ich es gut gesagt.
Mit einem Knall muß die Blüte der Liebe sich öffnen, das
Gefühl will wie Champagner mit Macht seinen Riegel sprengen. Es war ein kecker Ausdruck, voller Leidenschaft, und
ich war recht froh darüber. Und doch, es war gut gesagt, was
ich sagte, denn ich meinte, sie müsse sich öffnen wie eine Passionsblume. Dies war das Gute an der Bemerkung, denn die
Liebe öffnet sich gewöhnlich durch die Ehe, und sofern man
diese eine Blume nennen will, kann man sie treffend eine
Passionsblume nennen. Doch, zurück zu meiner Jugend! Der
Tag, an dem das Stück aufgeführt werden sollte, war da, ich
hatte eine Eintrittskarte bekommen, meine Seele war festlich
gestimmt, und mit einer gewissen Unruhe, froh und erwar-
tungsvoll, eilte ich ins Theater. Indem ich zur Tür hereintre-
te, werfe ich einen Blick zum ersten Rang hinauf, was sehe

ich? Meine Geliebte, meines Herzens Herrscherin, mein
Ideal, sie sitzt dort. Unwillkürlich zog ich mich einen Schritt
ins Dunkel des Parketts zurück, um sie zu betrachten, ohne
gesehen zu werden. Wie kam sie hierher, heute noch mußte
sie in die Stadt gekommen sein, und ich wußte es nicht, und
jetzt hier im Theater. Sie würde dasselbe Stück sehen. Das
war kein Zufall, eine Fügung war es, ein Wohlwollen des
blinden Gottes der Liebe. Ich trat vor, unsere Blicke trafen
sich, sie bemerkte mich. Es konnte keine Rede davon sein,
sich vor ihr zu verbeugen, mit ihr zu konversieren, kurz es
gab nichts, was mich in Verlegenheit hätte bringen können.
Meine Schwärmerei machte sich ungehindert Luft. Wir begegneten uns auf halbem Wege, als verklärte Wesen reichten wir uns die Hand, wir schwebten als Geister, als Genien
in der Welt der Phantasie. Ihr Auge ruhte schmachtend auf
mir, ein Seufzer hob ihre Brust, er galt mir, mir gehörte sie,
das spürte ich. Und doch wünschte ich nicht, zu ihr hinauf-
zustürzen, mich ihr zu Füßen zu werfen, das hätte mich in
Verlegenheit gebracht, aber so aus der Ferne empfand ich,
wie schön es sei, sie zu lieben und hoffen zu dürfen, geliebt
zu werden. Das Vorspiel war vorüber. Der Kronleuchter hob
sich, mein Auge verfolgte seine Bewegung, zum letzten Male warf er seinen Schein auf den ersten Rang und auf sie. Eine
Dämmerung breitete sich aus, diese Beleuchtung dünkte mich
noch schöner, noch schwärmerischer. Der Vorhang rollte
hoch. Noch einmal war es mir, als schaute ich in einen Traum,
als ich nach ihr blickte. Ich drehte mich um, das Stück begann.
An sie nur wollte ich denken und an meine Liebe; alles, was
da zu Ehren der ersten Liebe gesagt würde, wollte ich auf sie
und mein Verhältnis zu ihr beziehen. Es war vielleicht niemand im ganzen Theater, der des Dichters göttliche Rede so
verstünde wie ich – und vielleicht sie. Schon der Gedanke an
den mächtigen Eindruck machte mich stärker, ich fühlte
Mut, am folgenden Tage meine geheimen Gefühle hervorbrechen zu lassen, die ihre Wirkung auf sie unmöglich verfehlen konnten, durch eine leise Hindeutung würde ich sie

daran erinnern, was wir an diesem Abend gehört und gesehen hatten, und so sollte der Dichter mir zu Hilfe kommen, um sie empfänglicher, mich stärker und beredter zu machen denn je. – Ich sah und hörte – und hörte – und der Vorhang fiel. Der Kronleuchter verließ wieder sein himmlisches Versteck, die Dämmerung wich, ich schaute hinauf – die jungen Mädchen sahen alle so vergnügt aus, auch meine Geliebte, die Tränen standen ihr in den Augen, so kräftig hatte sie gelacht, ihr Busen bewegte sich noch unruhig, das Gelächter hatte die Oberhand gewonnen. Zum Glück war es mir ebenso ergangen. Am nächsten Tage sahen wir uns bei meiner Tante. Die scheue Verlegenheit, mit der wir sonst in einem Zimmer zusammen zu sein pflegten, war verflogen, eine gewisse joviale Freude war an deren Stelle getreten. Wir lächelten uns ein wenig an, wir hatten uns verstanden, und das verdankten wir dem Dichter. Darum nennt man den Dichter einen Weissager, weil er über das Zukünftige weissagt. Es kam zu einer Erklärung. Das Voraufgegangene ganz zu vernichten, konnten wir uns jedoch nicht entschließen. So verbanden wir uns denn durch ein heiliges Gelübde. Wie Emmeline und Charles einander geloben, den Mond zu betrachten, so gelobten wir uns, dieses Stück uns jedesmal anzusehen, wenn es aufgeführt würde. Ich habe mein Gelübde treulich gehalten. Ich habe es auf Dänisch, auf Deutsch, auf Französisch gesehen, im Ausland und hier bei uns, und nie bin ich seines unversieglichen Witzes müde geworden, dessen Wahrheit niemand besser versteht als ich. Das wurde der erste Anlaß zu gegenwärtiger kleiner Kritik. Dadurch, daß ich es so oft sah, wurde ich in bezug auf dieses Stück schließlich produktiv. Indessen blieb diese Produktivität doch zum Teil in meinem Kopf liegen, und nur vereinzelte Bemerkungen wurden aufgezeichnet. Dieser Anlaß kann somit als Anlaß zu der ideellen Möglichkeit dieser Kritik betrachtet werden.

Weiter wäre ich vermutlich nicht gekommen, wenn nicht ein neuer Anlaß hinzugetreten wäre. Vor einigen Jahren

wandte sich ein Redakteur einer unserer Zeitschriften an
mich mit dem Verlangen, ihm einen kleinen Artikel zu liefern. Er war im Besitz einer ungewöhnlichen Beredsamkeit,
um Seelen zu fangen, und fing auch mich in einem Versprechen. Dieses Versprechen war auch ein Anlaß; aber es war
ein Anlaß im allgemeinen und daher nur von wenig hilf-
reicher Wirkung auf mich. Ich befand mich in einer Verlegenheit ähnlich der, in welcher ein Kandidat sich befände,
wenn man ihm die ganze Bibel gäbe, damit er sich selber
seinen Text wähle. Durch mein Versprechen war ich jedoch
gebunden. Mit vielen anderen Gedanken, aber auch mit dem
Gedanken an mein Versprechen trat ich einen kleinen Ausflug
auf Seeland an. Als ich zu der Station gekommen war, auf der
ich zu übernachten gedachte, ließ ich, was ich nie zu versäumen pflege, den Diener alles an Büchern bringen, was der
Wirt auftreiben konnte. Ich pflege diese Gewohnheit stets zu
beobachten und habe schon manchen Nutzen davon gehabt,
weil man ganz zufällig auf Dinge stößt, die einem sonst vielleicht entgehen würden. Das war hier jedoch nicht der Fall,
denn das erste Buch, das man mir brachte, war – »Die erste
Liebe«. Es überraschte mich, denn das Theaterrepertoire sieht
man auf dem Lande nur selten. Doch ich hatte den Glauben
an die erste Liebe ja verloren und glaube nie mehr an das
Erste. Im nächsten Ort besuchte ich einen meiner Freunde.
Er war ausgegangen, als ich kam; man bat mich zu warten
und führte mich in sein Arbeitszimmer. Wie ich an seinen
Arbeitstisch trete, finde ich ein Buch aufgeschlagen – es ist
Scribes »Theater«, und aufgeschlagen ist *Les premières amours*.
Nun schien das Los gefallen. Ich entschloß mich, mein Versprechen einzulösen und eine Besprechung dieses Stückes zu
schreiben. Um meinen Entschluß unerschütterlich zu machen,
muß es sich so sonderbar treffen, daß meine alte Liebe, meine
erste Liebe, die dort in der Gegend wohnte, in die Stadt gekommen ist, nicht in die Hauptstadt, sondern in die kleine
Stadt, in der ich war. Seit längerer Zeit hatte ich sie nicht
gesehen und fand sie jetzt verlobt, glücklich und froh, daß

es mir ein Vergnügen war, es anzusehen. Sie erklärte mir, daß sie mich doch nie geliebt habe, sondern daß ihr Verlobter ihre erste Liebe sei, und darauf erzählte sie dieselbe Geschichte wie Emmeline, daß nur die erste Liebe die wahre ist. Wäre mein Entschluß nicht schon vorher fest gewesen, jetzt wäre er es geworden. Ich mußte doch sehen, was die erste Liebe bedeutet. Meine Theorie begann zu wanken, denn »meine erste Liebe« war unerbittlich in dem Punkt, daß ihre jetzige Liebe die erste sei.

Es gab Motive genug; die Abhandlung wurde fertig bis auf den letzten Satz und ein paar einzelne Zwischensätze, die hie und da noch eingeschoben werden sollten. Mein Freund, der Redakteur, bedrängte mich sehr und hielt mir mein Versprechen mit einer Hartnäckigkeit vor, die selbst einer Emmeline Ehre gemacht hätte. Ich erklärte ihm, die Abhandlung sei fertig, es fehlten nur noch ein paar Kleinigkeiten, und er bezeigte mir seine Zufriedenheit. Mit der Zeit aber verwandelten diese Mücken sich in Elefanten, in unübersteigliche Schwierigkeiten. Es kam hinzu, daß ich während des Schreibens ganz vergessen hatte, daß es gedruckt werden sollte. Auf diese Weise hatte ich bereits mehrere kleine Abhandlungen geschrieben, aber nie etwas drucken lassen. Er wurde des Geredes, daß ich fertig sei, überdrüssig, wenn er doch das Manuskript nicht bekommen konnte. Ich wurde seiner ewigen Mahnungen überdrüssig und wünschte, der Teufel möge alle Versprechen holen. Da ging seine Zeitschrift aus Mangel an Subskribenten ein, und ich dankte den Göttern, ich fühlte mich wieder leicht, durch kein Versprechen mehr beengt.

Dies war der Anlaß, daß diese Kritik zur Welt kam, für mich selbst als eine Wirklichkeit, für meinen Freund, den Redakteur, als eine Möglichkeit, eine Möglichkeit, die sich später jedoch in eine Unmöglichkeit verwandelte. Wieder verging so ein Jahr, und in dieser Zeit war ich genau ein Jahr älter geworden. Das ist nun zwar nicht weiter merkwürdig; denn wie es mir erging, so erging es vermutlich den meisten anderen auch. Aber *ein* Jahr kann zuweilen mehr zu bedeuten haben als ein anderes, mehr zu bedeuten, als daß man ein Jahr älter wird. Das war hier der Fall. Am Ende jenes Jahres befand ich mich in einem neuen Abschnitt meines Lebens, in einer neuen Welt der Illusion, wie sie nur jungen Männern zuteil wird. Wenn man nämlich zur »Sekte der Leser« gehört, wenn man sich auf die eine oder andere Weise als ein fleißiger und aufmerksamer Leser distinguiert, so wächst bei andern die Wahrscheinlichkeit dafür, daß möglicherweise doch ein bißchen Schriftsteller aus einem wird, denn es ist so, wie Hamann sagt: »Aus Kindern werden Leute, aus Jungfern werden Bräute, aus Lesern werden Schriftsteller.« Jetzt fängt ein rosenfarbenes Leben an, das viel Ähnlichkeit mit der ersten Jugend eines Mädchens hat. Redakteure und Verleger fangen an, die Kur zu schneiden. Es ist eine gefährliche Periode, denn die Rede der Redakteure ist sehr verführerisch, und bald ist man in ihrer Gewalt, aber sie betrügen uns arme Kinder nur, und dann, ja dann ist es zu spät. Hüte dich also, junger Mensch, geh nicht zu viel in Konditoreien und Restaurants; denn dort spannen die Redakteure ihre Netze. Und wenn sie dann einen jungen unschuldigen Menschen sehen, der frisch von der Leber weg redet, wie's ihm gerade in den Sinn kommt, der keine Vorstellung davon hat, ob auch etwas daran ist, was er sagt, oder nicht, sondern sich nur daran erfreut, die Rede frei dahinströmen zu lassen, sein Herz beim Sprechen klopfen zu hören, klopfen zu hören in dem Gesagten, da tritt eine dunkle Gestalt auf ihn zu, und diese Gestalt ist ein Redakteur. Er hat ein feines Ohr, er hört sofort, ob das, was gesagt wird, sich gedruckt ausnimmt oder nicht. Da führt er das junge Blut in Versuchung, er zeigt ihm das Unverantwortliche, das darin liegt, seine Perlen so wegzuwerfen, er verspricht ihm Geld, Macht, Einfluß, sogar bei dem schönen Geschlecht. Das Herz ist schwach, die Worte des Redakteurs sind schön, und bald ist er gefangen. Nun sucht er nicht mehr die einsamen Orte auf, um zu seufzen, er eilt nicht fröhlich hin zum Tummelplatz der Jugend, um sich im Reden zu berauschen, er ist schweigsam, denn wer schreibt, der redet nicht. Bleich und kalt sitzt er in seinem Arbeitszimmer, er verfärbt sich nicht beim Kuß der Idee, er errötet nicht wie die junge Rose, wenn der Tau in ihren Kelch sinkt, er hat kein Lächeln, keine Träne, ruhig folgt das Auge dem Gang der Feder über das Papier, denn er ist Schriftsteller und nicht mehr jung.

Auch meine Jugend ist Anfechtungen dieser Art ausgesetzt gewesen. Doch glaube ich mir selbst das Zeugnis geben zu dürfen, daß mein Widerstand unerschrocken war. Was mir geholfen hat, ist die Tatsache, daß ich schon in sehr jungen Jahren meine Erfahrung gemacht habe. Der Redakteur, der mein erstes Versprechen empfing, war sehr freundlich gegen mich, aber dennoch schien es mir immer, als würde mir eine Gunst, eine Ehre damit zuteil, daß man einen Artikel von meiner Hand annehmen wollte, als zeigte man unter der jungen Mannschaft auf mich und sagte: Mit der Zeit kann schon etwas aus ihm werden, laß ihn sich versuchen, es ist eine Ermunterung für ihn, daß man ihm diese Ehre erweist. Die Versuchung war also nicht so groß, und doch lernte ich alle die entsetzlichen Folgen eines Versprechens kennen. Für einen jungen Menschen war ich also gegen die Versuchung ungewöhnlich gut gerüstet und wagte es daher ziemlich häufig, in Konditoreien und Restaurationen zu verkehren. Die Gefahr mußte also von anderer Seite kommen, und sie blieb auch nicht aus. Es trifft sich, daß einer meiner Konditoreibekannten sich entschließt, Redakteur zu werden; seinen Namen wird man auf dem Titelblatt dieser Zeitschrift finden. Kaum hatte er diese Idee gefaßt und das Nötige mit dem Verleger verabredet, als er sich eines Abends an seinen Schreibtisch setzt und die ganze Nacht hindurch an alle möglichen Menschen – Briefe schreibt mit der Bitte um Beiträge. Solch einen Brief, in den verbindlichsten Ausdrücken abgefaßt, voll der glänzendsten Aussichten, empfing auch ich. Indessen leistete ich mutigen Widerstand, ver-

sprach ihm aber dagegen, ihm in jeder Weise zu Diensten zu sein, indem ich in den eingesandten Artikeln ein wenig hinzufügte oder ein wenig wegstriche. Er selbst arbeitete unverdrossen an dem ersten Artikel, der die Zeitschrift eröffnen sollte. Er war damit so gut wie fertig und hatte nun die Güte, ihn mir zu zeigen. Wir verbrachten einen sehr angenehmen Vormittag, er schien mit meinen Bemerkungen zufrieden, änderte dieses und jenes. Die Stimmung war vorzüglich, wir aßen Obst, Konfitüren und tranken Champagner, er vergnügte mich mit seinem Artikel, ich schien ihn mit meinen Beobachtungen zu befriedigen, da will es mein Unstern, daß ich, indem ich mich vorbeuge, um mir eine Aprikose zu nehmen, das Tintenfaß über das ganze Manuskript kippe. Mein Freund wurde wie rasend. »Nun ist alles verdorben; das erste Heft meiner Zeitschrift erscheint nicht zur bestimmten Zeit, mein Kredit ist hin, die Subskribenten fallen ab, du weißt nicht, welche Mühe man hat, Subskribenten zu bekommen, und wenn man sie dann hat, so sind sie doch wie Söldnertruppen treulos und nehmen jede Gelegenheit wahr, einem zu entwischen. Alles ist verloren, es bleibt nichts anderes übrig, du mußt einen Artikel liefern. Ich weiß, du hast Manuskripte liegen, weshalb willst du sie nicht drucken lassen, du hast ja deine Kritik über die erste Liebe, gib sie mir, ich werde sie fertig machen; ich bitte dich, ich beschwöre dich bei unserer Freundschaft, bei meiner Ehre, bei der Zukunft meiner Zeitschrift.«
Er bekam den Artikel, und so wurde mein Tintenfaß also der Anlaß, daß meine kleine Kritik eine Wirklichkeit wurde, die nun – ich sage es mit Grausen – *publici juris* ist.

Wollte man mit wenigen Worten das Verdienst der modernen, zumal der *Scribeschen* Komödie im Verhältnis zur älteren andeuten, so könnte man es vielleicht folgendermaßen ausdrücken: der persönliche Gehalt der poetischen Figur wird dem Dialog kommensurabel, die Ergüsse des Monologs werden überflüssig; der Gehalt der dramatischen Hand-

lung wird der Situation kommensurabel, novellistische Aufklärungen werden überflüssig; der Dialog endlich wird vernehmbar in der Durchsichtigkeit der Situation. Es sind also
keinerlei Aufklärungen nötig, um den Zuschauer zu orientieren, keine Pausen im Drama, um Winke und Berichte zu
geben. So geht es im Leben zu, wo man alle Augenblicke
erklärender Anmerkungen bedarf; in der Poesie aber sollte
es so nicht zugehen. Der Zuschauer kann also sorglos genießen, ungestört das dramatische Leben einsaugen. Indem aber
das neuere Drama solchermaßen weniger Selbsttätigkeit vom
Zuschauer zu verlangen scheint, verlangt es doch in anderer
Beziehung vielleicht mehr, oder richtiger gesagt: es verlangt
es nicht, rächt es aber, wenn man es vergißt. Je unvollkommener die dramatische Form oder der Bau des Dramas ist,
um so häufiger wird der Zuschauer aus seinem Schlaf auf-
gestört, sofern er schläft. Wenn man auf einer schlechten
Landstraße hin und her gerüttelt wird, wo bald der Wagen
gegen einen Stein stößt, bald die Pferde im Gestrüpp hängen-
bleiben, so hat man zum Schlafen keine gute Gelegenheit. Ist
die Straße hingegen eine schöne bequeme Chaussee, so mag
man recht Zeit und Gelegenheit haben, sich umzusehen, aber
auch ungenierter in Schlaf zu fallen. Ebenso mit dem neueren
Drama, alles geschieht so leicht und schnell, daß dem Zuschauer, wenn er nicht etwas Attention mitbringt, manches
verlorengeht. Zwar ist es wahr, daß ein Fünfakter der älteren und ein Fünfakter der neueren Komödie gleich lange
dauern; die Frage bleibt jedoch immer, ob auch gleich viel
geschieht.
Diese Untersuchung weiter auszuführen, könnte zwar von
Interesse sein, nicht aber für diese Besprechung; es detail-
lierter in *Scribes* »Theater« nachzuweisen, könnte zwar seinen Sinn haben, doch glaube ich, daß die genauere Behandlung des kleinen Meisterwerkes, das Gegenstand gegenwärtiger Betrachtung ist, genügen wird. Ich möchte um so
lieber bei gegenwärtigem Stück verweilen, als man nicht
leugnen kann, daß man in anderen Dramen *Scribes* bisweilen

die vollkommene Korrektheit vermißt, indem die Situation
schläfrig und der Dialog einseitig geschwätzig wird. »Die
erste Liebe« hingegen ist ein Stück ohne Fehler, so vollendet,
daß es allein schon *Scribe* unsterblich machen müßte.

Wir wollen zunächst die Personen dieses Stückes in ihrer
Einzelheit betrachten, um später zu sehen, wie der Dichter
es verstanden hat, ihre Individualitäten in Dialog und Situation offenbar werden zu lassen, und zwar ungeachtet dessen,
daß das ganze Stück nur eine Skizze ist.

*Dervière*, ein reicher Eisengießer und Witwer, hat nur eine
einzige Tochter, »eine kleine Jungfer von sechzehn Jahren«.
Jedes billige Verlangen von ihm, für einen braven und honet-
ten Mann, der viel Geld hat, gehalten zu werden, wird man
respektieren müssen, wohingegen jeder Versuch, ein Mann
zu sein, ein Vater zu sein, »der keinen Spaß versteht«, als
mißlungen betrachtet werden muß. Dieser Versuch scheitert
auch an seiner Tochter, ohne deren Einwilligung und Beifall
er kaum wagen darf, sich für ein Vernunftwesen zu halten.
»Sie geht bei ihm mit Holzschuhen aus und ein«, und er bekundet eine ungewöhnliche Veranlagung, Spaß zu verstehen, da ihre Laune mit seiner väterlichen Würde in einem
fort Blindekuh spielt.

Seine einzige Tochter *Emmeline* ist jetzt sechzehn Jahre alt.
Ein nettes, reizendes kleines Mädchen, aber eine Tochter
Dervières und erzogen von Tante Judithe. Diese hat sie mit
Romanen erzogen und gebildet, und des Vaters Reichtum
hat es ermöglicht, diese Bildung von der Wirklichkeit des
Lebens unbeeinträchtigt zu bewahren. Alles im Hause gehorcht ihrer Laune, deren Unbeständigkeit man unter anderem aus dem Monolog des Dieners Lapierre in der dritten
Szene ersehen kann. Mit Judithes Bildung hat sie ohne sonderliche Kenntnis von der Welt im Hause des Vaters gelebt
und nicht die Gelegenheit entbehrt, sich in ein Gewebe von
Sentimentalität einzuspinnen. Sie ist mit ihrem Vetter *Charles*
erzogen worden, er war ihr Spielgefährte, ihr alles, die
nötige Ergänzung zu den Romanen der Tante. Mit ihm hat

sie das Gelesene durchgenommen, auf ihn hat sie alles übertragen, als er sie schon in sehr jungem Alter verließ. Ihre Wege trennen sich, sie leben jetzt fern voneinander, nur durch »ein heiliges Gelübde« vereint.

Die Roman-Bildung hat Charles mit seiner Cousine gemein, die Lebensumstände hingegen nicht. In einem sehr jungen Alter wird er in die Welt hinausgeschickt, hat nur 3 000 Francs jährlich [vgl. sechste Szene] und sieht sich also bald gezwungen, seine Bildung nach Möglichkeit in der Welt zu verwerten. Seine diesbezüglichen Bemühungen scheinen keinen rechten Erfolg gehabt zu haben, bald hat die Wirklichkeit ihn und seine Theorien *in absurdum* reduziert, der hoffnungsvolle Charles ist ein liederlicher Bursche geworden, ein verunglücktes Subjekt, ein verfehltes Genie. Eine derartige Figur ist an sich von so großer dramatischer Wirkung, daß es unbegreiflich ist, warum man sie so selten verwendet sieht. Ein Stümper von Bühnendichter wird indessen leicht versucht sein, sie völlig abstrakt aufzufassen: als ein verunglücktes Subjekt überhaupt. Nicht so geht es *Scribe*, aber der ist auch kein Stümper, sondern ein Virtuos. Damit eine solche Figur interessiere, muß man immer ahnen, wie alles gekommen ist; sie hat nämlich in strengerem Sinne als andere Menschen eine Präexistenz. Diese muß man noch in seiner Verfehltheit erkennen und somit die Möglichkeit seiner Depravation sehen. Das ist jedoch nicht so leicht getan wie gesagt, und man kann die Virtuosität nicht genug bewundern, mit der Scribe es sichtbar zu machen weiß, nicht in ewigem Monolog, sondern in der Situation. Charles ist vielleicht überhaupt eine der genialsten Figuren, die Scribe auf die Bühne gebracht hat; jede seiner Repliken ist Gold wert, und doch hat der Dichter ihn nur als eine flüchtige Skizze hingeworfen. Charles ist keine Abstraktion, kein neuer Charles, sondern man begreift sofort, wie es gekommen ist, man sieht in ihm die Konsequenz aus den Prämissen seines Lebens.

Die Frucht der Roman-Bildung kann eine zwiefache sein.

Entweder vertieft das Individuum sich mehr und mehr in die
Illusion, oder es macht sich davon frei und verliert den Glauben an die Illusion, gewinnt dafür aber den Glauben an die
Mystifikation. In der Illusion ist das Individuum sich selbst
verborgen, in der Mystifikation ist es anderen verborgen,
beides aber ist die Folge einer Romanbildung. Einem Mädchen liegt es am nächsten, sich in die Illusion zu vertiefen,
wie der Dichter es auch mit Emmeline hat gehen lassen, und
ihr Leben ist in dieser Hinsicht begünstigt. Anders mit Charles. Er hat die Illusion verloren; aber obgleich auf mancherlei Weise von der Wirklichkeit in die Enge getrieben, hat er
doch seine Romanbildung nicht gänzlich verschwitzt. Er
glaubt, er kann mystifizieren. Wenn daher Emmeline von
Sympathien spricht, die weit über des Vaters Verstand gehen,
so hört man gleich die Romanleserin heraus; in Charles'
Repliken aber findet man nicht minder korrekt Reminiszen-
zen seiner Bildung. Er traut sich eine ungewöhnliche Gabe
der Mystifizierung zu; dieser Glaube an die Mystifikation
aber ist ebenso romantisch wie Emmelines Schwärmerei.
»Nach achtjährigem Umherirren kehrt er incognito zurück;
er hat natürlichen Verstand und Kenntnisse und weiß, daß
es fünf oder sechs Arten gibt, das Herz eines Onkels zu
rühren; die Hauptsache ist jedoch, daß man unbekannt ist,
das ist eine unerläßliche Bedingung.« Man hört sofort den
Romanhelden heraus. Daß Charles sich genügend Geschick-
lichkeit zutraut, so einen Ölgötzen wie seinen Onkel zum
Narren zu halten, wäre ganz in der Ordnung; aber das ist
es gar nicht, worauf Charles reflektiert, er spricht von Onkeln im allgemeinen, von fünf, sechs Mitteln im allgemeinen
und von der Bedingung im allgemeinen, daß man unbekannt
sein muß. Sein Glaube an die Mystifikation ist also ebenso
phantastisch wie Emmelines Illusion, und in beiden erkennt
man Judithes Schule wieder. Von Charles' Überspanntheit
in dieser Hinsicht erhält man einen guten Begriff dadurch,
daß er ungeachtet all dieser vorzüglichen Theorien nicht
fähig ist, auch nur den kleinsten eigenen Gedanken zu fassen,

und sich von dem nichts weniger als schwärmerischen *Rinville* raten lassen muß. Sein Glaube an die Mystifikation ist also
ebenso unfruchtbar wie der Emmelines an die Illusion, und
daher hat denn auch der Dichter beide zu dem gleichen
Resultat kommen lassen, nämlich zu dem Gegenteil dessen,
wozu sie sich hinzuarbeiten meinten, denn Emmelines Sympathie und Charles' Mystifikation bewirken gerade das Gegenteil von dem, was sie ihrer Meinung nach bewirken
müssen. Dies werde ich später darlegen.

Obgleich nun Charles auf Kosten der Illusion den Glauben
an das Mystifizieren gewonnen hat, so hat er doch etwas von
jener zurückbehalten, und das ist das zweite, woran man in
dem verunglückten Charles Judithes Schüler und Emmelines
Spielgefährten wiedererkennt. Sein eigenes Leben weiß er
trotz allem Elend und aller Unbedeutendheit in einer romantischen Verklärung aufzufassen. Er betrachtet seine Jugend, da er in die Welt hinauszog als »ein höchst liebenswürdiger Kavalier, ein junger Mann von bestem Ton, voll
Feuer und Leben und Grazie, großen Nachstellungen durch
das weibliche Geschlecht ausgesetzt«. Selbst die Geschichte
mit Pamela hat in seinen Augen ein romantisches Aussehen,
obwohl der Zuschauer sehr wohl ahnt, daß Charles eigentlich zum Narren gehalten worden ist. Man wird leicht erkennen, warum ich die Mystifikation zu dem für Charles Vor-
herrschenden gemacht habe; denn die Illusion, in der er sich
befindet, ist eigentlich eine Illusion über seine Begabung
zum Mystifizieren. Man sieht hier wiederum den Romanhelden. Es liegt eine unvergleichliche Wahrheit in Charles.
Im Verhältnis zu den Leuten im allgemeinen hat so ein verunglücktes Subjekt etwas Vornehmes, es ist von der Idee
berührt, seinem Gehirn sind phantastische Vorstellungen
nicht unbekannt. Eine derartige Figur ist darum recht eigentlich komisch, weil ihr Leben im Bereich des Allgemeinen
liegt, in der Erbärmlichkeit, und doch meint solch ein Mensch
das Außerordentliche zu vollbringen. Er glaubt, die Geschichte mit Pamela sei ein »Abenteuer«, und doch schöpft

man den Verdacht, ob nicht vielmehr sie es sei, die ihn an der Nase herumgeführt hat, man ist fast versucht zu glauben, daß er unschuldiger sei, als er selbst meint, daß Pamela andere Gründe gehabt habe, ihn »mit der Schneiderschere« zu erschrecken, als ihre gekränkte Liebe, ja daß diese Gründe wohl gar außerhalb seines Verhältnisses zu ihr gelegen haben.

Schließlich erkennt man in dem verunglückten Subjekt den ursprünglichen Charles an einer possenhaften Rührung wieder, einer Weichheit, die an große Gefühle glaubt und von ihnen bewegt wird. Als er hört, der Onkel habe den Wechsel bezahlt, ruft er aus: »Ja, die Bande der Natur und des Blutes sind heilig«[1]. Er ist wirklich bewegt, sein romantisches Herz ist gerührt, sein Gefühl macht sich Luft, er wird schwärmerisch! »Ja, dacht' ich's nicht, entweder man hat einen Onkel oder man hat keinen.« Es ist keine Spur von Ironie in ihm, es ist die fadeste Sentimentalität; darum aber ist die komische Wirkung im Stück unendlich. Als die Cousine den Vater für den vermeintlichen Charles um Verzeihung bittet, ruft er gerührt, mit Tränen in den Augen, aus: o, die gute Cousine! Er hat den Glauben nicht ganz verloren, daß es im Leben wie im Roman edle weibliche Seelen gibt, deren erhabene Resignation einem nur Tränen abpressen kann. Dieser Glaube erwacht jetzt mit seiner alten Schwärmerei.

Ich habe mit Fleiß etwas länger bei Charles verweilt, weil er von der Hand des Dichters eine so vollendete Figur ist, daß ich glaube, ich könnte ein ganzes Buch über ihn schreiben, indem ich lediglich an seine Repliken anknüpfe. Man glaubt vielleicht, Emmeline sei die Sentimentale und Charles hingegen sei aus der Welt klug geworden? Keineswegs. Eben darin liegt *Scribes* unendlicher Witz, daß Charles auf

---

[1] Falls der Leser sehr in dem Stück bewandert ist, wird er Gelegenheit gehabt haben, sich an dem poetischen Zufall zu erfreuen, der will, daß *Rinville* in der ersten Szene, in der er sich als *Charles* gibt, ihn so poetisch wahr reproduziert, daß seine Rede zu einer Art Bauchreden von unendlich komischer Wir-

seine Weise ebenso sentimental ist wie Emmeline, so daß die beiden sich einer wie der andere als Schüler der Tante Judithe erweisen.

Der alte Dervière, seine Tochter und Charles bilden nun gemeinsam eine völlig phantastische Welt, mögen sie auch in anderem Sinne alle aus dem Leben gegriffene Figuren sein. Diese Welt soll in Beziehung zur Wirklichkeit gebracht werden, und das geschieht durch Herrn *Rinville*. Rinville ist ein gebildeter junger Mann, der viel im Ausland gereist ist. Er ist in dem Alter, in dem es angebracht erscheinen könnte, durch eine Heirat einen fürs ganze Leben entscheidenden Schritt zu unternehmen. Er hat diese Sache bei sich erwogen und seinen Blick auf Emmeline geheftet. Er versteht sich zu gut auf die Welt, um schwärmerisch zu sein, seine Heirat ist ein wohlüberlegter Schritt, zu dem er sich aus mehreren Gründen entschließt. Erstens ist das Mädchen reich und gewährt Aussicht auf eine jährliche Rente von 50000 Francs; zweitens besteht ein freundschaftliches Verhältnis zwischen dem Vater des Mädchens und seinem Vater; drittens hat er im Scherz geäußert, er werde diese spröde Schönheit schon besiegen; viertens ist es wirklich ein liebenswürdiges Mädchen. Dieser Grund kommt zuletzt, er ist eine später hinzugekommene Anmerkung.

Wir haben somit die einzelnen Kräfte des Stückes betrachtet und gehen nun zu der Untersuchung über, wie diese zueinander in Beziehung gesetzt werden müssen, um dramatisches Interesse zu gewinnen. Dabei wird man so recht Gelegenheit haben, *Scribe* zu bewundern. Das Stück muß auf *Emmeline* angelegt werden, darüber kann kein Zweifel bestehen. Emmeline ist überhaupt gewohnt zu herrschen, es ist daher in der Ordnung, daß sie auch im Stück die Dominie-

---

kung wird, weil es ist, als sähe und hörte man den sentimentalbenebelten Charles bewegt diese Worte deklamieren: »Ist denn des Blutes Stimme nur eine Einbildung? Spricht sie nicht zu Ihrem Herzen? Sagt sie Ihnen nicht, mein teurer Onkel...« [vgl. sechste Szene].

rende ist. Sie besitzt alle nur möglichen Eigenschaften, um
eine Heldin zu werden, jedoch nicht substantiell, sondern in
negativem Sinne. Sie ist also komisch, und durch sie das
Stück ein Lustspiel. Sie ist zu herrschen gewohnt, wie es sich
für eine Heldin geziemt, aber das, was sie beherrscht, ist ein
Narr von einem Vater, Dienstboten usw. Sie hat Pathos,
aber da dessen Inhalt Unsinn ist, so ist ihr Pathos wesentlich
Geschwätz; sie hat Leidenschaft, aber da deren Inhalt ein
Phantom ist, so ist ihre Leidenschaft wesentlich Tollheit; sie
hat Schwärmerei, aber da deren Inhalt ein Nichts ist, so ist
ihre Schwärmerei wesentlich Albernheit; sie will ihrer Leidenschaft jedes Opfer bringen, das heißt: sie will alles opfern
für nichts. Als komische Heldin ist sie unvergleichlich. Bei
ihr dreht sich alles um eine Einbildung, und alles außer ihr
dreht sich wieder um sie und damit um ihre Einbildung. Es
ist leicht ersichtlich, wie vollendet komisch die ganze Anlage
werden muß, man blickt in sie hinein, als blickte man in
einen Abgrund der Lächerlichkeit.

Emmelines Einbildung geht auf nicht mehr und nicht weniger hinaus, als daß sie ihren Vetter Charles liebt, den sie
nicht mehr gesehen hat, seit sie acht Jahre alt war. Das
Hauptargument, mit dem sie ihre Illusion zu verteidigen
sucht, ist folgendes: die erste Liebe ist die wahre Liebe, und
man liebt nur einmal.

Als Verfechterin der absoluten Gültigkeit der ersten Liebe
ist Emmeline die Vertreterin einer zahlreichen Klasse von
Menschen. Man meint zwar, daß es möglich sei, mehr als
einmal zu lieben; aber die erste Liebe ist doch wesentlich von
jeder anderen verschieden. Dies läßt sich nur durch die Annahme erklären, daß es einen mitleidigen Dämon gibt, der
dem Menschen ein bißchen Vergoldung geschenkt hat, mit
dem er sich das Leben verziert. Der Satz nämlich, daß die
erste Liebe die wahre Liebe sei, ist sehr geschmeidig und
kann den Menschen auf mancherlei Weise zu Hilfe kommen.
Hat man nicht das Glück, in den Besitz dessen zu gelangen,
was man sich wünscht, so hat man doch die Süße der ersten

Liebe. Hat man das Unglück, mehrere Male zu lieben, so ist es doch ein jedesmal die erste Liebe. Der Satz ist nämlich ein sophistischer Satz. Liebt man zum dritten Male, so sagt man: diese meine jetzige Liebe ist doch erst meine wahre Liebe, die wahre Liebe aber ist die erste, *ergo* ist diese dritte Liebe meine erste. Das Sophistische liegt darin, daß die Bestimmung »die erste« zugleich eine qualitative und eine numerische Bestimmung sein soll. Wenn ein Witwer und eine Witwe sich zusammentun, wenn jeder fünf Kinder mitbringt, so versichern sie sich doch am Hochzeitstage, daß diese Liebe ihre erste Liebe sei. Emmeline würde in ihrer romantischen Orthodoxie eine solche Verbindung mit Abscheu betrachten, sie würde ihr eine verlogene Abscheulichkeit sein, die ihr ebenso greuelhaft wäre, wie die Ehe zwischen einem Mönch und einer Nonne es für das Mittelalter war. Sie faßt den Satz numerisch auf, und zwar mit einer solchen Gewissenhaftigkeit, daß sie meint, ein Eindruck ihres achten Lebensjahres sei entscheidend für das ganze Leben. In gleicher Weise faßt sie auch den zweiten Satz auf: man liebt nur einmal. Dieser Satz ist indessen ebenso sophistisch und ebenso dehnbar. Man liebt mehrere Male, und jedesmal bestreitet man die Gültigkeit der vorhergehenden Male, und so behauptet man dennoch die Richtigkeit jenes Satzes, daß man nur einmal liebt.

Emmeline hält also an ihrem numerisch bestimmten Satz fest, niemand kann sie widerlegen; denn jedem, der es etwa versucht, spricht sie die Sympathie ab. Sie muß nun ihre Erfahrung machen, und die Erfahrung widerlegt sie. Es ergibt sich die Frage, wie man in diesem Punkte den Dichter verstehen soll. Es zeigt sich, daß sie Rinville liebt, nicht Charles. Die Antwort hierauf wird entscheidend sein für die Bestimmung, ob das Stück in unendlichem Sinne komisch oder in endlichem Sinne moralisierend ist. Bekanntlich endet das Stück damit, daß Emmeline sich von Charles zu Rinville wendet, ihm die Hand reicht und sagt: »Es war ein Irrtum, ich habe das Vergangene mit dem Zukünftigen verwechselt.«

Ist nun das Stück in endlichem Sinne moralisierend, so wie
es wohl im allgemeinen verstanden wird, dann ist es die
Absicht des Dichters, in Emmeline ein kindisches, verschro-
benes Mädchen zu schildern, das sich fest in den Kopf gesetzt
hat, sie liebe nur ihren Charles, nun aber zu besserer Einsicht
gelangt, von ihrer Krankheit geheilt wird, eine vernünftige
Partie mit Herrn Rinville macht und den Zuschauer das
Beste für ihre Zukunft hoffen läßt, daß sie eine rührige Hausfrau werde usw. usw. Wenn dies der Sinn ist, so verwandelt
sich »Die erste Liebe« von einem Meisterstück in eine szenische Belanglosigkeit, vorausgesetzt, daß der Dichter ihre
Besserung einigermaßen motiviert hat. Da dies nicht der
Fall ist, wird das Stück, als Ganzes betrachtet, zu einem mäßigen Stück, und man muß bedauern, daß die glänzenden
Einzelheiten in ihm vergeudet sind.

Daß *Scribe* ihre Besserung in keiner Weise motiviert hat,
werde ich nun zeigen. Rinville beschließt, sich für Charles
auszugeben. Es gelingt ihm, Emmeline zu täuschen. Er geht
ganz in die Sentimentalität des vermeintlichen Charles ein,
und Emmeline ist außer sich vor Freude. Nicht also durch
seine Person nimmt Rinville sie ein, sondern durch Charles'
Sonntagskleider. Ja, selbst wenn es statt eines fingierten Charles der wirkliche gewesen wäre, selbst wenn er ganz genau
so ausgesehen hätte wie Rinville, so ist doch durch das Auftreten dieser Figur kein neues Motiv für die Liebe hinzugekommen. Vielmehr, sie liebt ihn mit einer objektiv mathe-
matischen Liebe, weil er mit dem Bilde, das sie selbst gemacht hat, kongruiert. Rinville hat also eigentlich gar keinen Eindruck auf Emmeline gemacht. Wie ohnmächtig er
ist, zeigt sich auch darin, daß sie, als er den Ring nicht hat,
ihn nicht liebt, als er den Ring bekommt, ihn wieder liebt,
woraus sich die Wahrscheinlichkeit ergibt, daß dieser Ring
für Emmeline ein magischer Ring ist und daß sie jeden lieben
würde, der mit diesem Ring aufträte. Als Emmeline endlich
erfährt, daß Charles verheiratet ist, beschließt sie, Rinville
zu ehelichen. Sollte nun dieser Schritt irgendwie auf eine

Wandlung bei ihr hindeuten, ja, mehr noch, auf eine Wandlung zum Besseren, so müßte es einerseits Rinville gelungen sein, ihr durch seine eigene Liebenswürdigkeit zu gefallen, von der es im Stück deutlich werden müßte, daß sie von besserer Bonität ist als die Charles', andererseits müßte es ihm gelungen sein, ihre theoretische Verstocktheit bezüglich der absoluten Gültigkeit der ersten Liebe zu lösen und zu erklären. Keins von beidem ist der Fall. Rinville tritt als Charles auf und gefällt ihr nur, sofern er ihm gleicht. Und das Bild, das sie von Charles hat, ist kein großartiges Phantasiegemälde, das auszufüllen eine poetische Figur erforderlich wäre, nein, ihr idealer Charles ist an einer Menge von Zufälligkeiten erkennbar, besonders an einem Ring am Finger. Nur durch seine Ähnlichkeit mit Charles gefällt er ihr, und er entfaltet auch nicht eine einzige ihm eigentümliche Liebenswürdigkeit, die Eindruck auf Emmeline machen könnte. Sie sieht überhaupt gar nicht Rinville, sondern nur ihren geliebten Charles. Sie ist auf dem Punkt, daß sie Charles liebt und Rinville verabscheut; wer von ihnen der Liebenswertere sei, entscheidet sie nicht, indem sie die beiden sieht, das ist schon lange im voraus entschieden. Wie Charles als Rinville auftritt, findet sie ihn »widerlich«. In diesem Urteil muß der Zuschauer ihr allerdings recht geben; es scheint aber nicht die Absicht des Dichters zu sein, ihrem Urteil großen Wert beizumessen; sie weiß, daß er widerlich ist, ehe sie ihn ansieht, und kaum sieht sie ihn an, findet sie es bestätigt. Der Dichter will ihr Urteil über den vermeintlichen Rinville als eine Willkür erscheinen lassen, daher läßt er es immer wieder durch das Urteil des Vaters parodieren. Der Vater findet ganz und gar nichts Einnehmendes an dem vermeintlichen Charles, hingegen findet er den vermeintlichen Rinville höchst liebenswert, die Tochter umgekehrt; er findet es so, weil er es so will, sie desgleichen. Daß sie recht hat, sieht der Zuschauer, ihr Urteil aber bleibt gleichwohl eine bloße Willkür, und dadurch erhält die Situation so viel komische Kraft.

Es gelingt Rinville auch nicht, ihre Theorie zu besiegen.
Charles ist verheiratet, ihn kann sie also nicht bekommen[2],
es sei denn, daß sie mit der Obrigkeit anbändeln wollte. Sie
ehelicht Rinville aus zwei Gründen, teils, um sich an Charles
zu rächen, teils, um ihrem Vater zu gehorchen. Diese Gründe scheinen nicht auf eine Wandlung zum Besseren zu deuten. Tut sie es, um sich an Charles zu rächen, so beweist das
ja, daß sie fortfährt, Charles zu lieben, das Motiv entspricht
ganz der Logik des Romans, und man kann sie keineswegs
für geheilt halten. Tut sie es, um dem Vater zu gehorchen,
so muß entweder ein Ernst in ihre Seele gekommen sein,
eine Reue und ein Verdruß darüber, daß sie sich erlaubt hat,
einen Vater zum besten zu haben, der doch nur eine Schwäche hatte, nämlich die, zu gut zu ihr zu sein; das aber stünde
im Widerspruch zum ganzen Stück – oder ihr Gehorsam hat
seinen Grund darin, daß sein Wille mit ihrer Laune in Einklang ist, und so wäre sie hier denn wiederum unverändert.
Es ist also im Stück auch nicht das mindeste zu erkennen, das
darauf schließen läßt, daß ihre Entscheidung für Rinville ver-
nünftiger sei als alles, was sie sonst tut. Emmelines Wesen ist
das unendliche Geplapper, sie ist am Schluß ebenso plapper-
haft wie am Anfang, und daher kann man sich ungeteilt an
der komischen Wirkung des ganzen Stückes ergötzen, die
sich dadurch ergibt, daß die Situation ihr beständig entgegen ist. Sie hat sich am Schluß des Stückes also nicht gebes-
sert, ebensowenig wie *Erasmus Montanus* bei *Holberg*. Sie ist
eine zu große Theoretikerin, eine zu gute Dialektikerin [und
jeder Mensch, der eine fixe Idee hat, ist ja ein Virtuos auf
*einer* Saite], um sich empirisch überzeugen zu lassen. Charles
ist ihr untreu gewesen, sie heiratet Rinville; doch ihr romantisches Gewissen macht ihr keine Vorwürfe. Ganz ruhig

---

[2] Ein anderer Ausweg ließe sich vielleicht finden, wenn man
Emmeline auf die Idee kommen ließe, sich mit Charles' halbem
Herzen zu begnügen. Dergleichen hat man ja in den Romanen
gesehen, und es wäre also nicht undenkbar, daß es Emmeline
in voller Klarheit aufginge. Überhaupt ist es merkwürdig, daß

könnte sie vor Tante *Judithe* hintreten, falls diese noch lebte,
und könnte zu ihr sagen: »Ich liebe Rinville nicht, ich habe
ihn nie geliebt, ich liebe nur Charles, und sage noch: man
liebt nur einmal, und die erste Liebe ist die wahre Liebe;
aber ich habe Achtung vor Rinville, darum hab' ich ihn geheiratet und meinem Vater gehorcht« [vgl. 14. Szene]. Da
würde Judithe antworten: »Recht so, mein Kind, das Lehrbuch läßt in einer Anmerkung diesen Schritt zu. Es sagt:
wenn die Liebenden einander nicht bekommen können, so
geziemt es ihnen, still dahinzuleben, und obgleich sie einander nicht bekommen, soll ihr Verhältnis doch dieselbe Bedeutung haben, als ob sie einander bekommen hätten, und
ihr Leben soll ebenso schön sein und in jeder Beziehung für
eine eheliche Gemeinschaft erachtet werden. Das weiß ich
aus eigener Erfahrung. Meine erste Liebe war ein Seminarist,
aber er konnte keine Stellung finden. Er war meine erste
Liebe und ist meine letzte geblieben, ich bin unverheiratet
gestorben und er ohne Stellung. Wenn dagegen der eine
Teil dem andern untreu wird, so darf der andere heiraten,
jedoch so, daß er es aus Achtung tut.«
Wenn man also die Wahl hat, *Scribes* Stück zu einer Belanglosigkeit herabzusetzen, indem man behauptet, daß es etwas
darin gäbe, was sich nicht nachweisen läßt, oder sich an
einem Meisterstück zu freuen, indem man alles erklären
kann, so scheint die Wahl nicht schwer. Das Stück ist also
nicht in endlichem Sinne moralisierend, sondern in unendlichem Sinne witzig; es hat keinen endlichen Zweck, sondern ist ein unendlicher Scherz mit Emmeline. Darum hat
das Stück auch kein Ende. Da die neue Liebe zu Rinville
lediglich mit einer Verwechslung motiviert wird, so ist es
völlig willkürlich, das Stück aufhören zu lassen. Entweder

---

es in der gesamten europäischen Literatur an einem weiblichen
Seitenstück zum *Don Quixotte* fehlt. Sollte die Zeit dafür noch
nicht gekommen sein, sollte der Kontinent der Sentimentalität noch nicht entdeckt sein?

ist dies nun ein Fehler des Stückes, oder ein Verdienst. Die Wahl ist hier wiederum nicht schwer. Indem der Zuschauer meint, das Stück sei aus, und er habe jetzt sicheren Grund unter den Füßen, entdeckt er plötzlich, daß das, worauf er tritt, nichts Festes ist, sondern gleichsam das Ende einer Wippe, und indem er darauf tritt, wippt er das ganze Stück über sich hinweg. Es ergibt sich eine unendliche Möglichkeit der Konfusion, weil Emmeline, infolge ihrer Romanbildung, in bezug auf jede Bestimmung der Wirklichkeit »übergreifend« geworden ist. Daß der wirkliche Charles nicht ihr Charles war, das hat sie gelernt; bald aber wird sie, wenn Rinville Rinville wird, sich überzeugen, daß auch er es nicht ist. Kleider machen den Mann, und das romantische Habit ist das, worauf sie sieht. Es wird vielleicht eine neue Gestalt erscheinen, die Charles gleicht, und so fort. Versteht man das Stück auf diese Art, so ist ihre Schlußreplik sogar tiefsinnig, während es im anderen Fall mir zumindest unmöglich ist, einen Sinn darin zu finden. Emmeline bezeichnet also die Änderung der Bewegung. Zuvor lag ihre Illusion hinter ihr im Vergangenen, jetzt will sie sie in der Welt und im Zukünftigen suchen, denn den romantischen Charles hat sie nicht aufgegeben; ob sie aber vorwärts oder rückwärts reist, so bleibt ihre Expedition nach der ersten Liebe doch vergleichbar jener Reise, die man nach der Gesundheit unternimmt, von der es heißt, sie sei immer um eine Station voraus.

Man wird es denn auch in der Ordnung finden, daß Emmeline keinerlei Aufklärungen bezüglich ihrer Theorie gibt, was man eigentlich mit Recht verlangen könnte. Wenn ein Mann seinen Glauben ändert, verlangt man eine Erklärung, ist er ein Theoretiker, verlangt man sie mit Recht. Emmeline ist kein ungelehrtes Mädchen, sie ist wohlstudiert, sie besitzt Theorie, hat kraft dieser Charles geliebt, sie hat den Satz etabliert, daß die erste Liebe die wahre sei. Wie wird sie sich da herausreden? Wird sie sagen, sie habe Charles nie geliebt, sondern Rinville sei ihre erste Liebe, so ist sie im

Widerspruch mit sich selbst, da sie doch eigentlich glaubt,
Rinville sei Charles. Wird sie sagen: die erste Liebe war
Kinderei, die zweite Liebe ist die wahre, so ist leicht ersichtlich, daß sie einem nur mit Hilfe eines Sophismus entschlüpfen will. Sagt sie: es kommt auf die Zahl gar nicht an, ob es
Nummer 1 oder Nummer 2 ist, die wahre Liebe ist etwas
ganz anderes; so müßte man fragen, welche Liebenswürdigkeit sie denn bei Rinville gefunden habe, da der aufmerksame Beobachter doch keine andere entdeckt habe als die,
daß er so höflich gewesen ist, sich Charles anzuziehen, um
ihr zu gefallen. Soll das Stück wirklich zu Ende sein, so muß
man billigerweise eine Aufklärung über all dies verlangen.
Ist es dagegen die Meinung des Dichters, daß das Stück unendlich ist, so ist es eine Unbilligkeit, von Emmeline eine
Erklärung zu verlangen, da sie diesbezüglich mit sich selbst
noch nicht ins reine gekommen ist.

Das Interesse dreht sich also um Emmeline und ihre Illusion.
Eine Kollision zuwege zu bringen, ist wirklich nicht schwer.
Ich will nun einen Augenblick die drei Personen unter Auslas-
sung von Charles zueinander in Beziehung setzen, um zu
sehen, wie weit wir auf diese Weise kommen. Der Vater
wünscht Emmeline verheiratet und versorgt zu sehen. Sie
refüsiert jeglichen Vorschlag. Schließlich schlägt er den jungen Rinville vor, empfiehlt ihn wärmer als jeden anderen,
ja macht Miene, fest entschlossen zu sein. Emmeline legt ein
Geständnis ab, daß sie einen anderen liebe, nämlich Charles.
Rinville kommt, empfängt den Brief, faßt den Gedanken,
sich für Charles auszugeben.

Soweit könnte das Stück mit drei Personen ablaufen, und
wir wären nicht um eine der witzigsten Situationen des
Stückes, die Erkennungsszene, gekommen. Ich kann hier
gleich die Gelegenheit nehmen, zu zeigen, wie *Scribe* alles
in der Situation sichtbar werden läßt. Emmeline macht ihrer
Sentimentalität niemals Luft im Monolog, sondern immer
nur im Dialog und in der Situation. Man hört sie nicht in
Einsamkeit für Charles schwärmen. Erst als der Vater dring-

lich wird, muß sie beichten, was dazu beiträgt, daß ihre Sentimentalität sich besser ausnimmt. Man hört sie nicht im Monolog für sich allein ihre Liebesreminiszenzen repetieren, das geschieht erst in der Situation. Ihre Sympathie sagt ihr sofort, daß Rinville Charles ist, und mit ihm geht sie nun alle alten Erinnerungen durch. Eine witzigere Situation läßt sich kaum denken. Rinville hat Welt, und mit Hilfe einiger ganz weniger Aufklärungen über Emmelines Geisteszustand sieht er bald, daß ihr Vetter Charles eine sehr nebulose und mythische Figur ist. Sie hat ihrer Phantasie ein Bild von Charles gemalt, das auf jeden zutreffen kann, ebenso wie die Gesichter, die der eine der mehreren Wehmüller malte, auf jeden Ungarn zutreffen. Charles' Porträt ist ebenso abstrakt wie die Nationalgesichter dieses Malers. Dieses Porträt und einige allgemeine Formeln, ein kleiner Vers nicht zu vergessen, sind der Ertrag ihrer Romanbildung. Die Täuschung ist Rinville also ziemlich leicht gemacht und gelingt über alle Maßen.

Man könnte nun auch aus diesen drei Personen und ihren Beziehungen zueinander ein Lustspiel machen. Rinville hätte eingesehen, daß, obwohl er als Rinville beim Vater wohl angeschrieben wäre, es doch von größerer Wichtigkeit sei, der Tochter zu gefallen, deren Wink alles in Dervières Hause gehorchte. Er würde sich also weiterhin für Charles ausgeben. Damit hätte er dann in der Familie Fuß gefaßt, hätte Gelegenheit, das Mädchen für sich einzunehmen. Er dürfte auf Emmelines Herrschaft über den Vater rechnen, und wenn sie dann dem Vater die Erlaubnis abgerungen hätte, müßte er es verstanden haben, das Mädchen dermaßen einzunehmen, daß sie sich nicht noch einmal bedenken würde.

Man erkennt leicht das Unvollkommene dieser Anlage. Um die Tochter dahin zu bringen, ihr Geheimnis zu gestehen, muß Dervière sehr in sie gedrungen sein; denn sonst hätte sie es ebensogut gestehen können, als er überhaupt zum erstenmal mit ihr über die Ehe sprach. Der Vater hat also viele Gründe gehabt, sich Rinville als Schwiegersohn zu wünschen. Je eifriger er ist, um so gespannter wird das Verhältnis, um so unwahrscheinlicher wird es, daß er seine Einwilligung zu ihrer Verbindung mit Charles gibt. Andererseits muß eine dramatische Wahrscheinlichkeit bestehen, daß Emmeline sich irrt. Dies hat der Dichter dadurch erreicht, daß Charles erwartet wird, und es so eingerichtet, daß sie selber diese Nachricht bringt und im gleichen Augenblick den vermeintlichen Charles gewahr wird. Des Vaters Verlegenheit und Eifer, die Ankunft Charles' zu verheimlichen, bestärken sie noch mehr darin, daß es wirklich Charles ist.

Jetzt will ich die vierte Person hinzunehmen, um die Vortrefflichkeit der Anlage darzutun und zu zeigen, wie die eine Situation die andere an Witz überbietet.

Charles eilt nach Hause als der verlorene Sohn, um sich dem Onkel in die Arme zu werfen, die Cousine loszuwerden und seine Schuld zu begleichen. Um aber all das zu erreichen, muß er inkognito sein. Wie fast jede Situation ein unendlich witziger Spott über Emmelines Sentimentalität ist, so ist fast jede Situation auch ein ebenso witziger Spott über Charles' Mystifikation. Er kehrt nach Hause zurück, voller Vertrauen auf seine Begabung zum Mystifizieren. Er glaubt, daß er es sei, der die Intrige betreibt, er, der mystifiziert, und doch sieht der Zuschauer, daß die Mystifikation im Gange ist, noch bevor Charles auftritt; denn Rinville hat sich ja schon für Charles ausgegeben. Die Intrige nimmt also Charles mit, Rinvilles Mystifikation drängt Charles in seine Mystifikation hinein, und doch meint Charles, es gehe alles von ihm aus. Jetzt hat das Stück vollkommenes Leben, eine in ihrer Ausgelassenheit schier wahnwitzige Kreuzung von Situationen. Sämtliche vier Personen sind nämlich gegenseitig mystifiziert. *Emmeline* will Charles haben, Charles will sie lossein; *Charles*, der Mystifikator, weiß nichts davon, daß Rinville sich für ihn ausgibt und auf jede Weise in diesem Namen das Mädchen einzunehmen sucht. *Rinville* denkt nicht daran, daß Charles als Rinville ihn in jeder Weise disrekommandiert; *Dervière* hält auf Rinville, aber der, auf den er hält, ist Charles; Emmeline hält auf Charles, aber der, auf den sie hält, ist Rinville. So löst die ganze Operation sich in Unsinn auf. Worum das Stück sich dreht, ist nichts, was bei dem Stück herauskommt, ist nichts.

Emmeline und Charles arbeiten gegeneinander, und doch gelangen sie beide zum Gegenteil dessen, was sie wollten: sie dazu, Rinville zu bekommen, er, der mystifizieren wollte, dazu, alles zu verraten.

In jedem Theater, in dem »Die erste Liebe« aufgeführt wurde, ist wahrscheinlich viel über dieses Stück gelacht worden, aber ich darf dem theaterbesuchenden Publikum versichern, daß noch nie genug gelacht worden ist. Wenn ich, um an eine alte Erzählung zu erinnern, von einem recht heftig lachenden Menschen sagte, entweder er ist verrückt, oder er liest, besser vielleicht, er sieht »Die erste Liebe«, so glaube ich nicht zu viel zu sagen. Man lacht mitunter über Dinge und bereut es schon fast im selben Augenblick; die Situationen in diesem Stück aber sind von der Art, daß sie um so lächerlicher, um so wahnwitziger erscheinen, je mehr man sich in sie vertieft. Da nun die Situation selbst in höchstem Grade lächerlich ist, nehmen die an sich schon witzigen Repliken sich nur noch trefflicher aus.

Daß *Scribe* Repliken schreiben kann, ist zu bekannt, als daß man es noch sagen müßte. Man bewundere ihn darum, aber man bewundere ihn noch mehr um die Virtuosität, mit der er sie in die Situation einzufügen weiß, so daß sie sich aus der Situation ergeben und diese wiederum beleuchten. Ist die Replik selten einmal nicht so korrekt, so erkauft er sich gleich Ablaß durch ihren Witz. Man muß sich jedoch erinnern, daß ich nicht von allen Stücken *Scribes* spreche, sondern nur von der »Ersten Liebe«.

Durch die Hinzufügung der vierten Person ist eine völlig dramatische Gärung in den Stoff gekommen. Man braucht nicht zu befürchten, daß es dem Stoff schließlich an Leben fehlt, sondern eher, daß das Leben darin allzu ausgelassen wird und nicht mehr geneigt ist, dem Zügel zu gehorchen.

Jede Situation braucht ihre Zeit, und doch muß man in ihr
die innere Unruhe des Stückes spüren. Daß *Scribe* hierin
Meister ist, möchte ich zum Schluß zeigen, indem ich die
einzelnen Situationen durchgehe. Der Leser möge verzeihen,
wenn ich etwas zu weitschweifig werden sollte, das hat seinen Grund in meiner Eifersucht auf *Scribe* und meinem Mißtrauen gegen den Leser. Meine Eifersucht auf Scribe raunt
mir zu, daß er niemals gut genug verstanden werden kann;
mein Mißtrauen gegen den Leser möchte mich zu dem Glauben bringen, daß er an einzelnen Stellen nicht alles sieht. Man
glaubt im allgemeinen, das Komische sei mehr Sache des
Augenblicks als das Tragische; man lacht darüber und vergißt es, während man zum Tragischen oft zurückkehrt und
darein versinkt. Das Komische und das Tragische können
entweder Replik sein oder Situation. Einige Menschen verweilen am liebsten bei der Replik, behalten sie im Gedächtnis und kehren oft zu ihr zurück. Andere verweilen am
liebsten bei der Situation, rekonstruieren sie im Gedächtnis.
Diese letzteren sind die kontemplativen Naturen. Diese
werden auch nicht bestreiten, daß eine komische Situation
etwas ebenso Befriedigendes für die Intuition hat, ja daß sie,
wenn anders sie korrekt ist, einen mehr reizt, sich in sie zu
vertiefen, als die tragische. Ich habe viele Tragödien gehört
und gelesen, kann mich aber nur einer ganz vereinzelten
Replik erinnern, und auch diese beschäftigt mich nicht sonderlich; was dagegen die Situation betrifft, so kann ich in
aller Stille dasitzen und mich in sie versenken. Ich will ein
Beispiel nehmen. Als *Klärchen* in Goethes Egmont erfährt,
daß *Egmont* gefangen ist, da tritt sie hervor, um zu den
Holländern zu reden und sie zum Aufruhr zu bewegen. Sie
ist überzeugt, daß ihre Beredsamkeit sie erschüttern wird,
die Holländer aber stehen wie rechte Holländer da, ungerührt, einzig darauf bedacht, ihr heimlich davonzuschleichen.
Von ihrer Replik habe ich nie ein Wort behalten können,
die Situation hingegen ist mir unvergeßlich gewesen von
jenem Augenblick an, da ich sie zum ersten Male sah. Sie ist

als tragische Situation vollkommen. Das schöne junge Mädchen, poetisch durch ihre Liebe zu Egmont, von Egmonts ganzem Wesen beseelt, müßte, so sollte man glauben, die ganze Welt bewegen können, aber kein Holländer versteht sie. Die Seele ruht in einer solchen Situation mit unendlicher Wehmut; aber sie ruht, die Kontemplation ist vollständig in Ruhe. Die komische Situation hat zwar ein ähnliches Bestehen für die Kontemplation, zu gleicher Zeit aber ist innen die Reflexion in Bewegung, und je mehr sie entdeckt, um so unendlicher wird die komische Situation gleichsam in sich selbst, um so mehr schwindelt einem der Kopf, und doch kann man es nicht lassen, in sie hineinzustarren.

Die Situationen in der »Ersten Liebe« sind eben von dieser Art. Schon der erste Eindruck von ihnen ist von komischer Wirkung, wenn man sie aber in der Intuition reproduziert, so wird das Lachen leiser, das Lächeln aber verklärter, man kann die Gedanken fast nicht wieder davon losreißen, weil es ist, als käme etwas noch Lächerlicheres. Mit diesem stillen Genießen der Situation, indem man in sie hineinschaut, etwa wie einer, der Tabak raucht, in den Rauch hineinschaut, mag der eine oder andere Leser unbekannt sein. *Scribe* ist nicht schuld daran; wenn es der Fall ist, so hat der Leser selber schuld gegenüber Scribe.

Dervière bedrängt Emmeline sehr, daß sie Rinville heiraten soll, sie gesteht ihre Liebe zu Charles, beichtet das höchst unschuldige Einverständnis, in dem sie mit ihm gelebt hat, bewegt schließlich den Vater mit guten Worten dazu, Rinville einen Brief zu schreiben, der eine Absage enthält; der Diener wird mit dem Brief abgeschickt; die Familie läßt sich verleugnen, Rinville tritt auf. Lapierre hat, statt den Domestiken unten Bescheid zu sagen, Reitstiefel angezogen. Rinville ist also eingelassen. Gleich hier hat *Scribe*, statt Herrn Rinville auftreten und sich selbst anmelden zu lassen, eine nicht unwitzige Situation geschaffen, die ebenso viel Spott über Dervière wie über Emmeline enthält. Rinville hat den Brief empfangen, liest ihn. Hier ist wieder Situation. Es ist

nicht, wie sonst so oft, ein Brief, der vorgelesen wird, so daß
die Aufmerksamkeit sich allein auf seinen Inhalt heften muß.
Es ist Herrn Dervières Haus, wo der zukünftige Schwiegersohn die Absage bekommt. Rinville faßt seinen Plan. Dervière tritt auf, Rinville gibt sich für Charles aus.

Hier haben wir eine vollkommen witzige Situation. Natürlich könnte Herrn Dervière kein Gast unwillkommener
sein als Charles. Das ahnt Rinville nicht. Seine ganze Intrige
erweist sich also als eine äußerst unglückliche Idee. Die
Situation liegt nicht darin, daß Rinville sich für Charles ausgibt, sondern darin, daß er den Allerungeeignetsten gewählt
hat, den er nur wählen konnte, und zwar ungeachtet er notwendig glauben mußte, den Geeignetsten zu wählen. Die
Situation liegt ferner darin, daß Dervière den jungen exzel-
lenten Rinville in seinem Hause hat, ohne es zu ahnen. Wenn
man nun auf die an sich poetisch richtigen Repliken achtet,
so wird man immer und immer wieder die Situation in
einer höheren Potenz genießen, weil das Lächerliche der
Situation in ihnen immer klarer wird. Rinville beginnt im
sentimentalen und pathetischen Stil. Ob das korrekt ist,
könnte zweifelhaft scheinen. Er hat keine nähere Kenntnis
von Charles, kann also nicht wissen, welche Art am täu-
schendsten wirken würde. Er hat hingegen eine Vorstellung
von Dervières Haus und darf daraus auf die Beschaffenheit
der übrigen Glieder dieser Familie schließen. Will man den
Anfang als unkorrekt betrachten, so kann man doch nicht
leugnen, daß *Scribe* diese Schwäche durch den Witz der
Replik wettmacht sowie durch die Ahnung, die beim Zuschauer von dem wirklichen Charles geweckt wird. Das
Unkorrekte liegt also darin, daß Rinvilles erste Anrede so
pathetisch ist, daß es den Anschein hat, als fürchte er, nicht
willkommen zu sein, was Rinville jedoch dem Vorhergehenden zufolge gerade glauben muß. Rinville ist darum dem
wirklichen Charles etwas gar zu ähnlich. Der Onkel scheint,
trotz seiner übrigen Dummheit, Charles recht gut begriffen
zu haben, er meint ihn mit Geld loswerden zu können, bietet

ihm 6000 Francs jährlich statt der früheren 3000. Man muß dabei unwilkürlich an den wirklichen Charles denken. Der hätte sich sehr glücklich gepriesen und dieses Angebot mit Freuden angenommen. Die ganze Szene hätte dann ebenso pathetisch geendet, wie sie begonnen hatte, er hätte sich dem Onkel in die Arme geworfen und ausgerufen: Ja, die Bande der Natur und des Blutes sind heilig! Rinville ist damit jedoch nicht gedient, er fährt in dem angefangenen Ton fort, ganz so wie Charles sich ausgedrückt haben würde, wenn er die 6000 Francs nicht benötigt hätte. Der Onkel entschließt sich nun, es im guten mit ihm zu versuchen, ihn für sich zu gewinnen, er erzählt ihm aufrichtig den ganzen Zusammenhang der Sache, hält eine Lobrede auf Rinville, die auf Grund der Situation parodisch wird. Die Situation erreicht ihren vollendeten Höhepunkt, indem Dervière Rinville anvertraut, er habe daran gedacht, irgendeine List zu erfinden, durch die er Emmeline mit Rinville bekannt machen könnte, ohne daß sie Verdacht schöpft[3]. Der Gegensatz ist vortrefflich. Dervière will eine List ersinnen, diese List hat Rinville bereits ersonnen. Rinvilles List bildet die Situation, und in dieser hört man Dervières Replik. Dervière gibt selbst zu, daß er nicht sehr erfinderisch ist, seine List ist überaus einfach, ob Charles nicht die Güte haben möchte zu gehen. Wenn diese List gelänge, so hat Dervière ungefähr das Dümmste getan, was er tun konnte.

Rinville geht jedoch nicht, dagegen tritt Emmeline auf, mit der Nachricht, daß ein gewisser Herr Zacharias mit ihrem Vater zu sprechen wünsche, wegen Charles, der jeden Augenblick zu erwarten ist. Des Vaters Verlegenheit verrät alles, Emmeline erkennt Charles wieder. Durch diese Anlage hat der Dichter viel gewonnen. Der erste, auf den der angeb-

---

[3] Hier könnte das Stück eigentlich enden, würde vielleicht ein aufmerksamer Leser denken. Denn was wäre einfacher, als daß Rinville sich nun dem alten Dervière offenbart hätte und dergestalt mit doppeltem Wind gesegelt wäre, bei Emmeline für Charles, bei Dervière für das, was er wirklich war – für Rin-

liche Charles stößt, ist der Onkel; er muß als der gelten,
der am leichtesten zu betrügen ist. Er ist dumm, besorgt, daß
Charles kommen könnte, und darum nur allzu geneigt, mit
diesem traurigen Ereignis als einer sicheren Tatsache zu rechnen; er würde es sich auch niemals träumen lassen, daß
jemand darauf verfallen könnte, sich für Charles auszugeben.
Ihm gegenüber kann Rinville daher schon ganz frisch einiges
wagen. Emmeline gegenüber würde es dagegen allzu frisch
gewagt sein, da sie immerhin ein gut Teil pfiffiger ist. Dazu kommt, daß es unschön wäre, wenn Rinville so völlig das
Dekorum vernachlässigte, und nicht minder unschön von
seiten Emmelines. Jetzt dagegen hat sie den untrüglichsten
Beweis dafür, daß es Charles ist, in der Verlegenheit des
Vaters. Die Wiedererkennung geschieht vor den Augen des
Vaters, Rinville braucht nichts zu tun; statt auf seine Rolle
zu achten, kann er sich ganz ruhig verhalten, denn jetzt sind
Emmeline die Augen aufgegangen. Sie nötigt Rinville geradezu, Charles zu sein, insofern braucht er nichts zu bereuen,
und sie selbst bereut nichts, da der Vater sie ja genötigt hat,
ihn dafür zu halten. Der Dichter hat also durch diese Anlage
eine gewisse Zartheit über die Situation gebreitet, die ihr
alles Anstößige nimmt und sie zu einem harmlosen Scherz
macht.

Die Situation ist nicht minder witzig als die vorhergehende.
Dervière ist völlig verdutzt, und dabei hat er doch selbst das
Ganze veranlaßt und Rinville über die Schwierigkeit hinweggeholfen, sich Emmeline gegenüber für Charles auszugeben. Die Situation stellt zugleich eine Parodie auf die vorhergehende dar; der Onkel konnte ihn gar nicht gleich erkennen. Dagegen kann sie es. Das erklärt sie aus einem sonderbaren Gefühl, von dem sie jedoch nicht weiß, was es war;

---

ville gegolten hätte. Indessen kann man es Rinville nicht verdenken, daß er Dervière gegenüber sein Inkognito bewahrt;
denn schon ein paar Worte von diesem genügen, ihn einsehen zu lassen, daß man, wenn man eine Intrige spielen will,
niemals Dervière zum Mitwisser haben darf.

aber es war gleichsam eine Stimme, die ihr zuflüsterte: er ist da. [Diese Stimme ist gewiß des Vaters Stimme, die alles verraten hat.] Sie erklärt es aus Sympathien, die sie ihrem Vater nicht erklären kann, wohl aber Tante Judithe. Wer ist nun der Klügere: Dervière, der ihn nicht erkannte, der keine Ahnung hatte, der ihn aber jetzt erkennt, oder Emmeline, die ihn sofort erkannte? Je mehr man es betrachtet, um so lächerlicher wird es. Wieder hilft hier die Replik dem Zuschauer, sich in die Lächerlichkeit der Situation zu vertiefen. Auf Emmelines Replik, daß sie so ein sonderbares Gefühl gehabt habe, folgt die Dervières: »Da hatte ich für meinen Teil nicht die leiseste Ahnung, und wenn er mir seinen Namen nicht offen gesagt hätte...« Solch eine Replik ist Goldes wert. Sie ist so natürlich und einfach, und doch hätte vielleicht unter zehn Dramatikern nicht einer so viel Besonnenheit und Blick für die Situation gehabt, um sie entstehen zu lassen. Ein gewöhnlicher Dramatiker hätte die ganze Aufmerksamkeit auf Emmeline konzentriert; in der vorigen Szene war er ja mit der Wiedererkennung zwischen Dervière und Charles fertig geworden. Dieses Zusammenspiel hätte er nicht zustande gebracht, und doch trägt es dazu bei, die Situation so witzig zu machen. Es ist komisch, daß Emmeline in Rinville sofort Charles wiedererkennt, Dervières Gegenwart aber trägt dazu bei, die Situation ironisch zu machen. Er steht da wie ein Tropf, der nichts begreift. Und was ist denn leichter zu erklären: daß Emmeline es ahnte, oder daß Dervière es nicht ahnte?

Jetzt folgt die Erkennungsszene, eine der glücklichsten Situationen, die sich denken lassen. Das Witzige liegt jedoch keineswegs darin, daß sie Rinville mit Charles verwechselt. Verwechslungen hat man denn auch oft genug auf der Bühne gesehen. Eine Verwechslung beruht auf wirklicher Ähnlichkeit, sei es, daß diese dem Individuum unbewußt ist, oder daß es sie selbst zuwege gebracht hat. Wenn dies hier der Fall wäre, so müßte ja Rinville, nachdem er die Examination bestanden hat, einigermaßen wissen, wie Charles ungefähr

aussieht; denn Charles müßte ja ungefähr so aussehen wie
er. Das ist jedoch keineswegs der Fall, jede derartige Konsequenz würde eine Torheit sein. Das Witzige liegt also darin,
daß Emmeline in Rinville einen wiedererkennt, den sie nicht
kennt. Das Witzige liegt nicht darin, daß sie Rinville wiedererkennt, sondern darin, daß es sich herausstellt, daß sie
Charles nicht kennt. Wie es Rinville ergangen ist, so würde
es unter den gleichen Umständen jedem andern Mann ergehen, sie hätte auch ihn für Charles gehalten. Sie verwechselt also Rinville mit jemand, den sie nicht kennt, und das
ist unleugbar eine sehr witzige Art von Verwechslung. Deshalb hat diese Situation ein hohes Maß von Wahrscheinlichkeit, von dem man glauben sollte, daß es ihr nicht leicht zu
verschaffen sei. Rinville ist denn auch insofern zum Narren
gehalten, insofern er glaubt, einen Schritt weiter gekommen zu sein. Emmelines Charles ist nämlich ein *X*, ein *desideratur*, und man sieht hier offenkundig, was sonst im stillen
geschieht, wie so ein kleines Jungfräulein es anstellt, sich ein
Ideal zu bilden. Und dabei hat sie Charles seit acht Jahren
geliebt und wird nie einen andern lieben.

Stößt man gelegentlich auf eine Replik, die etwas unkorrekt
scheint, so quittiert Scribe mit einem Witz. So etwa Rinvilles Replik: »Gott sei Dank, ich fürchtete schon, ich wäre
weiter gegangen, als ich wünsche.«

Emmeline erkennt Charles also wieder, oder richtiger, sie
entdeckt ihn. Während nämlich Rinville nicht, wie man
doch eigentlich hätte vermuten sollen, erfährt, wie Charles
aussieht, so erfährt Emmeline es, und zwar ist dies überaus
weislich eingerichtet, da sie es ja im voraus nicht wußte. Die
Situation ist so wahnwitzig, daß man im Zweifel sein kann,
ob man sagen soll, Rinville täusche Emmeline, oder Emmeline täusche Rinville; denn er ist ja gewissermaßen getäuscht,
insofern er geglaubt hat, daß ein Charles wirklich existiert.
Bei alledem aber liegt die unendliche Pointe darin, daß die
Szene eine Erkennungsszene ist. Die Situation ist ebenso
wahnwitzig, wie die Replik sein würde, wenn ein Mensch,

der nie sein eigenes Bild gesehen hätte und es nun zum
erstenmal im Spiegel erblickt, etwa sagte: ich erkenne mich
selbst gleich wieder.

Emmeline und der vermeintliche Charles sind in der Wiedererkennung gerade bis zu dem Punkte gelangt, an dem
sie bei Charles' Abreise unterbrochen wurden, als der Onkel
sie durch seine Gegenwart erneut unterbricht. Er hat von
Herrn Zacharias Auskünfte über Charles erhalten, die nicht
eben besonders angenehm sind. Nun geht es über Rinville
her. Die Situation ist wesentlich die gleiche wie zuvor; aber
wir werden sehen, was der Dichter gewonnen hat. Charles'
Taten sind von der Art, daß sie, schlecht und recht erzählt,
den Gesamteindruck des Stückes beeinträchtigen könnten.
Es gilt, ihnen einen gewissen leichtsinnigen Anstrich zu geben, damit sie nicht etwa ernsthaft wirken. Dies hat der
Dichter auf zweierlei Weise erreicht. Die erste Nachricht,
die man über Charles' Leben erhält, steht in der neunten
Szene. Hier nun geht es über Rinville her, Rinville, der sich
für Charles ausgegeben hat. Die Aufmerksamkeit des Zuschauers wird also von dem Ausführlichen der Erzählung
ab- und auf die Verwechslung hingelenkt; statt an die einzelnen Züge denkt man nur noch an dumme Streiche im allgemeinen und an Rinvilles Verlegenheit und das Komische
darin, daß man von ihm nähere Aufklärung verlangt. Die
vollständige Nachricht erhält man in der 16. Szene aus
Charles' eigenem Munde, jedoch nicht zu vergessen, daß
Charles sich für Rinville ausgibt. Was allzu ernst oder allzu
frech klingen würde, wenn Charles es in eigener Person erzählte, das erhält jetzt einen komischen, fast mutwilligen
Anstrich dadurch, daß er es in Rinvilles Person erzählt, sein
Inkognito dazu benutzend, es so phantastisch wie möglich
zu machen. Hätte er sein Leben in eigener Person erzählt,
würde man ein Bewußtsein dessen von ihm fordern und es
im höchsten Grade unmoralisch finden, falls er es nicht hätte.
Jetzt hingegen, da er alles in der Person eines andern erzählt,
ja sogar um Emmeline zu ängstigen, findet man den phanta-

stischen Anstrich seiner Erzählung in doppelter Hinsicht
poetisch richtig.

Dervière hat also Auskünfte erhalten, der vermeintliche
Charles sieht sich nicht imstande, diese zu berichtigen oder
zu vervollständigen. Emmeline entdeckt nun, »daß er nicht
mehr derselbe ist«. Das geht reichlich schnell, nachdem sie
sich vollkommen überzeugt hat, daß er noch ganz der alte
ist. Emmeline zeigt sich hier so recht in ihrem Element, es
ist samt und sonders dummes Geschwätz, was sie sagt. Die
Replik selbst verdient genauere Betrachtung, weil sie Anlaß
gibt, sich weiterhin an der Situation zu ergötzen, die von
einer neuen Seite in all ihrer Lächerlichkeit beleuchtet wird.
Der bloße Klang des Wortes »derselbe« wirkt als ein neues
erregendes Ingredienz im Wahnwitz der Situation, man muß
unwillkürlich lachen, weil man sich unwillkürlich fragen
muß: derselbe wie wer? Derselbe wie der, als der er sich in
der Prüfungsszene erwies. Man muß also daran denken, wie
unvollkommen jene Prüfung war. Derselbe wie wer? Wie
Charles, den sie nicht kannte. Dazu kommt noch: wenn ich
von jemand sage, er sei derselbe oder er sei nicht derselbe, so
kann ich dies entweder in äußerem oder innerem Sinne verstehen, in bezug auf sein Äußeres oder auf sein inneres Wesen. Das letztere, sollte man meinen, sei für den Liebenden
besonders von Wichtigkeit. Jetzt dagegen entdeckt man, daß
die Prüfung sich damit überhaupt nicht beschäftigt hatte,
und dennoch war er als derselbe befunden worden. Ganz
zufällig kommt Emmeline zu der Überlegung, ob Charles
sich denn hinsichtlich seines Charakters nicht doch verändert
habe, und nun entdeckt sie, daß er nicht derselbe ist. Die
negative Aussage, daß er in moralischer Beziehung nicht
derselbe sei, enthält zugleich eine Affirmation, daß er in jeder
anderen Beziehung noch derselbe sei. Jedoch Emmeline erklärt sich genauer. Sie sucht die Veränderung nicht darin,
daß Charles ein Verschwender und möglicherweise etwas
noch Schlimmeres geworden ist, sondern darin, daß er ihr
nicht alles anvertraut, denn das ist sie gewohnt gewesen. Dies

dürfte freilich eine von ihren Romanideen sein, die wohl
eher dahin verstanden werden muß, daß sie es gewohnt war,
wie in der Erkennungsszene, alles vor ihm herauszuplappern.
Daß Charles es gewohnt war, ihr alles anzuvertrauen, das
weiß sie gar nicht aus Erfahrung, sondern aus Romanen, aus
denen man lernt, daß die Liebenden voreinander keine Geheimnisse haben dürfen. Wenn Charles ein entlaufener Ras-
pelhäusler wäre, das würde sie nicht stören, sofern nur ihre
erotische Neugierde dadurch befriedigt wird, daß er es ihr
anvertraut. Der Versuch, den Emmeline macht, durch Betrachtung von Charles' Charakter sich von der Identität zu
überzeugen, muß demnach als leeres Geschwätz gelten, das
teils ihr ganzes Wesen, teils ihr übriges Geschwätz beleuchtet. Im gleichen Augenblick läßt sie daher diesen Gedankengang fallen und erhält nun einen weit sichereren Beweis dafür, daß er nicht derselbe ist, als sie nämlich entdeckt, daß er
den Ring nicht hat. Jetzt bedarf sie keines weiteren Zeugnis-
ses gegen ihn. Sie gibt daher zu, daß er getan haben könnte,
was er wollte, das Verkehrteste, oder mit anderen Worten,
daß er sich verändert haben könnte, soviel er nur wollte, er
wäre doch derselbe geblieben, aber daß er den Ring nicht
hat, das zeugt gegen ihn. Emmeline zeichnet sich durch eine
eigene Art abstrakten Denkens aus. Was sie indessen nach
und mittels der Abstraktion übrig behält, ist nicht so sehr
Charles' reines Wesen, als vielmehr der Ring. Emmeline hat
als der Geist des Ringes zu gelten, der dem gehorcht, »der
den Ring an der Hand hat«.
Lapierre meldet einen neuen Besucher. Man wird sich darüber einig, daß es Rinville sein muß. Emmeline erhält Befehl, sich schön zu machen, und ruft aus: »Wie langweilig!
Soll ich jetzt hingehn und mich schön machen um des fremden Mannes willen, den ich nicht ausstehen kann; das weiß
ich schon im voraus.« Durch diese Replik wird der Zuschauer
beizeiten auf die Ironie in einer der folgenden Situationen
aufmerksam gemacht. Überhaupt darf Emmeline sich
schmeicheln, das Schoßkind der Ironie zu sein. Diese ist ihr

überall zu Willen und hat sie hernach doch zum besten.
Emmeline will, daß der vermeintliche Charles ein schöner
junger Mann sei, die Ironie ist ihr zu Willen. Dervière vermag es nicht zu sehen, er steht da als der Genarrte, Emmeline
feiert Triumphe, und dabei wird doch sie am meisten zum
Narren gehalten. Sie will, daß der vermeintliche Rinville
ein Mann sei, den sie nicht ausstehen kann, ungeachtet der
Vater sie unterrichtet, daß es ein exzellenter junger Mann
sein soll. Die Ironie ist ihr wieder zu Willen, jedoch so, daß
sie zum Narren wird.

Die 11. Szene ist ein Monolog Rinvilles. Dieser Monolog,
scheint es, wäre besser weggelassen worden, da seine Wirkung in jeder Beziehung störend ist. Sofern es in der Ordnung wäre, Rinville das Feld behaupten zu lassen und ihn
zu dem zu machen, der Charles als erster in Empfang nimmt,
könnte sein Monolog gekürzt werden. Er würde dann auch
nicht ohne Wirkung bleiben. Er könnte mit den Worten des
Dichters folgendermaßen lauten: »Bravo! es geht vortrefflich! Im Streit mit dem Vater, im Streit mit der Tochter,
nun, das gesteh' ich, es ist ein Plan, der sich gut anläßt.« Dieser Monolog würde dann eine Art objektiver Reflexion über
den Verlauf des Stückes enthalten. Würde der Dichter es für
notwendig halten, den Monolog etwas auszudehnen, um
Charles für sein Kommen Zeit zu geben, so könnte er ja
Rinville einen kleinen Scherz mit sich selber darüber machen
lassen, daß er am Ende vielleicht doch klüger daran getan
hätte, in eigener Gestalt aufzutreten, und darüber, wie pos-
sierlich es sei, derart von Schlechtigkeit zu Schlechtigkeit
verwandelt zu werden, je nachdem neue Depeschen über
Charles einliefen. Man ließe ihn dann besser in dieser Überlegung von Charles' Replik in der Kulisse unterbrochen
werden. So wie der Monolog bei *Scribe* schließt, spürt man
zu deutlich, daß jetzt der Monolog zu Ende ist und eine neue
Person erscheinen muß. Wenn Rinvilles Monolog auf diese
Weise unterbrochen würde, fiele ein neues Licht auf Charles'
abenteuerliche Eile, auf das Importune seines Auftretens,

wodurch er sich immer wieder auszeichnet, *item* auf die kurzatmige Albernheit, die der Dichter seinen ersten Repliken so unvergleichlich aufgeprägt hat.

Doch dies ist weniger wichtig. Der Hauptfehler an diesem Monolog ist, daß die Operation, die Rinville andeutet, sich durchaus als Geschwätz, als eine bloß fingierte Bewegung erweist. Rinville erklärt, daß er Charles' Rolle nicht mehr zum Spaße spiele. Das hat er ja nie getan, vielmehr hat er ja zu Anfang selber drei solide Gründe dafür angegeben, daß er das Zustandekommen seiner Ehe mit Emmeline wünschen müsse. Sodann erklärt er, er wolle Emmeline daran hindern, ihn mit Charles zu verwechseln, er wolle sich davon überzeugen, daß sie ihn liebe und nicht die Erinnerung an Charles. Dies ist von äußerster Wichtigkeit für das ganze Stück, denn damit entscheidet es sich, wie oben dargelegt wurde, ob es in endlichem Sinne moralisierend oder in unendlichem Sinne witzig ist. Seine Operation muß also darauf abzielen, durch Charles' Person seine eigene ihm eigentümliche Liebenswürdigkeit sichtbar werden zu lassen. Das geschieht jedoch nicht, und wenn es geschehen wäre, so wäre das Stück ein ganz anderes geworden. Bei Emmeline dreht sich alles um den Ring, und als er in der 15. Szene mit ihm auftritt, da nimmt sie ihn zu Gnaden an, erklärt ihm, daß er noch derselbe sei usw. Rinville darf überhaupt um der Gesamtwirkung des Stückes willen nicht als poetische Figur aufgefaßt werden, was sich aus den einzelnen Beleuchtungen, die auf ihn fallen, auch nicht herausdemonstrieren läßt. Er ist ein Mann, der zu Jahren und völligem Verstande gekommen ist, der solide Gründe hat für das, was er tut. Es fällt daher hin und wieder ein komisches Licht auf ihn, weil es sich zeigt, daß seine soliden Gründe und sein Verstand ihm nur wenig helfen würden, so eine kleine romantische Gazelle wie Jungfer Emmeline zu fangen. Selbst wenn er ein absolut liebenswürdiger und dem Herzen eines jungen Mädchens gefährlicher Mensch wäre, über Emmeline würde er keine Macht bekommen, sie ist unverwundbar, nur dadurch wirkt

er, daß er mit ihrer fixen Idee in Berührung kommt, und
dann durch den Ring. Da aber das Hauptinteresse des Stük-
kes seine wirkliche Liebenswürdigkeit neutralisieren würde,
so ist es falsch, seine Liebenswürdigkeit zu akzentuieren, was
der Dichter darum auch nie getan hat außer in diesem einen
Monolog. In der Szene, in der Rinville am meisten mit
Emmeline zu tun hat, kann natürlich ganz und gar keine
Rede davon sein, daß er Gelegenheit hätte, seine persönliche
Liebenswürdigkeit zu entfalten. Wenn ein junges Mädchen
sich derart vor einem Manne verneigt, wie Emmeline es vor
ihm tut, ihm ständig durch ihr Neigen die Gelegenheit zeigt,
in ihr Herz hineinzuschlüpfen, so müßte Rinville ja ein vollkommener Tolpatsch sein, wenn er ihr nicht zu Hilfe kommen könnte. Diese Szene läßt also so wenig die Annahme
zu, sie sei darauf angelegt, Rinvilles Liebenswürdigkeit zu
zeigen, daß sie ihn vielmehr in ein etwas komisches Licht
zu stellen scheint. Rinville ist offenbar ein Verstandesmensch;
er hat sich in einem vorhergehenden Monolog etwas wichtig gemacht, hat dem Zuschauer wie seinen Freunden in
Paris zu verstehen gegeben, daß er schon Manns genug sei,
so ein kleines Jungfräulein zu zähmen. Es gelingt ihm auch,
das ist wahr; könnten aber seine Freunde in Paris sehen, wie
es zugeht, so hätten sie keine Gelegenheit, seine Gaben zu
bewundern. Sein Verstand lehrt ihn, daß es möglich sei, sich
für Charles auszugeben. So weit muß man ihm Gerechtigkeit widerfahren lassen. Nun ist es geschehen, nun muß er
seine Liebenswürdigkeit zeigen, nun, denkt man, wird er
vollauf zu tun bekommen, da zeigt es sich, daß er gar nichts
zu tun hat, die schnellfüßige Emmeline, die in den Erinnerungen der Jugend zurückhastet, nimmt Herrn Rinville mit,
und jeder Mann, der nicht ein kompletter Klotz wäre, wäre
imstande, ihm dieses Meisterstück nachzumachen.

Was hier betreffs der Person Rinvilles dargelegt wurde, ist
meiner Meinung nach von absoluter Wichtigkeit für das
ganze Stück. Es darf keine einzige Figur darin geben, keine
einzige szenische Tatsache, die Anspruch darauf machen

könnte, den Untergang zu überleben, den die Ironie vom
ersten Anfang an allem darin bereitet. Wenn dann der Vorhang fällt, ist alles vergessen, nur ein Nichts bleibt übrig, und
das ist das einzige, was man sieht; und das einzige, was man
hört, ist ein Gelächter, das als ein Naturlaut nicht von einem
einzelnen Menschen kommt, sondern die Sprache einer Welt-
kraft ist, und diese Kraft ist die Ironie.

Charles tritt auf und trifft mit Rinville zusammen. Das
Witzige der Situation liegt darin, daß Charles, dieser intri-
gante Kopf, zu spät kommt, nicht nur in bezug auf Herrn
Zacharias, sondern vor allem in bezug auf die Intrige des
Stückes. Seine Repliken sind hier wie überall meisterhaft,
zugleich ebenso charakteristisch wie in die Situation einge-
fügt. Rinville gibt Charles den Rat, sich für Rinville auszugeben. Er hat die Idee dazu schon vollständig angedeutet, als
Charles, der sich über eine Mystifikation unmöglich von
einem andern belehren lassen könnte, ihn unterbricht und
sich den Anschein gibt, als ob er selber es sei, der das Ganze in-
ventiert. Doch erweist es sich alsbald, daß er nicht der Mann
ist, dem auch nur das mindeste einfällt; er würde denn auch
den Ring übersehen haben, wenn nicht Rinville ihn darauf
aufmerksam gemacht hätte. Rinville erhält den Ring.

Charles stellt sich der Familie als Herr Rinville vor, seine
Aufnahme ist hierdurch bedingt. Dervière findet ihn jünger
und hübscher als Charles, Emmeline findet ihn ekelhaft,
beide Urteile sind gleich unzuverlässig, und man darf sich
wohl vermessen zu glauben, daß Emmeline es nicht einmal
der Mühe wert gefunden hat, ihn anzusehen, sondern es
kraft einer Inspiration weiß. Ähnlich ergeht es dem Vater.
Die Situation enthält daher einen tiefen Spott über Charles,
der diese günstige Aufnahme vermutlich seiner Gewandtheit
zuschreibt und hofft, daß alles gelingen werde, wenn er nur
bei seinem Inkognito bleibt.

Es folgt nun ein Monolog, in dem Emmeline mit ihrem
Herzen zu Rate geht und dabei herausfindet, daß sie Charles
nie vergessen, aber Rinville heiraten werde.

Rinville kommt, um Abschied zu nehmen und den Ring abzuliefern. Sie versöhnen sich wieder. Diese Situationen kennt man schon.

Nun folgt die glänzendste Situation des ganzen Stückes. Es liegt ein Nimbus über ihr, eine Verklärung, sie hat eine Feierlichkeit, daß man fast wünschen möchte, im Hintergrunde Tante Judithe als Geist zu sehen, der auf seine beiden Schüler herniederschaut. Emmeline beschließt, sich dem vermeintlichen Rinville anzuvertrauen und alles aufzudecken. Diese Situation beleuchtet Emmeline und Charles vollkommen. Emmelines Treue wird völlig parodisch. Um keinen Preis will sie ihm entsagen, sie läßt sich weder durch Feuer noch durch Wasser schrecken, Charles' Verlegenheit wird groß und größer, da er sie loswerden möchte. Solch eine Treue ist ganz in der Ordnung; denn ein kleines Jungfräulein wie Emmeline pflegt immer am treuesten zu sein, wenn der Geliebte sie loswerden möchte. Charles, der, als er erfuhr, daß Herr Zacharias noch nicht mit dem Schlimmsten herausgerückt sei, ziemlich sicher war, sich mit seiner Gewandtheit aus dem Ganzen herauszuziehen, ist nun derjenige, der alles verrät. Die Gelegenheit ist allzu verführerisch. Er kann der Troubadour seines eigenen Lebens werden und hofft auf diese Weise die Cousine loszuwerden. Es wurde schon früher daran erinnert, daß die Situation dadurch an Leichtigkeit gewinnt, daß Charles' Verirrung einen komischen Anstrich erhält. Man bekommt eine lebhafte Vorstellung von seinem Leichtsinn und seiner Geistesverwirrung, aber man entrüstet sich nicht, wie es der Fall sein würde, wenn er in eigener Person alles in gleicher Weise erzählte, und doch ahnt man, daß er es vermutlich tun würde. Man ahnt es, aber man hört es nicht. Charles richtet indessen nichts aus, er gefällt sich nur selber. Emmelines Treue kennt keine Grenzen. Schließlich gesteht Charles, daß er verheiratet ist. Es ist unglaublich, mit welcher Sicherheit der Dichter Emmeline zu ironisieren weiß. Sie hört, daß er verheiratet ist, und wird wütend. Der eine oder andere Zuschauer könnte vielleicht auf den Ge-

danken verfallen, daß der Grund, weshalb sie gegen Charles
aufgebracht werde, der sei, daß sie jetzt alle seine schlechten
Streiche kennengelernt habe. Keineswegs, lieber Freund! Du
mißverstehst sie. Sie nimmt Charles, wenn sie ihn nur kriegen kann. Aber er ist verheiratet. Zwar würde sie finden, daß
es ganz in der Ordnung gewesen wäre, wenn er in den acht
Jahren kein anderes Mädchen angeschaut, sondern gewissen-
haft den Mond betrachtet hätte. Doch darüber weiß sie sich
hinwegzusetzen. Mag er zehn Mädchen verführt haben, sie
nimmt ihn, sie nimmt ihn *à tout prix*, aber wenn er verheiratet ist, so kann sie ihn nicht nehmen. *Hinc illae lacrymae.*
Wenn dies nicht die Meinung des Dichters wäre, so hätte er
Emmeline etwas früher Charles unterbrechen lassen. Charles
hat erklärt, daß er vielen Nachstellungen durch das weibliche
Geschlecht ausgesetzt gewesen sei, daß er manche galante
Abenteuer gehabt habe, daß er bisweilen in seiner Liebenswürdigkeit vielleicht etwas zu weit gegangen sei. Sie unterbricht ihn nicht, sie verspricht, alles für ihn zu tun, um ihn
mit dem Vater zu versöhnen und ihn selber zu bekommen;
denn es zeigt sich ja deutlich: wenn sie ihn nicht bekommen
kann [sobald sie hört, er sei verheiratet], so ist sie nicht diejenige, die vergißt, Lärm im Lager zu schlagen. Charles
fängt an, die Geschichte mit Pamela zu erzählen, sie hört
ruhig zu. Und nun kommt das Entsetzliche, daß er verheiratet ist, da geht die Welt in Trümmer.
Die tiefe Ironie dieser Situation liegt also in Emmelines unverbrüchlicher Treue, die um keinen Preis von Charles ab-
lassen kann, weil es sie das Leben kosten würde, sowie in der
steigenden Verlegenheit von Charles, der sie nicht loswerden
kann. Die ganze Szene ist gleichsam eine öffentliche Aus-
schreibung, bei welcher der ideale Charles an Emmeline ver-
dungen wird. Schließlich endet das Ganze auf dem Punkt, an
dem es sich zeigt, daß sie Charles nicht heiraten und Charles
von seinen dummen Streichen nicht loskommen kann.
Emmeline schlägt Lärm, der Vater kommt herzu, er gelobt,
er werde Charles nie verzeihen.

Jetzt erscheint der vermeintliche Charles. Emmeline hat den
Vater gebeten, nicht zu hitzig zu werden, sie will ihn selbst
ins Gebet nehmen. Man muß hier wie überall den Takt des
Dichters bewundern. Die Szene muß nämlich lächerlich und
die Situation ironisch werden, da man an dem vermeintlichen Rinville den Eindruck erkennt, den die donnernde
Rede auf den vermeintlichen Charles machen sollte; der
wirkliche Charles hat nämlich das Vergnügen, persönlich
zugegen zu sein, während er selber *in effigie* hingerichtet
wird. Hätte der Dichter nun Dervière diese Rede halten
lassen, so wäre das eine poetische Ungerechtigkeit gewesen.
Der Onkel ist Charles' Wohltäter gewesen und hat einen
rechtmäßigen Anspruch darauf, Charles gegenüber nicht
zum Narren zu werden. Zwar ist der Onkel nicht so schlau
wie das Mädchen, aber seine durch eine Reihe von Jahren
erwiesenen Wohltaten setzen ihn Charles gegenüber ganz
anders in Vorteil als so ein fahrlässiges Eheversprechen, wie
dieser es Emmeline gegeben hat. Da hingegen alles, was
Emmeline sagt, das Eheversprechen einbegriffen, sich als
leeres Geschwätz erweist, so ist es nur in der Ordnung, daß
auch diese Philippika so erscheint. Ihre alte Verliebtheit in
Charles ist Geschwätz, ihre neue in Rinville ist auch Geschwätz; ihre Schwärmerei ist Geschwätz, ihr Zorn ist auch
Geschwätz; ihr Trotz ist Geschwätz, ihre guten Vorsätze sind
auch Geschwätz.
Emmeline macht also ihrem Zorn Luft, und der vermeintliche Rinville parodiert die Wirkung ihrer Rede mit den
Mienen und Gebärden des wirklichen Charles. Als Glanz-
punkt dieser Situation darf es gelten, daß sie das Geständnis
macht, sie habe Charles wirklich geliebt. Die Konfusion ist
hier vollkommen. Der nämlich, den sie nach eigenem Geständnis volle acht Jahre geliebt hat, ist Rinville, in dem sie
mittels der Sympathie sofort Charles erkannte, von dem sie
sich kurz darauf überzeugte, daß er nicht derselbe sei, den
sie aber doch bald erneut am Ring wiedererkannte.
Schließlich löst die Verwechslung sich auf. Es zeigt sich, daß

sie statt Charles Rinville bekommen hat. Damit ist das Stück
zu Ende oder, besser gesagt, es ist nicht zu Ende. Dies habe
ich bereits früher auseinandergesetzt, hier will ich das dort
Dargelegte nur noch einmal mit ein paar Worten beleuchten. Ist es die Absicht des Stückes, zu zeigen, daß Emmeline
ein vernünftiges Mädchen geworden ist, das, indem es Rinville wählt, eine vernünftige Wahl trifft, so ist im ganzen
Stück der Akzent auf eine falsche Stelle gesetzt. Es wird
uns nämlich in diesem Falle weniger interessieren, genau zu
erfahren, in welchem Sinne Charles »verunglückt« ist. Was
wir hingegen fordern, ist eine Aufklärung über Rinvilles
Liebenswürdigkeit. Daraus, daß Charles ein liederlicher Vogel geworden ist, folgt nämlich noch keineswegs, daß sie
Rinville wählen muß, es sei denn, daß man Scribe zu einem
dramatischen Pfuscher herabsetzen will, der die szenische
Konvenienz respektiert, daß jedes junge Mädchen heiraten
muß und, wenn sie den einen nicht haben will, den andern
zu nehmen hat. Versteht man das Stück hingegen so, wie ich
es verstanden habe, so ist der Scherz völlig zwecklos, der
Witz unendlich, das Lustspiel ein Meisterwerk.

Der Vorhang fällt, das Stück ist aus, nichts blieb bestehen;
nur die großen Umrisse, in denen jenes phantastische Schattenspiel der Situation, das von der Ironie dirigiert wird, erscheint, bleiben für die Kontemplation zurück. Die unmittelbar wirkliche Situation ist die unwirkliche Situation, dahinter zeigt sich eine neue Situation, die nicht minder verkehrt
ist und so fort. In der Situation hört man die Replik; wenn
sie am allervernünftigsten ist, erweist sie sich als am un-
sinnigsten, und sowie die Situation sich entfernt, folgt die
Replik mit, immer sinnloser ungeachtet ihrer Vernünftig-
keit.

Um die Ironie in diesem Stück kontemplativ so recht zu genießen, muß man es nicht lesen, sondern es sehen; man muß
es immer und immer wieder sehen, und wenn man dann
noch das Glück hat, ein Zeitgenosse der vier Bühnentalente
zu sein, die auf unserem Theater in jeder Weise dazu bei-

tragen, die Durchsichtigkeit der Situation darzutun und ahnen zu lassen, so wird der Genuß mit jedem Male, da man es
sieht, immer noch größer werden.

Mögen die Repliken in diesem Stück noch so witzig sein,
man wird sie vergessen, die Situationen kann man unmöglich vergessen, wenn man sie einmal gesehen hat. Wenn
man dann mit ihnen vertraut geworden ist, wird man das
nächste Mal, daß man das Stück sieht, es lernen, für die szenische Darstellung dankbar zu sein. Ich weiß über die Aufführung dieses Stückes kein größeres Lob, als daß sie in so
hohem Maße vollendet ist, daß sie einen die ersten Male
durchaus undankbar macht, weil das, was man empfängt,
das Stück ist, nicht mehr und nicht weniger. Ich kenne einen
jüngeren Philosophen, der mir einmal einen Teil der Lehre
vom Wesen vortrug. Es war alles so leicht, so einfach, so
natürlich, daß ich, als er fertig war, beinahe die Achseln
zuckte und sagte: Ist das alles? Als ich nach Hause kam,
wollte ich die logischen Bewegungen reproduzieren, da zeigte es sich, daß ich nicht von der Stelle kam. Da merkte ich,
daß es eine andere Bewandtnis damit haben müsse, ich empfand, wie groß seine Virtuosität und seine Überlegenheit
über mich seien, ich empfand es beinahe als einen Spott, daß
er es so gut gemacht hatte, daß ich undankbar wurde. Er
war ein philosophischer Künstler, und so wie ihm ergeht es
allen großen Künstlern, unsern Herrgott nicht ausgenommen.

Wie es mir mit meinem philosophischen Freunde erging, so
erging es mir mit der Aufführung der »Ersten Liebe«. Jetzt
dagegen, da ich es immer wieder aufgeführt gesehen habe,
auch auf anderen Bühnen, jetzt erst werde ich recht dankbar
gegen unsere Bühnenkünstler. Sollte ich daher einem Fremden unsere Bühne zeigen, so würde ich ihn ins Theater führen, wenn dieses Stück aufgeführt wird, und dann würde
ich, vorausgesetzt, daß er das Stück kennte, zu ihm sagen:
Betrachte *Frydendahl*, wende die Augen von ihm ab, schließe
sie, laß sein Bild vor dir erscheinen; diese noblen, reinen

Züge, diese edle Haltung, wie kann dies das Gelächter erregen, öffne die Augen wieder und sieh *Frydendahl*. Betrachte Frau *Heiberg*, schlage die Augen nieder, denn Emmelines Liebenswürdigkeit könnte dir vielleicht gefährlich werden; höre auf dieses sentimentale Schmachten der Stimme, die Insinuationen des kindischen und launischen Mädchens, und wärest du dürr und steif wie ein Buchhalter, du mußt dennoch lächeln. Mach die Augen auf, wie ist es möglich? Wiederhole diese Bewegungen, so schnell, daß sie beide fast gleichzeitig werden im Moment, und du hast eine Vorstellung von dem, was dort geleistet wird. Ohne Ironie kann ein Künstler niemals skizzieren, ein Bühnenkünstler kann sie nur erzeugen durch Widerspruch, denn das Wesen der Skizze ist Oberflächlichkeit, und wo eine Charakterzeichnung nicht verlangt wird, besteht die Kunst darin, sich in eine Oberfläche zu verwandeln, was für die szenische Leistung ein Paradox und nur wenigen zu lösen gegeben ist. Ein unmittelbarer Komiker kann niemals den Dervière spielen, denn dieser ist kein Charakter. Emmelines ganzes Wesen ist Widerspruch und läßt sich daher unmittelbar nicht darstellen. Sie muß liebenswürdig sein, denn sonst ist die Wirkung des ganzen Stückes verscherzt; sie muß nicht liebenswürdig sein, sondern verschroben; denn sonst ist in einem anderen Sinne die Gesamtwirkung des Stückes verloren. Betrachte *Phister*, dir wird beinahe übel, wenn du deinen Blick auf die unendlich fade Dummheit heften willst, die seinem Gesicht aufgeprägt ist. Und doch ist es keine unmittelbare Dummheit, sein Blick hat noch eine Schwärmerei, die in ihrer Blödigkeit an eine Vergangenheit gemahnt. Mit so einem Gesicht wird niemand geboren, es hat eine Geschichte. Ich erinnere mich, daß, als ich noch klein war, mein Kindermädchen mir erklärte, man dürfe keine Grimassen schneiden, und mir und andern Kindern zur Warnung eine Geschichte erzählte von einem Mann mit einem verkehrten Gesicht, das er selbst dadurch verschuldet hatte, daß er Grimassen schnitt. Es traf sich nämlich so sonderbar, daß der

Wind sich drehte und der Mensch sein verkehrtes Gesicht behielt. Solch ein verkehrtes Gesicht läßt Phister uns sehen; es trägt noch Spuren der romantischen Grimassen, da aber der Wind sich drehte, hat es sich etwas verzerrt. Phisters Darstellung des Charles hat weniger Ironie, aber mehr Humor. Das ist völlig richtig, denn der Widerspruch in Charles' Wesen ist nicht so auffällig. Er soll für Rinville gelten nur in Dervières und Emmelines Augen, die beide, jeder auf seine Art, gleich parteiisch sind.

Betrachte *Stage*, freue dich über diese schöne männliche Haltung, diese gebildete Persönlichkeit, dieses leichte Lächeln, das Rinvilles eingebildete Überlegenheit über Dervières phantastische Familie verrät, und sieh dann diesen Vertreter des Verstandes mit in dieser Konfusion dahingewirbelt, die Emmelines inhaltslose Leidenschaft gleich einem gewaltigen Wind veranlaßt.

*Die Wechselwirtschaft · Versuch einer*

*sozialen Klugheitslehre*

$Χρεμυλος.$

*189.* ...... $ἐστι παντων πλησμονη.$

*190.* $ἐρωτος.$

$Καριων.$

$ἀρτων.$

$Χρεμυλος.$

$μουδικης.$

$Καριων.$

$τραγηματων.$

$Χρεμυλος.$

*191.* $τιμης.$

$Καριων.$

$πλακουντων.$

$Χρεμυλος.$

$ἀνδραγαθιας.$

$Καριων.$

$ἰσχαδων.$

$Χρεμυλος.$

*192.* $φιλοτιμιας.$

$Καριων.$

$μαζης.$

$Χρεμυλος.$

$στρατηγιας.$

$Καριων.$

$φακης.$

Vgl. Aristophanis Plutus v. 189 sqq.

CHREMYLOS.

...an Allem bekommt man endlich Überdruß.

An Liebe,

KARION.

Semmel,

CHREMYLOS.

Musenkunst,

KARION.

und Zuckerwerk.

CHREMYLOS

An Ehre,

KARION.

Kuchen,

CHREMYLOS.

Tapferkeit,

KARION.

und Feigenschnitt.

CHREMYLOS.

An Ruhm,

KARION.

an Rührei,

CHREMYLOS.

am Kommando,

KARION.

am Gemüs'.

Vgl. Aristophanes' Plutos nach Droysens Übersetzung.

VON EINEM Grundsatz auszugehen, behaupten erfahrene Leute, soll sehr verständig sein; ich tue ihnen den Willen und gehe von dem Grundsatz aus, daß alle Menschen langweilig sind. Oder möchte wohl jemand so langweilig sein, mir darin zu widersprechen? Dieser Grundsatz hat nun in allerhöchstem Grade die abstoßende Kraft, wie man sie stets vom Negativen fordert, das im eigentlichen Sinne das Bewegungsprinzip ist; er ist nicht nur abstoßend, sondern unendlich abschreckend, und wer diesen Grundsatz hinter sich hat, muß notwendigerweise eine unendliche Geschwindigkeit haben, um Entdeckungen zu machen. Wenn nämlich mein Satz wahr ist, so braucht man nur im selben Maße, in dem man seinen *impetus* hemmen oder beschleunigen will, mehr oder weniger temperiert bei sich zu überlegen, wie verderblich Langeweile für den Menschen ist, und will man beinahe unter Gefährdung der Lokomotive die Schnelligkeit der Bewegung aufs höchste steigern, so braucht man sich nur zu sagen: Langeweile ist eine Wurzel alles Übels. Es ist recht sonderbar, daß Langeweile, die selbst ein so ruhiges und gesetztes Wesen ist, eine derartige Kraft hat, etwas in Bewegung zu setzen. Es ist eine durchaus magische Wirkung, die die Langeweile ausübt, nur daß diese Wirkung nicht anziehend, sondern abstoßend ist.

Wie verderblich Langeweile ist, das erkennen nun freilich alle Menschen an, sofern es Kinder betrifft. Solange Kinder sich unterhalten, so lange sind sie stets artig, das darf man in allerstrengstem Sinne sagen; denn werden sie selbst beim Spielen zuweilen wild und ausgelassen, so eigentlich nur deshalb, weil sie anfangen, sich zu langweilen; die Langeweile ist schon im Anmarsch, nur auf andere Weise. Wenn man daher ein Kindermädchen sucht, so achtet man stets wesentlich nicht allein darauf, daß es nüchtern, zuverlässig und anständig ist, sondern man nimmt dabei auch eine ästhetische Rücksicht darauf, ob es die Kinder zu unterhalten weiß; und man würde kein Bedenken tragen, ein Kindermädchen zu entlassen, wenn es sich herausstellte, daß es diese Eigenschaft nicht besitze und hätte es auch alle anderen vortrefflichen Tugenden. Hier wird das Prinzip ja deutlich genug anerkannt, aber so sonderbar geht es in der Welt zu, derart haben Gewohnheit und Langeweile schon überhandgenommen, daß ein Kindermädchen das einzige Verhältnis bezeichnet, in welchem der Ästhetik ihr Recht wird. Wollte jemand die Scheidung verlangen, weil seine Frau langweilig ist, oder wollte man einen König absetzen, weil er langweilig anzusehen, einen Pfarrer in die Verbannung treiben, weil er langweilig anzuhören ist, oder einen Minister entlassen, oder einen Journalisten mit dem Tode bestrafen, weil er entsetzlich langweilig ist, so wäre man nicht imstande, damit durchzudringen. Was Wunder also, daß es rückwärts geht mit der Welt, daß das Übel immer mehr um sich greift, da die Langeweile zunimmt und Langeweile eine Wurzel alles Übels ist. Dies läßt sich vom Anbeginn der Welt her verfolgen. Die Götter langweilten sich, darum schufen sie die Menschen. Adam langweilte sich, weil er allein war, darum wurde Eva erschaffen. Von dem Augenblick an kam die Langeweile in die Welt und wuchs an Größe in genauem Verhältnis zu dem Wachstum der Volksmenge. Adam langweilte sich allein, dann langweilten Adam und Eva sich gemeinsam, dann langweilten Adam und Eva und Kain und Abel sich *en famille*, dann nahm die Volksmenge in der Welt zu, und die Völker langweilten sich *en masse*. Um sich zu zerstreuen, kamen sie auf den Gedanken, einen Turm zu bauen, so hoch, daß er bis in den Himmel rage. Dieser Gedanke ist ebenso langweilig, wie der Turm hoch war, und ein erschrecklicher Beweis dafür, wie sehr die Langeweile schon überhandgenommen hatte. Danach wurden sie über die Welt zerstreut, so wie man heute ins Ausland reist; aber sie fuhren fort sich zu langweilen. Und welche Folgen hatte nicht diese Langeweile! Der Mensch stand hoch und fiel tief, erst durch Eva, dann vom babylonischen Turm. Was hat andererseits den Untergang Roms aufgehalten? Das war *panis et circenses*. Was tut man in unserer Zeit? Ist man auf

irgendein Zerstreuungsmittel bedacht? Im Gegenteil, man
beschleunigt den Untergang. Man denkt daran, eine Ständeversammlung einzuberufen. Kann man sich etwas Langweiligeres denken, sowohl für die Herren Teilnehmer wie für
den, der über sie lesen und hören muß? Man will die Staats-
finanzen durch Einsparungen verbessern. Kann man sich etwas Langweiligeres denken? Statt die Schulden zu vermeh-
ren, will man sie abbezahlen. Wie ich die politischen Verhältnisse kenne, wird es Dänemark ein leichtes sein, eine Anleihe
von 15 Millionen aufzunehmen. Warum denkt niemand daran? Daß ein Mensch ein Genie sei und seine Schulden nicht
bezahle, hört man doch hin und wieder, warum sollte ein
Staat nicht das gleiche tun können, wenn nur Einigkeit
herrscht. Man nehme also eine Anleihe von 15 Millionen
auf, man verwende sie nicht zur Abbezahlung, sondern für
öffentliche Belustigungen. Laßt uns das tausendjährige Reich
feiern mit Lust und Freude! Wie heute überall Büchsen her-
umstehen, in die man Geld werfen kann, so sollten dann
überall Schalen stehen, in denen Geld liegt. Alles würde
gratis sein; man ginge gratis ins Theater, gratis zu den öffentlichen Frauenzimmern, man führe gratis in den Tiergarten,
man würde gratis begraben, gratis würde die Leichenrede
auf einen gehalten; ich sage gratis; denn wenn man immer
Geld zur Hand hat, so ist gewissermaßen alles gratis. Niemand dürfte festes Eigentum besitzen. Nur mit mir müßte
eine Ausnahme gemacht werden. Ich behalte mir 100 Reichs-
banktaler täglich vor, zahlbar in der Londoner Bank; einmal,
weil ich mit weniger nicht auskomme, zum andern, weil ich
die Idee gehabt habe, und schließlich, weil man nicht wissen
kann, ob mir nicht eine neue Idee einfallen könnte, wenn
die 15 Millionen aufgebraucht sind. Was würde die Folge
dieses Wohlstandes sein? Alles Große würde nach Kopenhagen strömen, die größten Künstler, Schauspieler und Tän-
zerinnen. Kopenhagen würde ein zweites Athen werden.
Was würde die Folge sein? Alle reichen Leute würden sich in
dieser Stadt niederlassen. Unter anderen würden wohl auch

der Schah von Persien und der König von England hierher
kommen. Sieh, hier ist meine zweite Idee. Man bemächtigt
sich der Person des Schahs. Vielleicht wird jemand sagen:
das gibt einen Aufruhr in Persien, man setzt einen neuen
Schah auf den Thron, das ist schon so oft geschehen, und
der alte Schah fällt im Preise. In diesem Falle ist es meine
Idee, daß man ihn an den Türken verkaufe, der wird ihn
schon zu Geld zu machen wissen. Dazu kommt noch ein
Umstand, den unsere Politiker ganz zu übersehen scheinen.
Dänemark ist das Gleichgewicht in Europa. Eine glücklichere
Existenz kann man sich nicht denken. Ich weiß es aus eigener Erfahrung. Ich war einmal das Gleichgewicht in einer
Familie; ich konnte machen, was ich wollte, nie ging es über
mich her, sondern stets über die andern. O, daß meine Rede
doch zu euren Ohren dränge, ihr, die ihr an die hohen Stellen
gesetzt seid, um zu raten und zu beraten, ihr Männer des Königs und des Volkes, weise und verständige Staatsbürger aller
Klassen! Seht euch doch vor! Das alte Dänemark geht unter,
das ist fatal, es geht unter vor Langerweile, das ist das aller-
fatalste. Im Altertum wurde König, wer den verstorbenen
König am schönsten besang; heute sollte König sein, wer
den besten Witz macht, und Kronprinz, wer den Anlaß
dazu gibt, daß der beste Witz gemacht wird.
Doch wo reißest du mich hin, schöne empfindsame Schwärmerei. Sollte ich solchermaßen meinen Mund auftun, um
die Mitwelt anzureden, um sie in meine Weisheit einzu-
weihen? Mitnichten; denn meine Weisheit ist eigentlich
nicht *zum Gebrauch für Jedermann*, und über Klugheitsregeln
ist es immer das klügste zu schweigen. Jünger wünsche ich
mir darum nicht, stünde aber einer an meinem Sterbelager,
so würde ich ihm vielleicht, wenn ich sicher wäre, daß es
mit mir aus sei, in einem Anfall von philanthropischem
Delirium, meine Lehre ins Ohr raunen, nicht gewiß, ob ich
ihm damit einen Dienst erwiesen hätte oder nicht. Man
spricht so viel davon, daß der Mensch ein geselliges Tier sei;
im Grunde ist er ein Raubtier, wovon man sich nicht allein

durch die Betrachtung seines Gebisses überzeugen kann. Das ganze Gerede von Geselligkeit und Gemeinschaft ist deshalb teils eine herkömmliche Heuchelei, teils eine abgefeimte Hinterlist.

Alle Menschen sind also langweilig. Das Wort selbst weist auf die Möglichkeit einer Einteilung hin. Das Wort langweilig kann ebensowohl einen Menschen bezeichnen, der andere, wie einen, der sich selbst langweilt. Diejenigen, die andere langweilen, sind Plebs, der Haufe, der unendliche Menschenklüngel im allgemeinen; die sich selbst langweilen, sind die Auserwählten, der Adel; und so sonderbar ist es: diejenigen, die sich nicht selbst langweilen, langweilen gewöhnlich die andern, diejenigen dagegen, die sich selbst langweilen, unterhalten die andern. Die sich nicht langweilen, sind im allgemeinen jene, die irgendwie viel zu tun haben in der Welt, diese aber sind eben darum die Allerlangweiligsten, die Unausstehlichsten. Diese Tiergattung ist sicherlich nicht die Frucht von des Mannes Begier und des Weibes Lust. Sie zeichnet sich wie alle niederen Tiergattungen durch ein hohes Maß von Fruchtbarkeit aus und vermehrt sich ins Unglaubliche. Unbegreiflich wäre es auch, wenn die Natur neun Monate dazu brauchte, um solche Wesen hervorzubringen, die sich wohl eher dutzendweise hervorbringen ließen. Die andere Klasse der Menschen, die Vornehmen, sind die, welche sich selbst langweilen. Wie oben bemerkt, unterhalten sie gewöhnlich die andern, auf eine gewisse äußerliche Weise zuweilen den Pöbel, im tieferen Sinne die Miteingeweihten. Je gründlicher sie sich selbst langweilen, ein um so kräftigeres Zerstreuungsmittel bieten sie diesen dar, auch wenn die Langeweile ihren Höhepunkt erreicht, indem sie entweder [die passive Bestimmung] vor Langerweile sterben oder [die aktive Bestimmung] sich aus Neugierde erschießen.

Müßiggang, pflegt man zu sagen, ist aller Laster Anfang. Um dem Laster zu wehren, empfiehlt man die Arbeit. Es ist indessen sowohl aus dem gefürchteten Anlaß wie aus dem

empfohlenen Mittel leicht ersichtlich, daß die ganze Betrachtung von sehr plebejischer Extraktion ist. Müßiggang
als solcher ist keineswegs des Lasters Anfang, im Gegenteil,
er ist ein wahrhaft göttliches Leben, wenn man sich nicht
langweilt. Freilich, Müßiggang kann den Anlaß geben, daß
man sein Vermögen verliert usw., doch die adlige Natur
fürchtet dergleichen nicht, wohl aber die Langeweile. Die
olympischen Götter langweilten sich nicht; sie lebten glücklich in glücklichem Müßiggang. Eine weibliche Schönheit,
die weder näht noch spinnt noch bügelt noch liest noch musiziert, ist glücklich im Müßiggang; denn sie langweilt sich
nicht, Müßiggang ist also so wenig aller Laster Anfang, daß
er vielmehr das wahre Gute ist. Die Langeweile ist die Wurzel des Übels, ist aller Laster Anfang, sie ist es, die man fernhalten muß. Müßiggang ist kein Laster, kein Übel, ja, man
muß sagen, daß ein Mensch, der für ihn keinen Sinn hat,
damit zeigt, daß er sich noch nicht zum Humanen erhoben
hat. Es gibt eine unermüdliche Tätigkeit, die einen Menschen
aus der Welt des Geistes ausschließt und ihn in eine Klasse
mit den Tieren setzt, die instinktiv immer in Bewegung
sein müssen. Es gibt Menschen, die eine außerordentliche
Gabe besitzen, alles in ein Geschäft zu verwandeln, deren
ganzes Leben ein Geschäft ist, die sich verlieben und heiraten,
einen Witz anhören und ein Kunststück bewundern mit
dem gleichen Geschäftseifer, mit dem sie im Kontor arbeiten.
Das lateinische Sprichwort *otium est pulvinar diaboli* ist durchaus zutreffend; aber der Teufel hat gar keine Zeit, seinen
Kopf auf dieses Kissen zu legen, wenn man sich nicht langweilt. Da die Leute jedoch meinen, es sei des Menschen Bestimmung zu arbeiten, so ist der Gegensatz richtig: Müßiggang – Arbeit. Ich nehme an, daß des Menschen Bestimmung ist, sich zu unterhalten; darum ist mein Gegensatz
nicht minder richtig.
Langeweile ist der dämonische Pantheismus. Bleibt man bei
ihr als solcher stehen, so wird sie das Böse, sobald sie dagegen aufgehoben wird, ist sie wahr; sie wird aber nur dadurch

aufgehoben, daß man sich unterhält – *ergo* muß man sich unterhalten. Die Behauptung, sie werde durch Arbeit aufgehoben, verrät Unklarheit; denn Müßiggang kann freilich durch Arbeit aufgehoben werden, da diese ihr Gegensatz ist, nicht aber die Langeweile, wie man ja auch daraus ersieht, daß die allergeschäftigsten Arbeiter, die in ihrem emsigen Gebrumm am wildesten schwirrenden Insekten, die allerlangweiligsten sind; und wenn sie sich nicht langweilen, so kommt es daher, daß sie keine Vorstellung davon haben, was Langeweile ist; damit aber ist die Langeweile nicht aufgehoben.

Langeweile ist teils eine unmittelbare Genialität, teils eine erworbene Unmittelbarkeit. Die englische Nation ist im ganzen die paradigmatische Nation. Die wahre geniale Indolenz trifft man ziemlich selten, in der Natur findet sie sich nicht, sie gehört der Welt des Geistes an. Man trifft bisweilen einen reisenden Engländer, der gleichsam eine Inkarnation dieser Genialität ist, ein schwerfälliges unbewegliches Murmeltier, dessen ganzer Sprachreichtum sich in einem einzigen einsilbigen Wort erschöpft, einer Interjektion, mit der er seine höchste Bewunderung und seine tiefste Gleichgültigkeit ausdrückt, weil Bewunderung und Gleichgültigkeit in der Einheit der Langenweile indifferent geworden sind. Keine andere Nation als die englische bringt solche Naturmerkwürdigkeiten hervor; jeder Mensch, der einer anderen Nation angehört, wird immer noch etwas lebhafter sein, nicht so absolut totgeboren. Die einzige Analogie, die ich kenne, sind die Apostel der leeren Begeisterung, die ebenfalls auf eine Interjektion durchs Leben reisen, Menschen, die überall aus der Begeisterung eine Profession machen, überall dabei sind, und ganz gleich, ob etwas Bedeutendes oder Unbedeutendes geschieht, Ei! oder Ah! rufen, weil die Differenz des Bedeutenden und des Unbedeutenden sich für sie indifferenziert hat in der Leere blindlärmender Begeisterung. Die letztgenannte Langeweile ist vielfach eine Frucht mißverstandener Zerstreuung. Daß etwa das, was das Mittel gegen Langeweile ist, sie hervorrufen könne, scheint bedenklich; aber es kann sie auch nur insoweit hervorrufen, als es unrichtig angewandt wird. Eine verkehrte, im allgemeinen exzentrische Zerstreuung hat auch die Langeweile in sich, und so nur arbeitet sie sich empor und erweist sich als das Unmittelbare. Wie man bei Pferden zwischen »stillem Koller« und »rasendem Koller« unterscheidet, aber doch beides »Koller« nennt, so kann man auch einen Unterschied machen zwischen zwei Arten von Langerweile, die in der Bestimmung der Langenweile jedoch beide eins werden.

Im Pantheismus liegt im allgemeinen die Bestimmung der Fülle; mit der Langenweile ist es umgekehrt: sie ist auf Leere gebaut, ist aber eben deshalb eine pantheistische Bestimmung. Langeweile ruht auf dem Nichts, das sich durch das Dasein schlingt, ihr Schwindel ist wie jener, der uns befällt, wenn wir in einen unendlichen Abgrund blicken, unendlich. Daß jene exzentrische Zerstreuung auf Langeweile gebaut ist, erkennt man auch daran, daß die Zerstreuung ohne Nachklang widerhallt, eben weil im Nichts nicht einmal so viel ist, daß ein Widerhall möglich wäre.

Wenn nun, wie oben dargelegt, Langeweile eine Wurzel alles Übels ist, was wäre da natürlicher, als daß man sie zu überwinden sucht. Es kommt jedoch hier wie überall vornehmlich auf ruhige Überlegung an, damit man sich nicht, von der Langenweile dämonisch besessen, indem man ihr entfliehen will, gerade in sie hineinarbeitet. Nach Veränderung rufen alle, die sich langweilen. Hierin bin ich ganz mit ihnen einig, nur gilt es, nach Prinzip zu handeln.

Meine Abweichung von der allgemeinen Anschauung ist hinreichend durch das Wort »Wechselwirtschaft« ausgedrückt. In diesem Wort könnte scheinbar eine Zweideutigkeit liegen, und wenn ich in diesem Wort Raum finden wollte für eine Bezeichnung der allgemeinen Methode, so müßte ich sagen, die Wechselwirtschaft bestehe darin, daß man immer wieder den Boden wechselt. So gebraucht der Landmann diesen Ausdruck freilich nicht. Doch möchte ich ihn einen Augenblick in diesem Sinne verwenden, um von jener Wechselwirtschaft zu sprechen, die auf der grenzenlosen Unendlichkeit der Veränderung beruht, ihrer extensiven Dimension.

Diese Wechselwirtschaft ist die vulgäre, die unkünstlerische, und liegt in einer Illusion. Man ist es müde, auf dem Lande zu leben, man reist in die Hauptstadt; man ist seines Heimatlandes müde, man reist ins Ausland; man ist »europamüde«, man reist nach Amerika usw., man gibt sich einer schwärmerischen Hoffnung hin auf ein unendliches Reisen von Stern zu Stern. Oder die Bewegung ist eine andere, aber doch extensiv. Man ist es müde, von Porzellan zu essen, man ißt von Silber; man ist des Silbers müde, man ißt von Gold, man brennt halb Rom nieder, um den Brand Trojas zu sehen. Diese Methode hebt sich selber auf und ist die schlechte Unendlichkeit. Was hat Nero denn auch erreicht? Nein, da war Kaiser Antonin klüger, der da sagt: ἀναβιῶναι σοι ἐξεστιν · ἰδε παλιν τα πραγματα, ὡς ἑωρας · ἐν τουτῳ γαρ το ἀναβιωναι · (Βιβλιον Z., β.)

Die Methode, die ich vorschlage, liegt nicht darin, daß man den Boden wechselt, sondern wie bei der wahren Wechselwirtschaft im Wechsel des Bewirtschaftungsverfahrens und der Fruchtarten. Hier liegt gleich das Prinzip der Beschränkung, welches das einzig Rettende in der Welt ist. Je mehr man sich selbst beschränkt, um so erfinderischer wird man. Ein in Einzelhaft sitzender Gefangener auf Lebenszeit ist überaus erfinderisch: eine Spinne kann ihm größtes Ergötzen bereiten. Man denke an die Schulzeit, da man in das Alter getreten ist, wo keinerlei ästhetische Rücksicht genommen wird bei der Wahl derer, die einen belehren sollen, und diese daher oft sehr langweilig sind; wie erfinderisch ist man doch da! Welchen Spaß kann man daran haben, eine Fliege zu fangen, sie unter einer Nußschale gefangen zu halten und zuzusehen, wie sie mit dieser herumlaufen kann. Welche Freude macht es doch, ein Loch in den Tisch zu schneiden, eine Fliege hineinzusperren und durch ein Stück

Papier zu ihr hinabzugucken! Wie unterhaltsam kann es doch sein, auf die eintönige Dachtraufe zu lauschen! Was für ein gründlicher Beobachter wird man doch, nicht das leiseste Geräusch oder die leiseste Bewegung entgeht einem. Hier ist die äußerste Spitze jenes Prinzips, das nicht durch Extensität, sondern durch Intensität Beruhigung sucht.

Je erfinderischer ein Mensch im Wechsel des Bewirtschaftungsverfahrens etwa ist, um so besser; jede einzelne Veränderung aber liegt doch innerhalb der allgemeinen Regel des Verhältnisses von *Erinnern* und *Vergessen*. In diesen beiden Strömungen bewegt sich das ganze Leben, und daher gilt es, sie richtig in der Gewalt zu haben. Erst wenn man die Hoffnung über Bord geworfen hat, erst dann fängt man an, künstlerisch zu leben; solange man noch hofft, kann man sich nicht beschränken. Es ist recht hübsch, einen Menschen mit dem guten Wind der Hoffnung in See stechen zu sehen, man kann die Gelegenheit benutzen, um sich im Schlepptau mitnehmen zu lassen, sie selbst aber, die Hoffnung, darf man nie an Bord seiner Schute haben, am allerwenigsten als Lotsen; denn sie ist ein treuloser Schiffsführer. Die Hoffnung war darum auch eine der bedenklichen Gaben des Prometheus; statt des Vorauswissens der Unsterblichen gab er den Menschen die Hoffnung.

Vergessen – das wollen alle Menschen; und wenn ihnen etwas Unangenehmes begegnet, so sagen sie stets: ach, wer doch vergessen könnte! Aber das Vergessen ist eine Kunst, die im voraus eingeübt sein muß. Das Vergessenkönnen hängt immer davon ab, wie man sich erinnert; wie man sich aber erinnert, hängt wiederum davon ab, wie man die Wirklichkeit erlebt. Wer mit der Geschwindigkeit der Hoffnung sich festrennt, wird sich so erinnern, daß er nicht zu vergessen vermag. *Nil admirari* ist darum die eigentliche Lebensweisheit. Jedes Lebensmoment darf nur so viel Bedeutung für einen haben, daß man es in jedem beliebigen Augenblick vergessen kann; jedes einzelne Lebensmoment muß aber andererseits so viel Bedeutung für einen haben, daß man sich jeden Augenblick seiner erinnern kann. Das Lebensalter, das sich am besten erinnert, ist zugleich das vergeßlichste, nämlich das Kindesalter. Je poetischer man sich erinnert, um so leichter vergißt man; denn poetisches Sicherinnern ist eigentlich nur ein Ausdruck für Vergessen. Wenn ich mich poetisch erinnere, so ist mit dem Erlebten schon eine Veränderung vorgegangen, durch die es alles Schmerzliche verloren hat. Um sich so erinnern zu können, muß man darauf achtgeben, wie man lebt, und besonders, wie man genießt. Genießt man frischweg bis zum letzten, nimmt man beständig das Höchste mit, was der Genuß gewähren kann, so wird man weder imstande sein, sich zu erinnern, noch zu vergessen. Man hat dann nämlich nichts, dessen man sich erinnern könnte, als eine Übersättigung, die man nur zu vergessen wünscht, die einen aber nun mit unfreiwilliger Erinnerung plagt. Wenn man daher spürt, daß der Genuß oder ein Lebensmoment einen zu stark hinreißt, so hält man einen Augenblick inne und erinnert sich. Es gibt kein besseres Mittel, sich den Geschmack daran, daß man den Genuß zu lange auskostet, zu verleiden. Man hält von Anfang an den Genuß im Zaume; setzt nicht für jeden Entschluß alle Segel bei; man gibt sich mit einem gewissen Mißtrauen hin, erst dann ist man imstande, das Sprichwort Lügen zu strafen, das da sagt, man könne nicht zugleich den Sack und den Beutel füllen. Zwar verbietet die Polizei, heimlich Waffen zu tragen, und doch ist keine Waffe so gefährlich wie die Kunst, sich erinnern zu können. Es ist ein eigenes Gefühl, wenn man mitten im Genuß auf ihn sieht, um sich zu erinnern.

Wenn man sich dergestalt in der Kunst des Vergessens und der Kunst des Erinnerns perfektioniert hat, so ist man imstande, mit dem ganzen Dasein Federball zu spielen.

An der Kraft zu vergessen kann man eigentlich die Elastizität eines Menschen messen. Wer nicht vergessen kann, aus dem wird nicht viel. Ob irgendwo ein Lethequell sprudelt, weiß ich nicht; aber das weiß ich, daß diese Kunst sich entwickeln

läßt. Sie besteht jedoch keineswegs darin, daß der einzelne
Eindruck etwa spurlos verschwindet; denn Vergeßlichkeit
ist nicht identisch mit der Kunst des Vergessenkönnens. Man
sieht auch leicht, wie wenig die Leute sich im allgemeinen auf
diese Kunst verstehen; denn sie wollen zumeist nur das Unangenehme vergessen, nicht das Angenehme. Das verrät eine
völlige Einseitigkeit. Vergessen ist nämlich der rechte Ausdruck für die eigentliche Assimilation, die das Erlebte zum
Resonanzboden herabsetzt. Darum ist die Natur so groß,
weil sie vergessen hat, daß sie Chaos war, aber dieser Gedanke kann jederzeit zum Vorschein kommen. Da man sich
das Vergessen zumeist nur in Beziehung zum Unangenehm-
men denkt, so stellt man es sich meist als eine wilde Macht
vor, die übertäubt. Aber das Vergessen ist im Gegenteil ein
stilles Wirken und muß zu dem Angenehmen ebensowohl
in Beziehung sein wie zu dem Unangenehmen. Auch das
Angenehme hat als vergangen, eben als vergangen, eine Unannehmlichkeit in sich, durch die es das Gefühl des Entbeh-
rens erwecken kann; diese Unannehmlichkeit wird durch
Vergessen behoben. Das Unangenehme hat einen Stachel,
das geben alle zu. Auch der wird durch Vergessen entfernt.
Macht man es jedoch wie viele von denen, die in der Kunst
des Vergessens pfuschen, und verscheucht das Unangenehme
ganz und gar, so wird man bald sehen, wozu es einem hilft.
In einem unbewachten Augenblick überfällt es einen oft mit
der ganzen Gewalt des Plötzlichen. Dies widerstrebt durchaus der wohlgeordneten Einrichtung eines verständigen Kopfes. Kein Unglück, keine Widerwärtigkeit ist so wenig
affabel, so taub, daß sie sich nicht ein wenig schmeicheln
ließe; selbst Cerberus nahm Honigkuchen an, und nicht
kleine Mädchen nur betört man. Man beschwatzt das Unglück und nimmt ihm damit seine Schärfe, und wünscht
keineswegs, es zu vergessen, sondern vergißt es, um sich
daran zu erinnern. Ja, selbst mit Erinnerungen von der Art,
daß man meinen sollte, das einzige Mittel gegen sie sei ewiges Vergessen, erlaubt man sich solche Hinterlist, und die

Fälscherei gelingt, wenn man nur geschickt ist. Das Vergessen ist die Schere, mit der man wegschneidet, was man nicht brauchen kann, wohlgemerkt unter allerhöchster Aufsicht der Erinnerung. Vergessen und Erinnerung sind somit identisch, und die künstlerisch zuwege gebrachte Identität ist der archimedische Punkt, mit dem man die Welt aus den Angeln hebt. Wenn man sagt, daß man etwas der Vergessenheit überliefert, so deutet man damit ja zu gleicher Zeit an, daß es vergessen und daß es dennoch aufbewahrt wird.

Die Kunst des Erinnerns und des Vergessens wird denn auch verhüten, daß man sich in einem einzelnen Lebensverhältnis festrennt, und einem das vollkommene Schweben sichern. Man hüte sich also vor der *Freundschaft*. Wie definiert man einen Freund? Ein Freund ist nicht, was die Philosophie das notwendige Andere nennt, sondern das überflüssige Dritte. Welches sind die Zeremonien der Freundschaft? Man trinkt Brüderschaft, man öffnet eine Ader, man mischt sein Blut mit dem des Freundes. Wann dieser Augenblick kommt, ist schwer zu bestimmen; aber er kündigt sich selber auf rätselhafte Weise an, man fühlt es, man kann nicht mehr »Sie« zueinander sagen. Wenn dieses Gefühl einmal da war, kann es sich niemals zeigen, daß man sich geirrt hat wie Geert Westphaler, als er mit dem Scharfrichter Brüderschaft trank. – Welches ist das sichere Kennzeichen der Freundschaft? Das Altertum antwortet: *idem velle, idem nolle, ea demum firma amicitia* und zugleich äußerst langweilig. Welches ist die Bedeutung der Freundschaft? Gegenseitiger Beistand mit Rat und Tat. Darum schließen zwei Freunde sich eng zusammen, um einander alles zu sein; und das, obwohl der eine Mensch dem andern Menschen gar nichts anderes sein kann als ihm im Wege sein. Ja, man kann einander mit Geld aushelfen, einander in den oder aus dem Mantel helfen, einer des andern gehorsamer Diener sein, zu einer aufrichtigen Neujahrsgratulation erscheinen, item zu Hochzeit, Taufe und Begräbnis.

Weil man sich aber der Freundschaft enthält, darum muß

man nicht etwa ohne Berührung mit den Menschen leben. Im Gegenteil, auch diese Beziehungen können zuweilen einen tieferen Schwung annehmen, nur daß man stets, obwohl man eine Zeitlang das Tempo der Bewegung teilt, doch so viel größere Geschwindigkeit hat, daß man davonlaufen kann. Man meint wohl, ein solches Verhalten hinterlasse unangenehme Erinnerungen, das Unangenehme liege darin, daß ein Verhältnis, das einem etwas bedeutete, sich in Nichts auflöst. Das ist jedoch ein Mißverständnis. Das Unangenehme ist nämlich ein pikantes Ingredienz in der Querköpfigkeit des Lebens. Außerdem kann dasselbe Verhältnis auf andere Weise wieder Bedeutung erlangen. Worauf man achten muß, ist, sich niemals festzurennen und zu diesem Ende immer das Vergessen hinterm Ohr zu haben. Der erfahrene Landmann bracht hin und wieder; die soziale Klugheitslehre empfiehlt dasselbe. Alles kommt zwar wieder, aber auf andere Weise; was einmal in die Rotation aufgenommen worden ist, bleibt darin, wird aber durch die Bewirtschaftungsart variiert. Man hofft darum ganz konsequent, seine alten Freunde und Bekannten in einer besseren Welt wiederzutreffen; aber man teilt nicht die Befürchtung der Menge, sie könnten sich so sehr verändert haben, daß man sie nicht wiedererkennt; man befürchtet vielmehr, daß sie gänzlich unverändert sind. Es ist unglaublich, was selbst der unbedeutendste Mensch durch solch eine vernünftige Bewirtschaftung gewinnen kann.

Man lasse sich niemals in eine *Ehe* ein. Die Eheleute geloben einander Liebe auf ewig. Das ist nun recht bequem, hat aber auch nicht viel zu bedeuten; denn wird man mit der Zeit fertig, mit der Ewigkeit wird man schon fertig werden. Wenn daher die Betreffenden statt »auf ewig« etwa »bis Ostern« sagten oder »bis zum nächsten ersten Mai«, so hätte ihre Rede doch einen Sinn; denn damit wäre wirklich etwas gesagt, und zwar etwas, was man vielleicht halten könnte. Wie geht es denn auch in der Ehe zu? Nach kurzer Zeit merkt zuerst der eine Teil, daß die Sache nicht stimmt; nun

klagt der andere Teil und schreit und zetert laut: Treulosigkeit, Treulosigkeit! Nach einiger Zeit ist der andere Teil auf
demselben Punkt angelangt, und es wird eine Neutralität
hergestellt, indem die beiderseitige Treulosigkeit sich aufhebt
zum gemeinsamen Contentement und Vergnügen. Indessen
ist es doch zu spät; denn eine Scheidung ist mit großen
Schwierigkeiten verbunden.

Wenn es sich so mit der Ehe verhält, so ist es nicht verwunderlich, daß man sie auf alle mögliche Weise mit moralischen
Stützen absteifen muß. Will sich einer von seiner Frau
scheiden lassen, so ruft man: er ist ein gemeiner Mensch, ein
Schurke usw. Wie töricht, und welch ein indirekter Angriff
auf die Ehe! Entweder hat die Ehe Realität in sich selbst, und
dann ist er ja hinreichend dadurch gestraft, daß er ihrer verlustig geht; oder sie hat keine Realität, und dann ist es ja
ungereimt, ihn zu schelten, weil er weiser ist als andere.
Wenn einer seines Geldes überdrüssig würde und es zum
Fenster hinauswürfe, so würde niemand sagen, er sei ein gemeiner Mensch; denn entweder hat das Geld Realität, und
dann ist er ja hinreichend dadurch gestraft, daß er sich seiner
beraubt, oder es hat keine Realität, und dann ist er ja weise.
Man muß sich stets hüten, ein Lebensverhältnis einzugehen,
durch das man zu mehreren werden kann. Darum ist schon
die Freundschaft gefährlich, mehr noch die Ehe. Zwar sagt
man, daß die Eheleute eins würden; aber das ist eine überaus
dunkle und mystische Rede. Wenn man mehrere ist, so hat
man seine Freiheit verloren und kann sich keine Reisestiefel
bestellen, wann man will, kann nicht unstet umherschweifen.
Hat man eine Frau, ist es schwierig; hat man eine Frau und
vielleicht Kinder, ist es beschwerlich; hat man Frau und
Kinder, ist es unmöglich. Zwar hat man Beispiele gehabt,
daß eine Zigeunerin ihren Mann auf dem Rücken durchs
Leben getragen hat, aber teils ist das eine Seltenheit, teils auf
die Dauer auch ermüdend – für den Mann. Durch die Ehe
gerät man überdies in eine höchst fatale Kontinuität mit
Sitte und Brauch, und Sitte und Brauch sind wie Wind und

Wetter etwas gänzlich Unbestimmbares. In Japan ist es meines Wissens Sitte und Brauch, daß auch die Männer im Wochenbett liegen. Warum könnte die Zeit nicht kommen, da Europa die Sitten fremder Länder einführte?

Schon die Freundschaft ist gefährlich, die Ehe ist es noch mehr; denn das Weib ist und bleibt der Ruin des Mannes, sobald man ein dauerndes Verhältnis zu ihr eingeht. Nimm einen jungen Menschen, feurig wie ein arabisches Pferd, laß ihn heiraten, er ist verloren. Zuerst ist das Weib stolz, dann ist sie schwach, dann fällt sie in Ohnmacht, dann fällt er in Ohnmacht, dann fällt die ganze Familie in Ohnmacht. Eines Weibes Liebe ist nur Verstellung und Schwachheit.

Weil man sich nicht in eine Ehe einläßt, darum braucht doch das Leben nicht ohne Erotik zu sein. Auch das Erotische soll Unendlichkeit haben, eine poetische Unendlichkeit jedoch, die ebensogut in einer Stunde wie in einem Monat sich begrenzen läßt. Wenn zwei Menschen sich ineinander verlieben und ahnen, daß sie füreinander bestimmt sind, so gilt es, den Mut zum Abbrechen zu haben; denn damit, daß man fortfährt, ist nur alles zu verlieren und nichts zu gewinnen. Das scheint ein Paradox und ist es auch für das Gefühl, nicht aber für den Verstand. Auf diesem Gebiet heißt es vor allem, Stimmungen gebrauchen können; kann man das, so kann man eine unerschöpfliche Abwechslung von Kombinationen zuwege bringen.

Man unterziehe sich niemals einer *Berufsarbeit*. Tut man das, so wird man schlecht und recht ein Dutzendmensch, auch nur ein winziges Zäpfchen in der Maschine des Staatsorganismus; man hört auf, selber der Herr des Betriebs zu sein, und dann können Theorien nur noch wenig helfen. Man bekommt einen Titel, und darin liegt die ganze Konsequenz der Sünde und des Bösen beschlossen. Das Gesetz, unter dem man seine Knechtsarbeit tut, ist gleich langweilig, ob nun das Avancement rasch oder langsam geht. Einen Titel wird man nie wieder los, es sei denn durch ein Verbrechen, das einen an den Pranger brächte, und selbst dann ist man nicht sicher, ob man nicht durch königliche Resolution begnadigt wird und seinen Titel wiederbekommt.

Wenn man sich auch der Berufsgeschäfte enthält, soll man doch nicht untätig sein, sondern auf all jene Beschäftigung Wert legen, die mit Müßigkeit identisch ist, man treibe allerlei brotlose Künste. Doch soll man sich in dieser Hinsicht nicht so sehr extensiv als intensiv entwickeln und, wenn auch schon älter an Jahren, die Richtigkeit des alten Wortes beweisen, daß wenig dazu gehört, um ein Kind zu erfreuen.

Wie man nun, gemäß der sozialen Klugheitslehre, bis zu einem gewissen Grade den Boden variiert – denn wenn man nur im Verhältnis zu einem Menschen leben wollte, müßte die Wechselwirtschaft schlecht geraten, wie wenn ein Landmann nur einen halben Hektar Land besäße, wovon die Folge wäre, daß er niemals brachen könnte, was doch so überaus wichtig ist – so muß man auch beständig sich selbst variieren, und das ist eigentlich das Geheimnis. Zu dem Ende muß man notwendig die Stimmungen in seiner Gewalt haben. Sie in dem Sinne in der Gewalt zu haben, daß man sie beliebig erzeugen könnte, ist eine Unmöglichkeit; aber die Klugheit lehrt, den Augenblick zu nutzen. Wie ein erfahrener Seemann stets forschend über das Wasser hinblickt und eine Bö lange voraussieht, so muß man immer die Stimmung ein wenig voraussehen. Man muß wissen, wie die Stimmung auf einen selber und der Wahrscheinlichkeit nach auf andere wirkt, ehe man sie sich anzieht. Man streicht zunächst an, um reine Töne hervorzurufen und zu sehen, was in einem Menschen steckt, später folgen die Zwischentöne. Je mehr Praxis man hat, um so leichter wird man sich überzeugen, daß oft vieles in einem Menschen ist, woran man nie gedacht hat. Wenn empfindsame Menschen, die als solche äußerst langweilig sind, ärgerlich werden, so sind sie oft unterhaltsam. Neckerei vor allem ist ein vorzügliches Explorationsmittel.

In der Willkür liegt das ganze Geheimnis. Man meint, es sei keine Kunst, willkürlich zu sein, und doch gehört ein tiefes

Studium dazu, um auf die Weise willkürlich zu sein, daß man sich nicht selbst darin verläuft, daß man selbst Vergnügen daran hat. Man genießt nicht unmittelbar, sondern etwas ganz anderes, was man selbst willkürlich hineinlegt. Man sieht sich die Mitte eines Theaterstücks an, liest den dritten Teil eines Buches. So wird einem ein ganz anderer Genuß zuteil, als ihn der Verfasser einem gütigst zugedacht hat. Man genießt etwas ganz und gar Zufälliges, man betrachtet das ganze Dasein von diesem Standpunkt aus, läßt die Realität dieses Daseins daran scheitern. Ich will ein Beispiel anführen. Es war ein Mensch, dessen Geschwätz ich mir dank eines bestehenden Lebensverhältnisses notwendigerweise anhören mußte. Bei jeder Gelegenheit war er mit einem kleinen philosophischen Vortrag bei der Hand, der äußerst langweilig war. Der Verzweiflung nahe, entdeckte ich plötzlich, daß er ungewöhnlich stark schwitzte, wenn er sprach. Dieser Schweiß zog nun meine Aufmerksamkeit auf sich. Ich sah, wie die Schweißperlen sich auf seiner Stirn sammelten, sich darauf zu kleinen Bächen vereinigten, an seiner Nase herunterrannen und in einem tropfenförmigen Gebilde endeten, das an der äußersten Nasenspitze hängen blieb. Von diesem Augenblick an war alles verändert; ich machte mir sogar eine Freude daraus, ihn anzuspornen, mit seiner philosophischen Belehrung zu beginnen, nur um den Schweiß auf seiner Stirn und an seiner Nase zu beobachten. Baggesen sagt einmal von einem Mann, er sei gewiß ein sehr anständiger Mensch, gegen den er aber das eine einzuwenden habe, daß sich auf seinen Namen nichts reime. Es ist äußerst wohltuend, solchermaßen die Realitäten des Lebens sich an solch einem willkürlichen Interesse indifferenzieren zu lassen. Man macht etwas Zufälliges zum Absoluten und als solches zum Gegenstand absoluter Bewunderung. Das wirkt besonders ausgezeichnet, wenn die Gemüter in Bewegung sind. Bei vielen Menschen stellt diese Methode ein vorzügliches Reizmittel dar. Man betrachtet alles im Leben als eine Wette usw. Je konsequenter man seine Willkür fest-

zuhalten weiß, um so unterhaltsamer werden die Kombinationen. Das Maß der Konsequenz beweist immer, ob man
ein Künstler ist oder ein Pfuscher; denn bis zu einem gewissen Grade tun alle Menschen das gleiche. Das Auge, mit
dem man die Wirklichkeit sieht, muß sich fortwährend verändern. Die Neuplatoniker nehmen an, daß die Menschen,
die auf der Welt weniger vollkommen gewesen seien, nach
dem Tode zu mehr oder minder vollkommenen Tieren
würden, je nach Verdienst; diejenigen z. B., welche die bürgerlichen Tugenden in geringerem Maße geübt hätten [die
Detaillisten], würden zu bürgerlichen Tieren, z. B. zu Bienen.
Eine solche Lebensbetrachtung, die hier in der Welt alle
Menschen in Tiere oder Pflanzen verwandelt sieht [auch das
meinte Plotin, daß einige in Pflanzen verwandelt würden],
bietet eine reiche Mannigfaltigkeit der Abwechslung. Der
Maler Tischbein hat versucht, jeden Menschen zu einem
Tier zu idealisieren. Seine Methode hat den Fehler, daß sie
zu ernsthaft ist und eine wirkliche Ähnlichkeit herauszufinden trachtet.
Mit der Willkür in einem selbst korrespondiert der Zufall
draußen. Man soll daher stets ein offenes Auge für das Zufällige haben, stets *expeditus* sein, falls etwas sich bieten sollte.
Die sogenannten geselligen Freuden, auf die man sich vorher
schon acht oder vierzehn Tage lang vorbereitet, haben nicht
viel zu bedeuten; dahingegen kann selbst das unbedeutendste
Ding durch einen Zufall reichen Stoff zur Unterhaltung
bieten. Hier ins einzelne zu gehen, ist nicht möglich, so weit
kann keine Theorie reichen. Selbst die ausführlichste Theorie
ist doch nur Armut gegen das, was das Genie in seiner Ubi-
quität mit Leichtigkeit entdeckt.

*Das Tagebuch des Verführers*

*Sua passion' predominante*

*e  la  giovin  principiante.*

[*Don Giovanni Nr. 4 Aria*]

NICHT KANN ich sie mir selber verhehlen, kaum Herr werden der Angst, die mich in diesem Augenblick erfaßt, da ich
eigenen Interesses halber mich entschließe, eine genaue Reinschrift anzufertigen von der flüchtigen Abschrift, die ich nur
in größter Eile und mit viel Unruhe mir seinerzeit zu verschaffen imstande war. Die Situation tritt mir ebenso beängstigend, aber auch ebenso vorwurfsvoll vor die Seele wie damals. Er hatte gegen seine Gewohnheit seinen Sekretär nicht
abgeschlossen, dessen ganzer Inhalt stand somit zu meiner
Verfügung; aber es wäre vergeblich, wollte ich mein Verhalten etwa beschönigen, indem ich mich selbst daran erinnere, daß ich keine Schublade geöffnet hätte. Eine Schublade
war herausgezogen. Darin befand sich eine Menge loser
Papiere, und auf ihnen lag ein Buch in Großquart, geschmackvoll eingebunden. Auf der Seite, die nach oben lag,
war eine Vignette aus weißem Papier angebracht, worauf er
eigenhändig geschrieben hatte: *Commentarius perpetuus Nr. 4.*
Vergebens würde ich indessen mir einzureden suchen, daß,
falls jene Seite des Buches nicht nach oben gelegen und falls
der auffällige Titel mich nicht gereizt hätte, ich nicht in Versuchung gefallen wäre oder ihr doch Widerstand entgegengesetzt hätte. Der Titel selbst war sonderbar, jedoch nicht so
sehr an und für sich, als wegen seiner Umgebung. Durch
einen flüchtigen Blick auf die losen Papiere erfuhr ich, daß
diese Auffassungen von erotischen Situationen enthielten,
einzelne Winke über dieses und jenes Verhältnis, Skizzen zu
Briefen ganz eigener Art, die ich später in ihrer künstlerisch
ausgeführten berechneten Nachlässigkeit kennenlernte.
Wenn ich jetzt, nachdem ich das ränkevolle Innere dieses ver-

derbten Menschen durchschaut habe, mir die Situation zu-
rückrufe, wenn ich mit meinem für alle Hinterlist geöffneten
Auge gleichsam vor jene Schublade hintrete, so macht es
den gleichen Eindruck auf mich, den es auf einen Polizeibe-
amten machen muß, wenn er in das Zimmer eines Fälschers
tritt, dessen Gewahrsame öffnet und in einer Schublade eine
Menge loser Papiere, Schriftproben, findet; auf dem einen
ist ein kleines Stück Ornament, auf einem andern ein Namenszug, auf einem dritten eine Zeile in Spiegelschrift. Das
zeigt ihm leicht, daß er auf der richtigen Fährte ist, und die
Freude hierüber mischt sich mit einer gewissen Bewunderung
des Studiums, des Fleißes, der hier unverkennbar ist. Mir wäre es wohl etwas anders ergangen, da ich weniger gewohnt
bin, Verbrechen aufzuspüren, und nicht bewaffnet mit – einem Polizeischild. Ich hätte das Doppelgewicht der Wahrheit gefühlt, daß ich auf unerlaubten Wegen ginge. Damals
verschlug es mir die Gedanken nicht weniger als die Worte,
wie es so zu gehen pflegt. Man wird von einem Eindruck
überwältigt, bis die Reflexion wieder loskommt und, mannigfaltig und schnell in ihren Bewegungen, den unbekannten
Fremdling beschwatzt und sich bei ihm einschmeichelt. Je
mehr die Reflexion entwickelt ist, um so geschwinder weiß
sie sich zu fassen, sie wird, wie ein Paßschreiber für ausländi-
sche Reisende, mit dem Anblick der abenteuerlichsten Gestalten so vertraut, daß sie sich nicht leicht verblüffen läßt.
Obwohl nun aber meine Reflexion sicherlich sehr stark entwickelt ist, so war ich doch im ersten Moment höchlich erstaunt; ich erinnere mich noch recht gut, wie ich erblaßte,
wie ich beinahe umgefallen wäre und welche Angst ich davor hatte. Gesetzt den Fall, er wäre nach Hause gekommen,
hätte mich ohnmächtig mit der Schublade in der Hand vor-
gefunden – ein böses Gewissen vermag es doch, das Leben
interessant zu machen.
Der Titel des Buches frappierte mich an und für sich nicht;
ich dachte, es sei eine Sammlung von Exzerpten, was mir
ganz natürlich erschien, da ich wußte, daß er seine Studien

stets mit Eifer betrieben hatte. Es enthielt jedoch ganz andere
Dinge. Es war nicht mehr und nicht weniger als ein Tagebuch, mit Sorgfalt geführt; und wie ich nach dem, was ich
zuvor von ihm wußte, nicht fand, daß sein Leben eines Kom-
mentars so sehr bedürfe, so leugne ich nicht, nach dem Einblick, den ich jetzt tat, daß der Titel mit viel Geschmack und
viel Verstand, mit wahrer ästhetischer, objektiver Überlegenheit sich selbst und der Situation gegenüber gewählt ist.
Dieser Titel steht in vollkommenem Einklang mit dem ganzen Inhalt. Sein Leben ist ein Versuch gewesen, die Aufgabe
eines poetischen Lebens zu realisieren. Mit einem scharf ent-
wickelten Organ, das Interessante im Leben ausfindig zu
machen, hat er es zu finden gewußt und, nachdem er es gefunden hatte, das Erlebte immer wieder halb dichterisch reproduziert. Sein Tagebuch ist darum nicht historisch genau
oder einfach erzählend, nicht indikativisch, sondern konjunk-
tivisch. Obwohl natürlich das Erlebte aufgezeichnet ist,
nachdem es erlebt wurde, bisweilen vielleicht sogar längere
Zeit danach, ist es doch oft so dargestellt, als ob es im selben
Augenblick vor sich ginge, so dramatisch lebendig, daß es
manchmal ist, als spielte sich alles vor unseren Augen ab –.
Daß er es nun getan haben sollte, weil er irgendeinen anderen Zweck mit diesem Tagebuch verfolgte, ist höchst unwahrscheinlich; daß es in strengstem Sinne bloß persönliche
Bedeutung für ihn gehabt hat, ist ganz augenfällig; und annehmen zu wollen, ich hätte eine Dichtung vor mir, etwa
gar eine zum Druck bestimmte, verbietet sowohl das Ganze
wie das einzelne. Zwar brauchte er, wenn er es veröffent-
lichte, für seine Person nichts zu befürchten; denn die meisten Namen sind so absonderlich, daß es durchaus nicht den
Anschein hat, als ob sie historisch seien; nur habe ich den
Verdacht geschöpft, daß der Vorname historisch richtig ist,
so, daß er selbst stets sicher war, die wirkliche Person wiederzuerkennen, während jeder Unbefugte durch den Familien-
namen irregeführt werden mußte. So verhält es sich zumindest mit jenem Mädchen, das ich kannte, um welches das

Hauptinteresse sich dreht, Cordelia, sie hieß wirklich Cordelia, jedoch nicht Wahl.

Wie läßt es sich nun erklären, daß das Tagebuch dessenungeachtet einen solch dichterischen Anstrich erhalten hat? Die Antwort hierauf ist nicht schwer; es läßt sich aus der dichterischen Natur erklären, die in dem Verfasser steckt, die aber, wenn man so will, nicht reich genug und, wenn man so will, nicht arm genug ist, um Poesie und Wirklichkeit voneinander zu scheiden. Das Poetische war das Mehr, das er selbst mitbrachte. Dieses Mehr war das Poetische, das er in der poetischen Situation der Wirklichkeit genoß; das nahm er wieder zurück in Form von dichterischer Reflexion. Dies war der zweite Genuß, und auf Genuß war sein ganzes Leben berechnet. Im ersten Fall genoß er persönlich das Ästhetische, im zweiten Fall genoß er ästhetisch seine Persönlichkeit. Im ersten Fall war die Pointe die, daß er egoistisch persönlich genoß, was teils die Wirklichkeit ihm gab, womit er teils selbst die Wirklichkeit geschwängert hatte; im zweiten Fall verflüchtigte sich seine Persönlichkeit, und so genoß er denn die Situation und sich selbst in der Situation. Im ersten Fall bedurfte er ständig der Wirklichkeit als Anlaß, als Moment; im zweiten Fall war die Wirklichkeit im Poetischen ertrunken. Frucht des ersten Stadiums ist somit die Stimmung, aus welcher das Tagebuch als Frucht des zweiten Stadiums hervorgegangen ist, das Wort Frucht im letzteren Falle in etwas anderer Bedeutung genommen als im ersten. Das Poetische hat er also ständig besessen durch die Zweideutigkeit, in welcher sein Leben hingegangen ist.

Hinter der Welt, in welcher wir leben, fern im Hintergrunde liegt eine zweite Welt, die zu jener etwa im selben Verhältnis steht wie die Szene, die man im Theater bisweilen hinter der wirklichen Szene sieht, zu dieser. Man erblickt durch einen dünnen Flor gleichsam eine Welt aus Flor, leichter, ätherischer, von anderer Bonität als die wirkliche. Viele Menschen, die leiblich in der wirklichen Welt erscheinen, sind nicht in dieser zu Hause, sondern in jener anderen. Die Tatsache jedoch, daß ein Mensch derart dahinschwindet, ja nahezu der Wirklichkeit entschwindet, kann ihren Grund entweder in einer Gesundheit oder in einer Krankheit haben. Letzteres war bei diesem Menschen der Fall, den ich einmal gekannt habe, ohne ihn zu kennen. Er gehörte nicht der Wirklichkeit an, und doch hatte er viel mit ihr zu tun. Er lief beständig über sie hin, aber selbst dann, wenn er sich am meisten hingab, war er immer schon über sie hinaus. Doch war es nicht das Gute, was ihn fortwinkte, auch war es nicht eigentlich das Böse, das wage ich nicht einmal in diesem Augenblick von ihm zu sagen. Er hat etwas von einer *exacerbatio cerebri*, für welche die Wirklichkeit nicht genügend Inzitament besaß, oder doch allenfalls nur für Momente. Er verhob sich nicht an der Wirklichkeit, er war nicht zu schwach, sie zu tragen, nein, er war zu stark; aber diese Stärke war eine Krankheit. Sobald die Wirklichkeit ihre Bedeutung als Inzitament verloren hatte, war er entwaffnet, darin lag das Böse bei ihm. Dessen war er sich selbst im Augenblick des Inzitaments bewußt, und in diesem Bewußtsein lag das Böse.

Das Mädchen, dessen Geschichte den Hauptinhalt des Tagebuches ausmacht, habe ich gekannt. Ob er noch mehr verführt hat, weiß ich nicht; doch scheint es aus seinen Papieren hervorzugehen. Er scheint auch noch in einer anderen Art von Praxis erfahren gewesen zu sein, die ihn vollends charakterisiert; denn er war viel zu sehr geistig bestimmt, um ein Verführer im gewöhnlichen Sinne zu sein. Man ersieht aus dem Tagebuch auch, daß es zuweilen etwas ganz und gar Willkürliches war, was er begehrte, ein Gruß z. B., und daß er um keinen Preis mehr annehmen wollte, weil es bei der Betreffenden das Schönste war. Mit Hilfe seiner Geistesgaben hat er ein Mädchen zu verlocken, es an sich zu ziehen verstanden, ohne danach zu fragen, es in strengerem Sinne zu besitzen. Ich kann mir vorstellen, er hat es verstanden, ein Mädchen auf den Höhepunkt zu bringen, daß er sicher war, es werde alles opfern. Wenn die Sache so weit gediehen

war, brach er ab, ohne daß von seiner Seite die geringste Annäherung geschehen wäre, ohne daß auch nur ein Wort von
Liebe gefallen wäre, geschweige eine Erklärung, ein Versprechen. Dennoch war es geschehen, und der Unglücklichen
blieb das Bewußtsein davon doppelt bitter, weil sie nicht
das Geringste besaß, worauf sie sich hätte berufen können,
weil sie sich von den verschiedensten Stimmungen in einem
furchtbaren Hexentanz hin und her werfen lassen mußte,
wenn sie bald sich Vorwürfe machte, ihm verzieh, bald ihm
Vorwürfe machte und nun, da doch das Verhältnis nur in
uneigentlichem Sinne Wirklichkeit besessen hatte, ständig
mit dem Zweifel kämpfen mußte, ob das Ganze nicht eine
Einbildung sei. Niemandem konnte sie sich anvertrauen;
denn sie hatte eigentlich nichts, was sie einem Menschen hätte anvertrauen können. Wenn man geträumt hat, kann man
andern seinen Traum erzählen, aber das, was sie zu erzählen
hatte, war ja kein Traum, es war Wirklichkeit, und doch,
sobald sie es einem andern mitteilen, das bekümmerte Gemüt erleichtern wollte, war es nichts. Das fühlte sie selbst
sehr wohl. Kein Mensch konnte es fassen, kaum sie selbst,
und doch lastete es auf ihr mit beängstigender Schwere. Solche Opfer waren daher von einer ganz eigenen Art. Es waren keine unglücklichen Mädchen, die, aus der Gesellschaft
ausgestoßen oder in der Meinung, ausgestoßen zu sein, sich
auf gesunde und starke Art grämten und gelegentlich, wenn
das Herz übervoll wurde, ihm Luft machten in Haß oder
Verzeihung. Es war keinerlei sichtliche Veränderung mit ihnen vorgegangen; sie lebten in den gewohnten Verhältnissen, geachtet wie immer, und doch waren sie verändert, ihnen selbst beinahe unerklärlich, unbegreiflich für andere. Ihr
Leben war nicht wie das jener geknickt oder gebrochen, es
war in sie selbst eingebogen; für andere verloren, suchten sie
vergebens sich selbst zu finden. Im gleichen Sinne, wie man
sagen könnte, sein Weg durchs Leben war spurlos [denn seine Füße waren so eingerichtet, daß die Spur unter ihnen haften blieb, so stelle ich mir am besten seine unendliche Reflek-

tiertheit in sich selber vor], im gleichen Sinne fiel ihm auch
nichts zum Opfer. Er lebte allzu sehr geistig, um ein Verführer im gewöhnlichen Sinne zu sein. Bisweilen nahm er
jedoch einen parastatischen Leib an und war nun ganz Sinnlichkeit. Sogar seine Geschichte mit Cordelia ist derart verwickelt, daß es ihm möglich wäre, als der Verführte aufzutreten; ja selbst das unglückliche Mädchen mag bisweilen
ratlos darüber sein, auch hier ist seine Fußspur so undeutlich,
daß jeder Beweis unmöglich ist. Die Individuen sind für
ihn nur Inzitament gewesen, er warf sie ab, so wie die Bäume
Blätter abschütteln – er verjüngte sich, das Laub verwelkte.
Wie aber mag es wohl in seinem eigenen Kopf aussehen?
Wie er andere irregeführt hat, so, denke ich, wird er sich
am Ende selbst verlaufen. Die andern hat er irregeführt nicht
in äußerer Beziehung, sondern in innerer, betreffs ihrer selbst.
Es hat etwas Empörendes, wenn jemand einen Wanderer,
der unschlüssig über den Weg ist, auf falsche Pfade führt
und ihn dann in seiner Irrsal allein läßt, aber was ist das schon
im Vergleich dazu, daß man einen Menschen dahin bringt,
sich in sich selbst zu verlaufen. Der verirrte Wanderer hat
immerhin den Trost, daß sich die Gegend ständig um ihn
verändert, und mit jeder Veränderung keimt eine Hoffnung
auf, daß er noch einen Ausweg finden werde; wer sich in
sich selbst verläuft, der hat kein so großes Territorium, in
dem er sich bewegen kann; er merkt bald, daß es ein Kreislauf ist, aus dem er nicht herauskommt. So, denke ich, wird
es auch ihm ergehen nach einem noch weit schrecklicheren
Maßstab. Ich kann mir nichts Qualvolleres denken als einen
intriganten Kopf, der den Faden verliert und nun seinen ganzen Scharfsinn gegen sich selbst richtet, indem das Gewissen
erwacht und es gilt, sich aus dieser Verwirrung herauszuziehen. Vergebens hat er viele Ausgänge aus seinem Fuchsbau,
in dem Augenblick, da seine geängstete Seele schon glaubt,
sie sehe das Tageslicht einfallen, zeigt es sich, daß es ein neuer
Eingang ist, und so sucht er wie ein aufgescheuchtes Wild,
von der Verzweiflung verfolgt, immerfort einen Ausgang

und findet immerfort einen Eingang, durch den er in sich
selbst zurückkehrt. Ein solcher Mensch ist nicht immer das,
was man einen Verbrecher nennen könnte, er ist oft selbst
von seinen Intrigen getäuscht, und doch trifft ihn eine schreck-
lichere Strafe als den Verbrecher; denn was ist selbst der
Schmerz der Reue im Vergleich zu diesem bewußten Irrsinn? Seine Strafe hat rein ästhetischen Charakter; denn sogar das Wort vom Erwachen des Gewissens ist in bezug auf
ihn noch ein zu ethischer Ausdruck; das Gewissen gestaltet
sich für ihn nur als ein höheres Bewußtsein, das sich als Unruhe äußert, die ihn in tieferem Sinne nicht einmal anklagt,
aber ihn wachhält, ihm in seiner unfruchtbaren Rastlosig-
keit keine Ruhe gönnt. Auch wahnsinnig ist er nicht; denn
die mannigfachen endlichen Gedanken sind nicht versteint
in der Ewigkeit des Wahnsinns.
Die arme Cordelia, auch ihr wird es schwerfallen, Frieden zu
finden. Sie verzeiht ihm aus tiefstem Herzen, aber sie findet
keine Ruhe; denn da erwacht der Zweifel: sie war es, die
das Verlöbnis aufgehoben, sie war es, die den Anlaß zu dem
Unglück gegeben hat, ihr Stolz war es, der das Außerge-
wöhnliche begehrte. Da bereut sie, aber sie findet keine Ruhe; denn da sprechen die anklagenden Gedanken sie frei: er
war es, der durch seine Hinterlist diesen Plan in ihre Seele
hineinlegte. Da haßt sie, ihr Herz fühlt sich erleichtert in Ver-
wünschungen, aber sie findet keine Ruhe; sie macht sich
wiederum Vorwürfe, Vorwürfe, weil sie gehaßt hat, sie, die
selbst eine Sünderin ist, Vorwürfe, weil sie, wie hinterlistig
er auch gewesen sein mag, doch immer schuldig bleibt.
Schwer ist es für sie, daß er sie betrogen, schwerer noch,
könnte man fast versucht sein zu sagen, daß er die vielzün-
gige Reflexion geweckt, daß er sie ästhetisch genug dazu entwickelt hat, nicht mehr demütig nur einer Stimme zu lauschen, sondern die vielen Reden auf einmal zu hören. Da
erwacht die Erinnerung in ihrer Seele, sie vergißt Sünde und
Schuld, sie erinnert sich der schönen Augenblicke, sie ist betäubt in unnatürlicher Exaltation. In solchen Momenten er-

innert sie sich seiner nicht bloß, sie erfaßt ihn mit einer *clair-voyance*, die nur beweist, wie stark sie schon entwickelt ist. Sie sieht dann nicht den Verbrecher in ihm, aber auch nicht den edlen Menschen, sie empfindet ihn bloß ästhetisch. Sie hat mir einmal ein Billet geschrieben, in dem sie sich über ihn ausspricht. »Zuweilen war er so geistig, daß ich mich als Frau vernichtet fühlte, zu anderen Zeiten so wild und lei-denschaftlich, so begehrlich, daß ich fast vor ihm zitterte. Zuweilen war ich ihm wie fremd, zuweilen gab er sich ganz hin; wenn ich dann meinen Arm um ihn schlang, so war mitunter plötzlich alles verändert, und ich umarmte die Wol-ke. Dieses Bild kannte ich schon, bevor ich ihn kannte, aber er hat mich gelehrt, es zu verstehen; wenn ich es gebrauche, denke ich stets an ihn, wie ich jeden meiner Gedanken durch ihn nur denke. Ich habe von jeher Musik geliebt, er war ein unvergleichliches Instrument, immer bewegt, er hatte einen Umfang, wie kein Instrument ihn hat, er war ein Inbegriff aller Gefühle und Stimmungen, kein Gedanke war ihm zu hoch, keiner zu verzweifelt, er konnte brausen wie ein Herbst-sturm, er konnte flüstern, unhörbar. Kein Wort von mir blieb ohne Wirkung, und doch kann ich nicht sagen, daß mein Wort nicht seine Wirkung verfehlte; denn welche es tun würde, war mir zu wissen unmöglich. Mit unbeschreib-licher, aber geheimnisvoller, seliger, unnennbarer Angst lauschte ich dieser Musik, die ich selbst hervorrief, und doch nicht hervorrief, immer war da Harmonie, immer riß er mich hin.«

Schrecklich ist es für sie, schrecklicher wird es für ihn wer-den, das kann ich daraus schließen, daß ich selber kaum die Angst zu bemeistern vermag, die mich ergreift, sooft ich an diese Sache denke. Auch ich bin in jenes Nebelreich, in jene Traumwelt mit hineingerissen, wo man jeden Augenblick vor seinem eigenen Schatten erschrickt. Vergebens suche ich oft mich davon loszureißen, ich gehe mit als eine drohende Gestalt, als ein Ankläger, der stumm ist. Wie sonderbar! Er hat das tiefste Geheimnis über alles gebreitet, und doch gibt es ein noch tieferes Geheimnis, das Geheimnis nämlich, daß ich Mitwisser bin, und ich bin ja selber auf unerlaubte Weise zum Mitwisser geworden. Das Ganze zu vergessen, will nicht gelingen. Ich habe zuweilen schon daran gedacht, mit ihm darüber zu sprechen. Doch was hülfe es, er würde entweder alles ableugnen, behaupten, das Tagebuch sei ein dichterischer Versuch, oder er wird mir Schweigen auferlegen, etwas, das ich ihm nicht weigern kann in Anbetracht der Art und Weise, wie ich zum Mitwisser geworden bin. Es gibt doch nichts, worauf so viel Verführung und so viel Fluch liegt wie auf einem Geheimnis.

Von Cordelia habe ich eine Sammlung von Episteln erhalten. Ob es alle sind, weiß ich nicht, doch schien es mir, als hätte sie einmal zu verstehen gegeben, daß sie selbst einige konfisziert habe. Ich habe eine Kopie von ihnen genommen und will sie nun in meine Reinschrift einflechten. Zwar tragen sie kein Datum, aber selbst wenn sie eines gehabt hätten, würde es mir nicht viel geholfen haben, da das Tagebuch in seinem weiteren Vorrücken mit Daten immer sparsamer wird, ja zuletzt, bis auf vereinzelte Ausnahmen, auf jede Datierung verzichtet, als ob die Geschichte in ihrem Fortgang so qualitativ-bedeutsam würde, sich, obzwar historische Wirklichkeit, so sehr der reinen Idee nähere, daß aus diesem Grunde Zeitbestimmungen gleichgültig würden. Geholfen hat es mir dagegen, daß sich an verschiedenen Stellen des Tagebuchs ein paar Worte finden, deren Bedeutung ich anfangs nicht begriff. Durch Vergleich mit den Briefen habe ich jedoch erkannt, daß sie die Motive zu diesen darstellen. Es wird mir daher ein leichtes sein, sie an der richtigen Stelle einzuflechten, indem ich den Brief jeweils an der Stelle einfüge, an der das Motiv dazu sich angedeutet findet. Wenn ich diese leitenden Winke nicht gefunden hätte, dann hätte ich mich eines Mißverständnisses schuldig gemacht; denn es wäre mir wohl nicht eingefallen, wofür nunmehr die Wahrscheinlichkeit aus dem Tagebuch hervorgeht, daß zu gewissen Zeiten die Briefe so häufig aufeinander gefolgt sind, daß

sie anscheinend mehrere an einem Tage erhalten hat. Hätte
ich meinem eigenen Gedanken folgen müssen, so hätte ich
sie wohl gleichmäßiger verteilt und nicht geahnt, welche
Wirkung er durch die leidenschaftliche Energie erzielte, mit
der er dieses wie jedes Mittel gebraucht hat, um Cordelia auf
dem Gipfelpunkt der Leidenschaft zu halten.

Außer der vollständigen Aufklärung über sein Verhältnis zu
Cordelia enthielt das Tagebuch, dazwischen eingestreut, diese und jene kleine Schilderung. Überall, wo eine solche sich
fand, stand am Rande ein *NB*. Diese Schilderungen stehen
in gar keiner Beziehung zu Cordelias Geschichte, haben mir
aber eine lebhafte Vorstellung von der Bedeutung eines Ausdrucks vermittelt, den er oft gebraucht hat, mag ich ihn zuvor auch anders verstanden haben: Man muß immer eine
aparte kleine Angelschnur draußen haben. Wäre mir einer
der früheren Bände dieses Tagebuchs in die Hände gefallen,
so wäre ich vermutlich auf mehrere dieser, wie er sie selbst
irgendwo in einer Randbemerkung nennt: *actiones in distans*
gestoßen; denn er äußert selbst, daß Cordelia ihn zu sehr
beschäftige, als daß er noch Zeit habe, sich umzuschauen.

Kurz nachdem er Cordelia verlassen hatte, erhielt er von ihr
ein paar Briefe, die er ungeöffnet zurückschickte. Auch diese befanden sich unter den Briefen, die Cordelia mir über-
ließ. Sie hatte sie selbst entsiegelt, und so darf ich mir wohl
erlauben, auch von ihnen eine Abschrift zu nehmen. Über
ihren Inhalt hat sie nie mit mir gesprochen, dagegen pflegte
sie, wenn sie ihr Verhältnis zu Johannes erwähnte, einen kleinen Vers – meines Wissens von Goethe – aufzusagen, der je
nach der Verschiedenheit ihrer Stimmung und der dadurch
bedingten verschiedenen Diktion etwas Verschiedenes zu bedeuten schien:

> Gehe,
> Verschmähe
> Die Treue,
> Die Reue
> Kommt nach.

Die Briefe lauten folgendermaßen:

Johannes!

Ich nenne Dich nicht: mein; das, ich erkenn' es wohl, bist
Du nie gewesen, und ich bin hart genug dafür gestraft, daß
dieser Gedanke einmal meine Seele ergötzte; und doch nenne ich Dich: mein; meinen Verführer, meinen Betrüger,
meinen Feind, meinen Mörder, meines Unglücks Ursprung,
meiner Freude Grab, meiner Unseligkeit Abgrund. Ich nenne Dich: mein, und nenne mich: Dein, und wie es einstmals
Deinem Ohre schmeichelte, das stolz zu meiner Anbetung
sich neigte, so soll es nun wie ein Fluch über Dich klingen,
ein Fluch in alle Ewigkeit. Freue Dich nicht darauf, daß es
meine Absicht sei, Dich zu verfolgen, oder mit einem Dolche
mich zu waffnen, um Deinen Spott zu reizen! Fliehe, wohin
Du willst, ich bin doch Dein, ziehe bis an das äußerste Ende
der Welt, ich bin doch Dein, liebe hundert andre, ich bin
doch Dein, ja noch in der Stunde des Todes bin ich Dein.
Selbst die Sprache, die ich wider Dich führe, muß Dir beweisen, daß ich Dein bin. Du hast Dich vermessen, einen
Menschen so zu betrügen, daß Du alles für mich geworden
bist, so daß ich alle meine Freude darein setzen wollte, Deine
Sklavin zu sein, Dein bin ich, Dein, Dein, Dein Fluch.

Deine Cordelia.

Johannes!

Es war ein reicher Mann, der hatte sehr viel Schafe und Rinder, es war ein armes kleines Mädchen, die hatte nur ein einziges Schäflein, das fraß aus ihrer Hand und trank aus ihrem
Becher. Du warst der reiche Mann, reich an aller Herrlichkeit der Erde, ich war die Arme, die nichts hatte als ihre Liebe. Du nahmst sie, Du freutest Dich an ihr; da winkte Dir
die Lust, und Du opfertest das Wenige, das ich besaß, von
Deinem Eigenen konntest Du nichts opfern. Es war ein reicher Mann, der hatte sehr viel Schafe und Rinder, es war
ein armes kleines Mädchen, die hatte nur ihre Liebe.

Deine Cordelia.

Johannes!

Ist denn gar keine Hoffnung mehr? Sollte Deine Liebe nie wieder erwachen? Denn daß Du mich geliebt hast, das weiß ich, wenn ich auch nicht weiß, was es ist, das mich davon überzeugt. Ich will warten, mag auch die Zeit mir lang werden, ich will warten, warten, bis Du es müde bist, andere zu lieben, dann soll Deine Liebe zu mir wieder auferstehn aus ihrem Grabe, dann will ich Dich lieben wie immer, Dir danken wie immer, wie ehmals, o Johannes, wie ehmals! Johannes, ist Deine herzlose Kälte gegen mich, ist sie Dein wahres Wesen, war Deine Liebe, Dein reiches Herz Lüge und Unwahrheit, bist Du denn nun wieder Du selbst? Hab' Geduld mit meiner Liebe, vergib, daß ich fortfahre, Dich zu lieben, ich weiß es, meine Liebe ist Dir eine Last; aber es wird doch die Zeit kommen, da Du zurückkehrst zu Deiner Cordelia. Deine Cordelia! Höre dies flehende Wort! Deine Cordelia, Deine Cordelia.

Deine Cordelia.

Ist Cordelia auch nicht im Besitz jenes »Umfangs« gewesen, wie sie ihn an ihrem Johannes bewundert hat, so sieht man doch deutlich, daß sie nicht ohne Modulation gewesen ist. Ihre Stimmung prägt sich in jedem ihrer Briefe deutlich aus, mag es ihr in der Darstellung auch bis zu einem gewissen Grade an Klarheit gefehlt haben. Das ist zumal bei dem zweiten Brief der Fall, wo man ihre Meinung mehr ahnt als eigentlich versteht, aber diese Unvollkommenheit eben macht ihn für mich so rührend.

den 4. April

Vorsicht, meine schöne Unbekannte! Vorsicht; aus einer
Kutsche zu treten, ist keine so leichte Sache, zuweilen ein
entscheidender Schritt. Ich könnte Ihnen eine Novelle von
Tieck leihen, aus der Sie ersehen würden, wie eine Dame dadurch, daß sie von einem Pferd stieg, sich derart in eine Verwicklung verstrickte, daß dieser Schritt für ihr ganzes Leben
definitiv wurde. Die Tritte an den Kutschen sind meist auch
so verkehrt angebracht, daß man fast gezwungen ist, alle
Grazie fahren zu lassen und einen verzweifelten Sprung in
die Arme von Kutscher und Diener zu wagen. Ja, wie haben
Kutscher und Diener es doch gut; ich glaube wirklich, ich
will eine Stelle als Diener suchen, in einem Hause, wo junge
Mädchen sind; ein Diener wird leicht Mitwisser in den Geheimnissen so eines kleinen Fräuleins. – Aber springen Sie
doch um Gottes willen nicht, ich bitte Sie; es ist ja dunkel;
ich werde Sie nicht stören, ich stelle mich bloß unter diese
Straßenlaterne, dann ist es Ihnen unmöglich, mich zu sehen,
und man ist doch verschämt immer nur in eben dem Maße,
als man gesehen wird, aber man wird immer nur in eben
dem Maße gesehen, als man sieht – also aus Sorge für den
Diener, der vielleicht nicht imstande ist, einem solchen
Sprung zu widerstehen, aus Sorge für das seidene Kleid, *item*
aus Sorge für die Spitzenfransen, aus Sorge für mich lassen
Sie diesen zierlichen kleinen Fuß, dessen Schmalheit ich schon
bewundert habe, lassen Sie ihn sich in der Welt versuchen,
wagen Sie es, sich auf ihn zu verlassen, er wird schon Halt
finden, und überläuft Sie einen Augenblick ein Schauder,
weil es ist, als suche er vergebens, worauf er ruhen kann, ja
schaudert es Sie noch, nachdem er es gefunden hat, so ziehen
Sie geschwind den andern Fuß nach, wer möchte wohl so
grausam sein, Sie in dieser Stellung schweben zu lassen, wer
so unschön, so langsam, der Offenbarung des Schönen zu
folgen. Oder fürchten Sie noch irgendeinen Unberufenen,
den Diener doch wohl nicht, mich auch nicht, denn ich habe
den kleinen Fuß ja schon gesehen, und da ich Naturforscher

bin, habe ich von Cuvier gelernt, mit Sicherheit Schlüsse daraus zu ziehen. Also nicht gezaudert! Wie diese Angst Ihre
Schönheit erhöht! Doch Angst ist nicht schön an sich, sie ist
es nur, wenn man im selben Augenblick die Energie sieht,
die sie überwindet. So. Wie fest steht doch jetzt das kleine
Füßchen! Ich habe bemerkt, daß Mädchen mit kleinen Füßen im allgemeinen fester stehen als die mehr pedestrisch
großfüßigen. – Wer hätte das gedacht? Es widerspricht aller
Erfahrung; man läuft bei weitem nicht so leicht Gefahr, daß
das Kleid sich irgendwo verfängt, wenn man aussteigt, als
wenn man herausspringt. Aber dann ist es für junge Mädchen ja doch immer bedenklich, in einer Kutsche zu fahren.
Am Ende müssen sie noch drin sitzenbleiben. Die Spitzen
und Rüschen sind verloren, und damit ist die Sache aus. Es
ist kein Mensch da, der etwas gesehen hätte; allerdings taucht
da eine dunkle Gestalt auf, bis zu den Augen in einen Mantel
gehüllt; man kann nicht sehen, woher der Mann kommt,
die Laterne scheint einem gerade ins Gesicht; er geht an Ihnen vorüber in dem Moment, da Sie in die Haustür treten
wollen. Gerade in der entscheidenden Sekunde stürzt ein Seitenblick sich auf seinen Gegenstand. Sie erröten, der Busen
wird zu voll, um sich in einem Atemzug Luft machen zu
können; es ist eine Erbitterung in Ihrem Blick, eine stolze
Verachtung; es ist eine Bitte, eine Träne in Ihrem Auge; beides ist gleich schön, mit gleichem Recht empfange ich beides; denn ich kann ebensogut das eine wie das andere sein.
Aber ich bin doch boshaft – welche Nummer hat das Haus
wohl? was sehe ich, eine öffentliche Ausstellung von Galan-
teriewaren; meine unbekannte Schöne, es ist vielleicht empörend von mir, aber ich folge der hellen Straße... Sie hat
das Vergangene vergessen, ach ja, wenn man siebzehn Jahre
alt ist, wenn man in diesem glücklichen Alter ausgeht, um
Einkäufe zu machen, wenn man mit jedem einzelnen größeren oder kleineren Gegenstand, den man in die Hand nimmt,
eine unaussprechliche Freude verknüpft, so vergißt man
leicht. Sie hat mich noch nicht gesehen; ich stehe auf der an-

deren Seite des Ladentisches, weitab für mich allein. An der gegenüberliegenden Wand hängt ein Spiegel, sie denkt nicht daran, aber der Spiegel denkt daran. Wie getreu hat er ihr Bild doch aufgefaßt, gleich einem demütigen Sklaven, der seine Ergebenheit durch Treue bekundet, einem Sklaven, für den sie zwar Bedeutung hat, der aber keine Bedeutung hat für sie, der sie zwar fassen, nicht aber sie umfassen darf. Der unglückliche Spiegel, der zwar ihr Bild ergreifen kann, nicht aber sie, der unglückliche Spiegel, der ihr Bild nicht in seiner Heimlichkeit bewahren, es vor der ganzen Welt verbergen kann, der es vielmehr nur anderen verraten kann wie jetzt mir. Welche Qual, wenn ein Mensch so beschaffen wäre! Und gibt es denn nicht viele Menschen, die so sind, die nichts besitzen außer in dem Augenblick, da sie es anderen zeigen, die bloß die Oberfläche erfassen, nicht das Wesen, die alles verlieren, wenn dieses sich zeigen will, so wie dieser Spiegel ihr Bild verlieren würde, wenn sie mit einem einzigen Atemzug ihm ihr Herz verriete. Und wenn ein Mensch nicht imstande wäre, ein Bild der Erinnerung zu besitzen selbst im Augenblick der Gegenwärtigkeit, so müßte er ja immer wünschen, im Abstand von der Schönheit zu sein, nicht so nahe, daß das irdische Auge nicht sehen kann, wie schön das ist, was er umfangen hält, und was das äußere Auge verloren hat, was er zwar, indem er es von sich entfernt, für das äußere Gesicht wiedergewinnen, was er aber auch dann vor dem Auge der Seele haben kann, wenn er den Gegenstand nicht sieht, weil dieser ihm zu nahe ist, wenn Lipp' auf Lippe ruht... Wie ist sie doch schön! Armer Spiegel, es muß eine Qual sein, gut, daß du Eifersucht nicht kennst! Ihr Kopf ist vollkommen oval, sie neigt ihn ein wenig vor, dadurch wird die Stirn höher, die sich rein und stolz erhebt, ohne jede Abzeichnung von Verstandesorganen. Ihr dunkles Haar schmiegt sich zärtlich und weich um die Stirn. Ihr Gesicht ist wie eine Frucht, jeder Übergang üppig gerundet; ihre Haut ist durchsichtig, faßt sich an wie Sammet, ich fühle es mit meinem Auge. Ihr Auge – ja, das habe ich noch nicht gesehn, es ist von einem Lid bedeckt, mit seidenen Fransen versehen, die sich biegen wie Haken, gefährlich für den, der ihrem Blick begegnen will. Ihr Kopf ist ein Madonnenkopf, Reinheit und Unschuld sind sein Gepräge; madonnengleich neigt sie sich herab, aber sie ist nicht verloren in der Beschauung des einen; damit kommt eine Abwechslung in den Ausdruck ihres Gesichts. Was sie betrachtet, ist das Mannigfaltige, das Mannigfaltige, auf das die irdische Pracht und Herrlichkeit einen Abglanz wirft. Sie streift ihren Handschuh ab, um dem Spiegel und mir eine rechte Hand zu zeigen, weiß und wohlgeformt wie eine Antike, ohne jeden Schmuck, nicht einmal ein flacher Goldreif am vierten Finger – bravo! – Sie schlägt das Auge auf, wie verändert alles und doch dasselbe, die Stirne nicht ganz so hoch, das Gesicht nicht ganz so regelmäßig oval, doch lebendiger. Sie spricht mit dem Verkäufer, sie ist heiter, froh, gesprächig. Sie hat schon ein, zwei, drei Dinge ausgesucht, sie nimmt ein viertes, sie hält es in der Hand, ihr Auge neigt sich wieder herab, sie fragt, was es kostet, sie legt es beiseite unter den Handschuh, es muß sicher ein Geheimnis sein, bestimmt für – einen Liebsten? – aber sie ist ja nicht verlobt – ach, es gibt viele, die nicht verlobt sind und doch einen Liebsten haben, viele, die verlobt sind und doch keinen Liebsten haben... Sollte ich auf sie verzichten? Sollte ich sie ungestört lassen in ihrer Freude?... sie will bezahlen, aber sie hat ihre Börse verloren... sie nennt wahrscheinlich ihre Adresse, die will ich nicht hören, ich will mich nicht um die Überraschung bringen; ich treffe schon noch einmal im Leben mit ihr zusammen, ich werde sie schon wiedererkennen und sie vielleicht auch mich, meinen Seitenblick vergißt man nicht so leicht. Wenn ich dann davon überrascht worden bin, daß ich sie in Umgebungen treffe, die ich nicht vermutet hatte, dann kommt die Reihe an sie. Erkennt sie mich nicht, überzeugt mich ihr Blick nicht sofort davon, so werde ich doch schon Gelegenheit finden, sie von der Seite anzusehen, ich wette, sie wird sich an die Situation erinnern. Keine Ungeduld, keine Gier, alles will in langsamen Zügen

genossen sein; sie ist ausersehen, sie wird schon noch eingeholt werden.

den 5.

So ist's recht: allein am Abend in der Østergade! Ja, ich sehe
wohl den Diener, der hinterhergeht, glauben Sie nicht, ich
dächte so schlecht von Ihnen, daß Sie ganz allein gehen würden, glauben Sie nicht, ich sei so unerfahren, daß ich bei
meinem Überblick über die Situation nicht sofort diese
ernste Gestalt observiert hätte. Aber warum denn nur so
eilig? Man hat doch ein wenig Angst, man spürt ein leichtes
Herzklopfen, das seinen Grund nicht in dem ungeduldigen
Verlangen hat, nach Hause zu kommen, sondern in unge-
duldiger Furcht, die den ganzen Körper mit ihrer süßen Unruhe durchströmt, daher der schnelle Takt der Füße. – Aber
es ist doch prächtig, köstlich, so allein zu gehen – mit dem
Diener hinter sich... Man ist sechzehn Jahre alt, man ist be-
lesen, das heißt in Romanen, man hat, als man zufällig durch
das Zimmer der Brüder ging, aus der Unterhaltung zwischen ihnen und ihren Bekannten ein Wort aufgeschnappt,
ein Wort über die Østergade. Später ist man mehrmals hin-
durchgehuscht, um womöglich etwas nähere Aufklärung zu
erhalten. Vergebens. Man muß doch, wie es sich für ein großes erwachsenes Mädchen ziemt, ein wenig über die Welt
Bescheid wissen. Wenn es sich nur machen ließe, ohne weiteres mit dem Diener hinter sich auszugehen! Ja, danke, Vater und Mutter würden wahrscheinlich ein schönes Gesicht
machen, und was sollte man auch für einen Grund angeben?
Wenn man in Gesellschaft muß, so ist keine Gelegenheit dazu, es ist noch etwas zu früh; denn ich hörte August sagen:
so um neun oder zehn; wenn man nach Hause muß, ist es zu
spät, und meistens hat man dann noch einen Kavalier auf
dem Halse. Der Donnerstagabend, wenn wir aus dem Theater kommen, wäre im Grunde eine vorzügliche Gelegenheit,
aber dann muß man immer in der Kutsche fahren und bekommt auch noch Frau Thomsen und ihre liebenswürdigen
Cousinen mit hineingepackt; führe man wenigstens allein, so

könnte man doch das Fenster herablassen und sich etwas umsehen. Doch unverhofft kommt oft. Heute sagte Mutter zu
mir: Du wirst mit dem, was du zum Geburtstag deines Vaters nähst, gewiß nicht fertig, um ganz ungestört zu sein,
kannst du zu Tante Jette gehn und dort bis zur Teezeit bleiben, dann wird Jens dich abholen. Das war eigentlich gar
keine so angenehme Botschaft, denn bei Tante Jette ist es
äußerst langweilig; aber dann werde ich um neun Uhr allein
mit dem Diener nach Hause gehen. Wenn Jens dann kommt,
muß er bis ein Viertel vor zehn warten, und dann fort!
Wenn ich doch nur meinem Herrn Bruder oder Herrn August begegnen würde – aber das wäre vielleicht doch nicht
wünschenswert, dann müßte ich vermutlich mit ihnen nach
Hause gehen – danke, lieber nicht, lieber frei sein, die Freiheit – aber wenn ich sie zu Gesicht bekommen könnte, so
daß sie mich nicht sähen... Nun, mein kleines Fräulein, was
sehen Sie da, und was glauben Sie, daß ich sehe? Erstens die
kleine Mütze, die Sie aufhaben, sie kleidet Sie vorzüglich
und harmoniert durchaus mit der Eile Ihres ganzen Auftretens. Es ist kein Hut, es ist auch keine Haube, eher eine Art
Kapuze. Aber die können Sie ja unmöglich heute früh auf-
gehabt haben, als Sie ausgingen. Sollte der Diener sie gebracht
haben, oder haben Sie sie etwa von Tante Jette geliehen? –
Vielleicht sind Sie inkognito? – Den Schleier darf man auch
nicht ganz herabfallen lassen, wenn man Beobachtungen anstellen will. Oder ist es etwa gar kein Schleier, sondern bloß
eine breite Spitze? Bei Dunkelheit läßt sich das unmöglich
entscheiden. Was es auch sei, es verdeckt den oberen Teil des
Gesichts. Das Kinn ist recht hübsch, etwas zu spitz; der Mund
klein, leicht geöffnet; das kommt daher, daß Sie zu schnell
gehen. Die Zähne – weiß wie Schnee. So soll es sein. Die
Zähne sind von äußerster Wichtigkeit, sie sind eine Leib-
wache, die sich hinter der verführerischen Weichheit der
Lippen verbirgt. Die Wange glüht vor Gesundheit. – Wenn
man den Kopf leicht zur Seite neigte, wäre es wohl möglich,
unter diesen Schleier oder diese Spitze zu dringen. Nehmen

Sie sich in acht, so ein Blick von unten her ist gefährlicher als einer geradeaus. Es ist wie beim Fechten; und welche Waffe wäre wohl so scharf, so durchdringend, in ihrer Bewegung so blitzend und damit so täuschend wie ein Auge? Man markiert Hochquart, wie der Fechter sagt, und macht den Ausfall in Sekond; je schneller der Ausfall auf die Markierung folgen kann, desto besser. Es ist ein unbeschreiblicher Augenblick, dieser Moment der Markierung. Der Gegner fühlt gleichsam den Hieb, er ist getroffen, ja, es ist wahr, aber an einer ganz anderen Stelle, als er glaubte... Unverdrossen vorwärts schreitet sie, ohne Furcht und ohne Fehl. Nehmen Sie sich in acht; es kommt ein Mensch da drüben, lassen Sie den Schleier herab, lassen Sie sich von seinem profanen Blick nicht besudeln; Sie haben keine Vorstellung davon, es würde Ihnen vielleicht für lange Zeit unmöglich sein, die widerliche Angst zu vergessen, mit der es Sie berührte – Sie bemerken es nicht, aber ich bemerke es, daß er die Situation überschaut hat. Der Diener ist als nächstes Objekt ausersehen. – Ja, da sehen Sie nun, was dabei herauskommt, wenn man allein mit dem Diener geht. Der Diener ist gefallen. Im Grunde ist es lächerlich, aber was wollen Sie jetzt machen? Umkehren und ihm wieder auf die Beine helfen, geht nicht an, mit einem schmutzigen Diener gehen ist unangenehm, allein gehen ist bedenklich. Nehmen Sie sich in acht, das Ungetüm naht... Sie antworten mir nicht, sehen mich nur an, läßt mein Äußeres Sie etwas befürchten? Ich mache gar keinen Eindruck auf Sie, ich sehe aus, als wäre ich ein gutmütiger Mensch aus einer ganz anderen Welt. In meiner Rede ist nichts, was Sie stört, nichts, was Sie an die Situation erinnert, keine Bewegung, die Ihnen auch nur im entferntesten zu naheträte. Sie sind noch etwas verängstigt, Sie haben den Anlauf jener unheimlichen Gestalt gegen Sie noch nicht vergessen. Sie fassen eine gewisse Neigung zu mir, meine Verlegenheit, die es mir verbietet, Sie anzusehen, gibt Ihnen die Übermacht. Das freut Sie und macht Sie sicher, Sie könnten fast versucht sein, mich ein wenig zum besten zu haben. Ich wette, in diesem

Augenblick hätten Sie die Courage, mich unterzufassen, wenn es Ihnen in den Sinn käme... Also in der Stormgade wohnen Sie. Sie verneigen sich kalt und flüchtig vor mir. Hab' ich das verdient, ich, der ich Ihnen aus der ganzen Unannehmlichkeit herausgeholfen habe? Es reut Sie, Sie kommen zurück, danken mir für meine Artigkeit, reichen mir Ihre Hand – warum werden Sie blaß? Ist meine Stimme nicht unverändert, meine Haltung die gleiche, mein Auge noch genauso still und ruhig? Dieser Händedruck? Kann denn ein Händedruck etwas zu bedeuten haben? Ja viel, sehr viel, mein kleines Fräulein, binnen vierzehn Tagen werde ich Ihnen alles erklären, bis dahin bleiben Sie im Widerspruch: ich bin ein gutmütiger Mensch, der als ein Ritter einem jungen Mädchen zu Hilfe kommt, und ich kann Ihnen zugleich auf eine nichts weniger als gutmütige Art die Hand drükken. –

den 7.

»Also am Montag um ein Uhr in der Ausstellung.« Schön, ich werde die Ehre haben, mich um dreiviertel eins einzufinden. Ein kleines Stelldichein. Am Sonnabend faßte ich endlich kurzerhand den Entschluß, meinem verreisten Freunde Adolph Bruun einen Besuch abzustatten. Zu diesem Ende begebe ich mich etwa um sieben Uhr nachmittags nach der Vestergade, wo er, wie man mir gesagt hatte, wohnen sollte. Er war jedoch nicht zu finden, auch nicht im dritten Stock, wo ich schließlich ganz außer Atem angelangt war. Indem ich die Treppe hinuntergehen will, wird mein Ohr von einer melodischen weiblichen Stimme berührt, die halblaut sagt: »Also am Montag um ein Uhr in der Ausstellung, um die Zeit sind die andern aus, aber du weißt, ich wage nicht, dich hier im Hause zu sehen.« Die Einladung galt nicht mir, sondern einem jungen Mann, der eins, zwei, drei zur Türe hinaus war, so geschwind, daß nicht einmal mein Auge, geschweige denn meine Beine ihm folgen konnten. Warum hat man nur kein Gas auf den Treppen, dann hätte ich doch

vielleicht gesehen, ob es sich der Mühe lohnt, so pünktlich zu
sein. Doch wäre dort Gas gewesen, hätte ich vielleicht nichts
zu hören bekommen. Das Bestehende ist doch das Vernünftige, ich bin und bleibe Optimist... Wer ist es nun? In der
Ausstellung wimmelt es ja von Mädchen, um Donna Annas
Worte zu gebrauchen. Es ist genau dreiviertel eins. Meine
schöne Unbekannte! Wenn nur Ihr Zukünftiger auch in jeder Beziehung so pünktlich ist wie ich, oder wünschen Sie
etwa vielmehr, daß er nie eine Viertelstunde zu früh kommt;
wie Sie wollen, ich bin in jeder Beziehung zu Diensten...
»Bezaubernde Zauberin, Fee oder Hexe, laß deinen Nebel
verschwinden«, offenbare dich, du bist vermutlich schon zugegen, doch unsichtbar für mich, verrate dich, denn sonst
darf ich wohl keine Offenbarung erwarten. Sollten etwa
mehrere in demselben Anliegen hier oben sein wie ich?
schon möglich. Wer kennt des Menschen Wege, selbst wenn
er in eine Ausstellung geht. – – Dort kommt ja ein junges
Mädchen in dem vordersten Zimmer, eilend, geschwinder,
als das böse Gewissen hinter dem Sünder her ist. Sie vergißt,
ihre Eintrittskarte abzugeben, der rote Mann hält sie an. I,
Gott bewahre! was sie für Eile hat! Das muß sie sein. Wozu
solch unzeitige Heftigkeit, es ist noch nicht ein Uhr, denken
Sie doch daran, daß Sie den Geliebten treffen wollen; ist es
bei einer solchen Gelegenheit ganz gleichgültig, wie man aussieht, oder ist es in diesem Sinne gemeint, wenn es heißt, man
solle das beste Bein vorsetzen. Wenn so ein junges, unschuldiges Blut zu einem Stelldichein will, dann greift sie die Sache an wie eine Rasende. Sie ist ganz konfus. Ich dagegen
sitze hier in aller Gemächlichkeit auf meinem Stuhl und betrachte den herrlichen Prospekt einer ländlichen Gegend...
Es ist ein Teufelsmädel, sie stürmt durch alle Räume. Sie
müssen Ihre Begierde doch ein bißchen verbergen, denken
Sie an das, was zu Jungfer Lisbeth gesagt wird: Schickt es
sich für ein junges Mädchen, so begierig auf eine Zusammenkunft zu sein? Nun, versteht sich, die Zusammenkunft
der beiden ist eine von den unschuldigen. – Ein Stelldichein

wird gemeinhin von den Liebenden als der schönste Augenblick angesehen. Ich selbst erinnere mich noch so deutlich, als wäre es gestern gewesen, des ersten Mals, da ich an den verabredeten Ort eilte, mit einem Herzen ebenso reich wie unbekannt mit der Freude, die meiner wartete, des ersten Mals, da ich dreimal in die Hände klatschte, des ersten Mals, da ein Fenster sich öffnete, des ersten Mals, da ein kleines Pförtchen von einem Mädchen mit unsichtbarer Hand aufgetan wurde, das sich dadurch versteckte, daß sie es aufschloß, des ersten Mals, da ich in der hellen Sommernacht ein Mädchen unter meinem Mantel verbarg. Doch mischt sich in dieses Urteil viel Illusion. Der unbeteiligte Dritte findet nicht immer, daß die Liebenden in diesem Moment am schönsten seien. Ich bin mehrfach Zeuge eines Stelldicheins gewesen, bei dem trotz der Anmut des Mädchens und der Schönheit des Mannes der Gesamteindruck beinahe widerlich war und die Begegnung selbst alles andere als schön, mag es den Liebenden auch sicherlich so erschienen sein. Wenn man erfahrener wird, gewinnt man in gewisser Weise; denn zwar verliert man die süße Unruhe ungeduldigen Sehnens, dafür aber gewinnt man Haltung, um den Augenblick wirklich schön zu gestalten. Ich kann mich ärgern, wenn ich einen Mann bei solcher Gelegenheit so verwirrt sehe, daß er aus reiner Liebe ein *delirium tremens* bekommt. Was versteht schon der Bauer von Gurkensalat! Statt daß er so viel Besonnenheit hat, ihre Unruhe zu genießen, ihre Schönheit davon entflammen und durchglühen zu lassen, bringt er nur eine unschöne Konfusion zuwege, und doch geht er vergnügt nach Hause, bildet sich ein, es sei was Herrliches gewesen – Aber, zum Teufel, wo bleibt der Mensch nur, die Uhr geht bereits auf zwei. Ja, das ist schon ein treffliches Völkchen, diese Liebsten. So ein Schlingel läßt ein junges Mädchen auf sich warten. Nein, da bin ich doch ein ganz anders zuverlässiger Mensch! Es wird wohl am besten sein, sie anzureden, wenn sie jetzt zum fünften Mal an mir vorbeikommt. »Verzeihen Sie meine Kühnheit, schönes Fräulein, Sie suchen hier gewiß Ihre Familie, Sie sind mehrmals schnell an mir vorbeigegangen, und indem ich Ihnen nachblickte, habe ich bemerkt, daß Sie stets im vorletzten Raum stehengeblieben sind, vielleicht ist Ihnen unbekannt, daß da drinnen noch ein Raum ist, möglicherweise würden Sie sie dort treffen, die Sie suchen.« Sie verneigt sich; es steht ihr gut an. Die Gelegenheit ist günstig, es freut mich, daß der Mensch nicht kommt, man fischt immer am besten im trüben; wenn ein junges Mädchen in Erregung ist, kann man mit Erfolg manches wagen, was sonst mißlingen würde. Ich habe mich vor ihr so höflich und so fremd wie nur möglich verbeugt, ich sitze wieder auf meinem Stuhl, betrachte mein Landschaftsbild und behalte sie im Auge. Gleich hinterher zu gehen, wäre zuviel gewagt, es könnte so aussehen, als ob ich zudringlich wäre, und dann ist sie gleich auf der Hut. Jetzt ist sie der Meinung, ich hätte sie nur aus Teilnahme angesprochen, und ich bin gut angeschrieben. – Es ist keine Menschenseele in dem innersten Raum, das weiß ich schon. Einsamkeit wird heilsam auf sie wirken; solange sie viele Menschen um sich sieht, ist sie unruhig, wenn sie allein ist, wird sie wohl still werden. Ganz recht, sie bleibt da drinnen. Gleich komme ich *en passant* hinzu; ich habe noch Anspruch auf eine Replik, sie schuldet mir ja beinahe einen Gruß. – Sie hat sich hingesetzt. Armes Mädchen, sie sieht so wehmütig aus; sie hat geweint, glaube ich, oder zumindest Tränen im Auge gehabt. Es ist empörend – so einem Mädchen Tränen zu verursachen. Aber sei ruhig, du sollst gerächt werden, ich werde dich rächen, er soll erfahren, was warten heißt. – Wie schön sie ist, nun da die verschiedenen Böen sich gelegt haben, und sie in einer Stimmung ruht. Ihr Wesen ist Wehmut und Harmonie des Schmerzes. Sie ist wirklich reizend. Da sitzt sie im Reisekleid, und doch war ja nicht sie es, die reisen wollte, sie hat es angezogen, um hinauszuwandern und die Freude zu suchen, jetzt ist es ein Zeichen ihres Schmerzes, denn sie ist wie einer, dem die Freude davonreist. Sie sieht aus, als hätte sie für immer Abschied genommen von dem Geliebten. Laß ihn fahren! –

Die Situation ist günstig, der Augenblick winkt. Jetzt gilt es, mich so auszudrücken, daß es aussieht, als sei ich der Meinung, sie suche hier ihre Familie oder eine Gesellschaft, und zugleich doch so warm, daß jedes Wort ihre Gefühle ausdrückt, so bekomme ich Gelegenheit, mich in ihre Gedanken einzuschleichen. – Da soll doch der Teufel den Schlingel holen, kommt da nicht ein Mensch angestiefelt, der ohne jeden Zweifel er ist? Nein, da seh mir einer den Tolpatsch, jetzt, da ich gerade die Situation habe, wie ich sie mir wünschte. Je nun, etwas bringt man schon noch aus ihr heraus. Ich muß das Verhältnis der beiden tangieren, mich noch mit in der Situation anbringen. Wenn sie mich sieht, wird sie unwillkürlich über mich lächeln müssen, der ich glaubte, daß sie hier ihre Familie suche, während sie doch etwas ganz anderes suchte. Dieses Lächeln macht mich zu ihrem Mitwisser, das ist immerhin etwas. – Tausend Dank, mein Kind, dieses Lächeln ist mir viel mehr wert, als du glaubst, es ist der Anfang, und der Anfang ist immer das schwerste. Jetzt sind wir Bekannte, unsere Bekanntschaft gründet sich auf eine pikante Situation, mir ist das bis auf weiteres genug. Länger als eine Stunde werden Sie kaum noch hierbleiben, in zwei Stunden weiß ich, wer Sie sind, wozu glauben Sie eigentlich, daß die Polizei Einwohnerlisten führt.

den 9.

Bin ich blind geworden? Hat das innere Auge der Seele seine Kraft verloren? Ich habe sie gesehen, aber es ist, als hätte ich eine himmlische Offenbarung gesehen, so völlig ist ihr Bild mir wieder entschwunden. Vergebens biete ich alle Kraft meiner Seele auf, um dieses Bild hervorzuzaubern. Bekomme ich sie je wieder zu Gesicht, so werde ich sie, und stünde sie unter Hunderten, augenblicklich wiedererkennen. Nun ist sie entflohen, und das Auge meiner Seele sucht sie vergebens mit seiner Sehnsucht einzuholen. – Ich schlenderte die Langelinie entlang, nachlässig scheinbar und ohne auf meine Umgebung zu achten, obgleich mein spähender Blick nichts unbemerkt ließ, da fiel mein Auge auf sie. Es heftete sich unverrückbar auf sie, es gehorchte nicht mehr dem Willen seines Herrn; es war mir unmöglich, irgendeine Bewegung damit zu machen und vermittels dieser den Gegenstand, den ich sehen wollte, zu überschauen, ich sah nicht, ich starrte. Wie ein Fechter, der im Ausfall liegenbleibt, so blieb mein Auge unverändert, versteint in der einmal angenommenen Richtung. Es war mir unmöglich, es niederzuschlagen, unmöglich, es in mich hineinzuziehen, unmöglich zu sehen, weil ich viel zu viel sah. Das einzige, was ich zurückbehalten habe, ist, daß sie einen grünen Mantel anhatte, das ist alles, und das heißt fürwahr: die Wolke statt der Juno fangen; sie ist mir ja entschlüpft wie Joseph dem Weibe Potiphars und hat bloß ihren Mantel zurückgelassen. Sie war in Begleitung einer ältlichen Dame, die allem Anschein nach ihre Mutter war. Diese kann ich von oben bis unten beschreiben, und zwar ungeachtet dessen, daß ich sie eigentlich gar nicht angesehen, sondern sie höchstens *en passant* mitgenommen habe. So geht es. Das Mädchen machte Eindruck auf mich, sie habe ich vergessen, die andere hat keinen Eindruck auf mich gemacht, an sie kann ich mich erinnern.

den 11.

Noch immer ist meine Seele in demselben Widerspruch gefangen. Ich weiß, ich habe sie gesehen, aber ich weiß auch, daß ich es wieder vergessen habe, doch so, daß der Rest von Erinnerung, der zurückblieb, nicht erquickt. Mit einer Unruhe und Heftigkeit, als stünde mein Wohlergehen auf dem Spiel, fordert meine Seele dieses Bild, und doch zeigt es sich nicht, ich könnte mein Auge ausreißen, um es für seine Vergeßlichkeit zu strafen. Wenn ich dann in Ungeduld getobt habe, wenn wieder Stille wird in mir, so ist es, als ob Ahnung und Erinnerung ein Bild webten, das doch keine Gestalt für mich zu gewinnen vermag, weil ich es nicht dazu bringen kann, im Zusammenhang stillzustehen, es ist wie ein Muster in einem feinen Gewebe, das Muster ist heller als der Grund, für sich allein ist es nicht sichtbar, dazu ist es zu hell. – Es ist sonderbar, in diesem Zustande zu sein, dabei hat er doch seine Annehmlichkeit sowohl an sich, wie auch deshalb, weil er mich davon überzeugt, daß ich noch jung bin. Das kann auch eine andere Betrachtung mich lehren, die nämlich, daß ich meine Beute stets unter den jungen Mädchen suche, nicht unter den jungen Frauen. Eine Frau hat weniger Natur, mehr Koketterie, das Verhältnis zu ihr ist nicht schön, nicht interessant, es ist pikant, und das Pikante ist immer das Letzte. – Ich hätte nicht erwartet, daß ich imstande sein würde, diese ersten Früchte des Verliebtseins noch einmal zu kosten. Ich bin untergetaucht in Verliebtheit, man hat mich untergeduckt wie einen Schwimmer, kein Wunder, daß ich etwas benommen bin. Desto besser, um so mehr verspreche ich mir von diesem Verhältnis.

den 14.

Fast kenne ich mich selbst nicht wieder. Mein Gemüt brandet gleich einem aufgewühlten Meer unter den Stürmen der Leidenschaft. Könnte ein anderer meine Seele in diesem Zustand sehen, würde es ihm scheinen, daß sie wie eine Jolle sich mit der Spitze ins Meer hineinbohrte, als müßte sie in ihrer furchtbaren Geschwindigkeit hinunter in die Tiefe des Abgrunds steuern. Er sieht nicht, daß oben im Mast ein Matrose auf dem Ausguck sitzt. Wallt auf, ihr wilden Kräfte, regt euch, Mächte der Leidenschaft, mag euer Wellenschlag den Gischt auch zum Himmel emporschleudern, ihr vermögt dennoch nicht euch über mein Haupt zu türmen; ich sitze ruhig wie der Felsenkönig.

Ich finde beinahe keinen Grund, wie ein Wasservogel suche ich mich vergebens auf dem aufgewühlten Meer meines Gemüts niederzulassen. Und doch ist solch ein Aufruhr mein Element, ich baue darauf, so wie die *Alcedo ispida* ihr Nest auf dem Meere baut.

Die Truthähne brausen auf, wenn sie Rot sehen, so geht es mir, wenn ich Grün sehe, immer wenn ich einen grünen

Mantel erblicke; und da mein Auge mich oft täuscht, so stranden bisweilen alle meine Erwartungen an einem Krankenträger vom Frederikshospital.

den 20.

Man muß sich beschränken, das ist eine Hauptbedingung allen Genusses. Es hat nicht den Anschein, als würde ich so bald eine Aufklärung erhalten über das Mädchen, das meine Seele und all mein Denken so ganz erfüllt, daß die Sehnsucht genährt wird. Ich will mich jetzt ganz ruhig verhalten; denn auch dieser Zustand, die dunkle und unbestimmte, aber doch starke Rührung, hat seine Süße. Ich habe es immer geliebt, in einer mondhellen Nacht draußen auf irgendeinem unserer schönen Binnenseen in einem Boot zu liegen. Ich ziehe dann die Segel ein, die Ruder hoch, nehme das Steuer ab, lege mich lang hin und schaue hinauf in das Gewölbe des Himmels. Wenn die Wellen das Boot an ihrer Brust wiegen, wenn die Wolken schnell vor dem Winde treiben, so daß der Mond einen Augenblick verschwindet und wieder erscheint, dann finde ich Ruhe in dieser Unruhe; die Bewegung der Wellen schläfert mich ein, ihr Tosen gegen das Boot ist ein eintöniges Wiegenlied, der Wolken eilige Flucht, der Wechsel von Licht und Schatten berauschen mich, so daß ich wachend träume. So lege ich mich jetzt auch hin, ziehe die Segel ein, nehme das Steuer ab, Sehnsucht und ungeduldige Erwartung wiegen mich in ihren Armen hin und her; Sehnsucht und Erwartung werden immer stiller, immer seliger: sie hätscheln mich wie ein Kind, über mir wölbt sich der Himmel der Hoffnung, *ihr* Bild schwebt an mir vorüber wie das des Mondes, unbestimmt, bald mit seinem Licht mich blendend, bald mit seinem Schatten. Welch ein Genuß, auf bewegtem Wasser dahinzuschaukeln – welch ein Genuß, sich in sich selbst zu bewegen.

den 21.

Die Tage gehen hin, und noch bin ich genauso weit wie zuvor. Die jungen Mädchen erfreuen mich mehr denn je, doch

habe ich zu genießen keine Lust. Sie nur, die Eine, such ich
überall. Das macht mich oft ungerecht, umnebelt meinen
Blick, entnervt meinen Genuß. Sie kommt nun bald, die
schöne Zeit, da man in der Öffentlichkeit auf Straßen und
Gassen kleine Forderungen aufkauft, die man sich im Winter im gesellschaftlichen Leben teuer genug bezahlen läßt;
denn ein junges Mädchen kann vieles vergessen, nicht aber
eine Situation. Das gesellschaftliche Leben bringt einen
zwar in Berührung mit dem schönen Geschlecht, aber es hat
keine Art, wenn man die Geschichte dort anfangen muß. Im
gesellschaftlichen Leben ist jedes junge Mädchen gewappnet,
die Situation dürftig und immer wieder vorgekommen, das
Mädchen erfährt keine wollüstige Erschütterung. Auf der
Straße ist sie auf offener See, und deshalb wirkt alles stärker,
wie auch alles rätselhafter ist. Ich gebe hundert Reichstaler
für das Lächeln eines jungen Mädchens in einer Straßensitua-
tion, keine zehn Reichstaler für einen Händedruck in einer
Gesellschaft, das sind ganz verschiedene Währungen. Wenn
die Geschichte erst im Gange ist, dann sucht man die Betreffende in den Gesellschaften. Man hat eine geheimnisvolle
Kommunikation mit ihr, die lockt, dies ist das wirksamste
Inzitament, das ich kenne. Sie darf nicht davon sprechen,
und doch denkt sie daran; sie weiß nicht, ob man es vergessen hat oder nicht; bald führt man sie auf die eine, bald auf
die andere Weise in die Irre. In diesem Jahr werde ich gewiß
nicht viel einsammeln, jenes Mädchen beschäftigt mich zu
sehr. Meine Ausbeute wird in gewissem Sinne dürftig sein,
dafür habe ich dann aber die Aussicht, das große Los zu gewinnen.

den 5. Mai

Verdammter Zufall! Noch nie habe ich dir geflucht, weil du
dich gezeigt hast, ich fluche dir, weil du dich überhaupt
nicht zeigst. Oder soll es etwa eine neue Erfindung von dir
sein, unbegreifliches Wesen, unfruchtbare Mutter aller Dinge, der einzige Überrest aus jener Zeit, da die Notwendigkeit

die Freiheit gebar, da die Freiheit sich wieder in den Mutterleib hineinnarren ließ? Verdammter Zufall! Du mein einziger Mitwisser, das einzige Wesen, das ich für würdig erachte, mein Verbündeter und mein Feind zu sein, immer dir
selber gleich in Ungleichheit, immer unbegreiflich, immer
ein Rätsel! Du, den ich liebe mit der ganzen Sympathie meiner Seele, nach dessen Bilde ich mich selbst erschaffe, warum zeigst du dich nicht? Ich bettle nicht, ich flehe dich nicht
demütig an, daß du dich so oder so zeigen mögest, solcher
Gottesdienst wäre ja Götzendienst, dir nicht wohlgefällig.
Ich fordere dich zum Kampf heraus, warum zeigst du dich
nicht? Oder ist die Unruhe im Weltgebäude zum Stillstand
gekommen, ist dein Rätsel gelöst, so daß auch du dich in das
Meer der Ewigkeit gestürzt hast? Entsetzlicher Gedanke, so
ist die Welt also stehengeblieben vor Langerweile! Verdammter Zufall, ich erwarte dich. Ich will dich keineswegs
besiegen mit Prinzipien oder mit dem, was törichte Leute
Charakter nennen, nein, ich will dich dichten! Ich will nicht
ein Dichter für andere sein; zeige dich, ich dichte dich, ich
esse mein eigenes Gedicht, und das ist meine Nahrung. Oder
hältst du mich nicht für würdig? Wie eine Bajadere zu des
Gottes Ehre tanzt, so habe ich mich deinem Dienst geweiht;
leicht, dünn bekleidet, geschmeidig, unbewaffnet entsage ich
allem; ich besitze nichts, ich mag nichts besitzen, ich liebe
nichts, ich habe nichts zu verlieren, aber bin ich dadurch deiner nicht würdiger geworden, du, der du es wohl längst
müde bist, den Menschen zu entreißen, was sie lieben, müde
ihrer feigen Seufzer und feigen Bitten. Überrasche mich, ich
bin bereit, kein Einsatz, laß uns kämpfen um die Ehre! Zeige
mir das Mädchen, zeige mir eine Möglichkeit, die eine Unmöglichkeit scheint, zeige sie mir in den Schatten der Unterwelt, ich hole sie herauf, mag sie mich hassen, mich verachten, gleichgültig gegen mich sein, einen andern lieben, ich
fürchte nichts; aber bewege das Wasser, mach der Stille ein
Ende. Mich so auszuhungern, ist erbärmlich von dir, der du
dir doch einbildest, stärker zu sein als ich.

den 6.

Der Frühling ist da; alles entfaltet sich, auch die jungen Mädchen. Die Mäntel werden beiseite gelegt, vermutlich ist auch
mein grüner weggehängt. Das kommt davon, wenn man die
Bekanntschaft eines Mädchens auf der Straße macht, nicht
in einer Gesellschaft, wo man gleich Bescheid erhält, wie sie
heißt, aus welcher Familie sie ist, wo sie wohnt, ob sie verlobt ist. Letzteres ist eine höchst wichtige Auskunft für alle
bedächtigen und beständigen Freier, denen es gar nicht in
den Sinn kommt, sich in ein verlobtes Mädchen zu verlieben. So ein Paßgänger würde also in einer tödlichen Bedräng-
nis sein, wenn er an meiner Stelle wäre; er wäre völlig zerstört, wenn seine Bemühungen, Auskünfte einzuholen, mit
Erfolg gekrönt würden und mit der Zugabe, daß sie verlobt
sei. Das kümmert mich indes nicht viel. Eine Verlobte ist nur
eine komische Schwierigkeit. Ich fürchte weder komische
noch tragische Schwierigkeiten; die einzigen, die ich fürchte,
sind die langweiligen. Noch habe ich keine einzige Auskunft
herbeigeschafft, und das, obwohl ich wahrlich nichts unversucht gelassen und manches Mal die Wahrheit des Dichterwortes empfunden habe:

> nox et hiems longaeque viae, saevique dolores
> mollibus his castris, et labor omnis inest.

Vielleicht wohnt sie gar nicht hier in der Stadt, vielleicht ist
sie vom Lande, vielleicht, vielleicht, ich könnte rasend werden ob all dieser Vielleichts, und je rasender ich werde, desto
mehr Vielleichts. Immer habe ich bares Geld liegen, um eine
Reise antreten zu können. Vergebens suche ich sie im Theater,
in Konzerten, auf Bällen, Promenaden. Es freut mich in gewissem Sinne; ein junges Mädchen, das viel an derartigen
Vergnügungen teilnimmt, ist es im allgemeinen nicht wert,
daß man es erobere; es fehlt ihr zumeist an jener Ursprünglichkeit, die für mich die *conditio sine qua non* ist und bleibt.
Es ist nicht so unbegreiflich, daß man unter Zigeunern eine
Preziosa findet, wie auf den Marktplätzen, wo junge Mäd-

chen feilgeboten werden – in aller Unschuld, Gott bewahre,
wer hat denn was anderes behauptet!

den 12.

Ja, mein Kind, warum blieben Sie nicht ganz ruhig unterm
Torweg stehen? Es ist durchaus nichts Merkwürdiges dabei,
daß ein junges Mädchen bei Regenwetter sich in einem Torweg unterstellt. Das tue ich auch, wenn ich keinen Regenschirm habe, bisweilen sogar, wenn ich ihn habe, wie z. B.
jetzt. Außerdem könnte ich mehrere achtbare Damen nam-
haft machen, die kein Bedenken getragen haben, es zu tun.
Man verhält sich ganz ruhig, kehrt der Straße den Rücken
zu, so können die Vorübergehenden nicht einmal wissen, ob
man steht oder ob man im Begriff ist, ins Haus hinaufzuge-
hen. Hingegen ist es unvorsichtig, sich hinter dem Tor zu
verstecken, wenn dieses halb offen steht, vornehmlich um
der Folgen willen; denn je mehr man versteckt ist, desto un-
angenehmer, überrascht zu werden. Hat man sich jedoch
versteckt, so bleibt man ganz ruhig stehen, sich seinem guten
Genius und der Obhut aller Engel anbefehlend; insbesondere
vermeidet man es, hinauszugucken – um zu sehen, ob der
Regen noch nicht aufgehört hat. Will man sich nämlich davon überzeugen, macht man einen entschlossenen Schritt
vorwärts und blickt mit ernstem Gesicht zum Himmel.
Wenn man dagegen etwas neugierig, verlegen, ängstlich,
unsicher den Kopf vorstreckt und ihn dann schnell wieder
zurückzieht – so versteht jedes Kind diese Bewegung, man
nennt es Versteckenspielen. Und ich, der ich immer mit im
Spiel bin, ich sollte mich zurückhalten, ich sollte nicht antworten, wenn gefragt wird... Glauben Sie nicht, ich hegte
irgendeinen beleidigenden Gedanken über Sie, Sie hatten
nicht die geringste Absicht dabei, als Sie den Kopf vorstreck-
ten, es war die unschuldigste Sache von der Welt. Dafür dürfen Sie mich auch in Ihren Gedanken nicht beleidigen, das
verträgt mein guter Name und Ruf nicht. Außerdem haben
Sie angefangen. Ich rate Ihnen, nie mit einem Menschen über

diesen Vorfall zu sprechen; das Unrecht liegt ganz auf Ihrer
Seite. Was gedenke ich anderes zu tun, als was jeder Kavalier
tun würde – Ihnen meinen Schirm anzubieten. – Wo ist sie
geblieben? ausgezeichnet, sie hat sich unten in der Tür des
Pförtners versteckt. – Es ist ein allerliebstes kleines Mädchen,
munter, vergnügt. – »Vielleicht könnten Sie mir Auskunft
geben über eine junge Dame, die grad' eben in diesem Augenblick den Kopf aus diesem Torweg steckte, offenbar in
Verlegenheit um einen Regenschirm. Sie suche ich, ich und
mein Schirm.« – Sie lachen – gestatten Sie vielleicht, daß ich
morgen meinen Diener schicke, um ihn abzuholen, oder befehlen Sie, daß ich einen Wagen besorge – nichts zu danken,
es ist nur eine schuldige Höflichkeit. – Es ist eins der fröh-
lichsten jungen Mädchen, die ich seit langem gesehen habe,
ihr Blick ist so kindlich und doch so keck, ihr Wesen so anmutig, so sittsam, und doch ist sie neugierig. – Geh' hin in
Frieden, mein Kind, wenn da nicht ein gewisser grüner Mantel wäre, so hätte ich wohl nähere Bekanntschaft stiften mögen. – Sie geht die Store Kjøbmagergade hinunter. Wie war
sie unschuldig und vertrauensvoll, keine Spur von Ziererei.
Sieh, wie leicht sie geht, wie keck sie den Kopf in den Nak-
ken wirft – der grüne Mantel fordert Selbstverleugnung.

den 15.

Dank, guter Zufall, nimm meinen Dank! Rank war sie und
stolz, geheimnisvoll und gedankenreich war sie wie eine Tanne, ein Sproß, ein Gedanke, der tief aus dem Inneren der Erde zum Himmel aufschießt, unerklärt, sich selber unerklärlich, ein Ganzes, das keine Teile hat. Die Buche bildet eine
Krone, ihre Blätter erzählen von dem, was unter ihr vorgegangen ist, die Tanne hat keine Krone, keine Geschichte, sich
selber rätselhaft – so war sie. Sie war sich selber in sich verborgen, selber stieg sie aus sich empor, ein ruhender Stolz
war in ihr gleich der kühnen Flucht der Tanne, die doch auf
der Erde festgenagelt ist. Eine Wehmut war über sie ergos-
sen, gleich dem Gurren der Waldtaube, eine tiefe Sehnsucht,

die nichts entbehrte. Ein Rätsel war sie, das rätselhaft seine eigene Auflösung besaß, ein Geheimnis, und was sind alle Geheimnisse der Diplomaten dagegen, ein Rätsel, und was in aller Welt ist so schön wie das Wort, das es löst? Wie ist doch die Sprache so bezeichnend, so prägnant: lösen, welch eine Zweideutigkeit liegt doch darin, wie schön und wie stark geht sie doch durch alle Kombinationen, in denen dieses Wort vorkommt! Wie der Seele Reichtum ein Rätsel bleibt, solange nicht das Band der Zunge gelöst ist, und damit auch das Rätsel, so ist auch ein junges Mädchen ein Rätsel. – Dank, guter Zufall, nimm meinen Dank! Wenn ich sie zur Winterszeit gesehen hätte, so wäre sie wohl in den grünen Mantel gehüllt gewesen, verfroren vielleicht, und die Rauheit der Natur hätte ihre, der Natur eigene Schönheit in ihr verkleinert. Jetzt hingegen, welches Glück! Ich sah sie zum erstenmal in der schönsten Zeit des Jahres, im Vorsommer bei Nachmittagsbeleuchtung. Der Winter hat freilich auch seine Vorteile. Ein glänzend erleuchteter Ballsaal mag für ein junges Mädchen im Ballkleid allerdings eine schmeichelhafte Umgebung sein; teils aber zeigt sie sich hier selten ganz zu ihrem Vorteil, eben weil alles sie dazu auffordert und diese Aufforderung, mag sie ihr nun nachgeben oder ihr Widerstand leisten, störend wirkt; teils gemahnt alles an Vergänglichkeit und Eitelkeit und erzeugt eine Ungeduld, die den Genuß weniger erquicklich macht. Zu gewissen Zeiten möchte ich einen Ballsaal zwar nicht entbehren, ich möchte seinen kostbaren Luxus nicht entbehren, nicht seinen unbezahlbaren Überfluß an Jugend und Schönheit, nicht sein vielfältiges Kräftespiel; doch genieße ich dann nicht so sehr, als daß ich in Möglichkeit schwelge. Es ist keine einzelne Schönheit, die fesselt, sondern eine Totalität; ein Traumbild schwebt an einem vorüber, in dem alle diese weiblichen Wesen sich untereinander konfigurieren und alle diese Bewegungen etwas suchen, Ruhe suchen in *einem* Bilde, das man nicht sieht.

Es war auf jenem Pfad, der zwischen Nørre- und Østerport

liegt, um halb sieben Uhr etwa. Die Sonne hatte ihre Macht verloren, nur die Erinnerung an sie war in einem milden Schimmer bewahrt, der sich über die Landschaft breitete. Die Natur atmete freier. Der See war still, blank wie ein Spiegel. Die traulichen Gebäude am Bleichdamm spiegelten sich im Wasser, das ein weites Stück hinaus dunkel war wie Metall. Der Pfad und die Gebäude auf jener Seite wurden von ohnmächtigen Sonnenstrahlen beleuchtet. Der Himmel war klar und rein, nur eine einzelne leichte Wolke glitt unbemerkt über ihn hin, am besten erkennbar, wenn man das Auge auf den See heftete, über dessen blanke Stirn hin sie verschwand. Kein Blatt rührte sich. – Sie war es. Mein Auge hat mich nicht getrogen, wenn auch der grüne Mantel es getan hat. Obgleich ich nun schon so lange Zeit vorbereitet gewesen, war es mir doch unmöglich, eine gewisse Unruhe zu meistern, ein Steigen und Fallen gleich dem der Lerche, die über den angrenzenden Feldern stieg und fiel in ihrem Gesang. Sie war allein. Wie sie gekleidet war, habe ich wieder vergessen, und doch habe ich jetzt ein Bild von ihr. Sie war allein, beschäftigt, offenbar nicht mit sich selbst, sondern mit ihren Gedanken. Sie dachte nicht, aber das stille Wirken der Gedanken wob ihr ein Bild der Sehnsucht vor die Seele, das voll Ahnung war, unerklärlich wie die vielen Seufzer eines jungen Mädchens. Sie war in ihrer schönsten Zeit. Ein junges Mädchen entwickelt sich nicht im gleichen Sinne wie ein Junge, es wächst nicht, es wird geboren. Ein Junge beginnt gleich sich zu entwickeln und braucht eine lange Zeit dazu, ein junges Mädchen wird lange geboren und erwachsen geboren. Darin ihr unendlicher Reichtum; in dem Augenblick, da sie geboren ist, ist sie erwachsen, aber dieser Augenblick der Geburt kommt spät. Daher wird sie zweimal geboren, zum zweitenmal, wenn sie sich verheiratet, oder richtiger: in diesem Augenblick hört sie auf, geboren zu werden, erst in diesem Moment ist sie geboren. Nicht Minerva allein entspringt voll ausgetragen Jupiters Stirn, nicht Venus allein taucht in ihrer vollen Anmut aus dem

Meere empor, so ist jedes junge Mädchen, dessen Weiblichkeit nicht verdorben ist durch das, was man Entwicklung
nennt. Sie erwacht nicht sukzessiv, sondern auf einmal, hingegen träumt sie um so länger, wenn die Leute nicht so un-
vernünftig sind, sie zu früh zu wecken. Dieses Träumen aber
ist ein unendlicher Reichtum. – Sie war nicht mit sich selbst
beschäftigt, sondern in sich selbst, und diese Beschäftigung
war unendlicher Friede, unendliche Ruhe in sich selbst. Solchermaßen ist ein junges Mädchen reich, diesen Reichtum
umfassen macht einen selber reich. Sie ist reich, obwohl sie
nicht weiß, daß sie etwas besitzt; sie ist reich, sie ist ein
Schatz. Stiller Friede ruhte auf ihr und leise Wehmut. Sie
war leicht mit dem Auge anzuheben, leicht wie Psyche, die
von Genien fortgetragen wird, noch leichter; denn sie trug
sich selbst. Mögen die Lehrer der Kirche über die Himmelfahrt der Madonna streiten, sie erscheint mir nicht unbegreiflich, denn die Madonna gehörte der Welt nicht mehr
an; die Leichtheit eines jungen Mädchens aber ist unbegreiflich und spottet der Gesetze der Schwere. – Sie bemerkte
nichts und glaubte sich deswegen auch nicht bemerkt.
Ich hielt mich in weitem Abstand und sog ihr Bild ein. Sie
ging langsam, keine Eile störte ihren Frieden oder die Ruhe
der Umgebung. Am See saß ein Junge und angelte, sie blieb
stehen, betrachtete den Wasserspiegel und den kleinen
Schwimmkörper. Sie war zwar nicht schnell gegangen, doch
suchte sie eine Abkühlung; sie löste ein kleines Tuch, das unter dem Schal um den Hals gebunden war; ein leises Lüftchen vom See her umfächelte einen Busen, der weiß wie
Schnee war und doch warm und voll. Dem Jungen schien
es nicht recht zu sein, einen Zeugen seines Fangs zu haben,
er drehte sich mit einem ziemlich phlegmatischen Blick um
und betrachtete sie. Er machte wirklich eine lächerliche Figur, und ich kann es ihr nicht verdenken, daß sie unwillkürlich über ihn lachen mußte. Wie jugendlich sie lachte! Wäre
sie mit dem Jungen allein gewesen, so hätte sie, glaube ich,
sich nicht gescheut, sich mit ihm zu raufen. Ihr Auge war

groß und strahlenreich; wenn man hineinschaute, so hatte
es einen dunklen Glanz, der seine unendliche Tiefe ahnen
ließ, indem es unmöglich war, in diese einzudringen; rein
war es und unschuldig, mild und ruhig, voll Schelmerei, als
sie lächelte. Ihre Nase war fein gebogen; als ich sie von der
Seite sah, zog sie sich gleichsam in die Stirn hinein, wurde
dadurch etwas kürzer und etwas kecker. Sie ging weiter, ich
folgte. Zum Glück waren dort mehrere Spaziergänger auf
dem Pfad; während ich mit diesem und jenem ein paar Worte wechselte, ließ ich sie einen kleinen Vorsprung gewinnen,
holte sie dann bald wieder ein und überhob mich somit der
Notwendigkeit, im Abstand ebenso langsam gehen zu müssen wie sie. Sie ging nach Østerport zu. Ich wünschte sie näher zu sehen, ohne gesehen zu werden. An der Ecke liegt
dort ein Haus, von dem aus mir dies eigentlich gelingen
müßte. Ich kannte die Familie und brauchte also dieser bloß
eine Visite zu machen. Ich eilte raschen Schrittes an dem
Mädchen vorüber, als ob ich sie auch nicht im entferntesten
beachtete. Ich war schließlich ein ganzes Stück voraus, be-
grüßte die Familie nach rechts und nach links und bemäch-
tigte mich darauf des Fensters, das auf den Pfad hinaus blickte. Sie kam, ich blickte und blickte, während ich gleichzeitig
mit der Teegesellschaft im Wohnzimmer ein Geplauder ent-
spann. Ihr Gang überzeugte mich leicht, daß sie keine bedeutende Tanzschule durchgemacht hatte, und doch lag ein
Stolz darin, ein natürlicher Adel, dabei aber ein Mangel an
Achtsamkeit auf sich selbst. Ich sah sie einmal mehr, als ich
eigentlich erwartet hatte. Vom Fenster aus konnte ich nicht
weit auf den Pfad hinabblicken; dagegen konnte ich einen
Steg beobachten, der in den See hinausläuft, und zu meiner großen Verwunderung entdecke ich sie da draußen wieder. Es fiel mir ein, vielleicht wohnt sie hier draußen auf
dem Lande, vielleicht hat die Familie hier eine Sommerwohnung. Ich war schon drauf und dran, meinen Besuch zu bereuen, aus Furcht, sie könnte umkehren und ich werde sie
aus den Augen verlieren, ja der Umstand, daß sie am äußer-

sten Ende des Steges sichtbar würde, war gleichsam ein Zeichen, daß sie mir entschwinde – als sie ganz in der Nähe erschien. Sie war schon am Hause vorüber, rasch greife ich
nach Hut und Stock, um womöglich noch viele Male an ihr
vorbei und wieder hinter ihr herzugehen, bis ich ihre Wohnung entdeckt hätte – als ich durch meine Eile gegen den
Arm einer Dame stoße, die gerade dabei ist, Tee herumzurei-
chen. Ein fürchterlicher Schrei erhebt sich, ich stehe da mit
Hut und Stock, einzig darum besorgt fortzukommen, und
um der Sache womöglich eine Wendung zu geben und meine Retirade zu motivieren, rufe ich mit Pathos aus: Wie
Kain will ich verbannt sein von diesem Ort, der das Ver-
schütten dieses Teewassers gesehen hat. Aber wie wenn alles
sich gegen mich verschworen hätte, kommt der Wirt auf
den verzweifelten Einfall, meine Bemerkung kontinuieren
zu wollen, und erklärt hoch und heilig, ich dürfe nicht
gehen, bevor ich eine Tasse Tee getrunken, selber den Damen den verschütteten Tee gereicht und somit alles wiedergutgemacht hätte. Da ich mich vollkommen überzeugt hielt,
der Hausherr werde es im gegenwärtigen Falle für eine Höflichkeit ansehen, Gewalt anzuwenden, so war hier nichts anderes zu tun als zu bleiben. – Sie war verschwunden.


                                                    den 16.
Wie schön ist es, verliebt zu sein, wie interessant ist es zu
wissen, daß man es ist. Seht, das ist der Unterschied. Es kann
mich erbittern, wenn ich daran denke, daß sie mir zum zweitenmal entschwand, und doch freut es mich in gewissem Sinne. Das Bild, das ich von ihr besitze, schwebt unbestimmt
zwischen ihrer wirklichen und ihrer idealen Gestalt. Dieses
Bild lasse ich jetzt vor mir erscheinen; aber eben weil es entweder Wirklichkeit oder die Wirklichkeit doch der Anlaß
ist, hat es einen eigenen Zauber. Ich kenne keine Ungeduld;
denn sie muß doch hier in der Stadt zu Hause sein, und das
genügt mir in diesem Augenblick. Diese Möglichkeit ist die
Bedingung dafür, daß ihr Bild so recht erscheinen kann – al-

les will in langsamen Zügen genossen sein. Und sollte ich nicht ruhig sein, ich, der ich mich für den Liebling der Götter halten darf, dem das seltene Glück zuteil wurde, sich erneut zu verlieben? Das ist doch etwas, was keine Kunst, kein Studium hervorzulocken vermag, es ist ein Geschenk. Ist es mir aber gelungen, wiederum eine Liebe zu entfachen, so möchte ich doch sehen, wie lange sie sich soutenieren läßt. Ich hätschele diese Liebe, wie ich es mit meiner ersten nicht getan habe. Die Gelegenheit wird einem kärglich genug zuteil, wenn sie sich zeigt, so gilt es fürwahr, sie zu nutzen; denn das ist das Verzweifelte: es ist keine Kunst, ein Mädchen zu verführen, ein Glück aber ist es, eine zu finden, die es wert ist, verführt zu werden. – Die Liebe hat viele Mysterien und diese erste Verliebtheit ist ebenfalls ein Mysterium, mag sie auch zu den kleineren gehören. Die meisten Menschen, die brausen daher, verloben sich oder machen andere dumme Streiche, und im Handumdrehen ist alles vorbei, und sie wissen weder, was sie erobert, noch was sie verloren haben. Zweimal ist sie mir nun erschienen und wieder entschwunden; das bedeutet, daß sie bald häufiger erscheinen wird. Als Joseph Pharaos Traum erklärt hat, fügt er hinzu: Daß du aber zweimal geträumt hast, bedeutet, daß es bald in Erfüllung gehen wird.

Es wäre immerhin interessant, wenn man die Kräfte, deren Erscheinung den Inhalt des Lebens ausmacht, ein wenig im voraus sehen könnte. Sie lebt nun dahin in all ihrem stillen Frieden; sie ahnt noch nicht, daß ich da bin, geschweige denn, was in meinem Innern vorgeht, geschweige die Sicherheit, mit der ich in ihre Zukunft schaue; denn meine Seele fordert immer mehr die Wirklichkeit, sie wird immer stärker. Wenn ein Mädchen nicht auf den ersten Blick einen so tiefen Eindruck auf einen macht, daß sie das Ideale weckt, so ist die Wirklichkeit meist nicht sonderlich begehrenswert; tut sie es dagegen, so ist man, wie erprobt man auch sei, im allgemeinen ein wenig überwältigt. Wer nun seiner Hand, seines Auges und seines Sieges nicht sicher ist, dem möchte ich immer raten, den Angriff in diesem ersten Zustand zu wagen, in dem er, eben weil er überwältigt ist, übernatürliche Kräfte hat; denn dieses Überwältigtsein ist eine sonderbare Mischung von Sympathie und Egoismus. Es wird ihm jedoch ein Genuß entgehen; denn er genießt die Situation nicht, da er selber in sie einbezogen, in ihr verborgen ist. Was das Schönste sei, ist schwer, was das Interessanteste sei, leicht zu entscheiden. Indessen ist es stets gut, dem Strich so nahe wie möglich zu kommen. Das ist der eigentliche Genuß, und was andere genießen, weiß ich wahrlich nicht. Der bloße Besitz ist etwas Belangloses, und die Mittel, die solche Liebhaber anwenden, sind meist erbärmlich genug; sie verschmähen nicht einmal Geld, Macht, fremden Einfluß, Schlaftrünke usw. Was für ein Genuß aber ist an der Liebe, wenn sie nicht die absoluteste Hingabe in sich hat, das heißt von der einen Seite, doch dazu gehört in der Regel Geist, und daran gebricht es diesen Liebhabern in der Regel.

den 19.

Cordelia heißt sie also, Cordelia! Es ist ein schöner Name, auch das ist von Wichtigkeit, da es oft sehr störend wirken kann, in Verbindung mit den zärtlichsten Prädikaten einen unschönen Namen nennen zu müssen. Ich erkannte sie schon von weitem, sie ging mit zwei anderen Mädchen auf dem linken Flügel. Die Bewegung ihres Gehens schien darauf hinzudeuten, daß sie bald stehenbleiben würden. Ich stand an der Straßenecke und las den Theaterzettel, während ich meine Unbekannte ständig im Auge behielt. Sie verabschiedeten sich voneinander. Die beiden waren vermutlich ein Stück von ihrem Wege abgegangen, denn sie entfernten sich in entgegengesetzter Richtung. Sie steuerte geraden Weges auf meine Straßenecke zu. Als sie ein paar Schritte gegangen war, kam ihr eines der jungen Mädchen nachgelaufen und rief so laut, daß ich es hören konnte: Cordelia! Cordelia! Darauf kam auch die Dritte hinzu; sie steckten die Köpfe zu

einer geheimen Beratung zusammen, deren Geheimnisse ich
mit meinem feinsten Gehör vergebens aufzufangen suchte;
darauf lachten sie alle drei, und in einem etwas schnelleren
Tempo eilten sie nun den Weg dahin, den die beiden eingeschlagen hatten. Ich folgte nach. Sie traten in ein Haus am
Strand. Ich wartete eine Weile, da ja alle Wahrscheinlichkeit dafür bestand, daß Cordelia bald allein zurückkehren
werde. Das geschah jedoch nicht.

Cordelia! Es ist doch wirklich ein vortrefflicher Name, so
hieß ja auch *Lears* dritte Tochter, jenes ausgezeichnete Mädchen, dessen Herz nicht auf den Lippen wohnte, dessen Lippen stumm waren, wenn das Herz sich geweitet hatte. So
auch mit meiner Cordelia. Sie gleicht ihr, dessen bin ich gewiß. In anderem Sinne freilich wohnt ihr Herz doch auf ihren Lippen, nicht in Form von Worten, sondern auf eine
herzlichere Weise in Form eines Kusses. Wie waren ihre
Lippen schwellend von Gesundheit! Nie sah ich schönere.
Daß ich wirklich verliebt bin, kann ich unter anderem auch
daraus ersehen, mit welcher Heimlichkeit ich diese Sache beinahe auch vor mir selber behandle. Alle Liebe ist geheimnisvoll, sogar die treulose, wenn sie das gebührende ästhetische
Moment in sich trägt. Es ist mir niemals eingefallen, mir Mitwisser zu wünschen oder mit meinen Abenteuern zu prah-
len. So freut es mich fast, daß ich nicht ihre Wohnung erfahren habe, sondern nur einen Ort, den sie oft besucht. Vielleicht bin ich dadurch überdies meinem Ziel noch näher gekommen. Ich kann, ohne daß es ihre Aufmerksamkeit erregt, meine Beobachtungen anstellen, und von diesem festen
Punkte aus wird es mir nicht schwerfallen, mir Zutritt zu
ihrer Familie zu verschaffen. Sollte dieser Umstand sich jedoch als eine Schwierigkeit erweisen – *eh bien!* so nehme ich
auch diese Schwierigkeit mit; alles, was ich tue, tue ich *con
amore*; und so liebe ich auch *con amore.*

den 20.

Heute habe ich mir Auskünfte über das Haus eingeholt, in dem sie verschwand. Es handelt sich um eine Witwe mit drei entzückenden Töchtern. Auskünfte sind hier im Überfluß zu haben, das heißt, sofern sie selbst welche besitzen. Die einzige Schwierigkeit ist, diese Auskünfte in dritter Potenz zu verstehen; denn sie reden alle drei durcheinander. Sie heißt *Cordelia Wahl* und ist die Tochter eines Kapitäns zur See. Er ist vor einigen Jahren gestorben, die Mutter ebenfalls. Er war ein sehr harter und strenger Mann. Sie lebt jetzt im Hause ihrer Tante, das heißt der Schwester ihres Vaters, die ganz nach ihrem Bruder arten, sonst aber eine sehr respektable Frau sein soll. Das ist zwar alles gut und schön, aber im übrigen wissen sie nichts über dieses Haus; sie verkehren dort nie, aber Cordelia kommt oft zu ihnen. Sie und die beiden Mädchen gehen zum Kochenlernen in die Hofküche. Sie kommt daher gern am frühen Nachmittag, hin und wieder auch am Vormittag, nie am Abend. Sie leben sehr eingezogen.

Hier endet also die Geschichte, es zeigt sich keine Brücke, über die ich in Cordelias Haus hinüberhuschen könnte.

Sie hat also eine Vorstellung von den Schmerzen des Lebens, von seiner Schattenseite. Wer hätte das von ihr sagen wollen? Doch diese Erinnerungen gehören wohl einem jüngeren Alter an, es ist ein Horizont, unter dem sie gelebt hat, ohne ihn recht zu bemerken. Das ist nur gut, denn es hat ihre Weiblichkeit gerettet, sie ist nicht verpfuscht. Andererseits wird es auch seine Bedeutung haben, um sie zu elevieren, wenn man nur versteht, es recht ins Gedächtnis zu rufen. Dergleichen verleiht im allgemeinen Stolz, sofern es nicht zerschmettert, und zerschmettert ist sie ganz und gar nicht.

den 21.

Sie wohnt am Wall, die Örtlichkeiten sind nicht die besten, kein Gegenüber, dessen Bekanntschaft man machen könnte, keine öffentlichen Plätze, an denen man unbemerkt seine Ob-

servationen anstellen kann. Der Wall selbst ist wenig geeignet, man wird zu sehr gesehen. Geht man unten auf der
Straße, so kann man nicht gut auf jener Seite unmittelbar
drüben am Wall gehen, denn dort geht kein Mensch, und es
würde zu auffällig sein, oder man müßte schon dicht an den
Häusern entlanggehen, und dann sieht man nichts. Es ist ein
Eckhaus. Die Fenster zum Hof kann man auch von der Straße aus sehen, da das Haus kein Nachbarhaus hat. Dort muß
vermutlich ihr Schlafzimmer liegen.

den 22.
Heute sah ich sie zum erstenmal bei *Frau Jansen*. Ich wurde
ihr vorgestellt. Sie schien sich nicht viel daraus zu machen,
ja mich kaum zu beachten. Ich verhielt mich so unscheinbar
wie möglich, um desto besser achtgeben zu können. Sie blieb
nur einen Augenblick da, und zwar war sie bloß gekommen,
um die Töchter abzuholen, die zur Hofküche mußten. Während die beiden Jungfrauen Jansen sich anzogen, blieben wir
beide allein im Zimmer, und mit kaltem, fast geringschätzi-
gem Phlegma warf ich ihr ein paar Worte hin, die mit un-
verdienter Höflichkeit beantwortet wurden. Nun gingen sie.
Ich hätte mich ihnen als Begleiter anbieten können; das hätte
indes schon genügt, um den Kavalier zu denunzieren, und
ich habe mich überzeugt, daß sie auf diese Weise nicht zu
gewinnen ist. – Vielmehr zog ich es vor, gleich nach ihrem
Fortgang auch zu gehen, aber wesentlich schneller als sie und
auf anderen Wegen, jedoch ebenfalls der Hofküche zustre-
bend, dergestalt, daß ich, als sie in die Store Kongensgade
einbiegen wollten, in größter Eile an ihnen vorbeilief, ohne
zu grüßen oder sonst was, zu ihrem großen Erstaunen.

den 23.
Mir Zutritt im Hause zu verschaffen, ist notwendig für mich,
ich bin in dieser Hinsicht, wie es in der Militärsprache heißt,
schußfertig. Es scheint indessen eine ziemlich weitläufige und
schwierige Angelegenheit zu werden. Noch nie habe ich ei-

ne Familie gekannt, die so zurückgezogen gelebt hätte. Sie
besteht nur aus ihr und ihrer Tante. Keine Brüder, keine Vet-
tern, keine Menschenseele weit und breit, kein noch so entfernter Verwandter, bei dem man sich unterfassen könnte.
Ich lasse, wenn ich gehe, den einen Arm stets lose herabhän-
gen, ich möchte um alles in der Welt in dieser Zeit nicht an
jedem Arm einen haben, mein Arm ist ein Enterhaken, den
man immer in Bereitschaft haben muß, mein Arm ist für die
unsicheren Einnahmen bestimmt, ob sich nicht etwa doch in
weiter Ferne ein weit entfernter Verwandter oder Freund
zeigen möchte, bei dem ich mich von weitem ein bißchen
unterfassen könnte – so klettere ich. Im übrigen ist es auch
falsch, wenn eine Familie so isoliert lebt; man nimmt dem
armen Mädchen die Gelegenheit, die Welt kennenzulernen,
ganz davon zu schweigen, welch gefährliche Folgen es sonst
noch haben kann. Das rächt sich immer. Mit der Freierei
geht es genauso. Mit einer solchen Isolierung sichert man
sich zwar gegen die kleinen Diebe. In einem sehr geselligen
Hause, da macht die Gelegenheit Diebe. Das hat jedoch nicht
viel zu sagen; denn bei solchen Mädchen ist ohnehin nicht
viel zu stehlen; wenn sie sechzehn Jahre alt sind, ist ihr Herz
bereits ein vollgesticktes Namenstuch, und ich halte nichts
davon, meinen Namen auch noch hinzuschreiben, wo mehrere den ihren bereits geschrieben haben, es fällt mir gar
nicht ein, auf einer Scheibe oder in einem Wirtshaus, in einen Baum oder eine Bank im Schloßgarten von Frederiksberg meinen Namen einzuritzen.


### den 27.

Je mehr ich sie betrachte, um so mehr überzeuge ich mich,
daß sie eine isolierte Figur ist. Das darf ein Mann nicht sein,
nicht einmal ein Jüngling; denn da seine Entwicklung wesentlich auf Reflexion beruht, muß er in Beziehung zu anderen getreten sein. Ein junges Mädchen darf darum auch
nicht interessant sein, denn das Interessante enthält stets eine
Reflexion auf sich selbst, so wie in der Kunst das Interessante

immer zugleich den Künstler wiedergibt. Ein junges Mädchen, das dadurch gefallen will, daß es interessant ist, will
eigentlich sich selbst gefallen. Das eben ist von seiten der
Ästhetik gegen alle Art von Koketterie einzuwenden. Etwas
anderes ist es mit all jener uneigentlichen Koketterie, welche
die eigene Bewegung der Natur darstellt, etwa mit der weiblichen Schamhaftigkeit, die stets die schönste Koketterie ist.
Es mag so einem interessanten Mädchen zwar gelingen zu
gefallen, aber wie sie selbst ihre Weiblichkeit aufgegeben
hat, so sind im allgemeinen die Männer, denen sie gefällt,
entsprechend unmännlich. Interessant wird so ein junges
Mädchen eigentlich erst durch das Verhältnis zu Männern.
Die Frau ist das schwächere Geschlecht, und doch gehört es
weit wesentlicher zu ihr, in der Jugend allein zu stehen, als
zum Manne, sie muß sich selbst genug sein, das aber, wodurch und worin sie sich selbst genug ist, ist eine Illusion;
dies ist die Mitgift, mit der die Natur sie ausgestattet hat wie
eine Königstochter. Aber dieses Ruhen in der Illusion isoliert sie gerade. Ich habe oft darüber nachgesonnen, woher
es wohl kommen mag, daß es für ein junges Mädchen nichts
Verderblicheres gibt als viel Umgang mit anderen jungen
Mädchen. Offenbar liegt es daran, daß dieser Umgang weder dies noch das ist; er stört die Illusion, aber erklärt sie
nicht. Es ist des Weibes tiefste Bestimmung, Gesellschaft
für den Mann zu sein, aber durch den Umgang mit ihrem
eigenen Geschlecht wird leicht eine Reflexion darauf gelenkt, die sie statt zu einer Gesellschaft zu einer Gesellschafts-
dame macht. Die Sprache selbst ist in dieser Hinsicht sehr
bezeichnend; der Mann heißt Herr, die Frau aber heißt nicht
Dienerin oder dergleichen, nein, es wird eine Bestimmung
der Wesentlichkeit gebraucht: sie ist Gesellschaft, nicht Ge-
sellschafterin. Wenn ich mir das Ideal eines Mädchens denken sollte, müßte sie immer allein in der Welt stehen und
somit auf sich selbst angewiesen sein, vor allem aber dürfte
sie keine Freundinnen haben. Es stimmt zwar, daß die Gra-
zien ihrer drei waren; aber es ist wahrscheinlich noch nie-

mandem eingefallen, sie sich miteinander sprechend zu denken; sie bilden in ihrer stummen Dreiheit eine weibliche schöne Einheit. In dieser Hinsicht könnte ich fast versucht sein, wieder Jungfrauengemächer zu empfehlen, wenn dieser Zwang dann nicht wieder schädlich wirkte. Am wünschenswertesten ist es für ein junges Mädchen stets, daß man ihr die Freiheit läßt, ihr aber keine Gelegenheit bietet... Dadurch wird sie schön und bleibt davor bewahrt, interessant zu werden. Einem jungen Mädchen, das viel in Gesellschaft mit jungen Mädchen lebt, gibt man vergebens einen Jungfernschleier oder einen Brautschleier; hingegen wird, wer genügend ästhetischen Sinn hat, stets finden, daß ein in tieferem und eminentem Sinne unschuldiges Mädchen ihm verschleiert zugeführt wird, auch wenn es nicht Sitte und Brauch ist, Brautschleier zu verwenden.

Sie ist streng erzogen, dafür ehre ich ihre Eltern noch im Grabe; sie lebt sehr zurückgezogen, dafür könnte ich der Tante aus Dank um den Hals fallen. Sie hat die Freuden der Welt nicht kennengelernt, hat nicht die alberne Übersättigung. Sie ist stolz, sie trotzt dem, was andere junge Mädchen freut, so soll es sein. Es ist eine Unwahrheit, aus der ich schon meinen Vorteil werde zu ziehen wissen. An Pracht und Prunk hat sie nicht in dem Sinne Gefallen wie andere junge Mädchen; sie ist ein wenig polemisch, aber das ist notwendig für ein junges Mädchen mit ihrer Schwärmerei. Sie lebt in der Welt der Phantasie. Fiele sie in unrechte Hände, so könnte etwas sehr Unweibliches aus ihr werden, gerade weil so viel Weiblichkeit in ihr ist.

#### den 30.

Überall kreuzen sich unsere Wege. Heute bin ich ihr dreimal begegnet. Ich weiß von jedem kleinsten Ausflug, den sie macht, wann und wo ich sie treffen kann; aber diese Kenntnis wird nicht dazu benutzt, mir ein Zusammentreffen mit ihr zu verschaffen; im Gegenteil, ich verschwende in einem fürchterlichen Maßstab. Eine Begegnung, die mich oft ein

stundenlanges Warten gekostet hat, wird als eine Lappalie
vergeudet; ich treffe sie nicht, ich tangiere nur ihre peripherische Existenz. Weiß ich, daß sie zu Frau *Jansen* will, so treffe ich nicht gern mit ihr zusammen, außer sofern es mir von
Wichtigkeit ist, eine bestimmte Beobachtung anzustellen;
ich ziehe es vor, etwas früher zu Frau Jansen zu gehen und
ihr womöglich in der Tür zu begegnen, indem sie kommt
und ich gehe, oder auf der Treppe, wo ich dann achtlos an
ihr vorbeilaufe. Das ist das erste Netz, in das sie eingesponn-
nen werden muß. Auf der Straße halte ich sie nicht an, oder
ich tausche einen Gruß mit ihr, aber nähere mich ihr nie,
sondern halte immer auf Abstand. Unsere häufigen Begeg-
nungen sind ihr zwar auffallend, sie merkt zwar, daß an ihrem
Horizont ein neuer Himmelskörper erschienen ist, der mit
seinem Gang auf eine merkwürdig unstörende Art störend
in den ihren eingreift; aber von dem diese Bewegung kon-
stituierenden Gesetz hat sie keine Ahnung, vielmehr ist sie
versucht, sich nach rechts und links umzusehen, ob sie nicht
den Punkt entdecken möchte, der das Ziel darstellt; daß sie
selbst es ist, das weiß sie ebenso wenig wie ihr Antipode. Es
geht ihr wie meinen Bekannten im allgemeinen: sie glauben,
ich hätte vielerlei Geschäfte, ich sei fortwährend in Bewegung und sage wie Figaro: Ein, zwei, drei, vier Intrigen auf
einmal, das ist meine Lust. Erst muß ich sie und ihren ganzen geistigen Zustand kennen, ehe ich meinen Angriff beginne. Die meisten genießen ein junges Mädchen, wie sie ein
Glas Champagner genießen, in einem schäumenden Augenblick, ach ja, das ist recht hübsch, und bei manchem jungen
Mädchen ist es wohl auch das Höchste, wozu man es bringen kann; aber hier ist mehr. Ist das Individuum zu schwach,
um Klarheit und Durchsichtigkeit zu ertragen, nun gut, dann
genießt man das Unklare, aber sie kann es offenbar ertragen.
Je mehr Hingabe man in die Liebe hineinbringen kann, um
so interessanter. Dieser Augenblicksgenuß ist, wenn auch
nicht in äußerem, so doch in geistigem Sinne, eine Notzucht,
und eine Notzucht bietet immer nur einen eingebildeten Ge-

nuß, sie ist, wie ein geraubter Kuß, etwas, das keine Art hat. Nein, wenn man es dahin bringen kann, daß ein Mädchen für ihre Freiheit nur eine einzige Aufgabe hat, nämlich die, sich hinzugeben, daß sie ihre ganze Seligkeit darin empfindet, daß sie sich diese Hingabe geradezu erbettelt und doch frei ist, erst dann gibt es Genuß, dazu aber gehört stets ein geistiger Einfluß.

Cordelia! Es ist doch ein herrlicher Name. Ich sitze zu Hause und übe mich, wie ein Papagei zu sprechen, ich sage: Cordelia, Cordelia, meine Cordelia, du meine Cordelia. Ich kann mich des Lächelns nicht enthalten bei dem Gedanken an die Routine, mit der ich in einem entscheidenden Augenblick einmal diese Worte aussprechen werde. Man muß immer Vorstudien machen, alles muß zurechtgelegt sein. Es ist kein Wunder, daß die Dichter immer diesen Duz-Augenblick schildern, den schönen Augenblick, da die Liebenden nicht durch eine Übergießung [es gibt ja freilich viele, die nie weiter kommen], sondern durch ein Hinabsteigen in das Meer der Liebe den alten Menschen ausziehen und aus dieser Taufe emporsteigen und nun erst wie alte Bekannte sich richtig kennen, obwohl sie erst einen Augenblick alt sind. Für ein junges Mädchen ist dieser Augenblick stets der schönste, und man muß, um ihn recht zu genießen, immer etwas darüber stehen, so daß man nicht nur Täufling, sondern zugleich Priester ist. Ein wenig Ironie macht dieses Augenblickes zweiten Augenblick zu einem der interessantesten, es ist eine geistige Entkleidung. Man muß poetisch genug sein, den Akt nicht zu stören, und doch muß immer der Schelm auf der Lauer sitzen.

den 2. Juni

Sie ist stolz, das hab' ich schon seit langem gesehen. Wenn sie in Gesellschaft mit den drei Jansens sitzt, spricht sie sehr wenig, ihr Geschwätz langweilt sie offenbar, ein gewisses Lächeln um die Lippen scheint darauf hinzudeuten. Auf dieses

Lächeln baue ich. – Zu anderen Zeiten kann sie sich einer fast knabenhaften Wildheit überlassen, zur großen Verwunderung der Jansens. Unerklärlich ist mir das keineswegs, wenn ich bedenke, was für eine Kindheit sie erlebt hat. Sie hatte nur einen einzigen Bruder, der ein Jahr älter war als sie. Sie kennt nur Vater und Bruder, ist Zeuge ernster Auftritte gewesen, das verleidet einem den Geschmack an dem gewöhnlichen Gänsegeschnatter. Ihr Vater und ihre Mutter haben nicht glücklich miteinander gelebt; was sonst, deutlicher oder dunkler, einem jungen Mädchen winkt, das winkt ihr nicht. Es kann schon möglich sein, daß sie nicht recht weiß, was ein junges Mädchen ist. Vielleicht mag sie in einzelnen Augenblicken wünschen, daß sie kein Mädchen, sondern ein Mann wäre.

Sie hat Phantasie, Seele, Leidenschaft, kurz, alle Substantialitäten, aber nicht subjektiv reflektiert. Davon hat ein Zufall mich heute so recht überzeugt. Ich weiß von der Firma Jansen, daß sie nicht musiziert, da das den Grundsätzen der Tante zuwiderläuft. Ich habe das stets bedauert, denn die Musik ist immer ein gutes Kommunikationsmittel, wenn man sich einem jungen Mädchen nähern will, vorausgesetzt freilich, daß man so vorsichtig ist, nicht als Kenner aufzutreten. Heute ging ich zu Frau Jansen hinauf, ich hatte die Tür halb geöffnet, ohne anzuklopfen, eine Unverschämtheit, die mir oftmals zugute kommt und die ich, wenn es nottut, durch eine Lächerlichkeit wettmache, dadurch nämlich, daß ich an die offene Tür klopfe – sie saß dort allein am Fortepiano – sie schien heimlich zu spielen – es war eine kleine schwedische Melodie – sie spielte ohne Geläufigkeit, sie wurde ungeduldig, doch dann erklangen wieder sanftere Töne. Ich machte die Tür zu und blieb draußen, auf den Wechsel ihrer Stimmungen lauschend, es war zuweilen eine Leidenschaft in ihrem Spiel, die an Jungfer *Mettelil* erinnerte, welche die Goldharfe schlug, daß die Milch aus ihren Brüsten sprang. – Es war etwas Wehmütiges, aber auch etwas Dithyrambisches in ihrem Vortrag. – Ich hätte vorstürzen, diesen Augenblick ergreifen können – es wäre Torheit gewesen. – Die Erinnerung ist nicht nur ein Mittel der Konservierung, sondern auch der Vermehrung, was von Erinnerung durchdrungen ist, wirkt doppelt. – Man findet in Büchern, zumal in Gesangbüchern, oft eine kleine Blume – ein schöner Augenblick war es, der den Anlaß gegeben hat, sie in das Buch zu legen, aber schöner noch ist doch die Erinnerung. Sie macht offenbar ein Geheimnis daraus, daß sie spielt, oder spielt sie etwa nur diese kleine schwedische Melodie – hat diese etwa ein besonderes Interesse für sie? Das alles weiß ich nicht, deshalb aber ist dieses Ereignis für mich von großer Wichtigkeit. Wenn ich nun einmal vertraulicher mit ihr rede, dann lenke ich sie ganz heimlich auf diesen Punkt hin und lasse sie in diese Fallgrube stürzen.

den 3.

Noch kann ich nicht recht einig mit mir werden, wie sie aufzufassen ist; darum verhalte ich mich so still, so unauffällig – ja, wie ein Soldat in einer Vedettenkette, der sich auf die Erde wirft und auf den fernsten Widerhall von einem heranrückenden Feinde horcht. Ich existiere eigentlich gar nicht für sie, nicht im Sinne eines negativen Verhältnisses, sondern im Sinne von überhaupt keinem Verhältnis. Noch habe ich kein Experiment gewagt. – Sie sehen und sie lieben war eins, so heißt es im Roman – ja, das wäre schon wahr, wenn die Liebe keine Dialektik hätte; aber was erfährt man denn auch schon aus Romanen von der Liebe? Lauter Lügen, die dazu helfen, die Aufgabe zu verkürzen.

Wenn ich nach den Aufklärungen, die ich jetzt erhalten habe, an den Eindruck zurückdenke, den die erste Begegnung auf mich gemacht hat, so ist meine Vorstellung von ihr zwar modifiziert, jedoch sowohl zu ihrem wie zu meinem Vorteil. Es gehört nicht gerade zur Tagesordnung, daß ein junges Mädchen so ganz allein geht, oder daß ein junges Mäd-

chen so in sich selbst versinkt. Sie war nach meiner strengen
Kritik geprüft: anmutig. Anmut aber ist ein überaus flüch-
tiges Moment, das dahinschwindet wie der Tag, der gestern
vergangen ist. Ich hatte sie mir nicht in den Umgebungen
vorgestellt, in denen sie lebt, am wenigsten aber so unreflektiert vertraut mit den Stürmen des Lebens.

Ich möchte doch wissen, wie es mit ihren Gefühlen steht.
Verliebt ist sie wahrscheinlich noch nie gewesen, dazu ist der
Flug ihres Geistes zu frei, am allerwenigsten gehört sie zu
jenen theoretisch erfahrenen Jungfrauen, denen es lange vor
der Zeit so geläufig ist, sich in den Armen eines geliebten
Mannes zu denken. Die Gestalten der Wirklichkeit, die ihr
begegnet sind, haben nicht gerade vermocht, Unklarheit
über das Verhältnis von Traum und Wirklichkeit bei ihr
aufkommen zu lassen. Ihre Seele nährt sich noch von der
göttlichen Ambrosia der Ideale. Doch das Ideal, das ihr vor-
schwebt, ist wohl nicht eben die Hirtin oder Heldin eines
Romans, eine Geliebte, sondern eine *Jeanne d'Arc* oder etwas
dergleichen.

Die Frage wird immer sein, ob ihre Weiblichkeit stark genug ist, um sie sich reflektieren zu lassen, oder ob sie bloß
als Schönheit und Anmut genossen sein will; die Frage ist,
ob man den Bogen höher spannen darf. Es ist schon etwas
Großes, eine rein unmittelbare Weiblichkeit zu finden, wagt
man aber das Changement, so hat man das Interessante. In
diesem Falle wäre es das beste, ihr einen ganz gewöhnlichen
Freier auf den Hals zu schaffen. Es ist ein Aberglaube mancher Leute, daß dies einem jungen Mädchen schade. – Ja, ist
sie ein sehr feines und zartes Pflänzchen, das nur einen Glanz-
punkt in seinem Leben hat: Anmut, so ist es immerhin das
beste, daß sie nie etwas von Liebe vernommen hat, verhält
es sich aber nicht so, dann ist es ein Gewinn, und ich würde
niemals ein Bedenken tragen, einen Freier zu beschaffen, falls
noch keiner da wäre. Dieser Freier darf auch keine Karika-

tur sein, denn damit wäre nichts gewonnen; es muß so recht
ein respektabler junger Mann sein, womöglich sogar liebenswert, aber nicht zureichend für ihre Leidenschaft. Über so
einen Menschen sieht sie hinweg, sie bekommt eine Abneigung gegen die Liebe, sie verzweifelt fast an ihrer eigenen
Realität, wenn sie ihre Bestimmung fühlt und sieht, was die
Wirklichkeit bietet; wenn Lieben, sagt sie, weiter nichts ist,
so ist nicht viel damit los. Sie wird stolz in ihrer Liebe, dieser
Stolz macht sie interessant, er durchleuchtet ihr Wesen mit
einem höheren Inkarnat; zugleich aber ist sie ihrem Fall näher, doch macht dies alles sie nur noch immer interessanter.
Indessen wird es doch das beste sein, sich zunächst ihrer Be-
kanntschaften zu versichern, um zu sehen, ob nicht etwa so
ein Freier dabei ist. Zu Hause bietet sich keine Gelegenheit,
denn dort verkehrt so gut wie niemand, aber sie geht doch
immerhin aus, und da ließe sich ein solcher wohl finden. Einen zu beschaffen, bevor man dies weiß, ist stets bedenklich;
zwei Freier, die jeder für sich unbedeutend sind, könnten
doch durch ihre Relativität schädlich wirken. Ich werde nun
sehen, ob nicht so ein Liebhaber schon insgeheim dasitzt, der
nicht den Mut hat, das Haus zu stürmen, ein Hühnerdieb,
der in einem derart klösterlichen Hause keine Gelegenheit
sieht.

Das strategische Prinzip, das Gesetz für alle Bewegungen in
diesem Feldzug wird also sein, sie immer in einer interessanten Situation zu berühren. Das Interessante ist demnach das
Gebiet, auf dem der Kampf geführt werden muß, die Potenz des Interessanten muß ausgeschöpft werden. Wenn ich
mich nicht sehr geirrt habe, so ist auch ihre ganze Struktur
darauf berechnet, so daß das, was ich verlange, eben das ist,
was sie gewährt, ja, was sie selbst verlangt. Darauf kommt
es an, zu erlauern, was die einzelne gewähren kann und was
sie infolgedessen fordert. Meine Liebesgeschichten haben daher immer eine Realität für mich, sie stellen ein Lebensmoment dar, eine Bildungsperiode, über die ich bestimmt Bescheid weiß, oft knüpft sich sogar irgendeine Fertigkeit dar-

an; so lernte ich tanzen um des ersten Mädchens willen, das
ich liebte, und Französisch sprechen lernte ich einer kleinen
Tänzerin zuliebe. Damals zog ich noch wie alle Narren zu
Markte und wurde oft angeführt. Jetzt verlege ich mich auf
den Vorkauf. Vielleicht hat sie indes eine Seite des Interessanten erschöpft, ihr eingezogenes Leben scheint darauf hinzudeuten. Es gilt also, eine andere Seite zu finden, die ihr auf
den ersten Blick gar nicht so vorkommt, die ihr aber gerade
wegen dieses Anstoßes interessant wird. Zu diesem Ende
wähle ich nicht das Poetische, sondern das Prosaische. Hiermit also der Anfang. Zunächst wird ihre Weiblichkeit durch
prosaische Verständigkeit und Spott neutralisiert, nicht direkt, sondern indirekt, sowie durch das absolut Neutrale:
durch Geist. Sie büßt ihre Weiblichkeit nahezu vor sich selber ein, doch in diesem Zustand kann sie sich für sich allein
nicht halten, sie wirft sich mir in die Arme, nicht als einem
Liebhaber, nein, noch ganz neutral, nun erwacht die Weiblichkeit, man lockt sie hervor bis zu ihrer höchsten Elastizität, man läßt sie gegen diese oder jene wirklich geltende
Norm anstoßen, sie geht darüber hinaus, ihre Weiblichkeit
erreicht eine schier übernatürliche Höhe, und mit einer Welt-
leidenschaft gehört sie mir.

den 5.

Weit brauchte ich also nicht zu gehn. Sie verkehrt im Hause
des Großkaufmanns *Baxter*. Dort habe ich nicht nur sie gefunden, sondern auch einen Menschen, der mir ebenso gelegen kam. *Edvard*, der Sohn des Hauses, ist sterblich in sie
verliebt, das erkennt man schon mit halbem Auge, wenn
man nur in seine beiden sieht. Er ist beim Handel, im väterlichen Kontor, ein hübscher Mensch, recht angenehm, ein
wenig schüchtern zwar, welch letzteres ihm aber, wie ich
glaube, in ihren Augen nichts schadet.

Armer Edvard! Er weiß gar nicht, was er mit seiner Liebe
anstellen soll. Wenn er weiß, sie ist am Abend da, dann macht

er Toilette allein ihretwegen, zieht allein ihretwegen seinen neuen schwarzen Anzug an, Manschetten allein ihretwegen, und macht so beinahe eine lächerliche Figur in der ansonsten ganz alltäglichen Gesellschaft des Wohnzimmers. Seine Verlegenheit grenzt ans Unglaubliche. Wenn das Maske wäre, so würde Edvard für mich ein gefährlicher Nebenbuhler sein. Sich der Verlegenheit als eines Mittels zu bedienen, das erfordert eine große Kunst, aber man erreicht auch viel damit. Wie oft habe ich nicht Verlegenheit vorgetäuscht, um eine kleine Jungfer an der Nase herumzuführen. Im allgemeinen urteilen junge Mädchen recht hart über verlegene Männer, mögen sie aber insgeheim doch gern. Ein wenig Verlegenheit schmeichelt der Eitelkeit von so einem jungen Ding, sie fühlt ihre Überlegenheit, das ist das Handgeld. Wenn man sie nun eingeschläfert hat, so zeigt man ihnen gerade bei einer Gelegenheit, wo sie glauben möchten, man würde vor Verlegenheit sterben, daß man weit davon entfernt ist und durchaus alleine gehen kann. Durch Verlegenheit büßt man seine männliche Bedeutung ein, sie ist darum auch ein relativ gutes Mittel, das Geschlechtsverhältnis zu neutralisieren; sie fühlen sich daher, wenn sie merken, daß es nur Maske war, beschämt, erröten innerlich, sie spüren sehr wohl, daß sie gewissermaßen ihre Grenze überschritten haben; es ist, wie wenn sie zu lange fortfahren, einen Jungen als Kind zu behandeln.

den 7.

So sind wir denn Freunde, *Edvard* und ich; eine wahre Freundschaft, ein schönes Verhältnis besteht zwischen uns, wie es das seit den schönsten Tagen Griechenlands nicht gegeben hat. Wir wurden bald Vertraute, als ich, nachdem ich ihn in eine Fülle von Betrachtungen betreffs Cordelia verwickelt hatte, dazu brachte, mir sein Geheimnis zu gestehen. Das ist klar, wenn alle Geheimnisse zusammenkommen, dann kann auch dieses mit draufgehen. Armer Bursche, er hat schon lange geseufzt. Er macht sich jedesmal fein, wenn sie kommt, begleitet sie dann am Abend nach Hause, sein Herz klopft bei dem Gedanken daran, daß ihr Arm auf dem seinen ruht, sie spazieren heimwärts, nach den Sternen gukkend, er schellt an ihrer Haustür, sie entschwindet, er verzweifelt – aber hofft auf das nächste Mal. Noch hat er nicht den Mut gehabt, den Fuß über ihre Schwelle zu setzen, er, der eine so vorzügliche Gelegenheit hat. Obwohl ich es nicht lassen kann, im stillen über Edvard zu spotten, so hat seine Kindlichkeit doch etwas Schönes. Obwohl ich mir sonst einbilde, in dem gesamten erotischen Inbegriff ziemlich bewandert zu sein, so habe ich diesen Zustand an mir selber doch niemals wahrgenommen, diese Angst und dies Zittern der Verliebtheit, das heißt: nicht in dem Maße, daß es mir die Fassung nähme, denn sonst kenne ich diesen Zustand schon, aber auf mich wirkt er so, daß er mich eher noch stärker macht. Vielleicht möchte jemand sagen, dann sei ich nie richtig verliebt gewesen; vielleicht. Ich habe Edvard ausgeschmäht, ich habe ihn ermuntert, auf meine Freundschaft zu bauen. Morgen soll er einen entscheidenden Schritt tun, persönlich hingehen und sie einladen. Ich habe ihn auf die verzweifelte Idee gebracht, mich zu bitten, mitzugehen; ich habe es ihm versprochen. Er hält es für einen außerordentlichen Freundschaftsdienst. Die Gelegenheit ist ganz so, wie ich sie mir wünsche, das heißt: mit der Tür ins Haus fallen. Sollte das Mädchen den leisesten Zweifel über die Bedeutung meines Auftretens haben, so wird mein Auftreten wiederum alles verwirren.

Früher war ich es nicht gewohnt, mich auf meine Konversation vorzubereiten, jetzt ist es mir zur Notwendigkeit geworden, um die Tante zu unterhalten. Ich habe nämlich die ehrenvolle Aufgabe übernommen, mit ihr zu konversieren und damit Edvards verliebte Bewegungen gegen Cordelia zu decken. Die Tante hat früher auf dem Lande gelebt, und sowohl dank meiner eigenen sorgfältigen Studien in landwirtschaftlichen Schriften als auch dank der auf Erfahrung

gegründeten Mitteilungen der Tante mache ich bedeutende
Fortschritte in Einsicht und Tüchtigkeit.

Bei der Tante mache ich vollkommen mein Glück, sie hält
mich für einen gesetzten und beständigen Menschen, mit
dem sich einzulassen wahre Freude macht, der nicht so ist
wie unsere Modeherrchen. Bei Cordelia scheine ich nicht
sonderlich gut angeschrieben zu sein. Allerdings ist sie eine
viel zu reine unschuldige Weiblichkeit, um zu verlangen,
daß jeder Mann ihr seine Aufwartung mache, gleichwohl
aber empfindet sie allzu sehr das Empörerische in meiner
Existenz.

Wenn ich so in dem gemütlichen Wohnzimmer sitze, wenn
sie wie ein guter Engel allenthalben Wohlgefallen um sich
verbreitet, über alle, die mit ihr in Berührung kommen,
über Gute und Böse, dann werde ich bisweilen innerlich ungeduldig, ich bin versucht, aus meinem Versteck hervorzu-
stürzen; denn obzwar ich vor aller Augen im Wohnzimmer
sitze, so sitze ich doch auf der Lauer; ich bin versucht, ihre
Hand zu ergreifen, das ganze Mädchen zu umarmen, sie in
mir zu verbergen, aus Furcht, daß jemand sie mir rauben
könnte. Oder wenn Edvard und ich sie abends verlassen,
wenn sie mir zum Abschied ihre Hand reicht, wenn ich sie
in der meinen halte, zuweilen fällt es mir schwer, diesen
Vogel wieder aus meiner Hand schlüpfen zu lassen. Geduld
– *quod antea fuit impetus, nunc ratio est* – sie muß noch ganz
anders in mein Gewebe eingesponnen werden, und dann
plötzlich lasse ich die ganze Macht der Liebe daherbrausen.
Wir haben uns diesen Moment nicht durch Näschereien,
durch unzeitige Antizipationen verdorben, dafür kannst du
dich bei mir bedanken, meine Cordelia. Ich arbeite daran,
den Gegensatz zu entwickeln, ich straffe den Bogen der Liebe,
um desto tiefer zu verwunden. Wie ein Bogenschütze ent-
spanne ich die Sehne, straffe sie wieder, höre ihren Gesang,
das ist meine Kriegsmusik, aber ich ziele noch nicht, lege den
Pfeil noch nicht auf die Sehne.

Wenn eine geringe Anzahl von Personen oftmals in dem gleichen Zimmer miteinander in Berührung kommt, so bildet sich leicht eine Tradition heraus, wo jeder einzelne seinen Platz, seinen festen Stand hat, das ergibt dann ein Bild, das man jederzeit nach Belieben vor sich entrollen kann, eine Karte von dem Gelände. Solchermaßen leben wir nun auch in dem Wahlschen Hause gemeinsam ein Bild. Am Abend wird Tee getrunken. Im allgemeinen setzt sich dann die Tante, die bis dahin auf dem Sofa gesessen hat, zu dem kleinen Nähtischchen hinüber, welchen Platz Cordelia ihrerseits verläßt, die zum Tee von dem Sofa hinüberrückt; ihr schließt sich Edvard an, während ich mich der Tante anschließe. Edvard hat es auf Heimlichkeit abgesehen, er möchte flüstern, im allgemeinen macht er das so gut, daß er rein stumm wird; ich mache aus meinen Ergüssen vor der Tante kein Geheimnis, Marktpreise, eine Berechnung darüber, wieviel Liter Milch zu einem Pfund Butter erforderlich sind, durch das Medium der Sahne und die Dialektik des Butterfasses hindurch, das sind wirklich nicht nur Dinge, die jedes junge Mädchen anhören kann, ohne Schaden zu nehmen, sondern es ist auch, was weit seltener ist, eine solide und gründliche und erbauliche Konversation, gleich veredelnd für Kopf und Herz. Ich kehre dem Teetisch und Edvards und Cordelias Schwärmerei gewöhnlich den Rücken zu, ich schwärme mit der Tante. Und ist die Natur in ihren Erzeugnissen nicht groß und weise, was ist nicht die Butter für eine köstliche Gabe, welch herrliches Resultat aus Natur und Kunst! Die Tante wäre gewiß nicht imstande, das, was zwischen Edvard und Cordelia gesprochen wird, zu hören, vorausgesetzt, daß wirklich etwas gesprochen würde; das habe ich Edvard versprochen, und ich halte immer Wort. Dagegen kann ich ausgezeichnet ein jedes Wort hören, das gewechselt wird, und eine jede Bewegung. Es ist mir von Wichtigkeit, denn man kann nicht wissen, auf was für Wagnisse ein Mensch in seiner Verzweiflung verfällt. Die vorsichtigsten und zaghaftesten Menschen wagen mitunter die desperate-

sten Dinge. Obwohl ich also nicht das mindeste mit den
zwei einsamen Leuten zu schaffen habe, kann ich Cordelia
doch sehr wohl anmerken, daß ich unsichtbar ständig zwischen ihr und Edvard zugegen bin.

Es ist doch ein eigenartiges Bild, das wir vier zusammen abgeben. Wollte ich an bekannte Bilder denken, so könnte ich
wohl eine Analogie finden, sofern ich bei mir selbst an *Mephistopheles* denke; die Schwierigkeit ist jedoch die, daß *Edvard* kein *Faust* ist. Mache ich mich selbst zu Faust, so ergibt
sich wieder die Schwierigkeit, daß Edvard gewiß kein Mephistopheles ist. Auch ich bin kein Mephistopheles, am allerwenigsten in Edvards Augen. Er hält mich für den guten Genius seiner Liebe, und daran tut er gut, zumindest
darf er sicher sein, daß niemand sorgsamer über seine Liebe
wachen kann als ich. Ich habe ihm versprochen, mit der
Tante zu konversieren, und ich entledige mich dieser ehren-
vollen Aufgabe mit allem Ernst. Die Tante verschwindet
fast vor unseren Augen in lauter Landwirtschaft; wir gehen
in Küche und Keller, auf den Boden, sehen nach Hühnern,
Enten und Gänsen usw. All das ärgert Cordelia. Was ich eigentlich will, kann sie natürlich nicht begreifen. Ich werde
ihr ein Rätsel, ein solches freilich, das sie nicht zum Raten
reizt, sondern das sie erbittert, ja indigniert. Sie empfindet
sehr wohl, daß die Tante beinahe lächerlich wird; dabei
ist die Tante eine so ehrwürdige Dame, daß sie es wahrlich
nicht verdiente. Andererseits mache ich meine Sache so gut,
daß sie sehr wohl fühlt, wie vergeblich es wäre, wollte sie
meine Stellung zu erschüttern suchen. Zuweilen bringe ich
es denn so weit, daß ich Cordelia dazu bewege, in aller Heimlichkeit über die Tante zu lächeln. Das sind Etüden, die gemacht werden müssen. Nicht, als ob ich es im Verein mit
Cordelia täte, keineswegs, dann brächte ich sie nie dazu, über
die Tante zu lächeln. Ich bleibe unverändert ernst und gründlich, sie aber kann sich des Lächelns nicht enthalten. Das ist
die erste falsche Lehre: wir müssen sie lehren, ironisch zu lä-

cheln; doch dieses Lächeln trifft mich fast ebensosehr wie
die Tante, denn sie weiß gar nicht, was sie von mir denken
soll. Es wäre doch möglich, daß ich so ein junger Mensch
wäre, der zu früh alt geworden ist, das wäre möglich; ein
zweites wäre gleichfalls möglich, ein drittes auch usw. Wenn
sie nun über die Tante gelächelt hat, so entrüstet sie sich über
sich selbst. Ich drehe mich dann um und sehe sie, indem ich
mit der Tante weiterrede, ganz ernst an, dann lächelt sie
über mich, über die Situation.

Unser Verhältnis sind nicht die zärtlichen und treuen Um-
armungen des Verstehens, nicht Attraktionen, es sind die
Repulsionen des Mißverstehens. Mein Verhältnis zu ihr ist
eigentlich gar nichts; es ist ein rein geistiges, was in Beziehung zu einem jungen Mädchen natürlich gar nichts ist. Die
Methode, die ich nunmehr befolge, hat immerhin ihre außerordentlichen Bequemlichkeiten. Ein Mensch, der als Kavalier auftritt, erweckt einen Verdacht und schafft sich selber
einen Widerstand; all dergleichen bin ich überhoben. Man
bewacht mich nicht, im Gegenteil, man würde mich vielmehr als einen verläßlichen und darum besonders geeigneten
Menschen dazu ausersehen, das junge Mädchen zu bewa-
chen. Die Methode hat nur einen Fehler, und zwar den, daß
sie langsam ist; deshalb aber läßt sie sich mit Vorteil auch nur
Individuen gegenüber anwenden, bei denen das Interessante
zu gewinnen ist.

Welch eine verjüngende Macht hat nicht ein junges Mädchen! Nicht die Frische der Morgenluft, nicht des Windes
Sausen, nicht die Kühle des Meeres, nicht der Duft des Weines, nicht seine Lieblichkeit – nichts auf der Welt hat diese
verjüngende Macht.

Bald hoffe ich es auf den Punkt gebracht zu haben, daß sie
mich haßt. Ich habe schon ganz die Gestalt eines Hagestolzen
angenommen. Ich spreche von nichts anderem als davon, be-

haglich zu sitzen, bequem zu liegen, einen verläßlichen Diener zu haben, einen Freund, der fest auf den Füßen steht, so
daß man sich recht auf ihn verlassen kann, wenn man Arm in
Arm mit ihm geht. Kann ich nun die Tante dazu bewegen,
die landwirtschaftlichen Betrachtungen zu verlassen, so
bringe ich sie auf dieses Thema, um einen direkteren Anlaß
zur Ironie zu erhalten. Über einen Hagestolz kann man lachen, ja man kann ein bißchen Mitleid mit ihm haben, aber
ein junger Mensch, der doch nicht ohne Geist ist, empört
mit solchem Betragen ein junges Mädchen; die ganze Bedeutung ihres Geschlechts, dessen Schönheit und Poesie wird
damit zunichte gemacht.

So gehen die Tage dahin, ich sehe Cordelia, aber spreche
nicht mit ihr, ich spreche mit der Tante in ihrer Gegenwart.
Bisweilen in der Nacht kann es mir einfallen, meiner Liebe
Luft zu machen. Dann gehe ich, in meinen Mantel gehüllt,
die Mütze über die Augen gedrückt, vor ihren Fenstern auf
und ab. Ihr Schlafzimmer liegt nach dem Hof, ist aber, da es
sich um ein Eckhaus handelt, von der Straße aus sichtbar.
Manchmal steht sie dort einen Augenblick am Fenster, oder
sie öffnet es, blickt zu den Sternen auf, von allen unbemerkt,
nur von dem nicht, von dem sie sich wohl am allerwenigsten bemerkt glauben würde. In diesen Nachtstunden
wandle ich dann wie ein Geist umher, als Geist bewohne ich
den Ort, wo ihre Wohnung ist. Da vergesse ich alles, habe
keine Pläne, keine Berechnungen, werfe den Verstand über
Bord, weite und stärke meine Brust durch tiefe Seufzer, eine
Motion, deren ich bedarf, um nicht unter dem Systematischen in meinem Verhalten zu leiden. Andere sind am Tage
tugendhaft, sündigen des Nachts, ich bin am Tage Verstellung, des Nachts bin ich nichts als Begierde. Wenn sie mich
hier sähe, wenn sie in meine Seele blicken könnte – wenn.

Wenn dieses Mädchen sich selbst verstehen will, muß sie zugeben, daß ich der Mann für sie bin. Sie ist zu heftig, zu tief

bewegt, um in der Ehe glücklich zu werden; es wäre zuwenig, sie durch einen ganz gewöhnlichen Verführer zu Fall
kommen zu lassen. Wenn sie sich durch mich zu Fall bringen läßt, so rettet sie das Interessante aus diesem Schiffbruch
heraus. Sie muß im Verhältnis zu mir, wie die Philosophen
mit einem Wortspiel sagen: »zu Grunde gehn.«

Sie ist es eigentlich überdrüssig, Edvard zuzuhören. Wie es
immer geht: wo dem Interessanten enge Grenzen gesetzt
sind, entdeckt man um so mehr. Sie lauscht zuweilen auf
meine Konversation mit der Tante. Wenn ich es dann merke, so kommt eine fern am Horizont aufleuchtende Andeutung aus einer ganz anderen Welt, zum Erstaunen der Tante
sowohl als auch Cordelias. Die Tante sieht den Blitz, aber
hört nichts, Cordelia hört die Stimme, aber sieht nichts. Im
selben Augenblick ist jedoch alles wieder in seiner ruhigen
Ordnung, die Konversation zwischen der Tante und mir
schreitet in ihrem eintönigen Gang fort, gleich den Postpfer-
den in der Stille der Nacht; die Wehmut der Teemaschine
begleitet sie. In solchen Augenblicken kann es dann bisweil-
len im Wohnzimmer unbehaglich werden, besonders für
Cordelia. Sie hat niemanden, mit dem sie sprechen oder dem
sie zuhören kann. Wendet sie sich zu Edvard, so läuft sie Gefahr, daß er in seiner Verlegenheit einen dummen Streich
macht; wendet sie sich nach der anderen Seite, zu der Tante
und zu mir, so erzeugt die Sicherheit, die hier herrscht, der
monotone Hammerschlag der taktfesten Konversation, Edvards Unsicherheit gegenüber den unangenehmsten Gegensatz. Ich kann durchaus begreifen, daß es Cordelia vorkommen muß, als ob die Tante verhext sei, so völlig bewegt diese
sich im Tempo meines Taktes. An dieser Unterhaltung teilnehmen kann sie auch nicht; denn eines der Mittel, die ich
angewandt habe, um sie zu empören, ist auch dies, daß ich
mir erlaube, sie ganz als Kind zu behandeln. Nicht, als ob ich
mir deswegen irgendeine Freiheit gegen sie herausnähme,
keineswegs, ich weiß durchaus, wie störend dergleichen wir-

ken kann, und es kommt vor allem darauf an, daß ihre Weiblichkeit die Möglichkeit erhalte, sich wieder rein und schön
zu erheben. Bei meiner intimen Beziehung zur Tante ist es
leicht für mich, Cordelia als ein Kind zu behandeln, das nichts
von der Welt versteht. Dadurch ist ihre Weiblichkeit nicht
beleidigt, sondern nur neutralisiert; denn es kann ihre Weiblichkeit nicht beleidigen, daß sie nicht über Martkpreise Bescheid weiß, wohl aber kann es sie empören, daß dies das
Höchste im Leben sein soll. Die Tante überbietet sich durch
meinen kräftigen Beistand in dieser Richtung selbst. Sie ist
geradezu fanatisch geworden, wofür sie sich denn bei mir bedanken mag. Das einzige an mir, worein sie sich nicht finden
kann, ist, daß ich nichts bin. Nun habe ich den Brauch eingeführt, sooft von einem vakant gewordenen Amt die Rede
ist, zu erklären: Das ist ein Amt für mich, und darauf mit
ihr höchst ernsthaft darüber zu sprechen. Cordelia merkt
stets die Ironie, und das eben möchte ich ja nur.

Armer Edvard! Schade, daß er nicht Fritz heißt. Jedesmal,
wenn ich in meinen stillen Überlegungen bei meinem Verhältnis zu ihm verweile, muß ich immer an den Fritz in der
»Braut« denken. Überdies ist Edvard gleich diesem seinem
Vorbild Korporal in der Bürgergarde. Wenn ich ehrlich sein
soll, so ist Edvard gleichfalls ziemlich langweilig. Er greift
die Sache nicht richtig an, er erscheint immer geschniegelt
und gebügelt. Aus Freundschaft zu ihm, unter uns gesagt, erscheine ich so nachlässig wie möglich. Armer Edvard! Das
einzige, was mir fast leid tut, ist, daß er mir so unendlich verbunden ist, daß er kaum weiß, wie er mir danken soll. Mir
dafür auch noch danken zu lassen, das ist wirklich zuviel.

Warum könnt ihr denn nur nicht mal hübsch ruhig sein?
Was habt ihr nun die ganze Morgenstunde weiter getrieben
als an meiner Markise gezerrt, an meinem Fensterspiegel und
der Schnur daran gezogen, mit dem Klingelzug von der

dritten Etage gespielt, gegen die Scheiben gestoßen, kurz, in
jeder Weise euer Dasein verkündet, als ob ihr mich zu euch
herauswinken wolltet. Ja, das Wetter ist nicht schlecht, aber
ich habe keine Lust, laßt mich zu Hause bleiben... Ihr mutwilligen, ausgelassenen Zephire, ihr fröhlichen Knaben, ihr
könnt ja alleine gehn; habt eure Kurzweil mit den jungen
Mädchen wie immer. Ja, ich weiß, niemand versteht ein junges Mädchen so verführerisch zu umarmen wie ihr; vergebens sucht sie sich euch zu entwinden, sie kann sich aus euren
Schlingen nicht herauslösen – und sie will es auch nicht; denn
ihr kühlt und labt, erhitzt nicht... Geht euren eigenen Weg!
laßt mich aus dem Spiel... Dann hättet ihr kein Vergnügen
daran, meint ihr, ihr tätet es nicht um euretwillen... Gut
denn, ich gehe mit; aber nur unter zwei Bedingungen. Erstens: auf Kongens Nytorv wohnt ein junges Mädchen, sie ist
wunderschön, hat aber zugleich die Unverschämtheit, mich
nicht lieben zu wollen, ja schlimmer noch, sie liebt einen andern und das geht so weit, daß sie Arm in Arm spazierenge-
hen. Um ein Uhr, weiß ich, soll er sie abholen. Nun ver-
sprecht ihr mir, daß die stärksten Bläser unter euch sich irgendwo in der Nähe versteckt halten bis zu dem Augenblick,
da er mit ihr aus der Haustür tritt. Im selben Moment, wo er
in die Store Kongensgade einbiegen will, stürzt dieses Detachement vor, nimmt ihm auf die höflichste Art den Hut
vom Kopf und führt diesen mit gleichmäßiger Geschwindigkeit, genau in einer Elle Abstand vor ihm her, nicht schneller, denn dann wäre es denkbar, daß er wieder umkehrte.
Er glaubt immerzu, ihn in der nächsten Sekunde zu fassen;
er läßt nicht einmal ihren Arm los. Auf diese Weise führt ihr
ihn und sie durch die Store Kongensgade, am Wall entlang
bis Nørreport, bis zum Høibroplatz... Wieviel Zeit mag damit wohl vergehen? Ich denke etwa eine halbe Stunde. Punkt
halb zwei komme ich von der Østergade her. Wenn nun jenes Detachement die Liebenden bis zur Mitte des Platzes geführt hat, so wird ein gewaltsamer Angriff auf sie gemacht,
bei dem ihr auch ihr den Hut abreißt, ihr die Locken zer-

zaust, ihren Schal entführt, während unterdessen sein Hut
jubelnd immer höher emporsteigt; kurz, ihr erzeugt eine
Konfusion, daß das ganze hochverehrte Publikum, nicht ich
allein, in ein schallendes Gelächter ausbricht, die Hunde zu
bellen anfangen, der Türmer zu läuten. Ihr richtet es so ein,
daß ihr Hut zu mir hinfliegt und ich dann der Glückliche bin,
der ihn ihr überreicht. – Zweitens. Die Abteilung, die mir
folgt, gehorcht jedem Wink von mir, hält sich in den Grenzen der Schicklichkeit, beleidigt kein hübsches Mädchen,
nimmt sich nur so viel Freiheit heraus, daß ihre kindliche
Seele bei dem ganzen Scherz ihre Freude, die Lippe ihr Lächeln, das Auge seine Ruhe bewahren, das Herz ohne Angst
bleiben kann. Wagt es einer von euch, sich anders zu betragen, so sei euer Name verflucht. – Und nun fort zu Leben
und Freude, zu Jugend und Schönheit; zeigt mir, was ich oft
gesehen, was zu sehen ich niemals müde werde, zeigt mir ein
schönes junges Mädchen, entfaltet ihre Schönheit so vor mir,
daß sie noch schöner wird; examimiert sie so, daß sie an dieser Examination Freude hat! – Ich wähle die Bredgade, aber
ich kann, wie ihr wißt, nur bis halb zwei über meine Zeit
verfügen. –
Dort kommt ein junges Mädchen, geschniegelt und gebügelt, ja, es ist auch Sonntag heute... Umweht sie ein bißchen, fächelt ihr Kühlung zu, gleitet in gelinden Strömungen
über sie hin, umarmt sie mit eurer unschuldigen Berührung!
Wie ahne ich der Wange zartes Erröten, die Lippe färbt sich
stärker, der Busen hebt sich... nicht wahr, mein Mädchen, es
ist unbeschreiblich, es ist ein seliger Genuß, diesen frischen
Lufthauch einzuatmen? Der kleine Kragen wiegt sich wie
ein Blatt. Wie gesund und voll sie atmet! Ihr Schritt wird
langsamer, sie wird fast getragen von dem linden Lufthauch,
wie eine Wolke, wie ein Traum... Blast ein wenig stärker,
in längeren Zügen!... Sie sammelt sich; die Arme ziehen
sich näher an den Busen heran, den sie vorsichtiger verhüllt,
daß nicht ein Windhauch zu zudringlich werde, daß er sich
nicht geschmeidig und kühl unter die leichte Hülle schlei-

che... Ihr Erröten ist gesunder, die Wange wird voller, das
Auge durchsichtiger, der Gang taktfester. Alle Anfechtung
verschönt einen Menschen. Jedes junge Mädchen sollte sich
in den Zephir verlieben; denn kein Mann versteht doch so
wie er, indem er mit ihr streitet, ihre Schönheit zu erhöhen...
Ihr Körper neigt sich leicht vornüber, der Kopf blickt auf die
Spitze des Fußes... Haltet ein wenig ein! es ist zuviel, ihre
Figur wird breit, verliert ihre schöne Schmalheit... kühlt sie
ein wenig!... Nicht wahr, mein Mädchen, es ist erquickend,
wenn man warm geworden ist, diese erfrischenden Schauer
zu fühlen; man könnte die Arme öffnen vor Dankbarkeit,
vor Freude über das Dasein... Sie kehrt die Seite zu... Jetzt
rasch einen kräftigen Hauch, daß ich die Schönheit der Formen ahne!... Etwas stärker! damit die Draperie besser an-
liegt... Das ist zuviel! Die Stellung wird unschön, der leichte
Gang wird beeinträchtigt... Sie dreht sich wieder um...
Blast nun zu, laßt sie sich versuchen!... So genügt's, das ist
zuviel: ihre eine Locke ist herabgefallen,... wollt ihr euch
wohl mäßigen! – Da kommt ein ganzes Regiment aufmar-
schiert:

> Die eine ist verliebt gar sehr;
> Die andre wäre es gerne.

Ja, es ist unleugbar eine schlechte Stellung im Leben, mit
seinem künftigen Schwager am linken Arm zu gehen. Das
ist für ein Mädchen ungefähr dasselbe, wie wenn ein Mann
Hilfsschreiber ist... Doch der Hilfsschreiber kann avancie-
ren; er hat zugleich seinen Platz im Kontor, ist bei außerordentlichen Gelegenheiten dabei, das ist nicht das Los der
Schwägerin; dafür aber geht es mit ihrem Avancement nicht
so langsam – wenn sie avanciert und in ein anderes Kontor
versetzt wird... Nun aber etwas stärker zugeblasen! Wenn
man einen festen Punkt hat, an den man sich halten kann, so
kann man schon Widerstand leisten... Das Zentrum dringt
kräftig vor, die Flügel können nicht folgen... Er steht ziemlich fest, ihn wirft der Wind nicht um, dazu ist er zu schwer–

zu schwer aber auch, als daß die Flügel ihn vom Erdboden
emporheben könnten. Er stürmt vorwärts, um zu zeigen –
daß er ein schwerer Körper ist; aber je unbewegter er dasteht, um so mehr leiden die kleinen Mädchen darunter...
Meine schönen Damen, darf ich nicht mit einem guten Rat
zu Diensten sein: lassen Sie den zukünftigen Mann und
Schwager beiseite, versuchen Sie, allein zu gehen, und Sie
sollen sehn, Sie werden viel mehr Vergnügen daran haben...
Blast jetzt ein wenig sachter!... Wie sie sich tummeln in des
Windes Wellen; bald figurieren sie einander gegenüber an
der Seite die Straße hinab – kann irgendeine Tanzmusik eine
lustigere Fröhlichkeit erzeugen, und doch ermattet der Wind
nicht, er stärkt... Jetzt fegen sie nebeneinander her mit vollen Segeln die Straße hinunter – kann irgendein Walzer ein
junges Mädchen verführerischer mitreißen, und doch ermüdet der Wind nicht, er trägt... Jetzt wenden sie sich zu
dem Mann und dem Schwager um... Nicht wahr, ein bißchen Widerstand ist angenehm, man kämpft gern, um in den
Besitz dessen zu kommen, was man liebt; und man erlangt
schon, wofür man kämpft, es gibt eine höhere Fügung, die
der Liebe zu Hilfe kommt, seht, darum ist der Wind dem
Manne günstig... Habe ich es nicht gut eingerichtet: wenn
man selber den Wind im Rücken hat, so kann man leicht
an dem Geliebten vorbeisteuern, hat man ihn aber gegen sich,
so kommt man in eine angenehme Bewegung, so flieht man
zu dem Geliebten hin, und des Windes Hauch macht einen
gesunder und verlockender und verführerischer, und des
Windes Hauch kühlt der Lippe Frucht, die am liebsten kalt
genossen sein will, weil sie so heiß ist, so wie der Champagner erhitzt, indem er fast gefriert... Wie sie lachen und
schwatzen – und der Wind nimmt die Worte fort – was
gibt's hier auch schon zu bereden? – und sie lachen wieder
und biegen sich im Wind, und halten den Hut fest und achten auf die Füße... Haltet nun ein, daß die jungen Mädchen
nicht ungeduldig werden und böse auf uns oder bange vor
uns! – Recht so, resolut und gewaltig, das rechte Bein vor

das linke... Wie sieht sie sich dreist und keck in der Welt
um... Seh' ich recht, sie hat ja einen am Arm, also verlobt.
Laß sehn, mein Kind, was für ein Geschenk man dir an des
Lebens Weihnachtsbaum gehängt hat... O ja, das sieht
wirklich nach einem sehr soliden Bräutigam aus. Sie ist also
im ersten Stadium der Verlobung, sie liebt ihn – schon möglich, aber doch flattert ihre Liebe, weit und geräumig, lose
um ihn herum; sie besitzt noch den Liebesmantel, der viele
zudecken kann... Blast ein bißchen stärker!... Ja, wenn man
so schnell geht, so ist es kein Wunder, daß die Hutbänder sich
straffen gegen den Wind, so daß es aussieht, als trügen diese,
gleich Flügeln, dies leichte Geschöpf – und ihre Liebe – auch
die folgt mit wie ein Elfenschleier, mit dem der Wind spielt.
Ja, wenn man die Liebe so sieht, dann sieht sie so geräumig
aus; will man sie sich aber anziehen, will man den Schleier zu
einem Alltagskleid umnähen – so langt es nicht für viele Bäu-
sche... I Gott bewahre! Wenn man den Mut gehabt hat, einen entscheidenden Schritt fürs ganze Leben zu wagen, so
sollte man nicht die Courage haben, gerade gegen den Wind
zu gehen? Wer zweifelt daran? ich nicht; aber keine Hitzigkeit, mein kleines Fräulein, keine Hitzigkeit! Die Zeit ist ein
schlimmer Zuchtmeister, und der Wind ist auch nicht
schlecht... Neckt sie ein bißchen!... Wo ist denn das Taschentuch geblieben?... Na, Sie haben's ja doch noch er-
wischt... Da ist das eine Hutband losgegangen... das ist
wirklich äußerst lästig, für den Zukünftigen, der dabei ist...
Dort kommt eine Freundin, die Sie unbedingt grüßen müssen. Es ist das erstemal, daß sie Sie als Verlobte sieht; und um
sich als solche zu zeigen, dazu sind sie doch hier in der Bredgade und wollen auch noch weiter zur Langenlinie hinaus.
Soviel ich weiß, ist es Sitte, daß die Eheleute am ersten Sonntag nach der Hochzeit zur Kirche gehn, die Verlobten hingegen auf die Langelinie. Ja, eine Verlobung hat im allgemeinen auch wirklich vieles mit der Langenlinie gemein...
Geben Sie acht, der Wind faßt den Hut, halten Sie ihn ein
bißchen fest, beugen Sie den Kopf herab... Es ist doch wirk-

lich fatal, nun haben Sie die Freundin doch nicht gegrüßt,
hatten nicht die Ruhe, mit der überlegenen Miene zu grüßen, die ein verlobtes Mädchen den unverlobten gegenüber
annehmen muß... Blast nun etwas sachter!... jetzt kommen
die guten Tage... wie sie sich an dem Geliebten festklam-
mert, sie ist so weit vor ihm, daß sie den Kopf zurückdrehen
und zu ihm aufblicken und sich über ihn freuen kann, ihren
Reichtum, ihr Glück, ihre Hoffnung, ihre Zukunft... O
mein Mädchen, du machst zuviel aus ihm... Oder hat er es
nicht mir und dem Wind zu danken, daß er so kraftvoll aussieht? Und hast du selbst es nicht mir und den leisen Lüftchen, die dich nun heilen und deinen Schmerz in Vergessenheit bringen, zu danken, daß du selbst so lebensfrisch aus-
siehst, so sehnsüchtig, so ahnungsvoll?

> Und einen Studenten möcht' ich nicht,
> Der auch nachts von der Arbeit nicht ruhte,
> Nein, ich will einen Offizier
> Mit einer Feder am Hute.

Das sieht man dir gleich an, mein Mädchen, es ist etwas in
deinem Blick... Nein, mit einem Studenten ist dir keineswegs gedient... Warum aber gerade ein Offizier? Täte ein
Kandidat, der mit seinen Studien fertig ist, täte der nicht dasselbe?... In diesem Augenblick kann ich dir jedoch weder
mit einem Offizier dienen, noch mit einem Kandidaten,
Hingegen kann ich dir mit einigen temperierenden Kühlun-
gen dienen... Blast jetzt ein bißchen stärker!... So ist's recht,
werfen Sie den Seidenschal über die Schulter zurück; gehen
Sie ganz langsam, dann wird die Wange schon ein bißchen
blasser, und des Auges Glanz ist nicht so heftig... So. Ja, ein
bißchen Bewegung, zumal bei so herrlichem Wetter wie
heute, und dann ein wenig Geduld, dann werden Sie den Offizier schon kriegen. – Das ist ein Paar, das füreinander bestimmt ist. Welch eine Taktfestigkeit im Gang, welch eine
Sicherheit im ganzen Auftreten, auf gegenseitiges Vertrauen
gegründet, welch eine *harmonia praestabilita* in allen Bewe-

gungen, welch eine süffisante Gründlichkeit! Ihre Haltung
ist nicht leicht und graziös, sie tanzen nicht miteinander, nein,
es ist eine Dauer in ihnen, eine Derbheit, die eine untrügliche
Hoffnung erweckt, die gegenseitige Achtung einflößt. Ich
wette, ihre Lebensanschauung ist diese: Das Leben ist ein
Weg. Und miteinander Arm in Arm durch die Freuden und
Leiden des Lebens zu gehen, dazu scheinen sie auch bestimmt.
Sie harmonieren derart, daß die Dame sogar den Anspruch
aufgegeben hat, auf den Steinplatten zu gehen... Aber, ihr
lieben Zephire, warum macht ihr euch so sehr mit diesem
Paar zu schaffen? Es scheint gar nicht so beachtenswert zu
sein. Oder gibt's da was Besonderes zu bemerken?... doch,
die Uhr ist halb zwei, fort zum Høibroplatz!


Man sollte es nicht für möglich halten, eine seelische Ent-
wicklungsgeschichte im ganzen so genau zu berechnen. Es
zeigt, wie gesund Cordelia ist. In der Tat, es ist ein vortreff-
liches Mädchen. Zwar ist sie still und bescheiden, anspruchs-
los, doch liegt unbewußt ein ungeheurer Anspruch in ihr. –
Das fiel mir auf, als ich sie heute von draußen zur Tür herein-
kommen sah. Das bißchen Widerstand, das ein Windstoß
tun kann, weckt in ihr gleichsam alle Mächte, ohne daß doch
Streit in ihr wäre. Sie ist kein kleines unbedeutendes Mädchen, das einem unter den Händen verschwindet, so ge-
brechlich, daß man beinahe Angst hat, sie könnte entzwei-
gehen, wenn man sie nur ansieht; aber eine prätensionsvolle
Prachtblume ist sie auch nicht. Wie ein Arzt kann ich daher
mit Vergnügen alle Symptome in dieser Gesundheitsge-
schichte beobachten.


Allmählich fange ich an, ihr mit meinem Angriff näher zu
rücken, zu mehr direkten Angriffen überzugehen. Soll ich
diese Veränderung auf meiner militärischen Karte über die
Familie bezeichnen, so möchte ich sagen: ich habe meinen
Stuhl so gedreht, daß ich ihr jetzt die Seite zukehre. Ich lasse

mich mehr mit ihr ein, rede sie an, entlocke ihr Antworten.
Ihre Seele hat Leidenschaft, Heftigkeit, und ohne durch när-
rische und eitle Reflexionen auf das Aparte zugespitzt zu sein,
hat sie einen Drang zum Ungewöhnlichen. Meine Ironie
über die Schlechtigkeit der Menschen, mein Spott über ihre
Feigheit, über ihre laue Trägheit fesselt sie. Sie hat es offenbar gern, den Sonnenwagen über des Himmels Bogen zu lenken, der Erde zu nahe zu kommen und die Menschen ein bißchen zu versengen. Mir trauen tut sie jedoch nicht; bisher
habe ich jede Annäherung, sogar in geistiger Beziehung, verhindert. Sie muß erst in sich selbst erstarken, bevor ich sie sich
bei mir anlehnen lasse. Gelegentlich mag es wohl den Anschein haben, als wollte ich gerade sie zu meiner Vertrauten
in meiner Freimaurerei machen, aber auch nur gelegentlich.
Sie muß sich selber in sich selbst entwickeln; sie muß die
Spannkraft ihrer Seele fühlen, sie muß einmal die Welt hoch-
heben. Welche Fortschritte sie macht, das zeigt ihre Replik
mir leicht, und ihr Auge; ganz selten einmal habe ich einen
Zorn der Vernichtung darin erblickt. Mir darf sie nichts zu
verdanken haben; denn frei muß sie sein, nur in Freiheit ist
Liebe, nur in Freiheit ist Zeitvertreib und ewiges Ergötzen.
Obwohl ich es nämlich darauf anlege, daß sie mir gleichsam
mit Naturnotwendigkeit in die Arme sinken muß, es dahin
zu bringen trachte, daß sie nach mir gravitiert, so kommt es
doch zugleich darauf an, daß sie nicht wie ein schwerer Körper fällt, sondern so, wie Geist gegen Geist hin gravitiert. Obwohl sie mir gehören soll, darf dies doch nicht identisch sein
mit dem Unschönen, daß sie wie eine Last auf mir ruht. Sie
darf mir weder in physischer Beziehung ein Anhängsel, noch
in moralischer Beziehung eine Verpflichtung sein. Zwischen
uns beiden soll nur das eigene Spiel der Freiheit herrschen.
Sie soll mir so leicht sein, daß ich sie auf meinen Arm nehmen kann.

Fast beschäftigt Cordelia mich allzu sehr. Ich verliere wieder
mein Gleichgewicht, nicht ihr gegenüber, wenn sie dabei ist,

sondern wenn ich in strengstem Sinne mit ihr allein bin. Ich
kann mich nach ihr sehnen, nicht um mit ihr zu sprechen,
sondern nur um ihr Bild an mir vorüberschweben zu lassen;
ich kann ihr nachschleichen, wenn ich weiß, daß sie ausgegangen ist, nicht um gesehen zu werden, sondern um zu sehen. Neulich abends gingen wir zusammen von Baxters fort;
Edvard begleitete sie. In größter Hast trennte ich mich von
ihnen, eilte nach einer anderen Straße zurück, wo mein Diener mich erwartete. Im Nu war ich umgekleidet und begegnete ihr noch einmal, ohne daß sie es ahnte. Edvard war so
stumm wie immer. Verliebt bin ich zwar, doch nicht in gewöhnlichem Sinne, und damit muß man auch sehr vorsichtig sein, das hat stets gefährliche Konsequenzen; und man ist
es ja nur einmal. Doch der Gott der Liebe ist blind; wenn
man gewitzt ist, kann man ihn schon narren. Die Kunst ist,
in bezug auf Eindrücke so empfänglich wie möglich zu sein,
zu wissen, welchen Eindruck man auf jedes Mädchen macht
und welchen man von jedem Mädchen empfängt. Auf diese
Weise kann man sogar in viele auf einmal verliebt sein, weil
man in jede einzelne verschieden verliebt ist. Eine einzige zu
lieben, ist zuwenig; alle zu lieben, ist Oberflächlichkeit; sich
selber kennen und so viele wie möglich lieben, seine Seele
alle Mächte der Liebe in sich verbergen zu lassen, derart, daß
jede ihre bestimmte Nahrung erhält, während das Bewußtsein doch das Ganze umfaßt – das ist Genuß, das heißt leben.

den 3. Juli

Edvard kann sich eigentlich nicht über mich beklagen. Zwar
möchte ich, daß Cordelia sich an ihm versieht, daß sie durch
ihn einen Widerwillen gegen die gewöhnliche Liebe bekommt und damit ihre eigene Grenze überschreitet; aber dazu gehört eben, daß Edvard keine Karikatur ist; denn dann
hilft es nichts. Edvard ist nun nicht allein im bürgerlichen
Sinne eine gute Partie, das hat in ihren Augen nichts zu bedeuten, ein Mädchen von siebzehn Jahren sieht auf so etwas
nicht; sondern er hat verschiedene liebenswürdige persön-

liche Eigenschaften, die ich ihm helfen möchte, in das vorteil-
hafteste Licht zu stellen. Wie eine Ankleiderin, wie ein De-
korateur statte ich ihn so gut wie möglich aus, nach den
Kräften des Hauses, ja, zuweilen hänge ich ihm ein bißchen
geliehenen Staat an. Wenn wir uns dann zusammen dorthin
begeben, ist es mir ganz sonderbar, an seiner Seite zu gehen.
Es ist mir, als sei er mein Bruder, mein Sohn, dabei ist er mein
Freund, mein Altersgenosse, mein Rivale. Gefährlich kann
er mir nie werden. Darum, je höher ich ihn zu heben vermag, da er doch fallen soll, um so besser, um so mehr Bewußtsein weckt es in Cordelia von dem, was sie verschmäht,
um so heftigere Ahnung von dem, was sie begehrt. Ich helfe
ihm zurecht, ich empfehle ihn, kurz, ich tue alles, was ein
Freund für einen Freund nur tun kann. Um meiner Kälte
recht Relief zu geben, eifere ich geradezu gegen Edvard. Ich
schildere ihn als einen Schwärmer. Da Edvard sich selber gar
nicht zu helfen weiß, muß ich ihn hervorziehen.

Cordelia haßt und fürchtet mich. Was fürchtet ein junges
Mädchen? Geist. Warum? Weil Geist die Negation ihrer
ganzen weiblichen Existenz darstellt. Männliche Schönheit,
ein einnehmendes Wesen usw. sind gute Mittel. Man kann
mit ihnen auch Eroberungen machen, aber nie einen vollkommenen Sieg erringen. Warum? Weil man ein Mädchen
damit in ihrer eigenen Potenz bekriegt, und in ihrer eigenen
Potenz ist sie doch immer die Stärkere. Mit jenen Mitteln
kann man zwar ein Mädchen dazu bringen, daß es errötet,
daß es die Augen niederschlägt, niemals aber die unbeschreibliche, bestrickende Angst erzeugen, die ihre Schönheit interessant macht.

Non formosus erat, sed erat facundus Ulixes,
    et tamen aequoreas torsit amore Deas.

Ein jeder muß nun seine Kräfte kennen. Aber das eben hat
mich oft empört, daß selbst diejenigen, die Talente haben,
sich so stümperhaft anstellen. Eigentlich müßte man es jedem

jungen Mädchen, das ein Opfer der Liebe eines anderen oder,
besser, der eigenen Liebe geworden ist, sofort ansehen können, in welcher Richtung sie betrogen worden ist. Der geübte Mörder führt einen bestimmten Stoß, und die erfahrene
Polizei erkennt sofort den Täter, wenn sie die Wunde sieht.
Aber wo trifft man solche systematischen Verführer, wo solche Psychologen? Ein Mädchen verführen, das heißt für die
meisten: ein Mädchen verführen, und damit Punktum, und
doch liegt in diesem Gedanken eine ganze Sprache verborgen.

Sie haßt mich – als Frau; sie fürchtet mich – als eine begabte
Frau; sie liebt mich – als der gute Kopf. Diesen Streit habe
ich nun fürs erste in ihrer Seele angezettelt. Mein Stolz, mein
Trotz, mein kalter Spott, meine herzlose Ironie locken sie,
nicht, als ob sie mich lieben möchte; nein, von solchen Gefühlen ist wahrlich keine Spur in ihr, am allerwenigsten mir
gegenüber. Wetteifern will sie mit mir. Sie lockt sie, diese
stolze Unabhängigkeit den Menschen gegenüber, eine Freiheit wie die der Araber in der Wüste. Mein Lachen und meine Sonderbarkeit neutralisieren jegliche erotische Entladung.
Sie ist ziemlich frei gegen mich, und sofern eine Zurückhaltung da ist, ist sie mehr intellektuell als weiblich. Sie ist so
weit davon entfernt, einen Liebhaber in mir zu erblicken,
daß wir nur als zwei gute Köpfe im Verhältnis zueinander
stehen. Sie nimmt mich bei der Hand, drückt mir die Hand,
lacht, schenkt mir in rein griechischem Sinne eine gewisse
Aufmerksamkeit. Wenn dann der Ironiker und der Spötter
sie lange genug zum besten gehabt haben, so folge ich jener
Anweisung, die in dem alten Vers steht: Der Ritter breitet
aus seinen Mantel so rot und heißet drauf sitzen die schöne
Jungfrau. Ich breite jedoch meinen Mantel nicht aus, um mit
ihr auf der Erde grünem Rasen zu sitzen, sondern um mit ihr
in die Lüfte zu entschwinden, in des Gedankens Flug. Oder
ich nehme sie nicht mit, sondern setze mich rittlings auf einen Gedanken, grüße winkend zu ihr hinüber, werfe ihr eine

Kußhand zu, werde unsichtbar für sie, hörbar nur noch im
Sausen des beflügelten Wortes, werde nicht wie Jehova immer mehr sichtbar in der Stimme, sondern immer weniger,
denn je mehr ich rede, je höher steige ich. Da will sie mit,
fort zu kühner Gedanken Flug. Doch es ist nur ein einziger
Augenblick, im nächsten Moment bin ich kalt und trok-
ken.

Es gibt verschiedene Arten weiblicher Röte. Da ist das grobe
Ziegelrot. Es ist jenes, von dem die Romanschreiber immer
genug haben, wenn sie ihre Heldinnen »über und über« erröten lassen. Da ist die zarte Röte; es ist des Geistes Morgenrot.
Bei einem jungen Mädchen ist sie unbezahlbar. Die flüchtige
Röte, die eine glückliche Idee begleitet, ist schön beim Manne, schöner beim Jüngling, lieblich bei der Frau. Es ist das
Zucken des Blitzes, das Wetterleuchten des Geistes. Sie ist
am schönsten beim Jüngling, lieblich beim Mädchen, weil sie
sich in ihrer Jungfräulichkeit zeigt, und darum hat sie auch
die Schamhaftigkeit der Überraschung. Je älter man wird,
um so mehr verschwindet diese Röte.

Zuweilen lese ich Cordelia etwas vor; meist recht gleichgültige Dinge. Edvard muß wie gewöhnlich das Licht dazu halten; ich habe ihn nämlich darauf aufmerksam gemacht, daß
eine sehr gute Art, wie man sich zu einem jungen Mädchen
in Rapport setzen könne, die sei, ihr Bücher zu leihen. Er hat
damit auch einiges gewonnen; denn sie ist ihm dafür recht
verbunden. Wer jedoch am meisten dabei gewinnt, bin ich;
denn ich bestimme die Wahl der Bücher und stehe immer
außerhalb. Hier habe ich einen weiten Tummelplatz für meine Observationen. Ich kann Edvard Bücher geben, welche
ich will, da er nichts von Literatur versteht, ich kann wagen,
was ich will, in jedem Extrem. Wenn ich nun abends mit ihr
zusammenkomme, dann nehme ich gleichsam zufällig das
Buch in die Hand, blättere ein wenig darin, lese halblaut,
lobe Edvard für seine Aufmerksamkeit. Gestern abend wollte

ich mich durch ein Experiment von der Spannkraft ihrer Seele vergewissern. Ich war unschlüssig, ob ich Edvard bitten solle, ihr Schillers Gedichte zu leihen, damit ich dann zufällig auf Theklas Lied stoßen könne, um es vorzulesen, oder Bürgers Gedichte. Ich wählte die letzteren, weil besonders seine Lenore doch etwas überspannt ist, wie schön das Gedicht im übrigen auch sei. Ich schlug Lenore auf und las dieses Gedicht laut mit allem Pathos, das mir möglich war. Cordelia war bewegt, sie nähte mit einer Eile, als ob sie es sei, die Wilhelm abzuholen kam. Ich hielt inne, die Tante hatte ohne sonderliche Teilnahme zugehört; sie fürchtet sich weder vor lebendigen noch vor toten Wilhelmen, ist überdies auch des Deutschen nicht ganz mächtig; fühlte sich hingegen ganz in ihrem Element, als ich ihr das schön gebundene Exemplar zeigte und ein Gespräch über Buchbinderarbeit begann. Meine Absicht war, bei Cordelia den Eindruck des Pathetischen im selben Augenblick, in dem er erwacht war, wieder zu zerstören. Ihr wurde etwas angst, aber es war mir klar, daß diese Angst nicht verlockend auf sie wirkte, sondern unheimlich.

Heute hat mein Auge zum erstenmal auf ihr geruht. Man sagt, der Schlaf könne ein Augenlid so schwer machen, daß es sich schließt; vielleicht vermöchte dieser Blick etwas Ähnliches. Das Auge schließt sich, und doch regen sich in ihr dunkle Mächte. Sie sieht nicht, daß ich sie anblicke, sie fühlt es, fühlt es über den ganzen Körper. Das Auge schließt sich, und es ist Nacht; aber in ihr ist heller Tag.

Edvard muß fort. Er geht aufs äußerste; jeden Augenblick kann ich erwarten, daß er hingeht und ihr eine Liebeserklärung macht. Niemand kann das besser wissen als ich, der ich sein Vertrauter bin und ihn mit Fleiß in dieser Exaltation halte, damit er um so stärker auf Cordelia wirke. Ihn dahin kommen zu lassen, daß er seine Liebe gesteht, ist jedoch zu gewagt. Zwar weiß ich, daß er ein Nein bekommt, aber da-

mit ist die Geschichte nicht zu Ende. Er wird es sich zweifellos sehr zu Herzen nehmen. Das wird vielleicht Cordelia bewegen und rühren. Wenn ich in diesem Falle auch nicht
gleich das Schlimmste zu befürchten brauche, daß sie es etwa rückgängig macht, so wird doch durch dieses reine Mitleid der Stolz ihrer Seele möglicherweise Schaden nehmen.
Geschieht das, so ist meine Absicht mit Edvard gänzlich verfehlt.

Mein Verhältnis zu Cordelia fängt langsam an dramatisch zu
werden. Etwas muß geschehen, was immer es sei, bloß beobachtend kann ich mich nicht länger verhalten, ohne den
Augenblick vorübergehen zu lassen. Überrascht muß sie
werden, das ist notwendig; wenn man sie aber überraschen
will, muß man auf seiner Hut sein. Was im allgemeinen
überraschen würde, das würde auf sie vielleicht nicht so wirken. Sie muß eigentlich so überrascht werden, daß der Grund
ihrer Überraschung im ersten Augenblick beinahe der ist,
daß etwas ganz Gewöhnliches geschieht. Erst nach und nach
muß es sich herausstellen, daß implizite doch etwas Über-
raschendes darin gelegen hat. Das ist stets auch das Gesetz für
das Interessante, und dieses wiederum das Gesetz für alle meine Bewegungen in bezug auf Cordelia. Wenn man nur zu
überraschen weiß, hat man stets gewonnenes Spiel; man sus-
pendiert auf einen Augenblick die Energie der Betreffenden,
macht ihr das Handeln unmöglich, und zwar ganz gleich,
ob man sich des Ungewöhnlichen oder des Gewöhnlichen
als Mittel bedient. Ich erinnere mich noch mit einer gewissen
Selbstzufriedenheit eines tollkühnen Versuchs gegen eine Dame aus vornehmerer Familie. Vergebens war ich eine Zeitlang
heimlich um sie herumgeschlichen, um eine interessante Berührung zu finden, da begegne ich ihr eines Mittags auf der
Straße. Ich war sicher, daß sie mich nicht kannte oder wußte, daß ich hier in der Stadt wohnhaft sei. Sie ging allein. Ich
huschte an ihr vorbei, so daß ich ihr von Angesicht zu Angesicht begegnete. Ich wich ihr aus, sie behielt den Bürger-

steig. In diesem Moment warf ich ihr einen wehmütigen
Blick zu, ich glaube fast, ich hatte eine Träne im Auge. Ich
zog den Hut. Sie blieb stehen. Mit bewegter Stimme und
einem verträumten Blick sagte ich: Zürnen Sie nicht, gnä-
diges Fräulein, eine Ähnlichkeit zwischen Ihren Zügen und
einem Wesen, das ich von ganzer Seele liebe, das aber ferne
von mir lebt, ist so auffallend, daß Sie mir mein seltsames
Benehmen verzeihen werden. Sie glaubte, ich sei ein Schwärmer, und ein bißchen Schwärmerei hat ein junges Mädchen
ganz gern, zumal wenn sie zugleich ihre Überlegenheit fühlt
und über einen lächeln darf. Richtig, sie lächelte, was ihr
unbeschreiblich gut anstand. Mit vornehmer Herablassung
grüßte sie mich und lächelte. Sie setzte ihren Weg fort, etwa
zwei Schritte ging ich an ihrer Seite. Einige Tage später begegnete ich ihr, ich erlaubte mir zu grüßen. Sie lachte über
mich... Geduld ist doch eine köstliche Tugend, und wer zuletzt lacht, lacht am besten.


Es ließen sich verschiedene Mittel denken, Cordelia zu überraschen. Ich könnte versuchen, einen erotischen Sturm zu
erregen, der imstande wäre, Bäume zu entwurzeln. Mit dessen Hilfe könnte ich versuchen, sie womöglich von ihrem
Grunde wegzureißen, heraus aus dem geschichtlichen Zusammenhang, und in dieser Agitation durch heimliche Zu-
sammenkünfte ihre Leidenschaft zu befördern suchen. Es
wäre nicht undenkbar, daß sich das machen ließe. Ein Mädchen mit ihrer Leidenschaft könnte man zu allem Beliebigen
bringen. Jedoch wäre das ästhetisch falsch. Ich liebe das
Schwindelgefühl nicht, und dieser Zustand ist nur zu empfehlen, wenn man es mit Mädchen zu tun hat, die allein auf
diese Weise einen poetischen Abglanz gewinnen können.
Man kommt dabei außerdem leicht um den eigentlichen Genuß; denn zu viel Verwirrung schadet auch. Bei ihr würde
es seine Wirkung völlig verfehlen. In ein paar Zügen würde
ich leicht einsaugen, wovon ich lange hätte zehren, ja, schlim-

mer noch, was ich bei Besonnenheit voller und reicher hätte
genießen können. Cordelia will nicht in Exaltation genossen
sein. Überraschen würde es sie vielleicht im ersten Augenblick, wenn ich mich so verhielte, aber bald würde sie satt
sein, eben weil diese Überraschung ihrer kühnen Seele zu
nahe läge.

Eine gewöhnliche Verlobung ist doch von allen Mitteln das
beste, das zweckmäßigste. Sie wird vielleicht ihren eigenen
Ohren noch weniger trauen, wenn sie mich eine prosaische
Liebeserklärung machen, item um ihre Hand anhalten hört,
noch weniger, als wenn sie meiner heißen Beredsamkeit
lauschte, meinen giftigen Rauschtrank schlürfte, ihr Herz
bei dem Gedanken an eine Entführung klopfen hörte.

Das Verwünschte an einer Verlobung ist immer das Ethische
darin. Das Ethische ist in der Wissenschaft wie im Leben
gleich langweilig. Welch ein Unterschied: unter dem Himmel der Ästhetik ist alles leicht, schön, flüchtig; wenn die
Ethik dazukommt, wird alles hart, eckig, unendlich langweilig. In strengerem Sinne jedoch hat eine Verlobung keine
ethische Realität, wie eine Ehe sie hat, sie hat nur Gültigkeit
*ex consensu gentium*. Diese Zweideutigkeit kann mir sehr dien-
lich sein. Das Ethische darin genügt gerade, um bei Cordelia
zu seiner Zeit den Eindruck entstehen zu lassen, daß sie über
die Grenze des Gewöhnlichen hinausgeht, zugleich ist das
Ethische darin nicht so ernst, daß ich eine bedenklichere Erschütterung befürchten müßte. Ich habe vor dem Ethischen
immer einen gewissen Respekt gehabt. Nie habe ich einem
Mädchen ein Eheversprechen gegeben, nicht einmal ein fahrlässiges; sofern es den Anschein haben könnte, als täte ich es
hier, ist es nur eine fingierte Bewegung. Ich werde es schon
so einrichten, daß sie selbst es ist, die die Verpflichtung aufhebt. Versprechungen zu machen, verachtet mein ritterlicher
Stolz. Ich verachte es, wenn ein Richter durch das Versprechen der Freiheit einen Sünder zum Geständnis lockt. Ein
solcher Richter verzichtet auf seine Kraft und sein Talent.
In meiner Praxis kommt noch der Umstand hinzu, daß ich

nichts wünsche, was nicht im strengsten Sinne das Geschenk
der Freiheit ist. Mögen schlechte Verführer sich solcher Mittel bedienen. Was erreichen sie denn auch? Wer ein Mädchen nicht derart zu bestricken weiß, daß sie alles aus dem
Auge verliert, von dem man nicht möchte, daß sie es sieht,
wer sich nicht derart in ein Mädchen hineinzudichten weiß,
daß alles von ihr selber ausgeht, dieweil er es will, der ist
und bleibt ein Pfuscher; ich werde ihn um seinen Genuß
nicht beneiden. Ein Pfuscher ist und bleibt solch ein Mensch,
ein Verführer, als den man mich keineswegs bezeichnen kann.
Ich bin ein Ästhetiker, ein Erotiker, der das Wesen der Liebe
und die Pointe darin begriffen hat, der an die Liebe glaubt
und sie von Grund auf kennt, und behalte mir nur die private Meinung vor, daß jede Liebesgeschichte höchstens ein
halbes Jahr dauert und daß jedes Verhältnis zu Ende ist, sobald man das letzte genossen hat. All das weiß ich, aber ich
weiß auch, daß es der höchste Genuß ist, der sich denken
läßt, geliebt zu werden, inniger geliebt als alles auf der Welt.
Sich in ein Mädchen hineindichten, ist eine Kunst, sich aus
ihr herausdichten, ist ein Meisterstück. Doch hängt das letztere wesentlich von dem ersteren ab.
Es wäre noch ein anderer Weg möglich. Ich könnte alles
daransetzen, sie mit Edvard zu verloben. Ich würde dann
Hausfreund. Edvard würde mir unbedingt trauen, denn mir
hätte er ja eigentlich sein Glück zu verdanken. Ich gewönne
damit, daß ich besser versteckt wäre. Das taugt nichts. Sie
kann sich nicht mit Edvard verloben, ohne daß sie auf die
eine oder andere Weise verkleinert würde. Dazu kommt,
daß mein Verhältnis zu ihr dann mehr pikant als interessant
wäre. Der unendliche Prosaismus, der in einer Verlobung
liegt, ist gerade der Resonanzboden für das Interessante.

Alles wird bedeutungsvoller in dem Wahlschen Hause. Man
spürt deutlich, daß sich ein heimliches Leben unter den alltäglichen Formen regt, und daß dieses sich bald in einer entsprechenden Offenbarung kundtun muß. Das Wahlsche

Haus bereitet sich auf eine Verlobung. Ein bloß äußerlicher
Beobachter möchte vielleicht daran denken, daß aus der Tante und mir ein Paar würde. Was ließe sich in einer solchen
Ehe nicht für die Verbreitung landwirtschaftlicher Kenntnisse in einem künftigen Geschlecht ausrichten! Dann würde
ich also Cordelias Onkel. Ich bin ein Freund der Gedanken-
freiheit, und kein Gedanke ist so absurd, daß ich nicht den
Mut hätte, ihn festzuhalten. Cordelia fürchtet sich vor einer
Liebeserklärung von Edvard, Edvard hofft, daß eine solche
alles entscheiden werde. Dessen kann er nun auch sicher sein.
Um ihm jedoch die unangenehmen Folgen eines solchen
Schrittes zu ersparen, werde ich ihm zuvorzukommen suchen. Ich hoffe ihn nun bald zu entlassen, er steht mir wirklich im Wege. Das habe ich heute so recht empfunden.
Blickt er nicht so verträumt und liebestrunken drein, daß
man befürchten kann, er werde sich wie ein Somnambuler
plötzlich erheben und vor der ganzen Gemeinde seine Liebe
so objektiv anschauend gestehen, daß er sich Cordelia nicht
einmal nähert? Ich habe ihm heute einen scharfen Blick zu-
geschossen. Wie ein Elefant ein Ding auf seinen Rüssel
nimmt, so habe ich ihn auf meine Augen genommen, so
lang er ist, und ihn hintenüber geworfen. Obwohl er sitzen
blieb, hatte er doch, glaube ich, ein entsprechendes Gefühl
im ganzen Körper.

Cordelia ist mir gegenüber nicht mehr so sicher, wie sie es
früher gewesen ist. Sie hat sich mir immer mit weiblicher
Sicherheit genähert, jetzt schwankt sie ein wenig. Das hat jedoch nicht viel zu bedeuten, und es würde mir nicht schwerfallen, alles auf den alten Fuß zu bringen. Doch das will ich
nicht. Nur noch eine Exploration und dann die Verlobung.
Für diese kann es keine Schwierigkeiten geben. Cordelia sagt
in ihrer Überraschung ja, die Tante ein herzliches Amen. Sie
wird über so einen landwirtschaftlichen Schwiegersohn
außer sich sein vor Freude. Schwiegersohn! wie doch alles
wie die Kletten zusammenhängt, wenn man sich in dieses

Gebiet hineinwagt. Ich werde dann eigentlich nicht ihr Schwiegersohn, sondern nur ihr Neffe, oder richtiger, *volente deo*, keins von beiden.

den 23.

Heute erntete ich die Frucht eines Gerüchts, das ich hatte ausstreuen lassen: daß ich in ein junges Mädchen verliebt sei. Mit Edvards Hilfe ist es auch Cordelia zu Ohren gebracht. Sie ist neugierig, sie achtet auf mich, sie getraut sich jedoch nicht zu fragen; dabei ist es ihr keineswegs unwichtig, Gewißheit zu erlangen, teils, weil es ihr unglaublich erscheint, teils, weil sie darin beinahe ein Antezedenz für sich selbst erblicken würde; denn kann ein so kalter Spötter wie ich sich verlieben, so könnte sie es wohl auch, ohne sich schämen zu müssen. Heute habe ich diese Sache aufs Tapet gebracht. Eine Geschichte so zu erzählen, daß die Pointe nicht verlorengeht, dafür glaube ich der Mann zu sein, ferner so, daß sie auch nicht zu früh kommt. Diejenigen, die meine Geschichte hören, *in suspenso* zu halten, mich durch kleine Bewegungen episodischer Art zu vergewissern, welchen Ausgang sie ihr wünschen, sie im Verlauf der Erzählung zu narren, das ist meine Lust; Amphibolien zu verwenden, so daß die Zuhörer das eine unter dem Gesagten verstehen und nun plötzlich merken, daß die Worte auch anders verstanden werden können, das ist meine Kunst. Wenn man so recht Gelegenheit haben will, in einer bestimmten Richtung Beobachtungen anzustellen, muß man immer eine Rede halten. Im Gespräch kann der Betreffende einem leichter entschlüpfen, kann durch Frage und Antwort besser verbergen, welchen Eindruck die Worte machen. Mit feierlichem Ernst begann ich meine Rede an die Tante. »Soll ich es dem Wohlwollen meiner Freunde oder der Bosheit meiner Feinde zuschreiben, und wer hätte nicht zuviel sowohl von dem einen wie von dem andern?« Hier machte die Tante eine Bemerkung, die ich nach Kräften ausspinnen half, um Cordelia, die zuhörte, in Spannung zu halten, einer Spannung, die sie nicht aufheben konnte, da es die Tante war, mit der ich sprach, und mei-

ne Stimmung feierlich war. Ich fuhr fort: »oder muß ich es
einem Zufall zuschreiben, der *generatio aequivoca* eines Gerüchts« [diesen Ausdruck verstand Cordelia offenbar nicht, er
machte sie nur unklar, um so mehr, als ich einen falschen
Nachdruck darauf legte, ihn mit einer pfiffigen Miene aussprach, so als ob die Pointe hier läge], »daß ich, der ich gewohnt bin, verborgen in der Welt zu leben, Gegenstand eines Geredes geworden bin, indem man behauptet, ich hätte
mich verlobt;« Cordelia vermißte offenbar noch eine Erklärung von mir, ich fuhr fort: »meinen Freunden, da es immerhin für ein großes Glück erachtet werden muß, sich zu
verlieben [sie stutzte], meinen Feinden, da es immerhin für
überaus lächerlich erachtet werden muß, wenn dieses Glück
mir zuteil würde« [Bewegung in entgegengesetzte Rich-
tung], »oder dem Zufall, da nicht der mindeste Grund dazu
vorhanden ist; oder der *generatio aequivoca* des Gerüchts, da
das Ganze wohl in dem gedankenlosen Umgang eines hohlen Kopfes mit sich selber aufgekommen sein muß.« Die
Tante drängte mit weiblicher Neugier darauf, zu erfahren,
wer diese Dame wohl sein möge, mit der man mich zu verloben beliebt hatte. Jede Frage in dieser Richtung wurde abgewiesen. Auf Cordelia machte die ganze Geschichte Eindruck, ich glaube fast, daß Edvards Aktien um einige Punkte
stiegen.

Der entscheidende Augenblick naht sich. Ich könnte mich
an die Tante wenden, schriftlich um Cordelias Hand anhalten. Das ist ja das gewöhnliche Verfahren in Herzensangelegenheiten, so als ob das Schreiben dem Herzen natürlicher
wäre als das Reden. Was mich indessen etwa bestimmen
würde, es zu wählen, ist gerade das Philisterhafte daran.
Wähle ich es, so komme ich um die eigentliche Überraschung, und auf die kann ich nicht verzichten. – Hätte ich
einen Freund, so würde er vielleicht zu mir sagen: Hast du
dir den überaus ernsten Schritt, den du tust, auch wohl überlegt, einen Schritt, der entscheidend ist für dein ganzes künf-

tiges Leben und für das Glück eines anderen Wesens? Diesen
Vorteil hat man eben, wenn man einen Freund hat. Ich habe
keinen Freund: ob das ein Vorteil ist, will ich dahingestellt
sein lassen, dagegen halte ich den Umstand, von seinem Rate
frei zu sein, für einen absoluten Vorteil. Im übrigen habe ich
die ganze Sache im strengsten Sinne des Wortes wirklich
durchdacht.

Von meiner Seite nun steht der Verlobung nichts im Wege.
Ich gehe also auf Freiersfüßen, wer würde mir das ansehen?
Bald wird meine geringe Person von einem höheren Standpunkt aus betrachtet werden. Ich höre auf Person zu sein
und werde – Partie; ja eine gute Partie, wird die Tante sagen.
Am meisten tut es mir fast um die Tante leid; denn sie liebt
mich mit einer so reinen und aufrichtigen landwirtschaftlichen Liebe, sie betet mich beinahe an als ihr Ideal.

Nun habe ich in meinem Leben schon manche Liebeserklärung gemacht, doch hier hilft alle meine Erfahrung mir gar
nichts; denn diese Erklärung muß auf eine ganz eigene Art
gemacht werden. Was ich mir vornehmlich einprägen muß,
ist, daß das Ganze bloß eine fingierte Bewegung darstellt. Ich
habe verschiedene Schrittübungen gemacht, um zu sehen, in
welcher Richtung man am besten auftreten könnte. Den
Augenblick erotisch zu machen, wäre bedenklich, da das
leicht dem vorgreifen könnte, was später kommen und sich
sukzessiv entfalten soll; ihn sehr ernst zu machen, ist gefährlich; ein solcher Moment ist für ein Mädchen von so großer
Bedeutung, daß ihre ganze Seele darin fixiert werden kann,
wie ein Sterbender in seinen letzten Willen; ihn kordial,
possenhaft zu machen, würde nicht mit der bisher von mir
verwendeten Maske harmonieren, auch mit der neuen nicht,
die ich anzulegen und zu tragen gedenke; ihn witzig und
ironisch zu machen, wäre zuviel gewagt. Wenn es mit mir
stünde wie mit den Leuten im allgemeinen bei solcher Gelegenheit, daß die Hauptsache für mich wäre, das kleine Ja
hervorzulocken, so wäre es kinderleicht. Mir ist dies zwar

von Wichtigkeit, nicht aber von absoluter Wichtigkeit;
denn obwohl ich mir nun dieses Mädchen ausersehen, obwohl ich viel Aufmerksamkeit, ja mein ganzes Interesse auf
sie verlegt habe, so gäbe es doch Bedingungen, unter denen
ich ihr Ja nicht annehmen würde. Es ist mir gar nicht darum
zu tun, das Mädchen in äußerlichem Sinne zu besitzen, sondern darum, sie künstlerisch zu genießen. Deshalb muß der
Anfang so künstlerisch wie möglich sein. Der Anfang muß
so schwebend wie möglich, er muß eine Allmöglichkeit sein.
Sieht sie in mir gleich einen Betrüger, so mißversteht sie
mich; denn in gewöhnlichem Sinne bin ich kein Betrüger;
sieht sie einen treuen Liebhaber in mir, so mißversteht sie
mich auch. Es kommt darauf an, daß ihre Seele durch diesen
Auftritt so wenig wie möglich determiniert werde. Die
Seele eines Mädchens ist in einem solchen Moment wie die
eines Sterbenden prophetisch. Das muß verhindert werden.
Meine liebenswürdige Cordelia! ich betrüge dich um etwas
Schönes, aber es muß sein, und ich werde dich entschädigen,
so gut ich vermag. Der ganze Auftritt muß so unbedeutend
gehalten werden wie möglich, so daß sie, wenn sie ihr Ja gegeben hat, nicht imstande ist, auch nur das mindeste darüber
mitzuteilen, was sich in diesem Verhältnis verbergen mag.
Diese unendliche Möglichkeit ist eben das Interessante. Ist sie
imstande, etwas vorauszusagen, so habe ich es falsch angefangen, und das ganze Verhältnis verliert an Bedeutung. Daß
sie ja sagen sollte, weil sie mich liebt, ist undenkbar; denn sie
liebt mich gar nicht. Am besten wäre es, wenn ich die Verlobung aus einer Handlung in ein Ereignis verwandeln könnte, aus etwas, was sie tut, in etwas, was ihr geschieht, wovon
sie sagen muß: weiß Gott, wie das eigentlich zugegangen
ist!

den 31.

Heute hab' ich einen Liebesbrief für einen Dritten geschrieben. Das ist mir stets eine große Freude. Erstens ist es immer
recht interessant, sich so lebendig in die Situation hineinzu-
versetzen, und doch mit aller möglichen Gemächlichkeit. Ich

stopfe meine Pfeife, höre mir die Relation an, die Briefe der
Betreffenden werden vorgelegt. Das sind für mich stets wichtige Studien, wie ein junges Mädchen schreibt. Er sitzt nun
da, verliebt wie eine Ratte, liest ihre Briefe vor, wird durch
meine lakonischen Bemerkungen unterbrochen: sie schreibt
nicht übel, sie hat Gefühl, Geschmack, Vorsicht, sie hat gewiß schon einmal geliebt usw. Zweitens ist es ein gutes
Werk, das ich tue. Ich bringe ein paar junge Leute zusammen; jetzt quittiere ich. Für jedes glückliche Paar ersehe ich
mir ein Opfer; zwei mache ich glücklich, höchstens eine unglücklich. Ich bin ehrlich und zuverlässig, habe nie jemand
betrogen, der sich mir anvertraut hat. Ein bißchen Neckerei
fällt immer dabei ab, nun, das sind ja gesetzliche Sporteln.
Und warum genieße ich dieses Vertrauen? Weil ich Latein
kann und meinen Studien nachgehe und weil ich meine kleinen Geschichten stets für mich behalte. Und verdiene ich
dieses Vertrauen etwa nicht? ich mißbrauche es doch nie.


den 2. August
Der Augenblick war gekommen. Die Tante sah ich flüchtig
auf der Straße, ich wußte also, daß sie nicht zu Hause war.
Edvard war auf dem Zollamt. Es bestand also alle Wahrscheinlichkeit, daß Cordelia allein zu Hause war. So war es
auch. Sie saß am Nähtisch, mit einer Arbeit beschäftigt. Sehr
selten nur habe ich die Familie am Vormittag besucht, sie
war daher etwas affiziert, mich zu sehen. Fast wäre die Situation zu bewegt geworden. Daran wäre sie freilich nicht
schuld gewesen, denn sie faßte sich ziemlich leicht; sondern
ich selbst, denn trotz meines Panzers machte sie einen ungewöhnlich starken Eindruck auf mich. Wie anmutig war sie
doch in dem blaugestreiften schlichten häuslichen Kattun-
kleid, mit einer frisch gepflückten Rose an der Brust – einer
frisch gepflückten Rose, nein, das Mädchen selbst glich einer
frisch gepflückten Blume, so frisch war sie, eben eingetrof-
fen; und wer weiß auch, wo ein junges Mädchen die Nacht
verbringt, ich denke im Lande der Illusionen, jeden Morgen

aber kehrt sie zurück, und daher ihre jugendliche Frische.
Sie sah so jung und doch so ausgereift aus, als hätte die Natur
gleich einer zärtlichen und reichen Mutter erst in diesem
Augenblick sie aus ihrer Hand entlassen. Es war mir, als sei
ich Zeuge dieser Abschiedsszene, ich sah, wie jene liebevolle
Mutter sie zum Abschied noch einmal umarmte, ich hörte sie
sagen: »Geh' nun in die Welt hinaus, mein Kind, ich habe
alles für dich getan, nimm diesen Kuß als ein Siegel auf
deine Lippen, es ist ein Siegel, welches das Heiligtum hütet,
niemand kann es brechen, wenn du es selber nicht willst,
wenn aber der Rechte kommt, so wirst du ihn verstehen.«
Und sie drückte einen Kuß auf ihre Lippen, einen Kuß, der
nicht wie ein menschlicher Kuß etwas nimmt, sondern einen
göttlichen Kuß, der alles gibt, der dem Mädchen die Macht
des Kusses verleiht. Wunderbare Natur, wie bist du tiefsinnig und rätselvoll, du gibst dem Menschen das Wort und
dem Mädchen die Beredsamkeit des Kusses! Diesen Kuß
hatte sie auf der Lippe und den Abschied auf ihrer Stirn und
den frohen Gruß in ihrem Auge, darum sah sie zugleich so
heimisch aus, denn sie war ja Kind im Hause, und so fremd,
denn sie kannte die Welt nicht, sondern nur die liebevolle
Mutter, die unsichtbar über sie wachte. Sie war wirklich anmutig, jung wie ein Kind, und doch geschmückt mit der
edlen jungfräulichen Würde, die Ehrerbietung einflößt. –
Doch, bald war ich wieder leidenschaftslos und feierlich-
dumm, wie es sich gehört, wenn man bewirken will, daß etwas Bedeutsames auf eine Weise geschieht, durch die es keinerlei Bedeutung erhält. Nach einigen allgemeinen Bemerkungen rückte ich ihr etwas näher und brachte meinen An-
trag vor. Ein Mensch, der wie ein Buch redet, ist äußerst
langweilig anzuhören; bisweilen ist es jedoch recht zweckmäßig, so zu reden. Ein Buch hat nämlich die bemerkens-
werte Eigenschaft, daß man es nach Belieben auslegen kann.
Diese Eigenschaft bekommt die Rede auch, wenn man redet
wie ein Buch. Ich hielt mich ganz nüchtern an die üblichen
Formeln. Sie war überrascht, wie ich es erwartet hatte, es ist

unleugbar. Mir Rechenschaft davon zu geben, wie sie aus-
sah, ist schwierig. Sie sah vielfältig aus, ja, ungefähr wie der
noch nicht erschienene, aber angekündigte Kommentar zu
meinem Buch, ein Kommentar, der die Möglichkeit jeder
Auslegung enthält. Ein Wort, und sie hätte mich ausgelacht,
ein Wort, sie wäre bewegt gewesen, ein Wort, sie hätte mich
gemieden; aber kein Wort kam über meine Lippen, ich
blieb feierlich-dumm und hielt mich streng an das Ritual. –
Sie habe mich erst so kurze Zeit gekannt, Herrgott, solchen
Schwierigkeiten begegnet man nur auf dem schmalen Wege
der Verlobung, nicht auf den Blumenpfaden der Liebe.
Sonderbar. Wenn ich an den vorhergehenden Tagen die
Sache überlegte, war ich doch so forsch und überzeugt, daß
sie im Augenblick der Überraschung ja sagen werde. Da
sieht man, was alle Vorbereitungen nützen, diesen Ausgang
nahm die Sache nicht, denn sie sagte weder ja noch nein,
sondern verwies mich an die Tante. Das hätte ich voraussehen müssen. Ich habe doch wirklich Glück; denn dieses Resultat war noch besser.


Die Tante gibt ihre Einwilligung, daran habe ich denn auch
nie den leisesten Zweifel gehegt. Cordelia folgt ihrem Rat.
Was meine Verlobung betrifft, so will ich mich nicht rühmen, daß sie poetisch sei, sie ist in jeder Beziehung höchst
philiströs und spießbürgerlich. Das Mädchen weiß nicht, ob
sie ja oder nein sagen soll; die Tante sagt ja, das Mädchen
sagt ebenfalls ja, ich nehme das Mädchen, sie nimmt mich –
und nun fängt die Geschichte an.

den 3.

So bin ich denn verlobt; Cordelia ist es auch, und das ist
wohl so ziemlich alles, was sie bezüglich dieser Sache weiß.
Wenn sie eine Freundin hätte, mit der sie aufrichtig sprechen
würde, so würde sie wohl sagen: »Was das Ganze bedeuten
soll, das begreife ich wirklich nicht. Er hat etwas an sich, was
mich zu ihm zieht, aber was es ist, daraus werde ich nicht
klug, er hat eine seltsame Macht über mich, doch ihn lieben,

das tue ich nicht und werde es vielleicht niemals tun, dagegen werde ich es sehr wohl aushalten können, mit ihm zu leben, und darum auch recht glücklich mit ihm werden; denn er verlangt gewiß nicht so sehr viel, wenn man nur mit ihm aushält.« Meine liebe Cordelia! vielleicht verlangt er mehr und dafür weniger Ausdauer. – Von allen lächerlichen Dingen ist eine Verlobung doch das allerlächerlichste. Die Ehe hat doch einen Sinn, mag dieser Sinn mir auch unbequem sein. Eine Verlobung ist eine rein menschliche Erfindung und macht ihrem Inventeur keineswegs Ehre. Sie ist weder das eine noch das andere und verhält sich zur Liebe wie der Streifen, den der Pedell auf dem Rücken herunterhängen hat, sich zu einem Professorentalar verhält. Jetzt bin ich also Mitglied dieser ehrenhaften Gesellschaft. Das ist nicht ohne Bedeutung; denn, wie Trop sagt, erst dadurch, daß man selbst Künstler ist, erwirbt man doch das Recht, andere Künstler zu beurteilen. Und ist nicht ein Verlobter auch ein Tierparkkünstler?

Edvard ist außer sich vor Erbitterung. Er läßt sich den Bart wachsen, hat seinen schwarzen Rock weggehängt, das will allerlei heißen. Er will mit Cordelia sprechen, will ihr meine Hinterlist schildern. Das wird eine erschütternde Szene abgeben: Edvard unrasiert, nachlässig gekleidet, laut mit Cordelia redend. Wenn er mich nur nicht aussticht mit seinem langen Bart! Vergebens suche ich ihn zur Räson zu bringen, ich erkläre, daß die Tante es sei, welche die Partie zustande gebracht habe, daß Cordelia vielleicht noch immer Gefühle für ihn hege, daß ich bereit sei zurückzutreten, falls er sie für sich gewinnen könne. Einen Augenblick schwankt er, ob er seinen Bart nicht auf neue Art rasieren lassen, einen neuen schwarzen Rock kaufen solle, im nächsten Augenblick schnauzt er mich an. Ich tue alles, um mir mit keiner Miene etwas anmerken zu lassen. Wie böse er auch auf mich ist, ich bin sicher, daß er keinen Schritt tut, ohne sich mit mir zu beraten; er vergißt nicht, welchen Nutzen er von mir als Mentor gehabt hat. Und warum sollte ich ihm die letzte Hoffnung rauben, warum mit ihm brechen; er ist ein guter Mensch, wer weiß, was im Laufe der Zeit noch geschehen mag.

Was ich jetzt zu tun habe, ist einerseits, alle Vorkehrungen zu treffen, um die Verlobung aufzuheben, dergestalt, daß ich mir dadurch ein schöneres und bedeutungsvolleres Verhältnis zu Cordelia sichere; andererseits die Zeit so gut wie möglich zu nutzen, um mich an all der Anmut, all der Lieblichkeit, mit der die Natur sie in so überreichem Maße ausgestattet hat, zu freuen, mich daran zu freuen, jedoch mit jener Begrenzung und Zirkumspektion, die verhindern, daß etwas vorweggenommen wird. Wenn ich es dann dahin gebracht habe, daß sie gelernt hat, was lieben heißt und was es heißt, mich zu lieben, so zerbricht die Verlobung als eine unvollkommene Form, und sie gehört mir. Andere verloben sich, wenn sie diesen Punkt erreicht haben, und haben dann gute Aussichten auf eine langweilige Ehe in alle Ewigkeit. Doch das ist ihre Sache.

Noch ist alles *in statu quo;* schwerlich kann aber ein Verlobter glücklicher sein als ich; ein Geizhals, der ein Goldstück gefunden hat, seliger als ich. Ich bin berauscht von dem Gedanken, daß sie in meiner Macht ist. Eine reine unschuldige Weiblichkeit, durchsichtig wie das Meer und doch auch tiefsinnig wie dieses, ohne Ahnung von der Liebe! Jetzt soll sie lernen, was Liebe doch für eine Macht ist. Wie eine Königstochter, die aus dem Staube auf den Thron der Väter erhoben wird, so soll sie nun in das Königreich eingesetzt werden, in das sie hingehört. Und das soll durch mich geschehen; und indem sie lieben lernt, lernt sie mich lieben, indem sie die Regel entwickelt, entfaltet sich sukzessiv das Paradigma, und das bin ich. Indem sie in der Liebe ihre ganze Bedeutung fühlt, gebraucht sie sie, um mich zu lieben, und wenn sie ahnt, daß sie es von mir gelernt hat, liebt sie mich doppelt. Der Gedanke an meine Freude überwältigt mich dermaßen, daß ich fast die Besonnenheit verliere.

Ihre Seele ist durch die unbestimmten Regungen der Liebe
nicht verflüchtigt oder erschlafft, wie es bei vielen jungen
Mädchen der Fall ist, die darum niemals wirklich zu lieben
vermögen, das heißt: bestimmt, energisch, total. Sie tragen
in ihrem Bewußtsein ein unbestimmtes Nebelbild, das ein
Ideal sein soll, an dem der wirkliche Gegenstand gemessen
wird. Aus solchen Halbheiten entsteht ein Etwas, mit dem
man sich christlich durch die Welt helfen kann. – Indem nun
die Liebe in ihrer Seele erwacht, durchschaue ich sie, erhor-
che sie aus ihr mit allen Stimmen der Liebe. Ich überzeuge
mich, wie sie sich in ihr gestaltet hat, und bilde mich selbst
demgemäß; und wie ich unmittelbar bereits in diese Geschichte einbezogen bin, welche die Liebe in ihrem Herzen durchläuft, so komme ich ihr wieder von außen entgegen, so
täuschend wie möglich. Ein Mädchen liebt doch nur einmal.

Jetzt bin ich also in rechtmäßigem Besitz von Cordelia, habe
die Einwilligung und den Segen der Tante, die Gratulation
der Freunde und Verwandten; das muß doch wohl halten.
Jetzt sind also die Beschwerden des Krieges vorbei, jetzt beginnen die Segnungen des Friedens. Welche Torheiten! als
ob der Segen der Tante und die Gratulation der Freunde imstande wären, mich in tieferem Sinne in den Besitz Cordelias zu setzen; als ob die Liebe einen solchen Gegensatz zwischen Kriegszeit und Friedenszeit kennte und nicht vielmehr,
solange sie da ist, sich in Kampf kundtut, mögen die Waffen
auch verschieden sein. Der Unterschied ist eigentlich der, ob
*cominus* oder *eminus* gekämpft wird. Je mehr in einem Liebesverhältnis *eminus* gekämpft worden ist, um so trauriger; denn
um so unbedeutender wird das Handgemenge. Zum Handgemenge gehört ein Händedruck, eine Berührung mit dem
Fuß, was Ovid bekanntlich ebenso sehr empfiehlt, wie er
mit tiefer Eifersucht dagegen eifert, von einem Kuß, einer
Umarmung ganz zu schweigen. Wer *eminus* kämpft, kann
sich im allgemeinen nur auf sein Auge verlassen; und doch

wird er, wenn er Künstler ist, diese Waffe mit solcher Vir-
tuosität zu handhaben wissen, daß er fast dasselbe ausrichtet.
Er wird sein Auge mit einer desultorischen Zärtlichkeit auf
einem Mädchen ruhen lassen können, die wie eine zufällige
Berührung wirkt; er wird imstande sein, sie mit seinem
Auge so fest zu packen, als ob er sie mit den Armen umschlossen hielte. Ein Fehler wird es jedoch stets sein oder ein
Unglück, wenn man zu lange *eminus* kämpfen muß; denn
ein solches Kämpfen ist immer nur ein Bezeichnen, kein
Genießen. Wenn man *cominus* kämpft, erhält alles erst seine
wahre Bedeutung. Wenn kein Kampf mehr in der Liebe ist,
so hat sie aufgehört. Ich habe so gut wie gar nicht *eminus* gekämpft und bin daher jetzt nicht am Ende, sondern am Anfang, ich hole die Waffen hervor. In meinem Besitz ist sie,
das ist wahr, nämlich in juristischem und spießbürgerlichem
Sinne; daraus aber folgt für mich gar nichts, ich habe viel
reinere Vorstellungen. Verlobt ist sie mit mir, das ist wahr;
falls ich aber daraus schließen wollte, daß sie mich liebe, so
wäre das eine Täuschung, denn sie liebt überhaupt nicht. In
rechtmäßigem Besitz von ihr bin ich, und doch bin ich nicht
im Besitz von ihr, wie ich durchaus im Besitz eines Mädchens
sein kann, ohne in rechtmäßigem Besitz von ihr zu sein.

> Auf heimlich erröthender Wange
> Leuchtet des Herzens Glühen.

Sie sitzt im Sofa am Teetisch; ich auf einem Stuhl an ihrer
Seite. Diese Stellung hat das Konfidentielle und doch wiederum eine Vornehmheit, die entfernt. Auf die Stellung
kommt immer ungeheuer viel an, das heißt für den, der ein
Auge dafür hat. Die Liebe hat viele Positionen, diese ist die
erste. Wie hat doch die Natur dieses Mädchen königlich ausgestattet; ihre reinen weichen Formen, ihre tiefe weibliche
Unschuld, ihr klares Auge – alles berauscht mich. – Ich habe
sie besucht. Sie kam mir froh entgegen wie gewöhnlich,
doch ein wenig verlegen, ein wenig unsicher, die Verlobung
muß unser Verhältnis doch etwas verändern, wie, das weiß

sie nicht; sie gab mir die Hand, aber nicht mit einem Lächeln
wie gewöhnlich. Ich erwiderte diesen Gruß mit einem leichten, fast unmerklichen Händedruck; ich war sanft und freundlich, doch ohne erotisch zu sein. – Sie sitzt im Sofa am Teetisch, ich auf einem Stuhl an ihrer Seite. Eine verklärende
Festlichkeit eilt über die Situation hin, eine leise Morgenbe-
leuchtung. Sie ist stumm, nichts unterbricht die Stille. Mein
Auge gleitet leis über sie hin, nicht begehrend, fürwahr, dazu
gehörte Frechheit. Eine feine, flüchtige Röte, gleich einer
Wolke über dem Feld, schwindet über ihr hin, steigend und
sinkend. Was bedeutet diese Röte? Ist es Liebe, ist es Sehnsucht, Hoffnung, Furcht; denn des Herzens Farbe ist Rot?
Keineswegs. Sie wundert sich, sie verwundert sich – nicht
über mich, das hieße ihr zu wenig bieten; sie verwundert
sich, nicht über sich selbst, sondern in sich selbst, sie wird in
sich selber verwandelt. Dieser Augenblick fordert Stille, darum soll keine Reflexion ihn stören, kein Lärm der Leidenschaft ihn unterbrechen. Es ist, als sei ich nicht gegenwärtig,
und doch ist gerade meine Gegenwart die Bedingung für
diese ihre kontemplative Verwunderung. Mein Wesen ist
mit dem ihren in Harmonie. In einem solchen Zustand wird
ein junges Mädchen, gleich einigen Gottheiten, mit Schweigen verehrt und angebetet.

Es ist doch ein Glück, daß ich das Haus meines Onkels habe.
Falls ich einem jungen Menschen Widerwillen gegen Tabak
beibringen wollte, so würde ich ihn in irgendein Rauch-
zimmer der Regenz führen; wenn ich einem jungen Mädchen Widerwillen gegen das Verlobtsein beibringen möchte, so brauche ich sie nur hier einzuführen. Wie im Innungs-
haus der Schneider lauter Schneider verkehren, so verkehren
hier lauter Verlobte. Es ist eine schreckliche Gesellschaft, in
die man da gerät, und ich kann es Cordelia nicht verdenken,
daß sie ungeduldig wird. Wenn wir *en masse* versammelt
sind, so stellen wir, glaub' ich, zehn Paare, außer den annek-
tierten Bataillonen, die zu den großen Festen in die Haupt-

stadt kommen. Wir Verlobten können da so recht die Freuden der Verlobung genießen. Ich finde mich mit Cordelia auf dem Alarmplatz ein, um ihr diese verliebten Handgreiflichkeiten, diese Tolpatschigkeiten vernarrter Handwerksleute zu verleiden. In einem fort, den ganzen Abend durch, hört man ein Geräusch, als ginge jemand mit einer Fliegenklappe umher – das sind die Küsse der Liebenden. Man ist in diesem Hause im Besitz einer liebenswürdigen Ungeniertheit; man sucht nicht einmal die Ecken und Winkel auf, nein! man sitzt um einen großen runden Tisch. Auch ich mache Miene, Cordelia auf gleiche Weise zu behandeln. Ich muß zu dem Ende mir in hohem Maße Gewalt antun. Es wäre wirklich empörend, wenn ich mir erlaubte, ihre tiefe Weiblichkeit derart zu verletzen. Ich würde mir größere Vorwürfe deswegen machen, als wenn ich sie betrüge. Überhaupt kann ich jedem Mädchen, das sich mir anvertrauen will, eine vollkommen ästhetische Behandlung zusichern: nur endet es damit, daß sie betrogen wird; aber das steht auch in meiner Ästhetik, denn entweder betrügt das Mädchen den Mann, oder der Mann das Mädchen. Es wäre schon recht interessant, wenn man irgendeinen alten literarischen Klepper dazu bewegen könnte, in Märchen, Sagen, Volksliedern, Mythologien auszuzählen, ob öfter ein Mädchen treulos ist oder ein Mann.

Keineswegs bereue ich die Zeit, die Cordelia mich kostet, obwohl sie mich viel Zeit kostet. Jede Zusammenkunft erfordert oft lange Vorbereitungen. Ich erlebe mit ihr das Werden ihrer Liebe. Dabei bin ich selber beinahe unsichtbar zugegen, wenn ich sichtbar neben ihr sitze. Wie wenn ein Tanz, der eigentlich von zweien getanzt werden muß, nur von einem getanzt wird, so verhalte ich mich zu ihr. Ich bin nämlich der zweite Tänzer, aber unsichtbar. Sie bewegt sich wie im Traum, und doch tanzt sie mit einem andern; und dieser andere bin ich, der ich, sofern sichtbar zugegen, unsichtbar, sofern unsichtbar, sichtbar bin. Die Bewegungen verlangen einen zweiten; sie neigt sich zu ihm hin, sie reicht

ihm die Hand, sie flieht, sie nähert sich wieder. Ich nehme
ihre Hand, ich vervollständige ihren Gedanken, der doch in
sich selbst schon vervollständigt ist. Sie bewegt sich in der
eigenen Melodie ihrer Seele; ich bin nur der Anlaß, daß sie
sich bewegt. Ich bin nicht erotisch, das würde sie nur wek-
ken, ich bin biegsam, geschmeidig, unpersönlich, fast wie
eine Stimmung.

Worüber unterhalten Verlobte sich im allgemeinen? Meines Wissens sind sie eifrig damit beschäftigt, sich gegenseitig
in den langweiligen Zusammenhang der respektiven Familien einzuweben. Was Wunder also, daß das Erotische verschwindet. Versteht man es nicht, die Liebe zu dem Absoluten zu machen, demgegenüber alle andere Geschichte verschwindet, so sollte man sich nie aufs Lieben einlassen, und
wenn man sich auch zehnmal verheiratet. Ob ich eine Tante
habe, die Mariane heißt, einen Onkel, der Christopher heißt,
einen Vater, der Major ist usw. usw., alle derartigen Öffent-
lichkeiten haben mit den Mysterien der Liebe nichts zu tun.
Ja, selbst das vergangene eigene Leben ist nichts. Ein junges
Mädchen hat zumeist in dieser Hinsicht nicht viel zu erzählen; hat sie es, so mag es zwar vielleicht der Mühe wert
sein, ihr zuzuhören; doch in der Regel nicht, sie zu lieben.
Ich für meine Person suche keine Geschichten, an denen habe
ich fürwahr genug; ich suche Unmittelbarkeit. Es ist das
Ewige in der Liebe, daß die Individuen erst in ihrem Augenblick für einander entstehen.
Ein wenig Vertrauen muß bei ihr geweckt, oder richtiger:
ein Zweifel muß beseitigt werden. Ich gehöre nicht eben zu
der Zahl jener Liebenden, die sich aus Achtung lieben, sich
aus Achtung heiraten, aus Achtung Kinder miteinander bekommen; dennoch aber weiß ich wohl, daß die Liebe, zumal solange die Leidenschaft noch nicht in Bewegung gesetzt ist, von dem, der ihr Gegenstand ist, fordert, daß er
nicht ästhetisch gegen das Moralische anstoße. In dieser Hinsicht hat die Liebe ihre eigene Dialektik. Während demnach

mein Verhältnis zu Edvard vom Standpunkte der Moral
weit tadelnswerter ist als mein Verhalten gegen die Tante, so
wird es mir doch weit leichter fallen, jenes vor Cordelia zu
rechtfertigen als dieses. Sie hat zwar nichts geäußert, aber ich
habe es doch für das beste gehalten, ihr zu erklären, warum
es für mich notwendig war, in dieser Weise aufzutreten. Die
Vorsicht, die ich gebraucht habe, schmeichelt ihrem Stolz,
die Heimlichkeit, mit der ich alles behandelt habe, fesselt ihre
Aufmerksamkeit. Zwar könnte es scheinen, als ob ich hier
bereits zuviel erotische Bildung verriete, als ob ich in Widerspruch mit mir selbst käme, wenn ich später zu insinuieren gezwungen bin, ich hätte noch nie zuvor geliebt; doch
das macht nichts. Ich habe keine Angst, mir zu widersprechen, wenn sie es nur nicht merkt und ich erreiche, was ich
will. Mögen gelehrte Disputatoren ihre Ehre dareinsetzen,
jeglichen Widerspruch zu vermeiden; das Leben eines jungen Mädchens ist zu reich, als daß es nicht Widersprüche enthalten und also Widersprüche notwendig machen sollte.

Sie ist stolz und hat zugleich keine eigentliche Vorstellung
vom Erotischen. Während sie nun allerdings in geistiger Beziehung bis zu einem gewissen Grade sich vor mir beugt, so
ließe es sich denken, daß sie, wenn das Erotische sich geltend
zu machen beginnt, auf den Gedanken kommen könnte, ihren Stolz gegen mich zu kehren. Nach allem, was ich beobachten kann, ist sie sich im unklaren über die eigentliche Bedeutung des Weibes. Deshalb war es leicht, ihren Stolz gegen Edvard aufzubringen. Dieser Stolz war jedoch völlig
exzentrisch, weil sie keine Vorstellung von Liebe hatte. Hat
sie diese einmal, so hat sie auch ihren wahren Stolz; aber ein
Rest jenes exzentrischen könnte sich leicht beimischen. Es
wäre also denkbar, daß sie sich gegen mich kehren würde.
Wenngleich es sie nicht reuen wird, ihre Einwilligung zu der
Verlobung gegeben zu haben, so wird sie doch leicht sehen,
daß ich diese ziemlich wohlfeil bekommen habe; sie wird
sehen, daß der Anfang ihrerseits nicht richtig gemacht wor-

den ist. Wenn ihr dies zum Bewußtsein kommt, so wird sie es wagen, mir die Spitze zu bieten. So soll es sein. Dann kann ich mich überzeugen, wie tief sie bewegt ist.

Ganz recht. Schon weit unten in der Straße sehe ich diesen reizenden kleinen Lockenkopf, der sich so weit wie nur möglich aus dem Fenster streckt. Es ist schon der dritte Tag, daß ich es bemerkt habe... Ein junges Mädchen steht gewiß nicht umsonst am Fenster, sie hat vermutlich ihre guten Gründe... Aber ich bitte Sie um Himmels willen, strecken Sie sich doch nicht so weit aus dem Fenster; ich wette, Sie stehen auf der Sprosse des Stuhls, das kann ich aus Ihrer Stellung schließen. Stellen Sie sich das Entsetzliche vor, Sie fielen herunter und – nicht mir auf den Kopf, denn ich halte mich bis auf weiteres aus der Sache heraus, sondern ihm, ja ihm, denn irgendein Er muß ja doch da sein... Nein, was seh' ich, dahinten kommt ja mein Freund Lic. Hansen mitten auf der Straße daher. Sein Auftreten hat etwas Ungewöhnliches, es ist eine nicht alltägliche Beförderung, seh ich recht, so kommt er auf den Flügeln der Sehnsucht. Sollte er hier im Hause ein- und ausgehen, und ich weiß es nicht?... Mein schönes Fräulein, Sie sind verschwunden; ich kann mir denken, Sie sind hingegangen, um zu seinem Empfang die Tür zu öffnen... Kommen Sie nur zurück, er will gar nicht hier ins Haus... Wie, Sie wissen es besser? Da kann ich Ihnen doch versichern... er hat es selbst gesagt. Wenn der Wagen, der eben vorbeifuhr, nicht solchen Lärm gemacht hätte, so hätten Sie es selbst hören können. Ich sagte, so ganz *en passant,* zu ihm: Willst du hier herein? Darauf antwortete er mit klaren Worten: Nein... Jetzt dürfen Sie sich getrost empfehlen; denn jetzt werden der Herr Licentiat und ich einen Spaziergang machen. Er ist verlegen, und verlegene Leute sind gern gesprächig. Nun werde ich mit ihm über die Pfarrstelle sprechen, um die er sich bewirbt... Leben Sie wohl, mein schönes Fräulein, nun

wollen wir aufs Zollamt. Wenn wir dann wieder draußen
stehen, sage ich zu ihm: Es ist doch eigentlich toll, wie du
mich von meinem Wege abgebracht hast, ich wollte ja zur
Vestergade hinauf. – Sehen Sie, da sind wir nun wieder...
Welch eine Treue, sie steht noch immer am Fenster. So ein
Mädchen muß einen Mann glücklich machen... Und warum ich dies eigentlich alles tue, fragen Sie? Weil ich ein gemeiner Mensch bin, der seine Freude daran hat, andere zu
necken? Keineswegs. Ich tue es aus Fürsorge für Sie, mein
liebenswürdiges Fräulein. Erstens: Sie haben auf den Herrn
Licentiaten gewartet, sich nach ihm gesehnt, und so ist er
doppelt schön, wenn er kommt. Zweitens: Wenn der Herr
Licentiat nun zur Tür hereinkommt, so sagt er: »Da hätten
wir uns doch beinahe verraten, steht da nicht der verfluchte
Kerl in der Tür, als ich dich besuchen wollte? Aber ich war
gescheit, ich habe ihn in ein langes Geplauder verwickelt
über die Pfarrstelle, um die ich mich bewerbe, straßauf straß-
ab, bis hinaus zum Zollamt hab' ich ihn mitgeschleift; ich
wette, er hat nichts gemerkt.« Und was dann? Dann mögen
Sie den Herrn Licentiaten noch lieber als vorher; denn Sie
haben immer geglaubt, daß er eine ausgezeichnete Denkart
hat, aber daß er auch klug sei... na, jetzt sehen Sie ja selbst.
Und das haben Sie mir zu verdanken. – Doch da fällt mir
etwas ein. Ihre Verlobung kann ja noch nicht deklariert sein,
sonst müßte ich es wissen. Das Mädchen ist lieblich und lustig anzusehen; aber sie ist noch jung. Vielleicht ist ihre Einsicht noch nicht gereift. Wäre es nicht denkbar, daß sie hin-
ginge und leichtsinnig einen höchst ernsthaften Schritt täte?
Das muß verhindert werden; ich muß mit ihr reden. Das bin
ich ihr schuldig; denn sie ist gewiß ein sehr liebenswürdiges
Mädchen. Das bin ich dem Herrn Licentiaten schuldig, denn
er ist mein Freund; insofern bin ich es auch ihr schuldig,
denn sie ist die Zukünftige meines Freundes. Das bin ich der
Familie schuldig, denn es ist gewiß eine sehr achtbare Familie. Das bin ich dem ganzen Menschengeschlecht schuldig,
denn es ist ein gutes Werk. Dem ganzen Menschengeschlecht!

ein großer Gedanke, eine erhebende Tat, im Namen des
ganzen Menschengeschlechts zu handeln, im Besitz einer
solchen Generalvollmacht zu sein! – Doch zu Cordelia! Ich
kann immer Stimmung brauchen, und des Mädchens schöne
Sehnsucht hat mich wirklich bewegt.

Jetzt beginnt also der erste Krieg mit Cordelia, in dem ich
fliehe und sie damit siegen lehre, indem sie mich verfolgt.
Ich fliehe dauernd zurück, und in dieser Rückwärtsbewe-
gung lehre ich sie an mir alle Mächte der Liebe kennen, ihre
unruhigen Gedanken, ihre Leidenschaft, was Sehnsucht ist
und Hoffen und ungeduldiges Erwarten. Indem ich solchermaßen vor ihr figuriere, entwickelt sich all dies entsprechend
in ihr. Es ist ein Triumphzug, in dem ich sie führe, und ich
bin ebensosehr der, welcher dithyrambisch ihren Sieg be-
singt, wie der, welcher den Weg weist. Sie wird Mut bekommen, an die Liebe zu glauben, daß sie eine ewige Macht
ist, wenn sie deren Herrschaft über mich erkennt, meine Bewegungen sieht. Sie wird mir glauben, teils, weil ich auf
meine Kunst vertraue, teils, weil dem, was ich tue, Wahrheit
zugrunde liegt. Denn wäre das nicht der Fall, so würde sie
mir nicht glauben. Mit jeder meiner Bewegungen wird sie
stärker und stärker; die Liebe erwacht in ihrer Seele, sie ist
eingesetzt in ihre Bedeutung als Weib. – Ich habe bisher
nicht, wie man es im spießbürgerlichen Sinne nennt, um sie
gefreit; jetzt tue ich es, ich mache sie frei, so nur will ich sie
lieben. Daß sie es mir verdankt, darf sie nicht ahnen; denn
dann verlöre sie das Vertrauen zu sich selbst. Wenn sie dann
sich frei fühlt, so frei, daß sie fast versucht ist, mit mir zu
brechen, dann beginnt der zweite Kampf. Nun hat sie Kraft
und Leidenschaft, und der Kampf Bedeutung für mich; die
augenblicklichen Folgen mögen dann sein, wie sie wollen.
Gesetzt den Fall, ihr schwindelt in ihrem Stolz, gesetzt den
Fall, sie bricht mit mir, gut, sie hat ihre Freiheit; aber mir

muß sie doch gehören. Daß die Verlobung sie binden sollte, ist eine Torheit, nur sie in ihrer Freiheit will ich besitzen. Mag sie mich verlassen, der zweite Kampf beginnt dennoch, und in diesem zweiten Kampf siege ich, so gewiß, wie es eine Täuschung war, daß sie in dem ersten siegte. Je größer die Kraftfülle in ihr ist, um so interessanter für mich. Der erste Krieg ist der Befreiungskrieg; der ist ein Spiel; der zweite ist der Eroberungskrieg, in ihm geht es auf Leben und Tod.

Liebe ich Cordelia? ja! aufrichtig? ja! treu? ja! – in ästhetischem Sinne, und das hat doch wohl auch etwas zu bedeuten. Was hülfe es diesem Mädchen, wenn sie einem Tolpatsch von treuem Ehemann in die Hände gefallen wäre? Was wäre aus ihr geworden? Nichts. Man sagt, es gehöre ein wenig mehr als Ehrlichkeit dazu, um durch die Welt zu kommen; ich würde sagen, es gehört ein wenig mehr als Ehrlichkeit dazu, ein solches Mädchen zu lieben. Dieses Mehr besitze ich – es ist Falschheit. Und doch liebe ich sie treu. Streng und enthaltsam wache ich über mir selbst, daß alles, was in ihr liegt, daß die ganze göttlich reiche Natur in ihr zur Entfaltung komme. Ich bin einer der wenigen, die das vermögen, sie ist eine der wenigen, die sich dazu eignen; passen wir also nicht füreinander?

Ist es eine Sünde von mir, daß ich, statt auf den Pfarrer zu blicken, mein Auge auf das schöne gestickte Taschentuch hefte, das Sie in der Hand halten? Ist es eine Sünde von Ihnen, daß Sie es so halten?... Da steht ein Name in der Ekke... Charlotte Hahn heißen Sie? Es ist so verführerisch, auf eine so zufällige Weise den Namen einer Dame zu erfahren. Es ist, als wäre da ein dienstfertiger Geist, der mich geheimnisvoll mit Ihnen bekannt machte... Oder ist es kein Zufall, daß das Tuch sich gerade so faltet, daß ich den Namen zu sehen bekomme?... Sie sind bewegt, sie wischen sich eine

Träne aus dem Auge... Das Taschentuch hängt wieder lose
herab... Es fällt Ihnen auf, daß ich Sie ansehe und nicht den
Pfarrer. Sie blicken auf das Taschentuch, Sie merken, daß es
Ihren Namen verraten hat... Es ist doch eine höchst unschuldige Sache, den Namen eines Mädchens kann man leicht
erfahren... Warum muß es denn über das Taschentuch her-
gehen, warum muß es zusammengeknüllt werden? warum
ihm böse sein? warum böse auf mich? Hören Sie, was der
Pfarrer sagt: »Niemand führe einen Menschen in Versuchung; auch derjenige, der es unwissentlich tut, auch der hat
eine Verantwortung, auch der steht dem andern gegenüber
in einer Schuld, die er nur durch gesteigertes Wohlwollen
abtragen kann.«... Jetzt sprach er das Amen, draußen vor
der Kirchentür, da dürfen Sie das Taschentuch ruhig frei im
Winde flattern lassen... oder haben Sie Angst vor mir bekommen, was hab' ich denn getan?... hab' ich mehr getan,
als Sie verzeihen können, als woran Sie sich erinnern mögen
– um es zu verzeihen?

Eine doppelte Bewegung wird in bezug auf Cordelia erforderlich. Würde ich immer nur vor ihrer Übermacht fliehen,
wäre es durchaus möglich, daß das Erotische in ihr zu dissolut und locker würde, als daß die tiefere Weiblichkeit sich
hypostasieren könnte. Sie würde dann, wenn der zweite
Kampf begönne, nicht fähig sein, Widerstand zu leisten.
Zwar kommt sie im Schlaf zu ihrem Sieg, aber das soll sie
auch; andererseits jedoch muß sie immerfort geweckt werden. Wenn es dann einen Augenblick für sie so aussieht, als
würde ihr der Sieg wieder entwunden, muß sie lernen, ihn
festhalten zu wollen. In diesem Ringen reift ihre Weiblichkeit. Ich könnte entweder das Gespräch benutzen, um zu entflammen, Briefe, um abzukühlen, oder es umgekehrt machen. Das letztere ist in jeder Weise vorzuziehen. Ich genieße dann ihre überschwenglichsten Augenblicke. Wenn sie
eine Epistel erhalten hat, wenn deren süßes Gift ihr ins Blut

gedrungen ist, so genügt ein Wort, um die Liebe zum Ausbruch zu bringen. Im nächsten Augenblick machen Ironie
und Rauhreif sie zweifelhaft, jedoch nicht mehr, als daß sie
noch immer ihren Sieg fühlt, ihn gesteigert fühlt beim Empfang der nächsten Epistel. Ironie läßt sich in Briefen auch
nicht recht anbringen, ohne daß man Gefahr läuft, daß sie
sie nicht versteht. Schwärmerei kann man in einem Gespräch
nur gelegentlich anbringen. Meine persönliche Anwesenheit
wird die Ekstase verhindern. Wenn ich nur in einem Briefe
gegenwärtig bin, kann sie mich leicht ertragen, sie verwechselt mich bis zu einem gewissen Grade mit einem universel-
leren Wesen, das in ihrer Liebe wohnt. In einem Briefe kann
man sich auch besser tummeln, in einem Briefe kann ich
mich ausgezeichnet ihr zu Füßen werfen usw., was leicht wie
Galimathias aussehen würde, wenn ich es persönlich täte;
und die Illusion wäre hin. Der Widerspruch in diesen Bewegungen wird die Liebe in ihr erwecken und entwickeln, stärken und konsolidieren, mit einem Wort sie locken. –
Zu früh dürfen diese Episteln jedoch kein stark erotisches
Kolorit annehmen. Im Anfang ist es am besten, wenn sie ein
universelleres Gepräge tragen, einen einzelnen Wink enthalten, einen einzelnen Zweifel beseitigen. Gelegentlich wird
auch auf den Vorteil hingedeutet, den eine Verlobung hat,
insofern man mit Mystifikationen die Leute fernhalten kann.
Welche Unvollkommenheiten ihr im übrigen anhaften, darauf aufmerksam zu werden, soll es ihr an Gelegenheit nicht
mangeln. Ich besitze in dem Hause meines Onkels eine Karikatur, die ich jederzeit danebenhalten kann. Das zutiefst
Erotische kann sie hervorbringen einzig und allein mit meiner Hilfe. Wenn ich ihr diese versage und jenes Zerrbild sie
plagen lasse, so wird sie des Verlobtseins schon überdrüssig
werden, ohne daß sie doch eigentlich sagen könnte, daß ich
es sei, der es ihr verleidet hat.

Eine kleine Epistel wird ihr heute einen Wink geben, wie
es mit ihrem Innern bestellt ist, indem sie nämlich meinen

Seelenzustand beschreibt. Das ist die richtige Methode, und
Methode habe ich. Dafür danke ich euch, ihr lieben kleinen
Mädchen, die ich früher geliebt habe. Euch verdanke ich,
daß meine Seele so gestimmt ist, daß ich das, was ich wünsche, für Cordelia sein kann. Mit Dank gedenke ich eurer,
euch gebührt die Ehre; ich werde jederzeit bekennen, daß
ein junges Mädchen eine geborene Lehrmeisterin ist, von der
man stets lernen kann, und sei es auch nur, sie zu betrügen –
denn das lernt man am besten von den Mädchen selber; wie
alt ich auch werde, so werde ich doch nie vergessen, daß es
erst dann mit einem Menschen vorbei ist, wenn er so alt geworden ist, daß er nichts mehr von einem jungen Mädchen
zu lernen vermag.


   Meine Cordelia!
Du sagst, Du hättest mich Dir nicht so vorgestellt, aber ich
hatte mir ja auch nicht vorgestellt, daß ich so werden könnte. Liegt die Veränderung nun bei Dir? Denn es wäre ja
denkbar, daß ich eigentlich gar nicht verändert bin, sondern
daß das Auge, mit dem Du mich siehst, sich verändert hat;
oder liegt sie bei mir? Sie liegt bei mir, denn ich liebe Dich;
sie liegt bei Dir, denn Du bist es, die ich liebe. Mit dem kalten ruhigen Licht des Verstandes betrachtete ich alles, stolz
und unbewegt, nichts erschreckte mich, nichts überraschte
mich, und hätte selbst der Geist an meine Tür geklopft, ich
hätte ruhig den Armleuchter ergriffen, um ihm zu öffnen.
Aber sieh, nicht für Gespenster habe ich aufgeschlossen, nicht
für bleiche, kraftlose Gestalten, sondern für Dich, meine
Cordelia, und Leben und Jugend und Gesundheit und Schönheit traten mir entgegen. Mein Arm zittert, ich vermag die
Kerze nicht ruhig zu halten, rückwärts fliehe ich vor Dir
und kann es doch nicht lassen, mein Auge auf Dich zu heften, es nicht lassen, zu wünschen, daß ich die Kerze ruhig
halten könnte. Verändert bin ich, doch wozu, wieso, worin

besteht diese Veränderung? Ich weiß es nicht, ich weiß keine nähere Bestimmung hinzuzufügen, kein reicheres Prädikat zu gebrauchen als dieses, wenn ich unendlich rätselhaft von mir selber sage: ich habe mich verändert.

Dein Johannes.

Meine Cordelia!

Liebe liebt Heimlichkeit – eine Verlobung ist eine Offenbarung; sie liebt Verschwiegenheit – eine Verlobung ist eine Bekanntmachung; sie liebt Geflüster – eine Verlobung ist eine laute Verkündigung; und doch wird gerade eine Verlobung durch die Kunst meiner Cordelia ein vorzügliches Mittel sein, die Feinde zu hinterlisten. In einer dunklen Nacht gibt es für andere Schiffe nichts Gefährlicheres, als eine Laterne auszuhängen, die mehr täuscht als die Dunkelheit.

Dein Johannes.

Sie sitzt im Sofa am Teetisch, ich sitze an ihrer Seite; sie hat mich unter den Arm gefaßt, ihr Kopf lehnt sich, von vielen Gedanken beschwert, an meine Schulter. Sie ist mir so nah und doch noch fern, sie gibt sich hin, und doch gehört sie mir nicht. Noch wird ein Widerstand geleistet; aber dieser ist nicht subjektiv reflektiert, es ist der übliche Widerstand der Weiblichkeit; denn des Weibes Wesen ist eine Hingabe, deren Form Widerstand ist. – Sie sitzt im Sofa am Teetisch, ich sitze an ihrer Seite. Ihr Herz klopft, doch ohne Leidenschaft, der Busen bewegt sich, doch nicht in Unruhe, zuweilen verfärbt sie sich, doch in leichten Übergängen. Ist es Liebe? Keineswegs. Sie lauscht, sie versteht. Sie lauscht dem beflügelten Wort, sie versteht es, sie lauscht der Rede eines andern, sie versteht sie wie ihre eigene; sie lauscht eines andern Stimme, indem diese in ihr widerhallt, sie versteht diesen Widerhall, als sei es ihre eigene Stimme, die ihr und einem andern offenbart.

Was tue ich? betöre ich sie? Keineswegs; damit wäre mir
auch nicht gedient. Stehle ich ihr Herz? Keineswegs, ich sehe
es auch lieber, wenn das Mädchen, das ich lieben soll, ihr
Herz behält. Was tue ich also? Ich mache mir ein Herz gleich
dem ihren. Ein Künstler malt seine Geliebte, das ist nun seine
Freude, ein Bildhauer gestaltet sie. Das tue ich auch, jedoch
in geistigem Sinne. Daß ich *dieses* Bild besitze, weiß sie nicht,
und darin besteht eigentlich mein Betrug. Auf geheimnisvolle Weise habe ich es mir verschafft, und in diesem Sinne
habe ich ihr Herz gestohlen, so wie es von Rebekka heißt,
sie habe Labans Herz gestohlen, als sie ihm hinterlistig seine
Hausgötter entwendete.

Umgebung und Rahmen haben doch einen großen Einfluß
auf einen, gehören zu dem, was sich am festesten und tiefsten
dem Gedächtnis einprägt, oder richtiger der ganzen Seele,
und darum auch nicht vergessen wird. Wie alt ich auch werden sollte, wird es mir doch stets eine Unmöglichkeit bleiben, mir Cordelia in anderen Umgebungen vorzustellen als
in diesem kleinen Zimmer. Wenn ich sie besuchen komme,
läßt mich das Dienstmädchen meist durch die Salontür eintreten; Cordelia selbst kommt aus ihrem Zimmer, und indem ich die Salontür öffne, um in das Wohnzimmer zu treten, macht sie die andere Tür auf, so daß unsere Augen sich
gleich in der Tür begegnen. Das Wohnzimmer ist klein, gemütlich, hat fast schon den Charakter eines Kabinetts. Obgleich ich es nun von vielen verschiedenen Gesichtspunkten
aus gesehen habe, so ist es mir doch immer am liebsten, es
vom Sofa aus zu sehen. Sie sitzt dort an meiner Seite, vor uns
steht ein runder Teetisch, über den eine Tischdecke in reichen Falten gebreitet ist. Auf dem Tisch steht eine Lampe, in
Form einer Blume gestaltet, die kräftig und voll empor-
sprießt, um ihre Krone zu tragen, über die wiederum ein
fein ausgeschnittener Schleier aus Papier niederhängt, so
leicht, daß er nicht still liegen kann. Die Form der Lampe erinnert an die Natur der Morgenlande, die Bewegung des

Schleiers an die linden Lüfte in jenen Gegenden. Der Fußboden ist mit einem Teppich bedeckt, aus einer besonderen
Weidenart geflochten, eine Arbeit, die sogleich ihre fremde
Herkunft verrät. In einzelnen Augenblicken lasse ich nun die
Lampe die leitende Idee in meiner Landschaft sein. Ich sitze
dann mit Cordelia am Boden hingestreckt unter der Blume
der Lampe. Zu anderen Zeiten lasse ich den Weidenteppich
die Vorstellung eines Schiffes erwecken, einer Offizierska-
jüte – dann segeln wir weit draußen auf dem großen Ozean.
Da wir weitab vom Fenster sitzen, schauen wir unmittelbar
hinein in den ungeheuren Horizont des Himmels. Auch dies
steigert die Illusion. Wenn ich dann an ihrer Seite sitze, lasse
ich dergleichen als ein Bild erscheinen, das ebenso flüchtig
über die Wirklichkeit hineilt, wie der Tod einem übers
Grab läuft. – Die Umgebung ist stets von großer Wichtigkeit, vor allem um der Erinnerung willen. Jedes erotische
Verhältnis muß so durchlebt sein, daß es einem leicht wird,
ein Bild zustande zu bringen, das all das Schöne davon besitzt.
Damit es gelinge, muß man vor allem auf die Umgebung
achten. Findet man diese nicht wunschgemäß vor, so muß
man sie eben herbeischaffen. Zu Cordelia und ihrer Liebe
paßt die Umgebung ganz und gar. Wie anders aber ist das
Bild, das sich mir zeigt, wenn ich an meine kleine *Emilie*
denke, und doch, wie passend war doch auch hier wieder die
Umgebung! Sie kann ich mir nicht denken, oder richtiger,
an sie will ich mich nur erinnern in dem kleinen Gartenzim-
mer. Die Türen standen offen, ein kleiner Garten vor dem
Hause begrenzte die Aussicht, zwang das Auge, dagegen an-
zustoßen, innezuhalten, bevor es kühn der Landstraße folgte,
die in der Ferne sich verlor. Emilie war anmutig, aber unbedeutender als Cordelia. Auch die Umgebung war darauf berechnet. Das Auge hielt sich an der Erde, es stürmte nicht
kühn und ungeduldig vorwärts, es ruhte sich auf dem kleinen Vordergrund aus; die Landstraße selbst, mochte sie sich
auch romantisch in der Ferne verlieren, wirkte doch mehr in
der Weise, daß das Auge die vor ihm liegende Strecke durch-

lief, wieder heimkehrte, um dieselbe Strecke abermals zu durchlaufen. Das Zimmer lag zu ebener Erde. Die Umgebung Cordelias darf keinen Vordergrund haben, sondern die unendliche Kühnheit des Horizonts. Cordelia darf nicht zu ebener Erde bleiben, sie muß schweben, sie darf nicht gehen, sie muß fliegen, nicht hin und her, sondern ewig vorwärts.

Wenn man selber verlobt ist, wird man so recht gründlich in die Narrheiten der Verlobten eingeweiht. Vor einigen Tagen erschien Licentiat Hansen mit dem liebenswürdigen jungen Mädchen, mit dem er sich verlobt hat. Er vertraute mir, sie sei reizend, das wußte ich ohnedies schon, er vertraute mir, sie sei sehr jung, auch das war mir bekannt, schließlich vertraute er mir noch, eben deshalb habe er sie gewählt, um sie selber zu dem Ideal zu bilden, das ihm immer vorgeschwebt habe. Herrgott, so ein armseliger Licentiat – und ein gesundes, blühendes, lebensfrohes Mädchen! Nun bin ich zwar ein ziemlich alter Praktiker, und doch nähere ich mich einem jungen Mädchen nie anders denn als dem *Venerabile* der Natur und lerne zuerst von ihr. Wenn ich also etwa einen bildenden Einfluß auf sie habe, so nur dadurch, daß ich sie immer und immer wieder das lehre, was ich von ihr gelernt habe.

Ihre Seele muß nach allen möglichen Richtungen bewegt, agitiert werden, nicht stückweise jedoch und durch Stoßwinde, sondern total. Sie muß das Unendliche entdecken, erfahren, daß es das ist, was einem Menschen am nächsten liegt. Dies muß sie entdecken, nicht auf dem Wege des Denkens, der für sie ein Abweg ist, sondern in der Phantasie, die zwischen ihr und mir die eigentliche Kommunikation darstellt; denn was beim Manne ein Teil ist, das ist bei der Frau das Ganze. Nicht auf dem mühseligen Wege des Denkens soll sie sich zu dem Unendlichen hinarbeiten – denn das Weib ist nicht zur Arbeit geboren –, sondern auf dem leichten Wege der Phantasie und des Herzens soll sie es ergreifen.

Das Unendliche ist einem jungen Mädchen ebenso natürlich
wie die Vorstellung, daß alle Liebe glücklich sein müsse. Ein
junges Mädchen hat überall, wohin sie sich auch wende, die
Unendlichkeit um sich, und der Übergang ist ein Sprung,
wohlgemerkt aber ein weiblicher, kein männlicher. Wie
sind doch die Männer im allgemeinen so tolpatschig! Wenn
sie springen müssen, so müssen sie erst einen Anlauf nehmen,
lange Vorbereitungen treffen, den Abstand mit dem Auge
messen, mehrere Male anlaufen: scheu werden und wieder
umkehren. Schließlich springen sie und fallen ins Wasser. Ein
junges Mädchen springt ganz anders. In Gebirgsgegenden
trifft man häufig zwei aufragende Felszacken. Eine gähnende
Tiefe trennt sie, in die man nur mit Entsetzen hinunterblickt.
Kein Mann wagt diesen Sprung. Ein junges Mädchen jedoch, so erzählen die Bewohner der Gegend, hat ihn gewagt,
und man nennt dies den »Mägdesprung«. Ich glaube es gern,
wie ich von einem jungen Mädchen alles Vortreffliche glaube, und es ist mir ein Rausch, die einfältigen Bewohner davon sprechen zu hören. Ich glaube alles, glaube das Wunderbare, staune darüber, nur um zu glauben; wie das einzige,
was mich in der Welt erstaunt hat, ein Mädchen ist, das erste
war und das letzte sein wird. Und doch ist solch ein Sprung
für ein junges Mädchen nur ein Hops, während der Sprung
des Mannes immer lächerlich sein wird, weil, wie weit er
auch ausgreift, seine Anstrengung zugleich nichts ist im Verhältnis zum Abstand der Gipfel und dabei doch eine Art
Maßstab abgibt. Wer aber könnte wohl so töricht sein, sich
vorzustellen, daß ein junges Mädchen einen Anlauf nimmt?
Man kann sich wohl vorstellen, daß sie läuft, aber dann ist
dieses Laufen selbst ein Spiel, ein Genuß, eine Entfaltung von
Anmut, wohingegen die Vorstellung eines Anlaufs trennt,
was bei der Frau zusammengehört. Ein Anlauf nämlich hat
das Dialektische in sich, das der Natur des Weibes widerstrebt. Und nun der Sprung, wer möchte hier wiederum so
unschön sein, zu trennen, was zusammengehört! Ihr Sprung
ist ein Schweben. Und wenn sie dann drüben angelangt ist,

so steht sie wieder da, nicht von der Anstrengung erschöpft, sondern schöner noch als sonst, seelenvoller, sie wirft einen Kuß herüber zu uns, die wir auf dieser Seite stehen. Jung, neugeboren, wie eine Blume, die aus der Wurzel des Berges aufgeschossen ist, schaukelt sie sich über die Tiefe hinaus, daß es uns beinahe schwarz vor den Augen wird. – Was sie lernen muß, ist, alle Bewegungen der Unendlichkeit zu machen, sich selbst zu schaukeln, sich in Stimmungen zu wiegen, Poesie und Wirklichkeit, Wahrheit und Dichtung zu verwechseln, sich in Unendlichkeit zu tummeln. Wenn sie dann mit diesem Getummel vertraut ist, füge ich das Erotische hinzu, dann ist sie, was ich will und wünsche. Dann ist mein Dienst zu Ende, meine Arbeit, dann zieh' ich alle meine Segel ein, dann sitze ich an ihrer Seite, und unter ihrem Segel fahren wir dahin. Und wahrlich, wenn dieses Mädchen erst erotisch berauscht ist, so hab' ich wohl genug damit zu tun, am Steuer zu sitzen, um die Geschwindigkeit zu mäßigen, damit nichts zu früh kommt oder auf unschöne Art. Gelegentlich sticht man ein kleines Loch in das Segel, und im nächsten Augenblick brausen wir wieder weiter.

Im Hause meines Onkels wird Cordelia immer indignierter. Sie hat schon mehrmals darauf angetragen, daß wir dort nicht mehr verkehren; es hilft ihr nichts, ich weiß immer eine Ausflucht zu finden. Als wir gestern abend fortgingen, drückte sie mit ungewöhnlicher Leidenschaft meine Hand. Sie hat sich dort vermutlich recht gequält gefühlt, und das ist auch kein Wunder. Wenn ich nicht immer mein Vergnügen daran hätte, die Unnatürlichkeiten dieses Kunstprodukts zu beobachten, so würde ich es unmöglich aushalten können. Heute früh bekam ich einen Brief von ihr, in dem sie mit mehr Witz, als ich ihr zugetraut hätte, über Verlobungen spottet. Ich habe den Brief geküßt, er ist das Liebste, was ich von ihr empfangen habe. Recht so, meine Cordelia! so will ich's.

Es trifft sich recht merkwürdig, daß auf der Østergade zwei Konditoren einander gegenüber wohnen. Im ersten Stock links wohnt eine kleine Jungfer oder Fräulein. Sie versteckt sich meist hinter einer Jalousie, die das Fenster bedeckt, an dem sie sitzt. Die Jalousie ist aus sehr dünnem Stoff, und wer das Mädchen kennt oder sie schon öfter gesehen hat, wird, falls er gute Augen hat, leicht imstande sein, jeden Gesichtszug wiederzuerkennen, während sie dem, der sie nicht kennt und keine guten Augen hat, als eine dunkle Gestalt erscheint. Letzteres ist bis zu einem gewissen Grade bei mir der Fall, ersteres bei einem jungen Offizier, der täglich punkt 12 Uhr dort aufkreuzt und seinen Blick auf jene Jalousie richtet. Eigentlich bin ich erst durch die Jalousie auf das schöne telegraphische Verhältnis aufmerksam geworden. Die übrigen Fenster haben keine Jalousie, und so eine einsame Jalousie, die bloß eine einzige Scheibe verdeckt, deutet meist darauf, daß ständig jemand dahintersitzt. Eines Vormittags stand ich beim Konditor auf der andern Seite am Fenster. Es war gerade 12 Uhr. Ohne auf die Vorübergehenden zu achten, heftete ich mein Auge auf jene Jalousie, als die dunkle Figur dahinter sich plötzlich zu regen beginnt. Ein weiblicher Kopf zeigte sich im Profil hinter der nächsten Scheibe, dergestalt, daß er sich auf sonderbare Weise in die Richtung drehte, in welche die Jalousie wies. Darauf nickte die Besitzerin dieses Kopfes sehr freundlich und verbarg sich wieder hinter der Jalousie. Zunächst folgerte ich, daß die Person, die sie grüßte, ein Mann sei; denn ihre Bewegung war zu leidenschaftlich, um durch den Anblick einer Freundin hervorgerufen zu sein; zum andern folgerte ich, daß der, dem der Gruß galt, gewöhnlich von der andern Seite herkomme. Sie hatte sich also ganz richtig placiert, um ihn schon ein weites Stück im voraus sehen, ja ihn wohl gar, von der Jalousie verdeckt, grüßen zu können. – Sehr richtig, punkt 12 Uhr erscheint der Held dieser kleinen Liebesszene, unser lieber Herr Leutnant. Ich sitze beim Konditor, im Erdgeschoß des Hauses, in dessen erstem Stock das Fräulein wohnt. Der Herr Leutnant hat sie bereits erblickt. Geben Sie jetzt gut acht, mein Lieber, es ist keine ganz leichte Sache, schön zum ersten Stock hinauf zu grüßen. Er ist übrigens nicht übel, gut gewachsen, schlank, eine hübsche Figur, eine gebogene Nase, schwarzes Haar, der Dreispitz steht ihm gut. Jetzt wird's heikel, die Beine fangen langsam an sich zu verheddern, zu lang zu werden. Das macht einen Eindruck auf das Auge, vergleichbar dem Gefühl, das man hat, wenn man Zahnschmerzen hat und die Zähne im Munde zu lang werden. Wenn man seine ganze Macht im Auge sammeln und ihm die Richtung auf den ersten Stock geben will, so zieht man leicht zuviel Kraft aus den Beinen ab. Entschuldigen Sie, Herr Leutnant, daß ich diesen Blick bei seiner Himmelfahrt anhalte. Es ist eine Naseweisheit, ich weiß es wohl. Vielsagend kann man diesen Blick nicht nennen, eher nichtssagend, und doch vielversprechend. Diese vielen Versprechungen aber steigen ihm offenbar zu sehr zu Kopfe; er schwankt, um des Dichters Wort von Agnete zu gebrauchen, er taumelte, er fiel. Das ist hart, und wenn ich zu sagen hätte, wäre es nie passiert. Er ist zu gut dazu. Es ist recht fatal; denn wenn man als Kavalier Eindruck auf die Damen machen will, so darf man niemals fallen. Will man Kavalier sein, muß man auf dergleichen achten. Zeigt man sich dagegen bloß als intelligente Größe, so ist all das gleichgültig; man versinkt in sich selbst, man fällt zusammen, sollte man da wirklich fallen, so ist gar nichts Auffälliges daran. – Welchen Eindruck mag dieser Vorfall wohl auf mein kleines Fräulein gemacht haben? Es ist ein Unglück, daß ich nicht zugleich auf beiden Seiten dieser Dardanellenstraße sein kann. Ich könnte zwar einen Bekannten auf jener Seite postieren, aber teils möchte ich immerhin die Beobachtung doch lieber selber machen, teils kann man nie wissen, was für mich etwa bei dieser Geschichte herauskommt, und dabei ist es nie gut, einen Mitwisser zu haben, da man dann viel Zeit damit vergeuden muß, ihm abzuringen, was er weiß, und ihn ratlos zu machen. – Ich fange wirklich an, meines guten Leutnants überdrüssig zu werden. Tag-

aus, tagein zieht er in voller Uniform vorbei. Das ist doch
eine schreckliche Standhaftigkeit. Schickt sich so etwas für
einen Soldaten? Mein Herr, tragen Sie kein Seitengewehr?
Gebührt es Ihnen nicht, das Haus im Sturm und das Mädchen mit Gewalt zu nehmen? Ja, wären Sie ein Studiosus, ein
Licentiat, ein Kaplan, der sich durch Hoffnung am Leben erhält, das wäre eine andere Sache. Doch ich verzeihe Ihnen;
denn das Mädchen gefällt mir, je mehr ich sie ansehe. Sie ist
schön, ihre braunen Augen sind voll Schelmerei. Wenn sie
Ihr Kommen erwartet, wird ihre Miene von einer höheren
Schönheit verklärt, die ihr unbeschreiblich gut ansteht. Daraus schließe ich, daß sie viel Phantasie haben muß, und Phantasie ist die natürliche Schminke des schönen Geschlechts.


Meine Cordelia!

Was ist Verlangen? Die Sprache und die Dichter reimen
darauf das Wort: gefangen. Wie ungereimt! Als ob nur der
Verlangen tragen könnte, der gefangensitzt. Als ob es einen
nicht verlangen könnte, wenn man frei ist? Gesetzt, ich wäre
frei, wie würde es mich verlangen! Und andererseits: frei
bin ich ja, frei wie der Vogel, und doch wie verlangt es
mich! Es verlangt mich, wenn ich zu Dir gehe, es verlangt
mich, wenn ich Dich verlasse, selbst wenn ich an Deiner
Seite sitze, verlangt es mich nach Dir. Kann man denn Verlangen tragen nach dem, was man hat? Ja, wenn man bedenkt, daß man es im nächsten Augenblick vielleicht schon
nicht mehr hat. Mein Verlangen ist eine ewige Ungeduld.
Erst wenn ich alle Ewigkeiten durchlebt und mich überzeugt
hätte, daß Du mir in jedem Augenblick gehörst, erst dann
würde ich wieder zurückkehren zu Dir und mit Dir alle
Ewigkeiten durchleben und freilich nicht Geduld genug haben, auch nur einen Augenblick von Dir getrennt zu sein,
ohne mich zu sehnen, wohl aber Sicherheit genug, um ruhig
an Deiner Seite zu sitzen.

Dein Johannes.

Meine Cordelia!

Vor der Tür hält ein kleines Kabriolett, für mich größer als die ganze Welt, da es groß genug ist für zwei; mit zwei Pferden bespannt, wild und unbändig wie Naturkräfte, ungeduldig wie meine Leidenschaften, kühn wie Deine Gedanken. Willst Du, so entführe ich Dich – meine Cordelia! Befiehlst Du es? Dein Befehl ist die Losung, welche die Zügel löst und die Lust der Flucht. Ich führe Dich hinweg, nicht von einigen Menschen zu andern, sondern hinaus aus der Welt – die Pferde bäumen; der Wagen hebt sich; die Pferde stehn senkrecht fast über unsern Häuptern; wir fahren durch die Wolken in den Himmel hinein; es braust um uns; sind wir es, die stillsitzen, und die ganze Welt bewegt sich, oder ist es unser kühner Flug? Schwindelt es Dir, meine Cordelia, so halte Dich an mir fest; mir wird nicht schwindlig. Man wird in geistigem Sinne niemals schwindlig, wenn man nur an eine einzige Sache denkt, und ich denke nur an Dich – in leiblichem Sinne niemals schwindlig, wenn man das Auge nur auf einen einzigen Gegenstand heftet, ich blicke nur auf Dich. Halte Dich fest; und wenn die Welt verginge, wenn unser leichter Wagen unter uns verschwände, wir hielten doch einander umschlungen, schwebend in sphärischer Harmonie.

Dein Johannes.

Es ist fast zuviel. Mein Diener hat sechs Stunden gewartet, ich selber zwei in Regen und Wind, allein um das liebe Kind Charlotte Hahn abzupassen. Sie pflegt jeden Mittwoch zwischen zwei und fünf Uhr eine alte Tante zu besuchen, die sie hat. Gerade heute soll sie nicht kommen, gerade heute, da ich so sehr wünschte, ihr zu begegnen? Und warum? Weil sie mich in eine ganz bestimmte Stimmung bringt. Ich grüße sie, sie verneigt sich unbeschreiblich irdisch und doch so himmlisch zugleich; sie bleibt beinahe stehen, es ist, als wollte sie in die Erde sinken, und doch hat sie einen Blick, als sollte sie zum Himmel emporgehoben werden. Wenn ich sie ansehe, wird mein Sinn zugleich feierlich und doch begehrend. Im übrigen beschäftigt das Mädchen mich gar nicht, nur diesen Gruß verlange ich, nichts mehr, und würde sie es selbst geben. Ihr Gruß bringt mich in Stimmung, und die Stimmung verschwende ich wieder an Cordelia. – Und doch wette ich, sie ist irgendwie an uns vorbeigeschlüpft. Nicht nur in Komödien, auch in der Wirklichkeit ist es schwierig, ein junges Mädchen abzupassen; man muß seine Augen hinten und vorn haben. Es gab eine Nymphe, Cardea, die sich damit befaßte, die Männer zum Narren zu halten. Sie hielt sich in Waldgegenden auf, lockte ihre Liebhaber in das dichteste Gebüsch und verschwand. Auch den Janus wollte sie narren, aber er narrte sie; denn er hatte Augen im Nacken.

Meine Briefe verfehlen nicht ihren Zweck. Sie entwickeln sie seelisch, wenn auch nicht erotisch. Dazu sind auch Briefe nicht brauchbar, sondern Billette. Je mehr das Erotische hervorkommt, um so kürzer werden sie, um so sicherer aber fassen sie den erotischen Kern. Um sie jedoch nicht sentimental oder weich zu machen, verfestigt die Ironie wiederum die Gefühle, macht Cordelia aber zugleich begehrlich nach der Nahrung, die ihr die liebste ist. Die Billette lassen das Höchste fern und unbestimmt ahnen. In dem Augenblick, da diese Ahnung in ihrer Seele aufzudämmern beginnt, wird das Verhältnis abgebrochen. Unter meinem Widerstand nimmt die Ahnung in ihrer Seele Gestalt an, als sei es ihr eigener Gedanke, ihres eigenen Herzens Trieb. Das aber will ich ja nur.

Meine Cordelia!

Irgendwo hier in der Stadt wohnt eine kleine Familie, bestehend aus einer Witwe und drei Töchtern. Zwei von ihnen gehen zum Kochenlernen in die Hofküche. Es war im Vorsommer, an einem Nachmittag, etwa um fünf Uhr, die Tür zum Wohnzimmer öffnet sich leise, ein spähender Blick schaut im Zimmer umher. Es ist niemand da, nur ein junges Mädchen sitzt am Pianoforte. Die Tür wird angelehnt, so kann man unbemerkt lauschen. Es ist keine Künstlerin, die dort spielt, sonst wäre die Tür wohl ganz geschlossen worden. Sie spielt eine schwedische Weise, die von der kurzen Dauer der Jugend und Schönheit handelt. Die Worte spotten der Jugend und Schönheit des Mädchens; die Jugend und Schönheit des Mädchens spotten der Worte. Wer hat recht: das Mädchen oder die Worte? Die Töne klingen so leise, so melancholisch, als wäre Wehmut der Schiedsrichter, der den Streit entscheiden möchte. – Aber sie hat unrecht, diese Wehmut! Welche Verbindung besteht zwischen Jugend und diesen Betrachtungen! Welche Gemeinschaft zwischen Morgen und Abend! Die Tasten zittern und beben; die Geister des Resonanzbodens erheben sich in Verwirrung und verstehen einander nicht – meine Cordelia, warum so heftig! wozu diese Leidenschaft!

Wie weit muß eine Begebenheit zeitlich von uns entfernt sein, damit wir uns an sie erinnern; wie weit, damit die Sehnsucht der Erinnerung sie nicht mehr zu greifen vermag? Die meisten Menschen haben in dieser Hinsicht eine Grenze; was ihnen zeitlich zu nahe liegt, daran können sie sich nicht erinnern, an das, was ihnen zu fern liegt, ebenfalls nicht. Ich kenne keine Grenzen. Was gestern erlebt wurde, das schiebe ich tausend Jahre in der Zeit zurück und erinnere mich dessen, als wäre es gestern erlebt.

Dein Johannes.

Meine Cordelia!

Ein Geheimnis hab' ich Dir anzuvertrauen, meine Vertraute. Wem sollte ich es anvertrauen? Dem Echo? das würde es verraten. Den Sternen? die sind kalt. Den Menschen? die verstehen es nicht. Nur Dir mag ich es anvertrauen; denn Du weißt es zu bewahren. Da ist ein Mädchen, schöner als der Traum meiner Seele, reiner als das Licht der Sonne, tiefer als der Quell des Meeres, stolzer als des Adlers Flug – da ist ein Mädchen – o, neige Dein Haupt meinem Ohr und meiner Rede, daß mein Geheimnis sich darin einschleichen kann – dieses Mädchen liebe ich mehr als mein Leben, denn sie ist mein Leben; mehr als alle meine Wünsche, denn sie ist mein einziger Wunsch; mehr als alle meine Gedanken, denn sie ist mein einziger Gedanke; heißer als die Sonne die Blume liebt; inniger als das Leid die Heimlichkeit des bekümmerten Gemüts; sehnsüchtiger als der brennende Sand der Wüste den Regen liebt – an ihr hänge ich zärtlicher als das Auge der Mutter an ihrem Kind; vertrauensvoller als die Seele des Beters an Gott; unzertrennlicher als die Pflanze an ihrer Wurzel. – Dein Haupt wird schwer und gedankenvoll, es sinkt auf die Brust herab, der Busen hebt sich, um ihm zu Hilfe zu kommen – meine Cordelia! Du hast mich verstanden, Du hast mich genau verstanden, buchstäblich, keine Silbe hast Du überhört! Soll ich die Saiten meines Ohres spannen und Deine Stimme mich davon überzeugen lassen? Sollt' ich zweifeln können? Wirst Du dieses Geheimnis bewahren; darf ich Dir vertrauen? Man erzählt von Menschen, die durch greuliche Verbrechen einander zu gegenseitigem Schweigen weihten. Dir hab' ich ein Geheimnis anvertraut, das mein Leben und meines Lebens Inhalt ist, hast Du mir nichts anzuvertrauen, das so bedeutungsvoll ist, so schön, so keusch, daß übernatürliche Kräfte sich regten, wenn es verraten würde?

Dein Johannes.

Meine Cordelia!

Der Himmel ist verhangen – dunkle Regenwolken zieht er gleich schwarzen Brauen zusammen auf seinem leidenschaftlichen Gesicht, die Bäume des Waldes bewegen sich, von unruhigen Träumen hin und her geworfen. Du bist mir im Walde abhanden gekommen. Hinter jedem Baum seh' ich ein weibliches Wesen, das Dir gleicht, trete ich näher, so versteckt es sich hinter dem nächsten Baum. Willst Du Dich mir nicht zeigen, Dich nicht sammeln? Alles verwirrt sich mir; die einzelnen Teile des Waldes verlieren ihre isolierten Umrisse, ich sehe alles wie ein Nebelmeer, wo überall weibliche Wesen, die Dir gleichen, erscheinen und verschwinden. Dich seh' ich nicht, Du bewegst Dich immerfort in der Woge der Anschauung, und doch bin ich schon glücklich über jedes Bild von Dir. Woran liegt es – ist es Deines Wesens reiche Einheit oder meines Wesens arme Mannigfaltigkeit? – Dich lieben, heißt das nicht: eine Welt lieben?

Dein Johannes.

Es könnte mich wirklich interessieren, falls es möglich wäre, ganz genau die Gespräche wiederzugeben, die ich mit Cordelia führe. Das ist jedoch, wie ich leicht erkenne, eine Unmöglichkeit; denn gelänge es mir auch, mich jedes einzelnen Wortes zu entsinnen, das zwischen uns gewechselt wird, so verbietet es sich immerhin von selbst, das Gleichzeitige wiederzugeben, das eigentlich der Nerv des Gesprächs ist, das Überraschende des Ausbruchs, das Leidenschaftliche, welches das Lebensprinzip der Konversation darstellt. Im allgemeinen bin ich natürlich nicht vorbereitet, was dem Wesen der eigentlichen Konversation, zumal der erotischen, auch widerspräche. Nur den Inhalt meiner Briefe habe ich stets *in mente*, die durch diese bei ihr etwa erzeugte Stimmung stets vor Augen. Es könnte mir natürlich niemals einfallen, sie zu fragen, ob sie meinen Brief gelesen ha-

be. Daß sie ihn gelesen hat, davon überzeuge ich mich leicht.
Direkt spreche ich auch nie mit ihr darüber, aber ich unterhalte in meinen Gesprächen eine geheimnisvolle Kommunikation mit den Briefen, teils, um irgendeinen Eindruck tiefer und fester in ihre Seele einzuprägen, teils, um ihn ihr zu
entreißen und sie ratlos zu machen. Sie kann dann den Brief
abermals lesen und einen neuen Eindruck von ihm empfangen und so fort.

Eine Veränderung ist mit ihr vorgegangen und geht noch
immer mit ihr vor. Sollte ich den Zustand ihrer Seele in
diesem Augenblick bezeichnen, so würde ich sagen, er sei
pantheistische Kühnheit. Ihr Blick verrät es sogleich. Er ist
kühn, fast tollkühn in Erwartungen, als ob er jeden Augenblick verlangte und vorbereitet wäre, das Außerordentliche
zu schauen. Gleich einem Auge, das über sich selbst hinaus-
sieht, so sieht dieser Blick über das hinaus, was sich ihm
unmittelbar darbietet, und sieht das Wunderbare. Er ist
kühn, fast tollkühn in Erwartung, nicht aber im Vertrauen
zu sich selbst, er hat daher etwas Verträumtes und Flehen-
des, ist nicht stolz und gebieterisch. Sie sucht das Wunderbare außerhalb ihrer, sie möchte bitten, daß es erscheine, als
stünde es nicht in ihrer eigenen Macht, es hervorzurufen.
Das muß verhindert werden, sonst gewinne ich zu früh das
Übergewicht über sie. Gestern sagte sie mir, es sei etwas
Königliches in meinem Wesen. Vielleicht will sie sich beugen, das geht auf keinen Fall an. Freilich, liebe Cordelia, ist
etwas Königliches in meinem Wesen, aber du ahnst nicht,
was für ein Reich es ist, über das ich herrsche. Über die
Stürme der Stimmungen herrsche ich. Wie Äolus halte ich
sie gefangen im Berge meiner Persönlichkeit und lasse bald
den einen, bald den anderen daherfahren. Die Schmeichelei
wird ihr Selbstgefühl verleihen, der Unterschied von Mein
und Dein wird geltend gemacht, alles wird auf ihre Seite
hinüberverlegt. Das Schmeicheln erfordert große Vorsicht.
Mitunter muß man sich sehr hoch stellen, doch so, daß ein
noch höherer Platz bleibt, mitunter auch sehr niedrig. Das

erste ist am richtigsten, wenn man sich auf das Geistige, das
zweite, wenn man sich auf das Erotische zu bewegt. – Schuldet sie mir etwas? Keineswegs. Könnte ich es wünschen?
Keineswegs. Ich bin zu sehr Kenner, verstehe zu viel vom
Erotischen, um eine derartige Torheit zu begehen. Wenn
es wirklich der Fall wäre, ich würde mich mit aller Macht
bemühen, es sie vergessen zu machen und meinen eigenen
Gedanken daran in Schlummer zu wiegen. Jedes junge Mädchen ist in bezug auf das Labyrinth ihres Herzens eine
Ariadne, sie besitzt den Faden, mit dem man den Weg hindurch finden kann, aber sie besitzt ihn so, daß sie ihn nicht
selbst zu gebrauchen weiß.

Meine Cordelia!
Sprich – ich gehorche, Dein Wunsch ist ein Befehl, Deine
Bitte ist eine allmächtige Beschwörung, jeder flüchtigste
Wunsch von Dir ist eine Wohltat gegen mich; denn ich ge-
horche Dir nicht als ein dienstbarer Geist, als stünde ich
außerhalb Deiner. Indem Du gebietest, wird Dein Wille,
und mit ihm auch ich; denn ich bin eine Verwirrung der
Seele, die nur wartet auf ein Wort von Dir.

Dein Johannes.

Meine Cordelia!
Du weißt, ich rede gern mit mir selber. Ich habe in mir
selbst die interessanteste Person meiner Bekanntschaft gefunden. Bisweilen habe ich gefürchtet, es könnte mir in
diesen Gesprächen der Stoff ausgehen, jetzt bin ich ohne
Furcht, jetzt hab' ich Dich. Ich spreche also jetzt und in alle
Ewigkeit über Dich mit mir, über den interessantesten Gegenstand mit dem interessantesten Menschen – ach, denn ich
bin nur ein interessanter Mensch, Du der interessanteste Gegenstand.

Dein Johannes.

Meine Cordelia!

Dir scheint, es sei erst so kurze Zeit, daß ich Dich liebe, Du scheinst fast zu fürchten, ich könnte schon früher geliebt haben. Es gibt Handschriften, in denen das glückliche Auge alsbald eine ältere Schrift erahnt, die im Laufe der Zeit von belanglosen Narreteien verdrängt worden ist. Mit ätzenden Mitteln wird die spätere Schrift ausgelöscht, und nun steht klar und deutlich die älteste da. So hat Dein Auge mich gelehrt, in mir selbst mich selbst zu finden, ich lasse die Vergessenheit alles verzehren, was nicht von Dir handelt, und dann entdecke ich eine uralte, eine göttlich junge Urschrift, dann entdecke ich, daß meine Liebe zu Dir ebenso alt ist wie ich selbst.

Dein Johannes.

Meine Cordelia!

Wie mag ein Reich bestehen, welches im Streit ist mit sich selber; wie soll ich bestehen können, da ich mit mir selber streite? Worum? Um Dich, um womöglich Ruhe zu finden in dem Gedanken, daß ich in Dich verliebt bin. Wie aber soll ich diese Ruhe finden? Die eine der streitenden Mächte will die andere immer wieder davon überzeugen, daß sie doch am tiefsten und am innigsten verliebt sei; im nächsten Augenblick will es die andere. Es würde mich nicht sonderlich bekümmern, wenn der Streit außerhalb meiner stattfände, falls jemand da wäre, der es wagte, in Dich verliebt zu sein, oder es wagte, es zu lassen, das Verbrechen wäre gleich groß; dieser Streit aber in meinem eigenen Innern verzehrt mich, diese eine Leidenschaft in ihrer Doppelheit.

Dein Johannes.

Verschwinde nur, mein kleines Fischermädchen; versteck dich nur zwischen den Bäumen; nimm nur deine Last auf, es steht dir gut, dich zu bücken, ja, selbst in diesem Augen-

blick bückst du mit natürlicher Grazie dich unter das Reisig,
das du gesammelt hast – daß solch ein Geschöpf solche Lasten
tragen muß! Gleich einer Tänzerin verrätst du die Schönheit
der Formen – schlank um den Leib, breit um den Busen,
ein schwellender Wuchs, das muß ein jeder Rekrutierungs-
chef zugeben. Du meinst vielleicht, das seien Belanglosig-
keiten, du findest, die vornehmen Damen seien viel schöner,
ach mein Kind! Du weißt nicht, wieviel Falschheit es gibt
auf der Welt. Tritt nur deine Wanderung an mit deiner Last,
in den ungeheuren Wald, der sich vermutlich viele, viele
Meilen ins Land erstreckt, bis an die Grenze der blauen Berge. Vielleicht bist du gar kein richtiges Fischermädchen, sondern eine verzauberte Prinzessin; du dienst bei einem Troll;
er ist so grausam, dich Brennholz im Wald holen zu lassen.
So ist es immer im Märchen. Weshalb gehst du sonst auch
tiefer in den Wald hinein; bist du ein wirkliches Fischermädchen, so mußt du ja mit deinem Brennholz zum Dorf
hinunter, an mir vorbei, der ich auf der anderen Seite des
Weges stehe. – Folge nur dem Fußpfad, der sich spielend
zwischen den Bäumen hinschlängelt, mein Auge findet dich;
sieh dich nur nach mir um, mein Auge folgt dir; mich bewegen, das kannst du nicht, das Verlangen reißt mich nicht
hin, ich sitze ruhig auf dem Zaun und rauche meine Zigarre.
– Zu anderer Zeit – vielleicht. – Ja, dein Blick ist schelmisch,
wenn du so den Kopf halb zurückdrehst; dein leichter Gang
lockt und winkt – ja ich weiß es, ich begreife, wo dieser Weg
hinführt – in des Waldes Einsamkeit, zum Geflüster der
Bäume, in die mannigfaltige Stille. Sieh, der Himmel selbst
begünstigt dich, er verbirgt sich in Wolken, er verdunkelt
den Hintergrund des Waldes, es ist, als zöge er die Gardinen
für uns zu. – Ade, mein schönes Fischermädchen, leb wohl,
hab Dank für deine Gunst, es war ein schöner Augenblick,
eine Stimmung, nicht stark genug, um mich von meinem
festen Platz auf dem Zaun fortzubewegen, aber doch reich
an innerer Bewegtheit.

Als Jakob mit Laban um den Entgelt für seinen Dienst ge-
feilscht hatte, als sie sich dahin geeinigt hatten, daß Jakob
die weißen Schafe hüten und als Lohn für seine Arbeit alle
bunten haben solle, die in seiner Herde geboren würden, da
legte er Stäbe in die Tränkrinnen und ließ die Schafe darauf blicken – so bringe ich mich überall vor Cordelia an, ihr
Auge sieht mich beständig. Ihr erscheint es wie eitel Aufmerksamkeit von meiner Seite; ich meinerseits weiß jedoch,
daß ihre Seele dadurch das Interesse für alles andere verliert,
daß sich in ihr eine geistige Konkupiszenz entwickelt, die
mich überall sieht.

Meine Cordelia!
Wenn ich Dich vergessen könnte! Ist meine Liebe denn ein
Werk des Gedächtnisses? Und wenn die Zeit auch alles von
ihren Tafeln tilgte, und wenn sie das Gedächtnis selbst aus-
löschte, mein Verhältnis zu Dir bliebe gleich lebendig, Du
wärest dennoch unvergessen. Wenn ich Dich vergessen
könnte! Wessen sollte ich mich dann erinnern? mich selbst
hab' ich ja vergessen, um mich Deiner zu erinnern; wenn
ich also Dich vergäße, würde ich mich ja meiner selbst erinnern müssen, doch in dem Augenblick, da ich meiner ge-
dächte, müßte ich ja wieder Deiner mich erinnern. Wenn
ich Dich vergessen könnte! Was würde dann geschehen?
Man hat ein Bild aus dem Altertum. Es stellt Ariadne dar.
Sie springt vom Lager auf und blickt ängstlich einem Schiffe
nach, das mit vollen Segeln davoneilt. Neben ihr steht ein
Amor mit einem Bogen ohne Sehne und trocknet sich die
Augen. Hinter ihr steht eine geflügelte weibliche Gestalt mit
einem Helm auf dem Haupt. Man nimmt gemeinhin an,
diese Gestalt sei Nemesis. Denke Dir dieses Bild, denke es
Dir ein wenig verändert. Amor weint nicht, und sein Bogen
ist nicht ohne Sehne; oder wärest Du denn weniger schön
geworden, weniger sieghaft, weil ich wahnsinnig geworden
wäre? Amor lächelt und spannt den Bogen. Nemesis steht
nicht untätig an Deiner Seite, auch sie spannt den Bogen.

Auf jenem Bilde sieht man im Schiff eine männliche Gestalt, die mit Arbeit beschäftigt ist. Man nimmt an, es sei Theseus. Nicht so auf meinem Bild. Er steht am Hintersteven, er schaut sehnsuchtsvoll zurück, er breitet die Arme aus, er hat es bereut, oder besser: sein Wahnsinn hat ihn verlassen, aber das Schiff entführt ihn. Amor und Nemesis zielen beide, ein Pfeil fliegt von jedem Bogen, sie treffen sicher, das sieht man, man versteht, sie treffen beide auf eine Stelle in seinem Herzen zum Zeichen dafür, daß seine Liebe die rächende Nemesis war.

Dein Johannes.

Meine Cordelia!

Ich sei in mich selbst verliebt, sagt man von mir. Das wundert mich nicht; denn wie sollte man merken können, daß ich zu lieben vermag, da ich nur Dich liebe, wie sollte sonst jemand es ahnen, da ich nur Dich liebe? Ich bin in mich selbst verliebt, warum? Weil ich in Dich verliebt bin; denn Dich liebe ich, Dich allein und alles, was Dir in Wahrheit gehört, und also liebe ich mich selbst, weil dieses mein Ich ja Dir gehört, so daß, wenn ich Dich zu lieben aufhörte, ich aufhören würde, mich selbst zu lieben. Was also in den profanen Augen der Welt Ausdruck des größten Egoismus ist, das ist für Deinen eingeweihten Blick Ausdruck der reinsten Sympathie, was in den profanen Augen der Welt Ausdruck der prosaischsten Selbsterhaltung ist, das ist für Dein geheiligtes Gesicht Ausdruck der begeistertsten Vernichtung meiner selbst.

Dein Johannes.

Was ich am meisten fürchtete, war, daß die ganze Entwicklung mir zu lange dauern würde. Ich sehe jedoch, daß Cordelia große Fortschritte macht, ja daß es, um sie recht in Atem zu halten, notwendig wird, alles in Bewegung zu setzen. Sie darf um alles in der Welt nicht vor der Zeit ermatten, das heißt vor *der* Zeit, da für sie die Zeit vorüber ist.

Wenn man liebt, so folgt man nicht der Landstraße. Mitten
auf der Heerstraße liegt nur die Ehe. Wenn man liebt und
von Nøddebo hinausspaziert, so geht man nicht am Esrom-
see entlang, obwohl dies doch eigentlich nur ein Jagdweg
ist; aber er ist gebahnt, und die Liebe bahnt sich ihre Wege
am liebsten selbst. Man strebt tiefer in den Wald, den Gribs-
skov, hinein. Und wenn man so Arm in Arm dahinwandert,
so versteht man einander, so wird klar, was zuvor dunkel
ergötzte und schmerzte. Man ahnt nicht, daß jemand zugegen ist. – Also diese herrliche Buche wurde Zeuge eurer
Liebe; unter ihrer Krone habt ihr sie euch zum erstenmal
gestanden. An alles habt ihr euch so deutlich erinnert, an das
erste Mal, da ihr euch sahet, das erste Mal, da ihr im Tanze
euch die Hände reichtet, da ihr in der Frühe Abschied nahmt,
da ihr euch selber nichts gestehen wolltet, geschweige denn
einander. – Es ist doch recht schön, sich diese Repetitorien
der Liebe anzuhören. – Sie fielen unter dem Baum auf die
Knie, sie schworen einander unverbrüchliche Liebe, sie be-
siegelten den Bund mit dem ersten Kuß. – Es sind fruchtbare
Stimmungen, die an Cordelia verschwendet werden müssen.
– Diese Buche wurde also Zeuge. O ja, ein Baum ist ein
recht passender Zeuge; aber er ist doch zu wenig. Zwar
meint ihr, auch der Himmel sei Zeuge gewesen, aber der
Himmel so schlechthin ist eine sehr abstrakte Idee. Seht,
darum war noch ein Zeuge da. – Sollte ich mich erheben,
sie merken lassen, daß ich hier bin? Nein, vielleicht kennte
man mich, und dann wäre das Spiel verloren. Sollte ich, indem sie sich entfernen, mich erheben, ihnen zu verstehen
geben, daß jemand zugegen war? Nein, das ist unzweck-
mäßig. Es soll Schweigen über ihrem Geheimnis ruhen – solange ich will. Sie sind in meiner Gewalt, ich kann sie aus-
einanderreißen, wann ich will. Ich weiß um ihr Geheimnis;
nur von ihm oder von ihr kann ich es erfahren haben – von
ihr selbst, das ist unmöglich – also von ihm – das ist abscheulich – bravo! Und doch ist es ja beinahe Bosheit. Na schön,
ich werde sehen. Kann ich einen bestimmten Eindruck von

ihr bekommen, den ich sonst, auf normale Weise, wie ich es
wünsche, nicht bekommen kann, so muß es eben sein.

Meine Cordelia!
Arm bin ich – Du bist mein Reichtum; dunkel – Du bist
mein Licht; ich habe nichts, brauche nichts. Und wie sollte
ich auch etwas besitzen können, es ist ja ein Widerspruch,
daß der etwas besitze, der sich nicht selbst besitzt. Glücklich
bin ich wie ein Kind, das nichts besitzen kann und nichts
besitzen muß. Ich besitze nichts; denn ich gehöre nur Dir;
ich bin nicht, ich habe aufgehört zu sein, um Dein zu sein.

Dein Johannes.

Meine Cordelia!
*Mein,* was will dieses Wort bezeichnen? Nicht etwas, was
mir gehört, sondern dem ich gehöre, was mein ganzes Wesen enthält, das insoweit mein ist, insoweit ich ihm gehöre.
Mein Gott ist ja nicht der Gott, der mir gehört, sondern der
Gott, dem ich gehöre, und so auch, wenn ich sage: mein Va-
terland, mein Heim, mein Beruf, meine Sehnsucht, meine
Hoffnung. Wenn es zuvor keine Unsterblichkeit gegeben
hätte, so würde dieser Gedanke, daß ich Dein bin, den gewohnten Gang der Natur durchbrechen.

Dein Johannes.

Meine Cordelia!
Was ich bin? Der bescheidene Erzähler, der Deine Triumphe
begleitet; der Tänzer, der sich unter Dir beugt, indem Du
in anmutiger Leichtigkeit Dich hebst; der Zweig, auf dem
Du für eine Weile Dich ausruhst, wenn Du des Fliegens müde bist; die Baßstimme, die unter die Schwärmerei des So-
prans sich einschiebt, um sie noch höher steigen zu lassen –
was ich bin? ich bin die irdische Schwere, die Dich an die
Erde fesselt. Was bin ich also? Körper, Masse, Erde, Staub
und Asche – Du, meine Cordelia, Du bist Seele und Geist.

Dein Johannes.

Meine Cordelia!

Liebe ist alles, darum hat für den, der liebt, alles aufgehört, an und für sich eine Bedeutung zu haben, und hat nur Bedeutung durch die Auslegung, die die Liebe ihm gibt. Wenn etwa ein anderer Verlobter überführt würde, daß er sich noch um ein anderes Mädchen kümmere, so würde er vermutlich als ein Verbrecher dastehen, und sie wäre empört. Du hingegen, das weiß ich, Du würdest in einem solchen Geständnis eine Huldigung erblicken; denn daß ich etwa eine andere lieben könnte, das, weißt Du, ist eine Unmöglichkeit, es ist meine Liebe zu Dir, die einen Abglanz auf das ganze Leben wirft. Wenn ich mich also um eine andere kümmere, so geschieht es nicht, um mich zu überzeugen, daß ich nicht sie liebe, sondern nur Dich – das wäre vermessen; – weil aber meine ganze Seele von Dir voll ist, gewinnt das Leben für mich eine andere Bedeutung, es wird eine Mythe über Dich.

Dein Johannes.

Meine Cordelia!

Meine Liebe verzehrt mich, nur meine Stimme bleibt übrig, eine Stimme, die sich in Dich verliebt hat, Dir überall zuraunt, daß ich Dich liebe. O, ermüdet es Dich, diese Stimme zu hören? Überall umgibt sie Dich; wie eine vielfältige, unstete Einfassung lege ich meine durchreflektierte Seele um Dein reines, tiefes Wesen.

Dein Johannes.

Meine Cordelia!

Man liest in alten Erzählungen, ein Fluß habe sich in ein Mädchen verliebt. Solchergestalt ist meine Seele wie ein Fluß, der Dich liebt. Bald ist sie stille und läßt Dein Bild sich tief und unbewegt in ihr spiegeln, bald bildet sie sich ein, sie habe Dein Bild gefangen, da braust ihre Woge, um Dich zu hindern, wieder zu entschlüpfen; bald kräuselt sie leicht ihre

Oberfläche und spielt mit Deinem Bild, mitunter hat sie es
verloren, dann wird ihre Woge schwarz und verzweifelt. –
So ist meine Seele: wie ein Fluß, der sich in Dich verliebt
hat.

Dein Johannes.

Offen gestanden: ohne eine ungewöhnlich lebendige Einbildungskraft zu besitzen, könnte man sich doch wohl eine be-
quemere, angenehmere und vor allem mehr standesgemäße
Beförderung denken; mit einem Torfbauern zu fahren, das
erregt nur in uneigentlichem Sinne Aufsehen. – Im Notfall
nimmt man indessen vorlieb. Man geht ein Stück auf die
Landstraße hinaus; man steigt auf, man fährt eine Meile, es
begegnet nichts; zwei Meilen, alles geht gut; man wird ruhig
und sicher; die Gegend nimmt sich von diesem Standpunkt
wirklich besser aus als gewöhnlich; fast hat man schon die
drei Meilen geschafft – wer hätte nun erwartet, hier so weit
draußen auf der Landstraße einem Kopenhagener zu begegnen? Und es *ist* ein Kopenhagener, das merken Sie schon,
ein Mann vom Lande ist es nicht; er hat eine ganz eigene
Art zu sehen, so bestimmt, so beobachtend, so abschätzend
und so ein bißchen spöttisch. Ja, mein liebes Mädchen, deine
Stellung ist keineswegs bequem, du sitzt ja, wie wenn du auf
einem Präsentierteller säßest, der Wagen ist so flach, daß er
keinerlei Vertiefung für die Füße hat. – Aber es ist ja Ihre eigene Schuld, mein Wagen steht Ihnen ganz zu Diensten, ich
darf Ihnen einen weit weniger lästigen Platz anbieten, sofern
es Sie nicht belästigen sollte, an meiner Seite zu sitzen. In diesem Falle überlasse ich Ihnen den ganzen Wagen, setze mich
selbst auf den Bock, erfreut, Sie zu Ihrer Bestimmung führen zu dürfen. – Der Strohhut deckt nicht einmal hinlänglich
gegen einen Seitenblick; es ist vergebens, daß Sie Ihren Kopf
niederbeugen, ich bewundere doch das schöne Profil. – Ist

es nicht ärgerlich, daß der Bauer mich grüßt? aber es ist ja in der Ordnung, daß der Bauer einen vornehmen Herrn grüßt. – Damit entkommen Sie mir nicht, hier ist ja ein Gasthaus, eine Station, und ein Torfbauer ist auf seine Weise viel zu gottesfürchtig, als daß er nicht beten sollte. Jetzt werde ich mich seiner annehmen. Ich habe ein ungewöhnliches Talent, Torfbauern für mich einzunehmen. O, möchte es mir gelingen, auch Ihnen zu gefallen. Er kann meinem Anerbieten nicht widerstehen, und wenn er es angenommen hat, so kann er der Wirkung nicht widerstehen. Kann ich nicht, so kann mein Diener. – Er geht nun in die Schankstube, Sie bleiben allein auf dem Wagen im Schuppen. – Weiß Gott, was das für ein Mädel ist? Sollte es ein kleines bürgerliches Mädchen sein, etwa eine Küsterstochter? Wenn sie es ist, so ist sie für eine Küsterstochter ungewöhnlich hübsch und ungewöhnlich geschmackvoll gekleidet. Der Küster muß eine gute Pfründe haben. Da fällt mir was ein, sollte es etwa ein kleines Vollblutfräulein sein, das es überdrüssig ist, in der Equipage zu fahren, das vielleicht eine Fußwanderung zum Landhaus hinaus unternimmt und nun zugleich sich in einem kleinen Abenteuer versuchen möchte? Wohl möglich, dergleichen kommt vor. – Der Bauer weiß von nichts, er ist ein Rindvieh, das nur zu saufen versteht. Na schön, trink' er nur, Väterchen, es ist ihm gern gegönnt. – Aber was seh' ich, das ist ja weder mehr noch weniger als Jungfer Jespersen, Hansine Jespersen, eine Tochter des Großkaufmanns da drinnen. I Gott bewahre, wir beide kennen uns doch. Ihr bin ich doch einmal in der Bredgade begegnet, sie fuhr auf dem Rücksitz, sie konnte das Fenster nicht aufkriegen; ich setzte meine Brille auf und hatte nun das Vergnügen, sie mit dem Auge zu verfolgen. Es war eine sehr genierte Stellung, es waren so viele im Wagen, daß sie sich nicht bewegen konnte, und Lärm schlagen mochte sie vermutlich nicht. Die gegenwärtige Stellung ist mindestens ebenso geniert. Wir beide sind füreinander bestimmt, das ist klar. Es muß ein romantisches kleines Mädchen sein; sie ist bestimmt auf eigene Faust unterwegs. – Da kommt mein Diener mit dem Torfbauern. Er ist völlig betrunken. Es ist abscheulich, sie sind ein verdorbenes Volk, diese Torfbauern! Ach ja! Und doch gibt es noch schlimmere Menschen als Torfbauern. – Sehen Sie, jetzt haben Sie sich schön hereingeritten. Jetzt werden Sie selber kutschieren müssen, das ist ganz romantisch. – Sie refüsieren mein Anerbieten, Sie behaupten, Sie führen sehr gut auf Ihrem Wagen. Sie täuschen mich nicht; ich merke wohl, wie hinterhältig Sie sind. Wenn Sie ein kleines Stückchen auf die Straße hinausgekommen sind, dann springen Sie ab, im Wald kann man leicht ein Versteck finden. – Mein Pferd soll gesattelt werden; ich folge zu Pferde. – Sehen Sie, jetzt bin ich fertig, jetzt können Sie vor jedem Überfall sicher sein. – Haben Sie doch nicht solch schreckliche Angst, sonst drehe ich sofort wieder um. Ich wollte Sie bloß ein bißchen ängstigen und Ihnen Gelegenheit geben, daß Ihre natürliche Schönheit sich erhöhe. Sie wissen doch gar nichts davon, daß ich den Bauern sich habe betrinken lassen, und ich habe mir doch kein beleidigendes Wort Ihnen gegenüber erlaubt. Noch kann alles gut werden; ich werde der Sache schon eine solche Wendung geben, daß Sie über die ganze Geschichte lachen können. Ich wünsche nur eine kleine Plänkelei mit Ihnen; glauben Sie ja nicht, daß ich ein Mädchen überrumpele. Ich bin ein Freund der Freiheit, und was ich nicht freiwillig bekomme, darauf lege ich gar keinen Wert. – »Sie werden gewiß selbst einsehen, daß es nicht angeht, die Fahrt auf diese Weise fortzusetzen. Ich selber will auf die Jagd, darum bin ich zu Pferde. Mein Wagen hält jedoch angespannt im Gasthof. Wenn Sie befehlen, so wird er Sie im Augenblick einholen und Sie hinbringen, wohin Sie wollen. Ich selbst kann leider nicht das Vergnügen haben, Sie zu begleiten, ich bin durch ein Jagdgelübde gebunden, und das ist heilig.« – Sie nehmen an – alles wird augenblicklich in Ordnung sein – Sehen Sie, jetzt brauchen Sie gar nicht verlegen zu sein, wenn Sie mich wiedersehen, oder jedenfalls nicht verlegener als Ihnen gut ansteht. Sie können sich über

die ganze Geschichte belustigen, ein wenig lachen und ein
wenig an mich denken. Mehr verlange ich nicht. Das mag
gering erscheinen, mir genügt es. Es ist der Anfang, und ich
bin besonders in den Anfangsgründen stark.

Gestern abend war bei der Tante eine kleine Gesellschaft. Ich
wußte, Cordelia würde ihr Strickzeug hervorholen. Darin
hatte ich ein kleines Billett versteckt. Sie ließ es fallen, hob es
auf, wurde bewegt, sehnsuchtsvoll. So muß man stets die
Situation zu Hilfe nehmen. Es ist unglaublich, welche Vorteile man davon haben kann. Ein an und für sich unbedeutendes Billett wird, unter solchen Umständen gelesen, für sie
unendlich bedeutsam. Mich konnte sie nicht sprechen; ich
hatte es so eingerichtet, daß ich eine Dame nach Hause begleiten mußte. Sie mußte sich also bis heute gedulden. Das
ist stets gut, um den Eindruck sich noch tiefer in ihre Seele
einbohren zu lassen. Immer hat es den Anschein, als sei ich
es, der ihr eine Aufmerksamkeit erweist; der Vorteil, den
ich habe, ist der, daß ich überall in ihren Gedanken angebracht werde, überall sie überrasche.

Die Liebe hat doch eine eigentümliche Dialektik. Es war einmal ein junges Mädchen, in das ich verliebt war. Beim Theater in Dresden sah ich im vorigen Sommer eine Schauspielerin, die ihr täuschend ähnlich war. Aus diesem Grunde
wünschte ich ihre Bekanntschaft zu machen, was mir auch
gelang, und überzeugte mich nun, daß die Unähnlichkeit
doch ziemlich groß war. Heute begegne ich nun auf der
Straße einer Dame, die mich an jene Schauspielerin erinnert.
Diese Geschichte kann endlos so weitergehen.

Überall umgeben meine Gedanken Cordelia, ich sende sie
gleich Engeln zu ihr, die sie umschweben. Wie Venus in ihrem Wagen von Tauben gezogen wird, so sitzt sie in ihrem

Triumphwagen, und ich spanne meine Gedanken davor als geflügelte Wesen. Sie selbst sitzt fröhlich da, reich wie ein Kind, allmächtig wie eine Göttin, ich gehe an ihrer Seite. Fürwahr, ein junges Mädchen ist und bleibt doch der Natur und des ganzen Daseins *Venerabile!* Niemand weiß das besser als ich. Schade nur, daß diese Herrlichkeit so kurz währt. Sie lächelt mir zu, sie grüßt mich, sie winkt mir, als wäre sie meine Schwester. Ein Blick erinnert sie daran, daß sie meine Geliebte ist.

Die Liebe hat viele Positionen. Cordelia macht gute Fortschritte. Sie sitzt auf meinem Schoß, ihr Arm schlingt sich weich und warm um meinen Hals; sie selber ruht an meiner Brust, leicht, ohne körperliche Schwere; die weichen Formen berühren mich kaum; wie eine Blume rankt sich ihre liebliche Gestalt um mich, frei wie eine Schleife. Ihre Augen verbergen sich unter den Lidern, ihr Busen ist blendend weiß wie Schnee, so glatt, daß mein Auge nicht zu ruhen vermag, es würde ausgleiten, wenn der Busen sich nicht bewegte. Was bedeutet diese Bewegung? ist es Liebe? Vielleicht. Es ist die Ahnung der Liebe, ihr Traum. Noch fehlt die Energie. Sie umarmt mich weitläufig, wie die Wolke den Verklärten, leicht wie ein Lüftchen, zart wie man eine Blume umarmt; sie küßt mich unbestimmt, so wie der Himmel das Meer küßt, sanft und still wie der Tau die Blume küßt, feierlich wie das Meer das Bild des Mondes küßt.
Ihre Leidenschaft möchte ich in diesem Augenblick als naive Leidenschaft bezeichnen. Wenn nun die Wendung gemacht ist und ich mich ernstlich zurückzuziehen beginne, so wird sie alles aufbieten, um mich wirklich zu fesseln. Sie hat kein anderes Mittel dazu als eben das Erotische, nur daß dieses sich jetzt in einem ganz anderen Maße zeigen wird. Es ist dann eine Waffe in ihrer Hand, die sie gegen mich schwingt. Ich habe dann die reflektierte Leidenschaft. Sie kämpft um ihrer selbst willen, weil sie weiß, ich besitze das Erotische; sie kämpft um ihrer selbst willen, um mich zu überwinden. Sie

hat selbst das Bedürfnis nach einer höheren Form des Erotischen. Was ich sie ahnen lehrte, indem ich sie entflammte,
das lehrt meine Kälte sie nun verstehen, doch so, daß sie es
selber zu entdecken meint. Damit möchte sie mich überrumpeln, sie möchte glauben, sie habe mich an Kühnheit
übertroffen und mich damit gefangen. Ihre Leidenschaft wird
also bestimmt, energisch, folgernd, dialektisch; ihr Kuß total, ihre Umarmung nicht mehr hiatisch. – Bei mir sucht sie
ihre Freiheit und findet sie um so mehr, je fester ich sie um-
schließe. Die Verlobung geht auseinander. Wenn das geschehen ist, braucht sie ein wenig Ruhe, damit in dem wilden Trubel nichts Unschönes zum Vorschein komme. Ihre
Leidenschaft sammelt sich noch einmal, und sie ist mein.

Wie ich schon zu des seligen Edvards Zeit indirekt für ihre
Lektüre gesorgt habe, so tue ich es jetzt direkt. Was ich biete, ist das, was ich für die beste Nahrung halte: Mythologie
und Märchen. Doch hat sie ihre Freiheit, hier wie überall,
ich horche alles aus ihr selbst heraus. Ist es nicht schon im
voraus da, so lege ich es erst hinein.

Wenn die Dienstmädchen im Sommer in den Tiergarten gehen, so ist es meist ein schlechtes Vergnügen. Sie kommen
nur einmal im Jahr dorthin, darum müssen sie auch recht etwas davon haben. Da müssen sie einen Hut aufsetzen und
einen Schal ummachen und verunzieren sich selbst in jeder
Weise. Ihre Lustigkeit ist wild, unschön, lasziv. Nein, da lobe ich mir den Schloßpark von Frederiksberg. Am Sonntag
nachmittag pflegen sie dorthin zu gehen, und ich auch. Hier
ist alles schicklich und dezent, selbst die Lustigkeit stiller und
edler. Überhaupt der Mann, der keinen Sinn für Dienstmädchen hat, verliert mehr dabei, als diese verlieren. Die zahlreiche Schar der Dienstmädchen ist wirklich die schönste
Bürgerwehr, die wir in Dänemark haben. Wenn ich König

wäre – ich wüßte schon, was ich täte – ich hielte nicht Revue über die Linientruppen ab. Wenn ich einer von den zweiunddreißig Männern der Stadt wäre, ich würde sofort beantragen, daß ein Wohlfahrtskomitee eingesetzt würde, das mit Einsicht, Rat, Ermahnung, angemessenen Belohnungen in jeder Beziehung bestrebt wäre, die Dienstmädchen zu einer geschmackvollen und sorgfältigen Toilette zu ermuntern. Warum soll mit Schönheit verschwenderisch umgegangen werden, warum soll sie unbemerkt durchs Leben gehn, laß sie wenigstens einmal in der Woche sich in dem Lichte zeigen, in dem sie sich ausnimmt! Vor allen Dingen aber·Geschmack, Beschränkung! Ein Dienstmädchen soll nicht wie eine Dame aussehen, darin hat der »Polizeifreund« recht, die Gründe aber, die dieses geachtete Blatt angibt, sind völlig verkehrt. Wenn man also solchermaßen einem wünschenswerten Aufblühen der Klasse der Dienstmädchen entgegensehen dürfte, würde sich das nicht wiederum heilsam auf unsere Haustöchter auswirken? Oder ist es zu kühn, wenn ich auf diesem Wege eine Zukunft für Dänemark erblicke, die wahrlich beispiellos genannt werden darf? Wenn es mir nur selber vergönnt wäre, dieses Jubeljahr noch zu erleben, so könnte man mit gutem Gewissen den ganzen Tag darauf verwenden, auf Straßen und Gassen umherzugehen und sich zu weiden an des Auges Lust. Wie schwärmen meine Gedanken so weit und kühn, so patriotisch! aber ich bin ja auch hier draußen in Frederiksberg, wohin die Dienstmädchen am Sonntagnachmittag kommen, und ich mit. – Zuerst kommen die Bauerndirnen, Hand in Hand mit ihrem Liebsten, oder in einem andern Muster: alle Mädchen Hand in Hand voran, alle Burschen hinterdrein, oder in einem andern Muster: je zwei Mädchen und ein Bursche. Diese Schar bildet den Rahmen, sie stehen gern oder sitzen längs den Bäumen in dem großen Viereck vor dem Pavillon. Sie sind gesund, frisch, die Farbgegensätze nur etwas zu stark sowohl auf der Haut wie an den Kleidern. Nun folgen die Mädchen aus Jütland und Fünen. Groß, schlank, etwas zu kräftig ge-

baut, ihre Kleidung etwas verwirrt. Hier gäbe es allerlei für
das Komitee zu tun. Auch einzelne Vertreterinnen der born-
holmischen Division vermißt man nicht: tüchtige Köchin-
nen, denen man aber nicht so leicht nahekommt, weder in
der Küche, noch in Frederiksberg, ihr Wesen hat etwas stolz
Abweisendes. Ihre Anwesenheit ist daher durch den Gegensatz nicht ohne Wirkung, ich misse sie ungern hier draußen,
lasse mich aber selten mit ihnen ein. – Nun folgen die Herz-
truppen: die Mädchen aus Nyboder. Kleiner von Wuchs,
rundlich, schwellend, mit zarter Haut, heiter, fröhlich, lebhaft, gesprächig, ein wenig kokett und vor allem barhäup-
tig. Ihre Kleidung mag immer der einer Dame sich nähern,
nur zweierlei ist zu beobachten: daß sie keinen Schal, sondern ein Umschlagetuch tragen, keinen Hut, sondern höchstens ein kleines flinkes Häubchen, lieber sollten sie ganz bar-
häuptig sein. – Sieh da, guten Tag, Marie; treff' ich Sie hier
draußen? Es ist lange her, daß ich Sie gesehen habe! Sie sind
doch wohl noch bei Konferenzrats? – »jawohl« – es ist gewiß eine sehr gute Kondition? – »ja«. – Aber Sie sind so allein
hier draußen, haben keine Begleitung... keinen Schatz, hat
er heute etwa keine Zeit gehabt, oder erwarten Sie ihn noch
– wie, Sie sind nicht verlobt? Das ist doch nicht möglich.
Das hübscheste Mädchen in Kopenhagen, ein Mädchen, das
beim Herrn Konferenzrat dient, ein Mädchen, das eine Zierde und ein Muster für alle Dienstmädchen ist, ein Mädchen,
das sich so nett herauszuputzen weiß und... so prächtig. Das
ist ja ein reizendes Taschentüchlein, das Sie da in der Hand
halten, aus dem feinsten Kammertuch... Was seh' ich, mit
gesticktem Saum, ich wette, das hat 10 Mark gekostet...
manche vornehme Dame hat bestimmt kein so schönes...
französische Handschuhe... einen Seidenschirm... Und solch
ein Mädchen sollte nicht verlobt sein... Das ist doch eine
Ungereimtheit. Erinnere ich mich recht, so hat doch auch
Jens ziemlich viel von Ihnen gehalten, Sie wissen schon, Jens,
der Jens vom Großkaufmann, der im zweiten Stock... Sehen Sie, ich hab' recht getroffen... warum haben Sie sich

denn nicht verlobt, der Jens war doch ein hübscher Kerl, er hatte eine gute Kondition, vielleicht wäre er durch den Einfluß des Großkaufmanns mit der Zeit noch Polizeidiener geworden oder Heizer, das wäre gar keine so üble Partie... Sie sind bestimmt selber schuld, sie sind zu hart gegen ihn gewesen... »Nein! aber ich erfuhr, daß Jens schon einmal mit einem Mädchen verlobt war, das er gar nicht nett behandelt haben soll...« – Was muß ich hören, wer hätte geglaubt, daß der Jens so ein schlimmer Bursche wäre... ja, diese Gardisten ... diese Gardisten, auf die ist kein Verlaß... Sie haben völlig richtig gehandelt, ein Mädchen wie Sie ist wirklich zu gut, um sich an jeden wegzuwerfen... Sie werden schon noch eine bessere Partie machen, dafür bürge ich Ihnen. – Wie geht's Fräulein Juliane? ich habe sie so lange nicht gesehen. Meine schöne Marie könnte mir gewiß mit irgendeiner Auskunft dienen... weil man selber Unglück in der Liebe gehabt hat, darum muß man doch nicht teilnahmslos gegen andere sein... Hier sind so viele Leute... ich mag nicht mit Ihnen darüber sprechen, ich fürchte, jemand könnte mich belauschen... Hören Sie bloß einen Augenblick, meine schöne Marie... Sehen Sie, hier ist der richtige Ort, in diesem schattigen Gang, wo die Bäume sich ineinander verschlingen, um uns vor den andern zu verbergen, hier, wo wir keinen Menschen sehen, keine menschliche Stimme hören, sondern nur einen leisen Widerhall der Musik... hier darf ich von meinem Geheimnis reden... Nicht wahr, wenn Jens kein schlechter Mensch gewesen wäre, so würdest du jetzt mit ihm hier gehen, Arm in Arm, würdest der fröhlichen Musik lauschen und selbst eine noch höhere genießen... warum so bewegt – vergiß doch den Jens... Willst du denn ungerecht gegen mich sein... um dich zu treffen, bin ich hier herausgekommen... um dich zu sehen, habe ich Konferenzrats besucht... Das hast du doch gemerkt... sooft es sich machen ließ, bin ich an die Küchentür gegangen... Du sollst mir gehören... wir lassen uns von der Kanzel aufbieten... morgen abend werde ich dir alles erklären... die Hintertrep-

pe hinauf, die Tür links, gegenüber der Küchentür... Lebewohl, meine schöne Marie... laß niemand merken, daß du
mich hier draußen gesehn oder mit mir gesprochen hast, du
kennst ja mein Geheimnis. – Sie ist wirklich reizend, aus der
ließe sich was machen. – Wenn ich erst in ihrer Kammer
Fuß gefaßt habe, werde ich das Aufgebot schon selbst be-
sorgen. Ich habe immer getrachtet, die schöne griechische
αυτκρκεια zu entwickeln und zumal einen Pfarrer überflüssig
zu machen.

Wenn es anginge, hinter Cordelia zu stehen, während sie
einen Brief von mir empfängt, könnte es mich sehr interessieren. Ich würde mich dann leicht davon überzeugen, inwieweit sie sich meine Briefe im wahrsten Sinne erotisch zu
eigen macht. Im ganzen sind und bleiben Briefe stets ein un-
bezahlbares Mittel, um auf ein junges Mädchen Eindruck zu
machen; der tote Buchstabe hat oft weit größeren Einfluß als
das lebendige Wort. Ein Brief bildet eine geheimnisvolle
Kommunikation; man ist Herr der Lage, fühlt von keinem
Anwesenden irgendeinen Druck, und mit seinem Ideal, glaube ich, möchte ein junges Mädchen am liebsten ganz allein
sein, das heißt in einzelnen Augenblicken, und zwar gerade
in solchen, da es am stärksten auf ihr Gemüt wirkt. Mag ihr
Ideal auch einen noch so vollkommenen Ausdruck in einem
bestimmten geliebten Gegenstand gefunden haben, so gibt
es doch Momente, in denen sie fühlt, daß in dem Ideal eine
Überschwenglichkeit liegt, welche die Wirklichkeit nicht besitzt. Diese großen Versöhnungsfeste muß man ihr zugestehen, nur muß man darauf achten, daß man sie richtig benutzt, damit sie von ihnen nicht ermattet in die Wirklichkeit
zurückkehrt, sondern gestärkt. Dazu helfen Briefe, die bewirken, daß man unsichtbar in diesen heiligen Augenblicken
der Weihe geistig gegenwärtig ist, während die Vorstellung,
daß die wirkliche Person der Verfasser des Briefes ist, einen
natürlichen und leichten Übergang zur Wirklichkeit bildet.

Könnte ich auf Cordelia eifersüchtig werden? Tod und Teufel, ja! Und doch, in einem andern Sinne: nein! Wenn ich nämlich sähe, daß ihr Wesen, obwohl ich in meinem Kampf mit dem andern siegte, dennoch zerrüttet würde und nicht das, was ich wünschte – so würde ich sie aufgeben.

Ein alter Philosoph hat gesagt, wenn man alles, was man erlebt, genau aufschreibe, so sei man, ehe man sich's versehe, schon ein Philosoph. Ich habe nun längere Zeit in Verbindung mit der Gemeinde der Verlobten gelebt. Irgendeine Frucht muß ein derartiges Verhältnis doch tragen. Ich habe also daran gedacht, Materialien zu sammeln, zu einer Schrift mit dem Titel: Beiträge zur Theorie des Kusses, allen zärtlich Liebenden gewidmet. Es ist übrigens merkwürdig, daß über diese Sache noch keine Schrift existiert. Wenn es mir also gelingt, fertig zu werden, werde ich damit zugleich einem lange gefühlten Bedürfnis abhelfen. Sollte dieser Mangel in der Literatur seinen Grund darin haben, daß die Philosophen über dergleichen nicht nachdenken, oder darin, daß sie sich auf dergleichen nicht verstehen? – Einzelne Winke werde ich bereits imstande sein mitzuteilen. Zu einem vollständigen Kuß ist erforderlich, daß die Handelnden ein Mädchen und ein Mann sind. Ein Männerkuß ist geschmacklos oder hat, was schlimmer ist, einen unangenehmen Beigeschmack. – Ferner glaube ich, daß ein Kuß der Idee näher kommt, wenn ein Mann ein Mädchen küßt, als wenn ein Mädchen einen Mann küßt. Wo im Laufe der Jahre in dieser Beziehung eine Indifferenz entstanden ist, da hat der Kuß seine Bedeutung verloren. Das gilt etwa von dem ehelichen Hauskuß, mit dem die Eheleute, in Ermangelung einer Serviette, sich gegenseitig den Mund abwischen, indem man sagt: Wohl bekomm's! – Ist der Altersunterschied sehr groß, so liegt der Kuß außerhalb der Idee. Ich erinnere mich, daß in einer Mädchenschule in einer der Provinzen die oberste Klasse einen eigenen Terminus hatte: »den Justizrat küssen«, ein Ausdruck, mit dem sie eine nichts weniger als angenehme Vorstellung verbanden.

Entstanden ist dieser Terminus folgendermaßen: die Lehrerin hatte einen Schwager, der bei ihr im Hause lebte, er war Justizrat gewesen, war schon ein älterer Mann und nahm sich nun kraft dessen die Freiheit, die jungen Mädchen küssen zu wollen. - Der Kuß muß Ausdruck einer bestimmten Leidenschaft sein. Wenn ein Bruder und eine Schwester, die Zwillinge sind, sich küssen, so ist dieser Kuß kein richtiger Kuß. Von einem Kuß, der bei einem weihnachtlichen Pfänderspiel abfällt, gilt dasselbe, item von einem geraubten Kuß. Ein Kuß ist eine symbolische Handlung, die nichts zu bedeuten hat, wenn das Gefühl, das dadurch bezeichnet werden soll, nicht vorhanden ist, und dieses Gefühl kann nur unter bestimmten Verhältnissen vorhanden sein. - Will man einen Versuch machen, den Kuß einzuteilen, so kann man sich mehrere Einteilungsprinzipien denken. Man kann ihn einteilen nach dem Geräusch. Leider reicht die Sprache hier für meine Beobachtungen nicht aus. Ich glaube nicht, daß die Sprachen der ganzen Welt den nötigen Vorrat an Onomatopoietika hätten, um die Unterschiede zu bezeichnen, die ich allein schon im Hause meines Onkels kennengelernt habe. Bald ist der Kuß schmatzend, bald zischelnd, bald klatschend, bald knallend, bald dröhnend, bald voll, bald hohl, bald wie Kattun usw. usw. - Man kann den Kuß nach der Art der Berührung einteilen in den tangierenden Kuß oder den Kuß *en passant* und den kohärierenden. - Man kann ihn einteilen nach der Zeit in den kurzen und den langen. Nach der Zeit gibt es auch noch eine andere Einteilung, und diese ist eigentlich die einzige, die mir zugesagt hat. Man macht dabei einen Unterschied zwischen dem ersten Kuß und allen anderen. Das, worauf hier reflektiert wird, ist inkommensurabel mit dem, was bei den übrigen Einteilungen in Erscheinung tritt, es ist indifferent gegenüber dem Geräusch, der Berührung, der Zeit im allgemeinen. Der erste Kuß ist indessen qualitativ verschieden von allen andern. Es gibt nur wenige Menschen, die daran denken, es wäre also schade, wenn nicht wenigstens einer da wäre, der darüber nachdenkt.

Meine Cordelia!

Eine gute Antwort ist wie ein süßer Kuß, sagt Salomo. Du weißt, ich frage gern viel; man macht mir beinahe einen Vorwurf daraus. Das kommt daher, daß man nicht versteht, wonach ich frage; denn Du und Du allein verstehst, wonach ich frage, und Du und Du allein verstehst zu antworten, und Du und Du allein verstehst, eine gute Antwort zu geben; denn eine gute Antwort ist wie ein süßer Kuß, sagt Salomo.

Dein Johannes.

Es ist ein Unterschied zwischen einer geistigen Erotik und einer irdischen Erotik. Bisher habe ich bei Cordelia vor allem die geistige zu entwickeln versucht. Meine persönliche Gegenwart muß jetzt eine andere sein, nicht bloß die begleitende Stimmung, sie muß verlockend sein. Ich habe mich in diesen Tagen ständig darauf vorbereitet, indem ich im Phädrus die bekannte Stelle über die Liebe las. Das elektrisiert mein ganzes Wesen und ist ein vorzügliches Präludium. Plato hat sich doch wirklich auf Erotik verstanden.

Meine Cordelia!

Der Lateiner sagt von einem aufmerksamen Schüler, er hänge an des Lehrers Mund. Für die Liebe ist alles Bild, andererseits ist das Bild wieder Wirklichkeit. Bin ich nicht ein fleißiger, ein aufmerksamer Schüler? Aber Du sagst ja kein einziges Wort.

Dein Johannes.

Falls ein anderer als ich diese Entwicklung leitete, so würde er vermutlich zu klug sein, um sich leiten zu lassen. Falls ich einen Eingeweihten unter den Verlobten konsultierte, so würde er wohl mit einem hohen Schwung erotischer Kühnheit sagen: Ich suche vergeblich in diesen Positionen der Liebe jene Klangfigur, in welcher die Liebenden miteinander über ihre Liebe sprechen. Ich würde antworten: Es freut mich, daß du sie vergeblich suchst; denn diese Figur gehört gar nicht in den Bereich der eigentlichen Erotik, selbst dann nicht, wenn man das Interessante mit einbezieht. Die Liebe ist viel zu substantiell, um sich am Geschwätz genügen zu lassen; die erotischen Situationen sind viel zu bedeutungsvoll, um mit Geschwätz ausgefüllt zu werden. Sie sind verschwiegen, still, in bestimmten Umrissen, und doch beredsam wie die Musik der Memnonssäule. Eros gestikuliert, redet nicht; oder sofern er es tut, ist es ein rätselvolles Andeuten, eine bildhafte Musik. Die erotischen Situationen sind immer entweder plastisch oder malerisch; daß aber zwei miteinander über ihre Liebe reden, ist weder plastisch noch malerisch. Die soliden Verlobten beginnen jedoch stets mit solchem Geplauder, das denn auch der zusammenhaltende Faden in ihrem geschwätzigen Ehestand wird. Dieses Geplauder ist zugleich die Initiative und die Verheißung, daß es ihrer Ehe nicht an jener Mitgift fehlen werde, von der Ovid spricht: *dos est uxoria lites*. – Wenn geredet werden muß, genügt es auch, daß einer redet. Der Mann soll reden und darum im Besitz einiger jener Kräfte sein, die in dem Gürtel waren, mit dem Venus betörte: des Gesprächs und der süßen Schmeichelei, das heißt, der insinuanten. – Es folgt keineswegs, daß Eros stumm ist, oder daß es erotisch falsch wäre, miteinander zu reden, nur daß das Gespräch selbst erotisch sei, nicht sich verlierend in erbauliche Betrachtungen über Lebensaussichten usw., und daß das Gespräch doch eigentlich für ein Ausruhen von dem erotischen Werk angesehen werde, für einen Zeitvertreib, nicht für das Höchste. Eine solche Zwiesprache, eine solche *confabulatio*, ist in ihrem Wesen durchaus göttlich, und ich kann es niemals überdrüssig werden, mich mit einem jungen Mädchen zu unterhalten. Das heißt, ich kann durchaus des einzelnen jungen Mädchens überdrüssig werden, niemals aber der Unterhaltung mit einem jungen Mädchen. Das ist für mich eine ebenso große Unmöglichkeit, wie daß ich des Atmens müde würde. Was eigentlich an einer solchen Zwiesprache das Besondere ausmacht, ist das vegetative Blühen der Konversation. Das Gespräch hält sich an die Erde, hat keinen eigentlichen Gegenstand, der Zufall ist das Gesetz für seine Bewegungen – Tausendschön aber der Name für es selbst und seine Hervorbringungen.

Meine Cordelia!

»Mein – Dein«, diese Worte umschließen wie eine Klammer den dürftigen Inhalt meiner Briefe. Hast Du bemerkt, daß der Abstand zwischen den Armen der Klammer kürzer wird! O meine Cordelia! Es ist doch schön, je inhaltsloser die Klammer wird, um so bedeutungsvoller wird sie.

Dein Johannes.

Meine Cordelia!

Ist eine Umarmung ein Kampf?

Dein Johannes.

Im allgemeinen verhält Cordelia sich schweigend. Das ist mir stets lieb gewesen. Sie ist eine zu tiefe weibliche Natur, um einen mit dem Hiatus zu plagen, einer Redefigur, die vor allem der Frau eigentümlich ist und die unvermeidlich wird, wenn der Mann, der den voraufgehenden oder nachfolgenden begrenzenden Konsonanten bilden soll, ebenso weiblich ist. Zuweilen verrät indessen eine einzelne kurze Äußerung, wieviel in ihr drinsteckt. Ich bin ihr also behilflich. Es ist, wie

wenn hinter einem Menschen, der mit unsicherer Hand einzelne Züge zu einer Zeichnung hinwirft, ein anderer stünde,
der immer wieder etwas Kühnes und Abgerundetes aus ihnen herausholte. Sie ist selbst überrascht, und doch ist es, als
gehörte es ihr. Darum wache ich über sie, über jede zufällige
Äußerung, jedes leicht hingeworfene Wort, und indem ich
es ihr zurückgebe, ist es immer zu etwas Bedeutenderem geworden, das sie zugleich kennt und nicht kennt.

Heute waren wir in Gesellschaft. Wir hatten nicht ein Wort
miteinander gewechselt. Man stand von der Tafel auf; da
trat der Diener herein und meldete Cordelia, es sei ein Bote
da, der sie zu sprechen wünsche. Dieser Bote kam von mir,
brachte einen Brief, der Hindeutungen auf eine Äußerung
enthielt, die bei Tisch von mir getan worden war. Ich hatte
es verstanden, sie in die allgemeine Tischunterhaltung einzuflechten, dergestalt, daß Cordelia, obgleich sie weit entfernt
von mir saß, sie zwangsläufig hören und mißverstehen mußte. Hierauf war der Brief berechnet. Wäre es mir nicht gelungen, der Tischunterhaltung diese Richtung zu geben, so
wäre ich zu der festgesetzten Zeit selber dagewesen, um den
Brief zu konfiszieren. Sie kam wieder herein, sie mußte ein
bißchen lügen. Dergleichen konsolidiert die erotische Heimlichtuerei, ohne die sie den Weg nicht gehen kann, der ihr
vorgezeichnet ist.

Meine Cordelia!

Glaubst Du, daß der, der seinen Kopf an den Elfenhügel legt,
im Traum das Bild der Elfe sieht? Ich weiß es nicht; aber
das weiß ich, wenn ich meinen Kopf an Deiner Brust ruhen
lasse und dabei die Augen nicht schließe, sondern darüber
hinausschaue, so sehe ich eines Engels Antlitz. Glaubst Du,
daß der, der seinen Kopf an den Elfenhügel lehnt, nicht ruhig liegen kann? Ich glaube es nicht, aber ich weiß, daß mein

Kopf, wenn er sich auf Deinen Busen niederbeugt, zu stark bewegt wird, als daß der Schlaf sich auf mein Auge herabsenken könnte.

Dein Johannes.

*Jacta est alea.* Jetzt muß die Wendung gemacht werden. Ich war heute bei ihr, ganz hingenommen von dem Gedanken an eine Idee, die mich ganz und gar beschäftigte. Ich hatte weder Auge noch Ohr für Cordelia. Die Idee selbst war interessant und fesselte sie. Es wäre auch falsch gewesen, die neue Operation damit zu beginnen, daß ich in ihrer Gegenwart kalt gewesen wäre. Wenn ich nun gegangen bin und der Gedanke sie nicht mehr beschäftigt, so wird sie leicht entdecken, daß ich anders war als gewöhnlich. Die Tatsache, daß sie die Veränderung in ihrer Einsamkeit entdeckt, macht diese Entdeckung weit schmerzlicher für sie, wirkt langsamer, aber um so eindringlicher. Sie kann nicht gleich aufbrausen, und wenn sich dann die Gelegenheit bietet, hat sie sich schon so viel ausgedacht, daß sie es gar nicht auf einmal aussprechen kann, sondern immer ein Residuum von Zweifel behält. Die Unruhe steigt, die Briefe hören auf, die erotische Nahrung wird geschmälert, die Liebe als eine Lächerlichkeit verspottet. Vielleicht macht sie eine Weile mit, aber auf die Dauer hält sie's nicht aus. Sie will mich jetzt mit denselben Mitteln fesseln, die ich ihr gegenüber angewandt habe, mit dem Erotischen.

Wenn es darum geht, eine Verlobung aufzuheben, ist jedes kleine Mädchen ein großer Kasuist, und wenngleich in den Schulen kein Kursus darüber abgehalten wird, so wissen doch alle Mädchen vorzüglich Bescheid, wenn sich die Frage ergibt, in welchen Fällen eine Verlobung aufgehoben werden soll. Dies sollte eigentlich die stehende Aufgabe bei den Schulprüfungen während des letzten Jahres sein; und obwohl ich übrigens weiß, daß die Aufsätze, die man in Mädchenschulen bekommt, sehr einförmig sind, so bin ich doch sicher, daß es hier nicht an Abwechslung fehlen würde, da das Problem als solches dem Scharfsinn eines Mädchens ein weites Feld eröffnet. Und warum soll man einem jungen Mädchen nicht Gelegenheit geben, seinen Scharfsinn auf das glänzendste zu beweisen? Oder wird sie hier nicht gerade Gelegenheit erhalten zu beweisen, daß sie reif ist – sich zu verloben? Ich habe einmal eine Situation erlebt, die mich sehr interessierte. In einer Familie, die ich zuweilen besuchte, waren eines Tages die Älteren ausgegangen, dagegen hatten die beiden jungen Töchter des Hauses einen Kreis von Freundinnen zu einem Vormittagskaffee bei sich versammelt. Sie waren insgesamt acht, alle im Alter zwischen sechzehn und zwanzig Jahren. Vermutlich haben sie keinen Besuch erwartet, das Dienstmädchen hat wahrscheinlich sogar Anweisung gehabt, sie zu verleugnen. Ich kam jedoch hinein und spürte deutlich, daß sie etwas überrascht waren. Weiß Gott, was so acht junge Mädchen auf einer solch feierlichen Synodalversammlung eigentlich verhandeln. Auch die verheirateten Frauen versammeln sich bisweilen zu ähnlichen Zusammenkünften. Da tragen sie dann Pastoraltheologie vor; insbesondere werden die wichtigen Fragen abgehandelt: in welchen Fällen es am richtigsten sei, ein Mädchen allein auf den Markt gehen zu lassen, ob es richtiger sei, beim Schlachter ein Kontrabuch zu haben oder gleich zu bezahlen; ob es wahrscheinlich sei, daß die Köchin einen Liebsten hat, wie man dieses Techtelmechtel loswerden könne, das nur beim Essenmachen stört. – Ich bekam meinen Platz in dieser schönen Gruppe. Es war noch im Vorfrühling. Die Sonne sandte ein paar vereinzelte Strahlen als Eilboten, ihr Kommen anzukündigen. Im Zimmer selbst war alles winterlich, und eben deshalb waren die vereinzelten Strahlen so verheißungsvoll. Der Kaffee duftete auf dem Tisch – und nun die jungen Mädchen selbst, fröhlich, gesund, blühend; ausgelassen, denn die Angst hatte sich rasch gelegt, und was war denn auch zu fürchten, sie waren ja gewissermaßen zahlreich. – Es gelang mir, Auf-

merksamkeit und Rede auf die Frage zu lenken, in welchen
Fällen eine Verlobung aufgehoben werden sollte. Während
mein Auge sich daran ergötzte, in diesem Mädchenkreise von
einer Blüte zur andern zu flattern, sich daran ergötzte, bald
auf der einen, bald auf der andern Schönheit zu ruhen, wei-
dete mein äußeres Ohr sich daran, im Genuß der Musik der
Stimmen zu schwelgen, das innere Ohr, das Gesagte beobachtend anzuhören. Ein einziges Wort genügte mir oft, einen tiefen Einblick in das Herz eines solchen Mädchens und
dessen Geschichte zu tun. Wie verführerisch sind doch die
Wege der Liebe, und wie interessant ist es doch zu erfor-
schen, wie weit die einzelne schon ist, ich fachte sie immer
wieder an, Geist, Witz, ästhetische Objektivität trugen dazu
bei, das Verhältnis freier zu gestalten und doch blieb alles in
den Grenzen der strengsten Schicklichkeit. Während wir
solchermaßen in den leichten Regionen der Unterhaltung
scherzten, schlummerte dort eine Möglichkeit, die guten
kleinen Mädchen mit einem einzigen Wort in eine fatale
Verlegenheit zu bringen. Diese Möglichkeit war in meiner
Macht. Die Mädchen begriffen sie nicht, ahnten sie kaum.
Durch das leichte Spiel der Unterhaltung wurde sie jeden
Augenblick niedergehalten, so wie die Scheherezade das Todesurteil durch ihr Erzählen fernhält. – Bald führte ich die
Unterhaltung bis an die Grenze des Wehmütigen; bald ließ
ich den Mutwillen sich austoben; bald lockte ich sie heraus
zu einem dialektischen Spiel. Und welche Materie enthielte
wohl auch eine größere Mannigfaltigkeit in sich, je nachdem
wie man sie ansieht. Ich brachte ständig neue Themen hinein.
– Ich erzählte von einem Mädchen, das die Grausamkeit der
Eltern gezwungen hatte, eine Verlobung aufzuheben. Die
unglückliche Kollision trieb ihnen beinahe die Tränen in die
Augen. – Ich erzählte von einem Menschen, der eine Verlobung aufgehoben und zwei Gründe dafür angegeben hatte:
daß das Mädchen zu groß sei und daß er nicht auf den Knien
vor ihr gelegen habe, als er ihr seine Liebe gestand. Als ich
ihm den Einwand machte, das könne man doch unmöglich

für hinreichende Gründe ansehen, entgegnete er: O ja, sie reichten gerade hin, um zu erreichen, was ich will; denn kein Mensch kann etwas Vernünftiges darauf erwidern. – Ich unterbreitete der Versammlung einen überaus diffizilen Fall zur Überlegung. Ein junges Mädchen entlobte sich, weil sie sich überzeugt hielt, daß sie und ihr Bräutigam nicht zueinander paßten. Der Geliebte wollte sie zur Räson bringen, indem er versicherte, wie sehr er sie liebe, da erwiderte sie: Entweder passen wir zueinander und es ist wirkliche Sympathie vorhanden, und dann wirst du einsehen, daß wir nicht zueinander passen; oder wir passen nicht zueinander, und dann wirst du einsehen, daß wir nicht zueinander passen. Es war ein Vergnügen, anzusehen, wie die jungen Mädchen sich die Köpfe zerbrachen, um diese rätselvolle Rede zu begreifen, und doch merkte ich deutlich, daß ein paar von ihnen sie ausgezeichnet verstanden; denn wenn es darum geht, eine Verlobung aufzuheben, ist jedes junge Mädchen ein geborener Kasuist. – Ja, ich glaube wirklich, es wäre mir leichter, mit dem Teufel selbst zu disputieren als mit einem jungen Mädchen, wenn die Rede davon ist, in welchen Fällen man eine Verlobung aufheben soll.

Heute war ich bei ihr. Eilfertig, mit des Gedankens Hast, bog ich sofort das Gespräch zu demselben Gegenstand hin, mit dem ich sie gestern beschäftigt hatte, indem ich sie wieder in Ekstase zu bringen suchte. »Da war eine Bemerkung, die ich schon gestern hatte machen wollen; als ich gegangen war, fiel es mir ein!« Es gelang. Solange ich bei ihr bin, findet sie Genuß daran, mir zuzuhören; wenn ich gegangen bin, merkt sie wohl, daß sie getäuscht ist, daß ich verändert bin. Auf diese Art zieht man seine Aktien heraus. Diese Art ist arglistig, aber überaus zweckmäßig, wie alle indirekten Methoden. Sie kann sich durchaus erklären, daß so etwas wie das, wovon ich spreche, mich beschäftigt, ja es interessiert sie im Augenblick selbst, und doch betrüge ich sie um das eigentlich Erotische.

*Oderint, dum metuant*, als ob nur Furcht und Haß zusammen
gehörten, während Furcht und Liebe gar nichts miteinander
zu tun hätten, als ob es nicht Furcht wäre, was Liebe interessant macht? Was ist es für eine Liebe, mit der wir die Natur
umfassen, ist nicht eine geheimnisvolle Angst, ein Grauen in
ihr, weil ihre schöne Harmonie sich aus Gesetzlosigkeit und
wilder Verwirrung emporarbeitet, ihre Sicherheit aus Treulosigkeit? Eben diese Angst aber fesselt am meisten. So auch
mit der Liebe, wenn sie interessant sein soll. Hinter ihr muß
die tiefe, angstvolle Nacht brüten, daraus die Blume der Liebe hervorbricht. So ruht die *nymphaea alba* mit ihrem Kelch
auf der Oberfläche des Wassers, während der Gedanke sich
ängstigt, sich in das tiefe Dunkel hinabzustürzen, wo sie ihre
Wurzel hat. – Ich habe bemerkt, daß sie mich immer »mein«
nennt, wenn sie mir schreibt; aber sie hat nicht den Mut, es
zu mir zu sagen. Heute bat ich sie selber darum, so insinuant
und erotisch warm wie möglich. Sie fing damit an, ein ironischer Blick, kürzer und schneller als es sich sagen läßt, genügte, um es ihr unmöglich zu machen, obwohl meine Lippe sie mit aller Macht anspornte. Diese Stimmung ist nor-
mal.

Sie ist mein. Das vertraue ich nicht den Sternen an, wie es
gang und gäbe ist, ich sehe eigentlich nicht, wie diese Nachricht jene fernen Himmelskörper beschäftigen kann. Auch
vertraue ich sie keinem Menschen an, nicht einmal Cordelia.
Dieses Geheimnis behalte ich ganz für mich allein, flüstere es
gleichsam in mich hinein in den heimlichsten Selbstgesprä-
chen. Der attentierte Widerstand von ihrer Seite war nicht
sonderlich groß, dagegen ist die erotische Macht, die sie entfaltet, bewundernswert. Wie ist sie interessant in dieser tiefen Leidenschaftlichkeit, wie ist sie groß, fast übernatürlich!
Wie ist sie so biegsam im Ausweichen, so geschmeidig, sich
überall einzuschleichen, wo sie einen unbefestigten Punkt
entdeckt! Alles ist in Bewegung gesetzt, in diesem Brausen
der Elemente aber befinde ich mich gerade in meinem Ele-

ment. Und doch ist sie selbst in dieser Bewegtheit keineswegs unschön, nicht in Stimmungen zerrissen, nicht in Momente zersplittert. Sie ist beständig eine Anadyomene, nur daß sie nicht in naiver Anmut oder in unbefangener Ruhe aufsteigt, sondern bewegt von dem starken Pulsschlag der Liebe, während sie doch Einheit und Gleichgewicht ist. Sie ist erotisch voll zum Streite gerüstet, sie kämpft mit dem Pfeil des Auges, mit der Braue Befehl, mit der Heimlichkeit der Stirn, mit des Busens Beredsamkeit, mit den gefährlichen Lockungen der Arme, mit der Lippe Flehen, mit der Wange Lächeln, mit dem süßen Verlangen der ganzen Gestalt. Es ist eine Kraft in ihr, eine Energie, als wäre sie eine Walküre, aber diese erotische Kraftfülle ist wieder gemildert durch eine gewisse schmachtende Mattigkeit, die über sie hingehaucht ist. – Zu lange darf sie nicht auf diesem Gipfel gehalten werden, wo nur Angst und Unruhe sie aufrechthalten und sie am Zusammenbrechen hindern können. Sie wird bald fühlen, daß für solche Bewegungen die Verlobung zu eng, zu hinderlich ist. Sie wird selbst die Verlockende, die mich verführt, über die Grenze des Gewöhnlichen hinauszugehen, so wird sie sich dessen bewußt, und das ist mir die Hauptsache.

Es fallen jetzt von ihrer Seite so manche Äußerungen, die darauf hindeuten, daß sie der Verlobung müde ist. Sie gehen nicht unbeachtet an meinem Ohr vorbei, sie sind für meine Operation die Späher in ihrer Seele, die mir aufschlußreiche Winke geben, es sind die Fadenenden, mit denen ich sie in meinen Plan einspinne.

Meine Cordelia!
Du klagst über die Verlobung, Du meinst, unsere Liebe bedürfe eines äußeren Bandes nicht, das doch nur hinderlich sei. Daran erkenne ich gleich meine ausgezeichnete Cordelia! Fürwahr, ich bewundere Dich. Unsere äußerliche Ver-

einigung ist doch nur eine Trennung. Noch ist da eine Zwischenwand, die uns voneinander entfernt wie Pyramus und Thisbe. Noch stört das Mitwissen der Menschen. Nur im Gegensatz ist Freiheit. Wenn kein Fremder die Liebe ahnt, erst dann hat sie Bedeutung; wenn jeder Unbefugte glaubt, daß die Liebenden einander hassen, erst dann ist die Liebe glücklich.

Dein Johannes.

Bald ist das Band der Verlobung gebrochen. Sie selbst ist es, die es löst, um mich durch diese Ungebundenheit womöglich noch stärker zu fesseln, so wie die flatternden Locken mehr fesseln als die aufgebundenen. Wenn *ich* die Verlobung aufhöbe, so würde mir dieser erotische Saltomortale entgehen, der sich so verführerisch ansieht und ein so sicheres Zeichen für die Kühnheit ihrer Seele ist. Das ist mir die Hauptsache. Hinzu kommt, daß dieser ganze Vorfall für mich allerlei unangenehme Folgen in bezug auf andere Menschen nach sich ziehen würde. Ich würde mich mißliebig machen, man würde mich hassen und verabscheuen, wenn auch zu Unrecht; denn wie vorteilhaft wäre es nicht für viele! Es gibt manche kleine Jungfer, die, in Ermangelung einer Verlobung, immerhin recht zufrieden sein würde, wenigstens ganz nahe daran gewesen zu sein. Es ist doch immerhin etwas, wenn auch, um aufrichtig zu sein, herzlich wenig, denn wenn man sich derart vorwärtsgedrängelt hat, um auf die Anwärterliste zu kommen, so ist man gerade ohne Anwartschaft; je höher man aufrückt, je weiter man vorrückt, um so geringer die Anwartschaft. In der Welt der Liebe gilt bezüglich Avancement und Beförderung das Anciennitätsprinzip nicht. Hinzu kommt, so eine kleine Jungfer ist es überdrüssig, in ihrem ungeteilten Erbe dazusitzen, es verlangt sie danach, daß ihr Leben von einem Ereignis aufgerührt werde. Was aber ließe sich mit einer unglücklichen Liebesgeschichte vergleichen,

zumal wenn man nebenbei die ganze Sache so auf die leichte
Schulter nehmen kann. Man macht also sich selbst und seinem Nächsten weis, daß man auch zu den Betrogenen gehöre, und da man zur Aufnahme in ein Magdalenenstift
nicht qualifiziert ist, logiert man sich nebenan in der Tränen-
kelter ein. Man haßt mich also pflichtschuldigst. Dazu kommt
noch eine Division von denen, die unsereiner ganz oder halb
oder dreiviertel betrogen hat. Es gibt in dieser Hinsicht viele
Grade, bei denen angefangen, die sich auf einen Ring berufen können, bis hin zu denen, die sich an einen Händedruck
bei einem Kontretanz hängen. Ihre Wunden werden durch
den neuen Schmerz wieder aufreißen. Ihren Haß nehme ich
noch als Zugabe mit. Alle diese Hasserinnen aber sind natürlich ebenso viele Kryptoliebhaberinnen meines armen Herzens. Ein König ohne Land ist eine lächerliche Figur; ein
Erbfolgekrieg aber zwischen einer Schar von Prätendenten
auf ein Königreich ohne Land, das übertrifft selbst noch das
Lächerlichste. Somit müßte ich eigentlich von dem schönen
Geschlecht geliebt und gepflegt werden wie ein Leihhaus.
Ein wirklich Verlobter, der kann doch nur für eine sorgen,
eine solche weitläufige Möglichkeit aber kann beliebig viele
versorgen, das heißt so leidlich versorgen. Diese ganze endliche Schererei werde ich los und habe zugleich den Vorteil,
nach außen hin wieder einmal in einer ganz neuen Rolle auftreten zu können. Die jungen Mädchen werden mich bedauern, Mitleid mit mir haben, um mich seufzen, ich werde
ganz in die gleiche Tonart einschlagen, auch auf diese Weise
kann man fangen.

Sonderbar! Ich bemerke gegenwärtig zu meinem Schmerz,
daß ich das verräterische Zeichen bekomme, das *Horaz* jedem treulosen Mädchen wünscht – einen schwarzen Zahn,
noch dazu einen Vorderzahn. Wie man doch abergläubisch
sein kann! Dieser Zahn stört mich ordentlich, ich kann eine
Anspielung darauf nicht gut ertragen, das ist eine schwache
Seite von mir. Während ich sonst überall voll gewaffnet bin,

kann mir hier selbst der größte Tolpatsch einen Stoß versetzen, der weit tiefer geht, als er glaubt, wenn er an diesen
Zahn rührt. Ich tue alles, damit er wieder weiß wird, aber
vergebens; ich sage mit Palnatoke:

> ich reibe ihn bei Tag, bei Nacht,
> Und tilge doch nicht aus den schwarzen Schatten.

Das Leben enthält doch außerordentlich viel Rätselhaftes.
Solch ein kleiner Umstand kann mich mehr stören als der gefährlichste Angriff, die peinlichste Situation. Ich will ihn aus-
ziehn lassen, aber das beeinträchtigt mein Organ, die Macht
meiner Stimme. Doch will ich ihn ausziehen und einen falschen einsetzen lassen; der ist nämlich falsch gegen die Welt,
der schwarze war falsch gegen mich.

Es ist eine ganz vorzügliche Sache, daß Cordelia gegen eine
Verlobung verstößt. Die Ehe ist und bleibt doch eine ehrwürdige Institution, mag sie auch das Langweilige an sich
haben, daß sie sich gleich in ihrer Jugend eines Teils jener
Ehrwürdigkeit erfreut, die das Alter verschafft. Eine Verlobung hingegen ist eine echt menschliche Erfindung und als
solche so bedeutend und so lächerlich, daß es einerseits ganz
in der Ordnung ist, wenn ein junges Mädchen im Wirbel
der Leidenschaft sich darüber hinwegsetzt und doch andererseits deren Bedeutung empfindet, die Energie ihrer Seele als
ein höheres Blutsystem überall in sich gegenwärtig fühlt.
Worauf es nun ankommt, ist, sie so zu lenken, daß sie so zu ihrem kühnen Flug die Ehe und überhaupt das Festland der
Wirklichkeit aus den Augen verliert, daß ihre Seele ebensosehr in ihrem Stolz wie in ihrer Angst, mich zu verlieren,
eine unvollkommene menschliche Form vernichtet, um zu
etwas hinzuhasten, das höher ist als das allgemein Menschliche. In dieser Hinsicht brauche ich indessen nicht zu fürchten, denn ihr Gang über das Leben ist schon jetzt so schwe-

bend und leicht, daß sie die Wirklichkeit bereits zum großen
Teil aus dem Gesicht verloren hat. Außerdem bin ich ja ständig mit an Bord und kann jederzeit die Segel ausspannen.

Das Weib ist und bleibt mir doch ein unerschöpflicher Stoff
für Überlegungen, ein ewiger Überfluß für Beobachtungen.
Ein Mensch, der keinen Drang zu diesem Studium verspürt,
er mag meinetwegen sonst sein in der Welt, was er will, eines ist er nicht, er ist kein Ästhetiker. Das eben ist das Herrliche, das Göttliche an der Ästhetik, daß sie nur zum Schönen
in Beziehung tritt; sie hat es wesentlich nur mit der schönen
Literatur und dem schönen Geschlecht zu tun. Es kann mich
erfreuen, kann mein Herz erfreuen, mir die Sonne der Weiblichkeit zu denken, wie sie sich ausstrahlt in eine unendliche
Mannigfaltigkeit, sich zerstreut in eine Sprachverwirrung, in
welcher jede einzelne ein kleines Teilchen von dem ganzen
Reichtum der Weiblichkeit besitzt, so zwar, daß das übrige,
das sich bei ihr findet, harmonisch um diesen Punkt sich gestaltet. In diesem Sinne ist die weibliche Schönheit unendlich
teilbar. Nur muß der einzelne Teil der Schönheit harmonisch
beherrscht sein, denn sonst wirkt es störend, und man kommt
unwillkürlich auf den Gedanken, daß die Natur bei diesem
Mädchen zwar an irgend etwas gedacht habe, aber dabei sei
es auch geblieben. Niemals kann mein Auge es müde werden, über diese peripherische Mannigfaltigkeit, über diese
zerstreuten Emanationen der weiblichen Schönheit hinzueilen. Jeder einzelne Punkt hat sein kleines Teilchen und ist
doch in sich vollendet, glücklich, fröhlich, schön. Jede hat
das Ihre: das heitere Lächeln; den schelmischen Blick; das
begehrende Auge; den hängenden Kopf; den ausgelassenen
Sinn; die stille Wehmut; das tiefe Ahnen; die unheilver-
kündende Schwermut; das irdische Heimweh; die unge-
beichteten Regungen; die winkenden Brauen; die fragenden
Lippen; die geheimnisvolle Stirn; die bestrickenden Locken;
die bergenden Wimpern; den himmlischen Stolz; die irdische Schamhaftigkeit; die engelhafte Reinheit; das heim-

liche Erröten; den leichten Gang; das anmutige Schweben; die schmachtende Haltung; das sehnsüchtige Träumen; die unerklärten Seufzer; den schlanken Wuchs; die weichen Formen; den üppigen Busen; die schwellenden Hüften; den kleinen Fuß; die niedliche Hand. – Jede hat das Ihre und die eine nicht das, was die andere hat. Wenn ich die Mannigfaltigkeit dieser Welt gesehen und wieder gesehen, betrachtet und wieder betrachtet, wenn ich gelächelt habe, geseufzt, geschmeichelt, gedroht, begehrt, gelockt, gelacht, geweint, gehofft, gefürchtet, gewonnen, verloren – dann schließe ich den Fächer, dann sammelt das Zerstreute sich in dem Einen, die Teile im Ganzen. Da freut sich meine Seele, da klopft mein Herz, da entzündet sich die Leidenschaft. Dieses eine Mädchen, das einzige auf der ganzen Welt, mir muß sie gehören, mein muß sie sein. Mag denn Gott seinen Himmel behalten, wenn ich nur sie behalten darf. Ich weiß wohl, was ich wähle, es ist so groß, daß selbst dem Himmel nicht mit solcher Teilung gedient sein kann, denn was bliebe im Himmel zurück, wenn ich sie behielte? Die gläubigen Mohammedaner würden in ihrer Hoffnung getäuscht sein, wenn sie in ihrem Paradiese bleiche, kraftlose Schemen umfaßten; denn warme Herzen könnten sie nicht finden, denn alle Herzenswärme wäre in ihrer Brust gesammelt; trostlos würden sie verzweifeln, wenn sie bleiche Lippen fänden, matte Augen, einen unbewegten Busen, einen dürftigen Händedruck, denn alle Röte der Lippen und Glut des Auges und Unruhe des Busens und Verheißung des Händedrucks und Ahnung des Seufzers und Besiegelung des Kusses und zitternde Berührung und Leidenschaft der Umarmung – alles – alles wäre in ihr vereint, die an mich verschwendete, was für eine Welt genügen würde, hüben sowohl wie drüben. Solchermaßen habe ich oft über diese Sache nachgedacht; immer aber, wenn ich so denke, werde ich jedesmal warm, weil ich mir sie warm denke. Obwohl man nun im allgemeinen Wärme für ein gutes Zeichen hält, so folgt doch daraus nicht, daß man meiner Denkweise das ehrenhafte Prädikat zubilligen wird, sie sei solide. Darum will ich jetzt zur Abwechslung, selber kalt, mir Cordelia kalt denken. Ich will versuchen, das Weib kategorisch zu denken. Unter welcher Kategorie muß sie aufgefaßt werden? unter der des Seins für anderes. Das darf jedoch nicht in schlechtem Sinne verstanden werden, als ob die, welche für mich ist, zugleich für einen andern wäre. Man muß hier, wie immer beim abstrakten Denken, sich jeder Rücksicht auf die Erfahrung enthalten; denn sonst würde ich im gegenwärtigen Falle auf sonderbare Weise die Erfahrung zugleich für und gegen mich haben. Die Erfahrung ist hier wie allenthalben eine sonderbare Person, denn ihr Wesen ist, immer zugleich für und wider zu sein. Das Weib ist also Sein für anderes. Man soll sich hier wiederum nicht von einer anderen Seite durch die Erfahrung beirren lassen, die da lehrt, daß man nur selten ein Weib treffe, das in Wahrheit Sein für anderes ist, da sehr viele zumeist gar nichts sind, weder für sich noch für andere. Diese Bestimmung nun hat sie mit der ganzen Natur gemein, mit all dem Femininen überhaupt. So ist die ganze Natur bloß für anderes, nicht in theologischem Sinne, dergestalt daß das einzelne Glied der Natur für ein anderes einzelnes Glied wäre, sondern die ganze Natur ist für anderes – ist für den Geist. So ist es auch wieder mit dem einzelnen. Das Pflanzenleben z. B. entfaltet in aller Naivität seine verborgenen Reize und ist bloß für anderes. Ebenso ist ein Rätsel, eine Charade, ein Geheimnis, ein Vokal usw. bloß Sein für anderes. Daraus läßt es sich auch erklären, warum Gott, als er Eva schuf, einen tiefen Schlaf auf Adam fallen ließ; denn das Weib ist des Mannes Traum. Auch noch auf andere Weise lernt man aus jener Erzählung, daß das Weib Sein für anderes ist. Es heißt dort nämlich, daß Jehova eine der Rippen des Mannes nahm. Hätte er z. B. vom Gehirn des Mannes genommen, so wäre das Weib zwar auch weiterhin Sein für anderes geblieben, aber ihre Bestimmung war nicht, ein Hirngespinst zu sein, sondern etwas ganz anderes. Sie wurde Fleisch und Blut, fällt aber eben damit unter die Bestimmung Natur, die wesentlich

Sein für anderes ist. Erst durch der Liebe Berührung erwacht sie, vor dieser Zeit ist sie Traum. Doch kann man in dieser Traumexistenz zwei Stadien unterscheiden: das erste ist das, in welchem die Liebe von ihr träumt, das andere das, in welchem sie von der Liebe träumt.

Als Sein für anderes ist das Weib durch die reine Jungfräulichkeit bezeichnet. Jungfräulichkeit ist nämlich ein Sein, das, sofern es Sein für sich ist, eigentlich eine Abstraktion darstellt und nur für anderes erscheint. Das Gleiche liegt auch in der weiblichen Unschuld. Man kann daher sagen, daß das Weib in diesem Zustande unsichtbar sei. Es existierte bekanntlich auch kein Bild der *Vesta*, jener Göttin, die am ehesten die eigentliche Jungfräulichkeit bezeichnete. Diese Existenz ist nämlich ästhetisch eifersüchtig auf sich selbst, so wie Jehova es ethisch ist, und will nicht, daß irgendein Bild oder etwa gar eine Vorstellung von ihr existiere. Es ist dieser Widerspruch, daß das, was für anderes ist, nicht ist und gleichsam erst sichtbar wird durch das andere. In logischer Hinsicht ist dieser Widerspruch ganz in der Ordnung, und wer logisch zu denken versteht, wird sich nicht von ihm beirren lassen, sondern sich an ihm freuen. Wer dagegen unlogisch denkt, wird sich einbilden, daß das, was Sein für anderes ist, in jenem endlichen Sinne *sei*, wie man es von einem einzelnen Ding sagen kann, das etwas für mich ist.

Dieses Sein des Weibes [das Wort Existenz sagt schon zu viel, denn sie besteht nicht aus sich selbst heraus] wird richtig als Anmut bezeichnet, ein Ausdruck, der an das vegetative Leben erinnert; sie ist wie eine Blume, wie die Dichter gern sagen, und selbst das Geistige in ihr ist auf eine vegetative Weise da. Sie liegt ganz innerhalb der Naturbestimmung und ist infolgedessen nur ästhetisch frei. In tieferem Sinne wird sie erst frei durch den Mann, und darum heißt es: »freien«, und darum »freit« der Mann. Wenn er richtig freit, kann von einer Wahl nicht die Rede sein. Das Weib wählt zwar, wenn aber dieses Wählen als das Resultat einer langen Überlegung gedacht wird, so ist ein solches Wählen unweiblich.

Darum ist es entehrend, einen Korb zu bekommen, weil das betreffende Individuum sich selbst zu hoch gestellt hat, einen andern hat freimachen wollen, ohne es zu vermögen. – In diesem Verhältnis liegt eine tiefe Ironie. Was für anderes ist, gewinnt den Anschein, als sei es das Prädominierende: der Mann freit, das Weib wählt. Das Weib ist seinem Begriffe nach die Überwundene, der Mann seinem Begriffe nach der Sieger, und doch beugt sich der Sieger vor dem Besiegten, und doch ist es ganz natürlich, und es ist bloße Tölpelei, Dummheit und Mangel an erotischem Sinn, sich über etwas hinwegzusetzen, was sich unmittelbar so ergibt. Es hat auch einen tieferen Grund. Das Weib ist nämlich Substanz, der Mann Reflexion. Sie wählt daher auch nicht ohne weiteres, sondern der Mann freit, sie wählt. Aber das Freien des Mannes ist ein Fragen, ihr Wählen eigentlich nur Antwort auf eine Frage. In gewissem Sinne ist der Mann mehr als das Weib, in anderem Sinne unendlich viel weniger.

Dieses Sein für anderes ist die reine Jungfräulichkeit. Macht es den Versuch, im Verhältnis zu einem andern Sein, das ein Sein für es ist, selbst zu sein, so zeigt sich der Gegensatz in der absoluten Sprödigkeit, aber dieser Gegensatz zeigt zugleich, daß das eigentliche Sein des Weibes Sein für anderes ist. Der diametrale Gegensatz zur absoluten Hingabe ist die absolute Sprödigkeit, die im umgekehrten Sinne unsichtbar ist als die Abstraktion, an der alles sich bricht, ohne daß die Abstraktion darum doch Leben gewönne. Die Weiblichkeit nimmt nun den Charakter der abstrakten Grausamkeit an, welche die karikierende Spitze der eigentlichen jungfräulichen Sprödigkeit ist. Ein Mann kann nie so grausam sein wie ein Weib. Zieht man Mythologien, Märchen, Volkssagen zu Rate, so wird man dies bestätigt finden. Soll ein Naturprinzip beschrieben werden, das in seiner Unbarmherzigkeit keine Grenzen kennt, so ist das ein jungfräuliches Wesen. Oder man ist entsetzt, von einem Mädchen zu lesen, das seine Freier ungerührt ums Leben kommen läßt, wie man es so oft in den Märchen aller Völker liest. Ein *Blaubart* tötet alle Mädchen, die er geliebt hat, in der Hochzeitsnacht, aber er hat nicht etwa seine Freude daran, sie zu töten, im Gegenteil, die Freude ist schon vorausgegangen, darin liegt die Konkretion, es ist keine Grausamkeit um der Grausamkeit willen. Ein *Don Juan* verführt sie und läuft ihnen davon, dabei hat er gar keine Freude daran, ihnen wegzulaufen, wohl aber daran, sie zu verführen; es ist also keineswegs jene abstrakte Grausamkeit.

So sehe ich, je mehr ich diese Sache überlege, daß meine Praxis in vollkommener Harmonie mit meiner Theorie ist. Von der Überzeugung ist nämlich meine Praxis seit je durchtränkt gewesen, daß das Weib wesentlich Sein für anderes ist. Deshalb hat der Augenblick hier so unendlich viel zu bedeuten; denn Sein für anderes ist immer Sache des Augenblicks. Es mag eine längere oder kürzere Zeit vergehen, bis der Augenblick kommt, sobald er aber gekommen ist, nimmt das, was ursprünglich Sein für anderes war, ein relatives Sein an, und damit ist es aus. Wohl weiß ich, daß die Ehemänner davon reden, das Weib sei auch in anderem Sinne Sein für anderes, sie sei ihnen alles fürs ganze Leben. Das muß man nun den Ehemännern zugute halten. Eigentlich glaube ich, daß sie sich das nur gegenseitig einbilden. Ein jeder Stand hat zumeist hier im Leben gewisse konventionelle Bräuche und zumal gewisse konventionelle Lügen. Darunter muß man auch dieses Schiffermärchen zählen. Sich auf den Augenblick verstehen, ist gar keine so leichte Sache, und wer ihn mißversteht, bekommt natürlich so eine Langweilerin fürs ganze Leben. Der Augenblick ist alles, und im Augenblick ist das Weib alles, die Konsequenzen verstehe ich nicht. Darunter ist auch die Konsequenz, Kinder zu bekommen. Nun bilde ich mir zwar ein, ein ziemlich konsequenter Denker zu sein, aber wenn ich auch toll würde, bin ich doch nicht der Mann, diese Konsequenz zu denken, ich verstehe sie einfach nicht, zu so etwas gehört ein Ehemann.

Gestern besuchten Cordelia und ich eine Familie in deren Sommerwohnung. Die Gesellschaft hielt sich zumeist im Garten auf, wo man sich die Zeit mit allerlei körperlichen

Übungen vertrieb. Unter anderm spielte man auch Ring-
werfen. Ich benutzte die Gelegenheit, als ein anderer Herr,
der mit Cordelia gespielt hatte, fortgegangen war, ihn abzu-
lösen. Welchen Reichtum an Anmut sie da entfaltete, noch
verführerischer durch die verschönende Anstrengung des
Spiels! Welch anmutige Harmonie im Selbstwiderspruch der
Bewegungen! Wie leicht war sie – wie ein Tanz über die
Auen! wie kraftvoll, ohne jedoch eines Widerstandes zu bedürfen, täuschend, bis daß das Gleichgewicht alles erklärte,
wie dithyrambisch war nicht ihr Auftreten, wie herausfor-
dernd ihr Blick! Das Spiel selbst hatte für mich natürlich ein
besonderes Interesse. Cordelia schien nicht aufmerksam darauf. Eine Anspielung von mir, gegenüber einem der Anwesenden, auf die schöne Sitte, die Ringe zu wechseln, schlug
wie ein Blitz in ihre Seele ein. Eine höhere Beleuchtung lag
von diesem Augenblicke an über der ganzen Situation, eine
tiefere Bedeutung durchtränkte sie, eine höhere Energie
durchglühte Cordelia. Ich hatte beide Ringe auf meinem Stab,
ich hielt einen Augenblick inne, wechselte ein paar Worte
mit den Umstehenden. Sie verstand diese Pause. Ich warf ihr
die Ringe wieder zu. Sogleich fing sie beide mit ihrem Stabe
auf. Sie warf sie wie aus Versehen beide zugleich senkrecht
in die Luft, so daß es mir unmöglich war, sie zu fangen. Dieser Wurf war begleitet von einem Blick voll grenzenloser
Verwegenheit. Man erzählt von einem französischen Soldaten, der den Feldzug in Rußland mitgemacht hatte, daß ihm
wegen kalten Brandes ein Bein abgenommen wurde. Im selben Augenblick, da die schmerzhafte Operation überstan-
den war, packte er das Bein am Fußblatt, warf es in die Höhe
und rief: *Vive l'empereur!* Mit einem solchen Blick warf sie,
schöner denn je zuvor, beide Ringe in die Höhe und sagte
vor sich hin: Es lebe die Liebe! Mir schien es indessen nicht
ratsam, sie in dieser Stimmung durchgehen zu lassen oder sie
mit ihr alleinzulassen, aus Furcht vor der Mattigkeit, die so
oft darauf folgt. Ich verhielt mich daher ganz ruhig und
zwang sie dank der Gegenwart der Umstehenden, mit dem

Spiel fortzufahren, so als ob ich nichts bemerkt hätte. Ein solches Verhalten verleiht ihr nur noch mehr Elastizität.

Wenn man heutzutage einige Sympathie für derartige Untersuchungen erwarten könnte, so würde ich die Preisfrage stellen: wer ist, ästhetisch gedacht, schamhafter, ein junges Mädchen oder eine junge Frau, die Unwissende oder die Wissende, wem darf man mehr Freiheit zugestehen? Doch dergleichen beschäftigt unsere ernsthafte Zeit nicht. In Griechenland hätte eine solche Untersuchung allgemeine Aufmerksamkeit erregt, der ganze Staat wäre in Bewegung geraten, zumal die jungen Mädchen und die jungen Frauen. Das wird man in unserer Zeit nicht glauben, aber man wird es in unserer Zeit auch nicht glauben, wenn man von dem bekannten Streit erzählte, der zwischen zwei griechischen Mädchen geführt wurde, und von der überaus gründlichen Untersuchung, zu der er den Anlaß gab; denn in Griechenland behandelte man derartige Probleme nicht flüchtig und leichtsinnig; dabei weiß doch ein jeder, daß *Venus* einen Beinamen auf Grund dieses Streites trägt und daß jeder das Bildnis der Venus, das sie verewigt hat, bewundert. Eine verheiratete Frau hat zwei Abschnitte in ihrem Leben, in denen sie interessant ist, die allererste Jugend und dann endlich wieder, wenn sie sehr viel älter geworden ist. Aber sie hat zugleich, das darf man ihr nicht bestreiten, einen Augenblick, da sie noch anmutiger ist als ein junges Mädchen, noch mehr Ehrfurcht einflößt; doch das ist ein Augenblick, der nur selten im Leben vorkommt, er ist ein Bild für die Phantasie, das man nicht unbedingt im Leben sehen muß und das man vielleicht niemals sieht. Ich denke sie mir gesund, blühend, üppig entwickelt, sie hält ein Kind auf ihrem Arm, auf das ihre ganze Aufmerksamkeit gerichtet, in dessen Betrachtung sie verloren ist. Es ist ein Bild, das man als das Anmutigste bezeichnen darf, was das Menschenleben aufzuweisen hat, es ist ein Naturmythos, der darum nur künstlerisch gesehen werden darf, nicht in der Wirklichkeit. Auch dürfen nicht mehr Personen auf dem Bilde sein, keine Umgebung, die doch nur

stören würde. Begibt man sich etwa in unsere Kirchen, so
mag man zwar oft Gelegenheit haben, eine Mutter mit ihrem
Kind auf dem Arm auftreten zu sehen. Ganz abgesehen jedoch von dem beunruhigenden Kindergeschrei, abgesehen
auch von dem beängstigenden Gedanken an die auf dieses
Kindergeschrei gegründeten Erwartungen der Eltern für die
Zukunft des Kleinen, so ist schon die Umgebung so störend,
daß, wäre auch alles andere noch so vollkommen, die Wirkung doch hin wäre. Man sieht den Vater, das ist ein großer
Fehler, da es das Mythische, das Bezaubernde aufhebt, man
sieht – *horrenda refero* – der Paten ernsten Chor, und man
sieht – gar nichts. Hingegen als ein Bild für die Phantasie
vorgestellt, ist es das Anmutigste von allem. Mir fehlt es nicht
an Keckheit und Dreistigkeit, nicht an Tollkühnheit, um einen Angriff zu wagen – wenn ich aber in der Wirklichkeit
ein solches Bild sähe, ich wäre entwaffnet.

Wie Cordelia mich beschäftigt! Und doch ist die Zeit bald
vorüber, meine Seele fordert immer wieder Verjüngung. Ich
höre gleichsam in der Ferne schon den Hahn krähen. Auch
sie hört es vielleicht, doch glaubt sie, es sei der Morgen, den
er verkündet. – Warum nur ist ein junges Mädchen so schön,
und warum währt es so kurz? Ich könnte ganz melancholisch werden bei diesem Gedanken, und doch, es geht mich
ja nichts an. Genieße, schwätze nicht! Die Leute, die aus derartigen Überlegungen eine Profession machen, genießen im
allgemeinen gar nicht. Indessen kann es nicht schaden, wenn
dieser Gedanke ausgesprochen wird; denn diese Wehmut,
nicht um seiner selbst, sondern um anderer willen, macht einen im allgemeinen etwas männlich schöner. Eine Wehmut,
die gleich einem Nebelschleier täuschend über der männlichen Stärke dämmert, gehört mit zum Männlich-Eroti-
schen. Ihr entspricht beim Weibe eine gewisse Schwermütig-
keit. – Wenn ein Mädchen sich erst ganz hingegeben hat, so
ist alles vorbei. Noch immer nähere ich mich einem jungen
Mädchen mit einer gewissen Angst, mein Herz klopft, weil

ich die ewige Macht fühle, die in ihrem Wesen liegt. Einer
Frau gegenüber ist mir das noch niemals eingefallen. Das
bißchen Widerstand, das man etwa mit Hilfe von Kunst zu
leisten versucht, bedeutet nichts. Es ist, als wollte man sagen,
die Haube einer verheirateten Frau imponiere mehr als der
unbedeckte Kopf des jungen Mädchens. Darum ist *Diana*
von jeher mein Ideal gewesen. Diese reine Jungfräulichkeit,
diese absolute Sprödigkeit hat mich stets sehr beschäftigt.
Während sie aber meine Aufmerksamkeit stets gefangenge-
nommen hat, habe ich zugleich immer einen heimlichen
Groll auf sie gehabt. Ich nehme nämlich an, daß sie eigentlich all die Lobpreisungen ihrer Jungfräulichkeit, die sie ein-
geheimst, gar nicht verdient hat. Sie hat nämlich gewußt,
daß ihr Spiel im Leben in ihrer Jungfräulichkeit liegt, darum
wird diese bewahrt. Hinzukommt, daß ich in einem abge-
legenen philologischen Winkel der Welt davon habe mur-
meln hören, sie habe eine Vorstellung von den entsetzlichen
Geburtsschmerzen gehabt, die ihre Mutter durchgemacht
hatte. Dies hat sie abgeschreckt, und das kann ich Diana nicht
verdenken, denn ich sage mit Euripides: Lieber will ich dreimal in den Krieg ziehn als einmal Mutter werden. Verlieben
könnte ich mich nun freilich in Diana nicht, doch leugne ich
keineswegs, für ein Gespräch mit ihr, für das, was ich eine
rechtschaffene Unterhaltung nennen würde, gäbe ich viel.
Für allerlei Neckereien müßte sie sich gerade eignen. Meine
gute Diana besitzt offenbar irgendwie ein Wissen, das sie
weit weniger naiv sein läßt als selbst Venus. Nichts läge mir
daran, sie etwa im Bade zu belauern, durchaus nicht, aber
mit meinen Fragen möchte ich sie belauern. Wenn ich mich
zu einem Stelldichein schliche, bei dem ich um meinen Sieg
fürchtete, so würde ich mich vorbereiten und mich waffnen,
alle Geister der Erotik in Bewegung setzen, indem ich mit
ihr spräche.

Es ist oft Gegenstand meiner Betrachtung gewesen, welche
Situation, welcher Augenblick wohl als der verführerischste

gelten müsse. Die Antwort hierauf hängt natürlich davon ab, was man begehrt und wie man begehrt und wie entwickelt man ist. Ich bin für den Hochzeitstag, und zumal für einen ganz bestimmten Augenblick. Wenn sie dasteht im Braut-schmuck und all ihre Pracht doch vor ihrer Schönheit ver-blaßt und sie selbst wiederum blaß wird, wenn das Blut stockt, wenn der Busen ruht, wenn der Blick tastet, wenn der Fuß wankt, wenn die Jungfrau zittert, wenn die Frucht reift; wenn der Himmel sie erhebt, wenn der Ernst sie stärkt, wenn die Verheißung sie trägt, wenn das Gebet sie segnet, wenn die Myrte sie bekränzt; wenn das Herz erbebt, wenn das Auge sich auf den Boden heftet, wenn sie sich in sich selbst verbirgt, wenn sie der Welt nicht gehört, um ihr ganz zu gehören; wenn der Busen wogt, wenn die Gestalt erseufzt, wenn die Stimme versagt, wenn die Träne zittert, ehe das Rätsel sich klärt, wenn man die Fackel entzündet, wenn der Bräutigam wartet – dann ist der Augenblick da. Bald ist es zu spät. Nur noch ein Schritt bleibt zu tun, doch zu einem Fehl-tritt ist das gerade genug. Dieser Augenblick macht selbst ein unbedeutendes Mädchen bedeutend, selbst eine kleine *Zerline* wird zu einem Gegenstand. Alles muß gesammelt, das Ent-gegengesetzteste im Augenblick vereinigt sein, fehlt etwas, insbesondere einer der Hauptgegensätze, so büßt die Situa-tion sofort einen Teil des Verführerischen ein. Es gibt einen bekannten Kupferstich. Er stellt ein Beichtkind dar. Sie sieht so jung und so unschuldig aus, daß man ihret- und des Beicht-vaters wegen beinahe in Verlegenheit kommt, was sie wohl eigentlich zu beichten habe. Sie hebt den Schleier ein wenig hoch und blickt in die Welt hinaus, als suchte sie etwas, was sie bei einer späteren Gelegenheit vielleicht einmal beichten könnte, und das, versteht sich, ist ja auch nicht mehr als Schuldigkeit, aus Fürsorge für – den Beichtvater. Die Situa-tion ist recht verführerisch, und da sie die einzige Figur auf dem Bilde ist, so steht dem ja nichts im Wege, sich die Kir-che, in der das Ganze sich abspielt, so geräumig zu denken, daß dort durchaus mehrere und höchst verschiedene Predi-

ger auf einmal predigen können. Die Situation ist recht verführerisch, und ich hätte nichts dagegen, mich im Hintergrund anbringen zu lassen, zumal wenn das kleine Mädchen
nichts dagegen hat. Indessen bleibt es doch immerhin eine
höchst untergeordnete Situation, denn das Mädchen scheint
in beiden Richtungen doch nur ein Kind zu sein, und also
bedarf es noch einiger Zeit, bis der Augenblick kommt.

Bin ich nun in meinem Verhältnis zu Cordelia meinem Bunde stets treu gewesen? Das heißt: meinem Bunde mit dem
Ästhetischen; denn was mich stark macht, ist, daß ich stets
die Idee auf meiner Seite habe. Das ist ein Geheimnis wie
Simsons Haar, ein Geheimnis, das keine Delila mir entreißen
soll. Ein Mädchen schlecht und recht zu betrügen, dazu hätte
ich gewiß nicht die Ausdauer; aber daß die Idee mit in Bewegung ist, daß ich in ihrem Dienste handle, ihrem Dienst
mich weihe, das verleiht mir Strenge gegen mich selbst und
die Kraft zur Enthaltsamkeit von jedem verbotenen Genuß.
Ist das Interessante immer bewahrt worden? Ja, das darf ich
in diesem heimlichen Gespräch frei und offen bekennen. Die
Verlobung selbst war das Interessante eben dadurch, daß sie
das nicht gab, was man gemeinhin unter dem Interessanten
versteht. Sie bewahrte das Interessante eben dadurch, daß der
äußere Anschein zu dem inneren Leben im Widerspruch
stand. Wäre ich heimlich mit Cordelia verbunden gewesen,
so wäre das nur in erster Potenz interessant gewesen. Dies
hingegen ist das Interessante in zweiter Potenz und deshalb
für sie erst das Interessante. Die Verlobung zerbricht, jedoch
dadurch, daß Cordelia sie selbst aufhebt, um sich in eine höhere Sphäre emporzuschwingen. So soll es sein; denn das ist
die Form des Interessanten, die sie am meisten beschäftigen
wird.

den 16. Sept.
Das Band ist gebrochen, sehnsuchtsvoll, stark, kühn, göttlich fliegt sie dahin wie ein Vogel, der erst jetzt seine Flügel-

weite entfalten darf. Flieg, Vogel, flieg! Wahrlich, wenn dieser königliche Flug eine Entfernung von mir wäre, das würde mich schmerzen, unendlich tief. Wie wenn Pygmalions
Geliebte wieder zu Stein geworden wäre, so würde das für
mich sein. Leicht habe ich sie gemacht, leicht wie einen Gedanken, und nun sollte dieser mein Gedanke mir nicht gehören? Das wäre zum Verzweifeln. Einen Augenblick früher, und es hätte mich nicht beschäftigt, einen Augenblick
später, und es soll mich nicht kümmern; jetzt aber – jetzt –
dieses Jetzt, das für mich eine Ewigkeit ist! Aber sie fliegt
nicht fort von mir. Flieg doch, Vogel, flieg, heb dich stolz
empor auf deinen Schwingen, gleite hin durch das weiche
Reich der Lüfte, bald bin ich bei dir, bald verberge ich mich
mit dir in der tiefen Einsamkeit!

Die Tante war etwas frappiert von dieser Nachricht. Jedoch
ist sie zu freidenkend, um Cordelia zwingen zu wollen, obwohl ich, teils um sie noch mehr einzuschläfern, teils um
Cordelia ein wenig zu necken, einige Versuche gemacht habe, sie dahin zu bringen, daß sie sich für mich interessiert. Sie
erweist mir im übrigen viel Teilnahme, sie ahnt nicht, mit
wieviel Grund ich mir alle Teilnahme verbitten könnte.


Sie hat von der Tante die Erlaubnis erhalten, für einige Zeit
aufs Land zu gehen, um eine Familie zu besuchen. Es trifft
sich sehr glücklich, daß sie sich nicht gleich dem Überschwang der Stimmung hingeben kann. Sie wird also noch
eine Weile durch allerlei Widerstand von außen in Spannung
gehalten. Eine schwache Kommunikation halte ich mittels
Briefen mit ihr aufrecht, so grünt unser Verhältnis wieder.
Sie muß nun auf jede Weise stark gemacht werden, vor allem wird es das beste sein, sie ein paar Schwünge in exzentrischer Verachtung der Menschen und des Allgemeinen machen zu lassen. Wenn dann der Tag ihrer Abreise kommt,
findet sich ein zuverlässiger Mann als Kutscher ein. Außerhalb des Tores schließt mein hochbetrauter Diener sich an. –
Er begleitet sie bis zum Bestimmungsort und bleibt bei ihr,

zu ihrer Aufwartung und notwendigenfalls zu ihrem Beistand. Nächst mir kenne ich niemand, der sich besser dazu
eignete als Johann. Ich selber habe da draußen alles so geschmackvoll wie möglich hergerichtet. Nichts fehlt, was irgend dazu dienen kann, ihre Seele zu betören und sie in einem üppigen Wohlsein zu besänftigen.

Meine Cordelia!
Noch haben die Feuerrufe der einzelnen Familien sich nicht
in dem Gewirre eines allgemeinen kapitolinischen Stadtgeschreis vereinigt. Einzelne Solos hast Du vermutlich schon
aushalten müssen. Stell Dir die ganze Versammlung von Tee-
brüdern und Kaffeeschwestern vor; stell Dir vor, daß eine
Dame den Vorsitz hat, die ein würdiges Seitenstück zu jenem unsterblichen Präsidenten *Lars* bei *Claudius* abgibt, und
Du hast ein Bild und eine Vorstellung von dem und einen
Maßstab für das, was Du verloren hast und bei wem: das
Urteil guter Menschen.
Anbei folgt das berühmte Kupfer, das den Präsidenten *Lars*
darstellt. Gesondert habe ich es nicht bekommen können, ich
habe daher den ganzen Claudius gekauft, es herausgerissen
und das übrige weggeworfen; denn wie sollte ich es wagen,
Dich mit einer Gabe zu belästigen, die für Dich in diesem
Augenblick keinerlei Bedeutung hat, wie sollte ich nicht alles aufbieten, um zu beschaffen, was Dir auch nur einen Augenblick angenehm sein könnte; wie sollte ich zulassen, daß
sich in eine Situation mehr hineinmischte, als was zu ihr gehört. Eine solche Weitläufigkeit hat die Natur und der in den
endlichen Verhältnissen des Lebens geknechtete Mensch, Du
aber, meine Cordelia, Du wirst in Deiner Freiheit sie hassen.
                                        Dein Johannes.


Der Frühling ist doch die schönste Zeit, sich zu verlieben, der
Nachsommer die schönste, am Ziel seiner Wünsche zu sein.
Es liegt im Nachsommer eine Wehmut, die ganz jener Re-
gung entspricht, mit welcher der Gedanke an die Erfüllung

eines Wunsches uns durchströmt. Heute bin ich selbst draußen in dem Landhaus gewesen, wo Cordelia in einigen Tagen eine Umgebung finden wird, die mit ihrer Seele harmoniert. Selbst wünsche ich nicht an ihrer Überraschung
und Freude darüber teilzunehmen, derartige erotische Poin-
ten würden ihre Seele nur schwächen. Wenn sie hingegen
allein damit ist, so wird sie darin hinträumen, überall wird
sie Hindeutungen erblicken, Winke, eine verwunschene
Welt; dies alles aber würde seine Bedeutung verlieren, wenn
ich neben ihr stünde, es würde sie vergessen machen, daß
für uns der Zeitpunkt, da Derartiges gemeinsam genossen
Bedeutung hatte, hinter uns liegt. Diese Umgebung darf
ihre Seele nicht narkotisch verstricken, sondern muß sie immer wieder daraus aufsteigen lassen, indem sie, Cordelia, sie
übersieht als ein Spiel, das im Vergleich zu dem, was noch
kommen soll, nichts zu bedeuten hat. Ich selbst gedenke in
diesen Tagen, die noch übrig sind, jenen Ort öfter zu besuchen, um mich in Stimmung zu halten.


Meine Cordelia!
Nun nenne ich Dich in Wahrheit *mein*, kein äußeres Zeichen
erinnert mich an meinen Besitz. - Bald nenne ich Dich in
Wahrheit *mein*. Und wenn ich Dich dann fest umschlossen
in meinen Armen halte, wenn Du mich in Deine Arme ein-
flichst, dann bedürfen wir keines Ringes, der uns daran erinnert, daß wir einander gehören, denn ist nicht diese Umarmung ein Ring, der mehr ist als ein bloßes Zeichen. Und
je fester dieser Ring sich um uns schließt, je untrennbarer er
uns verknüpft, desto größer die Freiheit, denn Deine Freiheit
besteht darin, mein zu sein, so wie die meine darin, Dein zu
sein.                                            Dein Johannes.


Meine Cordelia!
Alpheus verliebte sich auf der Jagd in die Nymphe Arethusa.
Sie wollte ihn nicht erhören, sondern floh beständig vor ihm,

bis sie auf der Insel Ortygia in eine Quelle verwandelt wurde. Darüber trauerte Alpheus so sehr, daß er in einen Fluß
verwandelt wurde, in Elis im Peloponnes. Seine Liebe vergaß er indessen nicht, sondern vereinigte sich unter dem
Meere mit jener Quelle. Ist die Zeit der Verwandlungen
vorbei? Antwort: Ist die Zeit der Liebe vorbei? Womit
sollte ich Deine reine tiefe Seele vergleichen, die mit der
Welt keine Verbindung hat, es sei denn mit einer Quelle?
Und hab' ich Dir nicht gesagt, daß ich wie ein Fluß bin, der
sich verliebt hat? Und stürze ich mich nicht jetzt, da wir
getrennt sind, unter das Meer hinab, um mich mit Dir zu
vereinen? Unter dem Meere, da begegnen wir uns wieder,
denn erst in dieser Tiefe gehören wir recht zusammen.

Dein Johannes.

Meine Cordelia!

Bald, bald bist Du mein. Wenn dann die Sonne ihr spähen-
des Auge schließt, wenn die Geschichte zu Ende ist und die
Mythen beginnen, dann werfe ich mir nicht bloß meinen
Mantel um, sondern ich werfe mir die Nacht über wie einen
Mantel und eile zu Dir und lausche, um Dich zu finden, nicht
auf Schritte, sondern auf Herzklopfen.

Dein Johannes.

In diesen Tagen, da ich nicht persönlich, wann ich will, bei
ihr zugegen sein kann, hat mich der Gedanke beunruhigt,
ob es ihr je einmal in den Sinn kommen möchte, an die Zukunft zu denken. Bislang ist es ihr noch niemals eingefallen,
dazu habe ich es zu gut verstanden, sie ästhetisch zu betäuben.
Es läßt sich nichts Unerotischeres denken als dieses Geschwätz
von der Zukunft, das denn auch seinen Grund wesentlich
darin hat, daß man nichts hat, um die gegenwärtige Zeit

auszufüllen. Wenn ich nur zugegen bin, so fürchte ich dergleichen auch nicht, ich werde sie schon dahin bringen, Zeit
und Ewigkeit zu vergessen. Versteht man es nicht, sich derart zu der Seele eines Mädchens in Rapport zu setzen, so soll
man sich nie darauf einlassen, betören zu wollen, denn dann
wird es unmöglich sein, die beiden Klippen zu vermeiden,
die Frage nach der Zukunft und die Katechisation über den
Glauben. Es ist daher ganz in der Ordnung, daß *Gretchen* im
*Faust* solch eine kleine Examination mit ihm abhält, da *Faust*
die Unvorsichtigkeit begangen hat, den Ritter herauszu-
kehren, und gegen einen solchen Angriff ist ein Mädchen
immer gewappnet.

Jetzt, glaube ich, ist alles für ihren Empfang in Ordnung gebracht; es soll ihr nicht an Gelegenheit fehlen, mein Gedächtnis zu bewundern, oder vielmehr, ihr soll gar keine
Zeit bleiben, es zu bewundern. Nichts ist vergessen, was irgendwelche Bedeutung für sie haben könnte, andererseits
aber ist dort nichts angebracht, was schlechthin an mich erinnern könnte; während ich doch unsichtbar überall gegenwärtig bin. Die Wirkung wird jedoch zum großen Teil davon abhängen, wie sie es beim ersten Male sieht. In dieser
Hinsicht hat mein Diener die genauesten Anweisungen erhalten, und er ist auf seine Art ein vollendeter Virtuose. Er
versteht es, beiläufig und lässig eine Bemerkung hinzuwer-
fen, wenn er Auftrag dazu erhält; er versteht es, unwissend
zu sein, kurz, er ist unbezahlbar für mich. – Die Lage des
Hauses ist so, wie sie sich's nur wünschen kann. Sitzt man
mitten im Zimmer, so sieht man nach beiden Seiten über
jeden Vordergrund hinweg, man hat nach beiden Seiten den
unendlichen Horizont, man ist allein im weiten Meer der
Luft. Tritt man näher an eine Flucht von Fenstern heran, so
wölbt sich fern am Horizont ein Wald gleich einem Kranz,
begrenzt und schließt ein. So muß es sein. Was liebt Liebe?
– ein Gehege; war nicht selbst das Paradies ein eingehegter
Ort, ein Garten gegen Morgen? – Doch er schließt sich zu

eng um einen, dieser Ring – man tritt noch näher ans Fenster,
ein stiller See verbirgt sich demütig zwischen der höheren
Umgebung – am Ufer liegt ein Boot. Ein Seufzer aus des
Herzens Fülle, ein Hauch aus der Unruhe des Gedankens –
es löst sich von seiner Befestigung, es gleitet hin über die
Fläche des Sees, sanft bewegt von unnennbaren Sehnens
mildem Wehn; man verschwindet in des Waldes geheimnisvoller Einsamkeit, gewiegt von der Fläche des Sees, der
von des Waldes tiefem Dunkel träumt. – Man wendet sich
nach der andern Seite, da breitet das Meer sich vor dem
Auge aus, dem nichts Einhalt gebietet, verfolgt von dem Gedanken, den nichts aufhält. – Was liebt Liebe? Unendlichkeit. – Was fürchtet Liebe? – Grenze. – – Weiter innen,
hinter dem großen Saal liegt ein kleineres Zimmer oder richtiger ein Kabinett, denn was jenes Zimmer in dem *Wahlschen* Hause beinahe gewesen wäre, ist dieses. Die Ähnlichkeit
ist täuschend. Ein Teppich, aus Weiden geflochten, bedeckt
den Boden, vor dem Sofa steht ein kleiner Teetisch, darauf
eine Lampe, genau wie die zu Hause. Es ist alles das gleiche,
nur prächtiger. Diese Veränderung darf ich mir mit dem
Zimmer wohl gestatten. Im Saal steht ein Fortepiano, ein
sehr einfaches, aber es erinnert an das Fortepiano, das sich
bei *Jansens* fand. Es ist aufgeklappt. Auf dem Notenpult liegt
die kleine schwedische Arie aufgeschlagen. Die Tür zum
Flur steht angelehnt. Sie kommt durch die Tür im Hintergrund herein, darüber ist *Johann* instruiert. Dabei fällt ihr
Blick zugleich in das Kabinett und auf das Fortepiano, die
Erinnerung erwacht in ihrer Seele, im selben Augenblick
öffnet Johann die Tür. – Die Illusion ist vollständig. Sie tritt
in das Kabinett. Sie ist zufrieden, davon bin ich überzeugt.
Indem ihr Blick auf den Tisch fällt, sieht sie ein Buch; im
selben Moment nimmt Johann es, wie um es beiseite zu
legen, indem er beiläufig hinzufügt: Das hat der Herr sicher
vergessen, als er heute früh hier draußen war. Daraus erfährt
sie erstens, daß ich heute früh bereits draußen gewesen bin,
sodann möchte sie das Buch sehen. Es ist eine deutsche Über-

setzung von *Amor und Psyche*, der bekannten Schrift des
*Apulejus*. Das ist zwar keine Dichtung, soll es aber auch gar
nicht sein; denn es ist für ein junges Mädchen stets eine Beleidigung, wenn man ihr eine eigentliche Dichtung anbietet,
als ob sie in einem solchen Augenblick nicht selbst dichterisch
genug wäre, um die Poesie einzusaugen, die sich unmittelbar
in dem Faktischen verbirgt und die nicht erst von dem Gedanken eines anderen verzehrt worden ist. Daran denkt man
gewöhnlich nicht, und doch ist es so. – Sie wird dieses Buch
lesen, damit ist der Zweck erreicht. – Indem sie es an der
Stelle aufschlägt, wo zuletzt darin gelesen worden ist, wird
sie einen kleinen Myrtenzweig finden, und zugleich wird sie
finden, daß er ein wenig mehr zu bedeuten hat als ein bloßes
Buchzeichen.


Meine Cordelia!

Was Furcht? Wenn wir zusammenhalten, sind wir stark,
stärker als die Welt, stärker selbst als die Götter. Du weißt,
es lebte einst auf Erden ein Geschlecht von Wesen, die zwar
Menschen waren, die aber, ein jeder sich selbst genug, noch
nicht die innige Vereinigung der Liebe kannten. Doch waren
sie mächtig, so mächtig, daß sie den Himmel stürmen wollten. *Jupiter* fürchtete sie und teilte sie, dergestalt, daß aus
einem zwei wurden, ein Mann und ein Weib. Geschieht es
nun bisweilen, daß das, was einstmals vereint war, sich wieder
in Liebe zusammenfügt, so ist eine solche Vereinigung stärker als Jupiter; sie sind dann nicht nur so stark, wie der einzelne einst war, sondern noch stärker, denn die Vereinigung
der Liebe ist eine noch höhere. Dein Johannes.


den 24. Sept.
Die Nacht ist still – die Uhr dreiviertel zwölf – der Jäger
am Tor bläst seinen Segen hinaus übers Land, vom Bleich-

damm hallt es wider – er tritt in das Tor hinein – er bläst
noch einmal, und es hallt wider aus noch weiterer Ferne. –
Alles schläft in Frieden, nur die Liebe nicht. So erhebt euch
denn, ihr heimlichen Mächte der Liebe, sammelt euch in
dieser Brust! Die Nacht ist schweigend – ein einsamer Vogel
unterbricht dies Schweigen mit seinem Schrei und seinem
Flügelschlag, indem er an dem betauten Feld hinstreicht, die
Böschung des Glacis hinab; auch er eilt wohl zu einem Stelldichein – *accipio omen!* – Wie ist doch die ganze Natur so
ominös! Voll Vorbedeutung ist mir der Vögel Flug, ihr
Schrei, der Fische ausgelaßnes Schlagen gegen die Oberfläche
des Wassers, ihr Verschwinden in der Tiefe, fernes Hundegebell, eines Wagens fernes Gerassel, Schritte, die von fern-
her widerhallen. Nicht sehe ich Gespenster in dieser nächtlichen Stunde, nicht sehe ich, was war, sondern das, was
kommen wird, im Busen des Sees, im Kuß des Taus, im
Nebel, der sich über die Erde breitet und deren fruchtbare
Umarmung verbirgt. Alles ist Bild, ich selbst bin ein Mythos
meiner selbst, denn ist es nicht wie ein Mythos, daß ich zu
dieser Begegnung eile? Wer ich bin, tut nichts zur Sache;
alles Endliche und Zeitliche ist vergessen, nur das Ewige
bleibt, der Liebe Macht, ihr Sehnen, ihre Seligkeit. – Wie
ist meine Seele so gestimmt gleich einem gespannten Bogen,
wie liegen die Gedanken bereit gleich Pfeilen in meinem
Köcher, nicht giftig und doch recht dazu angetan, mit dem
Blut sich zu mischen. Wie ist meine Seele kräftig, gesund, froh,
gegenwärtig gleich einem Gott. – – Von Natur war sie
schön, meine Cordelia. Ich danke Dir, wunderbare Natur!
Wie eine Mutter hast Du über sie gewacht. Hab Dank für
Deine Sorgsamkeit! Unverfälscht war sie. Ich danke euch,
ihr Menschen, denen sie es verdankt. Ihre Entwicklung war
mein Werk – bald genieße ich meinen Lohn. – Wieviel hab'
ich nicht gesammelt in diesen einen Augenblick, der jetzt
bevorsteht. Tod und Teufel, wenn der mir entginge! –
Noch seh' ich meinen Wagen nicht. – Ich höre Peitschen-
knallen, das ist mein Kutscher. – Fahr zu auf Leben und Tod,

und wenn auch die Pferde zusammenbrechen, nur nicht eine Sekunde früher, als bis wir an Ort und Stelle sind.

den 25. Sept.

Warum kann eine solche Nacht nicht länger währen? Konnte Alektryon sich vergessen, warum kann denn die Sonne nicht mitleidig genug dazu sein? Doch nun ist es vorbei, und ich wünsche sie nie mehr zu sehen. Wenn ein Mädchen alles hingegeben hat, so ist sie schwach, so hat sie alles verloren; denn Unschuld ist beim Manne ein negatives Moment, beim Weibe ist es ihres Wesens Gehalt. Jetzt ist aller Widerstand unmöglich, und nur solange der da ist, ist es schön zu lieben, sobald er aufgehört hat, ist es Schwäche und Gewohnheit. Ich wünsche mich nicht an mein Verhältnis zu ihr zu erinnern; sie hat den Duft verloren, und jene Zeiten sind vorbei, da ein Mädchen aus Schmerz über ihren treulosen Liebhaber sich in ein Heliotrop verwandelt. Abschied will ich nicht von ihr nehmen; nichts ist mir widerwärtiger als Weibertränen und Weiberbitten, die alles verändern und doch eigentlich nichts zu bedeuten haben. Ich habe sie geliebt; doch von nun an kann sie meine Seele nicht mehr beschäftigen. Wär' ich ein Gott, so wollt' ich für sie tun, was Neptun für eine Nymphe tat: sie verwandeln in einen Mann.

Es wäre doch wirklich wissenswert, ob man etwa nicht imstande wäre, sich derart aus einem Mädchen herauszudichten, daß man sie so stolz machte, daß sie sich einbildete, sie selbst sei des Verhältnisses überdrüssig. Das könnte ein recht interessantes Nachspiel geben, das an sich psychologisches Interesse hätte und nebenbei einen mit manchen erotischen Beobachtungen bereichern könnte.

ENTWEDER-ODER

EIN LEBENSFRAGMENT

HERAUSGEGEBEN VON VICTOR EREMITA

ZWEITER TEIL

ENTHALTEND DIE PAPIERE VON B

BRIEFE AN A

KOPENHAGEN 1843

Les grandes passions sont solitaires,
et les transporter au désert,
c'est les rendre à leur empire.
*Chateaubriand*

## *Die ästhetische Gültigkeit der Ehe*

MEIN FREUND! Die Zeilen, auf die hier Dein Auge zuerst fällt, sind zuletzt geschrieben. Ihr Zweck ist es, noch einmal einen Versuch zu machen, die ausführlichere Untersuchung, die Dir hiermit zugestellt wird, in die Form eines Briefes zu zwingen. Diese Zeilen entsprechen also den letzten Zeilen und bilden mit ihnen zusammen einen Umschlag, deuten somit schon äußerlich an, wovon innere Beweise Dich mannigfach überzeugen werden, daß es ein Brief ist, was Du liest. Diesen Gedanken, daß es ein Brief sei, was ich Dir schreibe, habe ich nicht aufgeben wollen, teils weil meine Zeit die sorgfältigere Ausarbeitung, die eine Abhandlung erfordert, nicht erlaubt hat, teils weil ich mir ungern die Gelegenheit entgehen lassen wollte, Dich ermahnender und eindringlicher anzusprechen, wie es die Briefform mit sich bringt. Du bist viel zu erfahren in der Kunst, ganz im allgemeinen über alles reden zu können, ohne Dich persönlich davon berühren zu lassen, als daß ich Dich noch verlocken möchte, indem ich Deine dialektische Kraft in Bewegung setze. Du weißt wohl, wie der Prophet Nathan mit König David verfuhr, als dieser zwar das Gleichnis, das der Prophet vorgetragen hatte, verstehen wollte, nicht aber verstehen wollte, daß es ihm galt. Nathan fügte darum vorsichtshalber hinzu: »Du bist der Mann, Herr König.« So habe auch ich Dich immer wieder daran zu erinnern gesucht, daß Du es bist, von dem gesprochen, und Du, zu dem gesprochen wird. Ich zweifle deshalb keineswegs daran, daß Du beim Lesen stets den Eindruck haben wirst, daß es ein Brief ist, was Du liest, wenn auch der Umstand Dich stören sollte, daß das Format des Papiers dem nicht entspricht. Als Beamter habe ich die Gepflogenheit, auf ganzen Bogen zu schreiben; es mag dies vielleicht seine gute Seite haben, falls es dazu beitragen könnte, daß mein Schreiben in Deinen Augen eine gewisse Offizialität erhält. Der Brief, den Du hiermit also empfängst, ist ziemlich umfangreich; wollte man ihn etwa auf der Waage der Post prüfen, so würde es ein teurer Brief werden, auf der Goldwaage einer feinen Kritik würde er sich vielleicht als überaus unbedeutend erweisen. Ich möchte Dich daher bitten, keine dieser Waagen zu benutzen, die der Post nicht, denn Du empfängst ihn nicht zur Weiterbeförderung, sondern als Depositum; die der Kritik nicht, da ich es ungern sähe, wenn Du Dich eines so groben und unsympathischen Mißverständnisses schuldig machtest.

Wenn ein anderer Mensch als Du diese Untersuchung zu Gesicht bekäme, so würde sie ihm gewiß höchst sonderbar und überflüssig erscheinen; vielleicht würde er, falls er ein verheirateter Mann wäre, mit einer gewissen Familienvater-Gemütlichkeit ausrufen: »Ach ja, die Ehe ist die Ästhetik des Lebens«; falls er ein junger Mensch wäre, würde er vielleicht etwas unklar und unreflektiert einstimmen: »Liebe, ja, du bist des Lebens Ästhetik«; beide aber würden sie nicht zu begreifen vermögen, wie es mir einfallen konnte, das ästhetische Ansehen der Ehe retten zu wollen. Ja, ich würde vermutlich, statt mich um wirkliche und um angehende Ehemänner verdient zu machen, mich eher verdächtig machen; denn wer verteidigt, klagt an. Und das hätte ich dann Dir zu verdanken – denn ich selbst habe ja nie daran gezweifelt – Dir, den ich trotz all Deiner Bizarrerien liebe wie einen Sohn, wie einen Bruder, wie einen Freund, liebe mit einer ästhetischen Liebe, weil es Dir vielleicht doch einmal gelingen wird, für Deine exzentrischen Bewegungen ein Zentrum zu finden; liebe um Deiner Heftigkeit willen, um Deiner Leidenschaften willen, um Deiner Schwachheiten willen; liebe mit der Furcht und dem Zittern einer religiösen Liebe, weil ich die Irrwege sehe und weil Du mir etwas ganz anderes bist als ein Phänomen. Ja, wenn ich Dich so Seitensprün-

ge machen sehe, wenn ich sehe, wie Du Dich bäumst gleich
einem unbändigen Pferd, wenn ich sehe, wie Du Dich hintenüber stürzest und wieder vorwärts stürmst, dann, ja dann
enthalte ich mich aller pädagogischen Nichtigkeiten, vielmehr denke ich an ein uneingefahrenes Pferd und sehe auch
die Hand, die den Zügel hält, sehe die Geißel schwerer Schicksale über Deinem Haupt erhoben. Und doch, wenn dann
endlich diese Untersuchung Dir zu Händen kommt, so wirst
Du vielleicht sagen: »Ja, es ist unleugbar eine ungeheure Aufgabe, die er sich gestellt, aber laßt uns nun auch sehen, wie
er sie gelöst hat.« Vielleicht rede ich zu sanft mit Dir, vielleicht lasse ich mir zu viel von Dir gefallen, ich hätte vielleicht mehr die Gewalt nutzen sollen, die ich trotz Deines
Stolzes über Dich habe, oder ich sollte mich über diese Materie vielleicht gar nicht mit Dir einlassen; denn Du bist doch
in mancher Beziehung ein verderbter Mensch, und je mehr
man sich mit Dir einläßt, desto ärger wird es. So bist Du
zwar kein Feind der Ehe, aber Du mißbrauchst Deinen iro-
nischen Blick und Deine sarkastische Anzüglichkeit, um sie
zu verspotten. Ich will Dir in dieser Hinsicht gern zugestehen, daß Dir kein Lufthieb unterläuft, daß Du sicher triffst
und daß Du viel Observation hast, zugleich aber möchte ich
sagen, daß eben dies vielleicht Dein Fehler sei. Dein Leben
wird in lauter Anläufen zum Leben aufgehen. Du wirst vermutlich entgegnen, daß dies immer noch besser sei, als auf
der Eisenbahn der Trivialität zu fahren und sich atomistisch
im Gewimmel des sozialen Lebens zu verlieren. Man kann,
wie gesagt, nicht behaupten, daß Du die Ehe haßtest; denn
Dein Gedanke hat sie wohl eigentlich noch nie erreicht, zumindest nicht, ohne daß Du Dich darüber skandalisiert hättest; und also mußt Du mir verzeihen, wenn ich annehme,
daß Du die Sache nicht durchdacht hast. Was Du gern hast,
ist die erste Verliebtheit. Du verstehst es, Dich in eine träu-
mende, liebestrunkene *clairvoyance* zu versenken und in ihr zu
verbergen. Du umspinnst Dich gleichsam ganz und gar mit
dem feinsten Spinngewebe, und nun sitzt Du auf der Lauer.

Aber Du bist kein Kind, kein erwachendes Bewußtsein, und
Dein Blick hat deshalb etwas anderes zu bedeuten; doch damit bist Du zufrieden. Du liebst das Zufällige. Das Lächeln
eines hübschen Mädchens in einer interessanten Situation,
ein erhaschter Blick, dem jagst Du nach, das ist ein Motiv
für Deine müßige Phantasie. Du, der Du immer so groß
damit tust, ein Beobachter zu sein, Du mußt es Dir gefallen-
lassen, daß Du zum Entgelt selbst Gegenstand der Beobachtung wirst. Ich will Dich an einen Fall erinnern. Ein junges
hübsches Mädchen, neben dem Du zufällig [denn dies muß
natürlich hervorgehoben werden, Du kanntest weder ihren
Stand, noch ihren Namen, ihr Alter usw.] bei Tische saßest,
war zu spröde, um Dir einen Blick zu schenken. Einen Augenblick lang warst Du unschlüssig, ob es bloß Sprödigkeit
sei, oder ob sich nicht ein wenig Verlegenheit darein mische,
die, richtig beleuchtet, sie in einer interessanten Situation erscheinen lassen könnte. Sie saß einem Spiegel gegenüber, in
dem Du sie sehen konntest. Sie warf einen verschämten Blick
hinüber, ohne zu ahnen, daß Dein Auge dort schon Wohnung genommen hatte, sie errötete, als Dein Auge dem
ihren begegnete. Dergleichen bewahrst Du so genau auf wie
ein Daguerreotyp und auch so schnell wie dieses, für das
man bekanntlich sogar bei schlechtestem Wetter nur eine
halbe Minute benötigt. Ach ja, Du bist ein sonderbares Wesen, bald Kind, bald Greis, bald denkst Du mit ungeheurem
Ernst an die höchsten wissenschaftlichen Probleme, wie Du
Dein Leben für sie opfern willst, bald bist Du ein verliebter
Geck. Von der Ehe bist Du indessen weit entfernt, und ich
hoffe, daß Dein guter Genius Dich davon abhalten wird, auf
schlimme Wege zu geraten; denn bisweilen meine ich bei
Dir ganz leise etwas davon zu spüren, daß Du wohl Lust
hättest, einen kleinen Zeus zu spielen. Du bist so vornehm
mit Deiner Liebe, daß Du Dir gewiß einbildest, jedes Mäd-
chen müsse sich glücklich preisen, wenn es acht Tage lang
Deine Geliebte sein dürfte. Deine verliebten Studien magst
Du nun bis auf weiteres im Verein mit Deinen ästhetischen,

ethischen, metaphysischen, kosmopolitischen usw. fortsetzen. Zürnen kann man Dir eigentlich nicht, das Böse hat bei
Dir, wie es das auch in der Auffassung des Mittelalters hatte,
eine gewisse Beimischung von Gutmütigkeit und Kinderei.
Hinsichtlich der Ehe hast Du Dich immer nur beobachtend
verhalten. Es liegt etwas Verräterisches darin, bloß Beobachter sein zu wollen. Wie oft – ja, ich will es gern gestehen –
hast Du mir nicht Vergnügen bereitet, wie oft aber auch
hast Du mich nicht geplagt mit Deinen Erzählungen, wie
Du Dich bald in des einen, bald in des andern Ehemannes
Vertrauen eingeschlichen habest, um zu sehen, wie tief er
schon im Sumpf des ehelichen Lebens drin stecke. Dich bei
den Leuten einzuschleichen, dazu hast Du wirklich große
Gaben, das will ich Dir nicht bestreiten und ebenso wenig,
daß es recht vergnüglich ist, Dich von den Ergebnissen erzählen zu hören und Zeuge Deiner ausgelassenen Freude zu
sein, sooft Du in der Lage bist, eine ganz frische Beobachtung zu Markte zu bringen. Aber, offen gestanden, Dein
psychologisches Interesse hat keinen Ernst und ist mehr eine
hypochondrische Neugierde.

Doch zur Sache. Zwei Dinge sind es, die ich vornehmlich
als meine Aufgabe betrachten muß: die ästhetische Bedeutung der Ehe darzutun und zu zeigen, wie das Ästhetische
darin sich trotz der mannigfaltigen Hindernisse des Lebens
bewahren lasse. Damit Du Dich aber mit um so größerer
Sicherheit der Erbauung hingeben kannst, welche die Lektüre dieses kleinen Aufsatzes Dir etwa zu verschaffen vermag,
will ich jeweils ein kleines polemisches Vorspiel vorausgehen lassen, in dem auf Deine sarkastischen Beobachtungen
gebührend Rücksicht genommen werden soll. Damit aber
hoffe ich auch den Raubstaaten den gebührenden Tribut
entrichtet zu haben und kann mich nun also wohl ruhig in
meinen Beruf ergeben; denn in meinem Beruf bin ich doch,
der ich, selbst Ehemann, für die Ehe kämpfe – *pro aris et focis*.
Und ich versichere Dir, diese Sache liegt mir so sehr am
Herzen, daß ich, der ich mich sonst wenig versucht fühle,

Bücher zu schreiben, wirklich versucht sein könnte, es zu tun, falls ich hoffen dürfte, auch nur eine einzige Ehe aus jener Hölle zu erretten, in die sie sich vielleicht selbst gestürzt hat, oder ein paar Menschen tüchtiger zu machen, die schönste Aufgabe, die einem Menschen gestellt ist, zu verwirklichen.

Vorsichtshalber will ich gelegentlich auf meine Frau und mein Verhältnis zu ihr provozieren, nicht als ob ich mich erkühnte, unsere Ehe als Normal-Exemplar hinzustellen, sondern teils weil jene aus der Luft gegriffenen poetischen Schilderungen im allgemeinen keine sonderliche Überzeugungskraft besitzen, teils weil es mir von Wichtigkeit ist zu zeigen, daß es selbst in alltäglichen Verhältnissen möglich ist, das Ästhetische zu bewahren. Du kennst mich seit vielen, Du kennst meine Frau seit fünf Jahren. Du findest sie recht hübsch, vor allem anmutig, das tue ich auch; und doch weiß ich sehr wohl, daß sie am Morgen nicht so hübsch ist wie am Abend, daß ein gewisser wehmütiger, fast kränklicher Zug erst im Laufe des Tages verschwindet, daß er vergessen ist, wenn sie am Abend in Wahrheit Anspruch darauf machen kann zu gefallen. Ich weiß sehr wohl, daß ihre Nase keine vollendete Schönheit, daß sie zu klein ist, aber sie schaut doch keck in die Welt, und ich weiß, daß dieses Näschen schon zu so vielen kleinen Neckereien Anlaß gegeben hat, daß ich, wenn es in meiner Macht stünde, ihr niemals eine schönere wünschen würde. Dies ist eine weit tiefere Bedeutung des Zufälligen im Leben als die, für die Du so enthusiasmiert bist. Für all dies Gute danke ich Gott und vergesse das Schwache. Doch das ist weniger wichtig; für eines aber danke ich Gott von ganzer Seele, nämlich dafür, daß sie die einzige ist, die ich geliebt habe, die erste; und um eines bitte ich Gott von ganzem Herzen, daß er mir Kraft verleihe, niemals eine andere lieben zu wollen. Das ist eine Hausandacht, an der auch sie teilnimmt; denn für mich gewinnt jedes Gefühl, jede Stimmung eine höhere Bedeutung dadurch, daß ich sie daran teilhaben lasse. Alle, selbst die höchsten reli-

giösen Gefühle können eine gewisse Bequemlichkeit annehmen, wenn man sie immer nur für sich allein hat; in Gegenwart meiner Frau bin ich zugleich Pfarrer und Gemeinde. Und
sollte ich zuweilen so lieblos werden, dieses Guten nicht eingedenk zu sein, so unerkenntlich, nicht dafür zu danken, so
wird sie mich daran erinnern. Siehst Du, mein junger Freund,
dies sind keine Tändeleien wie in den ersten Tagen der Verliebtheit, keine Versuche in der experimentierenden Erotik,
so wie wohl fast ein jeder in den Verlobungstagen sich und
der Geliebten die Frage vorgelegt hat, ob sie nicht schon früher einmal geliebt, oder ob er nicht selber schon eine andere
geliebt habe; sondern es ist der Ernst des Lebens, und dennoch ist es nicht kalt, unschön, unerotisch, unpoetisch. Und
wahrlich, es liegt mir gar sehr am Herzen, daß sie mich wirklich liebt und daß ich sie wirklich liebe, nicht als ob unsere
Ehe im Laufe der Jahre nicht ebensoviel Festigkeit erlangt
hätte wie die der meisten anderen, allein es freut mich noch
immer, unsere erste Liebe zu verjüngen, und zwar wiederum
dergestalt, daß es für mich ebensosehr religiöse wie ästhetische Bedeutung hat; denn Gott ist mir nicht so supramundan geworden, daß er sich etwa um den Bund, den er selbst
zwischen Mann und Weib gestiftet hat, nicht kümmerte,
und ich bin nicht so geistig geworden, daß nicht auch die
weltliche Seite des Lebens ihre Bedeutung für mich hätte.
Und all das Schöne, das in der heidnischen Erotik lag, hat,
sofern es sich mit der Ehe verbinden läßt, seine Gültigkeit
auch im Christentum. Dieses Verjüngen unserer ersten Liebe
ist nicht bloß ein wehmütiges Zurückschauen oder ein poetisches Erinnern des Erlebten, womit man sich am Ende
selbst verstrickt; all dergleichen ermattet; – es ist ein Handeln. Der Augenblick kann überhaupt früh genug kommen,
da man sich mit der Erinnerung begnügen muß; so lange
wie möglich muß man den frischen Quell des Lebens offenhalten. Du dagegen, Du lebst wirklich vom Raub. Du
schleichst Dich unbemerkt an die Leute heran, stiehlst ihnen
ihren glücklichen Augenblick, ihren schönsten Augenblick,

steckst dieses Schattenbild in Deine Tasche wie der lange
Mann im »Schlemihl« und ziehst es hervor, wenn es Dir beliebt. Du sagst zwar, daß die Betreffenden nichts dabei ver-
lören, daß sie oft vielleicht selbst nicht wüßten, welches ihr
schönster Augenblick sei; Du meinst, sie müßten Dir vielmehr
zu Dank verpflichtet sein, weil Du durch Dein Studium der
Beleuchtung, durch Deine Zauberformeln sie verklärt in der
übernatürlichen Größe überschwenglicher Augenblicke habest erscheinen lassen. Mag sein, daß sie nichts dabei verlieren,
doch fragt es sich immer noch, ob es nicht denkbar wäre,
daß sie eine Erinnerung davon behalten, die ihnen allezeit
schmerzlich bleibt; aber Du verlierst, Du verlierst Deine
Zeit – Deine Ruhe – Deine Geduld zum Leben; denn Du
weißt selbst sehr wohl, wie ungeduldig Du bist, Du, der mir
einmal schrieb, daß die Geduld, die Lasten des Lebens zu
tragen, doch eine außerordentliche Tugend sein müsse, Du
empfändest nicht einmal die Geduld, leben zu mögen. Dein
Leben löst sich in lauter solche interessanten Einzelheiten auf.
Und wenn man hoffen dürfte, daß die Energie, die Dich in
solchen Augenblicken durchglüht, in Dir Gestalt gewinnen,
sich zusammenhängend über Dein Leben ausbreiten möchte,
ja, so würde gewiß etwas Großes aus Dir werden; denn Du
bist in solchen Augenblicken selbst verklärt. Es ist eine Unruhe in Dir, über welcher jedoch, hell und klar, das Bewußtsein schwebt, Deine ganze Seele ist auf diesen einzigen Punkt
konzentriert, Dein Verstand entwirft hundert Pläne, Du legst
alles zum Angriff zurecht, er mißlingt in einer Richtung;
sofort ist Deine schier diabolische Dialektik imstande, das
Vorhergehende so zu erklären, daß es sich in den neuen
Operationsplan einfügen muß. Du schwebst beständig über
Dir selbst, und mag jeder Schritt auch noch so entscheidend
sein, so behältst Du in Dir dennoch eine Interpretationsmög-
lichkeit, die mit einem Wort alles verändern kann. Und nun
dazu das ganze Inkarnat der Stimmung. Dein Auge funkelt,
oder besser, es strahlt gleichsam auf einmal hundert spähen-
de Augen aus, eine flüchtige Röte eilt über Dein Gesicht hin;

Du verläßt Dich sicher auf Deine Berechnungen, und doch wartest Du mit schrecklicher Ungeduld – ja, mein lieber Freund, am Ende glaube ich eigentlich, daß Du Dich selbst betrügst, daß alles, was Du von dem Erhaschen eines Menschen in seinem glücklichen Augenblick redest, nur Deine eigene überschwengliche Stimmung ist, die Du greifst. Du bist so potenziert, daß Du schöpferisch bist. Aus diesem Grunde meinte ich, daß es für andere nicht so schädlich sei; für Dich ist es absolut schädlich. Und liegt dem denn nicht etwas ungeheuer Treuloses zugrunde? Du sagst freilich, die Menschen gingen Dich nichts an, sie müßten Dir vielmehr dafür danken, daß Du durch Deine Berührung sie nicht wie Circe in Schweine verwandelst, sondern aus Schweinen in Heroen. Du sagst, etwas ganz anderes sei es, wenn ein Mensch sich Dir recht eigentlich anvertraute; einen solchen Menschen aber habest Du noch nie getroffen. Dein Herz ist bewegt, Du zerfließt vor inniger Rührung bei dem Gedanken, daß Du für ihn alles opfern würdest. Ich möchte Dir auch eine gewisse gutmütige Hilfsbereitschaft nicht absprechen, daß z. B. die Art, wie Du Bedürftige unterstützt, in der Tat schön ist, daß die Milde, die Du bisweilen an den Tag legen kannst, etwas Nobles an sich hat, dessenungeachtet aber glaube ich, daß sich auch hier wieder eine gewisse Vornehmheit verbirgt. Ich will nicht an einzelne exzentrische Äußerungen derselben erinnern, es wäre unrecht, auf diese Weise das Gute, das an Dir sein kann, völlig zu verdunkeln; dagegen möchte ich Dich an eine kleine Begebenheit Deines Lebens erinnern, an die erinnert zu werden Dir nicht schaden kann. Du hast mir einmal erzählt, daß Du auf einem Spaziergang hinter zwei armen Frauen hergegangen seist. Meine Schilderung der Situation mag in diesem Augenblick nicht jene Lebendigkeit haben, wie die Deine sie hatte, als Du zu mir heraufgestürzt kamst, einzig mit diesem Gedanken beschäftigt. Es waren zwei Frauen aus dem Arbeitshaus. Sie mochten wohl bessere Tage gesehen haben; doch das war vergessen, und das Arbeitshaus ist nicht eben der Ort, an dem man eine

Hoffnung züchtet. Indem die eine eine Prise nahm und auch
der andern eine anbot, sagte sie: »Ach, wer doch fünf Reichstaler hätte!« Sie mochte von diesem kühnen Wunsch wohl
selber überrascht worden sein, der denn auch unerhört über
die Glacis hin widerhallte. Du tratest hinzu, Du hattest bereits Deine Brieftasche heraus- und einen Fünfreichstaler-
schein hervorgezogen, ehe Du den entscheidenden Schritt ta-
test, damit die Situation die nötige Elastizität behalte, damit
die Frau nicht zu früh etwas ahne. Du tratest mit einer gewissen fast untertänigen Höflichkeit hinzu, wie es sich einem
dienstbaren Geiste geziemt; Du gabst ihr die fünf Reichstaler und entschwandest. Du weidetest Dich an dem Gedanken, welchen Eindruck es wohl auf sie machen werde, ob sie
eine göttliche Fügung darin erblicken, oder ob ihr Gemüt,
das durch viele Leiden vielleicht schon einen gewissen Trotz
entwickelt hatte, sich nicht vielmehr beinahe mit Verachtung gegen die göttliche Vorsehung wenden werde, die hier
so recht den Charakter des Zufalls annahm. Du erzähltest,
daß dies Dich zu der Überlegung veranlaßt habe, ob nicht
die gänzlich zufällige Erfüllung eines solch zufällig geäußer-
ten Wunsches einen Menschen erst recht zur Verzweiflung
bringen könne, weil dadurch die Realität des Lebens in ihrer
tiefsten Wurzel negiert werde. Was Du also wolltest, war:
Schicksal spielen; woran Du Dich eigentlich ergötztest, war
die Vielfalt der Reflexionen, die sich hieraus entspinnen ließen. Ich will Dir nun gern zugestehen, daß Du recht gut
geeignet bist, Schicksal zu spielen, sofern man mit diesem
Wort die Vorstellung des Unbeständigsten und Launenhaf-
testen von allem verbindet; ich für mein Teil lasse mir gern
an einer minder vornehmen Stellung im Leben genügen. Im
übrigen magst Du in diesem Vorkommnis ein Beispiel sehen,
das Dich vielleicht darüber aufklären kann, wieweit Du mit
Deinen Experimenten nicht schädlich auf die Menschen wirkst.
Du scheinst den Vorteil auf Deiner Seite zu haben; Du hast
einer armen Frau fünf Reichstaler gegeben, hast ihren höchsten Wunsch erfüllt, und doch gestehst Du ja selber, daß es

ebensogut in der Weise auf sie wirken könnte, daß sie, wie
Hiobs Weib diesem zu tun rät, Gott fluchte. Du wirst vermutlich sagen, diese Folgen stünden nicht in Deiner Macht
und wenn man solchermaßen die Folgen berechnen wolle,
könne man überhaupt nicht handeln; doch darauf möchte
ich erwidern: Freilich kann man handeln; hätte ich fünf
Reichstaler gehabt, ich hätte sie ihr vielleicht auch gegeben,
aber ich wäre mir zugleich bewußt geworden, daß ich mich
nicht experimentierend verhielte; ich möchte mich überzeugt halten, daß die göttliche Vorsehung, als deren geringes Werkzeug ich mich in jenem Augenblick fühlte, wohl
alles zum Besten lenken werde, und daß ich mir selbst nichts
vorzuwerfen hätte. Wie unsicher und schwebend Dein Leben ist, davon magst Du Dich auch dadurch überzeugen, daß
Du gar nicht sicher bist, ob es Dir nicht einmal schwer aufs
Herz fallen wird, ob Deine hypochondrische Scharfsinnigkeit
und Spitzfindigkeit Dich nicht in einen Zirkel von Konsequenzen hineinzaubern könnte, aus dem Du vergeblich versuchen wirst Dich herauszuarbeiten, ob Du nicht Himmel
und Erde in Bewegung setzen wirst, um die arme Frau wie-
derzufinden, um zu beobachten, welchen Eindruck es auf
sie gemacht habe, »sowie auf welche Weise man sie am besten beeinflußt«; denn Du bleibst doch immer derselbe, wirst
niemals klüger. Bei Deiner Leidenschaftlichkeit wäre es wohl
möglich, daß Du Dich entschlössest, Deine großen Pläne,
Deine Studien zu vergessen, kurz daß alles Dir gleichgültig
würde gegenüber dem einen Gedanken, jene arme Frau zu
finden, die vielleicht schon längst gestorben und verdorben
wäre. Auf diese Weise suchst Du gutzumachen, was Du versehen hast, und also wird Deine Lebensaufgabe in sich so
widerspruchsvoll, daß man sagen darf, Du wollest zugleich
das Schicksal und der Herrgott sein, eine Aufgabe, die selbst
der Herrgott nicht realisieren kann, denn er ist nur das Eine.
Der Eifer, den Du also an den Tag legst, mag zwar recht
löblich sein, aber siehst Du denn nicht, wie es sich immer klarer erweist, daß das, was Dir fehlt, völlig fehlt, Glaube ist?

Statt Deine Seele zu retten, indem Du alles in Gottes Hand befiehlst, statt diesen Richtweg einzuschlagen, ziehst Du den unendlichen Umweg vor, der Dich vielleicht niemals ans Ziel führen wird. Du wirst nun vermutlich sagen: »Ja, auf die Weise brauchte man nie zu handeln.« Darauf möchte ich erwidern: »Aber gewiß, wenn Du Dir bewußt bist, daß Du einen Platz in der Welt hast, der Dein ist, auf den Du Deine ganze Tätigkeit konzentrieren mußt; doch so zu handeln, wie Du es tust, das grenzt ja an Wahnwitz.« Du wirst sagen, wenn Du auch die Hände in den Schoß legtest und den lieben Gott sorgen ließest, so dürfte der Frau damit wohl kaum geholfen sein; darauf möchte ich erwidern: »Schon möglich, aber Dir wäre geholfen, und der Frau auch, sofern sie sich ebenfalls Gott anvertraute.« Und siehst Du denn nicht, daß, wenn Du nun wirklich die Reisestiefel anzögest, um in die Welt hinauszuwandern und Deine Zeit und Deine Kraft zu vergeuden, Du damit um jede andere Tätigkeit kämest, was Dich vielleicht später einmal wieder quälen würde. Doch wie gesagt, diese launenhafte Existenz, ist sie nicht Treulosigkeit? Zwar scheint es *in casu*, als ob Du, indem Du um die Welt wandertest, um die arme Frau zu finden, ein außerordentliches, ein unerhörtes Maß von Treue bekundetest; denn es wäre doch so gar nichts Egoistisches in dem, was Dich bewegte; es wäre ja nicht, wie wenn ein Liebhaber seiner Geliebten nachreist; nein, es wäre reine Sympathie. Darauf möchte ich erwidern: Du solltest Dich doch wohl hüten, jenes Gefühl Egoismus zu nennen, aber das ist Deine übliche aufrührerische Unverschämtheit. Alles, was durch göttliche und menschliche Gesetze gegründet ist, verachtest Du, und um frei davon zu werden, greifst Du das Zufällige, so wie in diesem Falle eine arme Dir unbekannte Frau. Und was Deine Sympathie betrifft, so war sie vielleicht reine Sympathie – für Dein Experiment. Überall vergißt Du, daß Deine Existenz in der Welt doch unmöglich bloß auf das Zufällige berechnet sein kann und daß Du in dem Augenblick, da Du dies zur Hauptsache machst, völlig vergißt, was Du Deinen

Nächsten schuldig bist. Ich weiß sehr wohl, daß es Dir nicht
an sophistischem Scharfsinn gebricht, um zu beschönigen,
oder an ironischer Geschmeidigkeit, um zu unterbieten, und
so wirst Du also wohl entgegnen: »Ich bin nicht so dünkel-
haft, daß ich mir etwa einbildete, derjenige zu sein, der für
das Ganze zu wirken vermag, das überlasse ich den Ausgezeichneten; wenn ich nur für etwas ganz Einzelnes wirken
kann, bin ich zufrieden.« Aber das ist im Grunde eine ungeheure Lüge; denn Du willst gar nicht wirken, Du willst experimentieren, und von diesem Gesichtspunkt aus betrachtest Du alles, oft mit viel Frechheit; und das Wirken ist stets
ein Gegenstand Deines Spottes, so wie damals, als Du über
einen Mann, der auf lächerliche Weise zu Tode gekommen
war, eine Sache, die Dich viele Tage lang ergötzte, als Du
über diesen Mann äußertest, daß man über die Bedeutung
seines Lebens für das Ganze und das Große im übrigen nichts
wisse, jetzt aber könne man doch von ihm sagen, er habe
wahrlich nicht umsonst gelebt.

Wie gesagt, Schicksal willst Du sein. Halte einen Augenblick
inne. Ich habe nicht die Absicht, Dir was vorzupredigen, allein es gibt einen Ernst, von dem ich weiß, daß Du sogar
eine ungemein tiefe Achtung vor ihm hast, und jeder, der
Macht genug hat, um ihn bei Dir hervorzurufen, oder Vertrauen genug zu Dir, um ihn bei Dir hervortreten zu lassen,
wird in Dir, das weiß ich, einen ganz anderen Menschen sehen. Denke Dir, um das Höchste zu nehmen, denke Dir, der
allmächtige Urheber aller Dinge, Gott im Himmel würde
sich solchermaßen nur als ein Rätsel für die Menschen setzen, würde das ganze Menschengeschlecht in dieser schrecklichen Ungewißheit schweben lassen, würde da nicht doch
etwas in Deinem Innersten sich dagegen empören, könntest
Du auch nur einen Augenblick diese Qual ertragen, oder
könntest Du auch nur einen Augenblick Deinen Geist dazu
bewegen, diesen Schrecken festzuhalten? Und doch dürfte
er wohl am ehesten, wenn ich so sagen darf, das stolze Wort
gebrauchen: Was geht der Mensch mich an! Darum aber ist

dem auch nicht so; und wenn ich sage, daß Gott unbegreiflich sei, so erhebt meine Seele sich zu dem Höchsten, gerade
in den seligsten Augenblicken sage ich es: unbegreiflich,
weil seine Liebe unbegreiflich ist, unbegreiflich, weil seine
Liebe höher ist denn alle Vernunft. Von Gott ausgesagt, bezeichnet es das Höchste; ist man genötigt, es von einem
Menschen auszusagen, so bezeichnet es immer einen Makel,
bisweilen eine Sünde. Und Christus hielt es nicht für einen
Raub, Gott gleich sein, sondern demütigte sich selbst, und
Du willst die geistigen Gaben, die Dir geschenkt sind, für
einen Raub halten. Bedenke doch, Dein Leben geht dahin,
einst wird auch für Dich wohl die Zeit kommen, da Dein
Leben abgeschlossen daliegt, da Dir kein Ausweg zum Leben mehr vorgezeichnet ist, da einzig die Erinnerung noch
bleibt, die Erinnerung, doch nicht in jenem Sinne, in dem
Du sie so sehr liebst, als diese Mischung aus Dichtung und
Wahrheit, sondern die ernste und treue Erinnerung des Gewissens; hüte Dich, daß sie nicht eine Liste vor Dir entrolle,
zwar nicht von eigentlichen Verbrechen, wohl aber von ver-
zehrten Möglichkeiten, Schattenbildern, die zu verscheuchen Dir unmöglich sein wird. Noch bist Du jung, die geistige Geschmeidigkeit, die Dir eigen ist, steht der Jugend
wohl an und ergötzt das Auge für eine Weile. Man ist frappiert durch den Anblick eines Clowns, dessen Gliedmaßen
so weich sind, daß jede Notwendigkeit für Gang und Stellung eines Menschen in ihm aufgehoben ist; so bist Du in
geistigem Sinne, Du kannst ebenso gut auf dem Kopf stehen wie auf den Beinen, alles ist Dir möglich, und mit dieser
Möglichkeit vermagst Du andere und Dich selbst zu überraschen; aber es ist ungesund, und um Deiner eigenen Ruhe
willen bitte ich Dich: sieh zu, daß was ein Vorzug an Dir ist,
sich am Ende nicht in einen Fluch verkehre. Kein Mensch,
der eine Überzeugung hat, kann derart nach Belieben sich
selbst und alle Dinge einfach auf den Kopf stellen. Ich warne
Dich daher nicht vor der Welt, sondern vor Dir selber und
die Welt vor Dir. Soviel ist gewiß: hätte ich eine Tochter

in dem Alter, daß sie möglicherweise von Dir beeinflußt werden könnte, so würde ich sie sehr warnen, zumal wenn sie auch noch geistig begabt wäre. Und ist etwa kein Grund vorhanden, vor Dir zu warnen, da ich, der ich mir doch einbilde, mich mit Dir messen zu können, wenn auch nicht in Geschmeidigkeit, so doch in Festigkeit und Haltung, wenn auch nicht in dem Unsteten und Gleißenden, so doch wohl in dem Festen – da ich wirklich manchmal mit einem gewissen Unwillen spüre, wie Du mich bestichst, wie ich mich von Deiner Ausgelassenheit hinreißen lasse, von dem scheinbar gutmütigen Witz, mit dem Du alles verspottest, mich hinreißen lasse zu diesem selben ästhetisch-intellektuellen Rausch, in welchem Du lebst. Ich fühle daher wohl, daß ich Dir gegenüber ein gewisses Maß von Unsicherheit habe, indem ich bald zu streng, bald zu nachgiebig bin. Das ist indessen gar nicht so verwunderlich; denn Du bist wie ein Inbegriff aller Möglichkeit, folglich muß man in Dir bald die Möglichkeit Deines Verderbens, bald die Deines Heils sehen. Du verfolgst jede Stimmung, jeden Gedanken, ob gut oder böse, fröhlich oder traurig, bis an ihre äußerste Grenze, so zwar, daß dies mehr *in abstracto* geschieht als *in concreto*, daß dieses Verfolgen selbst mehr eine Stimmung ist, aus der nichts anderes resultiert als ein Wissen von ihr, nicht einmal so viel, daß es Dir beim nächsten Mal schwerer oder leichter würde, Dich derselben Stimmung hinzugeben; denn Du behältst immer die Möglichkeit dazu, man kann Dir daher beinahe alles vorwerfen oder gar nichts, weil es an Dir ist und doch nicht an Dir. Du bekennst Dich oder bekennst Dich nicht dazu, je nach den Umständen, eine solche Stimmung gehabt zu haben, für jede Zurechnung aber bist Du unzugänglich; worauf es Dir ankommt, ist, daß Du die Stimmung vollständig gehabt hast, pathetisch wahr.

Von der ästhetischen Bedeutung der Ehe also wollte ich handeln. Es könnte dies als eine überflüssige Untersuchung erscheinen, als etwas, das jedermann zugeben würde, da es oft genug dargetan worden ist; denn haben nicht etwa durch

Jahrhunderte Ritter und Abenteurer unglaubliche Mühe und
Beschwer ausgestanden, um endlich im stillen Frieden einer
glücklichen Ehe zu landen; haben nicht durch Jahrhunderte
Romanschreiber und Romanleser sich durch einen Band
nach dem andern hindurchgearbeitet, um bei einer glücklichen Ehe zu enden, und hat nicht ein Geschlecht nach
dem andern immer wieder die Beschwerlichkeiten und Ver-
wickelungen von vier Akten getreulich ausgehalten, wenn
nur eine gewisse Wahrscheinlichkeit bestand für eine glückliche Ehe im fünften? Indessen ist mit diesen ungeheuren
Anstrengungen für die Verherrlichung der Ehe gar wenig
ausgerichtet worden, und ich zweifle sehr, ob je ein Mensch
das Gefühl gehabt hat, durch die Lektüre derartiger Schriften zu der Erfüllung der Aufgabe, die er sich gestellt, befähigt
oder über das Leben orientiert worden zu sein; denn es ist
eben das Verderbliche, das Ungesunde an jenen Schriften,
daß sie enden, wo sie anfangen sollten. Nach den vielen
überstandenen Verhängnissen sinken endlich die Liebenden
einander in die Arme, der Vorhang fällt, das Buch ist zu
Ende, der Leser aber ist so klug wie zuvor; denn es gehört
wahrlich keine große Kunst dazu, vorausgesetzt, daß die
Liebe in ihrem ersten Erglühen da ist, Mut und Klugheit genug zu haben, um mit aller Kraft um den Besitz des Guten
zu kämpfen, das man für das einzige hält, wohl aber hingegen Besonnenheit, Weisheit, Geduld, um die Mattigkeit zu
besiegen, die häufig auf die Erfüllung eines Wunsches zu folgen pflegt. Es liegt als etwas ganz Natürliches im ersten Erglühen der Liebe, daß sie glaubt, sie könne gar nicht genug
Beschwerlichkeiten erdulden, um den Besitz des geliebten
Gegenstandes zu erwerben, ja daß sie geneigt ist, sofern Gefahren nicht vorhanden sind, sich selbst solche zu schaffen,
nur um sie zu besiegen. Dies nimmt die ganze Aufmerksamkeit dieser Richtung gefangen, und sobald die Gefahren besiegt sind, weiß der Maschinenmeister Bescheid. Daher
kommt es auch nur selten vor, daß man eine Trauung sieht
oder von ihr liest, außer sofern Oper und Ballett sich dies

Moment vorbehalten haben, das sehr wohl zu diesem und jenem dramatischen Gallimathias Anlaß geben kann, zu prächtigen Aufzügen, zu den bedeutungsvollen Gestikulationen und himmlischen Blicken eines Figuranten, zum Wechseln der Ringe etc. Was das Wahre an dieser ganzen Entwicklung ausmacht, das eigentlich Ästhetische liegt darin, daß die Liebe in ein Streben gesetzt, daß dieses Gefühl als durch einen Gegensatz sich hindurchkämpfend gesehen wird. Das Verfehlte aber ist dabei, daß dieser Kampf, diese Dialektik ganz und gar äußerlich ist und daß die Liebe ebenso abstrakt aus diesem Kampf hervorgeht, wie sie in ihn hineingegangen ist. Wenn erst die Vorstellung von der eigenen Dialektik der Liebe erwacht, die Vorstellung von ihren pathologischen Kämpfen, von ihrem Verhältnis zum Ethischen, zum Religiösen, dann wird man der hartherzigen Väter, der Jungfrauengemächer, der verzauberten Prinzessinnen oder der Trolle und Ungeheuer wahrhaftig nicht mehr bedürfen, um der Liebe vollauf zu schaffen zu machen. Heutzutage trifft man nun seltener auf solche grausamen Väter oder solche greulichen Ungeheuer, und sofern daher die neuere Literatur sich nach der Art einer älteren gebildet hat, ist eigentlich das Geld das Medium des Gegensatzes geworden, durch das hindurch die Liebe sich bewegt, und also quält man sich denn wiederum durch vier Akte hindurch, wenn begründete Aussichten bestehen, daß im fünften ein reicher Onkel sterben könnte.

Es ist indessen seltener der Fall, daß man derartige Darbietungen sieht, und im ganzen genommen ist die neuere Literatur vollauf damit beschäftigt, die Liebe in der abstrakten Unmittelbarkeit, in welcher sie in der eigentlichen Romanwelt bestanden hat, lächerlich zu machen. Wenn man etwa Scribes Bühnentätigkeit betrachtet, so wird man das als eines seiner Hauptthemen erkennen, daß Liebe eine Illusion ist. Doch daran brauche ich Dich nur zu erinnern; Du hast allzuviel Sympathie für Scribe und seine Polemik, wenigstens glaube ich, Du würdest sie gegen die ganze Welt gel-

tend machen, wenn Du auch die ritterliche Liebe Dir selber
vorbehalten magst; denn Du bist so wenig des Gefühls bar,
daß Du, was Gefühl angeht, der eifersüchtigste Mensch bist,
den ich kenne. Ich erinnere mich, daß Du mir einmal eine
kleine Kritik über Scribes »Die erste Liebe« geschickt hast,
die mit einem fast verzweifelten Enthusiasmus geschrieben
war. Du behauptetest darin, es sei das Beste, was Scribe je geschrieben habe, und daß schon dieses Stück allein, recht verstanden, genüge, ihn unsterblich zu machen. Ich möchte ein
anderes Stück nennen, das, wie mir scheint, wiederum den
Mangel an dem erkennen läßt, was Scribe an die Stelle setzt.
Es heißt: »Auf ewig«. Hier ironisiert er eine erste Liebe. Mit
Hilfe einer klugen Mutter, die zugleich eine feine Weltdame
ist, wird eine neue Liebe gestiftet, die sie für verläßlich hält;
für den Zuschauer aber, der nicht damit zufrieden sein will,
daß der Dichter hier ganz willkürlich den Schlußpunkt gesetzt hat, zeigt es sich leicht, daß ebensogut noch eine dritte
folgen könnte. Überhaupt ist es merkwürdig, in welch hohem Maße die neuere Poesie zehrend ist, und so hat sie schon
seit längerer Zeit von der Liebe gelebt. Unsere Zeit erinnert
sehr an die Auflösung des griechischen Staates. Alles besteht
zwar noch, doch glaubt niemand mehr daran. Das unsichtbare geistige Band, das ihm Gültigkeit verleiht, ist verschwunden, und so ist die ganze Zeit komisch und tragisch
zugleich; tragisch, weil sie untergeht, komisch, weil sie fort-
dauert, denn es ist doch stets das Unverwesliche, welches das
Verwesliche, das Geistige, welches das Leibliche trägt, und
wenn es sich denken ließe, daß ein entseelter Leib noch eine
kleine Weile die gewohnten Funktionen erfüllen könnte,
würde das gleichermaßen komisch und tragisch sein. Doch
mag die Zeit nur verzehren, und je mehr sie von dem substantiellen Gehalt, der in der romantischen Liebe lag, verzehrt haben wird, mit um so größerem Entsetzen wird sie
auch einmal, wenn diese Vernichtung nicht mehr gefällt, sich
dessen bewußt werden, was sie verloren hat, und mit Verzweiflung ihr Unglück fühlen.

Wir wollen nun sehen, wieweit es der Zeit, welche die romantische Liebe vernichtet hat, gelungen ist, etwas Besseres an die Stelle zu setzen. Zunächst möchte ich jedoch die Kennzeichen der romantischen Liebe angeben. Mit einem Wort könnte man sagen, sie ist unmittelbar; sie sehen und sie lieben war eins, oder obgleich sie ihn nur ein einziges Mal durch eine Ritze im Fenster des verschlossenen Jungfrauengemaches gesehen hat, so hat sie ihn doch von diesem Augenblick an geliebt, ihn allein auf der ganzen Welt. Hier müßte ich nun wohl eigentlich verabredetermaßen einigen polemischen Ergüssen Raum geben, um dadurch bei Dir die Gallensekretion zu befördern, die eine notwendige Bedingung für eine gesunde und nützliche Aneignung dessen darstellt, was ich zu sagen habe. Indessen kann ich mich doch nicht dazu entschließen, und zwar aus zwei Gründen, einmal weil das heutzutage schon ziemlich abgedroschen ist, und offen gestanden ist es unbegreiflich, daß Du in dieser Hinsicht mit dem Strome schwimmen willst, da Du doch sonst immer gegen ihn schwimmst; zum andern weil ich wirklich einen gewissen Glauben an die Wahrheit darin, eine gewisse Ehrerbietung dafür, eine gewisse Wehmut darüber bewahrt habe. Ich erwähne daher nur die Losung für Deine in diese Richtung gehende Polemik, die Überschrift eines kleinen Aufsatzes von Dir: Empfindsame und unbegreifliche Sympathien oder zweier Herzen *harmonia praestabilita*. Was Goethe mit so viel Kunst in den »Wahlverwandtschaften« uns zunächst in der Bildersprache der Natur hat ahnen lassen, um es hernach in der Welt des Geistes zu realisieren, das ist es, wovon wir hier reden, nur daß Goethe sich bemüht hat, diese Anziehung durch eine Sukzession von Momenten zu motivieren [vielleicht um den Unterschied zwischen dem Leben des Geistes und dem Naturleben darzutun], und die Geschwindigkeit, die verliebte Ungeduld und Entschiedenheit, mit der das Zusammengehörige zueinanderstrebt, nicht hervorgehoben hat. Und ist es denn nicht schön, solchermaßen sich vorzustellen, daß zwei Wesen füreinander bestimmt sind!

Wie oft hat man denn nicht ein Bedürfnis, über das historische Bewußtsein hinauszugehen, eine Sehnsucht, ein Heimweh nach dem Urwald, der hinter uns liegt, und gewinnt diese Sehnsucht nicht doppelte Bedeutung, wenn die Vorstellung von einem andern Wesen sich daran knüpft, das auch in jenen Gegenden seine Heimat hat? Jede Ehe, selbst die, welche nach besonnener Überlegung eingegangen ist, hat darum ein Bedürfnis, wenigstens in einzelnen Augenblicken sich einen derartigen Vordergrund vorzustellen. Und wie schön ist es nicht, daß der Gott, der Geist ist, zugleich auch die irdische Liebe liebt. Daß nun in dieser Hinsicht unter Eheleuten viel gelogen wird, will ich Dir gern zugestehen, sowie auch, daß Deine diesbezüglichen Beobachtungen mir oftmals Vergnügen bereitet haben, doch darf man das Wahre daran nicht vergessen. Vielleicht denkt der eine oder andere, daß es doch besser sei, in der Wahl seiner »Lebensgefährtin« vollkommene Entscheidungsfreiheit zu haben, aber eine solche Äußerung verrät ein hohes Maß von Borniertheit und törichtem Verstandesdünkel und ahnt nicht, daß die romantische Liebe frei ist in ihrer Genialität und daß eben diese Genialität das Große an ihr ist.

Die romantische Liebe erweist sich als unmittelbar dadurch, daß sie nur in Naturnotwendigkeit ruht. Sie ist auf Schönheit gegründet, teils auf sinnliche Schönheit, teils auf jene Schönheit, die durch und in und mit dem Sinnlichen sich darstellen läßt, nicht in der Weise jedoch, daß sie etwa durch eine Überlegung zum Vorschein käme, sondern so, als stünde sie immerfort auf dem Sprunge, sich zu äußern, blickte daraus hervor. Obgleich diese Liebe sich wesentlich auf das Sinnliche gründet, ist sie doch edel durch das Bewußtsein der Ewigkeit, das sie in sich aufnimmt; denn das eben unterscheidet alle Liebe von Wollust, daß sie ein Gepräge der Ewigkeit an sich trägt. Die Liebenden sind innig überzeugt, daß ihr Verhältnis ein in sich vollendetes Ganzes ist, das sich niemals wird ändern können. Da aber dieser Überzeugung nur eine Naturbestimmung zugrunde liegt, so ist das Ewige auf das Zeitliche gegründet und hebt damit sich selber auf. Da diese Überzeugung keine Prüfung durchgemacht, keine höhere Begründung gefunden hat, erweist sie sich als eine Illusion, und darum ist es so leicht, sie lächerlich zu machen. Indessen sollte man nicht so bereitwillig dazu sein, und es ist wahrhaft widerlich, in der neueren Komödie diese erfahrenen, intriganten, weichlichen Weiber zu sehen, die wissen, daß die Liebe eine Illusion ist. Ich kenne kein so abscheuliches Wesen wie solch ein Weib. Keine Ausschweifung ist mir so zuwider, und nichts ist für mich so empörend, wie ein junges liebereiches Mädchen in den Händen solch eines Weibes zu sehen. Das ist in Wahrheit schrecklicher, als sie sich in den Händen eines Klubs von Verführern zu denken. Traurig ist der Anblick eines Mannes, der mit all dem Substantiellen im Leben fertig geworden ist, aber ein Weib auf diesem Irrweg zu sehn, ist entsetzlich. Doch, wie gesagt, die romantische Liebe hat eine Analogie zu dem Sittlichen in der vermeintlichen Ewigkeit, die sie adelt und sie vor der bloßen Sinnlichkeit rettet. Das Sinnliche ist nämlich das Momentane. Das Sinnliche sucht die augenblickliche Befriedigung, und je verfeinerter es ist, um so mehr weiß es den Augenblick des Genusses zu einer kleinen Ewigkeit zu machen. Die wahre Ewigkeit in der Liebe, welche die wahre Sittlichkeit ist, rettet sie daher eigentlich erst aus dem Sinnlichen heraus. Um aber diese wahre Ewigkeit hervorzubringen, ist eine Willensbestimmung erforderlich; doch davon später mehr.

Die Schwäche, die der romantischen Liebe anhaftet, hat unsere Zeit sehr gut erkannt, ihre ironische Polemik gegen diese Liebe ist zuweilen auch recht ergötzlich gewesen; ob sie dem Mangel abgeholfen und was sie an die Stelle gesetzt hat, wollen wir nunmehr sehen. Man kann sagen, daß sie zwei Wege eingeschlagen hat, von denen der eine sich gleich auf den ersten Blick als ein Irrweg, das heißt als unsittlich erweist; der zweite, der zwar respektabler ist, geht jedoch, wie ich glaube, des Tieferen in der Liebe verlustig. Wenn nämlich die Liebe auf dem Sinnlichen beruht, so sieht ein jeder leicht, daß

diese unmittelbare ritterliche Treue eine Torheit ist. Was
Wunder also, daß das Weib sich emanzipieren will, eine der
vielen unschönen Erscheinungen unserer Zeit, an denen die
Männer schuld sind. Das Ewige in der Liebe wird zum Gegenstand des Spottes, das Zeitliche behält man zurück, das
Zeitliche aber wiederum raffiniert in einer sinnlichen Ewigkeit, im ewigen Augenblick der Umarmung. Was ich hier
sage, findet seine Anwendung nicht nur auf diesen und jenen
Verführer, der wie ein Raubtier in der Welt umherschleicht,
nein, es trifft auf einen zahlreichen Chor von oft höchstbe-
gabten Menschen zu, und nicht Byron allein ist es, der die
Liebe für das Himmelreich, die Ehe für die Hölle erklärt.
Man sieht nun deutlich, daß hier eine Reflexion ist, etwas,
das die romantische Liebe nicht hat. Diese kann durchaus die
Ehe mitnehmen, nimmt den kirchlichen Segen als eine schöne Festlichkeit mehr, ohne daß diese doch eigentlich als solche Bedeutung für sie bekäme. Auf Grund jener Reflexion
hat die besagte Liebe mit einer schrecklichen Unerschütterlichkeit und Verhärtung des Verstandes eine neue Definition
dessen, was unglückliche Liebe sei, ausfindig gemacht, nämlich: geliebt werden, wenn man nicht mehr liebt, nicht etwa: lieben, ohne Gegenliebe zu finden. Und wahrlich,
wenn diese Richtung wüßte, wieviel Tiefsinniges in diesen
wenigen Worten liegt, so würde sie selbst zurückschaudern;
denn sie enthalten außer all dem Erfahrenen, Klugen, Raf-
finierten auch noch eine Ahnung davon, daß es ein Gewissen gibt. Der Moment also wird die Hauptsache, und wie oft
hat man nicht solch einen Liebhaber zu dem unglücklichen
Mädchen, das nur einmal lieben konnte, diese frechen Worte
sagen hören: »Soviel verlange ich gar nicht, ich bin schon mit
weniger zufrieden; es sei fern von mir, zu fordern, daß du
fortfährst, mich in alle Ewigkeit zu lieben, wenn du mich
nur in dem Augenblick liebst, da ich es wünsche.« Derartige
Liebhaber wissen zwar recht gut, daß das Sinnliche vergänglich ist, sie wissen aber auch, welches der schönste Augenblick ist, und damit sind sie zufrieden. Absolut unsittlich ist

eine solche Richtung natürlich, gedanklich jedoch enthält sie gewissermaßen ein Avancement auf unser Ziel hin, insofern sie einen förmlichen Protest gegen die Ehe erhebt. Sofern dieselbe Richtung ein etwas anständigeres Äußeres anzunehmen sucht, beschränkt sie sich nicht nur auf den einzelnen Augenblick, sondern weitet diesen zu einer längeren Zeit aus, doch so, daß sie, statt das Ewige in ihr Bewußtsein aufzunehmen, das Zeitliche aufnimmt, oder sich in diesem Gegensatz des Ewigen mit der Vorstellung von einer möglichen Veränderung in der Zeit verstrickt. Sie meint, eine Zeitlang könne man es schon aushalten, zusammen zu leben, aber sie möchte einen Ausweg offen halten, um in dem Falle, daß eine glücklichere Wahl sich darböte, wählen zu dürfen. Sie macht die Ehe zu einer bürgerlichen Einrichtung; man braucht lediglich der zuständigen Behörde zu melden, daß diese Ehe vorbei und eine neue eingegangen sei, so wie man meldet, daß man umgezogen ist. Ob dem Staate damit gedient ist, möchte ich unentschieden lassen; für den einzelnen muß es fürwahr ein sonderbares Verhältnis sein. Man sieht es daher in der Wirklichkeit auch wohl nie realisiert, aber die Zeit droht fortwährend damit. Und es würde doch wirklich auch ein hohes Maß von Frechheit dazu gehören – ich glaube nicht, daß dieses Wort zu hart ist –, wie es auch zumal bei dem weiblichen Partner in dieser Assoziation einen an Verdorbenheit grenzenden Leichtsinn offenbaren würde. Es gibt indessen eine ganz andere geistige Disposition, die leicht auf einen ähnlichen Einfall kommen könnte, und diese möchte ich hier zuvörderst behandeln, da sie für unsere Zeit sehr charakteristisch ist. Ein solcher Plan kann nämlich seinen Grund in egoistischer oder in sympathetischer Schwermut haben. Man hat nun lange genug von dem Leichtsinn der Zeit gesprochen, ich glaube, es ist höchste Zeit, ein wenig von ihrer Schwermut zu reden, und ich hoffe, daß sich alles besser klären wird. Oder ist etwa Schwermut nicht das Gebrechen der Zeit, ist sie es nicht, die selbst in deren leichtsinnigem Gelächter widerhallt, ist es nicht

Schwermut, was uns den Mut zum Befehlen geraubt hat, den
Mut zum Gehorchen, die Kraft zum Handeln, die Zuversicht zum Hoffen? Und wenn jetzt die guten Philosophen
alles tun, um der Wirklichkeit Intensität zu verleihen, werden
wir da nicht bald so vollgestopft sein, daß wir daran erstik-
ken? Alles ist weggeschnitten, ausgenommen das Gegenwärtige; was Wunder, daß man in stetiger Angst, es zu verlieren,
es verliert. Nun ist es zwar wahr, daß man nicht in einer flie-
henden Hoffnung verschwinden und daß man nicht eben auf
diese Weise in den Wolken verklärt werden soll, aber um in
Wahrheit zu genießen, muß man Luft haben, und nicht allein im Augenblick der Trauer gilt es, den Himmel offen zu
haben, auch in der Zeit der Freude kommt es darauf an, daß
man eine freie Aussicht hat und die Flügeltüren angelweit
offen stehen. Zwar verliert der Genuß scheinbar ein gewisses Maß von jener Intensität, die er vermittels einer solchen
einengenden Begrenzung hat; doch dürfte damit nicht viel
verloren sein, da er etliches gemein hat mit jenem intensiven
Genuß, der die Straßburger Gänse das Leben kostet. Dich
dahin zu bringen, dies einzusehen, dürfte wahrscheinlich
ziemlich schwerfallen, wohingegen ich Dir gewiß nicht näher die Bedeutung jener Intensität darzulegen brauche, die
man auf die andere Weise erreicht. In dieser Hinsicht bist Du
nämlich ein Virtuose, Du, *cui di dederunt formam, divitias ar-
temque fruendi*. Wenn das Genießen die Hauptsache im Leben
wäre, so würde ich mich Dir zu Füßen setzen, um zu lernen;
denn darin bist Du Meister. Bald kannst Du Dich zu einem
Greise machen, um durch den Trichter der Erinnerung das
Erlebte in langsamen Zügen einzusaugen, bald bist Du in der
ersten Jugend, von Hoffnung erglüht, bald genießt Du
männlich, bald weiblich, bald unmittelbar, bald die Reflexion über den Genuß, bald die Reflexion über anderer Genuß, bald die Enthaltung vom Genuß; bald gibst Du Dich
hin, Dein Sinn ist offen, zugänglich wie eine Stadt, die kapituliert hat, die Reflexion ist verstummt, und jeder Schritt der
Fremden hallt in den leeren Straßen wider, und doch bleibt

immer ein beobachtender kleiner Außenposten zurück; bald
verschließt sich Dein Sinn, Du verschanzt Dich, unzugänglich und starr. So verhält es sich, und zugleich wirst Du sehen, wie egoistisch Dein Genuß ist und daß Du Dich niemals
hingibst, niemals andere Dich genießen läßt. Insofern magst
Du wohl recht haben, über jene Menschen zu spotten, an denen jeder Genuß zehrt, wie etwa, um ein Beispiel zu nehmen, die verliebten Menschen mit dem zerrissenen Herzen,
während Du dagegen vortrefflich die Kunst verstehst, Dich
so zu verlieben, daß diese Liebe das Relief für Deine eigene
Persönlichkeit abgibt. Du weißt nun recht gut darüber Bescheid, daß der intensivste Genuß darin liegt, den Genuß mit
dem Bewußtsein festzuhalten, daß er im nächsten Augenblick vielleicht schon vergeht. Deshalb hat Dir das Finale im
Don Juan so sehr gefallen. Verfolgt von der Polizei, von der
ganzen Welt, von Lebendigen und Toten, allein in einem
entlegenen Zimmer, nimmt er noch einmal alle Kraft seiner
Seele zusammen, schwingt er noch einmal den Pokal, ergötzt
seine Seele sich noch einmal an den Klängen der Musik.
Doch ich kehre zu dem, was ich zuvor gesagt habe, zurück:
daß eine teils egoistische, teils sympathetische Schwermut zu
jener Anschauung führen könne. Die egoistische fürchtet natürlich um ihrer selbst willen und ist wie alle Schwermut ge-
nußsüchtig. Sie hat eine gewisse überspannte Ehrfurcht, ein
heimliches Grauen vor einer Verbindung fürs ganze Leben.
»Worauf könnte man sich verlassen, alles kann sich ändern,
mag sein, daß dieses Wesen, das ich jetzt beinahe anbete, sich
ändert, oder es mögen vielleicht spätere Schicksale mich mit
einem andern Wesen in Verbindung bringen, welches doch
erst in Wahrheit das Ideal sein wird, das ich mir erträumt
habe.« Sie ist wie alle Schwermut trotzig und ist sich dessen
selbst bewußt, sie denkt, vielleicht wird gerade dies, daß ich
mit einem unauflöslichen Band mich an jemand binde, bewirken, daß dieses Wesen, das ich sonst von ganzer Seele
lieben würde, mir unerträglich wird, vielleicht, vielleicht
usw. Die sympathetische Schwermut ist schmerzlicher und

auch um einiges edler, sie fürchtet sich um des andern willen.
Wer wüßte sich wohl so sicher, daß er sich nicht ändern
könnte, vielleicht kann das, was ich jetzt für das Gute an mir
halte, verschwinden, vielleicht kann das, womit ich die Geliebte jetzt fessele und was ich nur ihretwegen zu behalten
wünsche, mir genommen werden, und dann steht sie da, enttäuscht, betrogen, vielleicht zeigt sich ihr eine glänzende Aussicht, sie wird versucht, sie besteht vielleicht in der Versuchung nicht, großer Gott, das sollte ich auf meinem Gewissen haben? Ich habe ihr nichts vorzuwerfen, der sich geändert hat, bin ich, ich verzeihe ihr alles, wenn sie mir nur verzeihen kann, daß ich so unvorsichtig war, ihr zu erlauben,
einen so entscheidenden Schritt zu tun. Zwar bin ich mir bewußt, daß ich, weit entfernt, sie zu beschwatzen, sie vielmehr vor mir selber gewarnt habe, daß es ihr freier Entschluß war, aber vielleicht hat diese Warnung sie gerade gelockt, sie in mir ein besseres Wesen sehen lassen, als ich bin
etc. etc. Man wird leicht erkennen, daß einer solchen Denkungsart mit einer Verbindung auf zehn Jahre ebensowenig
gedient ist wie mit einer auf fünf, ja nicht einmal mit einer
Verbindung, wie Saladin sie mit den Christen schloß auf
zehn Jahre, zehn Monate, zehn Wochen, zehn Tage, zehn
Minuten; und ebensowenig gedient mit einer solchen Verbindung wie mit einer fürs ganze Leben. Man sieht recht gut,
daß eine solche Denkungsart nur allzu tief die Bedeutung jenes Wortes fühlt, daß ein jeglicher Tag seine eigene Plage
habe. Sie stellt einen Versuch dar, an jedem Tage so zu leben, als ob dieser Tag der entscheidende wäre, einen Versuch, so zu leben, als wäre man tagtäglich im Examen. Wenn
man daher heutzutage eine große Neigung findet, die Ehe zu
neutralisieren, so nicht etwa deshalb, weil man wie im Mittelalter das ehelose Leben für vollkommener hielte, vielmehr
hat es seinen Grund in Feigheit, in Genußsucht. Zugleich
wird es einleuchten, daß derartige, auf bestimmte Zeit geschlossene Ehen zu nichts nützen, da sie dieselben Schwierigkeiten mit sich bringen wie jene, die für das ganze Leben ge-

schlossen sind, und dabei so weit davon entfernt sind, den
Betreffenden Kraft zum Leben zu geben, daß sie vielmehr die
innerste Kraft des ehelichen Lebens entnerven, jene Energie
des Willens erschlaffen lassen und jenen Segen des Vertrauens
mindern, wie die Ehe sie besitzt. Dabei ist es schon klar und
wird es später in noch höherem Maße werden, daß dergleichen Assoziationen keine Ehen sind, da sie, obschon in die
Sphäre der Reflexion eingetreten, doch nicht jenes Bewußtsein der Ewigkeit erreicht haben, das die Sittlichkeit hat und
das die Verbindung erst zur Ehe macht. Das ist auch etwas,
worin Du mit mir völlig einig sein wirst; denn wie oft und
wie sicher haben nicht Dein Spott und Deine Ironie derartige Stimmungen wohlverdient getroffen [»die zufälligen
Verliebtheiten oder die schlechte Unendlichkeit der Liebe«],
wie etwa jemand mit seiner Verlobten aus dem Fenster sieht
und im selben Augenblick ein junges Mädchen um die Ecke
in eine andere Straße einbiegt und es ihm plötzlich einfällt:
die ist es, in die ich eigentlich verliebt bin; allein, indem er
die Spur verfolgen will, wird er abermals gestört usw.
Der andere Ausweg, der anständige, wäre die Vernunftehe. Man hört es gleich am Namen, daß man in die Sphäre
der Reflexion eingetreten ist. Dieser und jener, und darunter auch Du, haben zu dieser Ehe, wie sie hier zwischen der
unmittelbaren Liebe und dem berechnenden Verstande beabsichtigt ist, stets ein bedenkliches Gesicht gemacht; denn
eigentlich müßte man doch, will man dem Sprachgebrauch
Rechnung tragen, es eine Verstandesehe nennen. Besonders
pflegst Du immer mit vieler Zweideutigkeit »Achtung« als
solide Grundlage für eine eheliche Verbindung zu empfehlen. Es zeigt, wie durchreflektiert die Zeit ist, daß sie sich mit
einem solchen Ausweg wie einer Vernunftehe behelfen muß.
Sofern eine solche Verbindung auf die eigentliche Liebe verzichtet, ist sie wenigstens konsequent, gibt aber damit zugleich zu erkennen, daß sie eine Lösung der Aufgabe nicht
ist. Eine Verstandesehe ist daher als eine Art Kapitulation zu
betrachten, welche die Verwicklungen des Lebens notwen-

dig machen. Wie traurig aber ist es doch, daß es gleichsam
der einzige, der Poesie unserer Zeit noch verbliebene Trost
ist, der einzige Trost zu verzweifeln; denn Verzweiflung ist
es doch offenbar, was eine solche Verbindung annehmbar
macht. Sie wird darum auch gern zwischen Personen eingegangen, welche die Kinderschuhe längst ausgetreten und
zugleich gelernt haben, daß die eigentliche Liebe eine Illusion ist und ihre Realisation höchstens ein *pium desiderium.*
Das, wozu sie darum in Beziehung tritt, ist des Lebens Prosa,
Auskommen, Ansehen im sozialen Leben usw. Sofern sie das
Sinnliche in der Ehe neutralisiert hat, scheint sie sittlich zu
sein; es ist jedoch die Frage, ob diese Neutralisation nicht
ebenso unsittlich sei, wie sie unästhetisch ist. Oder mag das
Erotische auch nicht völlig neutralisiert sein, so ist es doch
verknüpft mit einer nüchternen Verstandesbetrachtung darüber, daß man vorsichtig sein müsse, nicht allzu rasch im
Verschmähen, daß das Leben doch nie das Ideale gewähre,
daß es eine recht anständige Partie sei usw. Das Ewige, das,
wie oben bereits dargetan wurde, zu jeder Ehe dazu gehört,
ist hier also eigentlich nicht zugegen; denn eine Verstandes-
berechnung ist immer zeitlich. Eine derartige Verbindung ist
daher zugleich unsittlich und zerbrechlich. Eine schönere
Gestalt kann eine solche Vernunftehe annehmen, wenn das
Bestimmende etwas Höheres ist. In diesem Falle ist es also ein
der Ehe selbst fremdes Motiv, das den Ausschlag gibt, wie
wenn z. B. ein junges Mädchen aus Liebe zu ihrer Familie
einen Mann ehelicht, der imstande ist, diese zu retten. Eben
diese äußere Teleologie aber läßt unschwer erkennen, daß
wir hier eine Lösung der Aufgabe nicht suchen dürfen. An
diesem Punkt könnte ich vielleicht passend die mannigfaltigen Beweggründe zum Eingehen einer Ehe abhandeln, von
denen oft genug die Rede ist. Ein derartiges Überlegen und
Erörtern gehört gerade in die Sphäre des Verstandes. Ich
möchte es mir aber doch lieber für einen anderen Punkt vorbehalten, an dem ich dieser ganzen Erörterung womöglich
zugleich den Mund stopfen kann.

Es hat sich nunmehr gezeigt, wie die romantische Liebe auf eine Illusion und daß ihre Ewigkeit auf das Zeitliche gegründet war, und daß, obwohl der Ritter sich von ihrer absoluten Beständigkeit innig überzeugt hielt, es hierfür doch keinerlei Gewißheit gab, da ihre Versuchung und Verlockung bisher in einem völlig äußerlichen Medium vor sich gegangen war. Sie war insofern durchaus imstande, in schöner Pietät die Ehe mitzunehmen, doch hat dies keinerlei tiefere Bedeutung erhalten. Es hat sich gezeigt, wie diese unmittelbare schöne, aber auch einfältige Liebe, in das Bewußtsein einer reflektierenden Zeit aufgenommen, zum Gegenstand ihres Spottes und ihrer Ironie werden mußte, und zugleich hat es sich gezeigt, was ein solches Zeitalter an die Stelle zu setzen vermocht hat. Eine solche Zeit hat zugleich die Ehe in ihr Bewußtsein aufgenommen und sich nun teils für die Liebe erklärt, dergestalt, daß die Ehe ausgeschlossen wurde, teils für die Ehe, dergestalt, daß man auf die Liebe verzichtete. Eine verständige kleine Näherin macht daher auch in einem neueren Drama über die Liebe der vornehmen Herren die kluge Bemerkung: Uns lieben sie, aber heiraten uns nicht; die vornehmen Damen lieben sie nicht, aber verheiraten sich mit ihnen.

Hiermit ist diese kleine Untersuchung [denn ich bin wohl genötigt, das, was ich hier schreibe, so zu nennen, obgleich ich mir zunächst nur einen größeren Brief gedacht hatte] an den Punkt gelangt, von dem aus die Ehe sich erst recht beleuchten läßt. Daß die Ehe wesentlich dem Christentum zugehört, daß die heidnischen Nationen sie nicht vollendet haben, trotz der Sinnlichkeit des Orients und aller Schönheit Griechenlands, daß nicht einmal das Judentum dazu imstande gewesen ist, trotz des wahrhaft Idyllischen, das sich in ihm findet, das wirst Du mir wohl zugeben, ohne daß ich weiter darauf einzugehen brauche, und zwar um so mehr, als es genügen wird, nur daran zu erinnern, daß der Geschlechtsgegensatz nirgends so tief reflektiert worden ist, daß das andere Geschlecht dadurch zu seinem vollen Recht gekommen wä-

re. Aber auch innerhalb des Christentums mußte die Liebe
mancherlei Schicksale durchmachen, bevor man dazu ge-
langte, das Tiefe, Schöne und Wahre zu sehen, das in der Ehe
liegt. Da nun aber das unmittelbar vorhergegangene und bis
zu einem gewissen Grade auch noch das gegenwärtige ein
reflektierendes Zeitalter ist, so ist es keine ganz leichte Sache,
das zu beweisen, und da ich in Dir einen so großen Virtuosen
in der Kunst, die schwachen Seiten hervorzuziehen, gefunden
habe, so ist die Aufgabe, die ich mir nebenbei gestellt, Dich
womöglich zu überzeugen, doppelt schwierig. Indessen
schulde ich Dir das Eingeständnis, daß ich Dir für Deine Polemik sehr verbunden bin. Sie ist, wenn ich mir die vielfältigen zerstreuten Äußerungen, in denen ich sie besitze, vereinigt denke, so talentvoll und erfinderisch, daß sie ein guter
Wegweiser wird für den, der verteidigen will; denn Deine
Angriffe sind nicht so oberflächlich, daß sie, wenn Du oder
ein anderer sie durchdenkt, nicht etwa das Wahre in sich enthielten, magst Du oder der, mit dem Du streitest, es im Augenblick des Kampfes auch nicht merken.

Sofern es sich nun als ein Mangel an der romantischen Liebe
herausgestellt hat, daß sie nicht reflektiert war, könnte es
vielleicht richtig scheinen, die wahre eheliche Liebe mit einer Art von Zweifel beginnen zu lassen. Dies könnte um so
notwendiger erscheinen, als wir aus einer Reflexionswelt heraus zu ihr gelangen. Daß eine Ehe sich nach einem solchen
Zweifel künstlerisch ausführen ließe, will ich keineswegs
leugnen; es bleibt jedoch die Frage, ob denn das Wesen der
Ehe damit nicht bereits verändert sei, da doch eine Trennung zwischen Liebe und Ehe beabsichtigt ist. Es ist die Frage, ob es wesentlich zur Ehe gehört, durch den Zweifel an
der Möglichkeit, die erste Liebe zu realisieren, diese zu vernichten, um durch diese Vernichtung die eheliche Liebe zu
ermöglichen und verwirklichen, so daß die Ehe Adams und
Evas eigentlich die einzige wäre, in der die unmittelbare
Liebe unverletzt bewahrt ist, und zwar wiederum wohl
hauptsächlich aus dem Grunde, den Musäus recht witzig her-

vorhebt, daß es keine Möglichkeit gab, einen andern zu lieben. Es bleibt die Frage, ob nicht die unmittelbare, die erste
Liebe dadurch, daß sie in eine höhere konzentrische Unmittelbarkeit aufgenommen wäre, gegen diese Skepsis gesichert
sei, so daß die eheliche Liebe nicht die schönen Hoffnungen
der ersten Liebe unterzupflügen brauchte, sondern die eheliche Liebe die erste Liebe selbst wäre, mit einem Zusatz von
Bestimmungen, die sie nicht verringerten, sondern veredel-
ten. Es ist ein schwieriges Problem, dies zu beweisen, und
doch ist es von ungeheurer Wichtigkeit, damit wir im Ethischen nicht etwa eine ähnliche Kluft bekommen, wie im Intellektuellen zwischen Glaube und Wissen. Und schön, lieber Freund, das wirst Du mir nicht bestreiten [denn auch
Dein Herz hat doch Gefühl für Liebe, und auch Dein Kopf
kennt die Zweifel nur zu gut], schön wäre es doch, wenn der
Christ seinen Gott den Gott der Liebe nennen dürfte, dergestalt, daß er auch dabei an jenes unsäglich selige Gefühl dächte,
jene ewige Macht in der Welt – die irdische Liebe. Sofern ich
darum im vorhergehenden die romantische Liebe und die
reflektierende als die diskursiven Standpunkte angedeutet
habe, wird es sich hier so recht erweisen, inwiefern die höhere Einheit eine Rückkehr zum Unmittelbaren ist, inwiefern sie, außer dem Mehr, das sie enthält, zugleich das enthält, was in dem ersten lag. Es ist nun völlig klar, daß die
reflektierende Liebe fortwährend sich selbst verzehrt und daß
sie ganz willkürlich bald an diesem, bald an jenem Punkte
Halt macht, es ist klar, daß sie über sich selbst hinausweist auf
ein Höheres, die Frage aber ist, ob dieses Höhere nicht alsbald mit der ersten Liebe in Verbindung treten könne. Dieses Höhere nun ist das Religiöse, in welchem die Verstandesreflexion endet, und wie für Gott kein Ding unmöglich ist,
so ist auch für das religiöse Individuum kein Ding unmöglich. Im Religiösen findet die Liebe wiederum jene Unendlichkeit, die sie in der reflektierenden vergeblich gesucht hat.
Wenn aber das Religiöse, so gewiß es ein Höheres ist als alles
Irdische, dabei nicht ein im Verhältnis zu der unmittelbaren

Liebe Exzentrisches, sondern mit ihr Konzentrisches ist, so
ließe die Einheit sich ja herstellen, ohne daß der Schmerz, den
das Religiöse zwar heilen kann, der aber doch immer ein
tiefer Schmerz ist, notwendig würde. Nur selten sieht man,
daß diese Sache zum Gegenstand der Überlegung gemacht
wird, weil diejenigen, die Sinn für die romantische Liebe haben, nach der Ehe nicht viel fragen und andererseits leider
so viele Ehen geschlossen werden ohne jene tiefere Erotik,
die wahrlich das Schönste in der reinen menschlichen Existenz ist. Das Christentum hält unerschütterlich an der Ehe
fest. Wenn also die eheliche Liebe nicht alle Erotik der ersten Liebe in sich bergen kann, so ist das Christentum nicht
die höchste Entwicklung des Menschengeschlechts, und sicherlich trägt zum großen Teil eine geheime Angst vor einer
derartigen Unstimmigkeit die Schuld an jener Verzweiflung,
von der die neuere Lyrik in Vers und Prosa widerhallt.
Du siehst also, was für eine Aufgabe es ist, die ich mir gestellt
habe, nämlich zu zeigen, daß die romantische Liebe sich mit
der Ehe vereinen läßt und in ihr bestehen kann, ja daß die Ehe
die wahre Verklärung jener Liebe ist. Hiermit soll nun keineswegs ein Schatten auf die aus der Reflexion und deren
Schiffbruch sich rettenden Ehen geworfen sein, es soll weder
geleugnet werden, daß sich manches tun läßt, noch werde
ich so teilnahmslos sein, daß ich ihnen etwa nicht meine Bewunderung zollen würde, noch sei es vergessen, daß die ganze Richtung der Zeit es oft zu einer traurigen Notwendigkeit machen kann. Was aber das letztere betrifft, so muß
man sich doch daran erinnern, daß jede Generation und jedes
Individuum in der Generation bis zu einem gewissen Grade
das Leben von vorn anfängt und daß es somit für jeden einzelnen eine Möglichkeit gibt, diesem Mahlstrom zu entfliehen; und nicht minder daran, daß ja das eine Geschlecht von
dem andern lernen soll und daß deshalb eine Wahrscheinlichkeit besteht, daß, nachdem die Reflexion ein Geschlecht
zu diesem traurigen Schauspiel verbraucht hat, ein nachfolgendes glücklicher sein werde. Und wie viele schmerzliche

Verwirrungen das Leben noch offenbaren mag, ich kämpfe für zweierlei, für die ungeheure Aufgabe, zu zeigen, daß die Ehe die Verklärung der ersten Liebe, nicht ihre Vernichtung ist, ihre Freundin, nicht ihre Feindin, und für die für alle andern überaus unbedeutende, aber für mich um so wichtigere Aufgabe, daß meine geringe Ehe diese Bedeutung gehabt hat, um Stärke und Mut zu erwerben, diese Aufgabe immer wieder zu erfüllen.

Und indem ich mich jetzt dieser Untersuchung nähere, kann ich mich doch nur darüber freuen, daß ich gerade an Dich schreibe. Ja, so gewiß es ist, daß ich zu keinem andern Menschen mich über mein eheliches Verhältnis äußern würde, so gewiß ist es, daß ich mich Dir mit einer zuversichtlichen Freude öffne. Wenn zuweilen der Lärm der streitenden und arbeitenden Gedanken, der ungeheuren Maschinerie, die Du in Dir trägst, verstummt, so kommen stille Augenblicke, die zwar im ersten Moment beinahe beängstigen mit ihrer Stille, die sich aber auch bald als wahrhaft erquickend erweisen. In einem solchen Augenblick wird, so hoffe ich, diese Abhandlung Dich treffen; und wie man Dir unbesorgt alles, was man will, anvertrauen kann, solange die Maschinerie im Gange ist, denn da hörst Du nichts; so kann man auch, ohne sich selbst preiszugeben, Dir alles erzählen, wenn Deine Seele still und feierlich ist. Da will ich auch von ihr sprechen, von der ich sonst nur zu der schweigenden Natur spreche, weil ich nur mich selbst hören will, von ihr, der ich so viel verdanke, unter anderem auch, daß ich mit Freimut für die Sache der ersten Liebe und der Ehe einzutreten wage; denn was vermöchte wohl ich mit all meiner Liebe und all meinem Streben, wenn sie mir nicht zu Hilfe käme, und was vermöchte ich wohl, wenn sie mich nicht zum Wollen begeisterte. Dabei weiß ich sehr wohl, wenn ich ihr dies sagte, so würde sie mir nicht glauben, ja ich würde vielleicht verkehrt handeln, wenn ich es ihr sagte, ich würde vielleicht ihre tiefe und reine Seele verwirren und aufrühren.

Meine erste Aufgabe besteht nunmehr darin, mich und be-

sonders Dich in den Bestimmungen dessen, was eine Ehe ist,
zu orientieren. Das eigentlich Konstituierende, das Substantielle ist offenbar die Liebe oder, wenn Du es bestimmter fassen willst, die Liebe zwischen Mann und Weib. Sobald diese
fortgenommen wird, ist das Zusammenleben entweder eine
bloße Befriedigung sinnlicher Lust, oder es ist eine Assoziation, eine Partnerschaft zur Erreichung irgendeines Zweckes;
die Liebe aber trägt eben die Bestimmung der Ewigkeit in
sich, ob es sich nun um die abergläubische, abenteuerliche,
ritterliche Liebe handelt, oder um die tiefere sittliche, von
einer kräftigen und lebendigen Überzeugung durchdrungene religiöse Liebe.
Ein jeder Stand hat seine Verräter, auch der Ehestand. Ich
meine natürlich nicht die Verführer, denn die sind ja nicht in
den heiligen Ehestand getreten [ich hoffe, daß diese Untersuchung Dich in einer Stimmung antreffen möge, in der Du
über diesen Ausdruck nicht lächeln wirst], ich meine nicht
jene, die durch eine Scheidung aus ihm ausgetreten sind,
denn die haben immerhin den Mut gehabt, offene Aufrührer
zu sein; nein, ich meine diejenigen, die nur in Gedanken Aufrührer sind, die es auch nicht wagen, es durch die Tat sich
äußern zu lassen, diese erbärmlichen Ehemänner, die dasitzen und darüber seufzen, daß die Liebe schon längst aus
ihrer Ehe verdunstet sei, diese Ehemänner, die, wie Du einmal von ihnen gesagt hast, gleich Wahnsinnigen in ihrem
ehelichen Verschlag hocken, an den Eisenstäben zerren und
von der Süße der Verlobung und der Bitterkeit der Ehe
phantasieren, diese Ehemänner, die nach Deiner eigenen
richtigen Beobachtung zu denen gehören, die mit einer gewissen hämischen Freude jeden beglückwünschen, der sich
verlobt. Ich kann Dir nicht beschreiben, wie verächtlich sie
mir vorkommen und wie sehr es mich belustigt, wenn so ein
Ehemann Dich zum Vertrauten bekommt, wenn er vor Dir
alle seine Leiden ausschüttet, alle seine Lügen über die glückliche erste Liebe herleiert und Du dann mit pfiffiger Miene
sagst: Ja, ich werde mich wohl hüten, aufs Glatteis zu gehen,

und es ihn dann noch mehr verbittert, daß er Dich nicht mit
in ein *commune naufragium* hineinreißen kann. Das sind die
Ehemänner, auf die Du so oft anspielst, wenn Du von einem
zärtlichen Familienvater mit vier reizenden Kindern sprichst,
die er gern hinwünschte, wo der Pfeffer wächst.

Sofern nun in dem, was sie sagen, etwas drin liegen sollte, so
müßte das ja eine Unterscheidung von Liebe und Ehe sein,
dergestalt, daß die Liebe in *einen* Zeitmoment verlegt würde,
die Ehe in einen andern, aber Liebe und Ehe unvereinbar
würden. Man fand denn auch bald heraus, in welchen Zeitmoment die Liebe gehöre, – nämlich in die Verlobung, die
schöne Zeit der Verlobung. Mit einer gewissen possenhaften
Bewegung und Rührung wissen sie des langen und breiten
davon zu reden, was es heißt, die Tage der Verlobung zu genießen. Ich muß nun gestehen, daß ich für diese verliebten
Leckereien der Verlobung nie viel übrig gehabt habe, und je
mehr man aus diesem Abschnitt machen will, um so mehr
scheint er mir jener Zeit zu gleichen, die viele Menschen
brauchen, wenn sie ins Wasser wollen, bis sie hineinspringen, in der sie auf der schwimmenden Brücke auf und ab gehen, bald eine Hand, bald einen Fuß ins Wasser tauchen, es
bald zu kalt, bald zu warm finden. Wenn es sich nun wirklich so verhielte, daß die Verlobung die schönste Zeit wäre,
so sehe ich wahrlich nicht ein, warum sie heiraten und, falls
sie recht hätten, warum man heiratet. Indessen verheiraten
sie sich doch mit aller nur möglichen spießbürgerlichen Prä-
zision, wenn Tanten und Cousinen, Freunde und Nachbarn
es passend finden, etwas, das die gleiche Schläfrigkeit und
Schlaffheit verrät, die darin zum Ausdruck kommt, daß man
die Verlobung für die schönste Zeit hält. Wenn es denn
schon sein muß, so sind mir jene tollkühnen Menschen, die
allein am Hineinspringen Gefallen finden, immer noch lieber. Das ist doch immerhin etwas, wenn auch die Bewegung
nie so großartig sein wird, der Schauder des Bewußtseins nie
so erfrischend, die Reaktion des Willens nie so energisch,
wie wenn ein kräftiger männlicher Arm die Geliebte fest und

doch zärtlich umschließt, mit Macht und doch so, daß sie sich gerade in dieser Umarmung frei fühlt, um sich vor Gottes Angesicht ins Meer des Daseins zu stürzen.

Wenn nun eine solche Unterscheidung von Liebe und Ehe irgendeine Gültigkeit besäße, nicht nur in den hohlen Köpfen einiger törichter Menschen oder vielmehr Unmenschen, die genauso wenig wissen, was Liebe wie was Ehe ist, so sähe es übel aus mit der Ehe und mit meinem Versuch, das Ästhetische in ihr sichtbar zu machen oder zu zeigen, daß die Ehe eine ästhetische Klangfigur ist. Was aber sollte denn wohl der Grund für die Richtigkeit einer solchen Unterscheidung sein? Entweder müßte es der sein, daß überhaupt die Liebe sich nicht bewahren läßt. Wir hätten dann hier dasselbe Mißtrauen und dieselbe Feigheit, die sich in unserer Zeit so oft äußern und deren Kennzeichen es ist, daß sie meinen, Entwicklung bedeute Rückgang und Vernichtung. Ich will nun gern zugeben, daß solch eine zarte und schwächliche, ebenso unmännliche wie unweibliche Liebe [was Du mit gewohnter Ungebärdigkeit eine Groschenliebe nennen würdest] nicht einem einzigen Windstoß der Lebensstürme zu widerstehen vermöchte, doch würde ja daraus für Liebe und Ehe nichts folgen, wenn sie beide in gesundem und natürlichem Zustand wären. Oder der Grund müßte der sein, daß das Ethische und Religiöse, das mit der Ehe hinzutritt, sich als so ungleichartig mit der Liebe erwiese, daß sie sich deshalb nicht vereinigen ließen, dergestalt, daß die Liebe wohl imstande wäre, das Leben siegreich durchzukämpfen, wenn sie allein in sich ruhen und auf sich selbst vertrauen dürfte. Diese Betrachtung würde nun die Sache entweder auf das unerprobte Pathos der unmittelbaren Liebe zurückführen, oder auf die Laune und Willkür des einzelnen Individuums, das sich in eigener Kraft imstande glaubte, den Lauf zu vollenden. Diese letztere Betrachtung, daß es das Ethische und Religiöse an der Ehe sei, was störend wirke, verrät auf den ersten Blick eine gewisse Männlichkeit, welche die flüchtige Beobachtung leicht täuschen kann, und hat, wenn auch verfehlt, doch eine

ganz andere Sublimität an sich als die ganze erste Jämmerlichkeit. Ich werde später darauf zurückkommen, und zwar
um so mehr, als mein inquisitorischer Blick mich sehr trügen
müßte, wenn ich eben in Dir nicht einen von dieser Verirrung bis zu einem gewissen Grade angesteckten Ketzer
sähe.

Das Substantielle in der Ehe ist die Liebe; welches aber ist das
Erste, ist die Liebe das Erste, oder ist es die Ehe, so daß die
Liebe sukzessive hinterher käme? Diese letzte Betrachtungsweise hat unter beschränkten Verstandesmenschen kein geringes Ansehen genossen, ist nicht selten von klugen Vätern
und noch klügeren Müttern vorgetragen worden, die selbst
meinen, Erfahrung gemacht zu haben, und zur Entschädigung fest darauf beharren, daß ihre Kinder auch Erfahrung
machen müssen. Das ist die Weisheit, die auch die Tauben-
händler haben, wenn sie zwei Tauben, die nicht die geringste Sympathie füreinander hegen, in ein kleines Bauer sper-
ren und meinen, sie würden es schon lernen, sich zu vertragen. Diese ganze Betrachtungsweise ist so borniert, daß
ich sie nur einer Art Vollständigkeit halber angedeutet habe
und um zugleich an das Viele zu erinnern, das Du in dieser
Beziehung preisgegeben hast. Die Liebe ist also das Erste.
Aber die Liebe ist wiederum, wie im vorhergehenden angedeutet wurde, von so zarter Natur und, obgleich Natur, so
unnatürlich und verzärtelt, daß sie es gar nicht ertragen kann,
mit der Wirklichkeit in Berührung zu kommen. Damit bin
ich wieder an dem schon früher berührten Punkt. Hier
scheint nun die Verlobung ihre Bedeutung zu bekommen.
Sie ist eine Liebe, die keine Wirklichkeit hat, die bloß von
dem Zuckerbrot der süßen Möglichkeit lebt. Das Verhältnis
hat nicht die Realität der Wirklichkeit, seine Bewegungen
sind inhaltslos, es bleibt immer nur bei denselben »nichtssagenden verliebten Gestikulationen«. Je unwirklicher die Verlobten selber sind, je mehr Anstrengung selbst diese nur fingierten Bewegungen sie kosten und je mehr sie ihre Kraft
erschöpfen, ein um so stärkeres Bedürfnis werden sie empfin-

den, die ernste Gestalt der Ehe zu fliehen. Indem nun solchermaßen die Verlobung ohne eine notwendig aus ihr sich er-
gebende Wirklichkeit zu sein scheint, so wäre sie ja ein vortrefflicher Ausweg für diejenigen, die keinen Mut zur Ehe
haben. Sie empfinden vielleicht, und aller Wahrscheinlichkeit nach sehr überspannt, das Bedürfnis, wenn sie den entscheidenden Schritt tun wollen, bei einer höheren Macht
Hilfe zu suchen, um sich auf diese Weise mit sich selbst und
mit dem Höheren abzufinden, mit sich selbst, indem sie sich
auf eigene Verantwortung und Gefahr verloben, mit dem
Höheren, indem sie sich dem Segen der Kirche nicht entziehen, den sie also mit ziemlich viel Aberglauben wiederum
zu hoch einschätzen. Wir haben hier also wieder in der feig-
sten, schwächlichsten, unmännlichsten Gestalt ein Schisma
zwischen Liebe und Ehe. Doch eine solche Mißgestalt kann
nicht beirren; ihre Liebe ist keine Liebe, ihr fehlt das sinnliche
Moment, das seinen sittlichen Ausdruck in der Ehe hat, sie
neutralisiert das Erotische derart, daß eine solche Verlobung
ebensogut zwischen Männern statthaben könnte. Sobald sie
dagegen, obwohl sie diese Trennung bewahren möchte, das
Sinnliche geltend macht, schlägt sie augenblicklich in die im
vorhergehenden geschilderten Richtungen um. Eine solche
Verlobung nun ist unschön, wie immer man sie auch betrachte; denn auch in religiöser Hinsicht ist sie unschön, da
sie einen Versuch darstellt, Gott zu betrügen, sich etwas zu
erlisten, wozu sie seiner Hilfe nicht zu bedürfen meint, und
sich ihm nur anzuvertrauen, wenn sie fühlt, daß es anders
nicht mehr wohl angehe.

Die Ehe soll also die Liebe nicht hervorrufen, vielmehr sie
setzt sie voraus, setzt sie jedoch nicht voraus als ein Vergangenes, sondern als ein Gegenwärtiges. Aber die Ehe trägt ein
ethisches und religiöses Moment in sich, das tut die Liebe
nicht; die Ehe ist deshalb auf Resignation gegründet, das ist
die Liebe nicht. Wenn man nun nicht annehmen will, daß
jeder Mensch in seinem Leben die doppelte Bewegung durch-
laufe, zunächst die, wenn ich so sagen darf, heidnische Be-

wegung, jene also, in welche die Liebe gehört, und alsdann
die christliche, deren Ausdruck die Ehe ist; wenn man nicht
sagen will, die Liebe müsse vom Christentum ausgeschlossen
werden, so ist zu zeigen, daß die Liebe sich mit der Ehe vereinigen lasse. Es fällt mir übrigens ein, falls irgendein Unbefugter dieses Papier zu Gesicht bekäme, so würde er vermutlich in höchste Verwunderung geraten darüber, daß dergleichen mir so große Beschwerden machen konnte. Nun, ich
schreibe ja auch nur für Dich, und Deine Entwicklung ist
von solcher Natur, daß Du die Schwierigkeiten vollauf verstehst.

Zunächst also eine Untersuchung über die Liebe. Ich möchte
hier an einen Ausdruck anknüpfen, der Deinen und aller
Welt Spöttereien zum Trotz für mich doch von jeher einen
schönen Sinn gehabt hat: die erste Liebe [glaube mir, ich
gebe nicht nach, Du wirst es vermutlich auch nicht, insofern
ergibt sich ein sonderbares Mißverhältnis in unserer Korre-
spondenz]. Wenn ich dieses Wort erwähne, so denke ich an
etwas, das zum Schönsten im Leben gehört; wenn Du es gebrauchst, so ist es das Signal dafür, daß die ganze Vedettenkette Deiner Beobachtungen schießt. Wie aber für mich dieses Wort gar nichts Lächerliches hat, und wie ich, offen gestanden, Deinen Angriff nur ertrage, weil ich ihn übersehe,
so hat es für mich auch nicht das Wehmütige, das es für diesen und jenen wohl haben mag. Diese Wehmut braucht nicht
krankhaft zu sein; denn das Krankhafte ist immer das Unwahre und das Verlogene. Es ist schön und gesund, wenn ein
Mensch mit seiner ersten Liebe Unglück gehabt, wenn er
den Schmerz kennen gelernt hat, der darin liegt, dennoch
aber seiner Liebe treu geblieben ist, dennoch den Glauben an
diese erste Liebe bewahrt hat, es ist schön, wenn er nun im
Laufe der Jahre zuweilen recht lebhaft ihrer gedenkt, und
zwar obwohl seine Seele Gesundheit genug gehabt hat, von
dieser Art Leben gleichsam Abschied zu nehmen, um sich
etwas Höherem zu widmen, es ist schön, wenn er sich dann
wehmütig an sie erinnert als an etwas, was zwar nicht das

Vollkommene war, aber doch so überaus schön. Und weit gesünder und schöner und edler ist diese Wehmut als die prosaische Verständigkeit, die längst mit allen derartigen Kindereien fertig geworden ist, diese teuflische Klugheit des Musikmeisters Basilio, die sich zwar einbildet, Gesundheit zu sein, die aber doch die zutiefst verzehrende Krankheit ist; denn was hülfe es dem Menschen, so er die ganze Welt gewönne, und nähme doch Schaden an seiner Seele? Für mich hat dieses Wort »die erste Liebe« gar nichts Wehmütiges, oder jedenfalls nur eine leichte Beimischung von wehmütiger Süße, für mich ist es ein Schlachtruf, und ich habe, obgleich Ehemann schon seit mehreren Jahren, noch immer die Ehre, unter dem siegreichen Banner der ersten Liebe zu streiten.

Für Dich dagegen ist die Vorstellung des Ersten, seine Bedeutung, seine Über- und Unterschätzung eine rätselhafte Wellenbewegung. Bald bist Du einzig und allein von dem Ersten begeistert. Du bist mit der energischen Konzentration, die darin liegt, so geschwängert, daß es das einzige ist, was Du willst. Du bist so durchglüht und entflammt, so liebeswarm, so träumerisch und fruchtbar, so niedersinkend wie eine Regenwolke, so mild wie ein Sommerlüftchen, kurz, Du hast eine lebendige Vorstellung davon, was es heißt, daß Jupiter seine Geliebte in einer Wolke oder im Regen besucht. Das Vergangene ist vergessen, jede Begrenzung ist aufgehoben. Du weitest Dich immer mehr aus, Du verspürst eine Weichheit und Elastizität, jedes Gelenk wird geschmeidig, jeder Knochen eine biegsame Sehne: wie ein Gladiator seinen Körper reckt und streckt, um ihn ganz in seiner Gewalt zu haben; jeder muß glauben, daß er sich damit seiner Kraft beraube, und doch ist diese wollüstige Tortur gerade die Bedingung dafür, daß er seine Stärke recht anwenden kann. Nun bist Du also in dem Zustand, in dem Du die reine Wollust der vollkommenen Rezeptivität genießt. Die leiseste Berührung genügt, um diesen unsichtbaren weitausgedehnten geistigen Leib zu durchzittern. Es gibt ein Tier, über das ich des öfteren in Gedanken versunken bin, nämlich die Qualle. Hast Du bemerkt, wie diese gallertartige Masse sich zu einer Fläche ausdehnen und nun langsam bald sinken, bald steigen kann, so ruhig und fest, daß man glauben sollte, man könne darauftreten. Jetzt merkt sie, daß ihre Beute sich nähert, da stülpt sie sich nach innen, wird zu einem Beutel und sinkt mit ungeheurer Geschwindigkeit immer tiefer herab, indem sie mit dieser Geschwindigkeit ihre Beute hereinreißt – nicht in ihren Beutel, denn sie hat keinen Beutel; sondern in sich selbst, denn sie ist selber Beutel und weiter nichts. Sie kann sich nur derart zusammenzuziehen, daß man nicht begreift, wie es ihr möglich war, sich auszudehnen. So etwa verhält es sich mit Dir, und Du mußt mir nur verzeihen, daß ich kein schöneres Tier gehabt habe, mit dem ich Dich hätte vergleichen können, sowie auch, daß Du Dich vielleicht nicht ganz enthalten kannst, über Dich selber zu lächeln bei dem Gedanken, daß Du nichts als Beutel seist. In solchen Augenblicken ist es also »das Erste«, dem Du nachjagst, das allein Du willst, ohne zu ahnen, daß es ein Widerspruch ist, zu wollen, daß das Erste immer wiederkehre, und daß Du infolgedessen entweder gar nicht zu dem Ersten gelangt sein kannst, oder Du wirklich das Erste schon gehabt hast, und daß das, was Du siehst, was Du genießt, immer nur der Abglanz jenes Ersten ist, wobei zugleich zu bemerken bleibt, daß Du im Irrtum bist, wenn Du glaubst, daß das Erste in einem andern als dem Ersten selbst vollkommen gegenwärtig sei, wenn man nur richtig suche, und daß, sofern Du Dich auf Deine Praxis berufst, dies wiederum ein Mißverständnis ist, da Du nie in der richtigen Richtung praktiziert hast. Zu anderen Zeiten hingegen bist Du so kalt, so scharf und schneidend wie ein Frühlingswind, so sarkastisch wie ein Rauhreif, so verstandesdurchsichtig, wie die Luft im Frühling zu sein pflegt, so dürr und unfruchtbar, so egoistisch zusammengekniffen wie nur möglich. Geschieht es nun in einem solchen Zustand, daß ein Mensch so unvorsichtig ist, zu Dir von dem Ersten zu sprechen, von dem Schönen, das darin liegt, oder etwa gar von seiner ersten Liebe, so wirst Du förmlich wütend. Nun wird das Erste das Allerlächerlichste, das Allerunsinnigste, wird zu einer jener Lügen, in denen eine Generation die andere bestärkt. Wie ein Herodes rast Du von einem Kindermord zum andern. Du weißt dann des langen und breiten davon zu reden, daß es Feigheit und Unmännlichkeit sei, sich derart an das Erste zu klammern, daß das Wahre in dem Erworbenen liege, nicht in dem Gegebenen. Ich entsinne mich, daß Du einmal in solch einer Stimmung zu mir heraufkamst. Wie gewöhnlich stopftest Du Deine Pfeife, nahmst in dem weichsten Lehnstuhl Platz, legtest die Beine auf einen andern Stuhl, kramtest in meinen Papieren [ich weiß auch noch, daß ich sie Dir fortgenommen habe], und nun brachst Du in eine ironische Lobpreisung aus auf die erste Liebe und alles Erste, sogar »die ersten Prügel, die in der Schule ich bekam«, indem Du in einer erläuternden Anmerkung erklärtest, Du könntest das mit um so größerem Nachdruck sagen, als der Lehrer, der sie Dir erteilt habe, der einzige Dir bekannte Lehrer sei, der mit Nachdruck habe schlagen können; darauf hast Du schließlich jenes Lied gepfiffen, den Stuhl, auf den Du Deine Füße gelegt hattest, bis ans andere Ende des Zimmers gestoßen und bist gegangen.

Bei Dir sucht man also vergebens eine Aufklärung darüber, was hinter dem geheimnisvollen Wort »das Erste« steckt; einem Wort, das eine ungeheure Bedeutung in der Welt gehabt hat und zu allen Zeiten haben wird. Was für eine Bedeutung dieses Wort für den einzelnen hat, ist für seinen ganzen geistigen Zustand eigentlich entscheidend, so wie der Umstand, daß es für ihn gar keine Bedeutung hat, zur Genüge beweist, daß seine Seele überhaupt nicht gestimmt ist, sich von dem Höheren berühren und durchbeben zu lassen. Vor denen aber, für die »das Erste« Bedeutung erlangt hat, liegen zwei Wege. Entweder enthält das Erste die Verheißung des Zukünftigen, ist es das Vorwärtstreibende, der unendliche Impuls. Dies sind die glücklichen Individualitäten,

für die das Erste nichts anderes ist als das Gegenwärtige, das
Gegenwärtige aber das sich fortwährend entfaltende und verjüngende Erste. Oder das Erste treibt nicht im Individuum
das Individuum an; die Kraft, die in dem Ersten liegt, wird
nicht die bewegende Kraft im Individuum, sondern die abstoßende, wird das, was abstößt. Dies sind die unglücklichen
Individualitäten, die sich immer mehr und mehr von dem
»Ersten« entfernen. Letzteres kann natürlich niemals völlig
ohne eigene Schuld des Individuums geschehen.

Mit diesem Worte »das Erste« verbinden alle von der Idee
berührten Menschen eine feierliche Vorstellung, und so
pflegt auch nur bei Dingen, die einer niederen Sphäre zu-
gehören, das »Erste« das Schlechteste zu bedeuten. In dieser
Hinsicht bist Du an Beispielen ziemlich reich, die erste Kor-
rektur, das erste Mal, daß man einen neuen Rock anhat usw.
Je größer nämlich die Wahrscheinlichkeit ist, daß man eine
Sache wiederholen kann, um so geringere Bedeutung hat das
Erste, je geringer die Wahrscheinlichkeit, um so größere Bedeutung, und andererseits: je bedeutungsvoller das ist, was
in seinem Ersten zum erstenmal sich verkündigt, um so geringer die Wahrscheinlichkeit, daß man es wiederholen
kann. Ist es nun gar etwas Ewiges, so schwindet alle Wahrscheinlichkeit, daß es sich wiederholen läßt. Wenn man daher mit einem gewissen wehmütigen Ernst von der ersten
Liebe gesprochen hat, als ob sie sich niemals wiederholen
lasse, so ist dies keine Verkleinerung der Liebe, sondern ihr
tiefsinnigster Lobpreis als der ewigen Macht. So ist, um
nicht mit der Feder, sondern mit dem Gedanken einen kleinen philosophischen Schnörkel zu machen, Gott nur einmal
Fleisch geworden, und es wäre vergeblich, darauf zu warten,
daß es sich wiederhole. Im Heidentum konnte es öfter geschehen, aber das kam eben daher, daß es keine wahre Inkarnation war. So auch wird der Mensch nur einmal geboren, und es besteht keine Wahrscheinlichkeit für eine Wiederholung. Eine Seelenwanderung verkennt die Bedeutung
der Geburt. Ich will mit ein paar Beispielen näher erläutern,

was ich meine. Das erste Grün, die erste Schwalbe grüßen
wir mit einer gewissen Feierlichkeit. Der Grund dafür ist
jedoch die Vorstellung, die sich bei uns damit verknüpft;
hier ist also das, was sich in dem Ersten ankündigt, etwas
anderes als dieses Erste selbst, als die einzelne erste Schwalbe.
Man hat einen Kupferstich, der Kain darstellt, wie er Abel
ermordet. Im Hintergrunde sieht man Adam und Eva. Ob
der Stich selbst einen Wert hat, vermöchte ich nicht zu entscheiden; die Unterschrift hat mich jedoch stets interessiert:
*prima caedes, primi parentes, primus luctus.* Hier hat das Erste
wieder eine tiefe Bedeutung, und hier ist es das Erste selbst,
worauf wir reflektieren, aber es geschieht doch mehr im
Hinblick auf die Zeit als im Hinblick auf den Gehalt, da die
Kontinuierlichkeit, durch welche mit dem Ersten das Ganze
gesetzt ist, nicht sichtbar wird. [Das Ganze müßte natürlich
von der im Geschlecht sich fortpflanzenden Sünde verstanden werden. Die erste Sünde, wenn wir dabei an Adams und
Evas Sündenfall dächten, würde den Gedanken schon mehr
auf das Kontinuierliche hinlenken, da es aber das Wesen des
Bösen ist, keine Kontinuierlichkeit zu haben, so wirst Du
leicht begreifen, weshalb ich dieses Beispiel nicht verwende.]
Noch ein Beispiel. Es haben bekanntlich mehrere strenge
Sekten der Christenheit aus den Worten des Hebräerbriefes,
nach denen es unmöglich ist, die, so einmal erleuchtet sind,
wo sie abfallen, wiederum zu erneuern zur Buße, die Begrenzung der göttlichen Gnade beweisen wollen. Hier erhielt
also das Erste seine ganze tiefe Bedeutung. In diesem Ersten
verkündigte sich das ganze tiefe christliche Leben, und wer
nun hierin fehlgriff, der war verloren. Aber hier ist das Ewige
allzu sehr in zeitliche Bestimmungen hineingezogen. Doch
mag dieses Beispiel zur Erklärung dienen, wieso das Erste das
Ganze ist, der ganze Gehalt. Wenn nun aber das, was in dem
Ersten sich andeutet, auf einer Synthese des Zeitlichen und
des Ewigen beruht, so scheint alles seine Gültigkeit zu behalten, was ich im vorhergehenden dargelegt habe. In dem
Ersten ist das Ganze *implicite* und κατα κρυψιν schon ent-

halten. Nun schäme ich mich wieder nicht, jenes Wort von
der »ersten Liebe« zu erwähnen. Für die glücklichen Individualitäten ist die erste Liebe zugleich die zweite, die dritte,
die letzte, die erste Liebe hat hier die Bestimmung der Ewigkeit; für die unglücklichen Individualitäten ist die erste Liebe
der Moment, sie erhält die Bestimmung der Zeitlichkeit. Für
jene ist die erste Liebe, indem sie ist, ein Gegenwärtiges; für
diese ist sie, indem sie ist, ein Vergangenes. Sofern in den
glücklichen Individualitäten auch eine Reflexion ist, wird
sie, indem sie sich auf das Ewige in der Liebe richtet, eine
Stärkung für diese, und sofern sie auf das Zeitliche reflektiert,
eine Zerrüttung derselben sein. Wer solchermaßen zeitlich
reflektiert, für den wird z. B. der erste Kuß etwas Vergangenes sein [so wie Byron es in einem kleinen Gedicht gezeigt
hat], für den, der ewig reflektiert, wird es eine ewige Möglichkeit geben.

Soviel über das Prädikat, das wir der Liebe gegeben haben:
die erste. Ich gehe nun dazu über, die erste Liebe näher
zu betrachten. Zuvor möchte ich Dich noch bitten, Dich des
kleinen Widerspruchs zu erinnern, zu dem wir gelangt waren: die erste Liebe besitzt den ganzen Gehalt, insofern scheint
es das klügste, sie sich zu schnappen und alsdann zu einer
zweiten ersten Liebe überzugehen. Indem man aber solchermaßen die erste mißbraucht, verschwindet sie, und man
bekommt auch die zweite nicht. Die erste Liebe ist ja aber
doch nur die erste? Gewiß, aber, wenn man auf den Gehalt
reflektiert, nur, sofern man in ihr bleibt; wenn man nun
also in ihr bleibt, so wird es ja doch wohl eine andere Liebe?
Nein, eben weil man in ihr bleibt, bleibt es die erste, wenn
man auf die Ewigkeit reflektiert.

Daß solche Philister, die da meinen, sie seien jetzt ungefähr
in den Zeitabschnitt eingetreten, wo es angebracht sei, sich
nach einer Lebensgefährtin umzusehen oder umzuhören [et-
wa gar in einer Zeitung], daß die sich ein für allemal von der
ersten Liebe ausgeschlossen haben und daß solch ein philiströ-
ser Zustand nicht als der der ersten Liebe vorausgehende gel-

ten kann, das ist wohl einleuchtend. Zwar wäre es denkbar,
daß Eros immerhin so barmherzig ist, auch einem solchen
Menschen den Streich zu spielen, ihn verliebt zu machen;
so barmherzig, denn es ist doch wohl überaus barmherzig,
einem Menschen das höchste irdische Gut zu schenken, und
das ist die erste Liebe allemal, selbst wenn sie unglücklich
ist; doch wird dies stets eine Ausnahme sein, und sein vor-
hergehender Zustand wird damit um nichts aufschlußreicher.
Will man den Priestern der Musik glauben, und ihnen darf
man in dieser Hinsicht wohl am ehesten Glauben schenken,
will man unter ihnen wiederum auf Mozart achten, so muß
der Zustand, welcher der ersten Liebe vorausgeht, wohl am
besten beschrieben werden, indem man daran erinnert, daß
Liebe blind macht. Das Individuum wird gleichsam blind,
man kann es ihm beinahe ansehen, es versinkt in sich selbst,
schaut seine eigene Schau in sich hinein, und doch ist da ein
fortwährendes Streben, in die Welt hinaus zu blicken. Die
Welt hat das Individuum geblendet, und doch starrt es in
die Welt hinaus. Eben diesen träumenden und doch suchen-
den Zustand hat Mozart im Pagen des »Figaro« beschrieben,
sinnlich sowohl wie seelisch. Im Gegensatz hierzu ist die
erste Liebe ein absolutes Erwachen, ein absolutes Schauen,
und zwar muß dies festgehalten werden, damit man ihr
nicht unrecht tue. Sie richtet sich auf einen einzigen bestimmten wirklichen Gegenstand, der als das einzige für sie
existiert, alles andere ist gar nicht vorhanden. Dieser eine
Gegenstand nun existiert nicht in unbestimmten Umrissen,
sondern als ein bestimmtes lebendiges Wesen. Diese erste Liebe hat in sich ein Moment der Sinnlichkeit, der Schönheit,
ist aber keineswegs rein sinnlich. Das Sinnliche als solches
entsteht erst durch Reflexion, die erste Liebe aber hat keine
Reflexion und ist darum nicht rein sinnlich. Dies ist die Notwendigkeit in der ersten Liebe. Wie alles Ewige hat sie jene
Doppelheit an sich, daß sie sich nach rückwärts in alle Ewigkeit hinein und nach vorwärts in alle Ewigkeit hinein voraussetzt. Dies ist das Wahre an dem, was die Dichter oft so

schön besungen haben, daß es den Liebenden ist, als hätten
sie sich schon lange geliebt; ja, so empfinden sie es sogar in
dem ersten Augenblick, da sie sich sehen. Dies ist das Wahre
an der unverbrüchlichen ritterlichen Treue, die nichts fürchtet, die sich nicht ängstigt bei dem Gedanken an eine tren-
nende Macht. Wie aber das Wesen aller Liebe Einheit von
Freiheit und Notwendigkeit ist, so auch hier. Das Individuum fühlt sich gerade in dieser Notwendigkeit frei, fühlt
in ihr seine ganze individuelle Energie, fühlt den Besitz alles
dessen, was es ist, gerade in ihr. Eben deshalb kann man es
unverkennbar an jedem Menschen beobachten, ob er in
Wahrheit verliebt gewesen ist. Es liegt eine Verklärung,
eine Vergöttlichung darin, die sich sein ganzes Leben lang
erhält. Es ist ein Zusammenklang in ihm alles dessen, was
sonst zersplittert ist, er ist in *einem* Moment jünger und älter
als gewöhnlich, er ist Mann und doch Jüngling, ja fast noch
Kind, er ist stark und doch so schwach, er ist eine Harmonie,
die, wie gesagt, in seinem ganzen Leben widerklingt. Wir
wollen diese erste Liebe preisen als etwas von dem Schönsten
auf der Welt, es soll uns aber nicht an Mut fehlen, weiter-
zugehen, sie sich erproben zu lassen. Doch dies ist es nicht,
womit wir hier zunächst zu tun haben. Schon hier ließe sich
ein Zweifel von gleicher Art denken wie jener, der sich
später in bezug auf das Verhältnis zwischen erster Liebe und
Ehe wiederholen wird. Ein religiös entwickeltes Individuum
ist ja gewohnt, alles auf Gott zu beziehen, jedes endliche
Verhältnis mit dem Gottesgedanken zu durchdringen und
zu durchsäuern und es damit zu heiligen und zu veredeln
[dieser Ausspruch ist hier natürlich oblique]. Insofern scheint
es also bedenklich, derartige Empfindungen im Bewußtsein
aufkommen zu lassen, ohne mit Gott zu Rate zu gehen; sofern man aber mit Gott zu Rate geht, ist das Verhältnis ja
verändert. An dieser Stelle ist die Schwierigkeit ziemlich
leicht zu beseitigen; denn da zur ersten Liebe gerade das
Überraschen gehört, und da die Frucht der Überraschung
unwillkürlich ist, so ist nicht zu erkennen, wie ein solches

Mit-Gott-zu-Rate-gehen möglich wäre. Das einzige also, wovon die Rede sein könnte, bezöge sich auf ein Verharren in diesem Gefühl, aber das gehört ja in eine spätere Überlegung. Wäre es aber nicht möglich, dieser ersten Liebe vorzugreifen, sofern diese als solche kein Verhältnis zu Gott kennt? Ich kann hier mit ein paar Worten jene Ehen erwähnen, in denen das, was das Entscheidende darstellt, in einen andern oder ein anderes als das Individuum gelegt, in denen das Individuum noch nicht zu der Bestimmung der Freiheit gelangt ist. Der traurigen Gestalt hiervon begegnen wir, wo das Individuum durch Zauberei oder andere derartige Künste durch Verbindung mit Naturgewalten versucht, den Gegenstand seiner Liebe erscheinen zu lassen. Die edlere Gestalt hat, was man in strengerem Sinne die religiöse Ehe nennen müßte. [Die Ehe in ihrer Wahrheit ermangelt des Religiösen natürlich nicht, hat aber zugleich das erotische Moment.] Wenn etwa Isaak in aller Demut und Zuversicht es Gott anheimstellt, wen er zum Weibe wählen soll, wenn er im Vertrauen auf Gott seinen Knecht entsendet, nicht sich selber umsieht, weil sein Schicksal sicher in Gottes Hand ruht, so ist dies wahrlich sehr schön, aber dem Erotischen widerfährt doch eigentlich nicht sein Recht. Nun muß man sich freilich daran erinnern, daß, wie abstrakt der Gott des Judentums auch immer gewesen sein mag, er doch dem Judenvolk und zumal dessen Auserwählten in allen Lebensverhältnissen so nahe war und, wenn auch Geist, so doch nicht so geistig, daß er sich um das Irdische etwa nicht bekümmert hätte. Isaak durfte darum wohl bis zu einem gewissen Grade mit Sicherheit darauf rechnen, daß Gott ihm schon ein Weib wählen werde, das jung und schön und im Volke angesehen und in jeder Weise liebenswert wäre, aber dessenungeachtet fehlt uns das Erotische, und zwar obwohl es sich so ergab, daß er diese von Gott Erwählte mit aller jugendlichen Leidenschaft liebte. Die Freiheit fehlte. Im Christentum sieht man bisweilen eine unklare und doch eben durch diese Unklarheit und Zweideutigkeit ansprechende Vermischung des

Erotischen und des Religiösen, die ebenso viel kecke Schelmerei hat wie kindliche Frömmigkeit. Man findet es natürlich vor allem im Katholizismus und bei uns am reinsten
unter dem einfachen Volk. Stell Dir ein kleines Bauernmädchen vor [und das, weiß ich, tust Du mit Vergnügen; denn
es ist ja eine Situation] mit einem Paar dreister Augen, die
sich jedoch demütig hinter dem Augenlid verbergen, gesund und frisch blühend, und doch ist etwas in ihrem Teint,
was nicht Krankheit, sondern eine höhere Gesundheit ist,
stell sie Dir vor in einer Weihnachtsnacht; sie ist allein in
ihrer Kammer, Mitternacht ist schon vorbei, und doch flieht
sie der Schlaf, der sie sonst so treulich besucht; sie verspürt
eine angenehm süße Unruhe, sie lehnt das Fenster an; sie
schaut hinaus in den unendlichen Raum, allein mit den
schweigenden Sternen; ein kleiner Seufzer macht sie so leicht,
sie schließt das Fenster; mit einem Ernst, der doch immer
die Möglichkeit hat, in Schelmerei umzuschlagen, betet sie:

> Ihr heil'gen drei Könige, den
> Lasset heute nacht mich sehn,
> Des Tuch ich soll breiten,
> Des Bett ich soll bereiten,
> Des Namen ich soll erfrei'n,
> Des Braut ich soll sein,

und gesund und froh hüpft sie ins Bett. Offen gestanden:
Schande über die heiligen Könige, wenn sie sich ihrer nicht
annähmen, und es hilft nichts, daß man sagt, man wisse ja
nicht, wen sie sich wünscht; das weiß man sehr wohl, zumindest, wenn nicht alle Zeichen trügen, weiß sie es selbst
so einigermaßen.

Wir kehren also zu der ersten Liebe zurück. Sie ist die Einheit von Freiheit und Notwendigkeit. Das Individuum fühlt
sich mit unwiderstehlicher Gewalt zu dem anderen Individuum hingezogen, fühlt aber eben darin seine Freiheit. Sie
ist eine Einheit des Allgemeinen und des Besonderen, sie besitzt das Allgemeine als das Besondere, sogar bis zur Grenze

des Zufälligen. Aber das alles hat sie nicht kraft der Reflexion, sie hat es unmittelbar. Je bestimmter in dieser Hinsicht die erste Liebe ist, desto gesünder ist sie, desto größer die Wahrscheinlichkeit, daß es wirklich eine erste Liebe ist. Mit unwiderstehlicher Gewalt werden sie zueinander hingezogen, und doch genießen sie hierin die ganze Freiheit. Ich habe nun keine hartherzigen Väter bei der Hand, keine Sphinxe, die erst besiegt werden müssen, ich habe Vermögen genug, sie auszusteuern [ich habe mir ja auch nicht, wie Romanschreiber und Theaterdichter, die Aufgabe gestellt, die Zeit in die Länge zu ziehen, zur Plage der ganzen Welt, der Liebenden, der Leser und Zuschauer], also, in Gottes Namen, laß sie sich kriegen. Du siehst, ich spiele den edlen Vater, und das ist wirklich an und für sich eine überaus schöne Rolle, wenn wir sie nur nicht selber oft so lächerlich gemacht hätten. Du hast vielleicht bemerkt, daß ich nach Väter Art das Wörtchen »in Gottes Namen« hinzugefügt habe. Das magst Du nun dem alten Mann wohl verzeihen, der vielleicht nie gewußt, was die erste Liebe ist, oder es schon lange vergessen hat; wenn aber der jüngere Mann, der noch für die erste Liebe begeistert ist, sich erlaubt, hierauf Gewicht zu legen, so wundert es Dich vielleicht.

Die erste Liebe hat also die ganze unmittelbare, geniale Sicherheit in sich, sie fürchtet keine Gefahr, sie trotzt der ganzen Welt, und ich möchte ihr nur wünschen, daß ihr das immer genauso leicht fallen möge wie *in casu;* denn ich lege ihr ja keinerlei Hindernisse in den Weg. Vielleicht tue ich ihr keinen Dienst damit, und wenn man es recht besieht, falle ich deswegen wohl gar in Ungnade. Das Individuum besitzt in der ersten Liebe eine ungeheure Macht, und es ist ihm daher ebenso unangenehm, keinen Widerstand zu finden, wie es dem mutigen Ritter, der ein Schwert erhalten hätte, mit dem er Steine zu hauen vermöchte, unangenehm sein würde, falls er sich darauf in eine sandige Gegend versetzt sähe, in der es nicht einmal einen Zweig gäbe, für den er es gebrauchen könnte. Die erste Liebe ist also durchaus sicher, sie bedarf keiner Stütze; sollte sie einer Stütze bedürfen, wird der Ritter sagen, so wäre es nicht mehr die erste Liebe. Das scheint nun auch völlig klar, zugleich aber wird es offenkundig, daß ich in einen Zirkel geraten bin. Wir haben zwar im vorhergehenden gesehen, daß es der Fehler der romantischen Liebe war, daß sie bei der Liebe als einem abstrakten An-Sich stehenblieb und daß alle Gefahren, die sie sah und begehrte, nur äußerlich waren und die Liebe selbst überhaupt nicht betrafen. Wir haben zugleich daran erinnert, daß, wenn die Gefahren von der anderen Seite kämen, von innen her, die Sache noch schwieriger würde. Aber hierauf würde der Ritter natürlich erwidern: »Ja wenn, doch wie sollte das möglich sein, und wenn es möglich wäre, so wäre es nicht mehr die erste Liebe.« Du siehst, es ist mit dieser ersten Liebe keine so leichte Sache. Ich könnte nun daran erinnern, daß es ein Mißverständnis ist, etwa anzunehmen, die Reflexion zerstöre nur, daß sie ebensosehr erhält. Da aber das, was ich vor allem zu beweisen mir vorgenommen habe, dies ist, daß die erste Liebe mit der Ehe bestehen kann, so will ich nunmehr des näheren hervorheben, was ich im vorhergehenden schon angedeutet habe, daß sie in eine höhere Konzentrizität aufgenommen werden kann und daß es dazu des Zweifels noch nicht bedarf. Später werde ich dann zeigen, daß es der ersten Liebe wesentlich zugehört, geschichtlich zu werden, und daß die Bedingung dafür eben die Ehe ist, sowie auch, daß die romantische erste Liebe ungeschichtlich ist, und wäre man auch imstande, mit den Taten des Ritters Folianten zu füllen.

Die erste Liebe ist also unmittelbar ihrer selbst sicher, aber die Individuen sind zugleich religiös entwickelt. Dies darf ich ja voraussetzen, ja, ich muß es sogar voraussetzen, da ich zeigen möchte, daß die erste Liebe und die Ehe miteinander bestehen können. Etwas anderes ist es natürlich, wenn eine unglückliche erste Liebe die Individuen lehrt, sich zu Gott zu flüchten und in der Ehe Sicherheit zu suchen. Damit ist die erste Liebe verändert, mag es auch möglich sein, sie

wiederherzustellen. Sie sind also gewohnt, alles auf Gott zu
beziehen. Dieses Beziehen aller Dinge auf Gott enthält natürlich eine Vielfalt verschiedener Möglichkeiten. Nun ist es
nicht der Tag der Trauer, an dem sie sich hinwenden zu
Gott, es ist auch nicht Furcht und Angst, was sie zum Beten
treibt, ihr Herz, ihr ganzes Wesen ist von Freude erfüllt; was
ist da natürlicher, als daß sie ihm dafür danken! Sie fürchten
nichts; denn äußere Gefahren werden keine Macht über sie
haben, und innere Gefahren kennt ja die erste Liebe gar nicht.
Durch diese Danksagung aber ist die erste Liebe nicht verändert, keine störende Reflexion ist zu ihr getreten, sie ist
aufgenommen in eine höhere Konzentrizität. Aber eine solche Danksagung ist wie jedes Gebet mit einem Tatmoment
verbunden, nicht im äußeren, sondern im inneren Sinne,
hier mit dem Willen, an dieser Liebe festzuhalten. Das Wesen der ersten Liebe ist hiermit nicht verändert, es ist keine
Reflexion zu ihr getreten, ihr festes Gefüge ist nicht gelockert,
sie hat noch ihre ganze wunderbare Selbstgewißheit, sie. ist
nur aufgenommen in eine höhere Konzentrizität. Sie weiß
in dieser höheren Konzentrizität vielleicht gar nicht, was sie
zu befürchten hat, sie denkt vielleicht gar nicht an Gefahren,
und doch ist sie durch den guten Vorsatz, der auch eine Art
erste Liebe ist, in das Ethische emporgezogen. Du wirst mir
hier doch nicht den Einwand machen, ich machte durch den
fortgesetzten Gebrauch des Wortes Konzentrizität mich einer *petitio principii* schuldig, da ich doch davon ausgehen
müßte, daß diese Regionen exzentrisch seien. Darauf muß
ich erwidern, daß, wenn ich von der Exzentrizität ausginge,
ich gewiß niemals zur Konzentrizität gelangen würde; zugleich aber Dich bitten, Dich daran zu erinnern, daß ich,
indem ich von dieser ausgehe, sie zugleich beweise. Wir
haben nun also die erste Liebe zum Ethischen und Religiösen
in Beziehung gesetzt, und es hat sich gezeigt, daß ihr Wesen
sich dadurch nicht zu verändern brauchte; sondern das Ethische und das Religiöse waren gerade das, was die Vereinigung
anscheinend schwierig machte, und somit scheint alles in

Ordnung. Doch ich kenne Dich zu gut, als daß ich hoffen
dürfte, »Dich mit dergleichen abzuspeisen«. Du kennst überhaupt die Schwierigkeiten aller Welt. Mit Deinem geschwin-
den durchdringenden Kopf hast Du in großer Eile über eine
Vielfalt von wissenschaftlichen Aufgaben, Lebensverhältnissen usw. nachgedacht, aber überall bist Du bei den Schwierigkeiten stehengeblieben, und ich glaube beinahe nicht, daß
es Dir möglich sein wird, auch nur in einer einzigen Sache
weiter als zu ihnen zu gelangen. Du gleichst in gewissem
Sinne einem Lotsen, und doch bist Du das gerade Gegenteil
von ihm. Ein Lotse kennt die Gefahren und führt das Schiff
sicher in den Hafen, Du kennst die Untiefen und setzt das
Schiff immer auf Grund. Versteht sich, Du tust Dein Bestes
und, man muß es Dir lassen, mit großer Bereitwilligkeit und
Kenntnis. Du hast ein so geübtes Auge für die Menschen
und die Fahrwässer, daß Du sofort weißt, wie weit Du mit
ihnen hinaus mußt, um sie auf Grund zu setzen. Und Du bist
auch nicht leichtsinnig, Du vergißt nicht wieder, daß er da
draußen sitzt, mit kindischer Bosheit erinnerst Du Dich
daran, bis Du ihn das nächstemal siehst, und dann erkundigst
Du Dich sehr genau nach seinem Befinden und danach, wie
er wieder flott geworden sei. Du würdest vermutlich auch
hier um Schwierigkeiten nicht verlegen sein. Du würdest
wohl daran erinnern, daß ich es völlig unbestimmt und in
der Schwebe gelassen hätte, von welchem Gott denn die
Rede sei, daß es sich nicht um einen heidnischen Eros handele,
der so gerne Mitwisser in Liebesgeheimnissen sein möchte
und dessen Dasein am Ende doch nur ein Reflex der eigenen
Stimmung der Liebenden wäre; sondern daß es der Gott der
Christen sei, der Gott des Geistes, der da eifert gegen alles,
was nicht Geist ist. Du würdest daran erinnern, daß im
Christentum Schönheit und Sinnlichkeit negiert seien, Du
würdest beiläufig bemerken, daß es dem Christen z. B.
gleichgültig sei, ob Christus häßlich gewesen ist oder schön;
Du würdest mich bitten, mich mit meiner Orthodoxie fernzuhalten von den heimlichen Zusammenkünften der Liebe

und insbesondere mich aller Vermittlungsversuche zu enthalten, die Dir noch mehr zuwider seien als die krasseste
Orthodoxie. »Ja, vor den Altar zu treten, das müßte für das
junge Mädchen ermunternd sein, müßte ganz im Einklang
stehen mit ihrer Stimmung. Und die Gemeinde sollte wohl
auf sie blicken als auf ein unvollkommenes Wesen, das der
Verlockung der irdischen Lust nicht hat widerstehen können; sie sollte dastehen, als stünde sie dort zur Züchtigung
oder zur öffentlichen Beichte, und dann sollte der Geistliche
ihr erst die Leviten lesen und sich darnach vielleicht über das
Gitter vorbeugen, um unter der Hand, ein bißchen zum Trost,
ihr anzuvertrauen, daß die Ehe im übrigen ein Gott wohlgefälliger Stand sei. Das einzige, was bei dieser Gelegenheit
einigen Wert hat, ist die Situation des Geistlichen, und wenn
es ein hübsches, junges Mädchen wäre, so möchte ich schon
der Geistliche sein, um ihr dieses Geheimnis ins Ohr zu raunen.« Mein junger Freund, ja, in der Tat ist die Ehe ein Gott
wohlgefälliger Stand; hingegen weiß ich nicht, daß irgendwo in der Schrift von einem speziellen Segen für Junggesellen gesprochen würde, und das wird doch das Ende all
Deiner zahlreichen Liebes-Geschichten sein. Wenn man es
aber mit Dir zu tun hat, so hat man sich wohl so ziemlich die
schwierigste Aufgabe gestellt; denn Du bist kapabel, alles und
jedes zu beweisen, und jegliche Erscheinung wird in Deinen
Händen zu allem und jedem. Gewiß ist der Gott des Christen
Geist und das Christentum Geist, und es ist Zwietracht gesetzt zwischen dem Fleisch und dem Geiste; aber das Fleisch
ist nicht das Sinnliche, es ist das Selbstische, in diesem Sinne
kann selbst das Geistige sinnlich werden: wenn z. B. ein
Mensch seine Geistesgaben mißbrauchte, so wäre er fleisch-
lich. Und wohl weiß ich, es ist für den Christen nicht notwendig, daß Christus eine irdische Schönheit gewesen sei,
und zwar wäre das auch aus einem anderen als dem von Dir
angeführten Grunde sehr traurig, denn wie müßte es da nicht
den Gläubigen danach verlangen, ihn zu sehen, wenn Schönheit hier etwas Wesentliches wäre; doch folgt aus alledem

keineswegs, daß die Sinnlichkeit im Christentum vernichtet sei. Die erste Liebe trägt das Moment der Schönheit in sich, und die Freude und Fülle, die in dem Sinnlichen in seiner Unschuld liegt, kann sehr wohl im Christentum aufgenommen werden. Doch hüten wir uns vor einem, einem Irrweg, der gefährlicher ist als jener, den Du vermeiden willst, laß uns nicht zu geistig werden. Es versteht sich, man kann es also auch nicht Deiner Willkür anheimstellen, wie Du das Christentum auffassen willst. Falls Deine Auffassung richtig wäre, so wäre es ja am besten, wenn wir so schnell wie möglich mit all jenen Selbstquälereien und Zerstörungen des Leiblichen anfingen, wie wir sie in den mystischen Ausschweifungen kennenlernen; die Gesundheit selbst würde ja verdächtig werden. Indessen bezweifle ich doch sehr, ob ein frommer Christ leugnen wird, daß er Gott durchaus darum bitten dürfe, seine Gesundheit zu erhalten, jenen Gott, der umhergegangen ist und die Kranken geheilt hat; die Aussätzigen hätten es sich doch eigentlich verbitten müssen, geheilt zu werden, denn sie waren ja der Vollkommenheit am nächsten. Je einfältiger und kindlicher ein Mensch ist, um desto mehr kann er auch bitten; da es nun aber unter anderem auch zu der ersten Liebe gehört, kindlich zu sein, so sehe ich durchaus nicht, warum sie nicht auch Gott bitten, oder besser, um bei dem zuvor Gesagten zu bleiben, ihm danken dürfte, ohne daß ihr Wesen dadurch verändert würde.

Doch Du hast vielleicht noch mehr auf Deinem Gewissen, also nur frisch heraus mit der Sprache! Und solltest Du in bezug auf die eine oder andere Äußerung im folgenden etwa sagen wollen: »So habe ich mich nie ausgedrückt«, so würde ich antworten: Schon wahr, aber mein guter Herr Beobachter möge es einem armen Ehemann verzeihen, daß er sich erdreistet, ihn zum Gegenstand seiner Beobachtung zu machen. Du verbirgst etwas in Dir, was Du niemals offen aussprichst; daher kommt es, daß Dein Ausdruck so viel Energisches hat, so viel Elastizität, weil er auf ein Mehr hindeutet, das Du nur ahnen läßt, auf einen noch schreckliche-

ren Ausbruch. – Also Du hast gefunden, wonach es Deine
Seele verlangte, was sie in vielen mißverstandenen Versuchen zu finden wähnte, Du hast ein Mädchen gefunden, in
dem Dein ganzes Wesen Ruhe findet; und mag es auch scheinen, als seist Du ein wenig zu erfahren, so ist es doch Deine
erste Liebe, davon bist Du überzeugt. »Sie ist schön« – natürlich; »anmutig« – aber gewiß doch; »und doch liegt ihre
Schönheit nicht im Normalen, sondern in der Einheit des
Mannigfaltigen, im Zufälligen, in dem sich selbst Wider-
sprechenden«; »sie ist seelenvoll« – das kann ich mir denken;
»sie kann sich einem Eindruck hingeben, daß es einem beinahe schwarz vor den Augen wird; sie ist leicht, kann wie
ein Vogel auf einem Zweig sich wiegen, sie hat Geist, Geist
genug, um ihre Schönheit zu beleuchten, aber auch nicht
mehr.« Der Tag ist da, der Dir den Besitz alles dessen sichern
soll, was Du auf der Welt zu eigen hast; einen Besitz, dessen
Du doch im übrigen schon ganz sicher bist. Du hast Dir die
Gunst erbeten, ihr die letzte Ölung erteilen zu dürfen. Lange
hast Du schon im Eßzimmer der Familie gewartet, ein flinkes Kammermädchen, vier bis fünf neugierige Cousinen, eine ehrwürdige Tante, ein Friseur sind mehrmals an Dir vor-
übergeeilt. Du bist schon halb ärgerlich darüber. Da öffnet
sich leise die Tür zum Wohnzimmer, Du wirfst einen flüchtigen Blick hinein, es freut Dich, daß keine Menschenseele
da ist, daß sie den Takt besessen hat, alle Fremden sogar aus
dem Wohnzimmer zu entfernen. Sie ist schön, schöner denn
je, es liegt eine Beseeltheit über ihr, eine Harmonie, von deren Schwingungen sie noch selber durchbebt ist. Du er-
staunst, sie übertrifft sogar Deine Träume, auch Du verwandelst Dich, aber Deine feine Reflexion verbirgt sofort Deine
Bewegtheit, Deine Ruhe wirkt noch verführerischer auf sie,
wirft in ihre Seele ein Verlangen, das ihre Schönheit interessant macht. Du näherst Dich ihr; auch ihr Putz verleiht der
Situation das Gepräge des Ungewöhnlichen. Noch hast Du
kein Wort gesagt, Du siehst, doch so, als sähest Du nicht,
Du willst sie nicht mit verliebten Tölpeleien belästigen, aber

sogar der Spiegel kommt Dir zu Hilfe. Du befestigst an ihrer Brust einen Schmuck, den Du ihr schon am ersten Tage verehrt hast, als Du sie zum erstenmal mit einer Leidenschaft küßtest, die in diesem Augenblick ihre Bestätigung sucht; sie hat ihn selbst verwahrt, niemand hat es gewußt. Du nimmst ein Sträußchen, das nur eine einzige Art von Blumen enthält, eine an und für sich gänzlich unbedeutende Blume. Immer, wenn Du ihr Blumen geschickt hast, war ein Stengelchen von dieser dabei, jedoch unbemerklich, so daß niemand es ahnte als sie allein. Heute nun soll auch diese Blume zu Ehren und Ansehen auferstehn, sie allein soll die Braut zieren; denn sie hat sie geliebt. Du reichst sie ihr, eine Träne zittert in ihrem Auge, sie gibt sie Dir zurück, Du küßt die Blume und befestigst sie an ihrer Brust. Eine gewisse Wehmut breitet sich über sie. Du bist selbst bewegt. Sie tritt einen Schritt zurück, sie betrachtet fast mit Unmut den Putz, der ihr lästig ist, sie wirft sich Dir um den Hals. Sie kann sich nicht losreißen, sie umschlingt Dich mit einer Heftigkeit, als wäre da eine feindliche Macht, die Dich ihr entreißen wollte. Ihr feiner Putz ist zerdrückt, ihr Haar ist herabgefallen, im selben Augenblick ist sie verschwunden. Du bist wieder Deiner Einsamkeit anheimgegeben, die nur von einem flinken Kammermädchen, von vier bis fünf neugierigen Cousinen, einer ehrwürdigen Tante, einem Friseur unterbrochen wird. Da geht die Tür zum Wohnzimmer auf, sie tritt herein, und stiller Ernst ist in jeder ihrer Mienen zu lesen. Du drückst ihr die Hand, verläßt sie, um ihr wieder zu begegnen – vor dem Altar des Herrn. Das hattest Du vergessen. Du, der Du über so vieles nachgedacht hast, auch hierüber bei anderen Gelegenheiten, Du hattest in Deiner Verliebtheit es vergessen, Du hattest Dich in die Verhältnisse geschickt, wie sie für alle sind, aber dies hattest Du nicht überlegt; und doch bist Du zu entwickelt, um nicht zu sehen, daß eine Trauung ein wenig mehr ist als eine Zeremonie. Dich packt eine Angst. »Dieses Mädchen, dessen Seele rein ist wie das Licht des Tages, erhaben wie das Gewölbe des Himmels, un-

schuldig wie das Meer, dieses Mädchen, vor dem ich anbe-
tend niedersinken könnte, dessen Liebe, ich fühle es, mich
aus aller Verwirrung müßte herausreißen und mich von neuem gebären können, sie soll ich hinaufführen zum Altar des
Herrn, sie soll dort stehn als eine Sünderin, es soll von ihr
und zu ihr gesagt werden, daß Eva es war, die Adam verführte. Zu ihr, vor der meine stolze Seele sich neigt, als dem
einzigen, wovor sie je sich geneigt hat, zu ihr soll gesagt
werden, daß ich ihr Herr sein soll und sie ihrem Manne untertan. Der Augenblick ist da, schon streckt die Kirche die
Arme nach ihr aus, und bevor sie sie mir zurückgibt, wird
sie auf ihre Lippen erst einen Brautkuß drücken, nicht jenen
Brautkuß, für den ich die ganze Welt hingäbe; sie streckt
schon ihre Arme aus, sie zu umfangen, diese Umarmung
aber wird all ihre Schönheit zum Verwelken bringen, und
dann wird sie sie mir hinwerfen und sagen: Seid fruchtbar
und mehret euch. Was ist das für eine Macht, die sich zwischen mich und meine Braut zu drängen wagt, die Braut,
die ich selbst gewählt habe und die mich gewählt hat? Und
diese Macht will ihr befehlen, mir treu zu sein, braucht sie
denn einen Befehl? Und wenn sie mir nur treu bliebe, weil
ein Dritter, den sie also mehr liebte als mich, es befohlen hat!
Und diese Macht gebietet mir, ihr treu zu sein, muß man
es mir gebieten, mir, der ich mit meiner ganzen Seele ihr
gehöre! Und diese Macht bestimmt unser Verhältnis zueinander, sie sagt, daß ich gebieten soll und sie gehorchen; wenn
ich nun aber nicht gebieten will, wenn ich mich zu gering
dazu fühle. Nein, ihr will ich gehorchen, ihr Wink ist mir
ein Befehl, unter eine fremde Macht aber will ich mich nicht
beugen. Nein, ich will weit fort mit ihr fliehen, solange es
noch Zeit ist, und ich will die Nacht bitten, uns zu verbergen, und die schweigenden Wolken, uns Märchen zu erzählen in kühnen Bildern, wie es für eine Brautnacht sich geziemt, und unter dem ungeheuren Himmelsgewölbe will ich
mich an ihren Reizen berauschen, allein mit ihr, allein in der
ganzen Welt, und hinabstürzen will ich mich in den Ab-

grund ihrer Liebe; und meine Lippe ist stumm, denn die Wolken sind meine Gedanken, und meine Gedanken sind Wolken; und alle Mächte im Himmel und auf Erden will ich rufen und beschwören, daß nichts mein Glück stören möge, und ich will ihnen einen Eid abnehmen, und ich will sie mir dies zuschwören lassen. Ja fort, weit fort, daß meine Seele wieder gesunden, daß meine Brust wieder atmen kann, daß ich nicht ersticken muß in dieser dumpfen Luft – fort.«

– Ja fort, das möchte auch ich sagen: *procul, o procul este profani*. Aber hast Du auch bedacht, ob sie Dir auf diese Expedition folgen wird? »Das Weib ist schwach«; nein, demütig ist sie, sie ist Gott viel näher als der Mann. Es kommt hinzu, daß für sie die Liebe alles ist, und sie wird gewiß den Segen und die Bekräftigung nicht verschmähen, die Gott ihr vergönnen will. Überhaupt ist es einer Frau gewiß noch niemals eingefallen, etwas gegen die Ehe zu haben, und es wird ihr in alle Ewigkeit nicht einfallen, wenn die Männer sie nicht selbst verderben; denn eine emanzipierte Frau könnte wohl schon auf dergleichen verfallen. Das Ärgernis geht stets von den Männern aus; denn der Mann ist stolz, er will alles sein, will nichts über sich haben.

Daß nun die Schilderung, die ich gegeben habe, fast ganz auf Dich zutrifft, wirst Du gewiß nicht leugnen, und solltest Du es tun, so wirst Du doch wahrscheinlich nicht leugnen, daß sie auf die Wortführer dieser Richtung zutrifft. Ich habe mit Fleiß einiges in den Ausdrücken von dem Allgemeinen verändert, um Deine erste Liebe zu bezeichnen; denn, offen gestanden, die dort beschriebene Liebe, wie leidenschaftlich sie auch sei, mit wieviel Pathos sie sich auch verkündige, sie ist doch viel zu reflektiert, viel zu vertraut mit der Koketterie der Liebe, als daß man sie eine erste Liebe nennen dürfte. Eine erste Liebe ist demütig und ist deshalb froh darüber, daß es eine höhere Macht gibt als sie selbst, wennschon aus keinem anderen Grunde, so doch, um jemand danken zu können. [Eben deshalb findet man eine reine erste Liebe bei Männern seltener als bei Frauen.] Die Analogie hierzu fand sich

auch bei Dir, denn Du sagtest ja, Du wollest alle Mächte im
Himmel und auf Erden beschwören, und hierin zeigt sich
schon das Bedürfnis, einen höheren Ausgangspunkt für Deine Liebe zu suchen, nur daß es bei Dir zu einem Fetischismus
mit aller nur möglichen Willkür wird.

Das erste also, worüber Du Dich skandalisiert hast, war, daß
Du feierlich zu ihrem Herrn eingesetzt werden solltest. Als
wenn Du es etwa nicht wärest, und vielleicht nur allzu sehr,
als wenn Deine Worte nicht schon deutlich genug das Gepräge davon trügen, aber Du willst auf diesen Götzendienst
nicht verzichten, diese Koketterie, daß Du ihr Sklave sein
willst, obwohl Du Dich durchaus als ihr Herr fühlst.

Das zweite war, daß es Deine Seele empörte, daß Deine Geliebte für eine Sünderin erklärt werden sollte. Du bist Ästhetiker, und ich könnte versucht sein, es der Überlegung Deines müßigen Kopfes anheimzustellen, ob nicht gerade dieses
Moment imstande wäre, eine Frau noch schöner zu machen;
es liegt ein Geheimnis darin, das ein interessantes Licht auf
sie wirft. Das kindlich Schelmische, das die Sünde haben
kann, jedenfalls solange wir sie noch als unschuldig bezeichnen dürfen, erhöht die Schönheit nur. Du wirst wohl begreifen, daß es nicht mein Ernst ist, diese Betrachtung festzuhalten, da ich sehr wohl fühle und später darlegen werde, was
darin liegt; aber, wie gesagt, wäre es Dir eingefallen, so wärest Du ob dieser ästhetischen Beobachtung wahrscheinlich
aufs höchste entzückt gewesen. Du hättest daraufhin eine
Menge ästhetischer Entdeckungen gemacht, ob es etwa richtiger, d. h. interessanter sei, mit einer unendlich fernen Andeutung gleichsam dadurch aufzureizen, oder das junge unschuldige Mädchen allein mit dieser dunklen Macht kämpfen zu lassen, oder sie mit einem gewissen gravitätischen Ernst
darüber hinauszuwippen in die Ironie usw.; kurz, Du würdest in dieser Beziehung sicher genug zu tun bekommen. Es
wäre Dir die zitternde Beleuchtung eingefallen, die sogar im
Evangelium sich über die Sünderin breitet, der ihre vielen
Sünden vergeben wurden, weil sie viel geliebt hat. Dagegen

würde ich sagen, daß es wiederum Deine Willkür ist, die will, daß sie als Sünderin dastehe. Denn eines ist es, die Sünde *in abstracto*, ein anderes, sie *in concreto* zu kennen. Das Weib aber ist demütig, und es ist einem Weibe gewiß noch niemals eingefallen, in Wahrheit Anstoß daran zu nehmen, daß das ernste Wort der Kirche zu ihr gesprochen ward; das Weib ist demütig und vertrauensvoll, und wer könnte auch das Auge niederschlagen wie ein Weib, wer aber könnte auch es so erheben. Sofern also durch die feierliche Verkündigung der Kirche, daß die Sünde in die Welt gekommen ist, irgendeine Veränderung mit dem Weibe vorgehen sollte, so müßte es die sein, daß sie nur noch stärker an ihrer Liebe festhielte. Daraus aber folgt keineswegs, daß die erste Liebe verändert sei, sie ist nur in eine höhere Konzentrizität emporgezogen. Daß die irdische Liebe überhaupt Sünde sei, davon dürfte eine Frau sehr schwer zu überzeugen sein, weil dadurch ihre ganze Existenz in ihrer tiefsten Wurzel vernichtet würde. Dazu kommt, daß sie ja nicht vor den Altar des Herrn getreten ist, um zu überlegen, ob sie den Mann, der an ihrer Seite steht, lieben solle oder nicht; sie liebt ihn, darin hat sie ihr Leben, und wehe dem, der den Zweifel in ihr weckt, der sie lehren will, sich gegen ihre Natur zu empören und vor Gott nicht knien, sondern aufrecht stehen zu wollen. Ich sollte Dir vielleicht nicht entgegenkommen; denn da Du Dir nun einmal in den Kopf gesetzt hast, daß, damit die erste Liebe in Wahrheit statthabe, die Sünde nicht in die Welt gekommen sein dürfe, so spürst Du ja wohl selber, daß Du in die Luft schlägst. [Überhaupt beweist Du damit, daß Du von der Sünde abstrahieren möchtest, daß Du in der Reflexion liegst.] Da aber die Individuen, zwischen denen wir uns die erste Liebe dachten, religiös waren, so brauche ich mich auf all dies ja gar nicht einzulassen. Das Sündige liegt nämlich nicht in der ersten Liebe als solcher, sondern in dem Selbstischen in ihr, das Selbstische aber tritt erst in dem Augenblick hervor, da sie reflektiert, wodurch sie denn vernichtet worden ist.

Und endlich empört es Dich, daß eine dritte Macht Dich zur
Treue gegen die Geliebte und die Geliebte zur Treue gegen
Dich verpflichten will. Der Ordnung halber muß ich Dich
bitten, Dich zu erinnern, daß diese dritte Macht sich nicht
aufdrängt; da aber die Individuen, die wir uns denken, religiös entwickelt sind, so wenden sie sich selber zu ihr hin, und
in Betracht kommt nur noch, ob etwas in ihr ist, was ihrer
ersten Liebe ein Hindernis in den Weg legt. Du wirst doch
nicht etwa leugnen, daß es der ersten Liebe natürlich ist, dadurch eine Bestärkung zu suchen, daß sie die Liebe irgendwie zu einer Verpflichtung macht, welche die Liebenden im
Angesichte einer höheren Macht sich selber auferlegen. Die
Liebenden schwören sich Treue beim Mond, bei den Sternen, bei ihres Vaters Asche, bei ihrer Ehre usw. Antwortest
Du darauf: »Ja, solche Eide wollen nichts besagen, sie sind
ja nur ein Abglanz der eigenen Stimmung der Liebenden,
denn wie sollte es ihnen sonst einfallen, beim Mond zu schwören«, so möchte ich erwidern: Hier hast Du das Wesen der
ersten Liebe selbst verändert; denn das eben ist das Schöne
an ihr, daß für sie alles Realität erhält kraft der Liebe, erst
im Augenblick der Reflexion zeigt es sich, daß es inhaltslos
ist, beim Mond zu schwören, im Augenblick des Schwurs
hat es Gültigkeit. Sollte nun dieses Verhältnis sich etwa dadurch ändern, daß sie bei einer Macht schwören, die wirklich Gültigkeit hat? Das ist nicht anzunehmen, da es der Liebe gerade von Wichtigkeit ist, daß der Eid wahre Bedeutung
hat. Wenn Du daher meinst, Du könntest ruhig bei Wolken
und Sternen schwören, es Dich aber stört, daß Du bei Gott
schwören sollst, so beweist dies, daß Du in der Reflexion
liegst. Deine Liebe darf nämlich keine Mitwisser haben außer solchen, die keine Mitwisser sind. Nun ist es freilich wahr,
daß die Liebe geheimnisvoll ist, aber Deine Liebe ist so vornehm, daß selbst Gott im Himmel nichts davon wissen darf,
und zwar ungeachtet dessen, daß Gott, um einen etwas leichtsinnigen Ausdruck zu gebrauchen, ein Zeuge ist, der in keiner Weise geniert. Daß aber Gott nichts davon wissen darf,

das ist das Selbstische und das Reflektierende; denn Gott ist
im Bewußtsein und darf doch zugleich dort nicht sein. Von
alledem weiß die erste Liebe nichts.

Dieses Bedürfnis also, die Liebe sich in eine höhere Sphäre
hinauf verklären zu lassen, hast Du nicht, oder besser – denn
die erste Liebe hat das Bedürfnis nicht, sondern tut es unmittelbar – Du hast das Bedürfnis, willst es aber nicht befriedigen. Wollte ich nun einen Augenblick zu Deiner fingierten
ersten Liebe zurückkehren, so würde ich sagen: Vielleicht gelänge es Dir, alle Mächte zu beschwören, und doch wüchse
dort nicht fern von Dir ein Mistelzweig. Er sprösse auf, er
fächelte Dir Kühlung zu, und doch würde er eine noch höhere Wärme in sich bergen, und Ihr würdet Euch daran erfreuen; dieser Mistelzweig aber ist eine Bezeichnung jener
fiebernden Unruhe, die das Lebensprinzip in Deiner Liebe
ist, sie kühlt und erhitzt, sie wechselt immerfort, ja, Du könntest im gleichen Augenblick wünschen, daß Ihr eine Ewigkeit vor Euch haben möchtet und daß dieser Augenblick der
letzte sei; und darum ist Deiner Liebe der Tod gewiß.

Wir haben also gesehen, wie die erste Liebe zum Ethischen
und Religiösen in Beziehung treten konnte, ohne daß dies
durch eine Reflexion, die sie veränderte, geschehen wäre, da
sie doch nur in eine höhere unmittelbare Konzentrizität hin-
aufgezogen worden ist. In gewissem Sinne ist eine Veränderung vor sich gegangen, und eben diese will ich nunmehr
betrachten, das, was man die Metamorphose des Liebenden
und der Geliebten in Braut und Bräutigam nennen könnte.
Indem die erste Liebe auf Gott bezogen wird, geschieht dies
in der Weise, daß die Liebenden Gott dafür danken. Damit
vollzieht sich eine veredelnde Verwandlung. Die Schwäche,
die dem Mann am nächsten liegt, ist die, daß er sich einbildet, er habe das Mädchen, das er liebt, erobert; er fühlt darin
seine Überlegenheit, aber das ist keineswegs ästhetisch. Indem er dagegen Gott dankt, demütigt er sich unter seine Liebe, und es ist in Wahrheit weit schöner, die Geliebte als eine
Gabe aus Gottes Hand zu empfangen, als alle Welt unter-

jocht zu haben, um sie, die Geliebte, zu erobern. Hinzu
kommt, daß die Seele dessen, der in Wahrheit liebt, nicht
Ruhe finden wird, bevor er sich solchermaßen vor Gott gedemütigt hat; und das Mädchen, das er liebt, bedeutet ihm
wahrlich zu viel, als daß er sie, und sei es im schönsten und
edelsten Sinne, als eine Beute hätte nehmen mögen. Und sollte es ihm Freude machen, sie zu erobern und zu erringen, so
wird er wissen, daß das tägliche Erringen ein ganzes Leben
hindurch angemessen ist, nicht die übernatürliche Kraft einer kurzen Verliebtheit. Doch das geschieht ja nicht, als ob
da ein Zweifel vorausgegangen wäre, sondern es geschieht
unmittelbar. Das eigentliche Leben der ersten Liebe bleibt
also zurück, aber das Fuselartige, wenn ich so sagen darf,
wird fortgenommen. Dem andern Geschlecht ist es natürlicher, das Übergewicht zu empfinden, ihm zu erliegen, und
mag sie sich auch im Nichts-Sein froh und glücklich fühlen,
so ist dies Gefühl doch leicht auf dem Wege, etwas Unwahres zu werden. Wenn sie nun Gott für den Geliebten dankt,
so ist ihre Seele vor dem Leiden sicher; dadurch daß sie Gott
danken kann, entfernt sie den, welchen sie liebt, nur so weit
von sich, daß sie gleichsam Atem holen kann. Und das geschieht nicht infolge eines ängstigenden Zweifels, einen solchen kennt sie nicht, sondern es geschieht unmittelbar.
Ich habe bereits im vorhergehenden angedeutet, daß die
wenn auch nur illusorische Ewigkeit, die in der ersten Liebe
ist, diese sittlich macht. Indem nun die Liebenden ihre Liebe
auf Gott beziehen, so wird schon dieser Dank ihr ein absolutes Ewigkeitsgepräge verleihen, und der Vorsatz und die
Verpflichtung desgleichen, und diese Ewigkeit wird also nicht
auf dunkle Mächte gegründet sein, sondern auf das Ewige
selbst. Der Vorsatz hat zugleich noch eine andere Bedeutung.
Es liegt nämlich darin die Möglichkeit einer Bewegung in
der Liebe, und somit auch die Möglichkeit, der Schwierigkeit enthoben zu werden, unter der die erste Liebe als solche
leidet, daß sie nicht aus der Stelle kommen kann. Das Ästhetische liegt in ihrer Unendlichkeit, das Unästhetische aber

liegt darin, daß diese Unendlichkeit nicht verendlicht werden kann. Daß das Hinzutreten des Religiösen die erste Liebe nicht zu stören vermag, möchte ich mit einem mehr bildlichen Ausdruck erläutern. Das Religiöse ist ja eigentlich der Ausdruck für die Überzeugung, daß der Mensch mit Gottes Hilfe leichter ist als die ganze Welt, jenen Glauben also, wie er auch dem, daß der Mensch schwimmen kann, zugrunde liegt. Wenn es nun einen solchen Schwimmgürtel gäbe, der einen oben hielte, so ließe es sich denken, daß jemand, der in Lebensgefahr gewesen wäre, ihn immer trüge, es ließe sich aber auch denken, daß ein Mensch, der noch nie in Lebensgefahr gewesen wäre, ihn gleichfalls trüge. Dieser letztere Fall trifft auf das Verhältnis zwischen der ersten Liebe und dem Religiösen zu. Die erste Liebe umgürtet sich mit dem Religiösen, ohne daß eine schmerzliche Erfahrung oder eine ängstigende Reflexion vorausgegangen wäre; nur muß ich Dich bitten, diesen Ausdruck nicht zu urgieren, so als ob das Religiöse bloß in einem äußerlichen Verhältnis zu jener stünde. Daß dies nicht der Fall ist, das ist ja im vorhergehenden dargetan worden.

Und laß uns denn ein für allemal die Rechnung machen! Ihr redet so viel von der erotischen Umarmung, was ist sie gegen die eheliche? Welch ein Reichtum der Modulation in dem ehelichen »mein« gegenüber dem erotischen; es hallt nicht allein wider in der Ewigkeit des verführerischen Augenblicks, nicht allein in der illusorischen Ewigkeit der Phantasie und der Vorstellung, sondern in der Ewigkeit des Bewußtseins, in der Ewigkeit der Ewigkeit. Welch eine Kraft in dem ehelichen »mein«, denn Wille, Entschluß, Vorsatz sind ein weit tieferer Ton; welch eine Energie und Geschmeidigkeit, denn was ist so hart wie der Wille, und was so weich wie er; welch eine Kraft der Bewegung, nicht allein die wirre Begeisterung dunkler Antriebe, denn Ehen werden im Himmel gestiftet, und die Pflicht durchdringt den ganzen Körper des Daseins bis in die äußerste Spitze und bereitet den Weg und gibt Gewißheit, daß in alle Ewigkeit kein Hin-

dernis imstande sein wird, die Liebe zu stören! Mag denn
Don Juan die Laube behalten, der Ritter den Himmel der
Nacht und die Sterne, wenn er darüber nichts sieht. Der Himmel der Ehe ist noch höher. So ist die Ehe, und wenn sie
nicht so ist, so ist es nicht Gottes Schuld, nicht die Schuld des
Christentums, nicht die der Trauung, nicht die des Fluches,
nicht die des Segens, sondern ganz allein die des Menschen
selbst. Und ist es nicht eine Sünde und Schande: so schreibt
man Bücher, daß man die Menschen dem Leben gegenüber
ratlos und seiner überdrüssig macht, noch ehe sie damit beginnen, statt daß man sie leben lehrt. Und wenn man noch
recht hätte, wenn es eine schmerzliche Wahrheit wäre; aber
es ist eine Lüge. Man lehrt uns sündigen, und die, welche
nicht den Mut dazu haben, macht man auf andere Weise
ebenso unglücklich. Ich bin leider selbst viel zu sehr von dem
Ästhetischen beeinflußt, um nicht zu wissen, daß das Wort
»Ehemann« Dein Ohr beleidigt. Doch das ist mir gleichgültig. Ist das Wort »Ehemann« auch in Mißkredit gekommen
und fast zu einer Lächerlichkeit geworden, so ist es höchste
Zeit, daß man danach trachtet, es wieder in Ehren zu halten.
Und sagst Du: »So etwas sieht man nie, obwohl man Ehen
oft genug sieht«, so beunruhigt mich das nicht; denn der Umstand, daß man Ehen alle Tage sieht, bewirkt, daß man das
Große darin nur selten erkennt, zumal da man alles tut, um
es zu verkleinern; denn habt Ihr es nicht schon so weit gebracht, daß ein Mädchen, das vor dem Altar einem Manne
die Hand reicht, für unvollkommener gehalten wird als diese
Heldinnen in Euren Romanen mit ihrer ersten Liebe?
Nachdem ich nun mit aller Geduld Dich und Deine Ausbrüche angehört habe, wildere als Du sie vielleicht ganz wahrhaben möchtest [aber Du wirst sehen, ob Du etwa diese Regungen in Dir selbst noch nicht ganz verstanden hast; wenn
die Ehe Dir als eine Wirklichkeit entgegentritt, so wird es
in Dir wüten, obschon Du Dich vermutlich wieder keinem
Menschen anvertrauen wirst], so mußt Du mir verzeihen,
daß ich mit meinen kleinen Observationen herausrücke. Man

liebt nur einmal im Leben, das Herz hängt an seiner ersten Liebe – der Ehe. Höre und bewundere diesen harmonischen Einklang verschiedener Sphären. Das ist dieselbe Sache, nur ästhetisch, religiös und ethisch ausgedrückt. Man liebt nur einmal. Um das zu realisieren, tritt die Ehe hinzu, und wenn Leute, die einander nicht lieben, auf den Gedanken kommen, sich zu heiraten, so kann die Kirche ja nichts dafür. Man liebt nur einmal, so tönt es von den Verschiedensten her, von den Glücklichen, denen jeder Tag eine frohe Gewißheit darüber gibt, von den Unglücklichen. Von diesen gibt es eigentlich nur zwei Klassen: jene, die immer nach dem Ideal verlangen, und jene, die es nicht festhalten wollen. Diese letzteren sind die eigentlichen Verführer. Man trifft sie nur selten, denn es gehört stets etwas Ungewöhnliches dazu. Ich habe einen gekannt, doch auch er gestand, daß man nur einmal liebe, seine wilden Lüste aber hatte Liebe nicht zu zähmen vermocht. Ja, sagen nun gewisse Leute, man liebt nur einmal, man heiratet zwei-, dreimal. Hier vereinen sich die Sphären wieder; denn die Ästhetik sagt nein, die Kirche und die kirchliche Ethik blicken mit Mißtrauen auf die zweite Ehe. Dies ist für mich von äußerster Wichtigkeit; denn wenn es wahr wäre, daß man mehrere Male liebte, so wäre es mit der Ehe eine bedenkliche Sache, so könnte es scheinen, als ob das Erotische Schaden litte durch die Willkür des Religiösen, das in der Regel forderte, man solle nur einmal lieben, das also dieses Anliegen der Erotik so nachlässig behandelte, als wollte es sagen: Du kannst Dich einmal verheiraten, und damit laß die Sache erledigt sein.

Wir haben nunmehr gesehen, wie die erste Liebe in Beziehung zur Ehe getreten ist, ohne daß sie dadurch verändert worden wäre. Dasselbe Ästhetische, das in der ersten Liebe liegt, muß demnach auch in der Ehe liegen, da jene in dieser enthalten ist; das Ästhetische aber liegt in jener Unendlichkeit, jener Apriorität, die, wie oben dargelegt wurde, der ersten Liebe eigen ist. Es liegt ferner in jener Einheit von Gegensätzen, welche Liebe ist, sie ist sinnlich und doch geistig;

sie ist Freiheit und doch Notwendigkeit; sie ist im Moment,
ist in hohem Maße präsentisch und doch hat sie eine Ewigkeit in sich. All dies hat die Ehe auch, sie ist sinnlich und doch
geistig, aber sie ist mehr; denn das Wort »geistig«, von der
ersten Liebe gebraucht, besagt doch wohl vornehmlich, daß
diese seelisch, daß sie von Geist durchdrungene Sinnlichkeit
sei; die Ehe ist Freiheit und Notwendigkeit, zugleich aber
mehr; denn Freiheit, von der ersten Liebe gebraucht, ist doch
eigentlich mehr die seelische Freiheit, in der die Individualität sich aus der Naturnotwendigkeit noch nicht herausge-
klärt hat.

Aber je mehr Freiheit, desto mehr Hingabe, und nur der
kann Verschwendung mit sich treiben, der sich selbst besitzt.
Im Religiösen wurden die Individuen frei, er von unwah-
rem Stolz, sie von unwahrer Demut, und das Religiöse drang
zwischen die Liebenden ein, die einander so fest umschlossen
hielten, nicht um zu trennen, sondern damit sie sich hingeben könne mit einem Reichtum, von dem sie zuvor nichts
geahnt hatte, und er nicht nur empfangen, sondern sich hingeben könne und sie von ihm empfangen. Das hat innere
Unendlichkeit in sich, noch mehr als die erste Liebe; denn
die innere Unendlichkeit der Ehe ist ein ewiges Leben. Die
Ehe ist Einheit von Gegensätzen, noch mehr als die erste Liebe; denn sie hat einen Gegensatz mehr, das Geistige und dadurch das Sinnliche in einem noch tieferen Gegensatz, je weiter man aber von dem Sinnlichen entfernt ist, um so größere
ästhetische Bedeutung gewinnt es; denn sonst wäre der Instinkt der Tiere das am meisten Ästhetische. Aber das Geistige in der Ehe ist höher als das in der ersten Liebe, und je
höher der Himmel über dem Brautbett ist, um so besser,
um so schöner, um so ästhetischer; und über der Ehe wölbt
sich nicht dieser irdische Himmel, sondern der Himmel des
Geistes. Sie ist im Moment gesund und kräftig, sie weist
über sich hinaus, in einem tieferen Sinne jedoch als die erste
Liebe; denn das ist eben der Fehler an dieser, daß sie einen
abstrakten Charakter hat; in dem Vorsatz aber, den die Ehe

hat, liegt das Bewegungsgesetz, liegt die Möglichkeit innerer Geschichte. Der Vorsatz ist die Resignation in der reich-
sten Gestalt, in der nicht darauf gesehen wird, was verloren,
sondern darauf, was gewonnen werden soll dadurch, daß
man es festhält. Im Vorsatz ist ein anderes gesetzt, und im
Vorsatz ist die Liebe dazu in Beziehung gesetzt, jedoch nicht
in äußerlichem Sinne. Aber der Vorsatz hier ist nicht die erworbene Frucht des Zweifels, sondern die Fülle der Verheißung. So schön ist die Ehe, und das Sinnliche keineswegs
verleugnet, sondern veredelt. Ja, ich gestehe es, vielleicht ist
es falsch von mir, oft wenn ich an meine eigene Ehe denke,
erweckt jene Vorstellung eine unerklärliche Wehmut in mir,
daß sie aufhören wird, daß, wie sicher ich auch bin, daß ich
mit ihr, mit der meine Ehe mich verbunden hat, in einem
anderen Leben leben werde, dieses sie mir doch anders geben
wird, daß der Gegensatz, der mit eine Bedingung unserer
Liebe war, aufgehoben werden soll. Doch das tröstet mich,
daß ich weiß, ich werde mich erinnern, daß ich mit ihr in
der innigsten, der schönsten Gemeinschaft gelebt habe, welche das Erdenleben gewährt. Wenn ich mich nämlich auf die
ganze Sache einigermaßen verstehe, so ist der Mangel an der
irdischen Liebe identisch mit dem, was ihren Vorzug ausmacht, daß sie Vorliebe ist. Die geistige Liebe hat keine Vorliebe und bewegt sich in entgegengesetzter Richtung, schiebt
ständig alle Relativitäten ab. Die irdische Liebe geht in ihrer
Wahrheit den entgegengesetzten Weg und ist auf ihrem Höhepunkt nur Liebe zu einem einzigen Menschen auf der ganzen Welt. Dies ist die Wahrheit des nur eine und nur einmal
Liebens. Die irdische Liebe beginnt mit der Liebe zu mehreren, das sind die vorläufigen Antizipationen, und endet mit
der Liebe zu einer; die geistige öffnet sich immer mehr und
mehr, liebt immer mehr Menschen, hat ihre Wahrheit darin, alle zu lieben. So ist denn die Ehe sinnlich, zugleich aber
geistig, frei und zugleich notwendig, absolut in sich selbst
und weist zugleich innerhalb ihrer selbst über sich selbst hinaus.

Indem die Ehe solchermaßen eine innere Harmonie ist, hat
sie natürlich ihre Teleologie in sich selbst; sie ist, indem sie
sich ständig selbst voraussetzt; und insofern ist jede Frage nach
ihrem »Warum« ein Mißverständnis, das sich sehr leicht aus
der prosaischen Verständigkeit erklären läßt, die, mag sie
auch im allgemeinen ein wenig ehrbarer scheinen als Musikmeister Basilio, welcher meint, daß die Ehe von allen lächerlichen Dingen das allerlächerlichste sei, doch nicht nur Dich,
sondern auch mich leicht dazu verführt zu sagen: »Ist die
Ehe weiter nichts, so ist sie wirklich von allen lächerlichen
Dingen das allerlächerlichste.«
Laß uns indessen zum Zeitvertreib einiges davon etwas näher betrachten. Mag auch zwischen unserm Gelächter ein
großer Unterschied sein, so können wir doch gern ein bißchen miteinander lachen. Der Unterschied wird etwa der
gleiche sein wie die unterschiedliche Betonung, mit der wir
auf die Frage, wozu die Ehe da sei, die Antwort aussprechen
würden: Das weiß der liebe Gott. Wenn ich übrigens sage,
daß wir ein bißchen miteinander lachen wollen, so sei es keineswegs vergessen, wieviel ich in dieser Hinsicht Deinen Beobachtungen schuldig bin, für die ich als Ehemann Dir recht
danke. Wenn die Leute nämlich die schönste Aufgabe nicht
realisieren wollen, wenn sie überall sonst tanzen wollen, nur
nicht auf dem Rhodos, das ihnen zum Tanzplatz angewiesen ist, so mögen sie nur Dir und anderen Luchsen zum Opfer fallen, die es verstehen, sie unter der Maske eines Vertrauten zum besten zu halten. Doch ist da ein Punkt, den
ich retten möchte, ein Punkt, über den zu lächeln ich mir nie
erlaubt habe und nie erlauben werde. Du hast schon oft geäußert, daß es »ganz vortrefflich« sein müsse, umherzugehen
und einen jeden zu fragen, warum er geheiratet habe, und
zwar werde man dabei finden, daß zumeist ein überaus unbedeutender Umstand den Ausschlag gegeben hat, und Du
suchst also das Lächerliche darin, daß eine so ungeheure Wirkung wie eine Ehe mit all ihren Konsequenzen aus einer so
kleinen Ursache hervorgehen kann. Ich will mich nicht bei

dem Verkehrten aufhalten, das darin liegt, daß Du den kleinen Umstand ganz abstrakt betrachtest, und daß doch zumeist eben nur deshalb, weil der kleine Umstand zu einer
Vielfalt von Bestimmungen hinzukommt, etwas daraus resultiert. Was ich hingegen hervorheben möchte, ist das Schöne in den Ehen, die so wenig »Warum« wie möglich haben.
Je weniger »Warum«, desto mehr Liebe, das heißt, wenn
man das Wahre daran sieht. Dem Leichtsinnigen wird es sich
hernach freilich zeigen, daß es ein kleines »Warum« war.
Dem ernsthaften Menschen wird es zu seiner Freude sich zeigen, daß es ein ungeheures »Warum« war. Je weniger »Warum«, desto besser. In den unteren Klassen wird die Ehe im
allgemeinen ohne ein großes »Warum« geschlossen, darum
aber hallt es in diesen Ehen auch weit seltener wider von so
vielen »Wie's«, wie sie zurechtkommen sollen, wie sie ihre
Kinder versorgen sollen usw. Zur Ehe gehört nie etwas anderes als das eigene »Warum« der Ehe, dieses aber ist unendlich und also in dem Sinne, in dem ich es hier verstehe, kein
»Warum«, wovon Du Dich auch leicht überzeugen wirst;
denn wenn man solch einem verständigen philiströsen Ehemann auf sein »Warum« mit diesem wahren »Darum« antworten wollte, so würde er vermutlich wie der Schulmeister
in den »Elfen« sagen: »Nun, dann laß uns eine neue Lüge hören!« Du wirst zugleich einsehen, warum ich diesem Mangel
an »Warum« eine komische Seite nicht abgewinnen will und
nicht abgewinnen kann, weil ich fürchte, daß dadurch das
Wahre verloren gehen könnte. Das wahre »Warum« ist nur
eines, hat aber zugleich eine unendliche Energie und Kraft in
sich, die alle »Wie's« ersticken kann. Das endliche »Warum«
ist ein Inbegriff, ein Schwarm, davon sich jeder das Seine
nimmt, der eine mehr, der andere weniger, aber alles gleich
schlecht; denn wenn jemand auch alle endlichen »Warums«
beim Eingehen seiner Ehe vereinigen könnte, so würde er
doch gerade der elendeste unter allen Ehemännern sein.
Eine der scheinbar anständigsten Antworten, die man auf dieses »Warum« der Ehe gibt, lautet: Die Ehe ist eine Schule des

Charakters, man heiratet, um seinen Charakter zu veredeln
und auszubilden. Ich will an ein bestimmtes Faktum anknüpfen, das von Dir herrührt. Es war ein Beamter, den Du »auf-
gegabelt hattest«, dies ist Dein eigener Ausdruck, der Dir
durchaus ähnlich sieht; denn wenn da ein Gegenstand für
Deine Beobachtung ist, so scheust Du nichts, so meinst Du,
Du seiest in Deinem Amt. Er war übrigens ein ganz guter
Kopf und besaß vor allem viele Sprachkenntnisse. Die Familie versammelte sich am Teetisch. Er rauchte seine Pfeife.
Seine Frau war keine Schönheit, sah ziemlich einfältig aus,
war im Verhältnis zu ihm alt, und insofern konnte man, wie
Du bemerktest, gleich auf den Gedanken kommen, daß dort
ein apartes »Warum« sein müsse. Am Teetisch saß eine junge,
etwas bleiche jungverheiratete Frau, die ein anderes »Warum« zu kennen schien; die Hausfrau schenkte selber den Tee
ein, ein junges Mädchen von sechzehn Jahren, nicht schön,
aber füllig und lebensfrisch, reichte ihn herum; sie schien noch
nicht zu einem »Warum« gekommen zu sein. In dieser acht-
baren Gesellschaft hatte auch Deine Unwürdigkeit einen
Platz gefunden. Du, der Du *ex officio* erschienen, der Du bereits ein paarmal vergeblich gekommen warst, fandest natürlich die Situation viel zu günstig, als daß Du sie ungenutzt
hättest lassen dürfen. Es ging in jenen Tagen gerade von einer aufgehobenen Verlobung die Rede. Die Familie hatte diese wichtige inländische Neuigkeit noch nicht vernommen.
Die Sache wurde von allen Seiten plädiert, das heißt, alle
waren *actores*, danach wurde das Urteil gesprochen und der
Sünder exkommuniziert. Die Gemüter waren erregt. Du
wagtest eine kleine Äußerung zugunsten des Verurteilten zu
insinuieren, die natürlich nicht auf den Vorteil des Betreffenden berechnet war, sondern nur darauf, das Stichwort anzubringen. Es mißlang, da fuhrst Du fort: »Vielleicht war die
ganze Verlobung eine Übereilung, vielleicht hat er sich von
dem bedeutungsvollen ›Warum‹ keine Rechenschaft gegeben, man könnte fast sagen von dem ›Aber‹, das einem so
entscheidenden Schritt voraufgehen muß, *enfin*, warum hei-

ratet man, warum, warum?« Jedes dieser »Warums« wurde
mit verschiedener Modulation gesprochen, aber doch gleich
dubitativ. Das war zuviel. *Ein* »Warum« hätte schon genügt, aber ein derart vollständiger Appell, ein Generalmarsch
im Lager des Feindes war entscheidend. Der Augenblick war
gekommen. Mit einer gewissen Gutmütigkeit, die doch auch
das Gepräge überwiegender Verständigkeit trug, sagte der
Hausherr: »Ja, guter Herr, das will ich Ihnen sagen, man heiratet, weil die Ehe eine Schule des Charakters ist.« Nun war
alles in Gang, teils durch Opposition, teils durch Approba-
tion brachtest Du ihn dazu, sich selbst in Barockheit zu überbieten, zu geringer Erbauung seiner Frau, zum Ärgernis der
jungen Frau, zum Erstaunen des jungen Mädchens. Ich habe
Dir schon damals Dein Betragen vorgeworfen, nicht um des
Hausherrn, sondern um der Frauenzimmer willen, denen Du
boshaft genug warst, die Szene so lästig und langwierig wie
möglich zu machen. Die beiden Frauenzimmer bedürfen meiner Verteidigung nicht, und nur Deine gewohnte Koketterie hat Dich denn auch verleitet, sie nicht aus den Augen zu
lassen. Aber seine Frau, vielleicht hat sie ihn doch wirklich
geliebt, und mußte es da für sie nicht schrecklich sein, zuzuhören? Hinzu kommt, daß etwas Unanständiges in der ganzen Situation lag. Eine Verstandesreflexion macht die Ehe
nämlich so wenig sittlich, daß sie sie vielmehr eigentlich unsittlich macht. Die sinnliche Liebe hat nur eine Verklärung,
in der sie gleich ästhetisch, religiös und ethisch ist, das ist die
Liebe; die verständige Berechnung macht sie ebenso unästhetisch wie irreligiös, weil das Sinnliche nicht in seinem
unmittelbaren Recht ist. Wer also deshalb und deshalb usw.
heiratet, der tut einen ebenso unästhetischen wie irreligiösen
Schritt. Die Güte seiner Absicht hilft gar nichts; denn der
Fehler ist gerade der, daß er eine Absicht hat. Wenn eine
Frau heiratete, um – ja, von solcher Tollheit hat man doch
auf der Welt schon gehört, einer Tollheit, die ihrer Ehe ein
ungeheures »Warum« zu geben scheint – um der Welt einen
Heiland zu gebären, so wäre diese Ehe ebenso unästhetisch

wie unsittlich und irreligiös. Dies kann man sich gar nicht oft genug klar machen. Es gibt eine gewisse Klasse von Verstandesmenschen, die mit ungeheurer Verachtung auf das Ästhetische als auf Tand und Kinderei herabblicken und die in ihrer jämmerlichen Teleologie sich darüber hoch erhaben dünken; es ist aber gerade umgekehrt, solche Menschen sind durch ihre Verständigkeit ebenso unsittlich wie unästhetisch. Man tut daher immer am besten daran, auf das andere Geschlecht zu blicken, das sowohl das religiösere als auch das ästhetischere ist. Die Exposition des Hausherrn war im übrigen trivial genug, und ich brauche sie nicht wiederzugeben; hingegen möchte ich diese Betrachtung damit schließen, daß ich jedem derartigen Ehemann eine Xantippe zur Frau wünsche und so mißratene Kinder wie möglich; so darf er hoffen, im Besitz der Bedingung für das Erreichen seiner Absicht zu sein.

Daß nun die Ehe übrigens wirklich eine Schule des Charakters ist, oder, um nicht einen so philiströsen Ausdruck zu gebrauchen, eine Genesis des Charakters, will ich gern zugeben, während ich natürlich fest darauf bestehen muß, daß jeder, der aus diesem Grunde heiratet, eher in eine beliebige andere Schule verwiesen werden müßte als in die der Liebe. Es kommt hinzu, daß solch ein Mensch von diesem Schulbesuch doch niemals einen Nutzen haben wird. Er bringt sich erstens um die Stärkung, die Konsolidation, die Durchschauerung aller Gedanken und Gliedmaßen, welche die Ehe darstellt, denn sie ist doch wahrlich ein Wagnis; aber das

---

[1]) Die Ehe gibt daher dem Menschen eigentlich erst seine positive Freiheit, weil dieses Verhältnis sich über sein ganzes Leben ausdehnen kann, über das Kleinste wie über das Größte. Sie macht ihn frei von einer gewissen unnatürlichen Verlegenheit in natürlichen Dingen, die zwar auch leicht auf manche andere Art erworben werden kann, aber freilich auch leicht auf Kosten des Guten; sie macht ihn frei davon, in Gewohnheit zu stagnieren, indem sie eine frische Strömung unterhält; macht ihn frei von Menschen eben dadurch, daß sie ihn an *einen* Men-

soll sie sein, und es wäre so völlig falsch, etwas berechnen zu
wollen, daß eine solche Berechnung gerade der Versuch
wäre, sie zu entnerven. Zum andern ist er damit natürlich
um das große Betriebskapital der Liebe und um die Demütigung gekommen, die das Religiöse in der Ehe gibt. Er ist
natürlich viel zu superklug, um nicht eine fix und fertige
Vorstellung mitzubringen, wie er sich entwickeln wird; diese bildet also das Regulativ für seine Ehe und für das unglückliche Geschöpf, das er unverschämterweise zu seinem Ver-
suchsobjekt ausersehen hat. Aber vergessen wir das, und erinnern wir uns mit Dankbarkeit daran, wie wahr es ist, daß
die Ehe bildet, wenn man nämlich nicht über ihr stehen,
sondern wie überall, wo von Bildung die Rede ist, sich dem
unterordnen will, wovon man gebildet werden soll. Sie läßt
die ganze Seele reifen, indem sie ein Gefühl von Bedeutung
gibt, zugleich aber auch das Gewicht einer Verantwortung,
die man nicht wegsophistizieren kann, weil man liebt. Sie
adelt den ganzen Menschen mit jener Röte der Scham, die
dem Weibe zugehört, aber des Mannes Zuchtmeister ist;
denn das Weib ist des Mannes Gewissen. Sie bringt Melodie
in die exzentrische Bewegung des Mannes, sie verleiht dem
stillen Leben des Weibes Stärke und Bedeutung, jedoch nur
insofern, als es diese im Manne sucht, und damit wird diese
Stärke nicht zu einer unweiblichen Männlichkeit. Sein stolzes
Auflodern wird gedämpft, indem er immer wieder zu ihr
zurückkehrt, ihre Schwachheit wird gestärkt, indem sie sich
an ihn anlehnt.[1]) Und nun all das Kleinliche, das die Ehe mit

---

schen bindet. Ich habe vielfach bemerkt, daß gerade Leute, die
unverheiratet sind, sich zu Knechten machen. Zunächst sind
sie die Knechte ihrer Launen; gerade in ihrem täglichen Leben dürfen sie sich alles erlauben, sind niemandem Rechenschaft schuldig, sodann aber werden sie auch abhängig von anderen Menschen, ja deren Sklaven. Welche Rolle spielt nicht
oft ein Diener, eine Haushälterin usw. Sie sind die personifi-
zierten Launen und Neigungen der Herrschaft, reduziert auf
den Glockenschlag; sie wissen, wann der Herr aufsteht, oder

sich bringt. Ja, darin wirst Du mir wohl recht geben, zugleich aber Gott bitten, Dich davon zu befreien. Nein, es
gibt nichts, was so sehr bildet wie das Kleinliche. Es gibt
jenen Abschnitt im Leben eines Menschen, da man es von
ihm entfernen muß; es gibt aber auch jenen Abschnitt, in
dem es gut ist, und es gehört eine große Seele dazu, seine
Seele aus dem Kleinlichen herauszuretten; man kann es jedoch, wenn man will, denn das Wollen ist die große Seele,
und wer liebt, der will. Dem Mann kann es besonders schwerfallen, und darum wird in dieser Hinsicht das Weib so große
Bedeutung für ihn haben. Sie ist dazu geschaffen, mit dem
Kleinen zu tun zu haben, und weiß diesem eine Bedeutung
zu geben, eine Würde, eine Schönheit, die bezaubert. Das
befreit von Gewohnheiten, von der Tyrannei der Einseitig-
keiten, vom Joch der Launen, und wie sollte alles derartig
Böse Zeit finden, in einer ehelichen Vereinigung, die so viele
Male und auf so vielerlei Weise sich zur Rechenschaft ruft,
Gestalt zu gewinnen; alles Derartige kann nicht gedeihen;
denn »die Liebe ist langmütig und freundlich, die Liebe eifert
nicht, die Liebe treibt nicht Mutwillen, sie blähet sich nicht,
sie stellet sich nicht ungebärdig, sie suchet nicht das Ihre, sie
lässet sich nicht erbittern, sie rechnet das Böse nicht zu, sie
freuet sich nicht der Ungerechtigkeit, sie freuet sich aber der
Wahrheit, sie verträgt alles, sie glaubet alles, sie hoffet alles,

---

besser, wie lange vorher man ihn wecken muß, oder besser,
wie lange vorher sein Arbeitszimmer geheizt sein muß, ehe
man ihn weckt; sie wissen ihm reine Wäsche hinzulegen, seine Strümpfe umzukehren, so daß er sie mit Leichtigkeit anziehen kann, kaltes Wasser in Bereitschaft zu halten, wenn er sich
in lauwarmem gewaschen hat, die Fenster zu öffnen, wenn er
ausgeht, ihm Stiefelknecht und Hausschuhe hinzustellen, wenn
er nach Hause kommt etc. etc. In all dieses weiß das dienende
Personal, zumal wenn es ein bißchen gescheit ist, sich leicht
hineinzudenken. Obwohl nun dieses alles bis aufs Tüpfelchen
geschieht, sind solche unverheirateten Personen doch oft nicht
zufrieden. Sie können sich ja die Befriedigung jedes Wun-

sie duldet alles.« Denke Dir diese schönen Worte eines Apo-
stels des Herrn, denke sie Dir auf ein ganzes Leben angewandt, dergestalt, daß sich daran die Vorstellung knüpft, man
habe es vielmals mit Leichtigkeit getan, vielmals sich geirrt,
vielmals es vergessen, sei aber doch dazu zurückgekehrt;
denke Dir, ein Ehepaar könne diese Worte so zueinander
sagen, daß der Haupteindruck doch erfreulich ist; welch
eine Seligkeit liegt doch darin, welch eine Verklärung des
Charakters! In der Ehe kommt man mit großen Leidenschaften nicht weiter, man kann nichts vorwegnehmen, man
kann nicht dadurch, daß man einen Monat in großem Maßstabe liebevoll ist, für eine andere Zeit Genüge tun; hier gilt
es, daß ein jeglicher Tag seine eigene Plage hat, aber auch
seinen eigenen Segen. Ich weiß es, daß ich meinen Stolz und
meine hypochondrische Unruhe ihrer Liebe unterworfen
habe, ich habe ihre Heftigkeit unserer Liebe unterworfen;
aber ich weiß auch, daß es viele Tage gekostet hat, ich weiß
auch, daß viele Gefahren bevorstehen können; doch meine
Hoffnung ist auf Sieg.
Oder man heiratet – um Kinder zu bekommen, um seinen
geringen Beitrag zu leisten für die Fortpflanzung des Menschengeschlechts auf Erden. Denke Dir – wenn er keine Kinder bekäme, so würde sein Beitrag doch sehr gering sein.
Staaten haben es sich freilich erlaubt, diesen Zweck mit der

---

sches erkaufen. Sie sind zuweilen unwirsch und mürrisch, hinterher schwach und gutmütig. Ein paar Reichstaler machen ja
alles gut. Daraus lernt der Dienstbote bald seinen Nutzen zu
ziehen; es kommt also nur darauf an, in gehörigen Zwischenräumen etwas verkehrt zu machen, die Herrschaft in Wut zu
bringen, darüber verzweifelt zu werden und darauf ein Trinkgeld zu empfangen. Die Herrschaft ist bald von einer solchen
Persönlichkeit völlig eingenommen, der Herr weiß nicht, ob
er die Genauigkeit dieses Menschen mehr bewundern soll oder
die aufrichtige Reue, die er zeigt, wenn er sich verfehlt hat.
Ein solcher Diener wird also der Herrschaft unentbehrlich und
ist ein vollkommener Despot.

Ehe zu verbinden, Prämien auszusetzen für die, welche sich
verheiraten, und für die, welche die meisten Knaben bekommen. Das Christentum hat zu gewissen Zeiten den Gegensatz hierzu gebildet, indem es Prämien aussetzte für die,
welche es unterlassen zu heiraten. Mag nun dies auch ein Mißverständnis gewesen sein, so zeugt es doch von einem tiefen
Respekt vor der Persönlichkeit, daß man in dem Maße den
einzelnen nicht zu einem bloßen Moment, sondern zu dem
Definitiven machen wollte. Je abstrakter der Staat aufgefaßt
wird, je weniger die Individualität sich aus diesem herausge-
kämpft hat, desto natürlicher ist ein solches Gebot und eine
solche Ermunterung. Im Gegensatz hierzu hat man in unserer Zeit bisweilen beinahe eine Ehe ohne Kinder ange-
priesen. Unsere Zeit hat nämlich Mühe genug, die Resignation aufzubringen, die zum Eingehen einer Ehe erforderlich ist; hat man sich in dem Maße selbst verleugnet, so
meint man, damit sei es wohl genug, und weiß sich nicht
recht in solche Weitläufigkeiten wie eine Kinderschar zu
schicken. In Romanen findet man oft genug, wenn auch nur
lose hingeworfen, als Grund für ein bestimmtes Individuum,
sich nicht zu verheiraten, angeführt, daß der Betreffende
Kinder nicht leiden könne; im Leben sieht man es in den am
meisten verfeinerten Ländern dadurch ausgedrückt, daß die
Kinder so früh wie möglich aus dem väterlichen Hause entfernt, in Pension gegeben werden usw. Wie oft hast Du Dich
nicht belustigt über diese tragikomischen Familienväter mit
vier reizenden Kindern, die sie im stillen weit weg wünschten.
Wie oft hast Du Dich nicht ergötzt an der gekränkten Vornehmheit solcher Familienväter angesichts all des Kleinlichen, das das Leben mit sich bringt, wenn etwa die Kinder
Schläge haben sollen, wenn sie kleckern, wenn sie schreien,
wenn der große Mann – der Vater sich in seiner Kühnheit
gehemmt fühlt durch den Gedanken, daß seine Kinder ihn
an die Erde binden. Wie oft hast Du nicht mit wohlver-
dienter Grausamkeit solche edlen Väter auf den höchsten
Grad verbissener Wut gebracht, wenn Du, mit seinen Kin-

dern beschäftigt, nur ein paar Worte darüber hast fallen
lassen, was für ein Segen es doch sei, Kinder zu haben.

Zu heiraten, um zu der Propagation des Geschlechts beizu-
tragen, könnte nun sowohl ein höchst objektiver als auch
ein höchst natürlicher Grund scheinen. Es wäre, als stellte
man sich auf den Gottes-Standpunkt und sähe von diesem
aus das Schöne in der Erhaltung des Geschlechts; ja, man
könnte ein besonderes Gewicht auf die Worte legen; »Seid
fruchtbar und mehret euch und füllet die Erde.« Und doch
ist eine solche Ehe ebenso unnatürlich wie willkürlich und
ohne jede Stütze in der Heiligen Schrift. Was das letztere
betrifft, so lesen wir ja, daß Gott die Ehe stiftete, weil es
nicht gut war, daß der Mensch allein sei, um ihm Gesellschaft
zu geben. Wenn es nun auch dem einen und andern Reli-
gionsspötter mit dieser Gesellschaft etwas bedenklich scheinen mag, die damit begann, den Mann ins Verderben zu
stürzen, so beweist dies gar nichts, und ich würde diese Begebenheit eher als ein Motto für alle Ehen anführen; denn als
das Weib das getan hatte, da erst wurde die innigste Gemeinschaft zwischen ihnen befestigt. Sodann lesen wir auch
diese Worte: »und Gott segnete sie.« Dieses Wort übersieht
man ganz. Und wenn der Apostel Paulus irgendwo mit
ziemlicher Strenge dem Weibe befiehlt, in der Stille zu lernen mit aller Untertänigkeit und stille zu sein, und darauf,
nachdem er ihr den Mund gestopft hat, um sie noch mehr
zu demütigen, hinzufügt: »Sie wird selig werden durch
Kinderzeugen«, so hätte ich dem Apostel diese Geringschät-
zung wahrlich nie verziehen, falls er nicht alles wiedergutgemacht hätte durch den Zusatz: »so sie [die Kinder] bleiben
im Glauben und in der Liebe und in der Heiligung samt der
Zucht.«

Bei dieser Gelegenheit fällt mir ein, es könnte wunderlich
scheinen, daß ich, dem die Geschäfte nur wenig Zeit zu
Studien lassen und dessen dürftige Studien im allgemeinen in
eine ganz andere Richtung gehen, daß ich in der Heiligen
Schrift so bewandert scheine, daß ich mich zum theologi-

schen Examen melden könnte. Ein alter Heide, ich glaube
Seneca, hat gesagt, wenn man in sein dreißigstes Jahr gekommen sei, müsse man seine Natur so gut kennen, daß man
sein eigener Arzt sein könne; so meine ich auch, man müsse,
wenn man in ein gewisses Alter gekommen ist, sein eigener
Pfarrer sein können. Nicht als ob ich die Teilnahme am
öffentlichen Gottesdienst und die hier gebotene Anweisung
verschmähte, keineswegs, aber ich meine doch, daß man
seine Anschauung von den wichtigsten Lebensverhältnissen,
über die man überdies nur selten in strengerem Sinne predigen hört, im reinen haben muß. Gegen Erbauungsschriften
und gedruckte Predigten habe ich eine Idiosynkrasie; wenn
ich also nicht die Kirche aufsuchen kann, so nehme ich meine
Zuflucht zur Schrift. Ich erkundige mich dann gern bei
irgendeinem gelehrten Theologen oder in irgendeinem gelehrten Werk, wo die wichtigsten diese Sache betreffenden
Schriftstellen sich finden, und die lese ich dann durch. So
war ich bereits verheiratet und war etwa schon ein halbes
Jahr verheiratet gewesen, bevor es mir einfiel, richtig zu
überdenken, was denn das Neue Testament über die Ehe
lehrt. Ich war vor meiner eigenen schon bei mehreren Trau-
ungen dabei gewesen, ich kannte also die heiligen Worte, die
bei dieser Gelegenheit gesprochen werden. Indessen wünschte ich doch eine etwas vollständigere Kenntnis und wandte
mich daher an meinen Freund Pastor Olufsen, der damals
gerade hier in der Stadt war. Nach seiner Anweisung fand
ich nun die Hauptstellen und las sie meiner Frau vor. Ich
erinnere mich noch sehr wohl des Eindrucks, den jene Stelle
auf sie machte. Im übrigen war es eine eigene Sache, ich
kannte die Stellen der Heiligen Schrift nicht, die ich ihr vor-
lesen wollte, und ich wollte sie auch nicht vorher nachsehen;
ich mag nicht gern darauf vorbereitet sein, welchen Eindruck
ich auf sie machen werde, dergleichen hat seinen Grund in einem unzeitigen Mißtrauen. Das könntest Du beherzigen; denn
zwar bist Du nicht verheiratet und hast somit keinen Menschen, gegen den Du in strengstem Sinne zur Offenheit ver-

pflichtet bist; aber Deine Vorbereitung grenzt wirklich ans Lächerliche. Du kannst wohl die Leute zum Narren halten, kannst wohl scheinbar alles so zufällig, so impromptu wie möglich tun, und doch glaube ich nicht, daß Du »Lebewohl« sagen kannst, ohne überlegt zu haben, wie Du es sagen willst.

Doch zurück zur Ehe und den für die Vermehrung des Geschlechts unermüdlichen Eheleuten. Solch eine Ehe pflegt sich zuweilen in einer mehr ästhetischen Hülle zu verbergen. Da ist ein vornehmes altes adliges Geschlecht, das im Begriff ist auszusterben, nur zwei Repräsentanten sind noch übrig, ein Großvater und ein Enkel. Es ist der einzige Wunsch des ehrwürdigen Greises, daß der Enkel doch heiraten möge, damit das Geschlecht nicht erlösche. Oder da ist ein Mensch, dessen Leben nicht sonderlich ins Gewicht fällt, der aber mit einer gewissen Wehmut, wenn auch nicht weiter zurück, so doch an seine Eltern denkt, sie so innig liebt, daß er wünschen möchte, dieser Name möge nicht aussterben, sondern in der dankbaren Erinnerung lebendiger Menschen erhalten bleiben. Es schwebt ihm vielleicht vor, wie schön es wäre, den Kindern von ihrem Großvater erzählen zu können, der schon lange tot ist, ihr Leben durch solch ein ideales Bild zu stärken, das nur einer Erinnerung angehört, sie durch diese Vorstellung für alles Edle und Große zu begeistern; er wird vielleicht meinen, dadurch etwas von der Schuld abbezahlen zu können, in der er sich seinen Eltern gegenüber fühlt. Das ist zwar alles gut und schön, aber es hat doch mit der Ehe nichts zu tun, und eine allein aus diesem Grunde geschlossene Ehe ist ebenso unästhetisch wie unsittlich. Das mag vielleicht hart klingen, aber es ist doch so. Nur zu einem Zweck kann die Ehe geschlossen werden, durch den sie gleichermaßen ethisch und ästhetisch wird, dieser Zweck aber ist immanent; jeder andere Zweck trennt, was zusammengehört, und macht damit sowohl das Geistige als auch das Sinnliche zu Endlichkeiten. Es mag schon sein, daß ein Individuum mit solchen Reden, zumal wenn die beschriebenen Gefühle eine Wahrheit in ihm haben, das Herz eines Mädchens gewinnen kann, aber falsch ist es, ihr Wesen ist eigentlich verändert, und es ist für ein Mädchen immer eine Beleidigung, wenn man sie aus einem anderen Grunde heiraten will, als weil man sie liebt.

Mag nun auch, um einen Deiner Ausdrücke zu gebrauchen, jegliche Gestüts-Rücksicht als solche nichts mit der Ehe zu tun haben, so wird für den, der sich sein Verhältnis nicht getrübt hat, die Familie sich als ein Segen erweisen. Es ist doch etwas Schönes, daß ein Mensch dem andern so viel wie möglich zu verdanken hat, das Höchste aber, das ein Mensch dem andern verdanken kann, ist doch wohl – das Leben. Und dennoch kann ein Kind dem Vater noch mehr zu verdanken haben, denn es empfängt ja doch das Leben nicht blank und leer, sondern empfängt es mit einem bestimmten Inhalt, und wenn es lange genug an der Mutter Brust geruht hat, so wird es an die des Vaters gelegt, und auch er nährt es mit seinem Fleisch und Blut, mit den oft teuer erkauften Erfahrungen eines bewegten Lebens. Und welche Möglichkeit liegt nicht in einem Kind; ich will Dir gern darin zustimmen, daß Du all den Götzendienst hassest, der mit Kindern getrieben wird, besonders den ganzen Familienkultus und die Kinderzirkulation beim Mittag- und Abendessen zu Familienküssen, Familienbewunderung, Familienhoffnungen, während die Eltern einander selbstgefällig für überstandene Mühen danken und sich über das zustande gebrachte Kunstprodukt freuen; ja, ich gestehe es, ich kann gegen solches Unwesen beinahe ebenso sarkastisch sein wie Du; aber ich lasse mich dadurch nicht weiter beirren. Die Kinder gehören dem innersten, verborgensten Leben der Familie an, und an diesen helldunkel-geheimnisvollen Bereich muß man auch jeden ernsten oder gottesfürchtigen Gedanken über diese Sache verweisen. Dort aber wird es sich auch zeigen, daß noch jedes Kind einen Heiligenschein um sein Haupt hat, dort auch wird ein jeder Vater fühlen, daß mehr in dem Kinde steckt, als was es ihm verdankt, ja er wird mit Demut empfinden, daß es anvertrautes Gut und daß er im schönsten Sinne doch nur Stiefvater ist. Der Vater, der das nicht empfunden hat, der hat seine Vaterwürde noch immer mißbraucht. Man verschone uns mit allem unzeitigen Geschrei und Getue, »allem Kratzfüßeln bei einer Niederkunft«, aber verschone mich auch mit Deinem Mutwillen, wenn Du mit Holbergs Henrik Dich zu dem Unglaublichen obligieren willst. Ein Kind ist das Größte und das Bedeutungsvollste auf der Welt, das Unansehnlichste und Unbedeutendste, je nachdem, wie man es nimmt, und man erhält Gelegenheit, einen tiefen Einblick in einen Menschen zu tun, wenn man erfährt, wie er in dieser Hinsicht denkt. Ein Säugling kann beinahe komisch auf einen wirken, wenn man an seine Prätention, ein Mensch zu sein, denkt; es kann tragisch wirken, wenn man daran denkt, daß er mit Geschrei zur Welt kommt, daß es lange dauert, bis er das Schreien vergißt, und daß noch niemand dieses Kindergeschrei erklärt hat. So kann es auf mancherlei Art wirken; aber die religiöse Betrachtung, die jedoch durchaus zu den andern in Beziehung treten kann, bleibt die schönste. Und nun Du, Du liebst ja die Möglichkeit, und doch wird der Gedanke an Kinder gewiß nicht erfreulich auf Dich wirken; denn ich zweifle nicht daran, daß Dein neugieriger und vagabundierender Geist auch in diese Welt hineingeguckt hat. Das kommt natürlich daher, daß Du die Möglichkeit in Deiner Gewalt haben willst. Du bist sehr gern in jenem Zustand, in dem Kinder sind, wenn sie in dem dunklen Zimmer auf die Offenbarung des Weihnachtsbaumes warten; aber ein Kind ist freilich eine ganz andere Art von Möglichkeit, und zwar eine so ernste, daß Du wohl kaum die Geduld hättest, sie zu ertragen. Und doch sind Kinder ein Segen. Es ist schön und gut, daß ein Mensch mit tiefem Ernst auf das Beste seiner Kinder bedacht ist, wenn er sich aber nicht zuweilen erinnert, daß es nicht bloß eine ihm auferlegte Pflicht, eine Verantwortung ist, sondern daß sie auch ein Segen sind und daß Gott im Himmel nicht vergessen hat, was nicht einmal die Menschen vergessen, nämlich ein Geschenk in die Wiege zu legen, so hat er doch sein Herz nicht ausgeweitet, weder auf ästhetische noch auf religiöse Gefühle. Je mehr ein

Mensch festzuhalten vermag, daß Kinder ein Segen sind, durch je weniger Kämpfe und mit je geringeren Zweifeln er dieses Kleinod bewahrt, dieses einzige Gut, in dessen Besitz der Säugling ist, dafür aber auch in einem rechtmäßigen, da Gott selbst ihn darin eingesetzt hat; desto schöner, desto ästhetischer, desto religiöser. Ich schlendere auch bisweilen auf der Straße umher und überlasse mich meinen Gedanken und dem Eindruck, den die augenblickliche Umgebung hervorruft. Ich habe eine arme Frau gesehen; sie betrieb einen Kleinhandel, nicht in einem Laden oder einem Schuppen, sondern sie stand auf dem freien Platz, sie stand dort in Regen und Wind mit einem Kind auf dem Arm; sie selbst war reinlich und nett, das Kind sorgsam eingehüllt. Ich habe sie viele Male gesehen. Es kam eine vornehme Dame vorbei, die sie beinahe zurechtwies, weil sie das Kind nicht zu Hause lasse, und das um so mehr, als es ihr ja nur hinderlich sei. Und es kam dort ein Geistlicher desselben Weges vorüber, und er trat an sie heran, er wolle dem Kind einen Platz in einem Asyl verschaffen. Sie dankte ihm freundlich, aber Du hättest den Blick sehen sollen, mit dem sie sich niederbeugte und nach dem Kinde sah. Wäre es eingefroren gewesen, dieser Blick hätte es aufgetaut; wäre es tot und kalt gewesen, dieser Blick hätte es wieder ins Leben gerufen, wäre es vor Hunger und Durst verkommen gewesen, der Segen dieses Blickes hätte es erquickt. Aber das Kind schlief, und nicht einmal sein Lächeln konnte die Mutter belohnen. Sieh, diese Frau empfand, daß ein Kind ein Segen ist. Wenn ich ein Maler wäre, ich würde nie etwas anderes malen als diese Frau. Ein solcher Anblick ist eine Seltenheit, er ist wie eine seltene Blume, die man nur zu Gesicht bekommt, wenn man Glück hat. Die Welt des Geistes aber ist nicht der Eitelkeit unterworfen, hat man den Baum gefunden, so blüht er immer; die Frau habe ich oft gesehen. Ich habe sie meiner Frau gezeigt; ich habe mich nicht wichtig gemacht, ihr nicht reiche Geschenke geschickt, als hätte ich eine göttliche Vollmacht zu belohnen, ich habe mich unter sie gedemütigt, sie braucht wahrlich

weder Gold noch vornehme Damen, noch Asyle und Geistliche, noch einen armseligen Gerichtsrat beim Hof- und Stadt-
gericht und seine Gattin. Sie braucht überhaupt nichts, außer
daß das Kind sie einmal liebe mit der gleichen Zärtlichkeit,
und auch das braucht sie nicht, sondern es ist der Lohn, den
sie verdient hat, ein Segen, den der Himmel nicht ausbleiben
lassen wird. Daß dies schön ist, daß es selbst Dein verhärtetes
Herz rührt, kannst Du nicht leugnen. Ich will daher nicht,
um Dir die Anerkennung beizubringen, daß ein Kind ein
Segen ist, zu jenen Schreckbildern greifen, die man oft gebraucht, wenn man den Unverheirateten mit dem Gedanken
erschrecken will, wie allein er einst dastehen werde, wie unglücklich, nicht umringt von einer Kinderschar. Denn teils
würdest Du Dich vermutlich nicht schrecken lassen, zumindest nicht von mir, ja von der ganzen Welt nicht [wenn Du
mit Dir allein bist in dem dunklen Raum schwermütiger
Gedanken, so bekommst Du wohl manchmal Angst vor Dir
selber]; teils kommt es mir immer verdächtig vor, wenn
man, um sich selbst des Besitzes eines Guten zu versichern,
andere mit dem Gedanken ängstigen muß, daß sie es nicht
haben. Spotte darum nur, nenne nur das Wort, das Dir auf
den Lippen schwebt, den viersitzigen Holsteinischen Wagen;
belustige Dich nur darüber, daß die Fahrt nicht weiter geht als
bis nach »Fredsberg«, fahre nur an uns vorüber in Deinem bequemen Wiener Wagen, hüte Dich jedoch, Dich Deiner
Spötterei in dieser Hinsicht oft hinzugeben, es könnte sich
vielleicht im stillen ein ideales Sehnen in Deiner Seele entwickeln, das Dich hart genug strafen würde.
Aber auch noch in einem anderen Sinne sind Kinder ein Segen, weil man selber so unbeschreiblich viel von ihnen lernt.
Ich habe stolze Menschen gesehen, die bis dahin kein
Schicksal gedemütigt hatte, die sich das Mädchen, das sie
liebten, mit solcher Sicherheit aus dem Familienleben, dem
sie zugehörte, herausgriffen, daß es war, als wollten sie sagen: »Wenn Du mich hast, so dürfte es genügen, ich bin es
gewohnt, Stürmen zu trotzen, wieviel mehr jetzt, da der Ge-

danke an Dich mich begeistern wird, jetzt, da ich für viel mehr zu kämpfen habe.« Ich habe dieselben als Väter gesehen; ein kleines Unglück, das ihren Kindern zustieß, hat sie zu demütigen, eine Krankheit das Gebet über ihre stolzen Lippen zu bringen vermocht. Ich habe Menschen gesehen, die ihre Ehre darein setzten, den Gott, der im Himmel ist, beinahe zu verachten, die jeden seiner Bekenner zur Zielscheibe ihres Spottes auszuersehen pflegten, ich habe gesehen, wie sie als Väter aus Fürsorge für ihre Kinder die frömmsten Menschen in ihren Dienst nahmen. Ich habe Mädchen gesehen, deren stolzer Blick den Olymp zum Erbeben brachte, Mädchen, deren eitler Sinn nur für Pracht und Prunk lebte, ich habe gesehen, wie sie als Mütter jede Demütigung ertrugen, wie sie sich fast erbettelten, was ihrer Meinung nach zum Besten ihrer Kinder sein könnte. Ich denke an einen bestimmten Fall. Es war eine sehr stolze Dame. Ihr Kind wurde krank. Einer der Ärzte der Stadt wurde gerufen. Er lehnte es auf Grund früherer Erfahrungen ab zu kommen. Ich habe gesehen, wie sie zu ihm ging, wie sie in seinem Vorzimmer wartete, um ihn durch Bitten zum Kommen zu bewegen. Doch wozu solch starke Schilderungen, die, mögen sie auch wahr sein, doch nicht das Erbauliche an sich haben wie die weniger bewegten Beispiele, die sich dem, der Augen hat zu sehen, tagtäglich darbieten.

Hinzu kommt, daß man auch auf andere Weise viel von Kindern lernt. In jedem Kind ist etwas Ursprüngliches, welches bewirkt, daß alle abstrakten Prinzipien und Maximen mehr oder weniger daran scheitern. Man muß selber von vorn anfangen, oft mit viel Mühe und Not. Es liegt ein tiefer Sinn in dem chinesischen Sprichwort: »Erziehe deine Kinder gut, so wirst du erfahren, was du deinen Eltern schuldig bist.« Und nun die Verantwortung, die einem Vater auferlegt ist. Man geht mit anderen Menschen um, man sucht ihnen die Vorstellung von dem, was man für das Richtige hält, beizubringen, man macht vielleicht mehrere Versuche; wenn es nicht helfen will, so hat man nichts mit ihnen zu schaffen, man

wäscht seine Hände. Wann aber kommt der Augenblick, da
ein Vater es wagt oder besser da ein Vaterherz sich entschließen kann, jeden weiteren Versuch aufzugeben? Das ganze
Leben wird in den Kindern noch einmal erlebt, nun erst versteht man beinahe sein eigenes Leben. Doch von alledem mit
Dir zu reden, hat eigentlich gar keinen Zweck; es gibt Dinge,
von denen man sich nie eine inhaltsreiche Vorstellung machen kann, wenn man sie nicht erlebt hat, und zu ihnen gehört das Vater-sein.

Und nun endlich die schöne Art, wie man sich durch Kinder
mit einer Vergangenheit und einer Zukunft verknüpft.
Wenn man auch nicht gerade vierzehn Ahnen hat und die
Sorge, den fünfzehnten herbeizuschaffen, man hat doch eine
weit größere Verwandtschaft vor sich, und es ist wahrhaft
wonnevoll zu sehen, wie das Geschlecht in den Familien
gleichsam ein bestimmtes Muster annimmt. Derartige Betrachtungen kann nun freilich auch der Unverheiratete anstellen, doch wird er sich nicht in dem Maße dazu aufgefordert oder befugt fühlen, da er ja bis zu einem gewissen Grade
selbst störend darin eingreift.

Oder man heiratet, um ein Heim zu bekommen. Man hat
sich zu Hause gelangweilt, man ist ins Ausland gereist und
hat sich gelangweilt, man ist wieder nach Hause gekommen
und langweilt sich. Zur Gesellschaft hält man sich einen überaus schönen Jagdhund, eine Vollblutstute, aber etwas vermißt man doch. In dem Restaurant, in dem man sich mit einigen gleichgesinnten Freunden trifft, sucht man längere Zeit
vergeblich einen Bekannten. Man erfährt, daß er geheiratet
hat, man wird weich, sentimental auf seine alten Tage; man
fühlt alles so leer um sich, niemand wartet auf einen, wenn
man ausbleibt. Die alte Haushälterin ist im Grunde ein recht
braves Frauenzimmer, aber sie weiß einen denn auch gar
nicht aufzumuntern, es ein wenig gemütlich zu machen.
Man heiratet; die Nachbarschaft klatscht in die Hände, findet,
man habe klug und vernünftig gehandelt, und dann geht
man dazu über, von dem Wichtigsten im Haushalt zu spre-

chen, dem größten irdischen Gut, einer anständigen und verläßlichen Köchin, die man auf eigene Faust zum Markt gehen lassen kann, einem fingerfertigen Stubenmädchen, das
so anstellig ist, daß man es zu allem gebrauchen kann. Wenn
nun so ein alter kahlköpfiger Heuchler sich noch damit begnügen wollte, eine Wartefrau zu ehelichen; aber das ist zumeist nicht der Fall. Das Beste ist nicht gut genug, und
schließlich gelingt es ihm, ein junges hübsches Mädchen zu
fangen, das dann an solch einen Galeerensklaven geschmiedet
wird. Vielleicht hat sie nie geliebt, welch entsetzliches Mißverhältnis.

Du siehst, ich lasse Dich zu Worte kommen. Indessen mußt
Du gestehen, daß man besonders in den einfacheren Klassen
Ehen findet, die zu dem Zweck, ein Heim zu bekommen,
geschlossen und die recht schön sind. Es handelt sich um Menschen in jüngerem Alter. Nicht sonderlich in der Welt umhergetrieben, haben sie das nötige Auskommen erworben
und denken nun an die Heirat. Das ist schön, und ich weiß
auch, daß es Dir niemals einfallen könnte, Deinen Spott gegen solche Ehen zu richten. Eine gewisse edle Einfalt gibt
ihnen sowohl einen ästhetischen als auch religiösen Anstrich.
Es liegt hier nämlich gar nichts Egoistisches in dem Gedanken, ein Heim haben zu wollen, im Gegenteil, für sie verknüpft sich hiermit die Vorstellung einer Pflicht, einer Tat,
die ihnen aufgetragen wird, die ihnen aber zugleich eine liebe
Pflicht ist.

Man hört auch oft genug Eheleute sich selbst damit trösten
und die Unverheirateten damit ängstigen, daß sie sagen: »Ja,
wir haben doch ein Heim, und wenn wir älter werden, eine
Bleibe«; bisweilen fügen sie noch mit einem außergewöhn-
lichen sonntäglichen Schnörkel im erbaulichen Stil hinzu:
»Unsere Kinder und Kindeskinder sollen uns einmal die Augen zudrücken und um uns trauern.« Das Gegenteil ist das
Schicksal der Unverheirateten. Man gibt mit einem gewissen Neid zu, daß sie es in ihren jungen Tagen eine Zeitlang
besser haben, im stillen wünscht man, man wäre selbst noch

nicht verheiratet, aber es macht sich schon bezahlt. Es geht den Unverheirateten wie dem reichen Mann, sie haben ihr Teil vorweggenommen.

Alle solche Ehen kranken nun an dem Fehler, daß sie ein einzelnes Moment der Ehe zum Zweck der Ehe machen, und daher fühlen sich denn natürlich besonders die ersteren so oft enttäuscht, wenn sie gestehen müssen, daß eine Ehe doch ein wenig mehr zu bedeuten habe als den Erwerb eines gemächlichen, gemütlichen und bequemen Heims. Abstrahieren wir nun aber wieder von dem Verkehrten, um das Schöne und Wahre zu sehen! Nicht jedem Menschen ist es gegeben, seine Tätigkeit so sehr weit auszudehnen, und viele von denen, die sich einbilden, für etwas Größeres zu wirken, ertappen sich früher oder später selbst über einem Irrtum. Hiermit bist Du keineswegs gemeint; denn Du bist natürlich ein zu guter Kopf, um nicht bald hinter diese Illusion zu kommen, und Dein Spott hat sie schon oft genug getroffen. Du hast in dieser Beziehung ein außerordentliches Maß von Resignation und hast ein für allemal eine totale Renonce gezeigt. Du ziehst es vor, Dich zu unterhalten. Du bist überall ein willkommener Gast. Dein Witz, Deine Leichtigkeit im Umgang, eine gewisse Gutmütigkeit, item eine gewisse Bosheit bewirken, daß man, sobald man Dich sieht, die Vorstellung von einem angenehmen Abend daran knüpft. Du bist stets ein willkommener Gast in meinem Hause gewesen und wirst es stets sein, teils weil ich Dich nicht so sehr fürchte, teils weil ich noch gute Weile habe, ehe ich damit anfangen muß; meine einzige Tochter ist erst drei Jahre alt, und so früh eröffnest Du Dein Telegrafieren wohl nicht. Du hast mir zuweilen halb vorgeworfen, daß ich mich mehr von der Welt zurückzöge, einmal, entsinne ich mich, nach der Melodie: »Sag mir, Jeanette«. Der Grund dafür ist natürlich, wie ich Dir auch damals schon erwiderte, daß ich ein Heim habe. Es ist in dieser Hinsicht ebenso schwierig, Dich eigentlich zu packen, wie in jeder anderen, Du hast nämlich immer andere Bestimmungen. Will man die Leute aus ihren Illusionen her-

ausreißen, um sie zu etwas Wahrerem zu führen, so bist Du
hier wie immer »in jeder Weise zu Diensten«. Überhaupt bist
Du unermüdlich darin, Illusionen aufzustöbern, um sie zu
zerschlagen. Du redest so verständig, so erfahren, daß jeder
Mensch, der Dich nicht näher kennt, glauben muß, Du seist
ein gesetzter Mann. Indessen bist Du noch keineswegs zu
dem Wahren gelangt. Du bist dabei stehengeblieben, die Illusion zu zerstören, und da Du es in jeder nur denkbaren Richtung getan hast, so hast Du Dich eigentlich in eine neue Illusion hineingearbeitet, und zwar in die, daß man dabei stehenbleiben könne. Ja, mein Freund, Du lebst in einer Illusion,
und Du richtest nichts aus. Damit habe ich nun jenes Wort
ausgesprochen, das von jeher eine so sonderbare Wirkung
auf Dich gehabt hat. Ausrichten – »wer richtet denn etwas
aus? Das ist gerade eine der allergefährlichsten Illusionen; ich
habe es keineswegs eilig auf der Welt, ich belustige mich, so
gut ich kann, besonders über die, welche glauben, daß sie etwas ausrichten; und ist es denn nicht auch unbeschreiblich
komisch, daß ein Mensch das glaubt? Ich werde das Leben
nicht mit so großen Prätentionen belasten.« Jedesmal, wenn
Du davon sprichst, wirkst Du höchst unangenehm auf mich.
Es empört mich, weil eine freche Unwahrheit darin liegt,
die, mit Deiner Virtuosität vorgetragen, Dir stets den Sieg
gibt, zumindest immer die Lacher auf Deine Seite bringt. Ich
erinnere mich, wie Du einmal, nachdem Du einem Menschen, der sich über Deine Rede entrüstete, lange zugehört
und, ohne ihm ein Wort zu erwidern, ihn nur mit Deinem
sarkastischen Lächeln gereizt hattest, schließlich zur allgemeinen Freude der Anwesenden antwortetest: »Ja, wenn Sie
diese Rede zu all dem übrigen, was Sie ausgerichtet haben,
noch hinzulegen, so kann man es Ihnen zumindest nicht verdenken, wenn Sie glauben, daß Sie wirklich etwas ausrichten, für das Große sowohl wie für das einzelne.« Wenn Du
so redest, schmerzt es mich, weil ich ein gewisses Mitleid mit
Dir empfinde. Wenn Du Dich nicht zügelst, so wird in Dir
ein reiches Gemüt untergehen. Deshalb bist Du gefährlich,

deshalb haben Deine Ausbrüche, hat Deine Kälte eine Kraft,
wie ich sie noch bei keinem andern der vielen gekannt habe,
die in dem Fach des Mißvergnügtseins pfuschen. Auch zu
diesen gehörst Du also nicht, sie sind Gegenstand Deiner Satire; denn Du bist viel weiter gegangen. »Du bist fröhlich und
vergnügt, Du lächelst, Du schreitest leichtbeschwingt dahin,
Du verhebst Dich nicht an des Lebens Sorgen, Du hast Dich
noch in keine dreifache Klagegesellschaft einschreiben lassen.« Eben darum aber sind Deine Äußerungen so gefährlich
für Jüngere, weil die Herrschaft, die Du über alles im Leben
gewonnen hast, sie frappieren muß. Ich will nun nicht zu
Dir sagen, ein Mensch müsse etwas ausrichten in der Welt;
sondern ich will sagen: gibt es denn nicht einige Dinge in
Deinem Leben, über die Du einen undurchdringlichen Schleier wirfst, sollten sie nicht von der Art sein, daß Du wünschtest, da etwas auszurichten, mag Deine Schwermut auch ächzen und stöhnen im Schmerz darüber, daß es so wenig ist?
Und wie ganz anders sieht es nicht in Dir aus? Ist denn dort
nicht eine tiefe Trauer darüber, daß Du nichts ausrichten
kannst? Einen Fall zumindest kenne ich; Du hast einmal ein
paar Worte darüber fallen lassen, die nicht unbeachtet geblieben sind. Gewiß, Du würdest alles darum geben, etwas
ausrichten zu können. Ob es Deine eigene Schuld ist, daß Du
es nicht kannst, ob Dein Stolz gebrochen werden müßte, damit Du es vermagst, weiß ich nicht und werde nie weiter in
Dich dringen; warum aber willst Du denn Kompagnie machen mit all dem Schlechten, das sich so recht an Deiner
Macht ergötzt, die immer Sieg bringt. Wie gesagt, man
fühlt oft genug, wie wenig man in der Welt ausrichtet. Ich
sage das nicht in Mißmut, ich habe mir keinen eigentlichen
Vorwurf zu machen, ich glaube, ich verwalte mein Amt mit
Gewissenhaftigkeit und Lust, und ich werde mich nie versucht fühlen, mich in Dinge, die mich nichts angehn, einzu-
mischen in der Hoffnung, mehr auszurichten; es ist allerdings eine sehr partielle Tätigkeit, und nur im Glauben hat
man eigentlich die Gewißheit, daß man etwas ausrichtet.

Nun habe ich aber nebenan mein Heim. Ich denke in dieser
Beziehung oft an die schönen Worte von Jesus Sirach, die ich
auch Dich zu bedenken bitten möchte: »Wer eine Hausfrau
hat, der bringet sein Gut empor, und er hat eine treue Gehilfin und eine Säule, der er sich trösten kann. Wo kein Zaun
ist, wird das Gut verwüstet; und wo keine Hausfrau ist, da
gehet's dem Hauswirt, als ginge er in der Irre. Wie man nicht
vertrauet einem Straßenräuber, der von einer Stadt in die andre schleicht, also trauet man auch nicht einem Mann, der
kein Nest hat und einkehren muß, wo er des Abends hin-
kommt.« Ich habe nicht geheiratet, um ein Heim zu haben,
aber ich habe ein Heim, und das ist ein großer Segen. Ich bin
nicht – und so, glaube ich, wirst Du mich auch nicht zu nennen wagen – ein Narr von Ehemann, ich bin nicht der Mann
meiner Frau in dem Sinne, wie eine Königin von England
einen Mann hat; meine Frau ist nicht die Magd in Abrahams
Haus, die ich austreibe mit dem Kind, aber sie ist auch keine
Göttin, die ich mit verliebten Entrechats umkreise. Ich habe
ein Heim, und dieses Heim ist mir zwar nicht alles; aber das
weiß ich, daß ich alles gewesen bin für meine Frau, teils weil
sie in aller Demut es geglaubt hat, teils weil ich mir bewußt
bin, daß ich es gewesen bin und sein werde, soweit ein
Mensch es einem andern sein kann. Hier kann ich Dich darüber belehren, wie schön es ist, daß ein Mensch dem andern
alles zu sein vermag, ohne daß irgendein endliches oder einzelnes Ding daran erinnert. Ich kann mit um so größerer
Kühnheit über diesen Punkt sprechen, als sie gewiß nicht im
Schatten zu stehen kommt. Sie hat mich nicht nötig gehabt;
es war kein armes Mädchen, das ich geheiratet und dem ich,
wie die Welt mit aller nur möglichen Selbstverachtung sagt,
damit eine Wohltat erwiesen hätte; es war keine verschrobene Närrin, die ich aus anderen Gründen geheiratet und aus
der ich dann mit meiner Weisheit etwas Gutes herausgebracht
hätte. Sie war unabhängig und, was mehr ist, so anspruchs-
los, daß sie es nicht nötig hatte, sich verkaufen zu lassen; sie
war gesund, gesünder als ich, wenn auch heftiger. Ihr Leben

hätte natürlich niemals so bewegt sein können wie das meine, oder so reflektiert; ich hätte sie vielleicht durch meine Erfahrung vor manchem Irrtum behüten können, aber ihre
Gesundheit machte es überflüssig. Sie verdankt mir in Wahrheit nichts, und doch bin ich alles für sie. Sie hat mich nicht
nötig gehabt, aber darum bin ich doch nicht gleichgültig gewesen; ich habe über sie gewacht und schlafe noch wie Nehemia bewaffnet, um einen Ausdruck zu wiederholen, der
bei einer ähnlichen Gelegenheit mir entschlüpfte, und um
Dir zu zeigen, daß ich Deine sarkastische Bemerkung, es
müsse für meine Frau doch überaus lästig sein, nicht vergessen habe. Mein junger Freund, dergleichen kümmert mich
nicht, wie Du auch daraus ersehen kannst, daß ich es wiederhole, und zwar, ich versichere es, ohne Zorn. Dergestalt bin
ich ihr gar nichts und doch alles gewesen. Du hingegen bist
für eine Menge Menschen alles gewesen, und im Grunde
bist Du ihnen gar nichts gewesen. Und gesetzt auch, Du
wärest imstande, bei den temporären Berührungen, die Du
mit Menschen hast, diesen und jenen mit einem derartigen
Schatz an Interessantem auszustatten, ihn zu solcher Produktivität an sich anzuregen, daß er für sein Leben genug hätte,
etwas, das übrigens wohl unmöglich ist, gesetzt, er würde
wirklich durch Dich gewinnen: Du selbst, Du – würdest
verlieren; denn Du hättest ja doch keinen einzigen gefunden,
dem Du wohl alles sein möchtest, und läge es auch an Deiner
Größe, so ist doch fürwahr diese Größe so schmerzlich, daß
ich Gott bitten möchte, mich davor zu bewahren.
Dieser Gedanke ist es, den man zuvörderst mit der Vorstellung von einem Heim verbinden muß: daß es eine Tat ist,
um damit jeden unwahren und verächtlichen Gedanken an
Bequemlichkeit zu beseitigen. Sogar im Genuß des Mannes
muß noch ein Tatmoment sein, mag es sich auch nicht in einer einzelnen, äußeren, handgreiflichen Tat äußern. In dieser
Hinsicht kann der Mann durchaus tätig sein, obwohl er es
nicht scheint, während die häusliche Tätigkeit der Frau mehr
in die Augen fällt.

Sodann aber verbindet sich mit der Vorstellung von einem
Heim eine solche Konkretion von kleineren Umständen, daß
es überaus schwierig ist, ganz allgemein etwas darüber zu sagen. Jedes Haus hat in dieser Beziehung seine Eigenart, und
es müßte recht interessant sein, davon möglichst viele zu
kennen. Indessen kommt es natürlich darauf an, daß jede
dieser Eigenarten von einem gewissen Geist durchdrungen
ist, und ich für mein Teil verabscheue all das separatistische
Unwesen in Familien, das gleich beim ersten Mal es darauf
anlegt zu zeigen, wie eigen alles bei ihnen ist, ja, das zuweilen
so weit geht, daß die Familie eine eigene Sprache oder in so
rätselhaften Anspielungen spricht, daß man nicht weiß, was
man daraus machen soll. Die Sache ist, daß die Familie eine
solche Eigenart besitzt, die Kunst, daß sie sie zu verbergen
weiß.

Diejenigen, die heiraten, um ein Heim zu haben, zetern immer darüber, daß niemand da sei, der auf sie warte, niemand,
der sie empfange usw. Das beweist zur Genüge, daß sie eigentlich ein Heim nur haben, indem sie zugleich ein Außen
denken. Ich brauche Gott sei Dank keineswegs auszugehen,
weder um mich zu erinnern noch um zu vergessen, daß ich
ein Heim habe. Das Gefühl davon hat mich oft mitten im
Sitzen ergriffen. Ich brauche auch nicht ins Wohnzimmer
oder ins Eßzimmer zu gehen, um mich dessen zu vergewissern. Oft kann dieses Gefühl mich ergreifen, wenn ich ganz
allein in meinem Arbeitszimmer sitze. Es kann mich ergreifen, wenn die Tür zu meinem Kabinett aufgeht und ich bald
danach ein lebensfrohes Gesicht hinter der Scheibe erblicke,
wenn dann die Gardine wieder zugezogen wird und es ganz
leise klopft, und darauf ein Kopf so zur Tür hereinguckt, daß
man meinen sollte, dieser Kopf gehöre zu keinem Körper,
und sie dann im selben Augenblick neben mir steht, und
wieder verschwindet. Dieses Gefühl kann mich ergreifen,
wenn ich bis tief in die Nacht hinein ganz allein dasitze, so
wie in alten Tagen im Studentenheim; ich kann dann mein
Licht anzünden, mich ganz leise in ihre Schlafkammer schlei-

chen, um zu sehen, ob sie wirklich schläft. Nun, versteht
sich, dies Gefühl ergreift mich auch oft, wenn ich nach Hause
komme. Und wenn ich dann geschellt habe - sie weiß, daß
ich um diese Zeit zu kommen pflege [wir armen Beamten
sind auch in der Beziehung beeinträchtigt, daß wir unsere
Frauen nicht überraschen können], sie kennt die Art, wie ich
zu schellen pflege -, wenn ich nun drinnen ein Rufen und Lärmen von den Kindern und ihr höre und sie sich selber an die
Spitze der kleinen Schar stellt, selber noch so kindlich, daß
sie mit den Kindern im Jubeln zu rivalisieren scheint - dann
fühle ich, daß ich ein Heim habe. Und wenn ich dann ernst
aussehe [Du sprichst so viel davon, Menschenkenner zu sein,
wer ist denn Menschenkenner wie eine Frau!], wie verändert
ist dann dieses beinahe ausgelassene Kind; sie ist nicht verzweifelt, ihr wird nicht schwach, sondern es ist eine Kraft in
ihr, die nicht hart ist, sondern unendlich biegsam, wie jenes
Schwert, das Steine zerspalten und das man sich doch um
den Leib wickeln konnte. Oder wenn sie etwa sieht, daß ich
eher mürrisch bin [du lieber Gott, das kommt auch vor], wie
nachgiebig kann sie dann sein, und doch: wieviel Überlegenheit liegt nicht in diesem Nachgeben.
Was mich übrigens gelüsten könnte, Dir bei dieser Gelegenheit noch zu sagen, das möchte ich am liebsten an einen bestimmten Ausdruck knüpfen, den man, glaube ich, mit Recht
auf Dich anwenden kann, einen Ausdruck, den Du auch selber oft gebrauchst: daß Du ein Gast und Fremdling in der
Welt bist. Jüngere Menschen, die keine Vorstellung haben,
wie teuer man Erfahrung erkauft, aber auch keine Ahnung,
welch unsäglichen Reichtum sie darstellt, mögen sich leicht
in denselben Wirbel hineinreißen lassen. Sie mögen sich
vielleicht von Deiner Rede beeinflußt fühlen wie von einer
frischen Brise, die sie auf das unendliche Meer hinauslockt,
das Du ihnen zeigst; Du selbst läßt Dich jugendlich berauschen, kaum noch zu halten bei dem Gedanken an diese Unendlichkeit, die Dein Element ist, ein Element, das gleich
dem Meere unverändert alles auf seinem tiefen Grund ver-

birgt. Solltest Du, der Du in diesem Gewässer schon ein
wohlbefahrener Mann bist, nichts von Unfall und Seenot zu
erzählen wissen? Versteht sich, auf diesem Meere weiß der
eine meist nicht viel vom andern. Man rüstet nicht große
Fahrzeuge aus, die man nur mit Mühe auf die hohe See hin-
ausstoßen kann, nein es sind sehr kleine Boote, Jollen für nur
eine Person; man nützt den Augenblick, man spannt das Segel, man fliegt dahin mit der unendlichen Geschwindigkeit
ruheloser Gedanken, allein auf dem unendlichen Meer, allein unter dem unendlichen Himmel. Dieses Leben ist ge-
fahrvoll, aber mit der Vorstellung, es zu verlieren, ist man
vertraut; denn das ist ja der eigentliche Genuß: so im Unendlichen zu verschwinden, daß nur so viel übrig bleibt, daß
man dieses Verschwinden genießt. Seefahrer erzählen, auf
dem großen Welt-Ozean sehe man eine Art Segelboot, das
man den Fliegenden Holländer nennt. Es kann ein kleines
Segel aufziehen und nun mit unendlicher Eile über die Fläche des Meeres dahinfliegen. So ist es etwa mit Deiner Fahrt
über das Meer des Lebens. Allein in seinem Kajak ist man sich
selbst genug, hat nichts weiter mit irgendeinem Menschen
zu schaffen außer in dem Augenblick, da man selber es
wünscht. Allein in seinem Kajak ist man sich selbst genug –
ich verstehe nicht recht, wie man diese Leere nur ausfüllen
kann; wie Du aber der einzige mir bekannte Mensch bist,
bei dem etwas Wahres daran ist, so weiß ich auch, daß Du
eine Person an Bord hast, die Dir helfen kann, die Zeit auszufüllen. Du solltest daher sagen: allein in seinem Boot, allein
mit seinem Leid, allein mit seiner Verzweiflung, die man
feige genug ist, lieber bewahren zu wollen, als daß man sich
etwa dem Schmerz der Heilung unterwürfe. Laß mich nun
die Schattenseite Deines Lebens aufzeigen, nicht als ob ich
Dich bange machen wollte, ich gebe mich nicht damit ab,
den schwarzen Mann zu spielen, und Du bist zu gescheit, um
Dich von dergleichen beeinflussen zu lassen. Aber bedenke
doch das Schmerzliche, das Wehmütige, das Demütigende,
das darin liegt, in diesem Sinne Gast und Fremdling in der

Welt zu sein. Ich werde den Eindruck, den ich etwa auf Dich machen kann, nicht dadurch zerstören, daß ich Dich aufrege durch den Gedanken an den getrübten Familienzusammenhalt, die Stalluft, die Du verabscheust; aber stelle Dir das Familienleben in seiner Schönheit vor: gegründet auf eine tiefe und innige Gemeinschaft, dergestalt, daß das alles Verbindende doch rätselhaft verborgen ist, ein Verhältnis sinnreich in das andere verschlungen, so daß man den Zusammenhang nur ahnt; denke Dir dieses verborgene Leben der Familie an sich mit einer so schönen äußeren Form umkleidet, daß man nirgends an dem Harten im Gefüge anstößt, und denke Dir nun Dein Verhältnis dazu. Eine solche Familie würde Dir gerade gefallen, und Du würdest vielleicht oft Deine Freude daran haben, in ihr zu verkehren, Du würdest dank Deiner Leichtigkeit bald gleichsam vertraut in ihr sein. Ich sage »gleichsam«; denn daß Du es nicht würdest und daß Du, da Du allezeit ein Gast und Fremdling bleiben wirst, es nicht werden kannst, das ist klar. Man würde Dich als einen willkommenen Gast betrachten, man würde vielleicht so freundlich sein, Dir alles so angenehm wie möglich zu machen, man würde zuvorkommend gegen Dich sein, ja man würde Dich behandeln, wie man ein Kind behandelt, das man gern hat. Und Du, Du würdest unerschöpflich an Aufmerksamkeit sein, erfinderisch, um die Familie in jeder Weise zu erfreuen. Nicht wahr, das wäre doch sehr schön, und Du könntest wohl in einem einzelnen bizarren Augenblick versucht sein zu sagen, es mache Dir nichts aus, die Familie im Schlafrock zu sehen, oder das Fräulein in Schlappen, oder die gnädige Frau ohne Haube, und doch liegt für Dich, wenn Du es genauer betrachtest, eine ungeheure Demütigung in dem richtigen Verhalten der Familie Dir gegenüber; so müßte jede Familie sich verhalten, und Du wärest der Gedemütigte. Oder glaubst Du etwa nicht, daß die Familie ein ganz anderes Leben für sich selbst aufspart, das ihr Heiligtum ist, glaubst Du nicht, daß jede Familie noch Hausgötter hat, auch wenn sie sie nicht ins Vorzimmer stellt.

Und verbirgt sich in Deiner Äußerung nicht eine überaus
verfeinerte Schwäche; denn ich glaube wirklich nicht, daß
Du es ertragen könntest, Deine Frau, falls Du jemals heiraten solltest, im Negligée zu sehen, es sei denn, daß diese
Tracht ein Putz wäre, darauf berechnet, Dir zu gefallen. Du
meinst zwar, Du habest viel für die Familie getan, um sie zu
unterhalten, um einen gewissen ästhetischen Glanz über sie
zu verbreiten, gesetzt aber, die Familie achte dies sehr gering gegenüber dem inneren Leben, das sie besitzt. So wird es
Dir mit jeder Familie ergehen, und darin liegt eine Demütigung, wie stolz Du auch bist. Niemand teilt seinen Kummer
mit Dir, niemand vertraut sich Dir an. Du meinst zwar, das
sei oft der Fall, Du habest Dich immerhin mit einer Menge
vielfältiger psychologischer Beobachtungen bereichert; aber
das ist oft eine Täuschung, denn die Leute wollen gern nur
so obenhin mit Dir reden und eine Sorge von fern berühren
oder ahnen lassen, weil das Interessante, das dadurch bei Dir
in Bewegung kommt, den Schmerz lindert und an und für
sich schon eine Annehmlichkeit hat, die bewirkt, daß man
diese Medizin begehrt, auch ohne ihrer zu bedürfen. Und
wenn also gerade wegen Deiner isolierten Stellung [Du
weißt, die Leute wollen lieber bei einem Bettelmönch kom-
munizieren als bei ihrem Beichtvater] sich jemand an Dich
wendete, es hätte doch niemals die wahre Bedeutung, weder
für Dich noch für ihn; für ihn nicht, weil er das Willkürliche empfände, das darin liegt, sich Dir anzuvertrauen; für
Dich nicht, weil Du nicht ganz von dem Zweideutigen ab-
sehen könntest, auf dem Deine Kompetenz beruht. Du bist
nun unleugbar ein guter Operateur, Du verstehst in die ge-
heimste Zelle des Kummers und der Sorge einzudringen,
doch so, daß Du den Rückweg nicht vergißt. Gut, ich nehme an, es sei Dir gelungen, Deinen Patienten zu heilen, eine
wahre und tiefe Freude hättest Du nicht davon; denn das
Ganze trüge doch das Gepräge der Willkür, und Du hättest
keine Verantwortung. Die Verantwortung erst gibt Segen
und wahre Freude, und zwar selbst dann, wenn man es nicht

halb so gut machen kann wie Du; oft gibt sie Segen, wenn man gar nichts tut. Wenn man aber ein Heim hat, so hat man Verantwortung, und diese Verantwortung gibt innere Sicherheit und Freude. Eben weil Du keine Verantwortung haben willst, mußt Du es ganz in der Ordnung finden, worüber Du so oft klagst, daß die Leute undankbar gegen Dich sind. Indessen geschieht es doch ziemlich selten, daß Du Dich solchermaßen damit abgibst, die Leute zu heilen; im allgemeinen geht, wie ich Dir vorhin gesagt habe, Deine Haupttätigkeit darauf aus, Illusionen zu zerstören, und gelegentlich darauf, andere in Illusionen hineinzuarbeiten. Wenn man Dich mit ein oder zwei Jüngeren sieht, wie Du mit ein paar Bewegungen ihnen schon ein gutes Stück über all die kindlichen, in mancher Beziehung befreienden Illusionen hinweggeholfen hast, wie sie nun leichter werden als die Wirklichkeit, wie die Flügel hervorsprießen, während Du selbst als ein alter erfahrener Vogel ihnen eine Vorstellung davon gibst, was ein Flügelschlag ist, mit dem man das ganze Dasein überfliegt; oder wenn Du eine ähnliche Übung mit jungen Mädchen vornimmst und den Unterschied des Fluges studierst, daß man beim männlichen Fluge den Flügelschlag hört, wohingegen der weibliche wie ein traumverlorenes Rudern ist – wenn man das sieht, wer könnte Dir da zürnen wegen der Kunst, mit der es geschieht, und wer müßte Dir nicht zürnen wegen des Leichtsinns, der darin liegt? Du kannst wirklich von Deinem Herzen sagen, wie es in dem alten Liede heißt:

Mein Herz ist wie ein Taubenhaus:

Die eine fliegt herein, die andre fliegt heraus,

nur daß man bei Dir nicht so sehr sieht, daß sie hineinfliegen, als daß man fortwährend neue hinausfliegen sieht. Aber ein wie schönes Bild von einem stillen häuslichen Heim ein Taubenschlag übrigens auch sei, so darf es doch wahrlich nicht in diesem Sinne aufgefaßt werden. Und ist es nicht schmerzhaft und wehmütig, das Leben dergestalt bloß an sich vorübergehen zu lassen, ohne jemals Festigkeit darin zu gewinnen; ist es nicht wehmütig, mein junger Freund, daß das Le-

ben nie einen Inhalt für Dich bekommt? Es liegt etwas Wehmütiges in dem Gefühl, daß man älter wird, eine weit tiefere
Wehmut aber ist es, die einen ergreift, wenn man es nicht
werden kann. Ich fühle gerade in diesem Augenblick, mit
wieviel Recht ich Dich meinen jungen Freund nenne. Ein
Abstand von sieben Jahren ist nicht gerade eine Ewigkeit,
der Verstandesreife will ich mich vor Dir nicht rühmen,
wohl aber der Lebensreife. Ja, ich fühle, daß ich wirklich älter geworden bin; Du aber hältst noch immer an der ersten
Überraschung der Jugend fest. Und wenn ich zuweilen,
wenn auch nur selten, mich der Welt müde fühle, so ist das
zugleich verbunden mit einer stillen Erhebung, ich denke
dann an die schönen Worte: Selig sind, die da ruhen von ihren Werken. Ich bilde mir nicht ein, ich hätte im Leben ein
großes Werk zu vollbringen gehabt, ich habe das, welches
mir zugewiesen wurde, nicht verschmäht, und wenn es auch
gering war, so ist es doch zugleich auch mein Werk gewesen,
dieses Werkes froh zu sein, obwohl es so gering war. Du
ruhst gewiß nicht von Deinem Werk, Ruhe ist für Dich
Fluch, nur in Unruhe vermagst Du zu leben. Ruhe ist Dein
Gegensatz, Ruhe macht Dich noch unruhiger. Du bist wie
ein Hungriger, den die Speise nur noch hungriger, wie ein
Dürstender, den der Trank nur noch durstiger macht.
Doch ich kehre zum Vorhergehenden zurück, zu den endlichen Zwecken, zu denen die Menschen Ehen schließen. Ich
habe nur drei erwähnt, weil diese immerhin etwas für sich zu
haben schienen, weil sie immerhin auf irgendein einzelnes
Moment der Ehe reflektieren, obwohl sie in ihrer Einseitigkeit ebenso lächerlich wie unästhetisch und irreligiös werden.
Eine Menge durchaus erbärmlicher endlicher Rücksichten
will ich gar nicht erwähnen, weil man nicht einmal darüber
lachen kann. So etwa, wenn jemand um Geld heiratet, oder
aus Eifersucht, oder um der Aussichten willen, weil Aussichten vorhanden sind, daß sie bald stirbt – oder daß sie noch
lange lebt, aber zu einem gesegneten Zweig wird, der viel
Frucht trägt, so daß man mittels ihrer die Hinterlassenschaft

einer ganzen Reihe von Onkeln und Tanten einstreichen kann. All dergleichen mag ich nicht erwähnen.

Als Ertrag dieser Untersuchung kann ich hier hervorheben, daß es sich gezeigt hat, daß die Ehe, um ästhetisch und religiös zu sein, kein endliches »Warum« haben darf; aber das war eben das Ästhetische an der ersten Liebe, und so steht die Ehe hier wiederum *au niveau* mit der ersten Liebe. Und das ist das Ästhetische an der Ehe, daß sie eine Mannigfaltigkeit von Warums in sich birgt, wie es das Leben in seinem ganzen Reichtum offenbart.

Da aber das, was ich als erstes zu zeigen mir vorgenommen habe, die ästhetische Gültigkeit der Ehe ist, und da das, worin die Ehe sich von der ersten Liebe unterschied, das Ethische und das Religiöse war, aber das Ethische und Religiöse wiederum, sofern es seinen Ausdruck in etwas Einzelnem sucht, ihn zunächst in der Trauung findet, so will ich, um nicht den Eindruck zu erwecken, als nähme ich die Sache allzu leicht, um mir nicht das geringste zuschulden kommen zu lassen, was mir den Anschein geben könnte, als wollte ich das Schisma zwischen der ersten Liebe und der Ehe verheimlichen, das Du und viele andere, wenn auch aus verschiedenen Gründen, stiftet, so will ich bei der Trauung verweilen. Du magst hier immerhin recht damit haben, daß, wenn eine Menge Menschen sich über dieses Schisma nicht aufhalten, dies seinen Grund darin hat, daß es ihnen an Energie und Bildung fehlt, um über das eine sowohl wie über das andere nachzudenken. Betrachten wir indessen die Trauung und ihre Formel ein wenig näher. Vielleicht wirst Du mich auch im folgenden bewaffnet finden, und das, wie ich Dir versichern kann, ohne daß es meine Frau stört; denn sie sieht es gern, wenn ich solche Freibeuter wie Dich und Deinesgleichen fernhalte. Außerdem bin ich der Meinung: wie der Christ stets in der Lage sein muß, von seinem Glauben Rechenschaft zu geben, so muß auch ein Ehemann stets in der Lage sein, von der Ehe Rechenschaft zu geben, nicht gerade vor jedem, dem es zu verlangen beliebt, wohl aber vor jedem, den er dessen wür-

dig befindet, oder, wenn auch wie *in casu* unwürdig, bei dem
er es doch für gut befindet, es zu tun. Und da Du in letzter
Zeit, nachdem Du bereits eine Menge anderer Landschaften
verwüstet, angefangen hast, die Provinz der Ehe zu verhee-
ren, so fühle ich mich aufgefordert, Dir entgegenzutreten.
Daß Du die Trauformel kennst, ja daß Du sie studiert hast,
das setze ich voraus. Überhaupt bist Du immer wohlgerüstet
und beginnst den Angriff auf eine Sache im allgemeinen nie,
bevor Du nicht ebensogut über sie Bescheid weißt wie ihre
erprobtesten Verteidiger. Es widerfährt Dir daher zuweilen,
worüber Du selber klagst, daß Deine Angriffe zu gut sind,
daß die, welche verteidigen sollen, nicht so gut darüber Bescheid wissen wie Du, der angreift. Wir werden nun sehen.
Doch laß uns, ehe wir uns dem einzelnen zuwenden, sehen,
ob nicht im Akt der Trauung, bloß als Akt betrachtet, etwas
Störendes liegt. Die Trauung ist ja nichts, worauf die Liebenden in einem reichen Augenblick selbst verfallen, nichts,
was sie, falls sie unterwegs etwa auf andere Gedanken kommen, ohne weiteres wieder aufgeben könnten. Es ist also eine
Macht, die uns hier entgegentritt. Braucht denn aber die
Liebe eine andere Macht anzuerkennen als sich selbst? Daß,
wenn erst Zweifel und Sorge einen Menschen beten gelehrt
haben, daß er alsdann vorliebnehmen würde, sich unter eine
solche Macht zu beugen, das wirst Du vielleicht einräumen,
die erste Liebe jedoch bedarf dessen nicht. Du mußt Dich
hier daran erinnern, daß wir uns die betreffenden Individuen
als religiös entwickelt gedacht haben, ich habe daher nichts
damit zu tun, wie das Religiöse in einem Menschen hervortreten könne, sondern nur damit, wie es mit der ersten Liebe
bestehen kann; und so gewiß es ist, daß unglückliche Liebe
einen Menschen religiös machen kann, so gewiß ist es auch,
daß religiöse Individuen lieben können. Das Religiöse ist der
menschlichen Natur nicht derart fremd, daß erst ein Bruch
nötig wäre, um es zu wecken. Sind aber die betreffenden Individuen religiös, so ist die Macht, die ihnen in der Trauung

entgegentritt, nicht fremd, und wie ihre Liebe sie in einer höheren Einheit vereinigt, so hebt das Religiöse sie in eine noch höhere empor.

Was tut also die Trauung? Sie gibt zunächst eine Übersicht über die Entstehung des Geschlechts und fügt damit die neue Ehe fest in den großen Leib des Geschlechtes ein. Sie gibt damit das Allgemeine, das rein Menschliche, ruft dieses im Bewußtsein hervor. Das ist Dir anstößig. Du sagst vielleicht: Es ist unangenehm, in dem Augenblick, da man sich so innig mit einem Menschen vereinigt, daß alles andere vor einem verschwindet, daran erinnert zu werden, daß es »eine alte Geschichte« ist, etwas, das geschehen ist und geschieht und geschehen wird. Du möchtest Dich gerade dessen freuen, was das Eigentümliche in Deiner Liebe ist. Du möchtest die ganze Leidenschaft der Liebe in Dir lodern lassen, und Du wünschest nicht durch den Gedanken gestört zu werden, daß Hinz und Kunz das gleiche tun, »es ist höchst prosaisch, an seine numerische Bedeutung erinnert zu werden: Anno 1750 Herr N. N. und die ehr- und tugendsame Jungfrau N. N. um 10 Uhr, selbigen Tages um 11 Uhr Herr N. N., Jungfrau N. N.«. Das klingt allerdings höchst schrecklich, indessen verbirgt sich in Deinem Räsonnement eine Reflexion, welche die erste Liebe gestört hat. Liebe ist, wie oben bemerkt, Einheit des Allgemeinen und des Besonderen; in dem Sinne aber wie Du das Besondere genießen zu wollen, das bekundet eine Reflexion, die das Besondere außerhalb des Allgemeinen gesetzt hat. Je mehr das Allgemeine und das Besondere einander durchdringen, desto schöner ist die Liebe. Das Große besteht weder im unmittelbaren noch im höheren Sinne darin, das Besondere zu sein, sondern darin, in dem Besonderen das Allgemeine zu besitzen. Es kann daher für die erste Liebe keine störende Einleitung sein, an das Allgemeine erinnert zu werden. Hinzu kommt, daß die Trauung auch noch mehr tut. Um nämlich auf das Allgemeine zurückzuweisen, setzt sie die Liebenden zu den ersten Eltern in Beziehung. Sie bleibt also nicht bei dem Allgemeinen in ab-

*stracto* stehen, sondern zeigt, wie dieses sich ausdrückt im ersten Paar des Geschlechtes. Dies ist ein Wink darüber, wie jede Ehe ist. Jede Ehe ist wie jedes Menschenleben zugleich dieses einzelne und doch das Ganze, zugleich Individuum und Symbol. Die Trauung gibt also den Liebenden das schönste Bild zweier Menschen, die nicht von einer Reflexion auf andere gestört sind; sie sagt zu den einzelnen: So seid auch ihr ein Paar, es ist der gleiche Vorgang, der sich hier mit euch wiederholt, auch ihr steht hier nun allein in der unendlichen Welt, allein vor Gottes Angesicht. Du siehst also, daß die Trauung auch das gibt, was Du verlangst, daß sie aber zugleich mehr gibt, daß sie zugleich das Allgemeine gibt und das Besondere.

»Aber die Trauung verkündigt, daß die Sünde in die Welt gekommen ist, und es ist doch wohl eine Disharmonie, gerade in dem Augenblick, da man sich am reinsten fühlt, so stark an die Sünde erinnert zu werden. Sodann lehrt sie, daß die Sünde durch die Ehe in die Welt gekommen sei, und das scheint wenig ermutigend zu sein für die jeweiligen Eheleute, – es versteht sich, die Kirche kann ihre Hände in Unschuld waschen, wenn etwas Unglückliches dabei herauskommt, denn sie hat mit keiner eitlen Hoffnung geschmeichelt.« Daß die Kirche mit keiner eitlen Hoffnung schmeichelt, müßte an und für sich wohl als etwas Gutes angesehen werden. Ferner: die Kirche sagt, daß die Sünde durch die Ehe in die Welt gekommen sei, und doch läßt sie die Ehe zu; sie sagt, die Sünde sei durch die Ehe hereingekommen, aber es möchte doch noch sehr die Frage sein, ob sie lehrt, dies sei mittels der Ehe geschehen. Auf jeden Fall verkündigt sie die Sünde nur als das allgemeine Los des Menschen, macht keine bestimmte Anwendung auf den einzelnen, und sagt am allerwenigsten: Ihr seid jetzt im Begriff, eine Sünde zu begehen. Es ist freilich eine überaus schwierige Sache, darzulegen, in welchem Sinne die Sünde durch die Ehe hereingekommen ist, es könnte scheinen, als ob hier Sünde und Sinnlichkeit identifiziert würden. Indessen kann es sich doch nicht

ganz so verhalten, da die Kirche die Ehe zuläßt. Ja, wirst Du
sagen, das tut sie erst, wenn sie der irdischen Liebe alles
Schöne genommen hat. Keineswegs, möchte ich erwidern,
zumindest findet sich darüber in der Trauung kein Wort.
Die Kirche verkündigt sodann die Strafe der Sünde, daß das
Weib mit Schmerzen Kinder gebären und dem Manne untertan sein solle. Doch ist die erste dieser Folgen wohl von
der Natur, daß sie, auch wenn die Kirche sie nicht verkündigte, sich selbst verkündigen würde. Ja, antwortest Du, aber
das Störende liegt darin, daß ausgesagt wird, es sei die Folge
der Sünde. Du findest es ästhetisch schön, daß ein Kind mit
Schmerzen geboren wird, es sei eine Achtung vor dem Menschen, eine bildliche Bezeichnung der Bedeutung, die es immerhin habe, daß ein Mensch zur Welt kommt, im Gegensatz zu den Tieren, die ihre Jungen mit um so größerer Leichtigkeit zur Welt bringen, auf je tieferer Stufe sie stehen. Ich
muß hier nochmals einschärfen, daß es als das allgemeine Los
des Menschen verkündigt wird und daß die Tatsache, daß
ein Kind in Sünden geboren wird, der tiefste Ausdruck
seiner höchsten Würde ist, daß es gerade eine Verklärung
des Menschenlebens darstellt, daß alles dieses Menschenleben Betreffende unter die Bestimmung der Sünde gestellt
wird.
Sodann heißt es, das Weib solle dem Manne untertan sein.
Hier wirst Du vielleicht sagen: »Ja, das ist schön, und es hat
mir stets zugesagt, eine Frau zu sehen, die in ihrem Manne
ihren Herrn liebte.« Daß dies aber eine Folge der Sünde sein
soll, das empört Dich, und Du fühlst Dich berufen, als der
Ritter der Frau aufzutreten. Ob Du ihr einen Gefallen damit
tust, möchte ich unentschieden lassen, doch glaube ich nicht,
daß Du das Wesen der Frau in seiner ganzen Innerlichkeit erfaßt hast, wozu auch gehört, daß sie zugleich vollkommener
und unvollkommener ist als der Mann. Will man das Rein-
ste und das Vollkommenste bezeichnen, so sagt man: eine
Frau; will man das Schwächste, das Gebrechlichste bezeichnen, so sagt man: eine Frau; will man eine Vorstellung von

dem über die Sinnlichkeit erhabenen Geistigen geben, so
sagt man: eine Frau; will man eine Vorstellung von dem
Sinnlichen geben, so sagt man: eine Frau; wenn man die Unschuld in ihrer ganzen erhebenden Größe bezeichnen will, so
sagt man: eine Frau, wenn man das deprimierte Gefühl der
Schuld bezeichnen will, so sagt man: eine Frau. In gewissem
Sinne ist daher die Frau vollkommener als der Mann, und das
drückt die Schrift so aus, daß sie mehr Schuld hat. Wenn Du
Dich nun wieder daran erinnerst, daß die Kirche nur das allgemeine menschliche Los der Frau verkündigt, so sehe ich
nicht ein, wie sich daraus etwas für die erste Liebe Beunruhi-
gendes ergeben kann, wohl aber für die Reflexion, die nicht
versteht, die Frau auf dieser Möglichkeit festzuhalten. Dabei
macht die Kirche die Frau ja nicht zur bloßen Sklavin, sie
sagt: »Und Gott sprach, ich will Adam eine Gehilfin machen,
die um ihn sei«, ein Ausdruck, der ebensoviel ästhetische
Wärme wie Wahrheit enthält. Darum lehrt die Kirche: »Ein
Mann wird seinen Vater und Mutter verlassen und an seinem Weibe hangen.« Man hätte eigentlich erwarten sollen,
daß es etwa hieße: das Weib soll Vater und Mutter verlassen
und an ihrem Manne hangen; denn das Weib ist ja die
Schwächere. In dem Ausdruck der Schrift liegt eine Anerkennung der Bedeutung, die der Frau zukommt, und kein
Ritter könnte galanter gegen sie sein.
Was schließlich den Fluch betrifft, der dem Manne zuteil
wurde, so scheint ja allerdings der Umstand, daß er im
Schweiße seines Angesichts sein Brot essen soll, ihn mit einem einzigen Wort aus dem Honigmond der ersten Liebe
hinauszujagen. Daß dieser Fluch, woran man schon öfters erinnert hat, wie jeder göttliche Fluch einen Segen in sich
birgt, beweist hier insofern nichts, als es doch stets einer späteren Zeit vorbehalten bleiben muß, dies zu erfahren. Erinnern möchte ich hingegen daran, daß die erste Liebe nicht
feige ist, daß sie Gefahren nicht fürchtet und daß sie daher in
diesem Fluch eine Schwierigkeit sehen wird, die sie nicht
schrecken kann.

Was tut also die Trauung? »Sie hält die Liebenden auf«, keineswegs; sondern sie läßt das, was schon in Bewegung war, äußerlich in Erscheinung treten. Sie macht das Allgemein-Menschliche geltend und in diesem Sinne auch die Sünde; all die Angst und Qual jedoch, die will, daß die Sünde nicht in die Welt gekommen sein möge, hat ihren Grund in einer Reflexion, die der ersten Liebe unbekannt ist. Zu wollen, daß die Sünde nicht in die Welt gekommen sein möge, heißt die Menschheit auf das Unvollkommenere zurückführen. Die Sünde ist hereingekommen, indem aber die Individuen sich darunter gedemütigt haben, stehen sie höher, als sie zuvor gestanden.

Die Kirche wendet sich darauf an den einzelnen und legt ihm einige Fragen vor. Hiermit scheint wiederum eine Reflexion hervorgerufen zu werden. »Wozu solche Fragen? Die Liebe hat ihre Gewißheit in sich selbst.« Die Kirche aber fragt ja nicht, um wankend zu machen, sondern um zu festigen und um das, was schon fest ist, sich aussprechen zu lassen. Hier begegnet nun die Schwierigkeit, daß die Kirche in ihrer Frage auf das Erotische gar keine Rücksicht zu nehmen scheint. Sie fragt: Bist du mit Gott und deinem Gewissen zu Rate gegangen, mit Freunden und Bekannten? Ich möchte hier nicht hervorheben, wie überaus heilsam es ist, daß die Kirche mit tiefem Ernst so fragt. Die Kirche ist, um einen Ausdruck von Dir zu gebrauchen, keine Kupplerin. Kann es also die Betreffenden stören? Sie haben ja durch Dank ihre Liebe auf Gott bezogen und sind demnach mit ihm zu Rate gegangen; denn es ist doch wohl auch, wenngleich indirekt, ein Zu-Rate-Gehen mit Gott, wenn ich ihm danke. Wenn die Kirche sie nun nicht fragt, ob sie einander lieben, so keineswegs deshalb, weil sie die irdische Liebe vernichten möchte, sondern weil sie sie voraussetzt.

Alsdann nimmt die Kirche ein Gelöbnis ab. Wir haben im vorhergehenden gesehen, wie die Liebe sich vorzüglich in eine solche höhere Konzentrizität aufnehmen läßt. Der Vorsatz macht das Individuum frei, aber je freier, wie bereits dargelegt, das Individuum ist, um so ästhetisch schöner ist die Ehe.

So hat es sich, glaube ich, erwiesen, daß, sofern man das Ästhetische der ersten Liebe in ihrer präsentischen unmittelbaren Unendlichkeit sucht, die Ehe als ihre Verklärung betrachtet werden muß und noch schöner ist als sie. Dies, glaube ich, leuchtet aus dem Vorhergehenden ein, und in dem unmittelbar Vorhergehenden haben wir zugleich gesehen, daß alles Gerede von der Verkleinerung seitens der Kirche aus der Luft gegriffen ist und nur für den statthat, dem das Religiöse zum Ärgernis geworden ist.

Wenn dem aber nun so ist, so geht das übrige von selbst. Die Frage ist nämlich: läßt diese Liebe sich realisieren? Du wirst vielleicht, nachdem Du alles Vorhergehende zugegeben hast, sagen: Nun wird es ebenso schwierig, die Ehe zu realisieren, wie die erste Liebe. Das muß ich verneinen; denn in der Ehe liegt das Bewegungsgesetz. Die erste Liebe bleibt ein unwirkliches An-sich, das nie einen inneren Gehalt bekommt, weil sie sich nur in einem äußeren Medium bewegt; in dem ethischen und religiösen Vorsatz hat die eheliche Liebe die Möglichkeit innerer Geschichte und unterscheidet sich von der ersten Liebe als die geschichtliche von der ungeschichtlichen. Sie ist stark, stärker als die ganze Welt, in dem Augenblick aber, da der Zweifel in sie einfällt, ist sie vernichtet; sie ist wie ein Nachtwandler, der mit unendlicher Sicherheit über die gefährlichsten Stellen hinweggehen kann, nennt man seinen Namen, stürzt er ab. Die eheliche Liebe ist gewappnet; denn im Vorsatz ist die Aufmerksamkeit nicht allein auf die Umwelt gerichtet, mit dem Willen auf sich selbst gerichtet, auf das Innere. Und jetzt kehre ich alles um und sage: das Ästhetische liegt nicht im Unmittelbaren, sondern im Erworbenen; die Ehe aber ist eben jene Unmittelbarkeit, welche die Mittelbarkeit in sich hat, jene Unendlichkeit, welche die Endlichkeit in sich hat, jene Ewigkeit, welche die Zeitlichkeit in sich hat. Dergestalt erweist sich die Ehe in doppeltem Sinne als Ideal, sowohl in antiker wie in romantischer Bedeutung. Wenn ich sage, das Ästhetische liege in dem Erworbenen, so soll damit keineswegs gesagt sein, daß es in dem bloßen Streben als solchem liege. Dieses ist nämlich negativ, das bloß Negative aber ist niemals ästhetisch; wenn es dagegen ein Streben ist, das den Inhalt in sich hat, ein Streit, der den Sieg in sich hat, so habe ich in dieser Doppelheit das Ästhetische. Hieran glaube ich erinnern zu müssen mit Rücksicht auf jene Begeisterung der Verzweiflung, mit der man in unserer Zeit das Erworbene anpreisen hört, im Gegensatz zu dem Unmittelbaren, als ob es eben darauf ankäme, alles in Grund und Boden zu zerstören, um von neuem aufzubauen. Es hat mich wirklich beängstigt, den Jubel zu hören, mit dem jüngere Menschen gleich den Schreckensmännern der französischen Revolution rufen: *de omnibus dubitandum.* Vielleicht ist das eine Borniertheit von mir. Indessen glaube ich doch, daß man zwischen einem persönlichen und einem wissenschaftlichen Zweifel unterscheiden muß. Mit dem persönlichen Zweifel ist es immer eine eigene Sache, und eine solche Begeisterung der Vernichtung, von der man oft genug reden hört, führt höchstens dazu, daß eine Menge Menschen sich hinauswagen, ohne die Kraft zum Zweifeln zu haben, und untergehen oder in eine Halbheit hineingeraten, die ebenfalls der sichere Untergang ist. Entwickelt dagegen der Widerstreit des Zweifels bei dem einzelnen die Kraft, die den Zweifel wieder überwindet, so ist ein solcher Anblick erhebend, indem er zeigt, was ein Mensch aus sich selber ist, doch schön ist er eigentlich nicht; denn um das zu sein, ist es erforderlich, daß er die Unmittelbarkeit in sich habe. Eine solche in höchstem Maße durch Zweifel bewirkte Entwicklung strebt zu dem hin, was man im Extrem so ausdrückt: einen Menschen zu einem ganz anderen machen. Die Schönheit hingegen liegt darin, daß in und mit dem Zweifel das Unmittelbare erworben wird. Dies muß ich hervorheben im Gegensatz zu jener Abstraktion, in der man den Zweifel geltend gemacht, jener Vergötterung, die man mit ihm getrieben, jener Tollkühn-

heit, mit der man sich in ihn hineingestürzt, jenem blinden
Vertrauen, mit dem man einen herrlichen Ausgang von ihm
erhofft hat. Hinzu kommt, daß, je geistiger das zu Gewin-
nende ist, man um so mehr den Zweifel anpreisen kann; die
Liebe aber gehört von jeher einer Region an, in der nicht so
sehr von einem Erworbenen die Rede sein kann, als von
einem Gegebenen, und zwar einem Gegebenen, das erworben wird. Ich weiß überhaupt nicht, welcher Art dieser
Zweifel sein sollte. Sollte das die rechte Disposition für einen
Ehemann sein, traurige Erfahrungen gemacht, zweifeln gelernt zu haben, und sollte das die wahre schöne Ehe sein, die
sich ergäbe, wenn er nun kraft dieses Zweifels mit großem
sittlichen Ernst sich verheiratete und als Mann treu und beständig wäre? Wir wollen ihn preisen, nicht aber seine Ehe
anpreisen außer als Beispiel dafür, was ein Mensch so vermag. Oder sollte er, um ein gründlicher Zweifler zu sein,
auch an ihrer Liebe zweifeln, an der Möglichkeit, das Schöne in diesem Verhältnis zu bewahren, und doch Stoizismus
genug haben, es zu wollen? Ich weiß es sehr wohl, ihr falschen Lehrer seid sehr bereit, dergleichen anzupreisen, eben
damit eure falsche Lehre besser Eingang finde, ihr lobt es,
wenn es eurem Zweck dient, und sagt: Seht, das ist die wahre Ehe; aber ihr wißt sehr wohl, daß dieses Lob einen Tadel
in sich birgt und daß besonders der Frau keineswegs damit
gedient ist, und so tut ihr alles, um sie in Versuchung zu
führen. Deshalb trennt ihr, nach der alten Regel: *divide et
impera*. Die erste Liebe preist ihr. Sie wird, wenn ihr bestimmen dürft, zu einem Moment, das außerhalb der Zeit liegt,
einem geheimnisvollen Etwas, über das man alles erlügen
kann. Die Ehe kann sich nicht derart verbergen, sie braucht
Jahre und Tage, um sich zu entfalten; wie leicht also Gelegenheit genug, niederzureißen oder aufzubauen mit solch
verräterischen Betrachtungen, daß eine verzweifelte Resignation erforderlich sei, um sie auszuhalten.
Dies steht also zwischen uns fest: als Moment betrachtet, ist
die eheliche Liebe nicht nur ebenso schön wie die erste, son-

dern noch schöner, weil sie in ihrer Unmittelbarkeit eine Einheit in mehreren Gegensätzen enthält. Es ist also nicht so: die Ehe ist eine höchst respektable, aber langweilige moralische Person, die Liebe Poesie; nein, die Ehe ist recht eigentlich das Poetische. Und wenn die Welt so oft mit Schmerzen gesehen hat, daß die erste Liebe sich nicht durchführen ließ, so will ich gern mittrauern, zugleich aber daran erinnern, daß der Fehler nicht so sehr in dem Späteren gelegen, als darin, daß man nicht richtig angefangen hat. Der ersten Liebe fehlt nämlich das zweite ästhetische Ideal, das Romantische. Sie hat nicht das Bewegungsgesetz in sich. Wenn ich den Glauben im persönlichen Leben ebenso unmittelbar nähme, so würde der ersten Liebe ein Glaube entsprechen, der kraft der Verheißung sich imstande glaubte, Berge zu versetzen, und der nun umherziehen und Wunder tun würde. Vielleicht würde es ihm gelingen, aber dieser Glaube hätte keine Geschichte; denn die bloße Aneinanderreihung aller seiner Wundertaten ist nicht seine Geschichte, dagegen ist die Aneignung des Glaubens im persönlichen Leben die Geschichte des Glaubens. Diese Bewegung nun hat die eheliche Liebe, denn im Vorsatz ist die Bewegung nach innen gekehrt. Im Religiösen läßt sie gleichsam Gott für die ganze Welt sorgen, im Vorsatz will sie im Verein mit Gott für sich selber kämpfen, in Geduld sich selbst erwerben. In das Bewußtsein der Sünde ist eine Vorstellung von der menschlichen Gebrechlichkeit aufgenommen, im Vorsatz aber ist sie als überwunden gesehen. Dies kann ich in bezug auf die eheliche Liebe nicht genugsam einschärfen. Der ersten Liebe habe ich gewiß alles Recht widerfahren lassen, und ich glaube, ich bin ihr ein besserer Lobpreiser als Du, ihr Fehler jedoch liegt in ihrem abstrakten Charakter.

Die eheliche Liebe schließt daher noch etwas mehr in sich, wie Du auch daraus ersehen kannst, daß sie imstande ist, sich selbst aufzugeben. Gesetzt, die erste Liebe ließe sich nicht realisieren, so würden, wenn sie in Wahrheit eine eheliche Liebe wäre, die Individuen imstande sein, sie aufzugeben,

und doch ihre Süße besitzen, wenn auch in einem anderen
Sinne. Das vermag die erste Liebe nie. Doch folgt hieraus
keineswegs, daß etwa ein Zweifel der ehelichen Liebe ihre
Resignation gibt, so als wäre es eine Verkleinerung der
ersten Liebe. Wäre es das, so wäre es ja keine Resignation,
und doch weiß vielleicht niemand besser, wie süß sie ist, als
der, welcher auf sie resigniert und doch die Kraft dazu hat;
aber diese Kraft ist wiederum ebenso groß, wenn es gilt, die
Liebe festzuhalten, sie im Leben zu realisieren. Es ist dieselbe
Kraft, die zum Aufgeben wie zum Festhalten gehört, und
das wahre Festhalten ist jene Kraft, die zum Aufgeben imstande war, sich äußernd im Festhalten, und hierin erst liegt
die wahre Freiheit im Festhalten, das wahre sichere Schweben.

Die eheliche Liebe erweist sich als geschichtlich dadurch, daß
sie ein Assimilationsprozeß ist, sie versucht sich in dem, was
erlebt wird, und bezieht das Erlebte auf sich zurück; sie ist
also kein uninteressierter Zeuge dessen, was geschieht, sondern ist wesentlich beteiligt, kurz, sie erlebt ihre eigene Entwicklung. Auch die romantische Liebe bezieht freilich das Erlebte auf sich, so etwa wenn der Ritter die in der Schlacht
eroberten Fahnen etc. etc. der Geliebten sendet; aber mag
sich die romantische Liebe auch eine noch so lange Zeit mit
allen derartigen Eroberungen vergangen denken, so könnte
es ihr doch niemals einfallen, daß die Liebe eine Geschichte
hätte haben sollen. Die prosaische Betrachtung verfällt ins
entgegengesetzte Extrem, sie kann schon begreifen, daß die
Liebe eine Geschichte bekommt, meist wird es eine kurze
Geschichte, und diese Geschichte ist so dürftig und pedestrisch, daß die Liebe sehr schnell verfliegt.

Die experimentierende Liebe bekommt zwar auch eine Art
Geschichte, ist aber doch, wie sie ohne wahre Apriorität
ist, so auch ohne Kontinuierlichkeit und liegt allein in der
Willkür des experimentierenden Individuums, das zugleich
seine eigene Welt und in dieser das Schicksal ist. Die experimentierende Liebe ist daher sehr geneigt, sich nach dem Zu-

stand der Liebe zu erkundigen, und hat also eine doppelte
Freude, teils wenn das Ergebnis der Berechnung entspricht,
teils wenn es sich zeigt, daß etwas ganz anderes dabei herausgekommen ist; wenn dies geschieht, so ist sie auch zufrieden,
indem sie eine Aufgabe für ihre unermüdlichen Kombinationen findet. Die eheliche Liebe hingegen hat Apriorität in
sich, zugleich aber innere Beständigkeit, und die Kraft in
dieser Beständigkeit ist die gleiche wie das Gesetz für die Bewegung, nämlich der Vorsatz. Im Vorsatz ist ein anderes
gesetzt, dieses aber zugleich gesetzt als das, was überwunden
ist, im Vorsatz ist das andere gesetzt als ein inneres anderes,
indem sogar das Äußere in seinem Reflex im Inneren gesehen
wird. Das Geschichtliche liegt darin, daß dieses andere hervorkommt, seine Gültigkeit erhält, aber gerade in seiner
Gültigkeit gesehen wird als das, was keine Gültigkeit haben
soll, so daß die Liebe geprüft und geläutert aus dieser Bewegung hervorgeht und sich das Erlebte assimiliert. Wie dieses
andere hervorkommt, das steht nicht in der Macht des Individuums, das sich nicht experimentierend verhält; aber die
Liebe hat doch zugleich in ihrer Apriorität über das alles gesiegt, ohne es zu kennen. Es steht gewiß irgendwo im Neuen
Testament: »Alle Gabe ist gut, wenn sie mit Dankbarkeit
empfangen wird.« Die meisten Menschen wollen gern dankbar sein, wenn sie eine gute Gabe empfangen, aber sie fordern dann zugleich, daß man es ihnen überlasse zu entscheiden, welche gut ist. Dies zeigt das Beschränkte an ihnen; dagegen ist jene andere Dankbarkeit wahrlich sieghaft und apri-
orisch, da sie eine ewige Gesundheit in sich enthält, der auch
eine böse Gabe nichts anzuhaben vermag, und zwar nicht
deshalb, weil man sie fernzuhalten weiß, sondern dank der
Kühnheit, des hohen persönlichen Mutes, der es wagt, für
sie zu danken. So ist es auch mit der Liebe. Hier nun auf
alle die Jeremiaden zu reflektieren, mit denen Du recht eulen-
spiegelhaft zur Erbauung bekümmerter Ehemänner stets
zur Hand bist, das könnte mir nicht einfallen; und ich hoffe,
daß Du Dich diesmal selbst bezwingen wirst, da Du mit

einem Ehemann zu tun hast, der Dich gar nicht reizen kann,
Vergnügen daran zu haben, daß Du ihn noch verwirrter
machst.

Indem ich aber solchermaßen die Liebe von ihrer kryptoga-
mischen Verborgenheit bis zu ihrem phanerogamen Leben
verfolge, stoße ich unterwegs auf eine Schwierigkeit, von
der Du gewiß nicht sagen wirst, daß sie wenig zu bedeuten
habe. Posito ich setze, es gelänge mir, Dich zu überzeugen,
daß das Religiöse und Ethische, das in der ehelichen Liebe
zu der ersten Liebe hinzutritt, diese keineswegs verkleinere,
Du würdest in Deinem innersten Wesen Dich recht tief davon überzeugen und nun einen religiösen Ausgangspunkt
keineswegs verschmähen. Du würdest dann, allein mit ihr,
die Du liebtest, Dich und Deine Liebe unter Gott demütigen; Du bist wirklich ergriffen und bewegt, gib jetzt acht,
jetzt nenne ich ein Wort: die Gemeinde, und alsbald, wie es
im Liede heißt, verschwindet alles wieder. Über die Bestimmung der Innerlichkeit hinauszugelangen, das, glaube ich,
wird Dir nie gelingen. »Die Gemeinde, die herrliche Gemeinde, die trotz ihrer Vielfältigkeit dennoch eine moralische Person ist; ja, hätte sie noch, wie sie alle langweiligen
Eigenschaften einer moralischen Person hat, zugleich auch
die gute, daß sie nur *ein* Kopf auf *einem* Hals wäre, ... ich
wüßte schon, was ich täte.« Du weißt wohl, es gab einen
verrückten Mann, der die fixe Idee hatte, das Zimmer, in
dem er lebte, sei voller Fliegen, so daß er in Gefahr stehe, von
ihnen erstickt zu werden. In der Angst der Verzweiflung
und mit der Wut der Verzweiflung kämpfte er um seine
Existenz. So scheinst auch Du um Dein Leben zu kämpfen
gegen einen ähnlichen eingebildeten Fliegenschwarm, gegen
das, was Du die »Gemeinde« nennst. Die Sache ist indessen
nicht so gefährlich; aber ich will zunächst die wichtigsten
Berührungspunkte mit der Gemeinde durchgehen. Zuvor
möchte ich nur noch daran erinnern, daß die erste Liebe es
sich durchaus nicht zum Vorteil anrechnen darf, daß sie
derartige Schwierigkeiten nicht kennt; denn das kommt da-

her, daß sie abstrakt festgehalten wird und mit der Wirklichkeit gar nicht in Berührung kommt. Du wirst sehr wohl einen Unterschied zu machen wissen zwischen den abstrakten Beziehungen zu einer Umwelt, deren Abstraktion die Beziehung aufhebt. Daß man Pfarrer und Küster und einen juristischen Beamten bezahlen muß, das läßt Du Dir noch gefallen, denn Geld ist ein vorzügliches Mittel, jede Beziehung zu beseitigen; weshalb Du mich auch in Deinen Plan eingeweiht hast, niemals etwas zu tun und niemals etwas anzunehmen, auch nicht das geringste, ohne Geld zu geben oder zu nehmen. Ja, wenn man's recht besieht, so bist Du, falls Du einmal heiratest, imstande, jedem, der daherkommt, um Dir seine Freude über diesen Schritt zu bezeugen, ein Trinkgeld zu geben. In diesem Falle darfst Du Dich nicht darüber wundern, daß die Gemeinde an Zahl zunimmt, oder wenn Dir etwa in Wirklichkeit widerfährt, wovor der Mann mit den Fliegen sich fürchtete. Wovor Du Dich also fürchtest, das sind die persönlichen Verhältnisse, die durch Anfragen, Gratulationen, Bekomplimentierungen, ja wohl gar durch Geschenke Anspruch darauf erheben, in ein dem Gelde inkommensurables Verhältnis zu Dir zu treten, alle mögliche Teilnahme an den Tag zu legen suchen, obwohl Du gerade bei dieser Gelegenheit am liebsten ohne alle Teilnahme zu sein wünschtest, sowohl für Dich als auch für Deine Geliebte. »Von einer Menge Lächerlichkeiten kann man doch mit Hilfe von Geld verschont bleiben. Mit Geld kann man jenem Trompeter der Kirche, der für einen eigentlich den Gerichtstag einblasen sollte, den Mund stopfen, durch Geld kann man davor verschont bleiben, zum Ehemann proklamiert zu werden, zu einem rechtschaffenen Ehemann für die ganze Gemeinde, während man doch *in casu* sich darauf beschränken möchte, es für einen einzigen Menschen zu sein.« Es ist nicht meine Erfindung, diese Schilderung, es ist Deine. Weißt Du noch, wie Du anläßlich einer kirchlichen Trauung einmal getobt hast; Du wolltest, daß, so wie bei Ordinationen der anwesende Klerus herantritt, um dem

Ordinanden die Hand aufzulegen, die ganze anwesende innig teilnehmende brüderliche Gemeinschaft mit einem Gemeindekuß Braut und Bräutigam küsse; ja, Du erklärtest, es sei Dir unmöglich, die Worte »Braut und Bräutigam« auszusprechen, ohne an den bedeutungsvollen Augenblick zu denken, da ein liebevoller Vater oder ein vieljähriger Freund sich mit seinem Glase erhebt, um mit tiefer Rührung diese schönen Worte zu sprechen: Braut und Bräutigam. Wie Du nämlich die ganze kirchliche Zeremonie vorzüglich darauf berechnet fandest, das Erotische zu ersticken, so war für Dich die darauf folgende Weltlichkeit in gleichem Maße unanständig, wie die kirchliche Feier allzu anständig gewesen war; »denn unanständig, lächerlich, geschmacklos war es doch, ein solches *Quasi-Ehepaar* an einem Eßtisch anzubringen und damit eine einseitige und unwahre und unschöne Reflexion auf die Frage hinzulenken, ob denn das Dekret der Kirche es sei, was sie zu Eheleuten mache.« Du scheinst demnach auf eine stille Hochzeit zu halten. Das ist mir durchaus recht, doch möchte ich Dich nur darüber belehren, daß Du dabei genauso gut für einen richtigen Ehemann erklärt wirst. Vielleicht kannst Du dieses Wort besser ertragen, wenn niemand sonst zuhört. Im übrigen muß ich Dich daran erinnern, daß es nicht heißt: vor der ganzen Gemeinde, sondern: vor Gott und dieser Gemeinde, ein Ausdruck, der weder durch seine Beschränkung stört noch der Kühnheit ermangelt.

Was Du diesbezüglich im übrigen zu sagen hast, kann ich, wenn es auch mit der gewohnten Unbändigkeit geschieht, eher verzeihen, weil Du doch nur die sozialen Verhältnisse angreifst. Über diese, meine ich nun, kann ein jeder seine Meinung haben, und wenn ich auch weit davon entfernt bin, Deine »Sprödigkeit« zu billigen, so werde ich doch so tolerant sein wie möglich. Darin werden wir vermutlich immer uneinig bleiben. Ich halte es für das Große, in ihnen zu leben, etwas Schöneres aus ihnen herauszubringen, falls man dazu fähig ist, oder, wenn man es nicht vermag, sich

unterzuordnen und sich in sie zu schicken. Ich sehe für die
Liebe gar keine Gefahr damit verbunden, daß man sich von
der Kanzel aufbieten läßt; auch glaube ich nicht, daß ein derartiges Aufgebot den Zuhörern abträglich ist, was Deine
überspannte Strenge einmal herausfand, als Du behauptetest,
das Aufgebot müsse abgeschafft werden, weil so viele Menschen, zumal Frauenzimmer, nur zur Kirche gingen, um es
anzuhören, so daß der Eindruck der Predigt zunichte gemacht werde. Deiner Ängstlichkeit liegt etwas Unwahres
zugrunde, als ob alle derartige Kleinigkeiten eine gesunde
und starke Liebe etwa stören könnten. Es ist keineswegs
meine Absicht, all das Unwesen, das in dieser Hinsicht im
Schwange geht, in Schutz zu nehmen. Wenn ich an der Gemeinde festhalte, so identifiziere ich diese nicht mit einem
»verehrlichen Publikum«, das, um an einen Ausspruch Goethes zu erinnern, »unverschämt genug ist zu glauben, daß
man alles, was man unternimmt, tue, um ihm Stoff zum Gespräch zu geben.« Eine andere Betrachtung, aus der ich mir
auch Deine große Angst vor aller Mitwisserei und allem
lauten Getue erklären kann, ist, daß Du fürchtest, um den
erotischen Augenblick zu kommen. Du verstehst es, Deine
Seele so apathisch und still zu halten, wie ein Raubvogel stillsteht, bevor er herabschießt; Du weißt, daß der Augenblick
nicht in unserer Macht steht und daß das Schönste doch im
Augenblick liegt; Du verstehst es daher, Obacht zu geben,
wünschest nicht, etwas mit der Unruhe zu antizipieren, in
der Du den Augenblick erwartest. Wenn nun aber ein solches
Ereignis auf eine bestimmte Zeit verlegt wird, die man lange
im voraus weiß, wenn man durch Vorbereitungen fortwährend daran erinnert wird, so läuft man Gefahr, daß einem
»die Pointe entgeht«. Man ersieht daraus, daß Du das Wesen
der ehelichen Liebe nicht begriffen hast und daß Du einen
ketzerischen Aberglauben an das erste hegst.
Und überlegen wir nun, ob es mit der Gemeinde denn wirklich eine so gefährliche Sache sei, wenn man sie, wohlgemerkt, nicht eine so erschreckende Gestalt annehmen läßt,

wie sie es in Deinem kranken Hirn sofort tut. Dein Leben
hat Dich doch wohl nicht nur in Berührung, nein, in innige
Verbindung mit einigen einzelnen Menschen gebracht, deren Andenken Dich nicht ängstigt, das Ideale bei Dir nicht
stört, deren Namen Du laut vor Dich hin sprichst, wenn Du
Dich zum Guten ermuntern willst, deren Gegenwart Deine
Seele weit macht, deren Persönlichkeit Dir eine Offenbarung
des Edlen und Erhabenen ist? Sollte es Dich nun stören, solche
Mitwisser zu haben? Das ist fast, als wollte ein Mensch in
religiöser Hinsicht sagen: Ich wünsche aus tiefstem Herzen
meine Gemeinschaft mit Gott und Christus zu bewahren,
aber ich kann es nicht ertragen, daß er mich bekennen will
vor all den heiligen Engeln. Andererseits hat Dein Leben,
haben Deine äußeren Lebensverhältnisse Dich wohl mit anderen in Verbindung gebracht, denen Freuden und schöne,
bedeutsame Unterbrechungen im eintönigen Gang des täglichen Lebens nur spärlich zugemessen wurden. Zählt nicht
jede Familie deren mehrere in ihrer Bekanntschaft, vielleicht
gar in ihrer Mitte, und ist es nicht das Schöne, daß diese in
ihrer Einsamkeit nahezu verlassenen Menschen in der Familie eine Zuflucht finden? Für sie würde also eine Ehe ein Ereignis von Bedeutung sein, ein wenig von dem poetischen
Einschlag im Alltagsleben, etwas, worauf sie sich schon lange
im voraus freuen, woran sie sich noch lange danach erinnern
können. In einer Familie, in der ich verkehre, sehe ich öfters
eine alte Jungfer, die mit der Frau des Hauses gleichaltrig ist.
Sie erinnert sich noch so lebhaft des Hochzeitstages, ach, lebhafter vielleicht als die Frau selbst: wie die Braut geschmückt
war, jedes kleinen Nebenumstandes. Möchtest Du nun allen
solchen Menschen die Gelegenheit zur Freude rauben, die
Du ihnen verschaffen könntest? Laßt uns mit den Gebrechlichen in Liebe umgehen. Es gibt so manche Ehe, die so heimlich wie möglich geschlossen worden ist, um die Freude recht
zu genießen, und die Zeit brachte vielleicht anderes mit sich,
so wenig, daß man versucht sein könnte zu sagen: ja, hätte
sie noch die Bedeutung gehabt, eine Menge Menschen zu

erfreuen, so wäre das immerhin etwas gewesen. Ich hasse allen Familien-Vorwitz, das weißt Du, ebensosehr wie Du, aber ich verstehe es, teils ihn mir vom Leibe zu halten, teils mich über ihn hinwegzusetzen; und Du mit Deiner Bitterkeit, Deiner Polemik, Deinem Geschütz, solltest Du nicht verstehen aufzuräumen? Das tust Du zwar auch, aber es stört Dich nichtsdestoweniger. Ich will Dir keine Grenzen vorschreiben, wirf weg, was Dich stört, aber vergiß nicht ganz mein Prinzip, vergiß nicht, wenn es Dir möglich ist, es noch schöner zu realisieren; bedenke, daß die Kunst darin besteht, solche Menschen nach Möglichkeit zu retten, nicht sich selbst zu verteidigen. Ich könnte es Dir als eine Klugheitsregel einschärfen; denn Du weißt recht gut, je mehr man sich isoliert, um so zudringlicher fast macht man alle diese untätigen geschwätzigen Menschen, Du, der Du so oft Dein Spiel mit ihnen getrieben hast, indem Du sie neugierig machtest und darauf das Ganze sich in ein Nichts auflösen ließest; ich könnte es als eine Klugheitsregel einschärfen, aber das will ich nicht, denn ich habe zuviel Achtung vor der Wahrheit dessen, was ich sage, als daß ich sie entwürdigen möchte.

Jedes Werden hat, gerade je gesünder es ist, immer etwas Polemisches an sich, und so hat jede eheliche Verbindung es auch, und Du weißt sehr wohl, daß ich jene Familien-Schlaffheit hasse, jene fade *communio bonorum*, die einer Ehe den Anschein geben kann, als hätte man die ganze Familie geheiratet. Ist die eheliche Liebe eine wahre erste Liebe, so hat sie auch etwas Verborgenes an sich, sie wünscht nicht, sich zur Schau zu stellen, setzt nicht ihr Leben daran, in den Familien auf Wache zu ziehen, zieht ihre Nahrung nicht aus Gratulationen und Bekomplimentierungen oder aus einem Gottesdienst, wie er sich in der Familie arrangieren läßt. Das weißt Du sehr wohl, laß nur Deinen Witz mit alledem spielen. In vielen Stücken mag ich wohl mit Dir einig sein, und ich glaube, es würde Dir und der guten Sache nicht zum Schaden gereichen, wenn Du gelegentlich mich als den erfahrenen liebevollen Forstmann die morschen Bäume zum Hieb

anzeichnen, dann aber auch an anderen Stellen eine Scho-
nungstafel anbringen ließest.

Ich trage nun keinerlei Bedenken, Heimlichkeit für die absolute Bedingung zu erklären, um das Ästhetische in der
Ehe zu bewahren, nicht in dem Sinne, daß man es darauf
anlegen, danach haschen, es mißbrauchen, den eigentlichen
Genuß nur in den Genuß der Heimlichkeit setzen sollte.
Es ist eine der Lieblingsideen der ersten Liebe, daß sie auf
eine unbewohnte Insel fliehen möchte. Das ist nun oft lächerlich genug gemacht worden, ich werde mich an der
bilderstürmenden Wildheit unserer Zeit nicht beteiligen. Der
Fehler liegt darin, daß die erste Liebe glaubt, sie lasse sich
auf keine andere Weise realisieren als durch die Flucht. Das
ist ein Mißverstand, der seinen Grund in ihrem ungeschichtlichen Charakter hat. Die Kunst ist, in der Mannigfaltigkeit
zu bleiben und doch das Geheimnis zu bewahren. Ich könnte
es hier wieder als eine Klugheitsregel hervorheben, daß die
Heimlichkeit erst dadurch, daß man unter den Leuten bleibt,
ihre wahre Energie erhält, erst durch diesen Widerstand ihre Spitze sich immer tiefer einbohrt. Das will ich nicht, und
zwar aus demselben Grunde wie vorhin, und auch deshalb
nicht, weil ich ein Verhältnis zu anderen Menschen immer
als etwas anerkenne, was Realität hat. Deshalb aber gehört
eben Kunst dazu, und die eheliche Liebe flieht diese Schwierigkeiten nicht, sondern bewahrt und erwirbt sich in ihnen.
Außerdem hat das eheliche Leben soviel anderes zu tun,
daß es gar keine Zeit findet, sich in Polemik gegen das Einzelne zu verrennen.

Nach innen lautet diese Hauptbedingung folgendermaßen:
Offenherzigkeit, Aufrichtigkeit, Öffentlichkeit im denkbar
größten Maßstab; denn das ist das Lebensprinzip der Liebe,
und Heimlichkeit hier ist ihr Tod. Das ist indessen nicht so
leicht getan wie gesagt, und es gehört wahrlich Mut dazu,
es konsequent durchzuführen; denn Du begreifst wohl,
daß ich hierbei an etwas mehr denke als an die alberne
Schwatzhaftigkeit, die in den weitläuftigen Familienehen

grassiert. Von Öffentlichkeit kann natürlich nur die Rede
sein, wo von Heimlichkeit die Rede sein kann; in gleichem
Maße aber, wie von dieser die Rede sein kann, in gleichem
Maße wird auch jene schwieriger. Es gehört Mut dazu, sich
so zeigen zu wollen, wie man in Wahrheit ist; es gehört Mut
dazu, sich von einer kleinen Demütigung nicht loskaufen zu
wollen, wenn man es durch eine gewisse Heimlichkeit könnte; sich nicht einen kleinen Zuwachs zu seiner Größe erkaufen zu wollen, wenn man es durch Verschlossenheit könnte.
Es gehört Mut dazu, gesund sein zu wollen, ganz ehrlich und
aufrichtig das Wahre zu wollen.

Doch beginnen wir mit dem weniger Bedeutenden! Zwei
Jungverheiratete, die sich genötigt sahen, »ihre Liebe innerhalb der engen Grenzen von drei kleinen Zimmern zu halten«, veranlaßten Dich, einen kleinen Ausflug in das Reich
der Phantasie zu unternehmen, das Deinem täglichen Aufenthaltsort so nahe liegt, daß man zweifeln kann, ob man es
einen Ausflug nennen soll. Du ergingst Dich nun darin, auf
das sorgfältigste und geschmackvollste eine Zukunft zu de-
korieren, so wie Du sie Dir wünschen mochtest. Du weißt,
ich beteilige mich nicht ungern an solch einem kleinen Experiment und bin, Gott sei Dank, noch Kind genug, um,
wenn ein fürstlicher Wagen mit vier schnaubenden Rossen
an mir vorüberfährt, mir einbilden zu können, ich säße darin;
unschuldig genug, um, wenn ich mich überzeuge, daß dies
nicht der Fall ist, mich daran freuen zu können, daß ein
anderer darinsitzt; unverdorben genug, um nicht zu verlangen, daß das Halten eines Pferdes, welches zugleich Kutsch-
und Reitpferd ist, das Maximum sei, weil meine Umstände
mir nur dies erlauben. Du warst also in Gedanken verheiratet, glücklich verheiratet, hattest Deine Liebe unversehrt aus
allen Widerwärtigkeiten herausgerettet und überlegtest nun,
wie Du alles in Deinem Heim einrichten würdest, damit
Deine Liebe so lange wie möglich ihren Duft bewahre. Zu
dem Ende brauchtest Du mehr als drei Zimmer. Darin gab
ich Dir recht, da Du als Unverheirateter schon fünf benö-

tigst. Es würde Dir unangenehm sein, wenn Du gezwungen
wärest, Deiner Frau eines Deiner Zimmer zu überlassen; Du
würdest es dann schon vorziehen, ihr die vier zu überlassen
und selber in dem fünften zu wohnen, statt eines mit ihr
gemeinsam zu haben. Nachdem Du diese Beschwerlichkeiten
erwogen hattest, fuhrst Du fort: »Ich gehe also von den be-
sagten drei Zimmern aus, nicht in philosophischem Sinne,
denn ich gedenke nicht zu ihnen zurückzukehren, sondern
vielmehr so weit von ihnen fortzugehen wie möglich.« Ja,
Du hattest einen derartigen Abscheu vor drei kleinen Zimmern, daß Du, wenn Du nicht mehr haben könntest, es vorziehen würdest, wie der Landstreicher unter freiem Himmel
zu leben, was am Ende so poetisch sei, daß schon eine ziem-
liche Flucht von Zimmern dazu gehöre, um es zu ersetzen.
Ich versuchte, indem ich Dich daran erinnerte, daß dies eine
der üblichen Ketzereien der ungeschichtlichen ersten Liebe
sei, Dich zur Ordnung zu rufen, und war nun recht froh darüber, mit Dir die vielen großen kühlen, hochgewölbten Säle
Deines Luftschlosses zu durchlaufen, die geheimen halbdunk-
len Kabinette, die von einer Fülle von Lichtern und Kron-
leuchtern und Spiegeln bis in die fernsten Winkel erhellten
Speisezimmer, den kleinen Saal mit den zum Altan hin geöffneten Flügeltüren, durch welche die Morgensonne herein-
fiel und ein Wohlgeruch von Blumen, die nur für Dich und
Deine Liebe atmeten, uns entgegenströmte. Ich will nun
Deine kühnen Schritte nicht weiter verfolgen, wenn Du wie
ein Gemsenjäger von einer Felszacke zur andern springst. Nur
das Prinzip, das Deinem Arrangement zugrunde lag, will ich
etwas näher erörtern. Dein Prinzip war offenbar Geheim-
tuerei, Mystifikation, verfeinerte Koketterie; nicht allein die
Wände Deiner Säle sollten in Glas eingefaßt sein, sondern
selbst die Welt Deines Bewußtseins sollte durch ähnliche Re-
flexionsbrechungen vervielfältigt werden, nicht nur überall
im Zimmer, sondern auch im Bewußtsein wolltest Du überall ihr und Dir, und Dir und ihr begegnen. »Aber um das zu
ermöglichen, reichte der Reichtum der ganzen Welt nicht

hin, Geist gehört dazu, ein kluges Maßhalten, womit man über die Kräfte des Geistes disponiert. Man muß daher einander so fremd sein, daß die Vertraulichkeit interessant wird, so vertraut, daß das Fremde ein reizender Widerstand wird. Das eheliche Leben darf kein Schlafrock sein, in dem man es sich bequem macht, aber auch kein Schnürleib, der die Bewegungen behindert; es darf keine Arbeit sein, die anstrengende Vorbereitung erfordert, aber auch keine dissolute Bequemlichkeit; es muß das Gepräge des Zufälligen tragen, und doch muß man entfernt eine Kunst ahnen; man muß sich nicht gerade die Augen aus dem Kopf starren, indem man Tag und Nacht an einem Teppich herumstichelt, der den Fußboden im großen Saal verdecken kann, hingegen aber darf die unbedeutendste Aufmerksamkeit am Rande sehr wohl ein kleines geheimnisvolles Zeichen tragen; man muß nicht gerade jeden Tag, an dem man zusammen ißt, seinen Namenszug auf den Kuchen setzen lassen, aber eine leise telegraphische Anspielung ist durchaus erlaubt. Es gilt, den Punkt, da man den Kreislauf der Bewegung ahnt, den Punkt, da die Wiederholung beginnt, so weit entfernt wie möglich zu halten, und da er doch nicht ganz ferngehalten werden kann, gilt es, sich so eingerichtet zu haben, daß eine Variation möglich wird. Man hat nur einen gewissen Inbegriff von Texten, will man sich schon am ersten Sonntag auspredigen, so hat man nicht nur nichts für das ganze folgende Jahr, sondern nicht einmal etwas für den ersten Sonntag im nächsten Jahr. So lange wie möglich soll man einander bis zu einem gewissen Grade rätselhaft bleiben, und sofern man sich sukzessiv offenbart, muß dies mit aller nur möglichen Benutzung der zufälligen Umstände geschehen, so daß es so relativ wird, daß es auch wieder von vielen anderen Seiten gesehen werden kann. Man muß sich vor jeder Übersättigung und jedem Nachgeschmack hüten.« Du wolltest nun im Erdgeschoß dieses herrschaftlichen Schlosses wohnen, das in einer schönen Gegend liegen sollte, jedoch in der Nähe der Hauptstadt. Deine Frau, Deine Ge-

mahlin, sollte den linken Flügel des ersten Stockwerks be-
wohnen. Darum hattest Du fürstliche Personen immer be-
neidet, daß Mann und Frau getrennt wohnen. Wodurch
aber das Ästhetische wiederum aus einem solchen Hofleben
entfernt würde, das wäre ein Zeremoniell, das beanspruchte,
über der Liebe zu stehen. Man wird gemeldet, man wartet
einen Augenblick, man wird empfangen. Das wäre an und
für sich gar nicht unschön, aber seine wahre Schönheit erhielte es doch erst, wenn es auch nur ein Spiel im göttlichen
Spiel der Liebe wäre, wenn ihm in der Weise Gültigkeit
beigemessen würde, daß man ihm ebensogut Gültigkeit
nehmen könnte. Die Liebe selbst müßte viele Grenzen haben, aber jede Grenze müßte zugleich eine wollüstige Versuchung sein, über die Grenze hinauszugehen. Du wohn-
test also im Erdgeschoß, wo Du Deine Bibliothek hättest,
Dein Billardzimmer, Dein Audienzzimmer, Dein Kabinett,
Deine Schlafkammer. Deine Gattin wohnte im ersten Stock.
Hier wäre zugleich Euer *toral conjugale*, ein großes Zimmer
mit zwei Kabinetten, einem auf jeder Seite. Nichts dürfte
Dich oder Deine Frau daran erinnern, daß Ihr verheiratet
seid, und doch müßte alles wieder von der Art sein, daß kein
Unverheirateter es so haben könnte. Du wüßtest nicht, was
Deine Frau triebe, sie nicht, was Dich beschäftigte; aber dies
keineswegs, um untätig zu sein oder einander zu vergessen,
sondern damit jede Berührung bedeutungsvoll sein könne,
um jenen Augenblick des Todes zu entfernen, da ihr einander ansähet, und siehe, ihr langweiltet euch. Ihr würdet also
nicht in ehelichem Aufzug Arm in Arm umhertrotten, Du
würdest noch lange mit jugendlicher Verliebtheit sie von
Deinem Fenster aus verfolgen, wenn sie im Garten spazierte,
Dein Auge wappnen, um ihr nachzublicken, in die Anschauung ihres Bildes versinken, wenn es Deinem Blick entschwunden wäre. Du würdest ihr nachschleichen, ja, sie würde zuweilen wohl auch an Deinem Arm sich ausruhen; denn
etwas Schönes war doch noch immer in dem, was unter
Menschen sich eingebürgert hat als Ausdruck für ein be-

stimmtes Gefühl, Du würdest Arm in Arm mit ihr gehen, halb dem Schönen dieser Sitte sein Recht widerfahren lassend, halb darüber scherzend, daß ihr so einherwandeltet wie rechte Eheleute. Doch, wie sollte ich enden können, wenn ich den klugen Verfeinerungen Deines sinnreichen Kopfes in dieser asiatischen Üppigkeit nachgehen wollte, die mich beinahe ermüdet und mich zu den drei kleinen Zimmern, an denen Du so stolz vorübergegangen bist, zurückverlangen läßt.

Sollte nun übrigens an der ganzen Anschauung etwas ästhetisch Schönes sein, so wäre es wohl teils in der erotischen Schamhaftigkeit zu suchen, die Du hast ahnen lassen; teils in dem Willen, die Geliebte keinen Augenblick als ein Erworbenes zu besitzen, sondern sie immer von neuem zu erwerben. Dieses letztere ist an und für sich wahr und richtig, aber die Aufgabe ist keineswegs mit erotischem Ernst gestellt und insofern auch nicht gelöst. Du hast Dich stets an einer Unmittelbarkeit als solcher festgeklammert, an einer Naturbestimmung, und hast es nicht gewagt, sie in einem gemeinsamen Bewußtsein sich verklären zu lassen; denn das ist es, was ich mit den Worten Aufrichtigkeit und Offenheit ausgedrückt habe. Du fürchtest, wenn das Rätselhafte vorbei ist, so werde die Liebe aufhören; ich hingegen meine, wenn dies vorbei ist, so fängt sie erst an. Du fürchtest, daß man wohl nicht ganz wissen dürfte, was man liebt, Du rechnest auf das Inkommansurable als ein absolut wichtiges Ingrediens; ich halte dafür: erst wenn man weiß, was man liebt, liebt man in Wahrheit. Hinzu kommt, daß es Deinem ganzen Glück an Segen fehlt, denn es fehlt ihm an Widerwärtigkeiten; und wie es ein Fehler wäre, falls Du wirklich jemand durch Deine Theorie anleiten wolltest, so ist es auch ein Glück, daß es nicht Wahrheit ist. Wenden wir uns also den wirklichen Lebensverhältnissen zu! Ich meine nun keineswegs, daß es Dir erlaubt sein solle, weil ich urgiert habe, daß Widerwärtigkeiten mit dazugehören, die Ehe mit einer Reihe von Widerwärtigkeiten zu identifizieren. Dagegen

liegt es, wie oben dargetan, bereits in der im Vorsatz ent-
haltenen Resignation, die Widerwärtigkeiten mitzusehen,
ohne daß diese schon eine bestimmte Gestalt angenommen
hätten oder beängstigend wären, da sie vielmehr schon als
im Vorsatz überwunden gesehen werden. Hinzu kommt,
daß die Widerwärtigkeit nicht außen gesehen wird, sondern
innen in ihrem Reflex im Individuum, dieser aber gehört zu
der gemeinsamen Geschichte der ehelichen Liebe. Die Heimlichkeit selbst, wie wir es im vorhergehenden dargelegt haben, wird zu einem Widerspruch, wenn sie nichts in ihrer
Verborgenheit zu verheimlichen hat, zu einer Kinderei,
wenn nur verliebte Schnurrpfeifereien ihr Depositum ausmachen. Erst wenn die Liebe dem Individuum in Wahrheit
das Herz geöffnet, es beredt gemacht hat in einem weit tieferen Sinne, als man es sonst von der Liebe zu sagen pflegt
[denn diese Beredsamkeit kann sogar der Verführer haben],
erst wenn das Individuum dergestalt alles in dem gemeinsamen Bewußsein deponiert hat, erst dann bekommt die
Heimlichkeit Kraft, Leben und Bedeutung. Aber dazu gehört ein entscheidender Schritt, und also gehört Mut dazu,
und doch sinkt die eheliche Liebe zu einem Nichts herab,
wenn dies nicht statthat; denn erst dadurch zeigt man, daß
man nicht sich selbst liebt, sondern einen andern. Und wie
sollte man es zeigen außer dadurch, daß man nur für den
andern ist, aber wie ist man nur für einen andern außer dadurch, daß man nicht für sich ist; Fürsichsein aber ist gleichsam der allgemeinste Ausdruck für die Heimlichkeit, die das
individuelle Leben hat, wenn es in sich selbst verharrt. Liebe
ist Hingabe, Hingabe aber ist nur dadurch möglich, daß ich
aus mir selber herausgehe, wie läßt sie sich dann mit jener
Verborgenheit vereinen, die gerade in sich verharren will?
»Aber man verliert, wenn man sich solchermaßen offenbart –«; ja, versteht sich, der verliert immer, der vom Heim-
lichtun Gewinn hat. Aber wolltest Du konsequent sein, so
müßtest Du es viel entschiedener durchführen, so müßtest
Du nicht allein von der Ehe abraten, sondern von jeder

Annäherung, und sehen, wie weit Dein gescheiter Kopf es
im Telegraphieren bringen könnte. Die interessanteste Lektüre ist die, bei welcher der Leser bis zu einem gewissen Grade selber produktiv ist, die wahre erotische Kunst würde darin bestehen, von weitem einen Eindruck zu machen, der für
die Betreffende überaus gefährlich wäre, eben weil sie aus
dem Nichts selber ihren Gegenstand erschüfe und nun ihr
Geschöpf liebte; doch das ist nicht Liebe, sondern die Koketterie der Verführung. Wer dagegen liebt, hat sich selbst
in einem anderen verloren, indem er sich aber in dem andern verloren und vergessen hat, ist er dem andern offenbar, und indem er sich selbst vergißt, wird seiner in dem
andern gedacht. Wer liebt, wird nicht wünschen, mit einem andern verwechselt zu werden, weder mit einem Besseren noch mit einem Geringeren, und wer diese Ehrerbietung
für sich selbst und für die Geliebte nicht hat, der liebt nicht.
Im allgemeinen hat Heimlichkeit daher ihren Grund in einer
Kleinigkeitskrämerei, die ihrer Länge eine Elle zusetzen möchte. Wer nicht gelernt hat, dergleichen zu verschmähen, hat
nie geliebt; denn dann hätte er gefühlt, daß, wenn er seiner
Länge auch zehn Ellen zusetzte, er dennoch zu gering wäre.
Von dieser Demut der Liebe glaubt man gemeinhin, daß sie
nur in Komödien und Romanen zu Hause oder daß sie auf
Konvenienzlügen in den Verlobungstagen zurückzuführen
sei. Das ist jedoch keineswegs der Fall; sie ist ein wahrer und
heilsamer, beständiger Zuchtmeister, sooft man Liebe mit
anderem als mit Liebe ausmessen will. Und wäre es auch der
geringste und unbedeutendste Mensch von der Welt, der den
begabtesten liebte, der letztere würde doch, wenn Wahrheit in ihm wäre, fühlen, daß alle seine Gaben einen klaffen-
den Abgrund zurückließen, und daß die einzige Weise, den
Anspruch, der in der Liebe des anderen liegt, zu befriedigen, die sei, ihn wiederzulieben. Vergessen wir niemals, daß
man mit ungleichen Größen nicht rechnen kann! Darum,
wer dies in Wahrheit empfunden hat, der hat geliebt, aber
er hat gewiß auch nicht gefürchtet, sich einer Sache zu be-

rauben, die – als solche – keinen Wert für ihn hat. Erst derjenige, der arm geworden ist in der Welt, hat die wahre Ei-
gentumssicherheit gewonnen, und erst derjenige, der alles
verloren hat, hat alles gewonnen. Ich rufe daher mit Fénelon: »Glaube an die Liebe, sie nimmt alles, sie gibt alles.« Und
es ist fürwahr ein schönes, ein erhebendes, ein unbeschreiblich seliges Gefühl, dergestalt all das einzelne unter einem
verschwinden zu lassen, es verblassen und gleich Nebelbil-
dern vor der unendlichen Macht der Liebe entfliehen zu lassen;
das ist ein Rechenexempel, das ebenso schön ist in dem unendlichen Augenblick, in welchem es auf einmal geschieht,
wie in der Sukzession, in der man sich daran erfreut, die
Hand auszustrecken und es Stück für Stück verschwinden
zu lassen; ja, das ist der wahren Liebe wahre Vernichtungs-
begeisterung, wenn sie die ganze Welt wünschen könnte,
nicht um damit ihr Glück zu machen, sondern um sie untergehen zu lassen wie einen Scherz im Zeitvertreib der Liebe.
Und fürwahr, wenn man den Endlichkeiten erst Tor und
Tür öffnet, so ist es gleich dumm und gleich lächerlich, ob
man geliebt werden möchte, weil man der beste Kopf, das
größte Talent, der genialste Künstler seiner Zeit ist, oder weil
man auf seinem Kinn den schönsten Spitzbart konserviert.
Doch diese Äußerungen und Stimmungen gehören natürlich ganz ebensosehr der ersten Liebe an, und nur die sonderbare unbeständige Stellung, die Du stets einnimmst, macht
es für mich notwendig, dies hier erneut zu berühren. Die erste Liebe kann mit übernatürlichem Pathos wünschen, aber
dieses Wünschen wird leicht zu einem inhaltslosen »Wenn
doch«, und so paradiesisch leben wir nicht, daß unser Herrgott jedem Ehepaar die ganze Welt zum Schalten und Walten gibt. Die eheliche Liebe weiß besser Bescheid, ihre Bewegungen gehen nicht nach außen, sondern nach innen, und
hier merkt sie bald, daß sie eine weite Welt vor sich hat,
zugleich aber auch, daß jede kleine Bezwingung ihrer selbst
eine ganz andere Kommensurabilität hat für die Unendlichkeit der Liebe; und mag sie auch Schmerz darüber empfin-

den, daß es so vieles zu bekämpfen gibt, so fühlt sie doch auch Mut zu diesem Kampf; ja sie hat Kühnheit genug, um Dich in Paradoxen zu überbieten, wenn sie sich fast darüber freuen kann, daß die Sünde in die Welt gekommen ist; aber auch noch in anderem Sinne hat sie die Kühnheit, Dich in Paradoxen zu überbieten; denn sie hat den Mut, sie zu lösen. Denn wohl weiß die eheliche Liebe, ebenso wie die erste, alle diese Hindernisse überwunden im unendlichen Moment der Liebe, doch weiß sie auch, und das ist eben das Geschichtliche an ihr, daß dieser Sieg erworben werden will und daß dieses Erwerben nicht bloß ein Spiel ist, sondern auch ein Kampf, zugleich aber nicht bloß ein Kampf, sondern auch ein Spiel, so wie das Ringen in Walhalla ein Kampf auf Leben und Tod war und doch ein Spiel, weil die Kämpfer immer wieder aufstanden, vom Tode verjüngt; und weiß zugleich, daß dieses Gefecht kein willkürlicher Zweikampf ist, sondern ein Kampf unter göttlichen Auspizien, und fühlt kein Bedürfnis, mehr zu lieben als einen, sondern eine Seligkeit hierin, und kein Bedürfnis, mehr als einmal zu lieben, sondern eine Ewigkeit hierin. Und meinst Du nun, dieser Liebe, die keine Geheimnisse hat, gehe etwas Schönes verloren? Oder sollte sie etwa der Zeit nicht widerstehen können, sondern müßte sich notwendigerweise durch den täglichen Umgang abstumpfen? Oder sollte sich etwa die Langeweile ihr schneller nähern, gleich als ob das eheliche Leben nicht einen ewigen Gehalt besäße, dessen man niemals überdrüssig wird, einen ewigen Gehalt, den es bald unter Küssen und Scherzen, bald mit Angst und Zittern erwirbt und immerfort erwirbt? »Aber sie muß auf alle diese schönen kleinen Überraschungen verzichten.« Dazu sehe ich durchaus keine Notwendigkeit; es ist durchaus nicht meine Meinung, daß die eheliche Liebe immer mit offenem Munde dastehen oder gar im Schlafe reden müsse; im Gegenteil, alle diese kleinen Überraschungen erhalten ihre Bedeutung gerade dann, wenn die totale Offenherzigkeit ihren Platz gefunden hat. Diese gibt nämlich eine Sicherheit und ein Vertrauen, in denen diese

Zwischenspiele sich ausnehmen. Glaubt man dagegen, der Liebe Wesen und wahre Seligkeit bestehe in einer solchen Kette kleiner Überraschungen, die jämmerliche verfeinerte Weichlichkeit, die Unruhe, in der man jeden Augenblick auf eine kleine Überraschung gefaßt ist und selbst eine ersinnt, sei etwas Schönes, so möchte ich mir zu sagen erlauben, daß sie überaus unschön und daß es ein sehr bedenkliches Zeichen ist, wenn eine Ehe nicht ganz andere Trophäen aufzuweisen hat als einen Sekretär voller Bonbons, Flakons, Tassen, gestickter Hausschuhe, Pretiosen usw.

Doch sieht man nicht selten Ehen, in denen das Heimlichkeitssystem durchgeführt ist. Ich habe noch nie eine glückliche gesehen, in der das der Fall gewesen wäre. Da dies jedoch etwas durchaus Zufälliges sein könnte, will ich das, was man gemeinhin dem zugrunde gelegt findet, näher untersuchen. Das ist mir hier von Wichtigkeit; denn eine ästhetisch-schöne Ehe ist immer eine glückliche Ehe. Falls sich nun auf jener Basis eine glückliche Ehe aufbauen ließe, so müßte meine Theorie sich ändern. Ich werde keine Erscheinungsform scheuen und eine jede mit aller nur möglichen Gerechtigkeit schildern und besonders bei einer verweilen, die in dem Hause, wo ich sie realisiert gesehen habe, mit einer Virtuosität durchgeführt wurde, die wirklich bestechend war.

Das Heimlichkeitssystem geht im allgemeinen, wie Du mir wohl zugeben wirst, von den Männern aus, und obwohl es in jedem Fall verkehrt ist, so ist dies immer noch erträglicher als das Unerträgliche, daß die Frau ein solches *dominium* ausübt. Die häßlichste Form ist natürlich eine reine Despotie, in der die Frau Sklavin ist, Mädchen für alles in den inneren Angelegenheiten. Eine derartige Ehe ist niemals glücklich, mögen auch die Jahre eine Stumpfheit erzeugen, die sich darin wohlfühlt. Eine schönere Form ist das Extrem hierzu, eine unzeitige Fürsorge. Das Weib sei schwach, sagt man, sie könne Kummer und Sorgen nicht tragen, mit den Schwachen und Gebrechlichen müsse man in Liebe umgehen. Unwahrheit! Unwahrheit! Das Weib ist ebenso stark wie der

Mann, vielleicht stärker. Und gehst Du denn mit ihr wirklich in Liebe um, wenn Du sie so demütigst? Oder wer hat Dir erlaubt, sie zu demütigen, oder wie kann Deine Seele so verblendet sein, daß Du Dich für ein vollkommeneres Wesen hältst als sie? Vertraue Du ihr nur alles an. Ist sie schwach, kann sie es nicht tragen, gut, so kann sie sich ja an Dich anlehnen, Du hast ja Kräfte genug. Siehst Du, das kannst Du nicht ertragen, dazu hast Du keine Kraft. Also fehlt Dir die Kraft, nicht ihr. Vielleicht hätte sie mehr Kraft als Du, vielleicht würde sie Dich beschämen, sieh, das zu ertragen hast Du nicht die Kraft. Oder hast Du nicht gelobt, Gutes und Böses mit ihr zu teilen? Heißt es dann aber nicht sie übervorteilen, wenn Du sie in das Böse nicht einweihst? Heißt es nicht, das Edelste in ihr zerbrechen? Vielleicht ist sie schwach, vielleicht wird ihr Kummer alles noch schwerer machen, *eh bien*, so teilst Du dieses Böse mit ihr. Das aber wird sie wieder retten, und darfst Du sie eines Weges zum Heil berauben, darfst Du versuchen, sie durch die Welt zu schmuggeln? Und woher hast Du Deine Kraft, ist sie nicht Gott ebenso nahe wie Du? Willst Du ihr die Gelegenheit nehmen, auf die tiefste und innigste Weise Gott zu finden – durch Schmerz und Leiden? Und weißt Du denn so gewiß, daß sie von Deiner Heimlichkeit gar nichts ahnt? Weißt Du, ob sie nicht im stillen sich sorgt und seufzt, ob sie nicht Schaden nimmt an ihrer Seele? Vielleicht ist ihre Schwäche Demut, vielleicht glaubt sie, es sei ihre Pflicht, all dies zu tragen. Damit bist Du freilich der Anlaß gewesen, daß sich bei ihr Kraft entwickelte, aber auf diese Art hast Du es nicht gewünscht oder hattest Du es nicht gelobt. Oder behandelst Du sie nicht, um es mit einem starken Wort zu sagen, als – Kebsweib? Denn daß Du nicht noch mehr hast, das hilft doch ihr nichts. Und ist es nicht doppelt demütigend für sie, wenn sie spürt, daß Du sie liebst, daß Du es nicht deshalb tust, weil Du ein stolzer Tyrann bist, sondern weil sie ein schwaches Wesen ist?

Eine Zeitlang verkehrte ich in einem Hause, in dem ich Gelegenheit hatte, eine mehr künstlerische und verfeinerte

Durchführung des Schweigesystems zu beobachten. Es war
ein jüngerer Mann, ungemein begabt, ein vortrefflicher
Kopf, eine dichterische Natur, zu indolent, um produzieren
zu mögen, hingegen aber mit einem außerordentlichen Takt
und einem Sinn, das tägliche Leben poetisch zu machen. Seine Frau war jung, nicht ohne Geist, jedoch mit ungewöhnlichem Charakter. Das reizte ihn. Man mußte in die höchste
Verwunderung darüber geraten, wie er in jeder Weise alle
jugendliche Schwärmerei bei ihr zu wecken und zu nähren
verstand. Ihr ganzes Dasein, die eheliche Gemeinschaft war
von einem poetischen Zauber durchflochten. Überall war
sein Auge gegenwärtig, wenn sie sich umsah, war es fort;
überall war sein Finger dabei, ebenso uneigentlich jedoch
und in endlichem Sinne unwirklich wie der Finger Gottes
in der Geschichte. Ihr Denken mochte sich wenden, wohin es wollte, er war schon voraus, hatte alles in Bereitschaft,
er verstand es wie Potemkin Gegenden hervorzuzaubern,
und zwar gerade solche, die nach einer kleinen Überraschung, einem kleinen Widerstand ihr gefallen mußten. Sein
häusliches Leben war eine kleine Schöpfungsgeschichte, und
wie in der großen Schöpfung alles auf den Menschen hinstrebt, so war sie das Zentrum eines Zauberkreises geworden, in dem sie doch all ihre Freiheit genoß; denn der Kreis
formte sich nach ihr und hatte keine Grenze, von der es heißen müßte: bis hierher und nicht weiter; sie mochte sich
stürzen, soviel sie wollte, in welche Richtung sie wollte, der
Kreis gab nach, aber blieb gleichwohl da. Sie ging wie in einem Laufkorb, aber dieser war nicht aus Weiden geflochten,
er war zusammengeschlungen aus ihren Hoffnungen, Träumen, Sehnsüchten, Wünschen, Ängsten, kurz, er war aus
dem ganzen Inhalt ihrer Seele gebildet. Und er, der Mann,
bewegte sich mit einem hohen Maß von Sicherheit in dieser
Traumwelt, er gab nichts von seiner Würde preis, präten-
dierte und behauptete seine Autorität als Mann und Herr.
Es hätte sie gestört, wenn er es nicht getan hätte, es hätte
vielleicht eine bange Ahnung in ihr geweckt, die sie zur Auf-

lösung des Geheimnisses geführt hätte. Er schien nicht nur
auf die Welt, sondern auch auf sie kein besonderes Augen-
merk zu haben; und doch war er sich bewußt, daß sie von
ihm keinen Eindruck empfangen habe, außer so wie er es
wollte, doch wußte er, daß es in seiner Macht stehe, den
Zauberbann mit einem einzigen Wort zu lösen. Alles, was
unangenehm auf sie hätte wirken können, wurde entfernt;
begegnete etwas Derartiges, so erhielt sie in Form einer aufrichtigen Mitteilung, entweder nachdem er sich von ihr hatte ausfragen lassen, oder indem er ihr offenherzig entgegen-
kam, eine Darstellung, die er selber redigiert hatte, und zwar
stärker oder schwächer, je nachdem er den Eindruck berechnen konnte. Er war stolz, ungeheuer konsequent, er liebte
sie, aber er konnte doch den stolzen Gedanken nicht aufgeben, in der tiefsten Stille der Nacht oder in einem Augenblick, der außerhalb der Zeit lag, sich selber sagen zu dürfen:
Sie verdankt mir doch alles. – Nicht wahr, Du bist dieser
Schilderung mit Interesse gefolgt, wie unvollkommen sie
mir auch gelungen sein möge, weil sie vor Deiner Seele ein
Bild hervorruft, mit dem Du sympathisierst, das Du vielleicht einmal versuchen wirst auszuführen, falls Du Ehemann
würdest. Diese Ehe war also eine glückliche Ehe? Ja, wenn
Du so willst; indessen schwebte doch ein dunkles Fatum
über diesem Glück. Gesetzt, es schlüge ihm fehl, gesetzt, sie
ahnte plötzlich etwas, ich glaube, niemals könnte sie es ihm
verzeihen; denn daß er es aus Liebe zu ihr getan, das sich sagen zu lassen, wäre ihre stolze Seele zu stolz. Man hat einen
altmodischen Ausdruck für das Verhältnis zwischen Eheleuten, an den ich hier erinnern möchte [überhaupt macht es
mir immer Freude, die Revolution oder vielmehr den heiligen Krieg zu unterstützen, durch den die schlichten und
einfältigen, aber wahren und reichen Ausdrücke der legiti-
men Ehe das Reich zu erobern trachten, aus dem der Roman sie verdrängt hat]. Man sagt von Eheleuten, daß sie in
gutem Verständnis miteinander leben sollen. Meist hört man
es negativ ausgedrückt: ein Ehepaar lebt nicht in gutem Ver-

ständnis, und man denkt dann im allgemeinen daran, daß sie sich nicht miteinander vertragen können, daß sie sich schlagen und beißen usw. Nimm nun den positiven Ausdruck! Die geschilderten Eheleute, sie leben ja in gutem Verständnis, ja, so würde die Welt sagen, Du aber doch wohl nicht, denn wie können sie in gutem Verständnis leben, wenn sie einander nicht verstehen? Und gehört es denn nicht zum Verständnis dazu, daß der eine weiß, wie fürsorglich und liebevoll der andere gegen ihn ist? Oder wenn er ihr auch sonst nichts nähme, so nähme er ihr doch die Gelegenheit zu jenem Maß von Dankbarkeit, in dem ihre Seele erst Ruhe gefunden hätte. Ist es nicht ein hübscher, ein schöner und schlichter Ausdruck: in gutem Verständnis leben; das setzt voraus, daß man einander klar und deutlich versteht [siehst Du, diese ehelichen Termini wissen überaus gut Bescheid und machen kein Aufhebens von dem, was man jetzt oft genau einschärfen muß], und setzt dies als etwas voraus, was sich von selbst versteht, wie man daraus ersieht, daß ein Adjektiv mit besonderem Nachdruck zugefügt ist; denn sonst hätte es ja genügt zu sagen, daß sie im Verständnis leben sollen. »Gutes Verständnis«, was will das anders besagen, als daß sie ihre Freude, ihren Frieden, ihre Ruhe, ihr Leben in diesem Verständnis finden sollen.

Du siehst also, daß das Heimlichkeitssystem auf keine Weise zu einer glücklichen und also auch nicht zu einer ästhetisch schönen Ehe führt. Nein, mein Freund, Aufrichtigkeit, Offenherzigkeit, Offenbarung, Verständnis, das ist das Lebensprinzip der Ehe, ohne das ist sie unschön und eigentlich unsittlich; denn da trennt sich, was die Liebe vereinigt, das Sinnliche und das Geistige. Erst dann, wenn das Wesen, mit dem ich in der zärtlichsten Verbindung des Erdenlebens zusammen lebe, wenn es mir in geistiger Beziehung ebenso nahe ist, erst dann ist meine Ehe sittlich und darum auch ästhetisch schön. Und ihr stolzen Männer, die ihr euch im stillen dieses sieghaften Triumphes über das Weib freuen mögt, ihr vergeßt, daß es erstens ein schlechter Triumph ist,

wenn man über den Schwächeren triumphiert, und daß der
Mann in seiner Ehefrau sich selber ehrt, und wer das nicht
tut, der verachtet sich selbst.

Verständnis, das ist also das Lebensprinzip der Ehe. Oft hört
man erfahrene Leute davon reden, in welchen Fällen man
jemandem von der Heirat abraten müsse. Mögen sie diese
Umstände so gründlich und so wiederkäuend erörtern, wie
sie wollen; worüber sie im allgemeinen reden, hat nicht viel
zu bedeuten. Ich für mein Teil will nur einen Fall erwähnen,
und zwar den, daß das individuelle Leben so verwickelt ist,
daß es sich nicht offenbaren kann. Birgt Deine innere Ent-
wicklungsgeschichte ein Unaussprechliches, oder hat Dein
Leben Dich zum Mitwisser von Geheimnissen gemacht,
kurzum, hast Du Dich irgendwie an einem Geheimnis ver-
schluckt, das sich nicht aus Dir herausziehen läßt, ohne daß es
Dich das Leben kostet, so heirate nie. Entweder wirst Du
Dich an ein Wesen gebunden fühlen, das keine Ahnung hat
von dem, was in Dir vorgeht, und dann wird Deine Ehe eine
unschöne Mesalliance; oder Du verbindest Dich mit einem
Wesen, das in banger Angst es spürt, jeden Augenblick diese
Schattenbilder an der Wand erblickt. Sie wird vielleicht
beschließen, Dich niemals auszufragen, Dir niemals zu nahe
zu kommen, sie wird jener Neugier der Angst entsagen, die
sie lockt, aber sie wird niemals glücklich werden und Du
auch nicht. Ob es solche Geheimnisse gibt, ob die Verschlossenheit, die selbst Liebe nicht aufbrechen kann, Wahrheit hat,
will ich nicht entscheiden, ich führe nur mein Prinzip durch,
und was mich selbst betrifft, so habe ich keine Geheimnisse
vor meiner Frau. Man sollte glauben, es würde einem solchen
Menschen wohl niemals einfallen zu heiraten, der außer dem,
was er sonst zu tun haben möchte, auch noch die tägliche
Beschäftigung mit seinem schmerzlichen Geheimnis hätte.
Indessen kommt es doch zuweilen vor, und ein solcher
Mensch ist vielleicht das Allergefährlichste, was eine Frau
verlocken kann.

Indem ich nun Heimlichkeit und Verständnis als zwei Seiten

einer Sache bezeichnet habe, diese eine Sache aber als die
Hauptsache der Liebe, als die absolute Bedingung für das Bewahren des Ästhetischen in der Ehe, so darf ich wohl befürchten, daß Du mir den Einwand machen wirst, ich schiene jetzt ganz zu vergessen, »woran ich sonst so festhalte wie
an dem Kehrreim eines Liedes«, nämlich den geschichtlichen
Charakter der Ehe. Du hast immerhin die Hoffnung, mit
Hilfe Deiner Heimlichkeit und Deiner schlau berechneten
relativen Mitteilung die Zeit zu fristen; »wenn aber die Eheleute erst so recht gründlich anfangen, ihre kürzere oder
längere Geschichte zu erzählen, so kommt wohl bald der
Augenblick, da es heißt: Schnipp, schnapp, schnaus, nun ist
die Geschichte aus.« Mein junger Freund, Du bemerkst nicht,
daß, wenn Du einen derartigen Einwand machen kannst, es
daran liegt, daß Du nicht richtig gestellt bist. Dank Deiner
Heimlichkeit hast Du eine Zeitbestimmung in Dir, und es
gilt wirklich, die Zeit zu fristen; durch Offenbarung hat die
Liebe dagegen eine Ewigkeitsbestimmung in sich, und somit
ist jede Konkurrenz unmöglich. Es ist auch nur ein willkürliches Mißverständnis, diese Offenbarung so aufzufassen, als
ob die Eheleute vierzehn Tage darauf verwendeten, sich
ihren Lebenslauf zu erzählen, und darauf dann etwa eine To-
tenstille folgte, die nur hin und wieder einmal von jener satt-
sam bekannten Geschichte unterbrochen würde, »wie es irgendwo in einem Märchen von der Mühle heißt: während
all das geschah, ging die Mühle klipp-klapp, klipp-klapp«.
Der geschichtliche Charakter der Ehe bewirkt, daß dieses
Verständnis ebensosehr zugleich *ist*, wie daß es ständig *wird*.
Es geht damit, wie es mit dem individuellen Leben geht.
Wenn man zur Klarheit über sich selbst gekommen ist, wenn
man den Mut gehabt hat, sich selbst sehen zu wollen, so
folgt daraus noch keineswegs, daß nun die Geschichte zu
Ende sei; denn jetzt fängt sie an, jetzt bekommt sie erst rich-
tig Bedeutung, indem jedes einzelne erlebte Moment auf
diese Gesamtanschauung bezogen wird. So auch in der Ehe.
In dieser Offenbarung ist die Unmittelbarkeit der ersten

Liebe untergegangen, jedoch nicht verloren, sondern in das eheliche Verstehen aufgenommen, und hiermit fängt die Geschichte an, und auf dieses Verstehen wird das einzelne bezogen, und darin liegt seine *Seligkeit*, ein Ausdruck, in dem wiederum der geschichtliche Charakter der Ehe bewahrt ist und der die Entsprechung darstellt zu jener Lebensfreude oder dem, was der Deutsche »Heiterkeit« nennt, wie die erste Liebe sie besitzt.

Der ehelichen Liebe gehört es also wesentlich zu, geschichtlich zu werden, und indem nun die Individuen richtig gestellt sind, ist das Gebot, im Schweiße seines Angesichts sein Brot zu essen, keine Donnerbotschaft, und der Mut und die Kraft, die sie in sich fühlt, sind die Entsprechung zu und das Wahre in dem abenteuerlichen Drang der ritterlichen Liebe nach abenteuerlichen Taten. Wie der Ritter ohne Furcht ist, so ist die eheliche Liebe es auch, obwohl die Feinde, gegen die sie zu kämpfen hat, oft weit gefährlicher sind. Hier öffnet sich der Betrachtung ein weites Feld, das zu betreten jedoch nicht meine Absicht ist; aber darf der Ritter sagen, daß, wer nicht der ganzen Welt Trotz biete, um die Geliebte zu retten, die ritterliche Liebe nicht kenne, so darf der Ehemann es auch. Nur daran muß ich immer wieder erinnern, daß jeder solche Sieg, den die eheliche Liebe gewinnt, ästhetisch schöner ist als der, den der Ritter gewinnt, denn indem er diesen Sieg gewinnt, gewinnt er zugleich, darin verherrlicht, seine Liebe. Sie fürchtet nichts, auch kleine Mißweisungen nicht, sie fürchtet nicht kleine Liebeleien, im Gegenteil, auch diese werden nur Nahrung für die göttliche Gesundheit der ehelichen Liebe. Selbst in Goethes Wahlverwandtschaften wird Ottilie, als eine zarte Möglichkeit, von der ernsthaften ehelichen Liebe untergepflügt, wieviel mehr sollte da nicht eine tief religiös und ethisch angelegte Ehe die Kraft dazu haben? Ja, Goethes Wahlverwandtschaften liefern gerade einen Beweis dafür, wozu Heimlichtuerei führt. Jene Liebe hätte nicht diese Macht bekommen, wenn sie nicht in der Stille hätte wachsen dürfen. Hätte er den Mut gehabt, sich seiner

Frau zu offenbaren, so wäre das verhütet, und die ganze Geschichte zu einem Divertissement im Drama der Ehe geworden. Das Verhängnisvolle liegt darin, daß Eduard sowohl wie seine Frau sich gleichzeitig verlieben; aber daran ist wiederum die Verschwiegenheit schuld. Der Ehemann, der den Mut hat, seiner Frau anzuvertrauen, daß er eine andere liebt, ist gerettet, und ebenso mit der Frau. Wenn er ihn aber nicht hat, so verliert er das Vertrauen zu sich selbst, und dann sucht er eben Vergessen in der Liebe einer anderen, wie denn gewiß oft ebensosehr der Schmerz darüber, daß man nicht beizeiten Widerstand geleistet hat, einen Mann zum Nachgeben bringt, wie wahre Liebe zu einer anderen. Er fühlt, er hat sich selbst verloren, und wenn das erst der Fall ist, bedarf es starker Opiate zum Betäuben.

Von den Schwierigkeiten, mit denen die eheliche Liebe zu kämpfen hat, möchte ich doch noch ganz allgemein etwas sagen, um zu zeigen, daß sie nicht von solchem Belang sind, daß die eheliche Liebe für die Bewahrung des Ästhetischen etwas von ihnen zu fürchten hätte. Die Einwände rühren zumeist von einem Mißverstehen der ästhetischen Bedeutung des Geschichtlichen her, oder daher, daß die Leute im allgemeinen innerhalb des Romantischen nur das klassische Ideal haben, nicht zugleich das romantische. Eine Menge weiterer Einwände haben ihren Grund darin, daß, während man sich immer die erste Liebe auf Rosen tanzend zu denken beliebt, man eine Freude daran findet, die eheliche Liebe in jeder Weise schikaniert werden, sie mit den erbärmlichsten und niederdrückendsten Schwierigkeiten kämpfen zu lassen. Hinzu kommt, daß man im stillen glaubt, diese Schwierigkeiten seien unüberwindlich, und so ist man denn bald mit der Ehe fertig. Wenn man mit Dir zu tun hat, muß man stets ein bißchen vorsichtig sein. Ich spreche von keiner einzelnen Ehe, insofern kann ich es ja darstellen, wie ich will; aber wenn ich nun auch nicht wünsche, mich einer Willkür schuldig zu machen, so ist damit noch nicht gesagt, daß Du diesem Gelüst entsagen wirst. Wenn man z. B. als eine Schwie-

rigkeit, mit der die Ehe etwa zu kämpfen hat, die Armut hin-
stellt, so antworte ich: arbeite, dann gibt sich alles. Da es nun
eine poetische Welt ist, in der wir uns bewegen, so beliebt es
Dir vielleicht, Deine dichterische Lizenz geltend zu machen,
und die Antwort lautet: »Sie können keine Arbeit finden, der
Rückgang von Handel und Schiffahrt hat eine Menge Menschen brotlos gemacht.« Oder Du gestattest ihnen, ein wenig
Arbeit zu finden, aber das genügt nicht. Wenn ich nun meine, daß sie mit kluger Sparsamkeit wohl damit auskommen
könnten, so dichtest Du, gerade die Getreidepreise seien wegen der bedenklichen Konjunkturen so hoch, daß es gänzlich unmöglich sei, mit dem auszukommen, womit man sich
sonst hätte durchschlagen können. Ich kenne Dich nur allzu
gut. Eben daran hast Du Deine große Freude, das Gegenteil
zu dichten und danach, wenn das Dich lange genug unterhalten hat, den, mit dem Du sprichst, oder sonst einen Anwesenden anläßlich irgendeiner Äußerung in eine weitläufige Plauderei zu verwickeln, die gar nichts mit dem zu tun
hat, wovon ursprünglich die Rede war. Es ist Deine Lust,
plötzlich eine dichterische Willkür zu einer Art Wirklichkeit zu machen und Dich dann darüber zu verbreiten. Wenn
Du etwa mit einem anderen Menschen als mir auf die beschriebene Art gesprochen hättest [denn mich verschonst
Du doch im allgemeinen], so hättest Du anläßlich der hohen
Getreidepreise vermutlich hinzugefügt: »Eine solche Teue-
rung, daß ein Pfund Brot acht Schilling kostete.« Wäre nun
zum Glück jemand dabei gewesen, der erwidert hätte, das
sei doch allzu undenkbar, so hättest Du ihn belehrt, wie unter Oluf Hunger ein Pfund Brot, noch dazu Rindenbrot,
achteinhalb Schilling nach altem dänischen Geld gekostet
habe; wenn man nun überlege, daß damals das Geld viel ra-
rer gewesen sei unter den Leuten, so sei leicht einzusehen
usw. Hättest Du nun den Menschen, an den Du Dich gewandt hättest, so richtig in Gang gebracht, so wärest Du außer Dir gewesen vor Freude. Derjenige, der das Gespräch
ursprünglich begonnen hatte, hätte vergeblich versucht, Dich

zur Räson zurückzuführen; alles wäre dann verwirrt gewesen, und Du hättest in der Welt der Poesie zwei Eheleute unglücklich gemacht.

Das eben macht es so schwierig, sich mit Dir einzulassen. Würde ich mich darauf hinauswagen, was man allerdings Glatteis für mich nennen könnte, zu versuchen, novellistisch eine Ehe zu schildern, die im Kampf mit einer Menge solcher Widerwärtigkeiten siegreich bestünde, so würdest Du ganz ruhig antworten: Ja, das ist bloß Dichtung, und in der Welt der Poesie kann man die Leute leicht glücklich machen, das ist das wenigste, was man für sie tun kann. Würde ich Dich unterfassen und ginge mit Dir im Leben umher, und zeigte Dir eine Ehe, die den guten Kampf gekämpft hätte, so würdest Du, wenn Du in solcher Laune wärest, erwidern: »Ja, schon recht, das Äußere an der Versuchung läßt sich beweisen, das Innere nicht, und ich nehme an, daß die Versuchung nicht die innere Macht in ihnen gehabt hat, denn sonst wäre es nicht zum Aushalten gewesen.« Gerade so, als ob es die wahre Bedeutung der Versuchung wäre, daß die Leute in ihr untergehen. Doch genug davon! Wenn Du erst einmal auf den Gedanken gekommen bist, Dich diesem Dämon der Willkür zu ergeben, so gibt es kein Ende mehr, und wie Du alles, was Du tust, in Dein Bewußtsein aufnimmst, so nimmst Du auch diese Willkür auf und freust Dich so recht daran, alles ins Wanken zu bringen.

Ganz allgemein kann ich diese Schwierigkeiten einteilen in die äußeren und die inneren, indem ich immer wieder an das Relative einer solchen Einteilung in bezug auf die Ehe erinnere, in der alles gerade innerlich ist. Zunächst also die äußeren Schwierigkeiten. Hier trage ich nun keineswegs Bedenken oder fürchte, alle die niederdrückenden, demütigenden, verdrießenden, endlichen Kümmernisse zu nennen, kurz all das, was ein weinerliches Drama konstituiert. Du und Deinesgleichen seid wie allenthalben äußerst willkürlich. Nötigt euch ein Schauspiel dieser Art, eine solche Wanderung durch die Höhlen des Unglücks zu unternehmen, so sagt ihr, das ist unästhetisch, weinerlich und langweilig. Und darin habt ihr recht; warum aber? weil es euch entrüstet, daß etwas Erhabenes und Edles durch dergleichen untergeht. Wendet ihr euch dagegen der wirklichen Welt zu, begegnet ihr dort einer Familie, die nur die Hälfte der Widerwärtigkeiten durchgemacht hat, die ein Schinder von Theaterdichter in dem Tyrannen vorbehaltenen wollüstigen Genuß, andere zu quälen, ersinnt, so schaudert es euch, ihr denkt: gute Nacht, alle ästhetische Schönheit! Ihr habt Mitleid, ihr seid bereit zu helfen, wenn nicht aus anderem Grund, so doch um die düsteren Gedanken zu verscheuchen, aber ihr habt um der unglücklichen Familie willen schon längst desperiert. Ist es aber im Leben wahr, so hat ja der Dichter das Recht, es darzustellen, und recht, daß er es darstellt. Wenn ihr im Theater sitzt, berauscht in ästhetischem Genuß, da habt ihr Courage, von dem Dichter zu fordern, daß er das Ästhetische über alle Erbärmlichkeit siegen lasse. Das ist der einzige Trost, der übrigbleibt, und was noch weichlicher ist, diesen Trost nehmt ihr, denen das Leben keinen Anlaß gegeben hat, eure Kräfte zu erproben. Ihr seid also arm und unglücklich wie der Held oder die Heldin des Stückes, aber ihr habt auch Pathos, Mut, ein *os rotundum*, dem Beredsamkeit entströmt, einen kraftvollen Arm; ihr siegt; ihr applaudiert dem Schauspieler, und der Schauspieler seid ihr selbst, und der Applaus des Parterres gilt euch; denn ihr seid ja der Held und der Schauspieler. In Träumen, im Nebelreich der Ästhetik, da seid ihr Helden. Ich kümmere mich verhältnismäßig ziemlich wenig um das Theater, und meinetwegen mögt ihr rasen, soviel ihr wollt; laß die Theaterhelden nur untergehn, oder laß sie siegen, in den Boden versinken oder durch die Decke verschwinden, das rührt mich wenig; aber ist es wahr, was ihr ja lehrt und im Leben vortragt, daß schon weit weniger Widerwärtigkeiten imstande sind, einen Menschen zu knechten, so daß er mit hängendem Kopf einhergeht und vergißt, daß auch er zum Bilde Gottes geschaffen ist, so sei es, das walte Gott, eure gerechte Strafe, daß alle Theaterdichter nichts anderes dichten als larmoyante Dramen mit allen möglichen Ängsten und Schrecken, die es eurer Weichlichkeit nicht erlauben, auf Theaterpolstern zu ruhen und euch mit übernatürlicher Kraft parfümieren zu lassen, sondern die euch erschrecken, bis ihr es gelernt hättet, in der Wirklichkeit an das zu glauben, woran ihr nur in der Poesie glauben wollt. Ich habe zwar in meiner Ehe nicht viele derartige Widerwärtigkeiten erlebt, das gebe ich gerne zu, ich kann daher nicht aus Erfahrung sprechen, aber dennoch habe ich die Überzeugung, daß nichts das Ästhetische in einem Menschen zu erdrücken vermag, eine Überzeugung so kraftvoll, so selig, so innig, daß ich Gott dafür danke als für eine Gnadengabe. Und wenn wir in der Heiligen Schrift von vielen Gnadengaben lesen, so möchte ich diese wirklich dazurechnen, diesen Freimut, dieses Vertrauen, diesen Glauben an die Wirklichkeit und an die ewige Notwendigkeit, mit der das Schöne siegt, und an die Seligkeit, die in der Freiheit liegt, mit der das Individuum Gott zu Hilfe kommt. Und diese Überzeugung ist auch ein Moment in meinem ganzen geistigen Habitus, und ich lasse mich nicht durch künstliche Reizmittel weichlich und wollüstig im Theater davon durchschauern. Das einzige, was ich tun kann, ist, Gott für diese Unerschütterlichkeit meiner Seele zu danken, damit aber hoffe ich auch meine Seele davon frei gemacht zu haben, sie zu mißbrauchen. Du weißt, ich hasse alles Experimentieren, dessenungeachtet aber soll es doch auch wahr sein, daß ein Mensch vieles in Gedanken erlebt haben kann, was er in Wirklichkeit niemals erleben wird. Es kommen zuweilen mißmutige Augenblicke, und wenn man sie nicht selbst hervorruft, um sich willkürlich daran zu versuchen, so ist das auch ein Kampf und ein höchst ernsthafter Kampf, und in diesem Kampf kann man eine Überzeugung erwerben, die, mag sie auch nicht die Realität haben wie die in strengerem Sinne in Wirklichkeit erworbene, doch ihre große Bedeutung hat. Es gibt gewisse Fälle im Leben, in denen es ein Zeichen von etwas Großem und etwas Gutem am Menschen ist, daß er gleichsam verrückt ist, daß er die Welt der Poesie und die der Wirklichkeit nicht voneinander geschieden hat, sondern diese *sub specie poeseos* sieht. Luther sagt irgendwo in einer seiner Predigten, wo er von Armut und Not spricht: Das hat man nie gehört, daß ein Christenmensch Hungers gestorben wäre. Hiermit ist die Sache für Luther abgetan, und er meint, gewiß mit Recht, daß er mit viel Salbung und zu wahrer Erbauung darüber gesprochen habe.

Sofern nun die Ehe mit dergleichen äußeren Anfechtungen zu tun hat, gilt es natürlich, sie zu inneren zu machen. Ich sage »natürlich« und spreche ziemlich kühn von der ganzen Sache, aber ich schreibe ja auch nur an Dich, und wir beide haben in derartigen Widerwärtigkeiten wohl etwa gleich große Erfahrung. Es gilt also, die äußere Anfechtung in eine innere zu verwandeln, wenn man das Ästhetische bewahren will. Oder stört es Dich, daß ich das Wort »ästhetisch« noch erwähne; oder denkst Du, daß es fast eine Art Kinderei von mir sei, dies unter Armen und Leidenden suchen zu wollen; oder solltest Du durch die himmelschreiende Einteilung, die den Vornehmen und Mächtigen, den Reichen, den Gebildeten das Ästhetische gibt, den Armen allenfalls das Religiöse, Dich selbst herabgewürdigt haben? Gut, ich glaube nicht, daß die Armen bei dieser Teilung Schaden leiden; und siehst Du nicht, daß die Armen, so wahr sie das Religiöse haben, zugleich auch das Ästhetische haben, die Reichen, sofern sie das Religiöse nicht haben, auch das Ästhetische nicht haben? Dabei habe ich hier nur das Extrem erwähnt, und es ist wohl nicht selten, daß jene, die man nicht zu den Armen rechnen kann, mit Nahrungssorgen zu kämpfen haben. Hinzu kommt, daß andere irdische Sorgen allen Ständen gemeinsam sind, Krankheit z. B. Davon bin ich indessen überzeugt, daß derjenige, der den Mut hat, die äußere Anfechtung in eine innere zu verwandeln, sie schon so gut wie überwunden hat; dann wird sich durch den Glauben sogar im Augenblick des Leidens eine Transsubstantiation vollziehen. Der Ehemann, der Gedächtnis genug hat für seine Liebe und den Mut, im

Augenblick der Not zu sagen: Es geht in erster Linie nicht darum, woher oder zu wieviel Prozent ich Geld bekomme, sondern in erster Linie geht es um meine Liebe, daß ich einen reinen und treuen Liebesbund bewahrt habe mit ihr, an die ich mich gebunden habe; wer nicht durch allzu viele innere Kämpfe hindurch sich zwingen muß, es zu tun; wer entweder mit der jugendlichen Gesundheit seiner ersten Liebe oder mit der in Erfahrung erworbenen Sicherheit diese Bewegung vornimmt, der hat gesiegt, der hat das Ästhetische in seiner Ehe bewahrt, und wenn er auch nicht einmal drei kleine Zimmer zum Wohnen hätte. Es sei nun keineswegs geleugnet, was Dein pfiffiger Kopf wohl auch bald aufspüren wird, daß gerade diese Verwandlung der äußeren Anfechtung in eine innere sie noch schwerer machen kann, aber das Große verkaufen die Götter auch nicht umsonst; und eben darin liegt das Bildende, das Idealisierende der Ehe. Wenn man allein stehe in der Welt, heißt es oft, so könne man alles dergleichen leichter tragen. Allerdings, bis zu einem gewissen Grade, vielfach aber verbirgt sich eine große Unwahrheit in dieser Rede; denn warum kann man es leichter tragen? Weil man sich dann leichter wegwerfen kann, Schaden an seiner Seele nehmen kann, ohne daß es jemand etwas angeht, Gott vergessen kann, die Stürme der Verzweiflung den Schrei des Schmerzes übertönen lassen kann, in sich selbst abstumpfen kann, beinahe seine Freude darin finden kann, wie ein Gespenst unter den Menschen zu leben. Zwar sollte ein jeder, auch wenn er allein steht, auf sich selber achten, aber erst wer liebt, hat doch eine rechte Vorstellung davon, was er ist und was er vermag, und erst die Ehe gibt die geschichtliche Treue, die noch schöner ist als die ritterliche. So kann nämlich ein Ehemann es niemals halten; und wenn die Welt ihm noch so ungünstig ist, wenn er sich gleich einen Augenblick lang selbst vergißt und schon anfängt, sich so leicht zu fühlen, weil die Verzweiflung im Begriff ist, ihn flott zu machen, sich so stark zu fühlen, weil er von jenem betäubenden Trank genippt hat, den Trotz und Verzagtheit, Stolz

und Feigheit mischen, so frei, weil das Band, das ihn an
Wahrheit und Gerechtigkeit bindet, sich gleichsam löst und
er nun die Geschwindigkeit erfährt, die der Übergang vom
Guten zum Bösen ist – so wird er doch bald zu den alten Pfa-
den zurückkehren und als Ehemann sich als echter Mann erweisen.

Das mag nun über diese äußeren Anfechtungen genügen.
Ich fasse mich kurz über sie, weil ich keine tiefere Befugnis
verspüre, darüber mitzureden, und weil dergleichen eigentlich nur in Form einer weitläufigeren Ausführung geschehen
könnte. Doch dies ist mein Ergebnis: kann man die Liebe
bewahren, und das kann man, so wahr mir Gott helfe, so
kann man auch das Ästhetische bewahren; denn die Liebe
selbst ist das Ästhetische.

Die anderen Einwände beruhen vornehmlich auf einem Mißverstehen der Bedeutung der Zeit und der ästhetischen Gültigkeit des Geschichtlichen. Sie treffen also jede Ehe, und
darum läßt sich auch ganz allgemein über sie reden. Das
werde ich jetzt tun und mich dabei bemühen, in dieser Allgemeinheit die Pointe im Angriff und die Pointe in der Verteidigung nicht zu übersehen.

Das erste, was Du nennen wirst, ist »Gewohnheit, die unver-
meidliche Gewohnheit, diese entsetzliche Monotonie, das
ewige Einerlei in dem beängstigenden Stilleben der ehelichen Häuslichkeit. Ich liebe Natur, aber bin ein Hasser der
zweiten Natur.« Du verstehst es, das muß man Dir lassen, mit
verführerischer Wärme und Wehmut die glückliche Zeit zu
schildern, da man noch Entdeckungen macht, mit Angst
und Schrecken die Zeit zu malen, da es vorbei ist; Du verstehst es, bis zum Lächerlichen und Ekelhaften eine eheliche
Einförmigkeit säuberlich auszumalen, derengleichen selbst
die Natur nicht hat; »denn hier ist doch, wie bereits Leibniz
gezeigt hat, nichts ganz gleich, eine solche Einförmigkeit ist
nur den vernünftigen Geschöpfen vorbehalten, entweder als
Frucht ihrer Schläfrigkeit oder ihrer Pedanterie.« Ich gedenke Dir nun keineswegs zu bestreiten, daß es eine schöne Zeit

ist, eine ewig unvergeßliche Zeit [beachte wohl, in welchem
Sinne ich dies sagen kann], da das Individuum in der Welt
der Liebe erstaunt über das und Beseligung findet in dem,
was zwar schon seit langem entdeckt gewesen ist, wovon es
zwar schon oft gehört und gelesen hat, was es sich aber erst
jetzt zu eigen macht mit dem ganzen Enthusiasmus des Stau-
nens, mit der ganzen Tiefe der Inbrunst; es ist eine schöne
Zeit von dem ersten Ahnen der Liebe an, dem ersten Anblick,
dem ersten Verschwinden des geliebten Gegenstandes, dem
ersten Akkord dieser Stimme, dem ersten Blick, dem ersten
Händedruck, dem ersten Kuß bis hin zu der ersten vollkommenen Gewißheit des Besitzes; es ist eine schöne Zeit, die
erste Unruhe, das erste Sehnen, der erste Schmerz, weil sie
ausgeblieben, die erste Freude, weil sie unverhofft gekommen ist – doch soll damit keineswegs gesagt sein, daß das
Darauffolgende nicht ebenso schön wäre. Der Du Dir einbildest, eine so ritterliche Denkart zu haben, prüfe Dich
selbst! Wenn Du sagst, der erste Kuß sei der schönste, der
süßeste, so beleidigst Du die Geliebte; denn das, was dem
Kuß absoluten Wert verleiht, wäre demnach die Zeit und
ihre Bestimmung.

Um aber der Sache, die ich verteidige, nicht zu schaden,
mußt Du mir erst ein wenig Rede und Antwort stehen.
Wenn Du nämlich nicht ganz willkürlich zu Werke gehen
willst, mußt Du die erste Liebe in gleicher Weise angreifen
wie die Ehe. Soll sie nämlich im Leben bestehen, muß sie den
gleichen Fatalitäten ausgesetzt sein, und sie wird bei weitem
nicht die Mittel zum Widerstand haben, wie die eheliche
Liebe sie im Ethischen und Religiösen besitzt. Konsequen-
terweise mußt Du also alle Liebe hassen, die eine ewige Liebe sein will. Du mußt also bei der ersten Liebe als einem Moment stehenbleiben. Damit diese jedoch ihre wahre Bedeutung habe, muß sie die naive Ewigkeit in sich tragen. Hast
Du nun einmal erfahren, daß es eine Illusion war, so ist für
Dich ja alles verloren, es sei denn, daß Du daran arbeiten
willst, noch einmal in dieselbe Illusion zu verfallen, was ein

Widerspruch in sich selbst ist. Oder sollte Dein gescheiter Kopf sich derart mit Deiner Lust verschworen haben, daß Du völlig vergessen könntest, was Du anderen schuldig bist? Solltest Du meinen, wenn es sich auch niemals so wiederholen lasse wie beim ersten Mal, so gebe es doch immer noch einen leidlichen Ausweg; man verjünge sich, indem man die Illusion in anderen erlebe, so daß man die Unendlichkeit und Neuheit in jener Ursprünglichkeit genieße, wie sie das Individuum in sich trage, dem der jungfräuliche Gürtel der Illusion noch nicht gelöst worden ist? Dergleichen verrät doch ebenso viel Desperation wie Verderbnis, und da es Desperation verrät, wird es ja unmöglich sein, hier Aufschluß über das Leben zu finden.

Das erste, wogegen ich nunmehr protestieren muß, ist Deine Berechtigung, das Wort »Gewohnheit« auf jenes Wiederkehren anzuwenden, das jedes Leben und somit auch die Liebe hat. Das Wort Gewohnheit verwendet man eigentlich nur in bezug auf das Böse, und zwar entweder so, daß man damit ein Verharren in etwas bezeichnet, was an und für sich böse ist, oder man bezeichnet damit eine Wiederholung von etwas an und für sich Unschuldigem, die mit solcher Hartnäckigkeit erfolgt, daß aus diesem Grunde die Wiederholung etwas Böses wird. Gewohnheit bezeichnet daher stets etwas Unfreies. Aber wie man das Gute nicht ohne Freiheit vermag, so vermag man ohne Freiheit auch nicht darin zu bleiben, und deshalb kann man in bezug auf das Gute nie von Gewohnheit sprechen.

Ferner muß ich auch protestieren, wenn Du, um die eheliche Einförmigkeit zu schildern, erzählst, dergleichen finde man nicht einmal in der Natur. Das ist nämlich sehr wahr; aber das Einförmige kann gerade Ausdruck von etwas Schönem sein, und insofern kann der Mensch stolz darauf sein, es erfunden zu haben; so kann etwa in der Musik der einförmige Takt gerade sehr schön und von großer Wirkung sein.

Endlich möchte ich sagen, wenn eine solche Monotonie für die eheliche Gemeinschaft unvermeidlich wäre, so müßtest

Du doch, wenn Du aufrichtig wärest, einsehen, daß die Aufgabe darin bestünde, sie zu überwinden, d. h. unter ihr die Liebe zu bewahren, nicht zu verzweifeln; denn das kann niemals eine Aufgabe sein, es ist eine Bequemlichkeit, zu der, das will ich gern zugeben, nur die greifen, welche die Aufgabe sehen.

Aber laß uns nun etwas näher überlegen, wie es sich mit der verschrieenen Einförmigkeit verhält. Es ist Dein Fehler sowohl wie auch Dein Unglück, daß Du überall und somit auch bezüglich der Liebe zu abstrakt denkst. Du denkst einen kleinen Inbegriff der Momente der Liebe, Du denkst, wie Du vielleicht selbst sagen würdest, die Kategorien der Liebe. In dieser Hinsicht will ich Dir gern eine ungewöhnliche kategoriale Vollständigkeit zugestehen. Du denkst jede Kategorie konkret in einem Moment, und das ist das Poetische. Wenn Du Dir nun daneben eine lange Dauer der Ehe denkst, so ergibt sich für Dich ein beängstigendes Mißverhältnis. Der Fehler ist der, daß Du nicht geschichtlich denkst. Falls ein Systematiker die Kategorie der Wechselwirkung dächte und sie gründlich und geschickt logisch entfaltete, zugleich aber sagte: Es dauert also eine Ewigkeit, bis die Welt mit ihrem ewigen Wechselwirken fertig wird, so kannst Du wohl nicht leugnen, daß man das Recht hätte, ihn auszulachen. Es ist nun einmal die Bedeutung der Zeit und das Los der Menschheit und der Individuen, in ihr zu leben. Darum, wenn Du nichts anderes zu sagen hast, als daß es nicht zum Aushalten sei, so wirst Du Dich nach einem anderen Auditorium umsehen müssen. Dies würde an sich eine vollkommen ausreichende Antwort sein, damit Du aber nicht Gelegenheit bekommst zu sagen: »Im Grunde bist Du doch derselben Meinung wie ich, hältst es aber für das beste, Dich in das Unabänderliche zu fügen«, so werde ich mich zu zeigen bemühen, daß es nicht nur das beste ist, sich darein zu fügen, so gewiß es Pflicht ist; sondern daß das Sich-darein-Fügen in Wahrheit das Beste ist.

Doch beginnen wir an einem Punkt, der als ein Berührungs-

punkt gelten kann! Vor der Zeit, die der Kulmination vor-
aufgeht, ist Dir ja nicht bange, im Gegenteil, Du liebst sie,
und durch eine Vielzahl von Reflexionen versuchst Du oft
die Reproduktionsaugenblicke noch länger zu machen, als
sie ursprünglich waren, und wenn Dir hier jemand das Leben auf die Kategorie reduzieren wollte, so würde Dich das
aufs höchste erbittern. In jener Zeit vor der Kulmination
sind es ja auch nicht nur die großen entscheidenden Gefech-
te, die für Dich Interesse haben, sondern jede kleine Belanglosigkeit hat es, und Du weißt doch so schön von dem – den
Weisen verborgenen – Geheimnis zu erzählen, daß das Kleinste das Größte ist. Wenn dagegen der Kulminationspunkt
erreicht ist, ja dann hat sich alles verändert, dann schrumpft
alles zusammen zu einer dürftigen und unerquicklichen Ab-
breviatur. Dies muß nun einmal in Deiner Natur begründet
sein, die nur erobernd ist, aber nichts besitzen kann. Wenn
Du nun dies, daß Du einmal so bist, nicht ganz willkürlich
und einseitig festhalten willst, so bist Du wirklich genötigt,
für einen Augenblick Waffenstillstand zu schließen, die Reihen zu öffnen, damit ich nachsehen kann, wieweit es wahr
ist, und wenn es sich als wahr erweist, wieweit Wahrheit
darin ist. Willst Du das nicht, so will ich, ohne mich um
Dich zu kümmern, mir eine Individualität denken, ganz wie
die Deine, und nun in aller Ruhe meine Vivisektion vornehmen. Ich hoffe jedoch, daß Du Mut genug haben wirst, Dich
persönlich der Operation zu unterziehen, Mut genug, Dich
wirklich und nicht nur *in effigie* hinrichten zu lassen.
Indem Du urgierst, daß Du nun einmal so seist, gibst Du damit doch zu, daß andere anders sein können; mehr darf ich
noch nicht behaupten, denn es könnte ja möglich sein, daß
Du der normale Mensch wärest, wenngleich die Ängstlichkeit, mit welcher Du Dich selbst als den, der Du nun einmal
bist, festhältst, nicht darauf zu deuten scheint. Aber wie faßt
Du andere auf? Wenn Du ein Ehepaar siehst, dessen Verbindung, wie es Dir scheint, sich in der entsetzlichsten Langeweile hinschleppt, »in der fadesten Repetition der heiligen Insti-

tutionen und Sakramente der Liebe«, so, ja so wütet ein
Feuer in Dir, eine Flamme, die sie verzehren möchte. Und
das ist ja nichts Willkürliches von Dir, Du hast ja recht, Du
bist ja befugt, wenn Du den Blitz der Ironie sie treffen, den
Donner des Zorns sie erschrecken läßt. Du vernichtest sie ja
nicht, weil es Dich danach gelüstet, sondern weil sie es verdient haben. Du richtest sie; was aber will »richten« anderes
heißen als etwas von ihnen fordern; und kannst Du es nicht
fordern, und es ist ja ein Widerspruch, das Unmögliche zu
fordern, so ist es auch ein Widerspruch, sie zu richten. Nicht
wahr, Du hast Dich verlaufen, Du hast ein Gesetz ahnen lassen, das Du nicht anerkennen willst und das Du dennoch
gegen andere geltend gemacht hast. Doch Du verlierst die
Fassung nicht, Du sagst: »Ich tadle sie nicht, werfe ihnen
nichts vor, richte sie nicht; ich bedauere sie.« Gesetzt nun
aber, daß die Betreffenden es gar nicht langweilig fänden.
Ein selbstzufriedenes Lächeln huscht über Deine Lippen, ein
glücklicher Einfall hat Dich selbst überrascht und muß wohl
auch den überraschen können, mit dem Du sprichst: »Wie
gesagt, ich bedauere sie; denn entweder fühlen sie das ganze
Gewicht der Langenweile, und dann bedauere ich sie, oder sie
spüren es nicht, und dann bedauere ich sie auch; denn dann
sind sie in einer überaus bedauerlichen Illusion.« So etwa
würdest Du mir wohl antworten, und falls mehrere zugegen wären, würde Deine sichere Attitüde ihre Wirkung
nicht verfehlen. Nun ist jedoch niemand da, der uns zuhört,
und ich kann somit die Untersuchung fortsetzen. Du be-
dauerst sie also in beiden Fällen. Nun ist nur ein dritter Fall
möglich, der nämlich, daß man weiß, daß es sich mit der
Ehe so verhält, und glücklicherweise nicht in sie hineingeraten ist. Aber dieser Zustand ist doch offenbar ebenso bedauerlich für den, der die Liebe gefühlt hat und nun sieht, daß
sie sich nicht realisieren läßt. Und der Zustand dessen
schließlich, der sich durch das im vorhergehenden geschilderte egoistische Notmittel so gut als möglich aus diesem
Schiffbruch herausgeholfen hat, ist ebenfalls bedauerlich,

denn er hat sich ja zu einem Räuber und Gewalttäter aufge-
worfen. Es scheint demnach, daß, wie die Ehe ein allgemeiner Ausdruck für das glückliche Ende einer Sache geworden
ist, so der Ausgang der Ehe selbst nur wenig erfreulich sein
wird. Wir sind also zu einem allgemeinen Bedauern als dem
wahren Resultat dieser ganzen Untersuchung gelangt; ein
solches Resultat aber ist ein Widerspruch in sich selbst, es ist
dasselbe, wie wenn jemand sagen wollte, das Resultat der
Lebensentwicklung sei, daß man rückwärts gehe. Dir ist im
allgemeinen vor dem Mitgehen nicht bange, und Du wirst
hier vielleicht sagen: »Freilich, das kommt vor; wenn man
auf schlüpfrigem Wege den Wind direkt von vorn hat, so
kann das Resultat eines Vorwärtsgehens oft ein Rückwärts-
gehen sein.«

Doch, ich kehre zur Betrachtung Deines gesamten geistigen
Habitus zurück. Du sagst, Du seist eine erobernde Natur, die
nicht besitzen kann. Wenn Du das sagst, so meinst Du wohl
nicht, etwas zu Deiner eigenen Verkleinerung gesagt zu haben, im Gegenteil, Du fühlst Dich eher größer als andere.
Betrachten wir es etwas näher! Wozu gehört die größere
Kraft, bergauf zu gehn oder bergab? Wenn der Berg gleich
steil ist, gehört zum letzteren offenbar mehr Kraft. Eine
Neigung, bergauf zu gehen, ist fast jedem Menschen ange-
boren, wohingegen die meisten eine gewisse Angst davor
haben, bergab zu gehen. So, glaube ich, gibt es auch weit
mehr erobernde Naturen als besitzende, und wenn Du vielen Eheleuten und »ihrer dummen tierischen Zufriedenheit«
gegenüber Deine Überlegenheit fühlst, so mag es zwar bis
zu einem gewissen Grade wahr sein, aber Du sollst ja auch
nicht von denen lernen, die unter Dir stehen. Die wahre
Kunst geht im allgemeinen den entgegengesetzten Weg von
dem, den die Natur geht, ohne daß sie darum diese vernichtete, und so wird auch die wahre Kunst sich im Besitzen zeigen, nicht im Erobern. Besitzen ist nämlich ein Rückwärts-
Erobern. An diesen Ausdrücken siehst Du bereits, wieweit
Kunst und Natur einander widerstreben. Wer besitzt, der hat

ja auch etwas, was erobert ist, ja, wenn man streng sein will in
seinem Ausdruck, darf man sagen, erst wer besitzt, der erobert. Nun meinst Du zwar auch zu besitzen; denn Du hast
ja den Augenblick des Besitzes, aber das ist kein Besitz; denn
es ist keine tiefere Aneignung. Wenn ich mir etwa einen Eroberer dächte, der Reiche und Länder unterjochte, so besäße er ja auch diese unterdrückten Provinzen, er hätte
große Besitzungen, und doch nennt man einen solchen
Fürsten einen erobernden und nicht einen besitzenden. Erst
wenn er mit Weisheit diese Länder zu ihrem eigenen Besten
leitete, erst dann besäße er sie. Das ist freilich bei einer erobernden Natur sehr selten, im allgemeinen wird ihr die
Demut fehlen, die Religiosität, die wahre Humanität, die
zum Besitzen erforderlich sind. Siehst Du, darum habe ich
bei der Darlegung des Verhältnisses der Ehe zur ersten Liebe
gerade das religiöse Moment hervorgehoben, weil dies den
Eroberer entthronen und den Besitzer zum Vorschein kommen lassen wird; darum habe ich es gerühmt, daß die Anlage
der Ehe gerade auf das Höchste berechnet sei, auf den dauernden Besitz. Hier darf ich Dich an ein Wort erinnern, mit
dem Du oft genug um Dich wirfst: »Nicht das Ursprüngliche
ist das Große, sondern das Erworbene«; denn das Erobernde
in einem Menschen und die Tatsache, daß er Eroberungen
macht, sind eigentlich das Ursprüngliche, aber daß er besitzt
und besitzen will, das ist das Erworbene. Zum Erobern gehört
Stolz, zum Besitzen Demut; zum Erobern gehört Heftigkeit,
zum Besitzen Geduld; zum Erobern – Begehrlichkeit, zum
Besitzen – Genügsamkeit; zum Erobern gehört Essen und
Trinken, zum Besitzen Beten und Fasten. Aber alle die Prädikate, die ich hier, und doch wohl mit Recht, gebraucht
habe, um die erobernde Natur zu charakterisieren, lassen sich
alle auf den natürlichen Menschen anwenden und treffen absolut auf ihn zu; doch der natürliche Mensch ist nicht das
Höchste. Ein Besitz ist nämlich nicht ein geistig toter und
ungültiger, wenn auch juristisch gültiger »Schein«, sondern
ein ständiges Erwerben. Hier siehst Du wiederum, daß die

besitzende Natur die erobernde in sich trägt; sie erobert
nämlich so wie ein Bauer, der sich nicht an die Spitze seiner
Knechte stellt und seinen Nachbarn vertreibt, sondern der erobert, indem er das Land umgräbt. Das wahrhaft Große besteht also nicht im Erobern, sondern im Besitzen. Wenn Du
nun hier sagen wirst: »Ich will nicht entscheiden, was das
Größte ist, aber ich will gern einräumen, daß es die beiden
großen Formationen der Menschen sind; jeder mag nun
selber entscheiden, welcher er zugehört, und sich hüten, sich
von irgendeinem Bekehrungsapostel umkalfatern zu lassen«,
so fühle ich wohl, daß Du es mit dem letzten Ausdruck ein
bißchen auf mich abgesehen hast. Ich möchte jedoch erwidern, das eine ist nicht allein größer als das andere, sondern das eine hat einen Sinn, das andere nicht. Das eine hat
sowohl Vordersatz wie Nachsatz, das andere ist bloß Vordersatz, und statt des Nachsatzes steht ein bedenklicher Ge-
dankenstrich, dessen Bedeutung ich Dir ein andermal erklären werde, falls Du sie nicht schon kennst.

Willst Du auch weiterhin behaupten, Du seiest nun einmal
eine erobernde Natur, so ist mir das gleichgültig; denn Du
mußt mir dennoch zugeben, daß Besitzen größer ist als Erobern. Wenn man erobert, vergißt man immerfort sich
selbst, wenn man besitzt, erinnert man sich seiner selbst,
nicht zu eitlem Zeitvertreib, sondern mit allem nur möglichen Ernst; geht man bergauf, so hat man nur das andere im
Auge, geht man bergab, so muß man auf sich selbst achten,
auf das richtige Verhältnis zwischen dem Unterstützungs-
und dem Schwerpunkt.

Jedoch, ich fahre fort. Du wirst vielleicht zugeben, daß Besitzen schwieriger ist als Erobern, Besitzen größer als Erobern, »wenn ich nur erobern darf, werde ich nicht so kar-
gen, sondern im Gegenteil sehr freigebig sein mit Höflich-
keiten denen gegenüber, die Geduld haben zum Besitzen,
insbesondere, wenn sie sich etwa geneigt erweisen, Hand in
Hand mit mir zu arbeiten, indem sie meine Eroberungen besitzen wollen. Größer ist es, meinetwegen, aber schöner ist es

nicht; ethischer ist es, alle Hochachtung vor der Ethik, zugleich aber weniger ästhetisch.« Machen wir uns über diesen Punkt einander etwas verständlicher! Unter einer großen Menge von Menschen herrscht wahrscheinlich ein Mißverständnis, welches das, was ästhetisch schön ist, verwechselt mit dem, was sich ästhetisch schön darstellen läßt. Dies läßt sich sehr leicht daraus erklären, daß die meisten die ästhetische Befriedigung, nach der es die Seele drängt, in der Lektüre suchen, oder in der Betrachtung von Kunstwerken usw., während derer verhältnismäßig nur sehr wenige sind, die selber das Ästhetische schauen, so wie es im Dasein ist, selber das Dasein in ästhetischem Lichte sehn und nicht nur die dichterische Reproduktion genießen. Aber zu einer ästhetischen Darstellung gehört immer eine Konzentration im Moment, und je reicher diese Konzentration ist, desto größer ist die ästhetische Wirkung. Hierdurch erhält nun der glückliche, der unbeschreibliche, der unendlich inhaltsreiche Moment, kurz, der Moment einzig Gültigkeit. Entweder ist es der gleichsam prädestinierte Moment, der das Bewußtsein durchzittert, indem er die Vorstellung von der Göttlichkeit des Daseins erweckt, oder der Moment setzt eine Geschichte voraus. Im ersten Fall ergreift er dadurch, daß er überrascht, im zweiten Fall ist eine Geschichte zwar da, aber die künstlerische Darstellung kann nicht bei ihr verweilen, kann sie allenfalls nur andeuten, und eilt dann zum Moment. Je mehr sie in ihn hineinlegen kann, desto künstlerischer wird sie. Die Natur, hat ein Philosoph gesagt, geht den kürzesten Weg; man könnte sagen, sie geht gar keinen Weg, sie ist mit einem Schlage auf einmal da; und wenn ich mich in der Beschauung des gewölbten Himmels verlieren will, so brauche ich nicht zu warten, bis die unzähligen Himmelskörper sich gebildet haben, denn sie sind dort alle auf einmal. Der Weg der Geschichte hingegen ist wie der des Rechts überaus lang und mühsam. Nun tritt die Kunst und die Poesie dazu und verkürzt uns den Weg und erfreut uns im Moment der Vollbringung, sie konzentriert das Extensive ins

Intensive. Je bedeutungsvoller aber das ist, was an den Tag
soll, um so langsamer ist der Gang der Geschichte, um so
bedeutungsvoller aber ist auch der Gang selbst, um so mehr
wird es sich zeigen, daß das Ziel zugleich auch der Weg ist.
In bezug auf das individuelle Leben gibt es zwei Arten von
Geschichte, äußere und innere. Es sind zwei Arten von Strömungen, deren Bewegung entgegengesetzt ist. Die erste
wieder hat zwei Seiten. Das Individuum hat nicht, wonach
es strebt, und die Geschichte ist der Kampf, in dem es das erwirbt. Oder das Individuum hat es, kann aber nicht in den
Besitz davon gelangen, weil immer etwas Äußeres da ist, das
es daran hindern will. Die Geschichte ist also der Kampf, in
dem es diese Hindernisse überwindet. Die andere Art von
Geschichte fängt mit dem Besitz an, und die Geschichte ist
die Entwicklung, durch die das Individuum den Besitz erwirbt. Da nun im ersten Fall die Geschichte eine äußere ist
und das Ziel des Strebens außerhalb liegt, hat die Geschichte
keine wahre Realität, und die dichterische und künstlerische
Darstellung tut ganz recht daran, sie zu verkürzen und auf
den intensiven Moment hinzueilen. Denken wir uns, um bei
dem zu bleiben, womit wir es zunächst zu tun haben, eine
romantische Liebe! Denke Dir also einen Ritter, der fünf
Wildschweine und vier Zwerge erlegt und drei verzauberte
Prinzen, Brüder der von ihm angebeteten Prinzessin, befreit
hat. Dies hat in dem romantischen Gedankengang seine vollkommene Realität. Dem Künstler und dem Dichter jedoch
ist es gar nicht von Wichtigkeit, ob es fünf oder nur vier
sind. Der Künstler ist im ganzen noch stärker beschränkt als
der Dichter; aber selbst diesen wird es nicht interessieren,
umständlich zu erzählen, wie es bei der Erlegung jedes einzelnen Wildschweins zugegangen ist. Er eilt auf den Moment hin. Er verringert vielleicht die Anzahl, konzentriert
die Mühen und Gefahren in dichterischer Intensität und eilt
auf den Moment hin, den Besitzmoment. Die ganze geschichtliche Sukzession ist ihm von minderer Wichtigkeit.
Wo hingegen von innerer Geschichte die Rede ist, da ist

jeder kleine Moment von äußerster Wichtigkeit. Die innere
Geschichte ist erst die wahre Geschichte, die wahre Geschichte aber kämpft mit dem, was das Lebensprinzip in der
Geschichte ist, – mit der Zeit; wenn man jedoch mit der Zeit
kämpft, so hat eben damit das Zeitliche und jeder kleine
Moment seine große Realität. Überall da, wo das innere
Blühen der Individualität noch nicht begonnen hat, wo die
Individualität noch geschlossen ist, wird von äußerer Geschichte die Rede sein. Sobald dagegen diese sozusagen auf-
blüht, fängt die innere Geschichte an. Denke nun an das,
wovon wir ausgegangen sind, an den Unterschied zwischen
der erobernden und der besitzenden Natur. Die erobernde
Natur ist immer »außer sich«, die besitzende in sich, daher
bekommt die erste eine äußere Geschichte, die zweite eine
innere. Da aber gerade die äußere Geschichte sich ohne Schaden konzentrieren läßt, ist es nur natürlich, daß Kunst und
Poesie vor allem sie wählen und somit wieder die uner-
schlossene Individualität und alles, was zu ihr gehört, zur
Darstellung wählen. Nun sagt man zwar, Liebe schließe die
Individualität auf, doch ist das nicht der Fall, wenn die Liebe
so aufgefaßt wird, wie es in der Romantik geschieht, denn
da wird sie nur bis zu dem Punkt gebracht, daß sie sich öffnen soll, und dort hört man auf, oder sie ist im Begriff, sich zu
öffnen, wird aber unterbrochen. Wie aber die äußere Geschichte und die verschlossene Individualität in erster Linie
Gegenstand der künstlerischen und dichterischen Darstellung sein werden, so wird alles, was den Gehalt einer solchen
Individualität ausmacht, ebenfalls deren Gegenstand werden.
Dies aber ist im Grunde alles, was dem natürlichen Menschen
zugehört. Ein paar Beispiele. Stolz läßt sich vorzüglich darstellen; denn das Essentielle des Stolzes ist nicht Sukzession,
sondern Intensität im Moment. Demut läßt sich schwer darstellen, weil sie eben Sukzession ist, und während der Betrachter lediglich den Stolz in seiner Kulmination zu sehen
braucht, fordert er in dem andern Fall eigentlich, was Poesie
und Kunst nicht zu geben vermögen, die Demut in ihrem

stetigen Werden zu sehen, denn das gehört wesentlich zur Demut, daß sie ständig wird; und wenn man sie ihm in ihrem idealen Moment zeigt, vermißt er etwas, weil er fühlt, daß ihre wahre Idealität nicht darin besteht, daß sie ideal im Moment ist, sondern daß sie beständig ist. Die romantische Liebe läßt sich vorzüglich im Moment darstellen, die eheliche nicht; denn ein idealisierter Ehemann ist nicht einer, der es einmal in seinem Leben, sondern der es täglich ist. Wenn ich einen Helden darstellen will, der Reiche und Länder erobert, so läßt sich das vorzüglich im Moment darstellen, ein Kreuzträger aber, der täglich sein Kreuz auf sich nimmt, läßt sich niemals darstellen, weder in der Poesie noch in der Kunst, weil die Pointe die ist, daß er es täglich tut. Denke ich mir einen Helden, der ums Leben kommt, so läßt sich das vorzüglich im Moment konzentrieren, dagegen nicht das tägliche Sterben, weil dabei die Hauptsache die ist, daß es täglich geschieht. Mut läßt sich vorzüglich im Moment konzentrieren, Geduld nicht, eben weil Geduld der Zeit widerspricht. Du wirst sagen, die Kunst habe doch Christus als Bild der Geduld dargestellt, als die Sünde der ganzen Welt tragend, religiöse Dichtungen hätten alle Bitternis des Lebens in *einem* Kelch konzentriert und ein Individuum ihn in *einem* Moment leeren lassen. Das ist wahr; aber das war nur möglich, weil man sie beinahe räumlich konzentriert hat. Wer dagegen über Geduld ein wenig Bescheid weiß, weiß recht gut, daß ihr eigentlicher Gegensatz nicht die Intensität des Leidens ist [denn dann nähert sie sich mehr dem Mut], sondern die Zeit, und daß die wahre Geduld die ist, die sich als der Zeit widersprechend erweist, oder eigentlich Langmut ist; Langmut aber läßt sich künstlerisch nicht darstellen, denn ihre Pointe ist der Kunst inkommensurabel; sie läßt sich auch nicht dichten, denn sie fordert die lange Dauer der Zeit.

Was ich hier nun weiter vorbringen will, kannst Du als das geringe Opfer eines armen Ehemanns auf dem Altar der Ästhetik betrachten, und wenn auch Du und alle Priester der

Ästhetik es verschmähen, ich werde mich schon zu trösten wissen, und das um so mehr, als das, was ich bringe, kein Schaubrot ist, genießbar allein für die Priester, sondern ein hausbackenes Brot, das wie alle Hauskost einfach und unge-würzt, aber gesund und nahrhaft ist.

Wenn man die Entwicklung des Ästhetisch-Schönen ebenso dialektisch wie historisch verfolgt, wird man finden, daß die Richtung dieser Bewegung von den Bestimmungen des Raumes zu denen der Zeit verläuft und daß die Vervoll-kommnung der Kunst abhängt von der sukzessiven Mög-lichkeit, sich mehr und mehr vom Raum loszureißen und sich auf die Zeit hin zu bestimmen. Hierin liegt der Über-gang und die Bedeutung des Übergangs von der Skulptur zur Malerei, so wie Schelling schon früh darauf hingewiesen hat. Die Musik hat die Zeit zu ihrem Element, gewinnt aber keinen Bestand in ihr, ihre Bedeutung ist das ständige Ver-schwinden in der Zeit, sie erklingt in der Zeit, verklingt aber zugleich und hat keinen Bestand. Die Poesie schließlich ist die vollkommenste von allen Künsten und daher auch diejenige, welche die Bedeutung der Zeit am meisten zur Geltung zu bringen weiß. Sie braucht sich nicht in dem Sinne, wie die Malerei es tut, auf den Moment zu beschränken, sie ver-schwindet auch nicht in dem Sinne spurlos wie die Musik. Aber dessenungeachtet ist auch sie, wie wir gesehen haben, gezwungen, sich im Moment zu konzentrieren. Sie hat da-her ihre Grenze und kann, wie oben dargetan, nicht das dar-stellen, dessen Wahrheit die zeitliche Sukzession ist. Und doch ist der Umstand, daß die Zeit geltend gemacht wird, keine Verkleinerung des Ästhetischen, vielmehr wird das ästhetische Ideal noch reicher und voller, je mehr dies ge-schieht. Das Ästhetische also, das sogar der poetischen Dar-stellung inkommensurabel ist, wie läßt es sich darstellen? Antwort: dadurch, daß es gelebt wird. Es erhält dadurch eine Ähnlichkeit mit der Musik, die nur ist, weil sie ständig wie-derholt wird, nur ist im Augenblick der Ausführung. Daher habe ich im vorhergehenden auf die verderbliche Ver-

wechslung des Ästhetischen und dessen, was sich ästhetisch
in dichterischer Reproduktion darstellen läßt, aufmerksam
gemacht. Alles nämlich, wovon ich hier rede, läßt sich gewiß ästhetisch darstellen, jedoch nicht in dichterischer Reproduktion, sondern dadurch, daß man es lebt, es im Leben
der Wirklichkeit realisiert. Dergestalt hebt die Ästhetik sich
selber auf und versöhnt sich mit dem Leben; denn wie in
*einem* Sinne Poesie und Kunst gerade eine Versöhnung mit
dem Leben sind, so sind sie in einem anderen Sinne Feind-
schaft zum Leben, weil sie nur eine Seite der Seele versöhnen. Hier bin ich bei dem Höchsten innerhalb des Ästhetischen angelangt. Und wahrlich, wer Demut und Mut genug
hat, sich ästhetisch verklären zu lassen, wer sich mit als eine
Person in dem Schauspiel fühlt, das die Gottheit dichtet, in
dem Dichter und Souffleur nicht verschiedene Personen
sind, in dem das Individuum wie der geübte Schauspieler,
der sich in seinen Charakter und seine Repliken hineinge-
lebt hat, nicht von dem Souffleur gestört wird, sondern
fühlt, daß das, was ihm zugeflüstert wird, das ist, was er
selbst sagen will, so daß es beinahe zweifelhaft wird, ob er
dem Souffleur die Worte in den Mund legt, oder der Souffleur ihm, wer sich im tiefsten Sinne zugleich als dichtend und
gedichtet fühlt, wer in dem Augenblick, da er sich als dichtend fühlt, das ursprüngliche Pathos der Replik besitzt und
in dem Augenblick, da er sich als gedichtet fühlt, das erotische Ohr, das jeden Laut auffängt, der und erst der hat das
Höchste in der Ästhetik realisiert. Aber diese Geschichte, die
sich als selbst der Poesie inkommensurabel erweist, sie ist die
innere Geschichte. Diese trägt die Idee in sich und eben deshalb ist sie ästhetisch. Sie beginnt daher, wie ich es ausdrückte, mit dem Besitz, und ihr Fortgang ist das Erwerben
dieses Besitzes. Sie ist eine Ewigkeit, in welcher das Zeitliche
nicht als ein ideales Moment verschwunden, sondern in welcher es als reales Moment stets gegenwärtig ist. Wenn etwa
Geduld in Geduld sich selbst erwirbt, so ist das innere Geschichte.

Blicken wir nun auf das Verhältnis zwischen der romantischen und der ehelichen Liebe; denn das Verhältnis zwischen
der erobernden und der besitzenden Natur wird keinerlei
Schwierigkeiten zu bieten vermögen. Die romantische Liebe bleibt immer abstrakt in sich selbst, und wenn sie keine
äußere Geschichte bekommen kann, so lauert auf sie schon
der Tod, denn ihre Ewigkeit ist illusorisch. Die eheliche Liebe beginnt mit dem Besitz und bekommt eine innere Geschichte. Sie ist treu, das ist die romantische Liebe auch, aber
beachte den Unterschied! Der treue romantische Liebhaber,
er wartet beispielsweise fünfzehn Jahre; und nun kommt
endlich der Augenblick, der ihn belohnt. Hier sieht die
Poesie sehr richtig, daß die fünfzehn Jahre sich vorzüglich
konzentrieren lassen, sie eilt nun auf den Moment hin. Ein
Ehemann ist fünfzehn Jahre lang treu, und doch hat er in
den fünfzehn Jahren den Besitz gehabt, er hat also in dieser
langen Sukzession immer wieder die Treue erworben, die er
schon besaß, da ja die eheliche Liebe in sich die erste Liebe
hat und damit deren Treue. Aber solch ein idealer Ehemann
läßt sich nicht darstellen; denn die Pointe ist die Zeit in ihrer
Extension. Am Ende der fünfzehn Jahre ist er scheinbar
durchaus nicht weiter gekommen, als er schon am Anfang
war, und doch hat er in hohem Maße ästhetisch gelebt. Sein
Besitz ist ihm kein totes Eigentum gewesen, sondern er hat
seinen Besitz immer wieder erworben. Er hat nicht mit Löwen und Unholden gekämpft, sondern mit dem gefährlichsten Feind, nämlich der Zeit. Aber nun kommt nicht die
Ewigkeit hinterher wie für den Ritter; sondern er hat die
Ewigkeit in der Zeit gehabt, die Ewigkeit in der Zeit bewahrt. Er hat darum erst über die Zeit gesiegt; denn vom
Ritter kann man sagen, er habe die Zeit getötet, wie man ja
stets die Zeit totzuschlagen wünscht, wenn sie keine Realität
für einen hat; aber das ist niemals der rechte Sieg. Der Ehemann hat als ein wahrer Sieger die Zeit nicht getötet, sondern sie erlöst und bewahrt in der Ewigkeit. Der Ehemann,
der das tut, lebt in Wahrheit poetisch, er löst das große Rät-

sel, in der Ewigkeit zu leben und doch die Stubenuhr schlagen zu hören, dergestalt, daß ihr Schlag seine Ewigkeit
nicht verkürzt, sondern verlängert, ein Widerspruch, der
ebenso tief, aber weit herrlicher ist als jener, der in der bekannten, aus dem Mittelalter überlieferten Situation enthalten ist, welches von einem Unglücklichen erzählt, er sei
in der Hölle aufgewacht und habe gerufen: »Was ist die
Uhr?« worauf der Teufel erwidert habe: »Eine Ewigkeit.«
Und läßt dergleichen sich auch nicht künstlerisch darstellen,
so sei dies Dein Trost, wie es der meine ist: das Höchste und
Schönste im Leben, davon soll man nicht lesen, nicht hören,
das soll man nicht sehen, sondern, wenn man so will, es leben. Wenn ich daher gern zugebe, daß die romantische Liebe sich zur künstlerischen Darstellung viel besser eignet als
die eheliche, so soll damit keineswegs gesagt sein, daß diese
weniger ästhetisch sei als jene, im Gegenteil, sie ist ästhetischer. In einer der genialsten Erzählungen der romantischen
Schule kommt eine Person vor, die keine Lust hat, wie die
andern, mit denen sie lebt, zu dichten, weil das Zeitvergeu-
dung sei und sie um den wahren Genuß bringe; sie will vielmehr leben. Hätte dieser Mensch nun eine richtige Vorstellung davon gehabt, was leben heißt, so wäre er mein Mann
gewesen.
Die eheliche Liebe hat ihren Feind also in der Zeit, ihren Sieg
in der Zeit, ihre Ewigkeit in der Zeit, so daß sie stets ihre Aufgabe haben würde, selbst wenn ich mir alle sogenannten äußeren und inneren Anfechtungen fortdächte. Im allgemeinen
hat sie auch diese, will man aber die Anfechtungen recht verstehen, muß man auf zweierlei achten: daß sie immer Bestimmungen nach innen sind und daß sie immer die Bestimmung der Zeit in sich tragen. Auch aus diesem Grunde
ist leicht einzusehen, daß diese Liebe sich nicht darstellen läßt.
Sie zieht sich immerfort nach innen und zieht sich [in gutem
Sinne] in der Zeit hin; was aber durch Reproduktion dargestellt werden soll, das muß sich hervorlocken lassen, und
dessen Zeit muß sich verkürzen lassen. Davon wirst Du Dich

weiter überzeugen, wenn Du die Prädikate bedenkst, die man auf die eheliche Liebe anwenden muß. Sie ist treu, beständig, demütig, geduldig, langmütig, nachsichtig, aufrichtig, genügsam, wachsam, achtsam, willig, fröhlich. Alle diese Tugenden haben die Eigenschaft, daß sie im Individuum Bestimmungen nach innen sind. Das Individuum kämpft nicht gegen äußere Feinde, sondern kämpft aus sich selber sich, seine Liebe heraus. Und sie haben eine Zeitbestimmung; denn ihre Wahrheit besteht nicht darin, daß sie ein für allemal, sondern daß sie beständig sind. Und mit diesen Tugenden wird nichts anderes erworben, nur sie selbst werden erworben. Die eheliche Liebe ist daher, wie Du sie oft spöttisch genannt hast, die alltägliche und zugleich die göttliche [in griechischem Sinne], und ist die göttliche dadurch, daß sie die alltägliche ist. Die eheliche Liebe kommt nicht mit äußerlichen Gebärden, nicht wie der reiche Vogel mit Saus und Gebraus, sondern sie ist eines stillen Geistes unvergängliches Wesen.

Von diesem letzteren haben nun Du und alle erobernden Naturen keine Vorstellung. Ihr seid nie in euch selbst, sondern immer nur außer euch. Ja, solange jeder Nerv in Dir zittert, ob Du leise umherschleichst, oder ob Du auftrittst und die Janitscharenmusik in Deinem Innern Dein Bewußtsein übertäubt, ja, so lange meinst Du, daß Du lebst. Wenn aber die Schlacht gewonnen, wenn das letzte Echo des letzten Schusses verhallt ist, wenn die schnellen Gedanken gleich Ordonnanzoffizieren zum Hauptquartier zurückeilen und melden, der Sieg sei Dein – ja, dann weißt Du nichts mehr, dann weißt Du nicht anzufangen; denn jetzt erst stehst Du am wahren Anfang.

Was Du daher unter dem Namen der Gewohnheit als für die Ehe unvermeidlich verabscheust, das ist lediglich das Geschichtliche an ihr, das in Deinen verkehrten Augen ein so erschreckendes Ansehen erhält.

Was aber pflegst Du denn für das zu halten, was durch die von dem ehelichen Leben unabtrennbare Gewohnheit nicht

nur vernichtet, sondern, was schlimmer ist, profaniert wird?
Du denkst da im allgemeinen an »die sichtbaren, heiligen
Zeichen der Erotik, welche, wie alle sichtbaren Zeichen,
zwar an und für sich keine Bedeutung haben, sondern deren
Bedeutung auf der Energie, der künstlerischen Bravour und
Virtuosität beruht, die jedoch zugleich die natürliche Genialität darstellt, mit der sie ausgeführt werden. Wie widerwärtig ist es nicht, zu sehen, mit welcher Mattigkeit alles
dergleichen im ehelichen Leben vollbracht wird, wie äußerlich, wie träge geschieht es doch, beinahe auf den Glockenschlag, etwa wie bei jenem Stamm, den die Jesuiten in Pa-
raguay fanden und der so träge war, daß die Jesuiten es für
notwendig hielten, um Mitternacht mit einer Glocke läuten
zu lassen zur gefälligen Kenntnisnahme für alle Ehemänner,
um sie damit an ihre ehelichen Pflichten zu erinnern. So geschieht alles auf *tempo*, nach Dressur.« Seien wir uns nun darüber einig, daß wir uns in unserer Betrachtung gar nicht dadurch beirren lassen, daß es so viel Lächerliches und Verkehrtes im Dasein gibt, sondern nur sehen, ob es notwendig sei,
und wenn dem so ist, das Heil bei Dir lernen. In dieser
Hinsicht darf ich freilich nicht viel von Dir erwarten; denn
Du kämpfst, wenngleich in anderem Sinne, doch stets wie
jener spanische Ritter für eine vergangene Zeit. Da Du
nämlich für den Moment und gegen die Zeit kämpfst, so
kämpfst Du eigentlich immer für das Vergangene. Nehmen
wir eine Vorstellung, einen Ausdruck aus Deiner poetischen
Welt, oder aus der wirklichen Welt der ersten Liebe: die
Liebenden sehen einander. Dieses Wort sehen weißt Du
vorzüglich zu spatiieren und eine unendliche Realität, eine
Ewigkeit in es hineinzulegen. In diesem Sinne können nun
zwei Eheleute, die zehn Jahre zusammen gelebt und einander täglich gesehen haben, einander nicht ansehen; aber sollten sie sich darum nicht liebevoll ansehen können? Jetzt bin
ich bei Deiner alten Ketzerei. Du bist gezwungen, die Liebe
auf ein gewisses Alter und die Liebe zu einer auf eine überaus kurze Zeit zu beschränken, und danach, wie alle erobern-

den Naturen, zu rekrutieren, um Dein Experiment durchzuführen; eben dies aber ist doch die allertiefste Profanation
der ewigen Macht der Liebe. Es ist doch Verzweiflung. Wie
Du auch immer Dich drehst und wendest, Du mußt doch
bekennen, daß die Aufgabe darin besteht, die Liebe in der
Zeit zu bewahren. Ist das unmöglich, so ist die Liebe eine
Unmöglichkeit. Das eben ist Dein Unglück, daß Du das
Wesen der Liebe einzig und allein in diese sichtbaren Zeichen setzt. Sollen diese nun immer und immer wiederholt
werden, und zwar, wohlgemerkt, mit einer krankhaften
Reflexion darüber, ob sie stets die Realität haben, die sie
durch die zufällige Akzedenz, daß es das erste Mal war, hatten, so ist es kein Wunder, daß Du Dich ängstigst und daß
Du diese Zeichen und »Gestikulationen« zu den Dingen
rechnest, von denen man nicht sagen darf: *decies repetita placebunt;* denn wenn das, was ihnen Wert verleiht, die Bestimmung des ersten Males wäre, so ist eine Wiederholung
ja eine Unmöglichkeit. Aber die gesunde Liebe hat einen
ganz anderen Gehalt, den sie in der Zeit herausarbeitet, und
wird daher auch imstande sein, sich in diesen äußeren Zeichen zu verjüngen, und hat, was mir die Hauptsache ist, eine
ganz andere Vorstellung von der Zeit und von der Bedeutung der Wiederholung.

Im vorhergehenden habe ich dargelegt, daß die eheliche
Liebe ihren Kampf in der Zeit hat, ihren Sieg in der Zeit, ihren Segen in der Zeit. Dabei habe ich die Zeit bloß als einfache Progression betrachtet, nun wird es sich zeigen, daß sie
nicht bloß eine einfache Progression ist, in der das Ursprüngliche bewahrt wird, sondern eine wachsende Progression, in
der das Ursprüngliche zunimmt. Du, der Du so viel Observation hast, wirst mir gewiß recht geben in der allgemeinen
Bemerkung, daß die Menschen in zwei große Klassen zerfallen, jene, die vorwiegend in der Hoffnung, und jene, die vorwiegend in der Erinnerung leben. Beides deutet ein unrich-
tiges Verhältnis zur Zeit an. Das gesunde Individuum lebt zu
gleicher Zeit sowohl in der Hoffnung wie in der Erinnerung,

und erst dadurch erhält sein Leben wahre, inhaltsreiche Kontinuierlichkeit. Es hat also die Hoffnung und will darum
nicht, wie die Individuen, die bloß von Erinnerung leben,
in der Zeit zurück. Was tut also die Erinnerung für einen solchen Menschen; denn irgendeinen Einfluß muß sie doch
wohl haben? Sie setzt ein Kreuz auf die Note des Augenblicks; je weiter sie zurückgeht, je öfter eine Wiederholung,
desto mehr Kreuze. Wenn er etwa im gegenwärtigen Jahr
einen erotischen Moment erlebt, so wird dieser dadurch gesteigert, daß er sich an den im vorigen Jahr erinnert usw.
Dies hat nun auch auf eine schöne Weise seinen Ausdruck
im ehelichen Leben gefunden. Ich weiß nicht, in welchem
Zeitalter die Welt sich jetzt befindet, aber das weißt Du so
gut wie ich, daß man zu sagen pflegt, erst komme das goldene Zeitalter, dann das silberne, dann das kupferne, dann
das eiserne. In der Ehe ist es umgekehrt, dort kommt zuerst
die silberne Hochzeit, danach die goldene Hochzeit. Oder
ist nicht die Erinnerung die eigentliche Pointe bei einer solchen Hochzeit? Und doch erklärt die eheliche Terminologie sie für noch schöner als die erste Hochzeit. Dies darf nun
nicht mißverstanden werden, wie wenn es Dir etwa beliebte
zu sagen, »dann sei es das beste, sich schon in der Wiege
trauen zu lassen, um gleich mit der silbernen Hochzeit anfangen und die Hoffnung hegen zu können, der erste Erfin-
der eines nagelneuen Terminus im Wörterbuch des ehelichen Lebens zu werden«. Du siehst vermutlich selbst ein, worin das Unwahre Deines »Witzes« liegt, und ich werde mich
nicht weiter dabei aufhalten. Woran ich dagegen erinnern
möchte, ist, daß die Individuen ja nicht nur in der Hoffnung
leben; sie haben in der Gegenwart immer Hoffnung und Erinnerung ineinander. Bei der ersten Hochzeit tut also die
Hoffnung die gleiche Wirkung wie die Erinnerung bei der
letzten. Die Hoffnung schwebt über ihr als eine Ewigkeits-
hoffnung, die den Moment erfüllt. Die Richtigkeit dieser
Bemerkung wirst Du auch einsehen, wenn Du bedenkst, daß,
falls man nur in der Hoffnung auf eine silberne Hochzeit hei-

ratete und also fünfundzwanzig Jahre lang hoffte und wieder hoffte, man unbefugt wäre, wenn das fünfundzwanzigste Jahr käme, silberne Hochzeit zu feiern; denn man hätte ja nichts, woran man sich erinnern könnte, da alles in dem fortwährenden Hoffen auseinandergefallen wäre. Es ist mir übrigens schon öfter eingefallen, woher es wohl kommen mag, daß nach allgemeinem Sprachgebrauch und Gedankengang der ledige Stand gar keine derartigen Aussichten hat, daß man vielmehr es eher lächerlich macht, wenn es einem Junggesellen gelingt, Jubiläum zu feiern. Der Grund ist wahrscheinlich der, daß man in der Regel angenommen hat, der ledige Stand könne die wahre Gegenwart niemals recht erfassen, die eine Einheit von Hoffnung und Erinnerung darstellt, und pflege daher entweder in der Hoffnung oder in der Erinnerung zu leben. Dies aber deutet wiederum auf das richtige Verhältnis zur Zeit hin, das die eheliche Liebe auch nach allgemeiner Meinung hat.

Jedoch, es ist noch etwas anderes im ehelichen Leben, was Du mit dem Wort Gewohnheit bezeichnest, »seine Einförmigkeit, sein totaler Mangel an Geschehen, seine Beständigkeit in einer Inhaltslosigkeit, die der Tod ist und schlimmer als der Tod«. Du weißt, es gibt nervenschwache Menschen, die schon der allergeringste Lärm zu stören vermag, die nicht denken können, wenn jemand leise über den Fußboden geht. Hast Du bemerkt, daß es auch eine andere Art von Nervenschwäche gibt? Es gibt Menschen, die so schwach sind, daß sie tüchtigen Lärm und eine zerstreuende Umgebung brauchen, um arbeiten zu können. Woher kommt das, wenn nicht daher, daß sie keine Gewalt über sich selbst haben, nur in umgekehrtem Sinne. Wenn sie allein sind, entschwinden ihre Gedanken ins Unbestimmte; wenn dagegen Lärm und Getöse um sie ist, zwingt dieses sie, einen Willen entgegenzusetzen. Sieh, darum fürchtest Du Frieden und Stille und Ruhe. Du bist nur in Dir selbst, wenn ein Widerstand da ist, deshalb aber bist Du eigentlich nie in Dir selbst, sondern stets außer Dir. In dem Augenblick nämlich, da Du Dir den

Widerstand assimilierst, ist wieder Stille. Das wagst Du darum nicht; dergestalt aber stehen also Du und der Widerstand einander gegenüber, und also bist Du nicht in Dir selber.

Hier gilt natürlich das gleiche wie vorhin von der Zeit. Du bist außer Dir, und daher kannst Du das andere als Widerstand nicht entbehren. Du glaubst, daß ein unruhiger Geist erst lebe, und alle Erfahrenen meinen, wahrhaft lebe erst ein stiller Geist; für Dich ist das aufgewühlte Meer ein Bild des Lebens, für mich ist es das stille tiefe Wasser. Oft habe ich an einem kleinen rinnenden Gewässer gesessen. Es ist immer das gleiche, die gleiche leise Melodie, das gleiche Grün auf dem Grunde, das sich unter der ruhigen Welle biegt, die gleichen Tierchen, die sich dort unten bewegen, ein Fischlein, das unter das Versteck der Blumen schlüpft, es breitet seine Flosse gegen die Strömung aus, es verbirgt sich unter einem Stein. Wie einförmig, und doch wie reich an Abwechslung! So ist das eheliche häusliche Leben, still, bescheiden, summend; hat nicht viel Changements, und dennoch rinnt es dahin wie jenes Gewässer, dennoch hat es wie jenes Gewässer eine Melodie, lieb dem, der sie kennt, ihm lieb, eben weil er sie kennt; es ist ohne Pracht, und doch breitet sich zuweilen ein Glanz darüber, der jedoch nicht den gewohnten Gang dieses Lebens unterbricht, wie wenn des Mondes Strahl auf jenes Gewässer fällt und das Instrument sichtbar macht, auf dem es seine Melodie spielt. So ist das eheliche häusliche Leben. Damit es aber so gesehen und so gelebt werden könne, setzt es eine Eigenschaft voraus, die ich Dir nunmehr nennen will. Es ist eine Strophe von Oehlenschläger, die Du, wie ich weiß, wenigstens früher sehr geschätzt hast. Der Vollständigkeit halber will ich sie abschreiben:

> Wie vieles muß doch in der Welt zusammengehn,
> damit die Liebe recht erscheint!
> Zuerst zwei Herzen, die einander wohl verstehn,
> dann Anmut, die sie hold vereint,
> und daß der Mond, zur Frühlingszeit,

durch Buchenzweige niederscheine,
und daß sie treffen sich alleine,
und Küsse – und Unschuldigkeit.

Du gibst Dich ja auch damit ab, die Liebe zu preisen. Ich
will Dir also nicht rauben, was zwar nicht Dein Eigentum
ist, denn es ist ja das des Dichters, was Du Dir jedoch angeeignet hast; aber da auch ich es mir angeeignet habe, so laß
uns teilen, Du bekommst die ganze Strophe, ich das letzte
Wort: Unschuldigkeit, Unschuld.

Schließlich ist da noch eine Seite des ehelichen Lebens, die
Dir oft Anlaß zu Angriffen gegeben hat. Du sagst: »Die eheliche Liebe verbirgt etwas ganz anderes in sich; sie scheint so
mild und schön und zärtlich, wenn sich aber erst die Tür
hinter dem Ehepaar geschlossen hat, so kommt, ehe man
sich's versieht, der Stock zum Vorschein, so heißt es, es ist
Pflicht, und nun könnt ihr mir dieses Szepter ausputzen wie
ihr wollt, es zu einer Fastnachtsrute machen, es bleibt doch
immer ein Stock.« Diesen Einwand behandle ich hier, weil
er auch wesentlich auf einem Mißverständnis des Geschichtlichen in der ehelichen Liebe beruht. Du willst entweder
dunkle Mächte oder die Laune das Konstituierende in der
Liebe sein lassen. Sobald ein Bewußtsein hinzutritt, verfliegt
dieser Zauber; ein solches Bewußtsein aber ist der ehelichen
Liebe eigen. Um es nun recht grell auszudrücken, zeigst Du
uns statt des Konzertmeisterstabes, dessen Bewegungen zu
den graziösen Stellungen der ersten Liebe den Takt angeben,
den unangenehmen Korporalsstock der Pflicht. Das mußt Du
mir nun zunächst einmal zugeben: solange die erste Liebe,
welche ja, wie wir übereingekommen sind, in der ehelichen
Liebe enthalten ist, unverändert bleibt, so lange kann von
der strengen Notwendigkeit der Pflicht keine Rede sein. Du
glaubst also nicht an die Ewigkeit der ersten Liebe. Siehst Du,
da haben wir Deine alte Ketzerei, Du bist es, der sich so oft zu
ihrem Ritter aufwirft, und doch glaubst Du nicht an sie, ja
profanierst sie. Weil Du also nicht an sie glaubst, deshalb
wagst Du es nicht, eine Verbindung einzugehen, die, wenn

Du nicht mehr *volens* bist, Dich zwingen kann, *nolens* in ihr zu bleiben. Die Liebe ist Dir darum offenbar nicht das Höchste; denn sonst würdest Du froh sein, wenn es eine Macht gäbe, die Dich zu zwingen vermöchte, in ihr zu bleiben. Du wirst vielleicht erwidern, dieses Mittel sei kein Mittel, doch dazu möchte ich bemerken, daß es ganz darauf ankommt, wie man die Sache sieht.

Das ist einer der Punkte, auf die wir immer wieder zurückkommen, Du, wie es scheint, gegen Deinen Willen, und ohne daß Du Dir recht darüber klar bist, wie es zugeht, ich mit vollkommenem Bewußtsein, der Punkt nämlich, daß die illusorische oder naive Ewigkeit der ersten oder der romantischen Liebe sich irgendwie selbst aufheben muß. Eben weil Du sie nun in dieser Unmittelbarkeit zu erhalten, weil Du Dir selber einzubilden suchst, die wahre Freiheit bestehe darin, außer sich zu sein, berauscht in Träumen, darum fürchtest Du die Metamorphose, und darum zeigt sie sich nicht so, sondern als etwas völlig Fremdartiges, das den Tod des ersten enthält, und daher Dein Abscheu vor der Pflicht. Wenn diese nämlich in dem ersten nicht bereits als Keim gelegen hat, muß ihr Erscheinen natürlich absolut störend wirken. Aber so verhält es sich mit der ehelichen Liebe nicht; sie hat in dem Ethischen und Religiösen die Pflicht bereits in sich, und wenn sie sich ihnen dann zeigt, so ist sie kein Fremder, kein unverschämter Eindringling, der jedoch eine solche Autorität hat, daß man ihn nicht, kraft der Heimlichkeit der Liebe, vor die Türe setzen mag; nein, er kommt als ein alter Vertrauter, als ein Freund, als ein Mitwisser, von dem die Liebenden miteinander wissen im tiefsten Geheimnis ihrer Liebe. Und wenn er spricht, so ist es nichts Neues, was er sagt, sondern etwas Wohlbekanntes, und wenn er gesprochen hat, so demütigen die Individuen sich darunter, werden eben dadurch aber zugleich erhoben, indem sie sich überzeugen, daß das, was er gebietet, das ist, was sie selber wünschen, und daß die Tatsache, daß er es gebietet, nur eine majestätischere, eine erhabenere, eine göttliche Weise darstellt, um auszudrücken, daß ihr Wunsch sich realisieren läßt. Es würde ihnen nicht genügen, wenn er ermunternd zu ihnen sagte: Es ist durchaus möglich, die Liebe läßt sich bewahren; aber indem er sagt: Sie soll bewahrt werden, so liegt darin eine Vollmacht, die der Innigkeit des Wunsches entspricht. Liebe vertreibt Furcht; wenn nun aber die Liebe trotzdem einen Augenblick für sich selber fürchtet, für ihr eigenes Heil, so ist die Pflicht eben die göttliche Nahrung, deren die Liebe bedarf, denn sie sagt: Fürchte Dich nicht, Du sollst siegen, nicht bloß futurisch gesprochen, denn dann wäre es nur eine Hoffnung, sondern imperativisch, und darin liegt eine Gewißheit, die durch nichts zu erschüttern ist.

Du betrachtest also die Pflicht als den Feind der Liebe, ich betrachte sie als ihren Freund. Mit dieser Erklärung wirst Du vielleicht zufrieden sein und mir mit Deiner üblichen Spötterei zu einem ebenso interessanten wie ungewöhnlichen Freund gratulieren. Ich hingegen möchte mich keineswegs hiermit begnügen, sondern mir erlauben, den Krieg auf Dein Gebiet hinüberzutragen. Ist die Pflicht, wenn sie einmal im Bewußtsein zum Vorschein gekommen ist, der Feind der Liebe, so muß ja die Liebe sie zu besiegen suchen; denn Du möchtest doch nicht, daß die Liebe solch ein ohnmächtiges Wesen sei, das nicht jeden Widerstand zu besiegen vermöchte. Doch meinst Du andererseits, wenn die Pflicht zum Vorschein komme, so sei es mit der Liebe vorbei; und meinst zugleich, daß die Pflicht früher oder später zum Vorschein kommen müsse, nicht nur in der ehelichen, sondern auch in der romantischen Liebe; und Du fürchtest eigentlich die eheliche Liebe deshalb, weil sie so sehr die Pflicht in sich hat, daß, wenn sie zum Vorschein kommt, Du ihr nicht entlaufen kannst. Dies, meinst Du dagegen, sei in der romantischen Liebe ganz in der Ordnung; denn sobald der Augenblick gekommen ist, da die Pflicht genannt wird, ist die Liebe vorbei, und die Ankunft der Pflicht ist das Signal, daß Du mit einer sehr höflichen Verbeugung Dich empfiehlst, oder, wie Du Dich einmal ausdrücktest, daß Du es als Deine Pflicht

ansiehst, Dich zu empfehlen. Hier siehst Du wieder, wie es
mit Deinen Lobpreisungen der Liebe geht. Ist die Pflicht der
Feind der Liebe, und kann die Liebe diesen Feind nicht besiegen, so ist die Liebe nicht der wahre Triumphator. Die
Folge davon wird also sein, daß Du die Liebe im Stich lassen
mußt. Wenn Dir einmal der verzweifelte Gedanke gekommen ist, daß die Pflicht der Feind der Liebe sei, so ist Deine
Niederlage gewiß, und Du hast dann die Liebe ebenso verkleinert und sie ihrer Majestät beraubt, wie Du dies mit der
Pflicht getan hast, und doch hast Du nur das letztere gewollt. Du siehst, dies ist wiederum Verzweiflung, und zwar
ganz gleich, ob Du den Schmerz empfindest, der darin liegt,
oder ob Du ihn in der Verzweiflung zu vergessen suchst.
Wenn Du es nicht dahin bringen kannst, daß Du das Ästhetische, das Ethische, das Religiöse als die drei großen Ver-
bündeten betrachtest, wenn Du die Einheit der verschiedenen Ausdrucksformen, die alles in diesen verschiedenen Sphären annimmt, nicht zu bewahren weißt, so ist das Leben ohne Sinn, so muß man Dir in Deiner Lieblingstheorie vollkommen recht geben, daß man von allem sagen könne: Tue
es oder tue es nicht, du wirst beides bereuen.
Ich bin nun nicht wie Du in der traurigen Notwendigkeit,
einen stets unglücklich endenden Feldzug gegen die Pflicht
beginnen zu müssen. Pflicht ist für mich nicht *ein* Klima, Liebe ein anderes, sondern Pflicht macht mir Liebe zu dem wahren gemäßigten Klima, die Liebe macht mir die Pflicht zu
dem wahren gemäßigten Klima, und diese Einheit ist das
Vollkommene. Damit jedoch Deine falsche Lehre Dir recht
offenbar werde, möchte ich dies ein wenig weiter verfolgen,
indem ich Dich zu überlegen bitte, auf welch verschiedene
Art man die Pflicht als Feind der Liebe empfinden könnte.
Denke Dir einen Menschen, der Ehemann geworden wäre,
ohne von dem Ethischen, das in der Ehe liegt, sich jemals
wirklich Rechenschaft gegeben zu haben. Er liebte mit der
ganzen Leidenschaft der Jugend, und würde nun plötzlich
durch einen äußeren Anlaß von dem Zweifel angerührt, ob

nicht etwa sie, die er liebte, an die er aber auch durch das Band der Pflicht gebunden wäre, glauben möchte, daß er sie doch eigentlich nur liebe, weil es seine Pflicht sei. Er wäre ja in einem ähnlichen Fall wie dem oben angedeuteten, auch ihm schiene die Pflicht sich in einem Gegensatzverhältnis zur Liebe zu zeigen; aber er liebte, und seine Liebe wäre ihm in Wahrheit das Höchste, und also würde sein Bestreben darauf ausgehen, diesen Feind zu überwinden. Er würde sie also lieben, nicht etwa weil die Pflicht es so geböte, nicht nach dem dürftigen Maßstabe für ein *quantum satis*, den die Pflicht abgeben könnte, nein, er würde sie lieben von ganzer Seele, von allen Kräften und von allem Vermögen; er würde sie lieben selbst in dem Augenblick, wenn es möglich sein sollte, da die Pflicht ihm erlaubte, es zu unterlassen. Du erkennst leicht die Verwirrung in seinem Gedankengang. Was täte er? Er liebte sie von ganzer Seele; eben dies aber gebietet ja die Pflicht; denn lassen wir uns nicht verwirren von den Worten derer, die da meinen, im Verhältnis zur Ehe sei die Pflicht nur ein Inbegriff von Zeremoniebestimmungen. Die Pflicht ist nur eine, die, in Wahrheit zu lieben, in des Herzens inniger Bewegung; und die Pflicht ist ebenso proteushaft wie die Liebe selbst und erklärt alles für heilig und gut, wenn es aus Liebe geschieht, und donnert alles nieder, wie schön und täuschend es auch sei, wenn es nicht aus Liebe geschieht. Du siehst also, daß auch er eine falsche Position bekommen hätte; eben deshalb aber, weil Wahrheit in ihm ist, tut er, indem er nicht allein das tun will, was die Pflicht gebietet, nicht mehr und nicht weniger als das, was die Pflicht gebietet. Das Mehr, das er tut, ist eigentlich dies, daß er es tut; denn das Mehr, das ich tun kann, ist immer dies, daß ich tun kann, was sie gebietet. Die Pflicht gebietet, mehr kann sie nicht; das Mehr, das ich vermag, ist, das zu tun, was sie gebietet, und in dem Augenblick, da ich es tue, darf ich in gewissem Sinne sagen, daß ich mehr tue; ich übersetze die Pflicht aus dem Äußeren in das Innere, und damit bin ich über die Pflicht hinaus. Du ersiehst hieraus, welch unendliche Harmonie und

Weisheit und Konsequenz in der Welt des Geistes herrscht. Wenn man von einem bestimmten Punkte ausgeht und ihn ganz ruhig mit Wahrheit und Energie verfolgt, so muß es stets eine Täuschung sein, wenn das übrige damit in Widerspruch zu stehen scheint; und wenn man recht gründlich die Disharmonie zu zeigen glaubt, zeigt man die Harmonie. Der Ehemann, von dem wir gesprochen haben, ist daher gut davongekommen, und die einzige Strafe, die er erleiden mußte, war eigentlich die, daß die Pflicht ihn wegen seiner Kleingläubigkeit ein wenig zum besten hatte. Die Pflicht klingt in der Liebe immer mit an. Wenn Du sie trennst, wie er es getan hat, und den einen Teil zum Ganzen machen Es ist, so bist Du fortwährend in einem Selbstwiderspruch. willst, als wollte jemand in der Silbe »be« b und e trennen und nun kein e mehr haben, sondern behaupten, b sei das Ganze. In dem Augenblick, da er es ausspricht, spricht er ein e mit. So ist es mit der wahren Liebe, sie ist kein stummes, abstraktes Unaussprechliches, aber sie ist auch keine weiche, nicht festzuhaltende Unbestimmtheit. Sie ist ein artikulierter Laut, eine Silbe. Ist die Pflicht hart, *eh bien*, so spricht die Liebe sie aus, sie realisiert sie und tut damit mehr als die Pflicht; ist die Liebe im Begriff, so weich zu werden, daß man sie nicht festhalten kann, so begrenzt die Pflicht sie.

Wenn es sich nun mit Deiner Anschauung, daß die Pflicht der Feind der Liebe sei, ebenso verhielte, wenn sie bloß ein unschuldiges Mißverständnis wäre, ja, so würde es Dir genauso gehen wie ihm, von dem wir sprechen; aber Deine Auffassung ist freilich ein Mißverständnis und zugleich ein schuldiges Mißverständnis. Daher kommt es, daß Du nicht allein die Pflicht herabwürdigst, sondern auch die Liebe, daher kommt es, daß die Pflicht sich als ein unüberwindlicher Feind erweist, es kommt daher, daß die Pflicht gerade die wahre Liebe liebt und die falsche auf Tod und Leben haßt, ja sie tötet. Wenn die Individuen in der Wahrheit sind, werden sie in der Pflicht nur den ewigen Ausdruck dafür sehen, daß der Weg ihnen in Ewigkeit bereitet ist, und der Weg, den sie so gern gehen wollen, der ist ihnen nicht nur zu gehen erlaubt, nein, er ist ihnen befohlen; und über diesem Weg wacht eine göttliche Vorsehung, die ihnen immer wieder die Aussicht zeigt, an allen gefährlichen Stellen Warnungstafeln aufstellt. Wer in Wahrheit liebt, warum sollte der eine göttliche Autorisation nicht annehmen wollen, weil sie sich göttlich ausdrückt und nicht nur sagt: Du darfst, sondern: Du sollst? In der Pflicht ist für die Liebenden überall freie Bahn gemacht, und deshalb, glaube ich, ist es in der Sprache so, daß der Ausdruck der Pflicht das Futurische ist, um damit das Geschichtliche anzudeuten.

Jetzt bin ich mit dieser kleinen Darlegung zu Ende. Vermutlich hat sie doch einen Eindruck auf Dich gemacht, Du fühlst, daß alles umgekehrt worden ist, und Du kannst Dich doch nicht ganz gegen die Konsequenz verhärten, aus welcher heraus ich gesprochen habe. Dessenungeachtet würde es Dir wohl schwerfallen, falls ich all dies in einem Gespräch geäußert hätte, Dich der spitzigen Bemerkung zu enthalten, daß ich predige. Indessen kannst Du doch meiner Darstellung eigentlich nicht vorwerfen, daß sie an diesem Fehler leide oder daß sie ganz so sei, wie sie vielleicht sein müßte, wenn man zu einem so verstockten Sünder spricht, wie Du es bist; und was Deine Vorträge, Deine Weisheit anbelangt, so scheinen sie nicht selten an den Prediger Salomo zu erinnern, und man sollte wirklich glauben, daß Du gelegentlich Deine Texte daraus gewählt hast.

Doch ich möchte Dich selbst mir den Anlaß geben lassen, die Sache zu beleuchten. Im allgemeinen achtest Du nämlich die Ethik durchaus nicht gering, und man muß Dich eigentlich erst bis zu einem gewissen Punkte treiben, bevor Du sie über Bord wirfst. Solange Du irgend kannst, behältst Du sie immer auf Deiner Seite. »Ich verachte die Pflicht keineswegs«, so pflegt der mildere Vortrag, der feinere Meuchelmord an der Pflicht zu beginnen, »das sei ferne von mir; aber laß uns vor allen Dingen immer reine Wäsche haben, Pflicht ist Pflicht, Liebe ist Liebe, und damit Punktum, und vor al-

lem keine Mengelei. Oder ist die Ehe nicht die einzige Mißgeburt dieser Art, mit ihrer hermaphroditischen Zweideutigkeit? Alles andere ist entweder Pflicht oder Liebe. Ich erkenne an, daß es eines Menschen Pflicht ist, nach einer bestimmten Stellung im Leben zu trachten, ich halte es für seine Pflicht, seinem Berufe treu zu sein, und andererseits,
wenn er seine Pflicht verletzt, so leide er wohlverdiente Strafe. Hier ist Pflicht. Ich nehme etwas Bestimmtes auf mich,
ich kann genau angeben, was ich pflichtschuldigst zu erfüllen gelobe; tue ich es nicht, so habe ich mir gegenüber eine
Macht, die mich zwingen kann. Schließe ich mich andererseits in Freundschaft eng an einen anderen Menschen an, so
ist hier die Liebe alles, eine Pflicht erkenne ich nicht an; ist
die Liebe vorbei, so ist die Freundschaft aus. Der Ehe allein
ist es vorbehalten, sich auf eine derartige Ungereimtheit zu
konstituieren. Was will es denn heißen, daß man sich zur
Liebe verpflichtet? Wo ist die Grenze? Wann habe ich meine Pflicht erfüllt? Worin besteht, näher bestimmt, meine
Pflicht? An welches Kollegium kann ich mich in Zweifels-
fällen wenden? Und wenn ich meine Pflicht nicht erfülle,
wo ist da die Macht, die mich zwänge? Staat und Kirche haben zwar eine gewisse Grenze gesetzt, aber wenn ich auch
nicht bis zu diesem Extrem gehe, kann ich darum nicht doch
ein schlechter Ehemann sein? Wer will mich strafen, wer
will sie in Schutz nehmen, die darunter leidet?« Antwort:
Du selber. Bevor ich jedoch dazu übergehe, die Verwirrung
zu lösen, in die Du Dich und mich verstrickt hast, muß ich
eine Bemerkung machen. Es ist in Deinen Äußerungen oft
ein gewisses Maß von Zweideutigkeit, das Dir wesentlich
und eigentümlich ist. Was Du sagst, könnte ebensogut der
leichtsinnigste wie der schwermütigste Mensch sagen. Das
weißt Du selbst recht gut; denn es ist eines jener Mittel, deren Du Dich bedienst, um die Leute zu betrügen. Du sagst
dasselbe zu verschiedenen Zeiten, legst den Nachdruck im
Ton auf verschiedene Stellen, und siehe da, das Ganze ist ein
anderes. Wendet man Dir nun ein, daß Du etwas anderes

sagst als das vorige Mal, so erwiderst Du mit großer Ruhe:
Ist es nicht wörtlich dasselbe? Doch genug davon. Laß uns
sehen, wie es sich mit Deiner Einteilung verhält. Es gibt ein
Sprichwort, das sich durch Jahrhunderte erhalten hat, mit
dem man die kluge Politik der Römer bezeichnet hat: *divide
et impera*. In weit tieferem Sinne kann man das von der Entwicklung des Verstandes sagen; denn dessen schlaue Politik
ist es eben, zu teilen und durch dieses Teilen sich die Herrschaft zu sichern, indem die Mächte, die als verbündete unüberwindlich wären, jetzt als getrennte und feindliche einander aufheben, und der Verstand die Herrschaft behält.
Du meinst also, das ganze übrige Leben lasse sich unter der
Best mmung der Pflicht begreifen oder unter deren Gegensatz, und es sei auch noch keinem eingefallen, einen andern
Maßstab anzulegen; die Ehe allein habe sich dieses Selbstwi-
derspruches schuldig gemacht. Du führst als Beispiel eine
Berufspflicht an und meinst, das sei ein gutes bezeichnendes
Beispiel für ein reines Pflichtverhältnis. Indessen ist dies keineswegs der Fall. Wenn nämlich ein Mensch seinen Beruf
nur als eine solche Summe von Bestimmungen begriffe, die
er zu bestimmten Zeiten und Orten erfüllte, so entwürdigte
er sich selbst, seinen Beruf und seine Pflicht. Oder meinst
Du, eine derartige Anschauung würde gute Beamte konstituieren? Wo bliebe denn da noch Platz für die Begeisterung,
mit der jemand sich seinem Berufe widmet, wo Raum für
die Liebe, mit der er ihn liebt? Oder welches Forum sollte
ihn kontrollieren? Oder wird dies von ihm nicht gerade als
Pflicht gefordert, und würde der Staat nicht einen jeden, der
eine Verwaltung ohne dies übernähme, für einen Söldling
halten, dessen Mühe und Plackerei er zwar verwenden und
bezahlen könnte, der aber in anderem Sinne dennoch ein un-
würdiger Beamter wäre? Mag der Staat dies nun auch nicht
ausdrücklich sagen, so kommt das daher, daß das, was er
fordert, etwas Äußerliches ist, etwas Handgreifliches, und
wenn das geschieht, setzt er das andere voraus. In der Ehe
hingegen ist die Hauptsache das Innere, das, worauf sich

nicht deuten und zeigen läßt; der Ausdruck dafür aber ist
eben Liebe. Ich sehe daher keinen Widerspruch darin, daß
es als Pflicht gefordert wird; denn der Umstand, daß niemand da ist, der kontrollieren kann, tut nichts zur Sache, da
der Betreffende sich ja selbst kontrollieren kann. Wenn Du
nun weiterhin bei dieser Forderung verharrst, so kommt es
entweder daher, daß Du mit ihrer Hilfe Dich um die Pflicht
herumdrücken willst, oder daher, daß Du solche Angst vor
Dir selber hast, daß Du Dich gern für unmündig erklären
ließest; aber das ist ja gleich verkehrt und gleich verwerflich.

Wenn Du nun festhältst, was ich im vorhergehenden dargelegt habe, so wie ich es dargelegt habe, so wirst Du leicht
einsehen, daß ich, indem ich die Innigkeit der Pflicht in der
Liebe festhalte, es nicht tue mit jener wilden Angst, mit der
dies zuweilen bei Menschen geschieht, deren prosaische Verständigkeit zuerst das Unmittelbare vernichtet hat und die
dann auf ihre alten Tage sich auf die Pflicht geworfen haben;
Menschen, die in ihrer Blindheit das rein Natürliche nicht
stark genug höhnen, die Pflicht nicht dumm genug preisen
können, so als ob sie auf diese Weise etwas anderes wäre, als
wie Du sie nennst. Einen solchen Bruch kenne ich Gott sei
Dank nicht, ich bin mit meiner Liebe nicht in unwegsame
Gegenden und Wüsteneien geflüchtet, wo ich in meiner
Einsamkeit mich verirrte, ich habe auch nicht gerade Nachbarn und Bekannte um Rat gefragt, was ich tun sollte; eine
solche Isolation und eine solche Partikularisation sind gleich
verkehrt. Ich habe immer *impressa vestigia* vor mir gehabt in
dem Allgemeingültigen selbst, welches die Pflicht ist. Ich
habe auch gefühlt, daß es Augenblicke gibt, in denen es die
einzige Rettung ist, die Pflicht sprechen zu lassen, daß es gesund ist, sich von ihr strafen zu lassen, nicht mit der schwermütigen Weichlichkeit eines Heautontimoroumenos, sondern mit allem Ernst und Nachdruck; aber die Pflicht habe
ich nicht gefürchtet, sie hat sich mir nicht als ein Feind gezeigt, der das bißchen Glück und Freude, das ich durchs

Leben hindurchzuretten gehofft hatte, stören würde, sondern sie hat sich als ein Freund gezeigt, der erste und einzige Vertraute unserer Liebe. Diese Kraft aber, immer die Aussicht freizuhalten, sie ist der Segen der Pflicht, während die romantische Liebe wegen ihres ungeschichtlichen Charakters sich verläuft oder stehenbleibt.

*Dixi et animam meam liberavi*, nicht als ob meine Seele bisher gefangen gewesen wäre und nun durch diese weitläufige Expektoration sich Luft gemacht hätte, nein, es ist nur ein gesunder Atemzug, in dem sie ihre Freiheit genossen hat. Der Atemzug heißt auf Lateinisch, wie Du Dich erinnerst, *respiratio*, ein Wort, das ein Zurückströmen dessen bezeichnet, was zunächst ausgeströmt ist. In der Respiration genießt der Organismus seine Freiheit, und so habe auch ich in diesem Schreiben meine Freiheit genossen, die Freiheit, die ich täglich habe.

Nimm nun wohl vorbereitet entgegen, was Dir wohl erprobt geboten wird. Sollte es Dir als allzu gering erscheinen, um Dich zu befriedigen, so prüfe, ob es Dir nicht möglich ist, Dich besser vorzubereiten, ob Du nicht irgendeine Vorsichtsmaßregel vergessen hast. Die Serben haben eine Volkssage, in der ein ungeheurer Riese beschrieben wird, der einen ebenso ungeheuren Appetit hat. Er kommt zu einem armen Häusler und will das Mittagsmahl mit ihm teilen. Der Häusler tischt nach seinen bescheidenen Mitteln auf, was das Haus vermag. Die gierigen Augen des Riesen haben schon alles verzehrt und mit Sicherheit die Berechnung gemacht, daß er nicht satter geworden wäre, wenn er es wirklich aufgegessen hätte. Sie setzen sich zu Tisch. Dem Häusler kommt es gar nicht in den Sinn, daß es etwa nicht für beide genug sein könnte. Der Riese langt nach der Schüssel, der Häusler unterbricht ihn mit den Worten: »Es ist Sitte und Brauch bei mir, daß man erst ein Gebet spricht«; der Riese schickt sich darein, und siehe, es ist für beide genug.

*Dixi et animam meam liberavi;* denn auch sie, die ich noch immer liebe mit der Jugend einer ersten Liebe, auch sie habe ich freigemacht, nicht als sei sie zuvor gebunden gewesen, sondern sie hat mit mir sich unserer Freiheit gefreut.

Wenn Du nun meinen herzlichen Gruß empfängst, so empfange auch, wie Du pflegst, einen Gruß von ihr, freundlich und aufrichtig wie immer.

Es ist lange her, daß ich Dich bei uns gesehen habe. Das darf ich im eigentlichen wie auch im uneigentlichen Sinne sagen; denn obwohl ich in den vierzehn Tagen, in denen ich die Abendstunden *instar omnium* auf diesen Brief verwendet habe, Dich doch gewissermaßen ständig bei mir gesehen habe, so habe ich Dich eben doch nur im uneigentlichen Sinne, nicht eigentlich, bei mir gesehen, nicht in meinem Hause, in meinem Zimmer, sondern vor meiner Tür, von wo ich durch mein Fegen Dich beinahe zu vertreiben gesucht habe. Auch diese Beschäftigung ist mir nicht unlieb gewesen, und ich weiß, Du wirst mir mein Verhalten auch nicht übelnehmen. Indessen wird es mir doch immer noch lieber sein, Dich im eigentlichen wie auch im uneigentlichen Sinne bei uns zu sehen; ich sage dies mit all dem Stolz eines Ehemannes, der sich fühlt, weil er berechtigt ist, die Formel »bei uns« zu gebrauchen; ich sage es mit all dem humanen Respekt, den zu finden jede Individualität »bei uns« immer sicher sein kann. Du empfängst daher für den nächstkommenden Sonntag keine Familieneinladung auf ewig, d. h. auf einen ganzen Tag; komme, wann Du willst – immer willkommen; bleibe, solange Du willst – immer ein angenehmer Gast; gehe, wann Du willst – immer wohl empfohlen.

*Das Gleichgewicht zwischen dem Ästethischen und dem Ethischen in der Herausarbeitung der Persönlichkeit*

MEIN FREUND! Was ich Dir schon so oft gesagt habe, ich sage es noch einmal, oder besser, ich rufe es Dir zu: entweder – oder; *aut – aut*; denn ein einzelnes *aut*, das berichtigend hinzutritt, macht die Sache nicht klar, da das, worum es hier geht, zu bedeutungsvoll ist, als daß man sich mit einem Teil begnügen, zu zusammenhängend in sich, als daß man es partiell besitzen könnte. Es gibt Lebensverhältnisse, auf die ein Entweder-Oder anzuwenden eine Lächerlichkeit oder eine Art von Geistesschwäche wäre; es gibt aber auch Menschen, deren Seele zu dissolut ist, um zu begreifen, was in solch einem Dilemma liegt, deren Persönlichkeit es an Energie fehlt, um mit Pathos sagen zu können: entweder – oder. Auf mich haben diese Worte von jeher einen starken Eindruck gemacht und tun es noch, zumal wenn ich sie so blank und bar ausspreche, worin ja die Möglichkeit liegt, die schrecklichsten Gegensätze in Bewegung zu setzen. Sie wirken auf mich wie eine Beschwörungsformel, und meine Seele wird überaus ernst, zuweilen fast erschüttert. Ich denke an eine frühe Jugend, da ich, ohne recht zu begreifen, was es heißt, im Leben zu wählen, mit kindlichem Vertrauen auf die Rede der Älteren hörte, und der Augenblick der Wahl mir feierlich und ehrwürdig wurde, obwohl ich im Wählen nur der Anweisung eines andern folgte. Ich denke an die Augenblicke in einem späteren Leben, da ich am Scheidewege stand, da meine Seele in der Stunde der Entscheidung zur Reife kam. Ich denke an die vielen weniger wichtigen, für mich aber nicht gleichgültigen Fälle im Leben, da es zu wählen galt; denn mag es auch nur *ein* Verhältnis geben, in dem dieses Wort seine absolute Bedeutung hat, sooft nämlich auf der einen Seite Wahrheit, Gerechtigkeit und Heiligkeit, auf der anderen Seite Lust und Neigungen, dunkle Leidenschaften und Verderben sich zeigen, so ist es doch stets von Wichtigkeit auch in Dingen, bei denen es an und für sich unschuldig ist, welches man wählt, richtig zu wählen, sich selbst zu prüfen, damit man dereinst nicht etwa einen Rückzug zu jenem Punkt, von dem man ausging, beginnen und Gott danken müsse, wenn man sich weiter nichts vorzuwerfen hat, als daß man seine Zeit vergeudet habe. Im gewöhnlichen Leben gebrauche ich diese Worte, wie andere sie gebrauchen, und es wäre ja auch eine unsinnige Pedanterie, davon abzulassen; dennoch aber kann es mir zuweilen widerfahren, daß es mir plötzlich auffällt, daß ich sie von völlig gleichgültigen Dingen gebraucht habe. Dann legen sie ihre bescheidene Tracht ab, ich vergesse die unbedeutenden Gedanken, die durch sie voneinander geschieden wurden, sie treten vor mir auf in aller ihrer Würde, in ihrem Ornat. Wie eine obrigkeitliche Person für gewöhnlich in ziviler Tracht erscheint und sich ohne weiteren Unterschied unter die Menge mischt, so geht es jenen Worten im gewöhnlichen Leben; wenn der Betreffende dagegen in seiner Autorität auftritt, so unterscheidet er sich von allen. Als eine solche obrigkeitliche Person, die ich nur bei feierlichen Gelegenheiten zu sehen gewohnt bin, erscheinen also diese Worte, und meine Seele wird stets ernst. Und obwohl nun mein Leben sein Entweder-Oder bis zu einem gewissen Grade schon hinter sich hat, so weiß ich doch recht gut, daß mir noch mancher Fall begegnen kann, in dem es seine volle Bedeutung haben wird. Ich hoffe jedoch, daß diese Worte mich zum mindesten würdig gestimmt finden mögen, indem sie mich auf meinem Wege anhalten, und ich hoffe, daß es mir gelingen werde, das Rechte zu wählen; in jedem Falle aber werde ich mich bemühen, mit ungeheucheltem Ernst zu wählen; ich darf mich dann wenigstens getrösten, daß ich eher von meinem Irrweg abkommen werde.

Und Du nun, Du gebrauchst dieses Wort ja oft genug, ja, es ist Dir beinahe zu einer Redensart geworden, welche Bedeutung hat es für Dich? Gar keine. Für Dich ist es, um an

Deine eigenen Ausdrücke zu erinnern: ein Blick, ein Hand-
umdrehn, ein *coup de mains*, ein Abrakadabra. Bei jeder Gelegenheit weißt Du es anzubringen, und es bleibt auch nicht
ohne Wirkung; auf Dich wirkt es nämlich wie ein starkes
Getränk auf einen Nervenschwachen. Du wirst völlig berauscht in dem, was Du selber höheren Wahnsinn nennst.
»Darin ist alle Lebensweisheit enthalten, niemals aber hat
noch irgendein Mensch sie mit so viel Nachdruck vorgetragen, als wäre es ein Gott in eines Popanzes Gestalt, der zu der
leidenden Menschheit spräche, wie jener große Denker und
wahre Lebensphilosoph, der zu einem Manne, welcher ihm
den Hut auf den Boden gerissen hatte, sagte: hebst du ihn
auf, bekommst Du Prügel, hebst Du ihn nicht auf, bekommst
Du auch Prügel, nun kannst Du wählen.« Du hast Deine
große Freude daran, die Leute zu »trösten«, wenn sie in kritischen Fällen sich an Dich wenden; Du hörst ihre Ausführung an und dann sagst Du: Ja, ich sehe es jetzt vollkommen
ein, es sind zwei Fälle möglich, man kann entweder dies tun
oder das; meine aufrichtige Meinung und mein freund-
schaftlicher Rat lauten folgendermaßen: tu es oder tu es
nicht, Du wirst beides bereuen. Doch wer anderer spottet,
der spottet seiner selbst, und es ist nicht umsonst, sondern
ein tiefer Spott über Dich, ein trauriger Beweis dafür, wie
haltlos Deine Seele ist, daß Deine Lebensanschauung sich
in einem einzigen Satze konzentriert: »Ich sage bloß entweder – oder.« Wäre das nun wirklich Dein Ernst, so wäre mit
Dir nichts anzufangen, man müßte Dich lassen wie Du bist
und nur bedauern, daß Schwermut oder Leichtsinn Deinen
Geist geschwächt haben. Jetzt dagegen, da man doch weiß,
daß es sich nicht so verhält, ist man nicht versucht, Dich zu
bedauern, wohl aber zu wünschen, daß die Verhältnisse
Deines Lebens Dich einmal in ihre eisernen Schellen ein-
schrauben und Dich zwingen, das, was in Dir steckt, ans
Licht kommen zu lassen, daß sie einmal mit der schärferen
Examination beginnen, die sich nicht mit Geschwätz oder
mit Witzen zufrieden gibt. Das Leben sei eine Maskerade,

erklärst Du, und das ist Dir ein unerschöpflicher Stoff zum
Vergnügen, und noch ist es niemandem gelungen, Dich zu
erkennen; denn jede Offenbarung ist immer eine Täuschung,
so nur kannst Du atmen und verhindern, daß die Leute auf
Dich eindringen und die Respiration beeinträchtigen. Darin hast Du Deine Tätigkeit, Dein Versteck zu bewahren,
und das gelingt Dir, denn Deine Maske ist die rätselhafteste
von allen; Du bist nämlich nichts und bist immer nur im
Verhältnis zu andern, und was Du bist, bist Du durch dies
Verhältnis. Einer zärtlichen Hirtin reichst Du schmachtend
die Hand und bist im selben Augenblick in aller möglichen
Schäfersentimentalität maskiert; einen ehrwürdigen geistlichen Vater betrügst Du mit einem Bruderkuß usw. Du
selbst bist nichts, eine rätselhafte Gestalt, auf deren Stirn
geschrieben steht: entweder – oder; »denn das ist mein
Wahlspruch, und diese Worte sind nicht, wie die Gramma-
tiker glauben, disjunktive Konjunktionen, nein, sie gehören
untrennbar zusammen und müssen daher in einem Wort geschrieben werden, da sie gemeinsam eine Interjektion bilden, die ich der Menschheit zurufe, so wie man einem Juden
hepp hepp nachruft.« Obwohl nun jede derartige Äußerung
von Dir auf mich ohne Wirkung bleibt, oder, sofern sie etwas wirkt, höchstens dahin wirkt, daß sie eine gerechte In-
dignation hervorruft, so will ich Dir doch um Deiner selbst
willen antworten: Weißt Du denn nicht, daß einmal eine
Mitternachtsstunde kommt, da ein jeder sich demaskieren
muß, glaubst Du, daß das Leben immer mit sich spaßen
läßt, glaubst Du, man kann sich kurz vor Mitternacht weg-
schleichen, um dem zu entgehen? Oder schreckt Dich das
nicht? Ich habe im Leben Menschen gesehen, die andere so
lange betrogen, daß zuletzt ihr wahres Wesen sich nicht
mehr offenbaren konnte; ich habe Menschen gesehen, die so
lange Verstecken spielten, daß zuletzt Wahnsinn durch sie
ebenso widerwärtig anderen ihre heimlichen Gedanken auf-
drängte, die sie bis dahin stolz verborgen hatten. Oder kannst
Du Dir etwas Entsetzlicheres denken, als daß es damit ende-

te, daß Dein Wesen sich in eine Vielfalt auflöste, daß Du wirklich zu mehreren, daß Du gleich jenen unglücklichen Dämonischen eine Legion würdest und Du solchermaßen das Innerste, Heiligste in einem Menschen verloren hättest, die bindende Macht der Persönlichkeit? Du solltest wahrlich nicht spaßen mit dem, was nicht nur ernst, sondern furchtbar ist. In jedem Menschen ist etwas, was ihn bis zu einem gewissen Grade daran hindert, sich selber völlig durchsichtig zu werden, und zwar kann dies in so hohem Maße der Fall sein, kann er so unerklärlich in Lebensverhältnisse, die über ihn selbst hinausliegen, verflochten sein, daß er sich fast nicht mehr zu offenbaren vermag; wer sich aber nicht offenbaren kann, der kann nicht lieben, und wer nicht lieben kann, der ist der Unglücklichste von allen. Und Du tust aus Mutwillen das gleiche, Du übst Dich in der Kunst, allen rätselhaft zu werden. Mein junger Freund! gesetzt den Fall, niemand fragte etwas danach, Dein Rätsel zu erraten, welche Freude hättest Du dann daran? Vor allem aber um Deiner selbst willen, um Deines Heils willen – denn ich kenne keinen Seelenzustand, den man besser als Verdammnis bezeichnen könnte – gebiete Einhalt dieser wilden Flucht, dieser Leidenschaft der Vernichtung, die in Dir rast, denn das ist es doch, was Du willst, Du willst alles vernichten; Du willst den Hunger des Zweifels in Dir am Dasein sättigen. Dazu bildest Du Dich, dazu verhärtest Du Dein Gemüt; denn das gibst Du gerne zu, Du taugst zu nichts, nur dies ergötzt Dich, siebenmal um das Dasein herumzugehen und die Posaune zu blasen und darauf das Ganze untergehen zu lassen, auf daß Deine Seele sich beruhige, ja wehmütig werde, auf daß Du das Echo hervorrufen könnest; denn das Echo hallt nur in der Leere.

Doch auf diesem Wege komme ich mit Dir wohl nicht weiter, überdies ist mein Kopf, wenn Du so willst, zu schwach, um es aushalten zu können, oder, wie ich will, zu stark, um Gefallen daran zu finden, daß es mir immerzu vor den Augen schwindelt. Ich will daher die Sache von einer anderen

Seite her anfangen. Denke Dir einen jungen Menschen, in jenem Alter, da das Leben so recht anfängt Bedeutung für ihn zu bekommen; er ist gesund, rein, fröhlich, geistig begabt, selber an Hoffnung reich, die Hoffnung eines jeden, der ihn kennt; denke Dir, ja, es ist hart, daß ich es sagen muß, er täuschte sich in Dir, er glaubte, Du seist ein ernster, erprobter, erfahrener Mensch, bei dem man sicher Aufklärung über des Lebens Rätsel suchen könne; denke Dir, er wendete sich an Dich mit dem liebenswürdigen Vertrauen, das die Zierde der Jugend, mit dem unabweislichen Anspruch, der das Recht der Jugend ist – was würdest Du ihm antworten? Würdest Du antworten: ja, ich sage bloß entweder – oder; das würdest Du wohl kaum? Würdest Du, wie Du Dich auszudrücken pflegst, wenn Du Deinen Widerwillen dagegen, daß andere Dich mit ihren Herzensangelegenheiten behelligen, bezeichnen willst, den Kopf aus dem Fenster stecken und sagen: geht mich nichts an; oder würdest Du ihn wie andere behandeln, die sich mit Dir beraten oder Aufklärung bei Dir suchen wollen und die Du, so wie jene, die Pfarrgeld einziehen, mit den Worten abweist, Du seist nur Untermieter hier im Leben, kein seßhafter Mann und Familienvater? Das würdest Du wohl auch nicht tun. Ein junger Mensch, geistig begabt, ist etwas, worauf Du viel zu großen Wert legst. Aber Dein Verhältnis zu ihm wäre nicht ganz, wie Du es eigentlich wünschtest; es wäre kein zufälliges Zusammentreffen, das Dich mit ihm in Berührung gebracht hätte, Deine Ironie wäre nicht gereizt. Obwohl er der Jüngere wäre, Du der Ältere, so hätte er durch seine edle Jugendlichkeit dem Augenblick doch Ernst verliehen. Nicht wahr, Du würdest selber jung werden, Du würdest fühlen, daß etwas Schönes im Jungsein liegt, aber auch etwas überaus Ernstes, daß es keineswegs eine gleichgültige Sache ist, wie man seine Jugend gebraucht, daß eine Wahl vor einem liegt, ein wirkliches Entweder – Oder? Du würdest fühlen, daß es eben nicht so sehr darauf ankommt, seinen Geist zu bilden, als darauf, seine Persönlichkeit zur Reife zu bringen. Deine Gutmütigkeit, Deine Sympathie wäre in Bewegung gesetzt, aus ihr heraus würdest Du zu ihm sprechen; Du würdest seine Seele stärken, ihn bestärken in dem Vertrauen, das er zur Welt hat, Du würdest ihm versichern, daß der Mensch eine Macht in sich hat, die der ganzen Welt zu trotzen vermag, Du würdest ihm sehr ans Herz legen, die Zeit zu nützen. Das alles kannst Du tun, und wenn Du willst, kannst Du es auf eine schöne Art tun. Achte nun aber wohl darauf, was ich Dir sagen will, junger Mensch; denn obwohl Du nicht mehr jung bist, ist man doch immer wieder genötigt, Dich so zu nennen. Was tätest Du nun hier? Du würdest anerkennen, was Du sonst nicht anerkennen willst, die Bedeutung eines Entweder – Oder, und warum? weil Deine Seele von Liebe zu dem jungen Menschen bewegt wäre; und doch hättest Du ihn ja irgendwie betrogen, denn vielleicht wird er zu anderen Zeiten mit Dir zusammentreffen, wo es keineswegs Deine Gelegenheit ist, es anzuerkennen. Da siehst Du eine traurige Folge davon, daß das Wesen eines Menschen sich nicht harmonisch zu offenbaren vermag. Du hättest gemeint, das Beste zu tun, und doch hättest Du ihm vielleicht geschadet; vielleicht hätte er sich gegenüber Deinem Mißtrauen zum Leben eher behaupten können, als daß er Ruhe findet in dem subjektiv trügerischen Vertrauen, das Du ihm beigebracht hast. Denke Dir, Du würdest nach einigen Jahren wieder mit jenem jungen Menschen zusammentreffen; er wäre lebhaft, witzig, geistreich, kühn in seinen Gedanken, keck in seinem Ausdruck; Dein feines Ohr aber entdeckte leicht den Zweifel in seiner Seele, Du schöpftest Verdacht, daß auch er zu der zweideutigen Weisheit gelangt sei: ich sage bloß entweder – oder; nicht wahr, es würde Dir leid um ihn tun, Du würdest fühlen, daß er etwas verloren hätte, und zwar etwas sehr Wesentliches. Über Dich selbst aber willst Du Dich nicht grämen, Du bist zufrieden mit Deiner zweideutigen Weisheit, ja stolz auf sie, so stolz, daß Du keinem andern erlauben kannst, sie zu teilen, da Du sie ganz für Dich allein haben möchtest. Und doch findest Du in anderer

Beziehung es bedauerlich, und zwar ist es Deine aufrichtige
Meinung, daß es bedauerlich sei, daß jener junge Mensch zu
derselben Weisheit gelangt ist. Welch ungeheurer Widerspruch! Dein ganzes Wesen widerspricht sich selbst. Aus diesem Widerspruch aber vermagst Du einzig durch ein Entweder – Oder herauszukommen; und ich, der ich Dich aufrichtiger liebe, als Du jenen jungen Menschen geliebt hättest,
ich, der ich in meinem Leben die Bedeutung der Wahl erfahren habe, ich beglückwünsche Dich, daß Du noch so jung
bist, daß, mag Dir auch immer etwas entgehen, Du dennoch, falls Du die Energie dazu hast oder besser haben willst,
gewinnen kannst, was die Hauptsache im Leben ist, nämlich
Dich selbst gewinnen, Dich selbst erwerben.

Falls nun ein Mensch sich fortwährend auf der Spitze des
Wahlaugenblicks halten, falls er aufhören könnte, ein Mensch
zu sein, falls er in seinem innersten Wesen nur ein luftiger
Gedanke wäre, falls die Persönlichkeit nichts weiter zu bedeuten hätte, als ein Kobold zu sein, der zwar an den Bewegungen teilnähme, aber doch unverändert bliebe, falls es sich
solchermaßen verhielte, so wäre es eine törichte Annahme,
daß es für einen Menschen zu spät sein könne zu wählen, da
in tieferem Sinne von einer Wahl gar keine Rede sein könnte. Die Wahl selbst ist entscheidend für den Gehalt der Persönlichkeit; durch die Wahl sinkt sie in das Gewählte hinab,
und wenn sie nicht wählt, welkt sie in Auszehrung dahin.
Einen Augenblick lang ist es so, einen Augenblick lang mag
es so scheinen, als ob das, zwischen dem gewählt werden soll,
außerhalb des Wählenden liege; er steht in keinerlei Beziehung dazu, er kann dem gegenüber in Indifferenz verharren.
Dies ist der Augenblick der Überlegung, doch wie der platonische ist er eigentlich gar nicht, und am allerwenigsten in
dem abstrakten Sinne, in dem Du ihn festhalten möchtest;
und je länger man auf ihn starrt, um so weniger *ist* er. Was
gewählt werden soll, steht in der tiefsten Beziehung zum
Wählenden, und wenn von einer Wahl die Rede ist, die eine Lebensfrage betrifft, so muß das Individuum ja gleich-

zeitig leben und kommt damit, je weiter es die Wahl hinaus-
schiebt, leicht dazu, sie zu verändern, obwohl es ständig überlegt und überlegt und damit glaubt, die Gegensätze der Wahl
recht auseinanderzuhalten. Wenn man das Entweder – Oder
des Lebens so betrachtet, ist man nicht leicht versucht, damit
zu spaßen. Man sieht also, daß der innere Trieb der Persönlichkeit zu Gedankenexperimenten keine Zeit hat, daß er beständig vorwärts eilt und irgendwie entweder das eine oder
das andere setzt, wodurch denn die Wahl im nächsten Augenblick noch schwieriger wird; denn was gesetzt ist, muß
zurückgenommen werden. Wenn Du Dir einen Steuermann
auf seinem Schiffe vorstellst in dem Augenblick, da ein
Schlag gemacht werden soll, so wird er vielleicht sagen können: ich kann entweder dies tun oder das; wenn er aber kein
mäßiger Steuermann ist, so wird er sich zugleich bewußt
sein, daß das Schiff unterdessen mit seiner gewohnten Geschwindigkeit dahinfährt und daß es somit nur für einen Augenblick gleichgültig ist, ob er dieses tut oder jenes. So auch
mit einem Menschen, vergißt er, diese Geschwindigkeit zu
berechnen, so kommt schließlich ein Augenblick, da von einem Entweder – Oder nicht mehr die Rede ist, nicht etwa
deshalb, weil er gewählt hätte, sondern weil er es unterlassen
hat zu wählen, was sich auch so ausdrücken läßt: weil andere
für ihn gewählt haben, weil er sich selbst verloren hat.

Aus dem hier Dargelegten wirst Du auch ersehen, worin
meine Betrachtung einer Wahl sich wesentlich von der Deinen unterscheidet, wenn ich von einer solchen bei Dir überhaupt reden kann; denn die Deine unterscheidet sich eben
darin, daß sie eine Wahl verhindert. Der Augenblick der
Wahl ist für mich überaus ernst, nicht so sehr wegen des
strengen Durchdenkens dessen, was sich in der Wahl als getrennt erweist, nicht wegen der Vielfalt der Gedanken, die
sich mit dem einzelnen Glied verknüpfen, als vielmehr deshalb, weil Gefahr vorhanden ist, daß es schon im nächsten
Augenblick nicht mehr so in meiner Macht steht zu wählen,
daß dann schon etwas gelebt worden ist, was noch einmal

gelebt werden muß; denn wenn man glaubt, man könne
seine Persönlichkeit auch nur einen Augenblick blank und
bar erhalten oder man könne in strengerem Sinne das persönliche Leben zum Stillstand bringen und unterbrechen, so
ist man im Irrtum. Die Persönlichkeit ist schon, noch bevor
man wählt, an der Wahl interessiert, und wenn man die
Wahl aussetzt, so wählt die Persönlichkeit unbewußt, oder
es wählen die dunklen Mächte in ihr. Wenn man dann endlich doch wählt, sofern man nicht, wie ich zuvor bemerkte,
sich ganz und gar verflüchtigt, so entdeckt man, daß da etwas ist, was rückgängig gemacht, was zurückgenommen
werden muß, und das ist oft überaus schwierig. In Märchen
wird von Menschen erzählt, die von Meerweibern und Meer-
männern mit ihrer dämonischen Musik in ihre Gewalt hineingerissen worden sind. Um den Zauber zu lösen, lehrt das
Märchen, war es notwendig, daß der Verzauberte dasselbe
Stück rückwärts spielte, ohne ein einziges Mal fehlzugreifen.
Das ist überaus tiefsinnig gedacht, aber überaus schwer auszuführen, und doch ist es so; das Verfehlte, das in einen ein-
gedrungen ist, muß man auf diese Weise austilgen, und so
oft man fehlgreift, muß man von vorne anfangen. Sieh, darum ist es von Wichtigkeit zu wählen und beizeiten zu wählen. Du dagegen hast eine andere Methode; denn das weiß
ich wohl, daß die polemische Seite, die Du der Welt zu-
kehrst, nicht Dein wahres Wesen ist. Ja, wenn das Überlegen
die Aufgabe eines Menschenlebens wäre, so wärest Du der
Vollkommenheit nahe. Ich will ein Beispiel nehmen. Es
müssen natürlich kühne Gegensätze sein, damit es auf Dich
zutreffe: entweder Geistlicher oder Schauspieler. Hier ist das
Dilemma. Jetzt erwacht Deine ganze leidenschaftliche Energie; mit ihren hundert Armen ergreift die Reflexion den
Gedanken, Geistlicher zu werden. Du findest keine Ruhe,
Tag und Nacht denkst Du darüber nach; Du liest alle
Schriften, deren Du habhaft werden kannst, gehst jeden
Sonntag dreimal zur Kirche, machst Bekanntschaft mit
Geistlichen, schreibst selber Predigten, hältst sie vor Dir selbst,

ein halbes Jahr lang bist Du für die ganze Welt tot. Jetzt bist Du fertig; Du kannst jetzt einsichtiger und scheinbar erfahrener vom Amt des Geistlichen reden als mancher, der schon zwanzig Jahre lang Pfarrer gewesen ist. Es erbittert Dich, wenn Du mit solchen Leuten zusammentriffst, daß sie sich nicht mit ganz anderer Beredsamkeit zu expektorieren wissen; ist das Begeisterung, sagst Du, ich, der ich nicht Geistlicher bin, der ich mich dem nicht geweiht habe, ich rede im Vergleich zu ihnen mit Engelszungen. Das mag durchaus möglich sein, indessen bist Du doch nicht Geistlicher geworden. Nun machst Du es mit dem zweiten Problem ebenso, und Deine Kunstbegeisterung übertrifft fast noch Deine geistliche Beredsamkeit. Du bist also zum Wählen bereit. Indessen darf man sicher sein, daß bei der ungeheuren Gedankenarbeit, in der Du gelebt hast, mancherlei abgefallen ist, viele kleine Bemerkungen und Beobachtungen. In dem Augenblick daher, da Du wählen willst, kommt Leben und Bewegung in diesen Abfall, es zeigt sich ein neues Entweder – Oder: Jurist; Advokat vielleicht, das hat etwas mit beiden gemeinsam. Jetzt bist Du verloren. Im selben Moment bist Du nämlich gleich Advokat genug, um beweisen zu können, daß es richtig sei, auch das Dritte mitzunehmen. So geht Dein Leben hin. Nachdem Du anderthalb Jahre an diese Überlegungen vergeudet, nachdem Du alle Kraft Deiner Seele mit bewundernswerter Energie angestrengt hast, bist Du nicht um einen Schritt weitergekommen. Da reißt der Faden des Gedankens, Du wirst ungeduldig, leidenschaftlich, sengst und brennst, und dann fährst Du fort: oder Haarschneider, oder Geldzähler in einer Bank, ich sage bloß entweder-oder. Was Wunder, daß dieses Wort Dir ein Ärgernis und eine Torheit geworden ist, »daß es Dir vorkommt wie die Arme jener Jungfrau, deren Umarmung eine Todesstrafe war«. Du übersiehst die Menschen, Du treibst Deinen Spott mit ihnen, und so bist Du gerade zu dem geworden, was von allem Du am meisten verabscheust – einem Kritiker, einem Universalkritiker aller Fakultäten.

Zuweilen muß ich über Dich lächeln, und doch ist es traurig,
daß Deine wahrlich ausgezeichneten Geistesgaben sich derart
zersplittern. Doch hier ist wiederum derselbe Widerspruch
in Deinem Wesen; denn das Lächerliche siehst Du sehr wohl,
und Gott gnade dem, der Dir in die Hände fällt, wenn es
sich so mit ihm verhält; und doch ist der ganze Unterschied
der, daß er vielleicht gebeugt und geknickt wird, Du dagegen leicht und schlank wirst und lustiger denn je und Dich
selbst und andere mit dem Evangelium beglückst: *vanitas
vanitatum vanitas* juchhe! Dies aber ist keine Wahl, es ist, was
man auf Dänisch mit dem Wort ausdrückt: »lad gaae« [laß
nur, meinetwegen], oder es ist eine Mediation wie die, fünf
gerade sein zu lassen. Jetzt fühlst Du Dich frei, sagst der Welt
Lebewohl.

> So zieh' ich hin in alle Ferne,
> Über meiner Mütze nur die Sterne.

Sieh, damit hast Du gewählt, freilich nicht, wie Du wohl
selber zugeben wirst, das bessere Teil; eigentlich aber hast
Du gar nicht gewählt, oder Du hast gewählt im uneigentlichen Sinne. Deine Wahl ist eine ästhetische Wahl; eine
ästhetische Wahl aber ist keine Wahl. Überhaupt ist das
Wählen ein eigentlicher und stringenter Ausdruck für das
Ethische. Überall, wo in strengerem Sinne von einem Entweder – Oder die Rede ist, kann man stets sicher sein, daß
das Ethische mit im Spiele ist. Das einzige absolute Entweder
– Oder, das es gibt, ist die Wahl zwischen Gut und Böse, die
aber ist auch absolut ethisch. Die ästhetische Wahl ist entweder völlig unmittelbar und insofern keine Wahl, oder sie
verliert sich in der Mannigfaltigkeit. Wenn etwa ein junges
Mädchen der Wahl ihres Herzens folgt, so ist diese Wahl,
wie schön sie im übrigen auch sei, in strengerem Sinne keine
Wahl, da sie völlig unmittelbar ist. Wenn ein Mensch ästhetisch eine Menge von Lebensaufgaben erwägt, so wie Du im
vorhergehenden, so erhält er nicht leicht ein Entweder –

Oder, sondern eine ganze Mannigfaltigkeit, weil das Selbstbestimmende in der Wahl hier nicht ethisch akzentuiert ist und weil, wenn man nicht absolut wählt, man nur für den Moment wählt und deshalb im nächsten Augenblick etwas anderes wählen kann. Die ethische Wahl ist daher in gewissem Sinne viel leichter, viel einfacher, in anderem Sinne aber ist sie unendlich viel schwerer. Wer sich seine Lebensaufgabe ethisch bestimmen will, hat im allgemeinen keine so bedeutende Auswahl; dagegen hat der Akt der Wahl für ihn weit mehr zu bedeuten. Wenn Du mich also recht verstehen willst, so darf ich immerhin sagen, daß es beim Wählen nicht so sehr darauf ankommt, das Richtige zu wählen, als auf die Energie, den Ernst und das Pathos, womit man wählt. Darin verkündigt sich die Persönlichkeit in ihrer inneren Unendlichkeit, und dadurch konsolidiert die Persönlichkeit sich wieder. Darum, selbst wenn ein Mensch das Unrechte wählte, so wird er doch, eben auf Grund der Energie, mit der er gewählt, entdecken, daß er das Unrechte gewählt hat. Indem nämlich die Wahl mit der ganzen Inbrunst der Persönlichkeit vorgenommen worden ist, ist sein Wesen geläutert und er selbst in ein unmittelbares Verhältnis zu der ewigen Macht gebracht, die das ganze Dasein allgegenwärtig durchdringt. Diese Verklärung, diese höhere Weihe erreicht der niemals, der bloß ästhetisch wählt. Der Rhythmus seiner Seele ist trotz all ihrer Leidenschaft doch nur ein *spiritus lenis*.

Wie ein Cato rufe ich Dir also mein Entweder-Oder zu, und doch nicht wie ein Cato; denn meine Seele hat noch nicht die resignierte Kälte erworben, die ihm eigen war. Aber ich weiß es, nur diese Beschwörung wird, wenn ich die nötige Kraft besitze, imstande sein, Dich zu wecken, nicht zu einer Tätigkeit des Denkens, denn daran fehlt es Dir nicht, sondern zum Ernst des Geistes. Vielleicht wird es Dir gelingen, auch ohne ihn vieles zu leisten, vielleicht sogar die Welt in Erstaunen zu setzen [denn ich bin nicht knauserig], und doch wirst Du des Höchsten verlustig gehen, des einzigen, das

dem Leben in Wahrheit Bedeutung verleiht, vielleicht wirst
Du die ganze Welt gewinnen und Dich selbst verlieren.
Was ist es also, das ich in meinem Entweder – Oder von-
einander scheide? Ist es Gut und Böse? Nein, ich möchte
Dich nur auf den Punkt bringen, auf dem diese Wahl in
Wahrheit Bedeutung für Dich gewinnt. Darum allein dreht
sich alles. Wenn man einen Menschen erst dahin bringt, am
Scheidewege zu stehen, dergestalt, daß es für ihn keinen Ausweg mehr gibt als den, daß er wählt, so wählt er das Rechte.
Sollte es daher geschehen, daß Du, bevor Du diese etwas
ausführlichere Untersuchung zu Ende gelesen hast, die Dir
wiederum in Form eines Briefes zugesandt wird, fühltest,
daß der Augenblick der Wahl da sei, so wirf das übrige fort,
kümmere Dich nicht darum, Du hast nichts verloren; aber
wähle, und Du wirst sehen, welche Gültigkeit darin liegt,
ja, kein junges Mädchen kann über die Wahl ihres Herzens
so glücklich sein wie ein Mann, der zu wählen verstanden hat.
Entweder muß man also ästhetisch leben, oder man muß
ethisch leben. Hier ist, wie gesagt, noch nicht in strengerem
Sinne von einer Wahl die Rede; denn wer ästhetisch lebt,
der wählt nicht, und wer, nachdem das Ethische sich ihm
gezeigt hat, das Ästhetische wählt, der lebt nicht ästhetisch,
denn er sündigt und unterliegt ethischen Bestimmungen,
mag sein Leben auch als unethisch bezeichnet werden müssen. Sieh, dies ist gleichsam der *character indelebilis* des Ethischen, daß es, obwohl es sich mit dem Ästhetischen bescheiden auf eine Stufe stellt, doch eigentlich das ist, was die Wahl
zu einer Wahl macht. Und das ist das Traurige, wenn man
das Leben der Menschen betrachtet, daß so viele ihr Leben in
stiller Verdammnis dahinleben; sie leben sich selbst aus, nicht
in dem Sinne, daß der Inhalt des Lebens sich sukzessiv entfaltete und nunmehr in dieser Entfaltung besessen würde,
sondern sie leben sich gleichsam aus sich selbst heraus, verschwinden wie Schatten, ihre unsterbliche Seele verweht,
und sie ängstigen sich nicht über die Frage nach deren Unsterblichkeit; denn sie haben sich ja bereits aufgelöst, ehe sie

sterben. Sie leben nicht ästhetisch, aber auch das Ethische hat sich ihnen nicht in seiner Ganzheit gezeigt; sie haben es also auch nicht eigentlich verworfen, sie sündigen darum auch nicht, außer insofern, als es Sünde ist, daß sie weder das eine sind noch das andere; sie zweifeln also auch nicht an ihrer Unsterblichkeit, denn wer tief und innig im eigenen Namen daran zweifelt, der findet schon das Rechte. Im eigenen Namen, sage ich, und es ist wohl hohe Zeit, daß man vor jener großherzigen, heldenmütigen Objektivität warnt, mit der viele Denker in aller Namen denken, nicht in ihrem eigenen. Will man das, was ich hier fordere, Selbstliebe nennen, so möchte ich erwidern: das kommt daher, daß man keine Vorstellung davon hat, was dieses »Selbst« ist und daß es einem Menschen nur sehr wenig hülfe, wenn er die ganze Welt gewönne, aber sich selbst verlöre, sowie, daß es notwendigerweise ein schlechter Beweis sein muß, der nicht zuallererst den überzeugt, der ihn vorbringt.

Mein Entweder – Oder bezeichnet nicht zunächst die Wahl zwischen Gut und Böse, es bezeichnet die Wahl, durch die man Gut und Böse wählt oder sie ausschließt. Die Frage ist hier, unter welchen Bestimmungen man das ganze Dasein betrachten und selber leben will. Daß, wer Gut und Böse wählt, das Gute wählt, ist zwar wahr, aber das zeigt sich erst hinterher; denn das Ästhetische ist nicht das Böse, sondern die Indifferenz, und daher eben sagte ich, daß das Ethische die Wahl konstituiere. Es ist deshalb nicht so sehr die Rede davon, daß man wähle, ob man das Gute oder das Böse will, als vielmehr davon, daß man das Wollen wählt; damit aber ist wiederum das Gute und das Böse gesetzt. Wer das Ethische wählt, wählt das Gute, das Gute aber ist hier völlig abstrakt, sein Sein ist damit nur gesetzt, und daraus folgt noch keineswegs, daß der Wählende nicht wieder das Böse wählen kann, obwohl er das Gute gewählt hat. Hier siehst Du wieder, wie wichtig es ist, daß gewählt wird, und daß es eben nicht so sehr auf die Überlegung ankommt als auf die Taufe des Willens, die diesen erst ganz in das Ethische aufnimmt. Je mehr die Zeit hingeht, um so schwieriger wird das Wählen; denn die Seele ist ständig in dem einen Teil des Dilemmas, und es wird daher immer schwieriger, sich los-zureißen. Und doch ist dies notwendig, wenn gewählt wer-den soll, und also von äußerster Wichtigkeit, wenn eine Wahl etwas zu bedeuten hat, und daß dies der Fall ist, werde ich später zeigen.

Du weißt, ich habe mich nie für einen Philosophen ausge-geben, am allerwenigsten, wenn ich mich mit Dir unterhalte. Teils um Dich ein wenig zu necken, teils weil es wirklich mei-ne liebste und teuerste und in gewissem Sinne bedeutungs-vollste Stellung im Leben ist, pflege ich als Ehemann aufzu-treten. Ich habe mein Leben nicht der Kunst und Wissen-schaft aufgeopfert; wofür ich mich geopfert habe, das sind im Vergleich dazu nur Kleinigkeiten, ich opfere mich für meinen Beruf, meine Frau, meine Kinder, oder besser ge-sagt, ich opfere mich dafür nicht, sondern ich finde meine Zufriedenheit und meine Freude darin. Es sind Kleinigkeiten im Vergleich zu dem, wofür Du lebst, und doch, mein jun-ger Freund, gib wohl acht, daß das Große, für das Du Dich wirklich opferst, Dich nicht betrüge. Obwohl ich kein Phi-losoph bin, so bin ich doch genötigt, mich hier an eine phi-losophische Überlegung heranzuwagen, die ich Dich bitten möchte nicht so sehr zu kritisieren, als sie Dir *ad notam* zu nehmen. Das polemische Resultat nämlich, von dem alle Deine Siegeshymnen über das Dasein wiederklingen, hat eine merkwürdige Ähnlichkeit mit der Lieblingstheorie der neu-eren Philosophie, daß der Satz des Widerspruchs aufgeho-ben sei. Zwar weiß ich, daß der Standpunkt, den Du ein-nimmst, der Philosophie ein Greuel ist, und doch will es mir scheinen, als ob sie sich desselben Fehlers schuldig mach-te, ja daß der Grund, warum man es nicht gleich merkt, der ist, daß sie nicht einmal so richtig gestellt ist wie Du. Du bist auf dem Gebiet der Tat, sie auf dem der Kontemplation. Sobald man sie daher auf die Praxis übertragen will, muß sie zu demselben Ergebnis kommen wie Du, mag sie sich auch nicht so ausdrücken. Du mediierst die Gegensätze in einem höheren Widersinn, die Philosophie in einer höheren Einheit. Du wendest Dich der Zukunft zu, denn Handlung ist wesentlich futurisch; Du sagst, ich kann entweder dies tun oder das tun, aber was von beidem ich auch tue, es ist immer gleich verkehrt, *ergo* tue ich gar nichts. Die Philosophie wendet sich der Vergangenheit zu, der ganzen erlebten Weltgeschichte, sie zeigt, wie die diskursiven Momente in einer höheren Einheit zusammentreffen, sie mediiert und mediiert. Dagegen scheint sie mir gar nicht auf das zu antworten, wonach ich frage; denn ich frage nach der Zukunft. Du antwortest doch gewissermaßen, mag Deine Antwort auch Unsinn sein. Ich nehme nun an, daß die Philosophie recht habe, daß der Satz des Widerspruchs wirklich aufgehoben sei, oder daß die Philosophen ihn in jedem Augenblick in der höheren Einheit aufheben, die für das Denken ist. Dies kann jedoch nicht von der Zukunft gelten; denn die Gegensätze müssen ja doch erst dagewesen sein, bevor ich sie mediieren kann. Ist aber der Gegensatz da, so gibt es ein Entweder – Oder. Der Philosoph sagt: so ist es bisher gegangen; ich frage: was habe ich zu tun, wenn ich kein Philosoph sein will, denn wollte ich das, so sehe ich wohl, daß ich, wie die andern Philosophen, die Vergangenheit mediieren muß. Teils ist dies keine Antwort auf meine Frage, was ich tun soll; denn wäre ich auch der begabteste philosophische Kopf, der je in der Welt gelebt hat, so muß es doch noch etwas mehr für mich zu tun geben, als dazusitzen und das Vergangene zu betrachten; teils bin ich Ehemann und keineswegs ein philosophischer Kopf, sondern wende mich mit aller Ehrerbietung an die Vertreter dieser Wissenschaft, um zu erfahren, was ich tun soll. Ich erhalte jedoch keine Antwort; denn der Philosoph mediiert das Vergangene und ist darin, der Philosoph hastet so sehr in die Vergangenheit hinein, daß, wie ein Dichter von einem Antiquar sagt, nur seine Rockschöße in der Gegenwart zurückgeblieben sind. Sieh, hier bist Du mit den Philosophen einig, und zwar seid ihr euch

einig darin, daß das Leben zum Stillstand kommt. Für den
Philosophen ist die Weltgeschichte abgeschlossen und er
mediiert. Daher gehört in unserer Zeit jener unerquickliche
Anblick von jungen Menschen zur Tagesordnung, die Christentum und Heidentum mediieren können, die mit den
titanischen Kräften der Geschichte spielen können, die aber
einem einfältigen Menschen nicht zu sagen vermögen, was
er hier im Leben zu tun habe, und die auch nicht wissen,
was sie selber zu tun haben. Du bist überaus reich an Ausdrücken für Dein Lieblingsresultat, ich möchte hier nur einen
hervorheben, weil Du darin eine auffällige Ähnlichkeit mit
dem Philosophen hast, mag auch sein wirklicher oder ange-
nommener Ernst ihm verbieten, an dem obligaten Auf-
schwung teilzunehmen, an dem Du Dich belustigst. Fragt
man Dich, ob Du eine Adresse an den König unterschreiben
möchtest, oder ob Du eine Konstitution wünschst oder das
Steuerbewilligungsrecht, oder ob Du Dich zu diesem oder
jenem guttätigen Zweck vereinigen möchtest, so antwortest
Du: »Hochgeehrte Zeitgenossen! Ihr mißversteht mich, ich
mache gar nicht mit, ich bin draußen, ich bin draußen wie
ein winziges spanisches s.« So geht es auch dem Philosophen,
er ist draußen, er macht nicht mit, er sitzt da und altert, indem er auf die Lieder der Vergangenheit hört, er lauscht den
Harmonien der Mediation. Ich achte die Wissenschaft, ich
ehre ihre Diener, aber das Leben hat auch seine Forderungen, und wäre ich, wenn ich einen vereinzelten ungemein be-
gabten Kopf einseitig in dem Vergangenen sich verlieren
sähe, auch ratlos, wie ich urteilen, welche Meinung ich neben der Ehrerbietung, die ich für seine geistige Tüchtigkeit
hegte, haben sollte: in unserer Zeit werde ich nicht ratlos,
wenn ich eine Schar junger Menschen, die doch unmöglich
alle philosophische Köpfe sein können, in die Lieblingsphi-
losophie der Zeit, oder, wie ich fast versucht bin sie zu nennen, in die Jünglingsphilosophie der Zeit verloren sehe. Ich
habe einen gültigen Anspruch gegenüber der Philosophie,
so wie ein jeder ihn hat, den sie nicht wegen totalen Mangels

an Fähigkeit abweisen darf. Ich bin Ehemann, ich habe Kinder. Wie, wenn ich nun in deren Namen sie fragte, was ein Mensch im Leben zu tun habe. Du wirst vielleicht lächeln, auf jeden Fall wird die philosophische Jugend lächeln über einen Familienvater, und doch meine ich, daß es fürwahr ein schreckliches Argument gegen die Philosophie ist, wenn sie nichts zu antworten weiß. Ist der Lauf des Lebens zum Stillstand gekommen, mag vielleicht die jetzige Generation von der Betrachtung leben, wovon soll denn aber die folgende leben? Davon, daß sie dasselbe betrachtet? Die letzte Generation hat ja nichts geschafft, nichts hinterlassen, was mediiert werden muß. Sieh, hier kann ich Dich wieder mit den Philosophen zusammenwerfen und zu euch sagen: Euch geht doch das Höchste verloren. Mir kommt hier meine Stellung als Ehemann zu Hilfe, so daß ich besser erklären kann, was ich meine. Wenn ein Ehemann sagte, die vollkommene Ehe sei die, in der es keine Kinder gebe, so würde er sich desselben Mißverständnisses schuldig machen wie die Philosophen. Er macht sich selbst zum Absoluten, und doch wird jeder Ehemann fühlen, daß es unwahr und unschön ist und daß es viel wahrer ist, wenn er selber zu einem Moment wird, wie er es wird durch ein Kind.

Doch ich bin vielleicht schon zu weit gegangen, ich habe mich auf Untersuchungen eingelassen, wie ich es vielleicht gar nicht dürfte, teils weil ich kein Philosoph bin, teils weil es durchaus nicht meine Absicht ist, mich mit Dir über irgendeine Zeiterscheinung zu unterhalten, sondern vielmehr Dich anzusprechen, Dich auf jede Weise fühlen zu lassen, daß Du der Angesprochene bist. Da ich nun einmal so weit gekommen bin, möchte ich doch etwas genauer überlegen, welche Bewandtnis es mit der philosophischen Mediation der Gegensätze haben mag. Sollte es dem, was ich hier zu sagen habe, an Stringenz fehlen, so hat es doch vielleicht etwas mehr Ernst, und das ist auch der einzige Grund, weshalb es hier vorgebracht wird; denn ich gedenke nicht zu einer philosophischen Würde zu konkurrieren, wohl aber, da ich nun einmal die Feder in der Hand habe, auch mit ihr zu verteidigen, was ich sonst auf andere und bessere Weise verteidige.

So wahr es also eine zukünftige Zeit gibt, so wahr gibt es ein Entweder-Oder. Die Zeit, in welcher der Philosoph lebt, ist demnach nicht die absolute Zeit, sie ist selber ein Moment, und es ist stets ein bedenklicher Umstand, wenn eine Philosophie unfruchtbar ist, ja, es muß für sie als eine Unehre gelten, so wie man im Orient Unfruchtbarkeit für eine Schande hält. Die Zeit wird somit selber Moment, und der Philosoph wird selbst ein Moment in der Zeit. Unsere Zeit wird sich also für eine spätere Zeit wieder als ein diskursives Moment erweisen, und der Philosoph einer späteren Zeit wird wieder unsere Zeit mediieren, und so fort. Insofern ist also diePhilosophie in ihrem Recht, und es wäre als ein zufälliger Fehler der Philosophie unserer Zeit zu betrachten, daß sie unsere Zeit mit der absoluten Zeit verwechselt hat. Indessen ist es doch leicht einzusehen, daß die Kategorie der Mediation damit einen erheblichen Stoß erlitten hat und daß die absolute Mediation erst möglich wird, wenn die Geschichte fertig ist, mit anderen Worten, daß das System in stetigem Werden ist. Was dagegen die Philosophie bewahrt hat, ist die Anerkennung, daß es eine absolute Mediation gibt. Dies ist natürlich von äußerster Wichtigkeit; denn verzichtet man auf die Mediation, so verzichtet man auf die Spekulation. Andererseits ist es eine bedenkliche Sache, es zuzugeben; denn gibt man die Mediation zu, so gibt es keine absolute Wahl, und gibt es eine solche nicht, so gibt es kein absolutes Entweder-Oder. Das ist die Schwierigkeit; doch glaube ich, daß sie zu einem Teil darin liegt, daß man zwei Sphären miteinander verwechselt, die des Denkens und die der Freiheit. Für den Gedanken besteht der Gegensatz nicht, er geht in das andere über und darauf ein in eine höhere Einheit. Für die Freiheit besteht der Gegensatz; denn sie schließt ihn aus. Ich verwechsele keineswegs das *liberum arbitrium* mit der wahren positiven Freiheit; denn selbst diese hat in alle Ewigkeit das Böse außer sich, wenn auch nur als eine ohnmächtige Möglichkeit, und sie wird nicht dadurch vollkommen, daß sie das Böse mehr und mehr aufnimmt, sondern dadurch, daß sie es mehr und mehr ausschließt; Ausschließen aber ist das gerade Gegenteil von Mediation. Daß ich damit nicht zur Annahme eines radikalen Bösen kommen muß, werde ich später zeigen.

Die Sphären, mit denen die Philosophie eigentlich zu tun hat, die Sphären, die eigentlich für den Gedanken sind, sind das Logische, die Natur, die Geschichte. Hier herrscht die Notwendigkeit, und darum hat die Mediation ihre Gültigkeit. Daß dies mit dem Logischen und der Natur der Fall ist, wird wohl niemand leugnen; bei der Geschichte hingegen hat es seine Schwierigkeit, denn, sagt man, hier herrscht die Freiheit. Indessen glaube ich, daß man die Geschichte falsch betrachtet und daß die Schwierigkeit sich daraus ergibt. Die Geschichte ist nämlich mehr als ein Produkt der freien Handlungen der freien Individuen. Das Individuum handelt, diese Handlung aber geht ein in die Ordnung der Dinge, die das ganze Dasein trägt. Was dabei herauskommt, weiß der Handelnde eigentlich nicht. Diese höhere Ordnung der Dinge aber, welche die freien Handlungen sozusagen verdaut und sie in ihren ewigen Gesetzen miteinander verarbeitet, ist die Notwendigkeit, und diese Notwendigkeit ist die Bewegung in der Weltgeschichte, und es ist daher völlig richtig, daß die Philosophie die Mediation anwendet, das heißt natürlich: die relative Mediation. Betrachte ich ein welthistorisches Individuum, so kann ich zwischen den Taten unterscheiden, von denen die Schrift sagt, daß sie ihm nachfolgen, und jenen Taten, durch die es der Geschichte angehört. Mit dem, was man die innere Tat nennen könnte, hat die Philosophie gar nichts zu schaffen; die innere Tat aber ist das wahre Leben der Freiheit. Die Philosophie betrachtet die äußere Tat, und diese wiederum sieht sie nicht isoliert, sondern sieht sie in den weltgeschichtlichen Prozeß aufgenommen und in ihm verwandelt. Dieser Prozeß ist der

eigentliche Gegenstand der Philosophie, und zwar betrachtet sie ihn unter der Bestimmung der Notwendigkeit. Sie
hält daher jene Reflexion fern, die darauf aufmerksam machen möchte, daß alles anders sein könnte, sie betrachtet die
Weltgeschichte so, daß von einem Entweder-Oder gar nicht
die Frage ist. Daß sich in diese ihre Betrachtung manches
törichte und inepte Gerede einmischt, das will wenigstens
mich bedünken; daß zumal die jungen Hexenmeister, welche die Geister der Geschichte beschwören wollen, mir lächerlich scheinen, leugne ich nicht, aber ich verneige mich auch
tief vor den großartigen Leistungen, die unsere Zeit aufzuweisen hat. Wie gesagt, die Philosophie sieht die Geschichte
unter der Bestimmung der Notwendigkeit, nicht unter der
der Freiheit; denn mag man auch den weltgeschichtlichen
Prozeß als frei bezeichnen, so ist das doch in dem gleichen
Sinne gemeint, wie man von dem organisierenden Prozeß in
der Natur spricht. Für den geschichtlichen Prozeß ist von
einem Entweder-Oder nicht die Frage; dennoch kann es
wohl keinem Philosophen einfallen zu leugnen, daß sie es
für das handelnde Individuum ist. Daher wiederum die Sorglosigkeit, die Versöhnlichkeit, mit der die Philosophie die
Geschichte und ihre Helden betrachtet; denn sie sieht sie
unter der Bestimmung der Notwendigkeit. Daher aber auch
ihr Unvermögen, einen Menschen zum Handeln zu bringen,
ihre Neigung, alles zum Stillstand kommen zu lassen; denn
eigentlich fordert sie, daß man notwendig handle, was ein
Widerspruch ist.
Selbst das geringste Individuum hat somit eine Doppelexi-
stenz. Es hat wie jeder Mensch eine Geschichte, und zwar
ist diese nicht nur ein Produkt seiner eigenen freien Handlungen. Die innere Tat hingegen gehört ihm selbst und wird
ihm in alle Ewigkeit gehören; diese Tat kann die Geschichte
oder die Weltgeschichte ihm nicht nehmen, sie folgt ihm
nach entweder zur Freude oder zur Trübsal. In dieser Welt
herrscht ein absolutes Entweder-Oder; mit dieser Welt aber
hat es die Philosophie nicht zu tun. Stelle ich mir einen älte-

ren Mann vor, der auf ein bewegtes Leben zurückblickt, so
erhält er gedanklich auch eine Mediation dieses Lebens, denn
seine Geschichte war eingeflochten in die der Zeit, im tiefsten
Grunde aber erhält er keine Mediation. Dort trennt noch
immer ein Entweder–Oder das, was getrennt war, als er
wählte. Soll hier von einer Mediation die Rede sein, so
könnte man sagen, es sei die Reue; aber die Reue ist keine
Mediation, sie blickt nicht begehrlich auf das, was mediiert
werden soll, ihr Zorn verzehrt es; das aber ist gleichsam
Ausschließung, das Gegenteil von Mediation. Hier zeigt sich
zugleich, daß ich ein radikal Böses nicht annehme, da ich die
Realität der Reue statuiere; Reue jedoch ist zwar ein Ausdruck für Versöhnung, zugleich aber ein absolut unversöhn-
licher Ausdruck.

Doch all dieses räumst Du mir vielleicht ein, Du, der Du in
so mancher Beziehung mit den Philosophen gemeinsame
Sache machst, außer sofern Du auf private Rechnung es
unternimmst, sie zum Narren zu halten; Du meinst vielleicht,
ich könnte mich als Ehemann damit begnügen und in meinem Haushalt davon Gebrauch machen. Offen gestanden,
ich verlange nicht mehr; aber ich möchte doch wissen,
welches Leben das höhere ist, das des Philosophen oder das
des freien Mannes. Wenn der Philosoph bloß Philosoph ist,
ganz darein verloren, ohne das selige Leben der Freiheit zu
kennen, so fehlt ihm ein überaus wichtiger Punkt, er gewinnt die ganze Welt, und er verliert sich selbst; das kann
niemals dem widerfahren, der für die Freiheit lebt, und verlöre er auch noch so viel.

Für die Freiheit kämpfe ich daher [teils hier in diesem Brief;
teils und vornehmlich in mir selber], für die künftige Zeit,
für das Entweder-Oder. Das ist der Schatz, den ich denen
zu hinterlassen gedenke, die ich in der Welt liebe. Ja, wenn
mein kleiner Sohn in jenem Augenblick schon in dem Alter
wäre, daß er mich recht verstehen könnte, und mein letztes
Stündlein gekommen wäre, so würde ich zu ihm sagen: Ich
hinterlasse dir nicht Vermögen, nicht Titel und Würden;

aber ich weiß, wo ein Schatz begraben liegt, der dich reicher machen kann als die ganze Welt, und dieser Schatz gehört dir, und du sollst mir nicht einmal dafür danken, damit du nicht Schaden nehmest an deiner Seele dadurch, daß du einem Menschen alles zu verdanken hättest; dieser Schatz ist in dein eigenes Innere gelegt: es gibt ein Entweder – Oder, das den Menschen größer macht als die Engel.

Hier will ich diese Betrachtung abbrechen. Vielleicht befriedigt sie Dich nicht, Dein gieriges Auge verschlingt sie, ohne daß Du satt wirst, aber das liegt daran, daß eben das Auge immer zuletzt satt wird, zumal wenn man wie Du nicht hungert, sondern nur an einer Lust des Auges leidet, die sich nicht befriedigen läßt.

Was also durch mein Entweder-Oder in Erscheinung tritt, ist das Ethische. Es ist darum noch nicht die Rede von einer Wahl von etwas, nicht die Rede von der Realität des Gewählten, sondern von der Realität des Wählens. Dies ist jedoch das Entscheidende, und eben dazu möchte ich mich bemühen Dich zu erwecken. Bis zu diesem Punkte kann ein Mensch dem andern helfen; sobald er dahin gelangt ist, wird die Bedeutung, die ein Mensch für den andern haben kann, nebensächlicher. Ich habe in einem vorhergehenden Brief bemerkt, daß, wenn ein Mensch einmal geliebt habe, dies seinem Wesen eine Harmonie verleihe, die sich nie ganz verliert; jetzt möchte ich sagen, wenn ein Mensch wählt, so verleiht das seinem Wesen eine Feierlichkeit, eine stille Würde, die sich nie ganz verliert. Es gibt manche, die einen außerordentlichen Wert darauf legen, irgendein bemerkenswertes welthistorisches Individuum von Angesicht zu Angesicht erblickt zu haben. Diesen Eindruck vergessen sie nie, er hat ihrer Seele ein ideales Bild geschenkt, das ihr Wesen adelt; und doch ist selbst dieser Augenblick, wie bedeutungsvoll er auch sei, nichts gegen den Augenblick der Wahl. Wenn da alles still um einen geworden ist, feierlich wie eine sternenklare Nacht, wenn die Seele allein ist in der ganzen Welt, da zeigt sich vor ihr nicht ein ausgezeichneter Mensch, sondern die ewige Macht selbst, da tut gleichsam der Himmel sich auf, und das Ich wählt sich selbst, oder richtiger, es empfängt sich selbst. Da hat die Seele das Höchste gesehen, was kein sterbliches Auge zu sehen vermag und was nie mehr vergessen werden kann, da empfängt die Persönlichkeit den Ritterschlag, der sie für eine Ewigkeit adelt. Zwar wird der Mensch damit kein anderer als er zuvor gewesen, aber er wird er selbst; das Bewußtsein schließt sich zusammen, und er ist er selbst. Wie ein Erbe, und wäre er auch Erbe aller Schätze der Welt, sie doch nicht besitzt, bevor er mündig geworden ist, so ist selbst die reichste Persönlichkeit nichts, bevor sie sich selbst gewählt hat, und andererseits ist selbst das, was man die ärmste Persönlichkeit nennen müßte, alles, wenn sie sich selbst gewählt hat; denn das Große ist nicht, dieses oder jenes zu sein, sondern man selbst zu sein; und das kann ein jeder Mensch, wenn er es will.

Daß im gewissen Sinne von einer Wahl von etwas nicht die Rede ist, wirst Du daraus ersehen, daß eben auf der anderen Seite das Ästhetische erscheint, welches die Indifferenz ist. Und doch ist hier die Rede von einer Wahl, ja von einer absoluten Wahl; denn nur, indem man absolut wählt, kann man das Ethische wählen. Durch die absolute Wahl ist somit das Ethische gesetzt; doch folgt daraus keineswegs, daß das Ästhetische ausgeschlossen ist. Im Ethischen ist die Persönlichkeit in sich selbst zentralisiert, absolut ist also das Ästhetische ausgeschlossen, oder es ist ausgeschlossen als das Absolute, relativ jedoch bleibt es immer zurück. Indem die Persönlichkeit sich selbst wählt, wählt sie sich selbst ethisch und schließt das Ästhetische absolut aus; da aber der Mensch sich selbst wählt und dadurch, daß er sich selbst wählt, nicht ein anderes Wesen, sondern er selbst wird, so kehrt das ganze Ästhetische in seiner Relativität zurück.

Das Entweder-Oder, das ich aufgestellt habe, ist also in gewissem Sinne absolut; denn es ist die Entscheidung zwischen Wählen und Nichtwählen. Da aber die Wahl eine absolute Wahl ist, so ist das Entweder-Oder absolut; in anderem Sin-

ne jedoch tritt das absolute Entweder-Oder erst mit der
Wahl ein; denn nun zeigt sich die Wahl zwischen Gut und
Böse. Diese in und mit der ersten Wahl gesetzte Wahl soll
mich hier nicht beschäftigen, ich möchte Dich nur auf jenen
Punkt hinzwingen, an dem die Notwendigkeit der Wahl
sich zeigt, und darauf das Dasein unter ethischen Bestimmungen betrachten. Ich bin kein ethischer Rigorist, der für
eine formale abstrakte Freiheit begeistert ist; wenn die Wahl
nur erst gesetzt ist, kehrt alles Ästhetische wieder, und Du
wirst sehen, daß damit erst das Dasein schön wird und daß
es einem Menschen erst auf diesem Wege gelingen kann,
seine Seele zu retten und die ganze Welt zu gewinnen, die
Welt zu gebrauchen, ohne sie zu mißbrauchen.

Was heißt es aber, ästhetisch leben, und was heißt es, ethisch
leben? Was ist das Ästhetische in einem Menschen, und was
ist das Ethische? Hierauf möchte ich antworten: das Ästhetische in einem Menschen ist das, wodurch er unmittelbar
ist, was er ist; das Ethische ist das, wodurch er wird, was er
wird. Wer in und von dem Ästhetischen, durch und für das
Ästhetische in ihm lebt, der lebt ästhetisch.

Es ist nicht meine Absicht, hier näher auf eine Betrachtung
des Vielen einzugehen, das in der gegebenen Bestimmung des
Ästhetischen liegt. Es scheint auch eine überflüssige Sache zu
sein, Dich darüber aufklären zu wollen, was es heißt, ästhetisch zu leben, Dich, der Du mit solcher Virtuosität darin
praktiziert hast, daß ich wohl eher Deiner Hilfe bedürfte. Indessen will ich doch einige Stadien skizzieren, um uns bis zu
dem Punkt hinzuarbeiten, wo Dein Leben eigentlich hingehört, und zwar ist mir dies von Wichtigkeit, damit Du
mir nicht mit einem Deiner sehr beliebten Seitensprünge zu
früh entschlüpfst. Überdies zweifle ich nicht daran, daß ich
in vielem imstande bin, Dich darüber aufzuklären, was es
heißt, ästhetisch zu leben. Während ich nämlich jeden, der
ästhetisch zu leben wünschte, an Dich als den zuverlässigsten
Führer verweisen würde, so würde ich nicht an Dich verweisen, wenn er in höherem Sinne zu verstehen wünschte,

was es heißt, ästhetisch zu leben; denn darüber würdest Du ihn nicht aufklären können, eben weil Du selbst verstrickt bist; das kann ihm nur erklären, wer auf einer höheren Stufe steht oder wer ethisch lebt. Du könntest vielleicht einen Augenblick versucht sein, mir die Schikane anzutun, dann könne ja wiederum auch ich keine zuverlässige Erklärung darüber geben, was ethisch leben heißt, da ich ja selbst darin verstrickt sei. Das würde mir jedoch nur Anlaß zu einer weiteren Aufklärung geben. Der Grund, weshalb derjenige, der ästhetisch lebt, in höherem Sinne keine Aufklärung geben kann, ist der, daß er immer im Moment lebt, immer jedoch nur in einer gewissen Relativität, innerhalb einer gewissen Begrenzung wissend ist. Es ist keineswegs meine Absicht zu leugnen, daß, um ästhetisch zu leben, wenn ein solches Leben auf seinem Höhepunkt ist, eine Vielfalt von Geistesgaben erforderlich sein kann, ja daß diese sogar in ungewöhnlichem Maße intensiv entwickelt sein müssen; dennoch aber sind sie geknechtet, und die Durchsichtigkeit fehlt. So findet man oft Tierarten im Besitz weit schärferer, weit intensiverer Sinne, als der Mensch sie hat, aber diese sind im Instinkt des Tieres gebunden. Ich möchte Dich selbst als Beispiel nehmen. Ich habe Dir ausgezeichnete Geistesgaben niemals abgesprochen, wie Du auch daraus ersehen wirst, daß ich Dir oft genug vorgeworfen habe, daß Du sie mißbrauchst. Du bist witzig, ironisch, ein Beobachter, ein Dialektiker, im Genuß erfahren, Du weißt den Augenblick zu berechnen, Du bist empfindsam, herzlos, je nach den Umständen; bei alledem aber bist Du immer nur im Moment, und darum löst sich Dein Leben auf, und es ist Dir unmöglich, es zu erklären. Will nun jemand die Kunst des Genießens lernen, so ist es ganz richtig, wenn er zu Dir geht; wünscht er aber Dein Leben zu verstehen, so wendet er sich an den Verkehrten. Bei mir fände er vielleicht eher, was er sucht, und zwar obwohl ich keineswegs im Besitz Deiner Geistesgaben bin. Du bist verstrickt und hast gleichsam keine Zeit, Dich loszureißen, ich bin nicht verstrickt, weder in meinem

Urteil über das Ästhetische noch in dem über das Ethische;
denn im Ethischen bin ich gerade über den Augenblick erhaben, bin ich in der Freiheit; es ist aber ein Widerspruch,
daß man etwa verstrickt werden könnte, indem man in der
Freiheit ist.

Jeder Mensch, wie unbegabt er auch sei, wie untergeordnet
seine Stellung im Leben auch sei, hat ein natürliches Bedürfnis, sich eine Lebensanschauung zu bilden, eine Vorstellung
von der Bedeutung des Lebens und seinem Ziel. Wer ästhetisch lebt, tut das auch, und der allgemeine Ausdruck, den
man zu allen Zeiten und von den verschiedensten Stadien her
gehört hat, lautet: man soll das Leben genießen. Das wird
natürlich vielfältig variiert, je nachdem die Vorstellung
vom Genuß verschieden ist, in diesem Ausdruck aber, man
solle das Leben genießen, sind sich alle einig. Wer aber
sagt, er wolle das Leben genießen, der setzt stets
eine Bedingung, die entweder außerhalb des Individuums liegt, oder im Individuum ist, doch so,
daß sie nicht durch das Individuum selbst ist. Ich
möchte Dich, was diesen letzten Absatz betrifft, bitten, die
Ausdrücke ein wenig festzuhalten, da sie mit Fleiß gewählt
sind.

Laß uns nun diese Stadien ganz kurz durchlaufen, um zu Dir
zu gelangen. Du bist vielleicht schon ein wenig ärgerlich
über den allgemeinen Ausdruck für ästhetisch leben, den ich
vorgebracht habe, und doch wirst Du seine Richtigkeit wohl
kaum bestreiten können. Oft genug hört man Dich über die
Leute spotten, daß sie das Leben nicht zu genießen wissen,
während Du hingegen von Dir selber glaubst, es von Grund
auf studiert zu haben. Es ist schon möglich, daß sie es nicht
verstehen; in dem Ausdruck selbst aber sind sie doch mit Dir
einig. Du ahnst nun vielleicht, daß Du in dieser Betrachtung
schließlich mit Menschen an einem Strang wirst ziehen müssen, die Dir eigentlich ein Greuel sind. Du meinst vielleicht,
ich müßte so galant sein, Dich als Künstler zu behandeln und
die Pfuscher, von denen Du im Leben wohl schon der Plage

genug hast und mit denen Du in keiner Weise etwas gemein haben willst, mit Schweigen zu übergehen. Ich kann Dir indes nicht helfen; denn Du hast doch etwas mit ihnen gemein, und zwar etwas sehr Wesentliches – die Lebensanschauung nämlich; und das, worin Du Dich von ihnen unterscheidest, ist in meinen Augen etwas Unwesentliches. Ich kann mich nicht enthalten, über Dich zu lachen; siehst Du, mein junger Freund, das ist ein Fluch, der Dir folgt: die vielen Kunstgenossen, die Du bekommst und zu denen Du Dich keineswegs zu bekennen gedenkst. Du läufst Gefahr, in schlechte und gemeine Gesellschaft zu geraten, Du, der Du so vornehm bist. Ich leugne nicht, daß es unangenehm sein muß, die Lebensanschauung mit jedem Zechbruder oder Jagdliebhaber gemein zu haben. Ganz ist es wohl auch nicht der Fall; denn bis zu einem gewissen Grade liegst Du über den ästhetischen Bereich hinaus, wie ich später zeigen werde.

Wie groß nun die Differenzen innerhalb des Ästhetischen auch sein mögen, alle Stadien haben doch die wesentliche Gleichheit, daß der Geist nicht als Geist, sondern unmittelbar bestimmt ist. Die Differenzen können außerordentlich sein, angefangen von völliger Geistlosigkeit bis hin zu dem höchsten Grad von Geistreichigkeit; aber selbst in dem Stadium, in dem die Geistreichigkeit in Erscheinung tritt, ist doch der Geist nicht als Geist bestimmt, sondern als Gabe.

Ganz kurz nur will ich jedes einzelne Stadium hervorheben und lediglich bei dem verweilen, was irgendwie auf Dich zutreffen oder von dem ich wünschen könnte, daß Du davon Anwendung auf Dich selbst machtest. Die Persönlichkeit ist unmittelbar bestimmt nicht geistig, sondern physisch. Hier haben wir eine Lebensanschauung, die lehrt, daß Gesundheit das köstlichste Gut sei, das, worum alles sich dreht. Einen poetischeren Ausdruck erhält dieselbe Anschauung, wenn es heißt: Schönheit ist das Höchste. Schönheit ist nun ein überaus gebrechliches Gut, und daher sieht man diese Lebensanschauung nur selten durchgeführt. Man trifft oft genug ein junges Mädchen oder einen jungen Mann, die

eine kurze Zeit auf ihre Schönheit pochen, bald aber sind sie
von ihr betrogen. Indessen erinnere ich mich doch, diese
Lebensanschauung einmal mit seltenem Glück durchgeführt
gesehen zu haben. In meiner Studentenzeit kam ich in den
Ferien zuweilen in ein gräfliches Haus in einer der Provinzen.
Der Graf hatte in früheren Tagen eine diplomatische Charge
gehabt, war nun schon älter und lebte in ländlicher Ruhe auf
seinem Herrensitz. Die Gräfin war als junges Mädchen überaus hübsch gewesen; sie war noch als Alternde die schönste
Dame, die ich je gesehen habe. Der Graf hatte in seiner Jugend dank seiner männlichen Schönheit bei dem schönen Geschlecht großes Glück gehabt; am Hofe erinnerte man sich
noch des schönen Kammerjunkers. Das Alter hatte ihn nicht
gebrochen, und eine edle, echt vornehme Würde machte ihn
noch schöner. Diejenigen, die sie in jüngeren Tagen gekannt
hatten, versicherten, es sei das schönste Paar gewesen, das sie
je gesehen hätten, und ich, der ich das Glück hatte, sie in
ihren älteren Tagen kennenzulernen, fand es ganz in der
Ordnung; denn sie waren noch das schönste Paar, das man
sehen konnte. Sowohl der Graf als auch die Gräfin besaßen
viel Bildung, und doch konzentrierte die Lebensanschauung
der Gräfin sich in dem Gedanken, daß sie das schönste Paar
im ganzen Lande seien. Ich erinnere mich noch ganz lebhaft
eines Vorfalls, der mich davon überzeugte. Es war an einem
Sonntagvormittag; in der dicht bei dem Herrensitz gele-
genen Kirche fand eine kleine Feier statt. Die Gräfin hatte sich
nicht so wohl gefühlt, daß sie es gewagt hätte, ihr beizu-
wohnen; der Graf dagegen begab sich am Morgen dorthin,
angetan mit all seiner Pracht, seiner ordensgeschmückten
Kammerherrenuniform. Die Fenster in dem großen Saal
gingen auf eine Allee, die zur Kirche hinaufführte. Die Gräfin stand an einem von ihnen; sie trug ein geschmackvolles
Morgengewand und sah wirklich reizend aus. Ich hatte mich
nach ihrem Befinden erkundigt und mich mit ihr in eine
Unterhaltung über eine Segelpartie vertieft, die am folgenden Tage vor sich gehen sollte, da tauchte der Graf weit hinten

in der Allee auf. Sie schwieg, sie wurde schöner, als ich sie
jemals gesehen hatte, ihre Miene wurde fast etwas wehmütig, der Graf war so nahe herangekommen, daß er sie im
Fenster sehen konnte, sie warf ihm mit Grazie und Anstand
eine Kußhand zu, und dann wandte sie sich an mich und
sagte: »Lieber Wilhelm, nicht wahr, mein Ditlev ist doch
der schönste Mann im ganzen Königreich! Ja, ich sehe wohl,
daß er an der einen Seite ein klein bißchen zusammensinkt,
aber das kann niemand sehen, wenn ich neben ihm gehe,
und wenn wir zusammengehen, sind wir doch noch das
schönste Paar im ganzen Land.« Kein kleines Fräulein von
sechzehn Jahren hätte über ihren Verlobten, den schönen
Kammerjunker, glückseliger sein können als ihre Gnaden
über den schon betagten Kammerherrn.

Beide Lebensanschauungen sind darin einig, daß man das
Leben genießen soll; die Bedingung hierfür liegt im Individuum selbst, so zwar, daß sie nicht durch das Individuum
selbst gesetzt ist.

Wir gehen weiter. Wir treffen Lebensanschauungen, welche
lehren, daß man das Leben genießen solle, die Bedingung
dafür aber außerhalb des Individuums legen. Dies ist bei jeder Lebensanschauung der Fall, in welcher Reichtum, Ehre,
Adel usw. zur Aufgabe des Lebens und zu seinem Inhalt gemacht werden. Hier möchte ich auch eine gewisse Art von
Verliebtheit erwähnen. Dächte ich mir ein junges Mädchen
von ganzer Seele verliebt, dessen Auge keine Lust kennte als
die, den Geliebten zu sehen, dessen Seele keinen Gedanken
hätte als ihn, dessen Herz kein Verlangen hätte, als ihm zu
gehören, für das nichts, nichts, weder im Himmel noch auf
Erden, Bedeutung hätte außer ihm, so wäre das wieder eine
ästhetische Lebensanschauung, in welcher die Bedingung
außerhalb des Individuums selbst gelegt ist. Du findest natürlich, daß es eine Torheit sei, so zu lieben, Du meinst, das
sei etwas, was nur in Romanen vorkomme. Indessen ist es
durchaus denkbar, und so viel ist gewiß, daß in vieler Menschen Augen eine solche Liebe für etwas Außerordentliches

gelten würde. Ich werde Dir später erklären, weshalb ich sie nicht billigen kann.

Wir gehen weiter. Wir begegnen Lebensanschauungen, welche lehren, daß man das Leben genießen solle, die Bedingung dafür aber liegt im Individuum selbst, doch so, daß sie nicht durch es selbst gesetzt ist. Die Persönlichkeit ist hier im allgemeinen als Talent bestimmt. Es ist ein praktisches Talent, ein merkantilisches Talent, ein mathematisches Talent, ein dichterisches Talent, ein künstlerisches Talent, ein philosophisches Talent. Die Befriedigung im Leben, der Genuß wird in der Entfaltung dieses Talents gesucht. Vielleicht bleibt man bei dem Talent in seiner Unmittelbarkeit nicht stehen, man bildet es auf jede Weise aus, die Bedingung für die Befriedigung im Leben aber ist das Talent selbst, das eine Bedingung darstellt, welche nicht durch das Individuum selbst gesetzt ist. Die Menschen, bei denen man diese Lebensanschauung findet, gehören oft zu denen, die wegen ihrer unermüdeten Tätigkeit ständiger Gegenstand Deines Spottes zu sein pflegen. Du meinst selber ästhetisch zu leben und willst es bei ihnen keinesfalls zugestehen. Daß Du eine andere Anschauung vom Genuß des Lebens hast, ist unleugbar, aber das ist nicht das Wesentliche; das Wesentliche ist, daß man das Leben genießen will. Dein Leben ist weit vornehmer als das ihre, aber das ihre ist auch weit unschuldiger als Deines.

Wie nun alle diese Lebensanschauungen das gemeinsam haben, daß sie ästhetisch sind, so gleichen sie einander auch darin, daß sie eine gewisse Einheit haben, einen gewissen Zusammenhang, und zwar ist es ein Bestimmtes, um das alles sich dreht. Worauf sie ihr Leben gründen, das ist an sich etwas Einfaches, und darum zersplittert es nicht so wie dasjenige derer, die ihr Leben auf das in sich Mannigfaltige gründen. Dies ist mit jener Lebensanschauung der Fall, bei der ich jetzt ein wenig länger verweilen möchte. Sie lehrt: genieße das Leben, und erklärt das folgendermaßen: lebe Deiner Lust. Die Lust ist jedoch in sich selbst eine Mannigfaltigkeit, und so sieht man leicht, daß dieses Leben sich in eine grenzenlose Mannigfaltigkeit zersplittert, außer insofern, als in einem einzelnen Individuum die Lust von Kindheit an zu einer einzelnen Lust determiniert ist, die man also eher eine Neigung, einen Hang nennen müßte, etwa zum Fischen oder Jagen oder Pferdehalten usw. Insofern diese Lebensanschauung sich in eine Mannigfaltigkeit zersplittert, sieht man leicht, daß sie in der Sphäre der Reflexion liegt; indessen ist diese Reflexion doch immer nur eine endliche Reflexion, und die Persönlichkeit verbleibt in ihrer Unmittelbarkeit. In der Lust selber ist das Individuum unmittelbar, und wie verfeinert und raffiniert, wie ausgeklügelt sie auch sei, ist das Individuum doch als unmittelbar darin; im Genuß ist es im Moment, und wie mannigfaltig es in dieser Hinsicht auch sei, ist es doch stets unmittelbar, weil es im Moment ist. Der Befriedigung seiner Lust zu leben, das ist nun freilich eine sehr vornehme Stellung im Leben, und gottlob sieht man dies nur selten durchgeführt, wegen der Beschwerlichkeiten des irdischen Lebens, die dem Menschen anderes zu denken geben. Wäre dies nicht der Fall, so würden wir, wie ich nicht zweifle, oft genug Zeuge dieses entsetzlichen Schauspiels sein; denn soviel ist gewiß, man hört die Leute oft genug darüber klagen, daß sie sich durch das prosaische Leben beengt fühlen, was leider vielfach nichts anderes besagen will, als daß sie danach verlangen, sich in all der Wildheit auszutoben, in welche die Lust einen Menschen hinwirbeln kann. Damit nämlich diese Anschauung sich durchführen lasse, muß das Individuum im Besitz einer Menge äußerer Bedingungen sein, und dieses Glück oder vielmehr Unglück wird einem Menschen selten zuteil; dieses Unglück, denn wahrlich nicht von den gnädigen, sondern von den zornigen Göttern kommt dies Glück.

Nur selten sieht man diese Lebensanschauung in einem bedeutenden Maßstabe durchgeführt; hingegen sieht man gar nicht so selten Leute, die ein bißchen darin herumpfuschen, und wenn dann die Bedingungen aufhören, so meinen sie, daß, wären nur die Bedingungen in ihrer Macht gewesen, sie wohl das Glück und die Freude erlangt hätten, die sie im Leben begehrten. In der Geschichte trifft man immerhin das eine und andere Beispiel, und da ich es für nützlich halte, daß man erkenne, wohin diese Lebensanschauung führt, gerade wenn alles sie begünstigt, möchte ich eine solche Gestalt darstellen, und zwar wähle ich dazu jenen allmächtigen Mann, den Kaiser *Nero*, vor dem eine Welt sich beugte, der sich stets umringt fand von einer zahllosen Schar dienstbereiter Boten der Lust. Du hast einmal mit gewohnter Tollkühnheit geäußert, man könne es Nero nicht verdenken, daß er Rom abgebrannt habe, um eine Vorstellung vom Brande Trojas zu bekommen, doch müsse man fragen, ob er nun auch wirklich Kunst genug besessen habe, um es ganz genießen zu können. Es ist nun eine Deiner kaiserlichen Gelüste, niemals einem Gedanken auszuweichen, niemals vor ihm zu erschrecken. Dazu braucht man keine kaiserliche Garde, nicht Gold und Silber, nicht die Schätze der ganzen Welt, dabei kann man ganz allein sein, das kann man in aller Stille abmachen; es ist zwar klüger, aber darum nicht minder schrecklich. Deine Absicht war wohl nicht, eine Verteidigung für Nero zu führen, und doch liegt eine Art Verteidigung darin, daß man seinen Blick nicht auf das heftet, was er tut, sondern darauf, wie er es tut. Doch weiß ich sehr wohl, daß man diese Tollkühnheit der Gedanken oft bei jungen Menschen findet, die sich in solchen Augenblicken gleichsam an der Welt versuchen und nun leicht geneigt sind, sich zu exaltieren, zumal wenn andere zuhören. Ich weiß sehr wohl, daß Du wie ich und jeder Mensch, ja daß Nero selbst vor einer solchen Wildheit zurückschaudert, und doch würde ich keinem Menschen je raten, sich im strengsten Sinne Kraft genug zuzutrauen, um kein Nero zu werden. Wenn ich nämlich, um Neros Wesen zu bezeichnen, nenne, was meiner Meinung nach es konstituierte, so wird es Dir dafür vielleicht als ein allzu mildes Wort erscheinen, und doch bin ich wahrlich kein milder Richter, mag ich auch in anderem Sinne nie einen Menschen richten. Doch glaube mir nur, das Wort ist nicht zu milde, es ist das wahre, aber es kann zugleich zeigen, wie nahe eine solche Verirrung einem Menschen liegen kann, ja, man darf sagen, es kommt für jeden Menschen, der nicht sein ganzes Leben als ein Kind dahinlebt, ein Augenblick, da man, wenn auch nur von ferne, diese Verdammnis ahnt. Neros Wesen war *Schwermut.* Heutzutage gilt es als etwas Großes, schwermütig zu sein; insofern kann ich wohl begreifen, daß Du dieses Wort zu milde findest; ich schließe mich an eine ältere Kirchenlehre an, welche die Schwermut zu den Kardinalsünden zählte. Wenn ich recht habe, ist das freilich eine sehr unangenehme Aufklärung für Dich, denn es stellt Deine ganze Lebensbetrachtung auf den Kopf. Vorsichtshalber will ich hier jedoch gleich bemerken: ein Mensch mag Kummer und Sorgen haben, ja, sie mögen so unendlich sein, daß sie ihn vielleicht sein ganzes Leben begleiten, und das mag sogar schön sein und wahr, schwermütig aber wird ein Mensch nur durch eigene Schuld.

Ich stelle mir also den kaiserlichen Wollüstling vor. Nicht nur, wenn er seinen Thron besteigt oder zur Ratsversammlung geht, ist er von Liktoren umgeben, sondern vornehmlich auch dann, wenn er ausgezogen ist, um seine Lüste zu befriedigen, damit sie seinem Raubzug den Weg bahnen. Ich stelle ihn mir schon etwas älter vor, seine Jugend ist vorüber, der leichte Sinn ist von ihm gewichen, und er ist bereits vertraut mit jeder nur denkbaren Lust, ist ihrer müde. Dieses Leben aber, wie verderbt es auch sein möge, hat doch seine Seele gereift, und doch ist er, trotz all seines Weltverstandes, trotz all seiner Erfahrenheit, noch ein Kind oder ein junger Mensch. Die Unmittelbarkeit des Geistes kann nicht durchbrechen, und doch fordert sie einen Durchbruch, fordert sie eine höhere Daseinsform. Soll dies aber geschehen, so wird ein Augenblick kommen, da des Thrones Glanz, da des Kaisers Macht und Herrschaft verbleicht, und dazu hat er nicht den Mut. So greift er nach der Lust, die Klugheit aller Welt muß ihm neue Lüste ersinnen, denn nur im Augenblick der Lust findet er Ruhe, und ist der vorüber, so keucht er vor Mattigkeit. Der Geist will immerfort durchbrechen, aber er kann nicht zum Durchbruch kommen, immerfort wird er betrogen, und Nero bietet ihm die Sättigung der Lust. Da sammelt sich der Geist in ihm gleich einer dunklen Wolke, sein Zorn ruht schwer auf Neros Seele und wird zu einer Angst, die auch im Augenblick des Genusses nicht weicht. Sieh, darum ist sein Auge so finster, daß niemand seinen Anblick erträgt, sein Blick so flammend, daß er ängstigt, denn hinter dem Auge liegt die Seele wie eine Finsternis. Man nennt diesen Blick einen kaiserlichen Blick, und die ganze Welt erbebt davor, und doch ist das innerste Wesen dieses Menschen Angst. Ein Kind, das ihn anders ansieht, als er es gewohnt ist, ein zufälliger Blick kann ihn entsetzen, es ist, als ob ihn dieser Mensch besäße; denn der Geist will in ihm ans Licht, will, daß er sich selber in seinem Bewußtsein habe, aber das kann er nicht, und so wird der Geist zurückgepreßt und sammelt neuen Zorn. Nero besitzt sich selber nicht; nur wenn die Welt vor ihm erbebt, ist er beruhigt, denn dann ist doch niemand da, der es wagte, ihn zu packen. Daher diese Angst vor den Menschen, die Nero mit jeder Persönlichkeit dieser Art gemein hat. Er ist wie besessen, unfrei in sich selbst, und darum ist es, als wollte jeder Blick ihn binden. Er, Roms Kaiser, fürchtet den Blick des elendesten Sklaven. Ein solcher Blick begegnet ihm, sein Auge verzehrt den Menschen, der ihn so anzusehen wagt. Ein Schurke steht an des Kaisers Seite, versteht diesen wilden Blick, und jener Mensch ist nicht mehr. Nero aber hat keinen Mord auf seinem Gewissen, der Geist jedoch eine neue Angst. Im Augenblick der Lust nur findet er Zerstreuung. Das halbe Rom brennt er nieder, seine Qual aber bleibt die gleiche. Bald ergötzt dergleichen ihn nicht mehr. Es gibt eine noch höhere Lust, er will die Menschen ängstigen. Sich selber ist er rätselhaft und Angst sein Wesen; jetzt will er allen ein Rätsel sein und an ihrer Angst sich weiden. Daher dies kaiserliche Lächeln, das niemand begreifen kann. Sie nahen seinem Thron, er lächelt ihnen freundlich zu, und doch ergreift sie eine entsetzliche Angst, vielleicht ist dieses Lächeln ihr Todesurteil, vielleicht tut der Boden sich auf und sie stürzen in den Abgrund. Ein Weib naht seinem Thron, er lächelt ihr gnädig zu, und doch wird sie fast ohnmächtig vor Angst, vielleicht, daß dieses Lächeln sie schon aussersieht zum Opfer seiner Wollust. Und diese Angst ergötzt ihn. Er will nicht imponieren, er will ängstigen. Er tritt nicht stolz in seiner kaiserlichen Würde auf, schwach, ohnmächtig schleicht er dahin, denn diese Kraftlosigkeit beunruhigt noch mehr. Er sieht aus wie ein Sterbender, sein Atem ist schwach, und doch ist er Roms Kaiser und hält das Leben der Menschen in seiner Hand. Seine Seele ist matt, nur Witz und Gedankenspiel vermögen ihn für einen Augenblick in Atem zu setzen. Aber was die Welt hat, ist erschöpft, und doch kann er nicht atmen, falls es verstummt. Er könnte das Kind vor den Augen der Mutter niederhauen lassen, ob nicht ihre Verzweiflung der Leidenschaft einen neuen Ausdruck verleihen möchte, der ihn ergötzen könnte. Wäre er nicht Roms Kaiser, würde er vielleicht sein Leben durch Selbstmord enden; denn es ist in Wahrheit nur ein anderer Ausdruck für dieselbe Sache, wenn *Caligula* wünscht, daß aller Menschen Köpfe auf *einem* Halse säßen, um mit einem Hieb die ganze Welt vernichten zu können, und wenn ein Mensch sich selbst entleibt.

Ob es bei Nero der Fall war, weiß ich nicht, aber man findet bei solchen Persönlichkeiten zuweilen eine gewisse Gutmütigkeit, und wenn Nero sie gehabt hat, zweifle ich nicht, daß die Umgebung bereit gewesen ist, sie Holdseligkeit zu nennen. Es hat damit eine besondere Bewandtnis, doch liefert es zugleich einen neuen Beweis für die Unmittelbarkeit, die in ihrer Zurückgedrängtheit die eigentliche Schwermut konstituiert. Es kommt also vor, daß, während alle Schätze und alle Herrlichkeit der Welt kaum hinreichen, sie zu ergötzen, ein einzelnes Wort, eine kleine Kuriosität, das Äu-

ßere eines Menschen oder irgendeine andere an und für sich
belanglose Sache ihnen eine außerordentliche Freude bereiten kann. Ein Nero kann sich über dergleichen freuen wie
ein Kind. Wie ein Kind; das ist gerade der rechte Ausdruck
dafür, denn es ist die ganze Unmittelbarkeit des Kindes, die
sich hier unverändert, unerklärt offenbart. Eine durchge-
bildete Persönlichkeit kann sich nicht solchermaßen freuen,
denn zwar hat sie sich die Kindlichkeit bewahrt, hat aber
doch aufgehört, ein Kind zu sein. Für gewöhnlich ist daher
Nero ein Greis; nur manchmal ist er ein Kind.

Hier will ich diese kleine Schilderung abbrechen, die wenigstens auf mich einen höchst ernsthaften Eindruck gemacht hat. Selbst nach seinem Tode noch ängstigt Nero;
denn wie verderbt er auch sei, ist er doch Fleisch von unserm
Fleisch und Bein von unserem Bein, und selbst in einem Unmenschen ist immer noch etwas Menschliches. Ich habe die
Sache nicht vorgebracht, um Deine Phantasie zu beschäftigen, ich bin kein Schriftsteller, der um des Lesers Gunst
buhlt, am allerwenigsten um Deine, und ich bin, wie Du
weißt, durchaus kein Schriftsteller und schreibe nur um
Deinetwillen. Auch habe ich sie nicht vorgebracht, um Dir
und mir Anlaß zu geben, mit jenem Pharisäer Gott zu danken, daß ich doch ein ganz anderer Mensch sei; bei mir
weckt es andere Gedanken, wenn ich auch Gott dafür danke, daß mein Leben so wenig bewegt war, daß ich dieses
Grauen nur von ferne geahnt habe und jetzt ein glücklicher
Ehemann bin; was Dich anbelangt, so freut es mich, daß Du
noch jung genug bist, um etwas daraus zu lernen. Ein jeder
lerne nun, was er kann; das können wir beide lernen, daß eines Menschen Unglück niemals darin liegt, daß er die äußeren Bedingungen nicht in seiner Gewalt hat, da dies ihn erst
vollends unglücklich machen würde.

Was ist also Schwermut? Sie ist die Hysterie des Geistes. Es
kommt im Leben des Menschen ein Augenblick, da die Unmittelbarkeit gleichsam reif geworden ist und da der Geist
eine höhere Form fordert, da er sich selbst als Geist ergreifen

will. Als unmittelbarer Geist hängt der Mensch mit dem ganzen irdischen Leben zusammen, und nun will der Geist gleichsam aus dieser Zerstreutheit heraus sich sammeln und sich in sich selbst erklären; die Persönlichkeit will sich ihrer selbst in ihrer ewigen Gültigkeit bewußt werden. Geschieht dies nicht, wird die Bewegung unterbrochen, wird sie zurückgedrückt, so tritt Schwermut ein. Man kann vieles tun, um sie in Vergessenheit zu bringen, man kann arbeiten, man kann zu harmloseren Mitteln greifen als ein Nero, die Schwermut bleibt. Es liegt etwas Unerklärliches in der Schwermut. Wer Trauer oder Kummer hat, der weiß, warum er traurig oder bekümmert ist. Fragt man einen Schwermütigen, was der Grund seiner Schwermut sei, was denn so schwer auf ihm laste, so wird er antworten: das weiß ich nicht, ich kann es nicht erklären. Darin liegt die Unendlichkeit der Schwermut. Diese Antwort ist völlig richtig; denn sobald er es weiß, ist die Schwermut behoben, wohingegen bei dem Traurigen die Trauer durchaus nicht damit behoben ist, daß er weiß, warum er traurig ist. Schwermut aber ist Sünde, ist eigentlich eine Sünde *instar omnium*, denn es ist die Sünde, nicht tief und innerlich zu wollen, und dies ist eine Mutter aller Sünden. Diese Krankheit, oder vielmehr diese Sünde ist überaus verbreitet in unserer Zeit, und zwar ist sie etwa diejenige, unter der das ganze junge Deutschland und Frankreich seufzt. Ich will Dich nicht reizen, ich behandle Dich gern so schonend wie möglich. Ich gestehe gern, daß Schwermut in gewissem Sinne kein übles Zeichen ist, denn sie befällt im allgemeinen nur die begabtesten Naturen. Ich will Dich auch nicht mit der Annahme quälen, daß jeder, der an Indigestion leidet, darum schon das Recht habe, sich schwermütig zu nennen, wie man das heutzutage oft genug erlebt, da es ja beinahe die Würde geworden ist, nach der alle trachten: schwermütig zu sein. Wer aber vorzüglich begabt sein will, der muß es sich auch gefallen lassen, daß ich die Verantwortung auf ihn lege, daß er auch schuldiger sein kann als andere Menschen. Wenn er dies recht be-

trachtet, wird er hierin auch keine Verkleinerung seiner Persönlichkeit erblicken, wiewohl es ihn lehren wird, sich in
wahrer Demut unter die ewige Macht zu beugen. Sobald die
Bewegung geschehen ist, ist die Schwermut wesentlich behoben, wohingegen es demselben Individuum durchaus widerfahren kann, daß sein Leben ihm mancherlei Kummer
und Leid bringt, und in dieser Hinsicht weißt Du wohl, daß
ich am wenigsten von allen die verständige Nichtswürdig-
keit vortrage, es habe keinen Zweck, traurig zu sein, man
müsse allen Kummer einfach in den Wind schlagen. Ich
würde mich vor mir selber schämen, wenn ich mit diesen
Worten einem traurigen Menschen gegenüberzutreten wagte. Selbst der Mensch aber, in dessen Leben die Bewegung
vollkommen ruhig und friedlich und zur rechten Zeit vor
sich geht, wird doch stets ein wenig Schwermut behalten,
doch das hängt mit etwas weit Tieferem zusammen, mit der
Erbsünde, und liegt daran, daß kein Mensch sich selber
durchsichtig zu werden vermag. Die Menschen hingegen,
deren Seele gar keine Schwermut kennt, sind diejenigen, deren Seele keine Metamorphose ahnt. Mit ihnen habe ich
hier nichts zu schaffen, denn ich schreibe ja nur über Dich
und an Dich; und Dich, glaube ich, wird diese Erklärung
zufriedenstellen, denn Du bist doch schwerlich mit manchen
Ärzten der Ansicht, daß die Schwermut im Leiblichen liege
und, was freilich höchst sonderbar ist, daß die Ärzte sie
trotzdem nicht beheben können; nur der Geist kann sie beheben, denn sie liegt im Geiste, und wenn dieser sich selbst
findet, so verschwinden alle kleinen Kümmernisse, jene
Gründe, die bei einigen ihrer Meinung nach Schwermut erzeugen, daß man sich etwa nicht in die Welt hineinfinde,
daß man sowohl zu spät als auch zu früh auf die Welt komme, daß man seinen Platz im Leben nicht finden könne;
denn wer sich selbst ewig zu eigen hat, der kommt weder zu
früh noch zu spät auf die Welt, und wer sich selbst in seiner
ewigen Gültigkeit besitzt, der findet wohl auch seine Bedeutung in diesem Leben.

Indes, dies war eine Episode, die Du mir hoffentlich verzeihen wirst, da sie wesentlich um Deinetwillen entstanden ist. Ich kehre zu der Lebensanschauung zurück, die da meint, man solle leben, um die Lust zu befriedigen. Eine kluge Verständigkeit wird leicht erkennen, daß sie sich nicht durchführen läßt und daß es daher nicht der Mühe wert ist, überhaupt damit anzufangen; ein verfeinerter Egoismus erkennt, daß ihm die Pointe des Genusses entgeht. Hier liegt also eine Lebensanschauung, welche lehrt: genieße das Leben, und dies wiederum so ausdrückt: genieße dich selbst; im Genuß sollst du dich selbst genießen. Dies ist eine höhere Reflexion; indessen dringt sie natürlich in die Persönlichkeit selbst nicht ein, diese bleibt in ihrer zufälligen Unmittelbarkeit. Die Bedingung für den Genuß ist doch auch hier eine äußere, die nicht in der Macht des Individuums steht; denn obwohl es, wie es sagt, sich selbst genießt, so genießt es sich doch nur im Genuß, der Genuß selbst aber ist an eine äußere Bedingung geknüpft. Der ganze Unterschied ist also, daß es reflektiert genießt, nicht unmittelbar. Insofern ist selbst dieser Epikuräismus abhängig von einer Bedingung, die er nicht in seiner Macht hat. Eine gewisse Verhärtung des Verstandes lehrt nun einen Ausweg, sie lehrt: genieße dich selbst, indem du ständig die Bedingungen fortwirfst. Es versteht sich aber von selbst, daß, wer im Fortwerfen der Bedingungen sich selbst genießt, ebenso abhängig von ihnen ist wie der, der sie genießt. Seine Reflexion kehrt beständig in ihn selbst zurück, und da sein Genuß darin besteht, daß der Genuß so wenig Inhalt wie möglich erhalte, so höhlt er gleichsam sich selber aus, da natürlich eine derartige endliche Reflexion nicht imstande ist, die Persönlichkeit aufzuschließen.

Mit diesen Betrachtungen glaube ich nun, das Territorium der ästhetischen Lebensanschauung für Dich deutlich genug wenigstens umrissen zu haben; alle Stadien haben das gemeinsam, daß das, wofür man lebt, dasjenige ist, wodurch man unmittelbar ist, was man ist; denn die Reflexion greift

nie so hoch, daß sie hierüber hinausgriffe. Es ist nur eine sehr
flüchtige Andeutung, was ich damit geliefert habe, aber ich
hatte auch gar nicht den Wunsch, mehr zu geben; mir sind
nicht die verschiedenen Stadien wichtig, sondern nur die
Bewegung, die unerläßlich ist, so wie ich es jetzt zeigen werde, und eben auf diese bitte ich Dich Deine Aufmerksamkeit
zu richten.

So nehme ich an, jener Mann, der seiner Gesundheit lebte,
sei, um einen Ausdruck von Dir zu gebrauchen, bei seinem
Tode so gesund gewesen wie je; jenes gräfliche Ehepaar habe auf seiner goldenen Hochzeit getanzt und ein Raunen sei
durch den Saal gegangen, genauso wie damals, als sie auf ihrer Hochzeit tanzten; ich nehme an, die Goldminen des reichen Mannes seien unerschöpflich gewesen, Ehre und Würde hätten die Wanderung des Glücklichen durchs Leben bezeichnet; ich nehme an, das junge Mädchen habe den bekommen, den sie liebte, das merkantilische Talent habe alle
fünf Weltteile mit seinen Verbindungen umspannt und alle
Börsen der Welt in seiner Börse gehabt, das mechanische
Talent habe Himmel und Erde miteinander verbunden – ich
nehme an, *Nero* habe niemals gekeucht, sondern in jedem
Augenblick habe neuer Genuß ihn überrascht, jener schlaue
Epikuräer habe in jedem Augenblick sich an sich selber ergötzen können, der Zyniker habe immerfort Bedingungen
gehabt, die er wegwerfen konnte, um sich seiner Leichtigkeit zu freuen – das nehme ich an, und so wären ja alle diese
Menschen glücklich gewesen. Das würdest Du wahrscheinlich nicht sagen, den Grund dafür werde ich später erklären;
aber das wirst du wohl immerhin zugestehen, daß viele Menschen so denken, ja, daß mancher sich einbilden würde, etwas
überaus Gescheites gesagt zu haben, wenn er hinzufügte, das,
was ihnen gefehlt habe, sei, daß sie es nicht zu schätzen gewußt hätten. Und nun will ich die entgegengesetzte Bewegung machen. Nichts von alledem geschieht. Was dann?
Dann verzweifeln sie. Das wirst Du wahrscheinlich auch
nicht tun, Du wirst vielleicht sagen, es sei nicht der Mühe

wert. Warum Du nun die Verzweiflung nicht zugeben willst, werde ich später erklären; hier verlange ich nur das Zugeständnis von Dir, daß allerdings ein gut Teil Menschen es in der Ordnung finden würden zu verzweifeln. Sehen wir nun zu, warum sie verzweifelten; etwa deshalb, weil sie entdeckt hätten, daß das, worauf sie ihr Leben gründeten, vergänglich ist? Ist denn aber das ein Grund zum Verzweifeln, ist denn mit dem, worauf sie ihr Leben gründeten, eine wesentliche Veränderung vorgegangen? Ist es eine wesentliche Veränderung des Vergänglichen, wenn es sich als vergänglich erweist, oder ist es nicht vielmehr etwas Zufälliges und Unwesentliches daran, wenn es sich nicht so erweist? Es ist also nichts Neues hinzugekommen, das eine Veränderung begründen könnte. Wenn sie denn also verzweifeln, so muß das daran liegen, daß sie schon zuvor verzweifelt waren. Der Unterschied ist lediglich der, daß sie es nicht wußten, das aber ist ja ein durchaus zufälliger Unterschied. Es zeigt sich also, daß jede ästhetische Lebensanschauung Verzweiflung ist und daß ein jeder, der ästhetisch lebt, verzweifelt ist, ob er es nun weiß oder nicht. Wenn man dies aber weiß, und Du weißt es ja, so ist eine höhere Form des Daseins eine unabweisliche Forderung.

Mit ein paar Worten nur will ich mich hier noch etwas näher hinsichtlich meines Urteils über das junge Mädchen und seine Liebe erklären. Du weißt, daß ich in meiner Qualität als Ehemann die Gewohnheit habe, bei jeder Gelegenheit mündlich wie schriftlich die Realität der Liebe gegen Dich zu behaupten, und darum möchte ich, um ein Mißverständnis zu verhindern, mich auch hier aussprechen. Ein in endlichem Sinne kluger Mensch würde bei einer solchen Liebe vielleicht etwas bedenklich werden, er würde ihre Gebrechlichkeit vielleicht durchschauen und seine armselige Weisheit im Gegensatz hierzu folgendermaßen ausdrücken: lieb mich ein wenig und lieb mich lange. Als ob seine ganze Lebensklugheit nicht noch gebrechlicher wäre und zumindest weit armseliger als ihre Liebe! Du wirst also leicht einsehen,

daß ich sie auf diese Weise nicht mißbilligen könnte. Es fällt
mir sehr schwer, auf dem Gebiet der Liebe Gedankenexperi-
mente anzustellen, ich habe nur einmal geliebt und bin noch
immer unbeschreiblich glücklich in dieser Liebe, und es fällt
mir schwer, mich von einer andern geliebt zu denken als der,
mit der ich verbunden bin, anders als auf die Art, durch die
sie mich so glücklich macht, aber ich will es hier wagen.
Laß mich also, wie immer es auch gekommen sein mag, Gegenstand einer solchen Liebe geworden sein. Sie würde mich
nicht glücklich machen, und ich würde sie niemals annehmen, nicht weil ich sie verschmähte, bei Gott, lieber hätte
ich einen Mord auf dem Gewissen, als daß ich eines Mädchens Liebe verschmäht hätte, aber ich würde es nicht erlauben um ihrer selbst willen. Ich wünsche, wenn es bei mir
stünde, von jedem Menschen geliebt zu sein, von meiner
Frau aber so sehr, wie ein Mensch vom andern nur geliebt
sein kann, und es würde mich schmerzen, wenn ich es nicht
wäre; mehr aber wünsche ich auch nicht, ich würde es
nicht zulassen, daß ein Mensch durch seine Liebe zu mir
Schaden nähme an seiner Seele; ich würde sie viel zu sehr
lieben, als daß ich ihr erlaubte, sich zu entwürdigen. Es liegt
für den hochmütigen Sinn etwas Verführerisches darin, so
geliebt zu werden, und es gibt Menschen, welche die Kunst
verstehen, ein Mädchen zu betören, so daß es über ihnen alles vergißt – mögen sie zusehen, wie sie es verantworten.
Zumeist wird ein solches Mädchen hart genug dafür be-
straft, das Gemeine aber ist, zu erlauben, daß es geschieht.
Siehst Du, darum sagte ich und sage es noch, das junge Mädchen sei gleich verzweifelt, ob sie nun den Geliebten bekomme oder nicht; denn es wäre ja ein zufälliger Umstand, wenn
der, den sie liebte, ein so redlicher Mensch wäre, daß er ihr
aus der Irrsal ihres Herzens heraushülfe, und wären die Mittel, deren er sich dazu bediente, auch noch so hart, so würde
ich dennoch sagen, er habe redlich, aufrichtig, treu, ritterlich an ihr gehandelt.
Es hat sich also gezeigt, daß jede ästhetische Lebensanschau-

ung Verzweiflung ist, es könnte daher als das einzig Richtige erscheinen, die Bewegung vorzunehmen, durch die das Ethische zum Vorschein kommt. Indessen gibt es noch ein Stadium, eine ästhetische Lebensanschauung, die feinste und vornehmste von allen, die ich auf das sorgfältigste erörtern will; denn nun kommt die Reihe an Dich. Allem, was ich im vorhergehenden dargelegt habe, kannst Du ohne weiteres beipflichten, dabei habe ich in gewisser Beziehung gar nicht zu Dir gesprochen, und es würde auch nur wenig helfen, so zu Dir zu sprechen oder Dich darüber aufzuklären, daß das Leben eitel ist. Das weißt Du sehr wohl und hast ja auf Deine Weise Dir zu helfen gesucht. Der Grund, weshalb ich es vorgebracht habe, ist der, daß ich den Rücken frei haben, daß ich Dich hindern möchte, plötzlich zurückzuspringen. Diese letzte Lebensanschauung ist die Verzweiflung selbst. Sie ist eine ästhetische Lebensanschauung, denn die Persönlichkeit verharrt in ihrer Unmittelbarkeit; sie ist die letzte ästhetische Lebensanschauung, denn sie hat bis zu einem gewissen Grade das Bewußtsein der Nichtigkeit einer solchen Anschauung in sich aufgenommen. Indessen besteht ein Unterschied zwischen Verzweiflung und Verzweiflung. Denke ich mir einen Künstler, einen Maler z. B., der erblindet, so wird er, wenn nichts Tieferes in ihm ist, vielleicht verzweifeln. Er verzweifelt also über dieses einzelne, und falls ihm sein Gesicht wiedergegeben würde, so würde die Verzweiflung aufhören. Das ist mit Dir nicht der Fall, Du bist viel zu geistig begabt, und Deine Seele ist in gewissem Sinne zu tief, als daß Dir dies widerfahren könnte. In äußerer Hinsicht ist es Dir auch nicht geschehen. Du hast noch immer alle Momente einer ästhetischen Lebensanschauung in Deiner Macht, Du hast Vermögen, Unabhängigkeit, Deine Gesundheit ist ungeschwächt, Dein Geist noch fruchtbar, und Du bist auch noch nicht dadurch unglücklich geworden, daß ein junges Mädchen Dich nicht hat lieben wollen. Und doch bist Du verzweifelt. Es ist keine aktuelle Verzweiflung, sondern eine Verzweiflung im Gedanken. Dein

Gedanke ist vorausgeeilt, Du hast die Eitelkeit aller Dinge
durchschaut, aber Du bist nicht weitergekommen. Gelegentlich tauchst Du darin unter, und indem Du Dich in einem einzelnen Moment dem Genießen hingibst, nimmst
Du zugleich in Dein Bewußtsein auf, daß es eitel ist. Du bist
somit immerfort über Dich selbst hinaus, in der Verzweiflung nämlich. Das macht, daß Dein Leben zwischen zwei
ungeheuren Gegensätzen liegt; zuweilen hast Du eine maß-
lose Energie, zuweilen eine ebenso große Indolenz.
Schon des öfteren habe ich im Leben bemerkt, daß, je köstlicher das Fluidum, in dem ein Mensch sich berauscht, um so
schwieriger seine Heilung ist, der Rausch ist schöner und die
Folgen scheinbar nicht so verderblich. Wer sich in Brannt-
wein berauscht, der spürt bald die verderblichen Folgen, und
man kann auf seine Rettung hoffen. Wer Champagner verwendet, ist schwerer zu heilen. Und Du, Du hast das Feinste
gewählt; denn welcher Rausch ist wohl so schön wie die
Verzweiflung, so kleidsam, so anziehend, zumal in den Augen der Mädchen [darüber weißt Du vorzüglich Bescheid],
besonders wenn man zugleich die Kunstfertigkeit hat, die
wildesten Ausbrüche zurückhalten zu können, die Verzweiflung, gleich einer fernen Feuersbrunst, ahnen und nur
im Äußeren wiederscheinen zu lassen. Sie gibt dem Gang
und der ganzen Haltung etwas Leichtbeschwingtes; sie gibt
einen stolzen, trotzigen Blick. Die Lippe lächelt übermütig.
Sie gibt eine unbeschreibliche Leichtigkeit im Leben, einen
königlichen Überblick über das Ganze. Und wenn eine solche Gestalt nun einem jungen Mädchen sich nähert, wenn
dieses stolze Haupt nur vor ihr sich neigt, vor ihr allein in
der ganzen Welt, so schmeichelt das, und leider, es könnte
wohl eine geben, die unschuldig genug wäre, dieser falschen
Verbeugung zu glauben. Ist es nicht schändlich, wenn ein
Mensch solchermaßen – doch nein, ich will keine donnernde
Strafpredigt halten, das hieße Dich nur reizen, ich habe andere, kräftigere Mittel, ich habe den jungen hoffnungsvollen
Menschen, er ist vielleicht verliebt, er kommt zu Dir, er hat

sich in Dir getäuscht, er glaubt, Du seist ein treuer, redlicher Mensch, er will sich mit Dir beraten. Du kannst in Wirklichkeit vor jedem solchen fatalen jungen Menschen Deine Tür verschließen, Dein Herz aber kannst Du nicht verschließen; und magst Du auch nicht wünschen, daß er Zeuge Deiner Demütigung sei, sie wird darum nicht ausbleiben, denn so verderbt bist Du nicht, und wenn Du mit Dir allein bist, ist Deine Gutmütigkeit vielleicht größer als jemand glaubt.

Hier habe ich also Deine Lebensanschauung, und glaube mir, vieles in Deinem Leben wird Dir erklärlich werden, wenn Du sie mit mir als Gedankenverzweiflung betrachtest. Du bist ein Hasser aller Tätigkeit im Leben; sehr richtig, denn damit sie einen Sinn habe, muß das Leben Kontinuität besitzen, und die fehlt Deinem Leben. Du beschäftigst Dich mit Deinen Studien, das ist wahr, Du bist sogar fleißig; aber das ist nur um Deiner selbst willen und geschieht so wenig teleologisch wie möglich. Im übrigen bist Du müßig, Du stehst, gleich jenen Arbeitern im Evangelium, müßig am Markte, Du steckst die Hände in die Tasche und betrachtest das Leben. Nun ruhst Du in der Verzweiflung, nichts beschäftigt Dich, Du gehst keiner Sache aus dem Wege, »und wenn man Ziegel vom Dache risse, ich ginge doch nicht aus dem Wege«. Du bist wie ein Sterbender, Du stirbst täglich, nicht in dem tiefen ernsten Sinne, in dem man dieses Wort sonst nimmt, sondern das Leben hat seine Realität verloren und »Du berechnest Deine Lebenszeit immer von einem Kündigungstag zum andern«. Du läßt alles an Dir vorüberziehen, es macht keinen Eindruck, jetzt aber kommt da plötzlich etwas, was Dich packt, eine Idee, eine Situation, das Lächeln eines jungen Mädchens, und jetzt bist Du »dabei«; denn wie Du bei gewissen Gelegenheiten nicht »dabei« bist, so bist Du zu anderen Zeiten dabei und in jeder Weise zu Diensten. Überall, wo sich ein Zwischenfall ereignet, bist Du dabei. Du benimmst Dich im Leben, wie Du es im Gedränge zu tun pflegst, »Du arbeitest Dich in die dichtesten Knäuel hinein, siehst zu, womöglich über die andern hinauf-

gedrückt zu werden, so daß Du obenauf zu liegen kommst,
und bist Du erst oben, so machst Du es Dir so bequem wie
möglich, und solchermaßen läßt Du Dich auch durchs Leben tragen«. Wenn aber das Gedränge aufgehört hat, wenn
der Zwischenfall vorüber ist, so stehst Du wieder an der
Straßenecke und besiehst Dir die Welt. Ein Sterbender hat
bekanntlich eine übernatürliche Energie, und so ist es auch
mit Dir. Soll eine Idee durchdacht, ein Werk durchgelesen,
ein Plan ausgeführt, ein kleines Abenteuer erlebt – ja ein Hut
gekauft werden, so packst Du die Sache mit ungeheurer
Kraft an. Du arbeitest den Umständen nach unverdrossen
einen Tag, einen Monat, Du empfindest eine Freude daran,
Dich zu überzeugen, daß Du noch die gleiche Kraftfülle hast
wie früher, Du rastest nicht, »kein Satan kann es mit Dir aufnehmen«. Arbeitest Du mit andern zusammen, so arbeitest
Du sie alle in Grund und Boden. Wenn dann aber der Monat oder, was Du seit je für das Maximum hältst, das halbe
Jahr um ist, so brichst Du ab, so sagst Du: nun ist die Geschichte aus; Du ziehst Dich zurück und überläßt das Ganze
dem andern, oder sofern Du allein damit zu tun hattest,
sprichst Du zu keinem Menschen über die Sache. Nun bildest Du Dir und anderen ein, Du habest die Lust verloren,
und schmeichelst Dir mit dem eitlen Gedanken, daß Du mit
gleicher Intensität hättest weiterarbeiten können, wenn Du
Lust dazu gehabt hättest. Das aber ist ein ungeheurer Betrug. Es wäre Dir wie den meisten andern gelungen, fertig
zu werden, wenn Du es nur geduldig gewollt hättest, aber
dann hättest Du zugleich auch erfahren, daß dazu eine ganz
andere Art von Ausdauer gehört, als Du sie besitzt. Bald hast
Du Dich also selbst getäuscht, und Du hast nichts gelernt für
Dein weiteres Leben. Ich kann Dir hier mit einer kleinen
Aufklärung dienen. Es ist mir nicht unbekannt, wie heimtückisch das eigene Herz ist, wie leicht man sich selbst betrügen kann, zumal wenn man in dem Maße wie Du im Besitz der lösenden Gewalt der Dialektik ist, die nicht nur für
alles Dispens erteilt, sondern es auflöst und tilgt. Wenn mir

also im Leben etwas begegnet ist, wenn ich etwas beschlossen habe, von dem ich befürchtete, es könnte im Laufe der Zeit für mich ein anderes Ansehen erhalten, wenn ich etwas getan habe, von dem ich befürchtete, ich könnte im Laufe der Zeit ihm eine andere Auslegung geben, so habe ich mir schon oft mit wenigen klaren Worten aufgeschrieben, was ich eigentlich wollte oder was ich eigentlich getan hatte und warum. Wenn ich also meine, ich hätte das Bedürfnis danach, wenn mein Entschluß oder meine Handlung nicht mehr lebendig vor mir steht, so hole ich meine Handfeste hervor und richte mich selbst. Du meinst vielleicht, es sei Pedanterie, es sei zu weitläufig und nicht der Mühe wert, so viel Aufhebens zu machen. Darauf kann ich nur erwidern: hast Du kein Bedürfnis danach, ist Dein Bewußtsein immer so untrüglich und Dein Gedächtnis so zuverlässig, so laß es bleiben. Das glaube ich allerdings nicht, denn das Seelenvermögen, das Dir eigentlich fehlt, ist das Gedächtnis, das heißt, nicht ein Gedächtnis für dieses oder jenes, für Ideen, Witze oder dialektische Schnörkelgänge, das zu behaupten, sei ferne von mir; sondern Gedächtnis für Dein eigenes Leben, für das Erlebte darin. Hättest Du das, so würde die gleiche Erscheinung sich in Deinem Leben nicht so oft wiederholen, so würde es nicht so viele, wie ich es nennen möchte, Halbstundenarbeiten aufweisen, denn so darf ich sie wohl nennen, und wenn Du auch ein halbes Jahr dazu gebraucht hast, da Du nicht fertig geworden bist. Aber Du liebst es, Dich selbst und andere zu täuschen. Wärest Du immer so stark, wie Du im Augenblick der Leidenschaft bist, so wärest Du, ja, das will ich nicht leugnen, der stärkste Mensch, den ich je gekannt habe. Doch das bist Du nicht, das weißt Du selbst recht gut. Darum ziehst Du Dich zurück, versteckst Dich beinahe vor Dir selber und ruhst Dich in Indolenz wieder aus. In meinen Augen, deren Aufmerksamkeit Du Dich nicht immer entziehen kannst, wirst du fast lächerlich mit Deinem momentanen Eifer und der Berechtigung, die Du darin suchst, andere zu verspotten. Es waren einmal

zwei Engländer, die nach Arabien reisten, um Pferde zu kau-
fen. Sie brachten selbst einige englische Renner mit und
wünschten nun, deren Tauglichkeit im Vergleich mit den
Pferden der Araber zu erproben. Sie schlugen einen Ritt
vor, und die Araber waren dazu bereit und stellten es den
Engländern anheim, irgendein Pferd unter den arabischen
Pferden auszuwählen. Die Engländer wollten jedoch den
Ritt nicht gleich tun, denn sie erklärten, daß sie erst vierzig
Tage zum Trainieren benötigten. Man wartete die vierzig
Tage, die Höhe des Gewinns wurde bestimmt, die Pferde
wurden gesattelt, und nun fragten die Araber, wie lange sie
reiten sollten. Eine Stunde, lautete die Antwort. Das wun-
derte den Araber, und er erwiderte ganz lakonisch: Ich
glaubte, wir würden drei Tage reiten. Siehst Du, so geht es
Dir. Will man ein Wettreiten von einer Stunde mit Dir machen, so »kann kein Satan es mit Dir aufnehmen«; bei drei
Tagen kommst Du zu kurz. Ich erinnere mich, daß ich Dir
diese Geschichte einmal erzählt habe, ich erinnere mich auch
Deiner Antwort, es sei eine bedenkliche Sache, ein Wettreiten von drei Tagen zu machen, man riskiere, derartig in
Fahrt zu kommen, daß man nie mehr anhalten könne, deshalb enthieltest Du Dich wohlweislich aller solchen Gewalt-
samkeit, »hin und wieder mache ich einen Spazierritt, aber
ich wünsche weder Kavallerist zu werden noch sonst eine
unermüdete Tätigkeit im Leben«. Das stimmt nun freilich bis
zu einem gewissen Grade; denn Du fürchtest seit je die Kontinuität, und zwar vornehmlich aus dem Grunde, daß sie Dir
die Gelegenheit nimmt, Dich selbst zu betrügen. Die Kraft,
die Du hast, ist die Kraft der Verzweiflung; sie ist intensiver
als gewöhnliche menschliche Kraft, aber sie hält auch nur
kürzer vor.
Du schwebst beständig über Dir selbst, der höhere Äther
aber, das feinere Sublimat, darein Du Dich verflüchtigt hast,
ist das Nichts der Verzweiflung, und unter Dir siehst Du eine Fülle von Kenntnissen, Einsichten, Studien, Bemerkungen, die jedoch keine Realität für Dich haben, sondern die

Du ganz nach Laune benutzt und kombinierst, mit denen Du den Palast für die Üppigkeit des Geistes, in welchem Du Dich gelegentlich aufhältst, so geschmackvoll wie möglich ausschmückst. Was Wunder, daß das Dasein Dir ein Märchen ist, »daß Du oft versucht bist, jede Rede mit den Worten zu beginnen: es waren einmal ein König und eine Königin, die keine Kinder bekommen konnten«, und daß Du dann alles andere vergißt, um die Bemerkung zu machen, daß merkwürdigerweise im Märchen dies stets ein Grund für den Kummer eines Königs und einer Königin sei, wohingegen man im täglichen Leben vielmehr vom Kummer darüber hört, daß man Kinder hat, wofür Asyle und alle derartigen Einrichtungen der Beweis seien. Nun hast Du also den Einfall bekommen, daß »das Leben ein Märchen ist«. Du bist imstande, einen ganzen Monat allein aufs Märchenlesen zu wenden, Du betreibst ein gründliches Studium, Du vergleichst und prüfst, und Dein Studium ist nicht ohne Gewinn, und wozu wird er verwandt? Um Deinen Geist zu ergötzen; Du brennst das Ganze ab in einem brillanten Feuerwerk.

Du schwebst über Dir selbst, und unter Dir siehst Du eine Vielfalt von Stimmungen und Zuständen, die Du gebrauchst, um interessante Berührungen mit dem Leben zu finden. Du kannst empfindsam sein, herzlos, ironisch, witzig, man muß Dir in dieser Hinsicht zugestehen, daß Du Schule hast. Sobald dann etwas Dich aus Deiner Indolenz herauszureißen vermag, bist Du mit Deiner ganzen Leidenschaft in voller Praxis, und Deiner Praxis fehlt es nicht an Kunst, wie Du denn nur allzu gut mit Witz, Geschmeidigkeit und allen verführerischen Gaben des Geistes ausgerüstet bist. Du bist, wie Du mit so viel selbstgefälliger Prätension Dich ausdrückst, nie so ungalant zu erscheinen, ohne daß Du ein kleines duftendes frischgepflücktes Witzbukett mitbringst. Je mehr man Dich kennt, desto mehr muß man beinahe frappiert sein von der berechnenden Klugheit, die durch alles hindurchgeht, was Du in der kurzen Zeit tust,

da Du von Leidenschaft bewegt bist; denn Leidenschaft
macht Dich niemals blind, sondern nur noch sehender. Du
hast dann Deine Verzweiflung und alles, was Dir sonst auf
Seele und Gedanken liegt, vergessen; die zufällige Berührung, in die Du mit einem Menschen gekommen bist, beschäftigt Dich absolut. Ich möchte Dich an eine kleine Begebenheit erinnern, die in meinem eigenen Hause vorgefal-
len ist. Vermutlich habe ich den beiden jungen schwedi-
schen Mädchen, die anwesend waren, den Vortrag zu verdanken, den Du zum besten gegeben hast. Die Unterhaltung hatte einen ernsteren Verlauf genommen und war auf
einem Punkt angelangt, der Dir nicht angenehm war; ich
hatte mich ein wenig gegen den unzeitigen Respekt vor
Geistesgaben ausgesprochen, der für unsere Zeit so bezeichnend ist; ich hatte daran erinnert, daß es auf etwas ganz anderes ankomme, auf eine Innigkeit des ganzen Wesens, für
welche die Sprache keinen anderen Ausdruck habe als Glaube. Du warst dadurch vielleicht in eine weniger günstige Beleuchtung gerückt, und da Du wohl einsahst, daß Du auf
dem einmal eingeschlagenen Wege nicht weiterkommen
würdest, fühltest Du Dich aufgefordert, Dich in dem zu versuchen, was Du selber höheren Blödsinn nennst, in der sentimentalen Tonart: »Ich sollte nicht glauben? Ich glaube,
ganz tief in der einsamen Stille des Waldes, wo die Bäume
sich spiegeln in den dunklen Wassern, in seiner dunklen
Heimlichkeit, wo selbst um Mittag Dämmerung herrscht,
dort wohnt ein Wesen, eine Nymphe, ein Mädchen, ich
glaube, sie ist schöner als jede Vorstellung, ich glaube, am
Morgen flicht sie Kränze, am Mittag badet sie in den kühlen
Wassern, am Abend pflückt sie wehmütig die Blätter von
dem Kranz; ich glaube, ich würde glücklich, der einzige
Mensch, der so zu heißen verdiente, wenn ich sie fangen und
sie besitzen könnte; ich glaube, in meiner Seele ist ein Sehnen, das die Welt durchsucht, ich glaube, ich wäre glücklich,
wenn es gestillt würde; ich glaube überhaupt, die Welt hat
einen Sinn, wenn ich ihn nur finden könnte – sagt also

nicht, ich sei nicht stark im Glauben oder brünstig im Geiste.« Vielleicht meinst Du, eine solche Rede könne ein Rezeptionsstück sein, das Dich würdig mache, Mitglied eines
griechischen Symposions zu werden; denn eben dazu bildest Du Dich ja unter anderm, und das würdest Du für das
schönste Leben erachten, jede Nacht mit einigen griechischen Jünglingen zusammenzukommen, mit einem Kranz
im Haare dazusitzen und Lobreden auf die Liebe oder was
sich sonst bieten könnte, zu halten, ja, Du würdest Dich
ganz dem Halten von Lobreden widmen. Mir will diese Rede als ein Galimathias erscheinen, mag sie auch noch so
kunstvoll sein und mag sie im Augenblick auch einen Eindruck machen, zumal wenn Du sie selbst mit Deiner febri-
len Beredsamkeit vortragen darfst; und zugleich erscheint
sie mir als ein Ausdruck Deines verwirrten Geisteszustan-
des; denn es ist ganz in der Ordnung: wer an nichts von alledem glaubt, woran andere Menschen glauben, der glaubt an
solche rätselhaften Wesen, so wie es vielfach im Leben geht:
wer sich vor nichts fürchtet, weder im Himmel noch auf Erden, der fürchtet sich vor Spinnen. Du lächelst, Du meinst,
ich sei in die Falle gegangen, ich hätte geglaubt, Du glaub-
test, was zu glauben Dir noch viel ferner liegt als irgendeinem
anderen Menschen. Das ist völlig richtig, denn Dein Vortrag
endet stets in absoluter Skepsis, aber wie klug und wie be-
rechnend Du auch seist, so kannst Du doch durchaus nicht
leugnen, daß Du Dich für einen Augenblick selbst an jener
krankhaften Hitze erwärmst, die in einer solchen Überspanntheit liegt. Deine Absicht ist vielleicht, Menschen zu
betrügen, und doch gibt es einen Augenblick, da Du, und
sei es Dir auch unbewußt, Dich selbst betrügst.
Was von Deinen Studien galt, das gilt von jeder Deiner
Handlungen, Du bist im Augenblick, und im Augenblick
bist Du in übernatürlicher Größe, Du versenkst Deine ganze
Seele in ihn, selbst mit einer Energie des Willens, denn für
einen Augenblick hast Du Dein Wesen absolut in der Gewalt. Wer Dich nur in einem solchen Augenblick sieht,

wird gar leicht getäuscht, während derjenige, der bis zum
nächsten Augenblick wartet, leicht über Dich triumphieren
kann. Du erinnerst Dich vielleicht an das bekannte Märchen
des *Musäus* von *Rolands* drei Knappen. Einer von ihnen erhielt von der alten Hexe, die sie im Walde besuchten, einen
Fingerhut, der ihn unsichtbar machte. Mit dessen Hilfe
drang er in die Gemächer der schönen Prinzessin Urraca ein
und trug ihr seine Liebe vor, was starken Eindruck auf sie
machte, da sie niemand sah und also vermutete, es sei zumindest ein Feenprinz, der sie mit seiner Liebe beehre. Indessen
forderte sie, daß er sich ihr offenbare. Hier lag die Schwierigkeit; sobald er sich zeigte, mußte der Zauber schwinden,
und doch hatte er von seiner Liebe ja keine Freude, wenn er
sich nicht offenbaren konnte. Ich habe Musäus' Märchen gerade zur Hand und will einen kleinen Passus daraus abschreiben, den ich Dich bitten möchte zu Deinem wahren
Nutzen durchzulesen. »Er willigte dem Anscheine nach ungern ein, und die Phantasie der Prinzessin schob ihr das Bild
des schönsten Mannes vor, den sie mit gespannter Erwartung zu erblicken vermeinte. Aber welcher Kontrast zwischen Original und Ideal, da nichts als ein allgemeines All-
tagsgesicht zum Vorschein kam, einer von den gewöhnlichen Menschen, dessen Physiognomie weder Genie-Blick
noch Sentimental-Geist verriet!« Was Du durch diese Berührungen mit Menschen zu erreichen wünschst, das erreichst Du auch, denn da Du bedeutend klüger bist als jener
Knappe, so siehst Du leicht ein, daß das Offenbarwerden
sich nicht lohnt. Wenn Du einem Menschen ein ideales Bild
vorgegaukelt hast – und hier muß man Dir zugestehen, Du
kannst in jeder beliebigen Richtung ideal erscheinen –, so
ziehst Du Dich vorsichtig zurück und hast nun das Vergnügen gehabt, einen Menschen zum Narren gehalten zu haben.
Zugleich aber erreichst Du, daß der Zusammenhang in
Deiner Anschauung unterbrochen ist und daß Du ein Moment mehr bekommen hast, das Dich dazu bewegt, von
vorn anzufangen.

In theoretischer Beziehung bist Du mit der Welt fertig, die Endlichkeit kann vor Deinem Denken nicht bestehen, in praktischer Beziehung bist Du bis zu einem gewissen Grade ebenfalls mit ihr fertig, das heißt in ästhetischem Sinne. Dessenungeachtet hast Du keine Anschauung vom Leben. Du hast etwas, was einer Anschauung ähnlich sieht, und das gibt Deinem Leben eine gewisse Ruhe, die jedoch nicht mit einem sicheren und erquickenden Vertrauen zum Leben verwechselt werden darf. Ruhe hast Du nur im Gegensatz zu dem, der noch den Gaukelbildern des Genusses nachjagt, *per mare pauperiem fugiens, per saxa, per ignes.* Im Verhältnis zum Genuß hast Du einen durchaus vornehmen Stolz. Das ist ganz in der Ordnung, denn Du bist ja mit der ganzen Endlichkeit fertig. Und doch kannst Du sie nicht aufgeben. Du bist zufrieden im Vergleich zu denen, die der Befriedigung nachjagen, das aber, worin Du nunmehr zufrieden bist, ist die absolute Unzufriedenheit. Alle Herrlichkeiten der Welt zu sehen, kümmert Dich nicht, denn in Gedanken bist Du über sie hinaus, und wenn sie Dir angeboten würden, so würdest Du wie immer erwidern: Ja, so einen Tag könnte man schon darauf verwenden. Es kümmert Dich nicht, daß Du nicht Millionär geworden bist, und wenn es Dir angeboten würde, so würdest Du wahrscheinlich erwidern: Ja, es könnte recht interessant sein, wenn man es gewesen wäre, und einen Monat könnte man wohl darauf spendieren. Und könnte man Dir die Liebe des schönsten Mädchens anbieten, Du würdest doch erwidern: Ja, so für ein halbes Jahr wäre das ganz nett. Ich will hier nicht in das Klagegeschrei einstimmen, das man oft über Dich hört, daß Du unersättlich seiest; ich möchte lieber sagen: in gewissem Sinne hast Du recht; denn nichts Endliches, nicht die ganze Welt vermag eines Menschen Seele zu befriedigen, die Verlangen nach dem Ewigen fühlt. Könnte man Dir Ruhm und Ehre anbieten, die Bewunderung der Mitwelt – und das ist doch Dein schwächster Punkt –, so würdest Du erwidern: Ja, für eine Weile wäre das ganz schön. Eigentlich begehren tust Du es nicht, und Du würdest nicht einen Schritt darum machen. Du würdest erkennen, damit es Bedeutung hätte, müßtest Du wirklich so vorzüglich begabt sein, daß es Wahrheit wäre; selbst in diesem Falle sieht Dein Gedanke auch das höchste Maß geistiger Begabung als etwas Vergängliches an. Deine Polemik gibt Dir daher einen noch höheren Ausdruck, wenn Du in Deiner inneren Erbitterung über das ganze Leben wünschtest, daß Du der törichtste von allen Menschen wärest und doch von Deiner Mitwelt bewundert und angebetet würdest als der Weiseste von allen, denn das wäre ja ein Hohn auf das ganze Dasein, der weit tiefer wäre, als wenn der wirklich Tüchtigste als solcher geehrt würde. Du begehrst darum nichts, wünschst nichts; denn das einzige, was Du wünschen könntest, wäre eine Wünschelrute, die Dir alles zu geben vermöchte, und die würdest Du dann benutzen, um Deine Pfeife damit auszukratzen. So bist Du mit dem Leben fertig »und brauchst kein Testament zu machen, denn Du hinterläßt nichts«. Auf diesem Gipfel aber kannst Du Dich nicht halten, denn zwar hat Dein Gedanke Dir alles genommen, aber er hat Dir dafür nichts gegeben. Im nächsten Augenblick fesselt Dich eine unbedeutende Kleinigkeit. Zwar betrachtest Du sie mit all der stolzen Vornehmheit, die Dein übermütiges Denken Dir gibt, Du verachtest sie wie ein armseliges Spielzeug, dessen Du beinahe schon überdrüssig bist, ehe Du es in die Hand nimmst; aber es beschäftigt Dich doch, und ist es auch nicht das Ding selbst, was Dich beschäftigt – und das ist nie der Fall –, so beschäftigt doch das Dich, daß Du Dich zu ihm herablassen willst. In dieser Hinsicht erhält Dein Wesen, sobald Du Dich mit Menschen einläßt, ein hohes Maß von Treulosigkeit, die man Dir ethisch jedoch nicht zum Vorwurf machen kann; denn Du stehst außerhalb ethischer Bestimmungen. Zum Glück bist Du andern gegenüber sehr wenig teilnahmsvoll, deshalb merkt man es nicht. Du kommst oft in mein Haus, und Du weißt, daß Du mir stets willkommen bist, aber Du weißt auch, daß es mir niemals einfällt, Dich einzuladen, auch nur an der geringsten Sache teilzunehmen. Nicht einmal eine Waldpartie würde ich mit Dir machen, und zwar nicht deshalb, weil Du etwa nicht lustig und unterhaltsam sein könntest, sondern weil Deine Teilnahme immer eine Falschheit ist; denn freust Du Dich wirklich, so darf man stets sicher sein, daß es keine Freude darüber ist, was uns andere freut, oder über die Fahrt, sondern über etwas, was Du *in mente* hast; und freust Du Dich nicht, so nicht deshalb, weil sich Unannehmlichkeiten ergeben, die Dich aus der Stimmung bringen, denn das könnte ja auch uns andern widerfahren, sondern weil Du schon in dem Augenblick, da Du in den Wagen steigst, die Nichtigkeit dieses Vergnügens durchschaut hast. Ich verzeihe es Dir gern, denn Dein Gemüt ist stets zu bewegt, und es ist ein wahres Wort, das Du oft von Dir gebrauchst, Du seist wie eine Wöchnerin, und wenn man in solchen Umständen sei, so sei es kein Wunder, daß man etwas anders sei als andere Leute.

Jedoch, der Geist läßt sich nicht spotten, er rächt sich an Dir, er bindet Dich in die Fessel der Schwermut. Mein junger Freund, hier ist der Weg, ein Nero zu werden, wenn nicht in Deiner Seele ein ursprünglicher Ernst, wenn nicht in Deinen Gedanken eine angeborene Tiefe, wenn nicht in Deiner Seele eine Großmütigkeit wäre – und falls Du Kaiser in Rom geworden wärest. Jedoch, Du gehst einen andern Weg. Jetzt zeigt sich vor Dir eine Lebensanschauung, die einzige, wie es scheint, die Dich zu befriedigen vermag, das heißt, daß Du Deine Seele in Wehmut und Trauer versenkst. Jedoch, Dein Geist ist zu gesund, als daß diese Lebensanschauung ihre Probe bestehen könnte; denn für eine solche ästhetische Trauer ist das Dasein ebenso eitel wie für jede andere ästhetische Lebensanschauung; wenn ein Mensch nicht tieferes Leid empfinden kann, so hat es seine Wahrheit, wenn ich sage, daß das Leid ebensogut vergehe wie die Freude, denn alles vergeht, was nur endlich ist. Und wenn manche finden, es sei ein Trost, daß das Leid vergeht, so dünkt mich dieser Gedanke ebenso trostlos wie der, daß die Freude vergeht. Dein Gedanke vernichtet also diese Lebensanschauung wieder, und wenn man die Trauer vernichtet hat, so behält man ja die Freude; statt der Trauer wählst Du eine Freude, die der Wechselbalg der Trauer ist. Diese Freude nun hast Du gewählt, dies Lachen der Verzweiflung. Du kehrst wieder zum Leben zurück, das Dasein gewinnt in dieser Beleuchtung ein neues Interesse für Dich. Wie Du große Freude daran hast, mit Kindern so zu sprechen, daß das, was Du sagst, vortrefflich und leicht und natürlich von ihnen verstanden wird und doch für Dich selber etwas ganz anderes bedeutet, so hast Du Freude daran, die Menschen mit Deinem Lachen zu täuschen. Wenn Du die Leute dazu bringen kannst, daß sie lachen und jubeln und sich über Dich freuen, so triumphierst Du über die Welt, so sagst Du zu Dir selber: Wenn ihr nur wüßtet, worüber ihr lacht!

Jedoch, der Geist läßt sich nicht spotten, und das Dunkel der Schwermut verdichtet sich um Dich, und der Blitz eines wahnwitzigen Witzes zeigt es Dir nur noch stärker, noch entsetzlicher. Und nichts ist da, was Dich zerstreute, alle Lust der Welt hat keine Bedeutung für Dich, und wenn Du auch die Einfältigen um die törichte Freude am Leben beneidest, Du jagst ihr nicht nach. Die Lust lockt Dich nicht. Und wie traurig Dein Zustand auch sei, es ist fürwahr ein großes Glück, daß sie es nicht tut. Es ist nicht etwa meine Absicht, den Stolz in Dir zu preisen, der sie verachtet, wohl aber die Gnade zu preisen, die Dein Denken festhält; denn wenn die Lust Dich lockte, so wärest Du verloren. Daß sie Dich aber nicht lockt, das zeigt, welchen Weg Du gehen, daß Du vorwärts sollst, nicht zurück. Da liegt noch ein anderer Irrweg, nicht minder schrecklich, und wiederum vertraue ich hier nicht auf Deinen Stolz, sondern auf die Gnade, die Dich immer wieder aufrecht hält. Freilich ist es wahr, daß Du stolz bist und daß es besser ist, daß ein Mensch stolz sei als eitel; freilich ist es wahr, daß in Deinem Gedanken eine entsetzliche Leidenschaft ist, daß Du ihn als eine Forderung betrachtest, die Du nicht aufzugeben gedenkst, daß »Du Dich in der

Welt lieber als einen Gläubiger, den man nicht bezahlt hat, betrachten, als die Forderung streichen willst« – und doch ist aller menschliche Stolz nur eine fragwürdige Sicherheit.

Siehst Du, mein junger Freund, dieses Leben ist Verzweiflung, verbirg es vor andern, vor Dir selber kannst Du's nicht verbergen, es ist Verzweiflung. Und doch ist, in einem andern Sinne, dieses Leben nicht Verzweiflung. Du bist zu leichtsinnig, um zu verzweifeln, und Du bist zu schwermütig, um mit der Verzweiflung nicht in Berührung zu kommen. Du bist wie eine Gebärende, und doch hältst Du immerfort den Augenblick zurück und bleibst immerfort im Schmerz. Wenn eine Frau in ihrer Not auf die Idee käme, ob das, was sie gebären soll, nicht ein Ungeheuer sei, oder wenn sie bei sich selbst überlegte, was sie eigentlich gebären solle, so würde sie eine gewisse Ähnlichkeit mit Dir haben. Ihr Versuch, den Gang der Natur aufzuhalten, wäre fruchtlos, der Deine aber ist durchaus möglich; denn das, wodurch ein Mensch in geistigem Sinne gebiert, ist der *nisus formativus* des Willens, und der steht in des Menschen eigener Macht. Was fürchtest Du also? Du sollst ja keinen andern Menschen, Du sollst nur Dich selbst gebären. Und doch, ich weiß es wohl, es liegt ein Ernst darin, der die ganze Seele erschüttert; sich seiner selbst in seiner ewigen Gültigkeit bewußt werden, ist ein Augenblick, der bedeutsamer ist als alles auf der Welt. Es ist, als würdest Du gefangen und umstrickt und könntest nun nie mehr, in Zeit und Ewigkeit nicht, entrinnen; es ist, als verlörest Du Dich selbst, als hörtest Du auf zu sein; es ist, als ob Du es etwa im nächsten Augenblick bereutest, und es ließe sich doch nicht rückgängig machen. Es ist ein ernster und bedeutungsvoller Augenblick, wenn man für eine Ewigkeit an eine ewige Macht sich bindet, wenn man sich selbst versteht als den, dessen Andenken keine Zeit auslöschen soll, wenn man sich in ewigem und untrüglichem Sinne seiner selbst bewußt wird als der, der man ist. Jedoch, man kann es ja lassen! Sieh, hier liegt ein Entweder-Oder. Laß mich zu Dir reden, wie ich niemals zu

Dir reden würde, wenn ein anderer Mensch zuhörte, weil ich in gewissem Sinne nicht dazu befugt bin und weil ich zunächst nur von der Zukunft rede. Willst Du das nicht, willst Du fortfahren, Deine Seele mit dem Tand des Witzes und der Eitelkeit des Geistes zu ergötzen, so tu es, verlasse Deine Heimat, wandre aus, geh nach Paris, widme Dich der Journalistik, buhle um das Lächeln wollüstiger Frauen, kühle ihr heißes Blut mit der Kälte Deines Witzes, laß es die stolze Aufgabe für die Tätigkeit Deines Lebens sein, einer müßigen Frau die Langeweile oder einem entkräfteten Wollüstling die trüben Gedanken zu vertreiben, vergiß, daß Du ein Kind warst, daß Frömmigkeit in Deiner Seele und Unschuld in Deinem Geiste war, betäube jede höhere Stimme in Deiner Brust, verdämmere Dein Leben in der glänzenden Armseligkeit der Soiréen, vergiß, daß ein unsterblicher Geist in Dir ist, quäle Deine Seele bis zum äußersten, und wenn dann der Witz verstummt, so gibt es ja noch Wasser in der Seine und Pulver im Kramladen und Reisegesellschaft zu jeder Tageszeit. Kannst Du das aber nicht, willst Du es nicht – und Du kannst es weder noch willst Du es –, so sammle Dich, erstikke jeden aufrührerischen Gedanken, der sich etwa des Hochverrates gegen Dein besseres Wesen vermessen will, verachte all die Erbärmlichkeit, die Dir Deine Geistesgaben neidet und sie für sich begehrt, um einen noch schlechteren Gebrauch davon zu machen, verachte die heuchlerische Tugend, die widerwillig des Lebens Last trägt und dennoch geehrt sein will, weil sie sie trägt; aber verachte darum das Leben nicht, achte jedes ehrliche Bemühen, jede bescheidene Tätigkeit, die sich demütig verbirgt, und habe vor allem etwas mehr Ehrerbietung vor der Frau; glaube mir, die Rettung kommt doch von ihr, so gewiß das Verderben vom Manne kommt. Ich bin Ehemann und insofern parteiisch, aber es ist meine Überzeugung, hat auch ein Weib den Menschen ins Verderben gestürzt, so hat sie es auch redlich und ehrlich wiedergutgemacht und tut es noch; denn von hundert Männern, die sich in der Welt verirren, werden neunundneunzig durch Frauen gerettet, einer wird gerettet durch unmittelbare göttliche Gnade. Und da ich nun zugleich meine, es gehöre zu einem Manne, daß er entweder auf die eine oder auf die andere Weise irregeht, und dies gelte mit gleicher Wahrheit vom Leben des Mannes, wie es von dem des Weibes gilt, daß sie in dem reinen unschuldigen Frieden der Unmittelbarkeit verbleiben muß, so magst Du leicht erkennen, daß meiner Meinung nach das Weib vollen Ersatz leistet für den Schaden, den sie angerichtet hat.

Was hast Du also zu tun? Ein anderer würde vielleicht sagen: Heirate, dann hast Du andere Sorgen; allerdings, doch fragt es sich, ob Dir damit gedient ist, und wie Du auch über das andere Geschlecht denken magst, Du denkst doch zu ritterlich, als daß Du aus diesem Grunde heiraten wolltest; und außerdem, kannst Du Dich selbst nicht halten, so findest Du schwerlich einen anderen Menschen, der dazu imstande wäre. Oder man würde sagen: Such Dir ein Amt, stürze Dich ins Geschäftsleben, das zerstreut, und Du wirst Deine Schwermut vergessen, arbeite, das ist das beste. Vielleicht wird es Dir gelingen, Dich dahin zu bringen, daß sie wie vergessen scheint; vergessen ist sie nicht, in einzelnen Momenten wird sie doch hervorbrechen, schrecklicher denn je, dann wird sie vielleicht imstande sein, was sie bisher nicht vermocht hat, Dich zu überrumpeln. Hinzu kommt, wie immer Du über das Leben und seine Arbeit denken magst, Du wirst doch zu ritterlich von Dir selber denken, um aus diesem Grunde ein Amt zu wählen, denn das wäre ja doch eine Art Falschheit, gleich jener, aus diesem Grunde zu heiraten. Was ist also zu tun? Ich habe nur eine Antwort: verzweifle!

Ich bin Ehemann, meine Seele hängt wahrlich fest und unerschütterlich an meinem Weibe, an meinen Kindern, an diesem Leben, dessen Schönheit ich allezeit preisen werde. Wenn ich also sage: verzweifle, so ist es kein exaltierter Jüngling, der Dich in den Strudel der Leidenschaften hineinwirbeln möchte, kein spöttischer Dämon, der dem Schiff-

brüchigen diesen Trost zuruft, nein, ich rufe es Dir nicht zu
als einen Trost, nicht als einen Zustand, in dem Du verharren sollst, sondern als eine Tat, die der Seele ganze Kraft,
ganzen Ernst und ganze Sammlung erfordert, so wahr es
meine Überzeugung ist, mein Sieg über die Welt, daß jeder
Mensch, der nicht die Bitterkeit der Verzweiflung geschmeckt, doch stets den Sinn des Lebens verfehlt hat, und
sei sein Leben noch so schön, noch so freudenreich gewesen.
Du begehst keinen Betrug an der Welt, in der Du lebst, Du
bist nicht verloren für sie, weil Du sie überwunden hast, so
wahr ich mich dessen getröste, ein rechtschaffener Ehemann
zu sein, obwohl auch ich verzweifelt habe.
Wenn ich also auf diese Weise Dein Leben betrachte, so
möchte ich Dich glücklich preisen; denn es ist wahrlich von
äußerster Wichtigkeit, daß ein Mensch im Augenblick der
Verzweiflung das Leben nicht falsch ansieht, das ist ebenso
gefährlich für ihn, wie wenn eine Gebärende sich versieht.
Wer über etwas Einzelnes verzweifelt, läuft Gefahr, daß seine Verzweiflung nicht wahr und tief werde, daß es eine Ent-
täuschung, ein Kummer über das einzelne ist. So sollst Du
nicht verzweifeln, denn nichts Einzelnes ist Dir genommen,
Du hast es noch alles. Täuscht der Verzweifelte sich, glaubt
er, das Unglück liege in dem Mannigfaltigen außer ihm, so
ist seine Verzweiflung nicht wahr, und sie wird ihn dahin
führen, die Welt zu hassen und nicht sie zu lieben; denn so
wahr es auch sein mag, daß die Welt Dir zur Last ist, weil es
ist, als wollte sie für Dich etwas anderes sein, als sie sein kann,
so wahr ist es auch, daß, wenn Du in der Verzweiflung Dich
selbst gefunden hast, Du sie auch lieben wirst, weil sie ist,
was sie ist. Ist es Schuld und Frevel, ein beschwertes Gewissen, was einen Menschen zur Verzweiflung bringt, so wird
er vielleicht Schwierigkeit haben, seine Freude wiederzuge-
winnen. So verzweifle denn, von ganzer Seele und mit Deinem ganzen Denken, je länger Du es hinausschiebst, desto
härter werden die Bedingungen, und die Forderung bleibt
die gleiche. Ich rufe es Dir zu, gleich jenem Weibe, das dem

*Tarquinius* eine Sammlung von Büchern feilbot, und als er die Summe, die sie verlangte, nicht geben wollte, ein Drittel verbrannte und dieselbe Summe forderte, und als er wiederum die verlangte Summe nicht geben wollte, das zweite Drittel verbrannte und dieselbe Summe forderte, bis er schließlich die ursprüngliche Summe für das letzte Drittel gab.

Die Bedingung Deiner Verzweiflung ist schön, und doch gibt es eine noch schönere. Denke Dir einen jungen Menschen, begabt wie Du. Laß ihn ein Mädchen lieben, sie ebenso sehr lieben wie sich selbst. Laß ihn einmal in einer ruhigen Stunde überlegen, worauf er sein Leben gebaut hat und worauf sie das ihre bauen könne. Die Liebe haben sie gemeinsam, er aber wird doch fühlen, daß Differenzen bestehen. Sie hat vielleicht die Gabe der Schönheit, aber das hat für ihn keine Bedeutung und ist doch so zerbrechlich, sie hat vielleicht den frohen Sinn der Jugend, aber diese Freude hat für ihn keine rechte Bedeutung; er aber hat die Macht des Geistes, und er fühlt dessen Stärke. Er will sie in Wahrheit lieben, und es wird ihm daher nicht einfallen, ihr diese zu geben, und ihre demütige Seele wird nicht danach verlangen, und doch ist da eine Differenz, und er wird fühlen, daß diese fort muß, wenn er sie in Wahrheit lieben soll. Da wird er seine Seele in Verzweiflung versinken lassen. Nicht um seinetwillen verzweifelt er, sondern um ihretwillen, und doch auch um seiner selbst willen, denn er liebt sie ebenso sehr wie sich selbst; da wird die Macht der Verzweiflung alles verzehren, bis er sich selbst findet in seiner ewigen Gültigkeit; damit aber hat er auch die Geliebte gefunden, und kein Ritter wird von den gefahrvollsten Taten glücklicher und fröhlicher zurückkehren als er aus diesem Kampf wider Fleisch und Blut und die eitlen Differenzen der Endlichkeit, denn wer verzweifelt, findet den ewigen Menschen, und darin sind wir alle gleich. Eine solche Torheit wird ihm nicht in den Sinn kommen, etwa seinen Geist abstumpfen oder dessen Bildung versäumen zu wollen, um auf diese Weise

die Gleichheit herzustellen; er wird die Gaben des Geistes
bewahren, in seinem tiefsten Herzen aber wird er sich bewußt sein, daß wer sie hat, wie der ist, der sie nicht hat. Oder
denke Dir ein tiefreligiöses Gemüt, das aus wahrer und in-
brünstiger Liebe zu den Mitmenschen sich in das Meer der
Verzweiflung würfe, bis es das Absolute fände, jenen Punkt,
wo es gleichgültig ist, ob eine Stirn plattgedrückt ist oder ob
sie stolzer sich wölbt als der Himmel, jenen Punkt, der nicht
die Indifferenz ist, sondern die absolute Gültigkeit.

Du hast manche gute Ideen, viele schnurrige Einfälle, eine
Menge Torheiten, behalte es alles, ich begehre es nicht, aber
eine Idee hast Du, an der ich Dich festzuhalten bitte, eine
Idee, die mich davon überzeugt, daß mein Geist dem Deinen
verwandt ist. Du hast oft gesagt, Du möchtest lieber alles
andere auf der Welt sein als ein Dichter, da eine Dichter-
existenz in der Regel eine Menschenopferung sei. Was mich
betrifft, so will ich keineswegs leugnen, daß Dichter gelebt
haben, die sich selbst gewonnen hatten, ehe sie zu dichten
begannen, oder die sich selbst dadurch gewannen, daß sie
dichteten; andererseits aber ist es auch gewiß, daß eine Dichterexistenz als solche in jener Dunkelheit liegt, die eine Folge
davon ist, daß eine Verzweiflung nicht durchgeführt wird,
daß die Seele immerfort in Verzweiflung erzittert und der
Geist nicht seine wahre Verklärung zu finden vermag. Das
dichterische Ideal ist immer ein unwahres Ideal, denn das
wahre Ideal ist immer das wirkliche. Wenn also der Geist
sich nicht emporschwingen darf in die ewige Welt des Geistes, so bleibt er unterwegs und freut sich an den Bildern, die
sich in den Wolken spiegeln, und weint über ihre Vergänglichkeit. Eine Dichterexistenz ist daher als solche eine unglückliche Existenz, sie ist höher als die Endlichkeit und doch
nicht die Unendlichkeit. Der Dichter sieht die Ideale, aber
er muß der Welt entfliehen, um sich an ihnen zu freuen, er
kann diese Götterbilder nicht in sich tragen inmitten der
Wirrsal des Lebens, nicht ruhig seines Weges gehen, unangefochten von der Karikatur, die sich ringsum zeigt, ge-

schweige denn, daß er die Kraft hätte, sie sich anzuziehen. Das Leben des Dichters ist daher oft Gegenstand eines armseligen Mitleids seitens jener Menschen, die ihr Schäfchen im Trockenen zu haben meinen, weil sie in der Endlichkeit geblieben sind. Du äußertest einmal in einem mißmutigen Augenblick, daß wahrscheinlich manche schon im stillen ihre Rechnung mit Dir gemacht hätten und bereit seien, auf folgende Bedingungen hin zu quittieren: Du werdest als ein guter Kopf anerkannt, dafür aber gingest Du unter und würdest kein tätiges Mitglied der Gesellschaft. Ganz unleugbar gibt es eine solche Erbärmlichkeit in der Welt, die auf diese Weise über alles siegen möchte, was auch nur um einen Zoll hervorragt. Laß Dich jedoch nicht dadurch beirren, trotze ihnen nicht, verachte sie nicht, hier möchte ich sagen, wie Du zu sagen pflegst: es ist nicht der Mühe wert. Willst Du aber nicht Dichter sein, so gibt es keinen andern Weg für Dich als den ich Dir gezeigt habe: verzweifle!

So wähle denn die Verzweiflung, denn die Verzweiflung ist selbst eine Wahl, denn zweifeln kann man, ohne es zu wählen, verzweifeln aber kann man nicht, ohne es zu wählen. Und indem man verzweifelt, wählt man wieder, und was wählt man da, man wählt sich selbst, nicht in seiner Unmittelbarkeit, nicht als dieses zufällige Individuum, sondern man wählt sich selbst in seiner ewigen Gültigkeit.

Diesen Punkt werde ich in bezug auf Dich etwas näher zu beleuchten suchen. Es ist in der neueren Philosophie mehr als genug die Rede davon gewesen, daß alle Spekulation mit dem Zweifel beginne; dagegen habe ich, soweit ich mich gelegentlich mit derartigen Erwägungen habe beschäftigen können, vergeblich nach einer Erklärung gesucht, worin der Zweifel sich von Verzweiflung unterscheide. Ich will versuchen, diesen Unterschied zu erhellen, in der Hoffnung, daß es dazu beitragen werde, Dich zu orientieren und Dich richtig zu stellen. Ich bin weit davon entfernt, mir ein eigentlich philosophisches Geschick zuzutrauen, ich habe nicht Deine Virtuosität, mit Kategorien zu spielen; was aber in tiefstem

Sinne die Bedeutung des Lebens sei, das muß doch wohl
auch von einem einfältigeren Menschen verstanden werden
können. Zweifel ist die Verzweiflung des Gedankens, Verzweiflung ist der Zweifel der Persönlichkeit, eben darum
halte ich auch so sehr an der Bestimmung des Wählens fest,
die meine Losung ist, der Nerv meiner Lebensanschauung,
und eine solche habe ich, wenn ich mir auch keineswegs an-
maße, ein System zu haben. Zweifel ist die innere Bewegung
des Gedankens selber, und in meinem Zweifel verhalte ich
mich so unpersönlich wie möglich. Ich nehme nun an, daß
der Gedanke, indem der Zweifel durchgeführt wird, das Absolute findet und darin ruht, so ruht er darin nicht infolge
einer Wahl, sondern infolge der gleichen Notwendigkeit,
infolge deren er gezweifelt hat; denn der Zweifel selbst ist
eine Bestimmung von Notwendigkeit, und das Ruhen desgleichen. Das ist das Erhabene am Zweifel, weswegen er von
Leuten, die schwerlich verstanden, was sie sagten, so oft an-
gepriesen und herausgestrichen worden ist. Die Tatsache
aber, daß es eine Bestimmung der Notwendigkeit ist, beweist, daß nicht die ganze Persönlichkeit mit in Bewegung
ist. Es liegt daher etwas sehr Wahres darin, wenn ein Mensch
sagt: ich möchte gern glauben, ich kann nicht, ich muß
zweifeln. Daher sieht man auch oft, daß ein Zweifler in sich
selber dennoch einen positiven Gehalt haben kann, der außerhalb aller Kommunikation mit dem Gedanken lebt, daß er
ein höchst gewissenhafter Mensch sein kann, der an der
Gültigkeit der Pflicht und an der Regel für sein Handeln
keineswegs zweifelt, keineswegs zweifelt an einer Menge
sympathetischer Gefühle und Stimmungen. Andererseits sieht
man, zumal in unserer Zeit, Menschen, welche die Verzweiflung im Herzen tragen und die doch den Zweifel schon überwunden haben. Das ist mir besonders bei der Betrachtung
einzelner deutscher Philosophen aufgefallen. Ihr Gedanke ist
beruhigt, der objektive logische Gedanke ist in der ihm entsprechenden Objektivität zur Ruhe gebracht, und doch sind sie
Verzweifelte, mögen sie sich auch mit dem objektiven Den-

ken zerstreuen, denn ein Mensch kann sich auf mancherlei
Weise zerstreuen, und es gibt schwerlich ein so betäubendes
Mittel wie abstraktes Denken, weil es dabei darauf ankommt,
sich so unpersönlich wie möglich zu verhalten. Zweifel und
Verzweiflung gehören also völlig verschiedenen Sphären an,
es sind verschiedene Seiten der Seele, die dabei in Bewegung
gesetzt werden. Doch hiermit bin ich noch keineswegs zu-
friedengestellt, denn dann wären Zweifel und Verzweiflung
einander nebengeordnet, und das ist nicht der Fall. Verzweiflung ist ein weit tieferer und vollständigerer Ausdruck,
ihre Bewegung weit umfassender als die des Zweifels. Verzweiflung ist eben ein Ausdruck für die ganze Persönlichkeit,
Zweifel nur für den Gedanken. Die vermeintliche Objektivität, die der Zweifel hat, weswegen er so vornehm ist, ist
gerade ein Ausdruck für seine Unvollkommenheit. Zweifel
liegt daher in der Differenz, Verzweiflung im Absoluten.
Zum Zweifeln gehört Talent, während zum Verzweifeln
durchaus kein Talent gehört; Talent aber ist als solches eine
Differenz, und was, um sich geltend zu machen, eine Differenz fordert, kann niemals das Absolute sein; denn das Absolute kann für das Absolute nur als das Absolute sein. Der geringste, unbegabteste Mensch kann verzweifeln, ein junges
Mädchen, das alles andere ist als ein Denker, kann verzweifeln, wohingegen ein jeder leicht fühlt, wie töricht es wäre,
von ihnen zu sagen, daß sie Zweifler seien. Der Grund, weshalb der Zweifel eines Menschen beruhigt sein und er selbst
dennoch verzweifelt sein und dies so hingehen kann, ist, daß
der Mensch in tieferem Sinne die Verzweiflung nicht will.
Man kann überhaupt gar nicht verzweifeln, außer man will
es, um aber in Wahrheit zu verzweifeln, muß man es in
Wahrheit wollen, wenn man es aber in Wahrheit will, so ist
man in Wahrheit schon über die Verzweiflung hinaus; hat
man in Wahrheit die Verzweiflung gewählt, so hat man in
Wahrheit das gewählt, was von der Verzweiflung gewählt
wird: sich selbst in seiner ewigen Gültigkeit. Erst in der Verzweiflung ist die Persönlichkeit beruhigt, nicht mit Not-

wendigkeit, denn ich verzweifle niemals notwendig, sondern
mit Freiheit, und erst darin ist das Absolute gewonnen. In
dieser Hinsicht meine ich, daß unsere Zeit einen Fortschritt
machen wird, sofern ich überhaupt eine Meinung über unsere Zeit haben kann, da ich sie nur von meiner Zeitungslek-
türe kenne und aus einer vereinzelten Schrift, oder aus Gesprächen mit Dir. Die Zeit dürfte nicht mehr fern sein, da
man, teuer genug vielleicht, erfahren wird, daß der wahre
Ausgangspunkt für das Finden des Absoluten nicht Zweifel
ist, sondern Verzweiflung.

Jedoch, ich kehre zu meiner Kategorie zurück, ich bin kein
Logiker, ich habe nur die eine Kategorie, aber ich versichere
Dir, sie ist sowohl meines Herzens wie meines Gedankens
Wahl, meiner Seele Lust und meine Seligkeit, – ich kehre
zurück zu der Bedeutung des Wählens. Indem ich also absolut wähle, wähle ich die Verzweiflung, und in der Verzweiflung wähle ich das Absolute, denn ich bin selbst das
Absolute, ich setze das Absolute und ich bin selbst das Absolute; aber als völlig identisch hiermit darf ich sagen: ich
wähle das Absolute, das mich wählt, ich setze das Absolute,
das mich setzt; denn erinnere ich mich nicht daran, daß dieser zweite Ausdruck ebenso absolut ist, so ist meine Kategorie
des Wählens unwahr; denn sie ist eben die Identität beider.
Was ich wähle, das setze ich nicht, denn wäre es nicht gesetzt,
so könnte ich es nicht wählen, und doch, wenn ich es nicht
setzte dadurch, daß ich es wähle, so wählte ich es nicht. Es
ist, denn wenn es nicht wäre, könnte ich es nicht wählen; es
ist nicht, denn es wird erst dadurch, daß ich es wähle, und
sonst wäre meine Wahl eine Illusion.

Was aber ist es nun, das ich wähle, ist es dies oder jenes?
Nein, denn ich wähle absolut, und absolut wähle ich ja eben
dadurch, daß ich gewählt habe, nicht dies oder jenes zu wählen. Ich wähle das Absolute, und was ist das Absolute? Das
bin ich selbst in meiner ewigen Gültigkeit. Etwas anderes als
mich selbst kann ich niemals als das Absolute wählen, denn
wähle ich etwas anderes, so wähle ich es als eine Endlichkeit

und wähle es also nicht absolut. Selbst der Jude, der Gott wählte, wählte nicht absolut, denn zwar wählte er das Absolute, aber er wählte es nicht absolut, und damit hörte es auf, das Absolute zu sein und wurde eine Endlichkeit.

Was aber ist denn dies mein Selbst? Wollte ich von einem ersten Augenblick sprechen, einem ersten Ausdruck dafür, so ist meine Antwort: es ist das Abstrakteste von allem, das doch in sich zugleich das Konkreteste von allem ist – es ist die Freiheit. Laß mich hier eine kleine psychologische Beobachtung anstellen. Man hört oft genug, wie die Leute ihrem Mißvergnügen in Klagen über das Leben Luft machen, man hört sie oft genug wünschen. Denke Dir nun solch einen Stümper; laß uns die Wünsche überspringen, die hier nichts erhellen, weil sie in dem ganz und gar Zufälligen liegen. Er wünscht: ach, hätte ich doch jenes Menschen Geist, oder jenes Mannes Talent usw., ja, um bis zur äußersten Spitze zu gehen –: ach, hätte ich doch jenes Menschen Festigkeit! Dergleichen Wünsche hört man häufig genug, hast Du aber je einen Menschen im Ernste wünschen hören, daß er ein anderer werden möchte, das ist so wenig der Fall, daß es für die sogenannten unglücklichen Individualitäten gerade charakteristisch ist, daß sie sich am festesten an sich selber klammern, daß sie trotz all ihrer Leiden doch um keinen Preis der Welt wünschen, ein anderer zu sein, etwas, das seinen Grund darin hat, daß solche Individualitäten der Wahrheit sehr nahe sind und sie die ewige Gültigkeit der Persönlichkeit fühlen, nicht in ihrem Segen, sondern in ihrer Qual, mögen sie auch diesen gänzlich abstrakten Ausdruck für die Freude darin übrigbehalten haben, daß sie am liebsten doch sie selber bleiben möchten. Jener nun aber mit den vielen Wünschen, er meint doch immerfort er selbst zu bleiben, obwohl alles sich veränderte. Demnach ist in ihm selber etwas, das im Verhältnis zu allem andern absolut ist, etwas, wodurch er ist, der er ist, und wenn auch die Veränderung, die er mit seinem Wunsch erreichte, die größtmögliche wäre. Daß er sich in einem Mißverständnis befindet, werde ich später zeigen,

hier aber möchte ich nur den abstraktesten Ausdruck für
dieses »Selbst« finden, das ihn zu dem macht, der er ist. Und
das ist nichts anderes als die Freiheit. Es ließe sich auf diesem
Wege wirklich ein höchst plausibler Beweis für die ewige
Gültigkeit der Persönlichkeit führen; ja sogar ein Selbstmörder möchte doch nicht eigentlich sein Selbst loswerden,
auch er wünscht, er wünscht eine andere Form für sein Selbst,
und man könnte daher wohl einen Selbstmörder finden, der
im höchsten Maße von der Unsterblichkeit der Seele überzeugt, dessen ganzes Wesen aber so verstrickt wäre, daß er
durch diesen Schritt die absolute Form für seinen Geist zu
finden meinte.

Der Grund jedoch, weshalb es einem Individuum so erscheinen mag, als ob es sich fortwährend verändern und doch
dasselbe bleiben könnte, als ob sein innerstes Wesen eine
algebraische Größe wäre, die jedes Beliebige zu bezeichnen
vermöchte, liegt darin, daß es verkehrt gestellt ist, daß es
sich selbst nicht gewählt und keine Vorstellung davon hat,
und doch liegt selbst in seinem Unverstand eine Anerkennung der ewigen Gültigkeit der Persönlichkeit. Wer hingegen richtig gestellt ist, dem geht es anders. Er wählt sich selbst,
nicht in endlichem Sinne, denn dann würde dieses »Selbst«
ja zu einer Endlichkeit, die unter anderen Endlichkeiten so
mitginge, sondern in absolutem Sinne; und doch wählt er
ja sich selbst und nicht einen andern. Dieses Selbst, das er
solchermaßen wählt, ist unendlich konkret, denn es ist er
selbst, und doch ist es absolut verschieden von seinem früheren
Selbst, denn er hat es absolut gewählt. Dieses Selbst ist zuvor
nicht dagewesen, denn es ist durch die Wahl geworden, und
doch ist es dagewesen, denn es war ja »er selbst«.

Die Wahl vollzieht hier gleichzeitig die beiden dialektischen
Bewegungen: was gewählt wird, ist nicht da und entsteht
durch die Wahl; was gewählt wird, ist da, sonst wäre es keine Wahl. Wenn nämlich das, was ich wähle, nicht da wäre,
sondern absolut durch die Wahl entstünde, so wählte ich
nicht, so erschüfe ich; aber ich erschaffe mich nicht, ich wähle

mich. Während daher die Natur aus nichts erschaffen ist, während ich selbst als unmittelbare Persönlichkeit aus nichts erschaffen bin, so bin ich als freier Geist aus dem Satz des Widerspruchs geboren, oder dadurch geboren, daß ich mich selbst wählte.

Er entdeckt nun, daß das Selbst, das er wählt, eine unendliche Mannigfaltigkeit in sich birgt, sofern es eine Geschichte hat, eine Geschichte, in welcher er sich zu der Identität mit sich selbst bekennt. Diese Geschichte ist von verschiedener Art, denn in dieser Geschichte steht er in Beziehung zu anderen Individuen des Geschlechts und zum ganzen Geschlecht, und diese Geschichte enthält etwas Schmerzliches, und doch ist er der, der er ist, nur durch diese Geschichte. Darum gehört Mut dazu, sich selbst zu wählen; denn zur selben Zeit, da es scheint, als ob er sich am allermeisten isoliere, zur selben Zeit vertieft er sich am allermeisten in die Wurzel, durch die er mit dem Ganzen zusammenhängt. Es ängstigt ihn, und doch muß es so sein; denn wenn die Leidenschaft der Freiheit in ihm erwacht ist – und sie ist erwacht in der Wahl, wie sie sich auch in der Wahl selber voraussetzt –, so wählt er sich selbst und kämpft um diesen Besitz als um seine Seligkeit, und es ist seine Seligkeit. Er vermag nichts von alledem aufzugeben, nicht das Schmerzlichste, nicht das Schwerste, und doch ist der Ausdruck für diesen Kampf, für dieses Erwerben – Reue. Er bereut sich in sich selbst zurück, zurück in die Familie, zurück in das Geschlecht, bis er sich selbst findet in Gott. Nur unter dieser Bedingung kann er sich selbst wählen, und dies ist die einzige Bedingung, die er will, denn so nur vermag er sich selbst absolut zu wählen. Was ist denn ein Mensch ohne Liebe? Doch gibt es vielerlei Arten von Liebe; ich liebe einen Vater anders als eine Mutter, meine Ehefrau wiederum anders, und jede verschiedene Liebe hat ihren verschiedenen Ausdruck; es gibt aber auch eine Liebe, mit der ich Gott liebe, und diese hat in der Sprache nur einen Ausdruck, nämlich: Reue. Wenn ich ihn nicht so liebe, so liebe ich ihn nicht absolut, nicht aus meinem innersten We-

sen, jede andere Liebe zum Absoluten ist ein Mißverständnis,
denn, um etwa das zu nehmen, was man sonst so laut anpreist und was ich selber ehre, wenn der Gedanke mit aller
seiner Liebe am Absoluten festhängt, so ist es nicht das Absolute, was ich liebe, ich liebe nicht absolut, denn ich liebe notwendig; sobald ich frei liebe und Gott liebe, bereue ich.
Und sollte es keinen anderen Grund dafür geben, daß der
Ausdruck für meine Liebe zu Gott Reue ist, so gibt es doch
den, daß er mich zuerst geliebt hat. Und doch ist dies eine
unvollkommene Bezeichnung, denn nur wenn ich mich
selbst als schuldig wähle, wähle ich absolut mich selbst, falls
ich überhaupt mich selbst auf eine Weise absolut wählen soll,
daß dieses Wählen nicht identisch ist mit einem sich selbst
Erschaffen; und wäre es auch des Vaters Schuld, die sich auf
den Sohn fortgeerbt hätte, er bereut sie mit, denn so nur
kann er sich selbst wählen, sich absolut wählen; und wenn
die Tränen ihm beinahe alles auslöschten, er fährt fort zu
bereuen, denn so nur wählt er sich selbst. Sein Selbst ist
gleichsam außer ihm, und es muß erworben werden, und
die Reue ist seine Liebe dazu, weil er es absolut wählt, aus
des ewigen Gottes Hand.
Was ich hier vorgebracht habe, ist nicht Kathederweisheit,
es ist etwas, was jeder Mensch vorbringen kann, der es will,
und was jeder Mensch wollen kann, wenn er will. Ich habe
es nicht in den Hörsälen, ich habe es in der Wohnstube gelernt oder, wenn Du willst, in der Kinderstube, denn wenn
ich meinen kleinen Sohn durchs Zimmer laufen sehe, so
fröhlich, so glücklich, dann denke ich, wer weiß, ob ich wohl
nicht manchen schädlichen Einfluß auf ihn gehabt habe. Gott
weiß es, ich trage alle mögliche Fürsorge für ihn, aber dieser
Gedanke beruhigt mich nicht. Da sage ich zu mir selbst, es
wird ein Augenblick in seinem Leben kommen, da auch sein
Geist reifen wird im Augenblick der Wahl, dann wird er sich
selbst wählen, dann wird er auch bereuen, was von mir her
als Schuld auf ihm liegen mag. Und es ist schön, wenn ein
Sohn des Vaters Schuld bereut, und doch wird er es nicht um

meinetwillen tun, sondern weil er nur so sich selbst wählen kann. Mag denn geschehen, was geschehen muß, oft kann das, was man für das beste ansieht, die schädlichsten Folgen für einen Menschen haben, aber dies alles ist doch nichts. Ich kann ihm viel nützen, und ich werde mich darum bemühen, zu dem Höchsten aber kann er nur sich selber machen. Sieh, eben darum fällt es den Menschen so schwer, sich selbst zu wählen, weil die absolute Isolation hier identisch ist mit der tiefsten Kontinuität, weil, solange man nicht sich selbst gewählt hat, gleichsam eine Möglichkeit besteht, etwas anderes zu werden, entweder auf die eine oder auf die andere Weise.

Sieh, hier hast Du meine geringe Meinung darüber, was wählen und bereuen heißt. Es ist unziemlich, ein junges Mädchen zu lieben, als wäre es die Mutter, oder die Mutter, als wäre sie ein junges Mädchen, jede Liebe hat ihre Eigentümlichkeit, die Liebe zu Gott hat ihre absolute Eigentümlichkeit, ihr Ausdruck ist Reue. Und was ist denn alle andere Liebe im Vergleich zu dieser, sie ist dagegen nur ein Kinderlallen. Ich bin kein aufgeregter junger Mensch, der seine Theorien zu empfehlen sucht, ich bin Ehemann, ich darf meine Frau wohl hören lassen, daß doch alle Liebe im Vergleich zur Reue nur ein Kinderlallen ist; und doch weiß ich, ich bin ein biederer Ehemann, »ich, der ich noch als Ehemann unter dem siegreichen Banner der ersten Liebe kämpfe«; ich weiß, meine Frau teilt meine Anschauung, und darum liebe ich sie noch mehr, und darum möchte ich von jenem jungen Mädchen nicht geliebt werden, weil sie diese Anschauung nicht teilen würde.

Daß sich hier wieder neue und schreckliche Irrwege zeigen, daß der nicht so leicht der Gefahr des Fallens ausgesetzt ist, der am Boden entlang kriecht, wie derjenige, der die Gipfel der Berge ersteigt, der nicht so leicht der Gefahr ausgesetzt, in die Irre zu gehen, der hinterm Ofen hocken bleibt, wie derjenige, der sich in die Welt hinauswagt, das weiß ich; aber darum bleibe ich doch ganz getrost bei meiner Wahl.

An diesem Punkt wird nun ein Theologe den Ausgangspunkt für eine Fülle von Betrachtungen finden; ich möchte auf diese nicht weiter eingehen, da ich nur ein Laie bin. Nur möchte ich das Vorhergehende durch die Bemerkung zu beleuchten suchen, daß erst im Christentum die Reue ihren wahren Ausdruck gefunden hat. Der fromme Jude fühlte die Schuld der Väter auf sich ruhen, und doch fühlte er es bei weitem nicht so tief wie der Christ; denn der fromme Jude konnte es nicht bereuen, weil er nicht sich selbst absolut wählen konnte. Die Schuld der Vorväter lastete auf ihm, brütete über ihm, er sank zusammen unter dieser Last, er seufzte, aber er konnte sie nicht aufheben; das kann nur, wer sich selbst absolut wählt, mit Hilfe der Reue. Je größer die Freiheit, desto größer die Schuld, und das ist das Geheimnis der Seligkeit; es ist, wenn nicht Feigheit, so doch ein Kleinmut der Seele, die Schuld der Vorväter nicht bereuen zu wollen; es ist, wenn nicht Erbärmlichkeit, so doch Kleinlichkeit und Mangel an Großmut.

Die Wahl der Verzweiflung bin also »ich selbst«; denn es ist zwar wahr: indem ich verzweifle, verzweifle ich, wie über alles andere, so auch über mich selbst; das Selbst aber, über das ich verzweifle, ist eine Endlichkeit, gleich jeder anderen Endlichkeit, das Selbst, das ich wähle, ist das absolute Selbst, oder mein Selbst nach seiner absoluten Gültigkeit. Wenn dem so ist, so wirst Du hier wiederum sehen, warum ich im vorhergehenden und noch immer sage, daß das Entweder-Oder, das ich zwischen einem ästhetischen und einem ethischen Leben aufstellte, kein vollständiges Dilemma ist, weil eigentlich nur von einer Wahl die Rede ist. Durch diese Wahl wähle ich eigentlich nicht zwischen Gut und Böse, sondern ich wähle das Gute; indem ich aber das Gute wähle, wähle ich *eo ipso* die Wahl zwischen Gut und Böse. Die ursprüngliche Wahl ist stets in jeder folgenden Wahl gegenwärtig.

So verzweifle denn, und Dein Leichtsinn wird Dich nie mehr dazu bringen, als ein unsteter Geist, als ein Gespenst zwischen den Trümmern einer Welt, die doch für Dich verloren ist, umherzuwandern; verzweifle, und Dein Geist wird nie mehr in Schwermut seufzen, denn die Welt wird Dir wieder schön und erfreulich werden, obgleich Du sie mit andern Augen ansiehst als zuvor, und Dein Geist wird sich befreit emporschwingen in die Welt der Freiheit.

Hier könnte ich abbrechen; denn ich habe Dich nunmehr auf den Punkt gebracht, auf den ich Dich bringen wollte; dort bist Du nämlich, sofern Du nur selber willst. Ich wollte, daß Du Dich losreißen solltest von den Illusionen der Ästhetik und von den Träumen einer halben Verzweiflung, um zum Ernst des Geistes zu erwachen. Es ist jedoch keineswegs meine Absicht, denn ich möchte Dir nun von diesem Gesichtspunkt aus eine Betrachtung des Lebens geben, eine ethische Lebensanschauung. Es ist nur etwas Karges, was ich Dir zu bieten habe, teils weil meine Gabe in gar keinem Verhältnis zur Aufgabe steht, teils weil Kargheit eine Haupteigenschaft alles Ethischen ist, eine Eigenschaft, die befremdlich genug sein mag für den, der von dem Überfluß der Ästhetik herkommt. Hier gilt das Wort: *nil ad ostentationem, omnia ad conscientiam.* An dieser Stelle abzubrechen, könnte auch noch aus einem anderen Grunde bedenklich scheinen, weil es leicht den Anschein gewinnen könnte, daß ich doch in einer Art von Quietismus endete, wo die Persönlichkeit mit derselben Notwendigkeit zur Ruhe käme, wie der Gedanke im Absoluten. Was hülfe es denn, daß man sich selbst gewonnen, was hülfe es, daß man ein Schwert erhalten hätte, das die ganze Welt besiegen könnte, wenn man keinen anderen Gebrauch davon machen will, als es in die Scheide zu stecken?

Doch bevor ich dazu übergehe, eine solche ethische Betrachtung des Lebens näher darzulegen, möchte ich noch mit ein paar Worten die Gefahr andeuten, die für den Menschen im Augenblick der Verzweiflung liegt, jene Klippe, an der er scheitern und vollends Schiffbruch erleiden kann. Die Schrift sagt: Was hülfe es dem Menschen, so er die ganze Welt ge-

wönne und nähme doch Schaden an seiner Seele? Was könnte ihm Ersatz bieten? Den Gegensatz spricht die Schrift nicht
aus, aber er ist ja in dem Satz selbst enthalten. Der Gegensatz
wird folgendermaßen lauten: Was schadete es dem Menschen, so er die ganze Welt verlöre und doch nicht Schaden
nähme an seiner Seele, welchen Ersatz also brauchte er! Es
gibt Ausdrücke, die an sich ganz einfach scheinen und doch
die Seele mit einer seltsamen Angst erfüllen, weil sie beinahe
noch dunkler werden, je mehr man über sie nachdenkt. In
religiöser Hinsicht ist das Wort von der »Sünde wider den
heiligen Geist« solch ein Ausdruck. Ich weiß nicht, ob es
den Theologen gelungen ist, eine bestimmte Erklärung davon zu geben, ich sehe mich nicht dazu imstande, aber ich
bin ja auch nur ein Laie. Der Ausdruck »Schaden nehmen an
seiner Seele« ist dagegen ein ethischer Ausdruck, und wer
eine ethische Lebensanschauung zu haben meint, muß auch
meinen, eine Erklärung von ihr geben zu können. Man hört
das Wort oft genug gebraucht, und doch muß ein jeder, der
es verstehen will, tiefe Bewegungen in seiner Seele erlebt,
ja, er muß verzweifelt haben; denn es sind eigentlich die
Bewegungen der Verzweiflung, die in ihm dargelegt sind:
auf der einen Seite die ganze Welt, auf der andern Seite die
eigene Seele. Du wirst leicht sehen, daß man, wenn man
diesen Ausdruck verfolgt, zu der gleichen abstrakten Bestimmung von »Seele« gelangt, wie wir vorher in der psy-
chologischen Überlegung über das Wünschen, bei dem man
doch kein anderer wird, zu der Bestimmung des Wortes
»Selbst« gelangten. Wenn ich nämlich die ganze Welt gewinnen und doch Schaden an meiner Seele nehmen kann, so
müssen in dem Ausdruck »die ganze Welt« auch alle die
Endlichkeiten liegen, in deren Besitz ich unmittelbar als solcher bin. Meine Seele erweist sich also als gegen diese indifferent. Wenn ich die ganze Welt verlieren kann, ohne Schaden zu nehmen an meiner Seele, so liegen in dem Ausdruck
»die ganze Welt« wiederum alle die Bestimmungen der Endlichkeit, die ich unmittelbar als solcher habe, und doch ist

meine Seele unbeschädigt, sie ist also indifferent dagegen. Ich kann meinen Reichtum, meine Ehre in den Augen anderer, meine Geisteskraft verlieren und doch nicht Schaden nehmen an meiner Seele, ich kann es alles gewinnen und doch Schaden nehmen. Was ist also meine Seele, was ist dieses mein innerstes Wesen, das von diesem Verlust unangefochten bleiben und von diesem Gewinn Schaden leiden kann? Dem Verzweifelnden offenbart sich diese Bewegung; es ist kein rhetorischer Ausdruck, sondern der einzig adäquate, wenn er auf der einen Seite die ganze Welt erblickt und auf der andern Seite sich selbst, seine Seele. Im Augenblick der Verzweiflung wird die Trennung sichtbar, und nun kommt es darauf an, wie er verzweifelt; denn es ist, wie ich oben bereits anläßlich jeder ästhetischen Lebensanschauung dargelegt habe, es ist Verzweiflung, die ganze Welt zu gewinnen, und zwar so, daß man Schaden nimmt an seiner Seele; und doch ist es meine innige Überzeugung, daß es die wahre Rettung für den Menschen ist, wenn er verzweifelt. Hier zeigt sich wieder die Bedeutung, die darin liegt, seine Verzweiflung zu wollen, sie in unendlichem Sinne, in absolutem Sinne zu wollen, denn ein solches Wollen ist identisch mit der absoluten Hingabe. Will ich dagegen meine Verzweiflung in endlichem Sinne, so nehme ich Schaden an meiner Seele, denn dann kommt mein innerstes Wesen in der Verzweiflung nicht zum Durchbruch, im Gegenteil, es verschließt sich in ihr, es verhärtet sich, so daß endliche Verzweiflung eine Verhärtung ist, die absolute Verzweiflung eine Verunendlichung. Wenn ich also in meiner Verzweiflung die ganze Welt gewinne, so nehme ich dadurch Schaden an meiner Seele, daß ich mich selbst verendliche, da ich mein Leben darin habe; wenn ich darüber verzweifle, daß ich die ganze Welt verliere, so nehme ich Schaden an meiner Seele, denn ich verendliche sie durchaus in gleicher Weise, da ich hier wiederum meine Seele als durch die Endlichkeit gesetzt sehe. Daß ein Mensch etwa durch Verbrechen die ganze Welt gewinnen und doch Schaden an seiner Seele

nehmen kann, das versteht sich von selbst, aber es gibt eine
scheinbar weit unschuldigere Art, auf die das geschehen
kann. Deshalb sagte ich, daß jenes junge Mädchen gleich
verzweifelt sei, ob sie den Geliebten bekomme oder nicht.
Jede endliche Verzweiflung ist ein Erwählen der Endlichkeit, denn ich wähle sie ebensogut, wenn ich sie bekomme,
wie wenn ich sie verliere; denn ob ich sie bekomme, das liegt
nicht in meiner Macht, wohl aber, sie zu wählen. Die endliche Verzweiflung ist daher eine unfreie Verzweiflung, sie
will eigentlich nicht die Verzweiflung, sie will die Endlichkeit, das aber ist Verzweiflung. Auf diesem Punkte nun kann
ein Mensch sich halten, und solange er sich dort hält, kann
ich mich eigentlich nicht entschließen, von ihm zu sagen, er
habe Schaden genommen an seiner Seele. Er steht an einem
höchst gefährlichen Punkt. Es besteht in jedem Augenblick
die Möglichkeit dazu. Die Verzweiflung ist da, aber sie hat
sein innerstes Wesen noch nicht angegriffen; erst wenn er in
endlichem Sinne sich in ihr verhärtet, hat er Schaden genommen an seiner Seele. Seine Seele ist gleichsam in Verzweiflung betäubt, und erst wenn er, indem er erwacht, einen endlichen Ausweg aus der Verzweiflung wählt, erst
dann hat er Schaden genommen an seiner Seele, dann hat er
sich verschlossen, dann ist seine vernünftige Seele erstickt
und er ist in ein Raubtier verwandelt, das kein Mittel scheu-
en wird, da ihm alles Notwehr ist. Es liegt eine entsetzliche
Angst in dem Gedanken, daß ein Mensch Schaden genommen habe an seiner Seele, und doch wird jeder, der verzweifelt hat, diesen Irrweg, diese Verdammnis geahnt haben.
Daß ein Mensch solchermaßen Schaden nehmen kann an
seiner Seele, ist gewiß; wieweit das bei dem einzelnen der
Fall ist, läßt sich nie entscheiden, und kein Mensch wage es
hier, den andern zu richten. Das Leben eines Menschen kann
sonderbar aussehen, und man kann versucht sein zu glauben,
bei ihm sei es der Fall, und doch kann er eine ganz andere Erklärung haben, die ihn selbst von dem Gegenteil überzeugt;
andererseits kann ein Mensch Schaden an seiner Seele ge-

nommen haben, ohne daß jemand es ahnt, denn dieser Schaden liegt nicht im Äußeren, er liegt im innersten Wesen des
Menschen, er gleicht jener Fäulnis, die im Herzen der Frucht
wohnt, während das Äußere lustig anzusehen sein mag, er
gleicht jener inneren Hohlheit, von der die Schale nichts ahnen läßt.

Indem Du nun Dich selbst absolut wählst, entdeckst Du
leicht, daß dieses Selbst keine Abstraktion oder Tautologie
ist; so mag es allenfalls im Augenblick der Orientierung erscheinen, in dem man sondert, bis man den abstraktesten
Ausdruck für dieses Selbst findet, und selbst dann ist es eine
Illusion, daß es völlig abstrakt und inhaltslos sei, denn es ist
ja doch nicht das Bewußtsein der Freiheit im allgemeinen,
dies ist eine Bestimmung des Gedankens; sondern es ist entstanden durch eine Wahl und ist das Bewußtsein von diesem
bestimmten freien Wesen, das es selbst ist und kein anderer.
Dieses Selbst enthält in sich eine reiche Konkretion, eine
Vielfalt von Bestimmtheiten, von Eigenschaften, kurz, ist
das ganze ästhetische Selbst, das ethisch gewählt ist. Je mehr
Du Dich darum in Dich selbst vertiefst, um so mehr wirst
Du die Bedeutung selbst des Unbedeutenden empfinden,
nicht im endlichen Sinne, sondern im unendlichen, weil es
durch Dich gesetzt ist, und indem man solchermaßen im
ethischen Sinne sich selbst wählt, ist dies nicht nur eine Besinnung auf sich selbst, sondern man könnte, um diesen Akt
zu bezeichnen, an das Wort der Schrift erinnern: Rechenschaft geben von einem jeglichen unnützen Wort, das geredet worden ist. Wenn nämlich die Leidenschaft der Freiheit
erwacht ist, so ist sie eifersüchtig auf sich selbst und läßt keineswegs zu, daß derart unbestimmt durcheinanderstehe, was
einem zugehört und was nicht. In dem ersten Augenblick
der Wahl tritt daher die Persönlichkeit anscheinend ebenso
nackt hervor wie das Kind aus der Mutter Schoß, im nächsten Augenblick ist sie konkret in sich selbst, und nur durch
eine willkürliche Abstraktion kann es geschehen, daß der
Mensch auf diesem Punkte verharrt. Er wird er selbst, ganz

derselbe, der er zuvor war, bis auf die unbedeutendste Eigentümlichkeit, und doch wird er ein anderer, denn die Wahl durchdringt alles und verwandelt es. So ist nun seine endliche Persönlichkeit verunendlicht in der Wahl, darin er sich selbst unendlich wählt.

Jetzt besitzt er also sich selbst als durch sich selbst gesetzt, das heißt, als von sich selbst gewählt, als frei; indem er aber dergestalt sich selbst besitzt, zeigt sich eine absolute Differenz, die zwischen Gut und Böse. Solange er nicht sich selbst gewählt hat, ist diese Differenz latent. Wie entsteht überhaupt die Differenz zwischen Gut und Böse? Läßt sie sich denken, das heißt: ist sie für den Gedanken? Nein. Hiermit bin ich wieder zu dem Punkt gelangt, bei dem ich bereits im vorhergehenden war: warum es so scheinen könnte, als ob die Philosophie den Satz des Widerspruchs wirklich aufgehoben hätte, was jedoch daran liegt, daß sie noch gar nicht bis zu ihm gelangt ist. Sobald ich denke, verhalte ich mich notwendig zu dem, was ich denke, eben darum aber gibt es die Differenz zwischen Gut und Böse nicht. Denke, was Du willst, denke die abstrakteste aller Kategorien, denke die konkreteste, Du denkst doch niemals unter der Bestimmung von Gut und Böse; denke die ganze Geschichte, Du denkst die notwendige Bewegung der Idee, aber Du denkst niemals unter der Bestimmung von Gut und Böse. Du denkst immer nur relative Differenzen, niemals die absolute Differenz. Man mag der Philosophie meines Erachtens immerhin darin recht geben, daß sie einen absoluten Widerspruch nicht denken kann, doch folgt daraus keineswegs, daß es diesen nicht gibt. Indem ich denke, verunendliche ich auch mich selbst, jedoch nicht absolut, denn ich verschwinde im Absoluten; erst indem ich mich selbst absolut wähle, verunendliche ich mich selbst absolut, denn ich *bin* selbst das Absolute, denn nur mich selbst kann ich absolut wählen, und diese absolute Wahl meiner selbst ist meine Freiheit, und nur indem ich mich selbst absolut gewählt habe, habe ich eine absolute Differenz gesetzt, die nämlich zwischen Gut und Böse.

Um das Moment der Selbstbestimmung im Denken hervorzuheben, sagt die Philosophie: Das Absolute ist dadurch,
daß ich es denke; da sie aber selbst einsieht, daß damit das
freie Denken bezeichnet ist, nicht das notwendige Denken,
eben jenes, das sie doch sonst anpreist, so substituiert sie statt
dessen einen anderen Ausdruck, nämlich, daß mein Denken
des Absoluten das Sich-Denken des Absoluten in mir sei.
Dieser Ausdruck ist keineswegs mit dem vorhergehenden
identisch, hingegen ist er durchaus bezeichnend. Mein Denken ist nämlich ein Moment im Absoluten, und darin liegt
die Notwendigkeit meines Denkens, darin liegt die Notwendigkeit, mit der ich es denke. Anders verhält es sich mit
dem Guten. Das Gute ist dadurch, daß ich es will, und sonst
ist es gar nicht. Dies ist der Ausdruck der Freiheit, ebenso
verhält es sich auch mit dem Bösen, es ist nur, indem ich es
will. Damit sind die Bestimmungen des Guten und des Bösen keineswegs verkleinert oder zu bloß subjektiven Bestimmungen herabgesetzt. Vielmehr ist damit die absolute Gültigkeit dieser Bestimmungen ausgesprochen. Das Gute ist
das An-und-für-sich-Seiende, gesetzt von dem An-und-für-
sich-Seienden, und das ist die Freiheit.
Es könnte bedenklich scheinen, daß ich den Ausdruck »sich
selbst absolut wählen« gebraucht habe; denn darin könnte
scheinbar liegen, daß ich das Gute und das Böse gleich absolut wählte und daß das Gute und das Böse mir gleich wesentlich zugehörten. Um dieses Mißverständnis zu verhüten, habe ich den Ausdruck gebraucht, daß ich mich selbst aus dem
ganzen Dasein heraus bereue. Reue ist nämlich der Ausdruck
dafür, daß das Böse mir wesentlich zugehört, und zugleich
der Ausdruck dafür, daß es mir nicht wesentlich zugehört.
Wenn das Böse in mir mir nicht wesentlich zugehörte,
so könnte ich es nicht wählen; wäre aber etwas in mir, was
ich nicht absolut wählen könnte, so wählte ich überhaupt
mich selbst nicht absolut, so wäre ich nicht selbst das Absolute, sondern nur Produkt.
Hier will ich nun diese Überlegungen abbrechen, um zu

zeigen, wie eine ethische Lebensanschauung die Persönlichkeit und das Leben und dessen Bedeutung betrachtet. Der
Ordnung halber will ich zu ein paar Bemerkungen zurückkehren, die früher über das Verhältnis des Ästhetischen und
des Ethischen gemacht worden sind. Jede ästhetische Lebensanschauung ist Verzweiflung, hieß es dort, und zwar
hinge das damit zusammen, daß sie sich auf das gründete,
was sowohl sein als auch nicht sein kann. Das ist mit der ethischen Lebensanschauung nicht der Fall; denn sie gründet das
Leben auf das, dem es wesentlich zugehört, zu sein. Das
Ästhetische, hieß es, ist dasjenige in einem Menschen, wodurch er unmittelbar der ist, der er ist; das Ethische ist dasjenige, wodurch ein Mensch das wird, was er wird. Hiermit
soll nun keineswegs gesagt sein, daß derjenige, der ästhetisch
lebt, sich nicht entwickelte; aber er entwickelt sich mit Notwendigkeit, nicht mit Freiheit, es geht keine Metamorphose
mit ihm vor, keine unendliche Bewegung in ihm, durch
die er zu dem Punkt gelangt, von dem aus er wird, der
er wird.

Wenn ein Individuum sich selbst ästhetisch betrachtet, so
wird es sich dieses Selbst bewußt als einer mannigfach in
sich selbst bestimmten mannigfaltigen Konkretion; trotz aller inneren Verschiedenheit aber ist doch dies alles sein Wesen, hat das gleiche Recht, zum Vorschein zu kommen, das
gleiche Recht, Befriedigung zu fordern. Seine Seele ist
gleich einem Erdreich, aus dem allerlei Kräuter aufschießen,
alle mit dem gleichen Anspruch auf Gedeihen; sein Selbst
liegt in dieser Mannigfaltigkeit, und er hat kein Selbst, das
höher wäre als dieses. Hat er nun, wovon Du so oft sprichst,
ästhetischen Ernst und ein wenig Lebensklugheit, so wird er
sehen, daß unmöglich alles gleichmäßig gedeihen kann, er
wird also wählen, und was ihn bestimmt, ist ein Mehr und
Weniger, welches eine relative Differenz ist. Ließe es sich
nun denken, daß ein Mensch leben könnte, ohne mit dem
Ethischen in Berührung zu kommen, so könnte er sagen: Ich
habe Anlage zu einem Don Juan, einem Faust, einem Räu-

berhauptmann, diese Anlage bilde ich nun aus, denn der ästhetische Ernst fordert, daß ich etwas Bestimmtes werde, daß ich das in seiner Ganzheit sich entwickeln lasse, wozu der Keim in mich gelegt ist. Eine solche Betrachtung der Persönlichkeit und ihrer Entwicklung wäre eine ästhetisch durchaus richtige. Du ersiehst daraus, was eine ästhetische Entwicklung zu bedeuten hat, es ist eine Entwicklung wie die der Pflanze, und obgleich das Individuum wird, so wird es doch zu dem, was es unmittelbar ist. Wer die Persönlichkeit ethisch betrachtet, der hat sogleich eine absolute Differenz, die nämlich zwischen Gut und Böse, und wenn er auch mehr vom Bösen als vom Guten in sich findet, so bedeutet dies doch nicht, daß etwa das Böse voran soll, sondern es bedeutet, daß gerade das Böse zurück soll und das Gute voran. Wenn also das Individuum sich ethisch entwickelt, so wird es zu dem, was es wird; denn auch dann, wenn es dem Ästhetischen in ihm [das eben für dieses Individuum etwas anderes bedeutet als für den, der nur ästhetisch lebt] seine Gültigkeit läßt, so ist es dennoch entthront. Selbst der ästhetische Ernst ist wie aller Ernst dem Menschen förderlich, niemals aber kann er ihn völlig retten. So, glaube ich, ist es bis zu einem gewissen Grade mit Dir der Fall gewesen; denn wie das Ideal Dir von jeher geschadet hat, weil Du Dich daran blind gestarrt hast, so hat es Dir auch genützt, sofern das Ideal des Schlechten ebenso abschreckend auf Dich gewirkt hat. Heilen kann ästhetischer Ernst Dich natürlich nicht, denn Du kommst doch niemals weiter als dahin, daß Du das Schlechte unterläßt, weil doch auch dieses sich nicht ideal durchführen läßt, aber Du unterläßt es nicht etwa, weil es das Schlechte ist oder weil Du es verabscheust. Du bist also nicht weiter gekommen als bis zu dem Gefühl, daß Du zum Guten ebenso ohnmächtig seist wie zum Bösen. Übrigens wirkt das Böse vielleicht nie verführerischer, als wenn es solchermaßen unter ästhetischen Bestimmungen auftritt; es gehört ein hohes Maß von ethischem Ernst dazu, das Böse nie in ästhetischen Kategorien auffassen zu wollen. Eine solche Betrach-

tung des Bösen schleicht sich hinterlistig in jeden Menschen
ein, und die überwiegend ästhetische Bildung, wie sie der
Zeit eigen ist, trägt nicht wenig dazu bei. Man hört daher
nicht selten sogar Tugendprediger derart gegen das Böse ei-
fern, daß man sieht, wie der Redner, obwohl er das Gute
preist, doch die Befriedigung genießt, daß er sehr wohl selber der ränkevollste, verschlagenste Mensch sein könnte, es
aber verschmäht hat im Hinblick darauf, ein guter Mensch
zu sein. Jedoch, dies verrät eine geheime Schwäche, die beweist, daß die Differenz zwischen Gut und Böse nicht in ihrem ganzen Ernst deutlich vor ihm steht. So viel des Guten
ist doch in jedem Menschen zurückgeblieben, daß er fühlt,
ein guter Mensch zu sein, sei das Höchste; um aber doch vor
dem Haufen der Menschen eine kleine Auszeichnung zu haben, fordert er ein hohes Maß von Anerkennung dafür, daß
er, der so viele Gaben zum Schlechtsein hatte, dennoch gut
geworden ist. Gerade so, als ob es ein Vorzug wäre, viele
Gaben zum Schlechtsein zu haben, und gerade so, als ob er
durch ein solches Verweilen bei diesen Gaben nicht eine
Vorliebe für sie bekundete. So findet man auch häufig Menschen, die in ihrem innersten Herzen wirklich gut sind, aber
nicht den Mut haben, sich dazu zu bekennen, weil es scheint,
daß sie damit unter allzu triviale Bestimmungen fallen. Sie
erkennen zwar auch das Gute als das Höchste an, haben aber
nicht den Mut, das Böse als das zu erkennen, was es ist. Oft
hört man auch den Ausdruck: na, die Geschichte hat ja ein
dürftiges Ende genommen; man kann in der Regel sicher
sein, daß, was auf diese Weise begrüßt und angekündigt
wird, das Ethische ist. Wenn ein Mensch irgendwie für andere rätselhaft geworden ist und dann die Erklärung kommt
und es sich herausstellt, daß er nicht, wie die Leute gehofft
und worauf sie sich gefreut hatten, ein listiger und heim-
tückischer Betrüger war, sondern ein gutmütiger und braver
Mensch, so sagt man: ach, weiter nichts, war das alles? Ja, es
gehört wahrlich viel ethischer Mut dazu, sich zu dem Guten
als dem Höchsten zu bekennen, weil man damit unter ganz

alltägliche Bestimmungen fällt. Das wollen die Leute so ungern, sie möchten ihr Leben so gern in den Differenzen haben. Denn ein guter Mensch, das kann jeder sein, der es will, zum Bösesein aber gehört stets Talent. Deshalb wollen viele so gern Philosophen sein, nicht Christen, denn zum Philosophsein gehört Talent, zum Christsein Demut, und die kann jeder haben, der will. Was ich hier sage, das darfst auch Du beherzigen, denn in Deinem innersten Wesen bist Du kein böser Mensch. Werde nur nicht zornig, ich habe nicht die Absicht, Dich zu beleidigen, Du weißt, daß ich aus der Not eine Tugend habe machen müssen, und da ich nicht Deine Gaben habe, muß ich eben sehen, dies, ein guter Mensch zu sein, ein wenig in Ehren zu halten.

Auch auf manch andere Weise hat man in unserer Zeit die ethische Betrachtung zu enervieren gesucht. Während man nämlich findet, es sei eine überaus dürftige Stellung im Leben, ein guter Mensch zu sein, hat man doch noch eine gewisse Ehrerbietung dafür und hat es nicht sehr gern, daß sie geltend gemacht wird. Ich meine keineswegs, der Mensch müsse seine Tugend zur Schau tragen und es den Leuten bei jeder Gelegenheit groß unter die Nase halten, daß er ein guter Mensch ist; andererseits aber soll er auch kein Hehl daraus machen oder Angst haben, sich zu seinem Streben zu bekennen. Tut er es, so erhebt man gleich ein Geschrei gegen ihn: er will sich wichtig machen, er will besser sein als andere Leute; man vereinigt sich in dem mutwilligen Ausdruck: Laßt uns Menschen sein, vor Gott sind wir alle miteinander arme Sünder. Dies brauche ich Dich nicht wissen zu lassen, wohl aber muß ich Dich vor allzu viel Betriebsamkeit warnen, wozu Dein Spott Dich oft genug hinreißt. Es ist daher ganz in der Ordnung, daß in dem neueren Drama das Schlechte immer von den glänzendsten Talenten repräsentiert wird, das Gute, das Rechtschaffene von einem Krämergesellen. Das finden die Zuschauer ganz in der Ordnung und lernen aus dem Stück, was sie zuvor schon wußten, daß es weit unter ihrer Würde sei, mit einem Krämergesellen in einer Klasse zu sitzen. Ja, mein junger Freund, es gehört viel ethischer Mut dazu, im Ernst sein Leben nicht in den Differenzen haben zu wollen, sondern in dem Allgemeinen. Unsere Zeit bedarf in dieser Hinsicht einer Erschütterung, die wohl auch nicht ausbleiben wird; denn er wird wohl kommen, der Augenblick, da sie sehen wird, wie die in ästhetischem Sinne ausgezeichnetsten Individuen, eben die, deren Leben in den Differenzen liegt, über diesen verzweifeln, um das Allgemeine zu finden. Das mag dann für uns kleine Leute nur gut sein, sofern auch wir uns zuweilen dadurch geängstigt fühlen, daß wir unser Leben nicht in den Differenzen haben können, weil wir zu unbedeutend dazu sind, nicht weil wir etwa groß genug gewesen sind, sie zu verschmähen.

Jeder Mensch, der nur ästhetisch lebt, hat daher ein heimliches Grauen vor dem Verzweifeln, denn er weiß sehr wohl, daß das, was die Verzweiflung hervorbringt, das Allgemeine ist, und er weiß zugleich, daß das, worin er sein Leben hat, die Differenz ist. Je höher ein Individuum steht, um so mehr Differenzen hat es vernichtet oder ist darüber verzweifelt, immer aber behält es *eine* Differenz übrig, die es nicht vernichten will, in der es sein Leben hat. Es ist bemerkenswert zu sehen, wie sogar die einfältigsten Menschen mit bewundernswürdiger Sicherheit entdecken, was man ihre ästhetische Differenz nennen könnte, wie unbedeutend diese auch sei, und eine der Jämmerlichkeiten des Lebens ist der törichte Streit, der darum geführt wird, welche Differenz wohl bedeutsamer sei als die andere. Die ästhetischen Köpfe drücken ihren Widerwillen gegen die Verzweiflung auch dadurch aus, daß sie sagen, sie sei ein Bruch. Dieser Ausdruck ist durchaus zutreffend, sofern die Entwicklung des Lebens etwa in einer notwendigen Entfaltung des Unmittelbaren bestehen sollte. Ist dies nicht der Fall, so ist die Verzweiflung kein Bruch, sondern eine Verklärung. Nur wer über etwas Einzelnes verzweifelt, trägt einen Bruch davon, aber das kommt eben daher, daß er nicht völlig verzweifelt. Die

Ästhetiker fürchten auch, daß das Leben seine ergötzliche Mannigfaltigkeit verliere, die es besitzt, solange es so gesehen wird, daß jedes einzelne Individuum unter ästhetischen Bestimmungen lebt. Dies ist wiederum ein Mißverständnis, das wohl verschiedene rigoristische Theorien veranlaßt haben mögen. In der Verzweiflung geht nichts unter, alles Ästhetische bleibt im Menschen, nur daß es zu einem Dienenden gemacht worden ist, und eben dadurch ist es bewahrt. Ja, es ist freilich wahr, man lebt nicht so darin wie zuvor, aber daraus folgt noch keineswegs, daß man es verloren hat; es mag vielleicht auf andere Art benutzt werden, aber daraus folgt ja nicht, daß es fort sei. Der Ethiker führt nur die Verzweiflung zu Ende, die der höhere Ästhetiker bereits begonnen, aber willkürlich abgebrochen hat; denn mag die Differenz noch so groß sein, sie ist doch nur relativ. Und wenn nun der Ästhetiker selber zugibt, daß auch die Differenz, die seinem Leben Bedeutung verleiht, vergänglich ist, aber hinzufügt, daß es immer noch das beste sei, sich ihrer zu freuen, solange man sie habe, so ist dies doch eigentlich eine Feigheit, die eine gewisse Art von Gemütlichkeit liebt, bei der es nicht allzu hoch bis zur Decke ist, und ist eines Menschen unwürdig. Es ist, als ob ein Mensch sich an einem Verhältnis freuen wollte, das auf einem Mißverständnis beruhte, einem Mißverständnis, welches doch früher oder später an den Tag kommen müßte, und nicht den Mut hätte, sich dessen bewußt zu werden oder es einzugestehen, sondern sich so lange wie möglich des Verhältnisses freuen möchte. Jedoch, in diesem Fall bist Du nicht, sondern du gleichst dem, der das Mißverständnis eingestanden, das Verhältnis abgebrochen hat und nun doch immerfort Abschied von ihm nehmen will.

Die ästhetische Anschauung betrachtet auch die Persönlichkeit im Verhältnis zur Umwelt, und der Ausdruck für dieses in seiner Rückkehr in die Persönlichkeit ist Genuß. Der ästhetische Ausdruck für den Genuß in dessen Verhältnis zur Persönlichkeit aber ist Stimmung. In der Stimmung nämlich ist die Persönlichkeit zugegen, aber sie ist dämmernd zugegen. Wer ästhetisch lebt, sucht nämlich so weit wie möglich ganz und gar in der Stimmung aufzugehen, er sucht sich ganz in ihr zu verbergen, daß nichts in ihm bleibe, was nicht mit in sie eingebogen werden könnte, denn ein solcher Rest wirkt immer störend, er ist eine Kontinuierlichkeit, die ihn zurückhalten möchte. Je mehr also die Persönlichkeit in der Stimmung hindämmert, um so mehr ist das Individuum im Moment, und dies ist wiederum der adäquateste Ausdruck für die ästhetische Existenz: sie ist im Moment. Daher die ungeheuren Oszillationen, denen der, welcher ästhetisch lebt, ausgesetzt ist. Wer ethisch lebt, kennt die Stimmung auch, aber sie ist ihm nicht das Höchste; weil er sich selbst unendlich gewählt hat, sieht er die Stimmung unter sich. Das Mehr, das also in der Stimmung nicht aufgehen will, das eben ist die Kontinuierlichkeit, die ihm das Höchste ist. Wer ethisch lebt, der hat, um an einen früheren Ausdruck zu erinnern, Gedächtnis für sein Leben; das hat derjenige, der ästhetisch lebt, ganz und gar nicht. Wer ethisch lebt, der vernichtet nicht etwa die Stimmung, er sieht sie einen Augenblick an, dieser Augenblick aber rettet ihn davor, im Moment zu leben, dieser Augenblick gibt ihm die Herrschaft über die Lust; denn die Kunst, die Lust zu beherrschen, liegt nicht so sehr darin, daß man sie vernichtet oder ihr ganz und gar entsagt, als darin, daß man den Augenblick bestimmt. Nimm, welche Lust Du willst, ihr Geheimnis, ihre Macht liegt darin, daß sie absolut im Moment ist. Nun hört man die Leute vielfach sagen, das einzige Mittel sei, daß man sich ihrer gänzlich enthalte. Dies ist eine sehr verkehrte Methode, die denn auch nur eine Zeitlang Erfolg hat. Denke Dir einen Menschen, der dem Spiel verfallen ist. Die Lust erwacht mit all ihrer Leidenschaft, es ist, als stünde sein Leben auf dem Spiel, wenn sie nicht befriedigt würde; ist er imstande, zu sich selber zu sagen: In diesem Augenblick will ich nicht, erst in einer Stunde will ich, so ist er geheilt. Diese Stunde ist die Kontinuierlichkeit, die ihn rettet. Wer ästhetisch lebt, dessen Stimmung ist immer exzentrisch, weil er sein Zentrum in der Peripherie hat. Die Persönlichkeit hat ihr Zentrum in sich selbst, und wer nicht sich selbst hat, der ist exzentrisch. Wer ethisch lebt, dessen Stimmung ist zentralisiert, er ist nicht in der Stimmung, er ist nicht Stimmung, aber er hat Stimmung und hat die Stimmung in sich. Er arbeitet eben für die Kontinuierlichkeit, und diese ist stets der Stimmung Meister. Sein Leben ermangelt der Stimmung nicht, ja, es hat eine Gesamtstimmung; diese aber ist erworben, sie ist das, was man ein *aequale temperamentum* nennen könnte, aber dies ist keine ästhetische Stimmung, und kein Mensch hat sie von Natur oder unmittelbar.

Wer aber nun sich selbst unendlich gewählt hat, darf der etwa sagen: Nun besitze ich mich selbst, ich verlange nichts mehr, und allem Wandel der Welt setze ich den stolzen Gedanken entgegen: ich bin, der ich bin? Keineswegs! Wenn ein Mensch sich so ausdrückte, sähe man leicht, daß er auf Abwegen ist. Der Grundfehler läge denn auch darin, daß er im strengsten Sinne nicht sich selbst gewählt hätte; er hätte zwar sich selbst gewählt, jedoch außerhalb seiner selbst; er hätte das Wählen völlig abstrakt aufgefaßt und sich selbst nicht in seiner Konkretion ergriffen; er hätte nicht so gewählt, daß er in der Wahl in sich selbst geblieben wäre, sich selbst angezogen hätte; er hätte sich nach seiner Notwendigkeit gewählt, nicht in seiner Freiheit; er hätte die ethische Wahl ästhetisch mißbraucht. Je bedeutungsvoller in seiner Wahrheit das ist, was hervor soll, um so gefährlicher sind auch die Irrwege, und so zeigt sich auch hier ein schrecklicher Irrweg. Indem der Mensch sich in seiner ewigen Gültigkeit ergriffen hat, überwältigt diese ihn in ihrer ganzen Fülle. Die Zeitlichkeit entschwindet ihm. Im ersten Augenblick erfüllt ihn das mit unbeschreiblicher Seligkeit und gibt ihm eine absolute Sicherheit. Wird er nun einseitig hierauf starren, so macht die Zeitlichkeit ihre Ansprüche geltend. Diese werden abgewiesen; was die Zeitlichkeit zu geben vermag, das Weniger oder Mehr, das sich hier zeigt, ist ihm so überaus

belanglos im Vergleich zu dem, was er ewig besitzt. Alles
steht für ihn still, er ist gleichsam vor der Zeit zur Ewigkeit
gelangt. Er versinkt in Kontemplation, er starrt auf sich
selbst, aber dieses Starren füllt die Zeit nicht aus. Da zeigt es
sich ihm, daß die Zeit, die Zeitlichkeit sein Verderben ist, er
fordert eine vollkommene Daseinsform, und es zeigt sich hier
wieder eine Müdigkeit, eine Apathie, die Ähnlichkeit hat mit
jener Mattigkeit, welche die Begleiterin des Genusses ist. Diese Apathie kann so brütend über einem Menschen liegen,
daß ein Selbstmord ihm als der einzige Ausweg erscheint.
Keine Macht kann ihn ihm selber entreißen, die einzige
Macht ist die Zeit; zwar kann auch sie ihn nicht ihm selber
entreißen, aber sie hemmt und hindert ihn, sie hält jene Umarmung des Geistes auf, mit der er sich selbst ergreift. Er hat
sich selbst nicht gewählt, er hat wie Narziß sich in sich selbst
verliebt. Ein solcher Zustand hat gewiß nicht selten mit einem Selbstmord geendet.

Der Fehler liegt darin, daß er nicht auf die richtige Art gewählt hat, nicht eben in dem Sinne, daß er für seine Fehler
etwa gar kein Auge gehabt hätte, sondern er hat sich selbst
unter der Bestimmung der Notwendigkeit gesehen; sich, diese Persönlichkeit mit ihrer ganzen Vielfalt von Bestimmungen, hat er gesehen als ein mit in den Lauf der Welt Gehö-
rendes, hat es der ewigen Macht gegenüber gesehen, deren
Feuer es durchdrungen hat, ohne es zu verzehren. Aber er
hat sich nicht in seiner Freiheit gesehen, nicht sich in ihr gewählt. Tut er das, so ist er im gleichen Augenblick, da er
sich selbst wählt, in Bewegung; wie konkret sein Selbst auch
sei, er hat sich doch nach seiner Möglichkeit gewählt, er hat
sich in der Reue losgekauft, um in seiner Freiheit zu bleiben;
in seiner Freiheit bleiben aber kann er nur dadurch, daß er
sie beständig realisiert. Wer daher sich selbst gewählt hat,
der ist *eo ipso* ein Handelnder.

Hier mag vielleicht der Ort sein, mit ein paar Worten einer
Lebensanschauung Erwähnung zu tun, in der Du Dir sehr
gefällst, besonders als Dozent, zuweilen auch als Praktikus.

Sie läuft auf nichts Geringeres hinaus als darauf, daß das
Trauern doch eigentlich der Sinn des Lebens sei, und der
Unglücklichste zu sein das Allerglücklichste. Auf den ersten
Blick erscheint diese Anschauung nicht als eine ästhetische
Lebensbetrachtung; denn Genuß kann doch eigentlich ihre
Losung nicht sein. Sie ist jedoch auch nicht ethisch, sondern
sie liegt in dem gefahrvollen Moment, da das Ästhetische in
das Ethische übergehen soll, wo die Seele so leicht sich in
irgendeine Äußerung einer Prädestinationstheorie verstrickt.
Du führst verschiedene falsche Lehre, diese ist beinahe die
schlimmste, aber Du weißt auch, daß sie die brauchbarste
ist, wenn es darum geht, Dich an Menschen heranzuschlei-
chen und sie an Dich zu saugen. Du kannst herzlos sein trotz
einem, Du kannst mit allem scherzen, sogar mit dem Schmerz
des Menschen. Daß dies die Jugend reizt, ist Dir nicht unbekannt, und doch stehst Du ihr mit diesem Verhalten am Ende ziemlich fern, weil ein solcher Umgang ebenso anziehend
wie abstoßend ist. Handelt es sich um einen weiblichen jungen Menschen, den Du auf diese Weise betrügen willst, so
entgeht es Dir keineswegs, daß eine weibliche Seele zu viel
Tiefe hat, um sich auf die Dauer von dergleichen fesseln zu
lassen, ja daß, magst Du sie auch für eine Weile beschäftigt
haben, es doch bald damit enden wird, daß sie es müde wird
und beinahe einen Abscheu gegen Dich faßt, da ihre Seele
nach derartigen Reizen nicht verlangt. Nun wird die Methode geändert, Du läßt in einzelnen rätselhaften Ausbrü-
chen, die nur sie versteht, als Erklärung des Ganzen eine ferne Melancholie ahnen. Nur ihr eröffnest Du Dich, jedoch
so vorsichtig, daß sie eigentlich doch nie etwas Näheres erfährt, Du überläßt es ihrer Phantasie, sich die tiefe Wehmut
auszumalen, die Du im tiefsten Innern birgst. Klug bist Du,
das kann man Dir nicht bestreiten, und wahr ist es, was ein
junges Mädchen von Dir sagte, daß Du vermutlich noch Je-
suit würdest. Je hinterlistiger Du ihnen den Faden in die Hand
zu spielen weißt, der immer tiefer in die Geheimnisse der
Wehmut hineinführt, desto vergnügter bist Du, desto siche-

rer, sie an Dich zu ziehen. Du hältst keine langen Reden,
Du bekundest Deinen Schmerz nicht durch einen treuen Händedruck oder »ein romantisches Hineinstarren in das romantische Auge einer gleichgestimmten Seele«, dazu bist Du zu
klug. Du fliehst Zeugen, und nur in einem einzelnen Augenblick läßt Du Dich überrumpeln. Es gibt in einem gewissen
Alter für ein junges Mädchen kein gefährlicheres Gift als
Wehmut, das weißt Du, und dieses Wissen mag wie jedes
andere an und für sich recht gut sein, den Gebrauch dagegen,
den Du davon machst, kann ich nicht loben.

Da Du Deinen Sinn verhärtet hast, daß er das ganze Dasein
unter ästhetischen Kategorien begreift, so ist es selbstver-
ständlich, daß die Trauer Deiner Aufmerksamkeit nicht entgangen ist, denn sie ist an und für sich reichlich so interessant
wie die Freude. Die Unerschütterlichkeit, mit der Du überall, wo es sich zeigt, das Interessante festhältst, ist ein ständiger Anlaß, daß Deine Umgebung Dich mißversteht und Dich
bald für absolut herzlos, bald für einen wirklich gutmütigen
Menschen hält, obwohl Du eigentlich keins von beiden bist.
Schon der Umstand kann ein solches Mißverständnis veran-
lassen, daß man Dich ebenso oft die Trauer aufsuchen wie
die Freude begleiten sieht, wenn, wohlgemerkt, die Trauer
sowohl als auch die Freude eine Idee enthalten, denn erst dadurch erwacht das ästhetische Interesse. Könntest Du leichtsinnig genug sein, einen Menschen unglücklich zu machen,
so würdest Du zu der sonderbarsten Täuschung Anlaß geben können. Du würdest dann nicht wie andere, die treulos
nur die Freude suchen, Dich zurückziehen und ihr auf anderen Wegen wieder nachjagen, nein, die Trauer in demselben
Individuum würde Dir noch interessanter werden als die
Freude, Du würdest bei ihm bleiben, Du würdest Dich vertiefen in seine Trauer. Du hast Erfahrung, Innigkeit, die
Macht des Wortes, das Pathos der Tragödie, Du weißt dem
Leidenden die Linderung zu bieten, die der ästhetisch Trauernde allein begehrt – den Ausdruck. Es ergötzt Dich zu sehen, wie der Trauernde sich in dem Saitenspiel der Stim-

mung ausruht, wenn Du es vorträgst, Du wirst ihm bald unentbehrlich; denn Dein Ausdruck hebt ihn aus den dunklen
Wohnungen der Trauer empor. Er hingegen wird Dir nicht
unentbehrlich, und bald bist Du müde. Denn nicht allein die
Freude ist für Dich

> Gleich einem flüchtigen Freund,
> Den auf der Reise man findet,

auch die Trauer ist es, da Du allezeit ein Reisender bist. Wenn
Du also den Trauernden getröstet und als Entschädigung für
Deine Mühe das Interessante herausdestilliert hast, so wirfst
Du Dich in Deinen Wagen und rufst: Los! Fragt man Dich,
wohin, so antwortest Du mit dem Helden *Don Juan:* »zu Lust
und Heiterkeit.« Jetzt bist Du nämlich der Trauer überdrüssig, und Deine Seele fordert das Gegenteil.
Ganz so schlimm, wie ich es geschildert habe, benimmst Du
Dich freilich nicht, und ich will Dir nicht bestreiten, daß Du
oft ein wirkliches Interesse für den Traurigen hast, daß es Dir
am Herzen liegt, ihn zu heilen, ihn für die Freude zu gewinnen. Du spannst Dich also, wie Du selbst sagst, gleich
einem feurigen Roß vor und suchst ihn nun aus den Ver-
strickungen der Trauer herauszureißen. Du sparst weder
Zeit noch Kraft, und zuweilen gelingt es Dir. Dennoch kann
ich Dich nicht loben; denn es verbirgt sich etwas dahinter.
Du bist nämlich neidisch auf die Trauer, Du kannst nicht
leiden, daß ein anderer Mensch Trauer habe, oder eine Trauer, die etwa nicht zu überwinden wäre. Wenn Du also einen
Trauernden heilst, so genießt Du die Befriedigung, daß Du
zu Dir selber sagst: aber meine eigene Trauer, die kann niemand heilen. Das ist ein Resultat, das Du stets *in mente* behältst, ob Du nun die Zerstreuung der Trauer suchst oder
die der Freude, das bleibt unerschütterlich in Deiner Seele,
daß es eine Trauer gibt, die sich nicht beheben läßt.
So bin ich denn zu dem Punkte gelangt, an dem Du meinst,
der Sinn des Lebens sei es zu trauern. Die ganze moderne Entwicklung hat es an sich, daß man eine größere Neigung zum

Trauern findet als zum Fröhlichsein. Es gilt als eine höhere
Anschauung des Lebens und ist es auch, insofern als fröhlich
sein wollen natürlich ist, trauern unnatürlich. Hinzu kommt,
daß Fröhlichsein für den einzelnen doch eine gewisse Verpflichtung zur Dankbarkeit mit sich bringt, mögen seine Gedanken auch zu verwirrt sein, als daß er recht wüßte, wem er
danken soll; das Trauern enthebt uns dessen, und die Eitelkeit wird also besser befriedigt. Unsere Zeit hat überdies auf
so manche Weise die Eitelkeit des Lebens erfahren, daß sie
an die Freude nicht glaubt, und um doch etwas zu haben,
woran sie glauben kann, glaubt sie an die Trauer. Die Freude
vergeht, sagt sie, die Trauer aber, die besteht, und wer daher
seine Anschauung des Lebens hierauf baut, der baut auf festen Grund.

Fragt man nun näher, was für eine Trauer es sei, von der Du
sprichst, so bist Du klug genug, die ethische Trauer zu umgehen. Es ist nicht die Reue, was Du meinst; nein, es ist die
ästhetische Trauer, es ist besonders die reflektierte Trauer. Sie
hat ihren Grund nicht in Schuld, sondern in Unglück, in
Schicksal, in einer traurigen Disposition, im Einfluß anderer
Menschen usw. Das sind alles Dinge, die Du sehr gut aus Romanen kennst. Liest Du es dort, so lachst Du darüber, hörst
Du andere davon reden, so spottest Du; wenn Du es aber
selber vorträgst, so ist Sinn darin und Wahrheit.

Obwohl nun die Anschauung, die das Trauern zum Sinn des
Lebens an und für sich macht, schon traurig genug erscheinen mag, kann ich es doch nicht unterlassen, Dir von einer
Seite, die Du vielleicht nicht erwartet hast, zu zeigen, daß
sie trostlos ist. Was ich nämlich zuvor gesagt habe, das sage
ich hier abermals, im gleichen Sinne, wie es heißt, die Freude
vergehe, im gleichen Sinne heißt es, daß die Trauer vergeht.
Darauf muß ich Dich nicht erst aufmerksam machen; denn
das kannst Du ja von Deinem Meister lernen, von *Scribe*, der
oft genug die Sentimentalität verspottet hat, die an eine ewige Trauer glaubt. Wer da sagt, daß Trauern der Sinn des Lebens sei, der hat die Freude in gleicher Weise außer sich, wie

derjenige, der fröhlich sein will, die Trauer außer sich hat. Die Freude kann ihn also durchaus in gleicher Weise überrumpeln wie den andern die Trauer. Seine Lebensanschauung ist also an eine Bedingung geknüpft, die nicht in seiner Macht steht; denn es steht eigentlich ebensowenig in eines Menschen Macht, sich der Freude wie sich der Traurigkeit zu enthalten. Jede Lebensanschauung aber, die eine Bedingung außer sich hat, ist Verzweiflung. Und so ist trauern wollen durchaus im gleichen Sinne Verzweiflung wie die Freude suchen wollen, da es immer Verzweiflung ist, sein Leben in dem zu haben, dessen Wesen es ist, daß es vergehen kann. Sei darum so klug und so erfinderisch wie Du willst, verscheuche die Freude durch ein weinerliches Äußeres, oder, sofern Du es vorziehst, täusche sie durch Dein Äußeres, um die Trauer zu bewahren, die Freude kann Dich dennoch überraschen, denn die Zeit verzehrt die Kinder der Zeit, und eine solche Trauer ist das Kind der Zeit, und die Ewigkeit, die sie sich erlügt, ein Betrug.

Je tiefer der Grund zur Trauer liegt, um so mehr mag es den Anschein haben, als ob es doch möglich wäre, sie sein Leben lang zu bewahren, ja, als ob man nichts zu tun brauchte, sondern als ob es sich von selbst verstünde, daß sie bleibt. Handelt es sich um eine einzelne Begebenheit, so wird es schon überaus schwerfallen. Das siehst Du sehr wohl ein, und wenn Du Dich über die Bedeutung der Trauer für das ganze Leben aussprechen sollst, denkst Du darum zunächst an unglückliche Individualitäten und tragische Helden. Es ist in der ganzen geistigen Disposition der unglücklichen Individualität begründet, daß sie nicht glücklich oder froh zu werden vermag, es brütet ein Verhängnis über ihr, und ebenso über dem tragischen Helden. Hier hat es also seine vollkommene Richtigkeit, daß trauern der Sinn des Lebens ist, und hier sind wir also bei einem einfachen Fatalismus, der immer etwas Verführerisches hat. Hier erscheinst Du denn auch mit Deiner Prätention, die auf nicht mehr und nicht weniger hinausläuft, als daß Du der Unglücklichste bist. Und doch ist es unleugbar, dieser Gedanke ist der stolzeste und trotzigste, der in eines Menschen Hirn aufkommen kann.

Laß mich Dir antworten, wie Du's verdient hast. Zuvörderst: Du trauerst ja nicht. Das weißt Du recht gut; denn es ist ja Dein Lieblingsausdruck, daß der Unglücklichste der Glücklichste sei. Das aber ist ein Betrug, schrecklicher als alles andere, es ist ein Betrug, der sich gegen die ewige Macht wendet, welche die Welt regiert, es ist ein Aufruhr wider Gott, wie wenn man lachen wollte, wo man weinen soll, und doch gibt es eine Verzweiflung, die es vermag, es gibt einen Trotz, der Gott selbst die Spitze bietet. Aber es ist zugleich ein Verrat am Menschengeschlecht. Zwar machst auch Du einen Unterschied zwischen Leid und Leid, aber Du meinst doch, es gebe eine Differenz, die so groß ist, daß es eine Unmöglichkeit sei, dieses Leid als solches zu tragen. Gibt es aber ein solches Leid, so steht es nicht bei Dir zu entscheiden, welches es sei; die eine Differenz ist ebenso gut wie die andere, und Du hast des Menschen tiefstes und heiligstes Recht oder Gnade verraten. Es ist ein Verrat am Großen, ein gemeiner Neid; denn es läuft doch darauf hinaus, daß die großen Männer nicht in den gefährlichsten Prüfungen versucht worden, daß sie billig zu ihrem Ruhm gekommen seien, daß auch sie unterlegen wären, wenn die übermenschliche Versuchung, von der Du sprichst, ihnen widerfahren wäre. Und ist das die Art, wie Du das Große zu ehren gedenkst, daß Du es verkleinerst, das die Art, wie Du ihm Zeugnis zu geben gedenkst, daß Du es verleugnest?

Mißverstehe mich nun aber nicht. Ich bin nicht der Mensch, der da meint, man solle nicht traurig sein, ich verachte diese elende Verständigkeit, und wenn ich nur die Wahl zwischen beiden habe, so wähle ich die Trauer. Nein, ich weiß, daß Traurigkeit schön und daß ein tiefer Ernst in Tränen ist; aber ich weiß auch, daß man nicht traurig sein soll wie der, der keine Hoffnung hat. Es besteht ein absoluter Gegensatz zwischen uns, der sich niemals aufheben läßt. Ich kann nicht unter ästhetischen Bestimmungen leben, ich fühle, daß das Hei-

ligste meines Lebens untergeht, ich fordere einen höheren
Ausdruck, und den gibt mir das Ethische. Und hier erhält
die Trauer erst ihre wahre und tiefe Bedeutung. Nimm keinen Anstoß an dem, was ich hier sage, halte Dich nicht darüber auf, daß ich, während ich von der Trauer spreche, die
zu tragen Helden nötig sind, von Kindern reden kann. Es ist
das Zeichen eines wohlgearteten Kindes, daß es die Neigung
hat, um Verzeihung zu bitten, ohne allzu sehr zu überlegen,
ob es recht hat oder nicht, und ebenso ist es das Zeichen eines großmütigen Menschen, einer tiefen Seele, daß er zur
Reue geneigt ist, daß er nicht mit Gott ins Gericht geht, sondern bereut und Gott liebt in seiner Reue. Ohne dies ist sein
Leben nichts, nur wie Schaum auf dem Wasser. Ja, ich ver-
sichre Dir, wäre mein Leben ohne eigene Schuld derart in
Kummer und Leiden eingeflochten, daß ich mich selbst den
größten tragischen Helden nennen, mich an meinem Schmerz
ergötzen und die Welt erschrecken dürfte, indem ich ihn
nenne, meine Wahl ist getroffen, ich lege das Gewand des
Helden und das Pathos der Tragödie ab, ich bin nicht der
Geplagte, der auf seine Leiden stolz sein darf, ich bin der Gedemütigte, der seinen Frevel fühlt, ich habe nur einen Ausdruck für das, was ich leide – Schuld, nur einen Ausdruck für
meinen Schmerz – Reue, nur eine Hoffnung vor meinen
Augen – Vergebung. Und fällt es mir schwer, es zu tun, o,
ich habe nur ein Gebet, ich würde mich zu Boden werfen
und die ewige Macht anrufen, welche die Welt regiert, um
*eine* Gnade, von früh bis spät, die, daß es mir gestattet sein
möge, zu bereuen; denn ich kenne nur einen Kummer, der
mich zur Verzweiflung bringen und alles in sie hinabstürzen
könnte – den, daß die Reue eine Täuschung wäre, eine Täuschung nicht hinsichtlich der Vergebung, die sie sucht, sondern hinsichtlich der Zurechnung, die sie voraussetzt.
Und meinst Du, daß der Trauer bei diesem Verhalten nicht
ihr Recht werde, daß ich ihr entliefe? Keineswegs! Ich lege
sie nieder in meinem Wesen und vergesse sie darum nie. Es
ist überhaupt ein Unglaube an die Gültigkeit des Geistes,

wenn ich nicht zu glauben wage, daß ich etwas in mir besitzen kann, ohne jeden Augenblick danach zu sehen. Was man
im täglichen Leben am besten verwahren will, das legt man
an einen Ort, wohin man nicht alle Tage kommt, und so
auch im geistigen Sinne. Ich habe die Trauer in mir, und ich
weiß, daß sie zu meinem Wesen gehören wird, ich weiß es
weit sicherer als derjenige, der aus Angst, sie zu verlieren, sie
täglich hervorholt.

Mein Leben ist nie so bewegt gewesen, daß ich mich versucht
gefühlt hätte, das ganze Dasein chaotisch verwirren zu wollen; in meinem täglichen Leben aber habe ich oftmals erfahren, wie nützlich es ist, der Trauer einen ethischen Ausdruck
zu geben; das Ästhetische an der Trauer nicht auszutilgen,
sondern es ethisch zu beherrschen. Solange die Trauer still
und demütig ist, fürchte ich sie nicht; wird sie heftig und leidenschaftlich, sophistisch und betört mich in Mißmut, so erhebe ich mich; ich dulde keinen Aufruhr, ich will nicht, daß
etwas in der Welt mir abliste, was ich als eine Gnadengabe
aus Gottes Hand empfangen habe. Ich verscheuche die Trauer nicht, suche sie nicht zu vergessen, sondern ich bereue.
Und ist die Trauer auch von der Art, daß ich nicht selber
schuld an ihr bin, ich bereue, daß ich sie habe Macht über
mich gewinnen lassen, ich bereue, daß ich sie nicht gleich auf
Gott bezogen habe, und wenn das geschehen wäre, hätte sie
nicht die Macht erlangt, mich zu betören.

Verzeihe mir, daß ich hier wiederum von Kindern rede.
Wenn ein Kind herumquengelt und dies nicht will und das
nicht, so sagt man: Du möchtest wohl was zu weinen haben,
und diese Methode soll vorzüglich sein. So auch bei mir;
denn wie sehr man auch zu Jahren und Verstande kommt,
man behält doch stets etwas vom Kind. Wenn ich also quen-
gele, so sage ich zu mir selbst: Du möchtest wohl was zu
weinen haben, und dann vollziehe ich die Verwandlung.
Und das, kann ich Dir versichern, ist überaus wohltuend für
einen Menschen; denn die Tränen, die der ästhetisch Trauernde über sich selbst vergießt, sind doch heuchlerische Trä-

nen und fruchten nichts; aber sich schuldig fühlen, das ist
wirklich etwas zum Weinen, und in den Tränen der Reue
ist ein ewiger Segen. Als der Heiland hinauf gen Jerusalem
zog und über die große Stadt weinte, die nicht wußte, was
zu ihrem Frieden diente, wäre es wohl möglich gewesen, daß
er sie auch hätte bewegen können mitzuweinen; wären es
aber ästhetische Tränen gewesen, so hätte es nur sehr wenig
genützt, und doch hat die Welt wohl nicht viele Tragödien
gesehen wie jene, als das auserwählte Volk verstoßen wurde.
Wären es Tränen der Reue gewesen, ja, so hätte ein tiefer
Ernst sie erfüllt, und doch ging es hier ja darum, mehr zu bereuen als die eigene Schuld; denn nicht das Geschlecht, das
gerade damals lebte, war das einzig schuldige, es war die
Schuld der Vorväter, die auf ihm lag. Und hier zeigt die
Reue sich in ihrer ganzen tiefen Bedeutung; denn während
sie mich in einer Beziehung isoliert, verknüpft sie mich in
anderer Beziehung unlösbar mit dem ganzen Geschlecht;
denn mein Leben fängt ja nicht in der Zeit mit nichts an, und
kann ich das Vergangene nicht bereuen, so ist die Freiheit ein
Traum.

Vielleicht siehst Du jetzt ein, warum ich diese Lebensanschauung hier behandle; die Persönlichkeit ist hier wiederum
unter den Bestimmungen der Notwendigkeit gesehen, und
es ist nur noch so viel Freiheit übrig, daß diese wie ein unruhiger Traum das Individuum ständig halbwach halten und es
irreleiten kann im Labyrinth der Leiden und Schickungen,
wo es überall sich sieht und doch nicht zu sich kommen kann.
Es ist unglaublich, mit welchem Leichtsinn dergleichen Probleme oft behandelt werden. Selbst systematische Denker
behandeln es als eine Naturmerkwürdigkeit, über die sie
nichts weiter zu sagen wissen, sondern die sie nur beschreiben, ohne daß es ihnen in den Sinn kommt, daß, wenn es eine solche Naturmerkwürdigkeit gäbe, all ihre übrige Weisheit Unsinn und Illusion ist. Darum fühlt man, daß einem
durch die christliche Anschauung ganz anders geholfen wird
als durch die Weisheit aller Philosophen. Jene unterwirft al-

les der Sünde, wozu der Philosoph zu ästhetisch ist, als daß er
den ethischen Mut dazu aufbrächte. Und doch ist dieser Mut
das einzige, was das Leben und den Menschen zu retten vermag, sofern man nicht etwa seine Skepsis nach Laune abbrechen und sich mit einigen Gleichgesinnten zusammentun
will, um zu bestimmen, was Wahrheit ist.

Die erste Form, welche die Wahl sich gibt, ist eine vollkommene Isolation. Indem ich nämlich mich selbst wähle, sondere ich mich aus aus meinem Verhältnis zu der ganzen Welt,
bis ich in diesem Aussondern in der abstrakten Identität ende.
Da das Individuum sich nach seiner Freiheit gewählt hat, ist
es *eo ipso* handelnd. Doch hat sein Handeln keinerlei Beziehung zu irgendeiner Umwelt; denn das Individuum hat
diese gänzlich vernichtet und ist nur für sich selbst. Die
Lebensanschauung, die sich hier zeigt, ist jedoch eine ethische Anschauung. In Griechenland fand sie ihren Ausdruck
in dem Bestreben des einzelnen Individuums, sich selbst zu
einem Tugendmuster zu entwickeln. Wie später in der
Christenheit die Anachoreten, so zog es sich von der Betriebsamkeit des Lebens zurück, nicht um in metaphysische
Grübeleien zu versinken, sondern um zu handeln, nicht
nach außen hin, sondern in sich selbst. Dieses innere Handeln
war zugleich seine Aufgabe und seine Befriedigung; denn es
war ja nicht seine Absicht, sich auszubilden, um später desto
besser dem Staate dienen zu können, nein, in dieser Aus-
bildung war es sich selbst genug, und es verließ das staatliche
Leben, um nie mehr dahin zurückzukehren. Im eigentlichen
Sinne zog es sich freilich nicht aus dem Leben zurück, im
Gegenteil, es blieb in dessen Mannigfaltigkeit, weil die Berührung damit das in pädagogischer Hinsicht um seiner
selbst willen Notwendige war; das staatliche Leben als solches aber hatte für das Individuum keinerlei Bedeutung, es
hatte durch irgendeine Hexenformel es unschädlich gemacht,
indifferent, für sich bedeutungslos. Die Tugenden, die es
entwickelte, waren also keine bürgerlichen Tugenden [und
das waren im Heidentum doch eigentlich die wahren Tugen-

den, die den religiösen Tugenden im Christentum entspre-
chen], es waren die persönlichen Tugenden, Mut, Tapferkeit, Enthaltsamkeit, Genügsamkeit usw. In unseren Zeiten
sieht man diese Lebensanschauung natürlich überaus selten
realisiert, weil ein jeder zu sehr vom Religiösen berührt ist,
um bei einer solchen abstrakten Tugendbestimmung stehenzubleiben. Das Unvollkommene an dieser Lebensanschauung ist leicht ersichtlich. Der Fehler lag darin, daß das Individuum sich selbst völlig abstrakt gewählt hatte, und deshalb
blieb auch die Vollkommenheit, die es begehrte und erreichte, ebenso abstrakt. Aus diesem Grunde eben habe ich als
identisch mit dem sich selbst Wählen das sich selbst Bereuen
hervorgehoben; denn die Reue setzt das Individuum in die
innigste Beziehung und den engsten Zusammenhang mit
einer Umwelt.

Man hat in der christlichen Welt häufig die Analogie zu
dieser griechischen Lebensanschauung beobachtet und beobachtet sie dort zuweilen noch jetzt, nur daß sie im Christentum durch Zusatz des Mystischen und des Religiösen
schöner und gehaltvoller wird. Eine griechische Individualität, die sich selbst zu einem vollkommenen Inbegriff aller
persönlichen Tugenden entwickelt hat, mag nun ein so hohes Maß von Virtuosität erreichen, wie sie will, ihr Leben
ist doch nicht unsterblicher als die Welt, deren Versuchun-
gen ihre Tugend überwunden hat, ihre Seligkeit ist eine einsame Selbstzufriedenheit, vergänglich wie alles andere. Das
Leben eines Mystikers ist nun weit tiefer. Er hat sich selbst
absolut gewählt; denn obwohl ein Mystiker sich nur selten
so ausdrückt, obwohl er zumeist den scheinbar entgegengesetzten Ausdruck gebraucht, er habe Gott gewählt, so
bleibt doch, wie oben gezeigt, die Sache sich gleich; denn
wenn er nicht sich selbst absolut gewählt hat, so steht er in
keinem freien Verhältnis zu Gott, und in der Freiheit liegt
gerade das Eigentümliche der christlichen Frömmigkeit. Dieses freie Verhältnis ist in der Sprache des Mystikers oft so
ausgedrückt, daß er das absolute Du sei. Der Mystiker hat

sich selbst absolut und somit nach seiner Freiheit gewählt und
ist also *eo ipso* handelnd, aber sein Handeln ist inneres Handeln. Der Mystiker wählt sich selbst in seiner vollkommenen
Isolation, für ihn ist die ganze Welt tot und vernichtet, und
die ermüdete Seele wählt Gott oder sich selbst. Dieser Ausdruck, die ermüdete Seele, darf nicht mißverstanden, nicht
zur Verkleinerung des Mystikers mißbraucht werden, als sei
es eine mißliche Sache, daß die Seele erst, nachdem sie der
Welt müde geworden wäre, Gott wählte. Mit diesem Ausdruck bezeichnet der Mystiker zweifellos seine Reue darüber,
Gott nicht früher gewählt zu haben, und seine Müdigkeit
darf nicht als identisch mit Überdruß am Leben betrachtet
werden. Schon hier wirst Du sehen, wie wenig ethisch das
Leben des Mystikers doch eigentlich angelegt ist, da es der
höchste Ausdruck der Reue ist, zu bereuen, daß er nicht
früher, noch bevor er in der Welt konkret wurde, daß er
nicht, solange seine Seele bloß abstrakt bestimmt war, als
Kind also, Gott gewählt hat.

Der Mystiker ist, indem er gewählt hat, *eo ipso* ein Handelnder; aber sein Handeln ist inneres Handeln. Insofern er handelnd ist, hat also sein Leben eine Bewegung, eine Entwicklung, eine Geschichte. Eine Entwicklung kann jedoch in dem
Maße metaphysisch oder ästhetisch sein, daß es zweifelhaft
wird, inwieweit man sie in eigentlichem Sinne eine Geschichte nennen darf, da man dabei ja an eine Entwicklung unter
der Form der Freiheit denkt. Eine Bewegung kann in dem
Maße desultorisch sein, daß es zweifelhaft sein mag, inwieweit man sie eine Entwicklung nennen darf. Wenn etwa die
Bewegung darin besteht, daß ein Moment immer wieder-
kehrt, so hat man unleugbar eine Bewegung, ja, man kann
vielleicht ein Gesetz der Bewegung entdecken; aber eine
Entwicklung hat man nicht. Die Wiederholung in der Zeit
ist ohne Bedeutung, und die Kontinuität fehlt. Das ist in
hohem Maße mit dem Leben des Mystikers der Fall. Es ist
erschreckend, die Klagen eines Mystikers über die matten
Augenblicke zu lesen. Wenn dann der matte Augenblick

vorüber ist, so kommt der lichte Augenblick, und dergestalt wechselt sein Leben beständig, es hat zwar Bewegung, aber keine Entwicklung. Seinem Leben fehlt die Kontinuität. Was eigentlich diese in dem Leben eines Mystikers bildet, ist ein Gefühl, nämlich Sehnsucht, ob diese Sehnsucht sich nun auf das richtet, was gewesen ist, oder auf das, was kommen soll. Daß aber ein Gefühl solchermaßen den Zwischenraum bildet, beweist eben, daß der Zusammenhang fehlt. Die Entwicklung eines Mystikers ist derart metaphysisch und ästhetisch bestimmt, daß man sie nicht Geschichte nennen darf, es sei denn in dem Sinne, wie man von der Geschichte einer Pflanze spricht. Für den Mystiker ist die ganze Welt tot, er hat sich in Gott verliebt. Die Entwicklung seines Lebens nun ist die Entfaltung dieser Liebe. Wie man Beispiele dafür hat, daß Liebende eine gewisse Ähnlichkeit miteinander haben, auch im Äußeren, in Mienen und der Gestalt des Gesichts, so versinkt der Mystiker in der Anschauung der Gottheit, ihr Bild spiegelt sich mehr und mehr in seiner liebenden Seele, und so erneut der Mystiker das verlorene Gottesbild im Menschen und frischt es auf. Je mehr er kontempliert, desto deutlicher spiegelt dieses Bild sich in ihm, desto mehr ähnelt er schließlich selbst diesem Bild. Sein inneres Handeln besteht also nicht im Erwerben der persönlichen Tugenden, sondern in der Entwicklung der religiösen oder kontemplativen Tugenden. Aber selbst dies ist ein zu ethischer Ausdruck für sein Leben, und darum ist sein eigentliches Leben das Gebet. Daß auch das Gebet mit zu einem ethischen Leben gehört, will ich nicht leugnen; je ethischer aber ein Mensch lebt, um so mehr hat das Gebet den Charakter des Vorsatzes, dergestalt, daß selbst im Dankgebet noch ein Moment des Vorsatzes ist. Anders verhält es sich mit dem Gebet des Mystikers. Für ihn ist das Gebet um so bedeutungsvoller, je erotischer es ist, je mehr es entflammt ist von einer brennenden Liebe. Das Gebet ist der Ausdruck für seine Liebe, die Sprache, in der allein er die Gottheit anreden kann, in die er sich verliebt hat. Wie im irdischen Leben die Liebenden

sich nach dem Augenblick sehnen, da sie ihre Liebe füreinander aushauchen, ihre Seelen in einem leisen Flüstern sich
verschmelzen lassen können, so sehnt der Mystiker sich nach
dem Augenblick, da er im Gebet sich gleichsam in Gott einschleichen kann. Wie die Liebenden in diesem Flüstern den
höchsten Grad der Seligkeit empfinden, wenn sie eigentlich
gar nichts miteinander zu reden haben, so ist für den Mystiker sein Gebet um so seliger, sein Lieben um so glücklicher,
je weniger es einen Inhalt hat, je mehr er in seinem Seufzer
beinahe sich selbst entschwindet.

Es dürfte vielleicht nicht gar so abwegig sein, das Unwahre
eines solchen Lebens etwas schärfer hervorzuheben, zumal
da jede tiefere Persönlichkeit sich stets davon betroffen fühlt.
So fehlt es Dir keineswegs an Momenten, wenigstens auf einige Zeit ein Mystiker zu werden. Überhaupt begegnen sich
auf diesem Gebiet die größten Gegensätze, die reinsten und
unschuldigsten Seelen und die schuldbeladensten Menschen,
die Begabtesten und die Einfältigsten.

Zunächst möchte ich mich ganz einfältig darüber aussprechen, was mir eigentlich an einem solchen Leben anstößig
ist. Dies ist mein individuelles Urteil. Später werde ich dann
zu zeigen suchen, daß es mit den von mir aufgewiesenen
Mißlichkeiten seine Richtigkeit hat, sowie den Grund für
diese und die schrecklichen Irrwege, die so nahe liegen.

Meiner Meinung nach kann man den Mystiker von einer
gewissen Zudringlichkeit in seinem Verhältnis zu Gott nicht
freisprechen. Daß ein Mensch Gott lieben soll von ganzer
Seele und mit seinem ganzen Denken, ja, daß er es nicht nur
soll, sondern daß es die Seligkeit selbst ist, es zu tun, wer
wollte das leugnen? Daraus folgt jedoch keineswegs, daß der
Mystiker das Dasein, die Wirklichkeit, in die Gott ihn gesetzt hat, verschmähen soll; denn damit verschmäht er eigentlich Gottes Liebe oder fordert einen anderen Ausdruck
für sie als den Gott ihr geben will. Hier gilt das ernste Wort
Samuels: Gehorsam ist Gott lieber als das Fett der Widder.
Aber diese Zudringlichkeit kann zuweilen eine noch be-

denklichere Gestalt annehmen. Wenn etwa ein Mystiker sein Verhältnis zu Gott darauf gründet, daß er eben der sei, der er ist, sich auf Grund irgendeiner Zufälligkeit als Gegenstand der göttlichen Vorliebe sieht. Hiermit entwürdigt er nämlich Gott und sich selbst. Sich selbst, denn es ist immer eine Entwürdigung, durch irgend etwas Zufälliges wesentlich von andern verschieden zu sein; Gott, denn er macht ihn zu einem Götzen und sich selbst zu einem Günstling an dessen Hof.

Was mir an dem Leben eines Mystikers ferner unangenehm ist, das ist die Weichheit und Schwäche, von der man ihn nicht freisprechen kann. Daß ein Mensch in seinem innersten Herzen vergewissert sein möchte, er liebe Gott in Wahrheit und Aufrichtigkeit, daß er sich manchmal veranlaßt fühlt, sich dessen so recht zu vergewissern, daß er Gott bitten kann, seinen Geist Zeugnis geben zu lassen seinem Geist, daß er es tut, wer wollte das Schöne und Wahre darin leugnen? Hieraus aber folgt keineswegs, daß er diesen Versuch jeden Augenblick wiederholen, jeden Augenblick die Probe auf seine Liebe machen wird. Er wird Seelengröße genug besitzen, um an Gottes Liebe zu glauben, und dann wird er auch die Freimütigkeit haben, an seine eigene Liebe zu glauben, und fröhlich in den Verhältnissen bleiben, die ihm zugewiesen sind, eben weil er weiß, daß dieses Bleiben der sicherste Ausdruck ist für seine Liebe, für seine Demut.

Endlich mißfällt das Leben eines Mystikers mir, weil ich es für einen Betrug an der Welt halte, in der er lebt, einen Betrug an den Menschen, mit denen er verbunden ist oder zu denen er in Beziehung treten könnte, wenn es ihm nicht gefallen hätte, Mystiker zu werden. Im allgemeinen wählt der Mystiker das einsame Leben, aber damit ist die Sache nicht klar; denn die Frage ist, ob er es überhaupt wählen darf. Sofern er es gewählt hat, betrügt er andere nicht, denn er sagt damit ja: ich wünsche keine Beziehungen zu euch; die Frage aber ist, ob er es überhaupt sagen, es überhaupt tun darf. Vor allem als Ehemann, als Vater bin ich ein Feind des My-

stizismus. Mein häusliches Leben hat auch sein ἄδυτον, wenn
ich aber Mystiker wäre, so müßte ich ja noch eines für mich
allein haben, und dann wäre ich ein schlechter Ehemann. Da
es nun meiner Meinung nach, wie ich später darlegen werde,
Pflicht eines jeden Menschen ist zu heiraten, und da es unmöglich meine Meinung sein kann, daß man heirate, um ein
schlechter Ehemann zu werden, so siehst Du leicht, daß ich
eine Abneigung gegen allen Mystizismus haben muß.

Wer sich einseitig einem mystischen Leben ergibt, der wird
zuletzt allen Menschen so fremd, daß jede Beziehung, sogar die zarteste und innigste, ihm gleichgültig wird. In diesem Sinne ist es nicht gemeint, daß man Gott mehr lieben
solle als Vater und Mutter, so selbstsüchtig ist Gott nicht,
auch ist er kein Dichter, der den Menschen mit den entsetzlichsten Kollisionen zu plagen wünscht, und es ließe sich
wohl schwerlich eine entsetzlichere denken, als wenn wirklich eine Kollision bestünde zwischen der Liebe zu Gott und
der Liebe zu den Menschen, zu denen er in unser eigenes
Herz die Liebe gelegt hat. Du hast gewiß den jungen *Ludwig
Blackfeldt* nicht vergessen, mit dem wir beide vor etlichen
Jahren in vielfacher Berührung gelebt haben, ich insonderheit. Er war sicherlich ein sehr begabter Kopf, sein Unglück
war es, daß er sich einseitig an einen nicht so sehr christlichen
als indischen Mystizismus verlor. Hätte er im Mittelalter gelebt, so hätte er zweifellos Zuflucht in einem Kloster gefunden. Unsere Zeit hat solche Hilfsmittel nicht. Geht ein
Mensch heute in die Irre, so muß er notwendig untergehen,
falls er nicht völlig geheilt wird; eine solche relative Rettung
haben wir ihm nicht zu bieten. Du weißt, er endete durch
Selbstmord. Zu mir hatte er eine Art Vertraulichkeit und
verstieß insofern gegen seine Lieblingstheorie, daß man sich
zu keinem Menschen in eine Beziehung setzen solle, sondern
unmittelbar zu Gott. Seine Vertraulichkeit zu mir war denn
auch nicht groß, und ganz hat er sich mir nie geöffnet. Im
letzten Halbjahr seines Lebens war ich mit Angst Zeuge seiner exzentrischen Bewegungen. Es ist wohl möglich, daß ich

ihn mehrmals zurückgehalten habe; mit Bestimmtheit kann ich es nicht wissen, da er sich niemandem je geöffnet hat. Er hatte eine ungewöhnliche Gabe, seine Seelenzustände zu verbergen und einer Leidenschaft das Aussehen einer anderen Leidenschaft zu geben. Schließlich machte er also seinem Leben selber ein Ende, ohne daß jemand den Grund dafür hätte angeben können. Sein Arzt meinte, es habe sich um partiellen Wahnsinn gehandelt; das war von dem Arzt immerhin recht vernünftig gemeint. Sein Geist war in gewissem Sinne ungeschwächt bis zum letzten Augenblick. Du weißt vielleicht nicht, daß ein Brief von ihm an seinen Bruder, den Justizrat, existiert, worin er diesen von seinem Vorhaben unterrichtete. Ich füge eine Abschrift davon bei. Er hat eine erschütternde Wahrheit und ist ein höchst objektiver Ausdruck für die letzte Agonie der vollkommenen Isolation.*)

Der arme Ludwig war sicherlich nicht religiös bewegt, jedoch mystisch bewegt war er; denn das Eigentümliche an dem Mystischen ist nicht das Religiöse, sondern die Isolation, in welcher das Individuum, ohne irgendein Verhältnis zu der gegebenen Wirklichkeit zu achten, sich in unmittelbaren Rapport zum Ewigen setzen will. Daß man, sobald man das Wort Mystik erwähnt, zunächst und vor allem an etwas Religiöses denkt, hat seinen Grund darin, daß das Re-

---

*) »Hochverehrter Herr Justizrat!

Ich schreibe Ihnen, weil Sie mir in einer Beziehung der Nächste sind, in anderer Beziehung sind Sie mir nicht näher als andere Menschen. Wenn Sie diese Zeilen empfangen, bin ich nicht mehr. Sollte Sie jemand nach dem Grunde fragen, so können Sie sagen: „Es war einmal eine Prinzessin, die hieß Morgenschön", oder sonst etwas dergleichen; denn so würde ich selbst antworten, wenn ich das Vergnügen hätte haben können, mich selbst zu überleben. Sollte Sie jemand nach dem Anlaß fragen, können Sie sagen: es war anläßlich der großen Feuersbrunst. Sollte Sie jemand nach der Zeit fragen, können Sie sagen, daß es in dem für mich so merkwürdigen Monat Ju-

ligiöse eine Neigung hat, das Individuum zu isolieren, etwas,
wovon die einfachste Beobachtung Dich überzeugen kann.
Du gehst wahrscheinlich nur selten zur Kirche; bist dann
aber wohl ein um so aufmerksamerer Beobachter. Hast Du
nicht bemerkt, daß, obwohl man in gewissem Sinne den
Eindruck einer Gemeinde gewinnt, der einzelne sich doch
isoliert fühlt; man wird einander fremd, und erst nach einem
weiten Umweg vereinigt man sich wieder. Und woher
kommt das, wenn nicht daher, daß der einzelne sein Gottes-
verhältnis so stark in dessen ganzer Innerlichkeit empfindet,
daß seine irdischen Beziehungen daneben ihre Bedeutung
verlieren. Für einen gesunden Menschen wird dieser Augenblick nicht lange dauern, und eine solche momentane Entfernung ist so wenig ein Betrug, daß sie die Innigkeit der irdischen Beziehungen eher noch steigert. Was aber solchermaßen als Moment gesund sein mag, das wird, einseitig entwickelt, zu einer höchst bedenklichen Krankheit.
Da ich nicht im Besitz theologischer Bildung bin, sehe ich
mich nicht imstande, den religiösen Mystizismus ausführli-
cher darzulegen. Ich habe ihn nur von meinem ethischen
Standpunkt aus betrachtet, und darum habe ich, ich glaube
mit Recht, dem Wort Mystizismus einen weit größeren Umfang gegeben, als es ihn sonst zu haben pflegt. Daß sich in dem

---

li war. Sollte Sie niemand nach etwas von alledem fragen, so
sollen Sie nichts antworten.
Keineswegs halte ich den Selbstmord für etwas Rühmliches.
Nicht aus Eitelkeit habe ich mich dazu entschlossen. Hingegen
glaube ich an die Richtigkeit des Satzes, daß kein Mensch es
erträgt, das Unendliche zu sehen. Mir hat es sich in intellek-
tueller Hinsicht einmal gezeigt, und der Ausdruck dafür ist
Unwissenheit. Unwissenheit ist nämlich der negative Ausdruck für das unendliche Wissen. Ein Selbstmord ist der negative Ausdruck für die unendliche Freiheit. Er ist eine Form der
unendlichen Freiheit, jedoch die negative Form. Heil dem, der
die positive findet.                    Mit Hochachtung
                                            Ihr ergebener.«

religiösen Mystizismus sehr viel Schönes findet, daß die vielen tiefen und ernsten Naturen, die sich ihm ergeben haben, in ihrem Leben vieles erfahren haben und somit befähigt worden sind, anderen, die sich auf diesen gefährlichen Weg hinauswagen wollen, mit Rat und Weisung und Winken zu dienen, daran zweifle ich nicht, trotzdem aber bleibt dieser Weg nicht bloß ein gefährlicher Weg, sondern ein Irrweg. Eine Inkonsequenz liegt stets darin. Wenn der Mystiker die Wirklichkeit überhaupt nicht achtet, so ist unerfindlich, warum er nicht jenen Moment in der Wirklichkeit mit gleichem Mißtrauen betrachtet, da er von dem Höheren berührt worden ist.

Der Fehler des Mystikers ist also nicht, daß er sich selbst wählt, denn daran tut er meiner Ansicht nach gut, sondern sein Fehler ist, daß er sich nicht richtig wählt, er wählt nach seiner Freiheit, und doch wählt er nicht ethisch; man kann aber nach seiner Freiheit sich selbst nur wählen, wenn man sich ethisch wählt; ethisch aber kann man sich selbst nur wählen, indem man sich selbst bereut, und nur indem man sich selbst bereut, wird man konkret, und nur als konkretes Individuum ist man ein freies Individuum. Der Fehler des Mystikers liegt daher nicht in etwas Späterem, er liegt bereits in der allerersten Bewegung. Hält man diese für richtig, so ist jede Entfernung vom Leben, jede asketische Selbstquälerei nur eine weitere und richtige Konsequenz. Der Fehler des Mystikers ist, daß er in der Wahl nicht konkret wird für sich selbst und auch nicht für Gott; er wählt sich selbst abstrakt und ermangelt daher der Durchsichtigkeit. Wenn man nämlich glaubt, das Abstrakte sei das Durchsichtige, so irrt man sich; das Abstrakte ist das Unklare, das Nebelhafte. Seine Verliebtheit in Gott hat darum ihren höchsten Ausdruck in einem Gefühl, einer Stimmung; in der Abenddämmerung, in der Zeit der Nebel verschmilzt er mit seinem Gott in unbestimmten Bewegungen. Wenn man aber sich selbst abstrakt wählt, so wählt man sich nicht ethisch. Erst wenn man in der Wahl sich selbst übernommen hat, sich

selbst angezogen, sich selbst total durchdrungen hat, dergestalt, daß jede Bewegung von dem Bewußtsein einer Selbst-
verantwortung begleitet ist, erst dann hat man sich ethisch
gewählt, erst dann hat man sich selbst bereut, erst dann ist
man konkret, erst dann ist man in seiner totalen Isolation
in absoluter Kontinuität mit der Wirklichkeit, der man
zugehört.

Auf diese Bestimmung, daß das Sich-selbst-wählen identisch
sei mit dem Sich-selbst-bereuen, kann ich gar nicht oft genug zurückkommen, wie einfach sie im übrigen an und für
sich auch sei. Um sie dreht sich nämlich alles. Der Mystiker
bereut auch, aber er bereut sich aus sich selbst heraus, nicht
in sich selbst hinein, er bereut metaphysisch, nicht ethisch.
Ästhetisch bereuen ist abscheulich, weil es Weichlichkeit ist;
metaphysisch bereuen ist eine unzeitige Überflüssigkeit, denn
das Individuum hat ja die Welt nicht geschaffen und braucht
sich die Sache nicht so zu Herzen zu nehmen, wenn die Welt
wirklich eitel sein sollte. Der Mystiker wählt sich abstrakt,
und darum muß er sich selbst auch abstrakt bereuen. Das ersieht man am besten aus dem Urteil des Mystikers über das
Dasein, die endliche Wirklichkeit, in der er doch lebt. Der
Mystiker lehrt nämlich, diese sei Eitelkeit, Täuschung, Sünde; jedes derartige Urteil aber ist ein metaphysisches Urteil
und bestimmt mein Verhältnis zu ihr nicht ethisch. Selbst
wenn er sagt, daß die Endlichkeit Sünde sei, so sagt er damit
doch eigentlich dasselbe, als wenn er sie eitel nennt. Will er
hingegen das Wort »Sünde« ethisch festhalten, so bestimmt
er sein Verhältnis dazu nicht ethisch, sondern metaphysisch,
denn der ethische Ausdruck wäre nicht, daß man entflieht,
sondern daß man darin eingeht, es aufhebt oder es trägt. Die
ethische Reue hat nur zwei Bewegungen, entweder hebt sie
ihren Gegenstand auf oder sie trägt ihn. Diese beiden Bewegungen deuten auch ein konkretes Verhältnis an zwischen dem bereuenden Individuum und dem, was Gegenstand seiner Reue ist, wohingegen das Entfliehen ein abstraktes Verhältnis ausdrückt.

Der Mystiker wählt sich selbst abstrakt, daher kann man sagen, er wählt sich selbst immerfort aus der Welt heraus; die Folge davon aber ist, daß er sich selbst nicht in die Welt zurückwählen kann. Die wahre konkrete Wahl ist die, durch welche ich im selben Augenblick, da ich mich aus der Welt herauswähle, mich in die Welt zurückwähle. Wenn ich nämlich bereuend mich selbst wähle, so sammle ich mich selbst in meiner ganzen endlichen Konkretion, und indem ich solchermaßen mich selbst aus der Endlichkeit herausgewählt habe, bin ich in der absolutesten Kontinuität mit dieser.

Da der Mystiker sich selbst abstrakt wählt, ist es sein Unglück, daß er es so schwer hat, in Bewegung zu kommen, oder besser gesagt, daß es ihm eine Unmöglichkeit ist. Wie es Dir mit Deiner irdischen ersten Liebe ergeht, so ergeht es dem Mystiker mit seiner religiösen ersten Liebe. Er hat ihre ganze Seligkeit geschmeckt und hat jetzt nichts zu tun als abzuwarten, ob sie in ebensolcher Herrlichkeit wiederkehren werde, und daran kann er leicht versucht sein einen Zweifel zu hegen, auf den ich schon so oft hingewiesen habe, daß Entwicklung Rückgang sei, ein Abnehmen. Für einen Mystiker ist die Wirklichkeit eine Verzögerung, ja von so bedenklicher Art, daß er beinahe Gefahr läuft, daß das Leben ihm raubt, was er einmal besessen hat. Würde man daher einen Mystiker fragen, was der Sinn des Lebens sei, so würde er etwa antworten: der Sinn des Lebens ist es, Gott kennenzulernen, sich in ihn zu verlieben. Das ist jedoch keine Antwort auf die Frage; denn hier ist der Sinn des Lebens als Moment aufgefaßt, nicht als Sukzession. Wenn ich ihn daher frage, welche Bedeutung es für das Leben habe, daß das Leben diesen Sinn gehabt hat, oder mit anderen Worten, welches die Bedeutung der Zeitlichkeit sei, so weiß er nicht viel zu erwidern, jedenfalls nicht viel Erfreuliches. Sagt er, die Zeitlichkeit sei ein Feind, der überwunden werden müsse, so müßte man also des näheren fragen, ob es denn etwa keine Bedeutung habe, daß dieser Feind überwunden werde. Das

meint der Mystiker eigentlich nicht, und am liebsten möchte
er doch mit der Zeitlichkeit fertig sein. Wie er daher die
Wirklichkeit verkannte und sie metaphysisch als eitel auf-
faßte, so verkennt er jetzt das Geschichtliche und faßt es metaphysisch auf als nutzlose Mühe. Die höchste Bedeutung,
die er der Zeitlichkeit beilegen kann, ist, daß sie eine Probe-
zeit sei, in der man immer wieder die Probe macht, ohne daß
doch eigentlich etwas daraus resultierte, oder daß man weiter gekommen wäre, als man schon im Anfang war. Dies ist
jedoch eine Verkennung der Zeitlichkeit, denn zwar behält
sie stets etwas von einer *ecclesia pressa* an sich, aber zugleich
ist sie auch die Möglichkeit einer Verherrlichung des endlichen Geistes. Das ist eben das Schöne an der Zeitlichkeit, daß
darin der unendliche und der endliche Geist sich scheiden,
und das ist eben die Größe des endlichen Geistes, daß die Zeitlichkeit ihm zugewiesen ist. Die Zeitlichkeit ist darum, wenn
ich so sagen darf, nicht um Gottes willen da, damit er in ihr,
um mystisch zu reden, den Liebenden prüfen und versuchen
könne, sondern sie ist da um des Menschen willen und ist die
größte aller Gnadengaben. Darin liegt nämlich die ewige
Würde des Menschen, daß er eine Geschichte bekommen
kann, darin liegt das Göttliche an ihm, daß er selbst, wenn er
will, dieser Geschichte Kontinuität verleihen kann; denn die
bekommt sie erst, wenn sie nicht den Inbegriff dessen darstellt, was mir geschehen oder widerfahren ist, sondern meine eigene Tat, dergestalt, daß selbst das mir Widerfahrene
durch mich verwandelt und von Notwendigkeit in Freiheit
übergeführt ist. Das ist das Beneidenswerte an einem Menschenleben, daß man der Gottheit zu Hilfe kommen, sie verstehen kann, und das ist wiederum die einzige eines Menschen würdige Art, sie zu verstehen, daß man in Freiheit sich
alles zueignet, was einem begegnet, das Frohe sowohl wie
das Traurige. Oder scheint es Dir nicht so? Mir kommt es so
vor, ja, mir scheint, daß man es einem Menschen nur laut zu
sagen braucht, um ihn eifersüchtig auf sich selbst zu machen.

Die beiden hier angedeuteten Standpunkte können nun als Versuche gelten, eine ethische Lebensanschauung zu realisieren. Der Grund, weshalb es nicht gelingt, ist der, daß das Individuum sich selbst in seiner Isolation oder sich selbst abstrakt gewählt hat. Das kann man auch so ausdrücken, daß das Individuum sich selbst nicht ethisch gewählt hat. Es ist daher nicht im Zusammenhang mit der Wirklichkeit, und wenn das der Fall ist, läßt sich eine ethische Lebensanschauung nicht durchführen. Wer dagegen sich selbst ethisch wählt, der wählt sich konkret als dieses bestimmte Individuum, und zwar erreicht er diese Konkretion dadurch, daß dieses Wählen identisch ist mit diesem Bereuen, das die Wahl ratihabiert. Das Individuum wird sich also seiner bewußt als dieses bestimmte Individuum, mit diesen Fähigkeiten, diesen Neigungen, diesen Trieben, diesen Leidenschaften, als beeinflußt von dieser bestimmten Umgebung, als dieses bestimmte Produkt einer bestimmten Umwelt. Indem der Mensch aber solchermaßen sich seiner bewußt wird, übernimmt er es alles unter seine Verantwortung. Er häsitiert nicht, ob er das einzelne mitnehmen soll oder nicht; denn er weiß, daß etwas weit Höheres verlorengeht, falls er es nicht tut. Er ist also im Augenblick der Wahl in der vollkommensten Isolation, denn er zieht sich aus der Umgebung heraus; und doch ist er im selben Moment in absoluter Kontinuität, denn er wählt sich selbst als Produkt; und diese Wahl ist die Wahl der Freiheit, dergestalt, daß man, indem er sich selbst als Produkt wählt, ebensogut von ihm sagen kann, er produziere sich selbst. Er ist also im Augenblick der Wahl am Schluß, denn seine Persönlichkeit schließt sich zusammen; und doch ist er im selben Augenblick gerade am Anfang, denn er wählt sich selbst nach seiner Freiheit. Als Produkt ist er eingezwängt in die Formen der Wirklichkeit, in der Wahl macht er sich selbst elastisch, verwandelt er seine ganze Äußerlichkeit in Innerlichkeit. Er hat seinen Platz in der Welt, in der Freiheit wählt er selbst seinen Platz, das heißt, er wählt diesen Platz. Er ist ein bestimmtes Indivi-

duum, in der Wahl macht er sich selbst zu einem bestimmten Individuum, zu demselben nämlich; denn er wählt sich
selbst.

Das Individuum wählt also sich selbst als eine mannigfaltig
bestimmte Konkretion und wählt sich daher nach seiner
Kontinuität. Diese Konkretion ist die Wirklichkeit des Individuums; da es sie aber nach seiner Freiheit wählt, so kann
man auch sagen, sie sei seine Möglichkeit oder, um nicht einen so ästhetischen Ausdruck zu gebrauchen, sie sei seine
Aufgabe. Wer ästhetisch lebt, sieht nämlich überall nur Möglichkeiten, diese bilden für ihn den Inhalt der Zukunft, wohingegen derjenige, der ethisch lebt, überall Aufgaben sieht.
Diese seine wirkliche Konkretion sieht das Individuum also
als Aufgabe, als Ziel, als Zweck. Daß aber das Individuum
seine Möglichkeit als seine Aufgabe sieht, darin drückt sich
eben seine Souveränität über sich selbst aus, die es niemals
aufgibt, mag es sich andererseits auch nicht gefallen in jener
höchst ungenierten Souveränität, die ein König ohne Land
immer hat. Dies gibt dem ethischen Individuum eine Sicherheit, die demjenigen, der nur ästhetisch lebt, durchaus fehlt.
Wer ästhetisch lebt, erwartet alles von außen. Daher die
krankhafte Angst, mit der manche Menschen davon reden,
wie schrecklich es sei, in der Welt nicht auf seinen Platz gekommen zu sein. Wer will leugnen, wie erfreulich es ist,
wenn man in dieser Beziehung recht glücklich gegriffen hat;
eine solche Angst aber deutet stets darauf hin, daß das Individuum alles vom Platz erwartet, nichts von sich selbst. Wer
ethisch lebt, wird auch zusehen, daß er seinen Platz richtig
wählt; merkt er jedoch, daß er fehlgegriffen hat oder daß
sich ihm Hindernisse entgegenstellen, die nicht in seiner
Macht stehen, so verliert er nicht den Mut; denn die Souveränität über sich selbst gibt er nicht auf. Er sieht sogleich seine Aufgabe und ist daher unverzüglich handelnd. So sieht
man auch häufig Menschen, die da fürchten, daß sie, wenn
sie sich einmal verlieben, etwa kein Mädchen fänden, das
eben das für sie passende Ideal darstellt. Wer wollte leugnen,

wie erfreulich es ist, ein solches Mädchen zu finden; andererseits aber ist es doch ein Aberglaube, daß gerade das, was außer einem Menschen liegt, ihn glücklich machen könne. Wer ethisch lebt, auch der wünscht in seiner Wahl glücklich zu sein; erweist es sich indessen, daß die Wahl doch nicht ganz nach Wunsch ist, so verliert er nicht den Mut, er sieht sogleich seine Aufgabe, und daß die Kunst nicht das Wünschen ist, sondern das Wollen. Viele, die immerhin eine Vorstellung davon haben, was ein Menschenleben ist, wünschen Zeitgenossen großer Ereignisse und in bedeutende Lebensverhältnisse verwickelt zu sein. Wer wollte leugnen, daß dergleichen seine Geltung hat; andererseits aber ist es doch Aberglaube zu meinen, daß Ereignis und Lebensverhältnis als solche einen Menschen zu etwas machen. Wer ethisch lebt, der weiß, daß es eben darauf ankommt, was man in jedem Verhältnis sieht und mit welcher Energie man es betrachtet, und daß derjenige, der solchermaßen in den unbedeutendsten Lebensverhältnissen sich selbst bildet, mehr erleben kann als der, welcher Zeuge der merkwürdigsten Ereignisse, ja selbst an ihnen beteiligt war. Er weiß, daß überall ein Tanzplatz ist, daß selbst der geringste Mensch den seinigen hat, daß sein Tanz, wenn er selbst will, ebenso schön, ebenso graziös, ebenso mimisch, ebenso bewegt sein kann wie der jener, denen ein Platz in der Geschichte zugewiesen ward. Eben diese Fechtergewandtheit, diese Geschmeidigkeit stellt eigentlich das unsterbliche Leben im Ethischen dar. Von dem, der ästhetisch lebt, gilt das alte Wort »Sein oder Nichtsein«, und je ästhetischer er leben darf, um so mehr Bedingungen fordert sein Leben, und wenn nur die geringste von ihnen nicht erfüllt wird, so ist er tot; wer ethisch lebt, hat stets einen Ausweg; wenn alles ihm mißglückt, wenn das Gewitterdunkel derart auf ihm liegt, daß sein Nachbar ihn nicht mehr sehen kann, ist er dennoch nicht untergegangen, es gibt doch immer noch einen Punkt, den er festhält, und das ist – er selbst.

Eines nur möchte ich nicht versäumen einzuschärfen, daß,

sobald die Gymnastik des Ethikers zu einem Experimentieren wird, er aufgehört hat, ethisch zu leben. Alles derartige gymnastische Experimentieren ist nichts anderes, als was auf dem Gebiet der Erkenntnis Sophistik heißt.

Hier will ich nun an die Bestimmung erinnern, die ich im vorhergehenden vom Ethischen gegeben habe, daß es das sei, wodurch ein Mensch wird, was er wird. Es will also das Individuum nicht zu einem anderen machen, sondern zu ihm selbst; es will das Ästhetische nicht vernichten, sondern es verklären. Damit ein Mensch ethisch lebe, ist es notwendig, daß er sich seiner bewußt werde, so durchgreifend, daß keine Zufälligkeit ihm entgeht. Diese Konkretion will das Ethische nicht auslöschen, sondern es sieht in ihr seine Aufgabe, sieht, woraus es bilden und was es bilden soll. Gemeinhin betrachtet man das Ethische völlig abstrakt und hat daher ein heimliches Grauen davor. Das Ethische wird also als etwas der Persönlichkeit Fremdes betrachtet, und man sträubt sich dagegen, sich ihm hinzugeben, da man doch nicht recht sicher sein kann, wohin das etwa auf die Dauer der Zeit noch führt. So fürchten sich auch manche Menschen vor dem Tode, weil sie dunkle und unklare Vorstellungen davon hegen, daß die Seele im Tode in eine andere Ordnung der Dinge übergehe, in welcher Gesetze und Bräuche herrschen, die sich von denen, die sie in dieser Welt kennengelernt haben, durchaus unterscheiden. Der Grund zu einer solchen Furcht vor dem Tode ist die Abgeneigtheit des Individuums, sich selbst durchsichtig zu werden, denn sofern man das will, sieht man das Ungereimte dieser Furcht leicht ein. So auch mit dem Ethischen; wenn ein Mensch die Durchsichtigkeit fürchtet, so flieht er stets das Ethische, denn etwas anderes will dieses ja eigentlich nicht.

Im Gegensatz zu einer ästhetischen Lebensanschauung, die das Leben genießen will, hört man oft von einer anderen Lebensanschauung reden, die den Sinn des Lebens darein setzt, daß man der Erfüllung seiner Pflichten lebe. Hiermit will man also eine ethische Lebensanschauung bezeichnen.

Der Ausdruck ist jedoch sehr unvollkommen, und man sollte fast glauben, er sei erfunden, um das Ethische in Mißkredit zu bringen; so viel ist gewiß, daß man ihn heutzutage oft so angewandt sieht, daß man beinahe lächeln muß, etwa wenn *Scribe* diesen Satz mit einem gewissen possenhaften Ernst vortragen läßt, der einen sehr disrekommandierenden Gegensatz bildet zur Freude und Heiterkeit des Genusses. Der Fehler ist der, daß das Individuum in ein äußerliches Verhältnis zur Pflicht gesetzt wird. Das Ethische wird als Pflicht bestimmt und die Pflicht wiederum als eine Vielfalt einzelner Sätze, Individuum und Pflicht aber stehen außerhalb voneinander. Ein solches Pflichtleben ist natürlich überaus unschön und langweilig, und hätte das Ethische nicht einen weit tieferen Zusammenhang mit der Persönlichkeit, würde es stets sehr schwierig sein, es gegenüber dem Ästhetischen zu verfechten. Daß es viele Menschen gibt, die nicht weiter kommen, will ich nicht leugnen; aber das liegt nicht an der Pflicht, sondern an den Menschen.

Recht sonderbar ist es, daß man bei dem Worte Pflicht etwa an ein äußeres Verhältnis denken kann, da doch die Derivation dieses Wortes bereits andeutet, daß es ein inneres Verhältnis ist; denn was mir obliegt, nicht als diesem zufälligen Individuum, sondern nach meinem wahren Wesen, das steht ja doch wohl in dem innigsten Verhältnis zu mir selbst. Die Pflicht ist nämlich keine Auflage, sondern etwas, das obliegt. Wenn die Pflicht so gesehen wird, so ist das ein Zeichen dafür, daß das Individuum in sich selbst orientiert ist. Die Pflicht wird sich in ihm also nicht in eine Vielfalt einzelner Bestimmungen zersplittern; denn dies deutet stets darauf hin, daß es nur in einem äußerlichen Verhältnis zu ihr steht. Es hat die Pflicht wie ein Kleid angezogen, sie ist ihm der Ausdruck für sein innerstes Wesen. Wenn es dergestalt sich in sich selbst orientiert hat, so hat es sich in das Ethische vertieft, und es wird sich nicht selbst außer Atem hetzen, um seine Pflichten zu erfüllen. Das wahrhaft ethische Individuum hat daher eine Ruhe und Sicherheit in sich, weil es die Pflicht nicht außer sich, sondern in sich hat. Je tiefer ein Mensch sein Leben ethisch angelegt hat, um so weniger wird er das Bedürfnis empfinden, jeden Augenblick von der Pflicht zu reden, jeden Augenblick sich abzuängstigen, ob er sie auch erfüllt, jeden Augenblick sich mit anderen darüber zu beraten, was denn seine Pflicht sei. Wenn das Ethische richtig gesehen wird, macht es das Individuum unendlich sicher in sich selbst, wenn es nicht richtig gesehen wird, macht es das Individuum völlig unsicher, und ich kann mir keine unglücklichere oder qualvollere Existenz denken, als wenn ein Mensch die Pflicht außer sich hat und sie doch immerfort realisieren will.

Sieht man das Ethische außerhalb der Persönlichkeit und in einem äußeren Verhältnis zu ihr, so hat man alles aufgegeben, so hat man verzweifelt. Das Ästhetische als solches ist Verzweiflung, das Ethische ist das Abstrakte und als solches unvermögend, auch nur das mindeste hervorzubringen. Wenn man daher zuweilen Menschen mit einem gewissen redlichen Eifer sich abmühen sieht, um das Ethische zu realisieren, das wie ein Schatten immerfort flieht, sobald sie danach greifen, so ist dies komisch und tragisch zugleich.

Das Ethische ist das Allgemeine und somit das Abstrakte. In seiner vollkommenen Abstraktion ist daher das Ethische immer verbietend. Dergestalt zeigt das Ethische sich als Gesetz. Sobald das Ethische befehlend ist, hat es bereits etwas vom Ästhetischen an sich. Die Juden waren das Volk des Gesetzes. Sie haben daher die meisten Gebote des mosaischen Gesetzes ausgezeichnet verstanden; das Gebot aber, das sie anscheinend nicht verstanden haben, war jenes, an welches das Christentum in erster Linie anknüpfte: Du sollst Gott lieben von ganzem Herzen. Dieses Gebot ist auch nicht negativ, ist auch nicht abstrakt, es ist in höchstem Maße positiv und in höchstem Maße konkret. Wenn das Ethische konkreter wird, so geht es über in die Bestimmung von Sitten. Die Realität des in dieser Hinsicht Ethischen aber liegt in der Realität einer volklichen Individualität, und hier hat also das Ethische bereits ein ästhetisches Moment in sich aufgenommen. Doch ist das Ethische noch abstrakt und läßt sich nicht vollkommen realisieren, weil es außerhalb des Individuums liegt. Erst wenn das Individuum selbst das Allgemeine ist, erst dann läßt das Ethische sich realisieren. Es ist das Geheimnis, das im Gewissen liegt, es ist das Geheimnis, welches das individuelle Leben mit sich selber hat, daß es zugleich ein individuelles Leben und das Allgemeine ist, wenn nicht unmittelbar als solches, so doch nach seiner Möglichkeit. Wer das Leben ethisch betrachtet, der sieht das Allgemeine, und wer ethisch lebt, der drückt in seinem Leben das Allgemeine aus, er macht sich zu dem allgemeinen Menschen, nicht dadurch, daß er sich seiner Konkretion entkleidet, denn dann würde er zu gar nichts, sondern dadurch, daß er sich damit bekleidet und sie mit dem Allgemeinen durchdringt. Der allgemeine Mensch ist nämlich kein Phantom, sondern jeder Mensch ist der allgemeine Mensch, das heißt, jedem Menschen ist der Weg vorgezeichnet, auf dem er der allgemeine Mensch wird. Wer ästhetisch lebt, ist der zufällige Mensch, er glaubt der vollkommene Mensch dadurch zu sein, daß er der einzige Mensch ist; wer ethisch lebt, arbeitet darauf hin, der allgemeine Mensch zu werden. Wenn etwa ein Mensch ästhetisch verliebt ist, so spielt das Zufällige eine ungeheure Rolle, und es ist ihm von Wichtigkeit, daß noch niemand so geliebt hat, mit den Nuancen, wie er; wenn derjenige, der ethisch lebt, heiratet, so realisiert er das Allgemeine. Darum wird er nicht ein Hasser des Konkreten, sondern er hat einen Ausdruck mehr, tiefer als jeder ästhetische Ausdruck, indem er in der Liebe eine Offenbarung des Allgemein-Menschlichen sieht. Wer ethisch lebt, hat also sich selbst als seine Aufgabe. Sein Selbst ist als unmittelbar zufällig bestimmt, und die Aufgabe ist die, das Zufällige und das Allgemeine ineinanderzuarbeiten.

Das ethische Individuum hat also die Pflicht nicht außer sich, sondern in sich; im Augenblick der Verzweiflung tritt es in Erscheinung und arbeitet sich nun durch das Ästhetische in und mit diesem vorwärts. Von dem ethischen Individuum

kann man sagen, es sei wie das stille Wasser, das den tiefen
Grund hat, während derjenige, der ästhetisch lebt, nur oberflächlich bewegt ist. Wenn daher das ethische Individuum
seine Aufgabe vollbracht, den guten Kampf gekämpft hat,
so ist es dahin gelangt, daß es der einzige Mensch geworden
ist, das heißt, daß es keinen Menschen gibt so wie ihn, und
zugleich dahin, daß es der allgemeine Mensch geworden ist.
Der einzige Mensch zu sein, ist an und für sich nichts sonderlich Großes, denn das hat jeder Mensch mit jedem Naturer-
zeugnis gemein; es aber so zu sein, daß er darin zugleich das
Allgemeine ist, das ist die wahre Lebenskunst.
Die Persönlichkeit hat also das Ethische nicht außer sich, sondern in sich, und es bricht aus dieser Tiefe hervor. Es geht
nun, wie gesagt, darum, daß sie nicht in einem abstrakten
und inhaltslosen Stürmen das Konkrete vernichte, sondern es
sich assimiliere. Da das Ethische somit zutiefst in der Seele
liegt, fällt es nicht immer ins Auge, und ein Mensch, der
ethisch lebt, kann ganz dasselbe tun wie der, der ästhetisch
lebt, dergestalt, daß es lange täuschen kann; schließlich aber
kommt ein Augenblick, da es sich zeigt, daß der, welcher
ethisch lebt, eine Grenze hat, die der andere nicht kennt. In
dieser Gewißheit, daß sein Leben ethisch angelegt ist, ruht
das Individuum mit fester Sicherheit und quält darum sich
selbst und andere nicht mit spitzfindiger Ängstlichkeit über
dies oder jenes. Daß nämlich, wer ethisch lebt, ein ganzes
Spatium für das Indifferente hat, finde ich ganz in der Ordnung, und es ist gerade eine Verehrung für das Ethische, daß
man es nicht in jede Belanglosigkeit hineinzwingen will. Ein
solches Streben, das stets mißlingt, findet man auch nur bei
denen, die nicht den Mut haben, an das Ethische zu glauben,
und die in tieferem Sinne der inneren Sicherheit ermangeln.
Es gibt Menschen, deren Pusillanimität man eben daran erkennt, daß sie nie mit dem Totalen fertig werden können,
weil dies für sie eben das Mannigfaltige ist, aber diese stehen
auch außerhalb des Ethischen, natürlich aus keinem andern
Grund als wegen der Schwäche ihres Willens, die wie jede

andere Geistesschwäche als eine Art Wahnsinn betrachtet werden kann. Das Leben solcher Menschen geht darin auf, Mücken zu seihen. Sie haben weder eine Vorstellung von dem schönen und reinen Ernst des Ethischen noch von der sorglosen Freude des Indifferenten. Doch ist natürlich das Indifferente für das ethische Individuum entthront, das ihm jeden Augenblick eine Grenze setzen kann. So glaubt man auch, daß es eine Vorsehung gibt, und die Seele ruht sicher in dieser Gewißheit, und doch würde man nicht darauf verfallen, etwa den Versuch zu machen, jede Zufälligkeit mit diesem Gedanken zu durchdringen oder sich jede Minute dieses Glaubens bewußt zu werden. Das Ethische zu wollen, ohne sich von dem Indifferenten stören zu lassen, an eine Vorsehung zu glauben, ohne sich von der Zufälligkeit stören zu lassen, das ist eine Gesundheit, die erworben und bewahrt werden kann, wenn ein Mensch es selber will. Auch in dieser Hinsicht gilt es, die Aufgabe zu sehen, daß diese, sofern ein Mensch die Neigung hat, sich solchermaßen zu zerstreuen, darin bestehe, Widerstand zu leisten, das Unendliche festzuhalten und sich nicht an der Nase herumführen zu lassen.

Wer ethisch sich selbst wählt, der hat sich selbst als seine Aufgabe, nicht als eine Möglichkeit, nicht als ein Spielzeug für das Spiel seiner Willkür. Ethisch kann er sich nur wählen, wenn er sich in Kontinuität wählt, und er hat somit sich selbst als eine vielfältig bestimmte Aufgabe. Diese Vielfalt sucht er nicht auszulöschen oder zu verflüchtigen, vielmehr bereut er sich fest in ihr, weil diese Vielfalt er selbst ist, und nur indem er bereuend sich in sie vertieft, kann er zu sich selbst kommen. da er nicht annimmt, die Welt fange mit ihm an, oder er erschaffe sich selbst; letzteres hat die dänische Sprache selbst mit Verachtung gestempelt, denn wenn man von einem Menschen sagt: »han skaber sig«, so ist das verächtlich gemeint und bedeutet: »er betut sich«. Indem er aber bereuend sich selbst wählt, ist er handelnd, nicht in Richtung auf Isolation, sondern in Richtung auf Kontinuität.

Stellen wir nun einmal ein ethisches und ein ästhetisches In-

dividuum nebeneinander! Der Hauptunterschied, um den
alles sich dreht, ist der, daß das ethische Individuum sich selbst
durchsichtig ist und nicht ins Blaue hinein lebt, wie das ästhetische Individuum es tut. Mit diesem Unterschied ist alles gegeben. Wer ethisch lebt, hat sich selbst gesehen, erkennt sich
selbst, durchdringt mit seinem Bewußtsein seine ganze Konkretion, erlaubt unbestimmten Gedanken nicht, in ihm her-
umzugeistern, lockenden Möglichkeiten nicht, ihn zu zerstreuen mit ihrem Gaukelwerk, er ist nicht er selbst wie
ein Hexenbrief, aus dem bald dies, bald das herauskommen
kann, je nachdem man ihn dreht und wendet. Er erkennt sich
selbst. Der Ausdruck γνῶθι σεαυτον ist oft genug wiederholt worden, und man hat darin das Ziel allen menschlichen
Strebens erblickt. Das ist auch durchaus richtig, ebenso gewiß aber ist es, daß es nicht das Ziel sein kann, wenn es nicht
zugleich der Anfang ist. Das ethische Individuum erkennt
sich selbst, diese Erkenntnis aber ist keine bloße Kontemplation, denn damit würde das Individuum nach seiner Notwendigkeit bestimmt werden, sie ist eine Besinnung auf sich
selbst, die selbst eine Handlung ist, und deshalb habe ich statt
»sich selbst erkennen« mit Fleiß den Ausdruck »sich selbst
wählen« gebraucht. Indem also das Individuum sich selbst erkennt, ist es nicht fertig, vielmehr ist diese Erkenntnis in hohem Maße fruchtbar, und aus dieser Erkenntnis geht das
wahre Individuum hervor. Wollte ich geistreich sein, könnte ich hier sagen, das Individuum erkenne sich selbst auf ähnliche Weise, wie wenn es im Alten Testament heißt, daß
Adam Eva erkannte. Durch den Umgang des Individuums
mit sich selbst wird das Individuum mit sich selbst geschwängert und gebiert sich selbst. Das Selbst, das vom Individuum
erkannt wird, ist zugleich das wirkliche Selbst und das ideale
Selbst, welches das Individuum außer sich hat als das Bild,
nach dem es sich bilden soll, und das es doch andererseits in
sich hat, da es es selbst ist. Nur in sich selbst hat das Individuum das Ziel, nach dem es streben soll, und doch hat es dieses Ziel außer sich, indem es danach strebt. Glaubt das Indi-

viduum nämlich, der allgemeine Mensch liege außer ihm und müsse ihm von außen her entgegenkommen, so ist es desorientiert, so hat es eine abstrakte Vorstellung, und seine Methode bleibt stets eine abstrakte Vernichtung des ursprünglichen Selbst. Nur in sich selber kann das Individuum Aufklärung über sich erhalten. Darum hat das ethische Leben diese Doppelheit, daß das Individuum sich selbst außerhalb seiner selbst in sich selbst hat. Das typische Selbst ist indessen das unvollkommene Selbst, denn es ist nur eine Prophetie und daher nicht das wirkliche. Jedoch begleitet es den Menschen ständig; je mehr er es aber realisiert, um so mehr schrumpft es in ihm ein, bis es schließlich, statt sich vor ihm zu zeigen, hinter ihm liegt als eine verblaßte Möglichkeit. Es geht mit diesem Bild wie mit dem menschlichen Schatten. Am Morgen wirft der Mensch seinen Schatten voraus, am Mittag geht der Schatten fast unmerklich neben ihm her, am Abend fällt er hinter ihn. Wenn das Individuum sich selbst erkannt und sich selbst gewählt hat, so ist es im Begriff, sich selbst zu realisieren; da es sich aber frei realisieren soll, muß es wissen, was das ist, was es realisieren soll. Was es realisieren will, ist doch wohl es selbst, aber es ist sein ideales Selbst, das es doch nirgend sonst findet als in sich selbst. Hält man nicht daran fest, daß das Individuum das ideale Selbst in sich selber hat, so wird sein Dichten und Trachten abstrakt. Wer einen andern Menschen kopieren will, und wer den normalen Menschen kopieren will, sie werden beide, wenn auch auf verschiedene Art, gleich affektiert.

Das ästhetische Individuum betrachtet sich selbst in seiner Konkretion und distinguiert nun *inter et inter*. Es betrachtet etwas als zufällig ihm zugehörig, anderes als wesentlich. Diese Distinktion ist indessen äußerst relativ; denn solange ein Mensch nur ästhetisch lebt, gehört ihm eigentlich alles gleich zufällig zu, und es ist nur ein Mangel an Energie, wenn ein ästhetisches Individuum diese Distinktion festhält. Das ethische Individuum hat dies in der Verzweiflung gelernt, es hat daher eine andere Distinktion; denn es unterscheidet

ebenfalls zwischen dem Wesentlichen und dem Zufälligen.
Alles, was durch seine Freiheit gesetzt ist, gehört ihm wesentlich zu, wie zufällig es auch scheine; alles, was es nicht ist, ist
ihm zufällig, wie wesentlich es auch scheine. Diese Distinktion ist jedoch für das ethische Individuum nicht etwa eine
Frucht seiner Willkür, so daß es scheinen könnte, es habe die
Machtvollkommenheit, aus sich zu machen, was es will.
Denn wohl darf das ethische Individuum den Ausdruck gebrauchen, es sei sein eigener Redakteur, aber es ist sich zugleich voll bewußt, daß es verantwortlicher Redakteur ist;
verantwortlich vor sich selbst in persönlichem Sinne, insofern es entscheidenden Einfluß auf es selbst haben wird, was
es wählt, verantwortlich gegenüber der Ordnung der Dinge,
in der es lebt, verantwortlich gegenüber Gott. Wenn man es
so sieht, so glaube ich, daß die Distinktion richtig ist; denn
wesentlich gehört mir doch nur das zu, was ich ethisch als
eine Aufgabe übernehme. Lehne ich ab, es zu übernehmen,
so gehört es mir wesentlich zu, daß ich es abgelehnt habe.
Wenn ein Mensch sich selbst ästhetisch betrachtet, so distinguiert er etwa folgendermaßen. Er sagt: Ich habe Talent zum
Malen, das halte ich für eine Zufälligkeit; aber ich habe Witz
und Scharfsinn, das halte ich für das Wesentliche, das mir
nicht genommen werden kann, ohne daß ich ein anderer
würde. Darauf möchte ich erwidern: Diese ganze Distinktion ist eine Illusion; denn wenn du diesen Witz und Scharfsinn nicht ethisch übernimmst, als eine Aufgabe, als etwas,
wofür du verantwortlich bist, so gehört er dir nicht wesentlich zu, und zwar vornehmlich aus dem Grunde, weil, solange
du nur ästhetisch lebst, dein Leben total unwesentlich ist. Wer
ethisch lebt, hebt nun bis zu einem gewissen Grade die Distinktion zwischen dem Zufälligen und dem Wesentlichen
auf, denn er übernimmt sich ganz und gar als gleich wesentlich; aber sie kehrt wieder, denn nachdem er dies getan hat,
unterscheidet er, doch so, daß er für das, was er als das Zufällige ausschließt, eine wesentliche Verantwortung übernimmt im Hinblick darauf, daß er es ausgeschlossen hat.

Sofern das ästhetische Individuum mit »ästhetischem Ernst«
sich für sein Leben eine Aufgabe setzt, so besteht diese eigentlich darin, sich in seine eigene Zufälligkeit zu vertiefen, ein
Individuum zu werden von einer Paradoxie und Unregel-
mäßigkeit, wie man sie noch nie erlebt hat, eine Grimasse
von einem Menschen. Der Grund, weshalb man solche Gestalten im Leben nur selten trifft, ist, daß man so selten Leute
trifft, die eine Vorstellung davon haben, was leben heißt. Da
hingegen viele eine ausgesprochene Vorliebe fürs Schwatzen haben, so trifft man auf der Straße, in Gesellschaften und
in Büchern viel Geschwätz, das unverkennbar das Gepräge
jener Originalitätswut trägt, die, auf das Leben übertragen,
die Welt mit einer Menge von Kunstprodukten bereichern
würde, von denen das eine lächerlicher wäre als das andere.
Die Aufgabe, die das ethische Individuum sich setzt, besteht
darin, sich selbst in das allgemeine Individuum zu verwandeln. Nur das ethische Individuum gibt sich im Ernst Rechenschaft von sich selber und hat daher Rechtschaffenheit
gegen sich selbst, nur hat es den paradigmatischen Anstand
und die paradigmatische Schicklichkeit, die schöner sind als
alles andere. Sich selbst in den allgemeinen Menschen zu ver-
wandeln ist aber nur möglich, wenn ich ihn $\kappa\alpha\tau\alpha$ $\delta\upsilon\nu\alpha\mu\iota\nu$
bereits in mir habe. Das Allgemeine kann nämlich durchaus
mit und in dem Besonderen bestehen, ohne es zu verzehren;
es gleicht jenem Feuer, das brannte, ohne den Dornbusch zu
verzehren. Liegt der allgemeine Mensch außer mir, so ist nur
eine Methode möglich, und zwar die, mich meiner ganzen
Konkretion zu entkleiden. Dieses Hinausstreben in die Zü-
gellosigkeit der Abstraktion findet man oft. Unter den Hussiten gab es eine Sekte, welche meinte, worauf es eigentlich
ankomme, um der normale Mensch zu werden, sei, nackt zu
gehen wie Adam und Eva im Paradies. Man trifft heutzutage
nicht selten Leute, die in geistiger Hinsicht das gleiche lehren: daß man der normale Mensch werde, indem man völlig splitternackt wird, was man denn auch erreichen kann,
wenn man sich seiner ganzen Konkretion entkleidet. Aber

so verhält es sich nicht. Im Akt der Verzweiflung ist der allgemeine Mensch zum Vorschein gekommen und ist nun hinter der Konkretion und bricht durch sie hindurch hervor. In einer Sprache gibt es viel mehr paradigmatische Verben als das eine, das in der Grammatik als Paradigma aufgestellt wird; rein zufällig nur wird es herausgestellt, bei allen andern regelmäßigen Verben wäre das ebensogut möglich: so auch mit den Menschen. Jeder Mensch kann, wenn er nur will, ein paradigmatischer Mensch werden, nicht dadurch, daß er seine Zufälligkeit abstreift; sondern dadurch, daß er in ihr bleibt und sie veredelt. Er veredelt sie aber dadurch, daß er sie wählt.

Du wirst nun leicht eingesehen haben, daß das ethische Individuum in seinem Leben jene Stadien durchläuft, die wir vorhin als besondere Stadien gekennzeichnet haben; es wird in seinem Leben die persönlichen, die bürgerlichen, die religiösen Tugenden entwickeln, und sein Leben geht dadurch vor sich, daß das Individuum sich immerfort aus einem Stadium in das andere übersetzt. Sobald man meint, eines dieser Stadien genüge und man dürfe sich einseitig darauf sammeln, hat man nicht sich selbst ethisch gewählt, sondern entweder die Bedeutung der Isolation oder die der Kontinuität übersehen und vor allem nicht begriffen, daß die Wahrheit in der Identität beider liegt.

Wer sich selbst ethisch gewählt und gefunden hat, der hat sich selbst in seiner ganzen Konkretion bestimmt. Er hat sich also als ein Individuum, das diese Fähigkeiten, diese Leidenschaften, diese Neigungen, diese Gewohnheiten hat, das unter diesen äußeren Einflüssen steht, das in der einen Richtung diese, in der anderen jene Einwirkung erfährt. Hier hat er also sich selbst als Aufgabe, dergestalt, daß diese zunächst darin besteht, zu ordnen, zu bilden, zu temperieren, zu entflammen, zurückzudrängen, kurz, eine Ausgeglichenheit in der Seele zustande zu bringen, eine Harmonie, welche die Frucht der persönlichen Tugenden ist. Der Zweck seiner Tätigkeit ist er selbst, jedoch nicht willkürlich bestimmt, denn er hat sich selbst als eine Aufgabe, die ihm gesetzt ist, mag sie die seine auch dadurch geworden sein, daß er sie gewählt hat. Obgleich er aber selbst sein Zweck ist, so ist dieser Zweck doch zugleich ein anderer; denn das Selbst, das der Zweck ist, ist kein abstraktes Selbst, das überall hinpaßt und darum nirgends, sondern ein konkretes Selbst, das in lebendiger Wechselwirkung steht mit diesen bestimmten Umgebungen, diesen Lebensverhältnissen, dieser Ordnung der Dinge. Das Selbst, das der Zweck ist, ist nicht bloß ein persönliches Selbst, sondern ein soziales, ein bürgerliches Selbst. Er hat also sich selbst als Aufgabe für eine Tätigkeit, durch die er als diese bestimmte Persönlichkeit in die Verhältnisse des Lebens eingreift. Seine Aufgabe ist hier nicht, sich selbst zu bilden, sondern zu wirken, und doch bildet er gleichzeitig sich selbst; denn, wie ich oben bemerkte, das ethische Individuum lebt so, daß es sich immerfort aus einem Stadium in ein anderes übersetzt. Hat das Individuum sich selbst nicht ursprünglich als eine konkrete Persönlichkeit in Kontinuität erfaßt, so wird es auch diese spätere Kontinuität nicht gewinnen. Meint es, die Kunst sei, als ein Robinson zu beginnen, so bleibt es ein Abenteurer sein Leben lang. Sieht es dagegen ein, daß, wenn es nicht konkret beginnt, es niemals beginnen werde, und wenn es nicht beginnen wird, es niemals enden werde, so wird es ebenso mit dem Vergangenen in Kontinuität sein wie mit dem Zukünftigen. Von dem persönlichen Leben übersetzt es sich in das bürgerliche, von diesem in das persönliche. Das persönliche Leben als solches wäre eine Isolation und daher unvollkommen; indem der Mensch aber durch das bürgerliche Leben hindurch in seine Persönlichkeit zurückkehrt, zeigt das persönliche Leben sich in einer höheren Gestalt. Die Persönlichkeit erweist sich als das Absolute, das seine Teleologie in sich selber hat. Man hat, indem man es für eines Menschen Leben zur Aufgabe machte, der Erfüllung der Pflicht zu leben, oft an die Skepsis erinnert, daß die Pflicht selbst schwankend sei, daß die Gesetze sich ändern könnten. Du siehst leicht, daß bezüglich des letz-

teren Ausdrucks in erster Linie an die Fluktuationen gedacht
ist, denen die bürgerlichen Tugenden seit je ausgesetzt sind.
Doch diese Skepsis trifft nicht das Negativ-Moralische; denn
das bleibt unverändert. Dagegen gibt es eine andere Skepsis,
die jede Pflicht trifft, nämlich die, daß ich die Pflicht überhaupt gar nicht tun kann. Die Pflicht ist das Allgemeine; was
von mir gefordert wird, ist das Allgemeine; was ich tun
kann, ist das Einzelne. Diese Skepsis hat indessen ihre große
Bedeutung, insofern sie zeigt, daß die Persönlichkeit selbst
das Absolute ist. Dies muß jedoch etwas näher bestimmt
werden. Es ist recht bemerkenswert, daß die Sprache selbst
diese Skepsis hervorhebt. Ich sage von einem Menschen nie:
er tut die Pflicht oder die Pflichten, sondern ich sage: er tut
*seine* Pflicht, ich sage: ich tue *meine* Pflicht, tue du die *deine*.
Dies zeigt, daß das Individuum zugleich das Allgemeine und
das Einzelne ist. Die Pflicht ist das Allgemeine, sie wird von
mir gefordert; bin ich also nicht das Allgemeine, so kann ich
auch die Pflicht nicht tun. Andererseits ist meine Pflicht das
Einzelne, etwas für mich allein, und doch ist es die Pflicht
und also das Allgemeine. Hier zeigt sich die Persönlichkeit in
ihrer höchsten Gültigkeit. Sie ist nicht gesetzlos, gibt sich
auch nicht selbst ihr Gesetz; denn die Bestimmung der Pflicht
bleibt, die Persönlichkeit aber erweist sich als die Einheit des
Allgemeinen und des Einzelnen. Daß es sich so verhält, ist
klar, das kann man einem Kind begreiflich machen; denn
ich kann die Pflicht tun und doch nicht *meine* Pflicht tun, und
ich kann *meine* Pflicht tun und doch nicht die Pflicht tun. Daß
darum die Welt etwa in Skepsis versinken müßte, sehe ich
durchaus nicht ein; denn der Unterschied zwischen Gut und
Böse wird immer bleiben, Verantwortung und Pflicht desgleichen, mag es für einen andern Menschen auch unmöglich sein zu sagen, was *meine* Pflicht sei, wohingegen es ihm
jederzeit möglich sein wird zu sagen, was die *seine* ist, welches nicht der Fall wäre, wäre die Einheit des Allgemeinen
und des Einzelnen nicht gesetzt. Man meint vielleicht alle
Skepsis beseitigt zu haben, wenn man die Pflicht zu etwas

Äußerem, Festem und Bestimmtem gemacht hat, von dem man sagen kann: das ist die Pflicht. Dies ist jedoch ein Mißverständnis; denn der Zweifel liegt nicht im Äußeren, sondern im Inneren, in meinem Verhältnis zum Allgemeinen. Als einzelnes Individuum bin ich nicht das Allgemeine, und fordert man es von mir, ist das eine Ungereimtheit; soll ich also das Allgemeine tun können, muß ich, indem ich das Einzelne bin, zugleich das Allgemeine sein, dann aber liegt die Dialektik der Pflicht in mir selber. Wie gesagt, diese Lehre bringt keine Gefahr für das Ethische mit sich, im Gegenteil, sie verteidigt es. Wenn man dies nicht annimmt, so bleibt die Persönlichkeit abstrakt, ihr Verhältnis zur Pflicht abstrakt, ihre Unsterblichkeit abstrakt. Auch wird der Unterschied von Gut und Böse nicht aufgehoben; denn ich bezweifle, daß es je einen Menschen gegeben hat, der behauptet hätte, es sei Pflicht, Böses zu tun. Daß er Böses getan hat, ist etwas anderes, aber er hat doch sich selbst und anderen einzubilden gesucht, es sei gut. Daß er etwa in dieser Einbildung verharren könnte, ist undenkbar, da er selbst das Allgemeine ist; er hat also den Feind nicht außer sich, sondern in sich. Nehme ich dagegen an, daß die Pflicht etwas Äußeres sei, so ist der Unterschied von Gut und Böse aufgehoben, denn wenn ich nicht selbst das Allgemeine bin, kann ich nur in ein abstraktes Verhältnis zu ihm treten; der Unterschied von Gut und Böse aber ist einem abstrakten Verhältnis inkommensurabel.

Gerade wenn man einsieht, daß die Persönlichkeit der absolute, daß sie ihr eigener Zweck, daß sie die Einheit des Allgemeinen und des Einzelnen sei, gerade dann wird jede Skepsis, die das Geschichtliche zu ihrem Ausgangspunkt macht, überwunden sein. Die Freidenker haben oft genug die Begriffe zu verwirren gesucht, indem sie darauf aufmerksam machten, wie zuweilen die Leute für heilig und gesetzlich erklärten, was in anderer Leute Augen ein Greuel und eine Missetat war. Man hat sich hier selbst von dem Äußeren blenden lassen; bei dem Ethischen aber ist die Frage nie nach

dem Äußeren, sondern nach dem Inneren. Aber mag sich das
Äußere auch noch so sehr verändern, so kann der sittliche
Gehalt der Handlung doch der gleiche bleiben. So hat es gewiß niemals ein Volk gegeben, das etwa gemeint hätte, die
Kinder sollten ihre Eltern hassen. Indessen hat man, um den
Zweifel zu nähren, darauf aufmerksam gemacht, daß, während alle gebildeten Nationen es den Kindern zur Pflicht
machen, für ihre Eltern zu sorgen, die Wilden die Sitte haben, ihre alten Eltern totzuschlagen. Es ist schon möglich,
daß es sich so verhält; aber damit ist man doch nicht weitergekommen, denn die Frage ist, ob die Wilden meinen, damit etwas Böses zu tun. Das Ethische liegt immer in diesem
Bewußtsein, während es eine andere Frage ist, ob eine man-
gelhafte Erkenntnis zugerechnet werden darf. Der Freidenker begreift sehr wohl, daß das Ethische gerade auf die Weise sich am allerleichtesten verflüchtigt, daß man der geschichtlichen Unendlichkeit Tür und Tor öffnet. Und doch
liegt etwas Wahres in seinem Verhalten, denn wenn das Individuum nicht letzten Endes selbst das Absolute ist, so ist
die Empirie der einzige ihm vorgezeichnete Weg, und dieser Weg hat bezüglich der Mündung dieselbe Eigenschaft
wie der Nigerfluß bezüglich der Quelle, daß nämlich niemand weiß, wo sie ist. Ist mir die Endlichkeit zugewiesen,
so ist es Willkür, an einem einzelnen Punkt stehenzubleiben.
Auf diesem Wege kommt man daher nie dahin, anzufangen,
denn um anzufangen, müßte man zum Ende gekommen sein,
das aber ist eine Unmöglichkeit. Wenn die Persönlichkeit
das Absolute ist, so ist sie selbst der archimedische Punkt,
von dem aus man die Welt heben kann. Daß dieses Bewußtsein das Individuum nicht dazu verleiten kann, die Wirklichkeit von sich zu werfen, ist leicht einzusehen, denn will es
solchermaßen das Absolute sein, so ist es gar nichts, eine Abstraktion. Nur als der einzelne ist der Mensch der Absolute,
und dieses Bewußtsein wird ihn vor allem revolutionären
Radikalismus bewahren.

Hier will ich mein Theoretisieren abbrechen; ich fühle sehr

wohl, daß ich dazu nicht tauge, verlange es auch nicht, sondern werde vollkommen befriedigt sein, wenn ich als ein annehmbarer Praktiker angenommen würde. Alles Theoretisieren erfordert überdies so viel Zeit; was ich handelnd in einem Augenblick erledigen oder womit ich sofort im Gange sein kann, das macht große Umstände und Schwierigkeiten, bevor man es aussprechen und beschreiben kann. Es ist nun nicht etwa meine Absicht, Dir eine Pflichtenlehre vorzutragen und nach Sitte und Brauch von den Pflichten gegen Gott, sich selbst und seinen Nächsten zu sprechen. Keineswegs, als ob ich diese Einteilung etwa verwürfe, oder als ob das, was ich vorzutragen hätte, etwa zu tiefsinnig wäre, um sich an Balles Lehrbuch anknüpfen zu lassen, oder größere Vorkenntnisse voraussetzte, als dieses Lehrbuch voraussetzt; keineswegs deshalb, sondern weil ich glaube, daß es bei dem Ethischen nicht auf die Mannigfaltigkeit der Pflicht ankommt, sondern auf ihre Intensität. Wenn die Persönlichkeit mit ihrer ganzen Energie die Intensität der Pflicht gefühlt hat, so ist sie ethisch gereift, und die Pflicht wird also in ihr selbst hervorbrechen. Die Hauptsache ist darum nicht, ob ein Mensch an den Fingern herzählen kann, wieviele Pflichten er hat, sondern daß er ein für allemal die Intensität der Pflicht so empfunden hat, daß das Bewußtsein davon ihm die Gewißheit der ewigen Gültigkeit seines Wesens ist. Ich preise daher keineswegs an, ein Pflichtmensch zu sein, sowenig wie ich empfehle, ein Bücherwurm zu sein, und doch ist es gewiß, daß der Mensch, dem die Bedeutung der Pflicht sich niemals in ihrer ganzen Unendlichkeit gezeigt hat, ein ebenso mäßiger Mensch ist, wie der ein mäßiger Wissenschaftler ist, der da meint, so mir nichts und dir nichts *ad modum* jener Leute aus Schilda die Weisheit ausfindig zu machen. Mag die Kasuistik sich darein vertiefen, die Mannigfaltigkeit der Pflicht herauszufinden; die Hauptsache, das Alleinseligmachende ist immer, daß ein Mensch in bezug auf sein eigenes Leben nicht sein Onkel ist, sondern sein Vater.

Laß mich durch ein Beispiel erläutern, was ich meine. Ich

wähle dazu einen Eindruck, den ich aus meiner frühesten
Kindheit bewahrt habe. Als ich fünf Jahre alt war, wurde ich
in eine Schule geschickt. Daß ein solches Ereignis auf ein
Kind stets einen Eindruck macht, ist natürlich, die Frage ist
nur, was für einen. Die kindliche Neugier wird gefangen genommen von verschiedenen verworrenen Vorstellungen davon, was dies eigentlich zu bedeuten habe. Daß es auch mit
mir der Fall sein würde, war durchaus wahrscheinlich; indessen war der Haupteindruck, den ich empfing, ein ganz anderer. Ich fand mich in der Schule ein, wurde dem Lehrer
vorgestellt und bekam nun meine Lektion für den nächsten
Tag, die ersten zehn Zeilen in Balles Lehrbuch, die ich aus-
wendig lernen sollte. Jeder andere Eindruck war nun aus
meiner Seele ausgelöscht, nur meine Aufgabe stand lebendig
vor ihr. Als Kind hatte ich ein überaus glückliches Gedächtnis. Bald hatte ich also meine Lektion gelernt. Meine Schwester hatte mich mehrmals abgehört und versichert, daß ich
sie könne. Ich ging zu Bett, und ehe ich einschlief, hörte ich
mich selbst noch einmal ab; ich schlief ein mit dem festen
Vorsatz, die Lektion am nächsten Morgen noch einmal nach-
zulesen. Um 5 Uhr wurde ich wach, ich zog mich an, nahm
mir mein Lehrbuch vor und las noch einmal. Noch in diesem Augenblick steht alles so lebendig vor mir, als wäre es
gestern geschehen. Es war mir, als müßten Himmel und Erde
zusammenfallen, wenn ich meine Lektion nicht lernte, und
andererseits war es mir, als ob, wenn auch Himmel und Erde
zusammenfielen, diese Umwälzung mich keineswegs von
dem entbinden würde, was mir nun einmal aufgegeben war,
nämlich meine Lektion zu lernen. In jenem Alter wußte ich
ja über meine Pflichten nur sehr wenig Bescheid, ich hatte sie
ja noch nicht aus Balles Lehrbuch kennengelernt, nur eine
Pflicht hatte ich, die, meine Lektion zu lernen, und doch
kann ich meine ganze ethische Betrachtung des Lebens von
diesem Eindruck derivieren. Ich kann über so einen kleinen
fünfjährigen Knirps lächeln, der eine Sache mit dieser Leidenschaftlichkeit anpackt, und doch versichere ich Dir, ich

habe keinen höheren Wunsch, als daß ich in jedem Lebensalter meine Arbeit mit der Energie, mit dem ethischen Ernst anpacken möge wie damals. Daß man in seinem späteren Leben eine bessere Vorstellung von dem bekommt, was man zu tun hat, ist wahr, aber die Energie ist doch die Hauptsache. Daß jenes Ereignis einen solchen Eindruck auf mich machte, verdanke ich dem Ernst meines Vaters; und hätte ich ihm auch sonst nichts zu danken, so wäre dies doch genug, um mich auf ewige Zeit zu seinem Schuldner zu machen. Darauf eben kommt es bei der Erziehung an, nicht daß das Kind dies und das lerne, sondern daß der Geist reife, daß die Energie geweckt werde. Du sprichst so oft von der Herrlichkeit, ein guter Kopf zu sein, wer wollte leugnen, daß das Bedeutung hat? Und doch glaube ich fast, dazu macht man sich selber, wenn man es will. Gib einem Menschen Energie, Leidenschaft, und er ist alles. Nimm ein junges Mädchen, laß sie läppisch, verschroben sein, ein richtiges albernes Ding, denke sie Dir tief und innig verliebt, und Du wirst sehen, der gute Kopf kommt von selber, Du wirst sehen, wie klug und schlau sie wird, um auszuspüren, ob sie Gegenliebe findet; laß sie glücklich werden, und Du wirst die Schwärmerei auf ihren Lippen blühen sehen; laß sie unglücklich werden, Du wirst die kalten Reflexionen des Witzes und des Verstandes hören.

In dieser Hinsicht, darf ich sagen, ist meine Kindheit glücklich gewesen, weil sie mich mit ethischen Eindrücken bereichert hat. Laß mich noch einen Augenblick bei ihr verweilen, sie erinnert mich an meinen Vater, und das ist die liebste Erinnerung, die ich besitze, und keineswegs ein armseliges und unfruchtbares Gedenken; sie kann mir Anlaß geben, noch einmal zu beleuchten, was ich sage, daß der Gesamteindruck der Pflicht die Hauptsache sei, keineswegs die Mannigfaltigkeit der Pflicht. Wird diese geltend gemacht, so ist das Individuum verkleinert und zerstört. In dieser Hinsicht bin ich nun als Kind glücklich gewesen, denn ich hatte nie viele Pflichten, sondern im allgemeinen nur eine, diese

aber war es auch gründlich. Als ich zwei Jahre älter geworden war, wurde ich in die gelehrte Schule geschickt. Hier
fing ein neues Leben an, der Haupteindruck aber war auch
hier wieder das Ethische, obgleich ich die größte Freiheit genoß. Ich kam unter die anderen Schüler, hörte sie mit Verwunderung über ihre Lehrer klagen, sah das Wunderbare
geschehen, daß ein Schüler aus der Schule genommen wurde, weil er mit dem Lehrer nicht auskommen konnte. Wäre
ich nicht schon aus früherer Zeit so tief beeinflußt gewesen,
hätte ein derartiges Ereignis vielleicht schädlich auf mich gewirkt. Jetzt war dies nicht der Fall. Ich wußte, es war meine
Aufgabe, zur Schule zu gehen, in die Schule, in die man
mich nun einmal geschickt hatte; und wenn auch alles andere sich geändert hatte, dies konnte sich nicht ändern. Es
war nicht allein Furcht vor dem Ernst meines Vaters, was mir
diese Vorstellung beibrachte, sondern es war der erhabene
Eindruck von dem, was eines Menschen Pflicht sei. Wäre
mein Vater gestorben, wäre ich der Aufsicht eines andern
unterstellt worden, den ich hätte bewegen können, mich
aus der Schule zu nehmen, ich hätte es niemals gewagt oder
es recht gewollt, es wäre mir gewesen, als ob der Schatten
meines Vaters kommen und mich zur Schule begleiten müßte; denn auch hier hatte ich wieder einen unendlichen Eindruck von dem empfangen, was meine Pflicht sei, so daß
keine Zeit die Erinnerung ausgelöscht haben würde, daß ich
seinen Willen verletzt hätte. Im übrigen genoß ich meine
Freiheit, ich kannte nur eine Pflicht, die, mich um meine
Schule zu bekümmern, und in dieser Hinsicht war ich selbst
durchaus verantwortlich. Als man mich in die Schule geschickt hatte, als die vorgeschriebenen Bücher eingekauft
waren, da überreichte mein Vater sie mir und sagte: Wilhelm,
wenn der Monat um ist, bist du Nummer drei in deiner
Klasse. Ich war frei von allem väterlichen Gefasel. Er fragte
mich nie nach meinen Aufgaben, hörte sie mir niemals ab,
sah nie meine Aufsätze nach, erinnerte mich nie daran, daß
es jetzt Zeit zum Lernen, jetzt Zeit zum Aufhören sei, kam

nie dem Gewissen des Schülers zu Hilfe, wie man es oft genug erlebt, wenn edle Väter ihren Kindern die Wangen streicheln und sagen: Du kannst deine Sachen schon. Sollte ich irgendwo hingehn, fragte er erst, ob ich Zeit habe, das entschied ich selbst, nicht er, und nie ließ seine Frage sich auf Weitläufigkeiten ein. Daß er sich im übrigen sehr darum kümmerte, was ich mir vornahm, glaube ich allerdings, aber er ließ es mich niemals merken, damit meine Seele durch die Verantwortung reifen könne. Hier war es wieder dasselbe, ich hatte nicht viele Pflichten, und wie viele Kinder werden nicht dadurch verpfuscht, daß man sie mit einem ganzen Zeremoniell von Pflichten überhäuft. Ich empfing somit einen recht tiefen Eindruck davon, daß es etwas gibt, was Pflicht heißt, und daß diese eine ewige Gültigkeit hat. Wir lernten zu meiner Zeit lateinische Grammatik mit einer Gründlichkeit, wie man sie heutzutage nicht mehr kennt. Durch diesen Unterricht empfing ich einen Eindruck, der in anderer Weise gleichartig auf meine Seele wirkte. Sofern ich mir die Fähigkeit zutrauen darf, etwas philosophisch zu betrachten, verdanke ich sie diesem Eindruck der Kindheit. Der unbedingte Respekt, mit dem ich die Regel betrachtete, die Ehrerbietung, die ich für sie hegte, die Verachtung, mit der ich auf das kümmerliche Leben herabblickte, das die Ausnahme fristete, die in meinen Augen gerechte Art, wie diese in meinem Aufsatzheft verfolgt und stets gebrandmarkt wurde, was ist das anders als die Distinktion, die jeder philosophischen Betrachtung zugrunde liegt? Wenn ich nun, solchermaßen beeinflußt, meinen Vater betrachtete, so dünkte er mich eine Inkarnation der Regel; was anderswoher kam, das war Ausnahme, soweit es nicht in Übereinstimmung mit seinem Gebote war. Wenn ich jenen Mitschüler betrachtete, so fühlte ich, daß er die Ausnahme sein müsse, die keine Beachtung wert war, und zwar um so weniger, als die vielen Umstände, die mit ihm gemacht wurden, zur Genüge bewiesen, daß er Ausnahme sei. Der kindische Rigorismus, mit dem ich damals, in der Grammatik sowohl wie im Leben,

zwischen Regel und Ausnahme unterschied, hat sich zwar
gemildert, aber noch immer habe ich die Unterscheidung in
mir, ich weiß sie hervorzurufen, zumal wenn ich Dich und
Deinesgleichen sehe, die ihr die Lehre vorzutragen scheint,
daß die Ausnahme das wichtigste, ja daß die Regel nur da
sei, damit die Ausnahme sich ausnehmen könne.

Die Energie, mit der ich mir meiner ethisch bewußt werde,
ist also das, worauf es ankommt, oder besser, ich kann mir
meiner nicht ethisch bewußt werden ohne Energie. Ich kann
mir darum meiner niemals ethisch bewußt werden, ohne mir
meines ewigen Wesens bewußt zu werden. Dies ist der wahre Beweis für die Unsterblichkeit der Seele. Vollkommen ist
er natürlich allein erst dann, wenn die Aufgabe mit der Verpflichtung kongruiert; wozu ich aber für eine Ewigkeit verpflichtet bin, das ist eine ewige Aufgabe. Der Umstand, daß
jene zehn Zeilen in Balles Lehrbuch mir als eine Aufgabe
gesetzt waren, von der ich mich durch nichts sonst auf der
Welt loskaufen konnte, war also in gewissem Sinne der erste
Beweis, der mir für die Unsterblichkeit meiner Seele geführt worden ist. Das Unvollkommene lag nicht in meiner
Energie, sondern in der Zufälligkeit der Aufgabe.

Es ist also nicht meine Absicht, Dich in eine Betrachtung der
Mannigfaltigkeit der Pflicht einzuführen; wollte ich die
Pflicht negativ ausdrücken, so wäre es leicht getan, wollte ich
sie positiv ausdrücken, so wäre es überaus schwierig und
weitläufig, ja, sobald ich bis zu einem gewissen Punkt gelangt wäre, unmöglich. Was dagegen meine Absicht war,
was ich nach bestem Vermögen zu tun mich bemüht habe,
war, die absolute Bedeutung der Pflicht, die ewige Gültigkeit des Pflichtverhältnisses für die Persönlichkeit zu beleuchten. Sobald nämlich die Persönlichkeit in der Verzweiflung
sich selbst gefunden, absolut sich selbst gewählt, sich selbst
bereut hat, hat sie sich selbst als ihre Aufgabe unter einer
ewigen Verantwortung, und somit ist die Pflicht gesetzt in
ihrer Absolutheit. Da indessen die Persönlichkeit nicht sich
selbst geschaffen, sondern sich selbst gewählt hat, ist die

Pflicht der Ausdruck für ihre absolute Abhängigkeit und ihre absolute Freiheit in ihrer Identität miteinander. Die einzelne Pflicht wird der Mensch sich selber lehren und vergebens bei einem andern Aufklärung darüber suchen, und doch wird er hier wieder Autodidakt sein, wie er Theodidakt ist, und umgekehrt. Die Pflicht wird ihm also in keinem Falle zu etwas Abstraktem, teils, weil sie ihm nichts Äußeres ist, denn wenn das der Fall ist, ist sie immer abstrakt; teils, weil er selbst konkret ist, denn als er sich ethisch wählte, da hat er sich in seiner ganzen Konkretion gewählt und auf die Abstraktheit der Willkür verzichtet.

Übrig bleibt nur noch zu zeigen, wie das Leben sich ausnimmt, wenn man es ethisch betrachtet. Du und alle Ästhetiker seid überaus zum Teilen bereit; ihr gebt zu, daß das Ethische seine Bedeutung habe, ihr sagt, daß es respektabel sei, wenn ein Mann seinen Pflichten lebe, daß es aller Ehren wert sei, ja ihr laßt sogar einige verblümte Worte fallen, es sei ganz in der Ordnung, daß es Menschen gebe, die ihren Pflichten leben, es sei gut, daß die Masse der Menschen das tue, und zuweilen trefft ihr denn auch Pflichtmenschen, die gutmütig genug sind, in eurer Rede einen Sinn zu finden, obwohl sie natürlich wie alle Skepsis sinnlos ist. Ihr selbst dagegen wünscht nicht, euch mit dem Ethischen einzulassen; das hieße ja, das Leben seines Sinns und vor allem seiner Schönheit berauben. Das Ethische ist etwas ganz anderes als das Ästhetische, und wenn es hervortritt, vernichtet es dieses ganz und gar. Und wenn dem so wäre, ich würde doch nicht zweifeln, was ich wählen sollte. In der Verzweiflung gibt es einen Augenblick, da es so scheint, und wer das nicht gefühlt hat, dessen Verzweiflung ist immerhin trügerisch gewesen, und der hat sich selbst nicht ethisch gewählt. Indessen ist dem aber nicht so, und darum erweist sich die Verzweiflung im nächsten Augenblick nicht als ein Bruch, sondern als eine Metamorphose. Alles kommt wieder, jedoch verklärt. Erst wenn man das Leben ethisch betrachtet, erst dann gewinnt es Schönheit, Wahrheit, Sinn, Bestand; erst wenn man selber

ethisch lebt, erst dann gewinnt das eigene Leben Schönheit,
Wahrheit, Sinn, Sicherheit; erst in der ethischen Lebensanschauung sind der autopathische und der sympathische Zweifel beruhigt. Der autopathische und der sympathische Zweifel können nämlich nur in ein und demselben sich beruhigen,
weil es wesentlich derselbe Zweifel ist. Der autopathische
Zweifel ist nämlich keine Äußerung des Egoismus, sondern
eine Forderung jener Selbstliebe, die in gleichem Sinne ihr
eigenes Selbst fordert, wie sie das Selbst jedes anderen fordert. Dies, meine ich, ist von großer Bedeutung. Wäre nämlich der Ästhetiker kein Egoist, so müßte er, unter der Voraussetzung, daß jede nur denkbare Begünstigung ihm zuteil
geworden wäre, über all sein Glück verzweifeln, weil er sagen
müßte: Ich bin glücklich durch etwas, das so keinem andern
Menschen gegeben werden kann und das kein anderer Mensch
selber zu erwerben vermag. Er müßte ja Angst haben, daß
ihn etwa jemand fragte, worin er sein Glück suche, denn er
wäre ja glücklich geworden, damit alle andern Menschen
fühlten, daß sie es nicht werden könnten. Wenn ein solcher
Mensch irgendwelche Sympathie hätte, er würde sich keine
Ruhe gönnen, bevor er nicht einen höheren Ausgangspunkt
für das Leben gefunden hätte. Wenn er ihn gefunden hätte,
würde er sich nicht scheuen, von seinem Glück zu reden,
denn wenn er es jetzt so recht zum Ausdruck bringen wollte,
so würde er etwas mit aussprechen, was ihn mit jedem Menschen, mit der ganzen Menschheit absolut versöhnte.
Doch bleiben wir bei der Kategorie stehen, welche die Ästhetik sich stets vindiziert – bei der Schönheit. Das Leben
büße seine Schönheit ein, sagst Du, sobald das Ethische geltend gemacht werde. »An Stelle der Freude, des Glücks, der
Sorglosigkeit, der Schönheit, die das Leben hat, wenn wir
es ästhetisch betrachten, erhalten wir pflichtschuldige Tätigkeit, lobenswerte Strebsamkeit, unverdrossenen und rast-
losen Eifer.« Wenn Du nun persönlich bei mir zugegen wärest, so würde ich Dich bitten, mir eine Definition des Schönen zu geben, damit ich anfangen könnte. Da das nicht der

Fall ist, so gestatte ich mir, an die Definition anzuknüpfen, die Du zu geben pflegst: Das Schöne ist das, was seine Teleologie in sich selber hat. Du nimmst ein junges Mädchen, Du sagst, sie sei schön, sie sei froh, sorglos, glücklich, vollkommene Harmonie, vollendet in sich selbst, und es sei eine Dummheit zu fragen, wozu sie da sei, denn sie habe ihre Teleologie in sich selbst. Ich will Dich nicht mit dem Einwand schikanieren, ob dem jungen Mädchen wirklich damit gedient ist, solchermaßen ihre Teleologie allein in sich selbst zu haben, oder ob Du, falls Dir Gelegenheit gegeben würde, Deine Anschauung von der Göttlichkeit ihres Daseins vorzutragen, Dir nicht damit schmeicheln würdest, daß sie schließlich sich täuschen und etwa glauben werde, sie sei nur dazu da, auf Deine Insinuationen zu hören. Du betrachtest die Natur und findest sie ebenfalls schön, und verpönst jede endliche Betrachtung derselben. Auch hier will ich Dich nicht mit der Bemerkung plagen, ob es nicht der Natur wesentlich zugehöre, für anderes zu sein. Du betrachtest die Werke der Kunst und der Poesie und rufst mit dem Dichter aus: *procul, o procul este profani* und verstehst unter »*profani*« jene, die Poesie und Kunst dadurch entwürdigen wollen, daß sie ihnen eine Teleologie geben, die außerhalb ihrer selbst liegt. Was Poesie und Kunst betrifft, so möchte ich Dich daran erinnern, was ich schon früher bemerkt habe, daß sie nur eine unvollkommene Versöhnung mit dem Leben gewähren, sowie daß Du, wenn Du Deinen Blick auf Poesie und Kunst heftest, nicht die Wirklichkeit betrachtest, und eben davon sollten wir doch eigentlich reden. Wir gehen also wieder auf diese zurück, und da Du vermutlich selber einsiehst, daß Du, wenn Du die Forderungen der Kunst in ihrer ganzen Strenge geltend machen willst, wahrscheinlich gar wenig Schönes im Leben finden wirst, so gibst Du dem Schönen einen anderen Sinn. Das Schöne, von dem Du sprichst, ist das Individuell-Schöne. Du siehst jeden einzelnen Menschen als ein kleines Moment mit im Ganzen, siehst ihn eben in seiner Eigentümlichkeit, und so erhält selbst das

Zufällige, das Unbedeutende Bedeutung und das Leben das
Gepräge der Schönheit. Du betrachtest also jeden einzelnen
Menschen als Moment. Aber das Schöne war ja das, was seine Teleologie in sich selber hatte; wenn aber ein Mensch bloß
Moment ist, so hat er ja seine Teleologie nicht in sich selbst,
sondern außerhalb seiner selbst. Ist also das Ganze auch schön,
die Teile für sich sind es nicht. Und nun Dein eigenes Leben.
Hat es seine Teleologie in sich selbst? Ob ein Mensch berechtigt ist, ein solches bloß betrachtendes Leben zu führen, will
ich nicht entscheiden, aber *eh bien*, nehmen wir an, es sei der
Sinn Deines Lebens, da zu sein, um das übrige zu betrachten,
so hättest Du Deine Teleologie ja doch außer Dir. Erst wenn
jeder einzelne Mensch Moment und zugleich das Ganze ist,
erst dann betrachtest Du ihn nach seiner Schönheit; sobald
Du ihn aber so betrachtest, betrachtest Du ihn ethisch; betrachtest Du ihn ethisch, betrachtest Du ihn nach seiner
Freiheit. Mag er noch so eigentümlich bestimmt sein, wenn
diese Bestimmtheit eine Notwendigkeit ist, so ist er bloß
Moment, und sein Leben ist nicht schön.

Wenn Du das Schöne definierst als das, was seine Teleologie
in sich selbst hat, und als Beispiele ein Mädchen oder die Natur oder ein Kunstwerk anführst, so will es mich wirklich
bedünken, als ob das ganze Gerede, daß all dies seine Teleologie in sich selber habe, eine Illusion sei. Damit von Teleologie
die Rede sein kann, müßte eine Bewegung da sein; denn sobald ich ein Ziel denke, denke ich eine Bewegung; selbst
wenn ich jemand am Ziel angekommen denke, denke ich
doch immer noch eine Bewegung, da ich denke, daß er
durch eine Bewegung dahin gelangt ist. Dem, was Du schön
nennst, fehlt offenbar die Bewegung; denn das Schöne in der
Natur ist auf einmal da, und wenn ich ein Kunstwerk betrachte und seinen Gedanken mit meinem Gedanken durchdringe, so geht die Bewegung eigentlich in mir vor sich,
nicht im Kunstwerk. Du magst darum recht haben, daß
das Schöne seine Teleologie in sich selber hat; so wie Du
ihn aber auffaßt und anwendest, ist es doch eigentlich ein

negativer Ausdruck, der bezeichnet, daß das Schöne seine Teleologie nicht in einem Anderen hat. Daher kannst Du auch einen anscheinend synonymen Ausdruck nicht gebrauchen: daß das Schöne, von dem Du sprichst, innere Teleologie oder immanente Teleologie habe. Sobald Du ihn nämlich gebrauchst, forderst Du Bewegung, Geschichte, und damit hast Du die Sphären der Natur und der Kunst überschritten und befindest Dich in der der Freiheit und damit in der der Ethik.

Wenn ich nun sage, das Individuum habe seine Teleologie in sich selbst, so kann dies nicht mißverstanden werden, als ob ich damit meinte, das Individuum sei das Zentrale, oder das Individuum sei etwa in abstraktem Sinne sich selbst genug; denn wird es abstrakt verstanden, so erhalte ich doch keine Bewegung. Das Individuum hat seine Teleologie in sich selbst, hat innere Teleologie, ist sich selbst seine Teleologie; sein Selbst ist also das Ziel, wonach es strebt. Dieses sein Selbst ist jedoch keine Abstraktion, sondern absolut konkret. In der Bewegung zu sich selbst hin kann es sich also nicht negativ gegen seine Umwelt verhalten, denn dann wäre sein Selbst eine Abstraktion und bliebe es; sein Selbst muß sich nach seiner ganzen Konkretion hin öffnen, zu dieser Konkretion gehören aber auch die Faktoren, deren Bestimmung es ist, wirkend in die Welt einzugreifen. Dergestalt verläuft also seine Bewegung von ihm selbst fort und durch die Welt zu ihm selbst zurück. Hier ist Bewegung, und zwar eine wirkliche Bewegung; denn diese Bewegung ist die Tat der Freiheit, ist aber zugleich immanente Teleologie, und hier erst kann darum von Schönheit die Rede sein. Wenn dies zutrifft, so steht in gewissem Sinne das Individuum schließlich höher als jedes Verhältnis, doch daraus folgt noch keineswegs, daß es nicht in diesem Verhältnis sei; es ist auch nicht zu erkennen, daß etwas Tyrannisches hierin läge, da dasselbe ja von jedem Individuum gilt. Ich bin Ehemann, und Du weißt, ich habe die tiefste Achtung für dieses Verhältnis; und ich weiß, daß ich mich in aller Liebe darunter demütige, dennoch aber weiß ich, daß ich in anderem Sinne höher bin als dieses Verhältnis; ich weiß aber auch, daß es ganz in gleichem Sinne bei meiner Frau der Fall ist, und daher würde ich, wie Du weißt, jenes junge Mädchen nicht lieben, weil es diese Anschauung nicht hätte.

Darum, erst wenn ich das Leben ethisch betrachte, erst dann sehe ich es nach seiner Schönheit, erst wenn ich mein eigenes Leben ethisch betrachte, erst dann sehe ich es nach seiner Schönheit. Und sagst Du etwa, daß diese Schönheit unsichtbar sei, so erwidere ich: in einem gewissen Sinne ist sie es, in einem andern nicht; sie ist nämlich sichtbar in den Spuren des Geschichtlichen, sichtbar, wie wenn es heißt: *loquere, ut videam te*. Daß ich nicht die Vollendung sehe, sondern den Kampf, ist zwar wahr, aber doch sehe ich auch die Vollendung, wann immer ich will, wenn ich den Mut dazu habe, und ohne Mut sehe ich überhaupt gar nichts Ewiges und also auch nichts Schönes.

Wenn ich das Leben ethisch betrachte, betrachte ich es nach seiner Schönheit. Das Leben wird mir also an Schönheit reich, nicht arm daran, wie es das eigentlich für Dich ist. Ich brauche nicht im Lande umherzureisen, um Schönheiten zu entdecken, oder in den Straßen nach ihnen herumzustöbern, ich brauche nicht zu unterscheiden und zu verwerfen. Nun, versteht sich, ich habe auch nicht so viel Zeit wie Du; denn da ich mit Freude, aber auch mit Ernst mein Leben nach seiner Schönheit sehe, so habe ich immer genug zu tun. Habe ich dann zuweilen eine Stunde frei, so stehe ich an meinem Fenster und betrachte die Menschen, und jeden Menschen sehe ich nach seiner Schönheit. Er sei noch so unbedeutend, noch so gering, ich sehe ihn nach seiner Schönheit; denn ich sehe ihn als diesen einzelnen Menschen, der doch zugleich der allgemeine Mensch ist, ich sehe ihn als den, der diese konkrete Lebensaufgabe hat; er ist nicht um eines andern Menschen willen da, und wäre er auch der elendeste Lohndiener; er hat seine Teleologie in sich selbst, er realisiert diese Aufgabe – er siegt, das sehe ich; denn der

Mutige sieht nicht Gespenster, sondern hingegen sieht er siegreiche Helden; der Feige sieht keine Helden, sondern nur Gespenster. Siegen muß er, davon bin ich überzeugt, darum ist sein Kampf schön. Ich bin sonst nicht sehr geneigt zu kämpfen, wenigstens nicht mit anderen als mit mir selbst; davon aber darfst Du überzeugt sein, für diesen Glauben an den Sieg des Schönen will ich auf Tod und Leben kämpfen, und nichts in der Welt soll ihn mir entwinden. Ob man mir diesen Glauben mit Bitten ablisten, ob man ihn mir mit Macht entreißen wollte, um nichts in der Welt lasse ich ihn mir nehmen und nicht um die ganze Welt; denn dann erst verlöre ich die ganze Welt, wenn ich diesen Glauben verlöre. Kraft dieses Glaubens sehe ich des Lebens Schönheit, und die Schönheit, die ich sehe, hat nicht das Wehmütige und Schwermütige, das von aller Schönheit der Natur und Kunst unabtrennbar ist, unabtrennbar selbst von der ewigen Jugend der griechischen Götter. Die Schönheit, die ich sehe, ist froh und sieghaft und stärker als die ganze Welt. Und diese Schönheit sehe ich überall, auch dort, wo Dein Auge nichts sieht. Steh' einmal hier an meinem Fenster. Dort geht ein junges Mädchen vorüber; erinnerst Du Dich, wir begegneten ihr einmal auf der Straße. Sie sei nicht schön, sagtest Du, als Du sie aber etwas genauer betrachtet hattest, erkanntest Du sie, und Du fuhrst fort: »Vor einigen Jahren war sie überaus lieblich und hatte auf den Bällen großen Erfolg, dann bekam sie eine Liebesgeschichte, *et quidem* eine unglückliche. Weiß der Teufel, wie sie es anfing, sie nahm sich die Sache so zu Herzen, daß ihre Schönheit vor Gram verblich, kurzum, sie war schön, jetzt ist sie nicht mehr schön, und damit ist die Geschichte aus.« Sieh, das heißt auch das Leben nach seiner Schönheit betrachten. In meinen Augen hat sie indessen nichts verloren, und mir erscheint sie schöner denn je. Deine Betrachtung der Schönheit des Lebens scheint mir daher viel Ähnlichkeit mit jener Lebensfreude zu haben, wie sie in der Trinkliederperiode herrschte, in der man heiter und aufgeräumt wurde, wenn man Arien wie diese sang:

Wär' nicht der rote Saft der Reben,
wer möchte hier wohl länger sein?
Wohin der Weise blickt ins Leben,
er sieht nur Leiden, nur die Pein
der Unterdrückten, unermessen,
von der Verführten Schrei umgellt.
Drum, Brüder, trinkt, um zu vergessen
die ganze jammervolle Welt.

Treten wir nun einzelnen Lebensverhältnissen ein wenig
näher, vor allem solchen, in denen das Ästhetische und das
Ethische einander berühren, um zu überlegen, wieweit die
ethische Betrachtung uns irgendeiner Schönheit beraubt,
oder ob sie nicht vielmehr allem eine höhere Schönheit verleiht. Ich denke mir also ein bestimmtes Individuum, das in
gewissem Sinne so ist wie die meisten, in anderem Sinne
konkret in sich selber. Seien wir ganz prosaisch. Dieser
Mensch soll leben, soll sich kleiden, kurz, soll existieren können. Vielleicht wendet er sich an einen Ästhetiker, um zu erfahren, wie er sich im Leben einrichten soll. Er würde denn
auch nicht ohne Aufklärung bleiben. Der Ästhetiker würde
etwa zu ihm sagen: »Wenn man ledig ist, braucht man 3000
Reichstaler im Jahr, um bequem zu leben; hat man 4000,
braucht man sie auch; will man heiraten, muß man mindestens 6000 Reichstaler haben. Geld ist und bleibt doch der
*nervus rerum gerendarum,* die wahre *conditio sine qua non*; denn
zwar ist es schön, von ländlicher Genügsamkeit, von idyl-
lischer Einfachheit zu lesen, und ich lese solche Gedichte sehr
gern, aber der Lebensweise selbst würde man bald überdrüssig werden; und diejenigen, die so leben, genießen dieses
Leben denn auch nicht halb so gut wie der, welcher Geld hat
und nun in aller Ruhe und Gemächlichkeit die Lieder der
Dichter liest. Geld ist und bleibt die absolute Bedingung zum
Leben. Sobald man kein Geld hat, ist und bleibt man aus der
Zahl der Patrizier ausgeschlossen, ist und bleibt man Pleb-
jer. Geld ist die Bedingung, aber daraus folgt keineswegs,

daß jeder, der Geld hat, es auch zu brauchen weiß. Die das verstehn, sind unter den Patriziern wiederum die wahren Optimaten.« Mit dieser Erklärung wäre nun unserem Helden offenbar nicht gedient; alle Lebensweisheit des andern ließe ihn unberührt, und ihm müßte etwa zumute sein wie einem Sperling, der mit einem Storche tanzen soll. Sagte er nämlich zu dem Ästhetiker: »Es ist schön und gut; aber ich habe weder 3000 noch 6000 Reichstaler im Jahr, ich habe gar nichts, weder an Kapital noch an Zinsen, ich habe überhaupt gar nichts, kaum einen Hut«, so würde dieser wohl die Achseln zucken und sagen: »Ja, das ist was andres, dann ist da nichts weiter zu machen, dann müssen Sie schon damit vorlieb nehmen, ins Arbeitshaus zu gehn.« Wenn der Ästhetiker sehr gutmütig wäre, würde er den armen Stümper vielleicht noch einmal heranwinken und zu ihm sagen: »Ich möchte Sie nicht in Verzweiflung bringen, bevor ich das Äußerste gewagt habe; es gibt noch ein paar Notmittel, die man nicht unversucht lassen darf, ehe man der Freude auf ewig Lebewohl sagt und das Gelübde ablegt und die Zwangsjacke anzieht. Heiraten Sie ein reiches Mädchen, spielen Sie in der Lotterie, reisen Sie in die Kolonien, verwenden Sie einige Jahre darauf, um Geld zusammenzuscharren, schleichen Sie sich in die Gunst eines alten Junggesellen ein, damit er sie als Erben einsetzt. Für den Augenblick trennen sich unsere Wege, beschaffen Sie das Geld, und Sie werden in mir stets einen Freund finden, der zu vergessen wissen wird, daß es eine Zeit gab, wo Sie kein Geld hatten.« Es liegt doch etwas entsetzlich Herzloses in einer solchen Lebensbetrachtung, so mit kaltem Blut jedem, der kein Geld hat, alle Freude im Leben zu morden. Und das tut so ein Geldmensch doch, denn es ist wenigstens seine Meinung, daß es ohne Geld keine Freude im Leben gibt. Wollte ich Dich hier mit jenen Ästhetikern zusammenwerfen, wollte ich Dich bezichtigen, solche Gedanken zu hegen oder zu äußern, so würde ich Dir in hohem Maße Unrecht tun. Teils ist nämlich Dein Herz zu gut, um Wohnung einer solch abscheu-

lichen Niedrigkeit zu sein, teils ist Deine Seele zu sympathe-
tisch, als daß Du solche Gedanken äußern würdest, selbst
wenn Du sie hättest. Ich sage das nicht, als ob ich etwa meinte, daß, wer kein Geld hat, einer solchen mitleidsvollen Fürsorge bedürfe, sondern weil es doch das mindeste ist, was
man von einem Menschen, der sich einbildet, begünstigt zu
sein, verlangen kann, daß er nicht stolz darauf sei oder Lust
dazu habe, andere, die weniger begünstigt sind, zu kränken.
Mag ein Mensch, in Gottes Namen, stolz sein, es wäre besser, wenn er es nicht wäre, aber mag er es sein; nur sei er
nicht stolz auf Geld, denn nichts entwürdigt einen Menschen
so sehr. Du bist nun gewohnt, Geld zu haben, und verstehst
recht gut, was darin liegt. Du beleidigst niemand, darin unterscheidest Du Dich von jenen Ästhetikern, Du hilfst gern,
wo Du kannst, ja, wenn Du hervorhebst, wie jämmerlich es
sei, kein Geld zu haben, so geschieht das aus Sympathie.
Dein Spott richtet sich daher nicht gegen die Menschen, sondern gegen das Dasein, in dem es nun einmal so eingerichtet
ist, daß nicht alle Geld haben. »Prometheus und Epimetheus«,
sagst Du, »waren unleugbar sehr klug, aber unbegreiflich ist
es doch, daß, während sie im übrigen die Menschen so herr-
lich ausstatteten, es ihnen nicht eingefallen ist, ihnen Geld
mitzugeben.« Wärest Du bei der Gelegenheit zugegen gewesen und hättest gewußt, was Du jetzt weißt, so wärest Du vor-
getreten und hättest gesagt: »Ihr guten Götter, seid vielmals
bedankt für alles, aber – verzeiht mir, daß ich freimütig zu
euch spreche – ihr habt keine Weltkenntnis; damit der
Mensch glücklich sei, fehlt ihm noch eins – und das ist Geld.
Was hilft es ihm, daß er dazu geschaffen ist, über die Welt
zu herrschen, wenn er vor Nahrungssorgen keine Zeit dazu
findet? Was hat es für einen Sinn, ein vernünftiges Geschöpf
in die Welt hinauszujagen und es dann sich abrackern zu
lassen, ist das eine Art, einen Menschen zu behandeln?« In
diesem Punkt bist Du unerschöpflich. »Die meisten Menschen«, sagst Du, »leben, um einen Broterwerb zu finden;
wenn sie ihn gefunden haben, leben sie, um einen guten

Broterwerb zu finden; wenn sie ihn gefunden haben, sterben sie. Mit wahrer Rührung las ich darum neulich in der Zeitung eine Anzeige, in der eine Frau den Tod ihres Mannes bekanntgab. Statt weitläufig über den schmerzlichen Verlust des besten Ehegatten und liebevollsten Vaters zu lamentieren, faßte sie sich sehr kurz: dieser Todesfall sei deshalb so schwer, weil ihr Mann gerade kurz zuvor einen so guten Broterwerb gefunden habe. Es liegt viel mehr hierin, als die trauernde Witwe oder ein gewöhnlicher Leser des Anzeigers darin sehen.

Diese Betrachtung ließe sich zu einem Beweis für die Unsterblichkeit des Menschen entwickeln, und zwar könnte dieser Beweis folgendermaßen vorgebracht werden: Es ist jedes Menschen Bestimmung, einen guten Broterwerb zu finden. Stirbt er, bevor er ihn findet, so hat er seine Bestimmung nicht erreicht, und es bleibt also dem Ahnen eines jeden überlassen, ob er annimmt, daß er auf einem andern Stern seine Bestimmung erreiche. Findet er dagegen einen guten Broterwerb, so hat er seine Bestimmung erreicht; die Bestimmung eines guten Broterwerbs aber kann nicht die sein, daß er sterbe, sondern vielmehr, daß er von seinem guten Broterwerb gut lebe, *ergo* ist der Mensch unsterblich. Diesen Beweis könnte man den populären Beweis oder den Beweis aus dem Broterwerb nennen. Würde dieser Beweis zu den früheren Beweisen hinzugefügt, so müßte jeder vernünftige Zweifel betreffs der Unsterblichkeit für überwunden gelten. Dieser Beweis läßt sich auch ausgezeichnet mit den früheren Beweisen in Beziehung setzen, ja, er zeigt sich hier erst recht in seiner vollen Glorie, indem er als Schluß sich in die anderen zurückschließt und diese beweist. Die andern Beweise gehen von der Auffassung aus, daß der Mensch ein vernünftiges Wesen sei; sofern nun jemand dies bezweifeln sollte, so tritt der Broterwerbsbeweis hinzu und beweist diese Voraussetzung durch folgenden Syllogismus: Wem Gott einen Broterwerb gibt, dem gibt er auch Verstand; wem Gott einen guten Broterwerb gibt, dem gibt er

guten Verstand, *ergo*. Dies hat jene trauernde Witwe geahnt, sie hat das tief Tragische im Widerspruch des Lebens
gefühlt.« Spott und Mutwill sind es also, was Du in dieser
Sache zu bieten weißt. Es kommt Dir denn vermutlich auch
nicht in den Sinn, daß Deine Betrachtung etwa für irgend
jemanden nützlich oder wegweisend sein sollte. Was Dir
vermutlich auch nicht in den Sinn kommt, ist, daß Du mit
derartigen Vorträgen Schaden stiften könntest; denn es ließe
sich wohl denken, daß ein Mensch, der in sich selber schon
genügend Unwillen darüber hegte, in die Arbeit des Lebens
hineingezwungen zu sein, dadurch, daß er auf die nicht unwitzige Leidenschaftlichkeit, mit der Du in seinem Namen
denkst, auf Deinen sympathetischen Spott achtete, noch un-
geduldiger, noch wütender würde. Damit solltest Du jedoch
vorsichtig sein.

Auf dem eingeschlagenen Wege wird unser Held also vergebens Belehrung suchen. Hören wir nun, was ein Ethiker
ihm antworten würde. Nun, dessen Antwort würde folgendermaßen lauten: Es ist jedes Menschen Pflicht, zu arbeiten,
um zu leben. Wenn er nicht mehr zu sagen hätte, so würdest
Du vermutlich erwidern: »Da haben wir wieder das alte Gerede von Pflicht und Pflicht, überall ist es Pflicht, es läßt sich
nichts Langweiligeres denken als dieses Zusammenziehen,
das alles lähmt und erstickt.« Du wirst Dich hier zu erinnern
belieben, daß unser Held kein Geld hatte, daß jener herzlose
Ästhetiker keins hatte, das er ihm hätte überlassen können,
daß auch Du nicht so viel übrig hattest, um ihm seine Zukunft zu sichern. Sofern er sich also nicht hinsetzen und darüber nachdenken will, was er getan haben würde, wenn er
Geld gehabt hätte, muß er auf einen andern Ausweg bedacht
sein. Du wirst ferner sehen, daß der Ethiker ihn mit aller
Höflichkeit angesprochen hat, er hat ihn nicht als Ausnahme
behandelt, er sagte nicht zu ihm: Herrgott, Sie sind nun mal
so unglücklich, Sie müssen sehen, sich darein zu schicken.
Im Gegenteil, er machte den Ästhetiker zur Ausnahme, denn
er sagte: Es ist jedes Menschen Pflicht, zu arbeiten, um zu le-

ben; sofern also ein Mensch das nicht nötig hat, ist er eine
Ausnahme, aber eine Ausnahme zu sein, ist, wie wir oben
übereingekommen sind, nicht das Große, sondern das Geringe. Wenn ein Mensch daher die Sache ethisch betrachtet,
wird Geldbesitz ihm als eine Demütigung erscheinen; denn
jede Begünstigung ist eine Demütigung. Wenn er es so sieht,
wird er sich von keiner Begünstigung mehr beeindrucken
lassen. Er wird sich unter sie demütigen, und wenn er das
getan hat, so wird ihn der Gedanke wieder erheben, daß die
Begünstigung ein Ausdruck dafür sei, daß eine größere Forderung an ihn gestellt ist.

Wenn jener Ethiker, bei dem unser Held Belehrung fand, selb-
ber weiß, was es heißt: zu arbeiten, um zu leben, so wird sein
Wort noch mehr Gewicht haben. Es wäre zu wünschen, daß
die Menschen in dieser Beziehung etwas mehr Mut hätten,
und der Grund, warum man oft so laut jene verächtliche Rede, daß Geld die Hauptsache sei, zu hören bekommt, liegt zu
einem Teil darin, daß denen, die arbeiten müssen, die ethische Kraft fehlt, sich zu dem Sinn der Arbeit zu bekennen,
daß ihnen die ethische Überzeugung von ihrem Sinn fehlt.
Nicht die Verführer sind es, die der Ehe schaden, sondern
die feigen Ehemänner. So auch hier. Jene verächtliche Rede
schadet nichts, diejenigen aber schaden der guten Sache, die,
gezwungen zu arbeiten, um zu leben, in dem einen Augenblick anerkannt werden möchten wegen des Verdienstlichen,
das hierin liegt, wenn sie ihr Leben mit dem des Müßiggän-
gers vergleichen, im nächsten Augenblick klagen und seufzen und sagen, es sei doch das schönste, unabhängig zu sein.
Welche Achtung soll denn ein jüngerer Mensch vor dem Leben bekommen, wenn er die Älteren so reden hört. Du hast
Dir hier durch Dein Experimentieren wieder sehr geschadet,
denn Du hast vieles erfahren, was gar nicht gut und erfreulich ist. Du verstehst es recht gut, einen Menschen zu reizen
und ihm das Geständnis zu entlocken, daß er im Grunde seines Herzens am liebsten von aller Arbeit verschont wäre, und
dann triumphierst Du.

Die Frage, ob sich nicht eine Welt denken ließe, in der es nicht notwendig wäre zu arbeiten, um zu leben, ist eigentlich eine müßige Frage, da sie sich nicht mit der gegebenen Wirklichkeit befaßt, sondern mit einer fingierten. Indessen ist es doch immerhin ein Versuch, die ethische Auffassung zu verkleinern. Wenn es nämlich eine Vollkommenheit der Existenz wäre, daß man nicht zu arbeiten brauchte, so wäre ja das Leben dessen am vollkommensten, der es nicht brauchte. Man könnte dann nur in dem Sinne sagen, es sei eine Pflicht, zu arbeiten, als man unter diesem Wort eine traurige Notwendigkeit verstünde. Die Pflicht drückte dann nicht das Allgemein-Menschliche aus, sondern das Allgemeine, und Pflicht wäre hier nicht der Ausdruck für das Vollkommene. Daher möchte ich allerdings auch antworten, daß es als eine Unvollkommenheit der Existenz angesehen werden müßte, wenn der Mensch nicht zu arbeiten brauchte. Auf einer je tieferen Stufe das menschliche Leben steht, um so weniger zeigt sich die Notwendigkeit zu arbeiten; je höher es steht, um so mehr tritt sie hervor. Die Pflicht, zu arbeiten, um zu leben, drückt das Allgemein-Menschliche aus und drückt auch in anderem Sinne das Allgemeine aus, weil sie die Freiheit ausdrückt. Gerade durch Arbeit macht der Mensch sich frei, durch Arbeit wird er Herr über die Natur, durch Arbeit zeigt er, daß er höher ist als die Natur.

Oder sollte das Leben dadurch, daß ein Mensch arbeiten muß, um zu leben, seine Schönheit verlieren? Ich bin hier an dem alten Punkt: das hängt davon ab, was man unter Schönheit versteht. Es ist schön, die Lilien auf dem Felde, obwohl sie weder spinnen noch nähen, so gekleidet zu sehen, daß selbst Salomo in all seinem Glanze nicht so prächtig gewesen ist; es ist schön, die Vögel zu sehen, wie sie sorglos ihre Nahrung finden; es ist schön, Adam und Eva in einem Paradiese zu sehen, in dem sie alles haben können, worauf sie nur hindeuten; noch schöner aber ist es doch, zu sehen, wie ein Mann durch seine Arbeit erwirbt, was er braucht. Es ist schön zu sehen, wie eine Vorsehung alles sättigt und für alles sorgt;

noch schöner aber ist es, einen Mann zu sehen, der gleichsam seine eigene Vorsehung ist. Dadurch ist der Mensch groß, größer als jedes andere Geschöpf, daß er für sich selber sorgen kann. Es ist schön zu sehen, wie ein Mann Überfluß hat, den er sich selbst erworben; aber schön ist es auch, einen Mann das größere Kunststück vollbringen zu sehen, wenig in viel zu verwandeln. Es ist ein Ausdruck für die Vollkommenheit des Menschen, daß er arbeiten kann; es ist ein noch höherer Ausdruck dafür, daß er es soll.

Wenn unser Held diese Betrachtung sich zu eigen machen will, so wird er sich nicht versucht fühlen, sich ein Vermögen zu wünschen, zu dem man im Schlaf gekommen ist, er wird sich nicht von der Bedingung des Lebens beeindrucken lassen, er wird empfinden, wie schön es ist, zu arbeiten, um zu leben, er wird seine Menschenwürde darin fühlen; denn es ist nicht das Große an der Pflanze, daß sie nicht spinnt, sondern das Unvollkommene, daß sie es nicht kann. Er wird keine Lust verspüren, mit jenem wohlhabenden Ästhetiker Freundschaft zu schließen. Er wird mit Besonnenheit sehen, was das Große ist, und sich von Geldmännern nicht einschüchtern lassen. Merkwürdigerweise habe ich Menschen gesehen, die den Sinn der Arbeit mit Freude empfanden, die mit ihrer Arbeit zufrieden waren, glücklich in ihrer Genügsamkeit, und doch hatten sie gleichsam nicht den Mut, es wahrhaben zu wollen. Sprachen sie von dem, was sie brauchten, so täuschten sie stets vor, viel mehr zu brauchen, als sie wirklich taten; sie wollten nicht fleißig scheinen, obwohl sie es wirklich waren, gerade so, als ob es größer wäre, viel zu brauchen als wenig zu brauchen, größer, ein Müßiggänger zu sein als fleißig zu sein. Wie selten trifft man doch einen Menschen, der mit Ruhe und heiterer Würde sagt: Dies oder jenes tue ich nicht, weil ich es mir nicht leisten kann. Es ist, als hätte er ein böses Gewissen, als fürchtete er sich vor der Antwort, die dem Fuchs zuteil wurde. Auf diese Weise vernichtet man denn alle wahre Tugend oder verwandelt sie in ein Phantom; denn die, welche nicht genügsam zu sein brauchen, warum

sollten die es wohl sein? und die, welche genötigt sind, es zu
sein, die machen ja aus der Not eine Tugend. Gerade so, als
ob man nicht genügsam sein könnte, es sei denn, man hätte
die Möglichkeit des Überflusses gleich neben sich; gerade so,
als ob Armut nicht eine ebenso große Versuchung für die
Genügsamkeit wäre.

Zur Arbeit würde also unser Held sich vermutlich entschließen, der Nahrungssorgen aber möchte er sich doch
wohl überhoben sehen. Ich habe Nahrungssorgen nie gekannt, denn obzwar ich bis zu einem gewissen Grade arbeiten muß, um zu leben, so habe ich doch stets mein reich-
liches Auskommen gehabt; ich kann daher nicht aus Erfahrung mitreden, aber ich habe mir immer ein offenes Auge
bewahrt für das Schwere daran, ein offenes Auge aber auch
für das Schöne daran, das Bildende, das Veredelnde; denn
ich glaube, es gibt keine Sorge, die in dem Maße bildet. Ich
habe Menschen gekannt, die ich keineswegs feige oder weichlich nennen möchte, Menschen, die keineswegs meinten,
des Menschen Leben müsse ohne Kampf sein, die Kraft und
Mut und Lust fühlten, da, wo andere verzagen wollten, in
den Kampf zu gehn, ich habe sie aber auch oft sagen hören:
Gott bewahre mich nur vor Nahrungssorgen, nichts erstickt
das Höhere in einem Menschen so sehr wie sie. Anläßlich
solcher Äußerungen ist mir häufig in den Sinn gekommen,
was zu fühlen auch mein eigenes Leben mir schon Anlaß gegeben hat, daß doch nichts so trügerisch ist wie das menschliche Herz. Man will den Mut haben, sich in den gefährlichsten Kampf hinauszuwagen, mit Nahrungssorgen aber will
man nicht anbinden; und doch will man zugleich, daß es
etwas Größeres sei, in jenem Kampf zu siegen als in diesem.
Das ist freilich recht bequem; man wählt einen leichteren
Kampf, der in den Augen der Menge jedoch gefährlicher
aussieht; man bildet sich ein, es sei Wahrheit; man siegt;
und so ist man ja ein Held, und zwar ganz anders ein Held,
als wenn man in jenem andern elenden, eines Menschen un-
würdigen Kampfe siegte. Ja, wenn man außer mit Nahrungs-

sorgen auch noch mit solch einem verborgenen Feind in seinem eigenen Innern zu kämpfen hat, so ist es kein Wunder, daß man diesen Kampf loswerden möchte. So ehrlich sollte man doch wenigstens gegen sich selber sein, daß man gesteht, der Grund, weshalb man diesen Kampf fliehe, sei der, daß er weit schwerer sei als jede andere Anfechtung; ist er das aber, so ist der Sieg auch weit schöner. Sofern man nicht selbst in diesem Kampf versucht worden ist, ist man jedem Kämpfenden das Eingeständnis schuldig, daß sein Kampf der gefährlichste sei, ja, man schuldet ihm diese Ehrenerklärung. Sieht ein Mensch die Nahrungssorge so an, als einen Ehrenstreit in noch strengerem Sinne als jeder andere Kampf es ist, so wird er schon etwas weiter gekommen sein. Hier wie überall kommt es darauf an, daß man richtig gestellt ist, seine Zeit nicht mit Wünschen vergeudet, sondern seine Aufgabe erfaßt. Ist sie anscheinend gering und unbedeutend, kleinlich und niederdrückend, so weiß man, daß das den Kampf nur schwieriger und den Sieg nur schöner macht. Es gibt Männer, die ein Orden ehrt, und es gibt Männer, die den Orden ehren; dies mag der auf sich anwenden, der, während er Kraft und Lust verspürt, sich in rühmlichen Kämpfen zu versuchen, sich an dem Allerkümmerlichsten genügen lassen muß, an dem Kampf mit Nahrungssorgen.

Ein Kampf mit Nahrungssorgen hat die in hohem Maße bildende Eigenschaft, daß der Lohn so überaus gering ist, oder besser ganz fehlt; der Kämpfende streitet, um die Möglichkeit zu schaffen, den Streit fortsetzen zu können. Je größer der Lohn des Kampfes ist, je mehr er außerhalb eines Menschen liegt, um so mehr darf der Kämpfende sich auf alle die zweideutigen Leidenschaften verlassen, die in jedem Menschen hausen. Ehrgeiz, Eitelkeit, Stolz, das sind Kräfte, die eine ungeheure Elastizität besitzen und einen Menschen weit zu treiben vermögen. Wer mit Nahrungssorgen kämpft, sieht bald, daß diese Leidenschaften ihn im Stiche lassen; denn wie sollte er glauben, daß ein solcher Kampf etwa an-

dere interessieren oder sie zur Bewunderung anregen könnte? Hat er keine anderen Kräfte, so ist er entwaffnet. Der
Lohn ist überaus gering; denn wenn er sich abgearbeitet und
geplackt hat, so hat er vielleicht gerade das Nötige erworben – das Nötige, um sich am Leben zu erhalten und um
sich von neuem placken zu können. Sieh, darum sind Nahrungssorgen so veredelnd und bildend, weil sie dem Menschen nicht erlauben, sich über sich selbst zu täuschen. Sieht
er nichts Höheres in diesem Kampf, so ist dieser erbärmlich,
und er hat recht damit, daß es etwas Kümmerliches ist, kämpfen zu müssen, um sein Brot im Schweiße seines Angesichts
essen zu können. Darum aber ist dieser Kampf so veredelnd,
weil er den Menschen zwingt, etwas anderes darin zu sehen,
ihn zwingt, wenn er sich nicht ganz und gar wegwerfen
will, ihn als einen Ehrenstreit zu sehen und zu begreifen, daß
eben darum die Belohnung so gering ist, damit die Ehre um
so größer sein könne. Er kämpft dann zwar, um sein Auskommen zu erwerben, vor allem aber kämpft er darum,
sich selbst zu erwerben, und wir anderen, wir, die wir nicht
versucht worden sind, jedoch das Gefühl für das wahrhaft
Große bewahrt haben, wir wollen zusehen, falls er es erlaubt, wir wollen in ihm ein Ehrenmitglied der Gesellschaft
ehren. Er kämpft also einen doppelten Kampf, er kann in
dem einen verlieren und zu gleicher Zeit in dem andern
siegen. Will ich mir das schier Undenkbare denken, daß alle
seine Bemühungen, sein Auskommen zu erwerben, miß-
längen, so hat er ja verloren, und doch kann er zu gleicher
Zeit den schönsten Sieg errungen haben, der sich erringen
läßt. Hierauf wird er seinen Blick heften, nicht auf den Lohn,
der ihm entgangen ist; denn dazu war dieser zu gering. Wer
einen Lohn vor Augen hat, der vergißt den zweiten Kampf;
gewinnt er den Lohn nicht, so hat er alles verloren, gewinnt
er ihn, so bleibt es doch immer noch zweifelhaft, wie er ihn
gewonnen hat.
Und welcher Kampf sollte nun etwa bildender sein als der
mit Nahrungssorgen! Wieviel Kindlichkeit gehört nicht da-

zu, um über all diese irdische Mühe und Beschwer, die ein unsterblicher Geist haben muß, um zu leben, bisweilen beinahe lächeln zu können, wieviel Demut, um mit dem Wenigen, das mit Schwierigkeit erworben wird, zufrieden zu sein, wieviel Glaube, um auch in seinem Leben das Walten einer Vorsehung zu erkennen; denn es ist recht leicht zu sagen, daß Gott am größten sei in dem Kleinsten, ihn aber darin zu sehen, dazu gehört der stärkste Glaube. Wieviel Liebe zu den Menschen, um fröhlich zu sein mit den Glücklichen, um die erheitern zu können, deren Lage ebenso kümmerlich ist! Ein wie inniges und durchdringendes Bewußtsein seiner selbst, daß er tue, was in seiner Macht steht, wieviel Ausdauer und Achtsamkeit; denn welcher Feind wäre hinterlistiger als diese Sorge? Sie wird er nicht los mit ein paar kühnen Bewegungen, sie scheucht er nicht fort mit Lärmen und Toben. Welche Grazie, welcher Anstand, um ihr auszuweichen und doch sie nicht zu fliehen! Wie oft müssen nicht die Waffen sich ändern, bald muß man arbeiten, bald abwarten, bald trotzen, bald bitten! Und mit wieviel Lust und Freude und Leichtigkeit und Geschmeidigkeit muß er nicht die Waffen ändern, denn sonst hat der Feind gesiegt! Und über dem allen geht die Zeit hin, es wird ihm keine Gelegenheit gegönnt, seine schönen Pläne realisiert, die Wünsche der Jugend erfüllt zu sehen. Andere sieht er, denen es gelingt. Sie sammeln die Menge um sich, sie ernten ihren Beifall, sie erfreuen sich an ihrem Jubel, und er steht als ein einsamer Künstler auf der Bühne des Lebens, er hat kein Publikum, niemand hat Zeit, ihm zuzuschauen, niemand hat Zeit, und, versteht sich, es gehört wirklich Zeit dazu; denn seine Vorstellungen sind nicht das Gaukelwerk einer halben Stunde, seine Künste sind von feinerer Art und erfordern mehr als ein gebildetes Publikum, um verstanden zu werden. Aber er begehrt es auch nicht. Als ich zwanzig Jahre alt war, sagt er vielleicht, da träumte auch ich von Kampf, da dachte ich mich auf dem Kampfplatz, ich blickte zum Balkon hinauf, ich sah den Kreis der Mädchen, sah, wie

sie sich ängstigten um meinetwillen, sah, wie sie mir Beifall
winkten, und ich vergaß die Mühsal des Kampfes; nun bin
ich älter geworden, mein Kampf ist ein anderer geworden,
meine Seele aber ist nicht minder stolz. Ich verlange einen
andern Richter, einen Kenner, ich verlange ein Auge, das
ins Verborgene sieht, das des Zuschauens nicht müde wird,
das den Kampf sieht und die Gefahr; ich verlange ein Ohr,
das die Arbeit der Gedanken hört, das ahnt, wie mein besseres Wesen aus der Marter der Anfechtung sich herauslöst.
Zu diesem Kampfrichter will ich aufblicken, nach seinem
Beifall will ich trachten, wenn ich ihn auch nicht verdienen
kann. Und wird mir dann der Leidenskelch gereicht, so will
ich auf den Kelch den Blick nicht heften, sondern auf ihn,
der ihn mir reicht, und nicht auf den Grund des Kelches will
ich blicken, ob ich ihn nicht bald geleert, sondern unverrückt auf ihn, von dem ich ihn empfange. Fröhlich will ich
den Kelch in die Hand nehmen; ich leere ihn nicht, wie bei
einer festlichen Gelegenheit, auf eines andern Wohl, indem
ich mich selbst an der Lieblichkeit des Tranks erfreue; nein,
seine Bitterkeit will ich schmecken, und indem ich sie schmek-
ke, ruf' ich mir selber zu: auf *mein* Wohl, weil ich weiß und
überzeugt bin, daß ich durch diesen Trank mir eine ewige
Gesundheit erkaufe.

So muß man ethisch, glaube ich, den Kampf betrachten, der
mit Nahrungssorgen gekämpft wird. Ich werde gegen Dich
nicht so streng auf meinem Recht bestehen, daß ich Dich etwa auffordern würde, zu erklären, an welchem Punkte Deiner Ästhetik Du diese Sache abhandelst; sondern ich stelle
nur Deiner eigenen Erwägung anheim, ob das Leben selbst
in diesem Kampf seine Schönheit einbüßt, wenn man es
selber nicht will, oder ob es nicht etwa eine höhere Schönheit gewinnt. Zu leugnen, daß es eine solche Sorge gibt,
wäre ja Wahnwitz; zu vergessen, daß es sie gibt, weil sie am
eigenen Hause vorübergeht, wäre Gedankenlosigkeit; sofern man den Anspruch erhebt, eine Lebensanschauung zu
haben, wäre es Herzlosigkeit oder Feigheit.

Daß viele Menschen Nahrungssorgen nicht in dieser Weise
betrachten, ist kein Einwand; ihnen zu wünschen, sie möchten Großmütigkeit genug haben, um sie so zu betrachten,
Begeisterung genug, um nicht falsch zu sehen gleich jenen
Männern, von denen die Schrift aus anderem Anlaß sagt,
sie hätten falsch gesehen, so daß sie nicht gen Himmel sahen,
sondern auf Susanna – ist gewiß ein guter und ein frommer
Wunsch.

Die ethische Betrachtung, daß es jedes Menschen Pflicht sei,
zu arbeiten, um zu leben, hat also zwei Vorzüge vor der
ästhetischen. Einmal ist sie im Einklang mit der Wirklichkeit,
erklärt etwas Allgemeines an ihr, während die ästhetische
etwas Zufälliges vorbringt und nichts erklärt. Zum andern
faßt sie den Menschen nach seiner Vollkommenheit auf,
sieht ihn nach seiner wahren Schönheit. Dies darf bezüglich
dieser Sache als das Erforderliche und das mehr als Hinreichende gelten. Wünschst Du ein paar empirische Bemerkungen, so gebe ich sie mit in den Kauf, nicht als ob die
ethische Betrachtung einer solchen Unterstützung bedürfte,
sondern weil Du vielleicht Nutzen davon haben magst.

Ein alter Mann, den ich einst kannte, pflegte immer zu sagen, es sei gut für einen Menschen, daß er es lerne, zu arbeiten, um zu leben; es gelte von Älteren, was von Kindern
gelte, sie müssen beizeiten angefaßt werden. Es ist nun nicht
etwa meine Meinung, daß es einem jungen Menschen zu-
träglich sei, gleich von Nahrungssorgen niedergedrückt zu
werden. Aber laß ihn nur lernen, zu arbeiten, um zu leben.
Die so sehr gepriesene Unabhängigkeit ist oftmals eine
Schlinge; jede Lust kann man befriedigen, jeder Neigung
folgen, jeder Laune freien Lauf lassen, bis diese sich wider
einen selbst verschwören. Wer arbeiten muß, dem wird die
eitle Freude, alles haben zu können, unbekannt bleiben, der
wird nicht lernen, auf seinen Reichtum zu pochen, mit Geld
jedes Hindernis zu beseitigen und sich jede Freiheit zu erkaufen; aber sein Gemüt wird sich auch nicht verbittern, er
wird nicht versucht sein, wie so mancher reiche Jüngling ge-

tan hat, mit stolzer Verachtung dem Dasein den Rücken zu
kehren, indem er mit Jugurtha sagt: Hier liegt eine Stadt,
die feil ist, wenn sie einen Käufer findet; er wird nicht in kurzer Zeit eine Weisheit erworben haben, durch die er den
Menschen Unrecht tut und sich selbst unglücklich macht.
Wenn ich daher die Leute so oft darüber klagen höre, daß
sie gezwungen seien zu arbeiten, gezwungen, sich um dergleichen zu kümmern, sie, deren hoher Seelenflug nicht solchermaßen gehemmt werden dürfte, so kann ich nicht leugnen, daß ich zuweilen ungeduldig werde, daß ich wünschen
könnte, es ginge noch ein Harun al Raschid unter uns umher und teilte an jeden, der zur Unzeit klagte, eine Bastonade aus. Du bist nun nicht in dem Fall, daß Du arbeiten mußt,
um zu leben, und es ist keineswegs meine Absicht, Dir zu raten, Dein Vermögen wegzuwerfen, damit es Dir eine Notwendigkeit werde zu arbeiten; das taugt nichts, und alles
Experimentieren ist ein Unsinn, der zu nichts führt. Indessen
glaube ich, daß Du in anderem Sinne in dem Fall bist, die
Bedingungen zum Leben erwerben zu müssen. Damit Du
leben kannst, mußt Du sehen, Deiner angeborenen Schwermut Herr zu werden. Dieser Umstand macht, daß ich auch
auf Dich die Worte jenes alten Mannes anwenden kann, daß
Du beizeiten angefaßt worden bist; diese Schwermut ist
Dein Unglück gewesen, aber Du wirst sehen, es kommt eine
Zeit, da Du selber gestehen wirst, daß sie Dein Glück gewesen ist. Erwirb Dir also die Bedingung dafür, daß Du leben
kannst. Du gehörst nicht zu denen, die mich etwa mit Klagen ungeduldig machen, denn ich glaube vielmehr, daß Du
eher alles andere als klagen würdest, und Du verstehst es ausgezeichnet, Deine Leiden in Dich hineinzuschlucken. Hüte
Dich jedoch, daß Du nicht in das entgegengesetzte Extrem
verfällst, in einen wahnsinnigen Trotz, der die Kraft verzehrt, um den Schmerz zu verbergen, statt sie zu brauchen,
um ihn zu tragen und zu überwinden.
Unser Held ist also bereit zu arbeiten, nicht weil es ihm eine
*dura necessitas* ist, sondern weil er es für das Schönste und

Vollkommenste hält. [Daß er es so nicht sollte ansehen können, weil er doch gezwungen ist, sich darein zu schicken,
ist eines jener teils törichten, teils boshaften Mißverständnisse, die den Wert eines Menschen außer ihm ins Zufällige
legen.] Weil er aber arbeiten will, eben deshalb kann sein
Tun zwar eine Arbeit, nicht aber ein Frondienst werden.
Er fordert also einen höheren Ausdruck für sein Arbeiten,
einen Ausdruck, der das Verhältnis seines Tuns zu seiner Person und der anderer Menschen bezeichnet, einen Ausdruck,
der es ihm als Lust zu bestimmen und zugleich dessen Bedeutung zu behaupten vermag. Hier wird wiederum eine
Überlegung notwendig. Mit jenem Weisen mit den 3000
Reichstalern sich einzulassen, findet er freilich unter seiner
Würde; aber unser Held ist so wie die meisten. Er ist zwar
beizeiten angefaßt worden, aber er hat doch Geschmack daran gefunden, ästhetisch zu leben, er ist wie die meisten undankbar. Obwohl der Ethiker es war, der ihm aus seiner früheren Verlegenheit herausgeholfen hat, wendet er sich darum doch nicht zuerst an ihn. Im stillen vertraut er vielleicht
darauf, daß zu guter Letzt der Ethiker ihm schon wieder her-
aushelfen werde; denn so erbärmlich ist unser Held nicht,
daß er nicht gerne zugäbe, der Ethiker habe ihm wirklich aus
seiner Verlegenheit herausgeholfen, obwohl er ihm kein
Geld habe geben können. Er wendet sich also an einen etwas
humaneren Ästhetiker. Der wird nun vielleicht auch etwas
über die Bedeutung der Arbeit vorzutragen wissen; ohne
Arbeit wird das Leben schließlich langweilig. »Die Arbeit
darf jedoch nicht Arbeit in strengerem Sinne sein, sondern
muß sich immer wieder als Lust bestimmen lassen. Man entdeckt an sich irgendein aristokratisches Talent, durch das
man sich von dem gemeinen Haufen distinguiert. Dies bildet man nicht leichtsinnig aus, denn sonst würde man es doch
bald überdrüssig, sondern mit allem nur möglichen ästhetischen Ernst. Das Leben hat dann eine neue Bedeutung für
einen, weil man seine Arbeit hat, eine Arbeit, die doch eigentlich eine Lust ist. Durch seine Unabhängigkeit hegt man es,

damit es, vom Leben unverkümmert, sich in seiner ganzen Üppigkeit entfalte. Dieses Talent macht man jedoch nicht zu einer Planke, auf der man sich durchs Leben rettet, sondern zu einem Flügel, auf dem man sich über die Welt hinausschwingt; man macht es nicht zu einem Arbeitsklepper, sondern zu einem Paradeur.« Unser Held hat jedoch kein solches aristokratisches Talent, er ist so wie die meisten. Der Ästhetiker weiß also keinen anderen Ausweg für ihn als diesen: »Er muß sich darein finden, unter die triviale Bestimmung des gemeinen Haufens zu fallen, daß er ein Arbeiter im Leben ist. Verlieren Sie nicht den Mut, auch das hat seine Bedeutung, ist ehrenhaft und achtbar, werden Sie ein tüchtiger und strebsamer Mann, ein nützliches Mitglied der Gesellschaft. Ich freue mich schon, Sie zu sehen, denn je mannigfaltiger das Leben ist, desto interessanter für den Betrachter. Darum hasse ich wie alle Ästhetiker eine Nationaltracht, weil es ein so langweiliger Anblick wäre, wenn alle gleich gekleidet gingen; so tue auch jeder einzelne sein Werk im Leben, um so schöner wird es für mich und meinesgleichen, die eine Profession daraus machen, das Leben zu betrachten.« Unser Held wird, so hoffe ich, über eine derartige Behandlung etwas ungeduldig, er entrüstet sich über das Unverschämte in einer solchen Einteilung der Menschen. Hinzu kommt, daß die Unabhängigkeit doch auch in der Betrachtung dieses Ästhetikers eine Rolle gespielt hat, und unabhängig ist er nun einmal nicht.

Vielleicht kann er sich noch nicht entschließen, sich an den Ethiker zu wenden, er wagt noch einen Versuch. Er trifft einen Mann, der sagt: man muß arbeiten, um zu leben, so ist das Leben nun einmal eingerichtet. Hier scheint er gefunden zu haben, den er suchte, denn dies ist ja eben das, was auch er meint. Auf diese Rede will er also achten. »Man muß arbeiten, um zu leben, so ist das Leben nun einmal eingerichtet, das ist die fadenscheinige Seite der Existenz. Sieben Stunden des Tages schläft man, das ist verlorene Zeit, aber es muß so sein; fünf Stunden des Tages arbeitet man, das ist verlorene

Zeit, es muß so sein. Mit fünf Stunden Arbeit hat man sein
Auskommen, und hat man das, so fängt man an zu leben.
Die Arbeit muß nun am besten so langweilig und nichtssagend wie möglich sein, nur daß man sein Auskommen dadurch hat. Hat man ein spezielles Talent, so begehe man nur
ja nicht die Sünde, es zu seiner Erwerbsquelle zu machen.
Nein, sein Talent hätschelt man, das hat man um seiner
selbst willen, daran hat man größere Freude als eine Mutter
an ihrem Kind, das bildet man, das entwickelt man in den
zwölf Stunden des Tages, in sieben schläft man, in fünf ist
man ein Unmensch, und so wird das Leben doch recht er-
träglich, ja sogar recht schön; denn mit den fünf Stunden
Arbeit ist es keine so gefährliche Sache, denn da man seine
Gedanken doch nie bei der Arbeit hat, so sammelt man
Kräfte für die Beschäftigung, die einem eine Lust ist.«
Unser Held ist wieder so weit wie zuvor. Teils hat er nämlich kein spezielles Talent, mit dem er die zwölf Stunden daheim ausfüllen könnte, teils hat er ja schon eine schönere Ansicht von der Arbeit, eine Ansicht, die er nicht aufgeben
möchte. Er wird sich also wohl entschließen, abermals bei
dem Ethiker Hilfe zu suchen. Dessen Rede ist kurz: »Es ist
eines jeden Menschen Pflicht, einen Beruf zu haben.« Mehr
kann er nicht sagen, denn das Ethische als solches ist immer
abstrakt, und einen abstrakten Beruf für alle Menschen gibt
es nicht, vielmehr setzt der Ethiker voraus, daß jeder Mensch
einen besonderen Beruf hat. Welchen Beruf unser Held
wählen soll, darüber kann ihn der Ethiker nicht aufklären;
denn dazu ist eine detaillierte Kenntnis des Ästhetischen in
seiner ganzen Persönlichkeit erforderlich, und selbst wenn
der Ethiker diese Kenntnis hätte, würde er doch sich dessen
enthalten, für ihn zu wählen, da er solchenfalls ja seine eigene Lebensanschauung verleugnen würde. Was der Ethiker
ihn lehren kann, ist, daß es für jeden Menschen einen Beruf
gibt und daß unser Held, wenn er seinen gefunden hat, ihn
ethisch wählen muß. Was nämlich der Ästhetiker von den
aristokratischen Talenten gesprochen hat, das ist eine ver-

wirrende und skeptische Rede von dem, was der Ethiker erklärt. Die Lebensbetrachtungen des Ästhetikers liegen immer
in der Differenz: einige Menschen haben Talent, andere
nicht, und doch ist das, was sie unterscheidet, ein Mehr oder
Weniger, eine quantitative Bestimmung. Insofern ist es eine
Willkür von ihnen, an einem einzelnen Punkt stehenzubleiben, und doch liegt der Nerv ihrer Lebensbetrachtung eben
in dieser Willkür. Ihre Lebensanschauung bringt daher
einen Zwiespalt in das ganze Dasein, den zu beheben sie sich
nicht imstande sehen, wohingegen sie sich mit Leichtsinn
und Herzlosigkeit gegen ihn zu wappnen suchen. Der Ethiker dagegen versöhnt den Menschen mit dem Leben, denn
er sagt: jeder Mensch hat einen Beruf. Er vernichtet die Differenzen nicht, aber er sagt: in allen Differenzen bleibt doch
das Allgemeine, daß es ein Beruf ist. Das eminenteste Talent
ist ein Beruf, und das Individuum, das in seinem Besitze ist,
kann die Wirklichkeit nicht aus den Augen verlieren, es
steht nicht außerhalb des Allgemein-Menschlichen, denn
sein Talent ist ein Beruf. Das unbedeutendste Individuum
hat einen Beruf, es soll nicht ausgestoßen, nicht dahin verwiesen werden, auf einem *confinium* mit den Tieren zu leben, es steht nicht außerhalb des Allgemein-Menschlichen, es
hat einen Beruf.

Der ethische Satz, daß jeder Mensch einen Beruf habe, ist also der Ausdruck dafür, daß es eine vernünftige Ordnung der
Dinge gibt, in der jeder Mensch, wenn er will, seinen Platz
ausfüllt, dergestalt, daß er zugleich das Allgemein-Menschliche und das Individuelle ausdrückt. Ist das Dasein durch
diese Betrachtung weniger schön geworden? Eine Aristokratie hat man nicht, an der man sich erfreuen kann, deren
Bedeutung auf den Zufall gegründet, und zwar zufällig darauf gegründet ist; nein, man hat ein Königreich von Göttern.

Sobald das Talent nicht als ein Beruf verstanden wird – und
sobald es als ein Beruf verstanden wird, hat jeder Mensch
einen Beruf –, ist das Talent absolut egoistisch. Darum, wer

immer sein Leben auf ein Talent gründet, der etabliert, so
gut er kann, eine Räuberexistenz. Einen höheren Ausdruck
für das Talent, als daß es ein Talent ist, hat er nicht. Dieses
Talent will also in seiner ganzen Differenz an den Tag. Jedes
Talent hat darum die Neigung, sich zu dem Zentralen zu
machen, jede Bedingung soll da sein, um es zu fördern;
denn nur in diesem wilden Vorwärtsstürmen liegt der eigentlich ästhetische Genuß des Talents. Gibt es ein gleichzeitiges
Talent in anderer Richtung, so kollidieren sie auf Tod und
Leben miteinander; denn sie haben nichts Konzentrisches,
keinen höheren Ausdruck gemeinsam.

Unser Held hat also gefunden, was er suchte, eine Arbeit,
von der er leben kann; zugleich hat er einen bedeutungsvolleren Ausdruck gefunden für ihr Verhältnis zu seiner Persönlichkeit: sie ist sein Beruf, ihre Durchführung ist also verbunden mit einer Befriedigung für seine ganze Persönlichkeit; zugleich hat er einen bedeutungsvolleren Ausdruck gefunden für das Verhältnis seiner Arbeit zu anderen Menschen,
denn da seine Arbeit sein Beruf ist, so ist er ja damit im wesentlichen auf die gleiche Stufe mit allen anderen Menschen
gestellt, er tut also mit seiner Arbeit dasselbe wie jeder andere, er erfüllt seinen Beruf. Diese Anerkennung fordert er,
mehr fordert er nicht, denn dies ist das Absolute. Ist mein
Beruf gering, sagt er, ich kann meinem Beruf doch treu sein
und bin also nach dem Wesentlichen ebenso groß wie der
Größte, ohne daß ich darum auch nur einen Augenblick etwa so töricht wäre, die Differenzen vergessen zu wollen; damit wäre mir selber am wenigsten gedient, denn vergäße ich
sie, so gäbe es einen abstrakten Beruf für alle; ein abstrakter
Beruf aber ist kein Beruf, und ich hätte also wieder ebenso
viel verloren wie die Größten. Ist mein Beruf gering, ich
kann ihm doch untreu sein, und wenn ich es bin, begehe ich
eine ebenso große Sünde wie der Größte. Ich werde nicht so
töricht sein, die Differenzen vergessen zu wollen, oder meinen, daß meine Untreue etwa ebenso verderbliche Folgen
für das Ganze hätte wie die Untreue des Größten; damit ist

mir nicht gedient, ich wäre selbst derjenige, der am meisten dadurch verlöre.

Die ethische Anschauung, daß jeder Mensch einen Beruf hat, hat also zwei Vorzüge vor der ästhetischen Theorie vom Talent. Teils nämlich erklärt sie nichts Zufälliges in der Existenz, sondern das Allgemeine, teils zeigt sie das Allgemeine in seiner wahren Schönheit. Erst dann nämlich ist das Talent schön, wenn es als Beruf gedeutet ist, und erst dann ist die Existenz schön, wenn jeder Mensch einen Beruf hat. Da dies sich so verhält, möchte ich Dich bitten, eine einzelne empirische Beobachtung nicht zu verschmähen, die in bezug auf die Hauptbetrachtung Du die Güte haben wirst, für etwas Überflüssiges zu halten. Wenn ein Mensch einen Beruf hat, so hat er zumeist ein Normativ außerhalb seiner selbst, das, ohne ihn zu einem Knecht zu machen, ihm doch so einigermaßen anzeigt, was er zu tun hat, ihm seine Zeit einteilt, ihm oft Gelegenheit gibt anzufangen. Mißlingt ihm seine Arbeit einmal, so hofft er es das nächste Mal besser zu machen, und dieses nächste Mal liegt zeitlich nicht so fern. Wer dagegen keinen Beruf hat, muß, sofern er sich selbst eine Aufgabe stellen will, zumeist ganz anders *uno tenore* arbeiten. Er hat keine Unterbrechung, außer sofern er sich etwa selbst unterbrechen will. Schlägt es ihm fehl, so schlägt alles fehl, und er hat es überaus schwer, von neuem anzufangen, da ihm ein Anlaß fehlt. Er ist also leicht versucht, ein Pedant zu werden, es sei denn, daß er ein Müßiggänger werden will. Es ist so beliebt, die Menschen, die bestimmte Geschäfte haben, als Pedanten zu verschreien. In der Regel kann ein solcher Mensch gar kein Pedant werden. Wer dagegen keine bestimmten Geschäfte hat, ist versucht, es zu werden, um doch der allzu großen Freiheit, in der er sich leicht verläuft, ein wenig entgegenzuwirken. Man mag daher schon geneigt sein, ihm seine Pedanterie zu verzeihen, denn sie ist das Zeichen von etwas Gutem; andererseits aber muß sie doch als eine Strafe betrachtet werden, weil er sich von dem Allgemeinen hat emanzipieren wollen.

Unser Held hat einen bedeutungsvolleren Ausdruck für das
Verhältnis seiner Arbeit zu der anderer Menschen gefunden:
daß sie ein Beruf sei. Er ist also anerkannt, er hat sein Kredi-
tiv gelöst. Wenn er nun aber seinen Beruf erfüllt, ja, so findet er seine Befriedigung darin, aber er verlangt zugleich
einen Ausdruck für das Verhältnis dieser Tätigkeit zu anderen
Menschen, er verlangt, etwas *auszurichten*. Er wird sich in
dieser Hinsicht vielleicht wieder verlaufen. Der Ästhetiker
wird ihm erklären, daß die Befriedigung des Talents das
Höchste sei, und ob man etwas ausrichte oder nichts ausrichte, sei durchaus nebensächlich. Er wird vielleicht auf
eine praktische Borniertheit stoßen, die in ihrem inepten Eifer
alles auszurichten wähnt, oder auf eine ästhetische Vornehmheit, die meint, etwas auszurichten in der Welt, sei nur einigen Auserwählten beschieden, es gebe einzelne eminente
Talente, die etwas ausrichten, der Rest der Menschen sei *numerus*, etwas Überflüssiges im Leben, eine Verschwendung
des Schöpfers. Mit keiner dieser Erklärungen ist unserm Helden gedient, denn er ist nur so wie die meisten.
Nehmen wir wieder zum Ethiker unsere Zuflucht! Er sagt:
was jeder Mensch ausrichtet oder ausrichten kann, ist, daß
er *sein* Werk im Leben tut. Wenn es sich nämlich so verhielte, daß einige Menschen etwas ausrichteten, andere nicht,
und der Grund hierfür läge in ihrer Zufälligkeit, so hat die
Skepsis wiederum die Übermacht gewonnen. Man muß daher sagen: wesentlich richtet jeder Mensch gleich viel aus.
Ich predige keineswegs Indolenz, andererseits aber muß man
mit dem Gebrauch des Ausdrucks »etwas ausrichten« vorsichtig sein. Er ist von jeher Gegenstand Deines Spottes gewesen, und Du hast, wie Du einmal äußertest, »deshalb Inte-
gral- und Differentialrechnung und das Kalkül des Unendlichen studiert, um zu berechnen, wieviel ein Kopist in der
Admiralität, der im ganzen Amt als ein tüchtiger Arbeiter
gelte, für das Ganze ausrichte.« Brauche nur Deinen Spott
gegen alle, die sich im Leben wichtig machen wollen, aber
mißbrauche ihn niemals, um zu verwirren.

Das Wort »etwas ausrichten« bezeichnet ein Verhältnis zwischen meiner Handlung und einem anderen, das außer mir liegt. Es ist nun leicht einzusehen, daß dieses Verhältnis nicht in meiner Macht steht und daß man insofern von dem eminentesten Talent mit demselben Rechte sagen kann, daß es nichts ausrichte, wie von dem geringsten Menschen. Es liegt hierin kein Mißtrauen gegen das Leben, vielmehr liegt darin eine Anerkennung meiner eigenen Unbedeutendheit und eine Achtung vor der Bedeutung jedes anderen. Das eminenteste Talent kann sein Werk vollbringen, das kann der geringste Mensch auch. Mehr kann keiner von ihnen. Ob sie etwas ausrichten, steht nicht in ihrer Macht, während es durchaus in ihrer Macht steht, sich selbst daran zu hindern. Ich verzichte also auf alle Wichtigtuerei, die sich im Leben oft breit genug macht, ich tue mein Werk und vergeude meine Zeit nicht mit Kalkulationen darüber, ob ich etwas ausrichte. Was ich ausrichte, folgt dann meinem Werk als mein Glück, dessen ich mich wohl freuen, das ich mir aber nicht absolut zurechnen darf. Eine Buche, sie wächst empor, sie wölbt ihre Krone, und die Menschen freuen sich, in ihrem Schatten zu sitzen. Würde sie ungeduldig, würde sie sagen: »Hier an diesen Ort, an dem ich stehe, kommt fast nie ein lebendes Wesen, was hilft es also, daß ich wachse, daß ich meine Zweige ausbreite, was richte ich damit aus«, so würde sie ihr Wachstum nur verzögern, und vielleicht käme dann einmal ein Wanderer, der sagte: wäre dieser Baum statt eines Kümmerlings eine dicht belaubte Buche gewesen, so hätte ich mich jetzt in seinem Schatten ausruhen können. Denke Dir, wenn der Baum hören könnte!
Jeder Mensch kann also etwas ausrichten, er kann sein Werk tun. Das Werk kann überaus verschieden sein, dies aber bleibt stets festzuhalten, daß jeder Mensch sein Werk hat und daß somit alle in dem Ausdruck sich vereinen, daß sie ein jeder sein Werk tun. Das Verhältnis meines Werkes zu anderem, oder was ich ausrichten werde [dieses Wort nach dem üblichen Sprachgebrauch genommen], steht nicht in meiner

Macht. Selbst der, dessen Werk im Leben es ist, sich selbst zu entwickeln, selbst der richtet, wesentlich gesehen, ebenso viel aus wie jeder andere. Es könnte daher scheinen, als hätte jener Ästhetiker recht, der da meinte, man solle gar nicht darauf reflektieren, was man ausrichte, sondern nur die Befriedigung über die Entfaltung seines Talents genießen. Der Fehler war jedoch der, daß er bei der selbstischen Bestimmung des Talents stehenblieb. Er zählte sich selbst zu den Auserwählten und wollte in seinem Leben nicht das Allgemeine verrichten, sein Talent nicht als sein Werk betrachten. Der Mensch dagegen, von dem man sagen müßte, sein Werk im Leben sei einzig und allein, sich selbst zu entwickeln, gehört natürlich zu den, menschlich gesprochen, Mindestbegabten. Ein junges Mädchen z. B. Sie gehört wohl zu denen, von denen man nicht versucht ist zu sagen, daß sie etwas ausrichten können. Laß sie überdies auch noch durch Liebe unglücklich geworden, laß ihr die letzte Aussicht, etwas auszurichten, genommen sein; wenn sie dennoch ihr Werk tut, wenn sie sich selbst entwickelt, so richtet sie, wesentlich gesehen, ebenso viel aus wie der Größte.

Etwas ausrichten ist also identisch mit »sein Werk tun«. Denke Dir einen Menschen, der tief und innerlich bewegt ist; es kommt ihm gar nicht in den Sinn, ob er etwas ausrichten werde oder nicht, nur die Idee will mit ihrer ganzen Gewalt in ihm ans Licht. Laß ihn Redner sein, Pfarrer, oder was Du willst. Er spricht nicht zur Menge, um etwas auszurichten, sondern das Glockenspiel in ihm muß klingen, nur dann fühlt er sich glücklich. Glaubst Du, er richte weniger aus als derjenige, der in der Vorstellung von dem, was er ausrichten werde, sich selber wichtig wird, der durch den Gedanken an das, was er ausrichten werde, sich selbst in Atem hält? Denke Dir einen Schriftsteller; es kommt ihm gar nicht in den Sinn, ob er einen Leser finden oder ob er mit seiner Schrift etwas ausrichten werde, er will nur die Wahrheit ergreifen, ihr nur jagt er nach. Glaubst Du, ein solcher Autor richte weniger aus als jener, dessen Feder unter Aufsicht und Leitung des Gedankens steht, daß er etwas ausrichten will?

Sonderbar, weder Du noch ich, noch unser Held selbst, noch jener gescheite Ästhetiker haben es bemerkt, und doch ist es so, unser Held ist im Besitz eines ungewöhnlichen Talents. So kann das Geistige in einem Menschen längere Zeit enttäuschen, bis sein stilles Wachstum einen gewissen Punkt erreicht hat und es sich plötzlich in seiner ganzen Kraft kundtut. Der Ästhetiker wird gewiß sagen: »Ja, nun ist es zu spät, nun ist er mal verpfuscht, schade um den Menschen!« Der Ethiker wird gewiß sagen: »Es ist ein Glück, denn da er nun einmal das Wahre eingesehen hat, wird sein Talent seinem Fuß wohl nicht zum Fallstrick werden; er wird einsehen, daß man weder Unabhängigkeit noch eine fünfstündige Sklavenarbeit nötig hat, um es zu schirmen, sondern daß sein Talent eben sein Beruf ist.«

Unser Held arbeitet also, um zu leben; diese Arbeit ist zugleich seine Lust; er erfüllt seinen Beruf, er tut sein Werk; daß ich alles mit einem Wort sage, und zwar mit einem Wort, das Dir Angst einjagt – er hat einen Broterwerb. Werde nicht ungeduldig, laß es den Dichter sagen, dann klingt es schöner: er hat statt der »Kindheit goldnen Sommerbeeren« »einen Broterwerb mit Ehren« gefunden. Und was weiter? Du lächelst, Du meinst, ich hätte den Schelm im Nacken, Dir graut schon vor meinem Prosaismus; denn »jetzt läuft es wohl auf nichts Geringeres hinaus, als ihn zu verheiraten, ja bitte sehr, Du kannst schon das Aufgebot bestellen, ich werde gegen seinen und Deinen frommen Vorsatz nichts zu sagen haben. Es ist unglaublich, welch vernünftige Konsequenz im Dasein steckt, ein Broterwerb und eine Frau, ja, selbst jener Dichter mit seinem Glockenspiel spielt nicht undeutlich darauf an, daß mit dem Broterwerb auch die Frau kommt. Gegen eines nur muß ich protestieren, daß Du Deinen Klienten einen Helden nennst. Ich bin willfährig und nachgiebig gewesen, ich habe über ihn nicht den Stab brechen wollen, ich habe immer auf ihn gehofft, aber jetzt mußt Du wirklich entschuldigen, wenn ich in eine andere Straße einbiege und Dich nicht länger anhören mag. Ein Broterwerbs-Mann und ein Ehe-Mann, ich habe alle Ehrerbietung für ihn, aber ein Held, auf diesen Namen erhebt er wohl nicht einmal selber Anspruch.« Du meinst also, damit jemand ein Held genannt werde, sei es erforderlich, daß er etwas Ungewöhnliches tue. In dem Fall hast Du wirklich glänzende Aussichten. Gesetzt nun aber, es gehörte viel Mut dazu, das Gewöhnliche zu tun, und wer viel Mut beweist, ist ja ein Held. Damit jemand ein Held genannt werde, muß man nicht so sehr darauf reflektieren, was er tut, als wie er es tut. Der eine kann Reiche und Länder erobern, ohne ein Held zu sein; der andere kann dadurch, daß er seinen Sinn beherrscht, sich als Held erweisen. Der eine kann Mut beweisen, indem er das Ungewöhnliche tut, der andere, indem er das Gewöhnliche tut. Die Frage ist immer, wie er es tut. Du wirst doch nicht leugnen, daß unser Held im vorhergehenden Neigung gezeigt hat, das Ungewöhnliche zu tun; ja, ich wage noch nicht, ganz für ihn einzustehen. Darauf hast Du vermutlich Deine Hoffnung gegründet, daß er ein wirklicher Held werde. Ich habe darauf meine Befürchtung gegründet, daß er – ein Narr werde. Ich habe ihm gegenüber also die gleiche Nachsicht geübt wie Du, ich habe von Anfang an auf ihn gehofft, habe ihn einen »Helden« genannt, obwohl er mehrmals Miene machte, sich als dieses Titels unwürdig zu zeigen. Sobald ich ihn verheiratet habe, lasse ich ihn getrost aus meiner Hand und übergebe ihn mit Freuden in die seiner Frau. Auf Grund seiner früher an den Tag gelegten Widerspenstigkeit hat er sich nämlich dazu qualifiziert, unter eine speziellere Aufsicht gestellt zu werden. Dieser Arbeit wird seine Frau sich unterziehen, und so wird alles gut gehn; denn sooft er versucht ist, ein ungewöhnlicher Mensch zu sein, wird seine Frau ihn alsbald wieder orientieren, und so wird er sich in aller Stille den Namen eines Helden verdienen, und sein Leben wird nicht ohne Taten sein. Ich habe dann nichts weiter mit ihm

zu tun, außer sofern er sich etwa zu mir hingezogen fühlen
sollte, so wie ich mich zu ihm hingezogen fühlen werde,
wenn er seinen Heldengang fortsetzt. Er wird dann in mir
einen Freund sehen, und unser Verhältnis wird nicht ohne
Bedeutung sein. Daß Du Dich bis dahin von ihm zurück-
ziehst, darein wird er sich zu finden wissen, um so mehr, als
er leicht ein wenig mißtrauisch werden könnte, falls es Dir
belieben sollte, Dich für ihn zu interessieren. In dieser Hinsicht wünsche ich ihm Glück und wünsche jedem Ehemann
dasselbe Glück.

Doch so weit sind wir noch lange nicht gekommen. Du
kannst also noch eine Weile hoffen, so lange nämlich, wie
ich noch fürchten muß. Unser Held ist nämlich wie die
meisten und hat also eine gewisse Neigung zum Ungewöhnlichen; er ist zudem auch etwas undankbar und wird deshalb
auch hier wieder sein Heil bei den Ästhetikern suchen, bevor
er seine Zuflucht zu dem Ethiker nimmt. Er weiß seine Un-
dankbarkeit auch zu beschönigen; denn, sagt er, der Ethiker
hat mir wirklich aus meiner Verwirrung herausgeholfen,
die Ansicht von meiner Tätigkeit, die ich ihm verdanke, befriedigt mich durchaus, ihr Ernst erhebt mich. Was dagegen
die Liebe betrifft, so möchte ich in dieser Hinsicht freilich
wünschen, meine Freiheit zu genießen, so recht dem Trieb
meines Herzens zu folgen; Liebe liebt nicht diesen Ernst, sie
fordert die Leichtigkeit und Anmut des Ästhetischen.
Du siehst, ich werde mit ihm vielleicht noch schwer genug
ins Gedränge kommen. Es scheint fast, als habe er das Vorhergehende nicht ganz verstanden. Er glaubt immer noch
daran, daß das Ethische außerhalb des Ästhetischen liege,
und zwar obwohl er selber zugeben muß, daß das Leben
durch die ethische Betrachtung Schönheit gewonnen hat.
Wir werden sehen. Blase Du nur zu, so mag ich denn Mißweisungen genug bekommen.

Obwohl Du mir nie, weder mündlich noch schriftlich, auf
einen vorhergehenden Brief geantwortet hast, so wirst Du
Dich doch seines Inhalts wohl noch erinnern sowie auch, auf

welche Weise ich dort zu zeigen suchte, daß die Ehe eben durch das Ethische der ästhetische Ausdruck für die Liebe sei. Du wirst mir also vermutlich zugute halten, was dort dargelegt wurde, in der Überzeugung, daß ich, sofern es mir einigermaßen gelungen ist, es Dir begreiflich zu machen, es mit Leichtigkeit, wenn es nottut, unserem Helden würde erklären können. Er hat sich an die Ästhetiker gewandt, und er hat sie verlassen, um nichts klüger bezüglich dessen, was er tun, sondern eher bezüglich dessen, was er nicht tun soll. Er ist eine kleine Weile Zeuge der Verschlagenheit eines Verführers gewesen, hat seinen schmeichlerischen Reden gelauscht, aber er hat seine Kunst verachten gelernt, hat gelernt, ihn zu durchschauen, daß er ein Lügner ist, ein Lügner, wenn er Liebe heuchelt, wenn er Gefühle aufschminkt, in denen vielleicht einmal Wahrheit war, als er mit ihnen selbst einer andern gehörte, daß er doppelt betrügt – diejenige, der er einbilden will, daß er diese Gefühle hege, und diejenige, der sie rechtmäßig gehören, ein Lügner, wenn er sich selber einbildet, es sei etwas Schönes an seiner Lust. Er hat gelernt, den scharfsinnigen Spott zu verachten, der Liebe zu einem Kinderstreich machen möchte, über den man nur lächeln muß. Er hat Dein Lieblingsstück, »Die erste Liebe«, gesehen. Er traut sich nicht genügend Bildung zu, um das Stück ästhetisch würdigen zu können, aber er findet es ungerecht von dem Dichter, daß er *Charles* in den acht Jahren so tief sinken läßt. Er gesteht gern, daß dergleichen im Leben vorkommen mag; aber er meint, daß man nicht eben das von einem Dichter lernen soll. Er findet, es sei ein Widerspruch in dem Stück, daß *Emmeline* zugleich eine verschrobene Närrin und ein wirklich liebenswertes Mädchen sein soll, bei dem *Rinville* sich gleich auf den ersten Blick davon überzeugt, daß sie letzteres ist, und zwar obwohl er gegen sie eingenommen ist. Er findet, es sei in dem Falle wiederum eine Ungerechtigkeit, *Charles* in den acht Jahren zu einem verkommenen Menschen werden zu lassen. Es bedünkt ihn, das Stück hätte nicht ein Lustspiel, sondern eine

Tragödie werden müssen. Er findet, es sei ungerecht von
dem Dichter, daß er Emmeline sich so leichtsinnig in ihr
Mißverständnis finden lasse, sie leichtsinnig *Rinvilles* verzeihen lasse, daß er sie betrogen hat, sie leichtsinnig Charles
vergessen und so mit ihren eigenen Gefühlen leichtsinnig
Spott treiben lasse, sie leichtsinnig ihre ganze Zukunft aufbauen lasse auf ihren eigenen Leichtsinn, auf Rinvilles Leichtsinn, auf Charles' Leichtsinn. Er mag die ursprüngliche Emmeline zwar sentimental und überspannt finden; die gebes-
serte Emmeline aber, die kluge, ist in seinen Augen dennoch
ein weit geringeres Wesen als jene erste in all ihrer Unvollkommenheit. Er findet es unverantwortlich von dem Dichter, die Liebe solchermaßen als eine Narretei darzustellen,
bei der man acht Jahre brauchen kann, um sich in sie einzu-
leben, und eine halbe Stunde, um sie auf den Kopf zu stellen,
ohne daß diese Veränderung irgendeinen Eindruck hinter-
ließe. Es machte ihm Freude zu bemerken, daß er nicht eben
die Menschen am höchsten achte, die vor allem über solche
Stücke lachten. Einen Augenblick hat der Spott ihm das
Blut erstarren lassen, aber dann fühlt er, wie der Strom der
Gefühle wieder in seiner Brust emporquillt, er hat sich überzeugt, daß diese Pulsader das Lebensprinzip der Seele ist und
daß, wer sie durchschneidet, tot ist und sich nicht zu begraben lassen braucht. Eine kurze Zeit hat er sich von jenem
Mißtrauen gegen das Leben betäuben lassen, welches ihn
lehren will, daß alles vergänglich ist, daß die Zeit alles verändert, daß man auf nichts bauen und daher niemals einen
Plan für sein ganzes Leben fassen kann. Die Trägheit in ihm
und die Feigheit fanden diese Rede recht annehmbar, sie war
eine Tracht, die sich bequem anlegen ließ, und in den Augen
der Menschen nicht unkleidsam. Indes, er hat diese Rede
scharf in Augenschein genommen, er hat den Heuchler erkannt, die Genußsucht, die in demütiger Tracht, das Raubtier, das in Schafskleidern daherkam, und er hat gelernt,
diese Rede zu verachten. Er hat eingesehen, daß es eine Beleidigung und also unschön wäre, einen Menschen nach dem

Dunklen in seinem Wesen lieben zu wollen, nicht aber nach
dem Bewußten, so lieben zu wollen, daß für ihn die Möglichkeit denkbar wäre, daß diese Liebe einmal aufhörte, und
daß er dann sagen dürfe: Ich kann nichts dafür, das Gefühl
steht nicht in des Menschen Macht. Er hat eingesehen, daß
es eine Beleidigung und also unschön wäre, nur mit einer
Seite der Seele lieben zu wollen, aber nicht mit der ganzen
Seele; seine Liebe zu einem Moment zu machen und doch
die ganze Liebe eines andern zu nehmen, bis zu einem gewissen Grade ein Rätsel und ein Geheimnis sein zu wollen.
Er hat eingesehen, daß es unschön sein würde, wenn er
hundert Arme hätte, so daß er viele auf einmal umarmen
könnte, er hat nur zwei Arme und wünscht nur eine einzige
zu umarmen. Er hat eingesehen, daß es eine Beleidigung
wäre, sich so an einen andern Menschen binden zu wollen,
wie man sich an endliche und zufällige Dinge bindet, be-
dingungsweise, damit man, wenn sich hernach etwa Schwierigkeiten ergeben sollten, die Sache rückgängig machen könne. Er hält es nicht für möglich, daß die, die er liebt, sich
ändern könne, es sei denn zum Besseren, und sollte es doch
geschehen, so vertraut er auf die Macht des Verhältnisses, alles wiedergutzumachen. Er erkennt, daß, was die Liebe fordert, wie die Tempelsteuer ist, eine heilige Abgabe, die in
einer eigenen Münzsorte bezahlt wird, und daß man allen
Reichtum der Welt nicht als Leistung selbst für die unbedeutendste Forderung annimmt, wenn die Prägung falsch
ist.

Du siehst, unser Held ist auf guten Wegen, er hat den Glauben an die verhärtete Verständigkeit der Ästhetiker und an
ihren Aberglauben an dunkle Gefühle verloren, die zu zart
seien, um als Pflicht ausgedrückt zu werden. Er hat mit der
Erklärung des Ethikers vorlieb genommen, daß es eines jeden Menschen Pflicht sei, zu heiraten; er hat dies richtig verstanden, nämlich daß zwar der nicht sündigt, der nicht heiratet, außer sofern er selbst schuld daran ist, denn dann ver-
sündigt er sich am Allgemein-Menschlichen, das auch ihm

als Aufgabe gesetzt ist, die er realisieren soll, daß aber der,
welcher heiratet, das Allgemeine realisiert. Weiter kann ihn
der Ethiker nicht bringen, denn das Ethische ist, wie gesagt,
immer abstrakt, es kann ihm nur das Allgemeine sagen. So
kann es ihm hier keineswegs sagen, wen er heiraten soll. Dazu wäre nämlich eine genaue Kenntnis des gesamten Ästhetischen in ihm erforderlich, die aber der Ethiker nicht hat,
und hätte er sie auch, so würde er sich wohl hüten, seine
eigenen Theorien zu vernichten, indem er sich für ihn der
Wahl unterzöge. Wenn er dann aber selbst gewählt hat, so
wird das Ethische die Wahl sanktionieren und seine Liebe
elevieren, und es wird bis zu einem gewissen Grade ihm
auch beim Wählen behilflich sein, da es ihn von dem Aberglauben an das Zufällige befreien wird, denn eine bloß ästhetische Wahl ist eigentlich eine unendliche Wahl; und unbewußt hilft das Ethische jedem Menschen, da es aber unbewußt geschieht, so gewinnt diese Hilfe des Ethischen den
Anschein, als sei sie eine Verringerung, eine Folge der Jämmerlichkeit des Lebens, während sie doch eine Erhöhung,
eine Folge der Göttlichkeit des Lebens ist.

»Einen Menschen mit so ausgezeichneten Grundsätzen«, sagst
Du, »den darf man wohl allein gehen lassen, von dem darf
man wohl alles Große erwarten.« Derselben Meinung bin
auch ich, und ich will hoffen, daß seine Grundsätze so fest
sind, daß sie sich von Deinem Spott nicht bewegen lassen.
Indessen haben wir noch eine gefährliche Klippe zu um-
schiffen, bevor wir im Hafen sind. Unser Held hat nämlich
einen Mann, vor dessen Urteil und Meinung er alle Achtung hat, äußern hören, da man sich durch die Ehe fürs ganze Leben an einen Menschen binde, so müsse man bei der
Wahl Vorsicht walten lassen, es müsse ein ungewöhnliches
Mädchen sein, das einem eben durch seine Ungewöhnlichkeit für alle Zukunft ein Gefühl der Sicherheit gebe. Solltest
Du jetzt keine Lust verspüren, noch eine kleine Weile auf
unsern Helden zu hoffen? Ich zumindest fürchte für ihn.
Laß uns diese Sache gründlich anfassen. Du nimmst ja an, in

des Waldes einsamer Stille wohne eine Nymphe, ein Wesen, ein Mädchen. Nun gut, diese Nymphe, dieses Mädchen, dieses Wesen verläßt seine Einsamkeit und erscheint hier in *Kopenhagen* oder in *Nürnberg*, wie *Kaspar Hauser*, der Ort ist ja gleichgültig, genug, sie erscheint. Glaube mir, das wird ein Umwerben geben! Dies näher auszuführen, überlasse ich Dir, Du kannst ja einen Roman schreiben unter dem Titel: »Die Nymphe, das Wesen, das Mädchen in der Waldeseinsamkeit«, *ad modum* des in allen Leihbüchereien berühmten Romans: »Die Urne im einsamen Tal«. Sie ist bereits erschienen, und unser Held ist der Glückliche, dem sie ihre Liebe geschenkt hat. Wollen wir uns hierüber einig sein? Ich habe nichts einzuwenden, ich bin ja verheiratet. Du dagegen möchtest Dich vielleicht dadurch verletzt fühlen, daß so ein Alltagsmensch Dir vorgezogen worden ist. Da Du Dich jedoch für meinen Klienten interessierst und dies der einzige Weg ist, der ihm noch bleibt, um in Deinen Augen ein Held zu werden, so gib Deine Zustimmung. Laß uns nun sehen, ob seine Liebe schön wurde, seine Ehe schön. Die Pointe in seiner Liebe und in seiner Ehe läge doch darin, daß sie das einzige Mädchen auf der ganzen Welt ist. Die Pointe läge also in ihrer Differenz: ein Glück wie dieses könnte es auf der ganzen Welt nicht geben, und eben darin läge sein Glück. Er ist imstande, sie gar nicht heiraten zu wollen; denn hieße es nicht eine solche Liebe entwürdigen, wollte man ihr einen so alltäglichen und vulgären Ausdruck geben, wie eine Ehe es ist, wäre es nicht vermessen zu fordern, zwei solche Liebende sollten in die große Kompanie des Ehestandes eintreten, so daß in gewissem Sinne nicht mehr von ihnen zu sagen wäre als von jedem Ehepaar, nämlich daß sie verheiratet seien? Dies würdest Du vielleicht ganz in der Ordnung finden, und der einzige Einwand, den Du zu machen hättest, wäre wohl der, daß es nicht richtig sei, wenn so ein Stümper wie mein Held ein solches Mädchen heimführe; wäre er dagegen ein ungewöhnlicher Mensch gewesen, wie Du z. B., oder ein ebenso ungewöhnlicher

Mann, wie sie ein ungewöhnliches Mädchen ist, so wäre alles in der Ordnung und ihr Liebesverhältnis das vollendetste, das sich denken ließe.

Unser Held ist in eine kritische Lage geraten. Über das Mädchen gibt es nur eine Meinung: daß es ein ungewöhnliches Mädchen ist. Ich selbst, der Ehemann, sage mit *Donna Clara:* »Hier hat das Gerücht nicht zu viel versprochen, sie ist ein Wunderkind, die schöne *Preciosa*.« Es ist so verlockend, das Alltägliche aus den Augen zu verlieren und in den Lüften des Märchenhaften zu schweben. Und doch, er hat das Schöne an der Ehe ja selber eingesehen. Was tut denn die Ehe? Raubt sie ihm etwas, nimmt sie der Frau die Schönheit, hebt sie eine einzige Differenz auf? Keineswegs. Sondern sie läßt ihn all dies als Zufälligkeiten erkennen, solange er die Ehe außer sich hat, und erst wenn er der Differenz den Ausdruck des Allgemeinen gibt, erst dann ist er in deren sicherem Besitz. Das Ethische lehrt ihn, daß das Verhältnis das Absolute ist. Das Verhältnis ist nämlich das Allgemeine. Es raubt ihm die eitle Freude, das Ungewöhnliche zu sein, um ihm die wahre Freude zu geben, das Allgemeine zu sein. Es bringt ihn mit dem ganzen Dasein in Harmonie, lehrt ihn, sich daran zu freuen; denn als Ausnahme, als das Ungewöhnliche ist er in Konflikt, und da eben das, was das Ungewöhnliche begründet, hier sein Glück wäre, so muß er sich ja seiner Existenz bewußt werden als einer Plage für das Allgemeine, wenn anders Wahrheit in seinem Glück wäre, und es müßte doch in Wahrheit ein Unglück sein, auf eine Weise glücklich zu sein, daß das eigene Glück, wesentlich gesehen, von dem aller andern sich unterschiede. Er gewinnt also die zufällige Schönheit und verliert die wahre Schönheit. Dies wird er einsehen, und er wird wieder zu dem Satz des Ethikers zurückkehren, daß es eines jeden Menschen Pflicht ist, zu heiraten, und er wird sehen, daß dieser Satz nicht allein die Wahrheit, sondern auch die Schönheit auf seiner Seite hat. Mag er denn jenes Wunderkind bekommen, er wird nicht so auf die Differenz starren, daß sein Blick sich trübt. Er wird sich recht innig an ihrer Schönheit freuen, an ihrer Anmut, an dem Reichtum ihres Geistes und der Wärme ihres Gefühls, er wird sich glücklich preisen; wesentlich aber, wird er sagen, bin ich von keinem andern Ehemann verschieden; denn das Verhältnis ist das Absolute. Laß ihn ein weniger begabtes Mädchen bekommen, er wird seines Glückes froh sein; denn er wird sagen: mag sie auch tief unter anderen stehen, wesentlich macht sie mich ebenso glücklich, denn das Verhältnis ist das Absolute. Die Bedeutung der Differenz wird er nicht verkennen, denn wie er eingesehen hat, daß es keinen abstrakten Beruf gibt, sondern daß jeder Mensch den seinen hat, so wird er auch einsehen, daß es keine abstrakte Ehe gibt. Die Ethik sagt ihm nur, daß er heiraten soll, sie kann ihm nicht sagen, wen. Die Ethik erklärt ihm das Allgemeine in der Differenz, und er erklärt die Differenz in dem Allgemeinen.

Die ethische Anschauung von der Ehe hat also mehrere Vorzüge vor jeder ästhetischen Auffassung der Liebe. Sie erhellt das Allgemeine, nicht das Zufällige. Sie zeigt nicht, wie zwei ganz einmalige Menschen in ihrer Ungewöhnlichkeit glücklich werden können, sondern wie jedes Ehepaar es werden kann. Sie sieht das Verhältnis als das Absolute und begreift also die Differenzen nicht als Garantien, sondern versteht sie als Aufgaben. Sie sieht das Verhältnis als das Absolute und schaut daher die Liebe nach ihrer wahren Schönheit, nach ihrer Freiheit nämlich, begreift die historische Schönheit.

Unser Held lebt also von seiner Arbeit, seine Arbeit ist zugleich sein Beruf, er arbeitet daher mit Lust; da sie sein Beruf ist, setzt sie ihn in Verbindung mit anderen Menschen, und indem er sein Werk vollbringt, richtet er aus, was in der Welt auszurichten er nur wünschen kann. Er ist verheiratet, zufrieden in seinem Heim, und die Zeit geht ihm vorzüglich hin, er begreift nicht, daß die Zeit dem Menschen eine Last sein oder ein Feind seines Glückes werden könnte, im Gegenteil, die Zeit erscheint ihm als ein wahrer Segen. In dieser Beziehung, gesteht er, habe er seiner Frau außerordentlich

viel zu verdanken. Richtig, ich habe wohl zu erzählen vergessen, daß es mit der Nymphe im Wald ein Mißverständnis
war, er war nicht der Glückliche, er mußte sich mit einem
Mädchen begnügen, das so war wie die meisten, im gleichen
Sinne, wie er selber so war wie die meisten. Indessen ist er
doch sehr froh, ja, er hat mir einmal anvertraut, er halte es
für ein rechtes Glück, daß er jenes Wunderkind nicht bekommen habe, die Aufgabe wäre für ihn vielleicht zu groß
gewesen; wo alles, noch ehe man anfange, so vollendet sei,
da könne man so leicht Schaden anrichten. Jetzt dagegen ist
er voll Mut und Zuversicht und Hoffnung, er ist ganz enthu-
siastisch, mit Begeisterung sagt er: Das Verhältnis ist doch
das Absolute; fester als von allem anderen ist er davon überzeugt, daß das Verhältnis die Macht haben werde, dieses alltägliche Mädchen zu allem zu entwickeln, was groß und
schön ist; seine Frau ist in aller Demut derselben Meinung.
Ja, mein junger Freund, es geht wunderlich zu in der Welt,
ich habe gar nicht daran geglaubt, daß es solch ein Wunderkind auf der Welt gebe wie das, von dem Du sprichst, und
jetzt schäme ich mich fast meines Unglaubens, denn dieses
alltägliche Mädchen, mit ihrem großen Glauben, sie ist ein
Wunderkind, und ihr Glaube köstlicher als goldene Berge.
In einer Beziehung bleibe ich jedoch bei meinem alten Unglauben: daß nämlich ein solches Wunderkind nicht in des
Waldes Einsamkeit zu finden ist.
Mein Held – oder möchtest Du ihm das Recht auf diese Benennung bestreiten, erscheint Dir ein Mut, der da glauben
darf, ein gewöhnliches Mädchen in ein Wunderkind zu verwandeln, nicht als ein wahrer Heldenmut? – dankt seiner
Frau insbesondere dafür, daß die Zeit für ihn eine so schöne
Bedeutung gewonnen hat, und insofern schreibt er es wieder
bis zu einem gewissen Grade der Ehe zu, und darin sind er
und ich, wir beiden Ehemänner, uns völlig einig. Falls er jene Nymphe aus dem Walde bekommen und nicht geheiratet
hätte, so, fürchtete er, wäre ihre Liebe zwar in einzelnen
schönen Augenblicken aufgelodert, die aber matte Pausen

zurückgelassen hätten. Sie hätten sich dann vielleicht nur zu sehen gewünscht, wenn der Anblick recht bedeutungsvoll werden konnte; wäre ihnen das einige Male fehlgeschlagen, so fürchtet er, daß das ganze Verhältnis sich nach und nach in ein Nichts aufgelöst hätte. Die demütige Ehe dagegen, die es ihnen zur Pflicht machte, einander täglich zu sehen, sowohl wenn sie reich wie wenn sie arm waren, hatte eine Gleichmäßigkeit und Schlichtheit über das ganze Verhältnis gebreitet, die es ihm so überaus angenehm macht. Die prosaische Ehe hatte unter ihrem geringen Inkognito einen Dichter verborgen, der das Leben nicht nur bei einzelnen Gelegenheiten verklärte, sondern immer bei der Hand war und mit seinen Tönen selbst die ärmeren Stunden durchbebte.

Die Meinung, die mein Held in dieser Hinsicht über die Ehe hat, teile ich durchaus, und die Ehe zeigt hier so recht ihren Vorzug, nicht allein vor dem einsamen Leben, sondern auch vor jeder bloß erotischen Beziehung. Das letztere hat mein neuer Freund ja soeben dargelegt, ich möchte daher nur mit ein paar Worten das erstere hervorheben. Man sei ein so guter Kopf wie man wolle, man sei fleißig, man sei für eine Idee begeistert, es kommen doch Augenblicke, da einem die Zeit ein wenig zu lang wird. Du spottest so oft über das andere Geschlecht, ich habe Dich oft genug ermahnt, es zu unterlassen; halte ein junges Mädchen für ein so unvollkommenes Wesen wie du willst, ich möchte Dir dennoch sagen: Mein lieber Weiser, gehe hin zur Ameise und lerne, lerne von einem Mädchen, die Zeit zu vertreiben, denn darin ist sie ein geborener Virtuos. Sie hat vielleicht nicht jene Vorstellung von strenger und beharrlicher Arbeit, wie ein Mann sie hat, aber sie ist niemals müßig, immer beschäftigt, die Zeit wird ihr niemals lang. Ich kann davon aus Erfahrung sprechen. Mitunter begegnet es mir, jetzt freilich seltener – denn ich suche dem entgegenzuarbeiten, da ich es für die Pflicht eines Ehemannes halte, daß er sich bemühe, mit seiner Frau einigermaßen gleichaltrig zu sein, – mitunter begegnet es

mir, daß ich dasitze und in mich selbst zusammensinke. Ich
habe meine Arbeit besorgt, ich habe keine Lust zu irgendeiner Zerstreuung, etwas Melancholisches in meinem Temperament gewinnt über mich die Oberhand; ich werde um
viele viele Jahre älter, als ich wirklich bin, ich entfremde mich
fast meinem eigenen häuslichen Leben, ich sehe durchaus,
daß es schön ist, aber ich sehe es mit andern Augen an als
sonst; mir ist, als sei ich selbst ein alter Mann, meine Frau eine
jüngere Schwester von mir, die glücklich verheiratet wäre
und in deren Hause ich nun säße. In solchen Stunden fehlt
nicht viel, daß die Zeit anfängt mir lang zu werden. Wäre
meine Frau nun ein Mann, so würde es ihr vielleicht ebenso
gehen wie mir, und wir würden vielleicht beide zum Stillstand kommen; aber sie ist eine Frau und in gutem Einverständnis mit der Zeit. Ist es eine Vollkommenheit an einer
Frau, dieser geheime Rapport, in dem sie mit der Zeit steht,
ist es eine Unvollkommenheit, ist es so, weil sie ein irdische-
res Wesen ist als der Mann, oder weil sie mehr die Ewigkeit
in sich hat? – Antworte Du, Du bist ja ein philosophischer
Kopf. Wenn ich nun so verlassen und verloren dasitze und
dann meine Frau ansehe, leicht und jugendlich geht sie im
Zimmer umher, immer beschäftigt, immer hat sie irgend etwas zu tun, so folgt mein Auge unwillkürlich ihren Bewegungen, ich nehme teil an allem, was sie sich vornimmt, und
es endet damit, daß ich mich wieder in die Zeit hineinfinde,
daß die Zeit wieder Bedeutung für mich gewinnt, daß der
Augenblick wieder enteilt. Was sie eigentlich macht, ja, das
könnte ich wirklich beim besten Willen nicht sagen, und
kostete es mich das Leben, es bleibt mir ein Rätsel. Was es
heißt, bis tief in die Nacht zu arbeiten, so müde zu sein, daß
man kaum noch von seinem Stuhl aufzustehen vermag, was
denken heißt, was es heißt, so völlig leer an Gedanken zu
sein, daß einem unmöglich auch nur das mindeste in den
Kopf hinein will, das weiß ich; was faulenzen heißt, weiß ich
auch, aber die Art, beschäftigt zu sein, wie meine Frau es ist,
das ist ein Rätsel. Sie ist niemals müde und doch niemals un-

tätig, es ist, als wäre ihre Beschäftigung ein Spiel, ein Tanz, als wäre ein Spiel ihre Beschäftigung. Womit füllt sie nur die Zeit aus? Denn Du wirst ja wohl begreifen, daß es natürlich nicht angelernte Fertigkeiten sind, nicht jene Mätzchen, in denen die Junggesellen gemeinhin exzellieren; und da wir von Junggesellen sprechen und ich im Geiste sehe, daß dies das Ende Deiner Jugend sein wird, so solltest Du wirklich beizeiten darauf bedacht sein, wie Du die müßigen Augenblicke ausfüllen kannst, Du solltest lernen, die Flöte zu traktieren, oder versuchen, ein sinnreiches Instrument zu erfinden, mit dem man die Pfeife auskratzt. Jedoch, ich mag an dergleichen nicht denken, ich bin es bald überdrüssig, daran zu denken, ich kehre zu meiner Frau zurück, ihr zuzusehen, werde ich niemals überdrüssig. Was sie macht, kann ich nicht erklären, aber sie tut es alles mit einer Anmut und Grazie, mit einer unbeschreiblichen Leichtigkeit frischweg ohne Zeremonien, so wie ein Vogel sein Lied singt, und mit dessen Arbeit, glaube ich, ist ihre Beschäftigung auch am ehesten vergleichbar, und doch muten ihre Künste mich an wie wahre Zauberkünste. In dieser Hinsicht ist sie meine absolute Zuflucht. Wenn ich in meinem Arbeitszimmer sitze, wenn ich müde werde, wenn die Zeit mir lang wird, so schleiche ich mich ins Wohnzimmer, ich setze mich in eine Ecke, ich sage kein Wort, aus Furcht, ich könnte sie in ihrem Tun etwa stören; denn obwohl es aussieht wie ein Spiel, geschieht es doch mit einer Würde und einer Schicklichkeit, die Respekt einflößen, und sie ist bei weitem nicht das, was, wie Du sagst, Frau *Hansen* ist, ein Brummkreisel, der herumschwirrt und mit seinem Schwirren die eheliche Musik im Wohnzimmer verbreitet.

Ja, mein guter Weiser, es ist unglaublich, welch ein natürlicher Virtuose eine Frau ist, sie erklärt auf die interessanteste und schönste Art das Problem, das schon manchen Philosophen den Verstand gekostet hat: die Zeit. Ein Problem, über das man bei vielen Philosophen bei all ihrer Weitläufigkeit vergebens Aufklärung sucht, erklärt sie ohne weiteres zu je-

der Tageszeit. So erklärt sie dieses Problem, so erklärt sie
viele andere auf eine Weise, welche die höchste Verwunderung erregt. Obwohl ich noch kein alter Ehemann bin, so
glaube ich doch, ein ganzes Buch hierüber schreiben zu
können. Das will ich jedoch nicht, aber ich will Dir eine
Geschichte erzählen, die mir stets sehr bezeichnend gewesen
ist. Irgendwo in Holland lebte ein Gelehrter. Er war Orien-
talist und verheiratet. Eines Mittags kommt er zur Essenszeit
nicht ins Zimmer, obgleich man ihn gerufen hat. Seine Frau
wartet sehnsüchtig mit dem Essen, sie weiß, er ist zu Hause,
und je länger es dauert, um so weniger weiß sie sich sein
Ausbleiben zu erklären. Endlich entschließt sie sich, selbst
hinüberzugehen und ihn zum Kommen zu bewegen. Da
sitzt er allein in seinem Arbeitszimmer, kein Mensch ist bei
ihm. Er ist in seine orientalischen Studien vertieft. Ich kann
mir vorstellen, sie hat sich über ihn gebeugt, den Arm
um seinen Hals gelegt, in sein Buch hinabgeguckt, darauf
ihn angesehen und gesagt: Lieber, warum kommst Du nicht
zum Essen? Der Gelehrte hat vielleicht kaum Zeit gehabt,
auf das zu achten, was da gesagt wurde, aber als er seine Frau
sieht, hat er vermutlich geantwortet: »Ja, mein Mädchen,
von Mittagessen kann jetzt keine Rede sein, hier ist eine Vokalisation, wie ich sie noch nie gesehen habe, ich habe die
Stelle schon oft genug angeführt gesehen, aber noch nie so,
und doch ist meine Ausgabe eine vortreffliche holländische
Ausgabe, siehst Du, dieser Punkt hier, über den könnte man
verrückt werden.« Ich kann mir vorstellen, seine Frau hat
ihn angesehen, halb lächelnd, halb vorwurfsvoll, weil so ein
kleiner Punkt die häusliche Ordnung stören sollte, und die
Sage berichtet, sie habe geantwortet: »Kann man sich das so
zu Herzen nehmen, das ist ja nicht mehr wert, als daß man
drauf pfeift.« Gesagt, getan; sie pfeift, und siehe da, die Vokalisation verschwindet; denn der merkwürdige Punkt war
ein Körnchen Schnupftabak. Froh eilte der Gelehrte zu Tisch,
froh, daß die Vokalisation verschwunden war, und froher
noch über seine Frau.

Soll ich Dir die Moral aus dieser Geschichte ziehen? Wäre jener Gelehrte nicht verheiratet gewesen, so wäre er vielleicht wahnsinnig geworden, er hätte vielleicht mehrere Orientalisten mit in die Sache hineingezogen; denn ich zweifle nicht, daß er in der Literatur einen fürchterlichen Lärm geschlagen hätte. Sieh, deshalb sage ich, man soll mit dem andern Geschlecht in gutem Einvernehmen leben, denn, unter uns gesagt, ein junges Mädchen erklärt alles und pfeift auf das ganze Konsistorium, und ist man in gutem Einvernehmen mit ihr, so ist man froh über ihre Belehrungen, andernfalls aber treibt sie ihren Spott mit einem. Aber diese Geschichte lehrt zugleich, auf welche Weise man in gutem Einvernehmen mit ihr leben soll. Wäre jener Gelehrte nicht verheiratet gewesen, wäre er ein Ästhetiker gewesen, der alle Bedingungen in seiner Macht gehabt hätte, vielleicht wäre er dann der Glückliche geworden, dem jenes Wunderkind hätte angehören wollen. Er hätte nicht geheiratet, dazu wären beider Gefühle zu vornehm gewesen. Er hätte ihr einen Palast gebaut und keine Verfeinerung gespart, um ihr das Leben reich an Genuß zu machen, er hätte sie in ihrem Schloß besucht, denn so hätte sie es gewünscht; er hätte mit erotischer Koketterie den Weg zu ihr hinaus selber zu Fuß zurückgelegt, während sein Kammerdiener, reiche und köstliche Geschenke mitbringend, ihm im Wagen gefolgt wäre. Bei seinem orientalischen Studium wäre er ebenfalls auf jene merkwürdige Vokalisation gestoßen. Er hätte darauf hingestarrt, ohne sie erklären zu können. Unterdessen wäre der Augenblick gekommen, da er die Geliebte besuchen sollte, da hätte er diese Sorge beiseite geworfen, denn wie ziemt es sich, eine Geliebte zu besuchen, wenn man an andere Dinge denkt als an ihre Anmut und seine eigene Liebe? Er hätte alle nur mögliche Liebenswürdigkeit aufgeboten, er wäre reizender gewesen denn je, hätte ihr über alle Maßen gefallen, weil in seiner Stimme von fern noch viele Leidenschaften nachgeklungen hätten, weil er die Heiterkeit erst dem Mißmut hätte abringen müssen. Aber wenn

er dann bei Tagesanbruch sie verließe, wenn er den letzten
Kuß ihr zugeworfen hätte und nun in seinem Wagen säße,
so wäre seine Stirn umwölkt. Er käme nach Hause. Die
Fensterläden im Arbeitszimmer würden geschlossen, die
Kerzen angezündet, er ließe sich nicht auskleiden; sondern
er setzte sich hin und starrte auf den Punkt, den er nicht erklären könnte. Er hätte zwar ein Mädchen, das er liebte, ja
vielleicht anbetete, das er nur besuchte, wenn seine Seele
reich und stark wäre, aber keine Gattin, die hereinkäme und
ihn zum Mittagessen riefe, keine Frau, die den Punkt weg-
blasen könnte.

Überhaupt hat das Weib ein angeborenes Talent und eine
ursprüngliche Gabe, eine absolute Virtuosität, die Endlichkeit zu erklären. Als der Mann geschaffen war, da stand er
da als der Herr und Fürst der ganzen Natur; die Pracht und
der Glanz der Natur, der ganze Reichtum der Endlichkeit
harrten nur seines Winkes, er aber begriff nicht, was er mit
dem Ganzen anfangen sollte. Er sah es an, aber es war gleichsam, als ob vor dem Blick des Geistes alles verschwände, es
war ihm, als würde er, wenn er sich nur bewegte, mit einem
einzigen Schritt an alledem vorüber sein. So stand er da, eine
imposante Gestalt, in sich versonnen und dennoch komisch,
denn man muß doch lächeln über diesen reichen Mann, der
seinen Reichtum nicht zu gebrauchen wußte; aber auch
tragisch, denn er konnte ihn nicht gebrauchen. Da wurde das
Weib geschaffen. Sie war nicht in Verlegenheit, sie wußte
sofort, wie diese Sache anzupacken sei, ohne Umstände,
ohne Vorbereitung war sie gleich bereit zu beginnen. Das
war der erste Trost, der dem Menschen gespendet wurde.
Sie näherte sich dem Mann, froh wie ein Kind, demütig wie
ein Kind, wehmütig wie ein Kind. Sie wollte ihm nur ein
Trost sein, ihm das Gefühl des Mangels lindern, eines Mangels, den sie nicht verstand, den sie aber auch nicht auszu-
gleichen meinte, wollte ihm die Zwischenzeit verkürzen.
Und siehe, ihr demütiger Trost wurde des Lebens reichste
Freude, ihr unschuldiger Zeitvertreib wurde des Lebens

Schönheit, ihr kindliches Spiel wurde des Lebens tiefster Sinn. Ein Weib begreift die Endlichkeit, sie versteht sie von Grund auf, darum ist sie lieblich, und das ist, wesentlich gesehen, jedes Weib, darum ist sie anmutig, und das ist kein Mann, darum ist sie glücklich, glücklich wie kein Mann es sein kann oder soll, darum ist sie in Harmonie mit dem Dasein, wie kein Mann es sein kann oder soll. Man kann daher sagen, ihr Leben sei glücklicher als das des Mannes, denn die Endlichkeit kann einen Menschen wohl glücklich machen, die Unendlichkeit als solche nie. Das Weib ist vollkommener als der Mann, denn derjenige, der etwas erklärt, ist doch wohl vollkommener als derjenige, der einer Erklärung nachjagt. Das Weib erklärt die Endlichkeit, der Mann jagt der Unendlichkeit nach. So soll es sein, und jeder hat seinen Schmerz; denn das Weib gebiert mit Schmerzen Kinder, der Mann aber empfängt mit Schmerzen Ideen, und das Weib soll des Zweifels Angst oder der Verzweiflung Qual nicht kennen, sie soll nicht außerhalb der Idee stehen, aber sie hat sie aus zweiter Hand. Weil aber das Weib dergestalt die Endlichkeit erklärt, darum ist sie des Mannes tiefstes Leben, ein Leben jedoch, das geheim und verborgen sein soll, wie das Leben der Wurzel es stets ist. Sieh, deshalb hasse ich all das abscheuliche Gerede von der Emanzipation der Frau. Gott verhüte, daß es je dazu kommt. Ich kann Dir nicht sagen, mit welchem Schmerz dieser Gedanke meine Seele durchdringen kann, aber auch nicht, welch leidenschaftliche Erbitterung, welchen Haß ich nähre gegen einen jeden, welcher dergleichen zu äußern wagt. Es ist mein Trost, daß die, welche solche Weisheit vortragen, nicht klug sind wie die Schlangen, sondern zumeist Dummköpfe, deren Gewäsch keinen Schaden anrichten kann. Ja, wenn die Schlange dem Weibe dies weismachen, sie mit der scheinbar lustigen Frucht verlocken könnte, wenn diese Seuche sich ausbreitete, wenn sie auch zu ihr durchdränge, die ich liebe, meinem Weibe, meiner Freude, meiner Zuflucht, der Wurzel meines Lebens, ja, dann wäre mein Mut geknickt, dann wäre

die Leidenschaft der Freiheit in meiner Seele ermattet; dann
weiß ich wohl, was ich tun würde, ich würde mich auf den
Markt setzen und weinen, weinen wie jener Künstler, dessen Werk vernichtet worden ist und der sich auch selbst
nicht mehr daran erinnern konnte, was es vorgestellt hatte.
Aber das geschieht nicht, das soll und kann nicht geschehen,
mögen denn böse Geister es versuchen, mögen dumme Menschen es tun, die keine Vorstellung davon haben, was es
heißt, ein Mann zu sein, weder von dem Großen noch von
dem Geringen, das darin liegt, keine Ahnung von der Vollkommenheit des Weibes in ihrer Unvollkommenheit! Sollte wirklich ein einziges Weib einfältig und eitel und jämmerlich genug sein zu glauben, daß sie unter der Bestimmung »Mann« etwa vollkommener werden könnte als der
Mann, nicht einzusehen, daß ihr Verlust unersätzlich wäre?
Kein gemeiner Verführer vermöchte eine dem Weibe gefährlichere Lehre zu ersinnen als diese, denn hat er ihr dies
erst weisgemacht, so ist sie ganz und gar in seiner Gewalt,
seiner Willkür preisgegeben; sie kann dem Manne nichts
sein als eine Beute seiner Launen, während sie als Frau alles
für ihn sein kann. Aber die Stümper wissen nicht, was sie
tun, sie taugen selber nicht dazu, Männer zu sein, und statt
dies zu lernen, wollen sie das Weib verderben und sich
einigen auf die Bedingung hin, daß sie selbst bleiben, was sie
waren, Halbmänner, und das Weib zu derselben Erbärmlichkeit avanciert. Ich erinnere mich, einmal über die Emanzipation der Frau einen nicht unwitzigen Spott gelesen zu
haben. Der Verfasser verweilte besonders bei der Kleider-
tracht, die, wie er meinte, dann für Männer und Frauen
gleich sein müßte. Denke Dir diesen Greuel! Es kam mir
damals so vor, als ob der Verfasser seine Aufgabe nicht tief
genug erfaßt habe, als ob die Gegensätze, die er aufstellte,
die Idee nicht treffend genug berührten. Ich will es wagen,
einen Augenblick das Unschöne zu denken, weil ich weiß,
daß die Schönheit sich dann in all ihrer Wahrheit offenbaren wird. Was ist schöner als das reiche Haar einer Frau, als

diese Lockenfülle? Und doch sagt die Schrift, dies sei ein Zeichen ihrer Unvollkommenheit, und führt dafür mehrere Gründe an. Und ist dem nicht auch so? Betrachte sie, wenn sie ihr Haupt zur Erde neigt, wenn die üppigen Flechten fast den Boden berühren und es aussieht, als sei sie durch Blumenranken an der Erde festgewachsen, steht sie da nicht als ein unvollkommeneres Wesen als der Mann, der zum Himmel emporblickt und die Erde nur berührt? Und doch ist dieses Haar ihre Schönheit, ja, was mehr ist, ihre Stärke; denn eben damit, wie der Dichter sagt, fängt sie ja den Mann, damit fesselt sie den Mann und bindet ihn an die Erde. Ich möchte zu so einem Dummkopf, der die Emanzipation predigt, sagen: sieh, da steht sie in all ihrer Unvollkommenheit, ein geringeres Wesen als der Mann, hast du den Mut, so schneide die reichen Locken ab, zerhaue diese schweren Fesseln – und dann laß sie laufen wie eine Wahnsinnige, eine Verbrecherin, zum Entsetzen der Menschen.

Laß den Mann den Anspruch, der Herr und Fürst der Natur zu sein, aufgeben, laß ihn den Platz räumen vor dem Weibe, sie ist die Herrscherin der Natur, die Natur versteht sie, und sie versteht die Natur, die ihrem Wink gehorcht. Daher ist das Weib alles für den Mann, weil es ihm die Endlichkeit schenkt, ohne sie ist er ein unsteter Geist, ein Unglücklicher, der keine Ruhe findet, keine Bleibe hat. Es hat mich oft gefreut, die Bedeutung des Weibes so zu sehen, sie ist mir dann eine Bezeichnung der Gemeinde überhaupt, und der Geist ist in großer Verlegenheit, wenn er keine Gemeinde hat, in der er wohnen kann, und wenn er in der Gemeinde wohnt, so ist er der Geist der Gemeinde. Eben darum steht, wie ich vorhin schon einmal bemerkt habe, in der Schrift nicht, daß das Mädchen Vater und Mutter verlassen und an seinem Manne hangen soll, und das sollte man doch meinen, denn das Mädchen ist ja die Schwächere, die Schutz beim Manne sucht, nein, dort steht, der Mann soll Vater und Mutter verlassen und an seinem Weibe hangen; denn sofern sie ihm die Endlichkeit gibt, ist sie stärker als er. Daher kann nichts

ein so schönes Bild der Gemeinde sein wie eine Frau. Wenn
man die Sache so sehen wollte, so glaube ich wirklich, daß
sich manche Aussicht eröffnen würde, den Gottesdienst zu
verschönen. Wie geschmacklos ist es nicht in unseren Kirchen, daß die Gemeinde, sofern sie sich nicht selbst repräsentiert, von einem Küster oder einem Glöckner repräsentiert wird. Sie sollte immer von einer Frau repräsentiert
werden. Einen richtig wohltuenden Eindruck von der Gemeinde habe ich in unserem Gottesdienst von jeher vermißt,
und doch hat es ein Jahr in meinem Leben gegeben, in dem
ich jeden Sonntag meinen idealisierten Vorstellungen ziemlich nahe gekommen bin. Es war in einer unserer Kirchen
hier in der Stadt. Die Kirche selbst sprach mich sehr an, der
Geistliche, den ich jeden Sonntag hörte, war eine hochehrwürdige Persönlichkeit, eine einmalige Erscheinung, ein
Mensch, der aus der Erfahrung eines bewegten Lebens Altes
und Neues hervorzuholen wußte; er war auf einer Kanzel
ganz zu Hause. Er befriedigte als Pfarrer die ideale Forderung meiner ganzen Seele, er befriedigte sie als Figur, befriedigte sie als Redner. Ich war jeden Sonntag recht froh, wenn
ich daran dachte, daß ich hingehen und ihn hören würde;
was aber dazu beitrug, meine Freude zu steigern und den
Eindruck des Gottesdienstes in dieser Kirche für mich vollkommen zu machen, war eine andere Gestalt, eine ältere
Frau, die sich ebenfalls an jedem Sonntag einfand. Sie pflegte
kurz vor Beginn des Gottesdienstes zu kommen, ich ebenfalls. Ihre Persönlichkeit war mir ein Bild der Gemeinde,
und über ihr vergaß ich ganz den störenden Eindruck des
Küsters in der Kirchentür. Sie war eine ältliche Frau, sah
aus, als wäre sie an die sechzig Jahre, war aber noch schön,
ihre Züge edel, ihre Miene voll einer gewissen demütigen
Würde, ihr Antlitz ein Ausdruck der tiefen, reinen, weiblichen Sittlichkeit. Sie sah aus, als hätte sie viel erlebt, nicht
eben stürmische Begebenheiten, sondern wie eine Mutter,
welche die Lasten des Lebens getragen und doch eine Freude
an der Welt bewahrt und gewonnen hat. Wenn ich sie nun

ganz hinten im Gang daherkommen sah, wenn der Küster sie an der Kirchentür empfangen hatte und sie nun wie ein Diener ehrerbietig zu ihrem Stuhl geleitete, so wußte ich, daß sie auch an der Bank vorbeikam, auf der ich zu sitzen pflegte. Wenn sie dann an mir vorüberschritt, erhob ich mich stets und verbeugte mich vor ihr, oder, wie es im Alten Testament heißt, neigte mich vor ihr. Für mich lag sehr viel in dieser Verbeugung, es war, als wollte ich sie bitten, mich in ihre Fürbitten einzuschließen. Sie trat in ihren Stuhl, sie grüßte freundlich den Küster, sie blieb einen Augenblick aufgerichtet stehen, sie neigte ihr Haupt, hielt sich eine Weile ihr Taschentuch vor die Augen zu einem Gebet – es gehört schon ein kraftvoller Prediger dazu, um einen so starken und so wohltuenden Eindruck zu machen wie die Feierlichkeit jener ehrwürdigen Frau. Es kam mir zuweilen in den Sinn: vielleicht bist auch du mit in ihr Gebet eingeschlossen; denn einer Frau gehört es wesentlich zu, für andere zu beten. Denke sie Dir in welcher Lebensstellung, in welchem Alter Du willst, denke sie Dir betend, und Du wirst in der Regel finden, daß sie für andere betet, für ihre Eltern, für den Geliebten, für ihren Mann, für ihre Kinder, immer für andere. Dem Manne gehört es wesentlich zu, für sich selbst zu beten. Er hat seine bestimmte Aufgabe, seinen bestimmten Ort. Seine Resignation ist daher eine andere, selbst im Gebet ist er kämpfend. Er resigniert auf die Erfüllung seines Wunsches, und worum er bittet, ist die Kraft, ihm zu entsagen. Selbst wenn er etwas wünscht, denkt er immer diesen Gedanken mit. Das Gebet der Frau ist weit mehr substantiell, ihre Resignation eine andere. Sie betet um die Erfüllung ihres Wunsches, sie resigniert auf sich selbst, als ob sie von sich aus irgend etwas zu der Sache tun könnte, eben deshalb aber ist sie auch weit besser dazu befähigt, für andere zu beten, als der Mann; denn würde er für einen andern beten, so würde er wesentlich darum bitten, daß diesem Kraft verliehen werde, den Schmerz, der ihm durch die Nichterfüllung seines Wunsches verursacht

würde, zu ertragen und fröhlich zu überwinden; aber eine
solche Fürbitte ist als Fürbitte betrachtet unvollkommen,
während sie als Gebet für einen selbst wahr und richtig ist.
Weib und Mann bilden in dieser Beziehung gleichsam zwei
Glieder. Erst kommt das Weib mit seiner Fürbitte, sie rührt
die Gottheit gleichsam durch ihre Tränen, darauf kommt
der Mann mit seinem Gebet, er bringt das erste Glied zum
Stehen, wenn es ängstlich fliehen will, er hat eine andere Art
von Taktik, die stets den Sieg bringt. Das liegt wiederum
daran, daß der Mann der Unendlichkeit nachjagt. Verliert
das Weib die Schlacht, so muß sie vom Manne beten lernen,
und doch gehört ihr die Fürbitte so wesentlich zu, daß selbst
in diesem Falle ihre Fürbitte für den Mann eine andere sein
wird als sein eigenes Gebet. In gewissem Sinne ist darum
das Weib viel gläubiger als der Mann; denn das Weib
glaubt, für Gott sei alles möglich, der Mann glaubt, es sei
für Gott etwas unmöglich. Das Weib wird immer inbrün-
stiger in ihrem demütigen Verlangen, der Mann gibt mehr
und mehr auf, bis er den unverrückbaren Punkt findet, von
dem er nicht vertrieben werden kann. Das kommt daher,
daß es dem Manne wesentlich zugehört, gezweifelt zu haben, und davon wird alle seine Gewißheit ein Gepräge tragen.

Meine Freude an der Schönheit des Gottesdienstes in jener
Kirche war indessen nur kurz. Nach einem Jahr wurde jener Pfarrer versetzt, die ehrwürdige Matrone, fast könnte
ich sie meine fromme Mutter nennen, habe ich nicht mehr
gesehen. Jedoch habe ich oft an sie gedacht. Als ich mich
später verheiratete, hat sie mir oft vor den Gedanken ge-
schwebt. Wenn die Kirche auf dergleichen achtete, könnte
unser Gottesdienst sicherlich an Schönheit und Feierlichkeit
gewinnen. Stelle Dir vor, wenn bei einer Kindtaufe solch
eine hochehrwürdige Frau an der Seite des Pfarrers stünde
und das Amen spräche, statt daß jetzt ein Küster es daher-
leiert. Stelle Dir dasselbe bei einer Trauung vor, wäre das
nicht schön; denn wer könnte eine so erhabene Vorstellung

von der Schönheit einer Fürbitte geben wie eine solche Frau!

Doch, da sitze ich und predige und vergesse ganz, wovon ich eigentlich sprechen wollte, vergesse, daß Du es bist, zu dem ich sprechen will. Das kommt davon, daß ich Dich über meinem neuen Freund rein vergessen habe. Siehst Du, mit ihm würde ich gern über solche Dinge reden; denn einmal ist er kein Spötter, und zum andern ist er Ehemann, und nur wer für die Schönheit der Ehe ein Auge hat, wird auch das Wahre in meinen Äußerungen erkennen.

Ich kehre also zu unserem Helden zurück. Diesen Titel verdient er gewiß, indessen will ich ihn künftig doch nicht mehr für ihn verwenden, sondern eine andere Benennung vorziehen, die mir lieber ist, indem ich ihn aufrichtigen Herzens meinen Freund heiße, so wie ich mich mit Freuden den seinen nenne. Du siehst, daß sein Leben ihn mit »jenem Luxusartikel, den man einen Freund nennt«, versehen hat. Du hast vielleicht gemeint, ich würde die Freundschaft und ihre ethische Gültigkeit mit Schweigen übergehen, oder vielmehr, es sei mir eine Unmöglichkeit, auf die Freundschaft zu sprechen zu kommen, da sie gar keine ethische Bedeutung habe, sondern ganz und gar unter ästhetische Bestimmungen falle. Es wundert Dich vielleicht, daß ich, sofern ich sie besprechen wollte, sie erst hier bespreche; denn die Freundschaft ist ja der Jugend erster Traum, gerade in der frühen Jugend ist ja die Seele so weich und begeistert, daß sie die Freundschaft sucht. Es wäre also eher in der Ordnung gewesen, von der Freundschaft zu sprechen, bevor ich meinen Freund in den heiligen Ehestand treten ließ. Ich könnte erwidern, es habe sich bezüglich meines Freundes so merkwürdig getroffen, daß er sich eigentlich vor seiner Verheiratung nicht so sehr zu irgendeinem Menschen hingezogen gefühlt habe, daß er dieses Verhältnis hätte als Freundschaft bezeichnen dürfen; ich könnte hinzufügen, daß mir das recht lieb sei, weil ich die Freundschaft zuletzt abhandeln wollte, da ich nicht annehme, daß das Ethische darin im

gleichen Sinne Gültigkeit habe wie in der Ehe und ich darin
eben ihre Unvollkommenheit sehe. Diese Antwort könnte
unzulänglich scheinen, sofern es sich denken ließe, daß es
sich bei meinem Freund um eine abnorme Zufälligkeit handele; ich bin daher bereit, ein wenig sorgfältiger dabei zu
verweilen. Du bist ja Beobachter, Du wirst mir daher in der
Observation recht geben, daß ein merkbarer Individualitäts-
unterschied dadurch bezeichnet ist, ob bei einem Menschen
die Periode der Freundschaft in die sehr frühe Jugend oder
erst in ein späteres Lebensalter fällt. Die flüchtigeren Naturen haben keine Schwierigkeit, sich in sich selbst zurechtzu-
finden, ihr Selbst ist gleich von Anfang an eine kurante
Münze, und nun tritt also jener Umsatz ein, den man
Freundschaft nennt. Die tieferen Naturen haben es nicht so
leicht, sich selbst zu finden, und solange sie ihr Selbst nicht
gefunden haben, können sie auch nicht wünschen, daß ihnen
jemand eine Freundschaft anbiete, für die sie keinen Ersatz
leisten können. Solche Naturen sind teils in sich selbst vertieft, teils Beobachter, ein Beobachter aber ist kein Freund.
Insofern ließe es sich also erklären, wenn es meinem Freund
ebenso ergangen wäre. Es wäre nichts Abnormes, auch kein
Zeichen seiner Unvollkommenheit. Jedoch, er hat sich ja
verheiratet. Nun entsteht die Frage, ob es nicht etwas Abnormes sei, daß die Freundschaft sich erst hinterher zeigte;
denn im vorhergehenden haben wir uns ja nur dahin geeinigt, daß es in der Ordnung sei, wenn die Freundschaft in
einem späteren Lebensalter eintritt, über ihr Verhältnis zur
Ehe haben wir jedoch nicht gesprochen. Machen wir uns hier
wiederum Deine und meine Beobachtung zunutze! Wir
müssen also das Verhältnis zum anderen Geschlecht mit in
Erwägung ziehen. Denen, die schon in sehr jungem Alter das
Freundschaftsverhältnis suchen, widerfährt es nicht selten,
daß, wenn die Liebe anfängt sich geltend zu machen, die
Freundschaft gänzlich verblaßt. Sie finden, die Freundschaft
sei eine unvollkommenere Form gewesen, lösen die früheren Verhältnisse und sammeln ihre ganze Seele ausschließlich

auf die Ehe. Anderen geht es umgekehrt. Die zu früh die Süße der Liebe gekostet, im Rausch der Jugend ihre Freuden genossen haben, die haben vielleicht eine irrige Anschauung von dem andern Geschlecht bekommen. Sie sind vielleicht gegen das andere Geschlecht ungerecht geworden. Sie haben vielleicht durch ihren Leichtsinn teure Erfahrungen erkauft, haben vielleicht bei sich selbst an Gefühle geglaubt, die sich als unbeständig erwiesen; oder bei andern an Gefühle, die wie ein Traum verflogen. So haben sie denn der Liebe entsagt, sie war ihnen zugleich zu viel und zu wenig, denn sie waren mit dem Dialektischen in der Liebe in Berührung gekommen, ohne es lösen zu können. Da wählten sie die Freundschaft. Diese beiden Formationen müssen als abnorm gelten. Mein Freund ist in keinem dieser Fälle. Er hatte keine jugendlichen Versuche in der Freundschaft gemacht, bevor er die Liebe kennenlernte, er hatte sich aber auch nicht dadurch selbst geschadet, daß er die unreife Frucht der Liebe zu früh genoß. In seiner Liebe fand er die tiefste und vollste Befriedigung, aber eben weil er solchermaßen selber absolut beruhigt war, zeigte sich ihm nun die Möglichkeit anderer Verhältnisse, die auf andere Weise eine tiefe und schöne Bedeutung für ihn gewinnen konnten; denn wer da hat, dem wird gegeben, daß er die Fülle habe. Er pflegt in diesem Zusammenhang daran zu erinnern, daß es Bäume gibt, bei denen die Blüte nach der Frucht kommt und dabei auch gleichzeitig mit ihr ist. Mit einem solchen Baum vergleicht er sein Leben.

Weil er aber eben in seiner und durch seine Ehe das Schöne sehen gelernt hat, das darin liegt, einen Freund oder Freunde zu haben, so ist er sich auch nicht einen Augenblick im Zweifel darüber gewesen, wie man die Freundschaft betrachten muß und daß diese ihre Bedeutung verliert, wenn man sie nicht ethisch betrachtet. Die vielen Erfahrungen seines Lebens hatten seinen Glauben an die Ästhetiker schon so ziemlich vernichtet, die Ehe aber hatte jegliche Spur davon in seiner Seele völlig ausgetilgt. Er hat also kein Bedürfnis verspürt, sich von ästhetischem Gaukelwerk betören zu lassen, sondern gleich in der Betrachtung des Ethikers acquiesziert.

Wäre mein Freund nicht so gestimmt gewesen, so hätte ich meine Freude daran haben können, ihn zur Strafe an Dich zu verweisen; denn Deine Rede über diese Materie ist derart verworren, daß ihm vom Zuhören vermutlich ganz taumlig geworden wäre. Es geht Dir mit der Freundschaft, wie es Dir mit allem geht. Deiner Seele fehlt so sehr die ethische Zentralisation, daß man von Dir über ein und dieselbe Sache die entgegengesetzten Erklärungen erhalten kann, und Deine Äußerungen beweisen in hohem Maße die Richtigkeit des Satzes, daß Sentimentalität und Herzlosigkeit ein und dasselbe sind. Deine Ansicht von der Freundschaft ist am besten einem Hexenbrief vergleichbar, und wer sie sich zu eigen machen will, muß wahnsinnig werden, wie man auch bei dem, der sie vorträgt, bis zu einem gewissen Grade voraussetzen muß, daß er es sei. Hört man, wenn's Dich an kommt, von Dir einen Vortrag über das Göttliche in der Liebe zu jungen Menschen, das Schöne in der Begegnung gleichgestimmter Seelen, so könnte man fast versucht sein zu fürchten, Deine Sentimentalität werde Dich noch Dein junges Leben kosten. Zu anderen Zeiten sprichst Du so, daß man beinahe glauben sollte, Du seist ein alter Praktiker, der das Leere und Hohle der Welt hinlänglich kennengelernt hat. »Ein Freund«, sagst Du dann, »ist ein rätselhaftes Ding, man sieht ihn, wie Nebel, nur von ferne, denn erst wenn man unglücklich geworden ist, erst dann merkt man, daß man einen Freund *gehabt hat*.« Man sieht leicht, daß einem solchen Urteil über die Freundschaft eine andere Forderung an sie zugrunde liegt als die, welche Du vorhin erhoben hast. Vorhin sprachst Du von der intellektuellen Freundschaft, von dem Schönen in der geistigen Erotik, in einer gemeinsamen Schwärmerei für Ideen; jetzt sprichst Du von einer praktischen Freundschaft in Handel und Wandel, von einem gegenseitigen Beistand in den Beschwerden des irdischen

Lebens. In beiden Forderungen liegt etwas Wahres, findet man aber keinen Einheitspunkt für sie, so ist es allerdings das beste, in Deinem Hauptresultat zu enden, daß Freundschaft Unsinn ist, einem Resultat, das Du teils aus jedem einzelnen Deiner Sätze ziehst, teils aus ihnen beiden in ihrem gegenseitigen Widerstreit.

Die absolute Bedingung aller Freundschaft ist die Einheit der Lebensanschauung. Hat man die, so wird man nicht versucht sein, seine Freundschaft auf dunkle Gefühle oder auf unerklärliche Sympathien zu gründen. Infolgedessen wird man dann auch nicht jene lächerlichen Umschwünge erleben, daß man an einem Tage einen Freund hat, am andern nicht. Man wird die Bedeutung des unerklärten Sympathetischen nicht verkennen, denn man ist in strengerem Sinne ja nicht gleich mit jedem befreundet, mit dem man die Lebensanschauung gemein hat; aber allein bei dem Sympathetischen in seiner Rätselhaftigkeit bleibt man auch nicht stehen. Eine wahre Freundschaft erfordert immer Bewußtsein und wird damit der Schwärmerei enthoben.

Die Lebensanschauung, in der man eins wird, muß eine positive Anschauung sein. So haben wir, mein Freund und ich, eine positive Anschauung gemein. Wenn wir uns ansehen, geht es uns daher nicht so wie jenen Auguren, daß wir lachen müssen, im Gegenteil, wir werden ernst. Daß die Auguren lachten, war ganz in der Ordnung, denn ihre gemeinsame Lebensanschauung war eine negative. Das verstehst Du recht gut, denn es ist ja einer Deiner schwärmerischen Wünsche, »eine gleichgestimmte Seele zu finden, mit der Du über das Ganze lachen kannst, und es ist das Entsetzliche, das nahezu Beängstigende am Leben, daß so gut wie niemand merkt, wie erbärmlich es ist, und unter diesen wenigen gibt es nur ganz selten eine Ausnahme, die es versteht, sich bei guter Laune zu halten und über das Ganze zu lachen«. Wird Dein Verlangen nicht gestillt, so verstehst Du es, Dich darein zu schicken, »denn eben kraft der Idee ist es so, daß nur einer lacht; ein solcher ist der wahre Pessimist, gäbe es mehrere von der Art, so wäre das ja ein Beweis, daß die Welt noch nicht so ganz jämmerlich ist.« Nun ist also Dein Denken in vollem Gange und kennt keine Grenze. Du meinst dann, »selbst das Lachen sei nur ein unvollkommener Ausdruck für den eigentlichen Spott über das Leben. Wenn er vollständig sein soll, muß man eigentlich ernst sein. Der vollendetste Spott über die Welt wäre es, wenn der, der die tiefste Wahrheit vorgetragen hätte, kein Schwärmer gewesen wäre, sondern ein Zweifler. Und das wäre nicht undenkbar, denn niemand kann die positive Wahrheit so vortrefflich vortragen wie ein Zweifler, nur daß er selbst nicht daran glaubt. Wäre er ein Heuchler, so wäre der Spott nur sein eigener, wäre er ein Zweifler, der etwa selbst glauben möchte, was er vortrüge, so wäre der Spott völlig objektiv, das Dasein spottete durch ihn seiner selbst; er trüge eine Lehre vor, die alles erklären könnte, das ganze Geschlecht könnte darin ruhen, aber ihren eigenen Begründer könnte diese Lehre nicht erklären. Wenn ein Mensch gerade so klug wäre, daß er seine eigene Verrücktheit verbergen könnte, so könnte er die ganze Welt verrückt machen.« Sieh, wenn man eine solche Ansicht vom Leben hat, so ist es schwer, einen Freund zu finden, der die Lebensanschauung mit einem gemein hat. Oder hast Du etwa in der mystischen Gesellschaft der Συμπαρανεκρωμενοι, von der Du zuweilen sprichst, solche gefunden? Seid ihr etwa eine Vereinigung von Freunden, die sich gegenseitig für gerade so klug halten, daß ihr eure Verrücktheit zu verbergen wißt?

Es war in Griechenland ein Weiser; er genießt die sonderbare Ehre, unter die sieben Weisen gerechnet zu werden, wenn man annimmt, daß deren Zahl vierzehn gewesen sei. Wenn mein Gedächtnis mich nicht sehr trügt, so war sein Name *Myson*. Von ihm erzählt ein Schriftsteller des Altertums, er sei Misanthrop gewesen. Er faßt sich sehr kurz: »Von Myson wird erzählt, er sei Misanthrop gewesen und er habe gelacht, wenn er allein war. Als ihn jemand fragte, warum er das tue, antwortete er: eben weil ich allein bin.« Du siehst, Du hast einen Vorgänger; Du wirst vergeblich danach streben, unter die Zahl der sieben Weisen aufgenommen zu werden, selbst wenn diese auf einundzwanzig festgesetzt würde, denn Myson steht Dir im Wege. Doch das ist das minder Wichtige, dagegen wirst Du selbst einsehen, daß, wer lacht, wenn er allein ist, unmöglich einen Freund haben kann, und zwar aus zwei Gründen, teils weil er, solange der Freund zugegen ist, nicht lachen darf, teils weil der Freund befürchten muß, er warte nur darauf, daß er gehe, damit er über ihn lachen könne. Sieh, darum muß der Teufel Dein Freund sein. Ich wäre fast versucht, Dich zu bitten, diese Worte buchstäblich zu nehmen; denn dem Teufel sagt man ja ebenfalls nach, daß er lache, wenn er allein sei. Mir scheint in einer solchen Isolation etwas überaus Trostloses zu liegen, und ich muß daran denken, wie schrecklich es ist, wenn ein Mensch, der so gelebt hat, in einem anderen Leben erwacht, am Tage des Gerichts, und dann wieder ganz allein dasteht.

Freundschaft erfordert also eine positive Lebensanschauung. Eine positive Betrachtung des Lebens läßt sich aber nicht denken, ohne daß sie ein ethisches Moment in sich trüge. Man trifft heutzutage zwar oft genug Leute, die ein System haben, in dem das Ethische gar nicht vorkommt. Mögen sie zehnmal ein System haben, eine Lebensanschauung haben sie nicht. In unserer Zeit läßt eine derartige Erscheinung sich vorzüglich erklären, denn wie sie in mancher Beziehung verkehrt ist, so ist sie es auch darin, daß man zunächst in die großen Mysterien eingeweiht wird und dann erst in die kleineren. Das ethische Moment in der Lebensanschauung bildet also den eigentlichen Ausgangspunkt für die Freundschaft; und erst wenn man die Freundschaft so sieht, gewinnt sie Bedeutung und Schönheit. Bleibt man bei dem Sympathetischen als dem Mysteriösen stehen, so wird die Freundschaft ihren vollendetsten Ausdruck in jenem Verhältnis finden, wie es zwischen den Gesellschaftsvögeln obwaltet, deren Zusammenhalt so innig ist, daß der Tod des einen auch der des andern ist. Ein solches Verhältnis ist in der Natur schön, un-

schön aber in der Welt des Geistes. Die Einheit der Lebensanschauung ist das Konstituierende in der Freundschaft. Ist
sie vorhanden, so besteht die Freundschaft, wenn der Freund
auch stirbt, denn der verklärte Freund lebt in dem andern
fort; hört sie auf, so ist die Freundschaft aus, wenn der Freund
auch leben bleibt.

Betrachtet man die Freundschaft auf diese Art, so betrachtet
man sie ethisch und somit nach ihrer Schönheit. Sie gewinnt
dann zugleich Schönheit und Bedeutung. Soll ich eine Autorität für mich gegen Dich anführen? Nun wohl! wie hat
*Aristoteles* die Freundschaft aufgefaßt? Hat er sie nicht zum
Ausgangspunkt für seine gesamte ethische Betrachtung des
Lebens gemacht, denn mit der Freundschaft, sagt er, erwei-
tern sich die Begriffe von dem, was Recht ist, so daß sie auf
eins hinauslaufen. Er gründet also den Rechtsbegriff auf die
Idee der Freundschaft. Seine Kategorie ist somit in gewissem
Sinne vollkommener als die moderne, die Recht auf Pflicht,
auf das Abstrakt-Kategorische, gründet; er gründet es auf
das Soziale. Man ersicht daraus leicht, daß die Idee des Staates ihm das Höchste wird, dies aber ist wiederum das Unvollkommene an seiner Kategorie.

Doch, ich möchte mich nicht unterfangen, auf solche Untersuchungen wie die über das Verhältnis der aristotelischen und
der kantischen Auffassung des Ethischen einzugehen. Nur
deshalb habe ich Aristoteles angeführt, um Dich daran zu erinnern, daß auch er erkannt hat, wie die Freundschaft dahin
mitwirkt, daß man die Wirklichkeit ethisch gewinnt.

Wer die Freundschaft ethisch betrachtet, der sieht sie also
als eine Pflicht. Ich könnte daher sagen, es sei eines jeden Menschen Pflicht, einen Freund zu haben. Indessen will ich lieber
einen andern Ausdruck gebrauchen, der auf einmal das Ethische an der Freundschaft und an allem, was im vorhergehenden dargelegt worden ist, aufzeigt und zugleich scharf
die Differenz zwischen dem Ethischen und dem Ästhetischen
hervorhebt: es ist eines jeden Menschen Pflicht, offenbar zu
werden. Die Schrift lehrt, daß es jedem Menschen gesetzt ist,

zu sterben und danach ins Gericht zu kommen, wo denn alles offenbar werden soll. Die Ethik sagt, es sei die Bedeutung des Lebens und der Wirklichkeit, daß der Mensch offenbar werde. Wenn er es also nicht wird, so wird die Offenbarung sich als eine Strafe erweisen. Der Ästhetiker dagegen will der Wirklichkeit keine Bedeutung zuerkennen, er bleibt immer verborgen, denn wie oft und wie sehr er sich auch der Welt hingebe, er tut es niemals ganz, es bleibt immer etwas, was er zurückhält; täte er es ganz, so täte er es ethisch. Doch alles Versteckspiel rächt sich immer und am natürlichsten dadurch, daß man sich selber rätselhaft wird. Daher kommt es, daß alle Mystiker, indem sie den Anspruch der Wirklichkeit, daß man offenbar werde, nicht erkennen, auf Schwierigkeiten und Anfechtungen stoßen, von denen kein anderer etwas weiß. Es ist, als entdeckten sie eine ganz andere Welt, als wäre ihr Wesen in sich verdoppelt. Wer nicht mit Wirklichkeiten kämpfen will, der muß sich schließlich mit Phantomen herumschlagen.

Hiermit bin ich für diesmal fertig. Eine Pflichtenlehre vorzutragen, war nie meine Absicht. Ich wollte nur zeigen, wie das Ethische in den gemischten Gebieten das Leben so wenig seiner Schönheit beraubt, daß es ihm vielmehr erst Schönheit verleiht. Es gibt dem Leben Frieden, Sicherheit und Geborgenheit, denn es ruft uns beständig zu: *quod petis, hic est.* Es befreit von jeder Schwärmerei, welche die Seele ermatten würde, und verleiht ihr Gesundheit und Stärke. Es lehrt, das Zufällige nicht zu überschätzen und das Glück nicht zu vergötzen. Es lehrt, des Glückes froh zu sein, und selbst dazu ist ein Ästhetiker nicht fähig; denn Glück bloß als solches ist eine unendliche Relativität; es lehrt auch, im Unglück fröhlich zu sein.

Betrachte, was ich geschrieben habe, als eine Belanglosigkeit, betrachte es als Anmerkungen zu Balles Lehrbuch, das tut nichts zur Sache, es hat dennoch eine Autorität, von der ich hoffe, daß Du sie respektieren wirst. Oder sollte es Dir etwa scheinen, ich hätte eine solche auf unrechte Weise an

mich reißen wollen, ich hätte meine bürgerliche Stellung unpassend in diese Auseinandersetzung eingemengt, hätte mich
als Richter aufgeführt, nicht als Partei? Ich gebe gern jeden
Anspruch auf, ich bin Dir gegenüber nicht einmal Partei;
denn während ich bereitwillig zugestehe, daß die Ästhetik
Dir immerhin die Vollmacht geben mag, in ihrem Namen
aufzutreten, so bin ich doch weit davon entfernt, mir soviel
Bedeutung zuzutrauen, um als Bevollmächtigter für die
Ethik zu sprechen. Ich bin überhaupt nur ein Zeuge, und nur
in diesem Sinne meinte ich, daß dieser Brief eine gewisse
Autorität habe; denn wer von dem spricht, was er erfahren
hat, dessen Rede hat immer Autorität. Ich bin nur ein Zeuge,
und hier hast Du meine Zeugenschaft *in optima forma.*
Ich verrichte meine Arbeit als Gerichtsrat, ich habe Freude
an meinem Beruf, ich glaube, daß er meinen Fähigkeiten und
meiner ganzen Persönlichkeit entspricht, ich weiß, daß er
meine Kräfte beansprucht. Ich suche mich immer mehr für
ihn auszubilden, und indem ich dies tue, fühle ich zugleich,
daß ich mich selbst immer mehr entwickle. Ich liebe mein
Weib, bin glücklich in meinem Heim; ich höre das Wiegenlied meiner Frau, und es dünkt mich schöner als jeder andere
Gesang, ohne daß ich deshalb meinte, sie sei eine Sängerin;
ich höre das Geschrei des Kleinen, und für mein Ohr ist es
nicht unharmonisch; ich sehe seinen älteren Bruder wachsen
und gedeihen, ich blicke froh und zuversichtlich in seine Zukunft, nicht ungeduldig, denn ich habe gute Zeit zu warten,
und dieses Warten ist mir schon an sich eine Freude. Meine
Arbeit hat für mich selbst Bedeutung, und ich glaube, daß
sie es bis zu einem gewissen Grade auch für andere hat, wenn
ich es auch nicht bestimmen und genau ermessen kann. Ich
empfinde Freude darüber, daß das persönliche Leben anderer
Bedeutung für mich hat, und wünsche und hoffe, daß das
meine es auch für die haben möge, mit denen ich in meiner
ganzen Lebensansicht sympathisiere. Ich liebe mein Vater-
land, und ich kann mir nicht denken, daß ich mich in irgendeinem andern Land recht wohl fühlen würde. Ich liebe mei-

ne Muttersprache, die meinen Gedanken entbindet, ich finde, daß ich in ihr vortrefflich alles ausdrücken kann, was ich irgend in der Welt zu sagen habe. Solchermaßen hat mein Leben Bedeutung für mich, so viel, daß ich mich froh und zufrieden dabei fühle. Bei alledem lebe ich zugleich ein höheres Leben, und wenn es zuweilen geschieht, daß ich dieses höhere Leben mit dem Atemzug meines irdischen und häuslichen Lebens einatme, so preise ich mich selig, so verschmelzen für mich Kunst und Gnade. So liebe ich das Dasein, weil es schön ist, und hoffe auf ein noch schöneres.

Hier hast Du meine Zeugenschaft. Sollte ich zweifelhaft werden, ob es richtig war, sie abzulegen, so wäre es aus Sorge um Dich; denn ich fürchte beinahe, es könnte Dir weh tun, zu hören, daß das Leben in seiner Einfachheit so schön sein kann. Nimm indessen mein Zeugnis hin, laß es Dir ein wenig Schmerz verursachen, laß es aber auch erfreulich auf Dich wirken; es hat eine Eigenschaft, die Deinem Leben leider fehlt: Treue, Du kannst sicher darauf bauen.

In der letzten Zeit habe ich oft mit meiner Frau von Dir gesprochen. Sie hält wirklich recht viel von Dir; doch das brauche ich wohl kaum zu sagen, denn Du hast viele Gaben, um zu gefallen, wenn Du willst, aber Du hast noch mehr Augen, um zu beobachten, ob es Dir gelingt. Ihr Gefühl für Dich hat vollkommen meinen Beifall, eifersüchtig werde ich nicht leicht, und es wäre auch allemal unverantwortlich von mir, nicht weil ich, wie Du meinst, daß man sein sollte, zu stolz wäre, um es zu werden, stolz genug, um »sofort dankend zu quittieren«, sondern weil meine Frau zu liebenswert dazu ist. Ich fürchte nichts. In dieser Hinsicht glaube ich sagen zu dürfen, daß selbst *Scribe* an unserer prosaischen Ehe verzweifeln würde, denn auch ihm, glaube ich, wäre es unmöglich, sie poetisch zu machen. Daß er Kräfte und Talente hat, leugne ich nicht, daß er, für meine Begriffe, sie mißbraucht, leugne ich ebenfalls nicht. Tut er nicht alles, um junge Frauen zu lehren, daß die sichere Liebe der Ehe zu wenig ist, um das Leben poetisch zu machen, daß es unerträglich wäre, wenn

man nicht auf kleine Liebeleien nebenher rechnen dürfte?
Zeigt er ihnen nicht, daß eine Frau, auch wenn sie sich selbst
und ihre Ehe durch eine schuldhafte Liebe befleckt, dennoch
liebenswert bleibt? Gibt er nicht dunkel zu verstehen, daß,
da ein solches Verhältnis zumeist nur durch einen Zufall entdeckt werde, die Einzelne im Leben hoffen dürfe, wenn sie
ihre eigene Hinterlist zu jener hinzulege, die sie von der Heldin seines Stückes gelernt hat, daß es ihr alsdann gelingen
werde, ihr Leben lang verborgen zu bleiben? Sucht er nicht
auf jede Weise die Ehemänner zu ängstigen, stellt er nicht die
ehrbarsten Frauen, bei denen es niemand wagen würde, auch
nur etwas zu vermuten, als von heimlicher Schuld befleckt
dar? Zeigt er nicht immer wieder, wie eitel das ist, was man
bisher für das beste Mittel gehalten hat, das eheliche Glück
zu behüten, wie eitel, daß ein Mann ein unbegrenztes Vertrauen in sein Weib setzt, ihr mehr glaubt als allem? Und
ungeachtet alles dessen beliebt es *Scribe*, jeden Ehemann als
ein träges und schläfriges Murmeltier hinzustellen, als ein unvollkommeneres Wesen, das selber an der Verirrung seiner
Frau schuld ist. Ob *Scribe* wirklich so bescheiden ist, anzunehmen, daß man gar nichts aus seinen Stücken lernt? Denn
sonst müßte er ja einsehen, daß jeder Ehemann bald entdek-
ken lernen müßte, daß seine Stellung keineswegs sicher und
friedlich ist, ja daß kein Polizeispion ein so unruhiges und
schlafloses Leben führen kann wie das, zu dem er gezwungen ist; es sei denn, daß er sich bei Scribes Trostgrün-
den beruhigen, selber eine ähnliche Zerstreuung wie seine
Frau suchen und statuieren will, daß die Ehe eigentlich
dazu da ist, der Beziehung zu andern jeden langweiligen
Schein von Unschuld zu nehmen und sie so recht interessant
zu machen.

Doch ich lassen *Scribe* fahren; ihn zu bekämpfen, bin ich
nicht imstande, dagegen denke ich zuweilen mit einem gewissen Stolz daran, daß ich, ein geringer, unbedeutender
Mensch, durch meine Ehe den großen Dichter *Scribe* zu
einem Lügner mache. Vielleicht ist dieser Stolz nur ein Bett-

lerstolz, vielleicht gelingt es mir nur, weil ich ein ganz gewöhnlicher Mensch bin, der außerhalb der Poesie steht.

Meine Frau mag Dich also recht gern, und ich sympathisiere in dieser Beziehung mit ihrem Gefühl, zumal ich glaube, der Grund für ihr Wohlwollen gegen Dich liege zum Teil darin, daß sie Deine Schwächen sieht. Sie sieht durchaus, daß das, was Dir fehlt, ein gewisses Maß von Weiblichkeit ist. Du bist zu stolz, um Dich hingeben zu können. Dieser Stolz lockt sie keineswegs, denn sie hält es für das wahrhaft Große, sich hingeben zu können. Du magst es nicht glauben, aber ich kann Dir immerhin versichern, ich nehme Dich tüchtig gegen sie in Schutz. Sie behauptet, daß Du in Deinem Stolz alle Menschen verschmähst, ich suche zu erklären, es verhalte sich vielleicht doch nicht ganz so, daß Du in unendlichem Sinne die Menschen verschmähtest, daß die Unruhe, mit der Deine Seele nach dem Unendlichen trachtet, Dich gegen die Menschen unbillig mache. Das will sie nicht begreifen, und ich kann es durchaus verstehen, denn wenn man so genügsam ist wie sie – und wie genügsam sie ist, magst Du unter anderem daraus ersehen, daß sie sich unbeschreiblich glücklich fühlt, weil sie mit mir verbunden ist –, so läßt es sich schwer vermeiden, Dich zu verurteilen. Meine Ehe hat somit auch ihren Streit, und daran bist Du ja gewissermaßen schuld. Wir werden schon miteinander fertig, und ich möchte nur wünschen, daß Du einem Ehepaar niemals der Anlaß zu andersartigem Streite werdest. Du könntest indessen selbst ein wenig dazu beitragen, den Streit zwischen meiner Frau und mir zu schlichten. Glaube nicht, ich wollte mich in Deine Geheimnisse eindrängen, vielmehr möchte ich Dir nur eine Frage vorlegen, von der ich glaube, daß Du sie beantworten kannst, ohne Dir selbst zu nahe zu treten; antworte mir einmal recht aufrichtig und ohne Umschweife auf die Frage: lachst Du wirklich, wenn Du allein bist? Du verstehst, was ich meine; ich meine nicht, ob es Dir zuweilen oder gar oft widerfährt, daß Du lachst, wenn Du allein bist, sondern ob Du in diesem einsamen Gelächter Deine Befriedigung fin-

dest. Tust Du das nämlich nicht, so habe ich gewonnen,
und dann werde ich meine Frau schon überzeugen.

Ob Du die Zeit, da Du allein bist, nun wirklich aufs Lachen
verwendest, weiß ich nicht, mir scheint jedoch, daß dies ein
wenig mehr als sonderbar wäre; denn zwar ist die Entwicklung Deines Lebens von der Art, daß Du wohl das Bedürfnis
empfinden magst, die Einsamkeit zu suchen, nicht aber, soweit ich es beurteilen kann, das Bedürfnis zu lachen. Schon
die flüchtigste Beobachtung zeigt, daß Dein Leben nach einem ungewöhnlichen Maßstab angelegt ist. Du scheinst keineswegs Deine Befriedigung darin zu finden, den öffentlichen
Straßen zu folgen, sondern eher darin, Deinen eigenen Weg
zu gehen. Eine gewisse Abenteuerlichkeit mag man nun einem jungen Menschen leicht verzeihen; etwas anderes ist es,
wenn sie dermaßen überhandnimmt, daß sie sich zu dem
Normalen und dem Wirklichen machen will. Einem Menschen, der so irregeführt ist, ist man es schuldig, daß man ihm
zurufe: *respice finem*, und ihm erkläre, daß das Wort *finis* nicht
etwa den Tod bedeutet, denn das ist nicht einmal die schwerste Aufgabe für einen Menschen, sondern das Leben, daß der
Augenblick kommt, da es wirklich gilt, mit dem Leben anzufangen, und daß es dann eine gefährliche Sache ist, sich derart zersplittert zu haben, daß es mit großer Schwierigkeit
verbunden ist, sich zu sammeln, ja, daß man gezwungen ist,
dies in solcher Eile und Hast zu tun, daß man nicht alles mit-
bekommt und also am Ende, statt ein ungewöhnlicher
Mensch zu werden, ein defektes Exemplar von einem Menschen wird.

Im Mittelalter faßte man die Sache anders an. Man brach
die Lebensentwicklung plötzlich ab und ging ins Kloster. Das
Fehlerhafte lag sicherlich nicht darin, daß man ins Kloster
ging, sondern in den irrigen Vorstellungen, die man mit diesem Schritt verband. Ich für mein Teil kann mich durchaus
damit versöhnen, daß ein Mensch sich dazu entschließt, ja, ich
kann es recht schön finden; hingegen aber verlange ich von
ihm, daß er sich darüber im klaren sei, was das zu bedeuten

habe. Im Mittelalter meinte man, indem man das Kloster wähle, wähle man das Ungewöhnliche und werde selber ein ungewöhnlicher Mensch; von der Höhe des Klosters blickte man stolz, fast mitleidig auf die gewöhnlichen Menschen herab. Was Wunder, daß man scharenweise ins Kloster ging, wenn man so leichten Kaufs ein ungewöhnlicher Mensch wurde? Die Götter aber verkaufen das Ungewöhnliche nicht zum Spottpreis. Wären die, welche sich aus dem Leben zurückzogen, ehrlich und aufrichtig gegen sich und andere gewesen, hätten sie vor allem das Menschsein geliebt, hätten sie mit Begeisterung all das Schöne empfunden, das darin liegt, wäre ihrem Herzen das wahre, tiefe Humanitätsgefühl nicht unbekannt gewesen, so hätten sie sich vielleicht auch in die Einsamkeit des Klosters zurückgezogen, aber sie hätten sich nicht törichterweise eingebildet, ungewöhnliche Menschen geworden zu sein, es sei denn in dem Sinne, daß sie unvollkommener seien als andere; sie hätten nicht mitleidig auf die gewöhnlichen Menschen herabgesehen, sondern sie teilnahmsvoll betrachtet, in wehmütiger Freude darüber, daß es ihnen gelungen ist, das Schöne und Große zu vollbringen, zu dem sie selber nicht fähig waren.

Heutzutage ist das Klosterleben im Preis gefallen; man erlebt es daher nur noch selten, daß ein Mensch auf einmal mit dem ganzen Dasein, mit dem ganzen Allgemein-Menschlichen bricht. Kennt man jedoch die Menschen ein wenig näher, so wird man zuweilen bei einem einzelnen Individuum eine Irrlehre finden, die lebhaft an die Klostertheorie erinnert. Der Ordnung halber will ich hier gleich meine Anschauung darüber aussprechen, was ein ungewöhnlicher Mensch ist. Der wahre ungewöhnliche Mensch ist der wahre gewöhnliche Mensch. Je mehr vom Allgemein-Menschlichen das Individuum in seinem Leben zu realisieren vermag, ein um so ungewöhnlicherer Mensch ist es. Je weniger vom Allgemeinen es in sich aufnehmen kann, desto unvollkommener ist es. Es ist dann zwar ein ungewöhnlicher Mensch, aber nicht in gutem Sinne.

Wenn also ein Mensch, indem er die Aufgabe, die ihm wie
jedem andern gestellt ist, nämlich das Allgemein-Menschliche in seinem individuellen Leben auszudrücken, realisieren
will, auf Schwierigkeiten stößt, wenn es sich herauszustellen
scheint, daß es etwas in dem Allgemeinen gibt, was er nicht
in sein Leben aufnehmen kann, was tut er dann? Falls die
Klostertheorie in seinem Kopfe spukt, oder eine ganz analo-
ge ästhetische Betrachtung, so wird er froh, er fühlt sich
dann gleich vom ersten Augenblick an in all seiner Vornehmheit als eine Ausnahme, als ein ungewöhnlicher Mensch,
er wird eitel darüber, auf ebenso kindische Weise, wie wenn
eine Nachtigall, die eine rote Feder in ihrem Flügel hätte,
sich darüber freuen würde, daß es keine andere Nachtigall
gebe, die eine solche habe. Ist dagegen seine Seele durch die
Liebe zum Allgemeinen veredelt, liebt er das Dasein des
Menschen in dieser Welt, was tut er dann?
Er überlegt, inwieweit es wahr ist. Ein Mensch kann an dieser Unvollkommenheit selber schuld sein, er kann sie ohne
sein Verschulden haben, aber es kann Wahrheit darin liegen,
daß er das Allgemeine nicht realisieren kann. Wenn überhaupt die Menschen mit mehr Energie sich ihrer selbst bewußt würden, so würden vielleicht weit mehr zu diesem Ergebnis kommen. Er wird auch wissen, daß Trägheit und Feigheit einem Menschen dergleichen einbilden und den Schmerz
zu einer Belanglosigkeit machen können, wenn er das Allgemeine in das Einzelne verwandelt und im Verhältnis zum Allgemeinen eine abstrakte Möglichkeit konserviert. Das Allgemeine ist nämlich nirgends als solches da, und es liegt an mir,
an der Energie meines Bewußtseins, ob ich in dem Einzelnen
das Allgemeine sehen will oder nur das Einzelne.
Vielleicht wird eine solche Überlegung ihm nicht ausreichend scheinen, er wird einen Versuch wagen. Dabei wird er
leicht erkennen, daß, wenn der Versuch ihm dasselbe Resultat bringt, er die Wahrheit um so nachdrücklicher einge-
schärft bekommen wird, und wenn er sich selber hätscheln
wollte, täte er vielleicht besser daran, es zu unterlassen, da er

sonst einen tieferen Schmerz empfinden wird denn je. Er wird wissen, daß nichts Einzelnes das Allgemeine ist. Wenn er sich also nicht selbst täuschen will, wird er das Einzelne in das Allgemeine verwandeln. Er wird in dem Einzelnen viel mehr sehen, als was an sich darin liegt; für ihn ist es das Allgemeine. Er wird dem Einzelnen zu Hilfe kommen und ihm die Bedeutung des Allgemeinen geben. Merkt er dann, daß der Versuch mißlingt, so wird er alles so zurechtgelegt haben, daß das, was ihn verletzt, nicht das Einzelne ist, sondern das Allgemeine. Er wird über sich selbst wachen, daß keine Verwechslung stattfindet, daß nicht etwa das Einzelne ihn verletzt; denn die Wunde, die dieses ihm zufügt, wäre zu leicht, und er wird sich selbst zu ernstlich lieben, als daß ihm besonders daran gelegen sein sollte, eine leichte Wunde zu erhalten; er wird das Allgemeine zu aufrichtig lieben, als daß er statt dessen das Einzelne substituieren wollte, in der Absicht, unversehrt davonzukommen. Er wird sich hüten, über die ohnmächtige Reaktion des Einzelnen zu lächeln, darauf achten, daß er die Sache nicht leichtsinnig ansehe, mag auch das Einzelne als solches dazu reizen; er wird sich nicht durch das sonderbare Mißverständnis distrahieren lassen, daß das Einzelne an ihm einen größeren Freund habe als an sich selbst. Wenn er dies getan hat, so wird er dem Schmerz getrost entgegengehen; wird sein Bewußtsein auch erschüttert, es wankt nicht.

Trifft es sich nun so, daß das Allgemeine, das er nicht realisieren kann, eben das wäre, wonach es ihn gelüstet, so wird er, falls er ein großmütiger Mensch ist, sich in gewissem Sinne darüber freuen. Er wird dann sagen: ich habe unter so ungünstigen Bedingungen wie nur möglich gekämpft. Ich habe gegen das Einzelne gekämpft, ich habe mein Verlangen auf die Seite des Feindes verlegt, ich habe, um die Sache komplett zu machen, das Einzelne zum Allgemeinen gemacht. Daß all dies die Niederlage für mich schwerer machen wird, ist wahr; aber es wird auch mein Bewußtsein stärken, es wird ihm Energie und Klarheit geben.

So hat er sich denn in diesem Punkte von dem Allgemeinen
emanzipiert. Er wird sich keinen Augenblick darüber im unklaren sein, was ein solcher Schritt zu bedeuten hat, denn
eigentlich hat doch er selber die Niederlage vollständig gemacht und ihr Bedeutung verliehen; denn er wußte, wo und
wie er verwundbar war, und er hat sich selbst die Wunde beigebracht, die das Einzelne als solches ihm nicht hätte beibringen können. Er wird also überzeugt sein, daß er einiges
von dem Allgemeinen nicht realisieren kann. Mit dieser
Überzeugung ist es jedoch für ihn noch nicht getan; denn sie
wird eine tiefe Trauer in seiner Seele erzeugen. Er wird sich
über die andern freuen, denen es vergönnt war, es zu vollbringen, er wird vielleicht besser als sie selbst erkennen, wie
schön es ist; er selbst aber wird trauern, nicht feige und ver-
zagt, sondern tief und freimütig; denn er wird sagen: ich
liebe doch das Allgemeine. Ward es der andern glückliches
Los, dem Allgemein-Menschlichen dadurch Zeugnis zu geben, daß sie es realisieren, nun gut, so gebe ich ihm Zeugnis
durch meine Trauer, und je tiefer meine Trauer ist, desto bedeutsamer ist mein Zeugnis. Und diese Trauer ist schön, ist
selbst ein Ausdruck des Allgemein-Menschlichen, eine Regung von dessen Herzen in ihm, und wird ihn mit diesem
versöhnen.

Mit der Überzeugung, die er gewonnen hat, ist es für ihn
nicht getan, denn er wird fühlen, daß er sich selbst eine große
Verantwortung auferlegt hat. In diesem Punkt, sagt er, habe
ich mich außerhalb des Allgemeinen gestellt, ich habe mich
all der Anleitung, der Sicherheit und Beruhigung beraubt,
die das Allgemeine gewährt; ich stehe allein, ohne Teilnahme, denn ich bin eine Ausnahme. Aber er wird nicht feige
und trostlos sein, er wird mit Sicherheit seinen einsamen Weg
gehen, er hat ja den Beweis für die Richtigkeit seines Tuns
erbracht, er hat seinen Schmerz. Er wird sich über diesen
Schritt nicht im unklaren sein, er besitzt eine Erklärung, die
er jederzeit hervorholen kann, kein Lärm kann sie ihm verwirren, keine Abwesenheit des Geistes; und wachte er mit-

ten in der Nacht auf, er wird sich doch augenblicklich Rechenschaft über alles geben können. Er wird fühlen, daß die
Erziehung, die ihm zuteil wird, schwer ist, denn das Allgemeine ist ein gestrenger Herr, wenn man es außer sich hat;
es hält ständig das Richterschwert über ihm und sagt: warum willst du abseits stehen, und mag er auch sagen: es ist
nicht meine Schuld, das Allgemeine rechnet es ihm doch zu
und fordert sich selbst von ihm. Er wird also zuweilen zum
selben Punkt zurückkehren, immer wieder den Beweis er-
bringen, und dann wird er unbefangen weitergehen. Er
ruht in der Überzeugung, die er sich erkämpft hat, und er
wird sagen: Schließlich vertraue ich doch darauf, daß es eine
gerechte Vernunft gibt, und ihrer Barmherzigkeit will ich
mich getrösten, daß sie so barmherzig sei, Gerechtigkeit zu
erzeigen; denn das wäre ja nicht das Schreckliche, wenn ich
Strafe leiden müßte, wie ich sie verdient hätte, weil ich Unrecht tat, sondern das wäre das Schreckliche, wenn ich etwa
auf solche Weise Unrecht tun könnte, daß niemand es straf-
te; und das wäre ja nicht das Schreckliche, wenn ich mit
Angst und Grauen in der Betörung meines Herzens erwachte, sondern dies das Schreckliche, wenn ich es derart betören könnte, daß niemand es zu erwecken vermöchte.
Dieser ganze Kampf ist indes ein Fegefeuer, von dessen
Schrecklichkeit ich mir zumindest eine Vorstellung machen
kann. Es sollte die Leute deshalb nicht danach gelüsten, ungewöhnliche Menschen zu werden; denn daß man es ist, hat
etwas anderes zu bedeuten als eine launenhafte Befriedigung
unserer willkürlichen Lust.
Wer dagegen mit Schmerzen sich davon überzeugte, daß er
ein ungewöhnlicher Mensch sei, durch seine Trauer darüber
sich wieder mit dem Allgemeinen versöhnte, der wird vielleicht einmal die Freude erleben, daß was ihm Schmerz bereitete und ihn in seinen eigenen Augen gering erscheinen
ließ, sich als Anlaß erweist, daß er sich wieder erhebe und in
edlerem Sinne ein ungewöhnlicher Mensch werde. Was er
an Umfang verlöre, das gewönne er vielleicht an intensiver

Innerlichkeit. Nicht jeder Mensch nämlich, dessen Leben das Allgemeine mittelmäßig ausdrückt, ist darum schon ein ungewöhnlicher Mensch, denn das wäre ja eine Vergötterung der Trivialität; damit er in Wahrheit so heiße, muß auch nach der intensiven Kraft gefragt werden, mit der er es tut. Im Besitz dieser Kraft wird nun jener andere an den Punkten sein, an denen er das Allgemeine realisieren kann. Seine Trauer wird also wieder verfliegen, sie wird sich in Harmonie auflösen; denn er wird erkennen, daß er an die Grenze seiner Individualität gelangt ist. Er weiß zwar, daß jeder Mensch sich mit Freiheit entwickelt, aber er weiß auch, daß ein Mensch sich nicht aus dem Nichts erschafft, daß er sich in seiner Konkretion als seine Aufgabe hat; er wird sich wieder mit dem Dasein versöhnen, indem er erkennt, daß in gewissem Sinne jeder Mensch eine Ausnahme darstellt, und daß es gleich wahr ist, daß jeder Mensch das Allgemein-Menschliche und zugleich eine Ausnahme ist.

Hier hast Du meine Meinung darüber, was es heißt, ein ungewöhnlicher Mensch sein. Ich liebe das Dasein und das Menschsein viel zu sehr, um zu glauben, daß der Weg, ein ungewöhnlicher Mensch zu werden, leicht oder ohne Anfechtungen sei. Aber selbst wenn ein Mensch solchermaßen in edlerem Sinne ein ungewöhnlicher Mensch ist, so wird er doch immer wieder bekennen, daß es noch vollkommener wäre, das ganze Allgemeine in sich aufzunehmen.

So empfange denn meinen Gruß, nimm meine Freundschaft; denn obwohl ich unser Verhältnis in strengstem Sinne nicht so bezeichnen kann, hoffe ich dennoch, mein junger Freund werde einmal so viel älter werden, daß ich in Wahrheit dieses Wort gebrauchen darf; sei meiner Teilnahme versichert. Empfange auch einen Gruß von ihr, die ich liebe, deren Gedanken in meinen Gedanken verborgen sind, empfange einen Gruß, der von dem meinen untrennbar ist, empfange aber auch einen besonderen Gruß von ihr, der freundlich und aufrichtig ist wie immer.

Als Du vor einigen Tagen bei uns warst, hast Du vielleicht

nicht gedacht, daß ich schon wieder mit einem so großen Schreiben fertig sei. Ich weiß, Du bist kein Freund davon, daß man über Deine innere Geschichte mit Dir spricht, deshalb habe ich es vorgezogen zu schreiben und werde nie mit Dir darüber sprechen. Daß Du einen solchen Brief empfängst, bleibt ein Geheimnis, und ich möchte keineswegs, daß er einen Einfluß hätte, der Dich veranlaßte, Dein Verhältnis zu mir und meiner Familie zu ändern. Daß Du die Virtuosität besitzt, es nicht zu tun, wenn Du nur willst, das weiß ich, und deshalb bitte ich Dich darum um Deinet- und um meinetwillen. Ich habe mich niemals bei Dir eindrängen wollen und kann Dich wohl aus der Ferne lieben, obwohl wir uns oft sehen. Dein Wesen ist zu verschlossen, als daß ich glaubte, es hätte einen Zweck, mit Dir zu reden, dagegen hoffe ich, meine Briefe werden nicht ohne Bedeutung sein. Wenn Du Dich also in der verschlossenen Maschinerie Deiner Persönlichkeit selber verarbeitest, so gebe ich meine Ausführungen dazu und bin überzeugt, daß sie mit in Bewegung geraten.

Da unser schriftliches Verhältnis ein Geheimnis bleibt, so beobachte ich alle Förmlichkeiten, sage Dir ein Lebewohl, als ob wir weit voneinander entfernt wären, obwohl ich Dich ebenso oft bei mir zu sehen hoffe wie bisher.

## *Ultimatum*

Vielleicht ist es Dir hinsichtlich meiner früheren Briefe ebenso ergangen wie mir, daß Du das meiste davon vergessen
hast. Wenn dem so ist, so möchte ich wünschen, daß auch
bei Dir der Fall sei, was bei mir der Fall ist, daß Du jederzeit,
unter dem Wechsel der Stimmungen, imstande seiest, Dir
von dem Gedanken und der Bewegung Rechenschaft zu geben. Der Ausdruck, die Darstellung, die Einkleidung ist wie
die Blume von einem Jahr zum andern die gleiche und doch
nicht die gleiche; die Haltung, die Bewegung, die Stellung
aber ist unverändert. Wenn ich Dir jetzt schriebe, so würde
ich mich vielleicht anders ausdrücken. Vielleicht ist es mir
in meinen Briefen an einzelnen Stellen sogar gelungen, beredt zu sein, etwas, worauf ich wahrlich keinen Anspruch
mache und was meine Stellung im Leben auch nicht von mir
verlangt; wenn ich jetzt schriebe, so würde es mir vielleicht
an anderer Stelle gelingen, ich weiß es nicht, denn der Ausdruck ist ein Geschenk, und »jedes Alter, jedes Jahr hat seinen
blühenden Lenz«. Was dagegen den Gedanken betrifft, ja,
der ist und bleibt, und von den Bewegungen hoffe ich, daß
sie mir im Laufe der Zeit leichter und natürlicher werden,
unverändert auch dann, wenn sie stumm sind, weil der Ausdruck verblüht ist.

Doch nicht um Dir einen neuen Brief zu schreiben, greife ich
zur Feder, sondern weil der Gedanke an Dich mir durch
einen Brief lebendig geworden ist, den ich selbst von einem
älteren Freund, der Pfarrer in Jütland ist, empfangen habe.
Meines Wissens hast Du ihn nie gekannt. Meine Freundschaft mit ihm hat schon in meinen Studententagen ihren
Anfang genommen, und obgleich ihre fünf, sechs Jahre zwischen uns liegen, war unser Verhältnis doch ziemlich intim.
Er war eine kleine vierschrötige Figur, heiter, lebensfroh und
ungemein jovial. Obwohl seine Seele in ihrer Tiefe ernst
war, schien sein äußeres Leben recht gut jener Anweisung zu
folgen, man solle fünf gerade sein lassen. Die Wissenschaften

fesselten ihn, aber ein Examensmensch war er nicht. Er hat es
bei der theologischen Prüfung denn auch nur zu einem *haud
illaudabilis* gebracht. Vor etwa vier Jahren wurde er in eine
kleine Pfarre auf der jütischen Heide gesteckt. Äußerlich war
er im Besitz einer Stentorstimme, geistig von einer Ursprünglichkeit, die ihn in dem kleinen Kreis von Menschen, die ich
kennengelernt habe, von jeher distinguiert hat; was Wunder, daß er sich anfangs nicht recht zufrieden fühlte, daß ihm
seine Tätigkeit zu unbedeutend schien? Jetzt dagegen hat er
seine Zufriedenheit wiedergewonnen, und es hat auf mich
recht erheiternd gewirkt, einen Brief von ihm zu lesen, den
ich in diesen Tagen empfangen habe. »Die jütische Heide«,
schreibt er, »ist doch ein rechter Tummelplatz für mich, eine
Studierstube ohnegleichen. Dort gehe ich am Sonnabend
und meditiere meine Predigten, und alles weitet sich vor mir;
ich vergesse jeden wirklichen Zuhörer und gewinne einen
idealen, gewinne die vollkommene Verlorenheit in mir selber, so daß, wenn ich auf die Kanzel trete, es ist, als stünde
ich noch auf der Heide, wo mein Auge keinen Menschen
entdeckt, wo meine Stimme sich mit ihrer ganzen Kraft erhebt, um den Sturm zu übertönen.«
Doch nicht um Dir dies zu erzählen, schreibe ich, sondern
um Dir eine Predigt von ihm zu senden, die in den Brief ein-
gelegt war. Ich habe sie Dir nicht persönlich zeigen wollen,
um nicht Deine Kritik zu reizen, sondern schicke sie Dir
schriftlich, damit sie im stillen ihren Eindruck auf Dich mache. Er hat sie noch nicht gehalten, sondern gedenkt sie im
nächsten Jahr zu halten, und ist überzeugt, daß er jeden Bauern dahin bringen werde, sie zu verstehen. Deswegen darfst
Du sie aber nicht verschmähen; denn das ist eben das Schöne
am Allgemeinen, daß alle es verstehen können. Er hat in dieser Predigt aufgegriffen, was ich gesagt habe und was ich Dir
gern gesagt hätte; er hat es glücklicher ausgedrückt, als ich es
vermag. Nimm sie denn, lies sie, ich habe nichts hinzuzufügen, außer daß ich sie gelesen und an mich selbst gedacht, sie
gelesen und an Dich gedacht habe.

*Das Erbauliche, das in dem Gedanken liegt, daß wir gegen Gott immer unrecht haben.*

## Gebet

Vater im Himmel! Lehre Du uns recht beten, daß unser Herz sich vor Dir öffne in Gebet und Flehen und keinen geheimen Wunsch in sich hege, von dem wir wissen, daß er Dir nicht wohlgefällig ist, aber auch keine heimliche Furcht, daß Du uns etwas versagest, was in Wahrheit zu unserem Besten dient; auf daß die arbeitenden Gedanken, das unruhige Gemüt, das bange Herz Ruhe finden mögen darin und dadurch, worin und wodurch sie allein zu finden ist, dadurch, daß wir allezeit fröhlich Dir danken, indem wir fröhlich bekennen, daß wir gegen Dich immer unrecht haben. Amen.

*Wir hören das heilige Evangelium, wie es aufgezeichnet ist beim Evangelisten St. Lukas, im 19. Kapitel, vom 41. Verse an also lautend:*
Und als er nahe hinzukam, sah er die Stadt an und weinte über sie und sprach: Wenn doch auch du erkennetest zu dieser deiner Zeit, was zu deinem Frieden dienet! Aber nun ist's vor deinen Augen verborgen. Denn es wird die Zeit über dich kommen, daß deine Feinde werden um dich und deine Kinder mit dir eine Wagenburg schlagen, dich belagern und an allen Orten ängsten; und werden dich schleifen und keinen Stein auf dem andern lassen, darum daß du nicht erkannt hast die Zeit, darinnen du heimgesucht bist. Und er ging in den Tempel und fing an auszutreiben, die darinnen verkauften und kauften, und sprach zu ihnen: Es stehet geschrieben: »Mein Haus ist ein Bethaus«; ihr aber habt's gemacht zur Mördergrube. Und er lehrte täglich im Tempel. Aber die Hohenpriester und Schriftgelehrten und die Vornehmsten im Volk trachteten ihm nach, daß sie ihn umbrächten; und fanden nicht, wie sie ihm tun sollten, denn alles Volk hing ihm an und hörte ihn.

Was der Geist in Gesichten und Träumen den Propheten ge-
offenbart, was diese mit warnender Stimme dem einen Geschlecht nach dem andern verkündet hatten: die Verstoßung
des auserwählten Volkes, den schrecklichen Untergang des
stolzen Jerusalems, das rückte nun immer näher heran. Christus zieht hinauf gen Jerusalem. Er ist kein Prophet, der das
Zukünftige verkündet, seine Rede weckt nicht ängstliche
Unruhe, denn was noch verborgen ist, das sieht er vor seinen
Augen; er weissagt nicht, dazu ist keine Zeit mehr, – er weint
über Jerusalem. Und doch stand ja die Stadt noch in ihrer
Herrlichkeit, und der Tempel ragte noch empor wie seit je,
höher als irgendein anderes Gebäude der Welt, und Christus
selber spricht: Wenn du erkennetest zu dieser deiner Zeit,
was dir zum Besten dient, aber er fügt auch hinzu: jedoch, es
ist vor deinen Augen verborgen. In Gottes ewigem Rat ist
ihr Untergang beschlossen, und die Rettung ist vor den Augen ihrer Einwohner verborgen. War denn das Geschlecht,
das damals lebte, verdammenswerter als das vorhergehende,
dem es das Leben verdankte, war das ganze Volk entartet,
war dort kein Gerechter in Jerusalem, kein einziger, der dem
Zorn der Gottheit Einhalt hätte tun können, war unter all
denen, vor deren Augen die Rettung verborgen war, kein
Frommer? Und wenn ein solcher da war, hat sich ihm denn
kein Tor aufgetan in der Zeit der Angst und der Not, da die
Feinde die Stadt belagerten und an allen Orten ängsteten, ist
kein Engel hernieder gestiegen, um ihn zu retten, bevor noch
alle Tore geschlossen wurden, ist kein Zeichen geschehen um
seinetwillen? Jedoch, ihr Untergang war festgesetzt. Vergeblich suchte die belagerte Stadt in ihrer Angst nach einem
Ausweg, das Heer des Feindes umklammerte sie mit seinem
mächtigen Arm, und niemand entkam, und der Himmel
ward verschlossen und kein Engel entsandt außer dem Würgeengel, der sein Schwert über der Stadt schwang. Was das
Volk verbrochen hatte, das mußte dieses Geschlecht büßen,
was dieses Geschlecht verbrochen hatte, das mußte jedes einzelne Glied des Geschlechtes büßen. Soll denn der Gerechte

leiden mit dem Ungerechten? Ist das der Eifer Gottes, daß er
in der Weise heimsucht der Väter Missetat an den Kindern
bis ins dritte und vierte Glied, daß er nicht die Väter straft,
sondern die Kinder? Was sollten wir sagen? Sollten wir sagen, es seien nun bald zwei Jahrtausende verflossen seit jenen
Tagen, ein solches Grauen habe die Welt nie zuvor gesehen
und werde es wohl nie mehr sehn; wir danken Gott, daß wir
in Frieden und Sicherheit leben, daß der Schrei der Angst aus
jenen Tagen nur schwach zu uns herübertönt, wir wollen
hoffen und glauben, daß unsere Tage und die unserer Kinder
in der Stille dahinfließen mögen, unberührt von den Stürmen des Daseins! Wir fühlen nicht die Kraft, über dergleichen
nachzudenken, aber wir wollen Gott danken, daß wir nicht
darin versucht werden. Läßt sich etwas Feigeres und Trost-
loseres denken als eine solche Rede? Ist denn das Unerklärliche dadurch erklärt worden, daß man gesagt hat: es ist nur
einmal in der Welt geschehen? Oder ist nicht dies das Unerklärliche, daß es geschehen ist? Und hat nicht dies, daß es geschehen ist, die Kraft, alles andere unerklärlich zu machen,
selbst das Erklärliche? Ist es einmal in der Welt geschehen,
daß die Lage der Menschen wesentlich verschieden war von
dem, was sie sonst immer ist, welche Sicherheit haben wir
dann, daß es sich nicht wiederholen kann, welche Sicherheit,
daß nicht jenes das Wahre und das, was gemeinhin geschieht,
das Unwahre ist? Oder ist es ein Beweis für das Wahre, daß
es meistens geschieht? Und wiederholt es sich denn wirklich
nicht öfter, wovon jene Zeiten Zeuge geworden sind? Haben wir es nicht alle so mannigfach erfahren, daß, was im
Großen geschieht, dasselbe auch im Kleineren erlebt wird?
Meinet ihr, spricht Christus, daß jene Galiläer, deren Blut
Pilatus vergießen ließ, vor allen Galiläern Sünder gewesen
sind, dieweil sie das erlitten haben? Oder meinet ihr, daß die
achtzehn, auf welche der Turm in Siloah fiel und erschlug
sie, seien schuldig gewesen vor allen Menschen, die zu Jerusalem wohnen? Einige von jenen Galiläern sind also nicht
Sünder gewesen vor andern Menschen, jene achtzehn sind

nicht schuldig gewesen vor allen Menschen, die zu Jerusalem
wohnten – und doch teilten die Unschuldigen mit den Schul-
digen das Los. Es war eine Schickung, wirst du vielleicht
sagen, keine Strafe; aber Jerusalems Untergang war eine
Strafe, und sie hat Schuldige und Unschuldige gleich hart
getroffen. Darum willst du dich nicht selbst mit dem Nachdenken über solche Dinge ängstigen; denn daß ein Mensch
Widerwärtigkeiten und Leiden haben kann, daß diese ebensogut wie der Regen auf die Guten und auf die Bösen fallen, das kannst du begreifen, daß es aber eine Strafe sein soll
... Und doch stellt die Schrift es so dar. So ist denn des Gerechten Los gleich dem des Ungerechten, so hat denn Gottesfurcht keine Verheißung für dieses gegenwärtige Leben;
so ist denn jeder erhebende Gedanke, der dich einstmals so
reich gemacht hat an Mut und Zuversicht, eine Einbildung,
ein Gaukelwerk, daran das Kind glaubt, darauf der Jüngling
hofft, darin aber der wenig Ältere keinen Segen findet, sondern nur Spott und Ärgernis? Doch, dieser Gedanke empört
dich, er kann und soll keine Macht erhalten, dich zu betören,
nicht imstande sein, deine Seele abzustumpfen. Gerechtigkeit
willst du lieben, Gerechtigkeit willst du üben von früh bis
spät; hat sie auch keinen Lohn, du willst sie dennoch üben,
du fühlst es, es liegt ein Anspruch in ihr, der doch einmal
erfüllt werden muß; du willst nicht in Mattigkeit versinken,
um dann irgendwann einmal zu begreifen, daß die Gerechtigkeit ihre Verheißungen hatte, daß du aber selbst dich davon ausgeschlossen, dieweil du nicht Gerechtigkeit geübt
hast. Nicht mit Menschen willst du streiten, mit Gott willst
du streiten und ihn festhalten, er soll sich nicht von dir losreißen können, er segne dich denn! Jedoch, die Schrift sagt:
Mit Gott sollst du nicht rechten. Ist es nicht das, was du tust?
Ist dies nun wiederum eine trostlose Rede, ist also die heilige
Schrift dem Menschen nur gegeben, um ihn zu demütigen,
zu vernichten? Keineswegs! Wenn es heißt: Mit Gott sollst
du nicht rechten, so will das besagen: Du darfst gegen Gott
nicht recht haben wollen, nur so darfst du mit ihm rechten,

daß du lernst, daß du unrecht hast. Ja, das ist es, was du selber
wollen mußt. Wenn es dir also verboten wird, mit Gott zu
rechten, so ist damit deine Vollkommenheit bezeichnet, und
es wird keineswegs gesagt, du seiest ein geringes Wesen, das
für ihn keine Bedeutung habe. Der Sperling fällt auf die
Erde, er hat gewissermaßen recht gegen Gott, die Lilie verwelkt, sie hat gewissermaßen recht gegen Gott, nur der
Mensch hat unrecht, ihm allein ist es vorbehalten, was allem
versagt ward: gegen Gott unrecht zu haben. Sollte ich anders reden, sollte ich dich an eine Weisheit erinnern, die du
wohl schon oft vernommen hast, eine Weisheit, die alles so
leicht zu erklären weiß, ohne Gott noch den Menschen Unrecht zu tun: der Mensch ist ein gebrechliches Wesen, sagt
sie, es wäre unbillig von Gott, das Unmögliche von ihm zu
verlangen; man tut, was man kann, und ist man auch hin
und wieder einmal etwas nachlässig, so wird doch Gott niemals vergessen, daß wir schwache und unvollkommene
Wesen sind. Was soll ich mehr bewundern, die erhabenen
Vorstellungen vom Wesen der Gottheit, die dieser Scharfsinn verrät, oder den tiefen Einblick in das menschliche
Herz, das prüfende Bewußtsein, das sich selbst erforscht und
nun zu der behaglichen und bequemen Erkenntnis kommt:
man tut, was man kann? War es für dich, mein Zuhörer,
eine so leichte Sache, zu entscheiden, wieviel das ist: was man
kann? Warst du nie in Gefahr, wo du deine Kräfte beinahe
bis zur Verzweiflung angestrengt und doch so sehnlich gewünscht hast, mehr zu können, und ein anderer vielleicht
mit zweifelnden und flehenden Blicken dich ansah, ob es
nicht möglich sei, daß du mehr tun könntest? Oder hast du
niemals Angst gehabt vor dir selber, solche Angst, daß es
dir war, als sei keine Sünde so schwarz, keine Selbstsucht so
abscheulich, daß sie sich nicht doch in dich hätte einschleichen und als eine fremde Macht die Herrschaft über dich
gewinnen können? Hast du diese Angst nicht verspürt?
Denn wenn du sie nicht verspürt hast, so tue du deinen
Mund nicht auf, um zu antworten, denn du kannst ja nicht

antworten auf das, wonach hier gefragt wird; hast du sie
aber verspürt, mein Zuhörer, so frage ich dich: hast du da
Ruhe gefunden in jenen Worten: »man tut, was man kann«?
Oder bist du nie in Angst um andere gewesen, hast du nicht
die wanken sehen im Leben, zu denen du aufzuschauen
pflegtest mit Vertrauen und Zuversicht, und hast du dann
nicht eine leise Stimme vernommen, die dir zuraunte: wenn
nicht einmal diese das Große vollbringen können, was ist
dann das Leben anderes als unselige Mühe und der Glaube
anderes als eine Schlinge, die uns in die Unendlichkeit hin-
ausreißt, wo wir doch nicht leben können; weit besser also,
jeden Anspruch zu vergessen und aufzugeben – hast du
diese Stimme nicht vernommen? Denn wenn du sie nicht
vernommen hast, so tue du deinen Mund nicht auf, um zu
antworten, denn du kannst ja nicht antworten auf das, wonach gefragt wird; hast du sie aber vernommen, mein Zuhörer, so frage ich dich: ist das denn dein Trost gewesen,
daß du sagtest: »Man tut, was man kann«? War das nicht
gerade der Grund für deine Unruhe, daß du dir nicht bewußt warst, wieviel das ist, was man kann, daß es dich in
dem einen Augenblick so unendlich viel dünkte, in dem
andern Augenblick so überaus wenig? War nicht darum
deine Angst so schmerzlich, weil du dein Bewußtsein nicht
durchdringen konntest, weil, je ernster du selbst wolltest, je
inniger du zu handeln wünschtest, um so schrecklicher jene
Zwiespältigkeit wurde, in der du dich befandest: daß du
etwa nicht getan habest, was du konntest, oder daß du wirklich getan habest, was du konntest, aber niemand dir zu
Hilfe gekommen sei?
Kein ernsthafterer Zweifel, kein tieferer Kummer läßt sich
also durch die Worte besänftigen: man tut, was man kann.
Hat der Mensch zuweilen recht, zuweilen unrecht, bis zu
einem gewissen Grade recht, bis zu einem gewissen Grade
unrecht, wer anders will es entscheiden, als der Mensch
selbst, aber kann er nicht in der Entscheidung wiederum bis
zu einem gewissen Grade recht und bis zu einem gewissen

Grade unrecht haben? Oder ist er ein anderer Mensch, indem er sein Handeln beurteilt als indem er handelt? So muß also der Zweifel herrschen, immer wieder neue Schwierigkeiten entdecken, und der Kummer muß nebenher gehen und der geängsteten Seele die gemachten Erfahrungen einprägen? Oder sollten wir es vorziehen, ständig recht zu haben in dem Sinne, wie die unvernünftigen Geschöpfe es haben? So haben wir denn nur die Wahl, entweder nichts vor Gott zu sein, oder in ewiger Qual jeden Augenblick von vorn anzufangen, ohne jedoch anfangen zu können; denn wenn wir mit Bestimmtheit sollen entscheiden können, ob wir im gegenwärtigen Augenblick recht haben, so muß diese Frage mit Bestimmtheit für den vorhergehenden Augenblick entschieden sein, und so immer weiter zurück.

Der Zweifel ist wieder in Bewegung gesetzt, der Kummer wieder geweckt; so laßt uns danach trachten, ihn zu besänftigen, indem wir nachdenken über:

*Das Erbauliche, das in dem Gedanken liegt, daß wir gegen Gott immer unrecht haben.*

Unrecht haben – läßt sich ein schmerzlicheres Gefühl denken als dieses, und sehen wir nicht, daß die Menschen lieber alles leiden wollen, als eingestehn, daß sie unrecht haben? Zwar billigen wir eine solche Hartnäckigkeit nicht, weder bei uns selbst, noch bei anderen; wir meinen, es sei weiser und besser gehandelt, unser Unrecht einzugestehen, wo wir es wirklich haben, wir sagen dann, daß der Schmerz, der das Eingeständnis begleitet, einer bitteren Arznei gleiche, die heilen wird; aber daß es ein Schmerz ist, unrecht zu haben, ein Schmerz, es einzugestehen, das verhehlen wir freilich nicht. Wir leiden also den Schmerz, weil wir wissen, daß er zu unserm Besten dient, wir getrösten uns, daß es uns einmal gelingen werde, kräftigeren Widerstand zu leisten, daß wir es vielleicht dahin bringen möchten, nur noch sehr selten

wirklich unrecht zu haben. Diese Betrachtung ist so natürlich, so einleuchtend für jedermann. Es liegt also etwas Erbauliches darin, unrecht zu haben, sofern wir nämlich, indem wir es eingestehen, uns erbauen an den Aussichten, daß
es immer seltener der Fall sein werde. Freilich, nicht eben
durch diese Betrachtung wollten wir den Zweifel besänftigen, sondern dadurch, daß wir nachdenken über das Erbauliche, welches darin liegt, daß wir immer unrecht haben.
War nun aber jene erste Betrachtung, die uns die Hoffnung
schenkte, daß wir mit der Zeit nicht mehr unrecht haben,
erbaulich, wie kann dann auch die entgegengesetzte Betrachtung es sein, die Betrachtung, die uns lehren will, daß
wir immer, sowohl in bezug auf das Vergangene wie auf
das Zukünftige, unrecht haben?

Dein Leben bringt dich in eine vielfältige Beziehung zu anderen Menschen. Einige von diesen lieben Recht und Gerechtigkeit, andere scheinen sie nicht üben zu wollen; sie tun
Unrecht gegen dich. Deine Seele ist nicht verhärtet gegen
das Leiden, das sie dir auf diese Weise verursachen, aber du
erforschest und prüfest dich, du vergewisserst dich, daß du
recht hast, und du ruhst sicher und stark in dieser Überzeugung; wie sehr sie mich auch kränken, sagst du, diesen Frieden sollen und können sie mir nicht rauben, daß ich weiß,
ich habe recht, und daß ich Unrecht leide. Es liegt in dieser
Betrachtung eine Befriedigung, eine Freude, die wohl ein
jeder von uns gekostet hat, und wenn du weiter Unrecht
leidest, so erbaust du dich an dem Gedanken, daß du recht
hast. Diese Betrachtung ist so natürlich, so faßlich, so oft im
Leben erprobt, und doch wollen wir nicht durch sie den
Zweifel besänftigen und den Kummer heilen, sondern dadurch, daß wir nachdenken über das Erbauliche, welches in
dem Gedanken liegt, daß wir immer unrecht haben. Kann
denn die entgegengesetzte Betrachtung die gleiche Wirkung
haben?

Dein Leben bringt dich in eine vielfältige Beziehung zu anderen Menschen, zu einigen zieht es dich mit innigerer Liebe

hin als zu anderen. Wenn nun ein solcher Mensch, welcher
Gegenstand deiner Liebe wäre, Unrecht gegen dich täte,
nicht wahr, so würde es dich schmerzen, du würdest alles
genau prüfen, doch dann, würdest du dann sagen: Ich bin
mir bewußt, daß ich recht habe, dieser Gedanke wird mich
beruhigen? O, wenn du ihn liebtest, so würde das dich nicht
beruhigen, du würdest allem nachforschen. Du würdest
nichts anderes erkennen können, als daß er unrecht hat, und
doch würde diese Gewißheit dich beunruhigen, du würdest
wünschen, daß du unrecht hättest, du würdest suchen, ob
du nicht etwas finden könntest, was etwa zu seiner Recht-
fertigung spräche, und fändest du es nicht, so würdest du
doch erst Ruhe in dem Gedanken finden, daß du unrecht
habest. Oder wenn es dir auferlegt wäre, für das Wohl eines
solchen Menschen Sorge zu tragen, du würdest alles tun,
was in deiner Macht stünde, und wenn der andere trotzdem
nicht darauf achtete und dir nur Kummer bereitete, nicht
wahr, so würdest du die Rechnung machen, du würdest sagen: Ich weiß, ich habe Recht gegen ihn getan? – O nein!
wenn du ihn liebtest, so würde dieser Gedanke dich nur
ängstigen, du würdest nach jeder Wahrscheinlichkeit greifen, und wenn du keine fändest, so würdest du die Rechnung zerreißen, um dich sie vergessen zu machen, und du
würdest danach trachten, dich an dem Gedanken zu erbau-
en, daß du unrecht habest.
So ist es denn schmerzlich, unrecht zu haben, und schmerzlicher, je öfter man es hat, erbaulich, unrecht zu haben, und
erbaulicher, je öfter man es hat! Dies ist ja ein Widerspruch.
Woraus läßt er sich erklären, es sei denn daraus, daß du in
dem einen Fall zu erkennen gezwungen bist, was du in dem
andern Fall zu erkennen wünschst? Bleibt denn aber die Erkenntnis nicht die gleiche, hat es einen Einfluß auf sie, ob
man wünscht oder nicht wünscht? Woraus läßt sich dies erklären, es sei denn daraus, daß du in dem einen Falle liebtest,
in dem andern nicht, mit anderen Worten, daß du in dem
einen Falle dich in einem unendlichen Verhältnis zu einem

Menschen befändest, in einem anderen Falle in einem endlichen? So ist also der Wunsch, unrecht zu haben, Ausdruck
für ein unendliches Verhältnis, die Einstellung, daß man
recht haben will oder es schmerzlich findet, unrecht zu haben, Ausdruck für ein endliches Verhältnis! So ist es also erbaulich, immer unrecht zu haben, denn nur das Unendliche
erbaut, das Endliche nicht!

Wenn es nun ein Mensch wäre, den du liebtest, und gelänge es deiner Liebe auch, deinen Gedanken und dich selbst
fromm zu betrügen, du wärest dennoch in einem ständigen
Widerspruch, weil du wüßtest, du hättest recht, und doch
wünschtest und zu glauben wünschtest, daß du unrecht
hättest. Wenn es dagegen Gott wäre, den du liebtest, könnte
da etwa von einem solchen Widerspruch die Rede sein,
könntest du da etwa von anderem wissen als dem, was du
zu glauben wünschtest? Sollte er, der im Himmel ist, nicht
größer sein als du, der du auf Erden wohnst, sollte sein
Reichtum nicht verschwenderischer sein als dein Maß, seine
Weisheit nicht tiefer als dein Scharfsinn, seine Heiligkeit
größer als deine Gerechtigkeit? Mußt du dies nicht notwendig erkennen, wenn du es aber erkennen mußt, so ist
kein Widerspruch zwischen deinem Wissen und deinem
Wunsch. Und doch, wenn du es notwendig erkennen mußt,
so ist ja keine Erbauung in dem Gedanken, daß du immer
unrecht hast, denn es wurde ja gesagt, daß der Grund, weshalb es sich das eine Mal als schmerzlich erweisen könne,
unrecht zu haben, das andere Mal als erbaulich, der sei, daß
man in dem einen Falle gezwungen sei, zu erkennen, was
man in dem andern Falle zu erkennen wünsche. So wärest
du denn in deinem Verhältnis zu Gott zwar vom Widerspruch befreit, aber du hättest die Erbauung verloren, und
doch war es ja eben dies, worüber wir nachdenken wollten:
das Erbauliche darin, daß wir gegen Gott immer unrecht
haben.

Sollte dem nun wirklich so sein? Warum war es dein Wunsch,
gegen einen Menschen unrecht zu haben? weil du liebtest;

warum fandest du es erbaulich? weil du liebtest. Je mehr du
liebtest, um so weniger Zeit hattest du zu überlegen, ob du
recht habest oder nicht, deine Liebe hatte nur den Wunsch,
daß du ständig unrecht haben mögest. So auch in deinem
Verhältnis zu Gott. Du liebtest Gott, und darum konnte
deine Seele nur darin Ruhe und Freude finden, daß du immer unrecht haben müßtest. Nicht aus der Mühsal des Denkens bist du zu dieser Erkenntnis gekommen, du warst nicht
gezwungen, denn wenn du in Liebe bist, bist du in Freiheit.
Wenn also der Gedanke dich davon überzeugt, daß es sich
so verhalte, daß es sich gar nicht anders verhalten könne, als
daß du immer unrecht oder Gott immer recht haben müsse,
so war dies eine nachträgliche Überlegung; und du bist zu
der Gewißheit, daß du unrecht habest, nicht von der Erkenntnis her gelangt, daß Gott recht habe; sondern von jenem einzigen und höchsten Wunsch der Liebe her, daß du immer
unrecht haben mögest, bist du zu der Erkenntnis gelangt,
daß Gott immer recht hat. Dieser Wunsch aber ist die Sache
der Liebe und somit der Freiheit, und du bist also keineswegs zu der Erkenntnis gezwungen worden, daß du immer
unrecht habest. Nicht durch eine Überlegung also ist es dir
gewiß geworden, daß du immer unrecht habest, sondern
die Gewißheit lag darin, daß du dadurch erbaut wurdest.
Es ist demnach also ein erbaulicher Gedanke, daß wir gegen
Gott immer unrecht haben. Wäre das nicht der Fall, hätte
diese Gewißheit ihren Ursprung nicht in deinem ganzen
Wesen, das heißt in der Liebe in dir, so hätte deine Betrachtung auch ein anderes Aussehen bekommen. Du hättest erkannt, daß Gott immer recht habe; dies zu erkennen wärest
du gezwungen gewesen, und infolgedessen wärest du auch
gezwungen gewesen, zu erkennen, daß du immer unrecht
habest. Dieses letztere wäre schon schwieriger, denn du
kannst zwar gezwungen werden, zu erkennen, daß Gott immer recht hat; dazu aber, die Anwendung auf dich selber zu
machen, diese Erkenntnis in dein ganzes Wesen aufzunehmen, kannst du eigentlich nicht gezwungen werden. Du wür-

dest also erkennen, daß Gott immer recht hat und infolgedessen du immer unrecht, aber diese Erkenntnis würde dich nicht erbauen. Es liegt nichts Erbauliches in der Erkenntnis, daß Gott immer recht hat, und somit auch nicht in einem Gedanken, der mit Notwendigkeit hieraus folgt. Wenn du erkennst, daß Gott immer recht hat, so stehst du außerhalb Gottes, und ebenso, wenn du als eine Folge davon erkennst, daß du immer unrecht hast. Wenn du dagegen nicht kraft einer vorhergegangenen Erkenntnis verlangst und überzeugt bist, daß du immer unrecht hast, so bist du in Gott verborgen. Dies ist deine Anbetung, deine Andacht, deine Gottesfurcht.

Du liebtest einen Menschen, du hattest den Wunsch, immer unrecht gegen ihn zu haben, ach, aber er ist dir untreu geworden, und wie ungern du auch wolltest, wie sehr es dich auch schmerzte, du hast dennoch recht gegen ihn bekommen und unrecht darin, daß du ihn so sehr geliebt hast. Und doch verlangte deine Seele, so zu lieben, nur darin konntest du Ruhe finden und Frieden und Glück. Da kehrte sie sich ab vom Endlichen und dem Unendlichen zu; dort hat sie ihren Gegenstand gefunden, dort ist deine Liebe glücklich geworden. Gott will ich lieben, sagtest du, er gibt dem Liebenden alles, er erfüllt meinen höchsten, meinen einzigen Wunsch, daß ich gegen ihn immer unrecht haben möge; niemals wird ein ängstigender Zweifel von ihm mich fortreißen, niemals wird der Gedanke mich erschrecken, daß ich gegen ihn recht bekommen könnte, gegen Gott habe ich immer unrecht.

Oder ist dem nicht so, war dies nicht dein einziger Wunsch, dein höchster, und erfaßte dich nicht eine entsetzliche Angst, wenn für einen Augenblick der Gedanke in deiner Seele aufkommen konnte, du könntest recht haben, nicht Gottes Walten wäre Weisheit, sondern deine Pläne; nicht Gottes Gedanken wären Gerechtigkeit, sondern deine Taten; nicht Gottes Herz wäre Liebe, sondern deine Gefühle? Und war es nicht deine Seligkeit, daß du niemals lieben konntest, wie du geliebt wurdest? So ist also dies, daß du gegen Gott immer unrecht hast, nicht eine Wahrheit, die du erkennen mußt, nicht ein Trost, der deinen Schmerz lindert, nicht ein Ersatz für etwas Besseres, sondern es ist eine Freude, in der du siegst über dich und die Welt, deine Wonne, dein Lobgesang, deine Anbetung, ein Beweis dafür, daß deine Liebe glücklich ist, wie nur die Liebe es ist, mit welcher man Gott liebt.

So ist also dies, daß wir gegen Gott immer unrecht haben, ein erbaulicher Gedanke; es ist erbaulich, daß wir unrecht haben, erbaulich, daß wir es immer haben. Er erweist seine erbauende Kraft auf zwiefache Weise, teils dadurch, daß er dem Zweifel Einhalt tut und den Kummer des Zweifels besänftigt, teils dadurch, daß er zum Handeln ermutigt.

Du erinnerst dich wohl noch, mein Zuhörer, einer Weisheit, die im vorhergehenden bezeichnet wurde? Sie sah so treu und verläßlich aus, sie erklärte alles so leicht, sie war bereit, jeden Menschen, unangefochten von den Stürmen des Zweifels, durchs Leben zu retten. Man tut, was man kann, rief sie dem Ratlosen zu. Und es ist ja unleugbar, wenn man es nur tut, so ist einem geholfen. Weiter hatte sie nichts zu sagen, sie verflog wie ein Traum, oder sie wurde zu einer eintönigen Wiederholung im Ohre des Zweifelnden. Wenn er sie dann brauchen wollte, so zeigte es sich, daß er sie nicht brauchen konnte, daß sie ihn in einer Schlinge von Schwierigkeiten verstrickte. Er fand keine Zeit zu überlegen, was er tun könne, denn er sollte ja gleichzeitig tun, was er tun konnte. Oder fand er Zeit zu überlegen, so brachte die Prüfung ihm ein Mehr oder Weniger, eine Annäherung, niemals aber etwas Erschöpfendes. Wie sollte auch ein Mensch sein Verhältnis zu Gott durch ein Mehr oder ein Weniger ausmessen können, oder durch eine Bestimmung der Annäherung? Er überzeugte sich also, daß diese Weisheit ein verräterischer Freund sei, der unter dem Schein, ihm zu helfen, ihn in Zweifel verwickele, ihn in einen andauernden Kreislauf der Verwirrung hineinängstige. Was ihm zuvor dunkel gewesen war, ihn aber nicht bekümmert hatte, das wurde ihm jetzt nicht etwa klarer, sondern seine Seele ward in Zweifeln geängstigt und bekümmert. Nur in einem unendlichen Verhältnis zu Gott könnte der Zweifel sich besänftigen, nur in einem unendlich freien Verhältnis zu Gott sein Kummer sich wandeln in Freude. In einem unendlichen Verhältnis zu Gott ist er, wenn er erkennt, daß Gott immer recht, in einem unendlich freien Verhältnis, wenn er erkennt, daß er selbst immer unrecht hat. So ist denn dem Zweifel Einhalt getan; denn die Bewegung des Zweifels lag eben darin, daß er in dem einen Augenblick recht haben sollte, in dem andern Augenblick unrecht, bis zu einem gewissen Grade recht haben, bis zu einem gewissen Grade unrecht, und dies sein Verhältnis zu Gott bezeichnen sollte; ein solches Verhältnis zu Gott aber ist kein Verhältnis, und dies war die Nahrung des Zweifels. In seinem Verhältnis zu einem andern Menschen wäre es freilich möglich, daß er teils unrecht, teils recht hätte, bis zu einem gewissen Grade unrecht, bis zu einem gewissen Grade recht, weil er selbst und jeder Mensch eine Endlichkeit ist und ihr Verhältnis ein endliches Verhältnis, das in einem Mehr oder Weniger liegt. Solange daher der Zweifel das unendliche Verhältnis verendlichen, und solange die Weisheit das unendliche Verhältnis mit Endlichkeit erfüllen wollte, so lange blieb er im Zweifel. Immer wenn der Zweifel ihn mit dem einzelnen ängstigen, ihn lehren will, daß er zuviel leide oder über seine Kräfte geprüft werde, vergißt er das Endliche in dem Unendlichen, daß er immer unrecht hat. Immer wenn der Kummer des Zweifels ihn traurig machen will, erhebt er sich über das Endliche ins Unendliche; denn daß er immer unrecht hat, das ist der Flügel, auf welchem er sich über die Endlichkeit hinausschwingt, das ist das Sehnen, mit welchem er Gott sucht, das ist die Liebe, in welcher er Gott findet. Gegen Gott haben wir also immer unrecht. Aber ist dieser Gedanke nicht betäubend, ist er, wie erbaulich er auch sein mag, nicht gefährlich für einen Menschen, lullt er ihn nicht

in einen Schlaf, in dem er von einem Verhältnis zu Gott
träumt, das doch kein wirkliches Verhältnis ist, verzehrt er
nicht die Kraft des Willens und die Stärke des Vorsatzes?
Mitnichten! Oder war der Mensch, der da wünschte, gegen
einen anderen Menschen immer unrecht zu haben, war er
stumpf und untätig, tat er nicht alles, was in seiner Macht
stand, um recht zu haben, und doch wünschte er nur unrecht
zu haben? Und sollte denn der Gedanke, daß wir gegen
Gott immer unrecht haben, nicht begeisternd sein, denn was
drückt er anders aus, als daß Gottes Liebe immer größer ist
als unsere Liebe? Macht dieser Gedanke ihn nicht fröhlich
zum Handeln, denn wenn er zweifelt, so hat er zum Handeln keine Kraft; macht er ihn nicht brünstig im Geist, denn
wenn er endlich rechnet, so verlischt des Geistes Feuer. Und
würde dein einziger Wunsch dir versagt, mein Zuhörer, du
bist dennoch fröhlich, du sagst nicht: Gott hat immer recht,
denn darin ist keine Freude; du sagst: gegen Gott habe ich
immer unrecht. Und wenn du selbst es wärest, der dir deinen höchsten Wunsch versagen müßte, du bist dennoch
fröhlich, du sagst nicht: Gott hat immer recht, denn darin
ist kein Jubel; du sagst: gegen Gott habe ich immer unrecht.
Und wäre das, was dein Wunsch war, auch nur, was von
anderen und dir selber in gewissem Sinne deine Pflicht genannt werden muß, und hättest du nicht nur deinem Wunsch
entsagen, sondern gewissermaßen deine Pflicht verletzen
müssen, und hättest du nicht nur deine Freude verloren, sondern sogar die Ehre, du bist dennoch fröhlich; gegen Gott,
sagst du, habe ich immer unrecht. Und klopftest du an, aber
es würde dir nicht aufgetan, und suchtest du, aber fändest
nichts, und arbeitetest du, aber bekämest nichts, und pflanz-
test und begössest du, aber sähest keinen Segen, und wäre
der Himmel verschlossen und das Zeugnis bliebe aus, du
bist dennoch fröhlich in deinem Tun, und wenn die Strafe,
die der Frevel der Väter herabgerufen hätte, über dich käme,
du bist dennoch fröhlich, denn gegen Gott haben wir immer
unrecht.

Gegen Gott haben wir immer unrecht, dieser Gedanke tut also dem Zweifel Einhalt und besänftigt seinen Kummer, er ermutigt und begeistert zum Handeln.

Dein Gedanke ist nun dem Gang der Darlegung gefolgt, schnell vorauseilend vielleicht, wenn es bekannte Wege waren, die er dich führte, langsam, widerstrebend vielleicht, wenn der Weg dir fremd war; aber das hast du doch zugeben müssen, daß es sich so verhält, wie es dargelegt wurde, und dein Gedanke nichts dagegen einzuwenden hat. Ehe wir scheiden, noch eine Frage, mein Zuhörer: wünschtest du, könntest du wünschen, daß es sich anders verhielte? Könntest du wünschen, daß du recht hättest, könntest du wünschen, daß jenes schöne Gesetz, das seit Jahrtausenden das Geschlecht und jedes Glied des Geschlechtes durchs Leben getragen hat, jenes schöne Gesetz, herrlicher als das, welches die Sterne auf ihrer Bahn über das Gewölbe des Himmels trägt, könntest du wünschen, daß jenes Gesetz zerbräche, schrecklicher als wenn jenes Gesetz der Natur seine Kraft verlöre und alles sich auflöste in ein furchtbares Chaos? Könntest du es wünschen? Ich habe kein Wort des Zorns, dich zu erschrecken, dein Wunsch soll nicht hervorgehen aus der Angst über die Vermessenheit des Gedankens, recht haben zu wollen gegen Gott; ich frage dich nur: wünschtest du, daß es anders wäre? Vielleicht hat meine Rede nicht Kraft und Inbrunst genug, meine Stimme vermag nicht in deinen innersten Gedanken einzudringen, o, aber frage dich selbst, frage dich mit der feierlichen Ungewißheit, mit der du dich an einen Menschen wenden würdest, von dem du wüßtest, daß er mit einem einzigen Wort über das Glück deines Lebens zu entscheiden vermöchte, frage dich noch ernstlicher, denn hier geht es wahrlich um Leben und Seligkeit. Hemme nicht deiner Seele Flug, betrübe nicht das Bessere in dir, ermatte deinen Geist nicht mit halben Wünschen und halben Gedanken. Frage dich, und höre nicht auf zu fragen, bis du die Antwort findest; denn man kann eine Sache viele Male erkannt, sie anerkannt haben, man kann

eine Sache viele Male gewollt, sie versucht haben, und doch,
erst die tiefe innere Bewegung, erst des Herzens unbeschreibliche Rührung, erst sie vergewissert dich, daß das, was du
erkannt hast, dir gehört, daß keine Macht es dir rauben
kann; denn nur die Wahrheit, die erbaut, ist Wahrheit für
dich.

# KOMMENTAR
## VON NIELS THULSTRUP

# KOMMENTAR

## [Von Niels Thulstrup]

Zur Beachtung: Die Zählung der Zeilen [Z.] richtet sich nur nach den Zeilen des Textes; die Kapitelüberschiften werden nicht berücksichtigt.

*Vorbemerkung:* Im Kommentar werden folgende Abkürzungen gebraucht: S.K. = Søren Kierkegaard; SV [mit Angabe von Band und Seitenzahl] = S.K.s Samlede Værker 2. Udgave, udg. af A. B. Drachmann, J. L. Heiberg og H. O. Lange, I–XV, 1920–36; Pap. = S. K.s Papirer, ved P. A. Heiberg, V. Kuhr og E. Torsting, I–XI, 3, 1909–48; Breve og Aktstykker = Breve og Aktstykker vedrørende S.K., ved Niels Thulstrup, I–II, 1953–54; Ktl. = Katalog over S. K.s Bibliotek, ved Niels Thulstrup, 1957; Einübung = Einübung im Christentum, Zwei ethisch-religiöse Abhandlungen, Das Buch Adler, Jakob Hegner Verlag, 1951; Krankheit und der Begriff der Angst = Krankheit zum Tode und Anderes, Jakob Hegner Verlag, 1956; Philosophische Brosamen = Philosophische Brosamen und Unwissenschaftliche Nachschrift, Jakob Hegner Verlag, 1959; Briefe = S.K., Briefe, ausgewählt, übersetzt u. mit einem Nachwort versehen von Walter Boehlich, Jakob Hegner Verlag, 1955.

*Entweder-Oder I–II* erschien am 20. Februar 1843. Bereits in einem Brief an Emil Boesen, geschrieben in Berlin am 14. Dezember 1184, heißt es: »Ich schreibe auf Tod und Leben. Ich habe schon 14 Druckbogen fertig« [Breve og Aktstykker Nr. 54]. Das gesamte Werk machte 52 Druckbogen aus. Der zweite Teil wurde zuerst geschrieben, aber bevor S.K. im März 1842 nach Kopenhagen zurückkehrte, waren mehrere Abschnitte des ersten Teils vollendet. Im Laufe des Novembers 1842 wurde das Vorwort redigiert. S.K. ließ dann das gesamte Manuskript von seinem Sekretär, dem Kandidaten der Theologie P. V. Christensen [1819–63] ins reine schreiben. Über ihn notierte S.K. August 1843 in seinem Tagebuch [Pap. IV A 141] u. a.: »Ich habe ihn so wohlwollend behandelt, ihn so gut bezahlt, viele Stunden, für die ich ihn bezahlte, mit ihm konversiert, nur damit es ihn nicht kränke und demütige, daß seine Unvermögenheit es notwendig für ihn machte, Abschreiberdienste zu tun.« Wenn S. K. ihn bei dieser Gelegenheit erwähnt, so hängt das damit zusammen, daß er seinen Sekretär als Verfasser anonymer Zeitungsaufsätze betrachtete, in denen mündlich geäußerte Ideen S. K.s zum Ausdruck kamen. In einem Brief an J. L. A. Kolderup-Rosenvinge vom August 1848 bezeichnet S. K. selbst P. V. C. als seinen früheren Sekretär, der »Entweder-Oder« für ihn abgeschrieben habe [Breve og Aktstykker Nr. 188].

Im übrigen erschien *Entweder-Oder* unter Entfaltung der größten Heimlichkeit. Niemand durfte nämlich ahnen, daß S. K. der Verfasser sei. In seinem Handexemplar hat S. K. selbst eine Erläuterung des Werkes gegeben [Pap. IV A 213]: »Der erste Teil enthält Schwermut [egoistisch-sympathetisch] und Verzweiflung [im Verstand und in der Leidenschaft]. Deshalb lehrt der zweite Teil Verzweiflung und Sich-selbst-wählen. Auch der Aufsatz über D. J. hat Schwermut, eine Begeisterung, die ihm den Verstand raubt, ein träumerisches, fast wahnsinniges Schwelgen in Phantasie. Der erste Teil ist deshalb wesentlich paradox, das heißt, er enthält nicht diesen oder jenen paradoxen Gedanken, sondern er ist ganz Leidenschaft, und diese ist immer paradox und soll nicht vernichtet werden – denn das Paradox ist die Leidenschaft des Gedankens. Das Motto deutet auch an, daß in ihrer Eigenwilligkeit lauter Leidenschaft zum Ausdruck kommt. Woran der erste Teil immer wieder scheitert, das ist die Zeit. Deshalb macht der zweite Teil vor allem diese geltend, indem in der ersten Abhandlung gezeigt wird, daß das Ästhetische sich mit der Zeit selbst aufhebt, und in der zweiten Abhandlung, daß eben dies, Geschichte werden zu können und Geschichte zu bekommen, die Bedeutung der Endlichkeit und der Zeitlichkeit ist. Die Phantasie an sich macht stets schwermütig. Deshalb ist der erste Teil schwermütig.«

Zur Entstehungsgeschichte vgl. P. A. Heiberg: »Nogle Bidrag til Enten-Ellers Tilblivelseshistorie«, 1910.

*Seite 9, Z. 3: Victor Eremita:* derjenige, der in der [oder durch die] Einsamkeit siegt.

*Seite 10, Z. 3: Young,* »Night Thoughts« IV, 629: »Are passions then the pagans of the soul? Reason alone baptized?« S.K. besaß »Einige Werke von Dr. Eduard Young, übersetzt in Prosa von J. A. Ebert«, 1767 – 72 [Ktl. 1911], wo die zitierte Stelle lautet [Bd. 1, S. 95]: »Sind denn die Leidenschaften etwa die Heiden der Seele? Ist die Vernunft allein getauft?«

*Seite 11, Z. 2: Richtigkeit des bekannten philosophischen Satzes:* in der »Wissenschaft der Logik« von Hegel [Werke a. A. IV, 178 = Jub. Ausg. IV, 656]: »Das Äußere ist... dem Inneren, dem Inhalt nach nicht nur gleich, sondern beide sind nur Eine Sache«, und an mehreren anderen Stellen desselben Abschnittes, der »das Verhältnis des Äußeren und Innern« behandelt.

*Seite 11, Z. 16: und niemand weiß, von wannen er kommt:* Ev. Johs. 3,8.

*Seite 14, Z. 10: der Postillion bläst bereits:* ironisch, »bereits«, d. h. anderthalb Stunden nach der vereinbarten Zeit.

*Seite 14, Z. 23: Xerxes* soll den Hellespont haben peitschen lassen, weil ein Sturm seine erste Brücke zerschlagen hatte; vgl. Herodot VII, 35.

*Seite 17. Z. 6: Διαψαλματα* [Diapsalmata], eigentlich Zwischenspiel, ein Wort, das in der griechischen Übersetzung des Alten Testaments, der Septuaginta, von dem Saitenspiel verwendet wird, das beim Vortrag in der Synagoge zwischen die verschiedenen Abschnitte des Textes der Psalmen eingeschoben wurde. Es entspricht dem hebräischen Ausdruck »Sela«. S.K. hat selbst die Pluralform gebildet. Der Ausdruck steht in den alttestamentlichen Psalmen häufig am Abschluß einer Gedankenreihe, und Diapsalma kann deshalb auch als ein »Kehrreim« aufgefaßt werden, wie S.K. es getan hat. Im Entwurf [Pap. III B 175] wird der Titel ausdrücklich als »Kehrreim« bezeichnet und damit der Inhalt treffend angegeben: sie sagen stets dasselbe aus, wiederholen das Thema des Lebensüberdrusses in allerlei Variationen.

*Seite 17, Z. 7: ad se ipsum* [an sich selbst], eine Übersetzung des griechischen Titels der »Selbstbetrachtungen« Kaiser Marc Aurels. S.K. führt Pap. III B 122,6 diesen Titel an, und er besaß auch das Werk in deutscher Übersetzung: »Marc. Aurel. Antoninus' Unterhaltungen mit sich selbst. Mit Anmerkungen und einem Versuche über Antonius' philosophische Grundsätze begleitet, von J. M. Schultz«, Schleswig 1799 [Ktl. 1219].

*Seite 20, Z. 8: ein Montag:* der 7. April 1834 war ein Montag. Es war der letzte auf einen Montag fallende 7. April vor der Veröffentlichung von »Entweder-Oder«.

*Seite 21, Z. 8: Wenn B meint:* s. 2. Teil, Seite 765

*Seite 21, Z. 15: an einer anderen Stelle:* s. 2. Teil, Seite 900.

*Seite 21, Z. 22: Diogenes von Laerte* schreibt in »De vitiis, dogmatibus et apophtegmatibus clarorum virorum« nach der dän. Übersetzung von B. Riisbrigh 1811, die S.K. besaß [Ktl. 1110–11], 1, 13: »Als Weise betrachtete man Thales, Solon, Periander, Kleobulos, Chilon, Bias, Pittakos. Zu ihnen rechnete man auch den Skythen Anacharsis, den Cheneer Myson, den Syrier Pherekydes, den Kreter Epimenides; von einigen wurde auch der Tyrann Peisistratos mitgerechnet. Diese waren die Weisen.«

*Seite 21, Z. 23: Jöcher:* »Allgemeines Gelehrten-Lexicon«, hrsg. von Jöcher mit Fortsetzung und Ergänzungen von J. C. Adelung, Leipzig 1750–87 [Ktl. 948–53].

*Seite 21, Z. 23: Morèri:* »Le Grand Dictionnaire Historique«, Basel 1731–32, 6 Foliobände [Ktl. 1965–69].

*Seite 23, Z. 4: Die Weiße Dame,* komische Oper von François Adrien Boieldieu, Text von Eugène Scribe. Ins Dänische wurde der Text übersetzt von Th. Overskou. Die Uraufführung im Kgl. Theater in Kopenhagen fand 1826 statt, und das Stück wurde danach fast in jeder Saison gegeben, solange S.K. lebte. Er weist in einem Brief an Emil Boesen vom 16. Januar 1842 darauf hin [Breve og Aktstykker Nr. 62; Briefe, S. 51].

*Seite 25, Z. 26: Du, die du gelesen hast:* weist der Form nach auf 1. Kor. 7, 29–31 hin.

### DIAPSALMATA

*Seite 27, Z. 3: Grandeur* usw.: »Größe, Wissen, Ruf, Freundschaft, Vergnügen und Gut, alles ist nur Wind, nur Rauch; besser gesagt, alles ist nichts.« Die Verse stammen von Paul Pelisson [1624–93] und stehen in seinen »Oeuvres diverses«, 1735, 1. Bd., S. 212. Lessing zitiert sie in seinen »Zerstreuten Anmerkungen über das Epigramm«. S.K. besaß Lessings »Sämmtliche Schriften«, Berlin 1825–28 [Ktl. 1747 ff.] und hat aller Wahrscheinlichkeit nach das Versehen hier gefunden.

*Seite 27, Z. 7: Was ist ein Dichter?* In sein Handexemplar hat
S.K. geschrieben [Pap. IV A 216]: »Das erste Diapsalma stellt
eigentlich die Aufgabe des ganzen Werkes dar, die ihre Lösung
erst in den letzten Worten der Predigt findet [s. 2. Teil, S. 933].
Es ist eine ungeheure Dissonanz gesetzt, und jetzt heißt es: er-
kläre sie. Es ist eine totale Zwietracht mit der Wirklichkeit
gesetzt, die ihren Grund nicht in Eitelkeit hat, sondern in
Schwermut und in deren Übergewicht über die Wirklichkeit.
Das letzte Diapsalma läßt uns begreifen, wie ein solches Leben
seinen befriedigenden Ausdruck im Lachen gefunden hat.
Dank dieses Lachens begleicht er seine Schuld an die Wirklich-
keit, und jetzt spielt alles sich im Zeichen dieses Gegensatzes ab.
Sein Enthusiasmus ist zu lebhaft, seine Sympathie zu tief, seine
Liebe zu brennend, sein Herz zu heiß, um sich anders als im
Zeichen des Gegensatzes auszudrücken.«

*Seite 27, Z. 11: Phalaris,* Tyrann in Agrigent auf Sizilien, von
dem der griechische Satiriker Lukian berichtet, er habe seine
Gefangenen in einem kupfernen Stier gebraten; in den Nasen-
löchern des Stieres waren Flöten angebracht, so daß die
Schreie der Gemarterten in Töne verwandelt wurden [Lukian,
Phalaris I, 11]. S.K. besaß eine deutsche Übersetzung der
»Schriften« Lukians [Ktl. 1135–38], wo die Beschreibung in
Band IV [1773], p. 234 ff. zu finden ist. Vgl. »Einübung«, S. 325.

*Seite 28, Z. 19: Es gibt bekanntlich Insekten:* dieses Diapsalma ist
fast wortgetreu aus dem Tagebuch S.K.s übernommen [Pap.
III A 96]. Em. Hirsch [Kierkegaard-Studien I, 83] ist der Ansicht, es sei am ersten Tage nach der Verlobung geschrieben.

*Seite 29, Z. 21: Swift:* Jonathan Swift [1667–1745], englischer
Satiriker, litt in seinen späteren Tagen an einer Melancholie,
die um das Jahr 1738 zu einem Ausbruch von Irrsinn führte. Es
war jedoch erst in seinem Testament, daß er ein Drittel seines
Vermögens der Gemeinde St. Patrick in Dublin zur Errich-
tung eines Hospitals für Imbezile vermachte. Vgl. auch SV
VI, 212. In Pap. III B 9 [aus den Jahren 1840–41] faßt S. K. es
als »eine Ironie des Schicksals« auf, daß Swift in seinem hohen
Alter in das Spital gebracht wurde, das er selbst in seiner Jugend errichtet hatte. Wenn diese Anekdote Pap. III A 123 den
Satz »Das Alter realisiert die Ahnungen der Jugend« beleuchten soll, stellt sie vielleicht eher einen kritischen Hinweis auf

Goethes Motto zum zweiten Teil von »Dichtung und Wahrheit« dar: »Was man in der Jugend wünscht, hat man im Alter die Fülle.« Vgl. Carl Roos, Kierkegaard og Goethe, Kopenhagen 1955, S. 10.

*Seite 29, Z. 26: Dr. Hartley:* David Hartley, englischer Arzt und Philosoph [1705–57]. S. K. zitiert den Satz auf Deutsch nach Carl Friedrich Flögel, »Geschichte der comischen Literatur« I, 1784 [Ktl. 1396 ff.]. Vgl. Pap. II A 373.

*Seite 30, Z. 1: Es gibt einzelne Gelegenheiten...:* dem Satz liegt eine Tagebuchaufzeichnung zugrunde [Pap. II A 400], die nach den Worten »um konfirmiert zu werden« folgendermaßen weitergeht: »und ich sah einen alten Mann, dessen ganze Familie ausgestorben war; einen kleinen Enkel, seinen letzten Trost, trug er in einem Sarg unter dem Arm, und einige Zeit danach sah ich ihn auf dem Friedhof wie ein Kreuz auf einer Familiengruft sitzen.« S. K. hat das Gleichnis mit dem Mann und dem Kindersarg an dieser Stelle ausgelassen, um es in einem anderen Diapsalma zu verwenden.

*Seite 30, Z. 6: Cornelius Nepos* erzählt von dem mazedonischen Feldherrn Eumenes [v, 4 f.], einem der Heerführer Alexanders des Großen: während einer Belagerung ließ er, um die Pferde in der Übung zu halten, ihre Köpfe mittels Lederriemen so hoch heben, daß sie den Boden mit ihren Vorderbeinen nicht mehr erreichen konnten. Dann wurden die Tiere durch Peitschenhiebe gezwungen, hochzuspringen und auszuschlagen; dadurch gerieten sie ebenso ins Schwitzen wie beim Training auf der Rennbahn.

*Seite 30, Z. 20: »Aladdin«,* Lustspiel von Adam Oehlenschläger [1805].

*Seite 31, Z. 3: Scheva:* ein Zeichen, das im Hebräischen unter die Konsonanten gesetzt wird, um einen Vokal anzudeuten.

*Seite 31, Z. 4:* Das *Dagesch lene* wird im Hebräischen zu den aspirierten Konsonanten gesetzt, die ohne Aspiration ausgesprochen werden sollen.

*Seite 31, Z. 11: Sie haben ihren Lohn dahin:* Matth. 6,2. 5. 16.

*Seite 33, Z. 2: Was ich brauche, ist eine Stimme...:* fast wortgetreu in einem Briefe an Emil Boesen vom 17. Juli 1838 [Breve og Aktstykker I, Nr. 8; Briefe, S. 20]

*Seite 33, Z. 3: Lynkeus:* der messenische Sagenheld mit dem übernatürlich scharfen Sehvermögen, das es ihm ermöglichte, selbst durch Holz, Stein und Erde hindurchzusehen.

*Seite 33, Z. 4: Das Seufzen der Giganten:* die von den Göttern überwundenen Giganten liegen nach der griechischen Sage gefesselt unter den feuerspeienden Bergen und verursachen deren Ausbrüche und das Getöse im Berginnern.

*Seite 33, Z. 16: Wenn eine Spinne...:* sowohl Form als auch Gedanke entsprechen einem undatierten Briefentwurf [Breve og Aktstykker 1, Nr. 11; Briefe, S. 22].

*Seite 33, Z. 31: Μεμαστιγωμενος:* ein »Gepeitschter«. Die Vorform dieses Diapsalmas findet sich in einem undatierten Briefentwurf [Breve og Aktstykker 1, Nr. 72].

*Seite 34, Z. 9: Zugbrücke:* im Original heißt es »Knippelsbro«, womit eine ganz bestimmte Zugbrücke in Kopenhagen bezeichnet ist. Vgl. Breve og Aktstykker 1, Nr. 17, undatierter Brief an Regine Olsen mit Zeichnung der Knippelsbro. Vgl. Pap. III A 22.

*Seite 34, Z. 20: fahrender Scholastiker:* im Original deutsch; gemeint ist »fahrender Scholasticus«; der Ausdruck entstammt Goethes »Faust«, wo es in der Bühnenanweisung vor V. 1322 heißt, daß Mephistopheles »gekleidet wie ein fahrender Scholastikus« hinter dem Ofen hervortritt.

*Seite 36, Z. 17: Erstgeburtsrecht:* wie Esau das seinige für ein Linsengericht verkaufte, vgl. 1. Mose 25,29 ff.

*Seite 36, Z. 18: Virgilius* wurde im Mittelalter als Zauberer betrachtet. Die erwähnte Geschichte steht in dem deutschen Volksbuch vom »Zauberer Virgilius« (abgedruckt in »Die deutschen Volksbücher«, gesammelt von Karl Simrock, 6. Bd., 1847, S. 359–363) S. K. kennt sie aus »Erzählungen und Mährchen«, hrsg. von Friedrich Heinrich von der Hagen, 1. Bd., 1825, S. 156–209; vgl. Pap. 1 C 83, Pap. II A 152, Pap. III B 179, 15. In einer Randbemerkung zum Ms. des zweiten Teils heißt es [Pap. III B 41,7]: »Du kennst wohl die Geschichte von dem Zauberer Vergilius, der sich verjüngen wollte, ziehe sie dir zu Gemüte. [NB diese Geschichte darf nicht weiter ausgeführt werden, um den Leser zu mystifizieren. Überhaupt muß in dieser Hinsicht mehr getan werden.]«

*Seite 36, Z. 30/31: Seine Wohlehrwürden Jesper Morten:* eine Reminiszenz aus der komischen Erzählung »Jeppe, ein see-

ländisches Märchen«, 1785, von Jens Baggesen. S.K. besaß
diese Erzählung in Baggesens »Danske Vaerker«, 1. Bd., 1827,
S. 201 [Ktl. 1509 ff.], die er im Januar 1836 erworben hat
[vgl. Pap. 1 C 78, Fußnote]. Die betreffende Stelle lautet: »Ja,
sogar ... Herrn Jespers Predigt bei der letzten Abendandacht
nahm ein Ende.«

*Seite 38, Z. 19: Apis:* ein von den Ägyptern als Gott verehrter
heiliger Stier. Diese Information hat S.K. wahrscheinlich in
P. Fr. Nitsch, »Neues mythologisches Wörterbuch«, Leipzig
1821, 1. Bd., S. 238 gefunden [Ktl. 1944–45]: »Gezeugt wurde
er, wenn befruchtendes Mondlicht auf eine nach dem Stiere
sich sehnende Kuh fiel...«

*Seite 38, Z. 27: wie jenem Zwerg:* vgl. Pap. 1 A 84 [aus dem
Jahre 1835]: »Es gibt Menschen, die, wenn sie wirklich etwas
ausrichten wollen, so grandiose Maßnahmen ergreifen, daß
sie das Ziel ganz und gar verfehlen, so wie der Zwerg im
Märchen, der, als er die fliehende Prinzessin und den Prinzen
verfolgen wollte, die Siebenmeilenstiefel anzog und sich erst,
nachdem er die Türkei erreicht hatte, darauf besann, daß die
Flüchtlinge sich vermutlich nicht der gleichen Art von Beför-
derungsmittel bedienten.« Dies ist die älteste Tagebuchaufzeichnung, die in den Diapsalmata benutzt worden ist.

*Seite 39, Z. 18: wie der Tag, der gestern vergangen ist:* nach
Psalm 90,4.

*Seite 39 Z. 31: idem per idem:* Gleiches durch Gleiches, »ein
ewiges Einerlei«.

*Seite 40 Z. 9: in jener unsterblichen Ouvertüre:* zu Mozarts »Don
Juan«.

*Seite 40, Z. 32: In einem Theater:* im Entwurf [Pap. III B 179,35]
steht »Theater in Petersburg«. Die Feuersbrunst brach am
14. Februar 1836 aus; ein ausführliches Referat in der Zeitung
»Dagen« vom 1. März 1836 bildet die Quelle S.K.s. Während
einer Festwoche in St. Petersburg gab es eine Artistenvorfüh-
rung bei den deutsch-dänischen Brüdern Lehmann. Während
der Vorstellung brach ein Feuer aus. »Als das Feuer hinter dem
Vorhang ausgebrochen war, beauftragte der Direktor den
Polichinello, das Publikum von der Gefahr zu benachrichtigen.
Der Polichinello trat deshalb vor den Vorhang und rief in
russischer Sprache: „Feuer! Feuer!" Aber teils verstand das

Publikum den Ruf nicht, weil der Polichinello, der kein
Russe war, die Worte sehr undeutlich aussprach, teils betrachtete man das Ganze als einen schlechten Polichinello-Witz und
lachte deshalb. Hunderte von Menschen kamen um oder
wurden bei dem Feuer verletzt. Unter den Artisten waren
auch die Brüder Price.« [Vgl. Eiler Nystrøm, »Offentlige Forly-
stelser i Frederik VIs Tid«, 1. Bd., 1910, S. 161 f.]

*Seite 41, Z. 2: »Witz«:* auch im Original deutsch, doch ohne
Anführungszeichen.

*Seite 41, Z. 27: Nicht von Psychens künftigem Kind alleine gilt es:*
vgl. die Erzählung »Amor und Psyche« in »Der Goldene Esel«
von Apuleius von Madaura. In der Übersetzung von August
Rode [1783] lautet die Stelle: »Denn du wirst mir, o Psyche!
ein Kind gebären, das schon unter deinem Herzen lebt und
das, je nachdem du mein Geheimnis bewahrst oder entweihst,
unsterblich oder sterblich sein wird« [neue Ausgabe Wedel in
Holstein 1947, S. 100]. S. K. zitiert die Verse deutsch, und
zwar, dem Entwurf zufolge [Pap. III B 179,42], nach der me-
trischen deutschen Übersetzung von Joseph Kehrein aus dem
Jahre 1834, die er selbst besaß [Ktl. 1216].

*Seite 43, Z. 17: meine Hilfslehrerstellung:* S. K. hatte als Student
in seiner früheren Schule, der »Borgerdydsskole« in Kopenhagen, Stunden gegeben, u. a. in Latein.

*Seite 44, Z. 15: Parmeniskus:* ein pythagoreischer Philosoph,
über den das hier Erzählte bei Athenaios XIV, 614 berichtet
wird. Die trophonische Höhle ist das Orakel des Erdgottes
Trophonios in Böotien. Die Leute kamen stets in gedrückter
Stimmung und mit blassen Wangen aus dieser Höhle heraus.
– Später kam Parmeniskos nach Delos, wo er alle Sehenswür-
digkeiten der Insel besichtigte. Er hielt sich auch im Tempel
der Leto, der Mutter Apollons, auf. Als er aber entdeckte, daß
die Statue der Göttin nur aus einem plumpen Klotz bestand,
brach er unvermittelt in ein Gelächter aus.

*Seite 45, Z. 8: Diese Fessel ist sehr geschmeidig* etc.: die Haupt-
quelle S. K.s war J. B. Møinichen, »Nordiske Folks Overtroe,
Guder, Fabler og Helte« [Aberglaube, Götter, Fabeln und Helden nordischer Völker], Kopenhagen 1800 [Ktl. 1947]. Darin
heißt es S. 101: »Einige Zwerge in Svartalfheim stellten das
Band Gleipner [mit dem der Fenriswolf gefesselt werden soll-

te] so her, daß es nicht nur außerordentlich kräftig wurde, sondern gleichzeitig so geschmeidig und so weich wie Seide, daß es auch der stärksten Anspannung nachgeben könnte, ohne je zerrissen zu werden. Dieses Band war aus sechs Dingen gemacht: 1. dem Geräusch, das die Pfoten einer Katze machen, wenn sie sich auf dem Boden bewegt, 2. dem Geschrei der Frauen, 3. den Wurzeln der Felsen, 4. den Sehnen des Bären, 5. dem Odem der Fische und 6. dem Speichel der Vögel.« Die Grundlage dieser Darstellung ist »Gylfaginning« in der Edda des Snorri Sturlason. Grundtvig hatte in der 2. Aufl. seines Werkes »Nordens Mythologie«, 1832, S. 518 f. »Geschrei der Frauen« dem Original entsprechend in »Weiberbart« verbessert, aber »Sehnen des Bären« irrtümlich in »Bärengras« verändert. S. K., der die Mythologie Grundtvigs besaß [Ktl. 1949], hat »Gras des Bären« von ihm übernommen.

*Seite 46, Z. 1: Zur Erkenntnis der Wahrheit:* ein Hinweis auf 1. Tim. 2,4: »welcher will, daß allen Menschen geholfen werde [dän. Bibel: daß alle Menschen selig werden] und sie zur Erkenntnis der Wahrheit kommen«. Möglich ist aber auch, wie Hirsch in seinem Kommentar zu dieser Stelle behauptet, daß S. K. hier gegen die Anschauung Fichtes polemisiert, wie sie z. B. in »Anweisung zum seligen Leben« zum Ausdruck kommt: daß die Erkenntnis der Wahrheit dem Menschen bereits hier auf Erden ein seliges Leben schenke. Vgl. auch Pap. III A 44.

*Seite 46, Z. 9: die Flecken im Jupiter:* der Astronom Giovanni Domenico Cassini fand 1665 auf dem Jupiter die Schatten von dessen Trabanten.

*Seite 46, Z. 27: Du bist vollbracht...:* auch im Original deutsch; Herkunft nicht ermittelt.

*Seite 47, Z. 1: gleichwie das Lüneburger Schwein:* ursprünglich hatte S.K. mit zwei Tiergleichnissen gearbeitet, dem Schwein und dem Elefanten. Pap. III B 123: »Ich bin wie das Lüneburger Schwein – mein Denken ist Leidenschaft, ich kann deshalb vorzüglich die Trüffeln aufwühlen, die ich selbst nicht esse, wie ein Elefant werfe ich alle Probleme rückwärts über mich weg, reiße sie mit den Wurzeln auf, und das geht so rasch, als wäre jener Elefant in vollem Lauf, aber dabei bleibt es dann auch.«

*Seite 47, Z. 17/18: in den »Rittern« des Aristophanes:* S. K. schreibt
»in dem Ritter«. Er hat diese Stelle in J. G. Droysens deutscher
Übersetzung der Werke des Aristophanes [Ktl. 1052–54] gefunden, aus der er sich den Dialog notiert hat [Pap. III B
179,57]: Erster Diener: »Was Dohlen! glaubst Du in allem
Ernst an Götter noch?« Andr. Diener: »Ei freilich.« Erster D.:
»Was für Beweise hast Du denn dafür?« Zweiter D.: »Weil
mich die Götter hassen! ist das nicht genug?« Erster Diener:
»Ich bin besiegt.« Die Namen Demosthenes und Nikias für
den ersten und zweiten Diener sind in der Ausgabe von G.
Dindorff, Leipzig 1830 [Ktl. 1051] eingesetzt.

*Seite 48, Z. 13: sterbe des Todes:* der Ausdruck »des Todes sterben« ist der griechischen Übersetzung θανατῳ ἀποθανεισθε
oder θανατῳ τελευτῳ nachgebildet; vgl. 1. Mose 2,17;
Matth. 15,4; Mark. 7,10.

*Seite 48, Z. 16: einen Glauben, der Berge versetzt:* vgl. Markus
11,23 und 1. Kor. 13,2.

*Seite 48, Z. 19: wie das Tote Meer:* eine ähnliche Fabel wird
von dem Averner See berichtet [Lucretius VI, 738 ff., Stra-
bon V, 244].

*Seite 49, Z. 2: die unendlichen Urteile:* S. K. faßt hier diese Bezeichnung im Sinne Hegels [»Wissenschaft der Logik«, Jub.
Ausg. V, 89] bezüglich des positiv-unendlichen Urteils auf,
das zu keinem Urteil wird, weil Subjekt und Prädikat identisch sind und das Urteil also eine Tautologie bildet: eine
Rose ist eine Rose. Wenn S. K. diese Tautologien paradox
und transzendent nennt, so bezieht sich das wohl auf Hegel,
der die unendlichen Urteile als vernunftwidrig, als wider-
sinnig bezeichnet. Das mathematische Axiom: »Sind zwei
Größen etc.« führt ebenfalls einen Gedanken Hegels weiter,
ibid. p. 139 f. – S. K. unterscheidet hier offenbar zwischen den
guten und den schlechten Tautologien. Zu den ersteren gehören die paradoxen und scherzenden, deren sich der Ästhetiker bedient, um sich die Wirklichkeit und ihren Anspruch
der Wahl vom Leibe zu halten, und er illustriert sie durch das
Diapsalma »Heirate …« etc. Die zweite Gruppe ist die der
seriösen Tautologien, der leeren Wiederholungen, wie sie bei
Lehrern und Predigern so beliebt sind. In seinem Handexemplar von »Entweder-Oder« hat S. K. später auf den griechi-

schen Philosophen Stilpon hingewiesen, der die Möglichkeit, irgend etwas über irgend etwas anderes auszusagen, bestritt [Pap. IV A 219].

*Seite 49, Z. 11: Wie der Hase aus Neu-Holland,* d. h. aus Australien. Gemeint ist das kleine oder Hasen-Känguruh Lagorchester leporoides.

*Seite 49, Z. 17: Heirate, du wirst es bereuen:* in seinem Handexemplar [vgl. Pap. IV A 220] hat S.K. auf Diogenes Laërtius hingewiesen, der [II, 33] dem Sokrates eine ähnliche Äußerung in den Mund legt. Es liegt dabei nahe, an die Schrift »Ja og Nej« [Ja und Nein] von Jens Baggesen zu denken [»Danske Vaerker«, 2. Udg., 1843, I, 202]: »Ein anderer Philosoph ist honetter. Seine Worte in dieser Sache lauten: „Heirate oder heirate nicht, es kommt auf eins hinaus, du wirst beides bereuen“.«

*Seite 50, Z. 3: aeterno modo,* nach ewiger Art. Der Ausdruck ist von Spinoza entlehnt, und zwar von seiner »Ethica« V, 40, Schol. »Mens nostra, quatenus intelligit, aeternus cogitandi modus sit« [unser Geist ist, insoweit er erkennt, eine ewige Denkform]. S.K. hat gewiß an den häufig gebrauchten spinozistischen Ausdruck »sub specie aeternitatis« gedacht, d. h.: vom Standpunkt der Ewigkeit, von dem aus laut Spinoza jede wahre Erkenntnis stattfindet.

*Seite 51, Z. 2: daß es für die Philosophie keineswegs besonders schwierig ist, anzufangen:* vgl. Hegels Abschnitt »Womit muß der Anfang der Wissenschaft gemacht werden« in »Wissenschaft der Logik« W. a. A. III, 59 ff. = Jub. Ausg. IV, 69 ff.] und S.K.s spätere Abrechnung in der »Abschließenden unwissenschaftlichen Nachschrift« [»Philosophische Brosamen«, S. 244 ff.].

*Seite 51, Z. 15: wie der selige Sintenis:* Christian Friedrich Sintenis [1750–1820], u. a. Verfasser des Andachtsbuches »Stunden für die Ewigkeit gelebt«, Berlin 1791–92. Es wurde ins Dänische übersetzt: »Timer, levede for Evigheden«, 1795, 2. Aufl. 1798. Im Ktl. nicht angeführt.

*Seite 51, Z. 24: die kleinen Kinder im Elysium weinen zu lassen:* vgl. Vergil, »Aeneis« VI, 426 ff.: »Plötzlich ertönt's von Stimmen daher und lautem Gewimmer, / Und von kindlichen Seelen, die weineten, vorn an dem Eingang: / Welche, da

kaum sie erblühten mit Lust, von dem Busen der Mutter /
Raubte der dunkele Tag und frühe senkt' in die Grube«
[Übersetzung von Joh. H. Voß].

*Seite 52, Z. 17: immer geht ein Würgeengel neben mir her:* vgl. 2.
Mose 12,23 ff.

*Seite 53, Z. 21: der Apotheker:* das Diapsalma stützt sich auf
eine Tagebuchaufzeichnung vom 10. Juni 1836 [Pap. 1 A 169].
S. K. wohnte damals Nystorv 2, in dem Hause, das seinem
Vater gehörte. Die Apotheke ist die heute noch vorhandene
»Gammeltorvs Apotek« [Apotheke am Alten Markt], während die hohe Mauer, die das Sonnenlicht aussperrte, wahrscheinlich mit dem südlichen Nachbarhaus, dem Gerichtsge-
bäude, identisch ist. – Ein Lauteindruck aus den Beobachtungen des Tagebuches [»die Stimme eines Krabbenverkäu-
fers«] ist, eigentümlich genug, in ein anderes Diapsalma übertragen worden, wo es heißt, daß die Sonne in sein Zimmer
scheine [s. S. 54]. Dies muß also geschrieben sein, als S. K.
noch in der Nørregade auf der Sonnenseite wohnte [1840–
44].

*Seite 54, Z. 10: ein alter, ergreister Mann:* der alte Mann und
das Kind, dem er die Bilder erklärt, sind eine und dieselbe
Person, wie deutlich aus dem Entwurf hervorgeht: »ein alter
ergreister Mann sitzt gedankenvoll da und erzählt mit leiser
Stimme, fast flüsternd, und ich höre zu, aber dieser Mann bin
ich selber« [Pap. III B 179,70].

### Die unmittelbaren erotischen Stadien oder
### Das Musikalisch-Erotische

*Seite 57, Z. 5:* κοσμος, Kosmos, der geordnete Weltbau.

*Seite 57, Z. 12: Axels mit Walburg:* Hinweis auf die Tragödie
»Axel og Valborg« von Adam Oehlenschläger, die 1809 als
eine Verherrlichung der nordischen Liebestreue erschien. Eine
dänische Ballade diente dem Dichter als thematische Grundlage.

*Seite 58, Z. 5: jedem Optimaten:* »Optimat« war im alten Rom
die Bezeichnung für die Adelspartei, die Aristokratie. Hier ist
das Wort im übertragenen Sinne verwendet, und zwar wegen des Wortspiels mit Optimismus.

*Seite 59, Z. 34: in jenem Königreich von Göttern:* vielleicht eine Anspielung auf einen bekannten Ausspruch des Gesandten des Königs Pyrrhos in Rom, Kineas, der den römischen Senat eine »Versammlung von Göttern« nannte; vgl. Plutarch, »Pyrrhos«, Kap. 19. S.K. besaß u. a. die dänische Übersetzung von Plutarchs »Lebensbeschreibungen« von St. Tetens, 1–4, Kopenhagen 1800–1811 [Ktl. 1397–1200].

*Seite 61, Z. 1: Es hat eine Ästhetiker-Schule gegeben:* u. a. Christian Hermann Weiße [»System der Ästhetik«, Leipzig 1830, die S.K. besaß; Ktl. 1379–80]. Weiße gehörte zur Schule Hegels, und in seinem Werk, in dem die Hegelsche Dreiteilung gänzlich durchgeführt worden ist, gibt er vor allem eine formale Bestimmung von der Idee der Schönheit. S.K. kann, wie Hirsch vermutet, auch an die Ästhetik J. L. Heibergs gedacht haben. Über diesen vgl. Paul V. Rubow, »Dansk litteraer Kritik«, 1921, besonders S. 102–118, und M. Borup, »J. L. Heiberg« II, 1949, S. 171–97.

*Seite 61, Z. 7: daß er [Hegel] die Bedeutung des Stoffes ungemein hervorhebt:* damit wird wahrscheinlich auf keine bestimmte Stelle in Hegels »Vorlesungen über die Ästhetik«, sondern auf das Werk im allgemeinen hingewiesen.

*Seite 61, Z. 17: Batrachomyomachie* – »Der Froschmäusekrieg«, ein parodisches Heldengedicht, das Homer zugeschrieben wurde. Eine dänische Übersetzung hat Poul Møller vorgenommen [»Efterladte Skrifter«, I, 3. Ausg. 1855, 254 ff.]. Durch diese Arbeit lernte S.K. das Gedicht kennen.

*Seite 62, Z. 9: Rezeptionsstück* wurde das Gemälde genannt, das ein Künstler der Kgl. Kunstakademie abliefern mußte, um dort aufgenommen zu werden.

*Seite 62, Z. 20: die keine Wolke vor den Augen der Menschen hinwegnimmt:* vgl. Apostelgesch. 1,9; nach der Sage [Livius I, 16 – Ktl. 1251–55 und 1256] verschwand auch Romulus von der Erde in einer Wolke, und die Götter nahmen ihn unter sich auf. S.K. vergleicht Pap. I C 85 Elias, Romulus und Christus mit Bezug auf ein solches plötzliches Verschwinden oder eine Himmelfahrt.

*Seite 64, Z. 15: ampel:* auch im Dänischen ein ungewöhnliches Wort, von dem französischen »ample« = weitläufig, geräumig, über das gewöhnliche Maß hinaus.

*Seite 67, Z. 34: inhärieren:* festhalten, beharren auf.

*Seite 68, Z. 2: provozieren:* hier im Sinne von sich berufen auf.

*Seite 71, Z. 35: Horaz,* Epist. I, 6,45: Armselig ist das Haus, in dem es nicht auch viele überflüssige Dinge gibt [Ktl. 1248].

*Seite 72, Z. 17: manchmal und mancherleiweise:* vgl. Hebr. 1,1.

*Seite 75, Z. 33: encliticon* ist ein kurzes Wort, das sich so eng an das vorhergehende anschließt, daß es keine selbständige Betonung erhält.

*Seite 76, Z. 32: und sofern es ihm einmal widerfuhr,* nämlich Psyche gegenüber. Psyche bedeutet ja »Seele«, und darauf weist die Bemerkung im folgenden hin, daß seine Liebe auf das Seelische gegründet sei. Über Amor und Psyche vgl. Komm. zu S. 41.

*Seite 79, Z. 19: praeterea censeo:* im übrigen stimme ich dafür, mit welchen Worten der ältere Cato am Schluß seiner Reden im Senat immer wieder den Satz, daß Karthago zerstört werden müsse, begann.

*Seite 79, Z. 28: daß ich höchstens ein Proselyt des Tores bin:* in der späteren, rabbinischen Literatur wird zwischen den Proselyten der Gerechtigkeit, die völlig als Juden betrachtet wurden, und denen »des Tores« unterschieden, die als Heiden unter den Juden lebten. Die Rabbiner forderten, daß sie nach den noachitischen Geboten leben sollten, aber in der Tat richteten sie sich nicht danach. Es war nicht festzustellen, woher S.K. diesen Ausdruck hat.

*Seite 80, Z. 31: Diana:* nach der Bibliotheca des Pseudo-Apollodorus I, 4,2 hat Artemis [Diana], unmittelbar nachdem sie selbst geboren wurde, ihrer Mutter Leto [Latona] geholfen, als diese den Bruder Apollo zur Welt brachte. Vielleicht handelt es sich hier, da S.K. die Geschichte in veränderter Form wiedergibt, nur um eine Reminiszenz aus der Schulzeit. Er kann die Sage aber auch aus dem Handbuch kennengelernt haben, das er so oft verwendete, nämlich P. Fr. A. Nitsch, »Mythologisches Wörterbuch« II, 1821, 142–48.

*Seite 82, Z. 16: inept,* ungereimt, unsinnig.

*Seite 83, Z. 1: Steffens:* in dem Werk »Caricaturen des Heiligsten« von Henrik Steffens, Leipzig 1819–21 [Ktl. 793-94] wird Bd. II, S. 82 ff. das Verhältnis des Sehens und des Hörens zu den anderen, niederen Sinnen behandelt.

*Seite 88, Z. 23: in einer Erzählung Achim v. Arnims:* die Novelle »Owen Tudor«, die S.K. in der Ausgabe Wilh. Grimms von Arnims »Novellen«, 1–6, Berlin 1839–42, besaß [Ktl. 1612–17]. Das Zitat auch bei S.K. deutsch.

*Seite 88, Z. 27: instar omnium:* für alle, statt aller anderen.

*Seite 89, Z. 29: Irische Elfenmärchen,* von den Brüdern Grimm übersetzt, erschienen 1826 [Ktl. 1425]. Hier ist an den »kleinen Sackpfeifer«, einen Wechselbalg, gedacht, der alles, Lebendes und Totes, durch sein Spiel verhext.

*Seite 91, Z. 36: opera seria,* eine »ernste Oper«, ohne Rede.

*Seite 93, Z. 3: et apparet sublimis:* und erscheint schwebend in der Luft; vgl. Vergil, »Georgica« 1, 404: »apparet liquido sublimis in aere Nisus« [in der klaren Luft erscheint schwebend Nisus]. Vergil vergleicht das purpurrote Haar des Königs Nisus mit den Strahlen der untergehenden Sonne. Dem König wurde das Haar, von dem sein Leben und seine Königswürde abhing, von der Tochter abgeschnitten, da diese den Feind ihres Vaters liebte und ihm dadurch helfen wollte, das Reich des Nisus zu erobern. Die »Georgica« von Vergil ist in der Bibliothek S.K.s nicht vorhanden.

*Seite 93, Z. 29: Thor:* in dem epischen Gedicht »Nordens Guder« [Die Götter des Nordens] von Adam Oehlenschläger, 1837 [Ktl. 1600].

*Seite 94, Z. 10: neutrius generis,* von keinerlei Geschlecht, Neutrum.

*Seite 94, Z. 17: eine einzelne Replik:* in »Figaros Hochzeit«, 1. Akt, 5. Auftritt [im Dänischen lautete der Titel damals: »Figaros Givtermaal eller Den gale Dag«, übersetzt von N. T. Bruun, Kopenhagen 1817]: Cherubin: »Lies sie [die Kanzonette] der Frau Gräfin, der Fanchette, dir selber, der Marcelline vor!« Susanne: »Auch der alten Marcelline, ha ha ha, nein, er ist ganz verrückt!« Cherubin: »Ja, auch der Marcelline, warum nicht? Sie ist ein Frauenzimmer, sie ist ein Mädchen.«

*Seite 94, Z. 31: von Don Juan hören:* in der Listenarie Leporellos.

*Seite 95, Z. 24: das Mal, das er auf der Stirn hat:* in »Figaros Hochzeit« III, 13 [der obenerwähnten Übersetzung S. 109] küßt die Gräfin *Cherubin* die Stirn, als er, als Mädchen verkleidet, ihr einen Strauß überreicht. III, 15 sagt er [S. 112]: »Ich habe das an meiner Stirn, was mich glücklich machen würde, selbst wenn ich zu tausend Jahren Gefängnis verurteilt wäre...« In der Oper wird Cherubin zum Hauptmann ernannt. I, 8 sagt die Gräfin über ihn: »Oh, er ist so jung.« Der Graf: »Nicht so jung, wie Sie glauben« – und an derselben Stelle sagt der Graf zu Cherubin: »Junger Mensch, umarme Susanne – zum letzten Male!« Bei diesen Zitaten ist die dänische Übersetzung benutzt worden, weil S.K. den Text durch sie kennenlernte.

*Seite 98, Z. 25: Veni, vidi, vici,* ich kam, ich sah, ich siegte. So lautete die Siegesmeldung Caesars aus dem Kriege gegen den König Pharnakes von Pontos im Jahre 47 v. Chr.

*Seite 100, Z. 17: jener Bauer bei Horaz:* Horaz Epist. I, 2,42: »Der Bauer steht und wartet, bis daß der Strom abläuft.«

*Seite 100, Z. 27: David:* s. I. Samuel 16,14–23.

*Seite 101, Z. 34: gleich dem Spiel jenes Mannes:* bezieht sich vielleicht auf das Gedicht »Bjergpigen« [Das Bergmädchen] von Carsten Hauch [in »Lyriske Digte«, 1842], 2. Strophe. Das Motiv entstammt der Sage von Arion, dessen Gesang die Delphine so bewegte, daß einer von ihnen ihn auf seinem Rücken ans Land trug, als er sich ins Meer gestürzt hatte.

*Seite 102, Z. 5: Papageno von sich selber sagen:* in der Oper »Die Zauberflöte« lautet die Replik Papagenos nach der dänischen Übersetzung von N. T. Bruun [zweite veränderte Ausg., Kopenhagen 1826, III, 3]: »Ich bin ein Naturmensch, der usw...«

*Seite 102, Z. 8: Text der ersten Arie:* das Vogelfängerlied: »Ich mache auch nicht lange den Hof, sie fliegen von selbst in mein Bauer« [nach der dänischen Übersetzung von Bruun: »Jeg gør ej heller laenge Cour, de smutte selv ind i mit Buur«].

*Seite 102, Z. 19: mit lauter Papagenos:* Duett zwischen Papageno und Papagena: »uns der Himmel all sein Glück verleihe, wenn viele, viele Papagenos die Zahl unserer Freuden erhöhen« [nach der dänischen Übersetzung, 2. Ausg. IV, 10].

*Seite 104, Z. 27: O bravo schwere Noth...:* auch im Original deutsch.

*Seite 105, Z. 1: Dr. Hotho:* H. G. Hotho in »Vorstudien für Leben und Kunst«, Stuttgart und Tübingen 1835, S. 92 ff. [Ktl. 580].

*Seite 106, Z. 22 ff.: sub una specie ... sub utraque specie:* in einer

Gestalt, von einer Seite gesehen … in beiden Gestalten, von beiden Seiten betrachtet. Der Ausdruck ist von den beiden Formen des Abendmahls innerhalb der römisch-katholischen Kirche entlehnt: das Brot allein – Brot und Wein.

*Seite 108, Z. 13:* σκανδαλον: Skandalon, Ärgernis.

*Seite 110, Z. 5: Es existiert ein Volksbuch:* »Den i den ganske Verden bekendte Ertz-Sort-Kunstner og Troldkarl Doctor Johan Faust, og Hans med Djevelen oprettede Forbund, Forundringsfulde Levnet og skraekkelige Endeligt. Kjøbenhavn, tilkjøbs i Ulkegade Nr. 107«. [Der in der ganzen Welt bekannte Erz-Schwarz-Künstler und Zauberer Doctor Johann Faust und sein mit dem Teufel errichtetes Bündnis, wunderbares Leben und erschreckliches Ende, Kopenhagen, in der Ulkegade Nr. 107 zu kaufen.] Das Buch hat keine Angabe des Publikationsjahres. Ein Exemplar ist im Kierkegaard-Archiv vorhanden; vgl. Pap. 1 C 107 ff. Das wahrscheinliche Druckjahr ist 1812 oder 1823 [R. Paulli, »Danske Folkebøger«, XII, 1932, 266–67]. Es handelt sich um die Übersetzung des Faustbuches »eines christlich Meynenden« [vgl. Carl Roos, »Kierkegaard og Goethe«, a. a. O., S. 93 f.].

*Seite 110, Z. 9 f.: jeder angehende Privatdozent oder Professor:* hier deutet S. K. auf die Abhandlung H. L. Martensens, »Betragtninger over Ideen af Faust. Med Hensyn paa Lenaus Faust« hin [in J. L. Heibergs Zeitschrift »Perseus«, Nr. 1, Juni 1837, S. 91 ff.]. Mit dieser Abhandlung kreuzte Martensen die Studien und literarischen Pläne S. K.s aus jener Zeit. Auf ein Stück Papier hat S. K. geschrieben: »Und wie unglücklich bin ich nicht – Martensen hat eine Abhandlung über Lenaus Faust geschrieben« [Pap. II A 597]. S. K. kannte auch die kleine Broschüre, die Martensen vorher in deutscher Sprache veröffentlicht hatte: »Über Lenau's Faust. Von Johannes M…n«, Stuttgart 1836 [vgl. Pap. II A 50]. Die Geschichte des Problems ist von Carl Roos in »Kierkegaard og Goethe«, a. a. O., bis in die kleinsten Einzelheiten behandelt worden, bes. S. 111 ff., vgl. meine Rezension dieses Werkes in »Euphorion« 1957. – H. L. Martensen [1808–84] wurde 1838 Lektor und 1840 Professor an der Universität Kopenhagen.

*Seite 110, Z. 18: Triblers Witwe:* E. M. Tribler, Buchbinderwitwe, Holmensgade 114, früher Holmensgade 107 [= Ulkegade 107],

verlegte in den Jahren 1818–1839 viele volkstümliche Lieder
[vgl. Carl Elberling, »Oehlenschläger som Gadevise-Digter«,
1872, 24 ff.]. S. K. schreibt [Pap. II A 54]: »Es ist doch rührend,
wenn man an den Läden der allergemeinsten Buchhändler
vorbeigeht und dann den Erz-Zauberer Faust sieht, sieht,
wie das Tiefste der gemeinsten Klasse zum Kauf angeboten
wird...«; vgl. auch Pap. II A 385.

*Seite 110, Z. 30: Erscheinen »in diesem Jahr«:* So lauteten die gewöhnlichen Angaben der Buchdrucker auf den Gassenhauern:
»in diesem Jahre gedruckt«.

*Seite 110, Z. 34: die wenigen Strophen,* nämlich diese: »Der
Mond, der scheint so helle, die Toten reiten schnelle« und:
»Graut Liebchen auch? Wie sollte mir grauen? Ich bin ja bei
dir.«

*Seite 114, Z. 3: Herkules.* Als H. sich darauf vorbereitete, den
nemäischen Löwen zu töten, besuchte er jeden Abend seinen
Freund und Ratgeber, den Hirten Thesbios. Und jeden Abend
empfing ihn eine von den 50 Töchtern des Hirten. Sie wurden
alle von ihm geschwängert [vgl. Nitsch, »Mythologisches
Wörterbuch«, 2. Ausg. 1821, I, 815–16]. Nach einer anderen
Version besuchte H. alle Mädchen im Laufe einer einzigen
Nacht.

*Seite 118, Z. 6: pur chè porti...:* »wenn sie nur einen Unterrock
trägt, wißt ihr schon, was er tut« [Listenarie].

*Seite 118, Z. 19: Der dänische Übersetzer* des »Don Juan« hieß
L. Kruse, der 1807 »Don Juan, Opera i to Akter, bearbejdet
til Mozarts Musik« herausgab. Darin heißt es [übersetzt] z. B.
I, 10: [Don Juan über Elvira]: »Ha, steht sie denn im Bund mit
bösen Geistern!« Und 1,11: Don Juan [erbittert, in tiefen Ge-
danken]: »Verdammt, müssen alle meine Pläne denn an dieser
Klippe scheitern? Ach, von dem Augenblick, da ich sie wie-
dersah, schlug schwer mein Herz. In ihrem Auge brennt ein
Feuer, als ob ein Wesen aus einer anderen Welt es beseelte.«

*Seite 119, Z. 30: listigen Anläufe:* vgl. Epheser 6,11.

*Seite 120, Z. 11: Achim v. Arnim* in »Armuth, Reichthum,
Schuld und Buße der Gräfin Dolores« [Werke VIII, 25], wo es
heißt: »Hätte Don Juan seine Vielseitigkeit gehabt, er hätte
sich durch des Teufels Großmutter vom Teufel losgeschwatzt.«
S. K. besaß das Buch in der zweibändigen Ausgabe, Berlin

1840 [Ktl. 1621–22]. Er hat den Roman 1837 gelesen und sich
u. a. das hier wiedergegebene Stück notiert. Er fügt hinzu:
»Ich habe dies aufgeschrieben, weil es mit meiner Anschauung
von D. J. übereinstimmt, der nicht so sehr Talent als Genie
war, nicht so sehr Charakter als Idee« [Pap. II A 70, dat.
16. Mai 1837].

Seite 121, Z. 35: »Seht, wie er läuft...«: »Figaros Hochzeit«,
dän. Ausgabe, Kopenhagen 1817, II, 6: »Na, macht der nicht
Eroberungen bei den Mädchen...«

Seite 123, Z. 3: richtig, das weiß man nicht: auch im Original
deutsch.

Seite 123, Z. 9: Kruse: in »Don Juan« I, 8 [p. 26]: »Ah, sieh mal,
eine heit're, fröhliche Versammlung! Nur lustig, Kinder,
lasset euch nicht stören; ihr seid ja alle wie zur Hochzeit auf-
geputzt.«

Seite 123, Z. 23: nur die kleineren Mysterien: zur Vorbereitung
der großen Mysterienfeier in Eleusis wurde ein »kleineres Fest«
in Athen gefeiert [bez. der Mysterien vgl. M. P. Nilsson, »Geschichte der griechischen Religion« I, 2. Aufl., 1955, 653–78;
II, 1950, 85–97, 329–54, 651–73].

Seite 127, Z. 12: Ilias post Homerum: eine Ilias nach Homer,
d. h. etwas Überflüssiges.

Seite 127, Z. 23: Musäus: »Volksmärchen der Deutschen«,
1782–86. S.K. besaß eine Ausgabe in 5 Teilen, Wien 1815
[Ktl. 1434–38].

Seite 127, Z. 28: Heibergs »Don Juan«: in »Marionettentheater«,
Kopenhagen 1814. Molières »Don Juan ou le festin de pierre«
wurde 1665 in Paris aufgeführt. Der Dichter hat darin ein
italienisches Stück von Giliberto als Grundlage benutzt und
unterstreicht besonders in der Klage des Dieners Don Juans die
Bedeutung der Moral: »Nun ist durch seinen Tod ein jeder
befriedigt: der beleidigte Himmel, die verletzten Gesetze, die
verführten Mädchen, die entehrten Familien, die beschimpf-
ten Eltern, die Frauen, über die er Unglück gebracht hat, die
Ehemänner, die durch seine Schuld verzweifelten, alle haben
ihre Genugtuung, nur ich bin nun im Pech. Meine Gage,
meine Gage!« – Bez. Heiberg vgl. M. Borup, »J. L. Heiberg«
I, 54 ff.

Seite 128, Z. 4: Prof. Hauch: der dänische Dichter und Naturforscher Carsten Hauch [1790–1872] in »Gregorius den Syvende« og »Don Juan«, zwei Dramen, die 1829 in Kopenhagen erschienen.

*Seite 128, Z. 20: als Ballett:* ein Ballett »Don Juan« von V. Galeotti wurde in den Jahren 1781–84 zehnmal aufgeführt. Ein anderes mit Musik von Gluck wurde 1761 in Wien aufgeführt.

*Seite 131, Z. 3: In diesem Sinne findet sich zwar ein einzelner Wink:* 1. Akt, 2. Szene: »mon amour commença par la jalousi«.

*Seite 133, Z. 36: Sohn eines sehr vornehmen Mannes:* in Molières »Don Juan« tritt der Vater des Titelhelden, Don Louis, u. a. IV, 6 mit einer Ermahnungsrede auf.

*Seite 134, Z. 9: mit dem Verlobten des einen Mädchens:* nämlich mit Pierrot, dem Geliebten Charlottens [2. Akt, 3. Szene].

*Seite 134, Z. 23 f.: Pedro und der lange Lukas:* bei Molière Pierrot und »le gros Lucas« [2. Akt, 1. Szene]. Sie machen eine Wette um zehn Sous. In der Bearbeitung Heibergs wetten die beiden um einen Groschen [Skilling].

*Seite 134, Z. 36: Gusmann:* der Diener Elviras.

*Seite 135, Z. 4: in der Medizin:* 3. Akt, 1. Szene. In der Bearbeitung Heibergs heißt es: »Dann sind sie also nicht nur gottlos bei Mädchen und Wein, sondern auch noch in der Medizin.«

*Seite 136, Z. 10: Herr Paaske* [Herr Ostern]: entspricht in der Bearbeitung Heibergs dem M. Dimanche bei Molière.

*Seite 137, Z. 16: daß Molière ihn sagen läßt:* 1. Akt, gegen Schluß der 1. Szene.

*Seite 138, Z. 2: Don Juans Gemahlin:* in dem Personenverzeichnis heißt es: »Elvire, femme de Don Juan.«

*Seite 139, Z. 4: die Szene mit Charlotte:* 2. Akt, 2. Szene.

*Seite 139, Z. 23: die Szene mit Charlotte und Mathurine:* 2. Akt, 4. Szene.

*Seite 142, Z. 7: alles ist in die dramatische heilige Münzsorte umgesetzt:* vgl. Matth. 21,12. Die Tempelsteuer in Jerusalem durfte nicht in römischem Gelde, sondern nur in traditioneller Münze bezahlt werden. Deshalb waren die Buden der Wechsler unentbehrlich.

*Seite 142, Z. 28 f.: die diskreten Momente:* die in sich unterschiedenen oder getrennten Momente.

*Seite 144, Z. 24: die »Weiße Dame«:* s. Anm. zu Seite 23, Z. 4.

*Seite 145, Z. 14: in sensu eminentiori:* im höheren Sinne.

*Seite 145, Z. 19: ich habe ganz nahebei gesessen:* am Neujahrsabend 1842 saß S.K. in Berlin »in einer Loge außergewöhnlich nahe bei der Bühne« [Brief an Emil Boesen, vgl. Breve og Aktstykker Nr. 60].

*Seite 146, Z. 18: kann man bekanntlich nicht erschlagen:* eine Anspielung auf »Kallundborgs Krönike« von Jens Baggesen [»Danske Vaerker« 1, 1827, S. 236]: »Und niemand, keine Mutterseele kann einen Toten richtig erschlagen.«

*Seite 155, Z. 27: und wenngleich ich sonst den Göttern dafür danke:* Hinweis auf eine Äußerung, die Platon beigelegt wird. Unter den drei Dingen, für die er den Göttern dankte, soll auch der Umstand gewesen sein, daß er als Mann, nicht als Frau geboren wurde [Lactantius, »Institut.« III, 19, 17. – »Opera«, ed. O. F. Fritzsche, Leipzig 1842–44, Ktl. 142–43].

*Seite 158, Z. 35: vuol star dentro colla bella:* er wird drinnen bei der Schönen sein [aus der Dienerarie].

*Seite 159, Z. 25: »Er ist fort«:* 1. Akt, 6. Szene.

*Seite 159, Z. 28: Jeronimus* [= Hieronymus]: in Holbergs Komödje »Barselstuen« [Die Wochenstube], V, 6 sagt Corfitz: »Der einzige, mit dem ich zu sprechen wünschte, wäre mein Nachbar Jeronimus, der mein aufrichtiger Freund ist. Laßt uns zu ihm gehn! Aber sieh, da kommt er ja sehr gelegen.«

*Seite 160, Z. 18: in der deutschen Fassung* von »Don Juan« heißt es in der Listenarie: »tausend und zwei, nein, tausend und drei, Sie sind auch dabei.«

»*Der Reflex des antiken Tragischen in dem modernen Tragischen*«

*Seite 165, Z. 4: Συμπαρανεκρωμενοι* [Symparanekromenoi]: soll sein *συμπαρανενεκρωμενοι* [symparanenekromenoi], d. h. Mit-Verstorbene. S.K. schreibt Pap. II A 690 [9. Jan. 1838]: »Ich suchte gerade nach einem Ausdruck, der jene Klasse von Menschen bezeichnet, für die ich gerne schreiben möchte, überzeugt, daß sie meine Anschauung teilen würden, und jetzt finde ich ihn bei Lukian: *παρανεκροι* [einer, der wie ich gestorben ist], und ich hätte wohl Lust, eine Schrift für die *παρανεκροι* herauszugeben.« Das Wort, das S.K. gefunden hat, ist zweifellos *ὁμονεκρος*, das Lukian in »Dial. mort.« II, 4

[Ktl. 1131–34] verwendet und das in »Lukians Schriften, aus dem Griechischen übersetzt« [Ktl. 1135–38], II, 1769, p. 358 folgendermaßen übersetzt wird: »so todt, wie ihr selbst«. νενεκρωμένος, verstorben, verwendet S. K. Pap. II A 490 nach dem Hebräerbrief 11, 12. συννεκρουσθαι, zugleich mit, zusammen mit jemandem sterben, wird von den griechischen Kirchenvätern gebraucht, vgl. »Thesaurus Graecae Linguae« VII, Sp. 1413. – Als Anregung zu dieser Gemeinschaft von Todesästhetikern kann wohl eine Erinnerung an die berühmte makabre Gesellschaft betrachtet werden, die Kleopatra und Antonius nach der Niederlage bei Actium gründeten [vgl. Plutarch, »Antonius«, 71]. Die Mitglieder lebten im wollüstigen Überfluß und probierten allerlei Arten von Giften an Sklaven aus, um die für sie selbst angenehmste Todesweise zu finden. Sie versprachen einander, zusammen zu sterben, und nannten sich deshalb auch »die, die zusammen [gemeinsam] sterben« [συναποθανουμενοι], ein Wort, das eine auffällige Ähnlichkeit mit dem von S. K. verwendeten aufweist, indem er im letzten Glied νεκροι mit νενεκρωμενοι vermengt.

*Seite 165, Z. 30: Aristoteles:* in »Poetica« Kap. 6 passim. Aus den Auszügen S. K.s [Pap. III C 34] geht hervor, daß er sich überwiegend an das Referat Hegels in »Vorlesungen über die Ästhetik«, III [W. a. A. X, 3, 506 ff. = Jub. Ausg. XIV, 506 ff.] gehalten hat: »In diesem Sinne hat Aristoteles Recht, wenn er behauptet, für die Handlung in der Tragödie gäbe es zwei Quellen [δυο αιτια] Gesinnung und Charakter [διανοια και ηθος], die Hauptsache aber sey der Zweck [τελος]; und die Individuen handelten nicht zur Darstellung von Charakteren, sondern diese würden um der Handlung willen mit einbegriffen.'' Vgl. unten Anm. zu Seite 169, Z. 30.

*Seite 168, Z. 2: David:* vgl. 2. Samuel 24 und 1. Chronika 21.

*Seite 168, Z. 12: die Hetärien:* so hießen die politischen Klubs in Athen im letzten Abschnitt des 5. Jahrhunderts v. Chr.

*Seite 168, Z. 21: wie ehemals die Auguren:* es waren allerdings nicht die Auguren, von denen der ältere Cato sagte, er könne nicht verstehen, daß sie einander anblicken könnten, ohne zu lachen, sondern die etruskischen Haruspexe, die aus den Eingeweiden der Tiere [»Opferschauer«] oder aus den Blitzen [»Blitzdeuter«, Fulgatores] den göttlichen Willen erkunden zu

können glaubten. Vgl. Cicero, De divinatione II, 24, 51 und
De natura deorum I, 26, 71.

*Seite 168, Z. 30: ein französischer Staatsmann:* in der dänischen
Tageszeitung »Berlingske Tidende« stand am 22. März 1839
u. a.: »Eine zweite Bedingung, auf die Herr Thiers besonders
bestanden haben soll, ist die, daß für alle Ministerien Unter-
staatssekretäre ernannt werden, die allen Details der Verwaltung vorstehen, so daß die Minister die für ihre Funktionen
in der Kammer und im Kabinett unentbehrliche Zeit übrig
behalten.«

*Seite 169, Z. 30:* διανοια και ηθος [dianoia kai ethos], d. h.
Gedankengang und Charakter. Der Ausdruck ist der »Poetica«,
Kap. 6, des Aristoteles entnommen. An derselben Stelle wird
»Handlung, nicht Eigenschaften« als der Zweck [τελος, telos]
der Tragödie bezeichnet: »Die Handlungen finden nicht deshalb statt, damit eine Schilderung der Charaktere gegeben
werde, man nimmt vielmehr die Charaktere um der Handlungen willen mit; die Begebenheiten und die Fabel sind deshalb Zweck der Tragödie.«

*Seite 170, Z. 15: die alte Welt:* S. K. gibt hier die Anschauung
Hegels weiter, wie diese in seiner »Philosophie des Rechts« zum
Ausdruck kommt [Jub. Ausg. VII, 182]: »Das Recht der Be-
sonderheit des Subjekts, sich befriedigt zu finden, oder, was
dasselbe ist, das Recht der subjektiven Freiheit macht den
Wende- und Mittelpunkt in dem Unterschiede des Altertums
und der modernen Zeit. Dieses Recht in seiner Unendlichkeit
ist im Christentum ausgesprochen, und zum allgemeinen
wirklichen Princip einer neuen Form der Welt gemacht worden.«

*Seite 171, Z. 6:* αμαρτια: Fehler, Schuld [Aristoteles, »Poetica«, Kap. 13,5]. Hegel behandelt die tragische Schuld, »Ästhetik« III [Jub. Ausg. XIV, 595 ff.], ohne Aristoteles zu zitieren.

*Seite 171, Z. 10: pelagianisch:* Pelagius [c. 360–418] wies in
seinem Kommentar zum Römerbrief den Gedanken einer
Erbsünde, wie sie Augustinus festhielt, zurück, um dadurch
den Lehrsatz zu ermöglichen, daß jeder Mensch allein seine
Verantwortung und seine Schuld trage. S. K. kennt Pelagius
von der Dogmengeschichte her und hat bereits Jan. 1837 den
Pelagianismus gekennzeichnet [Pap. I A 101].

*Seite 171, Z. 35: Grabbe:* Christian Dietrich Grabbe [1801–36], »Don Juan und Faust. Eine Tragödie«, Frankfurt 1829 [Ktl. 1670].

*Seite 174, Z. 30: Aristoteles:* in »Poetica«, Kap. 6. Auch hier hat S. K. sein Referat und sein Zitat von Hegel [op. cit. p. 531–32] in Pap. III C 34 übernommen: »Das Tragische soll, wie Aristoteles sagt, Furcht und Mitleid erregen. Der Mensch kann zwei Dinge fürchten, das Äußerliche und Endliche; die sittliche Macht, die die Bestimmtheit seiner eigenen freien Vernunft darstellt, wenn er sich dagegen wendet. Das Mitleiden hat auch zwei Arten: die gewöhnliche Regung, die sich gegen das Endliche im Leiden wendet; bemitleidet und bedauert will aber der edle und große Mensch auf diese Weise nicht seyn. Denn insofern nur die nichtige Seite, das Negative des Unglücks herausgehoben wird, liegt eine Herabsetzung darin. Das wahrhafte Mitleiden ist im Gegenteil die Sympathie mit der zugleich sittlichen Berechtigung des Leidenden.«

*Seite 175, Z. 16 f: Pag. 531:* muß heißen p. 532. S. K. zitiert den Satz auf Deutsch.

*Seite 176, Z. 26: Schrecklich ist's …:* Hebr. 10,31.

*Seite 179, Z. 8: Wenn es etwa von Jehova heißt:* vgl. 2. Mose 20,5 und 34,7.

*Seite 179, Z. 11: jene grauenhaften Verfluchungen:* vgl. 3. Mose 20,9–21 und Hiob 20,7–29.

*Seite 179, Z. 21: Philoktet:* Tragödie von Sophokles. S. K. besaß eine Textausgabe und zwei deutsche Übersetzungen des Sophokles [Ktl. 1201–03], die einzigen, die es damals gab, nämlich die von Solger [3. Aufl. 1839] und die von Donner [1839]. S. K. hatte zuerst die Analyse Hegels gelesen und las erst danach die Übersetzung Donners, die er teils exzerpiert, teils mit eigenen Bemerkungen versehen hat [Pap. III C 35–40].

*Seite 179, Z. 31: Selbstwiderspruch in seinem Schmerz:* hier ist sicher an die Replik des Philoktet v. 723 gedacht, als er während eines Anfalls seiner schmerzhaften Krankheit in dem einen Augenblick fürchtet, allein zurückgelassen zu werden, in dem nächsten sich den Tod herbeiwünscht: »Oh Tod, oh Tod! Du, den ich also jeden Tag / Ohn' Unterlaß anrufe, was erscheinst du nie?« Und gleich danach: »Nur Eines bitt' ich, laß allein mich nicht zurück…«

*Seite 179, Z. 36: daß niemand um seinen Schmerz weiß:* v. 248:
»Weh mir, dem vielgequälten, gottverhaßten Mann, von
dessen Leide nicht ein Ruf nach Hause, noch sonst irgendhin
gedrungen im Hellenenland...« [Übersetzung von Donner].

*Seite 182, Z. 6: vis inertiae:* die Kraft der Trägheit oder Beharr-
lichkeit, das Beharrungsvermögen.

*Seite 183, Z. 20: Labdakos:* der Großvater des Ödipus; Jokaste
ist die Mutter des Ödipus, die er zur Frau nahm.

*Seite 184, Z. 23: quem deus vult...:* wen Gott verderben will,
dem raubt er zuerst den Verstand. – Dieses geflügelte Wort
ist die Umgestaltung eines Verses von einem griechischen
Tragiker, vgl. Nauck, »Fragm. trag. adesp.«, 455. In einem
Scholion zu Sophokles' »Antigone«, v. 620 ist dieser Ausspruch einem im übrigen unbekannten griechischen Tragiker
beigelegt worden. Man findet ihn auch bei Velleius Patercu-
lus.

*Seite 185, Z. 6: Robert le diable:* Robert der Teufel. Vgl. Gustav
Schwab, »Buch der schönsten Geschichten und Sagen für Alt
und Jung wiedererzählt«, Stuttgart 1836, das S.K. bereits am
17. Sept. 1836 angeschafft hatte [Pap. 1 A 145; Ktl. 1429–30].
Hier wird auf Bd. 1, S. 347 hingewiesen: ein Herzog in der
Normandie und seine Gemahlin lebten achtzehn Jahre zusammen, ohne Kinder zu bekommen. In ihrer Verzweiflung
versprach die Herzogin dem Teufel, daß ihr Sohn, wenn sie
einen bekäme, ihm mit Leib und Seele gehören sollte. Sie
wurde schwanger, und der Sohn, der geboren wurde, verbreitete von Kindheit an Bosheit und Schrecken um sich.
Eines Tages aber fragte er seine Mutter, was wohl die Ursache
sei. Als er die Wahrheit erfuhr, entschloß er sich, eine Buß-
fahrt nach Rom zu unternehmen. Nachdem er seine Sünden
gesühnt hatte, lebte er glücklich den Rest seines Lebens.

*Seite 185, Z. 8: Högni:* Sohn der Königin des Niflungenlandes,
die während ihres Schlafes von einem Troll geschwängert
worden war. Als der Sohn »vier Winter alt war, ging er und
spielte mit anderen Knaben, und er war hart und stark und
böse im Streit, und es wurde ihm vorgeworfen, er sehe aus
wie ein Troll und nicht wie ein Mensch und daß sein Gesicht
seinem Charakter ähnlich sei. Darüber wurde er sehr zornig
und ging zum Wasser hin: da sah er, daß sein Antlitz blaß wie

Bast und fahl in der Farbe der Asche und groß und grauenhaft war. Darauf ging er zu seiner Mutter und fragte, warum sein Körper solcherart gestaltet sei. Da erzählte sie ihm die Wahrheit über seinen Vater« [Nordiske Kaempe-Historier ... von C. C. Rafn, 1823, II, 241–42].

*Seite 186, Z. 28: wie man sagt...:* vgl. Sprüche Salomos 25, 11 : »Ein Wort, geredet zu seiner Zeit, ist wie güldne Äpfel auf silbernen Schalen.«

*Seite 186, Z. 32: die Motten und der Rost:* nach Matth. 6,19–20.

*Seite 187, Z. 4: captatio benevolentiae:* Versuch, den Richter oder den Zuhörer günstig zu stimmen, so wie der Redner es hier tut, indem er erörtert, in wie hohem Maße Antigone den Mitgliedern der Gesellschaft ähnlich sei.

*Seite 188, Z. 3: virgo mater:* die jungfräuliche Mutter.

*Seite 188, Z. 15: Sie kennt keinen Mann:* vgl. die Worte Marias an den Engel der Verkündigung, Luk. 1,34. S.K. will hier den griechischen Text wortgetreu wiedergeben, der in der deutschen und entsprechend auch in der dänischen Übersetzung lautet: »Wie soll das zugehen, sintemal ich von keinem Manne weiß ?«

*Seite 189, Anm.: O weh, Unselige...:* von S.K. in der Anmerkung deutsch zitiert, und zwar nach der Übersetzung von J. C. C. Donner [vgl. oben]. Aus dieser Übersetzung hat er die Stelle in Pap. III C 36 niedergeschrieben. Für »Entweder-Oder« hat er den griechischen Text nach den originalen »Sophoclis Tragoediae« notiert, die er in der Ausgabe C. H. Weißes, Leipzig 1841, besaß [Ktl. 1201].

*Seite 190, Z. 23: wenn ein Glied leidet:* vgl. 1. Kor. 12,26.

*Seite 191, Z. 19: quod non volvit in pectore:* was sie in ihrer Brust nicht hin und her bewegt. Der Ausdruck volvere in pectore erscheint hin und wieder bei klassischen Schriftstellern, so bei Lucretius und Vergil [vgl. Hinweis in Forcellini, »Lexicon Totius Latinitatis«] in Verbindung mit Trauer und Leidenschaft.

*Seite 195, Z. 33: Epaminondas:* vgl. Cornelius Nepos, »Epaminondas« IX, 3.

*Seite 196, Z. 10: was dem Herkules geweissagt worden war:* geweissagt von Zeus, vgl. Sophokles, »Die Trachinierinnen«, V. 1159. Herkules [Herakles] wurde durch das Blut des Kentauren

Nessos getötet, das vergiftet worden war, als Herakles ihn
mit einem vergifteten Pfeil traf. Bevor Nessos starb, gab er
der Gattin des Herakles, Deianira, ein Hemd, das von seinem
Blute durchnäßt war. Es solle, sagte er, Deianira ein Pfand
der Treue ihres Gatten sein. Sie gab einmal dem Herakles das
Hemd, er zog es an und starb unter greulichen Schmerzen. Die
Worte des Herakles lauten in der deutschen Übersetzung
Donners: »Mir war vorlängst von meinem Vater offenbart, /
durch keinen stürb' ich, der im Licht der Sonne lebt. / Mich
morde nur ein Todter, der im Hades wohnt.«

»*Schattenrisse*«

*Seite 197, Z. 3: Abgeschworen mag die Liebe...:* die Verse auch
bei S. K. deutsch; Herkunft nicht ermittelt.

*Seite 197, Z. 7: Gestern liebt' ich...:* »Lied aus dem Spanischen«,
Nr. 59 in Lessings »Lieder« [Lessings »Sämtliche Schriften«
XVII, 281; Ktl. 1747–62], das S. K. im Jahre 1842 in sein
Tagebuch niederschrieb [Pap. III A 200].

*Seite 198, Z. 8 f.: weit aussehende Pläne entworfen:* eine Reminiszenz aus den Oden des Horaz, I, 4, 15: »spem longam«, in der
dänischen Übersetzung von Jacob Baden: »weit aussehende
Hoffnungen«, und daselbst II, 16, 17: »quid jaculamur multa«.

*Seite 198, Z. 33: Zwar behaupten die Menschen:* Hinweis auf 1.
Könige 19,11–13. Aber S. K. gebraucht hier nicht den dort
verwandten Ausdruck »großer, starker Wind«, wie es auch
in der dänischen Übersetzung heißt, sondern nach Apostelgesch. 2,2 »fremfarende Vejr« = daherfahrender Wind; er
schreibt auch nicht »en stille, sagte Susen« [ein stilles, sanftes
Sausen], sondern, unpathetisch, gleichsam ironisierend, wie
es dem Auftakt [»Zwar behaupten die Menschen«] entspricht:
»en sagte Luftning« = ein leises Lüftchen.

*Seite 199, Z. 4: ja, daß doch jener Wirbel...:* die griechischen
Vorsokratiker Leukippos und Demokritos nahmen eine kon-
stante Wirbelbewegung [δίνη] des Universums an. S. K. kann
aus den Werken des Diogenes Laertius, IX, 45 [Ktl. 1109–11]
oder aus W. G. Tennemanns »Geschichte der Philosophie«,
1798, I, 156–98 [Ktl. 815–26] davon Kenntnis erhalten haben.

*Seite 199, Z. 12: als die Gerichtstrompete:* d. h. die Posaune des
Jüngsten Gerichts, vgl. 1. Kor. 15,52.

*Seite 199, Z. 14: wie eine Flocke vor dem Odem seiner Nase:* Anklang an Psalm 18,16.

*Seite 199, Z. 18: aller Dinge ewige Mutter:* nach der Theogonia des Hesiodos, v. 123 ff., ist die Nacht Tochter des Chaos und Mutter des Äthers und des Tages. Die Vorstellung, daß die Nacht die ewige Mutter aller Dinge ist, war S. K. wohl auch aus der deutschen Romantik vertraut.

*Seite 199, Z. 27: Lessing:* »Laokoon oder über die Grenzen der Malerei und Poesie«, Berlin 1766.

*Seite 204, Z. 4: Veronika:* Nach der Legende trocknete die kananäische Frau Veronika [lat. für Berenike] Christus auf seinem Gang nach Golgatha das Gesicht mit ihrem Schleier ab, und sein Bildnis blieb darauf haften.

*Seite 208, Z. 6: Proteus:* ein Meergott, den Menelaos festhielt und zwang, ihm wahrzusagen, obgleich er zu entschlüpfen versuchte, indem er seine Gestalt ständig wandelte; vgl. Odyssee, IV, 450 ff.

*Seite 208, Z. 18: gleich Räubern mitten in der Nacht:* vgl. Horaz, »Epist.« I, 2,32.

*Seite 208, Z. 34: so heißt es:* 1. Sam. 28, wo der Besuch Sauls bei dem Weibe zu Endor geschildert wird.

*Seite 209, Z. 12: nomina appellativa:* Gattungsnamen, im Gegensatz zu den Eigennamen.

*Seite 209, Z. 30: Tantalus ... Sisyphus:* vgl. Odyssee XI 582 ff.

*Seite 210, Z. 24: mit ein paar einfachen Winken:* Goethe, Clavigo I, 2.

*Seite 215, Z. 17: Was Goethe ... andeutet:* III, 1: Sophie [die Schwester]: »Denn ach, liebt' ich ihn nicht, wie du, mit der vollsten, reinsten, schwesterlichsten Liebe?«

*Seite 217, Z. 18: wie jener Weise:* Simonides, vgl. Cicero, »De natura deorum« I, 60.

*Seite 217, Z. 33: eines stillen Geistes unvergängliches Wesen:* dänische Bibel 1. Petrus 3,4. In der deutschen Bibelübersetzung lautet diese Stelle: »Sondern der verborgne Mensch des Herzens unverrückt mit sanftem und stillem Geiste.«

*Seite 218, Z. 15: ecclesia pressa:* eine unterdrückte, d. h. verfolgte Kirche.

*Seite 225, Z. 22: Nonne:* »Don Juan« in der Bearbeitung von Kruse, I, 6: Elvira: »Die Achtung, die ich in den stillen Zellen

des Klosters genoß« [S. 18] und später [S. 20]: »Gottes Braut
ich war, zog deine Liebe vor.«

*Seite 227, Z. 8: »wie ein Tiger«* etc.: »Aladdin« von Adam Oehlenschläger, 4. Handlung [der Geist der Lampe zu Noureddin].

*Seite 231, Z. 20: Kruses Bearbeitung:* 1, 6: Elvira: »Mein Herz
muß erst grausam überzeugt werden.«

*Seite 231, Z. 36: Kruse:* »Don Juan« 1, 6.

*Seite 233, Z. 28: sie verbirgt zwar keinen Dolch an ihrer Brust:*
wie Elvira in »Don Juan« [Kruse, p. 18].

*Seite 234, Z. 6: Dido:* in Vergils »Aeneis«, VI, 469 ff.

*Seite 234, Z. 16: trotz allen Versicherungen der neueren Philo-
sophie:* d. h. des Hegelianismus; vgl. meine Abhandlung
»Kierkegaards Verhältnis zu Hegel« in »Theologische Zeitschrift«, Basel 1957, besonders S. 212 ff.

*Seite 237, Z. 12:* οὔτε λεγει etc.: der weder ausspricht noch
verbirgt, sondern nur andeutet [die Kennzeichnung des Orakels
in Delphi durch Heraklit, H. Diels, »Fragmente der Vorsokratiker«, Nr. B 93, Bd. 1, 172]. Dieser Ausspruch scheint weder
von Tennemann noch von Hegel zitiert zu sein, auch nicht
in ihren geschichtlichen Darstellungen der Philosophie, die
S. K. sonst meistens benutzte.

*Seite 237, Z. 36: den befohlenen Obolus:* jene Kupfermünze, die
die Griechen der Leiche in den Mund legten als Fährlohn für
Charon, der die Toten ins Totenreich übersetzte.

*Seite 242, Z. 5: Goethe:* »Faust«, v. 3781 f.: »Halb Kinderspiele,
/ Halb Gott im Herzen.«

*Seite 244, Z. 8: Heiterkeit:* auch im Original deutsch.

*Seite 246, Z. 9: in einer kleinen Katechisationsszene:* »Faust«, v.
3415 ff.

*Seite 248, Z. 31: wie sie sich so liebenswürdig ausdrückt:* »Faust«,
v. 3216: »Begreife nicht, was er an mir find't.«

*Seite 249, Z. 8 f.: Was Goethe irgendwo von Hamlet gesagt hat:*
»Wilhelm Meisters Lehrjahre«, 4. Buch, gegen Schluß des
13. Kapitels.

*Seite 253, Z. 22: Florine:* in dem Märchen »Der blaue Vogel«,
vgl. z. B. P. O. Bäckström, »Svenska Folkböcker« II, 1848,
p. 76–99. Derselbe Gedanke ist auch in der französischen
Fassung des Märchens zu finden [L'oiseau bleu], die S. K. jedoch kaum gekannt hat. Das Thema findet sich auch bei

Grimm: »Das singende, springende Löweneckerchen«[Kinder-
und Hausmärchen II, 2. Aufl., 1819, S. 6–13; Ktl. 1425–27].

## »Der Unglücklichste«

*Seite 255, Z. 2: Συμπαϱανεϰϱωμενοι:* vgl. Anm. zu Seite 165.

*Seite 255, Z. 3: Peroration:* Abschlußrede.

*Seite 255, Z. 5: irgendwo in England:* in Worcester. Die Bemerkung soll bei Chateaubriand zu finden sein. Vgl. Pap. III A 40
[von der Jütlandreise S. K.s]: »Es gibt irgendwo in England
ein Grabmal, auf dem bloß diese Worte stehen: „Dem Unglücklichsten". Ich könnte mir denken, daß jemand es läse
und nun glaubte, daß dort niemand begraben liege und daß
das Grab vielmehr für ihn selbst bestimmt sei.«

*Seite 255, Z. 30: des Dichterwortes:* aus dem Gedicht »Stærk-
odder« von C. H. Pram, Kopenhagen 1785, 7. Gesang, p.
142: »O venlige Grav, i din Skygge bor Fred / Din tause
Indvaaner af Sorgen ei veed ...« [O freundliches Grab, in
deinem Schatten wohnt Frieden / Dein stummer Bewohner
weiß nichts von Leid.]

*Seite 256, Z. 2f.: den selbst die Eumeniden nicht verfolgen:* die
Eumeniden waren die rächenden Dämonen, die den Mutter-
mörder Orestes verfolgten, bis er im Tempel zu Delphi Zuflucht fand.

*Seite 256, Z. 22: ἀφωϱισμενοι* [aphorismenoi]: segregati, abgesondert, ausgestoßen [aus der Synagoge]. Paulus verwendet
diesen Ausdruck Röm. 1,1: »ausgesondert, zu predigen das
Evangelium Gottes«. In »Lexicon manuale graecolatinum in
libros Novi Testamenti« von I. C. C. Brettschneider, I, Lipsiae 1829 [Ktl. 73–74], p. 190, wird das Wort durch »separo,
segrego, ich sondere aus« wiedergegeben.

*Seite 256, Z. 34: viele sind ihrer:* vgl. Matth. 20,16.

*Seite 257, Z. 4: gleich den römischen Soldaten:* vgl. u. a. Cicero,
»Cato major«, 75 oder Valerius Maximus [Ktl. 1296] 3,2.

*Seite 257, Z. 14: denn am glücklichsten wäre...:* weist auf einen
Gedanken hin, der in der klassischen griechischen Literatur
öfters zum Ausdruck kommt, nämlich daß es das größte
Glück sei, niemals geboren zu sein, das nächstgrößte dasjenige,
so schnell wie möglich zu sterben, wenn man nun einmal geboren ist. So heißt es z. B. in der Tragödie »Ödipus auf Kolo-

nos« von Sophokles: »Nicht geboren zu sein, ist der / Wünsche größter; und wenn du lebst, / ist's das Beste, schnell dahin / wieder zu gehen, woher du kamst.«

*Seite 257, Z. 34: rufen zu müssen:* wie König Kroisos, der nach seinem Sturze jener Warnung des Solon gedenken mußte, daß ein allzu großes Glück gefährlich sei. Vgl. Herodot 1, 32 und 86. Der von dem Perserkönig Kyros zum Tode Verurteilte rief auf dem Scheiterhaufen dreimal »Solon«. Als Kyros erfuhr, warum Kroisos dies tat, bereute er seine Härte und schonte das Leben seines Feindes.

*Seite 259, Z. 1: In allen systematischen Schriften Hegels:* vgl. »Phänomenologie des Geistes«, W. a. A. II, 158 f. = Jub. Ausg. II, 166 f.

*Seite 259, Z. 10: Clemens Brentano:* »Die drei Nüsse« [Werke IV, 275 ff.]; »tertia nux mors est = die dritte Nuß ist der Tod.

*Seite 263, Z. 24: Ancaeus:* Sohn des Poseidon und König auf Samos. Die Anekdote ist in den »Polit. Sam. Frag.« des Aristoteles 523 zu finden. Wahrscheinlich hat S. K. sie bei Nitsch, »Mythologisches Wörterbuch«, 1, 1821, 194 gelesen, wo es heißt: »von ihm ist nichts so bekannt als das Sprichwort πολλα μεταξυ πελει κυλικος και χειλεος ακρου«, d. h. vieles kann geschehen, selbst wenn die Lippe bereits den Becher berührt. – Er schickte sich eben an, vom neuen Wein zu trinken, von dem ihm gewahrsagt war, er werde ihn nie kosten, als er von einem Wildschwein überfallen und getötet wurde.

*Seite 263, Z. 33: Latone:* = Leto, die von Zeus geschwängert worden war, dessen eifersüchtige Königin Hera sie von Ort zu Ort hetzte. Erst auf der Insel Delos fand sie Ruhe, so daß sie Apollon und Artemis [Diana] gebären konnte.

*Seite 263, Z. 34: Finsternis der Hyperboräer:* die Hyperboräer waren ein mythisches Volk im äußersten Norden [oberhalb des Nordwindes, des Boreas]. Allerdings dachten die Griechen sich ihr Land als sonnig und mild, und Apollon, den sie anbeteten, sollte bei ihnen bis tief in den Sommer hinein verweilen.

*Seite 264, Z. 32: von ganzer Seele etc.:* vgl. Markus 12,30.

*Seite 264, Z. 35: Niobe:* wurde nach der Sage in eine steinerne Statue verwandelt, so sehr trauerte sie über den Tod ihrer Kinder.

*Seite 265, Z. 27: denn der Herr hat genommen:* Hiob 1,21.

*Seite 266, Z. 2: der Vater des verlorenen Sohnes:* Luk. 15,11.

*Seite 268, Z. 10: der Stein ist abgewälzt:* vgl. Markus 16,4.

## »Die erste Liebe«

*Seite 271, Z. 1: »Die erste Liebe«,* Lustspiel von Scribe, erschien in der Übersetzung Heibergs im Jahre 1832 als Nr. 45 auf dem Spielplan des Kgl. Theaters. Das Stück wurde am 10. Juni 1831 zum erstenmal aufgeführt. S. K. hat diesen Abschnitt während seines Aufenthaltes in Berlin in den Jahren 1841–42 geschrieben. In seinem Briefe vom 14. Dez. 1841 an Emil Boesen ersucht er diesen, ihm so bald wie möglich »Die erste Liebe«, von Heiberg übersetzt, zu senden, »sie steht im Theaterspielplan und ist bei Schubothe [Buchhändler und Verleger] zu haben, lasse aber niemand merken, daß es für mich bestimmt ist«. [Breve og Aktstykker Nr. 54, I, 82.]

*Seite 271, Z. 26: Wessel:* Johan Herman Wessel [1742–85] schrieb in dem Gedicht »Om en Jødepige« [Von einem Judenmädchen]: »Du alle Skjaldes Gud og Vittighedens Dommer, som kaldes paa saa tidt, og som saa sjældent kommer« [Du aller Sänger Gott und Richter des Witzes, du, der so oft gerufen wird und der so selten kommt].

*Seite 272, Z. 13: die größten Gegensätze miteinander zu verknüpfen:* hier wird an Platons »Phaidon«, 60 B gedacht, wo Sokrates soeben von den Fesseln befreit worden ist, weil er am selben Tage hingerichtet werden soll. Er sagt dann, es sei merkwürdig, wie die zwei entgegengesetzten Gefühle, Lust und Schmerz, einander begleiten: »Sokrates aber setzte sich auf das Bett, schlug ein Bein über das andere und rieb sich den Schenkel mit der Hand und sagte dabei: Was für ein eigenes Ding, ihr Männer, ist es doch um das, was die Menschen angenehm nennen, wie wunderlich es sich verhält zu dem, was ihm entgegengesetzt zu sein scheint, dem Unangenehmen, daß nemlich beide zu gleicher Zeit zwar nie in dem Menschen sein wollen, doch aber wenn einer dem einen nachgeht und es erlangt, er meist immer genöthigt ist, auch das andere mitzunehmen, als ob sie beide oben zusammenhingen ... und deshalb nun, wenn jemand das eine hat, komme ihm das andere nach ...« [Schleiermacher, Platon II, 2, p. 27 f.].

*Seite 272, Z. 15: den Juden ein Ärgernis ...:* 1. Kor. 1,23.

*Seite 273, Z. 1: punctum saliens:* der springende Punkt, das Entscheidende.

*Seite 273, Z. 6: Gelegenheitsdichtern in tieferem Sinne:* vielleicht Hinweis auf das bekannte Wort Goethes, daß jedes echte lyrische Gedicht ein Gelegenheitsgedicht sei.

*Seite 274, Z. 4: wie die Mühle im Märchen:* »Van den Machandel-Boom« in Grimms »Kinder- und Hausmärchen«, 1829, I, 236.

*Seite 276, Z. 8: ein pelagianischer Selbstherrscher:* Pelagius behauptete den freien Willen des Menschen im Gegensatz zu der Prädestinationslehre des Augustinus.

*Seite 276, Z. 28: Pfahl im Fleische:* 2. Kor. 12,7.

*Seite 277, Z. 17: Der Anlaß ist ... die eigentliche Kategorie des Übergangs:* hier liegt eine Kritik an dem System Hegels vor, in dem der Übergang von der Logik zur Naturphilosophie [Encyklopädie, § 244, W. a. A. VI, 413 = Jub. Ausg. VIII, 451] nach der Ansicht S. K.s »ohne Anlaß« [Veranlassung] stattfindet, aber diese kurze Bemerkung weist bereits auf die Hegelkritik S. K.s, vor allem in »Philosophische Brosamen« und »Nachschrift«, hin.

*Seite 277, Z. 32: wie die Elfen:* in J. L. Heibergs Lustspiel »Alferne«.

*Seite 278, Z. 7: die meisterhafte Aufführung:* das Stück wurde, besonders in der Studentenzeit S. K.s, recht häufig, und zwar mit den besten Schauspielern des Kgl. Theaters aufgeführt. Durch diese Bemerkung sowie durch das Vorwort und durch die Vorbemerkung S. 271 soll der Leser den Eindruck erhalten, die Abhandlung sei bereits mehrere Jahre zuvor geschrieben.

*Seite 279, Z. 33: Poul Møller:* in »Efterladte Skrifter« [Nachgelassene Schriften] VI, 54 [Nachdruck der Veröffentlichung in »Maanedskrift for Litteratur« 1836]. »Extremerne« [Die Extreme], Novelle von Thomasine Gyllembourg [1773–1836], deren Werke S. K. bewunderte; vgl. »En literair Anmeldelse« [SV VIII] aus dem Jahre 1846, seine große Rezension ihres Buches »To Tidsaldre« [Zwei Zeitalter].

*Seite 283, Z. 16: Darum nennt man den Dichter einen Weissager:* im Lateinischen bedeutet das Wort vates zugleich Dichter und Weissager, Seher.

*Seite 286, Z. 11: Hamann:* in »Leser und Kunstrichter«, Schriften, hrsg. von Fr. Roth, II, 1821, 397 [Ktl. 536–44]: »und aus Lesern entstehen Schriftsteller«. Das Zitat bei S. K. deutsch.

*Seite 287, Z. 9: Auch meine Jugend* etc.: S. K. publizierte seinen ersten Aufsatz, »Ogsaa et Forsvar for Quindens høje Anlæg« [Auch eine Verteidigung der hohen Anlagen der Frau], als Theologiestudent im Alter von 21 Jahren [in den Interimsblättern zu J. L. Heibergs Zeitschrift »Kjøbenhavns flyvende Post«, jetzt in SV XIII, 11–13].

*Seite 288, Z. 29: publici juris:* das Eigentum der Öffentlichkeit, veröffentlicht.

*Seite 290, Z. 11: »eine kleine Jungfer von sechzehn Jahren«* sagt Dervière über seine Tochter im 1. Auftritt. Von der Freierei Rinvilles veranlaßt, sagt er ebenda: »Aber von jetzt an verstehe ich keinen Spaß.« Im 6. Auftritt sagt Dervière zu Rinville mit Bezug auf Emmeline: »Wenn ich versuchen wollte, sie hinters Licht zu führen, bin ich überzeugt, sie würde es sofort entdecken, denn sie geht mit Holzschuhen bei mir aus und ein.«

*Seite 290, Z. 30: Monolog:* darin heißt es u. a.: »Die Jungfrau kennt auch keine Rücksichten, kaum bekommt sie einen Einfall – sofort muß ich aufs Pferd...«

*Seite 291, Z. 4: »ein heiliges Gelübde«:* im 1. Auftritt sagt Emmeline: »denn teils gedenke ich des heiligen Gelübdes, das ich ihm gegeben habe...«

*Seite 292, Z. 13 f.: von Sympathien spricht* etc.: im 7. Auftritt sagt Emmeline zu Dervière, der erklärt, er könne den vermeintlichen Charles nicht wiedererkennen: »Ja du, das ist eine andere Sache, aber ich! es gibt Sympathien, die nie betrügen. Das hätte Tante Judithe dir erklären können.«

*Seite 292, Z. 20: »Nach achtjährigem Umherirren...«:* so zweimal Charles über sich selbst im 12. Auftritt.

*Seite 293, Z. 1: von ... Rinville raten lassen:* im 12. Auftritt sagt Rinville: »Soll ich Ihnen einen Rat geben?« Und Charles antwortet: »Ich wünsche nichts Besseres.« Rinville schlägt ihm darauf den Namenswechsel vor.

*Seite 293, Z. 16: »ein höchst liebenswürdiger Kavalier...«:* so schildert Charles unter dem Namen Rinvilles sich selbst Emmeline gegenüber [16. Auftritt].

*Seite 293, Z. 20: Pamela:* eine Nähmamsell, die nach Charles'

Darstellung ihn durch Drohungen, sie werde sich sonst mit
einem »Ungeheuer von einer Schneiderschere« umbringen,
zur Heirat gezwungen hatte. Dies wird Charles' »letztes
Abenteuer« genannt.

*Seite 294, Z. 12: »Ja, die Bande der Natur und des Blutes ...«:* die
Replik geht weiter: »Ja, das habe ich mir ja auch gedacht,
ich dachte bei mir selbst: entweder hat man einen Onkel
oder man hat keinen« [12. Auftritt].

*Seite 294, Z. 20: o, die gute Cousine!:* 18. Auftritt.

*Seite 295, Z. 15: aus mehreren Gründen:* im 5. Auftritt sagt Rinville: »Das Mädchen soll hübsch und liebenswürdig sein, und
sie hat ein bedeutendes Vermögen, es heißt, sie sei schnippisch
... ich sprach auch mit meinen Freunden darüber, in Paris,
und ja, ich konnte es nicht lassen: ich prahlte auch ein bißchen mit meiner künftigen Eroberung ... wenn sie mir gefällt, werde ich versuchen, ob ich meinen Rivalen nicht ver-
drängen kann.« Im 1. Auftritt sagt Dervière: »Wenn man ...
50000 Francs jährliche Zinsen erhält ...«

*Seite 296, Z. 22: Hauptargument:* im 1. Auftritt sagt Emmeline
zu Dervière: »Nur die erste Liebe ist die wahre Liebe, und
man liebt nur einmal im Leben. Das hat mir die Tante Judithe
oft genug gesagt.«

*Seite 299, Z. 22: »widerlich«:* im 13. Auftritt sagt Emmeline:
»Nein, wie ist er doch eklig«, und Dervière antwortet: »Das
ist nicht wahr, er sieht wirklich gut aus.« Emmeline im 14.
Auftritt: »Sobald ich ihn sah, bekam ich Ekel vor ihm.« Und
im 10. Auftritt: »Um des fremden Mannes willen, den ich
nicht ausstehen kann – das weiß ich schon im voraus.«

*Seite 300, Z. 4: aus zwei Gründen:* Emmeline im 10. Auftritt:
»dann nehme ich Rache an dir und erweise gleichzeitig
meinem Vater Gehorsam«.

*Seite 302, Z. 9: »übergreifend«:* S.K. schreibt deutsch: übergrei-
fende.

*Seite 304, Z. 12: mehreren Wehmüller:* nach Clemens Brentanos
Erzählung »Die mehreren Wehmüller und die ungarischen Nationalgesichter«. Darin heißt es von dem Porträtmaler Wehmüller: »er pflegte solcher Nationalgesichter immer ein halb
Hundert fertig bei sich zu führen«; vgl. E. Lunding, »Lessing
und Kierkegaard«, in »Orbis Litterarum«, 1945, p. 166].

*Seite 304, Z. 15: ein kleiner Vers:* »Mann kann wohl bisweilen sagen, daß man seinem Mädchen entflieht. Doch hängt das Herz an seiner ersten Liebe« [im 8. Auftritt, in dem Emmeline Rinville nach seinen Erinnerungen und denen Charles' fragt].

*Seite 306, Z. 12: um an eine alte Erzählung zu erinnern:* König Philipp III. von Spanien soll von einem Studenten, der unter stetigen Heiterkeitsausbrüchen in einem Buche las, gesagt haben: »Entweder ist dieser Student nicht recht gescheit, oder er liest den Don Quichote« [vgl. die dänische Übersetzung des Don Quichote von Charlotte D. Biehl, 1776, I, 21; Ktl. 1937–40].

*Seite 307, Z. 6: Eifersucht auf Scribe:* hier soviel wie »eifriges Interesse an Scribe«.

*Seite 307, Z. 28: Goethes Egmont:* zu Beginn des 5. Aufzuges.

*Seite 309, Z. 30: Rinvilles erste Anrede:* im 6. Auftritt sagt Rinville [abseits]: »Courage! Jetzt muß ich versuchen, rührend und pathetisch zu sein« und zu Dervière: »So, Sie erinnern sich nicht an mein Gesicht? Kann die Abwesenheit von acht Jahren mich wirklich selbst meiner Familie unkenntlich gemacht haben?«

*Seite 310, Z. 27: ein gewisser Herr Zacharias:* der Wucherer, der Wechsel von Charles in den Händen hat.

*Seite 312, Z. 2: des Vaters Stimme:* 7. Auftritt [Emmeline]: »Eine Sache, die eben Charles betrifft.« [Dervière, schnell zu Rinville]: »Die dich betrifft? [abseits] oh, das war aber dumm!« [Emmeline]: »Papa, was sagst du da?«

*Seite 312, Z. 11: folgt die Dervières:* »Nicht die geringste Ahnung« [7. Auftritt].

*Seite 313, Z. 16: desideratur:* fehlt, gibt es nicht.

*Seite 313, Z. 22: Rinvilles Replik:* im 8. Auftritt, abseits, nach folgendem Wortwechsel. [Rinville]: »Und wenn ich mich nicht irre, stahl ich am nächsten Morgen einen neuen Kuß.« [Emmeline]: »Nein – am nächsten Morgen reistest du ja von hier ab.« Bei den im Text angeführten Worten hat S. K. in sein Exemplar des Lustspiels geschrieben: »unkorrekt ... sie war erst 8 Jahre.« Vgl. Pap. III B 119, 2.

*Seite 315, Z. 5: Emmeline entdeckt nun:* 9. Auftritt: »Früher hast du mir alles gesagt, du hast mir anvertraut, was es auch sein mochte, aber du hast dich verändert, du bist nicht mehr derselbe.«

*Seite 316, Z. 18: Sie gibt daher zu:* 9. Auftritt: »Alles andere hätte ich dir verzeihen können: daß du Schulden gemacht hast, daß du Wechsel auf den Namen meines Vaters gezogen hast, und was immer es sei – daß du aber meinen Ring nicht hast…«

*Seite 316, Z. 26: der Geist des Ringes:* nach Oehlenschlägers »Aladdin« [1805]: »Nicht ich allein, Herr, sondern jeder Geist der Lampe beugt seine Knie und gehorcht dem, der die Lampe in seiner Hand hält« [»Samlede Værker«, xv, 1845, 160; Ktl. 1597–1605].

*Seite 316, Z. 30: ruft aus:* 10. Auftritt.

*Seite 317, Z. 20: Dieser Monolog:* 11. Auftritt. Nach den zitierten Worten fährt Rinville fort: »Es tut mir um so mehr leid, als ich diese Rolle nicht mehr zum Spaß spiele. Emmeline ist im höchsten Maße gewinnend… aber bevor ich dies Wort sage, muß ich sicher sein, daß ich es bin, den sie liebt, und nicht nur die Erinnerung an den Vetter Charles.«

*Seite 318, Z. 2: seinen ersten Repliken:* 12. Auftritt, Charles [in der Kulisse]: »Besten Dank! Ich hätte schon Lust, mich ein wenig auszuruhn, denn nichts ist so ermüdend wie die Diligence, besonders wenn man sie auf nüchternen Magen nimmt. – Herr Dervière ist wohl nicht zugegen? Und seine Tochter auch nicht? – Das ist mir sehr lieb, ja, ich habe dringend mit ihnen zu reden, aber wenn sie nicht da sind, habe ich Zeit, darüber nachzudenken, was ich ihnen sagen möchte.«

*Seite 319, Z. 6: in der Szene, in der Rinville am meisten mit Emmeline zu tun hat:* 8. Auftritt: die Wiedererkennung und die Befragung nach gemeinsamen Kindheitserinnerungen.

*Seite 321, Z. 18: daß Herr Zacharias noch nicht mit dem Schlimmsten herausgerückt sei:* nämlich mit Charles' Ehe.

*Seite 322, Z. 11: Hinc illae lacrymae:* »daher jene Tränen«, Zitat aus Terentius, »Andria« v, 126, der jedoch »lacrumae« schreibt; gemeint: »da liegt der Hund begraben«.

*Seite 323, Z. 9: in effigie:* bildlich. Wenn ein Verbrecher sich der Strafe entzogen hatte, wurde sie oft an seinem Bilde vollstreckt.

*Seite 324, Z. 22: Schattenspiel:* auch im Original deutsch.

*Seite 325, Z. 13: Ich kenne einen jüngeren Philosophen:* vermutlich Karl Werder [1806–1893]. S.K. hörte seine Vorlesungen in Berlin über »Logik und Metaphysik mit besonderer Berücksichtigung hervorragender Systeme der älteren und der neueren Philosophie«, und er besaß Werders »Logik, als Commentar und Ergänzung zu Hegels Wissenschaft der Logik«, 1841 [Ktl. 867], vgl. Pap. III C 29–30. In mehreren Briefen aus Berlin erwähnt er Werder. Besonders kann hier das Folgende in einem Brief vom 15. Dez. 1841 an F. C. Sibbern hervorgehoben werden [Breve og Aktstykker Nr. 55]: »Werder ist ein Virtuose, mehr kann man über ihn nicht sagen ... Wie ein Jongleur kann er mit den abstraktesten Categorien spielen und tändeln, und nie verspricht er sich, obgleich er so schnell spricht, wie ein Pferd rennen kann. Er ist ein Scholastiker im alten Sinne, der in Hegel – wie jene in Thomas Aquinas – nicht nur summa und summa summae, sondern summa summarum gefunden hat ... Sein Leben, sein Denken, die Vielfältigkeit der Umwelt scheinen ihm fast nur dadurch Bedeutung zu bekommen, daß sie mit der Logik Hegels in Verbindung gebracht werden können.« Und in einem Briefe [Nr. 61] an Pastor P. J. Spang an der Heilig-Geist-Kirche in Kopenhagen vom 8. Jan. 1842 spricht S.K. in ähnlichen Wendungen: »Werder spielt mit den Kategorien wie der starke Mann in „Dyrehaugen" [dem Tiergarten bei Kopenhagen mit einem volkstümlichen Unterhaltungspark, Dyrehavsbakken, wo allerlei Artisten auftraten] mit 20-, 30-, 40-pfündigen Kugeln. Es ist schrecklich anzusehen, und bisweilen ist man hier wie in Dyrehaugen versucht zu glauben, daß es Papierkugeln sind. Er ist nicht nur Philosoph, sondern auch Dichter. Er hat ein riesiges Schauspiel geschrieben, das Christoph Columbus heißt und das von 5 1/2–10 Uhr dauert, obwohl der Zensor 600 Verse gestrichen hat.«

*Seite 325, Z. 35: Frydendahl* etc.: mit der hier angegebenen Besetzung wurde das Stück 25mal bis zum 5. März 1835 gespielt [nur mit C. N. Rosenkilde als Charles am 17. Febr. 1835]. Vom 24. Febr. 1836 ab spielte C. M. Foersom Dervière, W. Holst Rinville und vom 3. Jan. 1839 an Mamsell Andersen die Rolle Emmelines.

## »Die Wechselwirtschaft«

*Seite 330, Z. 1: Chremylos* ist ein armer Bürger Athens, die Hauptperson des Schauspiels, *Karion* ist sein Sklave.

*Seite 331, Z. 7: das Negative ... ist das Bewegungsprinzip:* eine Anspielung auf Hegels Lehre vom Begriff, in der es eben das negative Element ist, das die dialektische Bewegung in Fluß hält.

*Seite 331, Z. 13: impetus:* Antrieb, Initiative.

*Seite 332, Z. 36: panis et circenses:* Brot und Schauspiele, nach Juvenal, Sat. x, 81, der einzige Wunsch des römischen Volkes [Ktl. 1249–50].

*Seite 333, Z. 2: Ständeversammlung:* im Dänemark der Jahre 1835–49 eine vom Volk gewählte, beratende Versammlung.

*Seite 334, Z. 20: Im Altertum wurde König...:* so berichtet Saxo Grammaticus in »Gesta Danorum«, am Anfang des Lib. VI. Als Frode Fredegod gestorben war, meinte das Volk, das Königsgeschlecht sei ausgestorben, und versprach die Krone »demjenigen, der dem König Frode die schönste Grabschrift dichten könnte« [nach A. S. Vedels Übersetzung aus dem Jahre 1575]. Ein Sänger namens Hjalte erwarb auf diese Weise die Krone Dänemarks.

*Seite 334, Z. 28: zum Gebrauch für Jedermann:* auch im Original deutsch.

*Seite 334, Z. 35: daß der Mensch ein geselliges Tier sei:* Übersetzung der aristotelischen Definition ζῷον πολιτικόν [bei Thomas von Aquin: »animal sociale«] in »Pol.« I, 1,9.

*Seite 336, Z. 26: otium est pulvinar diaboli:* Muße ist des Teufels Kopfkissen.

*Seite 338, Z. 13: eine pantheistische Bestimmung:* d. h. Langeweile wird durch ihren Gegensatz zum Pantheismus als Leere im Verhältnis zur Fülle definiert. Wie jeder [spekulative] Begriff enthält er seinen eigenen Gegensatz, so liegt auch der Pantheismus in der Langeweile verborgen, die deshalb ebenfalls der »dämonische [d. h. verborgene] Pantheismus« genannt wird.

*Seite 339, Z. 8: »europamüde«:* auch im Original deutsch und in Anführungszeichen.

*Seite 339, Z. 14: man brennt halb Rom nieder:* wie Nero es nach dem Bericht des Suetonius getan haben soll [»Nero«, 38], während er, in einem Turme stehend, den Untergang Trojas besang.

*Seite 339, Z. 15: die schlechte Unendlichkeit:* in der Philosophie Hegels eine endlose Reihe in einer Gedankenentwicklung, die zu nichts führt. Der Ausdruck selbst wird bei Hegel allgemein benutzt und im Dänischen in den philosophischen Abhandlungen J. L. Heibergs.

*Seite 339, Z. 17: Kaiser Antonin:* Marcus Aurelius Antoninus [philosophus] in den »Selbstbetrachtungen« VII, 2: »Es steht in deiner Macht, wiederaufzuleben. Sieh die Dinge wieder, wie du sie früher gesehen hast; denn darin besteht das Wiederaufleben.« Im Entwurf [Pap. III B 122, 6] hat S. K. diese Stelle folgendermaßen übersetzt: »Betrachte die Dinge von einer anderen Seite, als du sie bisher betrachtet hast.« Er hat sich hier offenbar von einer deutschen Übersetzung irreleiten lassen, die er besaß [Ktl. 1219], nämlich: »M. A.s Unterhaltungen mit sich selbst. Aus dem Griechischen übersetzt von J. M. Schultz«, Schleswig 1799, p. 84, wo zu lesen ist: »Betrachte die Gegenstände von einer anderen Seite, als du sie bisher betrachtet hast. Denn darin besteht das Wiederaufleben.« S. K. hat deshalb den wahren Sinn des Textes nicht verstanden.

*Seite 340, Z. 21: eine der bedenklichsten Gaben des Prometheus:* seine Gaben an die Menschheit waren das Feuer und die blinde Hoffnung, wie Aischylos in seiner Tragödie »Der gefesselte Prometheus«, v. 250, sagt.

*Seite 340, Z. 32: Nil admirari:* »nichts bewundern«, Zitat aus den »Epist.« des Horaz [I, 6], wo es dann weiter heißt: »nur dies im Grunde, dies allein kann Menschen glücklich machen und erhalten«.

*Seite 341, Z. 35: Lethequell:* die Lethe war der Fluß in der Unterwelt, aus dem die Toten Vergessen tranken.

*Seite 342, Z. 10: Chaos:* der Urzustand, aus dem die geordnete Welt, der Kosmos, hervorging [Hesiod, »Theogonie«, v. 116 ff.].

*Seite 342, Z. 30: Cerberus:* der dreiköpfige Hund, der das Tor der Unterwelt bewachte. Die Sibylle, die den Aeneas in die Unterwelt begleitet, beruhigt Cerberus mit einem einschläfernden Honigkuchen [Vergil, »Aeneis« VI, 417 ff.].

*Seite 343, Z. 6: der archimedische Punkt:* Archimedes soll seinen Stolz auf seine mechanischen Erfindungen mit diesem Ausruf ausgedrückt haben: »Gib mir einen Standpunkt, und ich bewege die Erde« [Plutarch, »Marcellus«, 14].

*Seite 343, Z. 15: das notwendige Andere:* durch die Bestimmung eines Begriffes wird dieser im Verhältnis zu allem »Anderen« begrenzt. Dies Andere ist in der Philosophie Hegels notwendig und mit der Negation identisch, während das »überflüssige Dritte« das »ausgeschlossene Dritte« der Logik darstellt [»tertium non datur« = es gibt kein Drittes].

*Seite 343, Z. 22: Geert Westphaler:* Titelheld in Holbergs Komödie. Im 8. Auftritt erzählt der Barbier, daß er mit dem Henker von Schleswig Brüderschaft getrunken hat, ohne zu wissen, wer sein Tischgenosse war.

*Seite 343, Z. 25: idem velle* etc.: dasselbe wollen, dasselbe nicht wollen, erst das ist feste Freundschaft [Sallust, De Catilina conjuratione«, 20].

*Seite 344, Z. 30: mit der Ewigkeit wird man schon fertig werden:* vgl. Pap. III A 124: »Viele Menschen fürchten die Ewigkeit – wenn wir nur die Zeit aushalten können, werden wir mit der Ewigkeit schon fertig werden.«

*Seite 345, Z. 32: daß eine Zigeunerin...:* wie in der Novelle »Kjeltringliv« [Landstreicherleben] von Steen Steensen Blicher [»Samlede Noveller« 1, 1833, p. 239–46, die S.K. besaß; Ktl. 1521–23].

*Seite 348, Z. 26: Baggesen:* in seiner »Theateradministratoriade« [Baggesens »Danske Værker« 1, 1827, p. 421]: »Der selbstdimittierte Hassing, ein Bläser, dessen Verlust mir ins Herz schnitt, und den ich in allem sehr lieb habe, abgesehen vom Fortbleiben und vom Namen, wo leider nichts sich reimt!«

*Seite 349, Z. 6: Die Neuplatoniker:* Plotin entwickelt die erwähnte Theorie in den »Enneaden«, xv, 2, unter teilweiser Benutzung von Platons »Phaidon« 81 C ff., wo Sokrates als ein Gedankenexperiment erörtert, daß ausschweifende Personen Esel, gewalttätige Individuen Wölfe werden etc.

*Seite 349, Z. 16: Tischbein:* J. H. W. Tischbein [1751–1829], ein Freund Goethes. Über seine Tierbilder sagt Goethe: »Statt den Menschen in den Tieren / zu verlieren, / Findest du ihn klar darin, / und belebst, als wahrer Dichter, / Schaf- und

sauiges Gelichter / mit Gesinnung wie mit Sinn.« [»An Tischbein«, »Werke« II, Stuttgart und Tübingen 1828, 168 – Ktl.
1641–68].

*Seite 349, Z. 22: expeditus:* marschbereit, bereit.

## »Das Tagebuch des Verführers«

*Seite 351, Z. 2: Sua passion' ...:* »seine vorherrschende Leidenschaft ist die für das junge frische Mädchen«.

*Seite 351, Z. 21: Commentarius perpetuus:* fortlaufende Aufzeichnungen.

*Seite 355, Z. 11: exacerbatio cerebri:* Gehirnerregung; in einer
Aufzeichnung aus dem Jahre 1838 [Pap. II A 801] benutzt
S. K. denselben Ausdruck ohne Erklärung, ebenfalls in einem
Briefe vom 17. Juli 1838 an Emil Boesen. In diesem Briefe
schreibt S. K. über sich selbst [Breve og Aktstykker Nr. 8,
p. 41; Briefe S. 18].

*Seite 357, Z. 4: einen parastatischen Leib:* einen scheinbaren Leib,
Scheinleib, wie ihn Christus nach einer ketzerischen Anschauung angenommen hatte und der also kein wirklicher Men-
schenleib war.

*Seite 359, Z. 11: ich umarmte die Wolke:* wie Ixion, der König
Thessaliens, der sich an Hera vergreifen wollte, aber durch
eine Wolke in ihrer Gestalt getäuscht wurde; vgl. Pap. I A 75.

*Seite 361, Z. 18: actiones in distans:* Handlungen mit fernem
Ziel; vgl. Pap. III B 51: »Es wird doch das beste sein, die
sogenannten actiones in distans, zwischendurch eingeflochten,
ten, mitfolgen zu lassen, das wird die richtige Beleuchtung
geben und die Beschaffenheit seiner Leidenschaft offenbaren.«

*Seite 361, Z. 28: Goethe:* in »Jerry und Bätely, ein Singspiel«,
in der Ausgabe, die im Besitz S. K.s war [Ktl. 1641 ff.], Stuttgart und Tübingen, Bd. XI, 1828, p. 10.

*Seite 362, Z. 25: Es war ein reicher Mann etc.:* vgl. 2. Samuel 12.

*Seite 364, Z. 4: eine Novelle von Tieck:* »Die wilde Engländerin«
[in: »Das Zauberschloß«, abgedruckt in Tiecks Schriften, XXI,
1853, p. 238]. Eine schöne englische Dame vom Adel war als
Kind erschreckt worden, als sie in einer Anatomie über das
Geschlechtsleben las. Als Erwachsene lehnte sie deshalb alle
Freier ab und studierte u. a. Astronomie. Als ein kluger und
würdiger Lord, der ihre Interessen teilen konnte, sie gewin-

nen wollte, wies sie ihn in grober Weise ab. Eines Tages
stritten sie, während eines gemeinsamen Rittes, darüber. Sie
wollte eilig vom Pferd springen, ihr Rock blieb am Sattel
festhängen, und sie stand einen Augenblick halbnackt vor
dem Lord. Ganz außer sich verbarg sie sich eine ganze Woche
in ihrem Zimmer, wurde sich aber dann darüber klar, daß sie
den Lord liebte, und war jetzt bereit, ihn zu heiraten.

*Seite 356, Z. 1: Cuvier:* der französische Naturforscher George
Cuvier, Begründer der vergleichenden Anatomie [1769–
1832], setzte sich als Ziel [in »Recherches sur les ossements
fossiles«, 2. ed. 1821, III], darzulegen, wie man mittels eines
einzigen Knochens imstande wäre, eine Tierart zu rekonstruieren.

*Seite 369, Z. 2: unverhofft kommt oft:* auch im Original deutsch.

*Seite 370, Z. 2: geradeaus:* auch im Original deutsch.

*Seite 372, Z. 3: Das Bestehende ist doch das Vernünftige:* ein Hieb
gegen den berühmten Ausspruch Hegels in der Vorrede zur
»Philosophie des Rechts« [W. a. A. VIII, 17 = Jub. Ausg. VII,
33]: »Was vernünftig ist, das ist wirklich, und was wirklich
ist, das ist vernünftig.«

*Seite 372, Z. 5: um Donna Annas Worte zu gebrauchen:* »Don
Juan« I, 16: »Er kommt da, es wimmelt ja dort von Mädchen«
[nach der dänischen Übersetzung von Kruse].

*Seite 372, Z. 33: Jungfer Lisbeth:* in Holbergs Komödie »Erasmus Montanus« V, 5.

*Seite 377, Z. 28: Felsenkönig:* dänisch »Klintekonge« [Klint =
steiles Felsufer]. Der ganze Abschnitt ist vermutlich von J. L.
Heibergs nationalem Volksschauspiel »Elverhøj« [Der Elfen-
hügel] inspiriert, in dem [1. Akt, 4. Szene] Ebbesen vom Elfen-
könig sagt: »Rast der Sturm, braust wild die See, / So sitzt
er dort am weißen Fels von Stevns / Als Felsenkönig mit dem
Zepter in der Hand / und sieht mit Lust, wie Schiffe stranden.«
[Vgl. Skuespil III, 1834, p. 313; Ktl. 1553–59.] Das Stück
wurde 1828 am Kgl. Theater uraufgeführt und ist seitdem
oft wieder gespielt worden.

*Seite 377, Z. 32: Alcedo ispida:* der Eisvogel, von dem man im
Altertum meinte, daß er sein Nest auf dem Wasser baue; vgl.
Pap. II A 612 [eine Aufzeichnung aus dem Jahre 1837]: »Dann
ist man zur Ruhe gekommen, wenn man gleich der Alcedo

ispida [dem Eisvogel] sein Nest auf dem Wasser bauen kann.«

*Seite 378, Z. 2: an einem Krankenträger:* die Krankenträger am Frederiks-Hospital in Kopenhagen, die die Kranken in einem Tragsessel [Portechaise] holten, trugen damals eine grüne Jacke mit kurzen Schößen.

*Seite 380, Z. 21: Bajadere:* indische Tänzerin, auch Tempeltänzerin, deren Hauptbeschäftigung es war, vor ihrem Gott zu tanzen und sein Lob zu singen.

*Seite 380, Z. 32: ich hole sie herauf:* wie Orpheus seine tote Geliebte aus der Unterwelt heraufholen wollte.

*Seite 381, Z. 20: die Wahrheit des Dichterwortes:* »Nacht und Winter, lange Wege und grimmige Schmerzen und allerlei Mühe gibt's in diesem unkriegerischen Lager« [Ovid, »Ars amandi«, II, 235; vgl. Pap. III B 55,4].

*Seite 381, Z. 33: conditio sine qua non:* eine unerläßliche Bedingung.

*Seite 381, Z. 35: Preziosa:* lyrisches Drama von P. A. Wolff, mit Musik von C. M. v. Weber [1821]. Im 1. Aufzug wird zu Preziosa gesagt: »Aber Preziosa, sage mir, wie kann Anmut, Geist und Anstand unter diesen wilden Scharen blühen? Muß Armut dich nicht verführen? Wie willst du deine Tugend wahren, wenn du stets nur Fehler und Laster um dich siehst und hörst?« [nach der dänischen Übersetzung, die S.K. gehört hat].

*Seite 384, Z. 36: auf jenem Pfad:* zwischen Nørreport und Østerport, den alten Stadttoren von Kopenhagen, am Fuß des Festungswalles, mit Ausblick über den Festungsgraben und weiter über »Sortedamssøen« [einem kleinen See, der jetzt die Nørresøgade entlang liegt]. Hinter diesem lag »Blegdammen« [der Bleichdamm].

*Seite 389, Z. 21: Joseph:* 1. Mose 41,32: »Daß aber dem Pharao zum andernmal geträumt hat, bedeutet, daß solches Gott gewiß und eilend tun wird.«

*Seite 391, Z. 10: Lears dritte Tochter:* Shakespeare, »König Lear«, 1. Akt, 1. Szene, wo Cordelia zu ihrem Vater sagt: »Ich Unglückselige, ich kann nicht mein Herz auf meine Lippen heben« [Shakespeares dramatische Werke, übersetzt von A. W. v. Schlegel und Ludwig Tieck, XI, Berlin 1840; Ktl. 1883 ff.].

*Seite 392, Z. 16: zum Kochenlernen in die Hofküche:* bis zum

Jahre 1860 konnten junge Mädchen des höheren Bürgertums die feinere Kochkunst in der königlichen Küche lernen.

*Seite 392, Z. 33: Sie wohnt am Wall:* am alten Festungswall, da, wo heute Nørre- und Øster-Voldgade [nördliche oder östliche Wallstraße] liegen. Wahrscheinlich wohnte sie in einer dieser beiden Straßen.

*Seite 397, Z. 23: Figaro:* in »Figaros Hochzeit«, dänische Übersetzung von N. T. Bruun, 1817. 2. Akt, 2. Szene sagt Susanne: »Ja, auf Figaro kann man sich verlassen, wenn es darum geht, eine Intrige zu steuern.« Darauf Figaro: »Zwei, drei, vier zu gleicher Zeit. Gründlich verzwickt und alle einander kreuzend…«

*Seite 399, Z. 33: Mettelil:* Klein-Mette, kleine Merethe; muß eigentlich »Sidselil« heißen. S. K. hat hier an das Lied »Herr Medelvold« gedacht, das er in »Udvalgte danske Viser fra Middelalderen«, hrsg. von R. Nyerup und K. L. Rahbek, III, 1813, p. 361 kennengelernt hatte [Ktl. 1477–81]; das Lied steht auch in Sv. Grundtvig, »Danmarks gamle Folkeviser«, Nr. 271]. Darin heißt es: »Sidselille slog Guldvaeven saa haardt / Saa Maelken af hendes Bryster sprang« [Klein-Sidsa schlug die Goldwebe so kräftig, daß die Milch aus ihren Brüsten sprang].

*Seite 403, Z. 5: Vorkauf:* war der verbotene Einkauf von Waren außerhalb des Marktes oder vor dessen Eröffnung.

*Seite 406, Z. 25: quod antea* etc.: »was früher Trieb war, ist heute Methode«, nach Ovid, »Remedia amoris« V, 10: »et quod nunc ratio est, impetus antea fuit.«

*Seite 408, Z. 7: Mephistopheles:* hier ist an die abendliche Zusammenkunft zwischen Gretchen und Faust gedacht, die von Mephistopheles arrangiert wurde.

*Seite 411, Z. 6: »zu Grunde gehn«:* auch im Original deutsch. Die hier erwähnte Deutung des Ausdrucks im Sinne von »in seinen Grund gehen« ist von Hegel übernommen [W. a. A. IV, 157 = Jub. Ausg. IV, 634] und wird von J. L. Heiberg in »Speculativ Logik« [»Prosaiske Skrifter« I, 1861, 172] folgendermaßen erklärt: »Der Übergang des Seins zum Grunde besteht also darin, daß das Sein in seinen Grund geht oder zugrunde geht; es geht nämlich zugrunde, weil es aufgehoben wird.«

*Seite 412, Z. 21: »Die Braut«:* »La Fiancée«, Singspiel von E. Scribe, von J. L. Heiberg übersetzt [Spielplan des Kgl. Theaters Nr. 35]. Fritz, der »von Geburt Tyroler, Tapezierer und Corporal der Bürgergarde ist«, verliert durch eigenes Verschulden seine Braut, die statt seiner einen Grafen bekommt. Das Stück wurde im Kgl. Theater in den Jahren 1831–42 oft gespielt.

*Seite 412, Z. 25: unter uns gesagt:* auch im Original deutsch.

*Seite 415, Z. 21: Die eine ist verliebt gar sehr...:* nach dem Gedicht »Vor der Stadt« von J. v. Eichendorff: »Zwei Musikanten ziehn daher / Vom Wald aus weiter Ferne. / Der eine ist verliebt gar sehr, / Der andre wär' es gerne« [»Gedichte«, Berlin 1837, 24; Ktl. 1634]. S. K. hat diese Verse in einem Briefe an Regine Olsen zitiert [Breve og Aktstykker Nr. 21; Briefe, S. 24]. Die Verse auch im Original deutsch.

*Seite 418, Z. 15: Und einen Studenten möcht' ich nicht...:* S. K. mag dieses Verschen aus Barfod, »Brage og Idun, et nordisk Fjærdingaarsskrift« II, 1839, 445 kennengelernt haben. Hier berichtet der spätere Professor der Kirchengeschichte Fr. Hammerich [1807–77], daß er während einer Reise in Ober-Telemarken, Südnorwegen, beim Rudern »das in ganz Norwegen bekannte heitere Bauernlied „Kjøre Ved og kjøre Vatn" [Holz fahren und Wasser fahren] gesungen hat, dessen letzte Strophe so wiedergegeben wird: »Og jeg vil ingen Studenter ha'e / som ligger og læser om Natta / Men jeg vil ha'e en Officier / Med hvide Fjer udi Hatta« [Und ich will keinen Studenten haben, der nachts nur daliegt und liest; sondern einen Offizier will ich haben mit weißen Federn am Hute].

*Seite 418, Z. 35: harmonia praestabilita:* »vorherbestimmte Übereinstimmung«. Der Ausdruck wurde von Leibniz geprägt, der ihn zum ersten Male 1696 in »Journal des savants« verwendet hat.

*Seite 420, Z. 7: den Sonnenwagen ... lenken:* wie Phaëton, der von seinem Vater, dem Sonnengott, dazu die Erlaubnis erhielt und der Erde dabei zu nahe kam, so daß Wälder abgebrannt und Flüsse und Seen ausgetrocknet wurden.

*Seite 422, Z. 30: Non formosus etc.:* »Nicht schön war Odysseus, aber sehr beredt, und deshalb gelang es ihm, die Göttinnen des

Meeres [Kirke und Kalypso] zu betören, so daß sie von Liebe zu ihm gequält wurden.« Aus Ovid, »Ars amandi«, II, 12.

*Seite 423, Z. 29: in dem alten Vers:* hier ist sicher an das Lied »Munken gaar i Enge« [Der Mönch geht in der Aue] gedacht, in dem es heißt: »Munken breder ud sin Kappe saa blaa og beder Skønjomfru at knæle derpaa« [Der Mönch breitet aus seinen Mantel so blau und heißet drauf knien die schöne Jungfrau; vgl. Tvermose Thyregod, »Danmarks Sanglege«, 1931, p. 37].

*Seite 424, Z. 2: Jehova:* wahrscheinlich wird hier auf 1. Samuel 3 hingewiesen, wo der Herr den jungen Samuel im Tempel ruft, doch versteht Samuel erst allmählich, daß es Gott ist, der zu ihm spricht.

*Seite 424, Z. 10: »über und über«:* auch im Original deutsch.

*Seite 424, Z. 21: das Licht dazu halten:* dabeisein müssen, wenn andere genießen, ohne mithalten zu dürfen; auch: Gelegenheit machen, zur Ausführung helfen; vgl. Deutsches Wörterbuch von J. und W. Grimm, 6. Bd., Sp. 875.

*Seite 425, Z. 4: Theklas Lied:* in Schillers »Die Piccolomini« III,7 [»Der Eichwald brauset, die Wolken ziehn…«]. Dieses kleine Lied, das gesungen wird, während das Glück den Liebenden noch hold ist, greift ihrem Schicksal vor. Für Johannes lag die Bedeutung in der Vereinigung von Liebe und Tod wie in »Lenore«. – S. K. besaß Schillers »Sämmtliche Werke« I–XII, Stuttgart und Tübingen 1838 [Ktl. 1804–15], aber keine Einzelausgabe seiner Gedichte.

*Seite 425, Z. 10: Wilhelm:* der verstorbene Liebhaber in G. A. Bürgers »Lenore«. Im Ktl. gibt es keine Werke von Bürger.

*Seite 425, Z. 20: unheimlich:* auch im Original deutsch.

*Seite 428, Z.21: ex consensu gentium:* nach einstimmiger Annahme der Menschheit. Der Ausdruck ist den Gottesbeweisen entnommen.

*Seite 431, Z. 2: volente deo:* wenn Gott will.

*Seite 431, Z. 18: in suspenso:* in der Schwebe.

*Seite 432, Z. 2: generatio aequivoca:* auch »generatio spontanea« genannt, Selbstentstehung, Selbstzeugung, Urzeugung, d. h. unabhängig von bereits vorhandenen Organismen.

*Seite 434, Z. 15: wie die [Seele] eines Sterbenden prophetisch:* dieser Gedanke wird in Platons Apologie als allgemeiner Glaube

erwähnt: »Denn ich stehe ja auch schon da, wo vornämlich die
Menschen weissagen, wenn sie nämlich im Begriff sind zu
sterben« [Schleiermacher, Platon I, 2, 225].

*Seite 438, Z. 12: den der Pedell...:* über die Amtstracht der
Pedelle vgl. M. Matzen, »Københavns Universitets Rets-
historie« I, 1879, 277.

*Seite 438, Z. 15: Trop:* in J. L. Heibergs Singspiel »Recensenten
og Dyret« [Der Rezensent und das Tier], 5. Auftritt. Trop ist
ein komischer alter »studiosus perpetuus«, der sich auf dem
Rummelplatz »Dyrehavsbakken« aufhält, um die Belustigungen dort zu besprechen. Um etwas Geld zu verdienen, beabsichtigt er, ein seltsames Tier vorzuführen. Student Keiser
sagt ihm bei dieser Gelegenheit: »Rezensent zu sein führt nicht
weit; man muß selbst Künstler sein«, worauf Trop antwortet:
»Ganz richtig. Erst dadurch erwirbt man sich das Recht, die
anderen Künstler zu kritisieren« [Heiberg, »Skuespil« III, 1834,
210. Das Stück wurde in der Zeit 1826–53 jedes Jahr gespielt.].

*Seite 439, Z. 19: in statu quo* [ante]: im bisherigen Zustand.

*Seite 440, Z. 28: cominus:* in der Nähe; *eminus:* auf Abstand.

*Seite 440, Z. 32: Ovid:* »Amores« I, 4, 16 und 44.

*Seite 441, Z. 23: Auf heimlich erröthender Wange...:* auch im
Original deutsch; Herkunft nicht ermittelt.

*Seite 442, Z. 27: Regenz:* Studentenwohnheim der Universität
Kopenhagen.

*Seite 443, Z. 4: vernarrter Handwerksleute:* nach dem Titel eines
Singspiels von Goldoni, ins Dänische übersetzt von Lars
Knudsen, gedruckt in »Syngespil for den danske Skueplads«
V, 1781; erste Aufführung im Kgl. Theater 1781, danach u. a.
in den Spielzeiten 1831–40.

*Seite 452, Z. 25: den Armleuchter ergriffen:* wie Don Juan, als
das Gespenst des Komturs anklopft [II, 19–20].

*Seite 454, Z. 10: Rebekka:* es war Rahel, die die Hausgötter
Labans stahl; vgl. 1. Mose 31, 19. Es besteht keine Verbindung
zwischen dem Diebstahl der Hausgötter durch Rahel und dem
Handeln Jakobs, der »das Herz« Labans stiehlt, d. h. ihn betrügt.

*Seite 456, Z. 18: Venerabile:* etwas Anbetungswürdiges. In der
katholischen Kirche wird das Wort von der Hostie gebraucht.

*Seite 460, Z. 17: des Dichters Wort von Agnete:* Jens Baggesens
Ballade »Agnete von Holmegaard« [»Danske Værker«, 1828,

358; Ktl. 1⁵09–20]; darin heißt es: »Agnete, hun raved, hun
segnede, hun faldt« [Agnete, sie taumelte, sie sank hin, sie fiel].
*Seite 461, Z. 6: ein Kaplan, der sich durch Hoffnung am Leben
erhält:* nach einem Reim von J. L. Heiberg [»Prosaiske Skrifter«
x, 25]: »En Kapellan kan gammel blive, Og holder sig ved
Haab ilive« [Ein Kaplan kann alt werden, Und hält sich durch
Hoffnung am Leben].
*Seite 463, Z. 11: Cardea:* auch Carna, war eine römische Göt-
tin, die über die Türangel [cardo] wachte. Das hier Angeführte
wird in Ovids »Fasti« vi, 101 ff. erzählt; vgl. Nitsch, »Mythol.
Wörterbuch« i, 465.
*Seite 464, Z. 11: eine schwedische Weise:* man mag hier an ein
Lied von Bellman denken, das in den dreißiger und vierziger
Jahren des 19. Jahrhunderts in Dänemark sehr populär war,
wie z. B. »Fredmans Epistel« Nr. 81: »Mark hur vår skugga«
[Merke, wie unser Schatten]. S. K. besaß von Bellman »Skalde-
stycken« i–ii, Stockholm 1814, und »Fredmans Epistlar« mit
Musik i–ii, Stockholm 1816 [Ktl. 1608–11].
*Seite 465, Z. 27: Man erzählt von Menschen* etc.: z. B. Sallust,
»Catilina« 22.
*Seite 467, Z. 29: Äolus:* der Gott der Winde, der sie auf einer
Insel Äolia eingesperrt hielt; vgl. Odyssee x, 2 ff.
*Seite 468, Z. 10: Ariadne:* die Tochter des Königs Minos auf
Kreta. Sie verliebte sich in den Helden Theseus, und als dieser
in das Labyrinth ging, das von dem Ungeheuer Minotauros
bewohnt wurde, um dieses zu töten, gab sie ihm einen Woll-
knäuel mit. Er wickelte ihn ab beim Gehen durch die Irrwege
des Labyrinths, und dadurch wurde es ihm ermöglicht zu-
rückzufinden, nachdem er den Minotauros getötet hatte.
*Seite 469, Z. 16: Wie mag ein Reich bestehen:* vgl. Markus 3,24
und Lukas 11,17 f.
*Seite 471, Z. 1: Als Jakob mit Laban…:* 1. Mose 30,31 ff.
*Seite 471, Z. 24: ein Bild aus dem Altertum:* ein Wandgemälde
aus Herculanum, jetzt im Museum zu Neapel; vgl. Nitsch,
»Myth. Wörterbuch« i, 310. Theseus entführte Ariadne, ver-
ließ sie aber auf der Insel Naxos.
*Seite 475, Z. 19: nur meine Stimme bleibt übrig:* wie von der
Nymphe Echo berichtet wird, die Narziß liebte, aber keine
Gegenliebe fand.

*Seite 482, Z. 2: die zweiunddreißig Männer der Stadt:* die damaligen Stadtverordneten.

*Seite 482, Z. 13: der »Polizeifreund«:* in der Zeitschrift »Politivennen« [Der Polizeifreund] von 1837, Heft 86, p. 219 und p. 235 findet man ein satirisches Stück mit dem Titel: »Tjenestepigerne før og nu« [Die Dienstmädchen einst und jetzt], eine Skizze von Castelli, aber lokalisiert. Die Tracht des modernen Dienstmädchens wird folgendermaßen angegeben: »Mantel, Boa, ein hübscher Hut, graue Merino-Schnürstiefel und graue Glacéhandschuhe« [p. 235].

*Seite 482, Z. 20 und 21: beispiellos* und *Jubeljahr:* dänisch »mageløs« und »Gyldenaar«, Lieblingsausdrücke Grundtvigs.

*Seite 485, Z. 8:* ἀυταρϰεια [autarkeia]: Selbstbeherrschung, das ethische Ideal der stoischen Philosophie.

*Seite 485, Z. 16 und 17: der tote Buchstabe ... das lebendige Wort:* sicher ein Hieb gegen Grundtvig, gegenüber dessen Lehre von der Macht des lebendigen Wortes, der mündlichen Überlieferung des Glaubensbekenntnisses bei der Taufe S. K. sich schon als Student sehr kritisch verhielt [Pap. 1 A 60–61].

*Seite 487, Z. 18: Onomatopoietika:* lautmalende Wörter.

*Seite 488, Z. 2: Salomo:* Sprüche Sal. 24,26: »Eine richtige Antwort ist wie ein lieblicher Kuß.« Hier hat S. K. die Übersetzung Luthers verwendet, die er in verschiedenen Ausgaben besaß, aus den Jahren 1836, 1842 und 1846 [Ktl. 3–5]. Die dänische autorisierte Übersetzung von 1819, die S. K. sonst und meistens benutzt hat, hat einen anderen Wortlaut.

*Seite 488, Z. 16: Phädrus:* Platons »Phaidros« 231–257; vgl. Pap. III B 26: »Das große Bild im Phädrus, wo die vierte Art von Wahnsinn geschildert wird, der der Liebe, eine Schilderung, die gleichermaßen keusch wie wollüstig ist, weil die Wollust in jedem Augenblick von dem Keuschen besiegt wird, das Wollüstige ist das starke Kolorit.« S. K. weist hier selbst auf Phaidros 244–257 hin.

*Seite 488, Z. 20: Der Lateiner sagt:* »pendet ab ore magistri«; vgl. Pap. III A 134: »Mein Mädchen – der Lateiner sagt von einem fleißigen Zuhörer: pendet ex ore alicujus, er denkt dabei zunächst an das Ohr, das auffängt und durch die Geheimgänge des Ohres tief drinnen das Gehörte bewahrt; wir sagen es in einem ganz anderen Sinne, denn wie hänge ich nicht immer an deinem Mund, bin ich nicht fleißig, ja sogar ein fleißiger Zuhörer, denn selbst wenn nichts gesagt wird, höre ich doch immer, wie dein Herz klopft.«

*Seite 489, Z. 12: Musik der Memnonssäule:* der nördliche der zwei Memnonskolosse bei Theben, die sog. Memnonssäule, von der die Griechen annahmen, sie stelle König Memnon, den Sohn der Eos, dar. Bei Sonnenaufgang gab sie singende Töne von sich, wie eine Saite, die zerspringt. Vgl. Letronne, »La Statue vocale de Memnon«, Paris 1833.

*Seite 489, Z. 22: dos est uxoria lites:* »die Mitgift der Frau ist Gezänk«, nach Ovid, »Ars amandi« II, 155.

*Seite 489, Z. 24: Gürtel...,* mit dem Venus betörte: Schönheitsgürtel der Aphrodite; vgl. Ilias XIV, 214ff.: Aphrodite »löste vom Busen den wunderköstlichen Gürtel, / Buntgestickt; dort waren des Zaubers Reize versammelt. / Dort war schmachtende Lieb' und Sehnsucht, dort das Getändel / Und die schmeichelnde Bitte, die selbst den Weisen betöret« [Übersetzung von J. H. Voß].

*Seite 489, Z. 33: confabulatio:* Unterhaltung, Gespräch.

*Seite 491, Z. 26: der seinen Kopf an den Elfenhügel legt:* bezieht sich auf das Lied »Jeg lagde mit Hoved til Elverhøj« [Ich legte meinen Kopf an den Elfenhügel], das J. L. Heiberg Mutter Karen in dem Volksstück »Elverhøj« singen läßt [I, 1].

*Seite 492, Z. 5: Jacta est alea:* »der Würfel ist geworfen [gefallen]«, wie Cäsar gesagt haben soll, als er im Jahre 49 v. Chr. den Rubikon überschritt und damit den Bürgerkrieg begann [Suetonius, »Caesar«, 32].

*Seite 494, Z. 22: Scheherezade:* die Erzählerin in »Tausendundeine Nacht«. S.K. besaß die deutsche Übersetzung von Weil und Lewald, Stuttgart und Pforzheim 1838–41 [Ktl. 1414–17].

*Seite 496, Z. 1: Oderint, dum metuant:* »mögen sie hassen, wenn sie nur fürchten«, ein Zitat aus der Tragödie »Atreus« des römischen Dichters Accius [»Atreus«, 203]. Nach Suetonius hat der Kaiser Caligula dies Wort oft gebraucht [Suetonius, »Caligula« 30].

*Seite 496, Z. 11: nymphaea alba:* die weiße Seerose. Juli 1835 unternahm S.K. einen längeren Ausflug nach Nordseeland, und in seinen Aufzeichnungen [Pap. 1 A 64 p. 37] berichtet er, daß er auf dem Wege nach Hellebæk in den kleinen Teichen

tief im Walde die weiße Seerose erblickte: »Als Kontrast zu
dieser dunklen Spiegelfläche hebt eine einzelne Blume sich
hervor, die auf ihrer Oberfläche wächst: eine nymphaea alba,
die mit ihrem großen, breiten, grünen Blatt da umher-
schwimmt; weiß und rein, unschuldig ist sie aus der Tiefe des
Meeres emporgetaucht.« In einer Aufzeichnung aus dem Jahre
1839 [Pap. II A 483] benutzt er die Gemeinschaft der Seerosen
– Selbständigkeit oben, Gemeinschaft in der Tiefe – als
Gleichnis des Klosterlebens.

*Seite 497, Z. 3: Anadyomene:* die aus dem Meere Auftauchende,
Beiname der Aphrodite.

*Seite 498, Z. 2: Pyramus und Thisbe:* nach Ovid [»Metamorph.«
IV, 55 ff.] zwei Liebende in Babylon. Die Häuser ihrer Eltern
lagen nebeneinander, aber die Eltern wollten nicht, daß sie
zusammenkamen. Sie flüsterten deshalb durch einen Riß in
der Mauer einander zu.

*Seite 499, Z. 30: Horaz:* Od. II, 8.

*Seite 500, Z. 4: Palnatoke:* in Oehlenschlägers Tragödie »Palnatoke«, V, 2.

*Seite 502, Z. 13: Mag denn Gott seinen Himmel behalten:* der
Sage nach ein Ausspruch König Valdemar Atterdags [c. 1320–
75], als er das Schloß Gurre in Nordseeland baute. Auf dem
erwähnten Ausflug durch Nordseeland hat S. K. niedergeschrieben: »Am 5. Juli besuchte ich Schloß Gurre, wo man
jetzt im Begriff ist, die Ruinen auszugraben.« Aus dem Bericht »König Valdemars Jagd« in J. M. Thieles »Danske Folkesagn« [1. Sammlung 1818–23, 90 ff.; Ktl. 1591–92] zitiert er
frei: »Gott mag sein Himmelreich behalten, wenn ich Schloß
Gurre behalten darf« [Pap. I A 64, p. 36].

*Seite 503, Z. 2: des Seins für anderes:* in Hegels »Logik« ergänzen
»Etwas« und »Anderes« einander; beide sind unmittelbares und
endliches Sein, im Gegensatz zum Wesen, bei dem die Unmittelbarkeit durch die Reflexion in eine höhere Sphäre erhoben ist. Wenn Johannes die Frau in die Kategorie des Seins
für anderes stellt, stimmt es mit seiner folgenden Distinktion
zwischen der Frau als Substanz [d. h. unmittelbare Natur] und
dem Manne als Reflexion überein. Gleichzeitig hat er die Idee,
daß die Frau, wie die Natur überhaupt, um etwas anderen, in
diesem Falle um des Mannes willen, da sei.

*Seite 504, Z. 10: kein Bild der Vesta:* nach der Aussage Ovids
[»Fasti« VI, 295–98]; vgl. Nitsch, »Myth. Wörterbuch« II, 622:
»Den Versicherungen Ovids nach, hatte Vesta selbst in ihrem
Tempel kein Bild.«

*Seite 504, Z. 12: wie Jehova:* vgl. 2. Mose 20,5.

*Seite 504, Z. 23: das Wort Existenz:* aus ex, aus, und sisto, ich
stelle [mich] gebildet.

*Seite 504, Z. 26: wie eine Blume:* vgl. das Gedicht von Heinrich
Heine: »Du bist wie eine Blume.«

*Seite 505, Z. 26: jungfräulichen Sprödigkeit:* hier »Sprödigkeit«
auch im Original deutsch.

*Seite 505, Z. 32: von einem Mädchen zu lesen:* S.K. kennt dieses
Thema aus der arabischen Turandot-Erzählung, die er 1836
in »Erzählungen und Märchen«, hrsg. von Fr. H. v. d. Hagen
[Prenzlau 1825, II, 90 ff.] gelesen hat: »Geschichte des Prinzen
Kalaf und der Prinzessin Turandot«; vgl. Pap. I C 83; »Die
grausame Prinzessin [T.] hat es jedem Freier zur Bedingung
gemacht, daß er entweder ein Rätsel lösen oder den Kopf
verlieren muß.«

*Seite 505, Z. 34: Blaubart:* im Märchen von Rolf Blaubart,
der nacheinander seine sechs Frauen tötete, aber selbst von
dem Bruder der siebenten Frau getötet wurde [»Contes de
ma mère l'Oye« von Charles Perrault aus dem Jahre 1697].
Die deutsche Namensform, die S.K. verwendet, deutet darauf hin, daß er die Geschichte aus Ludw. Tiecks phantasie-
reicher Wiedergabe »Der Blaubart, ein Märchen in fünf
Akten« kennenlernte.

*Seite 508, Z. 11 f.: von dem bekannten Streit:* es ging darum, wer
das schönste Gesäß habe. Bei dieser Gelegenheit wurde der
Aphrodite ein Tempel gebaut, und sie erhielt den Beinamen
»Kallipygos«, d. h. mit dem schönen Gesäß. Vgl. Nitsch,
»Myth. Wörterbuch« I, 449–50. Die bekannte Statue steht im
Museum zu Neapel.

*Seite 509, Z. 9: horrenda refero:* es ist schrecklich zu berichten,
ich berichte Schreckliches [vgl. Vergil, »Aeneis« II, 204:
»Horresco referens«].

*Seite 510, Z. 4: Diana:* vgl. Komm. zu S. 80, Zeile 31.

*Seite 510, Z. 18: Euripides:* in der Tragödie »Medea« v.
250 ff.

*Seite 511, Z. 18: eine kleine Zerline:* das naive Bauernmädchen in Mozarts »Don Juan«.

*Seite 512, Z. 10 und 15: Simsons Haar ... Enthaltsamkeit:* vgl. Richter 16, 17 ff., wo Simson sein Geheimnis der verführerischen Philisterfrau Dalila enthüllt. Simson gehörte zu den Nazireern, die ein Enthaltsamkeitsgelübde getan hatten [vgl. 4. Mose 6,1–21].

*Seite 512, Z. 33: Flieg, Vogel, flieg:* nach einem Gedicht von Christian Winther: »Flyv, Fugl, flyv over Furesøens Vande«, abgedruckt in seinen »Gedichten«, 1828.

*Seite 513, Z. 1: Pygmalions Geliebte:* Pygmalion war ein griechischer Bildhauer, von dem erzählt wird, daß er sich in eine Frauenstatue, die er gemacht hatte, verliebte. Als Gunstbeweis macht Venus dann die Statue lebendig [Ovid, »Metamorph.« x, 243 ff.].

*Seite 514, Z. 6: kapitolinischen Stadtgeschreis:* weist auf die Gänse hin, deren Geschrei die Besatzung des Kapitols aus dem Schlaf weckte, als die Gallier im Begriff waren, es zu überrumpeln [Livius, v, 47, 4].

*Seite 514, Z. 11: Lars bei Claudius:* Matthias Claudius, »Asmus omnia sua secum portans oder Sämmtliche Werke des Wandsbecker Boten«. In der Ausgabe Wien 1844, i, 109 findet sich das komische Bild eines langnasigen »Präsidenten Lars« vor einem parodistischen Stück mit dem Titel: »Eine Disputation zwischen den Herren W. und X und einem Fremden über Herrn Pastor Alberti „Anleitung zum Gespräch über die Religion" und über Herrn Pastor Goeze „Text am 5ten Sonntage nach Epiphanias" unter Vorsitz des Hrn. Lars Hochedeln«.

*Seite 515, Z. 30: Alpheus:* S. K. folgt hier der Darstellung in der altgriechischen Schilderung Griechenlands durch Pausanias [v, 7,2–3], die er in deutscher Übersetzung besaß: »Des Pausanias' ausführliche Reisebeschreibung von Griechenland«, übersetzt von J. E. Goldhagen, Berlin und Leipzig 1766, i, 587 [Ktl. 1139–40]. Ortygia war eine Insel vor Syrakus.

*Seite 517, Z. 6: Gretchen im Faust:* Vers 3415 ff.

*Seite 517, Z. 33: ein Garten gegen Morgen:* 1. Mose 2,8.

*Seite 518, Z. 36: Apulejus:* vgl. Komm. zu S. 41, Z. 27.

*Seite 519, Z. 16: ein Geschlecht von Wesen:* bezieht sich auf Platons »Gastmahl«, wo Aristophanes in seiner großen Rede sagt: »Denn zuerst gab es drei Geschlechter von Menschen, nicht wie jetzt nur zwei, das männliche und das weibliche, sondern es gab noch ein drittes dazu... Mannweiblich war nämlich das eine ... An Kraft und Stärke nun waren sie gewaltig und hatten auch große Gedanken und was Homeros von Ephialtes und Oto sagt, das ist von ihnen zu verstehen, daß sie einen Zugang zum Himmel bahnen wollten, um die Götter anzugreifen...« [Schleiermacher, Platon II, 2. S. 398 f.].

*Seite 520, Z. 9: accipio omen:* ich nehme das Vorzeichen an, ich nehme es als Vorbedeutung [aus Cicero, »De divinatione« I, 103].

*Seite 520, Z. 27: gegenwärtig:* hier wird an das lateinische »praesens« gedacht, das besonders von einem Gott verwendet wird, der in kräftiger Weise seine Macht zeigen will, als wäre er selbst gegenwärtig.

*Seite 521, Z. 5: Alektryon:* der Freund des Ares; er sollte während des Stelldicheins von Ares und Aphrodite Wache halten, schlief aber ein, so daß die beiden Liebenden vom Sonnengott und Hephaistos überrascht und dem ganzen Olymp zum Gelächter wurden. Aus Ärger darüber verwandelte Ares den Alektryon in einen Hahn, der den Aufgang der Sonne melden muß; vgl. Nitsch, »Myth. Wörterbuch« I, 137.

*Seite 521, Z. 16: in ein Heliotrop verwandelt:* wie die Nymphe Klythia, als der Sonnengott Apollon ihr untreu geworden war; vgl. Ovid, »Metamorph.« IV, 234 ff.; Nitsch, »Myth. Wörterbuch« I, 535.

*Seite 521, Z. 21: was Neptun für eine Nymphe tat:* die Thessalierin Kainis wurde von ihrem Liebhaber Poseidon [Neptun] in einen Mann, Kaineus, verwandelt; vgl. Nitsch, »Myth. Wörterbuch« I, 444.

*Seite 524, Z. 1: Les grandes passions... :* Die großen Leidenschaften sind einsam, und sie in die Wüste bringen heißt, sie ihrem Reich zurückgeben. Aus Chateaubriand, »Atala ou les Amours de deux Sauvages dans le Désert«, zuerst erschienen in »Mercure de France«, Paris 1801. Eine französische Ausgabe erschien in Dresden 1801, in der die zitierte Stelle S. 58 f. zu finden ist. S. K. besaß den Roman nicht und hat das Zitat wahrscheinlich aus zweiter Hand.

*Seite 525, Z. 21: der Prophet Nathan:* vgl. 2. Samuel 12,5–7.

*Seite 525, Z. 31: Als Beamter:* vgl. Vorwort zum 1. Teil, S. 15.

*Seite 527, Z. 34: clairvoyance:* Hellsichtigkeit [der Somnambulen], Scharfsichtigkeit.

*Seite 528, Z. 1: kein erwachendes Bewußtsein:* »wie der Page im Figaro, sondern ein erwachsener Mensch«, fügt der Entwurf hinzu [Pap. III B 41,3; vgl. Pap. I C 125, S. 304 f.: »Der Page im Figaro stellt den ersten Standpunkt der Entwicklung dar; er ist die unbestimmte erwachende Begierde in einem unbewußten Konflikt mit der Umgebung.« Den zweiten vertritt der Papageno in der »Zauberflöte«, den dritten Don Juan].

*Seite 528, Z. 14: Sprödigkeit:* auch im Original deutsch.

*Seite 528, Z. 32: einen kleinen Zeus zu spielen:* weist auf die zahllosen Liebesabenteuer von Zeus hin.

*Seite 529, Z. 31: den Raubstaaten:* so hießen damals allgemein Marokko, Algier, Tunis und Tripolis wegen der Seeräuberfahrten ihrer Bewohner.

*Seite 529, Z. 34: pro aris et focis:* für Altar und Herd.

*Seite 530, Z. 8: provozieren:* hier = sich berufen.

*Seite 532, Z. 2: »Schlemihl«:* Adalbert von Chamisso, »Peter Schlemihls wundersame Geschichte«, Kap. 1. S. K. besaß dieses Werk in der Nürnberger Ausgabe von 1835 [Ktl. 1630].

*Seite 532, Z. 34: Inkarnat:* blutrote Farbe, Fleischton [in der Malerei].

*Seite 533, Z. 13: Circe:* vgl. Odyssee X, 237 ff.

*Seite 533, Z. 34: Arbeitshaus:* im Original steht »Ladegaarden«, womit ein ganz bestimmtes Gebäude in Kopenhagen bezeichnet ist, ursprünglich zum königlichen Schloß gehöriges Vorwerk, von 1822–1908 Zwangsarbeitsanstalt.

*Seite 535, Z. 2: wie Hiobs Weib:* vgl. Hiob 2,9.

*Seite 536, Z. 20: in casu:* im vorliegenden Falle.

*Seite 537, Z. 13: einen Mann, der auf lächerliche Weise zu Tode gekommen war:* S. K. weist in einem Briefe vom August 1849 an J. L. A. Kolderup-Rosenvinge auf diese Stelle hin [Breve og Aktstykker Nr. 217].

*Seite 538, Z. 4: weil seine Liebe höher ist denn alle Vernunft:* vgl. Phil. 4,7: »Und der Friede Gottes, welcher höher ist denn alle Vernunft«. Im Original heißt es, entsprechend der dänischen Bibelübersetzung: »weil seine Liebe allen Verstand übersteigt«.

*Seite 538, Z. 8: Christus hielt es nicht für einen Raub...:* Phil. 2,6.

*Seite 539, Z. 21: in abstracto:* im allgemeinen. *in concreto:* im einzelnen.

*Seite 539, Z. 33: Von der ästhetischen Bedeutung der Ehe:* der Gerichtsrat Wilhelm behandelt hier ein Thema, das im damaligen Dänemark viel erörtert wurde. Besonders hatte die bewunderte Schriftstellerin Thomasine Gyllembourg [1773 bis 1856], die Mutter J. L. Heibergs, die Probleme der Ehe in ihren Romanen behandelt. Vgl. u. a. E. Hude, »Thomasine Gyllembourg og Hverdagshistorierne« [Thomasine Gyllembourg und die Alltagsgeschichten], Kopenhagen 1951.

*Seite 540, Z. 34: weiß der Maschinenmeister Bescheid:* d. h. er läßt den Vorhang zur rechten Zeit fallen.

*Seite 542, Z. 5: Kritik über Scribes »Die erste Liebe«:* vgl. 1. Teil, S. 270 ff. »Auf ewig« oder »Medizin gegen einen Liebesrausch«, Lustspiel in zwei Aufzügen von Eugène Scribe und Barner, übersetzt von Th. Overskou. Spielplan des Kgl. Theaters Nr. 51, 1833. In einem Briefe an J. L. A. Kolderup-Rosenvinge vom Juli 1849 [Breve og Aktstykker Nr. 211] benutzt S. K. diesen Titel zu einer [konservativen] politischen Satire.

*Seite 543, Z. 24: Empfindsame:* auch im Original deutsch.

*Seite 543, Z. 25: harmonia praestabilita:* prästabilierte Harmonie, die vorherbestimmte Übereinstimmung; vgl. Kommentar zum 1. Teil, S. 418.

*Seite 543, Z. 26: »Wahlverwandtschaften«:* Goethe, Werke, vollständige Ausgabe letzter Hand, XVII, 1828, 41–57 [Ktl. 1641–68].

*Seite 545, Z. 23: Sittlichkeit:* das Wort ist hier im gleichen Sinne gebraucht wie von Hegel in der »Philosophie des Rechts«.

*Seite 546, Z. 11: Byron:* in dem Gedicht »To Eliza« [Poetical Works, London 1886, I, 83]: »Though women are angels, / yet wedlock's the devil«. S. K. besaß die »Werke Lord Byrons... neu übersetzt«, Bd. 1–10, Stuttgart 1839 [Ktl. 1868–70], wo diese Stelle folgendermaßen wiedergegeben ist: »Das Weib ist zwar Engel, doch Höll' ist die Eh'« [I, 83].

*Seite 546, Z. 19: eine neue Definition:* aus dem Entwurf geht hervor, daß S. K. hier an eine Replik in einem Stück von A. Dumas, »Gabrielle de Belle-Isle« gedacht hat [Pap. III B 41,5]. Das Stück wurde auf dem Kgl. Theater zum ersten Mal Juni 1841 aufgeführt.

*Seite 548, Z. 19: die Straßburger Gänse:* sie wurden genudelt, damit die Leber um so größer werde.

*Seite 548, Z. 24: cui di dederunt* etc.: wem die Götter Schönheit, Reichtum und die Kunst des Genießens gaben [Horaz, Epist. I, 4,6]. S. K. besaß eine Stereotypausgabe der Opera des Horaz [Lipsiae 1828; Ktl. 1248].

*Seite 550, Z. 21: Saladin:* der Waffenstillstand vom I. Sept. 1192 zwischen dem Sultan Salah-ed-din und König Richard Löwenherz wurde angeblich auf 3 Jahre, 3 Monate, 3 Tage und 3 Stunden abgeschlossen. Es handelt sich hier wohl um einen Abschreibefehler, den S. K. übersehen hat [zehn = dän. ti, drei = dän. tre].

*Seite 550, Z. 25: die Bedeutung jenes Wortes:* Matthäus 6,34.

*Seite 551, Z. 20: die Vernunftehe:* der Gerichtsrat überträgt hier eine Hegelsche Terminologie auf die Theorie der Liebe. Die romantische Liebe wird dort die nur unmittelbare, die moderne die reflektierende oder reflektierte genannt. Bekanntlich unterscheidet Hegel innerhalb der Sphären der Reflexion zwischen der niederen des Verstandes, d. h. des auflösenden Zweifels, des Skeptizismus und des Kritizismus [bei der Kant und Fichte nach der Ansicht Hegels stehengeblieben sind] und der höheren, nämlich derjenigen der Vernunft, die von seiner eigenen Philosophie vertreten wurde. Wilhelm sagt in Übereinstimmung hiermit, daß die sogenannte Vernunftehe nur Verstandesehe genannt werden dürfe.

*Seite 552, Z. 8: pium desiderium:* ein frommer [unerfüllter] Wunsch. In der Vernunftehe ist die Liebe nur ein pium desiderium: das Herz hat vor der prosaischen Wirklichkeit des Lebens kapituliert. Und selbst wenn eine solche Ehe eine gewisse Schönheit erreichen könnte, wenn sie eines schönen und räsonablen Zweckes wegen geschlossen wurde, zeigt diese *Teleologie,* diese Zweckbestimmung dennoch, daß wir die niedere Sphäre des Verstandes noch nicht verlassen haben.

*Seite 554, Z. 36: Musäus:* in dem Märchen »Liebestreue«: »mit so unverbrüchlicher Treue als Vater Adam die Mutter aller Lebendigen in der Unschuldswelt des·Paradieses, wo ihresgleichen nicht mehr zu finden war« [nach der Ausgabe von Paul Zaunert, Jena 1912, 2. Bd. S. 4]. S. K. besaß eine 1815 in Wien erschienene Ausgabe [Ktl. 1834–38],

*Seite 556, Z. 28: jede Generation und jedes Individuum in der Generation:* vgl. hiermit »Über den Begriff der Angst« [diese Kierkegaard-Ausg. Bd. II, S. 467ff.]

*Seite 559, Z. 2: commune naufragium:* gemeinsamer Schiffbruch. – In Senecas Brief an Marcia heißt es: »Commune naufragium solatium est, sed malum« [Gemeinsamer Schiffbruch ist ein Trost, aber ein schlechter].

*Seite 560, Z. 10: Klangfigur:* Klangfiguren nennt man Figuren, die im Sande auf einer dünnen Metallplatte entstehen, deren Kante mit einem Violinbogen gestrichen wird. S. K. hat wahrscheinlich durch den populär gehaltenen Dialog »Om Grunden til den Fornøjelse, Tonerne frembringer« des Physikers Hans Chr. Ørsted davon Kenntnis erhalten [Skandinavisk Selskabs Skrifter, VII, 1808]. S. K. erwähnt diese Klangfiguren zum erstenmal in dem Briefentwurf an P. W. Lund aus dem Sommer 1833 [Breve og Aktstykker Nr. 3; Briefe, S. 13].

*Seite 564, Z. 4: diese teuflische Klugheit des Musikmeisters Basilio:* vgl. Kommentar zu S. 593.

*Seite 564, Z. 7: Was hülfe es dem Menschen...:* Matth. 16,26.

*Seite 564, Z. 24: in einer Wolke oder im Regen:* so wie es mit Semele und Danae in der antiken Mythologie geschehen sein soll.

*Seite 566, Z. 4: Wie ein Herodes:* vgl. Matth. 2,16.

*Seite 566, Z. 16: »die ersten Prügel...«:* nach einem Studentenlied von Christian Wilster [»Digtninger«, Kopenhagen 1827, S. 38], das mit folgenden Versen beginnt: »De første Prygl, vi i Skolen fik, / Det var for verbum amare« [Die ersten Prügel, die wir in der Schule erhielten, waren für das Verbum amare].

*Seite 567, Z. 29: Gott nur einmal Fleisch geworden:* der Grundgedanke in »Philosophische Brosamen«; vgl. diese S. K.-Ausg. Bd. III., S. 21 ff.

*Seite 568, Z. 10: prima caedes, primi parentes, primus luctus:* der erste Mord, die ersten Eltern, das erste Leid.

*Seite 568, Z. 16: das Wesen des Bösen etc.:* vgl. »Über den Begriff der Angst« [diese Kierkegaard-Ausgabe Bd. II, S. 502ff.].

*Seite 568, Z. 20: Worten des Hebräerbriefes:* Hebr. 6,4–6.

*Seite 568, Z. 36: implicite:* als miteingeschlossen.

*Seite 568, Z. 36:* κατα κρυψιν [kata krypsin], verborgen, insgeheim.

*Seite 569, Z. 14: Byron:* »The first kiss of love« [Poetical Works,

London 1886, I, 34]. Das Gedicht schließt in der oben angeführten deutschen Übersetzung [vgl. Anm. zu S. 546] mit
folgender Strophe: »Kaltes Blut bringt das Alter, die Lust ist
vorüber, / So schnell wie der Zeiten Flug eilt nicht der Aar; /
Doch es folgt uns als schönste Erinn'rung hinüber, / Wie selig
der erste Liebeskuß war.«

*Seite 570, Z. 20: im Pagen des »Figaro«:* vgl. Komm. zu S. 528.

*Seite 572. Z. 17: Isaak:* vgl. 1. Mose 24.

*Seite 572, Z. 23: wie abstrakt der Gott des Judentums...:* Hirsch
meint – und gewiß mit Recht –, daß S. K. hier auf die Behandlung des jüdischen Gottesbegriffs in Hegels »Vorlesungen
über die Philosophie der Religion« hinweist [W. a. A. XII,
46–96 = Jub. Ausg. XVI, 45–96].

*Seite 573, Z. 18: Ihr heil'gen drei Könige...:* in »Danske Folkesagn, samlede af J. M. Thiele«, Bd. 1–2, Kopenhagen 1819–23
[Ktl. 1591–92] steht der Vers Bd. 2, S. 96.

*Seite 575, Z. 7: An-sich:* auch im Original deutsch.

*Seite 576, Z. 26: petitio principii:* das Voraussetzen dessen, was
zu beweisen ist.

*Seite 578, Z. 26: Zwietracht ...zwischen dem Fleisch und dem
Geiste:* Hinweis auf 1. Mose 3,15 – aber S. K. verwendet nicht
das Wort *Fjendskab* [Feindschaft], sondern *Splid* [Zwietracht] –
sowie – wenn auch weniger direkt – auf Gal. 5,17.

*Seite 582, Z. 6: zu ihr soll gesagt werden:* vgl. 1. Mose 3,16. In
Luthers »Traubüchlein« von 1529 heißt es: »Die weiber seyen
unterthan yhren mennern als dem HERRN, denn der man
ist des weibes heubt, gleich wie Christus das heubt ist der
gemeine, und er ist seines leibes heiland. Aber wie nu die gemeine Christo ist unterthan, also auch die weiber yhrn mennern ynn allen dingen. Zum andern, Höret auch das Creutz, so
Gott auff diesen stand gelegt hat. So sprach Gott zum weibe:
Du solt deine kinder mit kummer gepern, un du solt dich
dücken für deinen man, und er sol dein herr sein...« [WA XXX,
3 S. 70ff.] Von Luthers Traubüchlein wurde die liturgische
Ansprache in das alte dänische Altarbuch [dem Missale ent-
sprechend] übertragen. Hierauf weist S. K. hin.

*Seite 583, Z. 9: procul, o procul...:* »Hinweg, o hinweg, Unge-
weihte« [Vergil, Aeneis VI, 258 in der Übersetzung von Joh.
Heinr. Voß].

*Seite 584, Z. 14: die Sünderin:* Lukas 7,36–50.

*Seite 587, Z. 10: alle Mächte zu beschwören:* so wie Frigga [Frigg], die Gattin Odins, im Baldermythos.

*Seite 591, Z. 1: das Herz hängt an seiner ersten Liebe:* vgl. Komm. zu I, S. 303.

*Seite 591, Z. 19: die Kirche und die kirchliche Ethik blicken mit Mißtrauen auf die zweite Ehe:* hier meint S. K. vermutlich eine Ehe nach einer Scheidung, kaum eine neue Ehe nach dem Tode des Gatten, die überhaupt nur sehr selten ein ernstes Problem dargestellt hat. Innerhalb der evangelisch-lutherischen Kirche wurde diese letztere ja bereits von Melanchthon gestattet [in »Tractatus de Potestate et Primatu Papae« aus dem Jahr 1537].

*Seite 594, Z. 6: Musikmeister Basilio:* »Figaros Hochzeit«, Übersetzung von N. T. Bruun, Kopenhagen 1817, 1. Aufz., 7. Auftritt, S. 25: [Don Basilio:] »Da eine Heirat unter allen ernsten Dingen das allernärrischste ist...«

*Seite 594, Z. 24: auf dem Rhodos:* in einer Fabel des Äsop wird von einem Prahlhans erzählt, er habe auf Rhodos einen ungeheuer weiten Sprung gemacht. Ein Anwesender sagt darauf zu ihm: »Hic Rhodus, hic salta!« [Hier ist Rhodos, hier springe]. Das Wort »salta« ist oft fälschlich im Sinne von »tanze« verstanden worden.

*Seite 595, Z. 23: »Die Elfen«:* »romantische Komödie« von J. L. Heiberg [1835; »Poetiske Skrifter« II, 1862, S. 57].

*Seite 596, Z. 20: ex officio:* von Amts wegen, hier: als Beobachter.

*Seite 596, Z. 27: actores:* hier = Ankläger.

*Seite 600, Z. 19: »die Liebe ist langmütig...«:* 1. Kor. 13,4 ff.

*Seite 601, Z. 13: daß ein jeglicher Tag seine eigene Plage hat:* vgl. Matth. 6,34.

*Seite 601, Z. 24: Staaten:* z. B. der römische Staat. Während der Regierung des Augustus wurde jenen, die drei Kinder hatten, durch Gesetz gewisse Begünstigungen eingeräumt.

*Seite 603, Z. 8: auf die Worte:* 1. Mose 1,28.

*Seite 603, Z. 12: daß Gott die Ehe stiftete:* vgl. 1. Mose 2,18.

*Seite 603, Z. 22: Paulus:* 1. Tim. 2,11–15.

*Seite 604, Z. 2: Seneca:* Der Ausspruch ist den »Excerpta controversiarum«, III,3 des älteren Seneca entnommen. In einem

Brief an Emil Boesen zitiert S. K. denselben Ausspruch [Breve og Aktstykker Nr. 176].

*Seite 607, Z. 4: Holbergs Henrik:* es ist vielmehr Troels, der in der Komödie »Die Wochenstube«, 1. Aufzug, 1. Auftritt, sagt: »Ich will mich obligieren, ein halbes Hundert solcher Kinder jährlich zu machen, ein größeres Mirakel ist das nicht.«

*Seite 608, Z. 31: Die Welt des Geistes aber ist nicht der Eitelkeit unterworfen:* vgl. Römer 8,20.

*Seite 609, Z. 24: »Fredsberg«:* in der Umgangssprache für den Schloßpark Frederiksberg; auch im Original in Anführungszeichen.

*Seite 610, Z. 11: den Olymp zum Erbeben brachte:* wie Zeus in der Ilias 1, 528 f.: »Unmuthsvoll nun begann der Herrscher im Donnergewölk Zeus / ... Also sprach, und winkte mit schwärzlichen Brauen Kronion; / Und die ambrosischen Locken des Königs wallten ihm vorwärts / von dem unsterblichen Haupt; es erbebten die Höh'n des Olympos.«

*Seite 610, Z. 30: in dem chinesischen Sprichwort:* Herkunft nicht zu ermitteln.

*Seite 613. Z. 2: dem reichen Mann:* vgl. Lukas 16,25: »Abraham aber sprach: Gedenke, Sohn, daß du dein Gutes empfangen hast in deinem Leben, und Lazarus dagegen hat Böses empfangen; nun aber wird er getröstet und du wirst gepeinigt.«

*Seite 613, Z. 32: »Sag mir, Jeanette«:* Arie aus dem Schauspiel »Das kleine Rotkäppchen«, lyrisches Schauspiel in drei Aufzügen von Theaulon, in Musik gesetzt von Adrian Boieldieu, übersetzt von N. T. Bruun, 2. Aufl., Kopenhagen 1821, S. 32: »Sig mig, Annette, hvi saa længe vi savned Dig paa vore Enge, hvor ellers mellem os Du kom og fik ved Fløjten en Svingom? Nu undflyer Du Ungdommens Glæder og søger de eensomme Steder: sig mig, hvorfor? [Sag mir, Annette, warum haben wir dich so lange auf unseren Wiesen vermißt, wo du sonst unter uns warst und machtest ein Tänzchen nach der Flöte? Jetzt fliehst du die Freuden der Jugend und suchst die einsamen Orte auf: sag mir, warum?].

*Seite 616, Z. 2: Worte von Jesus Sirach:* Jesus Sirach 36, 24–26.

*Seite 616, Z. 16: die Magd in Abrahams Haus:* 1. Mose 21,9 ff.

*Seite 617, Z. 7: wie Nehemia:* vgl. Nehemia 4, 11–17. Nach der dänischen Bibelübersetzung heißt es v. 23 [= 17]: »ein jeglicher hatte seine Waffe bei sich, und auch Wasser.«

*Seite 617, Z. 32: ein Tatmoment:* Hirsch teilt zu dieser Stelle mit,
daß J. G. Fichte im Anhang zu seiner »Grundlage des Naturrechts«, 1796, [Sämmtliche Werke, hrsg. von Im. H. Fichte,
Bd. 3, S. 305 ff.] diesen Gedanken ausführlich erörtert hat.
S. K. besaß diese Ausgabe [Ktl. 489–99]. Auch Fichte betont
im übrigen, daß der Mann in der Ehe nicht bloß genießen
will, er will geliebt werden, und durch die Liebe entwickelt
sich seine Großmut. »Er will zuerst Herr seyn, wer aber mit
Zutrauen ihm sich hingiebt, gegen den entkleidet er sich aller
seiner Gewalt.« [Sämmtl. Werke, Bd. 2, S. 170 u. 191].

*Seite 619, Z. 26: ein Gast und Fremdling:* vgl. Eph. 2,19 und
Hebr. 11,13.

*Seite 621, Z. 36: Hausgötter:* die Hausgötter [lares], deren Bilder in der Vorhalle [atrium] aufgestellt wurden.

*Seite 623, Z. 27: Mein Herz ist wie ein Taubenhaus...:* von S. K.
deutsch zitiert nach der »Scheerenschleifer-Epopee« von Jens
Baggesen [J. Baggesens Poetische Werke in deutscher Sprache, Leipzig 1836, 2. Bd. S. 228], der das deutsche Lied in abgewandelter Form wiedergibt.

*Seite 624, Z. 13: die schönen Worte:* frei nach Offenbarung Johs.
14,13: »Und ich hörte eine Stimme vom Himmel zu mir sagen: Schreibe: Selig sind die Toten, die in dem Herrn sterben,
von nun an. Ja, der Geist spricht, daß sie ruhen von ihrer Arbeit [dän.: Møje]; denn ihre Werke [dän.: Gerninger] folgen
ihnen nach.« S. K. schreibt: »Selig sind, die da ruhen von ihren
Werken [Gerninger].«

*Seite 625, Z. 33: von seinem Glauben Rechenschaft zu geben:* frei
nach 1. Petrus 3,15: »Seid allezeit bereit zur Verantwortung
jedermann, der Grund fordert der Hoffnung, die in euch ist.«
In der dän. Bibel heißt es hier [wörtlich übersetzt]: »Seid stets
bereit, euch mit Milde und Ehrfurcht jedem gegenüber zu
rechtfertigen, der über die Hoffnung Rechenschaft fordert,
die in euch ist.«

*Seite 627, Z. 11: »eine alte Geschichte«:* bei S. K. deutsch: »es ist
eine alte Geschichte«, nach Heinrich Heine, »Buch der Lieder«,
Lyrisches Intermezzo Nr. 39: »Es ist eine alte Geschichte, /
doch bleibt sie immer neu; / und wem sie just passieret, / dem

bricht das Herz entzwei.« Vgl. die Tagebuchaufzeichnung vom
20. Juli 1836 [Pap. 1 A 208]: »Alles wird doch tragischer dadurch, daß man es, wenn ich so sagen darf, historisch macht,
es zu etwas macht, was nicht bloß mir geschieht; sondern der
ganzen Welt; aber natürlich nur in dem Falle, daß man zunächst seine eigene Not festgehalten hat und alsdann der
Sache diesen geschichtlichen Hintergrund gibt. So Heyne: es
ist eine alte Geschichte, wird immer aber neu, und wem sie
jetzo passiret, ihm springt das Herz entzwei – doch hier ist
es schon mehr die Reflexion darüber; aber vornehmlich tritt
es in seiner naiven Gestalt auf, z. B. in mehreren Gedichten
in „Des Knaben Wunderhorn"...« [das Heinezitat auch bei
S. K. deutsch]. – Im Ktl. ist Heine nur als Übersetzer des »Don
Quichote« erwähnt [Ktl. 1935–1936].

*Seite 630, Z. 8: daß sie mehr Schuld hat:* vgl. 1. Tim, 2,14: »Und
Adam ward nicht verführt; das Weib aber ward verführt
und hat die Übertretung eingeführt.«

*Seite 630, Z. 12: »Und Gott sprach...«:* 1. Mose 2,18 u. 24; diese
Verse wurden im Trauritual verwendet.

*Seite 632, Z. 16: An-sich:* auch bei S. K. deutsch.

*Seite 632, Z. 36: die Ehe in doppeltem Sinne als Ideal:* vgl. hiermit Hegels Darstellung des Unterschiedes zwischen dem klassischen Ideal und dem romantischen in Vorlesungen »über
die Ästhetik« [W. a. A. x, 2,137ff. = Jub. Ausg. xiii, 137ff.].

*Seite 633, Z. 15: de omnibus dubitandum:* »man muß an allem
zweifeln«, nach Descartes der Ausgangspunkt aller Philosophie. Der kleine Hieb ist vor allem gegen Martensen gerichtet, der sowohl in seinen Schriften aus den dreißiger Jahren
als auch in seinen »Prolegomena zur spekulativen Dogmatik«
dies cartesianische Prinzip im Gegensatz zu dem des Anselmus:
»credo, ut intelligam« hervorgehoben hatte. In dem unvollende-
ten, zum Teil autobiographischen Werk »Johannes Climacus
oder de omnibus dubitandum est« [Pap. iv B 1–17, deutsche
Übersetzung von W. Struve, Darmstadt 1948], geschrieben
1842–43, analysiert S. K. zum ersten Male den Zweifel.

*Seite 634, Z. 26: divide et impera:* teile und herrsche [besser:
trenne und herrsche], politisches Prinzip, bereits von den
Römern verwendet, später der politische Grundsatz Ludwigs
xiv., Metternichs u. a.

*Seite 635, Z*. *10: das Romantische:* die Ausgabe der SV, die dieser Übersetzung zugrunde liegt, hat hier: »das Historische«, obwohl das Manuskript, die erste und die zweite Ausgabe des Werkes »das Romantische« haben; das eigenhändige Konzept S. K.s hat: »das Historische, das Romantische«. Der Übersetzer hat hier wieder »das Romantische« eingesetzt, weil dies auch für S. K. der Gegenbegriff zu dem anderen ästhetischen Ideal, dem Antike oder Klassischen, ist; vgl. S. 632f. und Komm. zu Seite 632, Z. 36.

*Seite 635, Z. 13: kraft der Verheißung:* Matth, 17,20.

*Seite 636, Z. 29: pedestrisch:* auf den Füßen gehend oder stehend, zu Fuß; auch: am Boden haftend, prosaisch.

*Seite 637, Z. 21: irgendwo im Neuen Testament:* vgl. 1. Tim. 4,4: »Denn alle Kreatur Gottes ist gut und nichts verwerflich, das mit Danksagung empfangen wird.«

*Seite 638, Z. 8: Posito ich setze:* Redewendung von Jean Paul, z. B. in »Heimliches Klagelied der jetzigen Männer«. Vgl. auch SV v, 47.

*Seite 638, Z. 16: wie es im Liede heißt:* »Doch wenn ein Wort du redest, verschwindet er gleich wieder...«, in Oehlenschlägers Gedicht »Skattegraveren« [Der Schatzgräber; Oehlenschläger, »Digte«, 1803, S. 29 = Saml. Værker xxvi, 25]. Vgl. auch Pap. ii A 780.

*Seite 638, Z. 23: nur ein Kopf auf einem Hals:* laut Suetonius' »Caligula«, Kap. 30, soll Kaiser Caligula den Wunsch ausgesprochen haben, daß das Römervolk nur einen Hals hätte, damit sein Kopf mit einem Hieb abgeschlagen werden könnte. – S. K. besaß die dänische Übersetzung Jacob Badens: »Tolv første Romerske Kejseres Levnetsbeskrivelser«, Kopenhagen 1802–03 [Ktl. 1281–82], Die zitierte Stelle ist in dieser Ausgabe S. 312 zu finden.

*Seite 638, Z. 24: einen verrückten Mann:* der römische Kaiser Domitianus [Suetonius, »Domitianus«, 3]; vgl. oben.

*Seite 639, Z. 28: den Gerichtstag einblasen:* bei S. K. heißt es »blæse Herredagene ind« [die Herrentage einblasen]. Es handelt sich um die feierlichen Aufzüge der Herolde zu Pferde, die – bis zum Jahre 1849 – in Kopenhagen umherritten, um die Eröffnung des Höchsten Gerichts am ersten Donnerstag im Monat März mitzuteilen. Bis 1661 war der »Herrentag« die

Versammlung der führenden Männer des Reiches zur Beratung und Urteilssprechung.

*Seite 639, Z. 31: in casu:* in diesem Falle.

*Seite 640, Z. 32: »Sprödigkeit«:* auch im Original deutsch und in Anführungszeichen.

*Seite 641, Z. 15: einen Ausspruch Goethes:* nicht ermittelt.

*Seite 642, Z. 12: daß er mich bekennen will:* vgl. Markus 8,38 und Matth. 10,32.

*Seite 643, Z. 24: communio bonorum:* Gütergemeinschaft.

*Seite 648, Z. 18: toral conjugale:* Ehebett.

*Seite 651. Z. 18: ihrer Länge eine Elle zusetzen:* nach Matth. 6,27.

*Seite 652, Z. 4: Fénelon:* François de Salignac de la Mothe Fénelon [1651–1715]. S. K. besaß zwei seiner Werke in deutscher Übersetzung, nämlich »Herrn von Fénelons kurze Lebensbeschreibungen und Lehrsätze der alten Welt-Weisen«, Leipzig 1741 [Ktl. 486] und – sogar in zwei Exemplaren –: Fr. de Salignac de la Mothe Fénelon, Werke religiösen Inhalts, aus dem Französischen übersetzt von Matthias Claudius, Hamburg 1822 [Ktl. 1912–13 und 1914].

*Seite 654, Z. 27: dominium:* [Allein-]Herrschaft.

*Seite 656, Z. 17: Potemkin:* jener Minister der Kaiserin Katharina II., der durch seine künstlich aufgebauten Dörfer, durch Zwangsumsiedlung zahlreicher Bauern aus anderen Gebieten des Reiches etc. der Kaiserin einen falschen Eindruck von der Blüte der von ihm verwalteten Gegenden, die die Kaiserin besuchte, gab. S. K. hat wahrscheinlich in K. F. Beckers »Weltgeschichte« darüber gelesen, die er [Ktl. 1972–83] in der dänischen Bearbeitung durch J. Riise besaß [1822–29]. Der Bericht über die Reise steht in Bd. II, S. 208.

*Seite 660, Z. 25: in einem Märchen von der Mühle:* vgl. Komm. zum 1. Teil, S. 274.

*Seite 663, Z. 29: Oluf Hunger:* König von Dänemark, gest. 1095. Er erhielt den Beinamen »Hunger«, weil damals in Dänemark wie in ganz Westeuropa große Hungersnot herrschte. Die Priester erklärten dem gläubigen Volk, die Not sei die Strafe Gottes, weil der König seinen frommen Bruder Knud, der Oluf lange in harter Gefangenschaft gehalten hatte, ermorden ließ.

*Seite 664, Z. 13: den guten Kampf gekämpft:* nach 2. Tim 4,7.

*Seite 664, Z. 33: weinerliches:* auch im Original deutsch: weinerlich.

*Seite 665, Z. 22: ein os rotundum:* einen »runden Mund«, d. h. die Fähigkeit, sich leicht und fließend auszudrücken; vgl. Horaz, »Ars poetica,« 323.

*Seite 667, Z. 3: sub specie poeseos:* vom Gesichtspunkt des Dichters aus; vgl. 1. Teil, S. 50.

*Seite 667, Z. 3: Luther:* »En christelig Postille sammendragen af Dr. Morten Luthers Kirke- og Huuspostiller«, hrsg. von J. Thisted, Kopenhagen 1828, 1, S. 441 [Ktl. 283]: »det har man endnu aldrig seet eller hørt, at en Christen er død af Hunger« [das hat man noch nie gehört noch gesehen, daß ein Christ Hungers gestorben wäre] [für den 7. Sonntag nach Trinitatis].

*Seite 667, Z. 35: Transsubstantiation:* hier im Sinne von Wandlung, sonst seit der Scholastik Bezeichnung für die priesterliche Verwandlung des Brotes und Weines in die Substanz des Leibes und Blutes Christi.

*Seite 668, Z. 15: das Große verkaufen die Götter auch nicht umsonst:* vgl. Hesiod, »Werke und Tage«. 289: »vor die Tüchtigkeit haben die Götter den Schweiß gesetzt.«

*Seite 669, Z. 5: Ehemann – echter Mann:* im Dänischen ein Wortspiel: Ægtemand – ægte Mand.

*Seite 669, Z. 25: ein Hasser der zweiten Natur:* die »zweite Natur« ist die Gewohnheit.

*Seite 669, Z. 32: Leibniz:* »Nouveaux essais«, II, chap. XXVII [Opera philosophica, ed. Erdmann, Berolini 1840, S. 277. – Diese Ausgabe war im Besitz S. K.s – Ktl. 620].

*Seite 676, Z. 35:* »Schein«: auch im Original deutsch und in Anführungszeichen.

*Seite 678, Z. 34: überaus lang:* Reminiszenz von Baggesen, »Kallundborgs Krønike« [Danske Værker, Kopenhagen 1827, 1, 245 – Ktl. 1509-20]: »Thi saare lang er Rettens Vej, / Til hvilken Kant den vil sig vende« [denn überaus lang ist des Rechtes Weg, wohin er sich auch wenden mag].

*Seite 682, Z. 3: kein Schaubrot:* vgl. 3. Mose 24,5–9 und Markus 2,26.

*Seite 682, Z. 6: Wenn man die Entwicklung des Ästhetisch-*

*Schönen... verfolgt:* Gerichtsrat Wilhelm verbindet hier die Theorien Hegels und Schellings. In seinen »Vorlesungen über die Ästhetik«, die 1835 ff. veröffentlicht wurden [Ktl. 1384–86], hatte Hegel die Kunstarten auf folgende Weise geordnet: Architektur, Skulptur und Malerei bilden die erste Stufe, die von der äußeren Anschaulichkeit beherrscht wird; die Musik stellt die nächste dar, wo das Innere, das Seelische die Oberhand gewinnt; die Poesie vertritt die dritte und höchste Stufe, die alle vorhergehenden vereint [vgl. besonders W. a. A. x, 3. S. 222 = Jub. Ausg. XIV, 222]. Der Gerichtsrat stellt die Stufenreihe: Skulptur – Malerei – Musik – Poesie auf, aber als Maßstab verwendet er die Zeit, die er von Schelling entlehnt hat, der Skulptur und Malerei folgendermaßen verglich: »Die Plastik ...ist genöthigt, die Schönheit des Weltalls fast auf einem Punkte zu zeigen... Dagegen kann die Mahlerey im Umfang schon mehr mit der Welt sich messen und in epischer Ausbreitung dichten« [»Über das Verhältnis der bildenden Künste zu der Natur«, München 1807, neugedruckt in seinen »Philosophischen Schriften«, Landshut 1809, die S. K. besaß [Ktl. 763] und woher das Zitat genommen ist [S. 364]. Möglicherweise knüpft sich eine Bemerkung aus dem 3. Teil von Hegels »Ästhetik« [S. 150] daran, nämlich über die Zeit als solche, »welche das allgemeine Element der Musik ausmacht«. Der Gerichtsrat generalisiert den Gedanken Schellings wie folgt: je besser eine Kunstart imstande sei, die Ausbreitung der Erscheinungen innerhalb der Zeit auszudrücken, um so höher steht sie. Mit der »Zeit« als Kennzeichen erhebt sich der Gerichtsrat über die Poesie: höher als das ästhetische Werk, als die Poesie selbst steht – ästhetisch gesehen – das Dasein selbst, die Wirklichkeit. Und der Grund ist der, daß derjenige, der als Person in dem Schauspiel lebt, das Gott dichtet, im tiefsten Sinne die Zeit als sein Element hat: er *hat* Geschichte.

*Seite 685, Z. 4: in der bekannten, aus dem Mittelalter überlieferten Situation:* in einer Aufzeichnung aus dem Jahre 1836 hat S. K. geschrieben [Pap. I C 80]: »Recht merkwürdig ist eine Stelle, ich weiß nicht woher, die aber das innere Gepräge trägt, eine jener Art von Äußerungen zu sein, die sozusagen mit dem Munde eines ganzen Volkes ausgesprochen sind. Ein verzweifelter Sünder erwacht in der Hölle und ruft aus: „Was ist die Uhr?" Der Teufel antwortet: „Ewigkeit".«

*Seite 685, Z. 17: In einer der genialsten Erzählungen der romantischen Schule:* nämlich Friedrich Schlegels »Lucinde«. – S. K. besaß Fr. Schlegels »Sämmtliche Werke«, Bd. 1–10, Wien 1822–25 [Ktl. 1816–25], bei der Ausarbeitung seiner Dissertation hat er aber offenbar eine Separatausgabe der »Lucinde« benutzt.

*Seite 686, Z. 16: der reiche Vogel:* in einem alten dänischen Kinderreim heißt es: »Den rige Fugl kommer susende, kommer brusende« [Der reiche Vogel kommt angesaust, kommt angebraust], abgedruckt in J. M. Thieles »Danske Folkesagn« II, 1820–23, S. 150 [Ktl. 1591–92] mit Hinweis auf Oehlenschläger, der dieses alte Spiellied in seiner Romanze »Valravnen« [»Digte«, 1803, S. 88 ff.] frei benutzt hat.

*Seite 687, Z. 23: jener spanische Ritter:* nämlich Don Quichotte. S. K. besaß dieses Buch sowohl in der dänischen Übersetzung von Charlotte Dorothea Biehl [1776–77] als auch in der deutschen Übersetzung Heinrich Heines [1837–38] [Ktl. 1935 bis 40].

*Seite 688, Z. 15: decies repetita placebunt:* selbst zehnmal wiederholt werden sie gefallen [Horaz, »Ars poetica«, 365].

*Seite 691, Z. 29: Oehlenschläger:* in »Nordens Guder« [1837, Ktl. 1600], und zwar in dem Gesang »Freiers Sang ved Kilden« [Freiers Gesang am Quell].

*Seite 693, Z. 1: volens:* wollend, willens, willig.

*Seite 693, Z. 1: nolens:* nicht wollend, wider Willen, gezwungen.

*Seite 695, Z. 19: in deiner Lieblingstheorie:* vgl. 1. Teil, S. 49 f. und S. 203 f.

*Seite 696, Z. 10: quantum satis:* soviel genug ist, das eben Hinreichende.

*Seite 701, Z. 28: impressa vestigia:* eingedrückte Fußspuren.

*Seite 701, Z. 33: Heautontimoroumenos:* »Der Selbstquäler«, der von dem Lustspiel des Griechen Menandros entlehnte Titel einer Komödie des römischen Schriftstellers Terentius [190 bis 159 v. Chr.]. S. K. besaß die beste Ausgabe der Werke des Terenz, nämlich die Bentleys [Cambridge 1726], und zwar den Neudruck, Leipzig 1791 [Ktl. 1290], ferner die Ausgabe von

M. B. F. und Fr. Schmieder, 1819 [Ktl. 1291], eine dänische Textausgabe des Schauspiels »Phormio« durch C. G. Elberling, Kopenhagen 1833 [Ktl. 1292] und zwei dänische Übersetzungen: »Terentses Skuespil, oversatte og oplyste af Fr. Høegh Guldberg« I–II, Kopenhagen 1805 [Ktl. 1293–94] und »Andria, Selvplageren og Formio, tre latinske Lystspil af Publ. Terentius Aser, fordanskede og oplyste af M. Rathie«, Kopenhagen 1797 [Ktl. 1295].

*Seite 702, Z. 7: Dixi et animan meam liberavi:* »ich habe gesprochen und meine Seele befreit«. Die Redewendung geht ursprünglich auf Hesekiel 3,19 zurück; »tu autem animam tuam liberavisti« [Du aber hast deine Seele befreit], wie die Stelle in der Vulgata lautet. Im allgemeinen lautet die Redewendung: »Dixi et animam meam salvavi« [Ich habe gesprochen oder es gesagt und meine Seele gerettet, d. h. mein Gewissen beruhigt].

*Seite 702, Z. 21: Die Serben haben eine Volkssage:* »Bärensohn. Ein Serbisches Volksmährchen« in »Erzählungen und Mährchen«, hrsg. v. Fr. H. v. d. Hagen, Prenzlau 1826, 2. Bd., S. 319 ff. Das erwähnte Motiv findet sich dort S. 323 f. S. K. besaß dieses Buch.

*Das Gleichgewicht zwischen dem Ästhetischen und dem Ethischen in der Herausarbeitung der Persönlichkeit*

*Seite 706, Z. 24: mit der schärferen Examination:* d. h. mit der »peinlichen Befragung«, der Vernehmung mit Folter.

*Seite 708, Z. 3: eine Legion:* vgl. Markus 5,9 und Lukas 8,30.

*Seite 708, Z. 28: die Posaune zu blasen:* vgl. Josua 6,4.

*Seite 711. Z. 30: wie der platonische:* Um die Kategorie des Übergangs zu erklären, führt Platon in »Parmenides« [156] den »Augenblick« ein: »Der Augenblick! Denn das Augenblickliche scheint dergleichen etwas anzudeuten, daß von ihm aus etwas übergeht von einem zum andern. Denn aus der Ruhe geht nichts noch während des Ruhens über, noch aus der Bewegung während des Bewegtseins; sondern dieses wunderbare Wesen, der Augenblick, liegt zwischen der Bewegung und der Ruhe als außer aller Zeit seiend, und in diesem und aus diesem geht das Bewegte über zur Ruhe, und das Ruhende zur Bewegung« [Schleiermacher, Platons Werke, 1. Teil, 2. Bd., S. 158f.]. An diese Stelle hat S. K. bereits hier gedacht, während eine ausführlichere Analyse erst in »Über den Begriff der Angst« [diese Kierkegaard-Ausgabe Bd. II, S. 539ff.] mit ausdrücklichem Hinweis auf Platon gegeben wird.

*Seite 713, Z. 12: in Märchen:* wie z. B. in »Mythologie der Feen und Elfen vom Ursprunge dieses Glaubens bis auf die neuesten Zeiten«, aus dem Englischen übersetzt von Dr. O. L. B. Wolff, Weimar 1828, 1. Bd., S. 153: »Die Norweger nennen die Elfen Huldrafolk und ihre Musik Huldraslaat; sie geht in Molltönen und hat einen einförmigen klagenden Ton. – Die Bergbewohner spielen oft diese Weise, und geben vor, sie durch Horchen von den Unterirdischen, zwischen Hügeln und Felsen, erlernt zu haben. Es giebt ebenfalls eine Melodie, die Elfenkönigs-Weise genannt, die viele von den guten Spielern wohl kennen, aber nie zu spielen wagen, denn sobald sie beginnt, werden Jung und Alt, ja sogar leblose Wesen gezwungen, zu tanzen, und der Spieler kann nicht aufhören, bis er im Stande ist, die Arie rückwärts zu spielen, oder bis Jemand hinter ihn tritt und die Saiten der Violine durchschneidet.« Der Übersetzer O. L. B. Wolff hat dies nicht dem englischen Original entnommen, sondern verweist auf Ernst Moritz Arndts »Reise durch Schweden«. – Vgl. hierzu auch Pap. II A 113.

*Seite 714, Z. 31: ein Ärgernis und eine Torheit:* vgl. 1. Kor. 1,23.

*Seite 714, Z. 32: wie die Arme jener Jungfrau:* nämlich der »eisernen Jungfrau«, eines Folterinstruments in Frauengestalt, das teils zur Folter, teils zu geheimen Hinrichtungen gebraucht wurde. Von eisernen Klingen, im Innern der »Jungfrau« angebracht, wurden die Opfer getötet, wenn die Maschine geschlossen wurde. Diese Hinrichtungsart hieß »die Jungfrau küssen«.

*Seite 715, Z. 9: vanitas vanitatum:* nach Prediger Salomo 1,2: »Eitelkeit der Eitelkeiten« oder »Es ist alles ganz eitel, sprach der Prediger, es ist alles ganz eitel.« S. K. bezieht sich hier auf Goethes Gedicht »Vanitas! vanitatum vanitas!«, das mit den Versen beginnt: »Ich hab' mein Sach auf Nichts gestellt, / Juchhe! / Drum ist's so wohl mir in der Welt. / Juchhe!« In

einer Tagebuchaufzeichnung vom Februar 1836 [Pap. 1 A 121]
heißt es: »Es ist sehr interessant, das bestandene Lebens-Exa-
men sehr großer Individualitäten zu sehen. So z. B. ein
Goethe „vanitas vanitatum vanitas". Ich hab' mein Sach auf
Nichts gestelt Juchhe etc., ein Kingo „So fahr denn Welt
fahr wohl"; ein Herder z. B. in einem kleinen Gedicht nach
dem Englischen, worin er erzählt, daß ihm nur zwei Blumen
geblieben sind: Liebe und Freundschaft. Schleiermacher:
Der geistige Puls meiner Seele soll mit den gleichen frischen
Schlägen bis zu meinem letzten Atemzug schlagen etc.«

*Seite 715, Z. 15: So zieh' ich hin...:* nach Goethes Gedicht
»Freisinn« in »West-Östlicher Divan«, in dem es wörtlich
heißt: »Und ich reite froh in alle Ferne, / Über meiner Mütze
nur die Sterne.«

*Seite 716, Z. 26: spiritus lenis:* der sanfte Hauch; in der griechischen Grammatik Bezeichnung eines Zeichens, das nicht
ausgesprochen wird.

*Seite 716, Z. 27: Cato:* bezieht sich auf die Hartnäckigkeit,
mit der Cato immer wieder die Zerstörung Karthagos forderte. Vgl. Komm. zum 1. Teil, S. 79.

*Seite 717, Z. 2: die ganze Welt gewinnen:* vgl. Matth. 16,26.

*Seite 717, Z. 25: character indelibilis:* unzerstörbare Eigentümlichkeit; besonders Bezeichnung der unauslöschlichen Wirkung, die die katholische Kirche der Taufe, der Firmung und
der Priesterweihe beimißt.

*Seite 719, Z. 28: der Satz des Widerspruchs aufgehoben:* Hegel-
und die Hegelianer behaupteten die Unnotwendigkeit des
Kontradiktionsprinzips innerhalb der Logik, da sie der Ansicht waren, daß die Formel dieses Prinzips: »A ist nicht gleich
non-A« ebensogut »A ist nicht nicht-A = A«, also »A = A«
lauten könnte, so daß der Satz des Widerspruchs mit dem
Identitätsprinzip zusammenfalle. Danach übertrugen sie den
Satz des Widerspruchs auf das Exklusionsprinzip, dessen Gültigkeit sie dann wieder verneinten. Es ist diese letzte Vernei-
nung, gegen die S. K. sich hier mit solcher Schärfe wendet.
Vgl. V. Kuhr, »Modsigelsens Grundsætning« [Der Satz des
Widerspruchs], Kopenhagen 1912, und meine Abhandlung
»Kierkegaards Verhältnis zu Hegel« in »Theologische Zeit-
schrift«, Basel 1956, vor allem S. 215 ff.

*Seite 721, Z. 21: ein winziges spanisches s:* nach der Schlußzeile eines dänischen Kinderreims [abgedruckt in dem »Illustrierten Legebuch« von Anna Erslev, Kopenhagen 1897, S. 22]: »Ullen, dullen, dorf, / fingen, fangen, fof, / fof for alle Mærkepander / Æ, Bæ, ba, buf! / Kaalvippen, Kaalvappen, / du slap en –/ som et lille spansk s!« Dieser Reim ist nicht zu übersetzen, es ist ein graziöser Unsinn, ein Spiel mit Lauten, wie man es auch aus deutschen Spielliedern und Abzählreimen kennt.

*Seite 723, Z. 11: Unsere Zeit wird sich… als ein diskursives Moment erweisen:* hier wird m. W. zum ersten Male die heute allgemein verbreitete Ansicht ausgesprochen, daß Hegels eigene Philosophie, sofern sie richtig ist, von ihrem Gegensatz abgelöst werden könne, d. h. daß das absolute Wissen [= Hegels System] sich als relativ erweisen müßte.

*Seite 723, Z. 35: liberum arbitrium:* freier Wille. Hegel unterscheidet zwischen der wahren, affirmativen Freiheit, die sich selbst als Geist versteht und nur von sich selbst beherrscht wird [vgl. Spinoza] und folglich mit der spekulativen Gesetzmäßigkeit, der dialektischen Notwendigkeit, identisch ist, und der unvollkommenen abstrakten Freiheit, die faktisch vom Äußeren abhängig ist. Innerhalb der katholischen Kirche wird das liberum arbitrium stets als dasjenige aufgefaßt, wodurch der einzelne Mensch frei urteilt und damit die Grundlage der Handlung ist [Thom. Aquinas, Sum. Theol. Quaestio 83, art. 2]. In diesem Sinne stellte das Tridentinum fest, daß, wer diesen »freien Willen« verneint, »anathema sit« [Trid. Sess. IV, can. 5]. In der jesuitischen Moraltheologie wird eine Handlung frei genannt, wenn sie »aus dem Willen hervorgeht, der sich selbst entschließt mit der Fähigkeit des „Handelns" oder „Nicht-Handelns"« [Gury. S. J., Compendium, Art. II].

*Seite 724, Z. 6: eines radikalen Bösen:* im kantischen Sinne [in »Religion innerhalb der Grenzen der bloßen Vernunft«, in der Kant die Religion auf die Moral zurückzuführen strebt: die religiöse Gesinnung bestehe danach in der Erkenntnis unserer menschlichen Pflichten als göttlicher Gebote].

*Seite 724, Z. 13: bei der Geschichte… hat es seine Schwierigkeit:* vgl. »Zwischenspiel« in »Philosophische Brosamen«, diese K.-Ausg. Bd. III, S. 86 und Kommentar, und Hegel, »Philosophie der Geschichte« [W. a. A. IX. 49 = Jub. Ausg. XI, 71].

*Seite 724, Z. 28: ein welthistorisches Individuum:* der Ausdruck stammt von Hegel, der ihn z. B. in der Einleitung zur »Philosophie der Geschichte« verwendet [W. a. A. IX, 37 = Jub. Ausg. XI, 59], wo gesagt wird, das Allgemeine sei »ein Moment der producierenden Idee, ein Moment der nach sich selbst strebenden und treibenden Wahrheit. Die geschichtlichen Menschen, die welthistorischen Individuen sind diejenigen, in deren Zwecken ein solches Allgemeines liegt.« Als Beispiele nennt Hegel Caesar, Alexander und Napoleon, der an anderer Stelle von Hegel »diese Weltseele« genannt wird.

*Seite 724, Z. 29: von denen die Schrift sagt:* Offenbarung Joh. 14,13: »Selig sind die Toten, die in dem Herrn sterben, von nun an. Ja, der Geist spricht, daß sie ruhen von ihrer Arbeit; denn ihre Werke folgen ihnen nach.« S. K. hat hier wie die dänische Bibel den Ausdruck »Gerninger« = Werke, Taten.

*Seite 724, Z. 36: Dieser Prozeß ist der eigentliche Gegenstand der Philosophie:* S. K. hat in diesem Abschnitt ganz besonders an die »Philosophie der Geschichte« von Hegel gedacht.

*Seite 725. Z. 16: dem organisierenden Prozeß in der Natur:* Hegel gebraucht in seiner Naturphilosophie [W. a. A. VII, 1. S. 502 = Jub. Ausg. IX, 528] den Ausdruck »organischer Prozeß«, nicht »organisierender«. Hirsch bemerkt zu dem Ausdruck hier: »Zum Verständnis erinnere man sich daran, daß die beiden Urtätigkeiten der sittlich-geschichtlichen Vernunft nach Schleiermachers philosophischer Sittenlehre das Organisieren und das Symbolisieren sind. Wer also von einem „organisierenden Prozeß in der Natur" spricht, braucht für Kierkegaards Empfinden ein aus der sittlich-vernünftigen Welt stammendes Gleichnis.«

*Seite 726, Z. 25: gewinnt die ganze Welt:* vgl. 1. Teil S. 214

*Seite 727, Z. 22: in einem vorhergehenden Brief:* vgl. 2. Teil, S. 571.

*Seite 737, Z. 8: Kaiser Nero:* Der Ästhetiker hat [1. Teil, S. 108] erwähnt, daß Nero Rom angezündet habe. Vgl. dazu Vorarbeiten zu »Entweder – Oder« [Pap. III B 179,30]: »Ich verdenke es Nero nicht, daß er Rom niedergebrannt hat, aber ich möchte wohl wissen, ob er es zu genießen verstanden hat. Rom niederbrennen, weil er dieses Schauspiel sehen und weil er zugleich sehen wollte, wie eine Taube sich über dieses

Feuermeer hinweg rettete, das wäre ein Genuß gewesen.« Die Wahrheit über Nero ist die, daß er an Schwermut litt, die heute eine Modekrankheit, nach der alten Kirchenlehre aber eine Sünde ist. Während seiner Examensstudien Juli 1839 hatte S. K. in W. M. L. de Wettes »Christlicher Sittenlehre«, Berlin 1819–21, und zwar in der dänischen Übersetzung von C. E. Scharling: »Lærebog i den christelige Sædelære«, Kopenhagen 1835, S. 139 [Ktl. 871] gelesen und seine Gedanken hierüber niedergeschrieben: »Was wir in einer gewissen Beziehung mit dem „Spleen" bezeichnen und was die Mystiker unter der Benennung „die matten Augenblicke" kennen, war dem Mittelalter als „acedia" [ἀκηδεία, Stumpfsinn] bekannt... und es verrät einen tiefen Einblick in die menschliche Natur, daß die alten Moralisten die „tristitia" mit zu den septem vitia principalia zählen« [Pap. II A 484, Aufz. v. 20. Juli 1839].

*Seite 740, Z. 23: Caligula:* vgl. Suetonius, »Caligula«, Kap. 30; ferner Komm. zu S. 638.

*Seite 741, Z. 22: mit jenem Pharisäer:* vgl. Lukas 18,11.

*Seite 742, Z. 20: instar omnium:* die alle vertritt.

*Seite 742, Z. 24: das ganze junge Deutschland und Frankreich:* S. K. denkt hier wohl nicht nur an jene literarische Epoche, die in der Literaturgeschichte das »Junge Deutschland« genannt wird, sondern auch an die Romantik, vor allem etwa an Fr. Schlegels trotzige Genußphilosophie in »Lucinde«, die Selbstaufgabe in Chateaubriands »Atala« und an die zynische Ironie in Byrons »Don Juan«.

*Seite 750, Z. 18: jenen Arbeitern im Evangelium:* Matth. 20,3.

*Seite 752, Z. 15: Gedächtnis:* S. K. meint hier »Erinnerung« [ἀναμνησις], wie sein späterer Sprachgebrauch uns zeigt, z. B. in »Vorerinnerung« zu »Stadien auf dem Lebenswege«.

*Seite 756, Z. 1: brünstig im Geiste:* nach Apostelgeschichte 18,25.

*Seite 756, Z. 2: Rezeptionsstück:* die Arbeit, die einem Künstler Zutritt zur Kgl. Akademie der Künste gab.

*Seite 757, Z. 4: Musäus:* »Volksmärchen der Deutschen«. In der Ausgabe von Paul Zaunert, Jena 1912, steht die von S. K. deutsch zitierte Stelle in Bd. II, S. 156.

*Seite 758, Z. 11: per mare pauperiem fugiens...:* »der Armut über Meer, über Felsen, durch Feuer entfliehend« [Horaz, Epist.I, 1,46].

*Seite 760, Z. 8: in mente:* im Sinne.

*Seite 760, Z. 18: der Geist läßt sich nicht spotten:* vgl. Galater 6,7: »Gott läßt sich nicht spotten«.

*Seite 762, Z. 18: nisus formativus:* Bildungstrieb, Gestaltungstrieb. S. K. hat den Ausdruck bereits in »Über den Begriff der Ironie« verwendet [SV XIII, 358, 374]; vgl. »nisus« ferner SV IV, 278 = »Philosophische Brosamen«, diese Kierkegaard-Ausg. Bd. III, S. 103 und Kommentar mit den Zitaten aus den Werken Hegels.

*Seite 765, Z. 36: gleich jenem Weibe, das dem Tarquinius eine Sammlung von Büchern feilbot:* S. K. weist hier auf die römische Tradition hin, nach der die sibyllinischen Bücher dem König Tarquinius angeboten wurden. Vgl. Dionysius von Halikarnaß' Werke, »Urgeschichte der Römer«, übersetzt von Gottfried Jacob Schaller, Stuttgart 1827, 1. Bd., 4. Teil, S. 62 und S. 493–95. S. K. besaß diese Ausgabe, jedoch unvollständig [Ktl. 1112].

*Seite 767, Z. 14: Du hast oft gesagt:* vgl. 1. Teil, S. 27 und 47.

*Seite 767, Z. 34: diese Götterbilder in sich tragen:* wie Alkibiades in Platons Symposion 216 C über Sokrates sagt. Die Übersetzung Schleiermachers hat »Schätze« statt »Götterbilder« [Schleiermacher, Platon, Das Gastmahl, 2. Teil, 2. Bd., S. 441]. S. K. hat hier wahrscheinlich eine dänische Übersetzung benutzt, die er ebenfalls besaß, nämlich: »Udvalgte Dialoger«, oversatte af det græske og oplyste ved Anmærkninger af J. C. Heise, 1.–3. Deel, Kopenhagen 1830–38 [Ktl. 1164–66]. Er besaß ferner eine griechische Ausgabe, nämlich »Platonis quae exstant opera...« rec. Fr. Astius, Tom. I–IX, Lipsiae 1819–32 [Ktl. 1144–54].

*Seite 768, Z. 27: daß alle Spekulation mit dem Zweifel beginne:* das cartesianische Prinzip »de omnibus dubitandum« wird in Martensens Vorlesungen über »Einleitung zur spekulativen Dogmatik«, die S. K. vom 15. November bis zum 23. Dez. 1837 besuchte, als das Tragende in der neueren Philosophie im Gegensatz zur mittelalterlichen hervorgehoben. Dieses letztere fand Martensen am klarsten in Anselms »credo, ut intelligam« ausgedrückt. Das Problem hat S. K. lange beschäftigt, wie aus seinen Tagebüchern der Jahre 1837–43 hervorgeht.

*Seite 768, Z. 31: der Zweifel sich von Verzweiflung unterscheide:* im System Hegels spielen weder Zweifel noch Verzweiflung realiter eine Rolle, und in der programmatischen Vorrede zur »Phänomenologie des Geistes« [W. a. A. II, 65 = Jub. Ausg. II, 71] werden sie direkt identifiziert: »Er kann deswegen als der Weg des Zweifels angesehen werden, oder eigentlicher als Weg der Verzweiflung; auf ihm geschieht nämlich nicht das, was unter Zweifeln verstanden zu werden pflegt, ein Rütteln an dieser oder jener vermeinten Wahrheit, auf welches ein gehöriges Wiederverschwinden des Zweifels und eine Rückkehr zu jener Wahrheit erfolgt, so daß am Ende die Sache genommen wird wie vorher. Sondern er ist die bewußte Einsicht in die Unwahrheit des erscheinenden Wissens.« Hirsch bemerkt außerdem dazu, daß Fichte in seiner Schrift »Die Bestimmung des Menschen« eine ähnliche Identifizierung herstellt und daß dasselbe im 1. Teil des »Faust« von Goethe geschieht. Beide Werke haben bekanntlich den jungen S. K. in hohem Maße beschäftigt. Das Werk Fichtes besaß er in der Ausgabe Berlin 1838 [Ktl. 500].

*Seite 774, Z. 3: aus dem Satz des Widerspruchs:* vgl. meine Abhandlung in »Theologische Zeitschrift«, Basel 1956, bes. S. 212 ff.

*Seite 776, Z. 23: ich noch als Ehemann:* vgl. 2. Teil S. 564.

*Seite 778, Z. 12: Es ist keineswegs meine Absicht:* nämlich abzubrechen.

*Seite 778 Z. 20: nil ad ostentationem . . . . :* nichts für den Schein, alles für das Gewissen.

*Seite 778, Z. 35: Die Schrift sagt:* Matth. 16,26.

*Seite 779, Z. 10: »Sünde wider den heiligen Geist«:* vgl. Matth. 12,31 und Lukas 12,10.

*Seite 782, Z. 25: das Wort der Schrift:* Matth. 12,36.

*Seite 783, Z. 15: den Satz des Widerspruchs:* vgl. S. 719.

*Seite 784, Z. 2: sagt die Philosophie:* das Folgende stellt einen der Grundgedanken im philosophischen System Hegels dar, worauf ja auch schon im vorhergehenden hingewiesen wurde. Als eine besonders klare Äußerung könnte die folgende angeführt werden [Vorlesungen über die Philosphie der Religion, W. a. A. XI, 200 = Jub. Ausg. XV, 216]: »Die Religion ist Wissen des göttlichen Geistes von sich durch Vermittlung des endlichen Geistes. In der höchsten Idee ist demnach die Religion nicht die Angelegenheit eines Menschen, sondern sie ist wesentlich die höchste Bestimmung der absoluten Idee selbst.«

*Seite 788, Z. 28: arme Sünder:* wörtlich übersetzt heißt es im Original: »Jüten vor dem Herrn«. Diese Redewendung geht ursprünglich auf Johan Herman Wessel, »Cavaleren« [Der Kavalier] zurück.

*Seite 788, Z. 33: von einem Krämergesellen:* wahrscheinlich hat S. K. hier an Ludvig Thostrup in dem Lustspiel »Østergade og Vestergade«, Spielplan des Kgl. Theaters Nr. 12, 1828, gedacht.

*Seite 792, Z. 10: aequale temperamentum:* ein gleichmäßiges, sich gleichbleibendes Temperament. Auch Hegel betrachtet das Temperament als eine Naturbestimmung [»Encyklopädie § 395, W. a. A. VII, 2. S. 84–87 = Jub. Ausg. X, 90–93].

*Seite 793, Z. 15: Narziß:* der Sohn des Flußgottes, der sich in seine eigene Schönheit verliebte und in Sehnsucht danach verschmachtete, als er sein Bild in einer Quelle erblickte. Vgl. Ovid, »Metamorphosen« III, 407 ff.

*Seite 796, Z. 6: Gleich einem flüchtigen Freund...:* Zitat aus »Samlede Digte« von R. Frankenau, Kopenhagen 1815, S. 283.

*Seite 796, Z. 12: Don Juan:* kein wörtliches Zitat aus der dänischen Bearbeitung von Kruse, aber vgl. 1. Aufz., 1. Auftr., S. 56: »auf zur Freude«, S. 59: »Ja komm! uns ruft die Freude«.

*Seite 797, Z. 33: Scribe:* besonders in »Die Untröstlichen« [Spielplan des Kgl. Theaters Nr. 145, Kopenhagen 1842].

*Seite 798, Z. 16: die Zeit verzehrt die Kinder der Zeit:* wie der Gott Kronos in der griechischen Mythologie seine Kinder verzehrt; vgl. Hesiod, »Theogonie«, 453–491.

*Seite 802, Z. 3: Als der Heiland:* vgl. Lukas 19,41 ff.

*Seite 803, Z. 16: In Griechenland:* es ist hier an die Kyniker und zum Teil auch an die Stoiker gedacht. Das Wissen S. K.s stammt zum größten Teil aus Tennemanns »Geschichte der Philosophie« [Ktl. 815-26]; aber auch G. O. Marbachs Kompendium, Hegel sowie Poul Møllers posthum herausgegebene Vorlesungen über die Geschichte der antiken Philosophie haben ihm als Orientierung auf diesem Gebiete gedient.

*Seite 804, Z. 26: Das Leben eines Mystikers:* zu dieser Zeit hatte S. K. seine Kenntnisse von der Mystik hauptsächlich durch

H. L. Martensens »Mester Eckart, et Bidrag til at oplyse Middelalderens Mystik«, Kopenhagen 1840 [Ktl. 469] erhalten. Allerdings hatte er schon vorher, im November 1835, Jos. Görres, »Die christliche Mystik« angeschafft [Ktl. 528–32], aber 1844 schreibt er während der Arbeit an »Über den Begriff der Angst«: »Ich gestehe aufrichtig, daß ich nie gewagt habe, das Buch ordentlich zu lesen, so unheimlich ist es« [Pap. v B 63]. Über ein anderes Buch von Görres, nämlich den »Athanasius« Regensburg 1837, in dem der Verfasser gegen den Protestantismus und die preußische Bürokratie rücksichtslos kämpfte, notierte S. K. [Pap. ii A 745]: »Ich habe in diesen Tagen den Athanasius gelesen, nicht nur mit den Augen, sondern mit meinem ganzen Körper – mit der Herzgrube.« Im übrigen besaß S. K. auch »Die christliche Mystik in ihrer Entwickelung und in ihren Denkmalen« von A. Helfferich, Gotha 1842 [Ktl. 571–72] und »Die Lehre des deutschen Philosophen Jacob Böhme« von J. Hamberger, München 1844 [Ktl. 545]. Vgl. Marie Mikulová Thulstrup in »Kierkegaardiana« iii, 1959, S. 48–73.

*Seite 807, Z. 26: Gott lieben…:* vgl. Matth. 22,37.

*Seite 807, Z. 35: Wort Samuels:* vgl. 1. Sam. 15,22.

*Seite 808, Z. 16: seinen Geist Zeugnis geben…:* vgl. Römer 8,16.

*Seite 809, Z. 1:* ἀδυτον [adyton], auch: ἀβατον [abaton] bezeichnet das Allerheiligste im Tempel, das nur den Priestern zugänglich war.

*Seite 809, Z. 12: Gott mehr lieben:* vgl. Matth. 10,37.

*Seite 815, Z. 11: ecclesia pressa:* die unterdrückte, die verfolgte Kirche.

*Seite 818, Z. 20: Tanzplatz:* vgl. S. 594.

*Seite 820, Z. 5: Scribe:* vielleicht ist hierbei an Raymond in »Aurelia« gedacht [Spielplan des Kgl. Theaters Nr. 65, Kopenhagen 1834].

*Seite 820, Z. 20: die Derivation dieses Wortes:* die Etymologie S. K.s ist nicht richtig. Das dänische Wort »Pligt« [Pflicht] hat keine Verbindung zu dem Wort »paaligge« [obliegen], sondern hängt mit »pflegen« zusammen. Das dänische Wort »Pligt« ist ein Lehnwort aus dem Niederdeutschen.

*Seite 824, Z. 3: Mücken zu seihen:* vgl. Matth. 23,24.

*Seite 825, Z. 3: ins Blaue hinein:* auch im Original deutsch.

*Seite 825, Z. 10: Hexenbrief:* ein Bilderheft oder Bilderbuch mit durchgeschnittenen Bildern von Menschen und Tieren, aus denen sich verschiedene neue Figuren zusammenstellen lassen.

*Seite 825, Z. 12: γνωθι σεαυτον:* [gnothi seauton], »Erkenne dich selbst«, die Inschrift des Tempels zu Delphi. Sie wird teils dem Cheilon [aus Lakedämon], teils dem Thales [in Milet 624 v. Chr. geboren, gest. um 534] zugeschrieben. Beide gehörten zu den sieben Weisen.

*Seite 825, Z. 27: im Alten Testament:* 1. Mose 4,1.

*Seite 826, Z. 29: inter et inter:* zwischen dem einen und dem anderen.

*Seite 828, Z. 12: Originalitätswut:* im Original auf deutsch: Originalitets-Wuth.

*Seite 828, Z. 22: κατα δυναμιν:* [kata dynamin], der Möglichkeit nach, potentiell. Der Ausdruck ist von Aristoteles entlehnt.

*Seite 828, Z. 25: es gleicht jenem Feuer:* vgl. 2. Mose 3,2.

*Seite 828, Z. 29: Unter den Hussiten gab es eine Sekte:* nämlich die Adamiten; vgl. Pap. II A 280 [29. Okt. 1838]. S. K. hatte sein Wissen über die Adamiten [vgl. z. B. »Die Religion in Geschichte und Gegenwart«, 3. Aufl. I, 1956, 91–92] aus W. Münschers »Lærebog i den christelige Kirkehistorie«, dän. von Fr. Münter und J. Møller, Kopenhagen 1831 [Ktl. 168], und aus den Vorlesungen des Prof. theol. C. T. Engelstoft sowie aus dessen Examinatorien über die Kirchengeschichte 1838–39, die S. K. besuchte. – Die Adamiten, die angeblich Gnostiker waren, hielten ihren Gottesdienst nackt ab, Männer und Frauen zusammen, um Adam und Eva ähnlich zu sein. Eine Gruppe der Taboriten wurde ebenfalls Adamiten genannt. Sie bildeten eine kommunistische Gemeinschaft und meinten durch die Nacktheit die paradiesische Unschuld anzudeuten.

*Seite 833, Z. 22: wie der Nigerfluß:* die Quellen dieses Flusses wurden erst 1877–79 von Moustier und Zweifel entdeckt.

*Seite 833, Z. 28: der archimedische Punkt:* vgl. Komm. zum 1. Teil, S. 343.

*Seite 834, Z. 9: Pflichten gegen Gott, sich selbst und seinen Nächsten:* diese alte und noch immer verbreitete Einteilung **der** christlichen Ethik findet man in Peter Erasmus Müllers »Christeligt Moralsystem«, 2. Ausg. Kopenhagen 1827, ein Buch, das S. K. besaß [Ktl. 691]. Es wurde bis in die vierziger Jahre des Jahrhunderts hinein bei dem theologischen Unterricht gebraucht, und erst dann von Martensens »Grundriß eines Systems der Moralphilosophie« [1841] ersetzt.

*Seite 834, Z. 13: Balles Lehrbuch:* »Lærebog i den evangelisk-christelige Religion, til Brug i alle danske Skoler« [Lehrbuch der evangelisch-christlichen Religion, zum Gebrauch in allen dänischen Schulen], 1791 von Bischof Nicolai Edinger Balle geschrieben, wurde durch königliches Reskriptum 1794 zur Einführung in alle dänischen Schulen empfohlen. Dort hat es bis in die zweite Hälfte des 19. Jahrhunderts den Unterricht beherrscht. Es wurde dann von dem noch heute benutzten »Luthers Catechismus med kort Forklaring« von Bischof C. F. Balslev, 1849 zum ersten Male erschienen, verdrängt. –

*Seite 835, Z. 12: Die ersten zehn Zeilen* bei Balle lauten folgendermaßen: »Es ist höchst wichtig für uns Menschen, daß wir Gott kennen lernen, da wir sonst nicht verstehen können, wie die Welt entstanden ist. Wir wüßten dann auch nicht, welche Hoffnung wir mit Bezug auf unseren Zustand nach dem Tode hegen dürften, und wir hätten keine sichere Hilfe, auf die wir uns in unserer Not stützen könnten. Anmerkung: Man nennt Religion: Kenntnis von Gott und seinem Willen zu haben, sowie davon, wie wir ihn ehren und ihm gehorchen sollen.«

*Seite 834, Z. 30: mir nichts und dir nichts:* auch im Original deutsch.

*Seite 834, Z. 31: ad modum:* nach Art.

*Seite 834, Z. 31: jener Leute aus Schilda:* im Original heißt es »de Grenaa-Mænd« [jene Grenaa-Männer], damit sind, da Grenaa auf der Halbinsel Mols liegt, die Bewohner von Mols, die »Molboer« gemeint, die dänischen Schildbürger.

*Seite 838, Z. 14: lateinische Grammatik:* S. K. hatte selbst die lateinische Grammatik in der »Borgerdydsskole« in Kopenhagen gelernt. Sein Lehrer war der Rektor Michael Nielsen [1776–1846].

*Seite 840, Z. 5: Theodidakt:* von Gott gelehrt. Der Ausdruck ist von 1. Thessalonicher 4,9 entlehnt.

*Seite 842, Z. 20: procul, o procul...:* vgl. Komm. zum 2. Teil, S. 581.

*Seite 845, Z. 34: wie Du weißt:* vgl. Komm. zum 2. Teil, S. 735 und S. 746 ff.

*Seite 845. Z, 12: loquere, ut videam te:* sprich, damit ich dich sehe. Dieses Zitat verwendet S. K. auch sonst, zum erstenmal in einem Briefe an Emil Boesen vom 17. Juli 1838 [Breve og Aktstykker Nr. 8; Briefe, S. 18 u. Anm.]. Nach Erasmus [Apophthegmata III, 70 = Opera, 1540, IV, 148] soll Sokrates diese Wendung einem Knaben gegenüber gebraucht haben: »loquere igitur, adulescens, ut te videam« [sprich also, junger Mensch, damit ich dich sehe].

*Seite 846, Z. 35: Trinkliederperiode:* von den Jahren um 1780 bis in das 19. Jahrhundert hinein blühten die geselligen und auch die literarischen Klubs in Kopenhagen, in denen zahlreiche Trinklieder gedichtet wurden. Vgl. Vilh. Andersen, »Illustreret dansk Literaturhistorie« II, 1924, S. 891 ff.

*Seite 847, Z. 1: Wär' nicht der rote Saft...:* Jens Baggesen, »Jordens Lethe, Drikkevise« [Die Lethe der Erde, Trinklied] in »Danske Værker«, Kopenhagen 1828, II, 378. In der letzten Zeile heißt es bei Baggesen »unsere« statt »die«.

*Seite 847, Z. 25: nervus rerum gerendarum:* die Haupttriebfeder aller Handlungen, nämlich das Geld.

*Seite 847, Z. 25: conditio sine qua non:* die unerläßliche Bedingung.

*Seite 848, Z. 3: Optimaten:* vgl. Kommentar zum 1. Teil, S. 58.

*Seite 849, Z. 19: Prometheus und Epimetheus:* nach der griechischen Mythologie Söhne des Titanen Japetos. Prometheus heißt der »Vorher-Kluge«, Epimetheus der »Nachher-Kluge«. Prometheus stahl den Göttern das Feuer, um es den von ihm aus Lehm und Wasser geschaffenen Menschen im hohlen Stengel der Pflanze »Steckenkraut« zu schenken. Sein letztes Schicksal hat Aischylos in seiner Tragödie »Der gefesselte Prometheus« geschildert.

*Seite 853, Z. 28: die Lilien auf dem Felde:* vgl. Matth. 6,28.

*Seite 854, Z. 33: Antwort, die dem Fuchs zuteil wurde:* wahrscheinlich ist hier, etwas ungenau, an die Fabel vom Fuchs und den Vogelbeeren gedacht.

*Seite 857, Z. 11: sein Brot im Schweiße seines Angesichts...:* vgl.
1. Mose 3.19.

*Seite 860, Z. 5: von denen die Schrift... sagt:* in der apokryphen
»Geschichte von der Susanna und Daniel« v. 7–9: »Und wenn
das Volk hinweg war um den Mittag, pflegte die Susanna in
ihres Mannes Garten zu gehen. Und da sie die Ältesten sahen
täglich darin umhergehen, wurden sie gegen sie entzündet
mit böser Lust; und wurden drüber zu Narren und warfen
die Augen so gar auf sie, daß sie nicht konnten gen Himmel
sehen und gedachten weder an Gottes Wort noch Strafe.«

*Seite 861, Z. 2: Jugurtha:* Sallust, »Jugurtha«, 35 [mit Bezug auf
Rom]: »Sed postquam Roma egressus est, fertur saepe eo
tacitus respiciens postremo dixisse, urbem venalem et mature
perituram, si emptorem invenerit« [aber nachdem er aus
Rom ausgezogen war, wird berichtet, daß er oft schweigend
zurückblickte und schließlich sagte, die Stadt sei verkäuflich
und werde früh zugrunde gehen, wenn sie einen Käufer
fände]. S. K. besaß Fr. Kritzius' Edition, Ktl. 1269–70, in der
die zitierte Selle Vol. II, S. 211 steht.

*Seite 861. Z, 11: Harun al Raschid:* in »Tausendundeiner
Nacht«. S. K. besaß die deutsche Übersetzung von Gustav
Weil in 4 Bänden, hrsg. von A. Lewald, Stattgart 1838–41
[Ktl. 1414–17]. Harun al Raschid gehörte zum Geschlechte
der Abbasiden und regierte von 786–809. Während seiner
Regierung verlor das Kalifat große Teile seines Gebietes.

*Seite 861, Z. 36: dura necessitas:* die harte Notwendigkeit.

*Seite 865, Z. 5: eine Willkür von ihnen:* nämlich von den Ästhetikern.

*Seite 865, Z. 21: confinium:* Grenze, Übergang nach.

*Seite 865, Z. 32: ein Königreich von Göttern:* vgl. Komm. zum
1. Teil, S. 59.

*Seite 867, Z. 21: uno tenore:* in einem fort, ohne Unterbrechung.

*Seite 868, Z. 16: numerus:* der Haufen, die große Menge [Horaz,
Epist. I, 2,27].

*Seite 871, Z. 21: laß es den Dichter sagen:* Jens Baggesen in dem
Gedicht »Tilegnelse« [Zueignung] [»Danske Værker«, Kopen-
hagen 1829, VI, S. 47]: »At nu mig er lidt Vand og Brød med
Ære, / Her i mit Hjem, i Fredens trygge Læ, / Hvad da mig

var den gule Sommerpære« [daß heut etwas Wasser und Brot
mit Ehren ist, hier in meinem Heim, im sicheren Schutz des
Friedens, was damals eine gelbe Sommerbirne mir war].

*Seite 871, Z. 31: jener Dichter:* ebenfalls Baggesen, op. cit.
S. 47: »At nu, hvad dengang var mig Jule-Kage, / Er det: at
være glad og vel tilfreds, / Som du, ved Siden af en elsket
Mage« [daß jetzt, was mir damals Weihnachtskuchen war,
dies ist: froh und wohlzufrieden zu sein, wie du, neben einer
geliebten Gattin].

*Seite 872, Z. 14: seinen Sinn beherrscht:* vgl. Sprüche 16,32: »Ein
Geduldiger ist besser denn ein Starker, und der seines Mutes
Herr ist, denn der Städte gewinnt.«

*Seite 874, Z. 31: Rinville sich gleich auf den ersten Blick...:*
Scribe, »Die erste Liebe«, 11. Auftritt.

*Seite 876, Z. 23: in einer eigenen Münzsorte:* »Sekel des Heilig-
tums«, 2. Mose 30,13: »Es soll aber ein jeglicher, der mit in der
Zahl ist, einen halben Silberling geben nach dem Lot des
Heiligtums«; vgl. auch 3. Mose 5,15. Es drehte sich also um
Münzen, die ihr volles Gewicht hatten und nicht – wie es
üblich war – abgenutzt oder beschnitten waren.

*Seite 877, Z. 36: Du nimmst ja an:* vgl. 2. Teil, S. 755

*Seite 878, Z. 4: Kaspar Hauser:* jener rätselhafte Jüngling, der
am 26. Mai 1828 plötzlich in Nürnberg erschien und lange
durch die Mystik seiner Herkunft und seines Schicksals Aufsehen erregte. Es verbreitete sich bald das Gerücht, daß er ein
Kind sehr hochstehender Eltern, nämlich des Großherzogs von
Baden und seiner Gemahlin Stephanie Beauharnais, aber entführt worden sei, damit das Kind einer Geliebten des Großherzogs, der Gräfin Hochberg, untergeschoben werden
könne. Bedeutende Männer traten für ihn ein, wie der englische Lord Stanhope und Professor Daumer, der jedoch seine
Ansicht über Hauser mehrmals wechselte. Ein geheimes Me-
moire von Anselm Ritter von Feuerbach für den bayrischen
Hof bestätigte das Gerücht. Kaspar Hauser arbeitete zuletzt
im Büro eines Appellationsgerichtes und starb infolge eines
angeblichen Attentates am 14. 12. 1833. Es gibt eine reiche
Literatur über ihn. Trotz aller Erklärungen und Diskussionen
ist es bis heute noch nicht festgestellt, wer er eigentlich war.

*Seite 878, Z. 9: des... berühmten Romans:* »Die Urne im einsamen Thale« von Ludwig Franz Freiherr von Bilderbeck, Leipzig 1799, anonym erschienen in 4 Teilen. Unter dem Titel »Urnen i den eensomme Dal« wurde das Buch von O. Horrebow und C. F. Primon ins Dänische übersetzt, ı–ıv, Kopenhagen 1804–06. Im Ktl. ist es nicht vorhanden.

*Seite 879, Z. 6: Donna Clara:* in »Preciosa«, Lyrisches Drama von Wolff, mit Musik von C. M. v. Weber, übersetzt von E. J. Boye, Kopenhagen 1822, S. 67 [Anfang des 4. Aufzuges]: »Welche Mädchen, mein Gemahl! Hier hat das Gerücht zu wenig gesagt. Welche Schönheit! Welcher Geist, welche sanfte, liebliche Anmut!« [nach dem dänischen Text wiedergegeben].

*Seite 882, Z. 27: gehe hin zur Ameise:* Sprüche Sal. 6,6.

*Seite 884, Z. 36: ohne weiteres:* im Original deutsch »ohne weiter«.

*Seite 885, Z. 22: Vokalisation:* in den semitischen Sprachen werden nur die Konsonanten geschrieben, während die Vokale durch hinzugefügte Punkte angegeben werden.

*Seite 886, Z. 8: unter uns gesagt:* auch im Original deutsch.

*Seite 890, Z. 1: sagt die Schrift:* 1. Kor. 11,5 ff.

*Seite 890, Z. 7: als der Mann, der zum Himmel emporblickt:* bezieht sich auf die seinerzeit angenommene falsche Etymologie des Wortes ἀνθρωπος [antropos, Mensch], nach der dieses Wort das »Aufwärtsblickende« bedeuten sollte.

*Seite 890, Z. 14: eine Verbrecherin:* es war damals noch Sitte, selbst die Zuchthäuslerinnen kahlzuscheren.

*Seite 890, Z. 30: in der Schrift:* 1. Mose, 2,24; vgl. S. 630.

*Seite 896, Z. 23: wer da hat…:* Matth. 13,12: Matth. 25,29; Lukas 8,18.

*Seite 897, Z. 15: Hexenbrief:* vgl. Komm. zu S. 825.

*Seite 898, Z. 23: wie jenen Auguren:* vgl. Komm. zum 1. Teil, S. 168.

*Seite 899, Z. 24: Συμπαϱανεϰϱωμενοι:* vgl. Komm. zum 1. Teil, S. 165.

*Seite 899, Z. 32: Myson:* vgl. Komm. zum 1. Teil, S. 22. Diogenes Laertios berichtet darüber: »Aristoxen sagt in seinen zerstreuten Bemerkungen, er sey von Timon und Apenant nicht sehr verschieden gewesen, denn er habe die Menschen gehaßt. Als man ihn zu Lakedämon ganz allein stehend lachen sah, und ihn einer unerwartet antrat und fragte: warum er denn lache, ohne daß er jemand sähe, sagte er: eben darum lache ich.« [Diogenes Laertios nach »Aus den Leben und Meinungen der Philosophen«, übersetzt von D. C. Aug. Borheck, Leipzig 1809, I, Kap. IX, S. 87].

*Seite 900, Z. 26: zunächst in die großen Mysterien eingeweiht:* bevor man zu den großen Mysterien in Eleusis Zutritt erhielt, mußte man erst in die kleinen eingeweiht werden; vgl. Platon, »Gorgias« 497 C = Schleiermacher, Platon II, I, S. 114. Die eleusinischen Mysterien waren die ältesten in Griechenland und bezogen sich auf die chthonischen Gottheiten [Demeter, Persephone und Jakchos Dionysos]. Auch Frauen und Kinder konnten aufgenommen werden, aber man erhielt erst eine Weihe durch den »Mystagogen«, den Leiter der Mysterien, bei den kleinen eleusinischen Mysterien am Tempel der Demeter in der athenischen Vorstadt Agrai, konnte dann ein halbes Jahr später an einem Teil der großen Mysterien in Eleusis teilnehmen, aber erst ein Jahr später erhielt man die letzte Weihe als Epopten [ἐποπτης = der Schauende, ἐποπτεια, epopteia = der dritte Grad der Mysterien-Mitgliedschaft]. Vgl. Karl Prümm, »Religionsgeschichtliches Handbuch für den Raum der altchristlichen Umwelt«, 2. Aufl. Rom 1954, S. 221–30. Vgl. Komm. zum I. Teil, S. 123.

*Seite 901, Z. 11: Aristoteles:* die Nikomachäische Ethik 1159 und 1160. Auf der letztgenannten Seite wird gesagt: Freundschaft und Gerechtigkeit gehen auf dasselbe hinaus.

*Seite 901, Z. 17: als die moderne:* bezieht sich auf Kants Gedankengang, bes. in seiner »Metaphysik der Sitten«.

*Seite 901, Z. 36: Die Schrift lehrt:* Hebräer 9,27; vgl. auch 2. Kor. 5,10 und Römer 2,16.

*Seite 902, Z. 24: quod petis, hic est:* was du suchst, hier ist es [Horaz, Epist. I, 11.29].

*Seite 903, Z. 13: in optima forma:* in [juristisch] korrekter Form.

*Seite 904, Z. 11: zweifelhaft:* hier im Sinne von zweifelnd.

*Seite 904, Z. 34: Tut er nicht alles...:* z. B. in »Zwei Jahre nach der Hochzeit« [»To Aar efter Brylluppet«, Spielplan des Kgl. Theaters Nr. 32, 1832], »Familien Riquebourg« [ebenda, Nr. 40, 1832], »Aurelie« [ebenda, Nr. 65, 1834], »Enten elskes eller dø« [Entweder geliebt werden oder sterben; ebenda, Nr. 100, 1838].

*Seite 907, Z. 18: respice finem:* bedenke das Ende. Der Ursprung dieses Wortes ist unbekannt. Es ist denkbar, daß es in Anknüpfung an Jesus Sirach gebildet worden ist, wo es 7,40 heißt: »Was du tust, so bedenke das Ende, so wirst du nimmermehr Übels tun.«

*Seite 908, Z. 7: Die Götter aber verkaufen...:* vgl. Komm. zum 2. Teil, S. 667.

*Seite 908, Z. 19: daß es ihnen gelungen ist:* nämlich den Verheirateten; *zu dem sie selber nicht fähig waren:* nämlich die Unverheirateten.

## Ultimatum

*Seite 915, Z. 18: »jedes Alter...«:* Zitat aus Oehlenschläger, »Ludlams Hule, et dramatisk Æventyr« [Samlede Værker xvii, S. 176]. Oehlenschläger verwendet hier das sehr altertümliche Wort »Old« für Alter, Zeitalter.

*Seite 916, Z. 2: haud illaudabilis:* nicht unlöblich, d. h. nächstbeste Zensur bei den amtlichen und akademischen Prüfungen.

*Seite 919, Z. 1: der Eifer Gottes:* vgl. 2. Mose 20,5: »Denn ich der Herr, dein Gott, bin ein eifriger Gott.«

*Seite 919, Z. 30: jene Galiläer:* vgl. Lukas 13,1–4.

*Seite 920, Z. 28: mit Gott willst du streiten:* vgl. 1. Mose 32,27 [Jakobs Kampf mit Gott.]

*Seite 920, Z. 30: die Schrift sagt:* Hiob 40,2: »Will mit dem Allmächtigen rechten der Haderer? Wer Gott tadelt, soll's der nicht verantworten?« In der dänischen Bibel lautet diese Stelle [Kap. 39,35], deutsch wiedergegeben: »Will der Tadler mit dem Allmächtigen hadern? Wer Gott anklagt, antworte hierauf!«

*Seite 922, Z. 9: unselige Mühe:* Prediger 1,13; S. K. hat wie die dänische Bibel von 1819 »ond Møje«, böse, arge Mühe.

*Seite 933, Z. 5: nur die Wahrheit, die erbaut:* diesen Ausdruck hat S. K. zum erstenmal in einer Aufzeichnung aus Gilleleje, einem Fischerdorf in Nordseeland, vom Sommer 1835 verwendet [Pap. 1 A 75], während er in einer Tagebuchbemerkung von 1843 [Pap. iv A 42] den Schluß folgendermaßen erklärt: »Wenn ich „Entweder – Oder" mit dem Satz enden lasse: daß nur die Wahrheit, die erbaut, Wahrheit für einen sei, so gibt es leider wohl nur wenige, die die Anschauung erkennen, die darin zum Ausdruck kommt. In der griechischen Philosophie ist das Kriterium der Wahrheit sehr umstritten worden [vgl. z. B. Tennemann, Geschichte der Philosophie, 5. Bd., p. 301]; es wäre recht interessant, diese Angelegenheit weiter zu verfolgen. Ich bezweifle indessen sehr, daß man einen konkreteren Ausdruck finden wird. Die Leute glauben vermutlich, jene Worte stünden in „Entweder – Oder" als irgendein Ausdruck, es hätte auch ein anderer Ausdruck gebraucht werden können. Die Worte sind ja nicht einmal gesperrt gedruckt, – Herrgott, dann ist vermutlich nicht groß was daran.«

# ÜBERSETZUNGSSPIEGEL

Die in Kursiv gesetzten Ziffern geben jeweils die Fundstelle in
der dänischen Nationalausgabe an: Samlede Värker = SV
[Gyldendalske Boghandel, Nordisk Frolog], und zwar zuerst
nach der 2. Ausgabe von 1920 ff. und dann in Klammern nach
der 1. Ausgabe von 1901 ff.

## ENTWEDER – ODER

*[Ent. Eller, SV I–II]*

*bis Seite = SV 2. Ausg. = SV 1. Ausg.*

| | | | |
|---|---|---|---|
| 11 | = *VII [V]* | 37 | = *13 [12]* |
| 12 | = *VIII [VI]* | 38 | = *14 [12/13]* |
| 13 | = *IX [VII]* | 39 | = *15 [13]* |
| 14 | = *X [IX]* | 40 | = *15/16 [14]* |
| 15 | = *XI [IX]* | 41 | = *17 [15]* |
| 16 | = *XII [X]* | 42 | = *18/19 [16]* |
| 17 | = *XIII [X–XI]* | 43 | = *19/20 [17]* |
| 18 | = *XIV [XI]* | 44 | = *20/21 [18]* |
| 19 | = *XIV [XI–XII]* | 45 | = *21 [19]* |
| 20 | = *XV [XII]* | 46 | = *22 [20]* |
| 21 | = *XVI [XIII]* | 47 | = *23/24 [20/21]* |
| 22 | = *XVII [XIV]* | 48 | = *25 [21/22]* |
| 23 | = *XVIII [XIV]* | 49 | = *25/26 [22]* |
| 24 | = *XIX [XV]* | 50 | = *26 [23]* |
| 25 | = *XX–XXI [XVI]* | 51 | = *27 [24]* |
| 27 | = *3 [3]* | 52 | = *28 [25]* |
| 28 | = *4 [4]* | 53 | = *29 [26]* |
| 29 | = *5 [5]* | 54 | = *30 [26]* |
| 30 | = *6 [6]* | 55 | = *31 [27]* |
| 31 | = *7 [6/7]* | 57 | = *35 [31]* |
| 32 | = *8 [7]* | 58 | = *36 [32]* |
| 33 | = *9 [8]* | 59 | = *37 [33]* |
| 34 | = *10 [9]* | 60 | = *38 [33]* |
| 35 | = *11 [10]* | 61 | = *38/39 [34]* |
| 36 | = *12 [11]* | 62 | = *39 [35]* |

| | | | | |
|---|---|---|---|---|
| 63 | = | 40 [36] | 102 | = | 76 [66] |

63 = 40 [36]    102 = 76 [66]
64 = 41 [36]    103 = 77 [67]
65 = 42 [37]    104 = 77/78 [67/68]
66 = 43 [38]    105 = 78 [68]
67 = 44 [38/39]    106 = 79/80 [69]
68 = 45 [39]    107 = 80 [69/70]
69 = 46 [40]    108 = 81 [70]
70 = 47 [41]    109 = 82 [71]
71 = 48 [41/42]    110 = 83 [72]
72 = 49 [42/43]    111 = 84 [73]
73 = 50 [43]    112 = 85 [73/74]
74 = 50/51 [44]    113 = 86 [74]
75 = 51/52 [45]    114 = 87 [75]
76 = 53 [46]    115 = 88 [76]
77 = 54 [47]    116 = 89 [77]
78 = 54/55 [47]    117 = 90 [77/78]
79 = 55 [48]    118 = 90/91 [78]
80 = 56 [49]    119 = 91/92 [79]
81 = 57 [49]    120 = 92/93 [80]
82 = 58 [50]    121 = 93 [80/81]
83 = 58 [50/51]    122 = 94 [81]
84 = 59 [51]    123 = 95 [82]
85 = 60 [52]    124 = 96 [83]
86 = 61/62 [53]    125 = 97 [83/84]
87 = 63 [54]    126 = 98 [84]
88 = 63/64 [55]    127 = 99 [85]
89 = 64 [55]    128 = 100 [86]
90 = 65 [56]    129 = 101 [87]
91 = 66 [56/57]    130 = 101/02 [87/88]
92 = 67 [58]    131 = 102 [88]
93 = 67/68 [58/59]    132 = 103 [89]
94 = 68 [59]    133 = 104 [89/90]
95 = 69 [60]    134 = 105 [90]
96 = 70 [61]    135 = 106 [91]
97 = 71 [62]    136 = 107 [92]
98 = 72 [62/63]    137 = 108 [93]
99 = 73 [63]    138 = 109 [93/94]
100 = 74 [64]    139 = 110 [94/95]
101 = 75 [65]    140 = 111 [95/96]

141 = 112 [97]
142 = 113 [97/98]
143 = 114 [98]
144 = 115 [99]
145 = 116 [100]
146 = 117 [100/01]
147 = 117/18 [101]
148 = 118 [101/02]
149 = 119 [102]
150 = 120 [103]
151 = 121 [103/04]
152 = 122 [104/05]
153 = 123 [105]
154 = 124 [106]
155 = 125 [107]
156 = 126 [108]
157 = 127 [108/09]
158 = 128 [109]
159 = 129/29 [109/10]
160 = 129/30 [110/11]
161 = 130 [111]
162 = 131 [112]
163 = 132 [112/13]
164 = 133/35 [114/17]
165 = 133/35 [114/17]
166 = 136 [118]
167 = 137 [119]
168 = 138 [120]
169 = 139 [121]
170 = 140 [121/22]
171 = 141 [122]
172 = 142 [123]
173 = 143 [124]
174 = 143/44 [124/25]
175 = 144 [125]
176 = 145 [126]
177 = 146 [126/27]
178 = 147 [127]
179 = 148 [128]

180 = 148/49 [128/29]
181 = 149/50 [129/30]
182 = 150/51 [130]
183 = 151 [131]
184 = 152 [131/32]
185 = 153 [132]
186 = 154 [133]
187 = 155 [134]
188 = 156 [135]
189 = 156/57 [135/36]
190 = 157 [136]
191 = 158 [137]
192 = 159 [137/38]
193 = 160 [138]
194 = 161 [139]
195 = 162 [140]
196 = 163 [141]
197 = 165/67 [142/45]
198 = 168 [146]
199 = 169 [147]
200 = 170 [147/48]
201 = 170/71 [148]
202 = 171 [149]
203 = 172 [149/50]
204 = 173 [150]
205 = 174 [151]
206 = 175 [152]
207 = 176 [152/53]
208 = 177 [153/54]
209 = 178 [154]
210 = 179 [155]
211 = 180 [156]
212 = 181 [157]
213 = 181/82 [157/58]
214 = 182/83 [158]
215 = 183 [158/59]
216 = 184 [159]
217 = 185 [160]
218 = 186 [161]

219 = 187 [162]
220 = 188 [163]
221 = 189 [163/64]
222 = 190 [164]
223 = 191 [165]
224 = 192 [166]
225 = 193 [167]
226 = 194 [168]
227 = 195 [168/69]
228 = 196 [169]
229 = 197 [170]
230 = 198 [171]
231 = 198/99 [171/72]
232 = 199/200 [172]
233 = 200/01 [173]
234 = 201 [173/74]
235 = 202 [174/75]
236 = 203 [175]
237 = 204 [176]
238 = 205 [177]
239 = 206 [178]
240 = 207 [178/79]
241 = 208 [179]
242 = 209 [180]
243 = 210 [181]
244 = 211 [181/82]
245 = 212 [182/83]
246 = 213 [183[
247 = 214 [184]
248 = 215 [185]
249 = 215/16 [185/86]
250 = 217 [186/87]
251 = 218 [187]
252 = 219 [188]
253 = 220 [189]
254 = 220 [189]
255 = 221/23 [190/93]
256 = 224 [193]
257 = 225 [195]

258 = 226 [196]
259 = 227 [197]
260 = 228 [198]
261 = 229 [198/99]
262 = 229/30 [199]
263 = 230 [199/200]
264 = 231 [200]
265 = 232 [201]
266 = 233 [202]
267 = 233/34 [202/03]
268 = 234 [203]
269 = 235 [203]
270 = 236/39 [204/07]
271 = 236/39 [204/07]
271 = 239 [207]
272 = 240 [208]
273 = 241 [209]
274 = 242 [210]
275 = 243 [210/11]
276 = 244 [211]
277 = 244/45 [212]
278 = 245/46 [212/13]
279 = 246/47 [213]
280 = 247 [214]
281 = 248 [214/15]
282 = 249 [215/16]
283 = 250 [216]
284 = 251 [217]
285 = 252 [218]
286 = 253 [218/19]
287 = 254 [219]
288 = 255 [220]
289 = 255/56 [221]
290 = 256 [221/22]
291 = 256/57 [222]
292 = 258 [223]
293 = 259 [224]
294 = 260 [224/25]
295 = 261 [225/26]

| | | |
|---|---|---|
| 296 = 262 [226/27] | 335 = 301 [260] |
| 297 = 263 [227] | 336 = 302 [261] |
| 298 = 264 [228] | 337 = 303 [262] |
| 299 = 265 [229] | 338 = 304 [263] |
| 300 = 266 [230] | 339 = 304/05 [263/64] |
| 301 = 267 [230/31] | 340 = 305/06 [264/65] |
| 302 = 268 [231] | 341 = 306 [265] |
| 303 = 269 [232] | 342 = 307 [266] |
| 304 = 270 [232/33] | 343 = 308 [267] |
| 305 = 271 [234] | 344 = 309 [268] |
| 306 = 272 [234/35] | 345 = 310 [268/69] |
| 307 = 272/73 [235] | 346 = 311 [269] |
| 308 = 273 [236] | 347 = 312 [270] |
| 309 = 274 [236/37] | 348 = 313 [271] |
| 310 = 275 [237] | 349 = 314 [271/72] |
| 311 = 276 [238] | 350 = 315/17 [273/75] |
| 312 = 277 [239] | 351 = 315/17 [273/75] |
| 313 = 278 [240] | 352 = 318 [275/76] |
| 314 = 278/79 [240/41] | 353 = 318/19 [276/77] |
| 315 = 279 [241] | 354 = 319 [277] |
| 316 = 280/81 [242] | 355 = 320 [278] |
| 317 = 281 [243] | 356 = 321 [278/79] |
| 318 = 282 [243/44] | 357 = 322 [279] |
| 319 = 283 [244] | 358 = 322/23 [280] |
| 320 = 284 [245] | 359 = 324 [281] |
| 321 = 285 [246] | 360 = 324/25 [281/82] |
| 322 = 286 [247] | 361 = 325 [282] |
| 323 = 287 [248] | 362 = 326/27 [282/83] |
| 324 = 288 [249] | 363 = 327/28 [284/85] |
| 325 = 289 [249/50] | 364 = 329/30 [286] |
| 326 = 290 [250] | 365 = 331 [286/87] |
| 327 = 291 [250/51] | 366 = 332 [288] |
| 328 = 292/93 [251/53] | 367 = 333 [288/89] |
| 329 = 294 [254] | 368 = 334 [289/90] |
| 330 = 295/96 [255/56] | 369 = 335 [290] |
| 331 = 297 [257] | 370 = 336 [291] |
| 332 = 297/98 [257/58] | 371 = 336/37 [291/92] |
| 333 = 299 [259] | 372 = 337 [292] |
| 334 = 300 [259/60] | 373 = 338 [293] |

374 = 339/40 [294/95]       413 = 375 [324]
375 = 341 [295]             414 = 376 [325]
376 = 341 [295/96]          415 = 377 [325/26]
377 = 342 [396]             416 = 378 [326/27]
378 = 343 [297]             417 = 379 [327]
379 = 344 [298]             418 = 380 [328]
380 = 345 [298/99]          419 = 381 [329]
381 = 345 [299]             420 = 382 [330]
382 = 346/47 [300/01]       421 = 383 [330/31]
383 = 347/48 [301]          422 = 384 [331/32]
384 = 348 [301/02]          423 = 384/85 [332]
385 = 349 [302]             424 = 385 [333]
386 = 350 [303]             425 = 386/87 [334]
387 = 351 [304]             426 = 387/88 [334/35]
388 = 352 [304/05]          427 = 388 [335]
389 = 353 [305]             428 = 389 [336]
390 = 354 [306]             429 = 390 [337]
391 = 355 [307]             430 = 391 [337/38]
392 = 356 [308]             431 = 392 [338]
393 = 357 [308/09]          432 = 393 [339]
394 = 358 [309/10]          433 = 394 [340]
395 = 359 [310/11]          434 = 395 [341]
396 = 360 [311]             435 = 396 [341/42]
397 = 361 [312]             436 = 397 [342]
398 = 361/62 [312/13]       437 = 398 [343]
399 = 362 [313]             438 = 399 [344]
400 = 363 [314]             439 = 400 [344/45]
401 = 364 [315]             440 = 400/01 [345]
402 = 365 [315/16]          441 = 401/02 [346]
403 = 366 [316/17]          442 = 402 [347]
404 = 367 [317]             443 = 403/04 [348]
405 = 368 [318]             444 = 404 [348/49]
406 = 369 [318/19]          445 = 405 [349]
407 = 370 [319/20]          446 = 406 [350]
408 = 371 [320/21]          447 = 407 [350/51]
409 = 372 [321]             448 = 408 [351]
410 = 372/73 [322]          449 = 409 [352]
411 = 373/74 [322/23]       450 = 410 [353]
412 = 374 [323]             451 = 411 [354]

| | | | | |
|---|---|---|---|---|
| 452 | = | 412 [354/55] | 491 | = 449 [387] |
| 453 | = | 413 [355/56] | 492 | = 450/51 [388] |
| 454 | = | 414 [356] | 493 | = 451 [389] |
| 455 | = | 415 [357] | 494 | = 452 [390] |
| 456 | = | 416 [358] | 495 | = 453/54 [390/91] |
| 457 | = | 417 [359] | 496 | = 455 [391/92] |
| 458 | = | 417/18 [359/60] | 497 | = 456 [392] |
| 459 | = | 418 [360] | 498 | = 457 [393] |
| 460 | = | 419 [361] | 499 | = 458 [394] |
| 461 | = | 419/20 [361/62] | 500 | = 459 [395] |
| 462 | = | 421 [362] | 501 | = 460 [396] |
| 463 | = | 422/23 [363] | 502 | = 461 [397] |
| 464 | = | 423/24 [364] | 503 | = 462 [397/98] |
| 465 | = | 424/25 [365] | 504 | = 462/63 [398] |
| 466 | = | 425/26 [366] | 505 | = 463 [399] |
| 467 | = | 426 [366/67] | 506 | = 464 [400] |
| 468 | = | 427 [367/68] | 507 | = 465 [400/01] |
| 469 | = | 427/28 [368] | 508 | = 466 [401] |
| 470 | = | 428/29 [369] | 509 | = 467 [401/02] |
| 471 | = | 430/31 [370/71] | 510 | = 468 [402] |
| 472 | = | 432 [372] | 511 | = 469 [403] |
| 473 | = | 432/33 [372/73] | 512 | = 470 [404] |
| 474 | = | 434 [374] | 513 | = 471 [404/05] |
| 475 | = | 435 [375] | 514 | = 472 [405] |
| 476 | = | 436 [375/76] | 515 | = 473 [406/07] |
| 477 | = | 437 [377] | 516 | = 474 [407/08] |
| 478 | = | 438 [378] | 517 | = 475 [408] |
| 479 | = | 439 [378/79] | 518 | = 476 [409] |
| 480 | = | 440 [379] | 519 | = 477 [410] |
| 481 | = | 441 [380] | 520 | = 478 [411] |
| 482 | = | 442 [380/81] | 521 | = 479 [412] |
| 483 | = | 443 [381] | 522 | = SV II S. 1 [SV II S.1] |
| 484 | = | 444 [382] | 523 | = 1 [1] |
| 485 | = | 444/45 [382/83] | 524 | = 1 [1] |
| 486 | = | 445/46 [383/84] | 525 | = 7 [5] |
| 487 | = | 446 [384] | 526 | = 8 [6] |
| 488 | = | 447 [384/85] | 527 | = 9 [7] |
| 489 | = | 448 [385] | 528 | = 10 [7/8] |
| 490 | = | 448/49 [386] | 529 | = 11 [8/9] |

530 = 11/12 [9]
531 = 12 [10]
532 = 13 [10]
533 = 14 [11]
534 = 15 [12]
535 = 15/16 [12/13]
536 = 17 [13]
537 = 18 [14]
538 = 19 [15]
539 = 20 [16]
540 = 21 [16/17]
541 = 21/22 [17/18]
542 = 22/23 [18]
543 = 23/24 [19]
544 = 24 [19/20]
545 = 25 [20]
546 = 26 [21]
547 = 27 [22]
548 = 28 [23]
549 = 29 [23/24]
550 = 30 [24]
551 = 31 [25]
552 = 32 [25/26]
553 = 32/33 [26/27]
554 = 34 [28]
555 = 35 [29]
556 = 35/36 [29/30]
557 = 36 [30]
558 = 37 [30/31]
559 = 38 [31]
560 = 39 [32]
561 = 39/40 [32/33]
562 = 40 [33]
563 = 40/41 [33/34]
564 = 42 [34/35]
565 = 43 [35]
566 = 44 [36]
567 = 45 [37]
568 = 46 [38]

569 = 47 [39]
570 = 48 [39/40]
571 = 49 [40/41]
572 = 50 [41]
573 = 51 [42]
574 = 52 [43]
575 = 53 [43/44]
576 = 54 [44/45]
577 = 55 [45/46]
578 = 56 [46/47]
579 = 57 [47]
580 = 58 [48]
581 = 59 [48/49]
582 = 59/60 [49]
583 = 60 [50]
584 = 61 [50/51]
585 = 61/62 [51]
586 = 62/63 [51/52]
587 = 63 [52]
588 = 64 [52/53]
589 = 65 [53/54]
590 = 66 [54/55]
591 = 67 [55]
592 = 68 [56]
593 = 69 [56/57]
594 = 70 [57/58]
595 = 71 [58/59]
596 = 72 [59]
597 = 73 [60]
598 = 74 [61]
599 = 75 [62]
600 = 76 [63]
601 = 77 [64]
602 = 78 [64/65]
603 = 79 [65]
604 = 80 [66]
605 = 81 [67]
606 = 82 [67/68]
607 = 82/83 [68/69]

| | | | | | |
|---|---|---|---|---|---|
| 608 | = | *83 [69]* | 647 | = | *117 [97/98]* |
| 609 | = | *84 [69/70]* | 648 | = | *118 [98]* |
| 610 | = | *84/85 [70]* | 649 | = | *119 [99]* |
| 611 | = | *85 [70/71]* | 650 | = | *120 [100]* |
| 612 | = | *86 [71]* | 651 | = | *121 [100/01]* |
| 613 | = | *87 [72]* | 652 | = | *122 [101]* |
| 614 | = | *88 [73]* | 653 | = | *123 [102]* |
| 615 | = | *89 [73/74]* | 654 | = | *124 [103]* |
| 616 | = | *90 [74/75]* | 655 | = | *125 [104]* |
| 617 | = | *91 [75]* | 656 | = | *126 [105]* |
| 618 | = | *91/92 [76]* | 657 | = | *127 [106]* |
| 619 | = | *92 [76/77]* | 658 | = | *127/28 [106]* |
| 620 | = | *93 [77]* | 659 | = | *128 [106/07]* |
| 621 | = | *94 [78]* | 660 | = | *129 [107]* |
| 622 | = | *95 [78/79]* | 661 | = | *130 [108]* |
| 623 | = | *96 [79/80]* | 662 | = | *131 [109]* |
| 624 | = | *97 [80]* | 663 | = | *132 [110]* |
| 625 | = | *97/98 [81]* | 664 | = | *133 [110/11]* |
| 626 | = | *98 [81/82]* | 665 | = | *134 [111/12]* |
| 627 | = | *99 [82]* | 666 | = | *135 [112]* |
| 628 | = | *100 [83]* | 667 | = | *136 [113]* |
| 629 | = | *101 [84]* | 668 | = | *137 [114]* |
| 630 | = | *102 [84/85]* | 669 | = | *138 [115]* |
| 631 | = | *103 [85/86]* | 670 | = | *138/39 [115/16]* |
| 632 | = | *104 [86]* | 671 | = | *139 [116]* |
| 633 | = | *105 [87]* | 672 | = | *140 [116/17]* |
| 634 | = | *106 [88]* | 673 | = | *141 [117]* |
| 635 | = | *106/07 [88/89]* | 674 | = | *142 [118]* |
| 636 | = | *107 [89]* | 675 | = | *142/43 [118/19]* |
| 637 | = | *108 [90]* | 676 | = | *143 [119/20]* |
| 638 | = | *109 [90/91]* | 677 | = | *144 [120]* |
| 639 | = | *110 [91]* | 678 | = | *145 [121]* |
| 640 | = | *111 [92]* | 679 | = | *146 [122]* |
| 641 | = | *112 [93]* | 680 | = | *147 [122/23]* |
| 642 | = | *113 [94]* | 681 | = | *148 [123]* |
| 643 | = | *114 [95]* | 682 | = | *149 [124]* |
| 644 | = | *114/15 [95/96]* | 683 | = | *150 [125]* |
| 645 | = | *115 [96]* | 684 | = | *150/51 [126]* |
| 646 | = | *116 [97]* | 685 | = | *151 [126]* |

686 = 152 [126/27]
687 = 153 [127/28]
688 = 154 [128/29]
689 = 155 [129]
690 = 156 [130]
691 = 156/57 [130/31]
692 = 157/58 [131/32]
693 = 158/59 [132]
694 = 159 [133]
695 = 160 [133/34]
696 = 161 [134]
697 = 162 [135]
698 = 163 [136]
699 = 164 [137]
700 = 165 [137/38]
701 = 165/66 [138]
702 = 166 [138/39]
703 = 167/68 [139/40]
704 = 169/71 [141/43]
705 = 172 [144]
706 = 173 [144/45]
707 = 174 [145/46]
708 = 175 [146/47]
709 = 176 [147]
710 = 177 [148]
711 = 178 [149]
712 = 179 [149/50]
713 = 179/80 [150]
714 = 180 [151]
715 = 181 [151/52]
716 = 182 [152]
717 = 183 [153]
718 = 183/84 [153/54]
719 = 184 [154]
720 = 185 [155]
721 = 186 [155/56]
722 = 187 [156]
723 = 188 [157]
724 = 189 [158]

725 = 189/90 [158/59]
726 = 190/91 [159/60]
727 = 191 [160]
728 = 192 [161]
729 = 193 [161/62]
730 = 194 [162]
731 = 195 [163]
732 = 195/96 [163/64]
733 = 196 [164]
734 = 197 [165]
735 = 198 [166]
736 = 199 [166/67]
737 = 200 [167]
738 = 201 [168]
739 = 202 [168/69]
740 = 203 [169/70]
741 = 204 [170/71]
742 = 205 [171]
743 = 206 [172]
744 = 207 [172/73]
745 = 207/08 [173]
746 = 208 [173/74]
747 = 209 [174/75]
748 = 210 [175]
749 = 211 [176]
750 = 212 [176/77]
751 = 213 [177]
752 = 213 [177/78]
753 = 214 [178]
754 = 215 [179]
755 = 216 [180]
756 = 217 [180/81]
757 = 218 [181/82]
758 = 219 [182]
759 = 220 [183]
760 = 220/21 [183/84]
761 = 221 [184]
762 = 222 [185]
763 = 223 [185/86]

764 = 224 [186/87]
765 = 225 [187]
766 = 226 [188]
767 = 227 [188/89]
768 = 228 [189/90]
769 = 229 [190/91]
770 = 230 [191]
771 = 230/31 [191/92]
772 = 231 [192]
773 = 232 [193]
774 = 233 [194]
775 = 234 [194/95]
776 = 235 [195]
777 = 236 [196]
778 = 237 [196/97]
779 = 238 [197/98]
780 = 239 [198]
781 = 239/40 [199]
782 = 240 [199/200]
783 = 241 [200]
784 = 242 [201]
785 = 243 [201/02]
786 = 244 [202]
787 = 245 [203]
788 = 246 [204]
789 = 247 [205]
790 = 248 [205]
791 = 248/49 [206]
792 = 249 [206/07]
793 = 250 [207/08]
794 = 251 [208]
795 = 252 [209]
796 = 253 [210]
797 = 254 [211]
798 = 255 [211/12]
799 = 256 [212/13]
800 = 257 [213]
801 = 258 [214]
802 = 258/59 [214/15]

803 = 259 [215]
804 = 260 [216]
805 = 261 [216/17]
806 = 262 [217]
807 = 263 [218]
808 = 264 [219]
809 = 265 [220]
810 = 266 [220/21]
811 = 267 [221/22]
812 = 267/68 [222]
813 = 268 [223]
814 = 269 [223/24]
815 = 269/70 [224]
816 = 271 [225]
817 = 272 [226]
818 = 273 [227]
819 = 273/74 [227/28]
820 = 274 [228]
821 = 275 [229]
822 = 276 [230]
823 = 277 [230]
824 = 278 [231]
825 = 278/79 [231/32]
826 = 280 [232/33]
827 = 281 [233]
828 = 282 [234]
829 = 283 [235]
830 = 284 [236]
831 = 285 [236/37]
832 = 286 [237/38]
833 = 287 [238]
834 = 288 [239]
835 = 289 [240]
836 = 290 [241]
837 = 291 [241/42]
838 = 291/92 [242]
839 = 292 [242]
840 = 293 [243]
841 = 294 [244]

842 = 295 [244/45]
843 = 296/97 [245/46]
844 = 297 [246]
845 = 297/98 [246/47]
846 = 298 [247]
847 = 299 [248]
848 = 300 [249]
849 = 301 [250]
850 = 302 [250/51]
851 = 303 [251/52]
852 = 304 [252]
853 = 305 [253]
854 = 306 [254]
855 = 306/07 [254/55]
856 = 307 [255]
857 = 308 [256]
858 = 309 [256/57]
859 = 310 [257]
860 = 310/11 [258]
861 = 311 [258/59]
862 = 312 [259]
863 = 313 [260]
864 = 314 [261]
865 = 315 [261/62]
866 = 316 [262/63]
867 = 317 [263]
868 = 317/18 [264]
869 = 318 [264/65]
870 = 319 [265]
871 = 320 [266]
872 = 321 [266/67]
873 = 322 [267]
874 = 323 [268]
875 = 324 [269]
876 = 325 [270]
877 = 326 [271]
878 = 326/27 [271/72]
879 = 327 [272]
880 = 328 [273]

881 = 329 [274]
882 = 330 [274/75]
883 = 331 [275]
884 = 332 [276]
885 = 333 [277]
886 = 334 [278]
887 = 335 [279]
888 = 336 [280]
889 = 337 [280/81]
890 = 337/38 [281]
891 = 338 [281/82]
892 = 339 [282]
893 = 340 [283]
894 = 341 [283/84]
895 = 342 [284]
896 = 343 [285]
897 = 344 [286]
898 = 344/45 [286/87]
899 = 345 [287]
900 = 346 [288]
901 = 347 [289]
902 = 348 [289/90]
903 = 349 [290]
904 = 350 [291]
905 = 351 [292]
906 = 352 [293]
907 = 353 [293/94]
908 = 354 [294]
909 = 355 [295]
910 = 356 [296]
911 = 357 [297]
912 = 357/58 [297/98]
913 = 358 [298]
914 = 359 [298/99]
915 = 361/63 [300/03]
916 = 363/64 [303/04]
917 = 366/67 [306/07]
918 = 367/68 [307/08]
919 = 368 [308]

# Friedrich Nietzsche Sämtliche Werke in 15 Dünndruck-Bänden

## Erstmals mit dem vollständigen Nachlaß

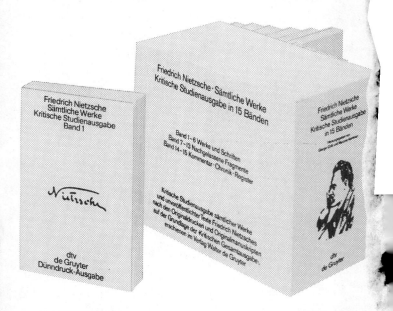

Kritische Studienausgabe sämtlicher Werke und unveröffentlichter Texte Friedrich Nietzsches nach den Originaldrucken und Originalmanuskripten auf der Grundlage der ›Kritischen Gesamtausgabe‹ (KGW), erschienen im

Verlag Walter de Gruyter. Herausgegeben von Giorgio Colli (†) und Mazzino Montinari.

15 Bände in Kassette, insgesamt 9592 Seiten, dtv/de Gruyter 5977 / DM 298,–